KB221100

「교부들의 성경 주해」는 중세기 「성경 주해 선집」catena 양식에 따라 새롭게 만든 것으로, 성경 본문의 장절을 찾아보기 쉽습니다. 기도하거나 연구하거나 복음을 선포하는 데 귀중한 자료가 될 것입니다. 이 총서는 동방과 서방, 개신교와 가톨릭으로 갈라지기 전에 있었던 그리스도교의 풍부한 유산에 관심을 기울임으로써, 교파를 초월한 교회일치에 큰 도움이 될 것입니다.

에이버리 덜레스 추기경, 예수회, 포담 대학교 종교사회학 교수

종교개혁자들의 첫 외침은 "원천으로 돌아가자!"ad fontes였습니다. 「교부들의 성경 주해」는 오늘날 교회가 필요로 하는 성경의 지혜를 재발견할 수 있는 놀라운 도구입니다. 참신한 프로젝트 「교부들의 성경 주해」는 설교와 신학, 그리스도교 신심을 획기적으로 전환시킬 자료로 사용될 수 있습니다.

티모시 조지, 샘포드 대학교 신학대학 학장

오늘날 신자들은 자신이 성인들의 영적 공동체에 참여하는 줄 모르는 경우가 가끔 있습니다. 그 공동체는 먼 과거에로 거슬러 올라가고 하느님 나라가 임하시는 미래에까지 지속됩니다. 이 주해서는 그 공동체에 참여하는 이들이 자신을 돌아보도록 도와줍니다.

엘리자베스 아크테마이어, 유니언 신학대학 성서학과 설교학 명예교수

오늘날 사목자는 혼자가 아닙니다. 우리는 복음 전파에 전력을 다해 도전했던 첫 세대 설교가들이 아닙니다. 「교부들의 성경 주해」는 이러한 부르심을 받아 우리보다 앞서 힘겹게 증거했던 옛 동지들과 이야기 나눌 수 있게 해 줍니다. 이 총서는 말씀이신 분에 대해 설교하고 해석할 때 그들의 깊은 영적 통찰력과 격려와 지침을 받아들이도록 돕습니다. 어느 사목자의 장서에 이만큼 훌륭한 책을 꽂을 수 있겠습니까!

윌리엄 H. 윌리몬, 두크 대학교 그리스도교 사목학 교수

교부들의 성경 주해
구약성경 IV

여호수아기, 판관기, 룻기, 사무엘기 상 · 하권

ANCIENT CHRISTIAN COMMENTARY ON SCRIPTURE
Old Testament IV

JOSHUA, JUDGES, RUTH, 1-2 SAMUEL
Edited by John R. Franke

GENERAL EDITOR
THOMAS C. ODEN

Copyright © 2005 by the Institute of Classical Christian Studies (ICCS), Thomas C. Oden and John R. Franke.
Cover image copyright © 1990 Photo SCALA, Florence

All rights reserved.

Translated by ROH Seong-Key
Korean translation copyright © 2017 by Benedict Press
Waegwan, Korea

Published by arrangement with InterVarsity Press
P.O. Box 1400, Downers Grove, IL 60515-1426
USA

교부들의 성경 주해 · 구약성경 IV
여호수아기, 판관기, 룻기, 사무엘기 상 · 하권
2017년 4월 7일 교회 인가
2017년 5월 20일 초판 1쇄

엮은이 · 존 R. 프랭크
옮긴이 · 노성기
펴낸이 · 박현동
펴낸곳 · 성 베네딕도회 왜관수도원 ⓒ 분도출판사
찍은곳 · 분도인쇄소
성경 ⓒ 한국천주교중앙협의회 2005

등록 · 1962년 5월 7일 라15호
04606 서울시 중구 장충단로 188 분도빌딩 102호(분도출판사)
39889 경북 칠곡군 왜관읍 관문로 61(분도인쇄소)
분도출판사 · 전화 02-2266-3605 · 팩스 02-2271-3605
분도인쇄소 · 전화 054-970-2400 · 팩스 054-971-0179
www.bundobook.co.kr

ISBN 978-89-419-1707-6 94230
ISBN 978-89-419-0850-0 (세트)

이 책의 한국어판 저작권은
InterVarsity Press와 독점 계약한 분도출판사에 있습니다.
저작권법에 의해 한국 내에서 보호를 받는 저작물이므로
무단 전재와 무단 복제를 금합니다.

교부들의 성경 주해

구약성경 IV

여호수아기
판관기, 룻기
사무엘기 상·하권

존 R. 프랭크 엮음

토머스 C. 오든 책임 편집

한국교부학연구회
노성기 옮김

분도출판사

【일러두기】

1. 성경 본문은 2005년 한국 천주교 주교회의 성서위원회가 펴낸『성경』을 사용했다. 교부들의 설교에서 성경 인용은 주로 암송과 기억에 의존한 바 컸고, 그들이 사용한 성경 판본 또한 우리말『성경』의 번역 대본과 다른 그리스어나 라틴어 번역본이었으므로 일부 성경 인용 구절에 다소 차이가 있다.

2. 성경 본문에 나오는 지명 '유다'는 주해에서 로마제국의 지방명일 경우 '유대아'로, '유다인'은 '유대인'으로, '유다교'는 '유대교'로 표기했다. 교부 시대의 인명과 지명은『교부학 인명·지명 용례집』(분도출판사 2008)을 따랐다.

3. 저서명은 한국교부학연구회『교부 문헌 용례집』(수원가톨릭대학교 출판부 2014)에 근거했다.

판관기 ••• 187

사무엘기 상권 ••• 309

사무엘기 하권 ••• 483

머리말

∙
∙
∙
∙

『교부들의 성경 주해』[1]는 고대 그리스도교 시대에 활동한 교부들의 성경 주해를 발췌한 총서로 모두 29권으로 이루어져 있다. 교부 시대는 로마의 클레멘스(재위 92년경~101년)부터 다마스쿠스의 요한(650년경~750년)에 이르기까지 그 해당 시기를 말한다. 따라서 이 총서는 신약성경이 마무리되는 시기부터 존자 베다를 포함하는 8세기 중엽까지, 7세기에 걸쳐 이루어진 성경 해석을 다루고 있다.

『교부들의 성경 주해』의 연구 방법은 컴퓨터 기술과 맥을 같이하며 발전되었다. 때문에 성경 주석사를 연구하는 데 발전적이고 장래성 있으며, 실제로 쓸모가 있고 신학적으로 통합적인 방법을 추구할 수 있는 모델로 알맞다. 따라서 총서 '머리말'은 이러한 접근법을 소개하고, 총서가 방법론적으로 제안하고 있는 연구 방법을 설명하고자 한다.

고대 그리스도교 시대에 쓰인 성경 주해서에 나오는 주요 본문을 사용하기 편리하게 다시 소개하는 일은 사실 성경학과 역사학에서 오랫동안 미루어 놓은 연구 과제였다. 이를 위해 역사가와 번역가, 디지털 전문가, 성경학자, 교부학자들이 고대 그리스도교 주석사에서 수백 년 만에 처음으로 모여 본문을 다시 정리하는 연구 과제에 공동으로 참여하였다. 이들은 고대 그리스도인들이 해석하고 깊이 묵상하고 논하며 명상하고 숙고한 성경 내용을, 창세기부터 요한 묵시록까지 한 구절 한 구절씩 정리하였다. 또한 이 총서에는 교부들이 성경으로 여긴 제2경전(외경)에 관한 교부들의 주해도 함께 실려 있다. 따라서 총서는 고대 그리스도교 저자들의 작품에서 정선한 내용을 현대어로 번역한, 방대한 성경 주해서라 하겠다.

『교부들의 성경 주해』는 세 가지 목표를 추구한다. 첫째, 그리스도교의 전형적인 성경 주석에 바탕을 두고, 오늘날 위기에 빠진 '설교'에 생명력을 불어넣어 이를 쇄신하는 데 이바지하고자 한다. 둘째, 고대 교회가 성경을 어떻게 해석하였는지 알고 싶어 하는 '평신도들'이 성경을 집중적으로 공부할 수 있도록 도움을 주고자 한다. 셋째, 고대 그리스도교 저자들의 성경 해석을 더 깊이 연구하도록 그리스도교의 역사학·성경학·교의신학·사목과 관련된 '학문'에 동기를 부여하고자 한다.

---

[1] 본디 제목은 『고대 그리스도교 성경 주해』(*The Ancient Christian Commentary on Scripture*: *ACCS*)다.

쪽마다 성경 본문 밑에는 고대 그리스도교 주석가들의 가장 좋은 주석이 실려 있다. 이러한 형식으로 배열한 까닭은 대개 인쇄술이 발명되고 나서 출판된 탈무드 본문과, 인쇄술이 발명되기 전에 나온 『표준 주해집』glossa ordinaria이 전통적으로 이러한 형태로 되어 있기 때문이다.[2]

그동안 소홀했던 그리스도교 성경 주해 본문들을 복구하다

그리스도교 각 교파는 이들 본문을 정확히 복구하여 연구해야 한다는 목소리를 한층 높이고 있다. 성경학계는 최근 계몽주의 이후 나타난 역사·문학적 연구 방법론에 지대한 관심을 보였지만, 대개는 이러한 갈망을 채워 주지도 못하고 도움도 주지 못하였다.

처음 막막하기만 했던 교부들의 성경 주해에 관해서 우리는 몇 년 동안 계획을 세우고 현 상황을 면밀히 검토하였다. 드디어 1993년 11월, 워싱턴 D.C.에 있는 드루 대학교의 주선으로 프로젝트에 대한 초석을 놓았다. 총서는 협의와 잇따른 토의 절차를 거쳐 세상에 나오게 되었다. 1994년에도 여러 차례 모임을 가지고 총서에 관해 폭넓은 의견을 나누었으며, 그 뒤 로마와 튀빙겐·옥스퍼드·케임브리지·아테네·알렉산드리아·이스탄불에서 활동하는, 성경 주석사에 길이 남을 세계적 석학들의 조언을 구하였다. 초기 협의 과정에 초석을 놓은 석학은 초대교회사와 해석학, 설교학, 성경 주석사, 조직신학, 사목신학 분야에서 활발히 저술 활동을 펼치고 있던 이들이었다. 프로젝트를 구상하는 과정에 처음부터 참여한, 세계적으로 뛰어난 대가들 가운데는 옥스퍼드의 헨리 채드윅Henry Chadwick 경과 칼리스토스 웨어Kallistos Ware 주교, 몬머스의 로언 윌리엄스Rowan Williams 주교, 일리의 스티븐 사이크스Stephen Sykes 주교로, 네 분 모두 옥스퍼드와 케임브리지 대학교에서 교부학 교수로 재직한 바 있다. 그리고 로마 아우구스티누스 교부학 연구소Patristic Institute of Rome의 안젤로 디 베라르디노Angelo Di Berardino 교수와 바실 스투더Basil Studer 교수, 프린스턴 대학교의 칼프리드 프륄리히Karlfried Froehlich 교수와 브루스 메츠거Bruce M. Metzger 교수가 있다. 이들은 각 주해서 편집자를 선정하는 데 실질적으로 많은 도움을 주었다. 우리는 특별히 그리스 정교회 콘스탄티노플의 바르톨로메오스Bartholomew 총대주교와 교황청 그리스도인일치촉진평의회Pontificio Consiglio per la Promozione dell'Unita dei Cristiani의 에드워드 이드리스 카시디Edward Idris Cassidy 추기경께 깊은 감사를 전한다. 그들은 드루 대학교가 주관하는 교부들의 성경 주해 프로젝트에 발전과 진척이 있기를 기원하며 축복이 담긴 글을 보내 주었고, 늘 애정 어린 눈으로 지켜보며 사려 깊은 조언을 해 주었기 때문이다.

---

[2] 탈무드를 공부한 학생들이라면 이런 형식을 쉽게 이해할 수 있을 것이다. 탈무드는, 성경 이후 쓰인 유대교 최초의 율법 규범서인 미쉬나(Mishnah)와, 미쉬나를 상세히 설명하는 게마라(Gemara)에 관해 라삐들이 논의하고 토론하며 주석한 내용을 모아 놓은 책이다. 탈무드는 그 자체로 존재 이유가 있으며 연구할 가치가 있다. 탈무드에서 토라와 관련된 모든 주제는 검토하고 분석할 필요가 있다. 탈무드가 계시된 성경에서 비롯한 유대교의 지혜를 담고 있는 거대한 보고(寶庫)이듯이, 교부들의 저서 또한 계시된 성경에서 비롯한 그리스도교의 지혜를 담은 보고다. 탈무드는 주로 교부들의 활동 시기에 생겨났으며, 종종 교부들이 사용한 방법과 유사한 해석 방법이 사용되었다. 후기 유대교 전통을 따르는 주석가들은 탈무드에 미쉬나 본문을 직접 인용한다. 가장 일찍 간행된 탈무드는 중세 때 나온 『표준 주해집』의 초기 필사본을 본보기로 하여 구성되었다. 『표준 주해집』은 성경 본문을 가운데 놓고 둘레에 교부들의 주해를 싣는 방식으로 되어 있었다. 『교부들의 성경 주해』 편집진은 이 총서가 『성경 주해 선집』catena과 『표준 주해집』의 초기 전통, 초기 그리스도교 성경 연구 방법을 받아들인 라삐들의 성경 주석 전통과 유사한 것은 물론 그 영향을 받았음을 기꺼이 인정한다.

우리는 이러한 실질적인 협의를 통해 다음과 같은 의견 일치를 보았다. 이 프로젝트는 성경 주석사에 큰 획을 그을 만큼 필요한 일이며 중요하기에 대단한 열의로 이에 참여해야 한다. 또한 프로젝트를 완수하는 날까지 귀한 시간을 아낌없이 내야 한다는 것이었다. 아울러 성경 주해서를 해마다 서너 권씩 출간하여 2010년 안에 완간한다는 계획도 세웠다.

총서는 호교서가 아니라, 고대 그리스도교 저자들이 성경 본문을 해석한 실용적인 설교와 신심을 북돋울 수 있는 내용을 담고 있는 지침서다. 우리는 고대 그리스도교의 해석가들이 사용한 칠십인역과 옛 라틴어 성경, 신약성경 본문에 대한 다양한 해석도 요약하여 실을 예정이다. 따라서 총서는 오늘의 시각에서 해석한 주해가 아니라 오히려 오늘날 주해를 있게 한, 앞선 고대 그리스도교의 해석가들이 해석한 내용을 담고 있는 주해다.

오늘날 학계에서는 고대 그리스도교 문헌을 번역하거나 새로 발견된 단편으로 일부 내용을 편집 비평하여 비판본을 출간하는 데 상당한 노력을 기울이고 있으며, 그 성과도 대단하다. 이러한 성과물 가운데 영어권에서는 『교부들』*Fathers of the Church* (Catholic University of America Press)과 『고대 그리스도교 저술가』*Ancient Christian Writers* (Paulist), 『시토회 연구』*Cistercian Studies* (Cistercian Publications), 『교회의 성경』*The Church's Bible* (Eerdmans), 『교부들의 메시지』*Message of the Fathers of the Church* (Michael Glazier: Liturgical Press), 『문헌과 연구』*Texts and Studies* (Cambridge) 총서가 중요하다. 다른 언어권에서 출간된 주요 교부 문헌 편집본이나 번역서 총서와 데이터베이스로는 『그리스도교의 원천』*Sources Chrétiennes*과 『그리스도교 전집(그리스어 총서)』*Corpus Christianorum (Series Graeca)*, 『그리스도교 전집(라틴어 총서)』*Corpus Christianorum (Series Latina)*, 『동방 그리스도교 저술가 전집』*Corpus Scriptorum Christianorum Orientalium*, 『라틴 교회 저술가 전집』*Corpus Scriptorum Ecclesiasticorum Latinorum*, 『고대 그리스도교 문헌사를 위한 문헌과 연구』*Texte und Untersuchungen zur Geschichte der altchristlichen Literatur*, 『그리스 그리스도교 저술가 총서』*Die griechischen christlichen Schriftsteller*, 『동방 교부 총서』*Patrologia Orientalis*, 『시리아 교부 총서』*Patrologia Syriaca*, 『교부 성경 색인』*Biblioteca Patristica*, 『신앙의 아버지들』*Les Pères dans la foi*, 『교부 문헌 총서』*Collana di Testi Patristici*, 『초기 그리스도교 문헌』*Letture cristiane delle origini*, 『천년기 그리스도교 문헌』*Letture cristiane del primo millennio*, 『고대 그리스도교 문화』*Cultura cristiana antica*, 고대 라틴어 문헌의 데이터 뱅크인 Thesaurus Linguae Latinae (TLL), 고전·그리스도교 그리스어 문헌의 데이터 뱅크인 Thesaurus Linguae Graecae (TLG), 그리고 『그리스도교 전집(라틴어 총서)』*Corpus Christianorum (Series Latina)*을 디지털화한 Cetedoc 총서가 있다. 『교부들의 성경 주해』는 이처럼 여러 분야에서 탁월한 업적을 이룬 연구 결과를 토대로, 주로 오늘날 성직자들의 설교와 평신도의 영적 발전에 도움을 주고자 교부들이 성경에서 일구어 낸 지혜를 되찾는 데 초점을 맞추고 있다.

디지털 기술의 활용과 성과

각 주해서 편집자들은 드루 대학교 디지털 연구진의 도움을 받았다. 연구진은 그리스어와 라틴어로 되어 있는 교부 문헌 전집의 모든 컴퓨터 파일을 일일이 검색하여, 고대 그리스도교에서 이루어진 주해를 확인하였다. 편집자들은, 기원후 600년까지 그리스어로 쓰여 있는 모든 문헌을 전산 처리하여 데이터베이스로 만든 TLG와, 루뱅 가톨릭 대학교 '문헌 전산 처리 센터'가 『그리스도교 전집』 가운데 라틴어 본문을 데이터베이스로 만든 Cetedoc 판, 미뉴Migne의 『라틴 교부 모음집』Patrologia Latina 221 권에 수록된 본문을 모두 CD롬에 담고 있는 채드윅–힐리Chadwyck-Healey가 만든 『라틴 교부 모음집』, 팩커드 인문 연구소Packard Humanities Institute가 펴낸 라틴어 문헌의 데이터베이스에 수록된 본문들을 검색하였다. 또한 『고대 교부들』Early Church Fathers의 주해도 CD롬에서 찾을 수 있으면 적극 활용하였다. 이 작업은 처음부터 드루 대학교와 미국 전산성경학회Electronic Bible Society가 공동으로 후원하여 이루어졌다.

이렇게 애쓴 덕분에 그리스어와 라틴어 본문 원자료를 많이 모을 수 있었다. 각 주해서 편집자들은 여기에서 유용한 자료만 가려내었다.[3] 프로젝트의 총괄 부서는 성경 본문의 각 구절이나 단락pericope 에 관해 그리스어와 라틴어로 쓰여 있는 어구 주석gloss과 설명, 비평, 주해 등 실제 사용할 수 있는 정보를 각 주해서 편집자들에게[4] 제공하였다.[5] 사실, 많은 원자료 가운데 몇 퍼센트만 우리가 선정한 기준에 따라 사용할 수 있었다. 그러나 이렇게 엄격한 작업 기준을 따르는 것은 '성경 주해 선집'을 편찬하거나 일반인이 사용하는 개요집을 편집하는 이들에게는 당연히 요구되는 과정이다. 이러한 작업은 설명을 덧붙여야 하는 불필요한 자료를 배제함으로써, 짧고 간결한 표현들을 얻기 위함이다.

연구진은 이 데이터베이스에서 불리안Boolean의 정보 검색법에 따라 주요 낱말과 구를 검색하여, 그 구절에 해당하는 성경 구절의 그리스어와 라틴어 본문을 확인하였다. 옛 라틴어 역본이나 논란이 되고 있는 그리스어 본문들 가운데 이문이 있는 경우, 연구진은 암시나 유추와 같은 접근법으로 예상할 수 있는 모든 변수를 활용하여 주요 낱말을 검색하였다. 이 글을 쓰는 지금쯤이면 드루 대학교의 『교부들의 성경 주해』 연구진은 이처럼 복잡하고 엄청난 양의 컴퓨터 검색 기능 작업을 이미 얼추 마쳤으리라. 이는 컴퓨터 기술이 발전되지 않은 시대에는 상상조차 할 수 없는 작업이었다.

디지털 기술을 한껏 활용함으로써 우리는 예기치 않은 성과도 함께 거두었다. 이를테면, 데이터베이스에는 총서에 사용하지 않고도 남아 있는 자료들이 수두룩하다는 점이다. 또한 예전 같으면 '성경 주해 선집'에 들어 있지 않은 본문에 대해서는 주해를 확인하기 어려웠을 텐데, 지금은 데이터베이스로 쉽게 확인할 수 있다는 것이다. 그리고 인적 자원에 대한 비용을 절감하면서도 효율적으로 인력을 쓸 수 있으며, 앞으로 성경 주석사를 연구하는 데 토대가 될 풍부한 자료를 확보하게 되었다는 점이

---

[3] 우리는 라틴어와 그리스어 데이터베이스를 검색하여, 고대 그리스도교 시대에 다른 언어로 성경을 주석한 모든 문헌을 찾아내어 이를 골고루 이용하고자 하였다. 그래서 콥트어와 시리아어, 아르메니아어 편집 전문가들에게 이들 문헌 가운데 오늘날 우리 시대와 가장 잘 어울리는 자료들을 선정해 주기를 청하였다. 그런 다음 이미 영어로 번역된 자료들이 있으면 각 주해서에서 활용하였다.

[4] 자기 나름대로 자료를 검색하겠다는 편집자들에게는 정보를 제공하지 않았다.

[5] 미뉴(Migne)나 그리스어와 라틴어로 출간된 다른 자료보다 TLG와 Cetedoc을 더 자주 참조했는데, 이유는 이렇다. ① 한곳에서 디지털로 본문을 더 쉽고 빠르게 찾아낼 수 있다. ② 개선된 비평본이란 점에서 더 확실한 본문이다. ③ 초보자나 전문가들은 앞으로 이들 디지털 본문을 더욱 폭넓게 사용할 수 있다. ④ 짧은 문장은 쉽게 다운로드 받는다. ⑤ 각 본문이 자리한 문맥에 관심 있는 독자들이 손쉽게 검색해 볼 수 있다.

다. 이는 대부분 조엘 스캔드레트Joel Scandrett · 마이클 글러럽Michael Glerup · 조엘 엘로브스키Joel Elowsky 교수가 주축이 되어 이끈 유능한 대학원생들이 작업하였다. 디지털 검색과 저장 기술이 없었더라면 총서를 출간하는 데 수백 배의 노력을 기울여야 했을 것이다. 이러한 작업은 엄청난 인원의 연구원들이 세계 곳곳에 흩어져 있는 도서관에서 일일이 손으로 자료를 찾아내는 수고를 하지 않으면 이루어 낼 수 없기 때문이다.

앞으로 성경을 읽는 독자들도 새로운 형태의 컴퓨터 기술과 쌍방향으로 이루어지는 하이퍼텍스트 hypertext(특정 낱말이 다른 낱말이나 데이터베이스와 연결되어 사용자가 관련 문서를 넘나들며 검색이 가능한 텍스트 형식)를 활용하여, 고대 그리스도교 저자들이 사용한 상세한 개념이나 원문 · 주제 · 용어를 더 빨리 검색할 수 있을 것이다. 『교부들의 성경 주해』는 이러한 작업이 어떻게 이루어졌는지를 보여 주는 전형적인 본보기라 하겠다. 드루 대학교는 『교부들의 성경 주해』가 앞으로 발전 가능성이 매우 큰 연구 모델이 될 뿐 아니라, 뛰어난 연구 결과를 내리라고 기대한다. 우리는 이 총서를 책으로 출간하지만, 머지않아 대용량의 검색 기능과 기억장치를 갖춘 하이퍼텍스트 형식의 디지털 판으로 총서가 보완되기 바란다. 또한 연구 작업에 컴퓨터 기술을 적극 수용하고 발전시켜, 앞으로 역사학과 신학 연구에 필요한 과제를 수행하는 데 온 힘을 쏟고자 한다.

엄청난 자료가 빛을 보다

고대 그리스도교 저자들은 성경을 주해하는 동안 유익하거나 의미심장한 내용이 나오면 그냥 지나친 적이 없었다. 그들 대부분은 성경을 깊이 묵상하고 통찰하며 철저히 연구하였다. 본문과 본문을 비교하기도 하고, 때로는 성경의 많은 부분을 외우기까지 하였다. 총서에는 전통적으로 개신교에서 경전으로 인정하는 66권에 해당하는 모든 장章에 대해, 교부들이 의도적으로 다루었거나 아니면 특별한 이유에서 다루었던 주석과 설교나 강해도 수록되어 있다. 또한 유대 경전에는 없지만, 고대 그리스어 성경(칠십인역)에 있는 본문(외경 혹은 제2경전)을 주해한 내용도 함께 실려 있다. 이들 본문은 각 교파 전통에서 볼 때는 조금씩 다르지만, 로마 가톨릭 교회와 그리스 정교회에서는 정경으로 인정한 부분들이다.

교부들은 성경 가운데 더러, 특히 창세기와 시편, 아가, 이사야서, 마태오 복음서, 요한 복음서, 로마서의 모든 구절은 많이 주해하였지만, 고대 그리스도교 시대에는 그 밖의 다른 작품을 주해하는 데는 그다지 관심을 보이지 않았다. 따라서 우리는 교부들의 주해서에서만 자료를 검색할 게 아니라, 성경 본문과 관련이 있거나 아니면 본문을 암시하거나 유추하고 참조할 수 있는, 그들이 저술한 모든 문헌에서 자료를 찾아야 했다. 강해 · 설교 · 편지 · 시 · 찬가 · 수필 · 논문에도 진리를 깨우쳐 줄 수 있는 많은 내용이 담겨 있기에, 이런 내용을 임의적으로 '성경 주해 선집'에서 빼서는 안 되겠다. 그래서 오리게네스 · 알렉산드리아의 키릴루스 · 키루스의 테오도레투스 · 요한 크리소스토무스 · 히에로니무스 · 아우구스티누스 · 존자 베다와 같은 저자들이 쓴 주해서와, 다른 문학 유형의 작품들을 한 줄 한 줄 검색하여 간결하면서도 지혜가 번득이고 심금을 울리는 구절들을 찾아냈다. 이렇게 원전에서 찾아낸 엄청난 자료를 토대로 각 주해서 편집자들은, 고대 그리스도교 저자들의 사상을 가장 잘 반영하고 분별력 있게 전해 주며 가장 뛰어난 내용을 담고 있는, 해당 구절에 대한 주해를 엄선하였다.

누구를 대상으로 하는가

우리는 먼저 성경 전문가는 아니어도 성경을 정기적으로 연구하고, 고대 그리스도교 저자들이 성경을 어떻게 이해하였는지 참으로 알고 싶어 하는 평신도 독자들을 대상으로, 그들이 손쉽게 읽을 수 있는 본문을 선정하고 배열하였다. 오늘날의 평신도는 문화적으로 매우 다른 배경 속에 살고 있지만, 고대 교회의 위대한 인물들이 성경 본문의 의미를 어떻게 이해하였는지 알고자 한다.

일차적으로는 평신도의 관심사에 눈높이를 맞추어야 하겠지만, 성경 주석사에서 지금까지 얼마 안 되는 자료와 요약본을 활용할 수 있었던 학자층이 요구하는 엄격한 기준도 결코 무시하지 않겠다. 세계 인구 가운데 반이 넘게 사용하는 여러 언어로 번역되고 있는 총서는, 본디 전 세계 공공 도서관이나 대학교, 비교 문화를 연구하거나 역사적인 데 관심을 쏟는 이들에게 도움이 되도록 기획되었다. 우리는 총서가 서양 문학사에서 주요 자료로 자리매김하리라 확신한다.

총서는 학계를 중심으로 교부학을 전문으로 연구하는 학자들을 대상으로 하기보다는, 평신도와 사목자, 학자 모두를 대상으로 하기에 그 독자층이 훨씬 더 넓다. 그렇기 때문에 본문 전승사를 연구하는 대학 교수, 또는 본문의 형태론이나 역사 비평적 논점과 이론에 관심을 보이는 이들만을 대상으로 하지 않는다. 이러한 문제는 전문가들에게는 아주 중요한 연구거리이겠지만, 『교부들의 성경 주해』 편집자들에게는 그다지 중요한 내용은 아니었다. 총서는 일차적으로는 사목자들을 대상으로 하지만, 보통은 성경 본문의 분명한 의미와 신학적 지혜, 도덕적 · 영적 의미를 초대교회가 어떻게 숙고하였는지 알고자 하는 수많은 평신도를 그 대상으로 삼는다.

총서가 어떻게 발전되어야 하는가 하는 문제를 두고 합리적인 여러 비전이 제시되었는데, 우리는 이들 비전이 실현 가능한 측면에서 얼마나 타당한지 신중히 검토하였다. 드루 대학교가 이끄는 이 프로젝트는 무엇보다도 성경에 어느 정도 기초 지식이 있는 평신도 독자층과, 더 넓게는 개신교와 가톨릭, 그리스 정교회의 사목자들이 실제 사용할 수 있는 주해서를 만들고자 하는 중요한 의도를 담고 있기에, 여러 대안을 신중히 고려해야 했다. 또한 우리가 추구하는 방법론에 대해 교부학계 전문가들이 비판한 내용을 기꺼이 받아들이지만, 그들도 이차적인 특별한 독자층으로 생각하였음을 밝혀 둔다. 총서가 평신도와 사목자에게 실제로 큰 도움이 된다면, 예전만 하더라도 쉽게 이용할 수 없었던 교부 문헌이 대학교나 신학대학에서 가르치는 성경과 해석학, 교회사, 역사신학, 설교학을 비롯한 여러 교과과정에 널리 활용되리라 생각된다.

탈무드와 미드라쉬가 권위 있는 문헌으로 오래도록 유대인들의 삶과 정신에 자양분을 주었듯이, 총서 또한 그리스도인들에게 그러한 역할을 충분히 해 줄 수 있으리라 여겨진다. 이 주해서는 가장 중요한 일차 자료로, 학교와 교회 도서관은 물론 사목자와 교사, 평신도도 성경 곁에 나란히 꽂아 놓아야 할 작품이다. 총서는 앞으로 몇 년 안에 완간되며, 예약 출판을 실시하여 독자들이 경제적이고 실용적으로 총서를 구입할 수 있도록 하려는 것이 우리의 의도이자 출판사의 약속이기도 하다.

오늘날 가톨릭과 개신교, 정교회의 평신도들 가운데는, 성경 연구의 판도를 바꾸어 놓고 때로는 그 의미마저 퇴색게 한 '역사 비평적 연구 방법'을 뛰어넘는, 그래서 더 깊은 토대가 될 수 있는 다른 어떤 것이 필요하다고 절감하고 있다. 곧, 성경을 설교하고 가르침을 전하는 데 생명력을 불어넣어야 할 그 무엇이 절실히 필요하다는 것이다.

오늘날 기도와 섬김(위기와 관련된 사목, 도시 사목과 학교 사목, 상담 사목, 피정 사목, 수도 단체, 빈민 사목, 사회복지 등)을 중심으로 종교 공동체가 쇄신해야 한다는 목소리가 커져 가고 있다. 이들 공동체에 속한 이들은 자신들의 정체성에 관해 묵상하고 영적인 토대를 마련하기 위해 성경 말씀과 교부들의 가르침에 깊은 관심을 보이고 있다. 따라서 이들 공동체는 이용하기 쉬우며, 학문적으로 근거가 확실하고 실제 사용하여 영적 성장에 밑거름이 될 수 있는 일차 자료를 찾고 있다.

'성경 주해 선집' 전통에 대한 때 이른 불신

사실, 우리는 '성경 주해 선집'과 『표준 주해집』이라는 고대 전통에 담겨 있는 정신과 문학 형태를 빌려 왔음을 기꺼이 인정한다. 이들 작품은 고대의 성경 주석가들이 성경 본문을 해석한, 생명력 넘치는 내용들을 모아 놓은 권위 있는 해석집이다. 우리는 이러한 전통 방식을 활용하되, 오늘날 독자 수준에 맞게 새로 고쳐 총서를 편집하였다.

이처럼 독특한 고전적 접근법이 수백 년 동안 사용되지 않고, 오히려 등한시되었다는 것은 안타까운 일이 아닐 수 없다. 그러니 이런 식의 주해서를 출간하는 일은 실로 오랜만에 있는 일이라 하겠다. '성경 주해 선집'과 같은 접근법은 근대 성경학자들의 비판으로 말미암아 19세기에 이르러서는 거의 자취를 감추었으며, 지금까지도 그 이전 상황으로 되돌아가지 못하고 있는 상태다. 얄궂게도 이 '성경 주해 선집'과 같은 접근법이 그리스도교 역사 가운데 예전 그 어느 세기보다도 더 조직적으로 감추어지고 무시된 때는 진보의 시대, 열린 시대라고 하는 20세기에 이르러서다. 시대사적 상황이나 출판 여건에도 불구하고, 오늘날 현대성이라는 교조적 편견(현대의 극단적 배타주의, 자연주의, 독자적 개인주의)에 사로잡힌 이들은 유감스럽게도 교부들의 문헌에 나오는 본문들을 설교에 전혀 사용하지 않는 경향이 있다.

19세기와 20세기에 이르러 성경 주석은, 이른바 '자연주의적 환원주의'라는 철학적 편견에 자주 사로잡혔다. 『교부들의 성경 주해』 프로젝트에 참여한 사람들은 대부분 수십 년 동안 문헌 비평과 역사 비평에 몸담아 온 이들이었기에, 성경 본문을 편협한 경험주의에서 우러나온 내용으로 설명하며 해석하려고 애를 썼다. 또한 지난 수십 년 동안 성경을 가르쳐 온 교사와 사목자들도 다양한 계층의 평신도와 그들의 서로 다른 학문적 배경에 맞추어 성경을 전해야 했기에, 험난한 바다를 헤쳐 오듯 힘겨운 시기를 보냈다. 설교가들은 이런 현대적 방법론을 터득하고 활용하려고 애썼지만, 대부분 뜻을 이루지 못하였다. 계몽주의 이후에 나온 이러한 비평적 해석 방법론이 지나친 사변으로 흐르고 영적 발전을 저해하며, 설교에 아무런 도움이 되지 않는다는 자각이 최근에 일기 시작하였기 때문이다.

다른 한편, 고대 성경 주석가들이 사용한 주제와 방법, 접근법은 성직자뿐 아니라 학문적 비평 방법론을 철저히 배운, 뛰어난 전문 지식을 갖춘 성경학자들에게도 매우 낯설었다. 지난 2세기 동안 성경을 주석하려는 다양한 노력을 기울였으면서도, 고대 그리스도교 성경 주석가에 대해서는 어쩌다 한 번, 아니면 편향적 시각에서 다루어지는 게 고작이었다. 오늘날 고대의 성경 주석을 경시하는 풍조는, 고대 교회의 권위 있는 수많은 성경 주해서가 아직 현대어로 번역되어 있지 않다는 점으로 보더라도 이를 충분히 뒷받침해 준다. 중국에서도 고대 불경이나 유교 경전의 주해서들이 번역되지 않았다.

현대 학자들이 교부 문헌을 의도적으로 무시하는 현상은 개신교뿐 아니라 가톨릭과 정교회에서도 폭넓게 나타난다. 가톨릭과 정교회 신자들이 교회 전통에서 특별한 지위를 인정받은 교부들은 극진히 공경하면서도, 그들의 저서를 거의 읽지 않는다는 점은 모순이 아닐 수 없다.

평신도들이 이전의 편견과 역사주의가 전제하는 내용에서 벗어나 교부들의 성경 주석에 새삼 매력을 느끼는 데는 두 가지 명백한 이유가 있다. 첫째, 이 총서가 고대 그리스도교 성경 주석과 성경 주석사에 관한 갈망을 채워 주기 때문이며, 어느 정도는 이러한 갈망이 너무나 오랫동안 채워지지 않은 것도 한몫하였다. 둘째, 계몽주의 시대 이후, 역사주의자들과 자연주의적 환원주의자들의 비평에 근거한 성경 주석 결과들이 실제로는 그리 유익하지 않았다는 부정적 평가가 점증했기 때문이다. 이 두 가지 고무적인 내용은 로마 가톨릭과 동방 정교회, 개신교의 평신도 독자들도 똑같이 느끼는 바다.

독자들은 『교부들의 성경 주해』 각 권 부록에 실려 있는, 연대순으로 정리한 교부들 목록과 약전略傳을 활용하여, 특정 성경 구절이 언제, 어떻게 해석되었는지 알 수 있다. 특정 성경 구절에 관한 다양한 해석을 사슬catenae처럼 이어 보면, 그동안 해당 본문을 어떻게 해석해 왔는지 그 역사를 한눈에 볼 수 있다. 이 유형은 동방과 서방 교부들의 성경 주석과 중세의 성경 주석에서 이어 내려왔으며, 개신교에서도 중요하게 쓰이고 있다.

교회일치 범위와 의도

그리스도교의 여러 교파는 공통적으로 교부들의 지혜를 배워야 할 필요가 있다고 인식하고 있다. 이 과제를 공정하고도 균형 있게 성취하기 위해서는 교파가 다른 그리스도교 공동체의 학자들이 서로 협력해야 하는데, 이는 교회일치를 이루기 위한 획기적인 시도다.

교부 문헌은 그리스도교의 공동 자산이기에, 총서는 그동안 서로 갈라져 있으면서 때로는 경쟁 교회라는 부정적인 인상을 심어 주고 멀리 떨어져 있던 그리스도인들을 공동의 정신으로 일치시키는 데 이바지할 수 있다. 모든 교파를 기꺼이 받아들이는 교부 문헌이라는 큰 우산 아래에서, 보수파 개신교는 동방 정교회와, 침례교는 로마 가톨릭과, 개혁교회는 아르미니우스 교파나 카리스마파 교회와, 성공회는 오순절 교회와, 고교회파는 저교회파와, 근대 이전의 전통주의자들은 근대 이후의 고전주의자들과 함께 모이고 있다.

교파가 서로 다른 그리스도인들이 어떻게 교부 문헌에서 영감을 얻고 공동의 신앙을 찾을 수 있는가? 이들 문헌과 이에 관한 연구가 어떻게 본질적으로 초교파적이고, 다양한 문화를 뛰어넘어 보편적

일 수 있는가? 이는 그리스도교의 모든 교파가 고대 성경 주석사에서만큼은 동일한 권리를 가지고 있기 때문이다. 이들 모든 교파는 자신들의 이성적 사고를 포기하지 않은 채, 모두에게 공동의 자산이 되는 문헌을 연구하고자 모일 수 있었다. 고대 문헌들은 잇따른 성경 주석사 전체 꼴을 잡는 데 결정적인 영향을 미쳤다. 개신교 신자들도 교부들의 유산을 당연히 물려받을 권리가 있다. 콥트인들만이 아타나시우스를 소유할 수 없고, 북아프리카인들만이 아우구스티누스를 전유할 수 없다. 교부들의 정신은 온 교회의 공동 자산이다. 정교회는 바실리우스에 대해 배타적 권리를 지닐 수 없으며, 로마 가톨릭도 대 그레고리우스를 독차지할 수 없다. 모든 그리스도인은 이 보화에 대하여 동등한 권리를 지니며, 그 보화의 가치를 깨닫고 그리스도의 몸 안에서 하나가 될 수 있는 가능성을 본다.

그리스도교의 여러 교파에서 이 프로젝트에 참여한 각 주해서 편집자들은 고대 그리스도교 문헌과 성경 주석사 분야에서 국제적으로 저명한 학자들이다. 동방 정교회 학자로는 영국 더럼 대학교의 앤드루 라우스Andrew Louth 교수와, 미국 매사추세츠 주 브루클린에 있는 성 십자가 신학교 ― 그리스 정교회 ― 의 조지 드래거스George Dragas 교수가 참여하였다. 로마 가톨릭 학자로는 로마 성 안셀모 대학교의 베네딕도 수도회 학자 마크 셰리단Mark Sheridan과, 뉴욕 포담 대학교의 예수회원 요셉 라인하르트Joseph Leinhard, 미국 가톨릭 대학교의 시토회 신부 프랜시스 마틴Francis Martin, 로마 아우구스티누스 교부학 연구소에서 가르치고 있는 시애틀 태평양 대학교의 알베르토 페레이로Alberto Ferreiro 교수, 루마니아의 합동 동방 가톨릭 교파Eastern European (Romanian) Uniate Catholic tradition의 세베르 보이쿠Sever Voicu가 있다. 총서의 신약 부분은 마태오 복음서부터 시작되는데, 마태오 복음서는 가톨릭 교회에서 성경 주석사의 권위요 저명한 교부학자인 로마 대학교의 만리오 시모네티Manlio Simonetti가 맡았다. 성공회 학자로는 마크 에드워즈Mark Edwards(옥스퍼드)와, 케니스 스티븐슨Kenneth Stevenson(영국 햄프셔 주 패어럼) 주교, 로버트 라이트J. Robert Wright(뉴욕), 앤더스 버그퀴스트Anders Bergquist(세인트 올번스), 피터 고데이Peter Gorday(애틀랜타), 제럴드 브레이Gerald Bray(영국 케임브리지 대학교 및 미국 앨라배마 주 버밍엄)가 있다. 루터교에서는 퀜틴 베셀슈미트Quentin Wesselschmidt(세인트 루이스), 필립 크레이Philip Krey와 에릭 힌Eric Heen(필라델피아), 아서 저스트Arthur Just, 윌리엄 C. 웨인리치William C. Weinrich와 딘 웬데Dean O. Wenthe(모두 인디애나 주 포트웨인) 교수가 참여하였다. 개신교의 개혁교회와 침례교, 다른 복음주의 교회의 저명한 학자들로는 존 세일하머John Sailhamer와, 스티븐 A. 맥키니언Steven A. McKinion(노스캐롤라이나 주, 웨이크포리스트), 크레이그 블레이징Craig Blaising과 카르멘 하딘Carmen Hardin(켄터키 주 루이빌), 크리스토퍼 홀Christopher Hall(펜실베이니아 주 세인트 데이비스), 리곤 던칸 3세J. Ligon Duncan III(미시시피 주 잭슨), 토머스 맥쿨러프Thomas McCullough(켄터키 주 댄빌), 존 프랭크John R. Franke(펜실베이니아 주 하트필드), 마크 엘리어트Mark Elliot(리버풀 호프 대학교) 교수가 있다.

편집진을 이처럼 국제적으로 편성한 것은 이 프로젝트가 교회일치 차원을 어느 정도 반영한 것이라 하겠다. 그들은 고대 그리스도교 성경 주석에서 일치된 전통을 가장 잘 반영하는 구절을 공정하게 뽑을 수 있는 적임자였을 뿐 아니라, 일치된 전통이 담겨 있는 중요한 표현들을 빠뜨리지 않겠다는 조건에서 선정되었다. 이들은 동방교회와 서방교회를 막론하고 가능한 한 고대 교회에서 가장 폭넓게 받아들여진 주해들을 찾았다.

그렇다고 해서 교부들의 견해가 늘 일치했다는 뜻은 아니다. 교회일치와 관련된 가르침을 대놓고 부인하지 않는 한, 정통 신앙이라는 테두리 안에서 선정된 이들 본문은 해당 본문이나 개념에 있어 상당한 견해차가 있는데, 이는 저자가 속한 다양한 사회 환경과 배경을 강하게 반영하고 있다는 뜻이다.

드루 대학교는 프로젝트의 각 주해서 편집자들을 위임하는 데 매우 엄격한 기준을 적용하였다. 이 기준에 따라 우리는 성경학계와 교부학계에서 저명하며, 성경 주석사에도 조예가 깊은 세계적인 학자들을 찾고자 하였다. 우리의 노력은 뜻한 바를 이루었다. 총서 편집진이 그리스도교 각 교파의 학자들로 구성되었다는 사실은, 전 세계 독자층의 호응을 얻을 수 있을 뿐 아니라 그리스도교의 주요 교파가 일치하는 데도 중요한 교량 역할을 할 것이다.

편집진은 총서를 편찬하는 내내 일관성 있게 수준을 높이고 문학적으로도 뛰어난 작품이 나오도록 애썼다. 이런 성격의 프로젝트가 대부분 그러하듯이, 편집진이 애쓴 보람으로 편집 방향과 절차는 점차 정교해지고 뚜렷해졌으며, 이는 편집 과정에 다시 반영되었다.

신학적 사고의 존중

『교부들의 성경 주해』는 하느님을 흠숭하는 공동체를 위한 것이므로, 편집진은 교회일치 차원에서 각 교파가 모두 받아들일 수 있는 주제를 편집의 중요한 구성 요소로 삼았다. 곧, 역사 안에서 드러나는 계시, 삼위일체, 역사를 통해 보여 주시는 하느님의 섭리, 그리스도교의 복음 선포, '신앙과 사랑의 규칙'regula fidei et caritatis, 성령으로 말미암아 회개하는 내용 등이다. 이 주해서는, 하느님을 흠숭하는 그리스도교 공동체가 공동으로 지니고 있는, 바로 이러한 내용을 다루고 있다.

세대를 뛰어넘는 이들 신앙 공동체는, 교회일치를 강조한 초대교회 교부들이 성령의 이끄심으로 험난한 역사 속에서도 성경을 해석하고, 그리스도교 진리를 전했다는 사실에 그 의미를 둔다. 따라서 교부 문헌에는 신자 공동체의 정신 안에 깃들어 있는 교회일치에 관한 내용이 계속적으로 담겨 있다. 이러한 교회일치에 관한 내용은 후대보다는 교부 시대에 더욱 두드러지게 나타났다. 그러므로 현대가 가정하는 선입견으로 교부 시대의 문헌을 판단한다면, 우리는 거룩한 책에 담겨 있는 내용을 올바로 파악하지 못할 것이다.

이처럼 많은 내용을 다루어야 하는 프로젝트에서는 목표를 명확히 설정하는 것이 중요하다. 그래야만 원칙을 바로 세워 나가는 데 도움이 되며, 어떤 접근법을 우선적으로 다루어야 하는지 결정할 수 있기 때문이다. 목표를 설정해야만 복잡한 상황에서 생길 수 있는 긴장을 풀 수 있다. 목표는 앞서 언급한 세 가지 내용으로 요약된다. 세 가지 목표 가운데 어느 하나라도 중간에 바꾼다면 총서 전체의 특성은 눈에 띄게 바뀌게 될 것이다. 우리는 이 작업이 학계에서 통용되는 비평을 갖춘 학술 연구라고 생각하며, 인간 앞에서coram hominibus뿐 아니라 근본적으로 하느님 앞에서coram Deo 행해져야 하는 소명으로 여긴다. 놀라운 사실은 우리가 추진하는 작업이 본디 의도한 바를 훨씬 넘어, 중국어를 비롯한 세계 주요 언어로 번역되고 있다는 점이다.

이러한 노력은, 성경이 역사·철학·과학·사회학적 시각이나 방법으로 이해할 수 없으며, 신학적으로 이해해야 한다는 데 바탕을 둔다. 성경을 신학적으로 이해하려면, 계시와 사도직·경전·견해가 일치된 내용 등, 교파를 초월하여 서로 숙고한 오래된 전통을 진지하게 받아들여야 한다. 여기서는 현대가 가정하는 선입견에서가 아니라, 고대 그리스도교 사상을 가장 잘 설명해 주는 전제 요소로, 신학·그리스도론·삼위일체와 같은 논증을 우선적으로 인정해야 한다. 이러한 접근법은 신학과 비평적 연구 방법론을 서로 겨루게 하려는 것이 아니다. 오히려 비평적 연구 방법론을 통합하여 무엇보다 중요한 설교·신학·사목이 서로 어울려 맡은 바 책임을 다하게 하는 데 그 목적이 있다. 그러니 이러한 노력은 오늘날 관념론에 빠져 이론만을 내세우는 것과는 사뭇 다르다 하겠다.

왜 복음주의자들은 점차 교부들의 성경 주석에 이끌리는가

더러 놀랄 수도 있겠지만, 요즈음 세계 독자들 가운데 교부들의 성경 주석을 가장 많이 읽는 이들로 복음주의자들을 꼽을 수 있다. 이들은 교회의 역사적 전승을 무시한 채 오로지 신앙부흥 운동에만 열을 올렸는데, 이제 새롭게 눈을 뜨고 있다. 이 교파는 성경을 비판적으로 연구한다는 점에서는 시대에 뒤떨어지고, 성경을 해석학적 반성 없이 이해한다고 흔히 알려져 왔다. 그런데 이제 침례교와 오순절 교회파의 평신도들이 성령의 역사를 재발견하게 된 것이다. 이러한 사실 자체가 성령이 하신 일이라고 할 수 있을지도 모른다. 이 교파에 속한 사람들도 신앙이 성숙해지면서, 지금까지 경건주의나 역사비평적 전통에서 얻을 수 있었던 것보다 그 이상의 성경 해석이 필요하다는 것을 깨닫게 된 것이다.

경건주의와 계몽주의는 교부들의 성경 주석과 고전적 해석 방법을 업신여겼다. 설교와 성경 주석에 생명력을 불어넣으려면, 슈바이처 이래 꽃피운 역사 비평의 편향된 시각과 경건주의에 물든 개인적 간증 수준을 과감히 넘어서야 한다.

필자는 한동안 『크리스천 투데이』*Christianity Today*의 선임 편집자를 거쳐 편집 주간으로 일해 오면서, 급변하는, 그래서 흥분되기까지 한 신학 동향을 몸으로 느낄 수 있었다. 정통 자유주의 신학에 속하는 신학자로서, 필자는 이 시기에 필자와는 매우 다른 견해를 가진 복음주의 독자들이 무엇에 민감하게 반응하고, 무엇을 필요로 하며 갈망하는지 알게 되었다. 마치 대학에서 세미나를 통해 배우는 것과 같았다.

그런데 왜 지금에서야 복음주의 지도자와 평신도들이 교부들의 지혜가 필요하다고 느꼈는가? 왜 세계 복음주의자들이 고대의 성경 주석에 점차 매력을 느끼게 되었는가? 신앙부흥 운동이라는 개신교 전통의 유산을 물려받은 사람들이 이렇게 한순간에 밑바닥부터 바뀐 이유를 무엇으로 설명할 수 있겠는가? 완전한 답변은 아니지만, 복음주의교파 사람들은 루터와 칼뱅, 웨슬리 시대 때부터 교부들의 저서를 접할 기회가 거의 없었기 때문이다. 사실, 루터나 칼뱅, 웨슬리는 교부들의 사상을 잘 알고 있던 터였다.

『교부들의 성경 주해』는 고대 그리스도교 성경 주석가들의 목소리를 생생하게 전하는 데 그 목적이 있다. 따라서 오늘날의 일방적인 비평적 방법론에는 그다지 신경 쓰지 않을 생각이다. 그리고 지난

2세기 동안 평신도와 교사, 사목자들이 대하기 어려웠던 새로운 문헌을 제공할 것이다. 하지만 이 주해서는 오늘날 폭넓게 연구해 온 역사 비평의 성과를 회피하지 않으며, 고대 그리스도교의 교회일치 전통 안에 담겨 있는, 여러 나라 언어로 쓰여 있는 문헌을 다양한 문화와 세대를 뛰어넘어 오늘날 독자들에게 소개하고자 한다. 그러니 총서는, 깨어 있고 열려 있으며 의욕에 불타고 의지가 확고한 독자들을 대상으로 한다 하겠다.

지금이야말로 이러한 노력을 기울일 때다. 요즈음 복음주의 개신교 신자들 가운데 점차 많은 이가, 종교개혁 이후 정교회와 가톨릭 교회가 오랫동안 분열로 치달을 수밖에 없었던 문제점들에 대해 다시금 서로 대화의 여지를 마련하고 일치의 장을 넓히고 있기 때문이다.

교부들의 성경 주석 연구는 수백 년 동안 개신교와 가톨릭 교회를 괴롭혀 온 여러 주제, 곧 의화와 사도적 권위 · 그리스도론 · 성화 · 종말론에 관하여 더 깊은 대화를 할 수 있는 물꼬를 터 주게 될 것이다. 그리스도교의 각 교파가 종교개혁 이전에 쓰인 문헌들에서 모든 그리스도인이 향유할 수 있는 공동의 신앙을 찾을 수 있기 때문이다. 더욱이 이 분야는 개신교 신자들이 마음 놓고 따를 수 있는 성경의 권위와 해석을 다룬다.

성경 주석사를 재발견하여 설교를 쇄신하는 데 쓸 자료로 삼고자 하는 염원은 이제 복음주의자들의 가슴속에 아로새겨졌다. 이 총서는 설교에 생명력을 불어넣어 이를 쇄신하는 데 도움 되는 자료를 제공하기 위한 것이다.

선정 과정

원자료는 다음의 세 단계를 거쳐 선정되었다.

제1단계: 현존하는 그리스어 및 라틴어 주해서 재검토. 각 주해서 편집자들은 자신이 맡은 성경 각 구절에 대한 주해와 강해나 설교를 한 줄 한 줄 검토하였다. 자료는 대부분 영어로 번역되어 있지 않았고, 일부 자료는 현대어로 번역되지도 않았다.

제2단계: 디지털로 검색한 결과를 재검토. 각 주해서 편집자들은 그리스어와 라틴어 데이터베이스에서 디지털로 검색한 결과를 재검토하였다. 본문이 속해 있는 문맥의 내용을 파악하기 위해서, 보통은 원자료의 디지털 인용문 앞뒤로 나오는 구절을 열 줄씩 다운로드하여 인쇄하였다. 그러고 나서 필요한 경우, 특히 디지털로 검색한 결과가 그리 많지 않을 때는 『교부 성경 색인』Biblia Patristica을 참조하였다. 그런 다음, 각 주해서 편집자들은 디지털 자료와 출간된 본문에서 선정될 가능성이 높은 자료를 따로 모아 놓았다.

제3단계: 선정. 각 주해서 편집자들은, 디스크에 저장이 되어 있든 종이로 인쇄되어 있든, 그리스어와 라틴어 디지털 데이터베이스, 현존하는 주해서, 그리고 이미 영어로 번역된 자료 등에서 모은 성경 각 구절의 주해 가운데, 정해진 기준에 따라 교부들의 가장 좋은 주해와 해설을 선정하였다. 이렇게 선정한 까닭은 얼마 안 되는 문장이나 문단이라도, 신자 공동체의 정신이 가장 잘 반영되어 있는 교부들의 주해를 따로 모아 놓기 위해서다.

선정 방법

자료를 어떻게 선정하였는지 그 방법을 정확하게 밝히는 것이 독자들에게 도움이 되리라 생각한다. 우리는 다른 이들에게 특정 성경 구절에 대해 우리와 비슷한 절차를 거쳐 그 결과가 어떻게 나오는지 비교해 주기를 청하였다.[6] 이들이 우리가 선정한 본문을 재검토하고 더 나은 대안을 제시해 준다면 기꺼이 받아들이겠다. 우리는 무의식적으로라도 어느 한쪽으로 치우쳐 본문을 선정하지 않기를 원하였다. 혹시 이 의도와 어긋나는 것이 있다면 지적해 주기 바란다.

『교부들의 성경 주해』 편집자들과 간행자, 번역자, 연구진은 전체 프로젝트를 짜임새 있게 만들고자 주해를 선정하는 합의안을 공동으로 미리 정하였다. 다음은 주해를 선정하는 데 지켜야 하는 내용이다.

선정 원칙은 관련자 상호 간에 합의된 사항이다. 이는 편집자들이 방대한 교부 문헌 가운데 선택의 여지가 있고 지혜 가득한 내용이 담겨 있으며, 의미 있는 성경 주해를 선정하는 데 지침이 되고자 하는 것이다.

1. 우리는 사용 가능한 주해가 엄청 들어 있는, 방대한 데이터베이스에서 오늘의 상황과도 관련이 있고 그 의미를 이해할 수 있으며, 서로 다른 문화는 물론 실생활에도 쉽게 적용할 수 있는 구절을 선호한다.

2. 각 주해서 편집자들은 수사학적 효과가 뚜렷하고 자명하며 설득력이 있는, 그래서 어떠한 설명도 덧붙일 필요가 없는 교부들의 글을 찾고자 한다. 편집자의 주된 임무는 가장 적확한 주해를 찾아내어 그것을 정확하게 번역하도록 도와주는 것이다.

대개는 깊은 감명을 주고 기억하거나 인용하기가 쉬우며 (흔히 한두 문장이나 한 문단으로 되어 있는) 금언처럼 짧은 글을 선정한다. 길고 이해하기 어려운 설교나 강해, 상세한 논문 같은 내용은 되도록 택하지 않는다. 많은 경우, 이야기체로 쓰여 감흥을 불러일으키거나 교화적인 내용은 포함한다. 이러한 기준은 탈무드와 미드라쉬를 비롯한 유대교 라삐들의 해석 전통과 맥을 같이한다. 그러나 경우에 따라서는 중요한 내용을 담고 있는 상세한 주해 또는 장문의 강해나 설교도 선정한다.

3. 우리는 어느 시대, 어느 문화를 막론하고 신자 공동체의 정신을 가장 잘 반영하는 주해를 선정한다. 단순히 사변적으로 뛰어나거나 너무나 새로운 내용을 전해 주기보다는 모두 공감할 수 있는 내용에 더 중점을 둔다. 주석가는 독창적으로 사상을 전개하고 해석할 수 있지만, 주해는 사도 전통의 가르침과 교회의 신앙과 일치해야 한다. 개인적인 차원에서 새로운 것을 내세우다 보면, 하느님을 흠숭하는 공동체가 이미 알고 있는 것을 아직 학문적으로 체계화하지 못하여, 일치된 견해를 중시하는 전통과도 어긋나게 된다.

---

[6] 현재 특정 성경 구절의 주석사에 관한 박사 학위논문 몇 편이 준비되고 있다. 이 논문들이 새로운 학문적 방법론으로 발전되어, 앞으로 성경과 교부 문헌 연구가 역사주의나 자연주의적 환원주의 방법이 아니라 본문을 분석하고 또 본문과 본문 사이에 어떤 관련성이 있는지 분석하며, 어떤 내용이 서로 일치하는지 평가하고, 해석사를 더욱 깊이 연구하는 방향에서 이루어졌으면 한다.

그러므로 우리는 해당 성경 본문을 다르게 해석하기보다는 교회일치 관점에서 주석의 주된 흐름을 올바로 반영하는 본문 해석에 더 관심을 둔다. 교회일치 정신이 몸에 배어 있는 정교회와 개신교, 가톨릭 계통의 각 주해서 편집자들은 공정하고 전문가다운 판단력으로 가장 중도적인 주해를 선정한다. 가령 교회 신앙이라는 전통의 길에서 벗어나지 않은, 오리게네스와 테르툴리아누스의 주해는 포함시켜도, 고대 교회의 일치 정신과 크게 다르거나 지나치게 자의적으로 주해한 내용은 배제한다.

4. 일치된 견해를 펼치는 교부들 가운데는 사회적 위치와 언어, 국적 때문에 상대적으로 무시된 경우가 있다. 하지만 이들의 작품 내용이 고대 성경 주석의 주된 흐름과 맞는 경우에는 이들의 글도 선정 대상에 포함시킨다. 시리아어와 콥트어, 아르메니아어 전문가들을 찾은 까닭도 바로 이 때문이다.

5. 불쾌하고 조잡하거나 품위 없고 불합리한 우의寓意(allegory)적 주석이나[7] 인종차별에 관한 내용을 담고 있는 주석은 가려냈다. 그런데 선택한 본문이 어느 정도 이러한 논쟁거리와 관련 있다 싶으면 본문의 문맥과 저자의 의도를 더 잘 이해할 수 있도록 각주를 달았다.

6. 우리는 동방교회와 서방교회, 아프리카 교회의 문헌을 골고루 사용하려고 노력하였다. 그래서 의도적으로 알렉산드리아 · 안티오키아 · 로마 · 시리아 · 콥트 · 아르메니아 교회가 해석한 내용도 함께 다루려고 애썼다. 특히, 고대 그리스도교의 다양한 저자들의 견해를 반영함으로써, 논리적으로 옳고 다양하며 신뢰할 수 있는 성경 주석과 교훈적인 본문 해석을 제시하고자 한다.

7. 특히 여성의 의견도 가능한 한 다루려고 하였다.[8] 예를 들면 마크리나[9] · 에우독시아 · 에게리아 · 팔토니아 베티티아 프로바의 글, 「사막 여수도승의 금언집」Sayings of the Desert Mothers, 그 밖의 다른 여성들이 남긴 고대 그리스도교 성경 주해도 선정 대상에 포함시키고자 하였다.

8. 고대 그리스도교 저자들의 성경 주해를 직접 대하기 위하여, 우리는 교부들에 대한 현대 주석가들의 견해나 의견이 아니라 교부들의 주해 자체를 전하는 데 중점을 두었다. 고대 그리스도교의 매우 다양한 사회 환경에서, 당시 가장 뛰어난 성경 해석가들이 깨달은 가장 깊은 주석을 오늘날 독자들이 만날 수 있도록 도움을 주고자 한 것이다.

본문이 어떻게 변형되고 전승되어 왔는가를 비평적으로 검토하거나, 본문을 문화 · 사회적 배경과 관련시켜 폭넓게 설명하는 데 목적이 있지 않다. 물론 이렇게 살펴보는 일도 본문을 이해하는 데는 쓸모 있을 수 있다. 그렇지만 가능하면 설명을 덧붙이지 않고, 고대 그리스도교 저자들의 주해를 가장

---

[7] 우의적 해석 방법을 담고 있는 본문을 제외시키지 않았지만, 본문을 설명하는 참뜻과 전형적 요소에 관해서는 공정히, 그리고 올바르게 판단해야 한다. 고대 그리스도교 성경 주석은 우의적 해석으로 가득 차 거의 쓸모없다고 말하는 사람들도 있다. 이런 생각은 편견에 지나지 않는다. 우리가 세운 기준에 따라 선정한 문헌을 살펴보니, 우의적 해석을 담고 있는 내용이 사실 얼마 되지 않아 우리도 적잖이 놀랐다. 정확히 계산해 보니, 우의적 해석을 담고 있는 문헌은 전체의 5퍼센트도 안 되었다. 따라서 우의적 해석은 보통, 고대 그리스도교, 특히 알렉산드리아 학파의 저자들과 구약성경 본문을 해석한 저자들이 사용한 주석 방식으로 인정되지만, 우리가 생각하듯 주된 주석 방식은 아니었다.

[8] 테르툴리아누스와 니사의 그레고리우스, 나지안주스의 그레고리우스, 히에로니무스, 요한 크리소스토무스, 팔라디우스, 아우구스티누스, 시리아인 에프렘, 게론티우스, 놀라의 파울리누스가 쓴 편지와 전기, 신학 · 자서전적 저술과 (이집트의 마리아의 생애와 타이스, 펠라기아의 생애를 쓴) 수많은 익명의 저자들이 전하는 여성에 관한 내용들이다.

[9] 남동생 니사의 그레고리우스가 그녀를 대변한다.

잘 이해할 수 있게 제시하는 데 목적이 있다. 이 프로젝트가 교부들의 성경 주해를 오늘날의 관점에서 재조명한 것이라고 생각한다면 이보다 더 큰 오산은 없을 것이다.

9. 실제 설교에 도움이 되고, 하느님을 흠숭하는 공동체가 본문의 분명한 의미와 저자의 의도, 영적 의미를 올바로 이해할 수 있는 주해를 의도적으로 찾아 모았다. 성경의 특정 본문에 대해 고대 그리스도교의 신앙 공동체가 깊이 성찰한 글을, 성경을 읽는 이들이나 가르치는 이들도 쉽게 접함으로써 도움을 받았으면 한다.

모든 고대 그리스도교 저자들이 성경 본문에 대하여 기록한 글을 하나도 빼놓지 않고 모두 모으려 했다면, 그 수량과 비용은 차고 넘쳐 났을 것이다. 이 어마어마한 자료 가운데 저자의 의도를 가장 잘 반영하고 설득력 있는 주해만을 신중히 추려 내어 이를 가장 정확한 영어로 번역하려고 하였다.

앞에서 말한 편집 지침을 제대로 수행하기 위하여, 각 주해서 편집자들은 설교가 어떤 것인지 잘 알고 성경 주석사에 박학한 교부학자들과, 고전 그리스어와 라틴어 문헌에 능통한 성경학자들로 구성하였다. 우리는 평신도와 사목자들이 무엇을 필요로 하는지 잘 알고 교부 문헌에 대하여 전반적인 지식을 갖추어, 오늘날 설교가 어떤 문제점을 안고 있는지 직관적으로 이해하는 사람들을 편집자로 선정하고자 하였다. 편집진이 국제적이고 여러 교파 사람들로 구성되어 있는 점은, 이 프로젝트와 독자의 범위가 그만큼 국제적이고 세계적이라는 것을 말해 준다. 따라서 이 총서가 그리스도교 주요 교파 모두를 아우를 수 있다고 확신한다.

『교부들의 성경 주해』의 유형

총서를 주해서라고 부르는 데는 그만한 이유가 있다. '주해'를 한마디로 정의하자면, "성경과 같은 주요 저서를 예증하거나 설명하는 일련의 풀이"다.[10] 주해commentary는 라틴어 콤멘타리우스commenta-rius에서 유래한 말로, 어떤 주제나 글, 또는 일련의 사건에 대한 '간단한 소견'이나 '메모'memoranda를 뜻한다. 신학적 의미로 말하자면, 성경의 일부 구절을 설명하고 분석하거나 해석하는 작업이다. 고대에서 주해서는, 예컨대 1세기에 율리우스 히기누스가 비르길리우스Virgil의 작품을 주해하였듯이, 이전에 쓰인 어떤 작품을 설명하는 책으로 통하였다. 히에로니무스는 예전에도 많은 이가 세속 문헌을 주해하였다고 언급한다.

주해는 서론 다음에 온다. 서론에서는 누가, 왜, 언제, 누구를 위해 이 글을 썼는지 등에 관한 내용이 제시된다. 주해는 본문에 쓰인 문법이나 어휘와 관련된 문제를 다루기도 한다. 또한 저자의 사상이나 저술 동기를 간략히 기술하며, 사회·문화적으로 작품에 미친 영향이나 문헌학에서 올 수 있는 뉘앙스를 다루기도 한다. 요컨대, 주해는 고전 문헌의 어느 부분을 택하여 그 본문이 의미하는 바를 독자들에게 분명히 밝혀 주거나, 더 정확하게는 저자의 의도를 올바로 이해시키는 풀이라 하겠다.

서방의 주해 문학 유형은 초기 그리스도교의 성경 주해사와 맥을 같이하며 구체적인 꼴을 갖추었

---

[10] *Funk & Wagnalls New "Standard" Dictionary of the English Language* (New York: Funk and Wagnalls, 1947).

다. 이 역사는 오리게네스와 힐라리우스를 비롯하여 요한 크리소스토무스와 알렉산드리아의 키릴루스를 거쳐 토마스 아퀴나스와 리라의 니콜라스에 이르기까지 이어진다. 그리스도교 성경 주해가 기존의 문학 유형을 이어받아 이를 그리스도교 문헌에 맞게끔 새로운 형태로 바꾸었다고 단순히 추론하는 것은 조심해야 한다. 오히려 서방에서 주해라고 하는 문학 유형 — 특히 성경 주해 — 은 그 원형이라 할 수 있는 교부들의 주해서를 본뜬 것이며, 이들 주해서가 주해의 유형이라는 모든 서구 사상에 상당한 영향을 주었다고 말하는 것이 더 정확한 표현이다. 지난 2세기, 근대 역사 비평 방법론이 도입된 이래, 일부 학자들은 주해의 정의를 더 엄격히 규정하며 역사주의적 관점에만 온 신경을 썼다. 곧, 문헌학·문법적 검토, 저자, 집필 연도와 배경, 사회·정치·경제적 상황, 문학 요소로서 유형 분석, 본문의 구조와 기능, 본문 비평과 확실한 출처 등을 고려하였다. 따라서 『교부들의 성경 주해』 편집진은 고전적 의미에서 이 작업을 주해로 부르는 것을 호교적이라고 생각하지 않는다.

주해서를 읽는 오늘날의 명민한 독자들은 자신들이 매우 완고한 사고방식에 젖어 있다는 것을 잘 알고 있다. 그들은, 본문을 해석하는 데 해석자가 절대적으로 영향을 미친다는 사실과, 따라서 고대의 본문은 현대 해석자의 능력(가치, 가정, 경향, 관념론적 편견)에 좌우된다는 사실 또한 잘 알고 있다. 이러한 사고방식은 뒤에 나온 비판적 문헌이 앞서 나온 비판적 문헌보다 더 가치 있다고 여기는 현대의 쇼비니즘, 곧 배타적 맹신주의에 근거하고 있다. 이러한 편견은 성경 본문을 주로, 아니면 때로 현대성에 꿰맞추는 역사 비평이라는 렌즈를 통해서만 보려는 경향으로 나타난다.

우리도 이러한 견해를 충분히 고려하고 각 주해서 편집자들도 오늘날의 성경 비평을 철저히 알고 있는 터이지만, 『교부들의 성경 주해』 편집진은 그리스도교 경전이 교회의 거룩한 본문으로 존중되어야 한다는 생각을 기꺼이 받아들인다. 거룩한 본문에 대한 생각 자체가 오늘날 성경에 대해 생각하는 것보다 덜 중요할 리가 없다. 성경을 읽고 설교하는 일은 교회 생활에서 매우 중요하다. 『교부들의 성경 주해』가 바라는 바는 고대 교회의 성경 해석을 재발견함으로써, 교회 생활에 새로운 활력을 불어넣는 데 조금이나마 기여하고자 하는 것이다.

고대의 저자가 오늘날 생각하는 방식을 따라야 한다고 여기는 이들에게 주는 정중한 경고

누군가 오늘날 표현으로 주해는 이러이러하다고 정의하며 역사 비평 방법만이 정확한 주해라고 내세운다면, 고대 그리스도교 성경 주석가들은 당연히 늘 시대에 뒤지고 별스러우며 전근대적이고, 따라서 사회와는 동떨어진 인물로, 어느 경우에는 우스꽝스럽거나 비열하기까지 하고, 편파적이고 부당하며, 남을 억압하는 사람으로까지 보일 것이다. 그러므로 해석학적으로 공정을 기하기 위해서 독자들은 오늘날 성경에 대한 확실한 주해라고 생각하는 것들을 고대의 성경 주석가들에게 강요해서는 안 된다. 고대 그리스도교 저자들은 먼 훗날 생겨난, 오늘날 우리가 생각하는 방법들을 말한 적도 없거니와 알 수도 없으며, 때로는 눈속임으로까지 여겨 끝없이 이론을 제기할 수도 있다.

총서는 각각의 성경 본문을 놓고 고대의 주석과 현대의 주석 가운데 어느 주석이 좋은가를 따지려는 것이 아니다. 오히려 총서는 고대 해석가들의 주해를 가능한 한 있는 그대로 보여 주고자 한다. 그

러니 여기서 고대와 현대의 주석 방법에 대해서는 논하지 않겠다. 그러나 이러한 토론 자체도 고대의 주석을 폭넓게 연구해야만 가능한 일이다. 사실 지금까지 성경학자들은 고대의 주석을 읽어 볼 기회가 별로 없었다. 이러한 공백을 메우려 하는 것이 총서의 목적이기도 하다.

교부 시대 성경 주석의 목적은 성경에 계시된 진리를 겸허하게 찾는 것이었다. 따라서 성경에서 가르치는 진리를 실천하려는 준비가 되어 있지 않은 이들에게는 성경 풀이를 가르치지 않은 경우가 많았다. 이 점이 현대의 성경 주석과 완전히 다르다. 현대 학자들은 성경을 주석할 때 성경의 진리를 계시로 보지 않으며, 계시된 진리를 개인적으로 꼭 지켜야 할 절대적인 윤리 규범으로 여기지도 않는다. 하느님의 말씀으로 진지하게 받아들이지 않는다는 말이다. 그러면 우리가 지금 다루려는 교부들은 이를 어떻게 생각했는가? 계시된 진리를 실천할 준비가 되어 있지 않은 사람은 본문의 의미를 제대로 이해할 수 없다고 여겼다. 고대 교회의 사람들은 보통 본문의 말씀을 귀 기울여 듣고 그대로 실천하는 것이 본문을 이해하는 길이라 생각하였다.

교부들의 전형적인 성경 주석 방법은 오늘날 생각하는 주해 방법과 종종 일치하지 않는다. 오늘날 학자들은 본문과 관련이 있는 성경 구절을 꼬리에 꼬리를 물듯이 성경의 다른 부분에서 참된 뜻을 찾아야 하는 방법을 받아들이지 않는다. 이들은 관련 구절을 찾아내는 것을 당치 않은 본문 검증이라고 여겨 무시해 버렸다. 그러나 '성경은 성경에서 가장 잘 설명된다'scripturam ex scriptura explicandum esse는 점을 근거로 본문과 본문을 비교하는 일은 고대 그리스도교 저자들에게 매우 중요한 성경 해석 방법이었다. 이들은 본문의 의미가 명확히 전달되지 않는 성경 구절은 의미가 명확히 전달되는 다른 성경 구절로 해석하는, 곧 신앙을 유추하는 성경 구절로 성경 전체의 증언과 관련시켜 본문을 해석하였다.

독자들은, 우리가 지금 근본주의라고 부르는 해석 방법을 전혀 몰랐던 고대 그리스도교 저자들에게 20세기 근본주의fundamentalism적 해석을 억지로 강요해서는 안 된다. 또한 교부들을 오늘날의 의미에서 고지식한 근본주의자들이었다고 여기는 것은 경솔한 판단이다. 교부들은 오늘날의 자연주의적 환원주의를 거스르는 이들이 아니기 때문에, 그들의 주석은 근본주의적 해석이 아니다. 그들은 본문을 글자 그대로 이해하는 문자적 또는 단순한 의미로 성경을 해석하는 데 늘 반대하였다. 오히려 영적·윤리적 의미와 예형론적像型論的 의미를 찾으려 하였다. 이와 달리 오늘날 근본주의는 역사주의에 반발하여 떨어져 나온 방어적 소산물이다. 따라서 그 특성이 고대의 예형론적 사고보다는 오늘날의 역사주의와 더 비슷하다. 역설적이지만 자유주의자들과 근본주의자들 모두의 성경 주석은 고대 그리스도교 성경 주석과 유사하기보다는, 둘 사이에 유사한 점이 더 많다. 왜냐하면 자유주의와 근본주의는 둘 다 계몽주의의 산물인 합리주의·역사주의라는 이론에 근거하고 있기 때문이다.

성경의 각 본문은 다른 본문으로, 그리고 계시 역사 전체로 그 뜻을 밝힐 수 있다는 것이 고대 그리스도교 성경 주석의 일반 원칙이었다. 따라서 교부들은 해당 본문의 뜻을 밝히기 위해 이와 관련된 여러 다른 본문을 비교하였다. 현대의 성경 주석이 한 본문에만 집중하여 그 뜻을 밝히지만, 고대의 성경 주석은 본문을 유추하여 다른 본문들과 끊임없이 관련시켰다. 또한 라삐 전통처럼 예형론적 논증을 집중적으로 사용하였다.

신약성경을 쓴 신앙 공동체에 널리 퍼져 있었던 교회론 · 성사 · 교의론적 해석뿐 아니라 신학 · 도덕적 해석을 무시하고 신약성경을 읽으려 한다면, 오늘날 그 당시 공동체와 눈높이를 맞추려는 많은 이에게는 무척이나 무모한 시도가 아닐 수 없다. 우리가 육화와 부활을 배제한 채 신약성경의 뜻을 이해하려 한다면, 그 노력의 결과는 정도를 벗어나고 왜곡되지 않을 수 없다. 교부들이 주석한 일부 성경 구절을 편향적인 시각에서 읽는 사람은, 교부들의 주석에 놀라 이렇게 해석해도 되는가 싶어 내팽개칠 수밖에 없다. 교부들의 성경 주석은 현대의 주석 규범과 역사주의적 주해와도 맞지 않으며, 비평적 연구 방법의 모델도 분명 아니기 때문이다.

여성 혐오주의와 반유대주의

반유대주의와 여성 혐오주의에 관한 문제는 신중히 접근해야 한다. 교부들을 반유대주의자이거나 여성 혐오주의자 아니면 두 주장을 모두 옹호하는 이들이라고 싸잡아 말하는 사람들이 더러 있기 때문이다. 이에 관한 논의는 다른 사람들이 더 상세히 다루어 주기 바라면서, 필자는 고대 그리스도교 저자들을 짧게나마 조심스럽게 변론하고자 한다. 필자는 얼마 안 되는 지면에서 이 문제를 변론한다는 자체가 얼마나 무모하고 위험한 일인지 잘 알고 있다. 독자들 가운데 더러는 이 문제가 걸림돌이 되어 교회일치를 추구하는 교부들의 가르침마저 외면하기도 하였다. 따라서 이 문제는 신중히 논의될 필요가 있다.

이 문제에 관해서는 격렬한 논쟁이 일어날 수 있지만, 필자는 고대 그리스도교 저자들이 오늘날의 특정 인종을 차별하는 반유대주의를 염두에 두지 않았다고 확신한다. 교부들은 인종을 증오하는 관점에서 논거를 댄 것이 아니라, 예수 그리스도에게서 완성된 하느님과 인간이 맺은 계약의 역사 안에서 하느님께서 선택하신 백성인 유대인이란 신분에 준하여 논거를 댄 것이었다. 또한 여성들에 관한 교부들의 논거는 오늘날 기준에서 볼 때, 여성들을 부당하게 대하여 의도하지 않은 결과를 초래한 경우도 있지만, 교부들은 사도적 가르침에 따라 여성들의 역할을 이해하려고 하였다.

이렇게 변론하였다고 해서 반유대주의와 여성 혐오주의 역사에서 그리스도인들의 역할과 관련하여 뒤얽혀 있는 모든 도덕적 문제가 해결되는 것은 아니다. 반유대주의와 여성 혐오주의는 지속적이고 공정한 연구와 해명을 필요로 한다. 요한 크리소스토무스나 순교자 유스티누스가 반유대주의자인가 아닌가 하는 문제는, 반유대주의라는 용어가 인종을 의미하는 것인가 아니면 종교적 · 예형론적 의미를 지니는가 하는 문제에 달려 있다. 필자 생각으로는 오늘날 독자에게 반유대주의로 보이는 교부들의 글은 대부분 예형론적 의미를 담고 있으며, 또한 '신앙의 유추'라는 성경 해석 방법에 바탕을 둔다. 이러한 접근법은 교부들이 각 본문을 계시라는 전체 흐름에서 평가하고 유대인과 이방인의 차이를 그리스도론적으로 해석한 것이지 단순히 유전학과 인종이란 문제에서 해석한 것은 아니다.

복음서에 위협 요소로 자주 등장하는 유대화에 대해 교부들이 매우 혹독하게 비판할 때도, 오늘날 반유대주의자들이 생각하듯이, 그들은 유대인을 인종적으로나 유전학적으로 열등한 민족이라고 여기지 않았다. 교부들은, 바오로가 여성들이 가르치는 것에 대해 혹평한 구절을 주해할 때도 여성에 대해 대개는 아무런 반감도 보이지 않았다. 오히려 여성들을 '남성의 영광'이라고까지 예찬하였다.

얽히고설킨 이 문제에 관하여 로즈마리 래드포드 류터Rosemary Radford Ruether와 데이비드 포드David C. Ford의 글을 비교해 보기 바란다.[11] 류터는 처음부터 끝까지 동등함justice이라는 오늘의 판단 기준에서 고대 그리스도교 저자들의 잘못을 지적하였다. 이와 달리 포드는 고대 그리스도교 저자들을 당시의 역사적 배경과 한계 상황, 성경 해석, 더 깊은 의도라는 관점에서 이해하려 하였다. 두 학자의 접근 방법은 독자들에게 많은 것을 시사하지만, 포드의 접근 방법이 교부들의 의도를 좀 더 공정하게 평가한 듯하다.

펠라기우스에 관한 주의 사항

펠라기우스의 주해도 선정 기준에 맞으면 포함시켰다. 우리가 합의한 기준을 철저히 따른다면, 이에 관해서는 몇 가지 설명이 필요하다.

펠라기우스의 문헌은 격렬한 논쟁거리가 될 만한 여러 요소를 담고 있다. 펠라기우스는 5세기 초에 활동한 이단자다. 그러나 그의 주해들은 후대에 정통 신앙의 학자들에 의해 철저하게 수정되어 다시 편집되었으며, 그 뒤 다른 저자의 이름으로 전해져 널리 읽혔다. 그러니 펠라기우스 전집에서 어떤 본문을 받아들여야 하는지 난감할 수밖에 없다.

1934년까지 남아 있던 펠라기우스의 문헌이라고는 바오로 서간을 주해한 변조된 본문과 아우구스티누스가 인용한 단편뿐이었다. 1934년 이후 펠라기우스의 작품들은 많이 연구되고 검토되었다. 그의 문헌은 후대의 편집자들에 의해 너무 많이 수정되어, 지금 남아 있는 문헌을 인용하는 것조차 의미가 없을 정도다. 그러나 그의 작품에는 5세기에 바오로 서간을 어떻게 주해하였는지를 보여 주는 중요한 자료가 담겨 있다. 따라서 그의 작품을 무조건 무시해서는 안 된다. 필자는, 5세기에 활동한 펠라기우스를 너무 쉽게 '펠라기우스주의 이단'이라는 후대의 고정관념으로 동일시하는 것은 현명하지 않다고 여긴다.[12]

오늘날 우리가 읽고 있는 바오로 서간을 주해한 펠라기우스의 본문은 히에로니무스의 전집에 보존되어 있으며, 6세기에 프리마시우스나 카시오도루스 또는 두 사람 모두 재편집한 것으로 생각된다. 이 주해는 여러 차례 교정되고 편집되어, 오늘날 현존하는 것은 후기 교부들의 표준이 되는 사상과 성경 주석과 많이 일치한다고 볼 수 있다. 물론 그리스도교의 모든 교파가 하나같이 '펠라기우스주의'라고 혹평하는 내용은 예외다.

펠라기우스의 원문은 어떤 점에서는 분명히 이단과 관련이 있는 내용을 담고 있다. 그러나 현존하

---

[11] Rosemary Radford Ruether, *Gregory of Nazianzus: Rhetor and Philosopher* (Oxford: Clarendon Press, 1969); Rosemary Radford Ruether, ed., *Religion and Sexism: Images of Woman in the Jewish and Christian Traditions* (New York: Simon and Schuster, 1974): David C. Ford, "Men and Women in the Early Church: The Full Views of St. John Chrysostom" (So. Canaan, Penn.: St. Tikhon's Orthodox Theological Seminary, 1995). John Meyendorff와 Stephen B. Clark, Paul K. Jewett가 공동으로 연구한 내용을 참조하라.

[12] Adalbert Hamman, Supplementum to PL 1: 1959, cols. 1101-1570 참조.

는 문헌은, 아우구스티누스의 견해와 서로 다른 점이 있기는 하지만 주로 일반적인 내용을 다룬다. 따라서 이 자료를 '펠라기우스'의 것이 아닌 '위-펠라기우스'와 '익명'으로 인용할 수 있다. 그러나 총서에서는 오늘날 참고문헌을 인용하는 방식 그대로 따른다.

주해서의 서문과 둘러보기, 구조

각 주해서 편집자들은 서문에서 주로 누가 성경을 썼는가 하는 교부들의 견해와 성경의 중요성, 교부 주해의 유용성이나 희소성, 교부들마다 견해를 달리하는 논쟁점, 각 주해서를 편집하는 데 특별히 다루어야 할 문제를 상세히 논한다. 그리고 주해서의 전체 구조도 설명한다. 이는 일반 독자들이 찾고자 하는 성경 본문에 관한 교부 주해의 특징과 의미를 이해하며, 주해서를 사용하는 방법을 익히도록 하는 데도 도움을 줄 것이다.

둘러보기에서는 주해를 한 주요 교부들이 누구인지 알려 주며, 해당 성경 구절의 중요하고 핵심적인 논거가 무엇인지 독자들에게 간략히 소개한다. 다시 말하자면, 교부들이 주해한 내용을 논리적으로 간추려 나열해 놓은 것이다. 교부들의 주해 출처가 다양하고 시대가 다르지만, 해당 구절에 관한 교부들의 주해를 합리적으로 일목요연하게 정리하는 것이 이상적인 둘러보기의 역할이라 할 수 있을 것이다. 둘러보기의 구조는 성경 본문의 특성에 따라 주해서마다 조금씩 다를 수 있다.

각 주해에 표제를 단 이유는 독자들을 그 주제로 빨리 이끌기 위해서다. 독자들은 표제와 둘러보기를 대충 훑어보기만 해도 주해의 내용이 무엇인지 한눈에 파악할 수 있을 것이다. 보통 주해 안에 들어 있는 문구를 표제로 정했음을 밝혀 둔다. 아니면 관련 성경 구절을 표제로 실어 본문의 의미를 이해하는 데 도움을 주고자 하였다.

고대 그리스도교 저자의 생애를 다룬 전기에 관한 정보는 다양한 참고서와 사전, 백과사전 등에서 쉽게 찾아볼 수 있으므로, 『교부들의 성경 주해』에서는 이러한 수고를 되풀이하지 않겠다. 그러나 각 주해서 부록에는 인용된 저자들이 연대순으로 간략히 정리되어 있다. 아울러 가나다순으로 저자 약전略傳도 함께 실었다. 약전에서는 저자의 교직과 활동 지역, 저술 활동, 신학적 경향 등에 관해서 대략적인 정보만 제시하였다.

성경 각 구절을 선정하고 번역하는 데는 나름대로 특수성이 있다. 검색하고 평가하여 재검토한 본문 자료의 분량은 주해서마다 매우 다르다. 교부들이 본문에 대해 통찰한 깊이도, 문화적으로 배경이 서로 달라 이해하기 힘든 내용도, 그리고 검토 자료가 오늘날 상황과 얼마나 관련이 있는지 하는 의미 또한 제각각이다. 각 주해서 편집자가 이렇게 다양한 본문에 대한 해석을 합리적이고 일목요연하게 정리하는 일은 결코 쉽지만은 않았다.

성경 본문의 의미가 모호하여 독자들이 혼란을 일으킬 수 있을 때는 각주를 달아 내용을 보충하였다. 교부 문헌 번역서와 비평본도 각주에서 제시한다.

우리는 독자들이 둘러보기와 표제, 각주로 이어지는 연결 고리를 통해 본문에서 본문으로 쉽게 넘나들기 바란다. 이것이 편집의 주된 목표다. 각주는 교부들의 주해 본문에 비하여 10퍼센트 이하로 제한하였다. 각주에서 사용된 약어는 주해서마다 그 목록을 실어 놓았다. 편집상의 연결 고리는 전체 성경마다 일률적으로 되어 있는 게 아니라 각 주해서의 특색에 따라 형태를 달리하였다.

학제 간 연구 방법의 상호 보완성

『교부들의 성경 주해』는 학제 간 연구 방법을 활용하였다. 다양하지만 서로 관련이 있는 연구 방법들을 함께 사용한 것이다. 각 방법은 의당 고유한 전문 분야에서 연구한다. 주요 연구 방법은 이렇다.

본문 비평. 수사본으로 전해진 어느 문헌도 오자가 없다거나 원문과 다른 문장이 없는 경우는 거의 없다. 우리는 자주 재필사된 고대 문헌을 다루기 때문에, 고대 본문 연구에 필요한 모든 방법을 이용해야 한다. 가장 믿을 만한 연구 방법으로 본문 비평을 많이 사용하였다. 이 방법은 성경 연구와 교부 문헌 연구에서도 활용된다. 이들 분야에서 본문 비평 작업은 현존하는 여러 자료 가운데 가장 권위 있고 확실한 사본을 가려내는 것이기 때문에, 그 중요성은 이루 다 말할 수 없다. 그리스어로 쓰여 있는 모든 문헌을 데이터베이스로 처리한 TLG와, 『그리스도교 전집(라틴어 총서)』의 본문을 담은 Cetedoc 총서의 데이터베이스를 만드는 데 사용한 비평 분석 방법이 기꺼이 활용되었다.

성경 본문과 관련하여 데이터베이스 연구진과 총서의 각 주해서 편집자들은 종종 특정 주해에 어떤 이문異文이 사용되었는지 파악해야 하는 문제에 부닥쳤다. 고대 주석가들이 어느 번역본을, 아니면 어떻게 전승된 성경 본문을 사용했는지는 언제나 분명하지 않다. 독자들이 본문의 출처에 관심을 둘 수도 있기에 이를 각주에서 설명하였다.

사회·역사적 상황 설명. 각 주해서 편집자들은 고대의 본문에서 발췌한 주해에 담겨 있는 역사·사회·경제·정치적 상황을 이해하려고 하였다. 이러한 이해가 전제되어야만 주해의 의미와 저자의 의도를 분명히 파악할 수 있고, 어느 주해가 성경 본문에 가장 적절한지 알 수 있다. 그러나 이러한 상황을 장황하게 논하거나 관련된 참고 사항을 나열하는 것이 우리의 주된 과제는 아니다. 또한 본문의 사회적 상황이나 특정 낱말의 문헌학적 역사와 본문의 사회적 기능도, 그것들이 아무리 흥미나 관심을 불러일으켜도, 우리의 주된 관심사는 아니다. 따라서 이러한 문제들은 각 주해서 편집자들이 필요하다고 판단할 경우 각주에서 간략히 다룰 것이다.

교부 문헌에 관한 적절한 상황을 설명하는 것이 때로는 유익하고 필요한 경우도 있겠지만, 우리의 주된 목적은 각 교부 문헌의 상세한 사회·역사적 상황을 설명하는 것이 아니다. 이러한 상황을 설명해야 한다면 총서의 권수는 지금보다 열 배는 더 늘어날지도 모르겠다. 상황을 조금만 설명해도 되는 본문이 있는가 하면, 상세히 설명해야 하는 본문도 있다. 다른 한편으로, 어느 본문은 내용이 이해하기 쉽고 간단명료하거나 금언적이기까지 하여 굳이 장황하게 상황 설명을 하지 않아도 된다. 이런 내용이야말로 우리가 찾고자 하고, 총서에서 다루고자 하는 본문이다. 우리는 오늘날 독자들의 이해를 돕기 위해 복잡하게 설명을 많이 해야 하는 본문에는 눈길조차 주지 않았다. 특히, 명백하게 공격적인 본문(반유대주의적이거나 도덕적으로 모순되며 눈에 거슬릴 만큼 극단적으로 배타주의적인 본문 등)과 본디 모호하거나 오늘날 독자에게 너무나 낯선 본문은 제외시켰다.

성경 주석. 사회 · 역사적 상황을 설명하는 것이 『교부들의 성경 주해』의 둘째 목적이라면, 성경 본문에 대한 교부들의 의미 깊은 주석이야말로 첫째 목적이다. 각 주해서 편집자들은 교부들이 성경 본문에서 깨달은 의미를 명확히 설명하며, 상세히 논하고 해설한 글들을 찾고자 하였다. 고대 주석가들이 주해한 성경 본문 내용을 오늘의 관점에서 거슬리지 않는 표현으로 또는 너무 탈신화하여 객관적으로 해설하려는 것이 결코 아니다. 우리의 목적은 고대 주석가들의 고유한 생각을 그대로 전해 주는 주해를 총서에 싣는 것이다.

성경 주석exegesis이라는 용어는 총서에서 현대적 의미보다는 고전적 의미로 사용되는 경우가 더 많다. 고전적 의미로, 주석은 본문의 의미, 출전, 다른 본문과의 관계를 설명하고 해석하며 주해하는 모든 것을 아우른다. 성경 주석은 본문을 설명하기 위해 이용할 수 있는 모든 언어학 · 역사 · 문화적 또는 신학적 자료를 사용하여 본문을 상세히 읽는 것을 일컫는다. 이는 해석가들이 본문에 대해 자신의 개인 생각이나 견해를 강요한다는 뜻으로 쓰이는 '주관적 해석'eisegesis과는 다르다.

교부들은 본문의 정확한 어법과 문법 구조, 그리고 각 부분들과의 상호 연관성을 명확히 밝히고 확인하는, 본문의 내적 주석intratextual exegesis을 적극적으로 활용하였다. 아울러 본문에 쓰여 있는 지리 · 역사 · 문화적 상황을 파악하는, 본문의 외적 주석extratextual exegesis도 사용하였다. 그들은 본문과 다른 본문을 비교하며 본문의 의미를 파악하는, 본문의 상호 주석intertextual exegesis도 매우 잘 활용하였다. 이는 고대 교회에서 가장 중요한 주석 방법 가운데 하나다.

해석학. 우리는 고대 그리스도교 저자들이 자신들의 해석 과정을 어떻게 서술했는지 파악하려고 애썼다. 이러한 해석학적 자기 분석은 오리게네스와 테르툴리아누스, 히에로니무스, 아우구스티누스, 레렝스의 빈켄티우스의 작품에 많이 나온다.[13] 각 주해서 편집자 대부분은 오늘날 해석학적 방법과 문학적 방법에 대한 비판적 논의가 이루어지고 있음을 잘 알고 있다. 그렇지만 이 문제를 직접 다루는 것이 『교부들의 성경 주해』의 목적이 아님을 밝혀 둔다. 오히려 교부들이 성경을 어떻게 해석했는지 알려 주는 해석학적 지표들을 드러내는 일에 주력할 것이다. 이는 주로 교부들이 어떤 용어를 썼는지 보면 알 수 있다.

설교학. 고대 그리스도교 설교에 담겨 있는 지혜에 비추어 오늘날의 설교를 쇄신하는 것이 『교부들의 성경 주해』의 실질적인 목표 가운데 하나다. 이러한 목표를 염두에 두었기 때문에, 총서에 수록된 가장 뛰어나고 감동적인 주해 가운데 상당수가 교부들이 흔히 내는 주해서보다는 교부들의 설교에서 발췌되었다. 고대 교회의 설교가들 가운데 가장 저명한 이들이 설교 활동을 활발히 펼쳤다는 것은 그리 놀라운 일은 아니다. 설교학에 관한 방법을 가장 모범적으로 보여 준 교부로는 대 그레고리우스와 대 레오, 아우구스티누스, 예루살렘의 키릴루스, 요한 크리소스토무스, 페트루스 크리솔로구스, 아를의 카이사리우스가 있다.

---

[13] 프로젝트 가운데 우리가 관심을 보인 이 분야는 결국 『교부들의 성경 주해』 별책으로 빛을 보게 되었다. 이 책은 바로 『교부들의 성경 주해』 부편집인 크리스토퍼 홀(Christopher A. Hall, Eastern College) 교수가 집필한 *Reading Scripture with the Church Fathers* (Downers Grove, Ill.: InterVarsity Press, 1998)다.

사목적 배려. 『교부들의 성경 주해』는 고대 교회의 성직자들이 신자들에게 펼친 사목적 배려에 관한 전통을 독자들로 하여금 새롭게 일깨우고자 하는 데 그 목적이 있다. 위대한 교부들 가운데 사목적 지혜가 뛰어나고 성경과 사목을 잘 접목시킨 뛰어난 교부로는 나지안주스의 그레고리우스와 요한 크리소스토무스, 아우구스티누스, 대 그레고리우스가 있다. 총서의 편집자들은 현대의 심리요법과 사회학, 자연주의적 환원주의라는 근거에 물들지 않은 채 이러한 불후의 사목적 지혜를 있는 그대로 전해 줄 것이다.

번역 이론. 총서의 각 주해서에는 고대 그리스도교 저자들의 글이 영어로 번역되어 있는데, 이는 가장 잘 보존된 원전에서 번역된 것이다. 번역이 과연 제대로 되었느냐 하는 문제는 언제나 비판의 여지가 있다. 번역은 본디 논란의 대상이 되게 마련이다. 우리는 '내용의 동등성'dynamic equivalence[14]이라는 이론에 따라 번역하려 애썼다. 의역에 빠지지 않고, 또한 융통성 없이 글자 그대로 번역하지 않으며 원뜻을 제대로 살리는, 중용적이며 문학적으로 번역하려 하였다. 오늘날 독자들이 고대 언어의 생생한 뉘앙스와 힘을 쉽게 느낄 수 있는 표현을 찾으려고 끊임없이 노력하였다. 가능하면 오늘날 언론계에 종사하는 이들이 통상적으로 사용하는 은유와 용어를 선택하였다.

성과

방대한 고대 그리스도교 성경 주해서를 출간하기로 계획한 것은 지난 500년 만에 처음 있는 일이다. 앞으로 그리스도교의 탈무드나 교부들의 성경 주해서를 발간하려면 우리가 구성한 이 총서의 체계를 많이 따르거나 주요 부분을 어느 정도 참고하지 않으면 안 될 것이다.

이 계획을 완성하기 위하여 최고의 능력과 명성을 겸비한 개신교·가톨릭·정교회의 학자들과 편집자들, 번역가들로 이루어진 국제적인 조직이 구축되었다.

이들 학자와 편집자, 출판인, 컴퓨터 기술자, 번역가들로 환상적인 조직을 갖추었다는 것은 경이에 찬 새로움이며, 그 자체가 교회일치를 향한 새로운 첫걸음이라고 할 수 있다. 이들은 서로 힘을 합하여 프로젝트의 기본 패턴과 방향을 정하고, 필요에 따라 이를 점차 수정하고 바로잡아 나갔다. 이는 성경 주석사 연구와 디지털 검색 기술을 통합시키는 데 학제 간 실험 연구의 모델을 제시한 셈이다.

---

[14] '내용의 동등성' 이론은 유진 니다(Eugene A. Nida) 등의 저서에서 가장 완전하게 전개되었다. Eugene A. Nida, *Toward a Science of Translating* (Leiden: Brill, 1964); Eugene A. Nida and Jan de Waard, *From One Language to Another: Functional Equivalence in Bible Translating* (Nashville, Tenn.: Nelson, 1986). 내용의 동등성 이론의 의도는 '영어를 의사소통 수단으로 사용하는 사람들이 널리 받아들인 낱말이나 형태로 원문의 의미를 분명하고 정확하게 옮기는 데 있다'. 이는 저자의 '의도와 메시지를 보통 사람들이 쓰는 일상 언어를 전하는, 표준 영어로 제시하는 것이다'. 이 이론은 '오늘날 독자들이 원문의 내용을 최대한 잘 이해하게 하는 데' 목표가 있다. "자연스럽고 명확하며 간단하고 모호하지 않은 언어를 사용하도록 최대한 노력을 기울이는 것이다. 따라서 원어에 나오는 품사며 문장 구조, 어순, 문법 등을 영어로 그대로 옮기지 않도록 하였다. 충실한 번역은 원문의 문화·역사적 특징을 충실하게 나타내는 것이지 본문을 오늘날 상황에 맞게 고치는 것이 아니다"[Preface, *Good News Bible: The Bible in Today's English Version* (New York: American Bible Society, 1976)]. 이 이론은 의역을 지향하지 않으며, 문학 번역과 문자 번역이라는 두 길 중간쯤에서 번역하는 것이다. 편집자들 모두 번역 작업을 완전히 동일한 관점에서 보지는 않았지만, 내용의 동등성 이론을 일반적 지침으로 삼았다. 이야말로 이 주해서가 지향하는 바다.

이 글을 쓰고 있는 지금 총서의 실질적인 성과물은 거의 반쯤 완성되었고, 프로젝트를 완수하기로 계획했던 햇수도 반이나 지나갔다. 프로젝트의 기본 틀이 확정되어 있기에 별다른 변경 사항은 없으리라 생각된다. 앞으로 출간될 각 주해서 편집자들과 탈고 계약도 맺었다. 이처럼 영어판 『교부들의 성경 주해』는 계획대로 잘 진행되어 제때 완성될 것이다. 우리는 국제적인 전문 인력을 늘리고 보강하여 영어 외 다른 언어로 번역하기에 이르렀다. 이미 스페인어와 중국어 · 아랍어 · 러시아어 · 이탈리아어 번역판은 출간되기 시작했고, 독일어판은 준비 중에 있으며, 그 밖의 다른 언어로 번역하는 문제도 검토 중에 있다.

드루 대학교는 이 프로젝트의 학문적 후원자로서 아낌없는 협조와 지원을 해 주었다. 이 명문 대학교는 이전에도 여러 국제적인 대형 출판 프로젝트를 지원하였으며, 출판된 작품들 가운데 100년 이상 계속 인쇄되고 있는 책들도 여럿 있다. 오늘날 세계에서 가장 널리 사용되고 있는 『성경 용어 색인』 *Bible Concordance*과 성경 어휘 대조 방식은 드루 대학교의 제임스 스트롱James Strong 교수가 만든 것이다. 드루 대학교의 스트롱 교수가 1880년대에 용어 색인 작업을 한 연구실은 필자가 수년 동안 사용한 사무실이었다. 우연의 일치인지 몰라도 이 총서는 바로 이곳에서 구상되었다. 오늘날 『스트롱의 성경 용어 색인 완결판』 *Strong's Exhaustive Concordance of the Bible*은 첫 출간 이래 100년 이상 영어권 세계에서 가장 좋은 사목 도서관들에 소장되어 있다. 마찬가지로 뉴욕 타임스의 아르노 출판사는 드루 대학교의 존 매클린톡John M'Clintock 교수와 제임스 스트롱 교수가 공동으로 집필한 대전집 『신학과 성경 주석 백과사전』 *Theological and Exegetical Encyclopedia*을 지금도 계속 출간 중이다. 그리스도교 고전의 주요 중국어판도 50년 전 드루 대학교에서 발간되었는데, 지금도 출간 중이다. 드루 대학교는 장기간에 걸쳐 이루어지는 국제적 학술 프로젝트를 시작할 수 있도록 많은 학자와 장소, 도서관, 산학 협동 지원, 부대설비 등 다양한 분야에서 도움을 주었다.

이 프로젝트를 헌신적으로 지원해 준 후원자들은 이름을 밝히는 대신 뒤에서 묵묵히 도와준 이들로 남아 있기를 바랐다. 그들은 총서가 어떠한 의미를 지녀야 하고 어떻게 발전해 가야 하는지, 남다른 전문 지식을 갖춘 협력자로서 부단한 조언을 아끼지 않았다. 뿐만 아니라 오랜 세월 이 프로젝트에 막대한 비용을 대 주는 등 물심양면으로 기꺼운 도움을 준 고마운 분들이다. 이처럼 총서는 은인들의 지속적이고 아낌없는 후원 속에서 행운을 누릴 수 있었으며, 하느님께서 베푸시는 은총도 함께 받았음을 밝히는 바다.

토머스 C. 오든
『교부들의 성경 주해』 책임 편집인
드루 대학교 신학부 교수

일러두기

:
:
:

총서는 몇 가지 특징적인 내용으로 구성되었다. 아래 내용은 독자들이 이 책을 제대로 이해하는 데 도움을 주고자 썼다.

성경 단락

성경 본문은 단락이나 대목으로 이루어지는데, 보통은 여러 절로 되어 있다. 성경 본문 표제는 성경 단락 앞에 나온다. 예를 들어, 여호수아기 주해의 첫 단락에는 "1,1-9 주님께서 여호수아에게 통수권을 맡기시다"라는 성경 본문 표제가 언급된다. 표제 아래에는 『성경』에서 인용한 성경 구절이 뒤따른다. 성경 구절은 독자들의 편의를 돕기 위해서 제시하는 것이지만, 중세 교부들의 주해서와 비교하려는 의도도 들어 있다. 당시 주해서는 성경 본문을 가운데 놓고 둘레에 교부들의 주해를 실었다.

둘러보기

성경 본문 각 단락에 이어 그 본문과 관련하여 교부들이 주해한 내용을 둘러보기 형식으로 싣는다. 둘러보기는 성경 본문의 특성에 따라 주해서마다 다양한 형식으로 나타난다. 둘러보기는 뒤이어 나오는 교부들의 주해를 요약하여 알리는 역할을 한다. 교부들의 주해 출처가 다양하고 시대가 다르지만, 둘러보기는 교부들의 주해가 합리적이며 일정한 주제로 흘러가도록 이끈다. 따라서 요약한 내용은 연대순도 아니며 성경 구절 순서대로 나열하지도 않았다. 오히려 해당 성경 본문 단락에 관한 교부들의 주해를 포괄적으로 열거한 것이라 하겠다.

성경 주해가들은 일정한 주제만을 형식적으로 표현하지 않았다. 오히려 다양한 주제가 그럴듯하고 받아들일 만한 형태로 흘러가도록 두는 편이었다. 따라서 오늘날 독자들은 여러 시대와 장소를 반영하는, 다양한 성경 주석의 전승이 계속 흘러가는 것을 어렴풋이나마 알 수 있다.

주해 본문 표제

교부들의 주해 내용이 다양하고 많기에, 본문의 의미를 이해하는 데 도움을 주고자 주해 본문 표제를 실었다. 주해 본문 표제는 두 가지로 나뉜다. 하나는, 표제가 성경 구절인 경우다. 다른 하나는, 교부들이 주해한 내용 가운데 가장 중요한 내용을 요약한 경우다. 이 경우 중요한 구나 개념을 원용하거나 은유적으로 표현했다. 이러한 특징은 오늘날 독자들이 교부들의 주해 가운데 가장 핵심이 되는 내용을 파악하기 위한 가교 역할을 한다.

교부 주해 본문 확인

해당 교부 주해 본문에는 맨 먼저 표제가 나오고, 교부들의 주해를 우리말로 옮긴 내용이 이어진다. 해당 주해 본문 저자의 이름, 작품명과 출처는 주해 본문 맨 끝에 수록된다. 해당 주해 본문 출처는 권 · 장 · 절로 세분하거나, 아니면 권 · 절로만 표시한다. 출처를 표시한 내용이 영어 번역본과 다른 번역본에서 사뭇 다를 경우, 대괄호(〔〕) 안에 서로 다른 내용을 적는다. 이문異文에 따라 성경 표현이나 장 · 절에 차이가 더러 있기도 하다.

각주

이 주해서에 인용된 교부 문헌을 좀 더 깊이 공부하고 싶은 독자는 각주를 통해 아주 유용한 정보를 얻을 수 있다. 각주 번호는 독자들이 보기 쉽게 교부 주해 본문 오른쪽 단 맨 밑에 모아 놓았다. 독자는 영역본과 인용된 교부 문헌의 원어 편집본에 관한 정보를 알아낼 수 있다. 번역본과 편집본은 약어로 표시하였다(권과 쪽). 약어는 41-42쪽에 수록하였다. 선정한 교부 주해 본문이 문제가 있거나 매우 모호한 경우, 『교부들의 성경 주해』 편집진은 가능한 한 가장 좋은 본문 전승을 반영하고자 하였다.

교부 주해 본문 가운데 영어로 옮겨지지 않은 원어 본문이 있을 때는 새로 옮겼다. 그러나 이미 영어로 옮겨져 현재 사용되고 있는 영어 번역본이더라도, 필요한 경우에는 문체를 다시 바꾸어 썼다. 별표 하나(*)는 예전에 쓰던 영어 번역본을 독자들이 읽기 쉽도록 고쳤거나 오늘날 사용하는 영어로 새로 옮겼음을 나타낸다. 별표 둘(**)은 새로 옮겼거나 번역본의 내용을 상당히 고쳤음을 나타낸다. 『교부들의 성경 주해』 편집진은 철자를 맞춤법에 따라 고치고, 다양한 형식으로 쓰인 문법을 통일하였다. 그래서 편집진이 고친 영어 참조문에는 이전에 나온 영어 번역본에 다양하게 쓰인 이상한 철자는 없는 셈이다. 필요 이상으로 많은 접속사는 읽기 쉽게 더러 빼기도 하였다.

컴퓨터 데이터베이스를 사용하는 독자들의 편의를 위해서, 디지털 데이터베이스로 만든 그리스어 문헌의 데이터 뱅크인 TLG나 라틴어 문헌의 데이터 뱅크인 Cetedoc은 부록 571-581쪽을 참조하기 바란다.

약어

.
.
.

ACW   Ancient Christian Writers: The Works of the Fathers in Translation. Mahwah, N.J.: Paulist Press, 1946~.

AF   J. B. Lightfoot and J. R. Harmer, trans. *The Apostolic Fathers*. Edited by M. W. Holmes. 2nd ed. Grand Rapids, Mich.: Baker, 1989.

AHSIS   Holy Transfiguration Monastery, ed. *The Ascetical Homilies of Saint Isaac the Syrian*. Boston, Mass.: Holy Transfiguration Monastery, 1984.

ANCL   The Ante-Nicene Christian Library: Translations of the Writings of the Fathers down to A.D. 325. Alexander Roberts and James Donaldson, eds. Edinburgh: T. and T. Clark, 1867~1897.

ANF   A. Roberts and J. Donaldson, eds. Ante-Nicene Fathers. 10 vols. Buffalo, N.Y.: Christian Literature, 1885~1896. Reprint, Grand Rapids, Mich.: Eerdmans, 1951~1956; Reprint, Peabody, Mass.: Hendrickson, 1994.

CCL   Corpus Christianorum. Series Latina. Turnhout, Belgium: Brepols, 1953~.

CG   Augustine. *The City of God*. Translated by Henry Bettenson with an introduction by David Knowles. 1972. Reprint, with an introduction by John O'Meara. Harmondsworth, England: Penguin Books, 1984.

COTH   Chrysostom. *Old Testament Homilies*. 3 vols. Translated by Robert C. Hill. Brookline, Mass.: Holy Cross Orthodox Press, 2003.

CS   Cistercian Studies. Kalamazoo, Mich.: Cistercian Publications, 1973~.

CSEL   Corpus Scriptorum Ecclesiasticorum Latinorum. Vienna, 1866~.

CSCO   Corpus Scriptorum Christianorum Orientalium. Louvain: Belgium, 1903~.

EBT   Theophylact. *The Explanation by Blessed Theophylact of the Holy Gospel According to St. Matthew*. Introduction by Fr. Christopher Stade. House Springs, Mo.: Chrysostom Press, 1992.

ESH   Ephrem the Syrian. *Hymns*. Translated and introduced by Kathleen E. McVey. Preface by John Meyendorff. Classics in Western Spirituality. Mahwah, N.J.: Paulist, 1989.

ECTD   C. McCarthy, trans. and ed. *Saint Ephrem's Commentary on Tatian's Diatessaron: An English Translation of Chester Beatty Syriac MS 709. Journal of Semitic Studies* Supplement 2. Oxford: Oxford University Press for the University of Manchester, 1993.

FC   Fathers of the Church: A New Translation. Washington, D.C.: Catholic University of America Press, 1947~.

FGFR   F. W. Norris. *Faith Gives Fullness to Reasoning: The Five Theological Orations of Gre-*

gory Nazianzen. Leiden and New York: E. J. Brill, 1991.

GCS   Die griechischen christlichen Schriftsteller der ersten Jahrhunderte. Berlin: Akademie-Verlag, 1897~.

GNTIP   Ronald E. Heine, trans. *Gregory of Nyssa's Treatise on the Inscriptions of the Psalms*. Oxford Early Christian Studies. Oxford: Clarendon Press, 1995.

HOP   Ephrem the Syrian. *Hymns on Paradise*. Translated by S. Brock. Crestwood, N.Y.: St. Vladimir's Seminary Press, 1990.

INAL   St. Isaac of Nineveh. *On Ascetical Life*. Translated by Mary Hansbury. Crestwood. N.Y.: St. Vladimir's Seminary Press, 1989.

LCC   J. Baillie et al., eds. The Library of Christian Classics. 26 vols. Philadelphia: Westminster, 1953~1966.

LF   A Library of Fathers of the Holy Catholic Church Anterior to the Division of the East and West. Translated by members of the English Church. 44 vols. Oxford: John Henry Parker, 1800~1881.

MEIT   *Medieval Exegesis in Translation: Commentaries on the Book of Ruth*. Translated by Lesley Smith. Kalamazoo, Mich.: Medieval Institute Publications, 1996.

NPNF   P. Schaff et al., eds. A Select Library of the Nicene and Post-Nicene Fathers of the Christian Church. 2 series (14 vols. each). Buffalo, N.Y.: Christian Literature, 1887~1894; Reprint, Grand Rapids, Mich.: Eerdmans, 1952~1956; Reprint, Peabody, Mass.: Hendrickson, 1994.

ODI   St. John of Damascus. *On the Divine Image*. Translated by David Anderson. Crestwood, N.Y.: St. Vladimir's Seminary Press, 1980.

OHS   Basil of Caesarea. *On the Holy Spirit*. Translated by D. Anderson. Crestwood, N.Y.: St. Vladimir's Press, 1980.

OSF   *Origen: Spirit and Fire*. Edited by Hans Urs von Balthasar. Washington, D.C.: Catholic University Press of America, 1984.

OSW   *Origen: An Exhortation to Martyrdom, Prayer and Selected Writings*. Translated by Rowan A. Greer with Preface by Hans Urs von Balthasar. The Classics of Western Spirituality. New York: Paulist Press, 1979.

PL   J.-P. Migne, ed. Patrologia cursus completus. Series Latina. 221 vols. Paris: Migne, 1844~1864.

PG   J.-P. Migne, ed. Patrologia cursus completus. Series Graeca. 166 vols. Paris: Migne, 1857~1886.

POG   Eusebius. *The Proof of the Gospel*. 2 vols. Translated by W. J. Ferrar. London: SPCK, 1920; Reprinted, Grand Rapids, Mich.: Baker, 1981.

PTS   Patristische Texte und Studien. New York: de Gruyter, 1964~.

SC   H. de Lubac, J. Daniélou et al., eds. Sources Chrétiennes. Paris: Éditions du Cerf, 1941~.

SNTD   *Symeon the New Theologian. The Discourses*. Translated by C. J. de Catanzaro. Classics of Western Spirituality: A Library of the Great Spiritual Masters. New York: Paulist, 1980.

TTH   G. Clark, M. Gibson and M. Whitby, eds. Translated Texts for Historians. Liverpool: Liverpool University Press, 1985~.

WSA   J. E. Rotelle, ed. *Works of St. Augustine: A Translation for the Twenty-First Century*. Hyde Park, N.Y.: New City Press, 1995.

여호수아기, 판관기, 룻기, 사무엘기 상·하권 주해 서문

:

고대 교회의 저서들에 나오는 성경 해석을 현대의 독자들이 생소하게 느낄 때가 많다는 말은 어쩌면 당연한 이야기일 것이다. 과학적·역사적 해석 원칙들은 본문의 저자가 말하려는 정확한 의미를 찾는 일에서 언어학과 문헌학의 관심사들과 더불어 사회적·문화적 배경을 강조하는데, 이런 해석 방식만을 고집한다면 고대 교회의 신학적·영성적 주석들은 과거의 허섭스레기 더미로 평가절하될 수 있다. 그러한 원칙들은 여러 세기에 걸친 성경 해석의 진전을 증빙하고 싶어 하는 학자들이나 역사가들에게는 관심거리겠지만, 성경 읽기라는 이 시대의 과업을 이행하는 데에는 그리 쓸모가 없는 것으로 드러났다. 이는 그리스도교 정경의 설화 부분, 특히 구약성경의 설화 부분과 관련해서는 더욱 그러하다. 이 서문은 독자들에게 고대 그리스도교 주석가들이 고대 교회에서 구약성경 설화들의 의미와 중요성을 이해하고 설명하고자 할 때에 그들의 지침이 되었던 해석 이론에 대해 간략히 알려 주는 한편, 매우 중요한 고대 그리스도교 해석자 몇몇 사람을 소개하고자 한다.

유대교에서 개종한 초기 그리스도인들이 부딪힌 즉각적인 어려움 가운데 하나는 유대교 성경을 해석하는 문제였다. 그들은 히브리인들의 성경에서 예수를 약속된 메시아라고 확인해 주는, 그리스도에 관한 예언으로 쉽게 이해되는 수많은 구절을 찾아냈다. 그러나 이러한 부분들은 유대교에서 물려받은 정경의 일부에 지나지 않았고, 나머지 대부분은 그리스도교적 맥락과는 그다지 관련이 없어 보였으며, 특히 제사와 예식에 관한 율법이나 역사적 설화들과 관련된 많은 자료가 그렇게 보였다. 이러한 자료를 새로운 교회를 위한 하느님의 가르침과 인도로 이해하고 해석하려면 어떻게 해야 하는가? 이 문제를 바오로는 또 다른 각도에서 제기하였다. 그는 초기 그리스도인들에게 유대교의 가르침과 관습으로 되돌아갈 경우의 위험에 대해 경고하였다. 그는 유대교 성경에 담긴 하느님의 율법이 분명히 좋은 것이고 중요하지만, 그것은 구원경륜 안에서 한시적인 조치였을 뿐이었다고 주장하였다. 율법은 그리스도 안에서 완성되었으며, 그리스도의 생애와 죽음과 부활로 옛 계약은 절정에 이르렀고, 이스라엘 민족이나 지역적 울타리 안에 국한되지 않는 은총의 새 계약이 시작되었다는 것이었다. 이처럼 바오로는 가르침과 저서에서 줄곧 유대교 성경을 광범위하게 활용하면서, 그리스도 안에서 이루어진 율법의 성취와 완성이라는 개념과 더불어 그에 상응하는 은총을 강조하였고, 다른 사람들이 의문을 제기하게 하는 개념적 맥락을 제공해 주었다. 마침 교회의 인적 구성이 점차 유대인 개종자들 대신 이교 배경 출신자가 다수를 차지하는 상황으로 바뀌어 갈 때, 이 또한 히브리어 성경이 그리스도 신앙과 얼마만큼 관련이 있으며 중요한지에 대해 생각하게 하는 계기가 되었다.

이교인 개종자들은 유대교 성경에 대한 특별한 감정이나 애정이 없었다. 그들은 그리스도 신앙을 먼저 받아들였고, 그리고 나자 그리스도와 교회에 대한 충성 의무의 일부로 물려받은 문화적으로 낯설고 기이하게 느껴지는 히브리어 본문들을 이해해야 하는 과제를 떠안게 되었다. 이러한 상황에서 마르키온 같은 이들은 이 본문들이 장차 신약 정경을 이루게 될 책들에서 드러난 사랑의 하느님과 일치하지 않는 하느님의 모습을 담고 있다고 주장하였다. 그래서 마르키온은 구약이라고 부르는 히브리어 성경은 그리스도 신앙과 맞지 않는 증언이므로 교회에서 치워 버려야 한다고 주창했다. 교회는 마르키온의 교설을 받아들이지 않고 그를 이단자로 단정하여 교회에서 추방하였으나, 해석의 위기에 직면하였다. 예수 그리스도 안에서 드러난 하느님의 계시와 관련하여 히브리어 성경을 어떻게 해석해야 할 것인가?

리옹의 이레네우스(†200/202년)는 구약성경과 신약성경을 결부시키는 문제를 다루면서, 모든 인간 역사는 인류의 내력을 이야기하고 상징하는 아담과 그리스도라는 인물로 포괄되고 요약된다고 주장하였다. 구약성경은 아담에서 시작하여 그 뒤의 불순종을 말하고, 하느님께 대한 인간의 반역으로 초래된, 은총에서 멀어진 타락을 이야기하며, 치유와 화해를 가져다주려고 아브라함과 계약을 맺으신 하느님의 약속을 거듭 이야기하는 책이며, 신약성경은 예수 그리스도의 삶과 순종이 가져온 인류의 재창조와 회복 안에서 새로운 시작의 실재를 증언한다는 것이었다. 그는 구약성경에서 이루어진 계약과 약속의 성취인 그리스도가 그리스도인들에게 해석의 열쇠를 주어, 성경 문자의 뜻을 넘어서는 의미, 곧 고대 히브리어 본문의 완전한 의미를 이해할 수 있게 해 주었다고 여겼다.

이레네우스가 신·구약을 그리스도와 연관 지어 읽는 방식을 마련했지만, 구약성경의 특정 개별 본문들을 상세히 해석하는 과제는 그대로 남아 있었다. 이 과제를 해결하는 일에서 알렉산드리아의 오리게네스(†254년)보다 더 중요한 고대 교회의 인물은 없다. 그는 유대교 정경의 거의 모든 책에 대해 주해와 강해의 형태로 광범위한 저술을 함으로써 그리스도 교회 안에서 구약의 위치를 확고히 하는 한편, 그리스도교적 구약 주석의 원칙을 확립하는 데 큰 역할을 했다. 고대 그리스도교 주석사에서 오리게네스가 차지하는 중요성을 생각하여, 성경 해석에 대한 그의 접근 방법이 어떤 지적 배경의 맥락에서 나왔는지 간략히 살펴보기로 하자.

오리게네스와 영적 주석

오리게네스는 매우 걸출한 인물이었음에도 교회 역사에서 그만큼 많은 논쟁과 논란을 불러일으킨 인물은 없었다. 그는 분명히 고대 교회사에서 커다란 영향력을 지닌 독창적인 사상가였으나, 그리스도교 역사의 굽이굽이에서 자주 비난과 단죄를 받아 왔다. 그를 비난하는 사람들은 영적 주석과 철학적 사변에 대한 그의 관심이 후대의 정통성 기준과 크게 어긋나는 가르침들을 낳았다고 믿는다. 그러나 오리게네스는 성경이 하느님의 말씀이라고 믿었으며 그러한 믿음이 그의 삶과 사상에서 중심 자리를 차지하였고 그의 모든 가르침의 기준이 되었다는 사실을 잊어서는 안 된다. 실제로 오리게네스 저작의 주요 관심사 중 하나는 헬레니즘 철학과 문화에서 제기된 문제들에 대하여 성경의 가르침과 들어맞는 답변을 제시함으로써 그리스도인들이 3세기의 지적 도전에 응답하도록 도와주는 것이었다. 그러나 성경의 권위라는 원칙을 지키려는 오리게네스의 의도와 헌신이 분명하였음에도, 많은 이는 오리게네스의 성경 활용 방식이 성경의 권위를 상당히 손상시켰으며 이단의 발생과 성장을 부추기는 여건을 마련해 주었다고 믿는다. 오리게네스의 성경 주석 방법론을 이루는 근본 이론을 더 잘 이해하려면, 그가 살았던 시대의 지적·문화적 상황을 돌이켜 볼 필요가 있다.

오리게네스는 그리스도인 가정에서 자라났다. 부유하고 영향력 있는 인물이었던 그의 아버지는 자기 아들에게, 고대 그리스의 고전문학작품들과 성경 연구를 중심으로 한, 헬레니즘과 그리스도교 교육을 시켰다. 그래서 젊은 오리게네스는 박식한 그리스인이자 열심한 그리스도인으로 성장하였다. 이러한 이중 교육은 오리게네스가 그리스도 신앙과 성경에 대한 헌신과 자신이 배운 헬레니즘적 시각을 조화시키려고 노력할 때에 어떤 내적 긴장을 불러일으킬 수밖에 없었을 것이다. 헬레니즘의 시각에서 보자면, 그리스도교는 미개한 미신이나 다름없었고, 성경도 그리스인의 심미 기준에서 진지하게 고려할 가치가 없는 저급한 본문들을 모아 놓은 것이었다. 오리게네스가 그러한 긴장에 사로잡혔던 첫 사람은 아니다. 그는 그리스 지적 환경의 맥락에서 성경의 가르침을 확인해 보려고 시도하는 가운데 그 이전의 유대인과 그리스도인들이 헬레니즘, 특히 플라톤 철학을 연구했던 노력에서 많은 것을 배울 수 있었다. 헬레니즘의 문화적·철학적 도전에 대응하여, 오리게네스는 곳곳을 돌아다니며 가르치고 설교하고 방대한 저서를 남겼다. 학문적이며 지적인 그의 수많은 작품들은 신학과 철학, 호교론, 성경 해석을 비롯하여 다양한 분야를 다룬다. 실제로 오리게네스는 고대 세계에서 누구보다 많은 저술을 한 작가다. 그러나 불행히도 그의 작품들은 대부분 남아 있지 않고 또 남아 있는 작품도 대개는 라틴어 번역이다.

오리게네스의 많은 작품들 가운데 두 저작은 고대 교회사와 그리스도교 사상에서 특별히 중요하다. 『원리론』[1]은 오리게네스의 신학적·철학적 견해를 잘 정리한 체계적인 저서로, 하느님과 창조, 예수 그리스도, 하느님의 말씀, 구원에 관하여 이야기한다. 그리스도교 사상에서 위대한 고전 가운데 하나인 이 작품은 세상에 주어진 하느님의 계시에 관하여 철학적 토론을 하고 또 그리스도 신앙의 기본 교리에서 논리적으로 이끌어 낼 수 있는 신학 사상의 일관된 체계를 전개하려고 하였다. 그런 점에서 이 작품은 교회사에서 최초의 조직신학적 시도라고 평가할 만하다. 둘째 작품 『켈수스 반박』은 로마인 철학자 켈수스의 비판에 맞서 그리스도 신앙을 자세히 변론한 저서로서, 오리게네스는 그리스철학의 지혜를 넘어서는 성경의 가르침과 지혜의 우월성을 증명하고자 한다. 켈수스의 비판에 조목조목 깊이 있게 응답한 이 작품은 고대 세계에서 그리스도 신앙의 설득력과 지위를 높이는 데 큰 공헌을 하였으며, 교회 호교론의 역사에서 획기적인 이정표를 세웠다. 이 작품들은 그리스도교가 미신이 가득한 또 하나의 민간신앙이라는 주장을 효과적으로 물리쳤으며, 그리하여 그리스철학과 헬레니즘 문화와 비교하여 조금도 뒤지지 않는 신앙임을 지적으로 증명하는 데 도움이 되었다.

오리게네스는 플라톤과 그리스철학 전통을 몹시 존중했지만, 그래 봐야 그 철학은 하느님의 계시로

---

[1] 참조: 오리게네스 『원리론』 이성효, 이형우, 최원오, 하성수 해제·역주, 아카넷, 2014.

드러나게 될 충만한 진리를 미리 보여 주는 예고편에 지나지 않는다고 잘라 말하였다. 더 나아가 그는 철학이 많은 도움을 주기는 하지만 선에서 멀어질 수밖에 없는 수많은 거짓과 그릇된 가르침에 오염되어 있어서 하느님을 아는 참되고 옳은 지식에 도달할 수는 없다고 주장하였다. 이처럼 오리게네스는 철학에 한계가 있다고 생각했지만, 그리스도 신앙 자체가 일종의 신적 철학이며, 다른 모든 철학을 능가하고 초월하는 이 철학은 다른 철학들을 활용하여 하느님에 대한 참된 지식과 구원으로 사람들을 이끌어 갈 수 있다고 믿었다. 따라서 그리스도인들은 그리스철학을 비롯한 이교인 지식을 연구하여 유익을 얻을 수 있고 또 그러한 자료들에서 찾은 진리들을 이용해 복음과 그리스도 신앙을 해설할 수 있다. 오리게네스는 이러한 주장의 정당성을 밝히고자 히브리어 성경의 유비를 활용하였다. 이스라엘 사람들이 이집트를 탈출할 때 이집트인들의 재물을 탈취하여 가지고 나온 것처럼(탈출 12,35-36 참조), 하느님의 백성도 이교 문화와 철학의 진리들, 곧 '이집트인들에게서 빼앗은 전리품'을 신학 연구와 성경 해석에 이용해도 된다는 것이다.

그리스 사상을 활용하려는 의도가 가장 뚜렷이 드러나는 곳은 성경 본문에 대한 오리게네스의 영적 또는 우의적 해석일 것이다. 그는 인간이 육체와 영혼과 영으로 이루어졌듯이 성경은 그에 상응하는 세 차원의 의미를 담고 있다고 주장하였다. 이러한 인간 개념은 바오로의 저술과 플라톤 철학에서 이끌어 낸 것이다. 성경의 육체적 차원은 본문의 맨글자나 그 자구적 의미로서 단순한 사람들에게 필요한 것을 채워 주는 데에 특별히 유용하다. 영혼적 차원은 옳고 바른 행동에 관한 지침을 제시하는, 본문의 도덕적 의미라고 할 수 있다. 오리게네스가 이 의미를 활용한 정확한 방법에 관해서는 다소 모호한 점이 있기는 하다. 많은 경우에 그는 성경의 이야기들은 본문의 자구적·역사적 의미라는 표면 아래 숨어 있거나 거기서 이끌어 낼 수 있는 윤리적·도덕적 원칙들을 담고 있다고 주장한다. 가장 중요한 셋째 차원의 의미는 영적 또는 우의적인 것으로 본문의 한층 더 심오한 의미와 관련되며 그리스도를 가리켜 주고 하느님과 그리스도인의 관계를 밝혀 준다. 이러한 영적·신비적 의미는 숨겨져 있을 때가 많지만 언제나 그 본문 안에 있다. 그리스도인 해석자가 할 일은 교회를 위해 성경의 가르침에 담긴 매우 심오하고 중요한 은혜를 모으기 위하여 이 숨은 의미를 밝히는 것이다. 영적 해석 방법론은 이 숨어 있는 상징적 의미를 밝혀내고자 하였으며, 오리게네스는 교회사에서 16세기에 이르기까지 이 방법론이 성경 해석의 주된 방법으로 자리 잡는 데 선도적인 인물이 되었다.

성경 본문에 숨겨져 있는 영적 의미를 밝히려는 이러한 시도의 사례들은 오리게네스의 저서들, 특히 이스라엘의 역사를 이야기하는 구약성경 설화 부분들에 대한 그의 주해와 강해들에 많이 있다. 실례로, 오리게네스는 『민수기 강해』 스물일곱 번째 강해에서 민수기 33장에 열거된 체류지, 곧 이스라엘이 머물던 광야의 42개 진지를 토대로 영적 삶의 성장을 상세히 해설하고 있다. 오리게네스는 주님께서 모세에게 이러한 여정을 기록해 두라고 하신 까닭이 무엇이겠느냐는 물음으로 해설을 시작한다. "이스라엘 자손들이 움직였던 여정의 단계들을 적어 놓은 성경의 이 대목이 우리에게 어떤 식으로든 도움이 되겠습니까, 아니면 아무런 도움이 되지 않겠습니까? '하느님의 말씀을 통하여' 기록된 것이 아무런 쓸모도 없고 구원에 전혀 도움이 되지 않으며 아주 오래전에 일어난 지나가 버린 이야기일 뿐이며 그 이야기를 듣는 우리와는 전혀 무관한 것이라고 누가 감히 말하겠습니까?"[2] 오리게네스에게 성경은 영감을 받은 하느님의 말씀이므로, 단순히 실제 사건들이나 세속의 역사와만 관계된 것이 아니다. 오히려 성경은 그리스도 안에서 하느님의 신비를 풀이해 주고 영적 삶의 방향을 가리켜 준다. 그러므로 그리스도인 해석자는 본문의 참되고 가장 깊은 의미를 밝혀내기 위하여 여러 가지 방법으로 본문을 탐구해야만 한다. 오리게네스에 따르면, 이스라엘 자손들이 방황하며 머물던 장소들은 우리가 그리스도인으로서 경험하는 기나긴 영적 여정을 이해하게 하려고 민수기에 기록되어 있는 것이다. 이러한 사실을 아는 우리는 "나태와 무관심으로 우리 삶의 시간이 사라져 버리게 해서는"[3] 결코 안 된다. 더 나아가서, 그들이 요르단 강 언덕에 이르러 그 타향살이를 마칠 때까지 거쳐 온 각각의 진지들은 특별한 영적 의미를 지닌다. 이것은 우리가 거치는 온 여정이 "하느님의 강에 도달하려는 목적으로 달려가며, 흐르는 지혜를 사귀고 신적 지식의 물결에 흠뻑 젖고 그 물로 정화되어 우리 모두 약속된 땅으로 들어갈 자격을 갖추게 되는 과정임을 깨닫도록 해 준다".[4]

이러한 해석 방법은 우리 시대의 독자들에게는 낯설고 미덥지 못하며 어쩌면 위험하게 느껴지기까지 할 것이다. 그러면 오리게네스는 왜 이러한 방법론을 택했을까? 먼저, 우의寓意는 그리스 사상의 유산이며 오리게네스가 받은 헬레니즘 교육의 한 줄기였다는 점을 지적할 필요가 있다. 우의는 본디 호메로스의 저서 『일리아스』와 『오디세이아』가 영감을 받은 작품이라는 믿음을 옹호하는 데 쓰였다. 그 저서들이 담고 있는 받아들이기 힘든 도덕과 그리스 문화의 변화하는 종교적 신념 때문에 이 작품들의 영감성에 대한 주장이 비판에 부딪쳤던 것이다. 호메로스 지지자들은 시는 상징적이므로 우의적 의미, 곧 참된 의미로 읽으면 도덕적으로나 종교적으로 전혀 어려움이 없다고 주장하였다. 시간이 흐르면서 우의적 해석 방법, 신화와 상징은 다른 방법으로는 접근할 수 없는 진리의 전달에 반드시 필요한 요소라 주장하는 플라톤 철학의 발전과 함께 점차 정교해져 갔다. 신화와 상징의 가치를 존중하는 플라톤 철학적 태도는 오리게네스 사상의 본질적인 부분이 되었으며, 그의 사상에서 우의는 종교적·철학적 진리를 전달하는 강력하고 중요한 수단으로 사용되었다.

우의적 해석을 존중하는 이러한 일반적 철학에 더해 오리게네스는 성경의 영적 주석이라는 오랜 전통을 만나게 되었다. 이 전통은 알렉산드리아의 유대인 공동체에서 시작되었는데, 그들은 성경이 그리스철학과 양립할 수 있다는 것을 증명하고자 그러한 방법을 사용하였다. 이러한 운동을 주도한 유대인 주창자는 필론이었는데, 그의 노력은 유대인들의 호감을 얻는 데는 실패하였지만, 그리스도인들이 이를 열광적으로 받아들였다. 이는 아마도 알렉산드리아의 클레멘스를 통하여 오리게네스에게 전해진 듯하다. 이처럼 오리게네스는 가장 깊고 오묘한 철학적·신학적 진리를 전달하는 도구로 우의가 적합하고 효과적이라는 강한 신념과 더불어, 영감을 받은 하느님의 말씀인 성경은 그 영적 의미를 파악하기 위해서는 우의적 해석이 필요하다는 시각을 물려받았다.

헬레니즘 철학과 문화의 덕을 입은 것에 더하여, 오리게네스는 성경 자체에서도 구약성경 전체가 그리스도에 관한 예언이며 그리스도는 히브리어 성경을 이해하는 해석의 열쇠라는 그리스도교의 확신과 영적 주석의 근거가 되는 숱한 증거들을 찾아냈다. 코린토 신자들에게 보낸 둘째 서간 3장에는

---

[2] *OSW* 248. [3] *OSW* 254. [4] *OSW* 268.

그리스도를 배척하는 유대인들의 얼굴과 마음에는 너울이 덮여 있어서 그들이 성경의 참뜻을 알아듣지 못하고 사람을 죽이는 본문의 문자에만 매여 있다는 내용이 나온다. 그 너울은 오직 그리스도를 통해서만 벗겨질 수 있고 그때에만 비로소 생명을 주는 본문의 영적 의미가 드러난다. 오리게네스는, 이 대목을 구약성경의 진정한 그리스도론적 의미를 이해하기 위해서는 영적 주석이 반드시 필요하다는 결론으로 이끈다.

오리게네스가 자신의 영적 해석 방법의 정당성을 옹호하며 인용한 특별히 중요한 신약성경 구절들 가운데 하나는 코린토 신자들에게 보낸 첫째 서간 10장인데, 여기에서 구름 기둥, 홍해를 건넘, 만나, 바위에서 솟는 물, 광야에 널브러진 죽음은 세례와 성찬례, 그리고 죄에 대한 징벌을 의미한다. 이 대목의 요지인 코린토 1서 10장 11절은 히브리인들에게 일어난 이 일들 하나하나는 세상 종말에 살고 있는 우리를 위하여 기록된 하나의 본보기, 예형이나 예표라고 설명한다. 오리게네스가 볼 때에, 이것은 구약성경이 미래의 그리스도인들을 위하여 쓰였으며 그리스도인들은 수많은 예식과 율법 규정들이 더 이상 문자적 의미에 매여 있지 않기 때문에 영적 해석을 끊임없이 적용해 나가야 할 의무를 지닌다는 것을 의미했다. 또 다른 중요한 대목인 갈라티아 신자들에게 보내 서간 4장에서, 사라와 하가르는 두 계약을 상징하는데, 거기서 그리스도인들은 자유인 아내 사라의 아들 이사악으로 예표되고 유대인들은 여종 하가르의 아들 이스마엘로 예표된다. 이 대목이 중요한 것은 명시적으로 우의를 사용하고 있다는 점이다. 오리게네스가 언급한 또 다른 예인 마태오 복음 12장 39-40절에서 요나가 큰 물고기 배 속에서 지낸 사흘은 예수님께서 땅속에서 보낼 사흘을 상징한다. 마태오 복음 26장 61절과 요한 복음 2장 19-21절에서 성전은 그리스도의 몸을 상징한다. 갈라티아서 3장에서 아브라함의 후손은 성조들에게 하신 약속을 성취하실 그리스도로 묘사된다. 그리고 히브리인들에게 보낸 서간 8장에서 옛 계약의 예식은 천상 실재의 그림자일 뿐이다. 오리게네스가 보기에, 신약성경을 구성하는 사도들의 책에는 구약성경, 나아가 성경 전체에 대한 영적 해석을 인정하고 그 유효성을 확인해 주는 수많은 예가 있는 것이 분명하고 확실했다.

다시 말해, 헬레니즘 세계의 문화적 사고, 성경은 하느님의 영감을 받았다는 그리스도교적 믿음, 그리스도와 신약성경의 가르침을 가장 중요하게 여기는 점, 이런 것들이 오리게네스에게 영적 해석의 실천을 요구하였다. 이러한 맥락에서 우리는 그가 우의에 몰두하게 된 호교론적이며 실제적인 충동 요인을 세 가지로 요약할 수 있겠다. 첫째, 헬레니즘에 젖은 알렉산드리아의 상황에서, 성경이 하느님의 영감을 받았다고 주장하기 위해서는 우의적 해석이 필요했을 것이다. 성경을 그러한 방식으로 해석할 수 없다거나 해석해서는 안 된다고 주장하는 것은 성경이 영감을 받았다는 사실을 부정하는 것이나 다름없었을 것이다. 성경이 하느님의 말씀이라고 단언하는 것은 성경의 형태와 가르침이 최고의 문화적 기준에 부합한다는 전제를 수반하는 것이었다. 둘째, 그리스도교에 대한 유대인들의 비판은 그리스도가 메시아에 관한 많은 예언을 성취하는 데 실패했다는 데 집중되었다. 오리게네스는 영적 해석을 통하여 구약성경 예언들의 더 깊은 의미를 깨닫는다면 이러한 반론을 극복할 수 있으리라고 믿었다. 셋째, 영지주의 분파들은 구약성경이 그리스도 안에서 계시된 하느님과는 다른 하느님을 가르친다고 우기며 구약성경을 거부하였다. 그들은 구약성경의 신은 신약성경이 가르치는 사랑의 하느님과는 반대로 복수심에 불타고 질투와 변덕이 심하며 많은 죄와 악에 대하여 직접적인 책임이 있다고 믿었다. 오리게네스의 철학적 시각으로는, 성경 본문들을 단순히 글자 그대로 받아들인다면 이러한 결론은 피할 수 없는 것이며, 따라서 성경 본문은 우의적으로 이해해야만 한다는 것이었다. 실제로 그는 성경의 본문들은 그것을 읽는 이가 참된 영적 의미를 찾게 하고 유도하기 위하여 의도적으로 모호하고 모순되게 보이도록 표현된 경우가 많다고 주장하였다. 궁극적으로, 이러한 접근 방법으로 생겨나는 다수의 의미들이 해석의 혼란을 낳을 것이라고 주장할 사람들에 대한 답변으로, 오리게네스는 그리스도교적 영적 주석의 실행은 언제나, 사도들이 직접 가르친 이후 줄곧 교회 안에 보전되어 온 사도신경과 같은 정통 그리스도교 교리의 요체인 신앙 규범의 틀 안에서 이루어져야 한다고 힘줘 말하였다.

오리게네스의 업적을 평가할 때 우리는 당시에는 그리스도교 신학의 많은 교리가 아직 제대로 발전되지도 존중되지도 않았다는 사실을 기억할 필요가 있다. 오리게네스의 작업은 그러한 형세를 바꾸는 데, 헬레니즘 환경에서 신앙의 지적 신인도를 확립하는 데, 그리고 그리스도 신앙의 내적 일관성과 더불어 더욱 폭넓은 철학적·문화적 문제나 열망과 신앙의 관계를 탐구하는 데 결정적인 요인이 되었다. 이러한 탐구에서 그가 때때로 실수했다고 판단받아야 했던 것은 놀랄 일도 크게 우려할 일도 아니다. 오리게네스는 그가 다룬 수많은 문제에 대하여 끊임없는 관심을 기울이게 한 고대 그리스도교 사상가의 하나였다. 그리고 그가 후대의 기준에서 정통적이지 않은 것으로 보이는 일부 견해들을 가르쳤다 하더라도, 그는 그리스도교 교리가 정통적인 합의에 이르게 되는 시련과 오류와 수정과 정련의 과정에서 핵심적인 사상가였으며 당대의 정통성 기준에 언제나 충실하였다는 사실을 기억해야 할 것이다.

그리스도교의 주요 해석자들

고대 그리스도교 주석사에서 오리게네스가 차지하는 중요성 때문에 앞에서 좀 긴 논의를 하였지만, 이 주해 총서의 독자들은 오리게네스만이 유일한 주요 해석자가 아니라는 사실을 잘 알게 될 것이다. 매우 탁월한 해석자들 가운데에 그리스어권인 동방과 라틴어권인 서방에서 각각 넷씩 여덟 명의 위대한 학자가 있다. 동방 교회의 아타나시우스와 나지안주스의 그레고리우스, 대 바실리우스, 요한 크리소스토무스, 서방 교회의 암브로시우스와 히에로니무스, 아우구스티누스, 대 그레고리우스가 그들이다. 아타나시우스(✝373년)는 알렉산드리아 교회의 주교로 봉직하였으며, 아리우스와 그 추종자들의 주장, 곧 하느님의 아들은 창조된 존재이며 분명히 숭고한 인간이기는 하지만 시작이 있는 피조물이어서 하느님과 동등하지 않다는 주장에 맞서 예수 그리스도의 온전한 신성을 옹호한 정통 교리의 충실한 수호자였다. 아리우스는 '아들이 없던 때가 있었다'는 유명한 말로 자신의 개념을 표현하였다. 아타나시우스는 그러한 주장은 그리스도의 복음을 격하시킨다고 확신하고, 육화, 곧 성부와 성령과 함께 참하느님이신 성자 하느님이시라는 믿음이, 반역을 한 인간들을 그들의 창조주와 화해시키시고자 사랑과 겸손의 행위로 당신의 신성을 인성과 기꺼이 결합시키셨다는 점을 열렬히 옹호하였다. 그의 가장 중요한 작품들인 『말씀의 육화』와 『아리우스파 반박 세 연설』은 이러한 정통 신앙의 원칙들을 수호하며, 고대 교회가 당면한 어렵고 도전적인 신학 문제들을 성경 해석과 적용을 통해 설득력 있게 설명하였다. 아타나시우스는 그리스도의 위격과 관련한 아리우스의 교설, 곧 오리게네스의 작품에서 이끌어 낼 수 있는 주장에 강력히 반박하였지만, 그 또한 오리게네스와 알렉산드리아의 신학적 해석 전통에서 큰 도움을 받았다는 사실에 주목할 필요가 있다.

나지안주스의 그레고리우스(†394년 이후)와 대 바실리우스(†379년)는 4세기에 로마의 속주 카파도키아에 살던 절친한 친구로서 니사의 그레고리우스와 이코니움의 암필로키우스와 함께 이른바 카파도키아 교부들의 핵심을 이루었다. 이들의 작업을 통해 아타나시우스의 신학적 노력이 발전되고 확장되어 교회의 생활과 사상에서 열매를 맺게 되었다. 나지안주스의 그레고리우스는 많은 작품을 남긴 저술가가 아니었고 성경 주해서를 내지도 않았다. 그러나 콘스탄티노플의 주교로서 그는 많은 관심과 존경을 불러일으킨 일련의 강해로 교회의 정통 신앙을 설파하고 수호하였다. 이 강해들은 『신학적 연설』로 불리게 되었으며, 그에게 '신학자'라는 영예로운 별명과 더불어 가장 유능한 신앙의 수호자들 가운데 하나라는 확고한 명성을 누리게 해 주었다. 이 작품들은 교회 생활에 있어서 그리스도교 정통 신앙의 의미와 중요성에 대한 신중하고 철저한 오랜 탐구의 산물이며 고대 교회사에서 삼위일체 신학에 관한 가장 중요한 진술 가운데 하나다. 카이사리아의 주교로 봉직한 대 바실리우스는 교회의 뛰어난 행정가이자 정치가였으며 그리스도교의 가르침을 명쾌히 해설하며 정통 신앙을 수호하여 제2의 아타나시우스라는 평판을 얻었다. 그는 그리스도교 전례 개혁과 동방 수도승 생활의 창시와 발전에도 헌신하였다. 그의 가장 중요한 작품은 『성령론』이라 하겠는데, 여기에서 그는 성부와 성자에 대한 성령의 관계를 숙고하여 삼위일체 교리 발전에 중대한 공헌을 하였다. 이 작품은 거의 성경 주석으로 이루어져 있다.

나지안주스의 그레고리우스와 대 바실리우스는 둘 다 오리게네스의 작품이 매우 뛰어난 내용을 담고 있다고 여기고 존중하여, 오리게네스 작품들 가운데 중요한 것들을 골라 모은 『필로칼리아』를 함께 만들어 교회에 오리게네스의 영향을 확대시키는 데 기여하였다. 흥미롭게도 대 바실리우스는 오리게네스를 분명히 존중하였음에도 오리게네스가 창세기의 처음 몇 장에 관해 풀이한 아홉 차례의 강해를 모아 놓은 『육일 창조에 관한 강해』에서 창조 설화를 우의적으로 주석한 것에 대해서는 상당히 비판적이다. 이 아홉 번째 강해를 두고 그는 고대 교회에서 이루어진 우의적 해석에 대해 매우 심한 비판을 한다. "나는 우의의 법칙을 알고 있다. 다른 사람의 작품에서도 보지만 나 자신의 작품에서도 본다. 그렇지만 성경의 상식적 의미를 받아들이지 않는 사람들이 실로 있다. 그들은 물을 물이 아니라 다른 어떤 것으로 본다. 그들은 나무에서 또 물고기에서 그들의 상상력이 원하는 것을 본다. … 나에게는 풀은 풀이다. 초목, 물고기, 들짐승, 집짐승, 이 모든 것을 나는 글자 그대로의 의미로 받아들인다."[5] 이 글에서 대 바실리우스는 특별히 마르키온파나 발렌티누스파 같은 영지주의 분파인 개인과 집단을 염두에 두고 있다는 사실에 유의해야 한다. 그들은 왜곡된 자기네 해석을 밀고 나가려는 목적에서 우의적 또는 영적 해석을 이용하여 성경 본문의 단순한 의미를 회피하고 비판함으로써 그리스도교의 정통

---

[5] NPNF 2,77,101.

신앙에 해를 끼쳤다.

요한 크리소스토무스(†407년)는 교회사에서 대단히 중요한 인물로 당대의 가장 저명한 설교자였다. 6세기에 처음으로 그에게 붙여진 '크리소스토무스'(금구金口, 황금의 입Chrysostomus)라는 덧이름이 이를 말해 준다. 그리스 교부들 가운데 성경의 여러 책들에 대한 수많은 강해를 남긴 요한 크리소스토무스만큼 중요하고도 광범위한 문학 유산을 남긴 이는 없다. 그는 설교자로서 받은 갈채에 더하여, 동방은 물론 서방에서도 드높은 존경을 받는 교부이며 동방의 어떤 저술가도 이 같은 명성을 누리는 이는 없다. 그가 얼마나 인기를 누렸는지는 그의 많은 작품이 거의 다 온전하게 보전되어 온 사실에서 잘 드러난다고 할 수 있다. 성경 해석자로서 그는 안티오키아 주석 전통의 대표적 인물이라 할 만하다. 이 전통은 본문의 자구적 또는 단순한 의미에 초점을 맞추는 성경 해석 방법이며, 일반적으로 오리게네스와 알렉산드리아 전통이 즐겨 하던 본문의 우의적 해석에 치중하는 경향을 피하고자 한다. 이 전통 집단의 다른 대표적인 인물로는 타르수스의 디오도루스, 몹수에스티아의 테오도루스, 키루스의 테오도레투스가 있다. 그런데 안티오키아학파와 알렉산드리아학파가 분명히 다른 해석 경향을 드러내고는 있지만, 이러한 분류 표지들은 어느 정도는 도움이 되더라도 너무 단순화할 경우 오해의 소지가 있다는 점을 지적해야 하겠다. 예를 들면, 우리가 살펴본 대로 오리게네스는 성경을 해석하기 위하여 우의적 또는 영적 방법을 선호한 것이 사실이지만, 본문의 자구적 의미를 무시하지는 않았다. 그리고 요한 크리소스토무스를 비롯한 안티오키아학파 사람들은 본문의 단순한 의미에 초점을 맞추기는 했지만 그들 또한 오리게네스가 영적 주석이라고 정의한 것과 매우 비슷한 예형론적 해석도 활용하였다. 따라서 두 주석 방법의 차이를 섣불리 상호 배타적인 견해로 나누기보다는 독특한 해석 경향이나 경로로 보는 것이 좋을 것이다.

서방 교회에서는 밀라노의 암브로시우스(†397년)가 라틴 저술가들의 해석 경향을 확립하는 데 특별히 많은 영향을 미친 인물의 하나가 되었다. 그는 갈리아 지방 총독의 아들이었으며, 법률가와 연설가의 경력을 준비하는 전통적인 자유 학예 교육을 받고 밀라노에 관저를 둔 지방 장관으로 임명되었다. 그는 지혜롭고 공평무사한 통치로 그 지방에 잘 알려져, 밀라노의 아리우스파 주교 아욱센티우스의 죽음으로 새 주교의 선출을 두고 경쟁 파벌들 사이에서 격렬한 분쟁이 일어났을 때 양측이 모두 암브로시우스를 임명할 것을 요구하게 되었다. 그는 신학 교육을 전혀 받지 않았고 아직 세례도 받지 않았지만, 오로지 평화를 이루어 내기 위해 어쩔 수 없이 그 요구를 받아들였다. 짧은 기간 안에 세례를 받고 주교로 서품된 그는 부족한 신학 지식을 메우고자 고대 그리스도교 사상가들의 저술을 폭넓게 탐독하였으며, 특별히 오리게네스와 알렉산드리아의 성경 해석 전통에 영향을 받았다. 그는 당대의 가장 중요한 설교자이자 스승이 되었으며 성경 본문을 이해하기 위한 우의적 해석을 올바르게 구사하였다. 그의 설교 가운데 많은 수가 출판되어, 서방 교회가 오리게네스와 알렉산드리아 전통의 영적 주석 방향으로 기우는 주요한 계기가 되었다.

히에로니무스(†419/420년)는 흔히 고대 교회의 교부들 가운데에서 가장 뛰어난 학자로 여겨졌으며, 라틴 교회가 배출한 가장 위대한 성서학자로 평가된다. 그는 로마에서 엄격한 교육을 받으며 고전문학을 배웠고 특히 베르길리우스와 키케로에 정통했다. 그는 그리스어와 히브리어도 배웠으며, 위대한 여덟 명의 교부들 가운데 히브리어를 아는 유일한 사람이었다. 이러한 배경을 지닌 그는 번역 작업에 적격이었고 그래서 서방에서 성경과 교부들의 작품이 전파되는 데 핵심적인 역할을 하게 되었다. 그는 잘 알려진 대로, 나중에 대중라틴어 성경(불가타)을 이루게 된 방대한 분량의 성경 번역과 더불어 고대 그리스 교부들의 수많은 저작을 라틴어로 옮겼다. 그가 교회사에서 큰 명성을 누리는 것은 일차적으로는 번역가로서의 활동 때문이지만 히에로니무스는 고대 그리스도교 주석가들의 작품이나 성경 번역 작업에서만 아니라 성경 해석에도 뛰어났다. 그는 중요한 주해서와 강해를 많이 펴냈으며 이 작품들 외에도 지금까지 남아 있는 수많은 편지를 썼는데, 거기에는 신학과 성경 해석에 관한 흥미로운 견해들이 많이 담겨 있다. 히에로니무스는 생애 초기 단계에서는 오리게네스의 신학적 견해와 주석 방법에 크게 공감했지만, 나중에는 상당히 비판적이었고, 오리게네스가 갈수록 많은 조사를 받게 되자 더욱 그러하였다. 그는 우의적 방법론은 쉽게 주관주의의 위험에 빠질 수 있으며 성경의 가르침과 그리스도교 신앙을 왜곡할 수 있다는 점을 특히 우려하였다. 오리게네스의 신학적 견해들이 의심을 받으면 받을수록, 그가 자신의 견해들을 입증하기 위하여 동원한 해석학적 방법들에 대한 비판은 더 많이 제기되었다.

고대 라틴 교회 신학자들 가운데에서 가장 뛰어나면서도 많은 저작을 남긴 사람은 히포의 아우구스티누스(✝430년)다. 그는 서방 교회의 역사에 가장 큰 영향을 미친 인물로서 서방 교회의 신학과 주석의 전통과 실천에 지울 수 없는 자취를 남겼다. 그는 로마제국의 아프리카 속주에서 태어나 전통적인 라틴 교육을 받고 나서 계속 연구했으며 로마와 밀라노에서 가르쳤다. 한때 그는 마니교도로 자처하였으며 나중에는 신플라톤주의 철학에 이끌리기도 했다. 밀라노에서 수사학자로 활동한 그는 암브로시우스를 만나게 되었고 그의 설교를 듣고 그리스도교로 개종하였다. 그가 개종하게 된 중요한 계기는 성경의 영적 해석에 관한 암브로시우스의 가르침이었다. 암브로시우스를 만나기 전에 아우구스티누스가 매우 그럴듯하다고 여긴 마니교도들의 많은 그리스도교 반박 논증들은 성경, 특히 구약성경에 대한 지나친 자구적 해석에서 나온 가설에 근거하고 있었다. 그는 성경에 하느님과 어울리지 않는다고 여겨지는 내용들이 많이 담겨 있음을 발견했고, 사람이 하느님을 닮은 모습으로 창조되었다는 성경 가르침을 자구적으로 해석한 데 따른 가설인 '하느님은 구체적 형태의 육체를 지니고 있다'는 개념을 받아들일 수 없었다. 그가 암브로시우스의 설교와 가르침에서 발견한 것은 영적·우의적·예형론적 성경 해석이었다. 암브로시우스는 아우구스티누스에게 철학자들도 충분히 설득할 만한 성경의 지적 신빙성과 활력을, 그리고 그리스도 신앙을 거부하는 마니교도들의 부당성을 확신시켜 주었다. 한때 그는 그리스도교가 마니교도들의 비판을 이겨 내지 못할 것이라고 생각했지만 암브로시우스의 가르침을 들으면서 갈수록 그리스도교의 가르침을 더 타당하게 느꼈다.

아우구스티누스는 황궁 수사학자직에서 물러나 암브로시우스에게 세례를 받은 뒤 북아프리카로 돌아갔다. 히포에서 그는 사제로 서품되고 마침내 주교로 선출되었으며 죽을 때까지 그 자리를 유지했다. 그의 작품 가운데 『고백록』과 『신국론』이 가장 널리 알려져 있지만, 그는 마니교도들과 도나투스파, 펠라기우스파 같은 집단들에 맞서 정통 신앙을 옹호하는 중요한 논쟁서도 많이 저술했으며, 거기에서 다양한 신학적·도덕적·실천적 문제들을 다루는 가운데 성경 해석을 활용하였다. 그 밖에도 그는 성경에 대한 수많은 주해서와 강해서를 펴냈다.

아우구스티누스의 주석 방식은 특징짓기가 쉽지 않다. 그는 암브로시우스와 그 시대 그리스도교의 주류 전통에서 영적이고 예형론적인 성경 해석 방식을 물려받았지만, 한편으로는 고대 교회의 사상에 성경 본문은 역사라는 점을 강력하게 주입한 인물이기도 하였다. 『신국론』에서 그는 성경이 이야기하는 구원사의 시각에서 인류 역사 전체에 대한 설명을 시작한다. 이렇게 그는 성경은 모든 인간을 위한 하느님의 의도와 계획을 계시하려는 목적으로 구체적이고 개별적인 역사적 상황에서 실제 백성을 통하여 그 안에서 이루어진 하느님의 행위와 인도에 관한 기록을 담고 있다는 믿음을 토대로 그리스도교적인 역사 서술을 제시하고 있다. 이처럼 자구적·역사적·우의적 주석을 두루 보여 준 것에 더하여, 아우구스티누스는 성경을 이해하고 깨닫는 데에는 사랑이 핵심임을 강조함으로써 성경 해석의 발전에 공헌하였다. 그는 사랑의 원리가 성경의 모든 부분에 적용될 수 있으며 단순한 사람에게든 지혜로운 사람에게든 그 가르침의 심오한 신비를 열어 줄 것이라고 믿었다. 이렇게 하여 그는 교회의 모든 구성원이 성경 전반은 물론, 그 정확한 의미를 이해하고 실제에 적용하기가 어려울 수 있는 구절들에도 다가갈 수 있게 하였다.

이러한 영향은 서방의 마지막 교부 대 그레고리우스(†604년)의 사상을 통하여 더욱 발전되고 확장되었다. 대 그레고리우스는 590년부터 죽을 때까지 교황으로 봉직하였다. 그는 고대 교회와 중세 교회를 이어 주는 과도기의 중요한 인물로, 역사가들은 그를 교부 시대의 마지막 위인으로, 그리고 중세 시대의 첫 번째 위인으로 여겨 왔다. 그는 노련한 행정가였을 뿐 아니라 많은 작품을 남긴 저자로서, 사변적인 경향과 반대되는 실천적 정신을 지니고자 한 인물이었다. 가장 중요하고 큰 영향력을 미친 그의 작품은 『사목 규칙』으로 그는 거기에서 사목 생활에 관한 도움말과 길잡이를 제시하며, 신자들의 목자여야 하는 주교의 소명을 강조한다. 이 책은 중세에 주교를 비롯한 교회 지도자들의 임무에 관한 교과서 역할을 했으며, 서방 교회의 역사에서 사목 직무의 틀이 잡히는 데 결정적인 영향을 미쳤다. 성경 해석에서 대 그레고리우스는 암브로시우스와 마찬가지로 더 심오한 숨은 신비들을 파악하고자 우의적 방법을 즐겨 활용하였는데, 이러한 실례는 성경에 관한 그의 여러 주해서와 강해서에서 쉽게 찾아볼 수 있다. 이 작품들은 중세 교회에서 주석 관행이 확립되고 발전하는 기틀이 되었으며 중세 내내 서방 교회의 삶에서 우의적·영적 해석이 탄탄히 지속되도록 하였다.

이 저명한 인물들 외에 고대 교회의 다른 중요한 해석자들로는 시리아인 에프렘, 앞에서 언급한 니사의 그레고리우스, 아를의 카이사리우스, 존자 베다가 있다. 에프렘(†373년)은 많은 저술을 하였는데, 알렉산드리아나 안티오키아의 그리스 교회들과는 다른 독립적인 해석 전통을 보여 준다. 그는 시리아 교회 최초의 위대한 저술가로 일컬어진다. 니사의 그레고리우스(†394년 이후)는 대 바실리우스의 동생으로서 앞에서 말한 카파도키아 교부의 하나였으며, 삼위일체 신학을 정립하고 철학과 신학, 윤리를 다룬 수많은 논저들로 잘 알려져 있다. 아를의 카이사리우스(†542년)는 40년 동안 주교로 봉직하였으며, 라틴 해석 전통을 완전히 꿰고 있음을 잘 보여 준다. 그렇지만 그의 강해는 오리게네스의 영향을 보여 주기도 하는데, 아마도 그는 오리게네스의 작품들을 루피누스나 히에로니무스의 라틴어 번역으로 보았을 것이다. 존자 베다(†735년)는 수도 전통 안에서 고전 교육을 받고 당대의 가장 박식하고 완숙한 저술가가 되었다. 그는 중세 초기에 속하는 인물이지만 고대 그리스도인 주석가들과 그들의 해석 전통에 대한 폭넓은 지식을 지니고 있어 그의 작품들은 고대 교회의 사상과 이어져 있다고 평가된다.

여호수아기, 판관기, 룻기, 사무엘기 상·하권에 관한 주해서

구약성경의 역사서들에 대한 연속 주해나 이 책들에 관한 상세하고 집중적인 고찰이라 할 작품은 고대 교부들의 저서에서는 찾아볼 수 없다. 그래서 이 주해서에 수록된 대부분의 발췌문들은 역사서의 첫 부분인 이 다섯 책에 대한 해설서나 설명서는 아니지만 거기에 들어 있는 자료들을 자신의 관심사에 따라 부분적으로 주해를 한 신학적·사목적 논고나 강해, 편지에서 추려 낸 것들이다. 성경의 여러 부분에 대한 이러한 설명적 주해는 교부들의 저작에서 흔히 볼 수 있으며, 사실 교부들의 저서 거의 모두가 어떤 형태로든 성경 본문을 인용하고 주해한다. 성경 본문을 집중적으로 다루는 교부들의 작품에는 세 가지 문학 형식 또는 유형이 있는데, 강해(설교), 주해, 문답이 그것이다. 이 가운데에서 처음 두 가지 유형, 곧 강해와 주해는 매우 흔히 사용된 형식이고, 마지막 유형은 질문과 답변의 형식을 따른다. 이는 고대의 철학자들이나 교사들에게 매우 친숙한 잘 정립된 교육 방법으로서 문학적 기법으로 자주 쓰이곤 했다. 이러한 문학 유형들은 여호수아기, 판관기, 룻기, 사무엘기 상·하권을 다룬 얼마 안 되는 작품들에서도 모두 사용되고 있다.

특별히 이 역사서들을 다룬 작품들 가운데 가장 중요한 것은 오리게네스의 강해들이다. 이 강해들은 오리게네스가 여러 곳에서, 특히 예비신자들에게 그리스도 신앙을 가르치며 성경의 특정한 장들이나 구절들에 대하여 한 설교다. 어느 모로 보나 오리게네스는 평생 쉬지 않고 활동한 설교가였다. 그의 전기를 쓴 팜필루스에 따르면, 오랜 기간 동안 그는 거의 날마다 설교를 하였다. 그랬던 만큼 오리게네스는 성경의 거의 모든 책에 대한 강해와 주해를 남겼다. 그러나 안타깝게도 대부분이 소실되어 버렸다. 실제로 그는 거의 600편에 이르는 강해를 펴냈지만, 예레미야서 강해 20편, 사무엘기 상권 28장에 관한 강해 1편, 그리고 소수의 단편들만 그리스어로 볼 수 있다. 그러나 200여 편에 이르는 강해들이 여러 사람의 라틴어 번역으로 남아 있는데, 루피누스와 히에로니무스의 번역이 많다. 본서에서 자주 인용된 것은 여호수아기 강해 26편으로 루피누스의 라틴어 번역본이다. 이 강해들은 여호수아기에 관한 유일한 연속 설교이며, 고대 교회에서 여호수아기를 상세하게 해설한 유일한 작품이기도 하다. 본서는 후반부의 몇몇 장들에서는 현재 남아 있는 교부들의 작품에서만 발췌했는데, 따라서 여호수아기 주해 편에서, 특히 뒷부분에서는 오리게네스의 강해들에 중점이 주어져 있는 것을 느낄 것이다.

오리게네스의 이 강해들은 여호수아기를 상세히 다루고 있다는 점만이 아니라, 그의 해석 방법을 실제로 뚜렷하게 보여 준다는 점에서도 중요하다. 특별히 흥미로운 것은 오리게네스가 여호수아와 예수 사이에서 이끌어 낸 관계다. 여호수아와 예수는 그리스어로 똑같은 낱말이어서, 오리게네스는 루피누스가 '예수'라고 옮긴 이름이 여호수아만이 아니라 예형론적으로 나자렛 사람 예수도 가리킨다는 해설을 내내 고수하며, 그 책에서 이야기하는 이스라엘과 가나안 땅 정복과 토지 분배에 관련된 사건들을 예수와 교회에 관한 그리스도인들의 이야기와 직접 명시적으로 연결한다. 이런 식의 예형론적 해석은 결국 고대 교회 주석의 표준 관행이 되었다. 오리게네스는 『여호수아기 강해』 외에 판관기에 관해서도 연속 강해들을 펴냈는데, 그 가운데에서 루피누스의 번역으로 9편이 남아 있으며, 사무엘기 상권에 관한 강해는 라틴어 번역도 아주 적은 수만 남아 있다(예외적으로, 사무엘기 상권 28장에 관한 강해 한 편은 그리스어 본문이 남아 있다). 구약성경의 역사서 첫 다섯 책에 대한 다른 연속 강해들은 요한 크리소스토무스가 387년에 사무엘기 상권의 인물과 사건들을 다룬 강해 8편, 한나에 관한 강해 5편, 다윗과 사울에 관한 강해 3편이 있을 뿐이다.

가자의 프로코피우스는 역사서들에 관한 연속 주해서를 그리스어로 남겼는데, 모든 부분을 균등하게 주해하지 않았지만, 본문비평과 언어 면에서의 깊은 식견과 더불어 그리스도론적 해석이 빛나는 통찰력을 보여 준다. 그 외에도 이 역사서들에 관한 온전한 연속 주해서가 라틴어로 두 편이 있는데, 모두 사무엘기 상권에 관한 주해서다. 하나는, 『사무엘기 상권 해설』(표준개역성경RSV의 사무엘기 상·하권은 칠십인역으로는 열왕기 1·2권이고, 열왕기 상·하권은 칠십인역의 열왕기 3·4권이다)로 대 그레고리우스의 저서인데 사무엘기 상권을 광범위하고 상세하게 해설한다. 여기서 대 그레고리우스는 이 책이 그리스도의 계시와 또 그리스도 신앙과 어떤 관계가 있는지 증명하고, 더불어 당대의 교회 상황에서 의미하는 바가 무엇인지 설명하기 위하여 영적 주석을 본격적으로 활용한다. 신학적·영적·사목적·윤리적 가르침으로 가득한 이 주해들은 대 그레고리우스의 성경 주해 방법이 어떠한 것이었는지 보여 주는 뛰어난 본보기이며, 서방 교회에서 교부 시대 성경 해석의 대표 주자 가운데 하나이자 중세 주석의 발전에 터를 놓은 성경 주해가 대 그레고리우스의 중요성을 보여 준다. 다른 하나는 존자 베다의 『사무엘기 상권 우의적 해석』인데, 이는 성경을 해석한 그의 수많은 작품들 가운데 하나이며, 대 그레고리우스의 작품보다 많은 영향을 미치지는 않았지만, 라틴 전통에서 고대 그리스도교 성경 해석의 뛰어난 본보기다.

그리 많지 않은 이 강해와 주해들 외에, 여호수아기부터 사무엘기 하권까지를 다루는 나머지 작품들은 질문과 답변 유형에서 가져왔다. 그중 첫째는 아우구스티누스의 작품이다. 『칠경에 관한 질문』[6]에서 그는 성경 본문을 읽으며 느낀 여러 가지 어려움을 나열하고 해결을 시도한다. 이 책에서 그가 제기한 651개의 질문들 가운데에서 30개는 여호수아기에 관한 것이고 55개는 판관기에 관련된 것인데, 각 질문에 대한 설명은 때로 더 긴 것도 있기는 하지만 대부분 한 문단 정도의 길이다. 그는 칠경에 관한 또 다른 작품 『질문』도 썼는데, 이 책은 문제가 있다고 생각되는 표현이나 구절들의 목록과 더불어 몇몇 라틴어 칠경 사본들의 대조표도 담고 있다. 여기서도 그는 스스로 제기한 문제들에 대해 간략한 해설과 해답을 제시한다. 그가 다룬 735개 구절들 가운데 31개가 여호수아기에서, 64개가 판관기에서 뽑은 것이다. 키루스의 테오도레투스(†460년)와 존자 베다도 비슷한 작품 — 테오도레투스는 『팔경[7]에 관한 질문』, 베다는 『열왕기에 관한 서른 가지 질문』 — 을 저술하였는데, 여호수아기부터 사

---

[6] 칠경은 성경의 첫 일곱 책을 말한다.

[7] 팔경은 성경의 첫 여덟 책을 말한다.

무엘기까지의 여러 대목에 대해 논한다. 대체로 이러한 자료들은 주해 형태의 글보다 흥미롭지도 않고 도움도 별로 되지 않아, 다른 작품들보다 많이 발췌하지 않았다.

앞에서 살펴보았듯이, 성경의 이 역사서들에 관한 작품은 매우 적고, 오리게네스의 작품 말고는 광범위한 토론이나 상세한 연속 주해서가 전혀 없다. 이러한 상황에 더하여, 다른 작품들에 들어 있는 성경의 이 부분에 관한 교부들의 주해도 특정 구절들에 편중되어 있다. 라합의 이야기나 다윗과 골리앗의 대결같이 잘 알려진 인상적인 대목들에 관해서는 상당한 분량의 자료가 있지만, 잘 알려지지 않은 사건이나 모호한 구절들과 관련된 주해는 드물고 아예 없기도 하다. 그리고 어떤 사람은 매우 상세히 주해를 하는 대목을 다른 이들은 전혀 다루지 않기도 한다. 이처럼 성경의 각 부분들에 대한 교부들의 주해가 산발적이고 균형적이지 않은 경향이 우리 주해서의 형태에도 영향을 미쳤다. 그래서 어떤 단락에는 주해가 아주 많고 어떤 단락에는 주해가 적거나 아예 없기도 하며, 또 어떤 부분에서는 한 주해가의 작품만 거듭 인용된 것을 보게 될 것이다. 이것은 편집자가 원해서가 아니라 교부 자료의 상태를 반영하는 것이다. 물론 편집자의 취향과 관심사가 자료 선정과 제시에 어떤 식으로건 영향을 미쳤겠지만, 이 책의 발췌문들이 살아 계시는 하느님의 성령께서 예수 그리스도의 복음에 대한 성경의 증언을 통하여 고대 교회에 말씀하셨던 방식을 맛보여 주는 본보기이기를 바란다.

구약성경 본문들에 관하여

서문을 끝내기 전에, 고대 그리스도교 해석자들이 주해의 자료로 삼은 구약성경의 본문에 대하여 간략히 언급해야 하겠다. 가장 널리 사용된 구약성경 역본은 칠십인역(LXX)으로 알려진 히브리어 성경의 그리스어 번역이다. 이 번역은 기원전 3세기에 이루어졌는데, 『아리스테아스의 편지』(기원전 2세기 작품)에 담긴 설명과 유대교 전승에 따르면, 프톨레마이오스 2세(이집트의 파라오, †기원전 246년)가 알렉산드리아에 있는 자신의 도서관에 소장하려고 히브리 율법서의 번역을 원하였으며, 예루살렘 출신 유대인 번역가 72명에게 이 작업을 맡겼다. 이 노력이 마침내 결실을 이루어 히브리어 성경 전체가 완성되었다. 집회서 그리스어 역본의 머리말은 기원전 132년 무렵에 정경 전체를 그리스어로 볼 수 있었다고 알려 주지만, 완전한 번역은 분명히 오랜 시간에 걸쳐 이루어졌을 것이다.

히브리어 성경이 그리스어로 번역되자 성경이 새로운 언어 환경을 맞이함과 더불어 다른 사상의 세계로 넘어감으로써 구체적인 히브리어 표현이나 생각들이 그리스의 지적 환경에서 추상 개념이 되어 버렸다. 칠십인역은 언어와 지적 환경의 새로움에서만 아니라, 구조적인 면에서도 히브리어 성경과 다르다. 곧, 책들의 배열 순서와 분류, 또는 각 책 자체의 자료 배열 순서와 내용이 다르고, 히브리어 성경에는 없는, 제2정경으로 불리는 다른 책들을 덧붙였다.

고대 그리스도교 교회는 칠십인역을 유대교 전통에서 물려받아 자신의 성경으로 삼았다. 신약성경의 저자들은 대개 칠십인역으로 구약성경을 인용하였다. 고대 그리스도교 교부들도 일반적으로 칠십인역을 구약성경의 표준 형태로 여기고 히브리어 본문은 아주 가끔 참조하였으며, 칠십인역 성경이 하느님의 영감을 받았다고 믿었다. 그리스도교가 칠십인역을 채택한 데다, 칠십인역이 히브리어를 너무 자유롭게 옮겼다는 비판도 있자, 유대인 학자들이 히브리어 성경에 더 충실한 그리스어 번역을 몇 가지 더 내놓았다. 그래서 칠십인역이 일반적으로 구약성경의 표준 형태로 받아들여지기는 했지만, 교부들은 이 다른 번역본들을 알고 있었으며 때때로 이를 참조하기도 하였다. 오리게네스는 특별히 히브리어 본문과 여러 그리스어 역본에 대한 칠십인역의 관계에 관심을 갖고, 본문 연구의 중요한 작품인 『육중역본』Hexapla을 저술했다. 히브리어 본문, 그 음역, 유대인 학자들이 옮긴 세 가지 다른 그리스어 번역, 칠십인역을 여섯 개의 칸에 배열하고, 각종 부호와 주를 달아 히브리어 본문과 거기에 첨삭한 칠십인역의 차이를 알아보기 쉽게 하였다.

라틴 말을 하는 그리스도인들이 칠십인역을 라틴어로 번역하기 시작한 2세기 후반에 구약성경의 다른 번역본들이 나오기 시작하였다. 이러한 번역은 남부 갈리아와 북아프리카 지방에서 먼저 이루어졌는데, 3세기까지도 그리스어를 상용했던 로마보다는 그러한 지방들에서 번역 성경이 더 절실했다. 그리하여 필요에 따른 라틴어 번역 성경이 여럿 나왔는데, 이 번역들은 그것이 만들어진 지역에 따라 각기 독특한 특징을 띤다. 이 고대 라틴어 번역들은 서로 매우 다르며, 어떤 번역들은 그리스어는 물론 때로는 라틴어 지식마저도 부족함을 보여 준다. 라틴어권 교회에서 5세기까지 이루어진 많은 성경 주해는 이렇게 다른 고대 라틴어 번역본들을 토대로 한 것이다. 이러한 번역본들의 사용은 당연히 서방 교회에 문제를 불러일으켰으며, 이러한 문제들을 해결하려는 열망으로 히에로니무스가 불가타로 알려진 라틴어 성경 개정판을 만들었다. 4세기 말부터 9세기까지 오랜 기간에 걸쳐 점차 불가타(대중라틴어 성경)가 고대 라틴어 번역본들을 대체하여 서방 교회의 표준 성경으로 여겨지게 되었다.

이러한 사실은 이 주해서에 수록한 교부들의 주해와 구약성경 인용이 때로는 표준개역성경과 일치하지 않는 이유를 설명해 준다. 교부들은 칠십인역이나 고대 라틴어 번역본 가운데 하나, 또는 불가타를 가지고 주해를 한다. 표준개역성경 같은 현대의 번역들은 이러한 번역 성경이 아니라 유대인 마소라 학자들이 5~9세기 사이에 확정하여 보존해 온 히브리어 본문에 기초한 번역이다. 히브리어 성경의 결정판으로 인정받는 이 본문은 마소라 본문(MT)으로 불린다. 우리 주해서에서는 교부들이 성경으로 받아들였지만 마소라 본문과 그에 상응하는 표준개역성경과 다른 본문을 가지고 한 주해가 나오면 참고 표시를 해 두었다.

감사와 헌사

이 주해서를 편찬하며 참 많은 도움을 받았다. 그러한 도움이 없었다면 이 일을 끝내지 못했을 것이다. 먼저 조엘 엘로브스키와 『교부들의 성경 주해』 총서 기획부 직원들에게 감사의 말을 하고 싶다. 그들은 인쇄물과 디지털 자료를 검색하고, 방대한 자료를 복사하고, 우리 작업과 관련된 중요한 책들을 제공해 주고, 최종 원고 작성에도 많은 도움을 주었다. 편집 작업을 포함하여 이 모든 일을 즐겁게 선뜻 해 준 데 대해 큰 감사를 드린다. 이 작업의 마지막 단계에서 급히 부탁드렸을 때 신속히 라틴어 번역을 해 준 제프 핀치와 제임스 켈러에게도, 그리고 원고 초안을 검토하고 유익한 편집 논평을 해 준 크리스 홀에게도 특별한 감사를 전한다. 또한 이 주해서(와 이 총서) 편찬에 참여하게 해 준 토머스 오든 박사에게도 깊은 감사를 표하며, 드루 대학교에서 그분의 학생이던 시절 끊임없이 후원해 주고 격려해 주신 데 대해서도 감사를 드린다.

아울러 이 계획을 지원해 주고 나에게 특별히 2003년 봄여름 동안 안식년을 주어 강의 책임을 면제해 준, 펜실베이니아 하트필드에 있는 성서신학교의 이사회와 총무처, 교수진에 감사를 드린다.

위의 모든 분이 기꺼이 아낌없는 도움을 주어 이 주해서를 편찬할 수 있었다. 그렇지만 이 일을 가능하게 한 가장 큰 공신은 나의 연구 조교였으며 지금은 드루 대학교 박사 과정에 있는 린다 디치다. 그는 참고 자료를 찾아내고, 기초 자료를 정리하고, 거의 모든 자료를 입력하였으며, 입력 자료와 인용문이 일치하는지 검토해 주었다. 또한 원고를 거듭 자세히 검토하고 잘못을 바로잡아, 최종본을 매우 알차게 만들어 주었다.

그리고 이 책 서문에 나의 글, 「오리게네스, 벗이냐 적이냐?」의 일부를 싣도록 허락해 준 『그리스도교 역사』 지에 고마움을 전하고 싶다. 그 글의 전문은 이 잡지 80호에 실려 있다.

마지막으로, 니야크 대학에서 그리스도교 신앙을 가르치는 엘리오 쿠카로 교수께 감사를 드린다. 쿠카로 교수님은 1984년 봄 학기 강의에서 처음으로 나에게 교부들을 맛보여 주셨고 교부들의 작품을 읽고 배우려는 강렬한 열망을 불어넣어 주신 분이시다. 이에 대한 보답으로, 그리고 오랜 세월 베풀어 주신 온정에 감사하는 마음으로 이 주해서를 교수님께 바친다.

2004년 7월

펜실베이니아 주 하트필드, 성서신학교에서

존 R. 프랭크

J · o · s · h · u · a

여호수아기

1,1-9 주님께서 여호수아에게 통수권을 맡기시다

[1] 주님의 종 모세가 죽은 뒤, 주님께서 모세의 시종인 눈의 아들 여호수아에게 말씀하셨다.

[2] "나의 종 모세가 죽었다. 그러니 이제 너와 이 모든 백성은 일어나 저 요르단을 건너서, 내가 이스라엘 자손들에게 주는 땅으로 가거라.

[3] 내가 모세에게 이른 대로, 너희 발바닥이 닿는 곳은 다 너희에게 주었다.

[4] 광야에서 레바논을 거쳐 큰 강 유프라테스 강까지, 그리고 히타이트 사람들의 온 땅과 해 지는 쪽 큰 바다까지 모두 너희 영토가 될 것이다.

[5] 네가 사는 동안 내내 아무도 너에게 맞서지 못할 것이다. 내가 모세와 함께 있어 주었듯이 너와 함께 있어 주며, 너를 떠나지도 버리지도 않겠다.

[6] 힘과 용기를 내어라. 내가 이 백성의 조상들에게 주기로 맹세한 땅을 이 백성에게 상속재산으로 나누어 줄 사람은 바로 너다.

[7] 오직 너는 더욱더 힘과 용기를 내어, 나의 종 모세가 너에게 명령한 모든 율법을 명심하여 실천하고, 오른쪽으로도 왼쪽으로도 벗어나서는 안 된다. 그러면 네가 어디를 가든지 성공할 것이다.

[8] 이 율법서의 말씀이 네 입에서 떠나지 않도록 그것을 밤낮으로 되뇌어, 거기에 쓰인 것을 모두 명심하여 실천해야 한다. 그러면 네 길이 번창하고 네가 성공할 것이다.

[9] 내가 너에게 분명히 명령한다. 힘과 용기를 내어라. 무서워하지도 말고 놀라지도 마라. 네가 어디를 가든지 주 너의 하느님이 너와 함께 있어 주겠다."

둘러보기

모세가 죽은 뒤 여호수아가 권한을 이어받는 것은 율법이 죽은 뒤에 주 예수님께서 권능을 지니게 되신 것을 예표한다(오리게네스). 여호수아의 위대함은 모세와 늘 일치를 이룬 데 기인한다(암브로시우스). '호세아'였던 그의 이름을 모세가 '예수'(여호수아)로 바꾸어 준 덕분에, 그는 승리를 거듭하며 이스라엘 자손을 약속된 땅으로 이끌어(락탄티우스, 요한 크리소스토무스) 새로운 법의 세계로 데려감으로써(락탄티우스) 그리스도를 예표하였다.

여호수아는 무엇보다도 상속재산인 약속의 땅을 점령하고 분배하는 데에서 드러난 지도력으로 이름이 높다(나지안주스의 그레고리우스). 약속된 상속재산을 완전하게 차지하기 위해서는, 정복해야 할 악습을 나타내는 그 땅의 이교인 주민들을 몰아내야 한다. 고귀한 상속재산을 향한 여정은 율법의 문자에서 그 정신으로 나아감으로써 이루어지며, 그렇게 할 때 역사의 신비적 의미를 이해하게 된다(오리게네스).

우리는 돈이 아니라, 결코 떠나지도 버리지도 않겠다는 하느님의 약속에 의지해야 한다(아우구스티누스). 이는 정욕을 억누르며 하느님께 가까이 다가가려 애쓰는 이들에게 주님의 멍에가 편하다는 것을 알게 해 준다(알렉산드리아의 클레멘스). 하느님의 약속은 죄에 대한 정당한 징벌의 두려움을 없애 주지만, 이승의 삶에는 끔찍한 일들과 시련이 있음을 설명해 준다(요한 크리소스토무스). 하느님께서 함께 계시면 악인들의 유혹에서 보호받는다(카시오도루스).

굳세게 살면 구원받는다(파코미우스). 부자든 가난한 이든 사람은 누구나 자기 일에 마음을 쓰며 하느님의 말씀을 묵상해야 한다(『사도 헌장』). 우리는 거룩한 글을 열심히 읽고 그 뜻이 우리에게 드러나기를 기도해야 한다(오리게네스). 하느님을 기억하는 일은 쉬어서는 안 되지만, 신학교육과 토론에는 한계를 둘 필요가 있다(나지안주스의 그레고리우스).

1,1-2 주님께서 여호수아에게 말씀하시다

율법의 죽음

이 책[여호수아기]은 눈의 아들 여호수아의 행적에 대해 알려 주기보다는 우리 주님이신 예수님의 신비를 드러내 주는 책이라 할 수 있습니다. 모세가 죽은 뒤 권한을 차지하신 이가 바로 그분이고 군대를 이끌고 아말렉과 싸운 이도 그분이시기 때문입니다. 산 위에서 쳐든 손은(탈출 17,11 참조) '그분께서 우리의 빚 문서를 십자가에 못 박아 없애 버리시고 권세와 권력을 쳐 이기심'(콜로 2,14-15 참조)을 예시하는 것이었습니다.

이제 모세는 죽었습니다. 율법은 끝났습니다. '모든 예언서와 율법은 요한에게 이르기까지만 예언하였기 때문입니다'(마태 11,13 참조). 여러분은 성경에서 율법을 모세라고 표현한 증거를 원하십니까? 그분께서 복음에서 뭐라고 말씀하셨는지 들어 보십시오. "그들에게는 모세와 예언자들이 있으니 그들의 말을 들어야 한다"(루카 16,29). 여기에서 분명히 그분께서는 율법을 모세

라고 하십니다.

이제 '하느님의 종 모세는 죽었습니다'(신명 34,5 참조). 율법이 죽었으니 율법 규정들은 이제 무효입니다.

• 오리게네스 『여호수아기 강해』 1,3.[1]

모세의 한결같은 동반자

눈의 아들 여호수아가 그처럼 위대한 인물이 된 것은 모세와 늘 일치를 이룸으로써 율법에 대한 지식을 얻었고 은총을 받을 수 있도록 거룩해졌기 때문입니다. 성막 안에서 주님의 엄위가 그 신적 현존으로 빛날 때에, 여호수아 홀로 그 성막 안에 있었습니다. 모세가 하느님과 말씀을 나눌 때에, 여호수아도 거룩한 구름에 덮여 있었습니다(탈출 24,12 이하 참조). 사제들과 백성은 산 밑에 서 있었고, 여호수아와 모세는 율법을 받으러 산에 올라갔습니다. 온 백성은 진영 안에 있었고, 여호수아는 진영 밖 만남의 성막 안에 있었습니다. 구름 기둥이 내려오고 하느님께서 모세와 말씀하실 때에, 여호수아는 모세 곁에 충직한 종으로 서 있었습니다. 멀찍이 서 있던 노인들은 이 놀라운 광경에 무서워 떨었지만, 젊은이인 그는 성막 밖으로 나가지 않았습니다.

• 암브로시우스 『성직자의 의무』 2,20,98.[2]

모세의 후계자

이 예언자는 '주님께서 나에게 말씀하셨다'라고 하지 않고, '예수[여호수아][3]에게 말씀하셨다'라고 함으로써, 하느님께서 그때에 말씀하시던 분

---

[1] FC 105,29*.   [2] NPNF 2,10,58-59*.

[3] '여호수아'와 '예수'는 그리스어로 똑같은 낱말이다. 그래서 칠십인역은 '여호수아'라는 이름을 '예수'로 옮겼고, 그 결과, 성경을 읽는 많은 그리스도인이 여호수아를 그리스도의 예형으로 이해했다.

이 자기 자신이 아니라 그리스도라는 것을 보여 주고자 하였습니다. 그 예수[여호수아]가 그리스도의 예형이었기 때문입니다. 그의 본디 이름은 호세아였는데, 모세가 미래를 내다보고 그에게 여호수아(예수)라는 이름을 내렸습니다. 그래서 여호수아는 이스라엘 자손을 공격하던 아말렉과 싸우는 군대의 지도자로 뽑혀, 그 이름이 뜻하는 표상의 힘으로 적을 무찌르고 약속된 땅으로 백성을 인도할 수 있었습니다(민수 13,8.16 참조). 또한 같은 이유로 그는 모세의 뒤를 이어, 예수 그리스도를 통하여 받은 새로운 법이 모세를 통하여 받은 옛 율법의 뒤를 잇는다는 것을 보여 주었습니다.

● 락탄티우스 『하느님의 가르침 개요』 4,17.[4]

그리스도의 예형인 여호수아

'예수'[여호수아]라는 이름은 하나의 예형이었습니다. 그래서 바로 그 이름 때문에 피조물들이 그를 존경하였습니다. 그런데 어찌 된 일입니까! '예수'[여호수아]라고 불린 또 다른 사람이 있지 않았습니까? 그러나 그 사람이 그렇게 불린 것은 하나의 예형으로서였습니다. 그는 본디 호세아라고 불렸으나, 이름이 바뀌었습니다. 이 새 이름은 예고요 예언이었습니다. 예수님께서 백성을 하늘로 데려가셨듯이 그는 백성을 약속된 땅으로 데려갔습니다. 율법은 그렇게 하지 못하였습니다. 모세는 [약속된 땅으로] 들어가지 못하고 그 바깥에 머물렀습니다. 율법은 그리로 데리고 들어갈 힘이 없습니다. 그러나 은총은 그럴 힘이 있습니다.

● 요한 크리소스토무스 『히브리서 강해』 27,6.[5]

1,3-4 약속된 땅

여호수아의 공헌

여호수아의 특별히 뛰어난 점이 무엇입니까? 그의 통솔력, 거룩한 땅을 점령하여 상속재산을 분배한 점입니다.

● 나지안주스의 그레고리우스
『대 바실리우스 조사』(연설 43) 72.[6]

정복해야 할 악습

이 말씀이 우리에게 약속하는 것이 무엇인지 생각해 봅시다.

이승의 삶에서 우리가 맞서 싸우고 전투를 벌이는 강력한 적들인 악마의 족속들이 있습니다. 그러나 이러한 족속들이 아무리 많아도 우리는 그것들과 싸워 이겨 우리 발아래 굴복시키고, 우리 주 예수님께서 우리에게 나누어 주시는 대로 그들의 영토와 지역과 왕국을 차지할 것입니다. 그들은 한때 천사로서 하느님의 나라에서 영광을 누렸습니다. 이사야가 그들을 두고 한 말을 읽어 보지 않았습니까? "어찌하다 하늘에서 떨어졌느냐? 빛나는 별, 여명의 아들인 네가!"(이사 14,12). "별"로 불리는 이 루키페르는 도망친 천사가 되기 전까지는 분명히 하늘에 옥좌를 가지고 있었을 것입니다. 내가 그자를 정복하여 내 발아래 굴복시킨다면, 주 예수님께서 '사탄을 짓부수시어 내 발아래 놓으실'(로마 16,20 참조) 만한 가치가 내게 있다면, 나는 바로 그 결과로 하늘에 있는 루키페르의 자리를 받게 될 것입니다.

그러므로 우리는 주 예수님께서 우리에게 '우리 발바닥이 밟는 곳은 모두 우리 것이 될 것'(신명 11,24 참조)이라고 하신 약속을 이해합니다. 그

---

[4] FC 49,289*.

[5] NPNF 1,14,489*.

[6] NPNF 2,7,420.

러나 우리가 안이하고 소홀한 태도로 하품을 하고 졸면서 이 상속의 땅으로 들어갈 수 있을 것이라고 생각하지는 마십시오. 자기 족속에 대한 분노가 이 천사[루키페르]를 사로잡고 있습니다. 여러분이 자기 안에 있는 이것[분노]을 이기지 못하고 온갖 성화와 분노의 폭력적인 충동을 끊어 버리지 못한다면, 한때 이 천사가 차지하고 있던 자리를 상속재산이라고 주장할 수는 없을 것입니다. 여러분의 게으름 때문에 그자를 약속의 땅에서 쫓아내지 못할 것이기 때문입니다. 그자와 마찬가지로, 어떤 천사들은 교만과 질투와 탐욕과 사치를 조장하고 이런 악한 일들을 선동합니다. 여러분이 자기 자신 안에 있는 그런 악습들을 다스리지 못하여 여러분의 땅에서 그것들을 없애 버리지 못하면 — 지금 세례의 은총을 통하여 거룩해졌다 하더라도 — 약속된 상속재산을 온전히 받지 못할 것입니다.

• 오리게네스 『여호수아기 강해』 1,6.[7]

상속받은 땅으로 가는 여정

우리 발바닥으로 밟고 오르는 곳이란 무엇입니까? 율법의 문자들은 밑에, 땅바닥에 놓여 있습니다. 그래서 율법의 문자를 따르는 사람은 어떠한 경우에도 올라가지 못합니다. 여러분이 문자에서 정신으로 오르고 또 역사에서 더 높은 이해로 올라간다면, 참으로 여러분은 하느님에게서 상속재산으로 받을 드높고 고귀한 곳에 올라간 것입니다. 기록된 이 글자들 안에서 여러분이 거룩한 일들의 예형을 알아보고 그 표상을 바라본다면, 그리고 묵상과 직관적 감각으로 '그리스도께서 하느님 오른쪽에 앉아 계시는 저 위에 있는 것을 추구'(콜로 3,1 참조)한다면, 여러분은 그곳을 상속재산으로 받을 것입니다. 우리 주님이신 구원자께서 말씀하십니다. "내가 있는 곳에 나를

섬기는 사람도 함께 있을 것이다"(요한 12,26).

그러므로 여러분이 여러분의 믿음과 삶, 정결과 덕행으로, 그리고 예수님께서 씻어 주신 여러분의 그 발로(요한 13,5 참조) 걸어서 저 멀리 하느님의 오른쪽에 앉아 계시는 그리스도께 이르렀다면, 여러분은 그곳에 다다른 것입니다. 하느님께서 그곳을 여러분에게 주실 것입니다. 그러면 여러분은 "하느님의 상속자"요 "그리스도와 더불어 공동 상속자"(로마 8,17)가 될 것입니다.

• 오리게네스 『여호수아기 강해』 2,3.[8]

1,5 나는 너를 버리지 않겠다

하느님께서 마련해 주실 것이다

이어지는 구절에 주목하십시오. "돈 욕심에 얽매여 살지 말고 지금 가진 것으로 만족하십시오. 그분께서 '나는 결코 너를 떠나지도 않고 버리지도 않겠다' 하고 말씀하셨기 때문입니다"(히브 13,5; 참조: 신명 31,6.8). 하느님의 말씀은 이런 뜻입니다. '너희는 내가 온갖 불행이 무엇인지 모를까 보아 두려워한다. 그래서 너희는 돈을 모은다. 너희는 나를 보증인으로 여겨라.' "나는 결코 너를 떠나지도 않고 버리지도 않겠다"고 여러분에게 말씀하시는 분은 여러분 자신이나 여러분과 똑같은 사람이 아니라 바로 하느님이십니다. 사람이 그런 약속을 하더라도 여러분은 그를 믿을 것입니다. 그런데 하느님께서 약속을 하시는데 여러분은 왜 망설입니까? 하느님께서 약속을 하시고 글로 써 주시고 보증을 해 주셨습니다. 여러분은 전혀 걱정할 필요가 없습니다. 여러분의 손에 들고 있는 것을 읽어 보십시오. 여러분은 하느님의 보증서를 들고 있습니다. 여러분의 빚을 탕감해 주십사고 여러분이 간청해 온

---

[7] FC 105,33-34*.　　　　　[8] FC 105,39-40.

바로 그분이 여러분의 채무자입니다.

• 아우구스티누스 『설교집』 177,11.[9]

자기 수양

우리는 욕정에 속하는 모든 것을 삼가도록 스스로 단련해야 합니다. 우리는 참된 철학자들처럼, 성욕을 일으키는 온갖 음식, 침대에서 방탕하게 뒹구는 것, 사치와 사치를 조장하는 온갖 욕정을 피해야 합니다. 사람들이 이런 것을 힘든 싸움이라고 한다는 것을 우리는 압니다. 그러나 우리에게는 더 이상 그것이 힘들지 않습니다. 자기 수양은 하느님께서 주시는 가장 큰 은총이기 때문입니다. 그분께서 "나는 너를 떠나지도 버리지도 않겠다"고 말씀하셨습니다. 그분께서는 진심으로 여러분이 훌륭하다고 판단하셨습니다. 이렇게 우리가 열성을 다해 그분께 나아가려고 노력한다면, 주님의 '편한 멍에'(마태 11,30 참조)가 우리를 맞아 줄 것입니다.

• 알렉산드리아의 클레멘스 『양탄자』 2,20,126.[10]

두려워하지 마라

그렇지만 저는 여러분께 두려워하지 말라고 말씀드리고 싶습니다. 바오로는 여러분을 이렇게 위로합니다. "하느님은 성실하십니다. 그분께서는 여러분에게 능력 이상으로 시련을 겪게 하지 않으십니다. 그리고 [여러분이 그것을 견딜 수 있도록] 시련과 함께 그것을 벗어날 길도 마련해 주십니다"(1코린 10,13). 그분께서는 참으로 친히 이렇게 말씀하셨습니다. "나는 너를 떠나지도 버리지도 않겠다." 그분께서 행동으로 실제로 견디어 보도록 우리를 벌하시고자 하셨다면, 그 많은 세월 동안 우리가 두려움 속에 살도록 넘기지는 않으셨을 것입니다. 벌하지 않으실 때에 그분께서는 겁을 주십니다. 그분께서 벌하

시려는 의도를 지니고 계셨다면, 우리에게 겁을 주실 필요도 위협하실 필요도 없었을 것입니다. 그러나 지금까지 우리는 골백번 죽는 것보다 더 비참한 삶을 살아왔습니다. 수많은 날을 두려워 떨며 우리 자신의 그림자마저 의심하고 카인이 받는 벌을 받고 있습니다(창세 4,11-12 참조). 마음이 끊임없는 고뇌에 싸여 우리는 잠을 자다가도 벌떡 일어납니다. 우리가 하느님의 진노를 불러일으켰다 하더라도, 우리는 그러한 벌을 견딤으로써 그분의 노여움을 가라앉혔습니다. 우리 죄에 마땅한 속죄를 하지는 못하였다 하더라도, 하느님의 자비심을 불러일으키기에는 그것으로 족했기 때문입니다.

• 요한 크리소스토무스
『안티오키아 신자들에게 행한 강해』(입상에 관해) 6,3.[11]

하느님께서 함께 계셔 주신다

다섯 번째 은혜가 이어집니다. 이는 참으로 굳건한 가톨릭 신자라면 누구에게나 확실히 베풀어지는 것입니다. 그의 말은 이런 뜻입니다. '내가 비록 이단자들과 열교자들 가운데를 걸어간다 하더라도 — 우리를 지옥으로 이끄는 그들은 죽음의 형상을 지니고 있으므로 죽음의 그림자라 불러 마땅합니다 — 나는 그들의 더러운 유혹을 두려워하지 않으니, 주님께서 나와 함께 계시며 나를 지켜 주시기 때문입니다.' 주님께서 예언자를 통하여 말씀하십니다. "나는 너를 떠나지도 버리지도 않겠다." 심판 날에 선인들을 악인들로부터 갈라놓으시는 분께서 오실 때까지, 교회는 이 세상에서 악인들 가운데 살아가기 때문입니다.

• 카시오도루스 『시편 해설』 22,4.[12]

---

[9] WSA 3,5,287-88. [10] FC 85,239-40.
[11] NPNF 1,9,382*. [12] ACW 51,237*.

1,6-9 힘과 용기를 내어라

굳세어라

모든 교만을 내던져 버리고 굳세게 사십시오. 보십시오. 눈의 [아들] 여호수아가 굳세게 살 때에, 하느님께서 원수들을 그의 손에 넘겨주셨습니다. 여러분이 심약해지면 하느님의 율법에 대해 낯선 이가 됩니다. 심약함은 여러분을 게으르고 의심 많고 소홀하게 만들어, 마침내 여러분은 멸망하고 맙니다.

● 파코미우스 『교리교육』 21.[13]

성경을 묵상하라

여러분은 별 볼일도 없이 거리를 떠돌며 악하게 사는 자들을 기웃거리는 부랑아처럼 되어서는 안 됩니다. 여러분 자신의 일과 일터에 마음을 쓰며, 하느님께서 기꺼워하실 일을 하도록 노력하십시오. 그리고 그리스도의 말씀을 마음에 간직하고 그 말씀을 끊임없이 묵상하십시오. 정녕 성경은 여러분에게 이렇게 말하고 있습니다. '너희는 주님의 법을 밤낮으로 마음에 새겨라. 들을 걸어갈 때나 너희 집에 앉아 있을 때나, 누워 있을 때나 일어나 있을 때나, 모든 일에서 그 법을 깨닫도록 묵상하여라'(신명 6,7 참조).

네, 여러분이 부유해서 생계를 위한 벌이가 필요하지 않더라도, 여기저기 돌아다니며 떠도는 사람이 되지 마십시오. 그럴 게 아니라 믿는 사람들, 같은 신앙을 지닌 사람들에게 가서, 하느님의 생생한 말씀에 대하여 이야기하고 논하십시오. 집에 있을 때에는, 율법서와 열왕기를 예언서와 함께 읽으십시오. 다윗의 시편을 노래하십시오. 그리고 모든 성경의 완성인 복음을 부지런히 정독하십시오.

● 『사도 헌장』 1,2,4-5.[14]

기도하는 묵상

그러나 저는 마음이 너무 게으르고 무뎌져서 거룩한 책들이 우리에게 가려져 있을 뿐만 아니라 봉인되어 있어, '그 책이 글을 모르는 사람의 손에 놓이면, 그가 ′나는 읽을 수 없다′ 하고, 또 글을 아는 사람의 손에 놓이면, 그가 ′책이 봉인되어 있다′고 말하는'(이사 29,11-12 참조) 경우가 될까 두렵습니다. 그러니 우리는 거룩한 글을 배우도록 열성을 기울여야 할 뿐 아니라, "밤낮으로"(시편 1,2) 주님께 기도하며 '유다 지파에서 난 어린양'께서 오시어 친히 '그 봉인된 책'을 들고 열어 주시기를(묵시 5,5 참조) 간청해야 합니다.

● 오리게네스 『탈출기 강해』 12,4.[15]

신학의 한계

신학의 어떤 측면들을 연구하고 또 어느 한계까지 연구해야 하겠습니까? 오로지 우리가 파악할 수 있는 측면만을, 또 우리 청중의 경험과 능력이 닿는 범위까지입니다. 너무 시끄러운 소리나 음식이 청각을 손상시키고 전반적인 건강을 해치듯이, 너무 무거운 짐이 짐꾼을 다치게 하듯이, 폭우가 토양에 피해를 입히듯이, 이를테면 우리의 어려운 담화가 청중을 너무 짓누르고 지나친 짐을 지워 그들이 본디 지녔던 힘마저 못 쓰게 만들어 버리는 위험을 경계해야 합니다.

그렇다고 해서 하느님께 언제나 마음을 쓰지 않아도 된다는 말은 아닙니다. 언제든 공격할 태세가 되어 있고 공격에도 재빠른 나의 적들은 다시 나에게 달려들게 할 필요가 없습니다. 우리가 숨을 쉬는 것보다 하느님을 기억하는 것이 더 중요합니다. 실제로 누가 이렇게 말한다면, 우리는

---

[13] CS 47,21.

[14] ANF 7,393*.

[15] FC 71,372*.

그 밖에 다른 것은 아무것도 해서는 안 됩니다. 나는 우리가 '그분의 가르침을 밤낮으로 되새기고'(시편 1,2 참조), "저녁에도 아침에도 한낮에도"(시편 55,18) 하느님께 부르짖어야 하고, 그리고 "언제나 주님을 찬미"(시편 34,1)해야 하며, 또는 모세의 말대로 "길을 갈 때나, 누워 있을 때나 일어나 있을 때나"(신명 6,7) 또는 다른 무슨 일을 할 때에든, 이렇게 마음을 써 순수해져야 한다는 계명을 받드는 사람들 가운데 하나입니다. 그렇기에 내가 반대하는 것은 하느님을 끊임없이 기억하는 것이 아니라 끝없이 이어지는 신학 토론입니다. 신학이 신심을 파괴한다고 여겨 반대하는 것이 아닙니다. 다만 시도 때도 없이 논하는 것을 반대할 뿐이며, 지나치게 나가지만 않는다면 신학 교육에도 반대하지 않습니다. 꿀이 아무

리 좋다 하여도 너무 많이 먹어 질리면 토하게 됩니다(잠언 25,16 참조). 그리고 나는 솔로몬의 말대로 "모든 것에는 시기가 있고"(코헬 3,1), 좋은 것도 때가 나쁘면 안 좋다고 생각합니다. 겨울은 꽃의 때가 아니고, 남자의 옷은 여자에게 어울리지 않으며 여자 옷은 남자에게 어울리지 않습니다. 상중에는 무절제한 웃음이 어울리지 않고, 마찬가지로 술 잔치에 눈물은 어울리지 않습니다. 그렇다면 신학 토론에서도 '적절한 때'를 고려해야 하지 않겠습니까? 여기에서도 적절한 때를 지키는 것이 대단히 중요합니다.

• 나지안주스의 그레고리우스
『에우노미우스파 반박』(연설 27) 3-4.[16]

---

[16] *FGFR* 218-19*.

1,10-18 여호수아가 백성에게 명령을 내리다

¹⁰ 그리하여 여호수아는 백성의 관리들에게 명령하였다.

¹¹ "진영 가운데를 지나가며 백성에게 이렇게 명령하여라. '양식을 준비하여라. 사흘 뒤에 너희는 이 요르단을 건너, 주 너희 하느님께서 너희에게 차지하라고 주시는 저 땅을 차지하러 들어간다.'"

¹² 여호수아는 또 르우벤인들과 가드인들, 그리고 므나쎄 반쪽 지파에게 이렇게 말하였다.

¹³ "주님의 종 모세께서 '주 너희 하느님께서 너희에게 안식을 베푸시고 이 땅을 주셨다.' 하고 너희에게 이르신 말씀을 기억하여라.

¹⁴ 너희 아내와 아이들과 가축은 모세께서 너희에게 주신 요르단 건너편 땅에 머물러 있게 하여라. 그러나 너희 가운데 힘센 용사들은 모두 무장을 하고, 너희 형제들 앞에 서서 강을 건너가, 그 형제들을 도와주어야 한다.

¹⁵ 주님께서 너희와 마찬가지로 너희 형제들에게도 안식을 베푸시고 그들도 주 너희 하느님께서 주시는 땅을 차지할 때까지, 너희는 그렇게 해야 한다. 그런 다음에, 너희의 소유가 된 땅, 곧 주님의 종 모세께서 요르단 건너편 해 뜨는 쪽에 주신 땅으로 돌아와서 그곳을 차지하여라."

둘러보기

백성에게 그들이 차지해야 할 땅으로 들어가는 사흘 여정의 양식을 준비하라고 이른 여호수아의 명령에는, 삼위일체의 신비와 세례성사가 상징되어 있다. 주님을 따라 약속된 땅으로 들어가려면, 그 여정을 위한 선행의 양식이 필요하다 (아를의 카이사리우스). 모세와 여호수아를 통하여 결정된 상속은 두 집단, 곧 본성에 따라 말이로 태어난 사람들과 은총을 통하여 축복을 받은 사람들을 나타낸다. 진리의 수호자를 상징하는 용사들은 전장으로 나가지만, 말 못하고 힘없는 이들을 상징하는 아이들과 여자들은 전투에 아무런 도움이 되지 못한다(오리게네스).

1,10-11 여호수아가 관리들에게 명령하다

삼위일체의 신비

모세가 죽자 여호수아가 통수권을 받았습니다. 그리고 율법이 끝났을 때 우리의 참된 주님이신 예수님께서 온 세상의 통치권을 얻으셨습니다. 그렇기에 주님을 예표하는 여호수아가 요르단에 이르렀을 때에 백성에게 이렇게 말하였습니다. "양식을 준비하여라. 사흘 뒤에 너희는 …." 사랑하는 여러분, 이 "사흘"을 우리는 삼위일체의 신비로 인식합니다. 그 사흘 안에 우리는 어떤 양식을 준비해야 하겠습니까? 제가 보기에 이 양식은 신앙이라 이해해야 합니다. 그리스도인들이 삼위일체를 믿고 세례성사에 이르는 것은 신앙을 통해서이기 때문입니다. 그러므로 여호수아가 그때 백성에게 말한 것을 참된 여호수아인 예수님께서 지금 그리스도인 백성들에게 당신의 심부름꾼들을 통하여 말씀하고 계십니다. 참으로, '사흘 안에 양식을 준비하여라'라는 말씀이 삼위일체의 신비를 받아들이라는 뜻 아니고 무엇이겠습니까? 그런 다음에 마치 세례의

신비가 이루어지듯이 요르단을 건넜고, 이스라엘 백성은 약속된 땅으로 들어갔습니다. 형제 여러분, 참으로 그렇습니다. 세례성사를 통하여 건너가지 않는 사람은 참된 약속의 땅, 곧 영원한 지복을 보지 못할 것입니다.

• 아를의 카이사리우스 『설교집』 115,1.[1]

선행이라는 양식

이러한 까닭에 여호수아는 백성에게 '그 여정을 위하여 양식을 준비하여라' 하고 말하였습니다. 오늘, 여러분이 기꺼이 듣고자 한다면, 우리 주 그리스도께서 여러분에게 말씀하십니다. '너희가 나를 따르고자 하면, 그 여정을 위하여 양식을 준비하여라.' 이 "양식"은 미래의 행복을 향한 여정에서 우리의 충실한 양식이 될 선행입니다. 그러므로 형제 여러분, 각자 자기 양식을 준비하지 않으면, 여호수아를 따라 약속의 땅으로 들어갈 수 없다는 것을 아십시오.

• 아를의 카이사리우스 『설교집』 116,2.[2]

1,12-15 모세의 말을 기억하라

맏이의 상속

모세를 통하여 땅을 상속받은 두 개 반의 지파가 무엇을 상징하는지, 그리고 예수[여호수아]를 통하여 거룩한 땅을 약속받은 아홉 개 반의 지파가 무엇을 상징하는지 자세히 들여다봅시다.

무엇보다도 먼저, 저는 모세를 통하여 자기 몫을 받은 사람들이 모두 맏이였다는 것이 우연히 일어날 수 없는 일이라고 생각합니다. 르우벤은 레아의 맏이였고(창세 29,32 참조), 가드는 질파의 맏이였으며(창세 30,10-11 참조), 므나쎄는 헬리오폴리스의 사제 포티 페라의 딸로 요셉과 혼인

---

[1] FC 47,167*.   [2] FC 47,172-73*.

한 이집트 여자 아스낫의 맏이였습니다(창세 41, 50 참조). 맏이에게만 모세를 통하여 상속이 결정된 것이 우연이라고는 나는 결코 받아들일 수 없습니다. 나는 이러한 일들에서 무리의 두 백성에 대한 계획이 그때에 이미 예시되었다고 믿습니다. 곧, 한 집단은 자연의 질서에 따라 맏이가 된 이들, 또 한 집단은 믿음과 은총을 통하여 상속의 축복을 받은 백성이라 볼 수 있습니다.

• 오리게네스 『여호수아기 강해』 3,1.[3]

전투 협력

모세를 통하여 상속을 받은 사람들 — 곧, 율법을 통하여 하느님을 기쁘게 해 드린 사람들 — 은 전투에서 자기 형제들을 돕지 않고서는 휴식을 얻지 못합니다. 여자와 아이들만 모세를 통하여 휴식을 얻습니다. 다른 사람들은 쉬지 못한 채 자기 형제들을 도우러 나갑니다. …

용사인 그들은 허리에 진리의 띠를 두르고 무장을 한 채, 우리를 도와 함께 싸우러 나옵니다. 그러나 "아이들과 여자들은" 우리의 전투에 나오지 않습니다. 이것은 놀랄 일이 아닙니다. "아이"는 말을 못하는 사람을 나타내기 때문입니다. 아무 말도 하지 못하는 사람, 내가 읽을 만한 아무것도 행하지 못하는 사람, 말씀으로 나를 가르치지 못하는 사람이 어떻게 나를 도울 수 있겠습니까? 그리고 사도는 여자란 '연약한 그릇'(1베드 3,7 참조)이라고 말합니다. 연약한 그릇이니 산산조각 나 부서지는 일이 없도록 싸움에 나서지 않는 것이 적절합니다. 복음서도 우리 주 예수님께서는 '부러진 갈대를 꺾지 않았다'(마태 12,20 참조)고 말합니다.

• 오리게네스 『여호수아기 강해』 3,1.[4]

---

[3] FC 105,41-42.   [4] FC 105,42-43.

2,1-7 라합이 정탐꾼들을 숨겨 주다

[1] 눈의 아들 여호수아가 시팀에서 정탐꾼 두 사람을 몰래 보내며, "가서 저 땅과 예리코를 살펴보아라." 하고 말하였다. 그들은 길을 떠나 라합이라고 하는 창녀의 집에 들어가 거기에서 묵었다.

[2] 그러자 예리코 임금에게, "이스라엘 자손들 가운데에서 몇 사람이 이 땅을 정찰하려고 오늘 밤에 이곳으로 왔습니다." 하는 보고가 들어갔다.

[3] 그래서 예리코 임금이 라합에게 사람을 보내어 일렀다. "너한테 들어간 사람들, 네 집에 들어간 사람들을 내보내라. 그들은 이 온 땅을 정찰하러 온 자들이다."

[4] 그러나 그 여자는 두 사람을 데려다가 숨겨 놓고 말하였다. "그 사람들이 저에게 온 것은 맞습니다만 어디에서 왔는지는 몰랐습니다.

[5] 그리고 어두워져서 성문이 닫힐 때쯤 그 사람들이 나갔는데, 어디로 갔는지도 모르겠습니다. 빨리 그들의 뒤를 쫓아가십시오. 그러면 그들을 따라잡을 수 있을 것입니다."

[6] 그 여자는 이미 그들을 옥상으로 데리고 올라가서, 옥상에 널어놓은 아마 줄기 속에 숨겨

✐ 주었던 것이다.

⁷ 사람들은 요르단 쪽으로 건널목까지 그들의 뒤를 쫓아갔다. 그들을 뒤쫓는 자들이 나가자 마자 성문이 닫혔다.

둘러보기

여호수아가 정탐꾼 두 사람을 보낸 역사적 이야기는 창녀들과 세리들에게 회개를 촉구한 하느님의 사자 세례자 요한을 통하여 가시적으로 실현되었다(오리게네스). 이 사건은 예수님께서 당신의 백성을 복음으로 인도하시고자 두 사자, 곧 베드로와 바오로를 파견하신 것을 영적으로 상징한다(히에로니무스)고 해석하기도 하며, 또 다른 해석은 두 정탐꾼은 두 계명, 곧 하느님 사랑과 이웃 사랑을 상징한다는 해석도 있다(아를의 카이사리우스). 라합은 정탐꾼들을 받아들임으로써 교회의 예표가 되었다. 육에 따라 살기를 멈출 때 우리는 마음속에서 창녀가 아니듯이, 라합은 더 이상 창녀가 아니었다(오리게네스, 엘비라의 그레고리우스). 교회를 예표하는 라합의 이름은 '교만'이라는 뜻을 지니고 있다. 교회도 이처럼 교만한 자들을 겸손한 이들로 변모시킨다(히에로니무스, 카시오도루스). 모든 거짓말이 그러하듯이, 라합의 거짓말은 불의하다. 보상을 받은 것은 그 여자의 속임수가 아니라 그 여자의 선의였다(아우구스티누스). 성경은 라합의 부도덕성을 상기시켜 준다. 그러나 라합은 자신의 거짓말 때문에 영원한 복을 누릴 자격을 받는다(요한 카시아누스). 거룩한 사람들을 보호해 준 라합의 거짓말에서 드러난 그 여자의 회개와 믿음이 그 여자의 구원을 확실히 해 주었다. 우리의 구원은 더더욱 그러할 것이다(요한 크리소스토무스). 라합은 정탐꾼들을 옥상에 숨겨 주었는데, 이는 그 여자의 믿음이 드높았음을 상징하며, 그는 그 믿음이 정화

되도록 그들을 아마로 덮었다(히에로니무스).

2,1-2 여호수아가 정탐꾼들을 파견하다

하느님의 사자들

한편, 예수[여호수아]가 예리코로 보낸 정탐꾼들을 창녀 라합이 맞아들였습니다. 예수[여호수아]에 앞서 파견된 그 정탐꾼들은, "보라, 내가 네 앞에 나의 사자를 보낸다. 그가 너의 길을 닦아 놓으리라"(마태 11,10; 참조: 마르 1,2)라고 기록되어 있는 하느님의 사자들로 이해할 수도 있습니다. 다른 이들을 통해서는 눈에 보이지 않게 이루어졌던 이 말씀은 요한을 두고 기록된 것이기도 하며 요한을 통하여 가시적으로 실현되었습니다. 율법 학자들과 바리사이들이 요한을 믿지 않았기 때문에, 주님께서는 요한의 세례에 관하여 말씀하시면서, '세리와 창녀들은 그를 믿고'(마태 21,32 참조) 세례를 받았다고 하셨습니다. 창녀가 예수[여호수아]의 정탐꾼들을 받아들여 모든 적대적 민족의 파멸에서 벗어난 것에서도 똑같은 일이 일어났습니다.

● 오리게네스 『여호수아기 강해』 3,3.[1]

두 사자

우리는 지금까지 역사적 해석을 따라왔으며, 여러분은 우리가 역사 자체에서 차츰 위로, 신비적 이해로 올라가고 있음을 알고 있습니다. 예수[여호수아]는 이집트에서 백성을 이끌어 낸 인도

---

[1] FC 105,46-47.

자입니다. 모세가 아라비아 땅에 있는 모압 땅에서 죽어 묻힌 뒤, 곧 율법이 죽은 뒤 그 이름이 '구원자'를 뜻하는 예수[여호수아]님께서는 당신 백성을 복음으로 인도하시려고 두 사람에게 비밀 임무를 주어 예리코로 파견하십니다. 예수님께서 파견하신 두 사자들은 바로 베드로와 바오로로, 한 사람은 할례를 받은 사람들에게, 한 사람은 다른 민족들에게 파견됩니다. 예리코는 그들을 죽이려고 합니다. 창녀가 그들을 받아들입니다. 창녀는 물론 다른 민족들이 모여 이루어진 교회를 의미합니다.

• 히에로니무스 『시편 강해집』 18(시편 제87편).[2]

두 계명

또한 여호수아는 정탐꾼 두 사람을 예리코 성읍으로 파견하고, 한 창녀가 그들을 맞아들입니다. 여호수아가 정탐꾼 두 사람을 보낸 것은 참된 여호수아께서 사랑의 두 계명을 주실 것이었기 때문입니다. 실로, 참된 여호수아께서 파견하신 사람들이 우리에게 선포하는 것이 하느님을 사랑하고 이웃을 사랑하라는 것 아니고 무엇이겠습니까?

• 아를의 카이사리우스 『설교집』 115,2.[3]

더 이상 창녀가 아니다

그럼에도 우리의 예수[여호수아]는 예리코 임금을 정탐할 사람들을 파견하고, 그들은 한 창녀에게 환대를 받습니다. 예수[여호수아]가 파견한 정탐꾼들을 맞아들인 창녀는 그들을 맞아들였으므로 이제 더 이상 창녀가 아니었습니다. 참으로 우리 모두는 육의 욕망과 욕정에 따라 사는 동안 자기 마음속에서 창녀였습니다.

• 오리게네스 『여호수아기 강해』 1,4.[4]

구원 역사에서 본 창녀

[성경은] 이렇게 말합니다. "눈의 아들 여호수아가 시팀에서 정탐꾼 두 사람을 몰래 보내며, '가서 저 땅과 예리코를 살펴보아라' 하고 말하였다. 예리코에 도착한 두 젊은이는 라합이라고 하는 창녀의 집에 들어가 거기에서 손님으로 묵었다." 지극히 사랑하는 형제 여러분, 이 신비의 구조에 주목하십시오. 그리고 자문해 보십시오. 주님께서 그들을 위하여 놀라운 기적을 일으켜 주셨던 이 위대한 사람들이, 마치 이곳 말고는 묵을 곳이 없는 것처럼, 왜 평판이 나쁜 여자의 집에 들어갔을까요? 저는 그들이 우연히 그렇게 한 것이 아니라 예언적인 계획에 따라 의도적으로 그리하였다고 믿습니다. 저는 이 창녀를 많은 곳에서 보는데, 그녀는 거룩한 이들을 집에 맞아들이는 여자의 모습이기도 하고 그들의 아내 모습이기도 합니다. 예를 들면, 지극히 거룩한 호세아 예언자는 주님께 창녀를 아내로 맞아들이라는 명령을 받았습니다. '주님께서 나에게 말씀하셨다. 너는 창녀를 아내로 맞아들이고, 창녀와 자식들을 낳아라'(호세 1,2 참조). 우리 주 구원자께서도 몸소 사마리아의 우물가에 앉으시어, 거기에서 그 누구도 말을 섞지 않으려 했던 부도덕한 여자와 이야기를 나누셨습니다. 주님께서 그 여자에게 "너는 남편이 다섯이나 있었지만 지금 함께 사는 남자도 남편이 아니니"(요한 4,18)라고 하시자, 그 여자는 주님께서 메시아이심을 믿고 주님께서 그리스도이시라고 고백했습니다. 그리고 구원자의 발을 눈물로 씻고 자기의 머리카락으로 닦고 나서 그 발에 입을 맞추고 향유를 부어 바른 창녀도 있었습니다(루카 7,37-47 참조). 그

---

[2] FC 48,138.　　　　　　[3] FC 47,167-68*.

[4] FC 105,31.

러니 [정탐꾼들을] 맞아들인 여자가 나타내는 것이 무엇인지 봅시다. 창녀라고 불리기는 하지만, 이 라합은 동정녀인 교회의 상징입니다. 이 여자는 멸망해 버릴 만물 가운데에서 홀로 목숨을 보전하는, 마지막 시대에 다가올 실재를 미리 보여 주는 예형입니다. 호세아 예언자가 들은 '창녀를 아내로 맞아들여라'라는 말씀에서도 분명히, 이방 민족들에게서 생겨날 교회의 모습이 예시되고 있었습니다. 성경이 '이 백성은 낯선 신들과 불륜을 저질렀다'(신명 31,16 참조)라는 말은, 창녀 짓하고 우상들과 불륜을 저지르는 민족들로부터 백성이 모여들리라는 것을 알려 주기 때문입니다. 참으로, 이 백성은 '교회'라 불립니다. 그리스 말로 '에클레시아'ecclesia(교회)는 '사람들의 모임'을 뜻하기 때문입니다. 그리고 '충실하지 못한 아내가 충실한 남편으로 말미암아 거룩해졌다'(1코린 7,14 참조)는 바오로 사도의 말대로, 교회는 우상들과 불륜을 저지르고 불충하던 민족들에게서 나왔으나 그리스도의 몸을 통하여 거룩해졌습니다. 바로 이 서간의 저자인 사도에게서 배운 대로, 우리는 그 몸의 지체들입니다(참조: 로마 12,5; 1코린 6,15; 1코린 12장). 제가 자주 말씀드린 대로, 교회는 많은 민족들 가운데서 모아 들여졌기 때문에 한때 창녀라 불렸으며, 그렇기에 거룩한 이들을 맞아들인 라합에게서 교회의 모습을 볼 수 있습니다.

• 엘비라의 그레고리우스 『오리게네스의 성경 강해』 12.[5]

라합의 이름

라합, 이 이름이 지닌 힘은 무엇입니까? 지금까지 역사적 의미를 따져 보았으나, 이제 이 이름이 지닌 신비적[6] 의미를 묵상해 봅시다. 라합은 두 가지로 해석할 수 있습니다. 곧, 이 이름은 '넓은 곳' 또는 더 정확하게는 '교만'을 뜻합니

다. 그렇다면 그 결과를 생각해 보십시오. 전에는 죽음에 이르는 널찍한 길(마태 7,13 참조)을 걷던 여인, 교만 때문에 파멸로 치닫던 여인이 나중에 겸손으로 돌아섰습니다.

• 히에로니무스 『시편 강해집』 18(시편 제87편).[7]

교만했던 여자 라합

라합은 여호수아의 정탐꾼들이 예리코에 갔을 때 그들을 몰래 받아들이고 또 다른 탈출구로 내보내 잡히지 않게 해 준 창녀였습니다. 그 여자의 이름은 '교만'을 뜻합니다. 하느님의 관대함 덕분에 그 여자는 회개를 하고 자비를 얻었습니다. 이 여인은 교만이라는 악덕에 빠진 영혼들을 받아들여 또 다른 길, 곧 겸손과 인내의 길을 통해 생명으로 가게 해 주는 교회의 예형입니다.

• 카시오도루스 『시편 해설』 86,4.[8]

2,3-5 라합이 예리코 임금에게 거짓말하다

보상을 받은 것은 라합의 거짓말이 아니라 자비다

의로운 거짓말이란 없습니다. 그러므로 성경에 거짓말의 사례들이 나올 때에, 그것은 거짓말이 아닌데 우리가 이해를 못해 그렇게 보이는 것이거나, 혹시 진짜 거짓말이라면 그것은 결코 의로운 것일 수 없으므로 본받아서는 안 됩니다.

하느님께서 히브리 산파들(탈출 1,17-20 참조)과 예리코의 창녀 라합을 잘 대해 주셨다는 기록에 대해 말하자면, 하느님께서 그들을 잘 대해 주신 것은 그들이 거짓말을 해서가 아니라 하느님의 사람들에게 자비를 베풀었기 때문입니다. 그러니까 그들의 거짓이 아니라 선의가, 속임수라는

---

[5] CCL 69,91-92.

[6] 다가올 시대와 하늘을 향하여 '위로 인도하는'.

[7] FC 48,139.　　　　[8] ACW 52,338-39.

나쁜 짓이 아니라 그들의 선한 지향이 보상을 받은 것입니다.

● 아우구스티누스 『거짓말 반박』 15,31-32.[9]

거짓을 통하여 뜻밖에도 축복이 왔다

라합과 관련해 이런 일이 있었습니다. 성경은 그 여자의 덕행에 대해서는 한마디도 않고 부도덕한 점만 이야기할 뿐입니다. 그러나 그 여자는 단 한 번의 거짓말로, 곧 정탐꾼들을 넘겨주는 대신 숨겨 주기로 선택함으로써, 하느님의 백성과 함께 영원한 축복을 나누어 받게 되었습니다. 그 여자가 진실을 말하기로 선택하였다면, 또는 자기 민족의 안전을 염려하였다면, 분명히 그 여자와 그의 집안은 다가오는 파멸을 모면할 수 없었을 것이고, 또 그 여자는 주님의 탄생에 기여한 사람들 가운데 포함되지 못하였을 것이며, 그 후손에게서 만민의 구원자께서 탄생하실 성조들의 족보(마태 1,5 참조)에서 헤아려지지 못하였을 것입니다.

● 요한 카시아누스 『담화집』 17,17,1-2.[10]

우리 구원을 확신시켜 주는 라합의 구원

'믿음으로써, 창녀 라합은 정탐꾼들을 맞아들여 다른 길로 떠나도록 가리켜 주었기에, 순종하지 않은 자들과 함께 망하지 않았습니다'(히브 11,31 참조). 이 여인이 얼마나 신중하고 지혜로웠는지 잘 보십시오. 임금이 보낸 자들이 와서 정탐꾼들을 찾으며 그 여자에게 묻습니다. '사람들이 너희 집에 들어오지 않았느냐?' 여자가 대답합니다. "예, 들어왔습니다." 먼저 진실을 세우고 그 위에 거짓말을 갖다 붙입니다. 이처럼 먼저 진실을 밝히지 않는다면, 그 어떠한 거짓말도 미덥게 들리지 않기 때문입니다. 그래서 믿음직스러운 거짓말을 하는 사람은 누구나 먼저 진실을

밝히고 고백한 다음에 거짓말과 의심스러운 것들을 덧붙입니다. '정탐꾼들이 너희 집에 들어오지 않았느냐?'는 물음에 여자는 '예' 하고 대답합니다. 이 여자가 처음에 '아니요'라고 했다면, 그 사자들은 의심을 품고 수색을 하였을 것입니다. 그런데 그녀는 '그 사람들이 들어왔습니다' 하고 말합니다. '그런데 나가서는 이러이러한 길로 도망쳤습니다. 얼른 뒤를 쫓아가십시오. 그러면 그들을 붙잡을 수 있을 것입니다.' 이 얼마나 훌륭한 거짓말입니까! 하느님의 사람들을 배신하지 않고 그 거룩한 사람들을 보호해 준 참으로 훌륭한 거짓말입니다. 라합은 그렇게 구원을 받을 만한 참회를 하였다고 성인들이 이구동성으로 외칩니다. 눈의 아들 여호수아는 광야에서 '창녀 라합을 살려 주어라'(여호 6,17 참조) 하고 외치고, 또 바오로 사도는 "믿음으로써, 창녀 라합은 순종하지 않은 자들과 함께 망하지 않았습니다"라고 합니다. 그러니 우리가 하느님께 참회를 봉헌한다면 더 확실히 구원을 받지 않겠습니까?

● 요한 크리소스토무스 『자선』 7,5,17.[11]

2,6 라합이 정탐꾼들을 아마 줄기 속에 숨겨 주다

아마는 순결을 상징한다. 그 순결은 부서지고 비틀리고 씻기는 것

'나는 라합을 나를 아는 자로 셈한다'(시편 87,4). 이 라합은 예수[여호수아]의 비밀 요원들을 숨겨 준 창녀입니다. 예수[여호수아]가 와서 정탐꾼 둘을 파견한 예리코에 살던 여인이지요. 이레 만에 무너진 예리코는 이 세상의 예형입니다. 세상은 비밀 요원들을 죽이려고 하는 존재입니다. 그렇기에 예리코는 그 정탐꾼들을 죽이려고 온

---

[9] FC 16,165. [10] ACW 57,595.

[11] FC 96,100-101.

힘을 쏟고 있었고, 그때에 창녀 라합 홀로 그들을 받아들여, 바닥 층이 아니라 옥상에, 달리 말하자면, 자신의 드높은 신앙 안에 숨겨 주었습니다. 그 여인은 그들을 아마 줄기 속에 숨겨 주었습니다. …

그 여인은 예수님을 믿고, 또 예리코가 죽이려고 하는 사람들을 자기 집 지붕 위에 안전하게 보호해 줍니다. 그 여인은 그들을 지붕 위에 ― 드높은 신앙 안에 ― 감추어 주고 또 아마 줄기 속에 숨겨 줍니다. 그 여인은 비록 창녀지만, 그들을 아마로 덮어 줍니다.

아마는 많은 노고와 손길을 거쳐 눈부시게 빛나는 하얀색이 됩니다. 여러분이 잘 아시다시피, 아마는 흙에서 자랍니다. 또 땅에서 거두어들일

때에 아마는 거멓습니다. 전혀 곱지 않고 쓸모도 없습니다. 먼저 땅에서 뽑아내 부수고 찢고 나서 씻어 냅니다. 그런 다음에 두들깁니다. 마지막으로 가지런히 빗질을 하고 갖가지 손질을 하며 힘든 노고를 거친 다음에야 마침내 하얗게 됩니다. 그렇다면, 바로 여기에 그 의미가 있습니다. 이 창녀가 그 정탐꾼들을 받아들여 자기의 아마 줄기로 덮어 주었기에, 이 비밀 요원들이 그 여인의 아마를 눈부시게 빛나는 하얀색으로 바꾸어 주었던 것입니다.

• 히에로니무스 『시편 강해집』 18(시편 제87편).[12]

---

[12] FC 48,138-39.

2,8-14 라합의 신앙

[8] 정탐꾼들이 자리에 눕기 전에, 라합은 옥상에 있는 그들에게 올라갔다.

[9] 그리고 그 사람들에게 말하였다. "나는 주님께서 이 땅을 당신들에게 주셨다는 것을 압니다. 우리는 당신들에 대한 두려움에 싸여 있습니다. 이 땅의 주민들이 모두 당신들 때문에 불안에 떨고 있습니다.

[10] 당신들이 이집트에서 나올 때에 주님께서 당신들 앞에서 갈대 바다의 물을 마르게 하신 일이며, 당신들이 요르단 건너편에 있는 아모리족의 두 임금 시혼과 옥에게 한 일, 곧 그들을 전멸시킨 일을 우리가 들었기 때문입니다.

[11] 우리는 그 소식을 듣고 마음이 녹아내렸습니다. 당신들 앞에서는 아무도 용기가 나지 않았습니다. 주 당신들의 하느님만이 위로는 하늘에서, 아래로는 땅에서 하느님이십니다.

[12] 그러니 이제, 내가 당신들에게 호의를 베풀었으니, 당신들도 내 아버지의 집안에 호의를 베풀겠다고 주님을 두고 맹세해 주십시오. 그리고 나에게 신표를 하나 주십시오.

[13] 그래서 내 아버지와 어머니와 형제자매, 그리고 그들에게 딸린 모든 이를 살려 주고 우리의 목숨을 죽음에서 구해 주십시오."

[14] 그러자 그 사람들이 그 여자에게 대답하였다. "그대들이 우리 일을 알리지만 않는다면, 우리의 목숨으로 그대들의 목숨을 보장하겠소. 주님께서 우리에게 이 땅을 주실 때에 성심껏 호의를 베풀겠소."

둘러보기

라합은 자신의 신앙을 버림으로써 그리고 이스라엘을 위하여 하느님께서 이루신 위업을 찬양함으로써, 하느님께서 모든 민족들을 부르시고자 한 민족을 선택하셨음을 드러내 준다(테오도레투스). 라합은 한때 창녀였으나 나중에는 예수님의 사자인 사도들을 받아들인 교회를 예표한다(요한 크리소스토무스). 이 여인이 참회로 자신의 음행을 용서받을 수 있었다는 것은 참회하는 사람이면 누구나 구원받을 수 있음을 보여 준다(예루살렘의 키릴루스). 라합의 행동과 말은 그의 믿음과 예언을 드러내 준다(로마의 클레멘스).

2,8-11 라합이 주님께 대한 두려움을 고백하다

모든 민족들이 이스라엘을 통하여 부르심을 받았다

하느님께서는 모든 민족들에게 하느님에 대한 지식을 가르치시고자 이 한 민족을 선택하셨습니다. 하느님께서 이 민족의 안녕을 돌보시고자 한 사람을 — 한때는 모세, 그다음에는 여호수아, 다른 때에는 사무엘, 또 다른 때에는 다른 몇몇 예언자들을 — 선택하시고 그가 참된 지혜를 실천하여 자기 동포들에게 도움을 가져다주었듯이, 하느님께서는 이스라엘이라는 한 민족을 통하여 세상 모든 민족들을 부르시어 같은 본성을 지닌 그들이 같은 신앙에 참여하게 하셨습니다. 창녀 라합은 이것이 사실이라고 증언합니다. 그 여자는 다른 민족에 속했고 비록 창녀였지만, 오로지 그들의 명성을 신뢰하고 그들의 종교를 받아들였으며 자신의 신앙을 버리고 낯선 이들에게 자신을 의탁하였습니다. 그 여인은 이렇게 말했습니다. "우리는 당신들에 대한 두려움에 싸여 있습니다. 주님이신 당신들의 하느님께서 이집트인들에게 하신 일을 우리는 들었습니다." 그러고 나서 그 여인은 정탐꾼들과 계약을 맺고 맹세를 받았습니다.

• 키루스의 테오도레투스 『섭리에 관한 연설』 10,49.[1]

교회를 예표하는 라합

이 여인이 믿음을 가지고 입법자의 말을 따라 하고 있는 것을 보십니까? "당신들의 하느님만이 위로는 하늘에서, 아래로는 땅에서 하느님이십니다. 그분 말고는 결코 다른 신은 없습니다." 라합은 교회의 예표입니다. 교회는 한때 마귀들과 불륜을 저질렀지만 이제는 그리스도의 정탐꾼들을 받아들이고 있습니다. 이 정탐꾼들은 눈의 아들 여호수아가 보낸 이들이 아니라 참된 구원자이신 예수님께서 보내신 사도들입니다. 그 여인은 말합니다. "저는 알게 되었습니다. 당신들의 하느님만이 위로는 하늘에서, 아래로는 땅에서 하느님이십니다. 그분 말고는 결코 다른 신은 없습니다." 유대인들은 이러한 일들을 받았지만 지켜 내지 못했습니다. 교회는 이 일들을 듣고 간직했습니다. 그러므로 라합은 교회의 예표이며, 모든 찬사를 받아 마땅합니다.

• 요한 크리소스토무스 『자선』 7,5,16.[2]

회개는 구원을 가져온다

이제 회개로 구원을 받은 다른 사람들에 대해 이야기해 봅시다. 아마 여자들 가운데에서 어떤 이는 이렇게 말할 것입니다. '저는 불륜과 간음을 저질렀습니다. 저는 제 몸을 너무 많이 더럽혔습니다. 저도 구원을 받을 수 있겠습니까?' 여인이여, 라합을 바라보십시오. 그리고 당신도 구원을 찾으십시오. 내놓고 음행을 저질렀던 그 여자가 회개를 통하여 구원을 받았다면, 음행을 저지른 다음에 참회와 단식으로 은총의 선물을 받

---

[1] ACW 49,150*.　　　　[2] FC 96,99-100.

은 여인이 구원을 받지 못하겠습니까? 그 여자가 어떻게 구원을 받았는지 잘 보십시오. 그 여자는 이렇게 말했을 뿐입니다. "주님이신 당신들의 하느님만이 위로는 하늘에서, 아래로는 땅에서 하느님이십니다." 그 여자는 "당신들의 하느님"이라고 말했습니다. 자신의 방탕함으로 인하여 감히 자신의 하느님이라고 부를 수 없었기 때문입니다. 이 여자가 구원받았다는 성경의 증언을 원하신다면, 시편의 이 증언을 보십시오. "나는 라합과 바빌론도 나를 아는 자들로 셈한다"(시편 87,4). 회개를 통한 구원은 모든 이에게 열려 있습니다.

• 예루살렘의 키릴루스 『예비신자 교리교육』 2,9.[3]

2,12-14 라합이 신표를 요구하다

라합의 신앙과 예언

신앙과 환대로 라합은 구원을 받았습니다. 눈의 아들 여호수아가 예리코로 정탐꾼들을 파견하였을 때에, 그 땅의 임금은 정탐꾼들이 그의 나라를 정탐하러 온 사실을 알고 그들을 붙잡으려고 사람들을 보냈습니다. 그들은 붙잡히면 사형을 당했을 것입니다. 손님을 환대하는 라합은 그들을 맞아들여 옥상에 널어놓은 아마 줄기 속에 숨겨 주었습니다. 그때에 임금의 부하들이 찾아와서 '우리 땅을 정탐하러 온 자들이 네 집에 들어갔다. 그자들을 내보내라. 임금님의 명령이다'라고 하자, 그 여인은 '여러분이 찾는 그 사람들이 저에게 온 것은 맞습니다만, 그들은 곧바로 떠나 자기네 갈 길을 갔습니다' 하고 대답하였습니다. 그러고는 그 부하들에게 반대편 길을 가리켰습니다. 그리고 그 여인은 정탐꾼들에게 말하였습니다. '나는 주님이신 당신들의 하느님께서 이 성읍을 당신들에게 넘겨주셨다는 것을 압니다. 이곳 주민들은 당신들에 대한 두려움에 떨고 있습니다. 그러니 당신들이 이 성읍을 점령하게 될 때에, 나와 내 아버지의 집안을 구해 주십시오.' 그러자 그들이 여자에게 대답하였습니다. '그대가 우리에게 말한 대로 될 것이오. 그러니 우리가 이 땅으로 들어오는 것을 알게 되면, 온 집안 식구들을 모두 '이 지붕 아래 모여 있게 하시오. 그러면 그들은 구원을 받을 것입니다. 집 밖에 있는 무수한 사람들은 다 죽게 될 것이오.' 거기에 더해 그들은 그 여자에게 신표도 주었습니다. 그 집 창문에 진홍색 줄을 매달아 놓게 한 것입니다. 하느님을 믿고 바라는 모든 이가 주님의 피로 구원을 받으리라는 것을 미리 보여 준 것입니다. 사랑하고 또 사랑하는 여러분, 보십시오. 그 여인에게는 신앙만 아니라 예언도 있습니다.

• 로마의 클레멘스 『로마 신자들에게 보낸 첫째 편지』 12.[4]

---

[3] FC 61,100-101.

[4] *AF* 18*.

2,15-24 정탐꾼들이 예리코를 탈출하다

[15] 라합은 창문으로 밧줄을 늘어뜨려 그들을 내려보냈다. 그 여자의 집이 성벽 담에 붙어 있었기 때문이다. 그 여자는 바로 성벽에 붙어 살았던 것이다.♪

↶ ¹⁶ 그러면서 라합은 그들에게 말하였다. "당신들을 뒤쫓는 자들과 마주치지 않도록 산 쪽으로 가십시오. 그리고 뒤쫓는 자들이 돌아올 때까지 사흘 동안 숨어 계십시오. 그런 다음에 갈 길을 가십시오."

¹⁷ 그러자 그 사람들이 라합에게 다짐하였다. "그러나 이런 경우라면, 우리는 그대가 시킨 이 맹세에 매이지 않을 것이오.

¹⁸ 우리가 이 땅으로 들어올 때, 그대는 우리를 내려보낸 창문에다 진홍색 실로 된 이 줄을 매달아 놓으시오. 그리고 그대의 아버지와 어머니와 형제들, 그리고 그대 아버지의 온 집안을 그대의 집에 모여 있게 하시오.

¹⁹ 누구든지 그대의 집에서 문 밖으로 나가는 자는 자기 탓으로 죽을 것이오. 그러면 우리에게는 책임이 없소. 그러나 그대와 함께 집 안에 있는 어떤 사람에게라도 누가 손을 댈 경우에는, 그 사람의 죽음은 우리의 책임이오.

²⁰ 그런데 만일 그대가 우리 일을 알리면, 우리는 그대가 시킨 이 맹세에 매이지 않을 것이오."

²¹ 라합은 "당신들의 말씀대로 그렇게 합시다." 하고는 그들을 떠나보냈다. 그러고 나서 창문에다 진홍색 줄을 매달아 놓았다.

²² 그들은 길을 떠나 산으로 가서, 뒤쫓는 자들이 돌아갈 때까지 사흘 동안 거기에 머물렀다. 뒤쫓는 자들은 길을 샅샅이 뒤졌지만 그들을 찾지 못하였다.

²³ 그제야 그 두 사람은 다시 산에서 내려와 강을 건너 눈의 아들 여호수아에게 가서, 자기들이 겪은 일을 낱낱이 이야기하였다.

²⁴ 그들이 여호수아에게 말하였다. "정녕 주님께서 저 땅을 모두 우리 손에 넘겨주셨습니다. 그리고 저 땅의 모든 주민이 우리에 대한 두려움에 싸여 있습니다."

둘러보기

라합이 정탐꾼들에게 한 말은 그리스도에 관한 더욱 심오한 진리들과 교회가 걸어야 할 여정의 혹독함을 말해 준다(히에로니무스). 모든 이가 구원을 위하여 한집으로 모여야 한다는 것은 교회를 나타내는 표상이다. 교회 밖에 있는 이는 아무도 구원을 받지 못한다(오리게네스, 키프리아누스). 라합이 창문에 매달아 놓은 진홍색 줄은 그가 지닌 신앙의 상징이었으며(암브로시우스), 신비적으로는 주님께서 피 흘리심을 나타낸다(암브로시우스, 히에로니무스, 오리게네스). 적절한 빛으로 집 안을 비추는 창문은 우리가 그리스도 신성의 빛을 부분적으로나마 바라보게 해 주는 육화를 미리 보여 준다(오리게네스).

2,16 산에 숨어 계십시오

사흘 동안 기다리십시오

라합은 그들에게 권고합니다. '거기서 사흘 동안 기다리십시오.' 하루나 이틀이 아니라 사흘이라고 확실하게 말합니다. 이 여자가 한 '사흘 동안 기다리십시오'라는 말에 주목하십시오. 그녀는 사흘 밤이라고 하지 않고 사흘 낮이라고 하였습니다. 이 여자의 마음이 빛을 받았기 때문입니다. 그리고 사흘이 지난 뒤에는 어떻게 하라고 말합니까? '훤한 평지로 가지 말고 산으로 올라가십시오'라고 합니다. 교회의 신앙은 골짜기에 누워 있는 것이 아니라 산 위에 세워져 있습니다. 나중에 실제로 예리코는 무너졌습니다. 그러나 이 창녀는 홀로 온전하게 살아남았습니다. 그래서 주님께서는 이렇게 말씀하십니다. '나는 라합을 나를 아는 자로 셈한다'(시편 87,4 참조). 곧, '심판 날에 나는 내 사자들을 따뜻이 맞아들인 그 여인을 기억할 것이다'라는 뜻입니다.

• 히에로니무스 『시편 강해집』 18(시편 제87편).[1]

2,17-20 정탐꾼들의 맹세

구원의 집

한때 창녀였던 사람에게 이 약속이 주어집니다. '그대의 집 안에 있는 사람은 모두 구원을 받을 것이오. 그러나 집 밖으로 나가는 자에 대해서는, 우리는 그대가 시킨 이 맹세에 매이지 않을 것이오.' 그러므로 구원을 받고 싶은 사람은 누구든지 한때 창녀였던 이 사람의 집 안으로 들어가십시오. 백성들 가운데에서 구원을 받고 싶어 하는 사람이 있다면, 그가 구원을 받을 수 있도록 집 안으로 들어오게 하십시오. 그리스도의 피를 구원의 표징으로 지닌 이 집에 들어오게 하십시오. "그 사람의 피에 대한 책임은 우리와 우리 자손들이 질 것이오"(마태 27,25)라고 한 자들에게 그리스도의 피는 단죄의 표시입니다. 예수님께서는 "많은 사람을 쓰러지게도 하고 일어나게도 하"(루카 2,34)도록 정해지셨기 때문입니다. 그러므로, 그분의 피는 그분의 표징을 거부하는 자들에게는 징벌을 불러오고, 믿는 이들에게는 구원을 가져옵니다.

아무도 확신하지 마십시오. 자기 자신을 속이

지 마십시오. 이 집 밖에서는, 곧 교회 밖에서는, 아무도 구원받지 못합니다. 누구든지 밖으로 나가는 자는 자기 탓으로 죽을 것입니다. 이것이 피의 의미입니다. 이것은 피를 통하여 드러나는 정화이기도 한 까닭입니다.

• 오리게네스 『여호수아기 강해』 3,5.[2]

하나의 집인 교회

교회의 또 다른 예형인 라합도 똑같은 진리를 드러내 줍니다. 그 여자가 받은 명령은 이랬습니다. "그대는 그대의 아버지와 어머니와 형제들, 그리고 그대 아버지의 온 집안을 그대의 집에 모여 있게 하시오. 누구든지 그대의 집에서 문 밖으로 나가는 자는 자기 탓으로 죽을 것이오." 이 명령은 곧 이렇게 선언하는 것입니다. '세상의 파멸에서 벗어나 살아남고자 하는 모든 이는 하나의 집인 교회에만 모여야 한다. 그렇지만 모인 사람들 가운데에서 밖으로 나가는 자는, 곧 한때 교회 안에서 은총을 받았음에도 교회를 저버리는 자는 누구든지 자기 탓으로 죽을 것이다. 그는 자기 잘못 때문에 단죄를 받게 될 것이다.'

• 키프리아누스 『서간집』 69,4.[3]

2,21 라합이 창문에 진홍색 줄을 매달아 놓다

신앙의 표지

한 창녀가 이 표징을 보았습니다. 그 성읍이 무너질 때에, 어디에서도 안전을 기대할 수 없었지만 그 여자의 신앙이 이겼기에, 그녀는 자기 창문에 진홍색 줄을 매달아 놓았습니다. 이렇게 자기 신앙의 표지를 높이 달고 주님 수난의 깃발을 드높였습니다. 그러니 세상을 구원할 신비로

---

[1] FC 48,139.　　　　　　[2] FC 105,49-50.

[3] LCC 5,152*.

운 피와 닮은 이 진홍색 줄을 기억해야 하겠습니다. 그 성읍 밖에서는, 여호수아의 이름이 싸우는 자들에게 승리의 표징이었습니다. 내부로부터, 주님 수난을 닮은 그 줄이 위험에 빠진 이들에게 구원의 표징이었습니다.

> • 암브로시우스 『신앙론』 5,10,127.[4]

진홍색 줄

(교회의 예형인) 창녀 라합이 예리코가 무너질 때에 자신이 구원받을 수 있도록 자기 집 창문에 매달았던 그 진홍색 줄 또한 [주님의] 피 흘림을 신비롭게 상징합니다.

> • 히에로니무스 『서간집』 52,3.[5]

피의 표징

그 여자는 성읍이 무너질 때에 자신의 구원을 보장해 줄 그 진홍색 표징을 자기 집에 매달아 놓습니다. 피의 표징인 진홍색이 아니면, 그 어떤 표징도 소용없을 것입니다. 그리스도의 피를 통하지 않고는 그 누구도 구원을 받을 수 없다는 것을 그 여인은 알고 있었습니다.

> • 오리게네스 『여호수아기 강해』 3,5.[6]

창문은 육화의 예표

창문에 매달린 저 표징이 나타내는 바는 다음과 같다고 나는 생각합니다. 창문은 집 안에 빛을 비추어 주는 것으로, 우리는 그 창문을 통하여 완전하지는 않지만 충분한 빛을, 우리의 눈과 시각에 필요한 충분한 빛을 받습니다. 구원자의 육화도 우리에게 순수한 포도주와 신성의 완전한 측면을 다 보여 주지는 않지만, 구원자께서는 이 창문과 같은 육화를 통하여 우리에게 신성의 빛을 바라볼 수 있게 해 주십니다. 그러므로, 창문을 통하여 주어진 것은 구원의 표징이라고 생각됩니다.

> • 오리게네스 『여호수아기 강해』 3,5.[7]

---

[4] NPNF 2,10,300*.　　　[5] LCC 5,318.
[6] FC 105,49.　　　[7] FC 105,50.

3,1-6 이스라엘 백성이 요르단 강을 건널 준비를 하다

[1] 여호수아는 아침 일찍 일어나 이스라엘의 모든 자손과 함께 시팀을 떠나 요르단까지 갔다. 그들은 강을 건너기 전에 그곳에서 묵었다.

[2] 사흘이 지날 무렵에 관리들이 진영 가운데를 지나가며,

[3] 백성에게 명령하였다. "주 여러분의 하느님의 계약 궤와 그 궤를 멘 레위인 사제들을 보거든, 여러분이 있던 곳을 떠나 그 뒤를 따라가시오.

[4] 여러분이 전에 이 길을 가 본 적이 없으니, 그렇게 해야 갈 길을 알 수 있을 것이오. 다만 여러분과 그 궤 사이에 이천 암마가량 거리를 띄우고, 그 궤에 더 이상 가까이 가지 마시오."

[5] 여호수아가 백성에게 말하였다. "너희는 자신을 거룩하게 하여라. 주님께서 내일 너희 가운데에서 놀라운 일을 하실 것이다." ♪

☞⁶ 여호수아는 또 사제들에게 말하였다. "계약 궤를 메고 백성 앞에 서서 나아가라." 그러자 그들은 계약 궤를 모시고 백성 앞에 서서 나아갔다.

둘러보기

요르단에서 통치 초기를 시작하며 열두 지파의 대표를 지명하고 예리코의 성벽을 무너뜨린 여호수아는 그리스도의 예형으로 이해된다(예루살렘의 키릴루스). 구원자로서 그는 이스라엘 백성을 이집트에서 약속의 땅으로 이끌어 냈다(히에로니무스). 사제들과 레위인들은 하느님께 매우 가까이 있는 축복을 받았지만, 하느님 현존의 불로 시험을 받는 직무를 수행한다. 참된 사제들은 단순히 종교적인 직위를 지닌 자들이 아니라 하느님의 법이 가르치는 바를 실천하고 거룩한 삶을 살아가는, '하느님의 법을 지닌' 사람들이다. 계약 궤를 모시는 임무를 맡은 사제들이 요르단 강을 건너는 행렬을 인도하는데, 이는 백성에게 하느님의 계명을 밝혀 주어야 할 사제들의 책임을 상징한다. 요르단 강을 건너는 것은 세례의 의미를 지닌다. 모세의 짜고 쓴 율법 시대를 여호수아의 달콤하고 새로운 복음 선포가 뒤잇는다(오리게네스).

3,1 이스라엘 자손이 요르단 강에 이르다

그리스도의 예형

나웨[눈]의 아들 예수[여호수아]는 많은 점에서 그분을 미리 보여 주는 예형입니다. 백성을 다스리는 일을 그는 요르단에서 시작하였습니다. 그리스도께서도 바로 그곳에서 세례를 받으신 다음에 복음 선포를 시작하셨습니다(마태 3,13 참조). 나웨[눈]의 아들은 열두 지파에게 상속재산을 나누어 줍니다(여호 14,1 참조). 예수님께서는 온 세상에 열두 사도를 파견하시고 진리를 선포하십니다(마태 10,5 참조). 예형인 여호수아는 믿음을 지닌 창녀 라합을 살려 줍니다(참조: 여호 6,25; 히브 11,31). 참된 여호수아께서는 말씀하십니다. "세리와 창녀들이 너희보다 먼저 하느님 나라에 들어간다"(마태 21,31). 예형의 시대에는 함성 한 번으로 예리코의 성벽이 무너졌습니다(여호 6,20 참조). 그리고 "여기 돌 하나도 다른 돌 위에 남아 있지 않을 것이다"(마태 24,2)라고 하신 예수님의 이 말씀으로 말미암아, 우리를 반대하는 유대인들의 성전이 무너졌습니다. 그러나 성전이 무너진 것은 이 선고 때문이 아니라 그 범법자들의 죄 때문입니다.

　　• 예루살렘의 키릴루스 『예비신자 교리교육』 10,11.[1]

구원자 여호수아

이제 눈의 아들 여호수아에 대해 살펴봅시다. 그의 본디 이름은 '오세아', 더 정확히는 히브리 말로 '호세아', 곧 '구원자'였습니다. 유다 서간에 따르면, 그는 이스라엘 백성을 구원하였고, 이집트에서 이끌어 내 약속의 땅으로 데리고 왔습니다(유다 5 참조).

　　• 히에로니무스 『요비니아누스 반박』 1,21.[2]

3,2-4 관리들이 백성에게 명령하다

하느님 가까이 있다는 것

마지막으로, 이 말씀을 살펴봅시다. '백성과

---

[1] FC 61,202-3*.　　　　[2] NPNF 2,6,361.

계약 궤 사이에 이천 암마가량 거리를 띄우시오.' 그러나 사제들과 레위인들은 하느님 율법을 어깨에 멜 만큼 주님의 궤에 가까이, 매우 가까이 다가갑니다. 하느님께 이만큼 가까이 다가갈 수 있는 사람은 행복합니다. 그러나 이 말씀을 기억하십시오. "나에게 가까이 다가오는 자들은 불에 가까이 다가서라."[3] 여러분이 금이나 은이고 불에 가까이 다가갔다면, 여러분은 그 불 때문에 더욱더 빛이 나고 반짝거릴 것입니다. 그러나 여러분이 믿음이라는 기초 위에 "나무나 풀이나 짚으로"(1코린 3,12) 지은 건물이고 그 건물인 채 불에 다가간다면, 여러분은 다 타 버리고 말 것입니다. 그러므로 불에 매우 가까이 다가갔는데도 그 불이 그들을 태워 버리지 않고 더 많은 빛을 비추어 주는 사람들은 행복합니다. 그렇지만 이스라엘도 구원받을 것입니다. 그러나 그 구원은 아직 멀리 있습니다. 이스라엘은 자신의 힘이 아니라 사제들의 지원과 예지에 힘입어 그 길을 가고 있습니다.

• 오리게네스 『여호수아기 강해』 4,3.[4]

3,5-6 여호수아가 백성과 사제들에게 지시하다

사제의 자세

그것은 주님의 계약 궤입니다. 그 안에 하느님께서 손수 쓰신 율법 판이 들어 있습니다. "참으로 이스라엘 사람"(요한 1,47)이라면 누구나 이 계약 궤를 에워싸고 나아가며, 그 궤에서 멀리 떨어지지 않습니다. 그러나 레위인들과 사제들은 그 궤를 어깨에 메고 다니기까지 합니다.

참으로 사제다운 신앙과 성덕으로 살아가는 사람들이 바로 주님의 진정한 사제들이고 레위인들입니다. 사제들의 모임에 앉아 있는 것처럼 보이는 자들이 아니라 사제다운 자세로 행동하는 사람들이 주님의 진정한 사제입니다. 그들의

몫은 바로 주님이십니다. 그들은 세상에서 다른 어떠한 몫도 차지하지 않습니다. 그들은 하느님의 법을 자기 어깨에 메고 다닙니다. 곧, 자기 직무를 통하여 율법에 쓰여 있는 일들을 행하고 완수합니다.

• 오리게네스 『여호수아기 강해』 9,5.[5]

사제의 임무

하느님의 율법이 담긴 주님의 계약 궤를 곁에서 모시는 것이 사제와 레위인의 직분입니다. 그렇게 하여 백성에게 하느님의 계명을 밝혀 주어야 하는 것입니다. 예언자는 이렇게 말합니다. "당신 말씀은 제 발에 등불, 저의 길에 빛입니다"(시편 119,105). 이 빛을 사제들과 레위인들이 밝혀 줍니다. 그러므로, 이런 직분에 있는 누군가가 어쩌다 '등불을 켜서 함지 속에 넣어 두거나 또는 집 안에 있는 모든 사람을 비추도록 등경 위에 놓지 않는다면'(마태 5,15 참조), 그는 사제들에게서 아무런 빛을 받지 못하여 죄악의 그늘 속을 걸으며 그 어둠에 눈이 멀어 버린 사람들과 관련해 주님께 그 빛에 대한 셈을 해 바쳐야 할 때 어째야 할 것인지 깨달아야 할 것입니다.

• 오리게네스 『여호수아기 강해』 4,2.[6]

더욱 감미로운 세례

이 말씀에 따라, 우리도 예수[여호수아]를 통하여 요르단 강을 건너는 것의 영적 의미를 깨달을 수 있는 능력을 주시도록 하느님께 간청합시다. 우리는 바오로도 이 건넘에 대하여 '형제 여러분, 우리 조상들이 모두 요르단 강을 건넜고 또 모두 그 강에서 또 성령 안에서 예수님과 하나

---

[3] 토마스 복음 82. [4] FC 105,55-56.
[5] FC 105,101. [6] FC 105,55.

되는 세례를 받았다는 것을 여러분이 알기 바랍니다'라고 말했으리라고 생각합니다.

모세를 계승한 예수[여호수아]는 율법 제도를 복음 선포로 이으신 예수 그리스도의 예형이었습니다. 그들이 구름과 바다 속에서 모세한테 세례를 받기는 하였지만, 그 세례가 쓰고 짧던 것은 이런 까닭입니다. 그들은 여전히 적들을 두려워하며 주님과 모세에게 이렇게 부르짖습니다. "이집트에는 묏자리가 없어 광야에서 죽으라고 우리를 데려왔소? 어쩌자고 우리를 이집트에서 이끌어 내어 이렇게 만드는 것이오?"(탈출 14,11).

그러나 참으로 감미롭고 깨끗한 강에서 예수님께 받는 세례는 저 옛날 세례보다 많은 점에서 훨씬 훌륭합니다. 이제는 신앙의 내용이 더 명료해졌고 올바른 질서를 갖추게 되었기 때문입니다. 우리 하느님이신 주님의 계약 궤와 사제들과 레위인들이 앞서가고 하느님의 종인 백성이 그 뒤를 따릅니다. 이는 깨끗하게 살라는 계명을 이해할 수 있는 자들을 백성이 따르고 있다는 것을 뜻합니다. 예수[여호수아]가 백성에게 말합니다. "너희는 내일 자신을 깨끗하게 하여라. 주님께서 우리 가운데에서 놀라운 일을 하실 것이다."

• 오리게네스 『요한 복음 주해』 6,228-30.[7]

---

[7] FC 80,230-31*.

3,7-13 여호수아가 백성에게 지시하다

[7] 주님께서 여호수아에게 말씀하셨다. "오늘 내가 온 이스라엘이 보는 앞에서 너를 높여 주기 시작하겠다. 그러면 내가 모세와 함께 있어 준 것처럼 너와도 함께 있어 준다는 것을 그들이 알게 될 것이다.

[8] 너는 계약 궤를 멘 사제들에게, '요르단 강 물가에 다다르거든 그 요르단 강에 들어가 서 있어라.' 하고 명령하여라."

[9] 여호수아가 이스라엘 자손들에게 말하였다. "이리 가까이 와서 주 너희 하느님의 말씀을 들어라."

[10] 여호수아가 말을 계속하였다. "이제 일어날 이 일로써, 살아 계신 하느님께서 너희 가운데에 계시면서, 가나안족, 히타이트족, 히위족, 프리즈족, 기르가스족, 아모리족, 여부스족을 너희 앞에서 반드시 쫓아내시리라는 것을 알게 될 것이다. …"

둘러보기

요르단 강을 건너는 이야기는 주님께서 여호수아를 드높이셨다는 것을 보여 준다. 이는 하느님께서 우리와 함께 계심을 확신시켜 주는 섭리인 세례의 신비를 드러내 주는 사건이다(오리게네스).

3,7-10 하느님께서 당신께서 함께 계심을 드러내시리라

세례의 신비

이 이전에 어떤 위대한 일들이 일어났습니까? 갈대 바다를 걸어서 건너고, 하늘에서 만나가 내려오고, 광야에서 샘물이 터져 나왔으며, 모세를 통하여 율법이 주어졌습니다. 수많은 표징과 이적이 광야에서 이루어졌습니다. 그러나 예수[여호수아]가 '높여졌다'는 말은 없었습니다. 그런데 요르단 강을 건널 때에 예수[여호수아]는 이러한 말씀을 듣습니다. "오늘 내가 온 백성이 보는 앞에서 너를 높여 주기 시작하겠다." 실로, 예수님은 세례의 신비 이전에는 높여지지 않으셨습니다. 그분의 들어 높여짐은 그때부터 시작됩니다. 백성이 보는 앞에서 들어 높여지는 것도 그렇습니다. '[그리스도 예수님과 하나 되는] 세례를 받은 사람은 모두 그분의 죽음과 하나 된다'(로마 6,3 참조)고 한다면, 그리고 예수님의 죽음은 십자가에서 들어 높여짐으로써 완결되는 것이라면, 그렇다면 당연히 예수님께서는 신자 각 사람이 세례의 신비에 이를 때 그 신자에게서 처음으로 드높여지신 것입니다. 성경에 이렇게 기록되어 있기 때문입니다. "하느님께서는 그분을 드높이 올리시고 모든 이름 위에 뛰어난 이름을 그분께 주셨습니다. 그리하여 예수님의 이름 앞에 하늘과 땅 위와 땅 아래에 있는 자들이 다 무릎을 꿇

고 영광을 드리게 하셨습니다"(필리 2,9-10).

• 오리게네스 『여호수아기 강해』 4,2.[1]

예수님과 하나 되는 세례

그리고 그는 사제들에게 "계약 궤를 메고 백성 앞에 서서 나아가라"고 명령합니다. 그렇다면 이 또한 아드님에 대한 아버지의 신비로운 섭리가 드러난 것입니다. 아드님을 들어 높이신 것은 "예수님의 이름 앞에 하늘과 땅 위와 땅 아래에 있는 자들이 다 무릎을 꿇고, 예수 그리스도는 주님이시라고 모두 고백하며 하느님 아버지께 영광을 드리게"(필리 2,10-11) 하신 바로 그 아버지이시기 때문입니다.

이러한 사실은 여호수아기에 기록된 다음 말씀에 드러나 있습니다. "오늘 내가 이스라엘 자손들이 보는 앞에서 너를 높여 주기 시작하겠다." 우리는 우리 주 예수님께서 이스라엘 자손들에게 하시는 말씀도 들어야 합니다. '이리 와서 주 우리 하느님의 말씀을 들어라. 이로써, 너희는 살아 계신 하느님께서 너희 가운데에 계시다는 것을 알게 되리라.' 예수님과 하나 되는 세례를 받음으로써 우리는 살아 계신 하느님께서 우리 가운데 계심을 알게 될 것입니다.

• 오리게네스 『요한 복음 주해』 6,231-32.[2]

---

[1] FC 105,53-54.

[2] FC 80,231*.

3,14-17 요르단 강을 건너다

[14] 백성이 요르단을 건너려고 자기들의 천막에서 떠날 때에, 계약 궤를 멘 사제들이 백성 앞에 섰다.

[15] 드디어 궤를 멘 이들이 요르단에 다다랐다. 수확기 내내 강 언덕까지 물이 차 있었는데, 궤를 멘 사제들이 요르단 강 물가에 발을 담그자,✐

✐ ¹⁶ 위에서 내려오던 물이 멈추어 섰다. 아주 멀리 차르탄 곁에 있는 성읍 아담에 둑이 생겨, 아라바 바다, 곧 '소금 바다'로 내려가던 물이 완전히 끊어진 것이다. 그래서 백성은 예리코 맞은쪽으로 건너갔다.

¹⁷ 주님의 계약 궤를 멘 사제들이 요르단 강 한복판 마른땅에 움직이지 않고 서 있는 동안, 온 이스라엘이 마른땅을 밟고 건너서, 마침내 온 겨레가 다 건너간 것이다.

둘러보기

여호수아는 계약 궤의 힘으로 요르단 강물의 흐름을 멈추게 하였다(놀라의 파울리누스). 이것은 유일무이하고도 신빙성 있는 기적이다(니사의 그레고리우스). 요르단 강의 갈라진 물은 세례 받은 사람들의 두 가지 부류, 곧 하느님의 은총 안에 굳건히 머무는 사람들과 죄 많은 삶으로 돌아가는 자들을 상징한다. 모세를 따라 이집트에서 나와 여호수아를 따라 약속의 땅으로 들어가는 여정은 새로이 개종한 이들의 역정을 신비롭게 상징하고 있다(오리게네스).

3,14-17 이스라엘이 마른땅을 밟고 요르단 강을 건너다

여호수아의 행적

그리스도의 이름과 같아 두드러진 여호수아의 행적은 이렇습니다. 그가 [백성을] 인도할 때 요르단 강은 그 흐름이 끊기고 그 강물은 하느님의 궤를 만나자 멈추어 서 버렸습니다. 놀라운 힘이 강물을 갈랐습니다. 한쪽은 멈추어 서 그 흐름이 뒤로 물러나고, 다른 한쪽은 바다로 서둘러 흘러가 버려, 강바닥이 드러났습니다. 그 근원에서 흘러나오는 물이 힘차게 굽이치던 곳에서 멈추고 그 물결을 드높이 쌓아, 산더미 같은 엄청난 물 더미가 휘도는 모양으로 균형을 잡고 머물면서, 말라 버린 깊은 강바닥을 건너는 사람들의 발을, 강 한복판에서 굳어 버린 진흙 위로 발을 적시지 않고 서둘러 걷는 더러워진 신발 바닥을 내려다보고 있었습니다.

• 놀라의 파울리누스 『시가집』 27,511.[1]

유일무이한 사건

눈의 아들 여호수아는 요르단 강물을 멈추게 하였습니다. 그러나 계약 궤가 물에 있는 동안만 그렇게 하였습니다. 백성이 맞은쪽으로 건너가고 계약 궤가 올라오자마자, 여호수아는 강물이 본래대로 흐르게 하였습니다. 바닷물이 세찬 바람[영]으로 양쪽으로 물러나자 갈대 바다의 그 깊은 바닥이 드러났습니다. 그 기적은 무리가 깊은 바다를 마른 길로 건너가는 동안 지속되었습니다. 그러나 그 뒤에 바다의 표면이 다시 하나로 합쳐져, 잠시 생겼던 틈은 다시 바닷물로 들어찼습니다(탈출 14,21-29 참조). 그리하여 이 기적은 시간이 흘러도 신빙성을 잃어버리지 않는 그러한 방식으로 일어난 유일무이한 사건으로 남아 있습니다. 가시적인 자취들이 그 기적을 끊임없이 증언하고 있기 때문입니다.

• 니사의 그레고리우스
『기적가 그레고리우스의 생애』 7,55.[2]

---

[1] ACW 40,289.

[2] FC 98,65*.

쓴물 단물

요르단 강물의 한 부분은 바다로 몰려가 쓴맛 (소금 바다)으로 흘러들고, 다른 한 부분은 계속하여 단맛으로 남아 있다는 이 기록에 신비적 의미가 없을 리 없다고 저는 믿습니다. 세례 받은 모든 사람이 자기가 받은 거룩한 은총의 단맛을 간직하여 그 누구도 죄의 쓴맛으로 바뀌지 않는다면, 결코 요르단 강물의 한 부분이 소금 바다의 심연으로 몰려갔다고 기록되지는 않았을 것입니다. 그렇기에 이 말씀은 세례 받은 사람들의 한 부류, 바로 우리가 흔히 보게 되는 그러한 부류를 — 제게는 슬픈 기억이 있습니다 — 가리키는 것으로 보입니다. 거룩한 세례를 받은 어떤 자들이 다시 세속의 일과 쾌락의 유혹에 굴복할 때, 그리고 탐욕이라는 짠 잔을 마실 때, 그들은 바다로 흘러가 짠 물결 속에서 멸망해 버리는 그 부분의 강물로 상징되는 것입니다. 그러나 굳건히 버티며 본디의 단맛을 지키는 부분의 강물은 하느님께 받은 은총을 변함없이 간직하고 있는 사람들을 나타냅니다.

• 오리게네스 『여호수아기 강해』 4,2.[3]

이집트에서 가나안으로

이러한 사건들은 옛날에 일어난 일일 뿐이며

지금 그 이야기를 듣고 있는 여러분에게는 그처럼 위대한 일은 일어나지 않는다고 생각하지 마십시오. 신비를 깨닫는다면 이 모든 일이 여러분 안에서 이루어집니다. 참으로, 하느님의 법을 들으려고 가까이 다가가고자 열망하는 여러분은 최근에 우상의 어둠을 버렸고 이제 처음으로 이집트를 버리려 합니다. 여러분이 예비신자로 이름을 올렸고 교회의 가르침을 따르기로 마음먹었다면, 여러분은 갈대 바다를 가르고 광야의 진지에 자리를 잡고서, 날마다 하느님의 법을 듣고자 또 모세의 얼굴을 통하여 하느님의 영광을 뵙고자 전념하는 것입니다. 또한 여러분이 신비로운 세례의 샘에 들어갔고 사제들과 레위인들 앞에서 장엄하고 놀라운 성사들로 교육을 받았다면, 성사들은 그 신비로운 일들을 깨닫도록 허락받은 사람들에게만 알려 주는 것이니, 여러분은 사제들의 봉사를 통하여 요르단 강을 가르고 약속의 땅으로 들어갈 것입니다. 이 땅에서는 예수님께서 모세의 뒤를 이어 여러분을 맞이하시고 여러분을 위해 새 길의 인도자가 되어 주십니다.

• 오리게네스 『여호수아기 강해』 4,1.[4]

---

[3] FC 105,54.

[4] FC 105,52-53.

4,1-7 돌로 기념비를 세우다

¹ 온 겨레가 요르단을 다 건너자 주님께서 여호수아에게 말씀하셨다.

² "백성 가운데에서 지파마다 한 사람씩 열두 사람을 뽑아라.

³ 그리고 그들에게, '저기 요르단 강 한복판, 사제들이 발을 움직이지 않고 서 있던 곳에서 돌 열두 개를 메고 건너와, 너희가 오늘 밤 묵을 곳에 놓아라.' 하고 명령하여라."

⁴ 그래서 여호수아는 이스라엘 자손들 가운데에서 지파마다 한 사람씩 뽑아 두었던 열두 사람을 불러,♪

⟋ 5 그들에게 말하였다. "주 너희 하느님의 궤 앞을 지나 요르단 강 한복판으로 들어가서, 이스라엘 자손들의 지파 수대로 저마다 돌을 한 개씩 어깨에 메고 오너라.

6 그리하여 그것들이 너희 가운데에서 표징이 되게 하여라. 뒷날 자손들이 너희에게 이 돌들이 무엇을 뜻하느냐고 물으면,

7 너희는 그들에게 이렇게 대답해야 한다. '요르단 강물이 주님의 계약 궤 앞에서 끊어졌다. 궤가 요르단을 건널 때에 요르단 강물이 끊어진 것이다. 그래서 이 돌들은 이스라엘 자손들에게 영원한 기념비가 되었다.'"

둘러보기

여호수아는 돌 열두 개로 세례의 봉사자들을 미리 보여 주었다(니사의 그레고리우스). 이 돌들은 그리스도의 열두 사도들을 나타내는 예형이다(프루덴티우스). 이것이 예형임은 열두 지파가 된 성조들의 수와 또 광야에 있는 샘들의 수와 같은 데서도 확인된다(페트루스 크리솔로구스). 이 돌들이 후대에 하느님의 구원을 상기시켜 주는 가시적인 표징이 되었듯이, 표상들은 그리스도의 수난과 기적들을 기록하고 영웅적인 본보기들을 상기시켜 주는 데에 쓰여 왔다(다마스쿠스의 요한).

4,3-4 요르단 강에서 가져온 돌 열두 개

여호수아가 히브리인들을 이끌다

우리가 아는 대로, 히브리 백성은 많은 고난을 겪고 광야의 힘든 여정을 끝낸 다음에도 약속의 땅에 들어가지 못하였습니다. 그들은 여호수아를 삶의 인도자와 안내자로 삼고서야 요르단 강 길목에 이르렀습니다. 그러나 그 강에 열두 개의 돌을 세운 여호수아는 세례의 봉사자들인 열두 사도의 출현을 내다보고 있었다는 것 또한 분명합니다.

● 니사의 그레고리우스
『빛의 날』(그리스도의 세례에 관한 연설).[1]

열두 개의 돌

강물이 거꾸로 흘러 말라 버린
요르단 강바닥의 돌 열두 개
그리스도의 열두 사도를 나타내는 예형
그가 들어 올려 거기 굳건히 세웠네.

● 프루덴티우스 『매일 찬가집』 177-180.[2]

열둘에 관한 예형론

열두 지파를 이루게 된 열두 성조들(창세 49,1-32 참조)은 사도들 수를 나타내는 예형이요 예표가 되도록 정해졌습니다. 그렇기에 광야에는 열두 개의 샘이 있었고(탈출 15,27 참조), 요르단 강바닥에서 열두 개의 돌을 가져왔습니다. 이 모든 일에 관한 더 깊은 증거를 찾는 일은 율법서를 연구하는 학도들에게 맡겨 둡시다.

● 페트루스 크리솔로구스 『설교집』 170.[3]

4,5-6 너희 가운데에서 표징이 되게 하여라

구원에 관한 기록인 돌

하느님께서는 요르단 강에서 열두 개의 돌을 가져오라고 명령하시고, 그 이유를 이렇게 밝히

---

[1] NPNF 2,5,522*.　　　　　[2] FC 43,91*.

[3] FC 17,279.

셨습니다. "뒷날 자손들이 너희에게 이 돌들이 무엇을 뜻하느냐고 물으면, 너희는 너희 자손들에게 이렇게 대답해야 한다. '이스라엘 자손이 이 요르단을 마른 강바닥으로 건넜다. 주님이신 너희 하느님께서 너희가 다 건널 때까지 요르단 강물을 말려 버리셨다.'" 그렇게 하여 계약 궤와 온 백성이 구원을 받았습니다. 그렇다면 우리가 이러한 표상들[4]로 우리 하느님이신 그리스도의 구원 행위인 수난과 기적들을 기록해야, 우리 아들이 나에게 '이것이 뭡니까?' 하고 물으면, 내가 '말씀이신 하느님께서 사람이 되셨으며 바로 그분을 통하여 이스라엘이 요르단 강을 건넜을 뿐만 아니라 온 인류가 원초의 행복을 다시 얻게 되었'고 대답할 수 있지 않겠습니까? 바로 그분을 통하여 인간 본성이 가장 깊은 구렁에서 가장 드높은 하늘까지 올라갔으며, 또 그분 안에서 아버지의 어좌에 앉게 되었습니다.

• 다마스쿠스의 요한 『성화상에 관한 연설』(3편) 1,18.[5]

표상 사용은 하느님께서 지시하신 것이다

표상에는 두 종류가 있습니다. 하나는 책에 쓰인 말씀입니다. … 다른 하나는 열두 개의 돌과 같은 물질적인 표상들입니다. 하느님께서는 요르단 강에서 열두 개의 돌을 가져다가, 계약 궤를 메고 갈라진 물을 건넌 것을 기념하는 두 번째 기념비를 세우라고 지시하셨습니다. (이것은 충실한 백성에게 일어난 참으로 지대한 신비입니다.) 그러므로 이제 우리는 위대한 용사들을 기리는 표상들을 세워 그들을 열렬히 본받고자 합니다. 이 표상들을 모두 치우고 그것들을 만들라고 명령하신 분의 권위를 거부하든지, 아니면, 이 표상들을 받아들이고 거기에 합당한 방식으로 마땅한 존경을 바치십시오.

• 다마스쿠스의 요한 『성화상에 관한 연설』(3편) 3,23.[6]

---

[4] 동방 정교회 전통에서 예배나 신심을 도와주는 성화상의 사용은 8세기에 뜨거운 논란을 불러일으켰으나 성화상 공경이 지지를 받았다. 다마스쿠스의 요한은 오로지 하느님께만 드려야 하는 '흠숭'과 신성의 통로인 성화상에 바칠 수 있는 '공경'을 구분함으로써 성화상의 신학적 정당성을 마련하는 핵심적인 역할을 하였다.

[5] *ODI* 26. [6] *ODI* 77-78.

4,8-14 주님께서 여호수아를 높여 주시다

[9] 여호수아는 요르단 강 한복판, 계약 궤를 멘 사제들의 발이 서 있던 곳에 돌 열두 개를 세워 놓았다. 그것들은 오늘날까지 거기에 있다.

[10] 백성에게 일러 주라고 주님께서 여호수아에게 명령하신 모든 일이, 모세가 여호수아에게 명령한 그대로 다 이루어지기까지, 궤를 멘 사제들은 요르단 강 한복판에 서 있었다. 그리고 백성은 서둘러 강을 건넜다.

[11] 온 백성이 강을 다 건너자, 주님의 궤와 사제들이 백성이 보는 앞에서 건넜다.

[12] 르우벤의 자손들과 가드의 자손들과 므나쎄 반쪽 지파가, 모세가 그들에게 이른 대로 무장을 하고 이스라엘 자손들 앞에 서서 건넜다. ♪

☞ ¹³ 무장을 갖춘 그들 약 사만 명은 주님 앞을 지나 예리코 벌판으로 싸우러 나아갔다.

¹⁴ 그날 주님께서는 온 이스라엘이 보는 앞에서 여호수아를 높여 주셨다. 그리하여 그들은 모세가 살아 있는 동안 내내 그를 경외하였듯이, 여호수아도 경외하게 되었다.

둘러보기

백성이 요르단 강을 신속히 건넌 것은 우리에게 거룩한 덕행을 열심히 신속하게 추구하라고 가르친다. 바오로의 가르침을 통하여 우리는 무장을 갖추고 예리코로 싸우러 가는 사람들이 바로 진리의 띠를 두른 그리스도의 군대에 속한 사람들이라고 배운다. 이러한 전투 자세는 인간의 눈에만 아니라 하느님께서 보시기에도 분명하게 드러나야 한다. 여호수아가 자기가 다스리는 사람들 앞에서 들어 높여졌듯이, 예수님께서도 우리가 그분의 신성을 알아뵐 때에 우리가 보는 앞에서 들어 높여지신다. 모세에게서 여호수아로 존경이 옮겨 간 것은 율법 준수에서 복음으로 옮겨 간 것과 일치한다(오리게네스, 프로코피우스).

4,10-11 백성이 서둘러 강을 건너다

서둘러 건너다

"백성은 서둘러 강을 건넜다"는 말씀을 성령께서 쓸데없이 덧붙이신 것은 아니라 생각됩니다. 그래서 저는 이 구절을, 우리가 구원의 세례로 나아와 하느님 말씀의 성사들을 받을 때에 게을리하거나 소홀히 해서는 아니 되며, 그 모든 것을 건널 때까지 시종 서둘러 가야 한다는 뜻이라 생각합니다.

모든 것을 건넌다는 것은 명령받은 모든 것을 이행한다는 뜻입니다. 그러니 우리 서둘러 건넙시다. 곧, "행복하여라, 마음이 가난한 사람들!"(마태 5,3)이라고 쓰인 말씀을 처음부터 온전히 이행합시다. 그리하여 우리가 온갖 교만을 버리고 그리스도의 겸손을 본받게 되면, 그 복된 약속이 우리에게 이루어질 것입니다.

그러나 우리가 이를 이루었다 하더라도, 가만히 서 있거나 빈둥거려서는 안 됩니다. 그에 뒤따르는 다른 것들로 건너가야만 합니다. 그러면 우리는 "의로움에 주리고 목마른 사람"(마태 5,6)이 될 것입니다. 우리는 그다음에 따라오는 것도 건너야 하며 그러면 이 세상에서 우리는 "슬퍼하는 사람"(마태 5,4)이 될 것입니다. 그리고 나면 우리는 나머지 것들을 재빨리 건너가 "온유한 사람"이 되고 "평화를 이루는 사람"이 되어 "하느님의 자녀"(마태 5,5.9)라 불릴 것입니다. 우리는 또한 인내의 덕으로 박해의 짐을 지고 갈 수 있도록 서둘러야 합니다. 우리가 덕행의 영광에 속한 것들을 하나하나 열심히 또 재빨리 추구할 때에는 언제나 '요르단 강을 서둘러 건너는 것'이라고 나는 생각합니다.

• 오리게네스 『여호수아기 강해』 5,1.[1]

4,12-13 무장을 갖춘 이들이 예리코로 싸우러 나아가다

진리의 띠를 두르고

"무장을 갖춘" 이들이 누구인지 바오로에게서 배웁시다. 그의 말을 들어 봅시다. "그리하여 진리로 허리에 띠를 두르고 의로움의 갑옷을 입고

---

[1] FC 105,59-60.

…"(에페 6,14). 이 말에서 보듯, 바오로는 무장을 갖춘 사람들, 곧 진리의 띠를 두른 사람들을 알고 있었습니다. 그러므로 우리가 갑옷이며 허리 띠인 성사를 간직하고 있다면, 우리의 허리띠도 진리가 되어야만 합니다. 진리가 우리가 그리스도의 군사로서 두르는 허리띠라면, 우리가 거짓을 말하고 우리 입에서 거짓말이 나올 때마다, 우리는 그리스도의 갑옷을 벗기우고 진리의 띠가 풀려 버리는 것입니다. 그러므로 진리 안에 있다면 우리는 무장을 갖춘 것이고, 거짓 안에 있다면 무장을 풀어 버린 것입니다. 우리는 '주님께서 보고 계시는 앞을 지나 싸우러 나아가는 사만 명의 무장 용사들'을 본받읍시다. 그리고 언제나 진리의 띠를 두릅시다.

• 오리게네스 『여호수아기 강해』 5,2.[2]

주님께서 보시는 앞에서 무장을 갖추고

단언컨대, 여러분이 사람들 앞에서만 진리를 간직한 것처럼 보여서는 결코 충분치 않습니다. 사람들을 속이고도 얼마든지 진실한 것처럼 보일 수 있기 때문입니다. 그러나 "주님 앞"에서도 진리를 간직하지 않는 한, 여러분은 '진리로' 무장을 갖춘 것이 아닙니다. 곧, 사람들이 여러분의 입에서 듣는 말만이 아니라 하느님께서 여러분의 마음속에서 살펴보시는 것도 진리여야 합니다. 거짓은 그 무엇이든 입에 올리지 마십시오. 가짜는 그 무엇이든 마음에 담지 마십시오. 그러한 것들을 두고 예언자는 이렇게 말합니다. "그들은 자기 이웃들에게 평화를 말하지만 마음에는 악이 도사리고 있습니다"(시편 28,3). 그러므로 '주님 앞에서 무장을 갖추고' 예리코를 점령하러 나아가고자 하는 사람들은 이 모든 것을 멀리해야 합니다. 요르단 강을 건널 때에, 우리는 전쟁터로 싸우러 가기 때문입니다.

• 오리게네스 『여호수아기 강해』 5,2.[3]

4,14 주님께서 여호수아를 높여 주시다

하느님께서 높여 주시다

분명히, 눈의 아들 여호수아를 높여 주신 것은 옛 백성의 지도자를 그가 다스리던 이들이 높이 여기게 만드시려는 것이었습니다. 그런데 이 새로운 백성의 지도자이며 통치자이신 우리 주 예수님께서 이스라엘 자손들의 모든 후손이 보는 앞에서 어떻게 '들어 높여지셨는지' 살펴봅시다. 그분께서는 아버지 앞에서는 언제나 들어 높여지신 상태였다고 저는 생각합니다. 그러나 하느님께서 그분을 우리가 보는 앞에서 들어 높이실 필요가 있습니다. 그분 신성의 숭고함과 고결함이 저에게 드러날 때에, 그분께서는 제가 보는 앞에서 들어 높여지시는 것입니다. 그렇다면, 그분의 드높은 신성은 언제 저에게 계시됩니까? 그것은 분명 제가 요르단 강을 건너 미래의 전투를 위하여 성사들이라는 다양한 무장을 갖출 때입니다.

• 오리게네스 『여호수아기 강해』 5,3.[4]

존경의 대상이 바뀌다

율법 아래 있는 사람은 누구든지 모세를 존경합니다. 그러나 율법에서 복음으로 건너가면, 지킬 것이 바뀌므로 존경의 대상도 바뀝니다. 바오로 사도의 이 말대로입니다. "나는 하느님을 위하여 살려고, 율법과 관련해서는 이미 율법으로 말미암아 죽었습니다. 나는 그리스도와 함께 십자가에 못 박혔습니다. 이제는 내가 사는 것이

[2] FC 105,60-61.
[3] FC 105,61*.
[4] FC 105,62.

아니라 그리스도께서 내 안에 사시는 것입니다"
(갈라 2,19-20).

• 오리게네스 『여호수아기 강해』 5,4.[5]

여호수아가 높여졌듯이, 우리는 예수님을 드높여야 한다

"그날 주님께서는 여호수아를 높여 주셨다."
그가 나이가 들고 그의 힘이 [모든 이가 보기에]
명확히 드러났을 때에, 주님께서는 여호수아를

높여 주셨습니다. 사람들은 눈의 아들의 직분 수
행에 걸맞은 마땅한 두려움으로 그를 경외하게
되었습니다. 그리고 우리는 영원히 우리 편이 되
어 주시는 우리 예수님을 마땅히 거룩한 두려움
으로 공경합니다.

• 가자의 프로코피우스 『여호수아기 주해』 4,14.[6]

---

[5] FC 105,63.　　　　[6] PG 87/1,1008-9.

4,15-24 돌들의 증언

[18] 주님의 계약 궤를 멘 사제들이 요르단 강 한복판에서 올라올 때, 그 사제들의 발바닥이 마
른땅에 닿자마자, 요르단 강물이 제자리로 돌아가서 전처럼 강 언덕에 넘쳤다.
[19] 첫째 달 초열흘날, 백성은 요르단에서 올라와 예리코 동쪽 변두리에 있는 길갈에 진을 쳤다.
[20] 여호수아는 사람들이 요르단에서 가져온 돌 열두 개를 길갈에 세웠다.

둘러보기

첫 파스카 축제를 지낸 달력 날짜와 약속의
땅으로 들어간 날짜가 일치한다는 사실은 믿는
이들에게 영적 의미를 지닌다(오리게네스). 요르
단 강처럼, 교회는 신자들이 들어가면 더 풍성해
진다(프로코피우스).

4,18 요르단을 건너다

신비적인 요르단 강물이 불어나다

그들이 요르단 강을 건너자 강물이 제자리로
돌아가서 전처럼 강 언덕에 넘쳤습니다. 신비적
인 요르단 강물 또한 신자들의 수가 참에 따라
불어납니다. 그래서 우리는 "눈을 들어 저 밭들
을 보아라. 곡식이 다 익어 수확 때가 되었다"(요
한 4,35)라는 말씀, 그리고 "수확할 것은 많은데

일꾼은 적다"(마태 9,37)라는 말씀을 읽습니다. 그
런데 여기서 "수확"이라는 낱말은 칠십인역 구
절[1]과 같은 경우이지요. "밀"이라는 뜻이기도 합
니다. 밀은 양식의 상징이기 때문입니다.

• 가자의 프로코피우스 『여호수아기 주해』 4,18.[2]

4,19 백성이 길갈에 진을 치다

하루

그들은 언제 요르단 강을 건넙니까? 당연한
것입니다만, 앞에서도 말씀드렸듯이 그 시간도
분명하게 제시되어 있습니다. "첫째 달 초열흘
날"이라고 합니다. 그날은 이집트에서 어린양의

---

[1] 저자는 지금 여호 3,15에 관해 해설하고 있다.

[2] PG 87/1,1008-9.

신비가 예표된 날이기도 합니다(탈출 12,3 참조). 첫째 달 초열흘날에, 이집트에서 이 신비로운 일들이 일어났습니다. 첫째 달 초열흘날에 그들은 약속의 땅으로 들어갑니다. 바로 그날, 곧 우리가 이 시대를 살아가고 있는 바로 이날, 누군가가 세상의 오류에서 벗어나 약속의 땅으로 들어갈 자격을 얻는다는 것은 무척 다행스러운 일이라고 봅니다. 현세 우리 삶은 하루라고 지칭되기 때문입니다. 그러므로 우리는 저 신비를 통하여 이렇게 배웁니다. 의로운 일과 행동을 내일로 미루지 말고 바로 "오늘"(히브 3,13) — 곧, 우리가 살아 있는 동안, 우리가 이 세상에 머무는 동안 — 완덕에 이르는 데 필요한 모든 것을 서둘러 이루라는 것입니다. 그러면 첫째 달 초열흘날에 우리는 약속의 땅, 곧 완전한 지복으로 들어가게 될 것입니다.

• 오리게네스 『여호수아기 강해』 4,4.[3]

---

[3] FC 105,56-57.

5,1-9 이스라엘 백성이 길갈에서 할례를 받다

[2] 그때에 주님께서 여호수아에게 말씀하셨다. "돌칼을 만들어 이스라엘 자손들에게 다시 두 번째로 할례를 베풀어라."

[3] 그래서 여호수아는 돌칼을 만들어, 아랄롯 언덕①에서 이스라엘 자손들에게 할례를 베풀었다.

[4] 여호수아가 할례를 베푼 까닭은 이러하다. 이집트에서 나온 모든 백성 가운데 남자들, 곧 군사들은 이집트에서 나와 도중에 광야에서 모두 죽었다.

[5] 그때에 나온 백성은 모두 할례를 받았지만, 이집트에서 나와 도중에 광야에서 태어난 백성은 아무도 할례를 받지 못하였다.

[6] 이집트에서 나온 이 온 겨레 가운데에서 군사들이 주님의 말씀을 듣지 않은 탓으로 다 죽을 때까지, 이스라엘 자손들은 사십 년 동안 광야를 걸었다. 주님께서는 젖과 꿀이 흐르는 땅, 곧 우리에게 주시기로 조상들에게 맹세하신 땅을 그들이 보지 못하리라고 맹세하셨던 것이다.

[7] 주님께서는 그들 대신에 그들의 자손들을 일으켜 주셨는데, 바로 그 자손들에게 여호수아가 할례를 베푼 것이다. 그 자손들이 이렇게 할례 받지 못한 자로 남아 있었던 것은, 도중에 할례를 받을 기회가 없었기 때문이다.

[8] 할례를 다 받고 나서 아물 때까지, 온 겨레가 진영 안 자기 자리에 머물렀다.

[9] 주님께서 여호수아에게 말씀하셨다. "내가 오늘 너희에게서 이집트의 수치를 치워 버렸다." 그래서 그곳의 이름을 오늘날까지 길갈②이라고 한다.

① '포피包皮의 언덕'이라는 뜻이다.
② '말다/말리다'라는 뜻의 히브리 말 '갈랄'에서 온 이름이다.

둘러보기

여호수아는 세상에서 우물쭈물거리고 있는 사람들에게 그리스도의 계명을 나타내는 돌칼로 할례를 베푼 다음 약속의 땅으로 데리고 들어간 점에서 예수님을 예표한다(테르툴리아누스, 순교자 유스티누스). 첫 번째 할례는 율법을 상징하는 모세를 통하여 왔고, 두 번째 할례는 복음을 상징하는 바위이신 예수님을 통하여 온다(오리게네스). 이 두 번째 할례는 육의 할례가 아니라 마음과 영의 할례를 뜻한다(순교자 유스티누스, 락탄티우스). 할례는 우리의 죄를 잘라 내는 세례의 표상이다. 이스라엘이 광야에 머무는 동안 할례를 받지 않은 데서 드러났듯이, 할례는 이스라엘을 다른 민족들과 구별되게 하는 표시로 제정되었다(다마스쿠스의 요한). 절단과 치유라는 육체의 고통스런 체험은 그리스도께서 하시는 일의 과정과 우리가 덕행을 닦는 과정을 상징한다. 예수님께서 베푸시는 할례는 믿는 이들에게서 죄의 치욕을 제거하여 그들을 깨끗이 씻어 준다. 그리스도의 할례를 받고 나서도 계속하여 죄를 지으면 모세의 율법을 소홀히 하는 것보다 훨씬 더 큰 치욕을 가져온다. 그것은 하느님의 성전인 우리 몸을 더럽히는 것이기 때문이다(오리게네스).

5,2-3 백성에게 할례를 베풀다

예수님을 예표하는 여호수아

모세의 후계자를 임명하는 과정에서, 눈의 아들 호세아는 이름이 바뀌어 이제 예수[여호수아]로 불리기 시작합니다. 네, 그렇습니다. 우리는 먼저, 이 사람은 미래 인물의 예형이었다고 단언합니다. 두 번째 백성(이전의 세상에서 버림받은 채 떠도는 우리네 여러 민족들로 이루어진 백성)을 "젖과 꿀이 흐르는"(탈출 3,8) 약속의 땅으로 (곧, 그 무엇보다도 단 영원한 생명을 얻도록) 데리고 가실

분은 예수 그리스도이시기 때문입니다. 그 일은 모세(율법 규율)를 통해서가 아니라, 여호수아를 통하여 (곧, 새로운 법의 은총을 통하여) 우리가 "돌칼", 곧 바위로 묘사되고 비유될 때가 많은(1코린 10,4 참조) 그리스도의 계명들로 할례를 받아야 이루어지게 되었습니다. 그래서 이 성사의 표상으로서 행동하도록 예비되어 있는 사람이 주님 이름이라는 표상 아래, 곧 예수[여호수아]라는 이름을 지니고 통치를 시작하게 되었습니다.

• 테르툴리아누스 『유대인 반박』 9.[1]

돌칼로 베푼 할례

여호수아는 백성에게 두 번째로 할례를 베푼 사람이라고 일컬어집니다. 그 도구는 돌칼이었습니다. (그것은 돌을 비롯한 물질로 만든 우상으로부터 예수 그리스도께서 친히 우리를 잘라 내신 할례의 표징이었습니다.) 그는 할례를 받지 않은 모든 곳에서 (곧, 세상의 오류에서) 사람들을 모아들여 돌칼로, 곧 우리 주 예수님의 말씀으로 할례를 받게 하였다고 합니다. 앞에서도 지적하였듯이, 예언자들은 그분을 상징적으로 돌이나 바위로 부르곤 하였습니다. 우리는 그 "돌칼"을 그분의 말씀으로 이해하며, 오류에 빠져 있던 수많은 사람들이 할례를 받지 않은 그들의 마음에 할례를 받았습니다. 바로 그때부터 하느님께서는 아브라함과 더불어 시작된 할례를 받은 사람들은 다시 마음의 할례를 받으라고 예수님을 통하여 명령하셨습니다. 하느님께서 여호수아에게 거룩한 땅으로 들어간 백성에게 돌칼로 두 번째 할례를 베풀라고 명령하셨기 때문입니다.

• 순교자 유스티누스 『유대인 트리폰과의 대화』 113.[2]

---

[1] ANF 3,163*. [2] FC 6,323*.

두 번

저는 이 자리에서 유대인들에게 묻고자 합니다. 누가 두 번이나 육의 할례를 받을 수 있습니까? 한 번 할례를 받은 사람에게는 두 번째로 잘라 낼 것이 더 이상 없습니다. 그러나 "율법은 영적인 것입니다"(로마 7,14)라는 말씀을 들은 우리에게는 이러한 일들이 얼마나 이치에 맞게 제대로 풀리는지 보십시오. 율법을 잘 알고 모세의 가르침을 받은 사람은 우상의 오류를 던져 버리고 허상에 대한 예배나 미신을 치워 버린다고 우리는 말합니다. 그것이 율법을 통하여 받는 첫 번째 할례입니다. 그러나 율법서와 예언서에서 복음 신앙으로 오는 사람은 '바위이신 그리스도'(1코린 10,4 참조)를 통하여 두 번째 할례도 받습니다. 그럼으로써 주님께서 예수[여호수아]에게 하신 다음 말씀이 이루어집니다. '내가 오늘 이스라엘의 자손들에게서 이집트의 수치를 치워 버렸다.'

"그들은 자기들을 따라오는 영적 바위에서 솟는 물을 마셨는데, 그 바위가 곧 그리스도이셨습니다"(1코린 10,4)라는 바오로 사도의 말을 우리는 이 자리에 알맞게 '그들은 자기들을 따라오는 영적 바위에서 할례를 받았는데, 그 바위가 곧 그리스도이셨습니다'라고 바꾸어 말해도 좋을 것입니다. 복음을 통하여 두 번째 할례로 깨끗해지지 못한 사람은 이집트의 수치, 곧 육적인 악덕의 유혹을 치워 버릴 수 없기 때문입니다.

• 오리게네스 『여호수아기 강해』 5,5.[3]

마음의 할례

모세도 이렇게 말하였습니다. '마지막 날에 주 하느님께서는 너희의 마음에 할례를 베푸시어, 너희가 주 너희 하느님을 사랑하게 해 주실 것이다'(신명 30,6 참조). 그리고 모세의 후계자인 눈의 아들 예수[여호수아]와 관련한 이 말씀에도 우리는 주목합니다. "그때에 주님께서 예수[여호수아]에게 말씀하셨다. '돌칼을 만들어 매우 날카롭게 벼린 다음 앉아서 이스라엘 자손들에게 두 번째로 할례를 베풀어라.' 그는 이 두 번째 할례는 유대인들이 지금도 행하는 첫 번째 할례와 같은 육의 할례가 아니라, 참된 여호수아이신 그리스도께서 제정하신 마음의 할례, 영의 할례라고 말합니다.

• 락탄티우스 『하느님의 가르침 개요』 4,17.[4]

세례의 예형

이것은 세례의 표상이었습니다. 바로 할례가 사람 몸에서 쓸모없이 남아도는 무익한 부분을 잘라 내듯이, 거룩한 세례로 우리는 죄를 잘라 내기 때문입니다. 분명히 죄는 아무런 쓸모도 없이 넘쳐 나는 욕망[5]입니다. 누구든 결코 어떠한 욕망도 지니지 않거나 쾌락에 대한 어떠한 취향도 없는 것은 불가능합니다. 그러나 쾌락의 그 쓸모없는 부분, 이것이 바로 거룩한 세례가 도려내는 죄입니다.

• 다마스쿠스의 요한 『정통 신앙』 4,25.[6]

5,4-7 할례 받지 못한 사람들이 남아 있었던 까닭

구별되게 하는 표시

할례 계명은 율법 이전에, 축복과 약속 이후에 아브라함에게 내려졌습니다. 아브라함과 그에게서 태어난 자손들, 그리고 그의 집안 사람들을 그들이 섞여 살던 다른 민족들과 구별되게 하는 표시로서(참조: 창세 12; 13; 15; 17,10-14) 주어진

---

[3] FC 105,63-64.   [4] FC 49,289*.

[5] 강렬하게 불타는 욕구, 특별히 성욕.

[6] FC 37,398.

것입니다. 이것[할례 받지 않은 사람들이 남아 있었던 것]은 분명합니다. 이스라엘이 다른 민족들과 섞이지 않고 광야에서 자기들끼리만 지낸 사십 년 동안, 광야에서 태어난 자는 모두 할례를 받지 않았기 때문입니다. 그러나 여호수아가 그들을 이끌고 요르단 강을 건넜을 때, 그들은 할례를 받았습니다. 두 번째 할례 법이 제정된 것입니다. 아브라함 아래서 할례 법이 제정되었으나 광야에서 사십 년 동안 시행되지 않았습니다. 그리고 요르단 강을 건넌 다음에, 하느님께서 두 번째로 법을 주셨습니다. 나웨[눈]의 아들 여호수아의 책에 이렇게 기록되어 있습니다. "그때에 주님께서 여호수아에게 말씀하셨다. 날카로운 돌로 돌칼을 만들어라. 그리고 앉아서 이스라엘 자손들에게 두 번째로 할례를 베풀어라." 그리고 조금 뒤에 이런 설명이 있습니다. '사십 년 동안 이스라엘 자손은 미드바르 광야에 머물렀는데, 그런 까닭에 이집트에서 나온 전사들의 수많은 아들이 할례를 받지 못하였다. 그 군사들은 하느님의 계명을 따르지 않아, 하느님께서는 젖과 꿀이 흐르는 땅, 그 조상들에게 주시기로 맹세하신 그 좋은 땅을 보지 못하리라고 선언하셨다. 하느님께서 그들의 뒤를 잇게 하신 그 자손들에게 여호수아가 할례를 베푼 것이다. 그 자손들은 도중에 할례를 받을 기회가 없었기 때문이다.' 그러므로 할례는 이스라엘을 그들이 섞여 살던 다른 민족들과 구별되게 하는 표시였습니다.

• 다마스쿠스의 요한 『정통 신앙』 4,25.[7]

5,8 그들은 상처가 아물 때까지 진영 안에 머물렀다

상처가 아무는 것

우리가 할례를 받는 것만으로는 충분하지 않습니다. 할례를 받고 나서, 할례의 상처가 아물어 치유가 되어야만 합니다. 그렇다면 우리가 받은 할례의 상처는 언제 아물겠습니까? 제 생각에, 우리 예수님께 할례를 받는다는 것은 이것입니다. 곧, 온갖 잘못에서 벗어나는 것, 나쁜 습관과 악한 행실을 치워 버리는 것, 추잡하고 야만적인 관습을 잘라 버리는 것 그리고 정직과 신심의 규율에 어긋나는 것은 무엇이든 잘라 내는 것입니다.

그러나 처음에 이를 하려고 할 때에 새로움이라는 어려움을 어느 정도 겪게 됩니다. 마치 어떤 노고와 정신적 고뇌를 통하여 옛 습관의 결점을 새로운 실천으로 바꾸는 것과 같습니다. 다시 말하지만, 처음에는 어느 정도 괴로움을 겪게 마련입니다. 그러나 어려움과 슬픔을 겪으며 우리는 첫 번째 것을 치워 버리고 두 번째 것을 받을 수 있습니다. 그러므로 제가 보기에 이것이 우리가 '지체한다'고 하는 때인 것 같습니다. 할례의 상처가 아물어 치유될 때까지 고통 속에 머물러 있는 것처럼 말입니다. 그래서 그 상처가 아물면, 우리는 별 어려움 없이 새로운 방식을 받아들입니다. 전에는 익숙하지 않아 어렵게 보이던 것을 실천하게 되는 변화가 우리 안에서 일어난 것입니다. 바로 그때에 우리는 참으로 치유되었다고 할 수 있습니다. 악습은 사라지고, 우리 본성에 덕행이 새로운 습관으로 스며듭니다.

• 오리게네스 『여호수아기 강해』 6,1.[8]

5,9 주님께서 이집트의 수치를 치워 버리시다

죄의 수치

모든 사람은, 비록 그들이 율법에서 나왔다 하더라도, 모세를 통하여 가르침을 받았다 하더라도, 그들 안에 여전히 이집트의 수치, 곧 죄의 수치를 지니고 있습니다. 그 누가 율법 준수에서

---

[7] FC 37,397-98*.　　　　[8] FC 105,67-68.

바오로를 따라갈 수 있겠습니까? 그는 이렇게 말합니다. "율법에 따른 의로움으로 말하면, 나는 흠잡을 데 없는 사람이었습니다"(필리 3,6). 그런데 그런 그가 내놓고 이렇게 말합니다. "사실 우리도 한때 어리석고 믿을 줄 몰랐고 그릇된 길에 빠졌으며, 갖가지 욕망과 쾌락의 노예가 되었고, 악과 질투 속에 살았으며, 고약하게 굴고 서로 미워하였습니다"(티토 3,3). 이러한 것들이 여러분에게는 수치로, 나아가 이집트의 수치로 보이지 않습니까? 그러나 그리스도께서 오시어 '거듭남의 세례'(티토 3,5 참조)를 통하여 우리에게 두 번째 할례를 베푸시고 우리 영혼을 씻어 주셨으므로, 우리는 그 모든 것들을 내던져 버리고 대신 하느님 앞에서 깨끗한 양심을 받았습니다. 바로 그때에 두 번째 할례를 통하여 우리에게서 이집트의 수치들이 치워지고, 죄의 더러움이 씻겼습니다. 그러므로 완전히 회개하여 진심으로 참회하고 믿음으로 요르단 강물을 가르고 복음이라는 두 번째 할례를 통하여 정화된 사람이면 아무도 과거의 죄라는 수치를 두려워하지 않습니다. 여러분은 들으십시오. "내가 오늘 너희에게서 이집트의 수치를 치워 버렸다."

• 오리게네스 『여호수아기 강해』 5,6.[9]

독성죄

주님께서도 복음에서 이것을 알려 주시며 이렇게 말씀하십니다. "너는 죄를 용서받았다. [그러나] 더 나쁜 일이 너에게 일어나지 않도록 다시는 죄를 짓지 마라"(마르 2,5; 루카 7,48; 요한 5,14). 여러분이 죄를 용서받은 다음에 더 이상 죄를 짓지 않는다면, 참으로 이집트의 수치가 여러분에게서 치워진 것입니다. 그러나 여러분이 다시 죄를 짓는다면, 옛날의 수치가 여러분에게 되돌아가 더욱더 극심해집니다. "하느님의 아드님을 짓밟고 계약의 피를 모독한"(히브 10,29) 죄가 모세의 율법을 소홀히 한 죄보다 훨씬 더 크기 때문입니다. 참으로, 복음을 듣고 나서도 음행을 저지르는 자는 여전히 율법 아래 있는 사람보다 훨씬 더 큰 수치를 쌓는 자입니다. 그런 자는 "그리스도의 지체를 떼어다가 탕녀의 지체로 만들"(1코린 6,15)기 때문입니다. 그러므로 여러분이 그것들을 소홀히 한다면 더욱더 심각하고 훨씬 더 많은 수치가 여러분에게 되돌아간다는 것을 알아야 합니다. 그렇게 된다면 실로 여러분은 더러움에 책임이 있는 정도가 아니라 독성죄로 단죄받을 것입니다. 이 말씀은 여러분에게 하는 말이기 때문입니다. "여러분의 몸이 하느님의 성전임을 모릅니까?"(1코린 6,19), "누구든지 하느님의 성전을 더럽히면 하느님께서 그자를 파멸시키실 것입니다"(1코린 3,17).

• 오리게네스 『여호수아기 강해』 5,6.[10]

---

[9] FC 105,64.

[10] FC 105,64-65*.

5,10-12 만나가 멎다

[10] 이스라엘 자손들은 길갈에 진을 치고, 그달 열나흗날 저녁에 예리코 벌판에서 파스카 축제를 지냈다. ♪

☞ ¹¹ 파스카 축제 다음 날 그들은 그 땅의 소출을 먹었다. 바로 그날에 그들은 누룩 없는 빵과 볶은 밀을 먹은 것이다.

¹² 그들이 그 땅의 소출을 먹은 다음 날 만나가 멎었다. 그리고 더 이상은 이스라엘 자손들에게 만나가 내리지 않았다. 그들은 그해에 가나안 땅에서 난 것을 먹었다.

둘러보기

이스라엘 자손들은 약속의 땅에 들어가자 만나보다 더 나은 양식인 그 땅의 소출로 파스카 축제를 지냈다. 이 이야기에서 더 크고 더욱 참된 그 의미를 찾으려면 본문을 영적으로 이해해야 한다. 할례 이후에 축제가 이어지는 것은 깨끗해진 사람들만이 어린양을 나누어 먹을 수 있기 때문이다. 이스라엘 자손이 광야의 여정에서 먹은 세 가지 음식은 점진적으로 더 나아지는, 각기 다른 교육 형태를 상징한다(오리게네스). 만나는 성체성사를 미리 보여 주었다(베다).

5,10-11 파스카 축제를 지내다

두 번째 파스카

그들은 이집트에서 파스카 축제를 지낸 다음에 탈출을 시작하였습니다(탈출 12,31-37 참조). 그런데 여호수아기에 보면 그들은 요르단 강을 건넌 뒤 첫째 달 초열흘날 길갈에 진을 쳤습니다. … 그런 다음 이스라엘 자손들은 그달 열나흗날에 파스카 축제를 지냈는데, 그들이 만나보다 더 나은 음식인 '거룩한 땅에서 난 곡식으로 갓 만든 누룩 없는 빵을 먹은' 것을 생각할 때, 이집트에서보다 훨씬 더 즐겁게 축제를 지낸 것입니다.

하느님께서 약속에 따라 땅을 차지한 그들에게 더 못한 음식을 먹이실 리 없고, 그들이 그토록 위대한 예수[여호수아]를 통하여 더 못한 양식을 얻을 리도 없기 때문입니다. 참된 성지와 천상 예루살렘을 얻은 사람은 이를 분명히 알 것입니다.

• 오리게네스 『요한 복음 주해』 6,233-35.¹

더 나은 음식

그런데 율법서를 문자대로만 이해해야 한다면, 분명히 이스라엘 자손들은 약속의 땅에서 더 나쁜 것을 받았다고 생각해야 할 것입니다. 그들은 지금까지 더 좋은 것 — 하늘에서 내려오는 만나 — 을 먹어 왔으니까요. 그들이 이전의 이집트 음식을 버리자 어느 모로나 더 나은 음식이 주어졌습니다. 하늘에서 만나가 내려온 것입니다. 그렇다면 이 더 나은 음식이 멎자 더 나쁜 음식이 뒤따랐다고 생각할 수 있겠습니까? 그렇기에 본문을 글자 그대로 이해하기보다 영적으로 이해해야 더 크고 더욱 참된 의미를 찾을 수 있는 것입니다.

• 오리게네스 『여호수아기 강해』 6,1.²

상처가 아문 뒤

그들은 할례를 받기 전에는 파스카 축제를 지낼 수 없었습니다. 할례 직후, 아직 치유되기 전에도 어린양의 고기를 먹을 수 없었습니다. 상처가 아문 다음에야 "이스라엘 자손들은 그달 열

---

¹ FC 80,232*.

² FC 105,69-70.

나흘날에 파스카 축제를 지냈다"고 쓰여 있습니다. 그러니까 깨끗하지 않은 사람, 할례를 받지 않은 사람은 아무도 파스카 축제를 지내지 못하는 것입니다. 깨끗이 씻고 할례를 받은 사람만이 지낼 수 있습니다. 바오로 사도가 해설하는 대로입니다. "우리의 파스카 양이신 그리스도께서 희생되셨기 때문입니다. 그러므로 묵은 누룩, 곧 악의와 사악이라는 누룩이 아니라, 순결과 진실이라는 누룩 없는 빵을 가지고 축제를 지냅시다"(1코린 5,7-8).

• 오리게네스 『여호수아기 강해』 6,1.[3]

5,12 만나가 멎다

세 가지 음식

실로, 백성이 이집트 땅에서 나올 그때에는, '[빵] 반죽을 옷에 싸서'(탈출 12,34 참조) 가지고 나왔습니다. 그 반죽이 다 떨어져 빵이 없어지자, 하느님께서는 그들에게 만나를 비처럼 내려 주셨습니다(참조: 탈출 16,13; 시편 78,24). 그런데 그들이 거룩한 땅에 들어와 야자나무 지방의 소출을 먹자 그들에게 더 이상 만나가 내리지 않았습니다. 그때부터 그들은 그 땅의 소출을 먹기 시작하였습니다.

여기에서 보면 크게 세 가지 종류의 음식이 묘사되고 있습니다. 첫째 음식은 우리가 이집트에서 나올 때에 즐기는 것인데, 이것은 얼마 지나면 없어집니다. 그다음에 만나가 뒤따릅니다. 그러나 세 번째 음식은 우리가 지금 거룩한 땅에서 얻는 것입니다. 저의 미력한 지각으로 이러한 차이를 파악하건대, 우리가 이집트를 떠날 때 가지고 오는 첫 번째 음식은 우리에게 조금밖에 도움을 줄 수 없는 기초 교육(간혹 조금 더 수준 높은 교육을 받는 사람도 있습니다만)을 가리킵니다. 그러나 광야에 머무르게 되면, 곧 지금 우리가 살아

가는 삶의 조건에선 오로지 거룩한 법을 배움으로써만 얻는 만나를 먹습니다. 하지만 약속의 땅에 들어갈 자격, 곧 구원자께서 약속하신 것을 받을 자격을 얻는 이는 야자나무 지방[4]에서 나는 소출을 먹게 될 것입니다. 원수들을 정복한 다음에 이 약속의 땅에 도착하는 사람은 참으로 야자나무 열매를 발견할 것입니다. 하느님의 법이나 거룩한 가르침에서 우리가 지금 이해할 수 있거나 알 수 있는 것들이 얼마나 위대한 것이든, 매우 분명합니다. 수수께끼가 풀려 거룩한 이들이 '얼굴과 얼굴을 마주 보게'(1코린 13,12 참조) 될 때에 보게 될 것들은 그보다 훨씬 더 장엄하고 고귀할 것입니다. "어떠한 눈도 본 적이 없고 어떠한 귀도 들은 적이 없으며 사람의 마음에도 떠오른 적이 없는 것들을 하느님께서는 당신을 사랑하는 이들을 위하여 마련해 두셨다"(1코린 2,9)기 때문입니다.

• 오리게네스 『여호수아기 강해』 6,1.[5]

여호수아의 만나는 그리스도의 몸과 피의 성사로 실현되었다

"그리고 [예수님께서] 그들에게 이르셨다. '내가 고난을 겪기 전에 너희와 함께 이 파스카 음식을 먹기를 간절히 바랐다'"(루카 22,15). 그분께서는 그 무엇보다도 먼저 당신 제자들과 함께 전통적인 파스카 음식을 잡수시고자 하셨으며 그로써 당신 수난의 신비를 세상에 계시하고자 하셨습니다. 예전의 율법에 따른 파스카의 심판자께서 나타나시어 더 이상 육적인 가르침을 이행

---

[3] FC 105,68.

[4] 예리코는 성경에서 '야자나무 성읍'(신명 34,3; 판관 1,16; 3,13)으로 일컬어지는데, 오리게네스는 이를 천상의 약속된 땅에 대한 은유로 사용한다.

[5] FC 105,68-69.

하는 형태를 지닌 축제를 지내지 못하게 하시고, 그 대신 이제 어둠을 지나 진정한 파스카의 빛이 다가왔다는 사실을 드러내기를 바라신 것입니다. 만나가 멎은 여호수아 시대와 그 상황은 이를 아름답게 예시하고 있습니다. 거기 이렇게 기록되어 있습니다. '그들은 그달 열나흗날 저녁에 예리코 벌판에서 파스카 축제를 지냈다. 그다음 날 그들은 그 땅의 소출을 먹었다. 그해에 그 땅에서 난 곡식으로 만든 누룩 없는 빵을 먹은 것이다. 그들이 그 땅의 소출을 먹은 다음 날 만나가 멎었다. 이스라엘 자손들은 더 이상 그 음식을 먹지 못했다.' 모세가 죽은 뒤 요르단 강 건너편에 머물 때에 여호수아는 백성에게 만나를 주어 원기를 회복시켰으며, 약속된 땅의 열매를 알고 먹어 본 적도 있었지만 그 자신도 그것으로 원기를 회복하였습니다. 그런 다음에 요르단 강을 건너고 돌칼로 할례를 베풀었으며, 파스카 축제일까지 석 달 반 동안 늘 먹던 만나를 먹지 않았습니다. 실제로 여호수아는 모세가 죽자 지도자로 임명되었습니다. 율법이 바리사이 전통으로 부패했을 때에 그리스도께서 육화하셨기 때문입니다. 여호수아는 요르단 건너편에서 사람들에게 만나를 먹였고 그 자신도 먹었습니다. 주님께서 당신 세례 때까지 율법 예식을 준수하셨고 다른 모든 사람도 율법을 준수하기 바라셨기 때문입니다. 요르단 강을 건넌 다음에 여호수아는 돌로 만든 칼로 백성에게 할례를 베풀었습니다. 율법의 준엄함은 신앙을 방해하는 유혹을 끊어 버릴 수 없다고 생각하신 구원자께서 세례의 은총을 경축하셨기 때문입니다. 그리고 [당신의 세례 뒤에] 삼 년 반 동안, 그리스도께서는 약속된 천국을 향하여 점진적인 움직임을 불러일으키시면서도, 늘 먹던 만나로 영양을 섭취하듯, 마지막 때까지 율법 성사의 준수를 멈추지 않으십니다. 새로운 아침이 열리는 그 예정된 때에 당신 제자들과 더불어 간절히 바라시던 파스카 음식을 잡수시는 동안, 그분께서는 마침내 십자가의 제단 위에서 축성된 당신 몸과 피의 지순한 성사를, 마치 약속된 땅의 누룩 없는 빵처럼, 신자들에게 먹도록 내어 주십니다.

• 존자 베다 『루카 복음 해설』 6,22.[6]

---

[6] CCL 120,376-77.

5,13-15 주님 군대의 장수가 나타나다

[13] 여호수아가 예리코 가까이 있을 때, 눈을 들어 보니 어떤 사람이 손에 칼을 빼 들고 자기 앞에 서 있었다. 여호수아가 그에게 다가가 물었다. "너는 우리 편이냐? 적의 편이냐?"
[14] 그가 대답하였다. "아니다. 나는 지금 주님 군대의 장수로서 왔다." 그러자 여호수아가 얼굴을 땅에 대고 엎드려 절하며 그에게 물었다. "나리, 이 종에게 무슨 분부를 내리시렵니까?"
[15] 주님 군대의 장수가 여호수아에게 말하였다. "네가 서 있는 자리는 거룩한 곳이니 네 발에서 신을 벗어라." 여호수아는 그대로 하였다.

둘러보기

예리코 성문 밖에서, 여호수아에게 동료 군사요 백성의 전사로서 나타난 이는 주님이 분명하다(에우세비우스, 오리게네스). 큰 격려가 필요한 사람들은 정화를 통하여 그리고 하느님께 대한 끊임없는 묵상을 통하여 하느님의 현존을 깨닫는 능력을 받았다(니네베의 이사악). 여호수아가 하느님의 천사 앞에 엎드려 한 절은 천사에 대한 흠숭이 아니라 공경을 보여 주었다. 그는 하느님 종의 표상에 경의를 표하였다. 이는 심부름하는 영을 보내신 파견자께 예배와 공경을 드린 것이다(다마스쿠스의 요한). 성숙한 영성은 환시를 올바로 식별하는 데에서 드러난다(오리게네스).

예리코 땅은 거룩한 곳이 아니었지만 주님께서 오심으로써 거룩해졌다(오리게네스). 이 세상에 있을 때에는 발을 보호해 줄 신이 필요하지만, 우리가 어린양을 따르는 하늘나라에서는 아무것도 필요하지 않을 것이다(히에로니무스).

5,13-14 여호수아가 칼을 든 사람을 보다

하느님의 전사

모세의 후계자인 여호수아가 팔레스티나의 이전 소유자들, 곧 이민족이며 더없이 불경스러운 자들인 그의 적들과 맞서 싸우려고 할 바로 그때에, 그분께서 칼을 빼 들고 그에게 나타나시어 적들을 가리키셨습니다. 그 환시는 그분께서 친히 당신 백성의 동료 군사요 동료 전사로서 눈에 보이지 않는 칼과 거룩한 힘으로 그 불경한 자들을 치려고 하신다는 것을 보여 줍니다. 그러한 까닭에 그분께서는 당신 이름을 그때에 매우 어울리게 "주님 군대의 장수"라고 밝히십니다.

• 카이사리아의 에우세비우스 『복음의 논증』 5,19.[1]

주님 군대의 장수

모세의 후계자 여호수아는 하늘의 천사들과 대천사들과 천상 권능의 지도자를, 그가 사람의 형상과 모습을 하고 있는 것을 보았을 뿐인데도, 마치 그가 하느님 아버지의 힘이며 지혜(1코린 1,24 참조)인 통치권의 제2인자로서 만물을 다스리는 것처럼, "주님 군대의 장수"라고 부릅니다. 어쨌든 이렇게 기록되어 있습니다. "여호수아가 예리코 성읍의 벌판에 있을 때, 눈을 들어 보니 어떤 사람이 손에 칼을 빼 들고 자기 앞에 서 있었다. 여호수아가 그에게 다가가 물었다. '너는 우리 편이냐? 적의 편이냐?' 그가 대답하였다. '나는 주님 군대의 장수로서 왔다.' 그러자 여호수아가 얼굴을 땅에 대고 엎드려 절하며 그에게 물었다. '나리, 이 종에게 무슨 분부를 내리시렵니까?' 주님 군대의 장수가 여호수아에게 말하였다. '네가 서 있는 자리는 거룩한 곳이니 네 발에서 신을 벗어라.'" 여기에서 여러분은 말씀 내용이 똑같은 것으로 보아 [이 장수는] 모세에게 말씀하신(탈출 3,5 참조) 바로 그분이라는 것을 알 것입니다.

• 카이사리아의 에우세비우스 『교회사』 1,2.[2]

장수들의 장수

예수[여호수아]가 이것을 통하여 우리에게 가르치는 것은 무엇입니까? 의심할 여지 없이, 사도가 말하는 바로 이것입니다. "아무 영이나 다 믿지 말고 그 영이 하느님께 속한 것인지 시험해 보십시오"(1요한 4,1). 그런즉 예수[여호수아]는 하느님께 속한 것만이 아니라 하느님이신 분도 알아보았습니다. 그가 하느님을 알아보지 않았다면 그처럼 경배하지 않았을 것입니다. 하느님의

---

[1] *POG* 1,263*.　　　　[2] FC 19,41*.

힘을 지닌 군대의 장수가 우리 주 예수 그리스도 아니고 누구겠습니까? 하늘의 모든 군대는, 천사들이든 대천사들이든, 왕권이든 "주권이든 권세든 권력이든"(콜로 1,16; 참조: 콜로 2,10), 이 모든 것들은 그분을 통하여 생겨났으며, 군주들에게 주권을 나누어 주시는 분, 장수들의 장수이신 바로 그 장수 아래서 전쟁을 합니다. 바로 그분이 복음서에서 "[너는] 열 고을을 다스리는 권한을 가져라" 하시고 또 다른 이에게는 "너는 다섯 고을을 다스리는 권한을 가져라"(루카 19,17-19)고 말씀하시는 분이십니다. 이분이 바로 '왕권을 받고 돌아오신' 분이십니다(루카 19,15 참조).

  • 오리게네스 『여호수아기 강해』 6,2.[3]

보이지 않는 것이 보이게 되었다

하느님의 섭리는 언제나 모든 사람을 에워싸고 있습니다. 그러나 그것은 자기 영혼을 죄에서 씻고 늘 하느님을 생각하는 사람이 아니면 눈에 보이지 않습니다. 이들에게 그것이 밝게 드러날 때가 있습니다. 그들이 진리 때문에 커다란 유혹을 겪을 때에는 마치 더 커다란 격려를 받는 것처럼, 그 유혹의 종류와 원인에 따라, 육의 눈으로 보듯이 또 필요할 경우에는 손으로 만져지는 것처럼 감각적으로 감지할 수 있는 능력을 받습니다.

야곱, 눈의 아들 여호수아, 하난야와 그의 동료들, 베드로 같은 이들이 그랬습니다. 사람 모습을 한 이가 그들에게 나타나 힘을 북돋아 주고 그들의 신앙에 위안이 되어 주었습니다(참조: 창세 32,24-29; 다니 3,23-25; 사도 12,6-11).

  • 니네베의 이사악 『종교적 완성』 5,31-32.[4]

흠숭과 공경은 다르다

눈의 아들 여호수아와 다니엘(다니 8,15-17 참조)은 하느님의 천사에게 존경의 절을 하였습니다. 그러나 그를 흠숭하지는 않았습니다. 매우 뛰어난 어떤 것에 경의를 표하는 것과 흠숭은 다른 것이기 때문입니다.

  • 다마스쿠스의 요한 『성화에 관한 연설』(3편) 1,8.[5]

하느님께 드리는 공경

눈의 아들 여호수아는 천사를 본성 그대로 보지 못하고 표상만 보았습니다. 천사는 본성상 육체의 눈에 보이지 않기 때문입니다. 그래도 그는 엎드려 절을 하였고, 다니엘(다니 8,15-17 참조)도 그렇게 하였습니다. 그렇지만 천사는 피조물이며, 하느님을 섬기는 종이요 심부름꾼입니다. 하느님이 아닙니다. 여호수아와 다니엘은 천사에게 엎드려 절했지만 하느님이 아니라 하느님을 섬기는 영으로 받든 것입니다. 저는 친구들의 표상을 만들지 말아야 하겠습니까? 하느님으로서가 아니라 하느님 친구들의 표상으로서 그들을 존중하지 말아야 하겠습니까? 여호수아도 다니엘도 그들이 본 천사를 하느님으로 경배한 것이 아닙니다. 저도 성화상을 하느님으로 받들지 않습니다. 다만 그리스도와 성모님과 성인들의 성화상을 통하여 하느님께 예배와 공경을 바칩니다. 하느님의 친구들을 존중하는 존경심 때문입니다. 하느님께서는 당신을 천사의 본성이 아니라 인간의 본성과 결합시키셨습니다. 하느님께서는 천사가 되시지 않고 참으로 본성으로 사람이 되셨습니다.

  • 다마스쿠스의 요한 『성화상에 관한 연설』(3편) 3,26.[6]

---

[3] FC 105,70-71*.

[4] INAL 84-85*.

[5] *ODI* 19.

[6] *ODI* 80-81.

영들을 식별하는 능력

여러분은 눈의 아들 여호수아처럼 매우 조심스럽고 깊은 주의를 기울이며 지식을 갖추고 환시의 종류를 식별해야 합니다. 그는 환시를 보았을 때에 거기에 유혹이 있다는 것을 알고, 자기에게 나타난 이에게 곧바로 이렇게 물었습니다. "너는 우리 편이냐? 적의 편이냐?" 이처럼 환시를 분별하기 시작하는 경지에 이를 때에 영혼은 진보합니다. 그리고 모든 것을 분별할 줄 안다면, 영적인 사람으로 입증되는 것입니다(1코린 2,15 참조). 성령께서 주시는 영적 은사의 하나가 "영들을 식별하는 능력"(1코린 12,10)이라고 일컬어지는 것은 그런 까닭입니다.

• 오리게네스 『민수기 강해』 27,11.[7]

5,15 신을 벗어라

거룩한 땅

예리코는 적들이 차지하고 있는데 어찌하여 거룩한 땅이라고 하는 것입니까? 이것은 그냥 우연히 나온 말이 아니라, 주님의 권능을 지닌 군대의 장수는 그가 가는 모든 곳을 거룩하게 한다는 사실을 나타냅니다. 예리코 그 자체는 거룩한 곳이 아니었습니다. 그러나 하느님 군대의 장수가 그곳에 왔기 때문에, 그 장소를 거룩하다고 하는 것입니다. 제가 감히 한 말씀 더 드리자면, 모세가 서 있던 자리도 모세 자신을 통하여 거룩해진 것이 아니라 주님께서 그와 함께 서 계셨기 때문에 거룩한 곳이 되었습니다. 주님께서 그곳에 계심으로써 그 장소를 성화하신 것입니다. 그래서 그가 이런 말씀을 듣습니다. "네가 서 있는 곳은 거룩한 땅이니, 네 발에서 신을 벗어라"(탈출 3,5).

• 오리게네스 『여호수아기 강해』 6,3.[8]

신발의 의미

이제 성경의 신비적 의미를 파악해 보십시오. 우리가 광야를 걷고 있는 동안에는 우리 발을 감싸 보호해 줄 신발을 신을 필요가 있습니다. 그러나 우리가 약속의 땅에 들어가면, 나웨[눈]의 아들 예수[여호수아]와 함께 이런 말씀을 들을 것입니다. "네가 서 있는 자리는 거룩한 곳이니, 네 발에서 신을 벗어라." 그러므로 우리가 하늘 나라에 들어갈 때에는 이 세상으로부터 우리를 보호해 줄 신발 같은 것이 필요하지 않을 것입니다. 우리는 다만 — 여러분에게 새로운 생각을 심어 드리고자 하는데 — 우리를 위하여 살해되신 어린양을 따라가기만 하면 될 것입니다.

• 히에로니무스 『파스카 축제 전야』(탈출기) 91.[9]

---

[7] OSW 261.
[8] FC 105,71.
[9] FC 57,241-42*.

6,1-7 주님의 전략

² 주님께서 여호수아에게 말씀하셨다. "보아라, 내가 예리코와 그 임금과 힘센 용사들을 네 손에 넘겨주었다.
³ 너희 군사들은 모두 저 성읍 둘레를 하루에 한 번 돌아라. 그렇게 엿새 동안 하는데,♪

> [손가락 아이콘] ⁴ 사제 일곱 명이 저마다 숫양 뿔 나팔을 하나씩 들고 궤 앞에 서라. 이렛날에는 사제
> 들이 뿔 나팔을 부는 가운데 저 성읍을 일곱 번 돌아라.
> ⁵ 숫양 뿔 소리가 길게 울려 그 나팔 소리를 듣게 되거든, 온 백성은 큰 함성을 질러라. 그러
> 면 성벽이 무너져 내릴 것이다. 그때에 백성은 저마다 곧장 앞으로 올라가거라."

둘러보기

여호수아가 하느님께 받은 명령, 곧 사제들과 백성이 이레 동안 예리코 둘레를 돌며 행군하라는 명령은 안식일에 일을 하지 말라는 것이 영원한 계명은 아니라는 사실을 알려 준다(테르툴리아누스). 전투에서 하느님의 권능과 함께 계심은 가장 확실한 무기다(놀라의 파울리누스). 여호수아의 사제다운 목소리가 지닌 무적의 힘은 오늘도 교회에서 선포되고 있는 예수님의 말씀 안에서 완성되었다(토리노의 막시무스).

6,2-5 주님께서 여호수아에게 전투 명령을 내리시다

안식일의 노동

유대인들은 이 계명이 모세를 통하여 주어진 이래 절대 어겨서는 안 되는 의무라고 말할 게 뻔합니다. 그러나 성경 본문에 따르면, 이 계명은 영원하거나 영적인 것이 아니라 언젠가는 끝나고 말 현세적인 것이었음이 분명합니다. 간단히 말해, 이 의식의 거행은 안식일, 곧 이렛날에 해도 되는 일에 속하지 않는 것이 사실입니다. 눈의 아들 여호수아는 예리코 성읍을 함락시키려 할 때에 하느님께 받은 명령을 백성에게 전달하였습니다. 이레 동안 사제들이 하느님의 계약궤를 메고 그 성읍 둘레를 돌고, 이렛날에 그 성읍을 다 돌면 성벽이 저절로 무너져 내리리라는 것이었습니다. 말씀 그대로 이루어졌습니다. 이렛날이 끝날 때에, 예언대로 성벽이 무너져 내렸습니다. [여기서] 그 이레라는 날수에 안식일이 들어 있다는 것이 분명히 드러납니다. 언제부터 시작을 하든, 그 이레에는 반드시 안식일이 포함되기 때문입니다. 바로 그 안식일에 사제들은 노동을 해야 했을 뿐만 아니라 그 성읍은 이스라엘 온 백성의 칼끝에 먹이가 되어야만 했습니다.

• 테르툴리아누스 『유대인 반박』 4.¹

눈에 보이지 않는 무장

우리가 육체에는 무장을 안 한 것으로 보이나, 우리는 해 맑은 평화 때에도 정신으로는 비물질적인 원수에 맞서 무장을 갖추고 있습니다. 지금 우리에게는 하느님의 도움이 필요하며 우리는 오로지 그분만을 두려워해야 합니다. 그분이 안 계시면, 우리의 무장은 우리에게서 떨어져 나갈 것입니다. 그러나 그분과 함께 있으면, 우리의 무장은 더 튼튼해집니다. 그분께서는 성벽 안에서는 여러분에게 보루가 되어 주실 것이며 아무런 보호 벽이 없는 곳에서는 여러분의 성벽이 되어 주실 것입니다.

이제 신성한 책에 기록되어 있는 우리 조상들의 행적을 상기해 봅시다. 누가 더 확실한 보호를 받았는지 생각해 보십시오. 거대한 성벽을 두른 성읍 안에 하느님 없이 들어앉은 자들입니까, 아니면, 성벽은 없지만 하느님의 힘과 후원으로

---

¹ ANF 3,155*.

보호를 받는 사람들입니까? 저는 열성적인 여호수아가 무너뜨린 성읍에 대해 말하고 있습니다. 여호수아는 하느님의 권능을 드러내도록 이름 자체가 바뀌었습니다. 그는 그 성읍을 통상적인 군대의 방식으로 오래고 지루한 봉쇄를 통해 정복하지 않았습니다. 네, 아니었습니다. 그의 군대는 하느님의 도움을 받아 거룩한 상징을 통해 재계를 이행하였습니다. 무기를 휘두르는 흉내만 냈을 뿐 사용하지 않았습니다. 폭력을 배제하였습니다. 그들의 무기는 가만히 놓여 있었습니다. 이레 동안 그들은 성벽 둘레를 도는 행군을 일곱 번 되풀이하였습니다. 이 강력한 숫자의 힘으로, 하느님 진노의 뇌성벽력을 닮은, 사제들이 부는 나팔 소리의 무시무시한 굉음으로, 그들은 성벽 안에 갇힌 적들을 손에 넣었습니다. 그때에 자기 재산만을 믿던 그곳 사람들과 성읍은 멸망해 버렸으며, 그들의 무덤이 자기네 집과 뒤섞여 버렸습니다.

• 놀라의 파울리누스 『시가집』 26,99-114.[2]

사제들의 소리

예리코 성벽은 사제들의 나팔 소리에 무너져 내렸습니다. 그 성벽 안에 있는 자들은 죄 많은 사람들이었기 때문입니다. 공성 망치가 성벽을 들이치지도 않고 전쟁 장비들로 공격을 퍼붓지도 않았는데, 참으로 놀랍게도, 사제들의 무시무시한 소리가 성벽을 무너뜨린 것입니다. 철벽처럼 서 있던 성벽이 거룩한 나팔 소리에 무너져 버렸습니다. 그 소리가 울려 퍼지자 돌들이 산산이 부서지고, 그 소리에 초석들이 쪼개지며, 모든 것이 무너져 버렸습니다. 정복자들의 군사는 하나도 다치지 않는데, 적진에서는 아무것도 버텨 서 있지 못하는 것을 보고 그 누가 놀라지 않겠습니까? 아무도 그 성벽을 건드리지 않았음에도 그 안에 죄인들이 산 까닭에, 바깥에서 의인들이 내지르는 소리에 꼼짝 못하고 사로잡히고 말았습니다. 그래서 그때 그들은 누구에게 저항을 하지도 못하고 다른 사람들을 보호하지도 못한 채 길을 내주고 말았습니다. 의인들에게는 길이 열렸고, 믿음이 없는 자들은 보호를 받지 못하였습니다.

그러므로, 형제 여러분, 사제들의 소리가 그때에 그토록 힘이 있었다면, 그 엄청난 소리가 대기에 혼란을 불러일으켰다면, 그리스도를 말씀으로 선포할 때에 위대함을 보여 주는 사제들의 목소리가 지금도 살아 있다는 것을 우리는 더욱더 믿어야 하지 않겠습니까! … 무감각한 물체들도 그 신성한 공포를 버틸 수 없었는데, 감정을 지닌 피조물이 어떻게 저항할 수 있겠습니까? 마음은 사제들의 소리에 돌보다 더 쉽게 반응할 수 있다고 우리는 믿습니다. 그리고 죄는 그 돌들이 부서지는 것보다 더 빨리 용서받을 수 있다고 믿습니다. 성령의 목소리가 울리면, 그 소리는 바위로 쌓아 올린, 손으로 만질 수 있는 성채가 허물어지는 것보다 더 쉽게 죄의 더러움을 없애 버립니다.

• 토리노의 막시무스 『설교 옛 모음집』 93,2.[3]

---

[2] ACW 40,258*.

[3] ACW 50,216.

6,8-14 성읍 둘레를 돌다

⁸ 여호수아가 백성에게 말한 대로, 사제 일곱 명이 저마다 숫양 뿔 나팔을 하나씩 들고 주님 앞에 서서 나아가며 나팔을 불었다. 주님의 계약 궤가 그 뒤를 따랐다.

둘러보기

나팔 소리는 악행자들에게 무시무시한 소리로 미래의 심판을 예고하는 사제들의 설교를 상징한다(토리노의 막시무스).

6,8 일곱 사제가 일곱 나팔을 불다

사제들의 설교

지난 주일에 우리는 예리코 성벽이 사제들의 나팔 소리에 무너져 버린 이야기를 하였습니다. 무시무시한 위협을 가하는 거룩한 소리 앞에 감정이 없는 물체들이 무너지는, 자연의 본성과 질서에 어긋나는 일이 벌어졌습니다. 그 큰 소리에 모든 것이 무너져 가장 견고한 성채마저 땅바닥에 쏟아져 내렸으며, 죄 많은 백성은 보호를 받을 길이 없었습니다. 성채가 무너진 것은 저항할 틈이 주어지지 않게 하려는 것이었고, 백성이 보호받을 길이 없게 한 것은 그들을 더 쉽게 잡기 위한 것이었습니다. 그러나 우리는 그때에 일어난 이 모든 일은 상징이었다고 말하였습니다. 그 시대에 사제들이 부는 나팔 소리는 이 시대에 사제들이 하는 설교와 다른 것이 아니라고 우리는 믿기 때문입니다. 우리는 설교의 무시무시한 소리로 끊임없이 죄인들에게 가혹한 [심판]을 예고하고, 비참한 일들에 대해 이야기하며, 위협적으로 포효하듯 악행자들의 귀를 두들깁니다. 그 거룩한 소리에는 아무도 저항하지 못하며 이의를 제기하지 못합니다. 그때에 무생물들도 벌벌 떨었는데, 감정을 지닌 사람들이 어떻게 하느님의 말씀에 떨지 않을 수 있겠습니까? 아무리 완고한 마음을 지닌 사람이라 한들, 돌로 쌓은 요새도 버티지 못하는 그 소리에 어떻게 저항할 수 있겠습니까? 돌로 쌓은 성벽이 무너질 때에 나팔 소리가 사람들의 내면에 가닿았던 것처럼, 지금도 악한 생각들이 무너질 때에 사제들의 설교는 영혼의 벌거벗은 부분에 가닿습니다. 모든 악한 행실이 무너질 때에 그 영혼은 하느님의 말씀 앞에서 벌거숭이이기 때문입니다. 하느님 앞에서 영혼은 벌거숭이라고 거룩한 사도도 말합니다. "그분 눈에는 모든 것이 벌거숭이로 드러나 있습니다"(히브 4,13). 이와 관련하여 더 말씀드리자면, 영혼은 하느님을 알고 신앙의 진리를 받아들이기 전에는 이를테면 미신 행위로 자신을 가리고 사악함의 성벽 같은 것으로 둘러싸 그 자신의 악행이라는 난공불락의 요새 안에 머무를 수 있을 것처럼 보입니다. 그러나 거룩한 소리가 천둥 치면, 그 무모함은 거꾸러지고 그 생각은 무너지며 온갖 미신의 방비가 산산이 부서져 버려, 아무런 보호를 받지 못합니다. 그러면 하느님의 말씀이 그 정신의 벽에, 그 가장 깊숙한 부분에까지 스며듭니다. [그때에] 거룩한 소리가 울려 퍼지며 완고한 백성을 무너뜨리고 사로잡아 응징하였듯이, 이제는 사제들의 설교가 죄인들을 정복하고 사로잡아 응징합니다.

• 토리노의 막시무스 『설교 옛 모음집』 94,1.[1]

---

[1] ACW 50,216-17.

6,15-21 예리코 성벽이 무너지다

¹⁵ 이렛날이 되었다. 동이 틀 무렵에 그들은 일찍 일어나 같은 방식으로 성읍을 일곱 번 돌았다. 이날만 성읍을 일곱 번 돈 것이다.

¹⁶ 일곱 번째가 되어 사제들이 뿔 나팔을 불자 여호수아가 백성에게 말하였다. "함성을 질러라. 주님께서 저 성읍을 너희에게 넘겨주셨다.

¹⁷ 성읍과 그 안에 있는 모든 것은 주님을 위한 완전 봉헌물이다. 다만 창녀 라합과 그 여자와 함께 집에 있는 사람은 모두 살려 주어라. 그 여자는 우리가 보낸 심부름꾼들을 숨겨 주었다.

¹⁸ 너희는 완전 봉헌물에 손을 대지 않도록 단단히 조심하여라. 탐을 내어 완전 봉헌물을 차지해서 이스라엘 진영까지 완전 봉헌물로 만들어 불행에 빠뜨리는 일이 없게 하여라.

¹⁹ 은과 금, 청동 기물과 철 기물은 모두 주님께 성별된 것이므로, 주님의 창고로 들어가야 한다."

²⁰ 사제들이 뿔 나팔을 부니 백성이 함성을 질렀다. 백성은 뿔 나팔 소리를 듣자마자 큰 함성을 질렀다. 그때에 성벽이 무너져 내렸다. 백성은 저마다 성읍을 향하여 곧장 앞으로 올라가서 그 성읍을 함락하였다.

둘러보기

세상의 실재가 그 창조에서 파멸에 이르기까지 예리코 함락의 요소들로 상징되고 있다(토리노의 막시무스). 예리코의 멸망은 세상 종말을 예표한다(토리노의 막시무스, 오리게네스).

하느님 앞에 드린 말씀과 의탁으로 자비를 입어 목숨을 구한 창녀 라합은 경건함과 신앙 때문에 찬사를 받는다(요한 크리소스토무스).

주님께 바치는 진정한 봉헌은 하느님께서 당신께 봉헌하라고 명하신 것들을 다루는 데에서 분명하게 드러난다. 봉헌물을 개인 용도로 차지해서는 안 된다(아우구스티누스). 완전 봉헌물로 선언된 것들은 교회의 실천이나 가르침과 뒤섞여서는 안 되는 세상의 일들과 관습들을 말한다(오리게네스).

예리코 성벽이 사제의 깃발과 나팔 소리에 무너졌을 때에 여호수아의 신앙이 승리를 거두었다(암브로시우스). 하느님의 힘이 함께하지 않으면 어떤 방어 수단도 쓸모가 없다(놀라의 파울리누스). 계약 궤로 그 둘레를 거듭 돌자 예리코 성벽이 무너져 버린 것은 율법[의 힘]에 대한 기적의 증언이다. 이 사건은 죽을 목숨들이 살겠다고 세운 성벽들은 성령칠은으로 무너짐을 상징한다(아우구스티누스). 하느님의 지휘 아래 울리는 음악 소리는 한없이 큰 힘을 지닌다(카시오도루스). 돌로 쌓은 성벽을 무너뜨린 사제들의 힘찬 목소리는 그리스도의 말씀을 선포하는 것으로 이어 간다. 예리코의 멸망처럼, 세상 종말은 기쁨에 넘치는 천상 군대의 함성과 나팔 소리와 함께 갑자기 일어날 것이다(오리게네스).

6,15-16 이렛날

세상을 상징하는 예리코

그러나 그때에 예리코 성읍에 일어난 일들은, 앞에서 우리가 이야기했듯이 상징이었습니다. 바로 그 일들이 지금 현실에서 일어나고 있기 때문입니다. 우리는 이렇게 읽었습니다. 그때에 사제들이 앞에서 말한 성읍을 이레 동안 계속해서 돌았는데, 무장한 군대도 점령할 수 없었던 그 성읍이 사방에서 부는 나팔 소리에 무너져 내렸습니다. 네, 거친 군인이 분 것도 아니고 성별된 사제가 내는 나팔 소리에 성벽이 무너졌습니다. 칼은 무서워하지 않아도 나팔을 무서워하지 않는 이가 누가 있겠습니까? 그리하여 이레가 지나자 포위된 성벽이 사제의 나팔 소리에 무너졌습니다. 우리는 이 세상의 창조가 이레 동안에 다 이루어졌다고 읽습니다(창세 2,2 참조). 그러니까 이 일곱이라는 숫자로 생각할 때, 사제들에게 무너진 것은 그 한 성읍만이 아니라 온 세상의 사악함입니다. 한 성읍의 이름에 온 세상의 조건이 상징되어 있는 것처럼, 그 이레의 과정은 사제의 설교 나팔이 세상에 파멸과 심판을 선포하는 칠천 년의 시간을 가리킵니다. 성경에 기록되어 있는 대로입니다. '세상은 지나가고 세상에 있는 모든 것도 지나갑니다. 그러나 주님의 뜻을 실천하는 사람은 영원히 남습니다'(1요한 2,17 참조).

• 토리노의 막시무스 『설교 옛 모음집』 94,2.[1]

6,17 라합은 살려 주어라

경건한 라합

잘 들으십시오. 인류를 향한 하느님 사랑의 선포는 얼마나 야릇한지요! 율법에서 '간음해서는 안 된다', '창녀 짓 해서는 안 된다'고 하신 분께서 관대한 마음으로 계명을 바꾸시어, 복된 여호수아를 통해 이렇게 선언하십니다. '창녀 라합을 살려 주어라.' '그 창녀를 살려 주어라'라고 말하는 눈의 아들 여호수아는 "세리와 창녀들이 너희보다 먼저 하느님의 나라에 들어간다"(마태 21,31)고 말씀하시는 주 예수님을 미리 보여 주었습니다. 그 여인이 살 사람이라면, 어떻게 창녀일 수 있겠습니까? 그 여인이 창녀라면, 어째서 그녀가 살 사람입니까? 그분께서는 말씀하십니다. '나는 너희가 그 여인의 변화에 놀라 감탄하라고 그녀의 예전 상태에 관하여 말한 것이다.' 그분께서 물으십니다. 당신께서 구원을 베풀어 주신 '라합은 무엇을 하였는가?' 하고. 그 여인은 정탐꾼들을 친절하게 맞아들였습니까? 이런 일은 여인숙 주인도 합니다. 그러나 그 여인은 말로만이 아니라 그보다 먼저 신앙으로 또 하느님 앞에 의탁하여, 구원의 열매를 거두었습니다.

그러니 여러분은 그 여인의 풍요로운 믿음을 배울 수 있도록 그의 행동을 자세히 기록하여 증언하는 성경 말씀에 귀 기울이십시오. 그 여인은 진흙 속에 묻힌 진주처럼, 진창에 던져진 황금처럼 유곽에 있었습니다. 그 여인은 가시덤불 속에 숨겨진 신심의 장미이며, 불경한 곳에 갇힌 경건한 영혼이었습니다. 잘 생각해 보면 이해가 될 것입니다. 그 여인은 정탐꾼들을 받아들였고 이스라엘이 광야에서 거부한 그분을 받아들였습니다. 라합은 유곽에서 바로 그분을 선포하였습니다.

• 요한 크리소스토무스 『자선』 7,5,15-16.[2]

6,18-19 주님께 바쳐진 완전 봉헌물

파괴와 봉헌

신전들과 우상들, 작은 숲 같은 것들을 파괴해도 좋다는 허락이 내렸을 때, 우리가 공경하는

---

[1] ACW 50,218*.　　　　[2] FC 96,98-99*.

마음이 아니라 멸시하는 마음으로 그 일을 하는 것이 분명하다 하더라도, 우리는 여전히 사적으로나 적어도 개인적인 용도로 아무것도 차지해서는 아니 됩니다. 그러한 것들을 파괴하는 우리의 목적이 탐욕이 아닌 봉헌으로 드러나야 하는 것입니다. 그러나 그러한 것들이 사적이나 개인적인 용도가 아닌 공적인 용도로 넘겨질 때, 곧 참하느님을 예배하는 데 쓰일 때에는, 사물이든 백성이든 모두 마찬가지입니다만, 그것들은 독성과 불경에서 진정한 예배로 돌아서는 것입니다. 하느님께서는 당신이 인용한 그 본문에서 이러한 사실을 가르치셨다고 생각됩니다. 그때에 하느님께서는 이방 신들의 숲에서 나무를 베어다가 번제를 쓰도록 가져오라고 명령하셨고, 모든 금과 은, 황동 기물을 주님의 창고로 옮겨 놓으라고 명령하셨습니다.

• 아우구스티누스 『서간집』 47.[3]

금기로 선언된 완전 봉헌물

이 말씀이 가리키는 것은 바로 이것입니다. 곧, 여러분은 세속적인 것은 그 무엇도 지니지 않도록 조심하며, 삼가 세속적인 관습이나 오류나 이 시대의 애매모호한 말을 교회에 가져오지 않도록 조심하라는 것입니다. 여러분은 모든 세속적 방식을 완전 봉헌물로, 곧 금기로 삼으십시오. 세상 것을 거룩한 것과 섞지 마십시오. 세상 사를 교회의 신비 안으로 가져오지 마십시오.

이것은 요한이 그의 서간이라는 나팔로 부는 소리이기도 합니다. 그는 이렇게 말합니다. "여러분은 세상도 또 세상 안에 있는 것들도 사랑하지 마십시오"(1요한 2,15). 바오로도 이렇게 말합니다. '여러분은 현세에 동화되지 마십시오'(로마 12,2 참조). 그렇게 하는 자들은 금기된 것을 받아들이는 자입니다. 그들은 금기된 것을 교회로 들여오기도 합니다. 그리스도인이면서도 교회 안에서 이민족들의 의식을 거행하는 자들이 그런 이들입니다. 별들의 운행에서 인간의 생명과 행위의 답을 열심히 찾고, 새들의 이동에 앞날을 묻고, 옛날에나 쓰이던 것들로 점을 치는 자들은 금기된 것을 예리코에서 교회로 가져와 주님의 진영을 더럽히고 하느님의 백성이 정복당하도록 만드는 자들입니다. 이 외에도 많은 죄가 금기된 것을 예리코에서 교회로 들여오며, 그로 인하여 하느님의 백성이 원수들에게 져 무너지고 맙니다. 사도도 "적은 누룩이 온 반죽을 부풀린다"(1코린 5,6)라는 말로 똑같은 것을 가르치지 않습니까?

• 오리게네스 『여호수아기 강해』 7,4.[4]

6,20 예리코 성벽이 무너지다

무력으로 이기지 않았다

눈의 아들 여호수아가 천상 군대의 장수를 잘못 알아본 것입니까? 그는 믿자마자 곧바로 이겼습니다. 신앙의 전투에서 승리할 자격이 있다고 인정을 받은 것입니다. 다시 말하지만, 그는 무장 군대를 이끌고 전투에 나가지도 않았고, 공성 망치 같은 전쟁 무기로 적들의 성벽을 무너뜨리지도 않았습니다. 오로지 사제들의 일곱 나팔소리로 성벽을 무너뜨렸습니다. 이렇게 사제의 깃발과 나팔 소리가 잔혹한 전쟁을 끝냈습니다.

• 암브로시우스 『신앙론』 5,10,126.[5]

하느님의 힘

인간의 구원은 아무 쓸모가 없습니다. 나에게 하느님의 힘이 없다면, 내 힘은 힘이 아닙니다.

---

[3] FC 12,228.

[4] FC 105,78-79.

[5] NPNF 2,10,300.

거인이 암만 드세도 무슨 소용이 있었습니까? 이집트의 임금들은 또 어땠습니까? 막강하다는 예리코는요? 그들의 부풀어 오른 영광은 그들이 모두에게 죽음의 원인이 되었습니다. 그리고 하느님의 힘은 영웅들의 용력이 아니라 나약한 이들의 힘으로 그들을 부서뜨렸습니다. 명성이 드높은 거인은 목동의 무릿매 돌을 맞고 넘어져 개처럼 죽었습니다(1사무 17장 참조). 나팔의 굉음이 이름 높던 그 성읍을 무너뜨렸습니다. 그 유명하고 오만한 임금은 죽어 바닷가의 모래밭에 버려졌습니다. 그 나라의 부호들도 임금의 벌거벗은 시체와 똑같이 버려졌습니다.[6] 그러므로 어디든 그리스도께서 우리와 함께 계시는 곳에서는, 거미줄도 성벽이 됩니다. 그러나 그리스도께서 함께 계시지 않는 사람에게는, 성벽도 거미줄이 될 것입니다.

• 놀라의 파울리누스 『시가집』 16,129.[7]

율법에 대한 증언

방금 말씀드린 표징들 외에도 또 계약 궤가 모셔진 장소에서 울려 나오던 소리 외에도 율법에 대해서는 또 다른 기적들이 증거로 제시되었습니다. 예를 들면, 그 백성이 약속의 땅에 들어갈 때에 계약 궤가 요르단 강을 건너가자, 강물이 위쪽에서는 멈추어 서고 아래쪽에서는 다 흘러가 버려, 계약 궤와 백성이 마른땅을 밟고 건너갔습니다. 또 그들을 적대시하는, 다신교를 신봉하는 이민족의 첫째 성읍에 다가갔을 때에, 계약 궤가 그 둘레를 일곱 번 돌자, 손을 한 번 쳐들거나 공성 망치로 치기도 전에 갑자기 그 성벽이 무너져 버렸습니다.

• 아우구스티누스 『신국론』 10,17.[8]

성령칠은

히브리 말로 조각달을 뜻하는 '예리코'라 불리는 그 성읍의 성벽은 그들이 계약 궤를 메고 그 둘레를 일곱 번 돌자 무너져 버렸습니다. 그렇다면 계약 궤가 도는 것으로 상징되는, 하늘나라 선포는 무엇을 예고합니까? 죽을 목숨을 지키겠다는 온갖 성벽들, 곧 다가올 세상의 희망에 맞서는 이 세상의 온갖 희망은 자유의지를 통하여 작용하는 성령 칠은으로 파괴되리라는 뜻 아니겠습니까? 왜냐하면 그 성벽들은 계약 궤가 그 둘레를 돌며 힘으로 밀지도 않았는데, 절로 무너졌기 때문입니다. 성경에는 교회를 달로 상징하는 다른 언급들도 있습니다. 교회는 거룩한 천사들이 그 시민으로 살고 있는 예루살렘에서 멀리 떨어진 채 이 죽을 목숨을 안고 땀 흘려 일하며 나그넷길을 걷고 있기에 그렇습니다.

• 아우구스티누스 『서간집』 55.[9]

음악의 힘

성경을 읽어 보면, 예리코의 성벽이 나팔의 굉음에 즉시 무너졌다는 증언이 있습니다. 주님의 명령이나 허락 아래 울려 퍼지는 음악 소리는 한없이 큰 힘을 지닌다는 것은 의심할 여지가 없습니다.

• 카시오도루스 『시편 주해』 80,4.[10]

---

[6] 탈출 14장 참조: 파라오는 이스라엘이 갈대 바다를 건널 때에 그 자리에 없었다. 파울리누스의 묘사는 프리아모스의 시체에 대한 베르길리우스의 묘사(『아이네이스』 2,557)를 떠올리게 한다.

[7] ACW 40,99-100*.

[8] FC 14,148; 『교부 문헌 총서』 15,1051.

[9] FC 12,269*.

[10] ACW 52,295*.

나팔 소리

그러나 옛 시대에 눈의 아들이 그 도착을 알린 우리 주 예수 그리스도께서 오시면, 그분께서 사제들, 곧 당신의 사도들을 파견하시어 '두드려 만든 나팔'(참조: 민수 10,2; 시편 98,6; 집회 50,16), 곧 장엄한 천상 가르침의 소리가 울려 퍼지게 하십니다. 마태오가 먼저 그의 복음으로 사제의 나팔을 불었습니다. 마르코도 그랬습니다. 루카와 요한도 저마다 자신의 사제 나팔을 연주하였습니다. 베드로도 그의 두 서간에서 나팔로 외쳤습니다. 야고보와 유다도 그랬습니다. 여기에 더하여, 요한은 그의 서간을 통해서도 나팔을 불고, 루카도 사도행전을 기록하며 그렇게 했습니다. 그리고 이제, "내가 생각하기에, 하느님께서는 우리 사도들을 가장 보잘것없는 사람으로 세우셨습니다"(1코린 4,9)라고 말한 마지막 사도가 나와서 자신의 열네 서간으로 천둥 같은 나팔 소리를 울려, 예리코 성벽과 우상들의 온갖 책략과 철학자들의 독단적인 주장을 그 뿌리까지 모조리 무너뜨렸습니다.

• 오리게네스 『여호수아기 강해』 7,1.[11]

기쁨이 넘치는 함성

예수[여호수아]가 오자 예리코 성벽이 무너졌습니다. 우리 주 예수님께서 오시자 세상이 정복을 당했습니다. 그런데 저는 세상이 어떻게 정복을 당했는지 더 확실히 알고 싶습니다. 또 그렇게 말하는 사정들을 더욱 명확히 이해하고 싶습니다. 저는 여러분을 가르치고 있지만 저도 여러분처럼 배우고 싶습니다. 우리 모두의 스승으로 바오로를 불러냅시다. 그는 그리스도의 동료 사제이므로, 그리스도께서 어떻게 세상을 이기셨는지 우리에게 밝혀 줄 수 있습니다. 그러니 그의 말을 들어 봅시다. '우리에게 불리한 조항들을

당신의 십자가에 못 박아 우리 가운데에서 없애 버리셨습니다. 권세와 권력들의 무장을 해제하여 그들을 공공연한 구경거리로 삼으시고, 십자가 나무 위에 그들을 이끌고 개선 행진을 하셨습니다'(콜로 2,14-15 참조). 이 말씀을 저는 이렇게 이해합니다. 하늘의 군대는 예수님의 싸움을 보자, 곧 대적하는 권세와 권력들에게서 무장을 해제하고, '힘센 자를 묶고 그의 재물을 빼앗는'(참조: 마태 12,29; 마르 3,27) 것을 보자, 하늘의 나팔로 천둥을 울렸습니다. 이 세상의 우두머리가 묶이고 세상이 정복을 당했기 때문에, 하늘의 군대가 그리스도의 승리에 기쁨이 넘치는 함성을 올린 것입니다. 그러므로 하늘의 군대가 올리는 이 기쁨에 넘치는 함성을 알며 신비를 깨닫기 시작하고 믿는 나라의 백성은 참으로 행복합니다.

• 오리게네스 『여호수아기 강해』 7,3.[12]

예리코의 멸망

그렇다면 예리코는 어떻게 점령되었습니까? 그 성읍에 맞서 칼을 빼 들지도 않았고 창을 던지지도 않았으며, 공성 망치를 갖다 대지도 않았습니다. 오로지 사제의 나팔만 동원되었으며, 그 나팔 소리에 예리코의 성벽이 무너졌습니다.

우리는 예리코가 성경에서 이 세상의 표상으로 취급되는 것을 자주 봅니다(참조: 루카 10,30; 마태 20,29-30). …

그러므로 이 예리코(세상)는 곧바로 몰락하게 되어 있습니다. 실제로 시대의 종말은 성경을 통하여 이미 알려져 있습니다. 그런데 이 종말은 어떤 식으로 이루어질까요? 어떤 도구가 사용될까요? 나팔 소리라고 합니다. 어떤 나팔 말입니

---

[11] FC 105,74-75.

[12] FC 105,77-78.

까? 바오로가 이 비밀의 신비를 여러분에게 알려 줍니다. 그의 말을 들어 봅시다. 그는 말합니다. "나팔이 울리면 [그리스도 안에 있는] 죽은 이들이 썩지 않는 몸으로 되살아나고"(1코린 15,52), "명령의 외침과 대천사의 목소리와 하느님의 나팔 소리가 울리면, 주님께서 친히 하늘에서 내려오실 것입니다"(1테살 4,16). 그러니까 그때에 우리 주 예수님께서 예리코를 나팔로 정복하시고 무너뜨리십니다. 거기에서는 오로지 창녀와 그의 온 집안만 구원을 받습니다.

• 오리게네스『여호수아기 강해』6,4.[13]

시대의 종말

세상의 종말은 단계적으로 일어나지 않고, 갑자기 이루어질 것입니다. 제가 생각하기에, 아마 여호수아기에 기록된 것과 비슷할 것입니다. 그때에 나팔 소리 한 번에 예리코 성읍이 산산이 무너져 갑자기 멸망해 버렸습니다. 바빌론도 이처럼 시대의 종말에 무너져 갑자기 없어져 버릴 것입니다.

• 오리게네스『여호수아기 강해』28,11.[14]

_____

[13] FC 105,71-72. [14] FC 97,269-70.

6,22-27 예리코가 완전히 파괴되다

[22] 여호수아가 그 땅을 정탐하러 갔던 두 사람에게 말하였다. "그 창녀의 집으로 가서, 너희가 맹세한 대로 그 여자와 그에게 딸린 모든 이를 그곳에서 이끌고 나오너라."
[23] 그래서 정탐하러 갔던 젊은이들이 가서 라합과 그의 아버지와 어머니와 형제, 그리고 그에게 딸린 모든 이를 데리고 나왔다. 라합의 온 씨족을 이끌고 나와 이스라엘 진영 밖으로 데려다 놓았다.
[24] 그런 다음에 백성은 성읍과 그 안에 있는 것을 모조리 불에 태웠다. 그러나 은과 금, 청동 기물과 철 기물은 주님의 집 창고에 들여놓았다.
[25] 여호수아는 창녀 라합과 그의 아버지 집안과 그 여자에게 딸린 모든 이를 살려 주었다. 그래서 그 여자는 오늘날까지 이스라엘 백성 가운데에서 살고 있다. 예리코를 정탐하라고 여호수아가 보낸 심부름꾼들을 그 여자가 숨겨 주었기 때문이다.
[26] 그때에 여호수아가 선언하였다.
"이 예리코 성읍을 다시 세우겠다고 나서는 사람은
주님 앞에서 저주를 받으리라.
기초를 놓다가 맏아들을 잃고
성문을 달다가 막내아들을 잃으리라."

둘러보기

예리코가 멸망할 때 오로지 라합의 집안만 살아남았듯이, 진정한 친교와 구원은 교회라는 한 집안에만 있다(히에로니무스). 라합과 이스라엘 집

안의 결합이 지속되듯이, 아브라함의 믿음에 접
붙여진 모든 신앙인의 결합도 지속된다. 그리스
도의 신부로서 그 여인은 그리스도의 성화 활동
을 통하여 동정녀가 된다(오리게네스). 파괴된 예리
코와 그 재건에 대한 여호수아의 예언적인 저주
는 세례 때에 사탄을 끊었다가 다시 예전의 죄로
되돌아가는 자들에 대한 단죄를 의미한다(베다).

6,22-25 창녀 라합이 구원을 받다

한집 안에서만 함께 나누어 먹어야 한다

　어린양을 바치는 희생 제사를 위하여 우리 자
신을 준비합시다. … 이 한 살배기 어린양을 아
무 데서나 먹을 수 있다고 생각하지 마십시오.
계명은 우리에게 어린양을 한집 안에서만 함께
먹으라고 합니다. 우리가 어린양을 교회 밖에서
잡아 바칠 수 있다고 생각하지 않게 하려는 것입
니다. 이로 볼 때, 유대인들과 이단자들 그리고
그릇된 교리를 따르는 모든 모임은 교회 안에서
어린양을 먹는 것이 아니므로, 어린양의 고기를
먹는 것이 아니라, 시편 저자가 말하는 대로, 에
티오피아 사람들에게 음식으로 주는 용 고기를
먹는 것입니다(시편 73,14 칠십인역 참조). 대홍수
때에 노아의 방주 안에 있지 않은 사람은 아무도
구원받지 못한 것처럼, 또 예리코가 함락될 때에
오로지 창녀 라합의 집안 — 이는 이민족들의 충
실한 교회를 상징합니다 — 만 살아남은 것처럼,
그렇게 어린양을 바치는 희생 제사에서도 오직
한집 안에서 바쳐질 때에만 어린양을 잡는 것이
옳습니다.

　　• 히에로니무스 『파스카 축제 전야』(탈출기) 91.[1]

오늘날까지

　어째서 그 여인 라합이 오늘날까지 이스라엘
집안과 결합되어 있다고 할까요? 모계 혈통으로

따져서, 그 여인이 자손들을 통해 살아 있다고
하는 것입니까? 아니면, 그 여인이 실제로 오늘
날까지 이스라엘과 결합되어 하나로 있다고 이
해해야 하겠습니까? 라합이 어떻게 이스라엘과
결합되어 있는지 여러분이 더욱 분명하게 알고
자 한다면, '야생 올리브 나무 가지가 좋은 올리
브 나무 뿌리에 접붙여진'(로마 11,17 참조) 경우를
잘 숙고해 보십시오. 그러면 여러분은 아브라함
과 야곱과 이사악의 신앙에 접붙여진 이들이 '오
늘날까지 이스라엘과 결합되어 있다'는 말이 맞
다는 것을 알 것입니다. 우리는 그 이전에 있던
나무뿌리에 접붙여져 오늘에 이른 이들입니다.
우리는 한때 창녀와 어울리고 참하느님 대신에
나무와 돌을 예배하던 민족들에게서 가져온 야
생 올리브 나무 가지들입니다.

　　• 오리게네스 『여호수아기 강해』 7,5.[2]

순결한 처녀

　그러므로 우리 주 예수님께서 오실 것입니다.
그리고 그분은 나팔 소리와 함께 오실 것입니다.
그러나 지금은 우리 기도합시다. 그분께서 오시
어 '죄악 속에 놓여 있는 세상'(1요한 5,19 참조)과
세상에 있는 모든 것을 파괴해 주시도록 기도합
시다. '세상에 있는 모든 것은 육의 욕망이고 눈
의 욕망'(1요한 2,16 참조)이기 때문입니다. 그분께
서 욕망을 없애 주시도록, 그 욕망을 거듭거듭
녹여 주시도록 기도합시다. 그리고 당신의 정탐
꾼들을 받아들인 이 사람, 당신의 사도들을 신앙
과 순종으로 받아들여 드높은 자리에 모신 이 사
람만 구원하시기를 빕시다. 그리고 이 창녀를 이
스라엘 집안과 결합시켜 하나 되게 해 주시기를
빕시다.

[1] FC 57,236-37*.　　　　[2] FC 105,79-80.

그러나 이제 우리는 그 여인이 예전에 저지른 잘못을 떠올리거나 탓하지 맙시다. 한때 그 여인은 창녀였지만 이제는 "순결한 처녀"로서 "한 남자에게, 곧 그리스도께" 결합되었습니다. 그 여인에 관하여 이야기하는 사도의 말을 들어 봅시다. "나는 여러분을 순결한 처녀로 한 남자에게, 곧 그리스도께 바치려고 [약혼시켰습니다]"(2코린 11,2). 그리고 누군가의 이 말도 분명히 그 여인에 관한 말입니다. "사실 우리도 한때 어리석고 순종할 줄 몰랐고 그릇된 길에 빠졌으며 갖가지 욕망과 쾌락의 노예가 되었고"(티토 3,3). 아직도 여러분은 그 창녀가 어째서 이제는 창녀가 아닌지 더 자세히 알고 싶습니까? 바오로가 덧붙인 이 말씀을 들어 보십시오. '여러분도 분명히 이러했습니다. 그러나 여러분은 주 예수 그리스도의 이름과 우리 하느님의 영으로 깨끗이 씻겼습니다. 그리고 거룩하게 되었습니다'(1코린 6,11 참조).

• 오리게네스 『여호수아기 강해』 6,4.[3]

6,26 여호수아가 예리코를 다시 세우려 할 자를 저주하다

여호수아의 저주가 이루어졌다

아합이 다스리던 때의 이야기입니다. '아합 시대에 베텔의 히엘이 예리코를 세웠다. 그는 맏아들 아비람으로 그 기초를 놓았고, 막내아들 스굽

으로 성문을 달았다'(1열왕 16,34 참조). 이 구절의 명백한 뜻은 앞에서 말한 이 성읍의 건설자가 그 기초를 놓기 시작할 때에 아비람이라는 그의 맏아들이 죽었으며, 또 성읍을 세운 뒤 성문으로 튼튼히 하려고 할 때에 스굽이라는 막내아들을 잃었다는 것입니다. 여호수아는 이런 일이 일어나리라고 예언하였습니다. 예리코가 파괴된 뒤 그는 그 성읍을 저주하여 완전 봉헌물로 삼고서, 이렇게 말하였습니다. "이 예리코 성읍을 다시 세우겠다고 나서는 사람은 주님 앞에서 저주를 받으리라. 기초를 놓다가 맏아들을 잃고, 성문을 달다가 막내아들을 잃으리라." '히엘'은 '하느님을 위해 산다'는 뜻이고 '베텔'은 '하느님의 집'이라는 뜻입니다. 교회 안에서 신앙생활을 시작한 이들이 [그들의] 세례 때에 주 예수님께서 용서해 주신 그 악한 행실을 다시 할 때면 언제이든, 그리고 악마의 허례를 끊어 버린 자들이 방탕한 생활로 다시 돌아가거나 그들이 배운 교회의 진리보다 거짓 가르침이나 이민족들이 꾸며 낸 이야기를 더 좋아하게 되면 언제이든, 베텔의 히엘이 (여호수아가 파괴하고 저주한) 예리코 성벽을 다시 세우는 것입니다.

• 존자 베다 『열왕기에 관한 서른 가지 질문』 16.[4]

---

[3] FC 105,72-73. [4] TTH 28,116*.

7,1-5 이스라엘 자손들이 죄를 짓다

[1] 이스라엘 자손들이 완전 봉헌물과 관련하여 죄를 지었다. 유다 지파 제라의 증손이고 잡디의 손자이며 카르미의 아들인 아칸이 완전 봉헌물을 차지하였던 것이다. 그리하여 주님께서 이스라엘 자손들에게 진노를 터뜨리셨다.

둘러보기

시련의 때를 겪고 있는 그리스도인들은 재앙이 불경의 결과라고 증언하는 역사의 사례에 유의해야 한다(요한 크리소스토무스). 남의 소유는 하느님께 바쳐진 봉헌물로 여겨야 한다. 그것을 훔치면 반드시 엄중한 벌을 받는다(기적가 그레고리우스). 아칸의 탐욕을 본받는 자들은 마땅히 그가 받은 벌을 받아야 한다(프루덴티우스). 교회의 몸 안에서 소수의 수치스러운 행동이 몸 전체를 해친다(살비아누스). 아칸이 지은 위중한 죄는 교묘히 전파되는 그릇된 가르침을 신봉함으로써 교회를 더럽히는 죄라는 상징적 의미로 이해해야 한다(오리게네스).

7,1 카르미의 아들 아칸

죄가 벌을 불러오다

어떤 사람이 세상에서 영성체하는 모든 사람을 면밀히 조사한다고 상상해 보십시오. 그가 찾아내지 못할 종류의 죄가 있겠습니까? 권력자들을 조사했다면 어떨까요? 그들이 이익을 얻는 데 열심이라는 것을 발견하지 않겠습니까? 고위직을 거래하는 것을 보지 않겠습니까? 시기와 악의와 허영과 탐욕에 찬, 돈의 노예들을 보지 않겠습니까?

그렇다면 이처럼 불경한 행태가 지속되는 곳에서, 우리가 무시무시한 재앙을 피하리라 기대할 수 있겠습니까? 이러한 죄를 짓는 자들이 얼마나 가혹한 응징을 부르고 있는지 확실히 알고 싶으면, 옛날의 사례들을 숙고해 보십시오. 단 한 사람이, 평범한 군인 하나가 신성한 물건을 훔쳤는데, 모든 사람이 처벌을 받았습니다. 여러분은 제가 이야기하는 역사를 잘 알고 있습니다. 저는 지금 봉헌물인 전리품을 훔친 사람, 카르미의 아들 아칸 이야기를 하고 있습니다. …

이 모든 일을 생각하여, 우리는 스스로 조심합시다. 여러분은 이러한 전쟁들을 보지 않습니까? 이러한 재앙들에 대해 듣지 않습니까? 여러분은 이러한 일들에서 아무런 교훈도 얻지 못합니까? 여러 나라와 모든 도시가 함락되고 파괴되었으며, 무수한 사람이 야만인들에게 노예로 사로잡혔습니다.

지옥에 대한 얘기로도 정신을 차리지 못했다면, 이 일들을 보고 정신 차리십시오. 뭐라고요? 이것도 단순한 위협에 지나지 않는다고요? 실제로 이미 그런 일이 일어나지 않았습니까? 그들은 큰 벌을 받았습니다. 그러나 우리가 그들의 운명을 보고도 정신을 차리지 않으면, 우리는 더욱더 큰 벌을 받을 것입니다.

• 요한 크리소스토무스 『에페소서 강해』 6.[1]

봉헌물을 훔치다

보십시오. 제라의 자손 아칸이 부정직하게도 완전 봉헌물을 훔쳐서, 이스라엘 온 백성에게 진노가 내리지 않았습니까? 죄를 지은 것은 그 혼자였지만, 그 죄 때문에 죽은 것은 혼자만이 아니었습니다. 이제 우리도 현재의 상황에서 우리에게 딸리지 않은 남의 소유는 "완전 봉헌물"로 여겨야 합니다. 아칸은 그것을 전리품으로 가졌고, 지금 이 사람들도 '전리품으로' 가져갑니다. 그러나 아칸은 적들에게 속한 것을 가졌지만, 지금 이 사람들은 자기 형제들에게 딸린 것을 빼앗아 죽음을, 부를, 이득을 챙기고 있습니다.

• 기적가 그레고리우스 『법규 서간』 3.[2]

---

[1] NPNF 1,13,79*.

[2] FC 98,148-49.

아칸의 타락

예리코는 그 폐허에서

우리 손의 움직임을 보았네.

정복자 아칸이 타락하였네.

적을 쳐 죽이고 성벽을 무너뜨려

명성 자자하던 그가

적의 황금에 전사자로 넘어졌네.

먼지 속에서 저주받은 것들을 주워 모으고

폐허 속에서 죽음에 이르는 노략질을 하였네.

그리스도의 민족을 세운 유다도

고귀한 후손으로 복을 받은 성조들도

그의 씨족도, 후손들도 힘이 되지 못하네.

그의 달음질을 본받는 자들은

똑같은 죽음의 형벌을 받으리라.

• 프루덴티우스 『영혼의 투쟁』 536-46.[3]

소수가 전체의 광채를 가리다

여러분은 이 일들이 소수의 사람들이 저지른 수치스러운 행동이었으며, 전체가 저지르지 않은 잘못이 전체를 해칠 수는 없다고 말합니다. 실로 앞에서 여러 번 말씀드렸거니와, 아칸의 도둑질로 백성이 황폐해지고, 사울의 시기로 흑사병이 일어나고, 거룩한 다윗의 인구조사로 죽음이 내렸듯이(2사무 24,2-15 참조), 한 사람의 범죄로 하느님의 백성 가운데에서 수많은 사람이 파멸하였습니다. 하느님의 교회는 눈과 같습니다. 아무리 작다 하더라도 먼지 하나가 눈에 들어가면 시야를 완전히 가려 버리듯이, 교회의 몸 안에서 비록 소수라 하더라도 더러운 짓을 한다면, 그들은 교회의 광채를 거의 다 가려 버리고 맙니다.

• 사제 살비아누스 『하느님의 다스림』 7,19.[4]

금 혀

한 사람의 죄인 때문에 온 백성에게 진노가 닥친 일도 설명하지 않고 그냥 지나가서는 안 되겠습니다. …

그런데 이 사람이 무슨 죄를 지었는지도 알아봅시다. 그는 "금 혀"(여호 7,21 칠십인역)[5]를 훔쳐 자기 천막 안에 갖다 놓았다고 합니다.

저는 작은 금덩어리를 훔친 죄의 힘이 주님의 무수한 교회를 더럽힐 만큼 크다고는 생각하지 않습니다. 그러나 그 죄가 얼마나 크고 위중한지 더 깊이 살펴봅시다. 철학자들과 수사학자들은 몹시 우아한 말을 하고 매우 아름다운 이야기를 많이 합니다. 그들은 모두 예리코 성읍에 사는 사람들, 곧 이 세상 사람들입니다. 그러므로 여러분이 번지르르한 말로 치장하여 아름답게 꾸며 댄 그릇된 가르침을 찾아낸다면, 그것이 바로 "금 혀"입니다. 그러나 여러분은 그 눈부신 연기에 속지 않도록, 황금 같은 연설의 아름다움에 사로잡히지 않도록 조심하십시오. 예수[여호수아]가 예리코에서 발견되는 모든 금은 완전 봉헌물이니 손을 대지 말라고 명령한 사실을 기억하십시오. 신들과 여신들 얘기를 멋진 운율로 엮어 놓은, 잘 다듬어진 시를 읽는다면, 여러분은 그 달콤한 달변에 넘어가지 마십시오. 그것은 "금 혀"이기 때문입니다. 여러분이 그것을 가져다가 여러분의 천막 안에 둔다면, [시인들과 철학자들이] 주장하는 것들을 여러분의 마음속에 들인다면, 여러분은 주님의 교회 전체를 더럽히게 될 것입니다.

• 오리게네스 『여호수아기 강해』 7,6-7.[6]

---

[3] FC 52,98*.

[4] FC 3,213*.

[5] 막대나 혀 모양으로 만든 금덩어리.

[6] FC 105,80.82-83.

7,6-26 계약을 어긴 범죄

[10] 주님께서 여호수아에게 말씀하셨다. "일어나라. 어찌하여 그렇게 엎드려 있느냐?

[11] 이스라엘이 죄를 지었다. 내가 그들에게 명령한 계약을 어기고 완전 봉헌물을 차지하였으며, 도둑질과 거짓말을 하면서까지 그 물건을 자기 기물 가운데에 두었다.

[12] 그래서 이스라엘 자손들 자신이 완전 봉헌물이 되어 버려, 원수들에게 맞설 수 없게 되고 그 앞에서 등을 돌려 달아났던 것이다. 이제 너희 가운데에서 완전 봉헌물을 없애지 않으면, 내가 다시는 너희와 함께 있지 않겠다." …

[19] 여호수아가 아칸에게 말하였다. "아들아, 주 이스라엘의 하느님께 영광과 찬미를 드려라. 그리고 네가 무엇을 하였는지 숨기지 말고 내게 말하여라."

[20] 아칸이 여호수아에게 대답하였다. "저는 참으로 주 이스라엘의 하느님께 죄를 지었습니다. 제가 이런 짓을 하였습니다.

[21] 제가 전리품 가운데에 신아르에서 만든 좋은 겉옷 한 벌과 은 이백 세켈, 그리고 무게가 쉰 세켈 나가는 금덩어리 하나를 보고는 그만 탐을 내어 그것들을 차지하였습니다. 그러고서는 제 천막 안 땅속에다 은을 밑에 깔고 숨겨 두었습니다.". …

[24] 여호수아는 제라의 자손 아칸, 은과 겉옷과 금덩어리, 그의 아들딸들, 소와 나귀와 양들, 천막과 그에게 딸린 모든 것을 이끌고, 온 이스라엘과 함께 '아코르 골짜기'로 올라갔다.

[25] 여호수아가 말하였다. "네가 어찌하여 우리를 불행에 빠뜨렸느냐? 오늘 주님께서 너를 불행에 빠뜨리실 것이다." 그러자 온 이스라엘이 그에게 돌을 던져 죽이고, 나머지 것은 모두 불에 태우고 나서 그 위로 돌을 던졌다.

둘러보기

하느님의 의지는 인간의 의지를 넘어서기에, 죄는 벌을 받는다(아우구스티누스). 아칸의 고백은 돈에 대한 애착이 인간의 마음속에 오랫동안 자리 잡고 있었다는 것을 증언해 준다(암브로시우스). 하느님은 최고의 권위를 지니신 분이므로 하느님이 불의하다는 비난은 애초에 할 수 없다(히에로니무스). 성경은 하느님께 불복하는 행위는 단 한 번일지라도 엄중한 벌을 받는다고 분명하게 가르친다(바실리우스).

7,12 이스라엘 백성은 맞설 수 없다

하느님께서 인간의 의지를 다스리신다

어떤 죄는 다른 죄에 대한 벌이기도 하다는 것을 우리는 압니다. … 이스라엘이 아이 성읍에서 나온 원수들을 보자 그들 마음속에 공포가 스며들어 달아난 것이 그런 예입니다. 이것은 그들의 죄를 벌하려고, 또 그들이 벌을 받을 만하기에 그것을 벌하려고 그리된 것입니다. 그래서 주님께서 눈의 아들 여호수아에게 "이스라엘 자손들은 원수들에게 맞설 수 없게 될 것"이라고 하신 것입니다. '맞설 수 없게 될 것이다'가 무슨

뜻입니까? 어찌하여 그들은 도망을 치기보다 맞
서고자 하는 자유의지를 사용하지 않았습니까?
그들의 의지가 공포로 혼란에 빠졌기 때문입니
까? 인간 의지의 지배자이신 하느님께서 분노하
시면 당신 마음에 드는 사람들의 마음속에도 공
포를 불어넣으실 수 있다는 단순한 이유 때문이
아니었습니까? 하느님의 백성이 눈의 아들 여호
수아를 그 지도자로 삼고 있었을 때, 이스라엘의
적들이 하느님의 백성에 맞서 싸운 것은 그들의
자유의지로 싸운 것이 아니었습니까? 그러나 성
경은 우리에게 말합니다. "주님께서는 그들의
마음을 완고하게 하시어 이스라엘을 맞아 싸우
게 하신 것이다. 이렇게 하여 여호수아는 … 그
들을 전멸시켰다"(여호 11,20).

• 아우구스티누스 『은총과 자유의지』 20,41.[1]

7,20-21 탐욕과 탈취

돈에 대한 존경

인간은 돈을 찬양하는 습관에 하도 오래 젖어
있어 부자가 아니면 아무도 존경할 만하지 못하
다고 생각합니다. 이것은 새로 생긴 습관이 아닙
니다. 네, 아닙니다. 이러한 악습은 인간의 마음
속에서 오랫동안 자라 왔습니다(그래서 문제가 더
심각합니다). 예리코 성읍이 사제들의 나팔 소리
에 무너지고 눈의 아들 여호수아가 승리를 거두
었을 때, 그는 백성의 용맹함이 돈에 대한 애착
과 황금에 대한 욕망으로 약해진다는 것을 알고
있었습니다. 무너진 성읍의 전리품에서 금으로
만든 옷 한 벌과 은 이백 세켈 그리고 금덩어리
하나를 가져간 아칸은 주님 앞에 불려 나오자 도
둑질한 것을 부인하지 못하고 인정할 수밖에 없
었습니다.

• 암브로시우스 『성직자의 의무』 2,26,129.[2]

7,25 이스라엘이 그들에게 돌을 던지고 불에 태웠다

거역할 수 없는 하느님의 의지

아칸이 죄를 지었고, 온 민족이 잘못을 저질
렀습니다. 주님께서 여호수아에게 말씀하셨습니
다. '이스라엘 자손들은 원수들에게 맞설 수 없
게 되고 적들에게서 달아날 것이다. 그들 가운데
에 저주가 있기 때문이다. 너희 가운데에서 완전
봉헌물을 없애지 않으면, 내가 다시는 너희와 함
께 있지 않겠다.' 그들은 죄지은 자와 그가 숨겨
놓은 것들을 찾아냈으며, 아칸과 그의 아들딸들,
그의 나귀와 양들을 죽이고, 그의 천막과 그에게
딸린 모든 것을 불태워 없애 버렸습니다. 그런데
아칸이 죄를 지은 것은 맞습니다. 그렇지만 그의
자녀들은 무슨 죄를 지었습니까? 그의 소와 나
귀와 양들은 무슨 죄를 지었습니까? 하느님께
따지십시오. 한 사람이 죄를 지었는데, 왜 수많
은 사람이 죽임을 당해야 하는지? 그가 돌에 맞
아 죽으면 됐지, 어째서 그의 모든 소유를 응징
의 화염으로 없애 버리는지? 다른 증언도 인용
해 봅시다. '기브온의 주민 히위족을 제외하고,
주님께서 이스라엘 자손들에게 넘기시지 않은
성읍은 하나도 없었다. 모두 이스라엘 자손들이
싸워서 정복한 것이다. 그것은 주님의 선고였기
때문이다. 주님께서는 그들의 마음을 완고하게
하시어 이스라엘을 맞아 싸우고 죽임을 당하게
하신 것이다. 그리고 주님께서 모세에게 명령하
신 대로, 그들에게는 어떠한 관용도 베풀 수 없
었고 전멸시켜야만 하였다'(여호 11,19-20 참조). 그
들이 이스라엘과 평화를 이루지도 못하고 이스
라엘에게서 평화를 얻지도 못한 일이 하느님의
의지에 따른 일이었다면, 우리는 사도와 함께 이

---

[1] FC 59,298*.

[2] NPNF 2,10,63*.

렇게 말합시다. "그렇다면 하느님께서는 왜 사람을 책망하십니까? 사실 누가 그분의 뜻을 거역할 수 있겠습니까?"(로마 9,19).

• 히에로니무스 『펠라기우스파 반박 대화』 1,37.[3]

옹기장이의 권한

그 무엇이 그[바오로]에게 그가 싫어하는 것을 하라고 명령합니까? 그는 왜 자기가 바라는 것을 하지 않고 오히려 자기가 싫어하고 하고 싶지 않은 일을 해야 합니까? 그는 여러분에게 이렇게 대답할 것입니다. "아닙니다. 아, 인간이여! 하느님께 말대답을 하는 그대는 정녕 누구인가? 작품이 제작자에게 '나를 왜 이렇게 만들었소?' 하고 말할 수 있습니까? 옹기장이가 진흙을 가지고 한 덩이는 귀한 데 쓰는 그릇으로, 한 덩이는 천한 데 쓰는 그릇으로 만들 권한이 없습니까?"(로마 9,20-21). 하느님께 더 심하게 추궁해 보십시오. 에사우와 야곱이 아직 태중에 있을 때에 하느님께서 왜 "나는 야곱을 사랑하고, 에사우를 미워하였다"(로마 9,13)고 말씀하셨는지 그 까닭을 물어보십시오. 카르미의 아들 아칸이 예리코에서 전리품의 일부를 훔쳤을 때에, 하느님께서 한 사람의 잘못 때문에 그토록 수많은 사람을 죽이셨으니 불의하다고 하느님께 추궁하십시오.

• 히에로니무스 『서간집』 133,9.[4]

단 한 번의 범죄도 처벌하시다

그래서 성경을 펴 들고서야 저는 알았습니다. 신·구약성경에서 하느님께 대한 불복은 분명히 처벌을 받습니다. 범죄의 횟수나 죄질을 가리지 않고, 어떠한 계명을 어기든 단 한 번의 범죄라도 무엇이든 처벌을 받습니다. 그리고 더 나아가서, 하느님의 심판은 온갖 불순종에 다 미칩니다. 구약성경에서 안식일에 나무를 주운 사람의 이야기(민수 15,32-36 참조)와 아칸의 끔찍한 종말에 대하여 저는 읽었습니다. 이 두 사람은 하느님께 다른 죄를 짓지도 않았고 또 크든 작든 어느 모로든 다른 사람을 해치지도 않았습니다. 그러나 한 사람은 단지 한 번 나무를 주운 일로 인하여 피할 수 없는 벌을 받았습니다. 잘못을 바로잡을 기회도 갖지 못하고 하느님의 명령으로 즉시 온 백성에게 돌을 맞아 죽었습니다. 다른 한 사람은 봉헌물의 일부를 조금 훔쳤다는 이유로 — 그 봉헌물을 아직 회당에 가져다 놓은 것도 아니고 예식을 거행하는 이들 손에 들어간 상태도 아닌데도 — 자기 자신만이 아니라 아내와 자녀들과 그의 집안과 개인 소유물까지 모두 종말을 맞았습니다. 그러나 왜 그런 일이 일어났는지, 또 어째서 그 죄인은 용서받을 수 없는지 백성이 깨닫지 못했다면, 곧 백성이 살해당한 사람들의 파멸에서 하느님의 진노를 느끼고 즉각 공포에 휩싸이지 않았다면, 그리고 눈의 아들 여호수아가 원로들과 함께 먼지를 끼얹고 땅에 엎드리지 않았다면, 그리고 제비를 뽑아 찾아낸 범죄자가 위에서 말한 그러한 벌을 받지 않았다면, 그 죄로 인한 재앙은 이내 민족 전체에 불길처럼 번져 나갔을 것입니다.

이 사람들이 이러한 벌을 받은 것은 다른 죄들을 저질렀기 때문일 것이라고 말할 사람도 있을 것입니다만, 성경은 이 죄들은 그것만으로 마땅히 죽어야 할 매우 위중한 것이라고 하였습니다.

• 대 바실리우스 『하느님의 심판』(서론).[5]

---

[3] FC 53,287-88*.

[4] NPNF 2,6,278*.

[5] FC 9,43-44*.

8,1-17 아이에 대한 두 번째 공격

¹ 주님께서 여호수아에게 말씀하셨다. "두려워하지도 말고 겁내지도 마라. 일어나 모든 병사를 거느리고 아이로 올라가거라. 보아라, 내가 아이 임금과 그 백성과 성읍과 그 땅을 네 손에 넘겨주었다.

² 너는 아이와 그 임금에게도 예리코와 그 임금에게 한 것처럼 해야 한다. 다만 전리품과 가축만은 너희가 차지하여도 좋다. 그 성읍 뒤쪽에 복병을 배치하여라."

³ 여호수아와 병사들은 모두 아이로 올라가려고 일어났다. 여호수아는 힘센 용사 삼만 명을 뽑아 밤을 틈타 보내면서,

⁴ 그들에게 명령하였다. "보아라, 너희는 성읍 뒤로 가서 성을 향하여 매복하는데, 성읍에서 너무 멀리 떨어져 있지는 마라. 모두 준비하고 있어라.

⁵ 나는 나와 함께 있는 온 백성을 거느리고 그 성읍으로 다가가겠다. 그들이 지난번처럼 우리에게 마주 나오면 우리는 그들 앞에서 도망칠 것이다.

⁶ 그들은 우리가 지난번처럼 도망친다고 생각하고서는 우리 뒤를 따라 나올 것이고, 그러면 그들을 성읍에서 멀리 떨어지게 할 수 있을 것이다. 우리가 이렇게 그들 앞에서 도망칠 때,

⁷ 너희는 매복하고 있던 곳에서 일어나 성읍을 점령하여라. 주 너희 하느님께서 저 성읍을 너희 손에 넘겨주실 것이다.

⁸ 너희가 성읍을 장악하거든 그 성읍에 불을 질러라. 주님의 말씀대로 해야 한다. 자, 이것이 내가 너희에게 내리는 명령이다.". …

¹⁰ 여호수아는 아침 일찍 일어나 백성을 사열하였다. 그리고 나서 이스라엘의 원로들과 함께 백성 앞에 서서 아이로 올라갔다.

¹¹ 그와 함께 있던 병사들도 모두 올라가서, 성읍 앞으로 가까이 다가가 아이 북쪽에 진을 쳤다. 그들과 아이 사이에는 계곡이 있었다.

¹² 여호수아는 오천 명쯤 뽑아 그 성읍의 서쪽, 곧 베텔과 아이 사이에 매복시켰다. …

¹⁴ 아이 임금이 그러한 모습을 보았다. 그리하여 그 성읍의 사람들, 곧 임금과 그의 온 백성이 서둘러 일찍 일어나, 이스라엘을 맞아 싸우러 아라바 쪽의 적당한 곳으로 나왔다. 그러나 그는 성읍 뒤에 자기를 치려는 복병이 있는 줄은 몰랐다.

¹⁵ 여호수아와 온 이스라엘이 그들 앞에서 패배하는 척하고 광야 쪽으로 도망쳤다.

¹⁶ 그러자 성읍 안에 있던 모든 백성이 이스라엘인들을 뒤쫓기 위해서 소집되었다. 그들은 여호수아의 뒤를 쫓느라고 성읍에서 멀리 떨어지게 되었다.

¹⁷ 아이와 베텔에서는 한 사람도 남김없이 모두 성읍에서 나와 이스라엘을 쫓아갔다. 그들은 성읍을 열어 놓은 채 이스라엘의 뒤를 쫓아간 것이다.

둘러보기

불의를 바로잡는 전쟁에서라면 속임수를 써도 된다(아우구스티누스). '혼돈'이라는 뜻을 지닌 아이에 맞서 복병을 배치한 데서, 유대인들과 이민족들에 대한 구원의 방식과 순서가 예표되고 있다. 전투에서 도망치는 것처럼 보이는 사람들은 그리스도를 따르는 이들을 나타낸다. 그들은 율법 규정에서 벗어난 것처럼 보이지만, 율법의 완성이신 예수님께 매여 있다. 그리스도의 예형인 여호수아의 달아남은 추종자들에게 죄악에서 달아나는 뛰어난 덕을 가르쳐 준다(오리게네스).

8,1-8 여호수아가 하느님 명령에 따라 복병을 배치하다

정의로운 전쟁의 조건

하느님께서 여호수아에게 적의 뒤쪽에 복병을 배치하라고, 곧 숨어서 적을 기다리는 전사들을 매복시키라고 명령하셨다는 데에서, 우리는 정의로운 전쟁을 벌이는 사람들이 행하는 그러한 속임수는 불의한 것이 아님을 알 수 있습니다. 따라서 의로운 사람은, 정의로운 전쟁을 하고자 한다면, 자신이 이 전쟁을 일으키는 것이 정당하냐 아니냐 하는 문제를 가장 중점적으로 생각해야 합니다. 사실 누구나 전쟁을 일으키는 것은 합당하지 않기 때문입니다. 어쨌든 그가 일단 정의로운 전쟁에 착수하였다면, 공공연한 교전으로 이기든 속임수로 이기든 전쟁의 의로움에는 아무런 차이가 없습니다. 그리고 이러한 정의로운 전쟁은 악을 응징하는 전쟁으로 규정되어야 합니다. 전쟁을 하려는 상대편 부족이나 국가가 자기 나라 사람이 부당하게 저지른 범죄를 처벌하는 데에 소홀하거나 그러한 악을 통하여 잃어버린 것에 대한 보상을 게을리할 때에 그렇다는 것입니다. 더 나아가 하느님께서 명령하시는 전쟁이 정의롭다는 것은 의심할 여지가 없습니다. 하느님께서는 죄가 없고, 또 그분께서는 각 사람에게 합당한 바를 알고 계시기 때문입니다. 이러한 종류의 전쟁에서 그 군대의 장수나 백성을 전쟁의 선동자로 여겨서는 안 됩니다. 그들은 전쟁을 수행하는 이들일 따름입니다.

여호수아는 아이를 점령하려고 삼만 명의 용사들을 보냈습니다. … 우리는 모든 속임수를 다 사기로 보아야 하는지 생각해 볼 필요가 있습니다. 그리고 만일 그렇게 보아야 한다면, 속아야 할 사람이 속았을 때에 그 속임수는 정의로울 수 있는지 고찰해 보아야 합니다. 그리고 만일 이러한 종류의 속임수마저 정의로운 것이 아니라고 드러난다면, 우리는 여전히 매복으로 일어난 사건이 진리와 어떤 관련이 있는지 또 다른 의미를 설명할 수 있어야 합니다.

• 아우구스티누스 『칠경에 관한 질문』 10-11.[1]

8,10-17 아이에 배치한 복병

유대인, 그다음에 이민족

처음에 우리는 죄 때문에 졌습니다. 아이에 살던 사람들이 우리 가운데 수많은 사람을 죽였습니다. '아이'는 혼돈을 뜻합니다. 그러나 우리는 '혼돈'이 적대 세력이 사는 장소나 거주지라는 것을 압니다. 악마가 그 세력의 우두머리이고 임금입니다. 그에게 맞서 예수[여호수아]가 와서, 그 백성을 두 부분으로 나눕니다. 그는 한 부분을 앞쪽에, 다른 부분을 뒤쪽에 배치합니다. 예상치 못한 때에 그들이 원수들을 뒤에서 덮치게 하려는 것입니다. 그 첫 부분이 바로 그분께서 "나는 오직 이스라엘 집안의 길 잃은 양들에게 파견되었을 뿐이다"(마태 15,24)라고 하신 그 백성이 아

---

[1] CCL 33,318-19.

닌지 생각해 보십시오. 사도도 이들에 대해 '먼저 유다인에게 그리고 그리스인에게까지', 곧 후대의 이민족들에게까지, '선을 행하는 모든 이에게는 은총과 평화가 내릴 것'(로마 2,10 참조)이라고 한 바 있습니다. 그러므로 그들은 앞쪽에 배치되어 예수와 함께 도망치는 듯이 보이는 백성입니다. 그러나 뒤쪽에 있는 백성은 여러 민족들에서 모여든, 예기치 않게 다가오는 사람들입니다. 사실 그 민족들이 구원을 받으리라고 누가 생각이나 했겠습니까? 그들이 적들을 뒤에서 더욱더 격렬하게 공격하여, 그렇게 중간에 갇힌 엄청난 마귀 떼를 두 백성이 함께 정복하여 멸망시킵니다.

• 오리게네스 『여호수아기 강해』 8,2.[2]

따르는 것과 달아나는 것

여러분은 아마도 저에게 '앞쪽에 배치된 백성은 어떤 식으로 도망치는 것 같으냐?' 물을 것입니다. 가장 적절한 방식이겠지요. 참으로, 예수님을 따르는 사람들은 계명과 율법의 짐에서, 안식일의 준수에서, 육의 할례에서, 그리고 원수들의 목을 베는 일에서 도망치는 것처럼 보입니다. 그러나 율법의 충만함이요 완성이신 그리스도를 따르는 사람은 달아나는 것이 아닙니다.

• 오리게네스 『여호수아기 강해』 8,2.[3]

악에서 달아나는 덕

그런데 저는 예수[여호수아]가 아이의 군대 앞에서 도망친 일을 떠올리면 또 다른 생각이 떠오릅니다. 여러분은 예수[여호수아]가 도망쳤다는 이야기를 어떻게 생각하십니까? 우리가 혹시 달아남으로써 정복할 수 있는 무엇이 있는지, 그리고 달아나는 데에 어떤 완덕이 있는지 숙고해 봅시다. 바오로 사도는 우리에게 '불륜에서 달아나십시오'(1코린 6,18 참조) 하고 가르칩니다. 이 말씀

에서 우리는 정결하고 경건하고 겸손하게 그리스도 안에 머무르고자 하는 사람이라면 달아나야 할 어떤 '불륜을 저지르는 정신', 곧 "창녀기"(호세 5,4)가 있다는 것을 알 수 있습니다. 그러므로 이러한 달아남에는 구원이 있습니다. 이 달아남은 힘을 지니고 있으며 행복을 가져다줍니다. 그리고 우리가 달아나야 할 것은 불륜의 정신만이 아닙니다. '불륜에서 달아나십시오'라는 말을 우리는 이렇게도 알아들읍시다. '분노에서 달아나십시오. 인색에서 달아나십시오. 탐욕과 질투에서 달아나십시오. 비방과 중상에서 달아나십시오.' 그러나 저는 이러한 것들에서 달아날 수 있는 사람이 있는지 알지 못합니다. 이러한 것들을 피할 수 있는 사람이 있는지 알지 못합니다.

예수[여호수아]가 자기 군사들에게 도망치라고 지시한 것이 아이 군대였듯이, 예수님께서도 아마도 이러한 것들과 관련하여 당신 제자들에게 이렇게 지시하셨을 것입니다. '어떤 고을에서 너희를 박해하거든 다른 고을로 피하여라. 그 고을에서도 그러하거든 또 다른 고을로 피하여라'(마태 10,23 참조). 그분께서는 우리가 이러한 종류의 원수들에게서 도망치기를 바라십니다. 우리가 이러한 종류의 죄악이 미치지 않는 곳에 있기를 바라십니다. 어떻든 우리가 이러한 죄악에서 도망쳐 거기에 물들지 않을 수 있다면, 우리 마음의 지향과 신심을 보고, 그 모든 거룩한 세력들 — 아마도 바오로 사도가 "그들은 모두 하느님을 시중드는 영으로서, 구원을 상속받게 될 이들에게 봉사하도록 파견되는 이들이 아닙니까?"(히브 1,14)라고 말한, 아마도 거룩한 천사들일 — 이 마귀들에게 쫓기고 있는 우리를 보고, 우리를 쫓는 그자들에게 맞서 일어나 뒤쪽에서 그들을 쳐

---

[2] FC 105,86-87*.　　　　[3] FC 105,87.

서 모조리 멸망시킬 것입니다. 정녕 예수님께서는 쫓기는 자들과 함께 계시며, 당신을 따르는 이들과는 더더욱 함께 계십니다. 이는 당연한데, 예수님께서 불륜에서 도망치는 이들, 오만에서 도망치는 이들, 속임수에서 도망치는 이들, 거짓에서 도망치는 이들과 함께 계시는 것을 좋아하시기 때문입니다.

• 오리게네스 『여호수아기 강해』 8,6.[4]

---

[4] FC 105,90-91.

8,18-29 아이가 폐허가 되다

[21] 여호수아와 온 이스라엘은, 복병들이 그 성읍을 점령하고 성읍에서 연기가 올라가는 것을 보고는, 돌아서서 아이 사람들을 쳤다.

[22] 복병들도 그들에게 맞서려고 성읍에서 나왔다. 그리하여 아이 사람들은 이쪽도 저쪽도 이스라엘 사람들에게 가로막혀 그 가운데에 놓이게 되었다. 이스라엘 사람들은 살아남거나 도망치는 자가 한 명도 없을 때까지 그들을 쳐 죽였다. …

[28] 여호수아는 아이를 불태워 영원한 폐허 더미로 만들었는데, 오늘날까지도 그대로 남아 있다.

둘러보기

이스라엘의 원수들이 모두 전투에서 살해당한 것은 신앙인들이 죄에 대해 벌인 전쟁을 상징한다. 아이 주민들에 대한 살육은 신앙인들이 자신의 악한 언행을 제거해야 할 방식을 그려 보여 준다. 그 성읍을 불태워 사람이 살 수 없는 곳으로 만들어 버린 것은 악마와 그 졸개들을 영원한 불속으로 던져 버려 죄의 세력과 지배를 종식시키는 것을 나타낸다(오리게네스).

8,22 그 전투에서 한 명도 살아남지 못하였다

죄와의 전투

여러분은 성경에서 의로운 이들의 전투에 관하여, 살인자들에 대한 살육과 학살에 관한 이야기를, 그리고 거룩한 이들이 그 깊이 뿌리박힌 원수들을 하나도 살려 두지 않았다는 이야기를 읽을 것입니다. 만일 그들이 원수들을 살려 두었다면, 사울이 아말렉의 임금 아각을 살려 두었다가 책임 추궁을 당한 것처럼(1사무 15,9-24 참조), 그들도 죄를 지은 책임을 져야 했을 것입니다. 앞에서도 설명했듯이, 여러분은 의로운 이들의 전쟁을 의인들이 죄에 맞서 수행하는 전쟁으로 이해해야 합니다. 그러니 죄를 조금이라도 남겨 둔다면, 의인들이 이를 어떻게 보고 견디겠습니까? 그래서 그들을 두고 이렇게 말하는 것입니다. '그들은 살아남거나 도망치는 자를 한 명도 남기지 않았다.'

여러분은 혹시 그 전투가 우리 죄에 대한 싸움과 연결되어 있다는 제 말씀이 믿기지 않습니까? 그렇다면 "여러분은 죄에 맞서 싸우면서 아직 피를 흘리며 죽는 데까지 이르지는 않았습니다"(히브 12,4)라고 말하는 바오로를 믿으십시오. 여러분에게 권고되는 그 전투가 죄에 대한 싸움이며 여러분은 피를 흘리며 죽도록 끝까지 싸워야 한다는 것을 알고 계십니까? "전쟁을 거룩히 준비하여라"(요엘 4,9), "너는 주님의 전쟁을 치러 다오"(1사무 18,17) 같은 성경 말씀은 이러한 일들을 가리킨다는 것이 분명하지 않습니까?

• 오리게네스 『여호수아기 강해』 8,7.[1]

마귀를 쳐 죽이다

유대인들은 이런 대목을 읽으면, 거룩한 이들마저 아이에 살던 사람들을 "살아남거나 도망치는 자"가 한 명도 없을 때까지 쳐 죽였다고 생각하여, 인간의 피에 굶주린 잔혹한 사람으로 여깁니다. 그들은 이러한 말씀엔 신비가 흐릿하게 드러나 있으며, 이러한 이야기의 참뜻은 내부에 깊숙이 도사리고 있는 저 마귀들, 혼돈 속에 살며 심연을 다스리고 있는 마귀들을 우리가 하나도 남겨 두지 않고 모조리 없애 버려야 한다는 것임을 이해하지 못합니다. 우리는 마귀들을 쳐 죽이지만 그 본질을 절멸시키지는 못합니다. 그들이 애쓰고 행하는 것은 사람들이 죄짓게 하는 것이기 때문입니다. 우리가 죄를 지으면, 마귀는 삽니다. 그러나 우리가 죄를 짓지 않으면, 마귀는 죽습니다. 그래서 거룩한 모든 이들이 아이의 주민들을 죽인 것입니다. 그들을 하나도 남기지 않고 모조리 전멸시켰습니다. 분명 이들은 온갖 주의를 기울여 마음에서 악한 생각들이 나오지 않도록(마르 7,21 참조) 자기 마음을 지키는 사람들이며, 입에서 '어떠한 나쁜 말도 나오지 않도록'(에페 4,29 참조) 자기 입을 조심하는 사람들입니다. 도망치는 자를 하나도 남기지 않는다는 것은 바로 이것을 의미합니다. 곧, 어떠한 나쁜 말도 빠

져나가지 못합니다.

• 오리게네스 『여호수아기 강해』 8,7.[2]

8,28 여호수아가 아이를 불태우다

영원한 불

이어지는 이러한 이야기들은 역사의 진실보다는 신비의 진리와 더 관련이 많습니다. 사실 이 구절은 어떤 한 조각의 땅이 영원히 사람이 살 수 없는 곳이 되었다는 뜻이라기보다는, 한 사람도 죄를 짓지 않을 때 그리고 한 사람에게서도 죄가 지배하지 못할 때, 마귀의 처소가 아무도 살지 못하는 폐허가 되리라는 뜻입니다. 그때에 마귀와 그 졸개들은 영원한 불속에 던져질 것입니다. 통치자요 심판자로 앉아 계신 우리 주 예수 그리스도께서는 앞쪽과 뒤쪽에서 승리를 거둔 이들에게 이렇게 말씀하실 것입니다. '내 아버지께 복을 받은 이들아, 와서, 내 아버지께서 너희를 위하여 창조하신 나라를 차지하여라'(마태 25,34 참조). 그러나 다른 자들에게는 이렇게 말씀하실 것입니다. '너희는 하느님께서 악마와 그 졸개들을 위하여 마련하신 영원한 불속으로 들어가라'(마태 25,41 참조). 그때까지 그리스도께서는 당신만이 아시는 영약으로 모든 영혼을 돌보시어, '온 이스라엘이 구원을 받게 될 것입니다'(로마 11,26 참조).

• 오리게네스 『여호수아기 강해』 8,5.[3]

---

[1] FC 105,94.

[2] FC 105,92.

[3] FC 105,90*.

8,30-35 이스라엘이 에발 산에서 예배를 드리다

³⁰ 그때에 여호수아는 주 이스라엘의 하느님을 위하여 에발 산에 제단을 쌓았다.

³¹ 그것은 주님의 종 모세가 이스라엘 자손들에게 명령한 대로, 곧 모세의 율법서에 쓰인 대로, 쇠 연장을 대어 다듬지 않은 돌들을 쌓아서 만든 제단이었다. 그들은 그 위에서 주님께 번제물을 올리고 친교 제물을 바쳤다.

³² 그리고 그곳에서 여호수아는 모세가 쓴 율법 사본을 이스라엘 자손들 앞에서 그 돌들에 새겼다.

³³ 그리고 나서 온 이스라엘은 원로들과 관리들과 판관들과 함께 이방인이든 본토인이든 구별 없이, 주님의 계약 궤를 멘 레위인 사제들 앞에 궤의 이쪽과 저쪽으로, 절반은 그리짐 산 앞에, 절반은 에발 산 앞에 갈라섰다. 전에 주님의 종 모세가 명령한 대로, 이스라엘 백성에게 축복하려는 것이었다.

³⁴ 그런 다음에 여호수아는 율법서에 쓰인 대로, 율법의 모든 말씀을, 축복과 저주를 읽어 주었다.

³⁵ 모세가 명령한 모든 말씀 가운데, 여호수아가 이스라엘의 온 회중과 여자들과 아이들, 그리고 그들 가운데에 사는 이방인들 앞에서 읽어 주지 않은 말씀은 하나도 없었다.

둘러보기

여호수아가 제단을 쌓는 데 쓴 다듬지 않은 돌들은 그리스도의 겸손과 온유함을 지닌 이들을 나타낸다. 사도들은 한마음으로 일치하여 기도하기에 그러한 돌들이 될 자격이 있다. 우리도 그 같은 특성을 지닌다면 그렇게 될 것이다. 여호수아가 돌에다 율법을 새긴 것은 예수님께서 인간의 마음에 새로운 법을 새겨 주신 것을 예표한다. 수많은 사람 앞에서 그토록 많은 율법을 새긴다는 것은 불가능해 보이지만, 그 일은 사람이 믿는 그 순간에 일어나므로 불가능한 일이 아니다. 두 산 앞에 사람들이 나뉘어 선 것은 신앙인의 두 부류를 예표한다. 곧 열심히 축복을 구하는 이들과 징벌의 공포에 짓눌린 자들이다. 예수님께서만 그 두 부류를 구별하실 수 있다. 여호수아가 율법을 읽어 준 것에서 우리는 오로지 예수님을 통해서만 얻을 수 있는 율법 내용에 대한 영적인 개념을 지니게 될 때에만 모세의 율법을 올바르게 파악할 수 있다는 사실을 깨닫는다. 율법 낭독 때에 모인 백성의 다양성은 교회 구성원들의 성숙도가 다양함을 말해 준다(오리게네스).

8,31 다듬지 않은 돌들로 쌓은 제단

살아 있는 돌

여러분은 이 "다듬지 않은 돌들"이 누구라고 생각하십니까? 각 사람의 양심은 누가 완전한 사람인지, 육과 영이 타락하지 않고 오염되지 않고 더럽혀지지 않은 사람이 누구인지 알고 있습니다. 이런 사람이 '쇠 연장이 닿지 않은' 사람입니다. "악한 자가 쏘는 불화살", 곧 육욕의 화살을 맞지 않고, 믿음의 방패로 그 '불화살을 막아서 끈'(에페 6,16 참조) 사람입니다. 또는 전투의 쇠, 전쟁의 쇠, 분쟁의 쇠를 결코 손에 든 적 없고 그리스도의 겸손이 몸에 배어 언제나 평온하고 차분하며 온유한 사람입니다. 그래서 그들은 살아 있는 돌들입니다. 우리 주 예수님께서는 그 돌들, 곧 '쇠 연장을 대어 다듬지 않은 완전한 돌들로 제단을 쌓아' 그 위에서 '완전한 번제물과 구원의 희생 제사'를 바치실 것입니다.

• 오리게네스 『여호수아기 강해』 9,2.[1]

한마음으로

아마도 거룩한 사도들은 한마음으로 일치하였기 때문에 모두 함께 한 제단을 이루는 완전하고 더럽혀지지 않은 돌들일 수 있다고 저는 생각합니다. 그들은 모두 함께 입을 열어 "한마음으로 기도"(사도 1,14)하며, "모든 사람의 마음을 아시는 주님"(사도 1,24)을 불렀다고 기록되어 있습니다. 이처럼 한목소리로 한 영으로 기도할 수 있는 한마음을 지닌 사도들은 모두 함께 하나의 제단을 이룰 자격을 갖춘 이들이며 예수님께서는 그 제단 위에서 아버지께 희생 제사를 봉헌하실 것입니다. 그러니 우리도 '모두 합심하여 같은 것을 말하고'(1코린 1,10 참조) '무슨 일이든 경쟁심이나 허영심으로 하지 말고'(필리 2,3 참조) '같은 생각과 같은 뜻으로 하나가 되도록'(1코린 1,10 참조) 주의를 기울여 노력한다면, 그 제단을 쌓는 데 알맞은 돌들이 될 수 있습니다.

• 오리게네스 『여호수아기 강해』 9,2.[2]

8,32 돌들에 새기다

마음의 판

눈의 아들은 그 시대에 가능했던 방식으로 제단의 돌들에다 율법을 새겼습니다. 그는 그가 할 수 있는 만큼 어렴풋이 밑그림을 그렸습니다. 이제 우리 예수님께서는 "살아 있는" 그리고 "다듬지 않은 돌들"에다 어떻게 두 번째 율법을 새기셨는지 살펴봅시다.

신명기는 이를테면 '두 번째 율법'으로 불립니다. 첫 번째 율법이 폐지된 뒤에 예수님께서 어떻게 두 번째 율법을 새기셨는지 알고 싶으면, 복음서에 나오는 예수님의 말씀을 들어 보십시오. "이전 시대에는 '살인해서는 안 된다'고 하였다. 그러나 나는 너희에게 말한다. 자기 형제에게 성을 내는 자는 누구나 살인자이다"(마태 5,21-22 참조). 이런 말씀도 하셨습니다. "이전 시대에는 '간음해서는 안 된다'고 하였다. 그러나 나는 너희에게 말한다. 음욕을 품고 여자를 바라보는 자는 누구나 이미 마음으로 그 여자와 간음한 것이다"(마태 5,27-28 참조). 또 이런 말씀도 있습니다. "이전 시대에는 '거짓 맹세를 해서는 안 된다'고 하였다. 그러나 나는 너희에게 말한다. 아예 맹세하지 마라"(마태 5,33-34 참조). 여러분은 예수님께서 "살아 있는" "다듬지 않은 돌들"에다 새겨 주신 두 번째 율법을 보고 있습니다. "그것은 먹물이 아니라 살아 계신 하느님의 영으로 새겨지고, 돌판이 아니라 살로 된 마음이라는 판에 새겨졌습니다"(2코린 3,3).

• 오리게네스 『여호수아기 강해』 9,3.[3]

두 번째 율법

그는 어떻게 하여 이스라엘의 자손들에게 그토록 방대한 책을 새겨 줄 수 있었을까요? 그 자리에 서 있던 사람들은 수많은 구절이 다 새겨질

---

[1] FC 105,97.

[2] FC 105,97-98.

[3] FC 105,98*.

때까지 어떻게 흩어지지 않았을까요? 게다가 그 제단의 돌들에 그토록 방대한 책의 내용을 어떻게 다 담을 수 있었을까요? 이러한 것들은 율법의 정신을 모른 채 문자만을 고수하는 유대인들더러 설명해 보라고 합시다. 이 이야기의 진실은 어떤 방식으로 증명됩니까? 아직도 저 이전 시대의 사람들은 "오늘날까지도 모세의 율법을 읽을 때마다 그들의 마음에는 너울이 덮여 있습니다"(2코린 3,15). 그러나 '주님이신 예수님께 돌아선' 우리에게는 '그 너울이 치워집니다. 주님의 영이 계신 곳에는 이해력의 자유가 있기'(2코린 3,16-17 참조) 때문입니다.

그러므로 우리 주 예수님께서 두 번째 율법을 새기시는 데에는, 곧 믿는 이들의 마음 안에 '두 번째 율법'을 세우시고 제단을 세우도록 뽑힐 자격이 있는 이들의 마음에 영의 율법을 새겨 주시는 데에는 그렇게 많은 시간이 필요하지 않습니다. 사실 누구든지 예수 그리스도를 믿는 그 즉시, '이스라엘 자손들이 보는 앞에서' 복음의 율법이 그 사람의 마음속에 새겨집니다.

• 오리게네스 『여호수아기 강해』 9,4.[4]

8,33 민족이 두 산 앞에 갈라서다

축복을 구하는 것과 징벌을 두려워하는 것은 다르다

그런데 누가 그리짐 산 가까이 가는 사람들이고 누가 에발 산 가까이 가는 사람들인지 알려면, 이 역사의 이야기에 어떤 식으로 신비적 식별을 적용해야 하겠습니까?

제가 보기에, 신앙을 통해 서둘러 구원을 향해 나아가는 사람들에는 두 종류가 있습니다. 하나는 천국의 약속을 향한 열망에 불타올라 가장 작은 행복마저도 지나치지 않도록 대단한 열정으로 열심히 앞을 향해 내닫는 사람들입니다. 그들은 복을 붙잡고 "성도들의 몫을 차지"(콜로 1,

12)하게 될 뿐만 아니라 그들 자신이 하느님 앞에 머물러 언제나 주님과 함께 있게 되기를 바라는 염원을 지니고 있습니다. 그러나 다른 종류의 사람들은 구원을 받으려고 노력하기는 하지만, 축복에 대한 열망이나 약속에 대한 염원으로 그리 뜨겁게 불타오르지는 않습니다. 그들의 생각은 대체로 이렇습니다. "나는 지옥에 가지 않는 것으로 만족해. 영원한 불속으로 던져지지 않는 것으로 충분해. '바깥 어둠 속으로'(마태 8,12) 쫓겨나지 않는 것으로 만족해."

신자들의 생각이 저마다 이렇게 다르니, 제가 보기에 이 대목이 가리키는 것은 다음과 같습니다. 그리짐 산 가까이 가는 절반, 곧 축복을 받도록 선택된 사람들은 징벌에 대한 두려움 없이 축복과 새로운 약속에 대한 염원으로 구원에 다가서는 사람들을 상징적으로 가리킵니다. 그러나 저주가 내리는 에발 산 가까이 가는 절반은 불운에 대한 두려움과 고통에 대한 무서움으로 율법에 쓰인 것을 이행하며 구원을 바라는 사람들을 가리킵니다.

• 오리게네스 『여호수아기 강해』 9,7.[5]

예수님 홀로

모두 이스라엘 자손인 우리 가운데 누가 선 그 자체에 대한 염원에 불타 선한 일을 하는지, 그리고 우리 가운데 누가 지옥에 대한 두려움과 영원한 불에 대한 공포에서 선을 향해 노력하며 기록된 것들을 이행하려고 열심히 서두르고 있는지 하느님만이 아십니다. 선 그 자체에 대한 염원과 축복에 대한 열망으로 선한 일을 하는 이들이 악에 대한 두려움 때문에 선을 추구하는 자들보다 훨씬 더 숭고하다는 것은 분명합니다. 그

---

[4] FC 105,99-100. [5] FC 105,102.

러므로 예수님 홀로 그러한 모든 사람의 마음과
정신을 분별하실 수 있는 분이시며 어떤 사람은
축복을 위한 그리짐 산에 배치하시고 다른 사람
은 저주를 위한 에발 산에 배치하실 수 있는 분
이십니다. 이는 그들이 저주를 받게 하려는 것이
아니라 그들이 죄인들에게 정해진 저주와 징벌
을 바라봄으로써 자신들에게 그러한 일이 일어
나지 않도록 조심하게 하려는 것입니다.

• 오리게네스 『여호수아기 강해』 9,7.[6]

8,34 율법서를 읽어 주다

율법의 비밀은 예수님을 통하여 해석된다

저는 분명히 이렇게 생각합니다. 우리가 "모
세의 율법을 읽을 때마다" 주님의 은총을 통하
여 그 문자의 "너울은 치워집니다"(2코린 3,15-16).
그러면 우리는 "율법이 영적인 것"(로마 7,14)이라
는 사실을 깨닫기 시작합니다. 그때에 주 예수님
께서 우리에게 그 율법을 읽어 주십니다. … 바
오로가 "영적인"(로마 7,14) 것이라고 이름 붙인
그 율법은 이렇게 이해되며, 예수님께서는 바로
이러한 것들을 온 백성의 귀에 읽어 주시면서 우
리에게 '사람을 죽이는 문자'를 따르지 말고 '사
람을 살리는 성령'(2코린 3,6 참조)을 단단히 붙잡
으라고 권고하십니다.

그러므로 예수님께서 우리에게 율법의 비밀
을 밝혀 주실 때 그분은 율법을 읽어 주십니다.
가톨릭 교회에 속한 우리는 모세의 율법을 배척
하는 것이 아니라, 예수님께서 우리에게 읽어 주
시는 대로 받아들입니다. 이처럼 예수님께서 우
리에게 읽어 주시어 그것을 읽어 주시는 그분의
마음과 뜻을 우리가 알아들을 수 있을 때, 우리
는 율법을 올바르게 이해할 수 있게 될 것입니
다. 그러므로 우리는 다음과 같이 말한 사도는
그분의 마음을 이해했다고 생각해야 하지 않겠

습니까? "우리는 그리스도의 마음을 지니고 있
습니다. 그래서 우리는 하느님께서 우리에게 주
신 선물을 알아보게 되었습니다. 우리도 이 선물
에 관하여 이야기합니다"(1코린 2,12-13.16). 또한
이렇게 말하는 제자들도 [그분의 마음을 이해했
다고 해야 하지 않겠습니까?] '모세의 율법에서
시작하여 예언자들에게 이르기까지 당신에 관한
기록들을 우리에게 읽어 주시고 설명해'(루카 24,
27 참조) 주실 때, "길에서 우리에게 성경을 풀이
해 주실 때 속에서 우리 마음이 타오르지 않았던
가!"(루카 24,32).

• 오리게네스 『여호수아기 강해』 9,8.[7]

8,35 온 이스라엘 앞에서

성숙도

그러나 "여자들과 아이들, 그리고 그들 가운
데에 사는 이방인들"도 주님의 교회에 결합되어
있습니다. 우리가 여자들과 아이들과 이 이방인
들을 따로따로 이해하고 그들 저마다를 교회를
따르는 이들이라 여긴다면 — "큰 집에는 금 그
릇과 은 그릇만이 아니라 나무 그릇과 질그릇도
있"(2티모 2,20)으니까요 — 강한 사람들에게는 참
으로 강한 음식이 주어진다고 우리는 말합니다.
이것은 분명합니다. 그러한 사람들에 대하여 사
도는 이렇게 말합니다. "단단한 음식은 성숙한
사람들을 위한 것입니다"(히브 5,14). 그분께서는
이러한 사람들로 당신을 위하여 "티나 주름 같
은 것 없는"(에페 5,27) 교회를 준비하고 계십니
다. 그러나 그분께서 "여자들과 아이들, 그들 가
운데에 사는 이방인들"이라는 이름으로 따로 떼
어 놓으신 이들은 아직도 "젖이 필요한"(히브 5,
12) 연약한 사람들로 이해합시다. 그들은 여자이

---

[6] FC 105,102-3.   [7] FC 105,103-4.

기에 "채소만 먹습니다"(로마 14,2). 모든 사람이 함께 교회가 되도록 받아들여지지만, "남자"는 이 모든 사람들 가운데에서 완전한 사람, "악마의 간계에 맞설 수 있도록 무장"(에페 6,11)할 줄 아는 사람들로 이해됩니다. "여자"는 스스로 유익한 것을 만들어 내지는 못하지만 남자들을 본받고 그들의 모범을 따르는 사람들입니다. 그들의 머리는 남자라고도 합니다. 실로, '여자의 머리는 남자입니다'(1코린 11,3 참조). 한편, "아이들"은 새로 받아들인 신앙으로 복음의 젖을 먹는 사람들을 가리킬 것입니다. "그들 가운데에 사는 이방인들"은 이제 신앙과 결합되려고 열심히 노

력하는 사람들이나 예비신자들로 보입니다. 요한도 이 각 부류를 이와 비슷하게 인식하고 자신의 서간에서 그들 행실의 특이점을 묘사하고 있습니다(1요한 2,12-14 참조). …

사실 성경은 남자와 여자를 성별에 따라 나누지 않습니다. 참으로 하느님 앞에서는 남녀의 차별이 없습니다. 사람을 남자와 여자로 지칭하는 것은 영의 차이에 따른 것입니다.

• 오리게네스 『여호수아기 강해』 9,9.[8]

[8] FC 105,105-6*.

9,1-15 기브온 사람들의 속임수

[1] 요르단 건너편 산악 지방과 평원 지대, 레바논 앞까지 이르는 큰 바다 연안 전체에 사는, 히타이트족, 아모리족, 가나안족, 프리즈족, 히위족, 여부스족의 모든 임금이 이 소식을 듣고,
[2] 함께 모여서 여호수아와 이스라엘에게 맞서 싸우기로 뜻을 모았다.
[3] 그런데 기브온 주민들은 여호수아가 예리코와 아이에 한 일을 듣고서,
[4] 그들 나름대로 속임수를 쓰기로 하였다. 그래서 그들은 양식을 싼 다음, 낡아 빠진 자루와 낡고 갈라져서 꿰맨 포도주 부대를 나귀에 싣고서 길을 떠났다.
[5] 발에도 낡아 빠져 기운 신을 신고 몸에도 낡아 빠진 옷을 걸쳤다. 양식으로 마련한 빵은 모두 마르고 부스러져 있었다.
[6] 그들은 길갈 진영으로 여호수아를 찾아가서, 그와 이스라엘 사람들에게 말하였다. "저희는 먼 고장에서 왔습니다. 이제 저희와 계약을 맺어 주십시오.". …
[9] 그들이 여호수아에게 대답하였다. "이 종들은 주 나리의 하느님 이름 때문에 아주 먼 고장에서 왔습니다. 저희는 그분에 대한 소문을 들었습니다. …
[11] 그래서 저희 원로들과 저희 고장 주민들이 모두 저희에게 말하였습니다. '여행 양식을 손에 들고 그들을 만나러 가서 ′저희는 여러분의 종입니다. 그러니 이제 저희와 계약을 맺어 주십시오.′ 하고 말하여라.'
[12] 여기에 저희 빵이 있습니다. 여러분에게 오려고 저희가 떠나오던 날 집에서 그것을 쌀 때에는 따뜻하였습니다. 그런데 이제 보십시오, 마르고 부스러졌습니다.✍

✐ ¹³ 이 술 부대도 저희가 술을 채울 때에는 새것이었습니다. 그런데 보십시오, 이렇게 갈라졌습니다. 또 저희의 옷과 신도 아주 먼 길을 오다 보니 이렇게 낡아 버렸습니다."

¹⁴ 이스라엘 사람들은 주님의 뜻을 여쭈어 보지도 않고 그들에게서 양식을 받았다.

¹⁵ 여호수아는 그들과 평화롭게 지내기로 하고 그들을 살려 준다는 계약을 맺었다. 공동체의 수장들도 그들에게 맹세해 주었다.

둘러보기

옛날 임금들이 여호수아에 맞서 모인 것처럼, 오늘날의 통치자들은 그리스도인들을 공격하고 있지만, 똑같은 결과를 재촉할 뿐이다. 속임수를 통하여 얻은 기브온 사람들의 구원은 겉으로는 교회에서 봉사하고 섬기지만 여전히 악에 싸여 있는 사람들을 나타낸다(오리게네스). 여호수아가 기브온 사람들에게 속아 넘어간 것은 악이라고는 모르는 그의 경탄스러운 무구함을 보여 준다(암브로시우스).

9,1-2 아모리족 임금들이 이스라엘에 맞서 싸우기로 뜻을 모으다

예수님께 맞서 모이다

이 이야기의 내용은 명쾌합니다. 명백하게 표현된 것은 설명할 필요가 없습니다. 그렇지만 여기서 이루어진 이 가시적인 일들에서, 우리 구원자이신 주 예수님께서 이끄신 그 전쟁과 승리를 숙고해 봅시다. 물론 우리는 그러한 일들이 그분 안에서 가시적으로 성취되는 것도 알 수 있습니다. 세상의 임금들이 원로원과 백성과 로마의 지도자들과 함께 모여, 예수님과 이스라엘의 이름을 동시에 없애 버리려고 하였습니다. 정녕 그들은 그리스도인들을 없애 버리라고 그들의 법을 정하였습니다. 모든 도시, 모든 계층이 그리스도인들의 이름을 공격하였습니다. 그러나 그때에 예수[여호수아]에게 맞서 모인 저 모든 임금들이 아무것도 할 수 없었듯이, 적대적인 군주들이든 권력자들이든, 지금 그들도 그리스도인이라는 민족이 더욱 널리 더욱더 크게 퍼져 나가는 것을 조금도 막지 못했습니다. 그래서 이렇게 기록되어 있습니다. "그들은 억압을 받을수록 더욱 번성하고 더욱 널리 퍼져 나갔다"(탈출 1,12).

• 오리게네스 『여호수아기 강해』 9,10.¹

9,3-6 기브온 사람들이 속임수를 쓰기로 하다

광채의 차이

하느님의 말씀께서는 "내 아버지의 집에는 거처할 곳이 많다"(요한 14,2)고 하십니다. 그러나 죽은 이들의 부활 때에 되살아나는 모든 이가 똑같은 광채를 보여 주지는 않을 것입니다. 이렇게 쓰여 있기 때문입니다. "집짐승의 육체가 다르고 날짐승의 육체가 다르고 물고기의 육체가 다릅니다. 하늘에 속한 몸체들도 있고 땅에 속한 몸체들도 있습니다. 그러나 하늘에 속한 몸체들의 광채가 다르고 땅에 속한 몸체들의 광채가 다릅니다. 해의 광채가 다르고 달의 광채가 다르고 별들의 광채가 다릅니다. 별들은 또 그 광채로 서로 구별됩니다. 죽은 이들의 부활도 이와 같습니다"(1코린 15,39-42).

---

¹ FC 105,107.

그러므로 이는 구원을 얻는 이들 사이에 많은 차이가 있음을 묘사한 말씀입니다. 그렇기에 지금도 저는 앞에서 읽은 역사에 나오는 기브온 사람들은 구원을 받기는 하지만 어떤 딱지를 붙이고서야 구원을 받는 일부 사람을 나타낸다고 생각합니다. 사실 여러분은 그들이 어떻게 하여 백성을 섬기고 하느님의 제단에 봉사하는 "나무를 패는 자"나 "물을 긷는 자"가 되도록 선고받았는지를 알고 있습니다(여호 9,27 참조). 그들은 실제로 '낡아 빠진 옷과 신을 걸치고' 또 '오래된 빵을 양식으로 가지고', 곧 속임수와 잔꾀로 이스라엘 자손들에게 다가갔기 때문입니다. 이처럼 그 사람들은 모두 낡아 빠진 것들을 가지고 예수[여호수아]에게 와서 구원하여 주십사고 간청하였습니다.

이와 같은 것들이 그들의 모습에 드러나 있다고 생각됩니다. 교회 안의 일부 사람들에 관해 얘기하자면, 그들은 하느님을 믿고 하느님께 대한 신앙을 지니고 있으며 모든 거룩한 계명을 따릅니다. 나아가 그들은 하느님의 종들을 존중하고 그들을 섬기고자 하는 원의를 지니고 있으며 또한 교회에 설비를 제공하며 봉사하려는 자세와 준비를 완전히 갖추고 있습니다. 그러나 실상 그들의 행동과 실제 습관에는 악습에 싸인 채 완전히 "옛 인간을 그 행실과 함께 벗어 버리"(콜로 3,9)지 못한 매우 역겨운 것들이 있습니다. 참으로 그들은 낡아 빠진 옷과 신을 걸친 사람들처럼 오래된 악습과 불쾌한 오류에 휩싸여 있습니다. 하느님을 믿고 또 하느님의 종들과 교회의 예배를 존중하는 것처럼 보이는 것은 사실이지만, 그들은 결코 자기네 습관을 고치거나 바꾸려고 하지 않습니다. 그러므로 우리 주 예수님께서 그들에게 구원을 허락하기는 하셨지만, 그들의 구원에는 불명예스러운 딱지가 붙어 있습니다.

• 오리게네스 『여호수아기 강해』 10,1.[2]

9,11-15 저희와 계약을 맺어 주십시오

거룩한 이들의 무구함

그때 기브온 사람들이 여호수아의 강한 손이 무서워 간계를 썼습니다. 매우 멀리 떨어진 땅에서 와 기나긴 여행으로 낡아 빠진 것처럼 해진 신발과 낡은 옷을 걸치고 와서는, 그것을 증거로 제시했습니다. 그들은 또한 그렇게 힘든 길을 온 것은 히브리인들과 우호 관계를 맺고 평화를 얻으려는 염원 때문이었다고 말하며, 여호수아에게 자기들과 동맹을 맺어 달라고 간청하기 시작하였습니다. 아직 그곳 사정에 무지하고 그 주민들에 대해서도 아무것도 모르던 그는 그들의 속임수를 알아채지 못하고, 하느님께 여쭈어 보지도 않은 채 선뜻 그들을 믿어 버렸습니다.

그 시대엔 약속의 말을 거룩하게 여겼기에, 사람이 다른 사람을 속이려고 할 수 있다는 것을 아무도 생각지 못했습니다. 이 거룩한 이들이 잘못했다고 누가 말할 수 있겠습니까? 그들은 상대방도 자신들과 똑같은 마음이라 생각했고, 진리가 그들의 동료였기에 누가 거짓말을 하리라고는 상상도 하지 못했습니다. 그들은 속임수가 무엇인지도 알지 못하였습니다. 그들은 남들도 그들과 같으리라 기꺼이 믿었고, 상대가 자신들과 다르리라고 의심할 줄 몰랐습니다. 그렇기에 솔로몬은 말합니다. '무구한 사람은 아무 말이나 믿는다'(잠언 14,15 참조). 우리는 쉽게 믿는 그의 자세를 비난할 것이 아니라 오히려 그의 선함을 찬양해야 합니다. 다른 사람을 다치게 할 수 있는 것을 전혀 모르는 것, 이것이 바로 무구함입니다. 그런 이는 비록 남한테 속더라도 여전히

---

[2] FC 105,109-10.

모든 사람을 좋게 생각합니다. 모든 사람에게는
좋은 믿음이 있다고 생각하기 때문입니다.

    ● 암브로시우스 『성직자의 의무』 3,10,67-68.[3]   [3] NPNF 2,10,78*.

9,16-27 기브온 사람들이 보호를 받다

[16] 그런데 그들과 계약을 맺은 지 사흘 만에, 이스라엘 사람들은 그들이 가까이 살 뿐만 아니
라 바로 자기들 가운데에 산다는 말을 듣게 되었다. …

[18] 그러나 이스라엘 자손들은 그들을 치지 않았다. 공동체의 수장들이 주 이스라엘의 하느님
을 두고 그들에게 맹세해 주었기 때문이다. 그래서 온 공동체가 수장들에게 불평하였다.

[19] 그러자 모든 수장이 온 공동체에게 말하였다. "우리가 주 이스라엘의 하느님을 두고 그들
에게 맹세해 주었으니, 이제는 그들에게 손을 댈 수 없소.

[20] 우리가 그들에게 할 일은 이러하오. 곧 그들을 살려 주어, 우리가 그들에게 해 준 그 맹세
때문에 우리에게 진노가 내리지 않게 하는 것이오."

[21] 수장들이 또 말하였다. "그들을 살려 줍시다." 그래서 수장들이 결정한 대로, 그들은 온 공
동체를 위하여 나무를 패는 자와 물을 긷는 자가 되었다.

[22] 여호수아가 그들을 불러다가 일렀다. "그대들은 어찌하여 우리 가운데에 살면서도 '저희는
아주 먼 고장에서 왔습니다.' 하면서 우리를 속였소?

[23] 이제 그대들은 저주를 받아, 그대들 가운데 일부는 영원히 종이 되어 내 하느님의 집에서
쓸 나무를 패거나 물을 긷게 될 것이오."

둘러보기

사람이 마음속에 간직하고 또 찬양하는 하느
님의 말씀은 기브온 사람들이 가지고 온 오래된
빵이 아니라 새로 구운 빵과 같이 신선해야 한
다. 이 사람들이 종이 된 것은 적절하다. 그들의
구원 조건은 그들의 작은 신앙에 어울린다(오리
게네스).

9,21-23 나무를 패는 자와 물을 긷는 자

하느님 말씀의 신선한 빵

그러므로 여러분도 영혼의 배움에서, 하느님
은총의 가르침에서 배운 새롭고 신선한 하느님
찬양의 말씀을 가져왔다면, 여러분의 입은 참으
로 "찬미의 제사"를 봉헌하는 것입니다. 그러지
않는다면, 여러분의 마음은 쓸모없는 어제의 육
때문에 비난을 받을 것입니다. 주님께서는 제자
들에게 빵을 주시며 "받아먹어라"(마태 26,26) 하

실 때에 이를 미루시거나 다음 날을 위해 **빵을** 남겨 두라고 명령하신 것이 아닙니다. 그분께서 제자들에게 "길을 떠날 때에 빵도 지니지 마라" (루카 9,3)고 명령하신 사실에는 아마도 이러한 신비, 곧 여러분은 언제나 하느님 말씀의 신선한 빵을 마음속에 간직하고 다녀야 한다는 뜻이 담겨 있는 듯합니다. 이러한 까닭에 기브온 사람들은 단죄를 받아 "나무를 패는 자"와 "물을 긷는 자"들이 됩니다. 언제나 신선하고 새로운 것을 사용하라는 영적 율법의 명령을 받은 이스라엘 사람들에게 그들이 오래된 빵을 가져왔기 때문입니다.

• 오리게네스 『레위기 강해』 5,8.[1]

합당한 심판

물론, 구약성경을 받아들이지 않는 저 이단자들[2]은 이 대목에 대해 악의에 찬 비난을 퍼부으며 이렇게 말하곤 합니다. '봐라, 눈의 아들 예수[여호수아]가 얼마나 인정이 없는지. 구원을 허락해 놓고는, 간청을 하러 온 사람들한테 불명예의 낙인을 찍고 종살이의 멍에를 씌웠다.' 만일 성경을 잘 모르는 사람이 이런 소리를 듣는다면, 결과적으로 나약해지고 위태롭게 되어 보편 신앙을 멀리하게 될지 모릅니다. 그들의 속임수를 이해하지 못하기 때문입니다. 사실 예수[여호수아]는 그들 신앙의 크기에 합당한 심판을 내렸습니다.

그 이전에, 건실한 신앙으로 온 집안과 함께 믿고 온 마음을 다해 이스라엘의 정탐꾼들을 받아들였던 창녀 라합(여호 2,12.18 참조)은 그 백성의 공동체와 사회 속으로 온전히 받아들여졌습니다. 그리고 그 여인에 관하여 "그 여자는 오늘날까지 이스라엘 백성 가운데에서 살고 있다"(여호 6,25)고 기록되어 있습니다. 그러나 이스라엘

부족 공동체를 그만큼 사랑하지 않았던 자들은 파멸에 대한 공포에 떨며 예수[여호수아]에게 거짓과 잔꾀로 다가왔습니다. 그 비열한 사기 행위로 그들이 어떻게 삶의 자유를 누리며 그 나라의 공동체에 어울릴 수 있겠습니까?

마지막으로, 여러분은 예수[여호수아]가 그들에게 그렇게 낮은 지위를 부여한 것은 그들의 태도가 그런 지위에 놓여 마땅한 때문이었다는 것을 알고 싶으십니까? 그들은 스스로 이렇게 말했습니다. '우리는 주님께서' 갈대 바다 가운데를 지날 때에 그리고 광야에서 여러분을 위하여 '하신 수많은 일들을 들었습니다'(여호 9,9 참조). 그들은 이렇게 말하며 하느님께서 일으키신 기적을 모두 듣고 알았다고 고백하였으면서도, 신앙에서, 그토록 위대한 권능에 대한 경탄에서 가치 있는 것을 전혀 만들어 내지 못하였습니다. 따라서 예수[여호수아]는 그들에게서 드러난 좁고 작은 신앙을 보고 그들에게 합당한 조처를 취했습니다. 겨우 구원을 받을 수 있게만 한 것입니다. 그들은 신앙을 조금 지니고는 있었지만 많은 활동으로 고귀해지지 못했기 때문에 나라에서 가장 높은 지위나 자유를 얻지 못하였습니다. 그래서 야고보 사도는 이렇게 단언합니다. '실천이 없는 믿음은 죽은 것입니다'(야고 2,17.26 참조).

• 오리게네스 『여호수아기 강해』 10,2.[3]

---

[1] FC 83,105-6.

[2] 예를 들면 마르키온 같은 이들. 그는 구약성경을 그리스도인들을 위한 권위 있는 정경으로 여기지 않았다.

[3] FC 105,111-12.

10,1-11 아모리족 임금들이 기브온을 공격하다

¹ 예루살렘 임금 아도니 체덱은, 여호수아가 아이를 점령하여 그곳을 완전 봉헌물로 바쳤다
는 소식을 들었다. 여호수아가 예리코와 그 임금에게 한 것처럼 아이와 그 임금에게도 그렇
게 하였고, 또 기브온 주민들이 이스라엘과 평화를 이루어 그들 가운데에 살고 있다는 소식
을 들은 것이다.

² 아도니 체덱①은 몹시 두려워하였다. 기브온이 왕도만큼이나 큰 성읍으로 아이보다 크고,
그곳의 남자들은 모두 용사였기 때문이다.

³ 그래서 예루살렘 임금 아도니 체덱은 헤브론 임금 호함, 야르뭇 임금 피르암, 라키스 임금
야피아, 에글론 임금 드비르에게 전갈을 보냈다.

⁴ "올라와서 나를 도와주십시오. 우리 함께 기브온을 칩시다. 기브온이 여호수아와 이스라엘
자손들과 평화를 이루었습니다." …

⁶ 그러자 기브온 사람들은 길갈 진영으로 여호수아에게 전갈을 보냈다. "이 종들을 버리지
마십시오. 저희에게 빨리 올라오시어 저희를 구원해 주십시오. 저희를 도와주십시오. 산악
지방에 사는 아모리족의 임금들이 모두 저희를 치려고 몰려왔습니다."

⁷ 그러자 여호수아는 병사들과 힘센 용사들을 모두 거느리고 길갈을 떠나 올라갔다.

① 히브리어 본문은 '그들'이다.

둘러보기

기브온 사람들에 대한 공격은 예수님과 맺는
우정이 다른 민족들과 세력들에게는 얼마나 거센
적개심을 불러일으키는지 보여 준다(오리게네스).

10,1-7 기브온에 대한 공격

저항을 기다리다

인간 영혼이 스스로 하느님의 말씀과 협동하
면 그 즉시 원수들이 생기고, 한때 벗으로 여겼
던 자들이 적으로 바뀌리라는 것은 의심할 여지
가 없습니다. 그 영혼은 인간들에게서 이러한 고
통을 겪게 되리라는 것을 예상해야 할 뿐만 아니
라 그러한 일들이 적대 세력과 영혼의 원수들에
게서도 닥쳐오리라는 것을 알아야 합니다. 이처
럼, 예수님과의 우정을 열망하는 사람은 누구나
반드시 수많은 자들의 적개심을 견뎌 내야 한다
는 것을 알게 됩니다. …

그래서 비록 "나무를 패는 자"들이요 "물을
긷는 자"들이지만 지금도 기브온 사람들은 예수
[여호수아]와의 우호 관계 때문에 공격을 받고 있
습니다. 곧, 여러분은 교회 안에서 가장 보잘것
없는 이들이라 하더라도 예수님께 속해 있으므
로 다섯 임금들에게 맹공을 받을 것입니다.

그러나 기브온 사람들은 예수[여호수아]나 이스
라엘의 지도자들과 원로들에게 경멸을 당하거나
버림받지 않습니다. 오히려 그들은 나약한 기브
온 사람들을 도와줍니다.

• 오리게네스 『여호수아기 강해』 11,2.¹

¹ FC 105,116.

10,12-21 해와 달이 멈추어 서다

¹² 주님께서 아모리족을 이스라엘 자손들 앞으로 넘겨주시던 날, 여호수아가 주님께 아뢰었다. 그는 이스라엘이 보는 앞에서 외쳤다.

"해야, 기브온 위에,

달아, 아얄론 골짜기 위에 그대로 서 있어라."

¹³ 그러자 백성이 원수들에게 복수할 때까지

해가 그대로 서 있고

달이 멈추어 있었다.

이 사실은 야사르의 책에 쓰여 있지 않은가? 해는 거의 온종일 하늘 한가운데에 멈추어서, 지려고 서두르지 않았다.

¹⁴ 주님께서 사람의 말을 그날처럼 들어주신 때는 전에도 없었고 후에도 없었다. 정녕 주님께서는 이스라엘을 위하여 싸워 주신 것이다.

¹⁵ 여호수아는 온 이스라엘과 함께 길갈 진영으로 돌아갔다.

¹⁶ 한편, 그 다섯 임금은 도망쳐서 마케다의 동굴에 숨었다.

¹⁷ "다섯 임금이 마케다의 동굴에 숨어 있는 것을 발견하였습니다." 하는 보고를 여호수아가 받았다. …

²⁰ 이렇게 여호수아와 이스라엘 자손들은 그들에게 아주 큰 타격을 입혀 거의 전멸시켰다. 그들 가운데에서 목숨을 건져 살아남은 자들은 요새 성읍들 안으로 들어갔다.

²¹ 온 백성은 마케다 진영에 있는 여호수아에게 무사히 돌아갔다. 그리하여 아무도 이스라엘 자손들에게 함부로 혀를 놀리지 못하였다.

둘러보기

아모리족 임금들과의 전쟁은 여호수아의 용맹함을 보여 준다. 모세의 동반자이자 후계자로서, 그의 자격과 신앙이 찬양을 받는다(암브로시우스). 시간의 흐름은 천체의 움직임에 매이지 않는다. 인간의 자연 지식과 모순되는, 해와 달이 멈추어 서는 것과 같은 기적들은 하느님의 권능과 호의를 드러내 준다(아우구스티누스). 여기에서 하느님의 벗인 여호수아가 자기 벗이 창조한 피조물들에게 명령한 이 사건은 의로움의 힘을 증명해 준다(요한 크리소스토무스). 해가 멈추어 선 것은 그리스도께서 모든 민족들을 불러 모으시기 위해 구원의 시간을 연장하신 것을 예표한다(오리게네스). 하느님께서는 자연 질서를 세우시고 또 나중에는 그것을 다르게도 움직임으로써 당신께서 창조주이시며 당신은 무엇이든 할 수 있으시다는 것을 증명하신다(에메사의 네메시우스). 다섯 임금은 예수님께 정복을 당할 때까지 지배력을 갖는 다섯 가지 감각을 나타낸다(히에로니무스, 오리게네스). 육적 충동에 빠져 사는 미숙한 신자들은 이것들을 통하여 공격을 받는다. 예수님의 군사로서 싸우는 사람은 더러움이라는 부상을 입지 말아야 하며 승리를 자랑하지 말아야 한다(오리게네스).

10,12-13 해야, 그대로 서 있어라

여호수아의 용기

그런데 어떤 사람들은 전쟁에서의 명성이라는 것에 인상이 너무 깊은 나머지 용기란 전투에서만 발견된다고 생각하는 것 같습니다. 그래서 저는 이러한 것들에 대하여 따로 말씀드렸습니다. 우리에게는 용기가 부족하기 때문입니다.[1] 그런데 눈의 아들 여호수아는 얼마나 용감하였습니까! 그는 한 번의 전투에서 다섯 임금과 그 백성들을 모두 때려눕혔습니다. 그리고 기브온 사람들을 위해 싸울 때엔 밤이 되면 승리를 거두지 못할까 걱정하여 깊은 신앙과 드높은 정신으로 외쳤습니다. "해야, 그대로 서 있어라!" 그러자 그가 완전히 승리를 거둘 때까지 해가 그대로 서 있었습니다.

• 암브로시우스 『성직자의 의무』 1,40,205.[2]

여호수아의 자격

이 모든 놀라운 위업들과 무서운 신비들이 일어나던 내내 여호수아는 홀로 거룩한 모세의 곁을 지켰습니다. 이렇게 하여 하느님과의 이러한 친교에서 모세의 동반자였던 그가 모세의 권한을 이어받게 되었습니다(신명 34,9 참조). 그는 한 인간으로서 강물의 흐름을 멈추게 하고(여호 3,15 이하 참조), "해야, 그대로 서 있어라" 하고 말하여 밤을 늦추고 낮을 길게 해서 마치 자신의 승리를 증언하게 하도록 나설 수 있는 자격을 분명히 지니고 있었습니다. 왜냐고요? 그는 모세도 받지 못한 축복을 받았습니다. 그만이 약속된 땅으로 백성을 데리고 들어가도록 선택받았습니다. 그는 신앙으로 이룬 기적들에서 위대한 사람이었고, 승리에서 위대한 사람이었습니다. 모세가 한 일은 더 고귀한 형태의 일이었고, 그가 한 일은 더 큰 성공을 거두었습니다. 그때에 거룩한 은총의 도움을 받은 이 두 사람은 다 인간의 수준을 넘어선 이들이었습니다. 한 사람은 바다를 다스렸고, 한 사람은 하늘을 다스렸습니다.

• 암브로시우스 『성직자의 의무』 2,20,99.[3]

시간은 계속 흘렀다

그러니 누구도 저에게 천체의 움직임이 시간이라고 말하지 마십시오. [옛적에] 전투에서 승리를 거두고자 하는 어떤 사람의 기도로 해가 멈추어 섰을 때에, 해는 그대로 서 있었지만 시간은 계속 흘렀습니다. 전투에 필요한 만큼 시간이 길어지고 전투가 끝난 것입니다.

그래서 저는 시간이란 일종의 연장延長이라고 봅니다.

• 아우구스티누스 『고백록』 11,23,30.[4]

기적과 인간 지식

하지만 성경에 기록되어 있는 대로, 거룩한 사람, 눈의 아들 여호수아가 이미 시작된 전투가 승리로 끝날 때까지 해가 멈추게 해 주십사고 하느님께 청하자, 해가 그 자리에 그대로 서 있었습니다. … 이런 것이 하느님께서 당신의 거룩한 사람들에게 호의로 베푸시는 기적들입니다. 우리의 적들은 — 그 일들이 실제로 일어났음을 믿

---

[1] 암브로시우스는 자신이 가르쳐 오던 자기 교구의 성직자들에 대한 교육을 강화하고자 이 글을 썼다.

[2] NPNF 2,10,33.

[3] NPNF 2,10,59*.

[4] LCC 7,262*.

으면서도 — 그것을 마법의 기술로 치부해 버리지만 말입니다. …

그리고 자연 사물에 관한 인간 지식과 관련하여, 비신자들은 이미 인간 경험으로 알고 있는 것을 넘어서는 일은, 하느님의 능력을 통해서라도, 아무것도 자연에 일어날 수 없다는 그들의 가정으로 그 문제를 흐려 버릴 권리가 없습니다. 또한 지극히 평범한 사물의 본성에도 엄청난 사물에 못지않은 경이로운 속성과 힘이 있음을 잊지 마십시오. 어떤 비범한 사물이 아니면 결코 경탄을 하지 않는 데 익숙한 인간들을 제외하고, 그 평범한 사물들을 살펴보는 사람은 누구나 실제로 그 놀라운 힘을 알아볼 수 있습니다.

• 아우구스티누스 『신국론』 21,8,2-3.[5]

의로움의 힘

의로운 사람이 얼마나 큰 힘을 지니고 있는지 생각해 보십시오. 눈의 아들 여호수아는 이렇게 말했습니다. "해야, 기브온 위에, 달아, 엘롬[아얄론] 골짜기 위에 그대로 서 있어라." 그러자 그렇게 되었습니다. 온 세상이 와서, 아니 둘이나 셋, 넷이나 열 또는 스무 세상이 와서 그렇게 말하고 그렇게 이루어지도록 하라고 해 보십시오. 그것들은 결코 그렇게 할 수 없을 것입니다. 그러나 하느님의 벗은 자기 벗의 피조물들에게 명령하였습니다. 아니, 자기 벗에게 간청하였다는 표현이 더 낫겠습니다. 그러자 그 종들이 복종하였습니다. 아래 있는 사람이 위에 있는 분에게 명령한 것입니다. 여러분은 이것들이 하느님을 섬기기 위하여 그 정해진 과정을 이행하고 있는 것을 보십니까?

• 요한 크리소스토무스 『히브리서 강해』 27,6.[6]

낮을 길게 하시다

이렇게 하여 예수[여호수아]는 자기 이름 때문에 반대 세력에게 공격을 받고 있는 사람들에게 장수들과 우두머리들을 데리고 가서 전쟁에 도움을 줄 뿐만 아니라, 빛의 크기를 늘려 낮의 길이를 길게 하여, 다가오는 밤을 쫓아 버립니다.

그래서 우리는 우리 주 예수님께서 인간의 구원을 위하여 그리고 적대 세력의 파멸을 위하여 어떻게 빛을 늘려 낮을 길게 하셨는지 힘닿는 데까지 밝히고 싶습니다.

구원자께서 나타나신 뒤 곧바로, 세상의 끝이 다가왔습니다. 그분께서도 친히 이렇게 말씀하셨습니다. "회개하여라. 하늘나라가 가까이 왔다"(마태 4,17). 그러나 그분께서는 종말의 날을 저지하고 정지시키시어 다가오지 못하게 하셨습니다. 정녕 하느님 아버지께서는 민족들의 구원이 오로지 그분을 통해서만 이루어질 수 있음을 아시고, 그분께 이렇게 말씀하십니다. "나에게 청하여라. 내가 민족들을 너의 재산으로, 땅 끝까지 너의 소유로 주리라"(시편 2,8).

그러므로 아버지의 약속이 이루어지고 여러 민족들에게서 교회가 생겨나 "다른 민족들의 수가 다 찰 때까지 이어지고 그다음에는 온 이스라엘이 구원을 받게"(로마 11,25-26) 될 때까지, 낮이 연장되어 일몰이 지연되고, "의로움의 태양"(말라 3,20)께서 믿는 이들의 마음속에 진리의 빛을 쏟아붓는 동안 해는 결코 지지 않습니다. 그러나 믿는 이들의 크기가 완전해질 때에, 이미 나약해지고 사악해진 마지막 세대의 시대가 와서, "불법이 성하여 많은 이의 사랑이 식어"(마태 24,12) 가고 신앙을 가진 사람이 아주 조금

---

[5] FC 24,360-61*; 『교부 문헌 총서』 17,2461.

[6] NPNF 1,14,489*.

밖에 안 남을 때에는 "그 날수를 줄여"(마태 24,
22) 주실 것입니다.

이처럼, 주님께서는 구원을 위한 시간일 때에
는 그 날수를 늘리고 재난과 파멸의 시간일 때
에는 그 날수를 줄이실 줄 아십니다. 그래도 우
리가 대낮에 있고 우리를 위하여 빛이 길어져 있
는 동안, "대낮에 행동하듯이, 품위 있게 살아갑
시다"(로마 13,13). 그리고 빛의 일을 합시다.

> • 오리게네스 『여호수아기 강해』 11,2-3.[7]

10,14 그날 같은 날은 전에도 없었고 후에도 없었다

하느님께는 모든 것이 가능하다

우리가 말하고자 하는 것은 하느님께서는 온
갖 필연의 힘 바깥에 서 계실 뿐 아니라 바로 그
분이 필연의 주님이시고 창조주이시라는 것입니
다. 그분은 권위이시며 권위가 흘러나오는 원천
이시기에, 그분께서는 자연의 필연성을 통해서
나 어떤 거역할 수 없는 법칙에 따라 일하시는
분이 아닙니다. 그분께서는 우리가 불가능하다
고 하는 것까지 포함하여 그 어떤 일도 하실 수
있습니다. 이를 입증하시고자, 그분께서는 해와
달의 모든 운행 궤도를 정해 세우시어 그것들이
거역할 수 없는 법칙에 따라 영원토록 움직이게
하신 동시에, 당신께는 불가피한 것이 없고 모든
것이 가능하다는 것을 입증하시려고, 성경에서
'표징'으로 제시하는 바로 그 특별한 '낮'을 한
번 만드셨습니다. 그것은 별들이 궤도를 벗어나
지 않도록 태초에 당신께서 정하신 그 신적 명령
을 무효화하신 것이 결코 아니며 단지 당신의 뜻
을 보여 주시려는 것이었습니다.

> • 에메사의 네메시우스 『인간 본성』 38,55.[8]

10,16-17 다섯 임금이 마케다의 동굴에 숨다

다섯 가지 감각

사제들의 나팔 소리가 주님의 무장 군대를 나
타내는 것이라면, 예리코에서 우리는 복음 선포
로 무너지는 세상에 대한 예표를 봅니다. [여호
수아기 3장의] 세세한 이야기들은 그냥 건너뛰
지요(지금 저의 목적은 구약성경의 모든 신비들을 밝히
는 것이 아니니까요). 약속의 땅을 그 이전에 다스
리며 복음의 군대에 맞섰던 다섯 임금이 여호수
아와의 전투에서 졌습니다. 제 생각에 이는 분명
히, 주님께서 당신 백성을 이집트에서 이끌어 내
시어 그들에게 할례를 베푸시기 전에는, 시각과
후각, 미각, 청각, 촉각이 지배하고 있었으며, 이
다섯 임금과 같은 오감에 모든 것이 종속되어 있
었음을 나타낸다고 이해해야 합니다. 그리고 그
감각들이 육체의 동굴, 어두운 곳에 숨어들었을
때에, 예수님께서 육체에 들어오시어 그것들을
죽이셨습니다. 그 힘의 원천이 그 죽음의 도구가
된 것입니다.

> • 히에로니무스 『요비니아누스 반박』 1,21.[9]

감각을 통하여 맹공을 받다

그런데 다섯 임금이 있었고 그들이 동굴 속으
로 도망쳤다는 이야기가 무엇을 의미하는지도 알
아봅시다. 우리는 흔히 그리스도인의 싸움은 두
가지라고 합니다. 사실, 바오로와 에페소 신자들
처럼 완전한 이들에게는, 사도 자신이 말하듯이,
그것은 "인간이 아니라, 권세와 권력들과 이 어두
운 세계의 지배자들과 하늘에 있는 악령들"(에페
6,12)과의 싸움입니다. 그러나 나약하고 아직 미

---

[7] FC 105,116-17.

[8] LCC 4,408*.

[9] NPNF 2,6,362.

숙한 이들에게 그 전투는 여전히 살과 피에 대한 싸움입니다. 그들은 여전히 육적인 잘못이나 나약함으로 맹공을 당하고 있기 때문입니다.

저는 이 대목도 그러한 사실을 나타낸다고 생각합니다. 다섯 임금이 전쟁을 걸어온 기브온 사람들은 앞에서도 말했듯이, 미숙한 자들의 예표이기 때문입니다. 그래서 이 사람들이 다섯 임금에게 공격을 당하는 것입니다. 이 다섯 임금은 육체의 다섯 가지 감각, 곧 시각과 청각, 미각, 촉각, 후각을 가리킵니다. 사람은 저마다 분명히 이 오감의 하나를 통하여 죄로 떨어지기 때문입니다. 이 오감이 기브온 사람들, 곧 육적인 사람들을 공격하는 저 다섯 임금에 비유되고 있습니다.

그들이 동굴로 도망쳤다고 하는 것이 이를 가리키는 것으로 볼 수 있습니다. 동굴은 땅속 깊이 묻혀 있는 장소이기 때문입니다. 그러므로 앞에서 말한 그 감각들이 동굴로 도망쳤다고 하는 것은, 그 감각들은 육체 안에 자리 잡고 나면 스스로 육적인 충동에 빠져들어 하느님의 일을 위해서는 아무것도 하지 않고 온통 육체를 섬기는 일만 하기 때문입니다.

• 오리게네스 『여호수아기 강해』 11,4.[10]

10,20-21 모두 무사히 돌아오다

예수님의 군사들

예수[여호수아]의 지휘 아래 적대 권력에 맞서 싸우는 이는 누구나 예전의 그 전사들에 관하여 기록된 공로를 인정받아야 합니다. "온 백성은 예수[여호수아]에게 무사히 돌아갔다. 그리하여 아무도 이스라엘 자손들에게 함부로 혀를 놀리지 못하였다." 그러므로 예수님 아래서 군사로 복무하는 사람은 전투에서 무사히 돌아와야 하며 결코 "악한 자가 쏘는 불화살"(에페 6,16)에 상

처를 입어서는 안 됩니다. 그는 마음이 오염되어서도 생각이 더럽혀져서도 안 되며, [그는] 분노와 육욕을 통해서든 다른 어떤 것을 통해서든 결코 어디에도 악령의 상처를 입어서는 아니 됩니다.

그리고 덧붙은 말, '아무도 함부로 혀를 놀리지 않았다'는 말은, 아무도 그 승리를 자랑하지 않았고 아무도 자신의 힘으로 이겼다고 떠들지 않았다는 사실을 나타낸 것 같습니다. 그 승리를 주신 분이 바로 예수님이시라는 것을 알기에, 실로 그들은 함부로 혀를 놀리지 않습니다. 이를 잘 아는 사도는 이렇게 말하였습니다. "그것은 내가 아니라 나와 함께 있는 하느님의 은총이 한 것입니다"(1코린 15,10). 제가 생각할 때 사도는 주님의 이 분부도 명심하고 있는 것 같습니다. "너희도 분부를 받은 대로 다 하고 나서, '저희는 쓸모없는 종입니다. 해야 할 일을 하였을 뿐입니다' 하고 말하여라"(루카 17,10). 이처럼 사도도 잘한 일에 대하여 자랑하지 말라고 이르는 듯 보이기 때문입니다.

• 오리게네스 『여호수아기 강해』 12,2.[11]

---

[10] FC 105,117-18.

[11] FC 105,122-23*.

10,22-43 정복이 계속되다

²² 그때에 여호수아가 말하였다. "굴 어귀를 열고 저 다섯 임금을 굴에서 끌어내어 나에게 데려오너라." …

²⁴ 사람들이 그 임금들을 끌어내어 여호수아에게 데려가자, 여호수아는 이스라엘 사람들을 모두 불러 모은 다음, 자기와 함께 갔던 병사들을 지휘하는 군관들에게 지시하였다. "가까이 와서 발로 이 임금들의 목을 밟아라." 그들이 가까이 가서 발로 임금들의 목을 밟자,

²⁵ 여호수아가 또 그들에게 말하였다. "두려워하지도 말고 겁내지도 마라. 힘과 용기를 내어라. 너희가 맞서 싸우는 모든 원수에게 주님께서 이렇게 하실 것이다."

²⁶ 그런 다음에 여호수아는 그들을 쳐 죽여 …

²⁸ 그날에 여호수아는 마케다를 점령하고 그 성읍의 주민들과 임금을 칼로 쳐 죽였다. 그들과 성읍에 있는 나머지 사람들을 모조리 완전 봉헌물로 바치고, 생존자를 하나도 남기지 않았다. 그는 예리코 임금에게 한 것처럼 마케다 임금에게도 그대로 하였다.

²⁹ 그러고 나서 여호수아는 온 이스라엘과 함께 마케다에서 리브나로 나아가, 리브나와 싸웠다.

³⁰ 주님께서는 그 성읍도 임금과 함께 이스라엘의 손에 넘겨주셨다. 여호수아는 그 성읍과 그 안에 있는 사람들을 모조리 칼로 쳐서, 생존자를 하나도 남기지 않았다. 그는 예리코 임금에게 한 것처럼 그 성읍의 임금에게도 그대로 하였다.

³¹ 여호수아는 온 이스라엘과 함께 리브나에서 라키스로 나아가, 진을 치고 그곳을 공격하였다.

³² 주님께서는 라키스를 이스라엘의 손에 넘겨주셨다. 그래서 이스라엘은 이튿날에 그 성읍을 점령하고, 리브나에서 한 것과 똑같이 그 성읍과 그 안에 있는 사람들을 모조리 칼로 쳐 죽였다. …

³⁶ 여호수아는 온 이스라엘과 함께 에글론에서 헤브론으로 올라가 그곳을 공격하였다.

³⁷ 그들은 그 성읍을 점령하고, 에글론에서 한 것과 똑같이 임금과 그곳에 딸린 모든 성읍, 그리고 헤브론에 있는 사람들을 모조리 칼로 쳐서 생존자를 하나도 남기지 않았다. 그 성읍과 그 안에 있는 사람들을 모조리 완전 봉헌물로 바친 것이다. …

⁴⁰ 이렇게 여호수아는 온 땅, 곧 산악 지방, 네겝, 평원 지대, 비탈 지대, 그리고 그곳의 임금들을 모조리 쳐서 생존자를 하나도 남기지 않았다. 주 이스라엘의 하느님께서 명령하신 대로 숨 쉬는 모든 것을 완전 봉헌물로 바쳤다.

⁴¹ 여호수아는 또 카데스 바르네아에서 가자까지, 그리고 고센의 온 땅과 기브온까지 모조리 쳤다.

⁴² 이렇게 여호수아는 이 모든 임금과 그들의 땅을 단 한 번에 점령하였다. 주 이스라엘의 하느님께서 이스라엘을 위하여 싸워 주셨기 때문이다.

⁴³ 그런 다음에 여호수아와 온 이스라엘은 길갈 진영으로 돌아갔다.

둘러보기

아모리족 임금들은 전에 우리를 안에서 지배하던 적대 세력들을 나타내므로, 그들을 처형한 것은 잔혹함이 아니라 친절함을 나타낸다. 우리는 하느님의 도우심과 구원을 통하여 우리 영혼의 원수들을 정복한 다음에 상속재산을 받을 수 있을 것이다. 리브나, 라키쉬, 헤브론의 이름은 각 도시의 두 가지 상황에 부합한다. 약속의 땅에 살던 주민들이 황폐해짐은 우리 안의 온갖 죄악이 없어지는 것을 나타내며, 모든 죄악이 사라질 때, 우리는 상속재산을 받을 수 있는 준비를 갖춘다. 이스라엘 사람들의 전쟁을 인간 목숨의 파괴가 아니라 영혼에 있는 죄악의 파괴에 대한 예표로 이해한다면, 예수님의 신실하고 자비로운 모습이 더욱 선명히 드러난다(오리게네스).

10,24 발로 이 임금들의 목을 밟아라

죄의 지배

이제 예수[여호수아]가 원수들을 괴멸시켰습니다. 이 이야기는 이단자들이 생각하는 것처럼 잔혹성을 가르치는 것이 아니라, 미래의 성사들을 나타냅니다. 따라서 우리 안에서 죄의 통치를 시행하던 저 임금들을 예수님께서 죽이실 때에, 우리는 사도의 이 말이 가리키는 성화에 이를 수 있습니다. '우리가 전에 자기 지체를 더러움과 불법에 종으로 넘겨 불법에 빠져 있었듯이, 이제는 우리 지체를 의로움에 종으로 바쳐 성화에 이릅시다'(로마 6,19 참조).

그렇다면 이단자들이 이 본문에서 잔혹하다고 비난하는 것은 무엇입니까? 이렇게 기록되어 있다는 이유입니다. '발로 그들의 목을 밟아 죽여라.' 그러나 이것은 잔혹함이 아니라 인간적이고 친절한 행위임이 드러납니다. 그렇지 않습니까? 여러분이 "뱀과 전갈을 밟고 원수의 모든 힘을 억누르"(루카 10,19)며, "힘센 사자와 용을 짓밟"(시편 91,13)고, 한때 여러분을 지배하고 여러분 안에서 죄의 왕국을 유지하던 그 비열한 임금들을 짓밟을 수 있는 그러한 사람들이 되기를 빕니다. 그리하여 죄의 행실로 여러분을 다스리던 그 모든 것이 파멸하면, 우리 주 예수 그리스도께서 홀로 여러분 안에서 다스리실 것입니다. "그분께서는 영원무궁토록 영광과 권능을 누리십니다. 아멘"(1베드 4,11).

• 오리게네스 『여호수아기 강해』 11,6.[1]

10,25 힘과 용기를 내어라

영적 전투

그러나 마르키온과 발렌티누스와 바실리데스[2] 같은 이단자들은 이러한 것들을 성령에 맞갖은 방식으로 이해하기를 거부하는 까닭에, '믿음에서 멀어져 수많은 불경에 빠지게 되었으며'(1티모 6,10 참조), 율법의 신은 기록된 이러한 일들을 통하여 잔혹성을 가르치는 또 다른 신으로서 그가 세상의 창조주요 심판자라고 우깁니다. 예를 들면, 그들은 원수들의 목을 짓밟고 무력으로 침략한 그 땅의 임금들을 나무에 매달라는 명령을 받습니다.

그러나 하느님의 아들이시며 저의 주님이신 예수님께서 저에게 그렇게 하도록 허락하시고, 또 저에게 불륜을 저지르는 영을 제 발로 짓부수고, 분노와 격노의 목을 짓밟고, 인색의 악마를 짓밟고, 허영을 내리밟고, 교만한 마음을 제 발로 짓부수라고, 그리고 제가 이러한 일들을 다 했을 때 그 드높은 공로를 저 자신에게 매달지 말고 당신의 십자가 위에 매달라고 명령해 주시

---

[1] FC 105,119.

[2] 영지주의를 가르친 사람들.

기만 한다면 [얼마나 좋을까요!] 그리하여 제가 본받아 "내 쪽에서 보면, 세상이 십자가에 못 박혔습니다"(갈라 6,14) 하고 말할 수 있다면, 그리고 앞에서 우리가 말한 대로, "그것은 내가 아니라 내 안에 있는 하느님의 은총이 한 것입니다"(1코린 15,10) 하고 말할 수 있다면 말입니다.

그러나 제가 그렇게 행동할 자격을 얻는다면, 저는 축복을 받을 것입니다. 그리고 예수[여호수아]가 옛사람들에게 한 말을 저도 듣게 될 것입니다. '힘과 용기를 내어라. 두려워하지도 말고 겁내지도 마라. 주 하느님께서 너희의 모든 원수를 너희 손에 넘겨주셨기 때문이다'(여호 10,25 참조). 우리가 이러한 일들을 영적으로 이해하고 또 이러한 형태의 전쟁을 영적으로 수행한다면, 그리고 우리가 하늘에서 저 모든 영적 불경을 몰아낸다면, 그때 우리는 마침내 우리 주님이시며 구원자이신 예수 그리스도께서 주시는 상속재산의 몫으로 바로 하늘나라인 그 땅과 나라들을 예수님에게서 받을 수 있게 될 것입니다. "그분께서는 영원무궁토록 영광과 권능을 누리십니다. 아멘"(1베드 4,11).

● 오리게네스 『여호수아기 강해』 12,3.[3]

10,28-29 여호수아가 리브나를 정복하다

두 가지 하양

그러나 우리가 이 이름들의 의미를 더 열심히 더욱 부지런히 살펴본다면, 그 이름들이 어떤 때는 나쁜 나라로 또 어떤 때에는 좋은 나라로 해석될 수 있다는 것을 알게 될 것입니다. 예를 들면, 제 생각에 리브나는 '하양'을 의미합니다. 그러나 하양에는 나병의 흰색도 있고 빛의 하양도 있기 때문에, 하양은 서로 달리 이해됩니다. 그러므로 그 이름 자체의 의미에서 또 조건에 따라 서로 다른 것을 가리킬 수 있습니다. 그래서 리

브나는 사악한 임금들 아래서 분명히 나병의 흰색을 지니고 있었지만, 그들이 정복되고 멸망한 뒤 리브나가 이스라엘 왕국에 속하게 될 때에, 그 성읍은 눈부시게 흰 빛을 받습니다. 이처럼 성경에서 하양은 찬양받을 만한 것과 저주받을 만한 것, 두 가지를 다 나타냅니다.

● 오리게네스 『여호수아기 강해』 13,2.[4]

10,31-32 여호수아가 라키스를 정복하다

좋은 길과 나쁜 길

또 라키스는 '길'로 해석됩니다. 성경에서 길은 찬미받기도 하고 책망받기도 합니다. 이를 증명하는 것은 어렵지 않습니다. 시편은 '악인의 길은 멸망에 이르리라'(시편 1,6 참조)고 하고 다른 곳에서는 그와 반대로 '네 발로 바른길을 걸어라'(참조: 히브 12,13; 잠언 4,26)라고 합니다. 그러므로 여기에서도 라키스 성읍이 처음에는 악인들의 길이었지만 나중에 그 성읍이 정복되어 멸망하였을 때에는 이스라엘인들의 지배를 받음으로써 바른길로 들어섰다고 이해할 수 있습니다.

● 오리게네스 『여호수아기 강해』 13,2.[5]

10,36-37 여호수아가 헤브론을 정복하다

옛 결합과 새 결합

헤브론의 경우도 마찬가지입니다. 이 낱말은 '결합' 또는 '혼인'을 의미한다고 하지요. 우리 영혼은 처음엔 악인과 결합되었습니다. 곧 가장 사악한 남편인 악마가 그자였지요. 그 남편이 파멸하여 없어지자, 영혼은 예전의 사악한 남편의 "율법에서 자유로워져"(로마 7,3) 합법적이고 좋

---

[3] FC 105,123-24.

[4] FC 105,126.

[5] FC 105,126-27.

은 남편과 결합되었습니다. 그분을 두고 바오로 사도는 이렇게 말합니다. "나는 여러분을 순결한 처녀로 한 남자에게, 곧 그리스도께 바치려고 그분과 약혼시켰습니다"(2코린 11,2).

이처럼 이름들 자체도 각 성읍의 두 가지 상황에 부합합니다.

• 오리게네스 『여호수아기 강해』 13,2.[6]

10,40-43 온 땅을 점령하다

상속받을 자격

마찬가지로, 인간의 영혼 안에 마귀가 세워 놓은 악마적 구조를 무너뜨리는 것은 무엇보다 하느님 말씀의 작용입니다. 사실 마귀는 우리 한 사람 한 사람 안에 자기 자신을 높이 들어 올리는 성벽과 교만의 탑을 쌓아 놓았습니다. 하느님의 말씀께서 이것들을 허물고 무너뜨리시어, 사도의 말대로, 우리는 "하느님의 밭이며 하느님의 건물"(1코린 3,9)이 됩니다. 우리는 '사도들과 예언자들의 기초 위에 세워진 건물이고, 그리스도 예수께서는 바로 모퉁잇돌이십니다. 그리스도 안에서 전체가 잘 결합된 이 건물이 영 안에서 하느님의 성전으로 자라납니다'(에페 2,20-21 참조). 그렇게 되면 마침내 우리는 이스라엘 사람들의 몫인 거룩한 땅을 상속재산으로 받을 자격을 얻을 것입니다. 그때에 우리의 원수들은 파멸되고 없어져 버려 우리 안 "생존자를 하나도 남기지" 못할 것입니다. 우리 주 예수 그리스도의 가르침을 따르는 언행과 영적인 이해를 통하여, 오로지 그리스도의 영만이 우리 안에서 살아 숨쉽니다. 주님께 "권능과 힘이 영원무궁하기를 빕니다. 아멘"(묵시 7,12 참조).

• 오리게네스 『여호수아기 강해』 13,4.[7]

악의 소멸

이스라엘인의 전쟁은 이런 식으로 이해하는 것이 더 낫다고 저는 생각합니다. 예수[여호수아]가 이런 방식으로 싸워서 그 성읍들을 파괴하고 그 나라들을 무너뜨렸다고 생각하는 것이 더 낫습니다. 사실, 그가 이 성읍들을 "생존자를 하나도 남기지 않고, 살아남거나 도망치는 자가 한 명도 없을 때까지"(여호 8,22; 10,40) 하나하나 철저하게 파괴하고 멸망시켰다는 이야기도 이런 식으로 이해하면 신실함과 자비로움이 더욱 선명히 드러날 것입니다.

주님께서 당신을 믿는 이들에게서 — 당신의 나라에 들어갈 자격이 있다고 선언하시는 이들에게서처럼 — 이전의 온갖 죄악을, 그리고 저의 영혼에게서 그 모든 죄악을 내쫓아 없애 버려 주시기를 빕니다. 그리하여 제 안에서 악한 경향이라고는 남아 숨 쉬는 것이 하나도 없게, 어떠한 분노도 없게, 그리고 악으로 기울어지려는 욕망의 성향이 제 안에 하나도 남아 있지 않게, 또 어떤 악한 말도 살아남아 제 입에서 '도망치지 않게' 해 주시기를 빕니다. 그렇게 해 주시면, 정녕 저는 이전의 모든 죄악을 깨끗이 씻어 버리고 예수님의 인도를 받아, 이렇게 기록되어 있는 이스라엘 자손들의 성읍들 가운데 하나가 될 수 있습니다. '나는 유다의 성읍들을 다시 세워, 그들이 그곳에 살게 하리라'(아모 9,14 참조).

• 오리게네스 『여호수아기 강해』 13,3.[8]

---

[6] FC 105,127*.

[7] FC 105,128-29.

[8] FC 105,127.

11,1-15 가나안 임금들이 이스라엘에 맞서 모이다

¹ 하초르 임금 야빈은 이 소식을 듣고 마돈 임금 요밥, 시므론 임금, 악삽 임금에게,

² 그리고 북부 산악 지방, 킨네렛 남쪽 아라바, 평원 지대, 서쪽의 도르 고지대에 있는 임금들에게,

³ 또 동쪽과 서쪽의 가나안족, 산악 지방의 아모리족, 히타이트족, 프리즈족, 여부스족, 미츠파 땅 헤르몬 산 밑의 히위족에게 전갈을 보냈다.

⁴ 그들이 저희의 모든 군대를 거느리고 나오니, 병사들의 수가 바닷가의 모래처럼 많고 군마와 병거도 아주 많았다.

⁵ 이 임금들이 모두 모여 이스라엘과 싸우려고 메롬 물가로 가서 함께 진을 쳤다.

⁶ 그때에 주님께서 여호수아에게 말씀하셨다. "저들을 두려워하지 마라. 내일 이맘때, 내가 이스라엘 앞에 그들을 모두 시체로 넘겨주겠다. 너는 그들의 군마 뒷다리 힘줄을 끊고 병거들을 불에 태워라."

⁷ 그리하여 여호수아는 모든 병사와 함께 메롬 물가에 있는 그들에게 갑자기 밀어닥쳐 그들을 덮쳤다.

⁸ 주님께서 그들을 이스라엘의 손에 넘겨주셨으므로, 이스라엘 사람들은 그들을 쳐 죽이고 '큰 시돈'과 미스르폿 마임까지, 동쪽으로는 미츠파 골짜기까지 뒤쫓아 갔다. 그러면서 그들 가운데 생존자가 하나도 남지 않을 때까지 모두 쳐 죽였다.

⁹ 여호수아는 주님께서 자기에게 말씀하신 대로 하였다. 곧 그들의 군마 뒷다리 힘줄을 끊고 병거들을 불에 태워 버린 것이다. …

¹² 여호수아는 이 모든 임금의 성읍들을 점령하고 그 임금들을 사로잡아, 주님의 종 모세가 명령한 대로 칼로 쳐 죽여 완전 봉헌물로 바쳤다. …

¹⁴ 이스라엘 자손들은 이 성읍들에서 나온 모든 전리품과 가축을 차지하고, 사람들은 모조리 칼로 쳐 죽여 없애 버렸다. 이렇게 숨 쉬는 것은 하나도 남겨 두지 않았다.

¹⁵ 주님께서 당신의 종 모세에게 명령하신 대로 모세가 여호수아에게 명령하였고, 여호수아는 또 그대로 실행하였다. 여호수아는 주님께서 모세에게 명령하신 것 가운데에서 하나도 빠뜨리지 않았다.

둘러보기

아모리족 임금들의 공격에 뒤이은 가나안 임금들의 공격은 하느님 백성의 수가 불어나면 박해자들도 그만큼 불어난다는 사실을 우리에게 가르쳐 준다. 임금들의 이름과 그 지역과 행동들을 연관 지어 보면 예형론적 해석이 나온다. 야빈은 땅을 다스리는 마귀이고, 요밥은 사람들에게 재앙을 가져다주는 악령이다. 주님께서 선언하시는 이스라엘의 승리는 시대의 종말에 모든 악이 파멸함을 상징한다. 마귀들을 나타내는 군

마들과 병거들은 불신자들이 도움을 간청하는 대상들에 대한 예표이기에 모두 파괴된다. 이것들을 파괴하라는 주님의 명령은 우리가 극기를 통해 육체의 정욕을 억누르고 하느님의 말씀을 열망하며 불타오르는 마음을 지닐 때에 이행된다(오리게네스). 하느님의 심판 행위는 심판을 재촉하는 죄와 연결시켜 이해해야 한다(아우구스티누스). 여호수아가 모세를 통하여 받은 모든 명령을 이행한 것은 예수님께서 율법을 완성하심을 상징한다(오리게네스).

11,1-8 가나안 임금들의 공격

의로움이 자라날수록 공격을 더 많이 받는다

앞의 독서에서는 예루살렘의 임금이 다른 네 명의 임금과 함께 모여 예수[여호수아]와 이스라엘 자손들에게 맞섰습니다(여호 10,1-17 참조). 그러나 이제는 네댓 사람이 모이는 것이 아닙니다. 그 정도가 아니라, 한 사람이 얼마나 거대한 무리를 모으는지 보십시오. …

적대 세력과 사악한 마귀들의 얼마나 많은 무리가 예수[여호수아]와 이스라엘 군대에 맞서 벌 떼처럼 일어설 것인지 여러분은 압니다. 우리 주 구원자께서 오시기 전에, 저 온갖 마귀들은 아예 마음 놓고 아무런 걱정 없이 인간의 영혼을 점령하고 사람들의 정신과 육체를 지배했습니다. 그러나 세상에 '은총이 나타나', '우리 구원자이신 하느님'(티토 2,11-14 참조)의 자비가 우리에게 온갖 죄의 전염에서 벗어나 이 세상에서 경건하고 깨끗하게 살아가도록 가르치심으로써, 모든 영혼이 저마다 태초에 창조된 그대로 "하느님의 모습"(창세 1,27)과 그 자유를 받아들일 수 있게 하십니다. 이 때문에 예전의 간악한 점유자들이 싸움과 전투를 벌여 오는 것입니다. 첫 번째 점유자들을 무너뜨리면, 그다음에는 훨씬 더 많은

자가 일어나서 하나로 뭉쳐 죄악을 공모하는데, 그들은 언제나 선에서 멀리 떨어져 있습니다. 두 번째로 그들을 정복하고 나면, 다시 세 번째로 다른 더 많은 사악한 세력이 일어날 것입니다. 하느님의 백성이 불어나면 불어날수록 그자들도 더욱더 불어나고 무성해져서, 공격을 모의하는 자들이 더욱더 많아지는 것 같습니다.

• 오리게네스 『여호수아기 강해』 14,1.[1]

야빈

우리는, 하느님께서 허락하시는 대로, 적군의 임금들 몇몇을 따로 살펴봅시다. 각 개인의 이름이 지닌 의미를 통해 그가 어떤 악행을 저지르는지 알아봅시다.

먼저, 이 전쟁의 주모자로 적시된 자, 다른 임금들을 불러 모아 죄악을 공모한 자는 이름이 야빈으로, 하초르의 임금이었습니다. 그는 다른 임금들을 불러 모았다는 자입니다. 그런데 '야빈'은 '생각' 또는 '현명함'이라는 뜻입니다. 그렇다면 이 '생각'이나 '현명함'은 이사야 예언자가 말하는 '오만한 생각'이 아니고 무엇이겠습니까? 이사야는 이렇게 말합니다. '그리고 더 나아가서, 나는 아시리아 임금의 오만한 생각을 꺾어 버리리라. 그는 이렇게 말한다. '나는 내 힘으로, 나의 현명한 지혜로 이것을 이루리라. 나는 민족들의 경계선을 치워 버리고 그 세력을 빼앗으리라"(이사 10,12-13 참조).

그러므로 그 대목에서 '오만한 생각'으로 불리는 자는 아시리아 임금입니다. 그러나 여기에서, 야빈은 '생각'이나 '현명함'입니다. 사실 낙원에서는 뱀이 땅 위에 사는 '모든 짐승들 가운데 가장 현명하였다'(창세 3,1 참조)▸고 기록되어 있습

---

[1] FC 105,130-32.

니다. 그리고 "불의한 집사"도 '현명하게 대처하였다'(루카 16,8 참조)는 말을 듣습니다. 그때에 이 야빈은 하초르의 임금이었습니다. 그런데 '하초르'는 '궁정'을 뜻합니다. 따라서 온 세상은 이 임금의 궁정입니다. 그는 온 세상을 마치 하나의 궁전 마당처럼 삼고 수위권을 행사하는 마귀입니다. 여러분은 그 마당이 바로 세상이라는 것을 확인하고 싶습니까? 복음서에 기록되어 있기를, 힘센 자는 더 힘센 자가 와서 그를 '묶어 놓고 재물을 빼앗을'(마태 12,29 참조) 때까지는 자기 집 마당에서 아무런 걱정 없이 잠을 잔다고 합니다. 그러므로 그 마당의 임금이 "이 세상의 우두머리"(요한 14,30; 16,11)입니다.

● 오리게네스 『여호수아기 강해』 14,2.[3]

요밥

이자[야빈]가 요밥에게 전갈을 보냅니다. 사실 바로 그가 모든 나라에 전갈을 보내 전쟁을 하자고 임금들을 불러 모으는 자입니다. 그는 메롬[마돈] 임금 [요밥]에게 전갈을 보냅니다. '요밥'은 '적대'라는 뜻이고 '메롬'은 '쓰디씀'을 뜻합니다. 그러니까 마귀는 분명 도망친 천사들 가운데 또 다른 적대 세력에게 전갈을 보내고 이 세력이 바로 '쓰디씀' 임금입니다. 비참한 인간들에게 가해지는 이 세상의 온갖 쓰디씀과 어려움은 이 주모자와 그의 악행에서 나옵니다. 죄에는 여러 가지가 있습니다. 죄는 처음에는 어느 정도 즐거운 것처럼 보이지만, 그 어떤 것도 죄보다 쓰지 않습니다. 솔로몬의 말대로입니다. '처음에는 단 것처럼 보이는 것이 그 끝은 쓸개보다 더 쓰고 칼날보다 더 날카롭다'(잠언 5,4 참조). 그러나 의로움의 본질은 그 반대입니다. 의로움은 처음에는 몹시 쓴 것 같지만, 끝에 가서 덕행의 열매를 맺을 때에는 꿀보다 더 달다는 것을 알게 됩니다. 그렇기에 악마는 [예수에게] 적대적인 요밥에게, 곧 쓰디쓴 임금에게 전갈을 보냈습니다.

● 오리게네스 『여호수아기 강해』 14,2.[4]

승리는 내일 온다

이것이 그 명단입니다. 우리의 지도자이시며 구원자이신 예수님을 따르는 우리와 맞서 싸우려고 야빈 임금이 불러 모은, 눈에 보이지 않는 적들의 모든 군대의 명단이지요. 그러나 주님께서 뭐라고 선언하십니까? '저들이 나타나도 두려워하지 마라. 내일 이맘때, 내가 그들을 너희 손에 넘겨주겠다'고 하십니다. 이 말씀을 저는 우리가 오늘은 저 모든 세력들을 제압하거나 괴멸시킬 수는 없지만, 내일, 곧 이 시대가 끝나면 그들은 완전히 없어질 것이라는 뜻으로 알아듣습니다.

왼쪽에 있는 자들에게 '하느님께서 악마와 그 부하들을 위하여 마련하신 영원한 불속으로 들어가라'(마태 25,41 참조)는 심판이 내려지는 것을 여러분이 볼 그때에, 모든 적대 세력은 무너지고 그 내밀한 부분까지 정복될 것입니다. 그때에 만일 우리가 지도자이신 예수님을 따라 그들을 정복하고 점령하였다면, 아버지께서 당신의 성인들을 위하여 그리고 우리 주 예수 그리스도를 통하여 당신의 계명들과 '모든 의로움을 이룬'(마태 3,15 참조) 이들을 위하여 마련하신 그 나라를 우리도 차지할 수 있을 것입니다. "그리스도께서는 영원무궁토록 영광과 권능을 누리십니다. 아멘"(1베드 4,11).

● 오리게네스 『여호수아기 강해』 14,2.[5]

---

[2] '간교하다', '교활하다' 등 여러 가지로 번역된다.
[3] FC 105,132-33*.　　　　[4] FC 105,133*.
[5] FC 105,136-37*.

11,9 여호수아가 군마와 병거들을 파괴하다

마귀의 표상들

파괴된 군마와 병거들은, 하늘의 자리를 부여받았음에도 방탕함과 교만 때문에 그 자리에서 굴러떨어진 자들의 표상을 지니고 있다고 보입니다. 그들은 인간의 딸들을 차지하려는 욕정에 불타올랐거나, "나는 구름 꼭대기로 올라가서 지극히 높으신 분과 같아져야지"(이사 14,14) 하고 말한 자를 따른 자들입니다. 예언자가 "기마로 승리한다 함은 환상"(시편 33,17)이라고 한 것도 아마 같은 이유일 것입니다. 그는 마귀를 믿는 자들에 관해서는 이렇게 말합니다. "이들은 병거를, 저들은 기마를 믿지만, 우리는 우리 하느님 주님의 이름을 부르네"(시편 20,8). 단언컨대, 성경은 병거와 군마들을 하느님처럼 여기지 않습니다. 적어도 그런 것들에게 기원하듯 간절히 불러내지는 않습니다. 어떻든 성경은 우리가 참 하느님을 부르듯이 다른 민족들, 곧 이스라엘에 맞서 전쟁을 일으킨 그 민족들이 마귀들을 나타내는 '병거와 군마들'을 불러내는 것을 보여 줍니다. 더 나아가 성경은 이집트인들의 군마들에 대해서도 언급하는데, 그때에 그 군마와 기병들도 하느님의 명령에 따라 파멸을 맞았습니다(탈출 14,9.26-28 참조).

• 오리게네스 『여호수아기 강해』 15,3.[6]

힘줄이 끊어진 정욕

하느님의 계명이 우리에게 그 뒷다리 힘줄을 끊어 버리라고 명령하는 군마들과 병거들을 육체의 정욕 — 육욕, 교만, 무례, 변덕, 이런 것들은 불쌍한 영혼을 자기 위에 싣고 크나큰 위험으로 돌진하지요 — 으로 이해한다면, 이러한 이해는 우리의 추론과 어긋나지 않을 것입니다. 물론 그 군마는 단식과 밤샘 기도, 그리고 온갖 극기

의 고통으로 육체가 겸손해지면 뒷다리 힘줄이 끊깁니다. 그리고 "나는 세상에 불을 지르러 왔다. 그 불이 이미 타올랐으면 얼마나 좋으랴!"(루카 12,49)라는 주님의 말씀이 우리 안에서 이루어질 때, 그 병거들은 불에 타 사라집니다. 저 사람들은 "주님께서 성경을 풀이해 주실 때에 속에서 우리 마음이 타오르지 않았던가?"(루카 24,32) 하고 말한 그 불에 탄다는 것을 이미 스스로 드러냈습니다. 그러므로 우리가 육체의 충동을 그냥 풀어 놓아 버린다면, 그리고 우리가 방탕하고 오만한 육의 목을 극기의 명으로 복종시키지 않는다면, 그 군마로 '구원을 받는다는 것은 환상'(시편 33,17 참조)입니다.

그러나 혹시라도 누가 우리가 이야기한 하느님 말씀에 자극과 가책을 받는다면, 어제는 그가 육욕에 이끌려 성난 말처럼 맹렬히 날뛰었지만 오늘 그 이야기를 들은 뒤 참회하고 회개한다면, 그가 예언자의 말대로, '하느님에 대한 경외심에 압도되어'(시편 119,120 참조) 자신을 억제하고 죄에서 벗어나 이제 정결과 금욕 생활을 사랑하기까지 한다면, 그때 참으로 우리는 하느님 말씀의 칼(에페 6,17 참조)로 '군마의 뒷다리 힘줄을 끊어 버렸다고' 보일 것입니다. 정녕 이렇게 하는 사람이 원수들에게서 전리품으로 거둔 말의 뒷다리 힘줄을 끊는 사람보다 더 적절히 하느님의 계명을 완수하는 이입니다.

• 오리게네스 『여호수아기 강해』 15,3.[7]

11,14 살아 숨 쉬는 것은 하나도 남겨 두지 않았다

하느님의 일에 대한 판단

하느님께서 친히 그렇게 명령하셨기 때문에 여호수아가 함락된 그 성읍들 안에 살아 숨 쉬는

---

[6] FC 105,141-42. [7] FC 105,142-43.

것은 하나도 남겨 두지 않았다는 것을 무시무시한 잔혹성으로 생각해서는 결코 안 됩니다. 어떻든 이것을 근거로 하느님은 잔인함이 틀림이 없다고 생각하고, 참하느님이 구약성경의 저자라는 것을 믿지 않으려 하는 사람은 누구나 인간의 죄에 대하여 하느님께서 하시는 일을 거꾸로 판단하는 것입니다. 그러한 사람들은 인간이 저마다 무슨 일을 겪어야 하는지를 모르고 있습니다. 결론적으로, 그들은 멸망해야 할 것이 무너지는 것과 죽어야 할 것이 죽는 것을 커다란 악이라고 생각하는 것입니다.

• 아우구스티누스 『칠경에 관한 질문』 16.[8]

11,15 여호수아가 주님께서 명령하신 대로 실행하다

율법의 완성

이 구절을 봅시다. "주님의 종 모세가 그에게 명령한 대로." 여기에서 율법의 말씀 자체가 주님의 종 모세로 표현되고 있습니다. 복음서도 그렇게 말합니다. "그들에게는 모세와 예언자들이 있으니 그들의 말을 들어야 한다"(루카 16,29). 그러니까 율법이 우리에게 죄를 짓도록 선동하는 온갖 죄의 임금들을 없애 버리라고 명령한 것입니다. '예수[여호수아]는 모세가 명령한 것 가운데

에서 하나도 빠뜨리지 않았다.' 실제로, 우리는 해설의 첫 대목에서, 하느님의 율법 — 여기에서는 모세라고 합니다 — 이 명령한 모든 것을 예수가 우리 안에서 다 이루었으며, 바로 그가 우리 안에서 모든 악습을 없애고 지극히 수치스러운 죄의 나라를 무너뜨리는 사람이라고 이야기했습니다. 그렇지만 구원자이신 우리 주님께 대하여 이렇게 말할 수도 있습니다. 모세가 율법에서 명령한 모든 것을 예수님께서 하나도 빠뜨리지 않고 다 완성하셨다고 말입니다. 그래서 바오로 사도는 이렇게 말합니다. "때가 차자 하느님께서 당신의 아드님을 보내시어 여인에게서 태어나 율법 아래 놓이게 하셨습니다"(갈라 4,4). 그러므로 그분께서 율법 아래 놓이셨다면, 그분은 율법 아래 계셨기 때문에, 우리를 율법의 저주에서 구원하시고자 그분께서는 율법이 명령하는 모든 것을 다 완수하셨습니다. 그래서 그분께서도 당신 자신에 관하여 이렇게 말씀하십니다. "[나는] 율법을 폐지하러 온 것이 아니라 오히려 완성하러 왔다"(마태 5,17).

• 오리게네스 『여호수아기 강해』 15,4.[9]

---

[8] CCL 33,322.　　　　[9] FC 105,145-46*.

11,16-23 정복을 끝내다

[16] 이렇게 여호수아는 이 모든 땅, 곧 산악 지방, 온 네겝 땅, 온 고센 땅, 평원 지대, 아라바, 이스라엘 산악 지방과 그 평원 지대를 정복하였다.

[17] 그리고 세이르 쪽으로 솟은 할락 산에서 헤르몬 산 아래 레바논 골짜기에 있는 바알 가드까지, 모든 임금을 사로잡아 쳐 죽였다. …

[20] 이스라엘이 사정을 보지 않고 그 원주민들을 완전 봉헌물로 바치게 하시려고, 주님께서는 그들의 마음을 완고하게 하시어 이스라엘을 맞아 싸우게 하신 것이다. 이렇게 하여 여호수아는 주님께서 모세에게 명령하신 대로 그들을 전멸시켰다. … ✎

↰ 23 이렇게 여호수아는 주님께서 모세에게 이르신 그대로 모든 땅을 정복하였다. 그러고 나서 지파별 구분에 따라 이스라엘 사람들에게 그 땅을 상속재산으로 나누어 주었다. 이로써 전쟁은 끝나고 이 땅은 평온해졌다.

둘러보기

아우구스티누스는 여호수아가 정복한 영역은 성경 본문이 기술하는 지역 내에서 그가 맞서 싸운 성읍들에 한정되었다는 사실에 주목한다. 가나안 사람들이 멸망해 버리도록 하느님께서 그들에게 이스라엘을 공격하라고 부추기신 것은 주님께서 우리가 죄에 맞서 싸우도록 일으켜 세우시고자 적대 세력이 우리를 공격하도록 허락하신다는 것을 보여 준다(오리게네스). 그러나 하느님의 힘은 무적이다(히에로니무스). 하느님의 섭리는 가나안 사람들에 대한 하느님의 심판이 이루어지도록 그들이 이스라엘인들을 공격하게 한다(아우구스티누스). 온 땅을 정복한 여호수아는 모든 죄를 사로잡아 없애 버리시고 온 세상에서 무수한 신앙인들을 부르시는 그리스도를 예표한다(오리게네스).

11,16-17 이렇게 여호수아는 이 모든 땅을 정복하였다

여호수아가 정복한 영역

어떻게 이 내용이 진실일 수 있느냐고 사람들은 묻습니다. 판관 체제 이후든 왕정 시대든, 히브리인들이 저 일곱 민족의 모든 성읍을 모조리 점령할 수는 없었다는 이유지요. 그러나 이 구절은 여호수아가 그가 점령한 성읍들에만 적의를 가지고 다가갔다는 의미로 이해해야 할 것입니다. 그렇지 않으면, 위에 언급한 지역에 있는 성읍들을 제외한 모든 성읍을 점령하였다는 의미가 될 수도 있는데, 여기서 그 지역들을 하나하나 열거하는 것은 '그가 싸워서 모두 점령하였다'는 성읍들이 그 안에 있기 때문입니다.

• 아우구스티누스 『칠경에 관한 질문』 17.[1]

11,20 주님께서 그들의 마음을 완고하게 하셨다

싸움을 부추기시다

우리 안에서 작용하며 우리를 죄짓게 하는 적대 세력이 우리에게 다가와 자극하고 싸움을 걸어오지 않는 한, 그들을 죽일 수도 전멸시킬 수도 없습니다. 따라서 하느님께서는 적대 세력이 우리와 맞서 싸우도록 허락하시고 부추기기까지 하시어, 그들이 파멸로 치닫고 우리가 승리를 쟁취하도록 하신다고 말하는 것은 그러한 까닭입니다.

• 오리게네스 『여호수아기 강해』 15,5.[2]

거역할 수 없는 하느님의 의지

'기브온 주민들을 제외하고, 주님께서 이스라엘 자손들에게 넘겨주시지 않은 성읍은 하나도 없었다. 이스라엘이 사정을 보지 않고 그들을 완전히 없애게 하시려고, 주님께서 그들의 마음을 완고하게 하시어 이스라엘을 맞아 싸우게 하신 것이다. 이렇게 하여 여호수아는 주님께서 모세에게 명령하신 대로 그들에게 자비를 보이지 않고 쳐 죽여 그들을 전멸시켰다.' 이스라엘이 평

---

[1] CCL 33,322.

[2] FC 105,146.

화를 얻지도 받아들이지도 않은 것이 하느님의 의지에 따른 일이라면, 우리는 사도와 함께 이렇게 말합시다. "그렇다면 하느님께서는 왜 사람을 책망하십니까? 사실 누가 그분의 뜻을 거역할 수 있겠습니까?"(로마 9,19).

• 히에로니무스 『펠라기우스파 반박 대화』 1,38.[3]

하느님의 드높은 판단

"주님으로 말미암아 그들의 마음이 완고해졌다." 곧, 파라오의 경우와 똑같이 그들의 마음이 완고해졌다고 합니다. 하느님께서 어떤 사람을 버리시고 원수가 그를 차지하게 하실 때에, 그것이 그분의 드높은 판단에 따른 일이라는 것은 결코 의심의 여지가 없습니다. 파라오의 경우도 그랬고 지금 이 경우도 그렇습니다. 그런데 여기에서는 또 다른 무엇인가가 작용합니다. 이스라엘에 맞서 전쟁을 일으키도록 그들의 마음이 대담해지고, 따라서 이스라엘인들이 그들에게 어떠한 자비도 보이지 않았다는 것입니다. 이스라엘인들은 가나안 사람들이 전쟁을 일으키지 않았다면 그들에게 자비를 보였을 것이 틀림없습니다. 하느님께서 가나안 사람들을 하나도 살려 두지 말라고 명령하셨지만, 실제로 이스라엘인들은 기브온 사람들이 먼 고장에서 온 것처럼 나타났을 때 그들과 계약을 맺었기 때문에 그들을 살려 주었습니다. 이처럼 이스라엘인들은 하느님의 명령을 거스르기까지 하면서 사람들에게 자비를 보이는 이들이었기 때문에, 가나안 사람들이 그러한 방식으로 전쟁을 일으킨 점이 드러나고 있는 것입니다. 그들의 잔인한 방식 때문에 이스라엘인들은 하느님의 명령을 소홀히 하면서까지 자비를 보이기는커녕 그들을 살려 두지도 않은 것입니다. 여호수아가 그들의 지도자로서 하느님의 모든 명령을 열심히 지켰다 하더라도,

저는 이 일이 달리 일어날 수 있었다고는 생각하지 않습니다. 그렇지만 그들이 그렇게 비열한 방식으로 여호수아에게 맞서지 않았더라면, 여호수아도 그토록 신속하게 그들을 전멸시키지는 않았을 것입니다. 따라서 하느님의 계명을 완수하고 있는 여호수아는 그들을 최소한으로 쳐부수고, 이스라엘인들이 여호수아가 죽은 다음에 그들을 살려 줄 수 있을 때까지, 이스라엘인들이 하느님의 계명을 이때처럼 성실히 실행하지 않게 될 때까지, 그들은 살아남을 수도 있었을 것입니다. 여호수아가 살아 있을 때에도, 이스라엘인들은 비록 그들을 자기들 권한 아래 두기는 하였지만, 가나안 사람들 일부를 살려 주었기 때문입니다. 이스라엘인들은 실제로 일부 가나안 사람들을 정복할 수 없었습니다. 그러나 이런 일들은 여호수아가 그들의 지도자였을 때가 아니라 그가 늙어 전투에서 물러난 뒤 이스라엘인들에게 영토를 나누어 주었을 때에 일어난 것입니다. 그는 비록 그 자신은 더 이상 전쟁을 수행할 수는 없지만, 이스라엘인들이 원수들을 몰아낸 그 땅을 차지하고 나머지 땅을 싸워서 점령하라는 의도로 영토를 분배하였습니다. 그리고 그들이 가나안 땅을 일부나마 정복할 수 있었던 것은, 성경의 다른 곳들에서 분명히 드러나는 대로, 하느님의 섭리에 따른 것이었습니다.

• 아우구스티누스 『칠경에 관한 질문』 18.[4]

11,23 여호수아가 모든 땅을 정복하였다

모든 종류의 죄

예수[여호수아]가 '어떤 곳은 점령하고 어떤 곳은 점령하지 못했다'고 하지 않고, '모든 땅을 차

---

[3] CCL 80,48-49.

[4] CCL 33,322-23.

지하였다'고, 곧 모든 곳을 점령하고 파괴하였다고 합니다. 참으로, 주 예수님께서는 모든 종류의 죄를 모조리 파괴하시고 깨끗이 없애 버리십니다. 사실 우리 모두는 '어리석고 믿지 않았고 그릇된 길에 빠졌으며, 갖가지 욕망의 노예가 되었고, 악과 질투 속에 살았으며, 고약하게 굴고 서로 미워하였습니다'(티토 3,3 참조). 그리고 사람들이 믿기 전에 그들 안에서 발견되는 온갖 죄를 [우리가 지니고 있었습니다]. 그러므로 예수님께서는 싸우러 나선 모든 자를 죽이신다는 말은 맞습니다. 정녕 하느님의 말씀이시며 "하느님의 지혜"(1코린 1,24)이신 예수님께서는 제아무리 무서운 그 어떤 죄보다 힘이 세십니다. 정녕 그분께서는 모든 죄를 쳐 이기시고 정복하십니다. 우리가 구원의 목욕[5]을 하게 될 때에 온갖 죄가 깨끗이 씻긴다는 것을 혹여 믿지 않으십니까? 바오로 사도도 이에 대해 알려 주는데, 그는 온갖 종류의 죄를 열거하면서 맨 끝에 이렇게 덧붙입니다. "여러분 가운데에도 이런 자들이 더러 있었습니다. 그러나 여러분은 주 예수 그리스도의 이름으로 깨끗이 씻겼습니다. 그리고 거룩하게 되었고 또 의롭게 되었습니다"(1코린 6,11). 따라서 예수[여호수아]가 싸움에서 모든 것을 붙잡고 모두 파괴하였다고 하는 것은 바로 이런 것을 말합니다. 주님의 작용으로 그들의 마음이 드세져 서둘러 이스라엘에게 싸움을 걸었다가 전멸한 것입니다.

• 오리게네스 『여호수아기 강해』 15,5.[6]

소유와 평화

저는 눈의 아들 예수[여호수아]가 온 세상을 점령하였다고 보지 않습니다. 유다 땅만 차지한 사람이 얼마나 되는 땅을 차지했겠습니까? 그러나 우리 주 예수님께서는 참으로 온 땅을 다 차지하셨습니다. 무수한 신앙인이 온 세상 모든 땅에서, 모든 민족들에게서 그분께 무리 지어 모여들기 때문입니다. 이런 일들이 일어난 다음에, 곧 "예수[여호수아]는 모든 땅을 정복하였다"는 말 다음에 이런 구절이 덧붙어 있습니다. "전쟁은 끝나고 이 땅은 평온해졌다." 여호수아 시대엔 전쟁이 완전히 끝나지 않았는데 어떻게 이 구절 — "전쟁은 끝나고 이 땅은 평온해졌다" — 이 눈의 아들에 관하여 진실을 말하는 것이겠습니까? 이 일은 오직 나의 주 예수 그리스도 안에서만 이루어집니다. 여러분 자신을 생각해 보십시오. 여러분은 예수님께 와서, 세례의 은총을 통해 죄를 용서받았습니다. 그리하여 이제 여러분 안에서는 '육이 성령을 거슬러 싸우지도 성령이 육을 거슬러 싸우지도 않습니다'(갈라 5,17 참조). 여러분이 여전히 '예수 그리스도의 죽음을 몸에 지니고 다닌다면'(2코린 4,10 참조), 여러분의 땅에서는 전쟁이 끝난 것입니다. 여러분 안에서 모든 전쟁이 끝났다면, 여러분은 "평온"해지며, "하느님의 자녀"(마태 5,9)라 불릴 것입니다.

• 오리게네스 『여호수아기 강해』 15,7.[7]

---

[5] 세례.

[6] FC 105,146.

[7] FC 105,150.

12,1-24 이스라엘 자손들이 정복한 임금들

¹ 이스라엘 자손들이 요르단 건너편 해 뜨는 쪽 아르논 강에서 헤르몬 산과 동쪽의 온 아라바에 이르기까지 임금들을 쳐 죽여 땅을 차지하였는데, 그 임금들은 이러하다.

² 아모리족의 임금 시혼, … 바산 임금 옥① …

⁶ 이들을 주님의 종 모세와 이스라엘 자손들이 쳐 죽였다. 그런 다음에 주님의 종 모세는 그 땅을 르우벤인들과 가드인들, 그리고 므나쎄 반쪽 지파에게 소유로 나누어 주었다.

⁷ 여호수아와 이스라엘 자손들이 요르단 건너편 서쪽 땅의 임금들을 쳐 죽였는데, 그 임금들은 이러하다. …

⁹ 예리코 임금 하나, 베텔 근처 아이 임금 하나,

¹⁰ 예루살렘 임금 하나, 헤브론 임금 하나,

¹¹ 야르못 임금 하나, 라키스 임금 하나 …

²⁴ 티르차 임금 하나이다. 이렇게 해서 임금들은 모두 서른한 명이다.

① 그리스어 본문; 히브리어 본문은 '옥의 경계'다.

둘러보기

모세와 여호수아는 자신들이 이룬 일의 신비적 의미를 알고 이해하였다(오리게네스). 여호수아가 자기 스승인 모세와 달리 약속의 땅에 들어가 그 땅을 정복할 수 있었던 것처럼, 사도들도 예수님보다 더 많은 기적을 이룰 수 있었다(에프렘).

12,1-24 서른한 명의 임금들

어떤 실재의 그림자

'지혜로운 사람은 자기 입에서 나온 말을 이해하며 자기 입술에서 지식을 듣는다'(잠언 16,23 참조)고 합니다. 그렇다면 우리는 예언자들이 '자기 입에서 나온 말'을 이해하지 못하면 지혜롭지 못한 것이라고 성급히 선언하든가, 아니면, 예언자들은 올바르고 참된 것을 받아들였고 '자기 입에서 나온 말'을 이해했으며 그 입술에 지식을 지녔으므로 지혜로웠다는 사실을 인정해야만 합

니다. 모세가 마음으로 율법의 진리를 보았고 또 자기가 기록한 이야기들의 신비적 의미와 관련된 우의적 의미를 알았으며, 여호수아가 스물아홉¹ 명의 임금들을 정복한 뒤 시행한 영토 분배(여호 12,7-24 참조)의 진정한 의미를 이해했다는 것은 분명합니다. 여호수아는 자신이 이룬 일들이 어떤 실재의 그림자라는 것을 우리보다 더 잘 알 수 있었기 때문입니다.

• 오리게네스 『요한 복음 주해』 6,21-22.²

스승과 제자

"나를 믿는 사람은 내가 하는 일을 할 뿐만 아니라, 그보다 더 큰 일도 하게 될 것이다"(요한 14,12)라고 쓰여 있습니다. 그리고 그분께서는 '제

---

¹ 칠십인역(여호 12,24)에 따른 수다.

² FC 80,174.

자는 스승보다 높지 않다'(마태 10,24 참조)고 하셨습니다. 이 말씀은 어떻게 [설명할 수] 있습니까? 예를 들면, 모세는 임금을 셋만 죽였지만, 여호수아는 서른 명을 죽였습니다(여호 12,1-24 참조). [모세는] 끊임없이 기도하며 간청했지만, [약속의 땅에] 들어가지 못하였습니다. 그 땅에 들어가 상속재산을 분배한 것은 여호수아였습니다(참조: 신명 34,4-5; 여호 14,1-19,51). 마찬가지로, 사무엘은 엘리보다 더 위대하였으며, 엘리사는 자

기 스승이 승천한 뒤에 스승이 지닌 영의 두 몫을 받았습니다(2열왕 2,9-12 참조). 우리 구원자 예수님의 경우도 마찬가지입니다. 그분의 제자들이 두 배나 되는 표징들을 이루었기 때문입니다.

● 시리아인 에프렘
『타티아누스의 네 복음서 발췌 합본 주해』 19,8.[3]

---

[3] *ECTD* 286.

13,1-14 땅의 분배

[1] 여호수아가 늙고 나이가 많이 들자 주님께서 그에게 말씀하셨다. "너는 늙고 나이가 많이 들었는데, 아직도 차지해야 할 땅은 아주 많이 남아 있다.
[2] 남아 있는 땅은 이러하다. 필리스티아인들의 온 지역, 그수르족의 온 땅,
[3] … 그리고 남쪽에 있는 아와인들의 땅,
[4] 가나안족의 온 땅, 시돈인들에게 속한 아라에서 아펙까지, 곧 아모리족의 경계까지,
[5] 또 그발족의 땅, 헤르몬 산 아래 바알 가드에서 하맛 어귀까지 이르는 해 뜨는 쪽의 온 레바논이다.
[6] 그리고 레바논에서 미스르폿 마임까지 이르는 산악 지방의 모든 주민, 곧 시돈인들을 내가 이스라엘 자손들 앞에서 모조리 쫓아내겠다. 그러니 너는 내가 명령한 대로 이 땅을 이스라엘 사람들에게 분배해 주기만 하여라.
[7] 이제 이 땅을 아홉 지파와 므나쎄 반쪽 지파에게 나누어 주어라."
[8] 므나쎄 반쪽 지파와 함께 르우벤인들과 가드인들은, 모세가 요르단 건너편 동쪽에서 준 상속재산을 이미 받았다. 주님의 종 모세가 그들에게 준 땅은 이러하다. …
[14] 레위 지파에게만은 상속재산을 주지 않았다. 주님께서 그들에게 이르신 대로, 주 이스라엘의 하느님께 바치는 화제물이 바로 그들의 상속재산이기 때문이다.

둘러보기

여호수아를 '나이가 많이 든' 노인이라고 한 성경의 묘사는 육신의 나이에 대한 언급이라기보다는 그의 성숙함과 존엄함을 나타내는 경칭

이다. 그는 예수님을 예표하고 예수님은 만물의 시작이며 "머리"이시므로 이 칭호는 매우 적절하다.

정복 뒤에도 남아 있는 지역은 예수님께서 당

신의 재림 때에 차지하실 영토를 나타낸다. 시돈 인들은 영혼들을 죄의 덫에 빠뜨리려고 하는 적대 세력을 상징하기 때문에, 주님께서 쫓아내실 자들 가운데에 특별히 언급되고 있다. 바로 주 하느님을 상속재산으로 받은 레위인들은 순결과 지혜를 추구하고 다른 사람들에게 구원의 길을 밝혀 주는 드문 신앙인들을 나타낸다(오리게네스).

13,1 여호수아가 나이가 많이 들다

나이가 많이 든 노인

우리 이전에도 일부 주의 깊은 사람들은 성경에서 '노인'이나 '원로'는 나이가 많이 들도록 산 사람을 부르는 말이 아니라 성숙한 사상과 존경할 만한 인생의 품위를 보여 준 이들에 대한 경칭임을 알아보았습니다. '노인'이라는 말에 "한껏 살다가"(창세 35,29) 같은 구절이 덧붙을 때는 더욱 그렇습니다. 나이가 많기 때문에 '노인'이나 '원로'라고 불린다면, 이 세상에서 그 누구보다 많은 햇수를 살았다고 분명히 밝혀진 아담이나 나아가 므두셀라, 노아를 이렇게 부르는 게 훨씬 더 적절하지 않겠습니까? 그렇지만 실로 성경에서 이들 가운데 그 누구도 '노인'이나 '원로'로 불리지 않는다는 것을 우리는 압니다. 그러나 훨씬 더 짧은 생애를 산 아브라함은 성경에서 '노인' 또는 '원로'로 불리는 첫 번째 사람입니다(창세 18,11-12 참조). 주님께서도 모세에게 이렇게 말씀하셨습니다. '네가 백성의 원로로 알고 있는 모든 이들 가운데에서 너 자신을 위한 원로들을 뽑아라'(민수 11,16 참조). 그러니 청중 여러분, 여러분이 성경 어디에서든 죄인이 '한껏 산 노인'이라고 불리는 데가 있는지 어디 한 번 찾아보십시오.

• 오리게네스 『여호수아기 강해』 16,1.[1]

만물의 머리

우리는 예수[여호수아]에 관한 언급들을 우리 주 구원자께도 해당한다고 결론 내렸습니다. 그렇다면 이 본문에서 '늙고 나이가 많이 든' 이는 '시작'이시며 "모든 피조물의 맏이"(콜로 1,15)이신 주님이라고 이해되지 않습니까? 아마도 그러한 까닭에, 그분 앞에는 아무도 없으므로 그분 홀로, 참으로 또 당연히 '노인'이라고 불려 마땅합니다. 그러므로 성경에서 '노인'이 '원로'나 대사제로 불리는 이들이 있다 하더라도, 우리는 주님이신 예수님을 노인이나 원로들 가운데에서 으뜸으로, 감독이나 주교들 가운데에서 으뜸으로 알아 모셔야 합니다. 같은 이유로 그분께서는 또한 대사제들 가운데에서 으뜸이신 "위대한 대사제들"(히브 4,14)이시며, 목자들 가운데에서 "으뜸 목자"(1베드 5,4)이십니다. 구원자께서는 만물의 "머리"(에페 4,15)이시므로, 이러한 모든 영예로운 칭호에서도 첫째요 으뜸이십니다.

• 오리게네스 『여호수아기 강해』 16,2.[2]

13,2 남아 있는 땅

두 번째 오심

그러나 청중 여러분, 표현이라는 섬세한 줄을 잡고 저를 따라오십시오. 그러면 아직도 많이 남아 있다고 예수[여호수아]가 들은 그 땅을 예수님께서 두 번째로 어떻게 차지하시는지 알려 드리겠습니다. 이에 관하여 바오로가 하는 말을 들어 보십시오. '정녕 그리스도께서 모든 원수를 당신의 발판으로 삼으실 때까지 다스리셔야 합니다'(참조: 1코린 15,25; 시편 110,1). 그러므로 지금 남아 있다고 하는 그 많은 땅은 모든 것이 완전히 당신의 발아래 놓일 때까지, 곧 모든 사람을 당신

---

[1] FC 105,151.　　　　　　[2] FC 105,153.

의 상속재산으로 차지하실 때까지 남아 있는 "땅"입니다. 성경은 말합니다. "남아 있는 땅은 이러하다. 필리스티아인들의 온 지역." 그리고 참으로 수많은 다른 땅이 열거됩니다. 우리 시대와 관련지어 보자면, 아직도 땅이 많이 "남아" 있습니다. 우리는 아직도 많은 것이 "예수님의 발아래" 놓여 있지 않음을 보고 있습니다만, 그분께서는 분명히 모든 것을 차지하실 것입니다. … 그렇다면 예수님께서 아직도 남아 있는 이 드넓은 땅을 차지하시는 것은 두 번째 오실 때임이 분명합니다. 그러나 그분께서 첫 번째 오셨을 때 그분의 차지가 된 사람들은 행복합니다. 전쟁과 무기를 동원한 수많은 적의 저항과 원수의 공격에도 불구하고 약속의 땅을 상속재산으로 받는 이들은 [그분께] 참으로 소중한 이들이 될 것입니다.

● 오리게네스 『여호수아기 강해』 16,3.[3]

13,6 주님께서 그 민족을 쫓아내시리라

사악한 사냥꾼들

이러한 일들이 있고 난 뒤 주님께서 매우 많은 민족들의 이름을 꼽으실 때에, 시돈인들에 대하여 따로 말씀하십니다. "시돈인들을 내가 이스라엘 자손들 앞에서 모조리 쫓아내겠다." 가나안족의 이름도 불리고, 이집트 건너편에 사는 족속들도 언급되고, 또 에크론 지역과 강 왼쪽 부분에 살던 족속들을 비롯해 매우 많은 민족들이 언급됩니다. 그러나 시돈인들에 대해서만 따로 그들을 없애 버리시겠다고 말씀하십니다. 앞에서도 말했듯이, 시돈인들은 '사냥꾼'이라 불립니다. 그렇다면 주님께서 없애 버리시는 저 사악한 사냥꾼들이 예언자가 이렇게 말하는 바로 저 적대 세력이 아니라면 누구로 이해하겠습니까? 그는 "그들이 제 걸음마다 그물을 쳐 놓"(시편 57, 7)았다고 합니다. 그들은 영혼들을 쫓아다니며 죄의 덫[그물]에 빠뜨립니다. 그래서 주님께서는 그들을 없애 버리십니다. 정녕 그러한 사냥꾼들이 멸망해 버릴 때에, 영혼들을 죄의 덫에 빠뜨리려고 올무와 '그물을 쳐 놓는' 자가 마침내 모두 없어질 때에, 그때에는 "사람마다 제 포도나무와 무화과나무 아래에 앉아"(미카 4,4) 지낼 것입니다.

● 오리게네스 『여호수아기 강해』 16,4.[4]

13,14 레위인은 땅을 상속하지 않는다

하느님을 상속재산으로 받은 레위인

모세도 예수[여호수아]도 레위인들에게는 상속재산을 주지 않았습니다. "주 하느님께서 바로 그들의 상속재산"[5]이기 때문입니다. 우리는 이 말씀에서 주님의 교회 안에는 그들이 지닌 영의 힘과 공로에서 다른 모든 이를 앞서는 사람들이 있다는 사실 이외에 달리 무엇을 이끌어 낼 수 있습니까? 주님이 바로 그들의 상속재산이라고 합니다. 그리고 감히 이러한 일에 뛰어들어 그 심오한 비밀을 밝혀도 된다면, 사제들이나 레위인들이라는 표상이 은밀히 드러내 주는 것이 무엇인지 살펴봅시다. 여기에 무엇인가가 있다면 말입니다. 사실 모든 사람들 가운데에서 — 저는 구원을 받은 사람들에 대하여 이야기하고 있습니다 — 대다수가 단순히 하느님을 믿고 두려워하기 때문에 선한 일과 훌륭한 행위, 정직한 삶을 통하여 주님을 기쁘게 해 드리는 사람들이라는 것은 의심할 여지가 없습니다. 그러나 매우 드문 소수의 사람들은 지혜와 지식에 관심을 기

---

[3] FC 105,153-54.　　　　　[4] FC 105,154-55.

[5] 칠십인역 여호수아기 13,14 본문은 민수기 18,20과 똑같이 레위인의 상속재산은 '하느님께 바치는 화제물'이 아니라 바로 '주 하느님'이라고 한다.

울이고 마음을 깨끗하고 순결하게 지키며 자기 영혼을 위하여 고귀한 덕을 닦고 있습니다. 그들은 가르침으로 영향을 미쳐, 더 단순한 사람들에게 살아가는 길과 구원에 이르는 길을 밝혀 줄 수 있습니다. 여기서 레위인들이나 사제들이라는 이름이 가리키는 것은 이러한 사람들이라고

생각됩니다. 그들의 상속재산은 바로 지혜이신 주님이라고 합니다. 그들은 다른 그 무엇보다도 지혜를 극진히 사랑합니다.

• 오리게네스 『여호수아기 강해』 17,2.[6]

---

[6] FC 105,159-60.

[13,15-23 르우벤 지파의 상속재산]

[13,24-33 요르단 건너편의 상속재산들]

14,1-5 가나안 땅 분배

[1] 이스라엘 자손들이 가나안 땅에서 상속재산으로 나누어 받은 땅, 곧 엘아자르 사제와 눈의 아들 여호수아와 이스라엘 자손 지파들의 가문 우두머리들이 그들에게 상속재산으로 나누어 준 땅은 이러하다.
[2] 이 상속재산은 주님께서 모세를 통하여 명령하신 대로, 아홉 지파와 한 지파의 절반에게 제비를 뽑아 나누어 준 것이다.
[3] 두 지파와 한 지파의 절반에게는 모세가 이미 요르단 건너편에서 상속재산을 주었고, 레위인들에게는 상속재산을 주지 않았다.
[4] 요셉의 자손들은 므나쎄와 에프라임 두 지파가 되었다. 레위인들에게는 거주할 성읍들, 그리고 소 떼와 양 떼를 기를 목초지 외에는 이 땅에서 어떤 몫도 주지 않았다.
[5] 이스라엘 자손들은 주님께서 모세에게 명령하신 그대로 이 땅을 나누었다.

둘러보기

율법이 참된 율법의 그림자인 것처럼, 유대아 분배는 하늘의 분배를 닮은 것이다. 처음에는 모세를 통하여 그리고 나중에는 여호수아를 통하여 이루어진 상속재산의 분배는 유대-그리스도교의 구원론을 밝혀 준다(오리게네스). 땅의 분배라는 역사적 사건은 하늘에 있는 여러 등급을 나타내는 예형이다(히에로니무스).

14,1-5 상속재산의 분배

그림자와 모상

참된 율법의 "그림자"인 율법을 따르는 자들이 '하늘에 있는 실재의 그림자이며 모상'(히브 8,5 참조)인 것을 부지런히 섬기듯이, 상속재산인 유대아 땅을 분배하는 자들도 천상 분배의 '모상과 그림자'를 모방하고 있습니다. 이처럼 진리는 천상에 있으며, 진리의 '그림자와 모상'만이 지상에 있습니다. 그리고 이 그림자가 지상에 머무르

는 동안, 지상의 예루살렘이 있었습니다. 거기에는 성전과 제단이 있었고 또 가시적인 예배가 있었습니다. 거기에는 사제들과 대사제들이 있었습니다. 그리고 그때에는 유대아에 여러 지방과 고을들이 있었고, 방금 우리가 낭독한 이 책에 기록되어 있는 이 모든 일들이 있었습니다.

• 오리게네스 『여호수아기 강해』 17,1.[1]

두 번의 분배

상속재산의 첫 번째 분배와 두 번째 분배가 보고되어 있습니다. 실제로 첫 번째 분배는 모세를 통하여 이루어졌고, 훨씬 본격적인 두 번째 분배는 예수[여호수아]를 통하여 이루어진 것으로 기록되어 있습니다. 요르단 건너편에서 모세가 르우벤 지파와 가드 지파와 므나쎄 반쪽 지파에게 상속재산으로 땅을 정해 주었고 나머지 모든 지파들은 예수[여호수아]를 통하여 상속재산을 받았습니다. 이미 처음에 우리는 율법을 통해 하느님을 기쁘게 해 드리던 자들이 어째서 아직도 완전한 것들에 이르지 못하는지에 대하여 말씀드렸습니다. 그들은 시간상으로는 예수님께 대한 믿음을 통하여 약속을 받은 이들보다 앞섰지만, 나중에 다른 시대에 오로지 하나인 믿음으로 하느님을 기쁘게 해 드릴 이들이 오기를 기다려야만 합니다. 사도가 말하는 대로, "우리 없이 그들만 완전하게 될 수가 없었던 것입니다"(히브 11,40).

• 오리게네스 『여호수아기 강해』 17,2.[2]

천상 교회의 예형

유대아 땅과 지파들에 대한 모든 이야기는 천상 교회의 예형입니다. 눈의 아들 여호수아기나 에제키엘서 끝 부분을 읽어 봅시다. 그러면 앞의 사람과 연관된 역사적 땅의 분배는 뒷사람이 전하는 거룩한 영적 약속과 아주 닮았다는 것을 알

게 될 것입니다. 성전을 묘사한 글에서 일곱 층계와 여덟 층계의 의미는 무엇입니까?(에제 40,20-37 참조) 또, 시편집에서 제118번째 시편으로 신비로운 알파벳을 배운 다음에 우리가 열다섯 층계에 이르러 그곳에서 "이제 주님을 찬미하여라, 주님의 모든 종들아, 주님의 집에, 우리 하느님의 집 마당에 서 있는 이들아"(시편 134,1 참조) 하고 노래할 수 있다는 사실에는 무슨 의미가 담겨 있습니까? 왜 두 지파와 반쪽 지파는 가축이 많은 지역인 요르단 건너편에 머무르고 나머지 아홉 지파와 반쪽 지파는 옛 주민들을 그들의 소유지에서 쫓아내거나 그들과 함께 살았습니까? 왜 레위 지파는 땅을 몫으로 받지 않고, 주님을 몫으로 받았습니까? 그리고 어째서 사제들과 레위인들 가운데에서 오직 대사제만이 커룹들과 속죄판이 있는 지성소에 들어갔습니까?(참조: 레위 16,2; 히브 9,7) 왜 다른 사제들은 아마포 옷만 입고(탈출 28장 참조), 금색과 청색, 자주와 자홍 실로 정교하게 만든 의복을 입지 않았습니까? 더 낮은 등급의 사제들과 레위인들은 황소와 수레를 돌보는 일을 맡았고, 더 높은 등급에 속한 이들은 주님의 계약 궤를 어깨에 메고 다녔습니다. 여러분이 성막과 성전, 교회에서 등급을 없애 버린다면, 군대에서 쓰는 말대로, 오른쪽에 선 이들은 모두 '같은 계급'이라면, 주교들도 소용이 없고, 사제들도 헛된 것이고, 부제들도 쓸모가 없습니다. 왜 동정녀들이 인내합니까? 왜 과부들이 고생합니까? 왜 혼인한 여인들이 금욕을 실천합니까? 우리 모두 죄를 지어 봅시다. 그리고 참회만 하면, 사도들과 같은 위치에 서게 될 것입니다.

• 히에로니무스 『요비니아누스 반박』 2,34.[3]

---

[1] FC 105,157. [2] FC 105,159.

[3] NPNF 2,6,413-14*.

14,6-12 칼렙이 여호수아에게 모세의 약속을 상기시키다

⁶ 유다의 자손들이 길갈에 있는 여호수아를 찾아갔을 때, 크나즈인 여푼네의 아들 칼렙이 그에게 말하였다. "주님께서 카데스 바르네아에서 하느님의 사람 모세께 저와 나리의 일을 두고 이르신 말씀을 나리께서는 알고 계십니다.

⁷ 제가 마흔 살이었을 때, 주님의 종 모세께서 이 땅을 정탐하라고 저를 카데스 바르네아에서 보내셨습니다. 저는 돌아가서 제 마음에 있는 그대로 그분께 보고하였습니다.

⁸ 저와 함께 올라갔던 형제들은 백성의 마음을 녹여 약하게 하였습니다만, 저는 주 저의 하느님을 온전히 따랐습니다.

⁹ 그래서 그날 모세께서는, '네가 주 나의 하느님을 온전히 따랐으니, 네 발로 밟은 땅은 영원히 너와 네 자손들의 상속재산이 될 것이다.' 하고 맹세하셨습니다."

둘러보기

하느님께서는 아무것도 안 하는 안전함보다 순종의 미덕을 택하는 이들에게 상을 주신다(암브로시우스).

14,6-9 칼렙이 모세의 약속을 상기시키다

안전함보다 덕행을 택하다

그러나 그분[주님]께서 그들은 자신들이 거부했던 그 땅에 들어갈 수 없다고 말씀하셨습니다(민수 14,29 참조). 이는 그들의 불신에 대한 징벌이었습니다. 그러나 투덜거리지도 않았고 성별과 나이 덕분에 죄를 짓지 않았던 그 자녀들과 아내들은 약속된 그 땅을 상속재산으로 받을 수 있었습니다. 그리하여 스무 살 이상이 된 자들은 시체가 되어 광야에 쓰러졌습니다. 나머지 사람들에 대한 징벌은 거두어졌습니다. 그러나 여호수아와 함께 올라가서 보고 백성을 만류하는 것이 맞다고 생각한 자들은 지체 없이 커다란 재앙을 당하여 죽었습니다(민수 14,37 참조). 여호수아와 칼렙은 성별이나 나이 덕분에 죄를 짓지 않았 던 이들과 함께 약속의 땅으로 들어갔습니다. 더 나은 부류는 안전보다 영광을 앞세웠고, 더 못한 부류는 덕행보다 안전을 더 좋아하였습니다. 그러나 하느님의 심판은 덕행이 유용한 것보다 위에 있다고 생각하는 이들은 인정해 주었고, 덕보다 안전을 더 좋아한 듯 보이는 자들은 단죄하였습니다.

• 암브로시우스 『성직자의 의무』 3,8,55-56.[1]

---

[1] NPNF 2,10,76*.

14,13-15 칼렙의 상속재산

¹³ 그러자 여호수아가 여푼네의 아들 칼렙에게 축복하고 헤브론을 상속재산으로 주었다.
¹⁴ 그리하여 헤브론이 크나즈인 여푼네의 아들 칼렙의 상속재산이 되어 오늘에 이른다. 그가
주 이스라엘의 하느님을 온전히 따랐기 때문이다.

둘러보기

이름의 뜻에 따라 풀이하면, 칼렙은 하느님의 지혜를 실천하고 그 지혜에 헌신하는 사람들을 나타낸다. 열정적이고 지혜로운 신앙인을 상징하는 칼렙은 거짓을 반박하고자 하며, 그래서 여호수아는 그에게 축복하며 그 과업을 맡긴다. 그는 혼인이라는 유대의 진정한 본질을 이해하였기에, 그 조상들의 유골이 묻혀 있는 헤브론 땅을 받을 자격이 있었다(오리게네스).

14,13-14 여호수아가 칼렙에게 헤브론을 주다

여푼네의 아들 칼렙

그러니 이제 처음으로 예수[여호수아]에게 상속재산을 받는 사람이 누구인지 살펴봅시다. 그것은 "여푼네의 아들 칼렙"이었습니다. 그가 먼저 확실한 근거를 대며 이 본문에 기록된 말로 그것을 처음으로 요청하였습니다. 이 말은 우리에게 구원을 위한 가르침이기도 합니다.

무엇보다, '칼렙'은 '마음처럼'으로 풀이됩니다. 그렇다면 '마음처럼'인 사람이 누구이겠습니까? 그저 교회라는 몸의 한 지체인 데 그치는 것이 아니라 우리 가운데에서 특히 존경스러운 사람, 모든 일에서 마음을 분별하려고 노력하는 사람이 아니겠습니까? 바로 그는 모든 일을 합리적으로 현명하게 다루고 마치 모든 일이 마음처럼 되듯이 처리하는 사람입니다.

또 그의 아버지의 이름 '여푼네'는 '회개'로 풀이됩니다. 그러니까 이 칼렙이라는 사람은 회개의 아들입니다. 여푼네가 하느님께로 돌아서 회개하지 않았다면, 어찌 그가 마음을 아들로 낳는 그러한 열매를 맺을 수 있었겠습니까? 따라서 칼렙은 거룩한 분별에 헌신하며 모든 일을 지혜롭게 합리적으로 수행하는 모든 사람입니다.

• 오리게네스 『여호수아기 강해』 18,2.¹

진리를 향한 열정

그러므로 이 매우 현명한 칼렙은 지금도 예수[여호수아] 앞에 서서 언제든 전투에 뛰어들 준비가 되어 있으며 전쟁에서 용맹하게 처신하겠다고 약속합니다. 그래서 그는, 진리를 놓고 속임수를 쓰는 그 시대의 변증론자들²과 싸울 수 있는 논쟁의 능력을 달라고 간곡히 요청하고 있습니다. 그는 그들의 잘못을 밝혀, 그들이 거짓 주장으로 쌓아 올린 모든 것을 정복하여 무너뜨리겠다고 다짐합니다. 그러한 그의 열정을 보고, 마침내 "예수[여호수아]가 칼렙에게 축복"하였다고 합니다. 분명히 그것은 그가 대담하게 그러한 일에 도전하며 요청하였기 때문입니다. 그러니 여러분도 기꺼이 공부에 관심을 기울이고 하느

¹ FC 105,163-64.
² 논리적 증명을 주고받음으로써 무엇이 참인지를 밝히려 하는 자들.

님의 법을 지혜롭게 묵상하여 하느님의 법 안에서 '마음'이 된다면, 이 거대한 요새 성읍들, 곧 거짓 주장들을 무너뜨릴 수 있습니다. 그러면 여러분은 예수님께 축복과 헤브론을 받을 자격을 지니게 될 것입니다.

• 오리게네스 『여호수아기 강해』 18,3.[3]

칼렙의 상속재산

'헤브론'은 '결합' 또는 '혼인'을 의미합니다. 아마도 이곳을 헤브론이라고 한 것은 성조 아브라함이 샀던 쌍굴(창세 23,9.19)[4]이 그곳에 있고 성조들과 그들의 아내들, 곧 아브라함과 사라, 이사악과 레베카, 야곱과 레아의 유해도 그곳에 있기 때문일 것입니다. 이처럼 칼렙은 조상들의 유해를 상속재산으로 받을 자격이 있었습니다. 분명코 그것은 자기 안에 있는 지혜, 모세와 예수[여호수아] 아래서 활짝 피어났던 그 지혜를 통하

여 혼인 결합의 본질 자체를 이해하였기 때문입니다. 그는 왜 사라만 그곳에 아브라함과 함께 누워 있고 하가르와 크투라는 아브라함과 함께 묻힐 자격이 없었는지 그 이유를 이해했습니다. 또 왜 레아만 야곱과 함께 누워 있고, 더 많은 사랑을 받은 라헬이나 다른 아내들은 야곱과 함께 무덤에 있지 못하였는지 그 이유를 알았습니다. 그렇기에 현명하고 지혜로운 칼렙은 성조들의 무덤을 상속재산으로 받았습니다. 예수[여호수아]가 아낙 민족의 모습인 헤브론을 그에게 주었으며, 헤브론은 "칼렙의 몫이 되어 오늘에 이른다"라고 쓰여 있습니다.

• 오리게네스 『여호수아기 강해』 18,3.[5]

---

[3] FC 105,166.

[4] 히브리어 성경의 '막펠라 동굴'을 칠십인역은 '두 개의 동굴', 곧 '쌍굴'로 옮겼다.

[5] FC 105,166-67.

15,1-12 유다 지파의 상속재산

[1] 유다 자손들의 지파가 씨족별로 제비를 뽑아 받은 땅은, 남쪽으로는 에돔의 경계, 남쪽 맨 끝에 있는 친 광야까지 이른다.

[2] 그래서 그들의 남쪽 경계는 '소금 바다' 끝, 그 남쪽 끝에서 시작하여,

[3] 계속 남쪽으로 '아크라삠 오르막'으로 뻗어 나가, 친을 지나서 카데스 바르네아의 남쪽으로 올라간다. 거기에서 헤츠론을 지나 아따르로 올라가다가 카르카 쪽으로 돌고,

[4] 거기에서 다시 아츠몬을 지나 '이집트 마른내'로 나가다가 그 끝이 바다에 이른다. "이것이 너희의 남쪽 경계이다."

[5] 동쪽 경계는 '소금 바다'인데 요르단이 끝나는 데까지 이른다. 북쪽 경계는 요르단이 끝나는 '소금 바다' 북쪽 끝에서 시작한다.

[6] 그 경계는 벳 호글라로 올라가서 벳 아라바 북쪽을 지나, 다시 르우벤의 아들 '보한의 바위'까지 올라간다.

[7] 또 그 경계는 '아코르 골짜기'에서 드비르로 올라간 다음에 북쪽으로 돌아, 그 마른내 남쪽

ꏌ에 있는 '아둠밈 오르막' 맞은쪽의 길갈로 향한다. 그리고 나서 '엔 세메스 물' 쪽을 지나 그 끝이 엔 로겔에 이른다.

8 그 경계는 다시 여부스, 곧 예루살렘의 남쪽 비탈을 따라 '벤 힌놈 골짜기'로 올라간 다음, 서쪽으로 '벤 힌놈 골짜기' 맞은편 산꼭대기로 올라가서는 르파임 골짜기의 북쪽 끝에 다다른다.

9 다시 산꼭대기에서 넵토아 샘으로 구부러져 에프론 산 성읍들 쪽으로 나간 다음, 바알라, 곧 키르얏 여아림 쪽으로 구부러진다.

10 그리고 바알라에서 서쪽으로 돌아 세이르 산으로 가서 여아림 산, 곧 크살론의 북쪽 비탈을 지난 다음, 벳 세메스로 내려가 팀나를 지난다.

11 그 경계는 또 에크론 북쪽 비탈로 나가서 시카론 쪽으로 구부러져 바알라 산을 지난 다음, 야브느엘로 나가 그 끝이 바다에 이른다.

12 서쪽 경계는 큰 바다와 그 연안이다. 이것이 바로 씨족별로 유다의 자손들에게 돌아간 땅의 사방 경계이다.

둘러보기

약속의 땅의 분배는 예형론적으로 이해된다. 에돔과 친 광야를 지나는 유다 지파의 상속재산은 이 지상 사물을 다루고 유혹의 광야를 지난 다음에야 이를 수 있다. 천상의 상급을 향한 이 길에서 전갈을 짓밟는 것을 상징하는 아크라삠 오르막 길을 올라가야 한다. 카데스, 곧 거룩함이 그 지방의 경계를 이룬다. 태양의 샘 또는 생수의 샘에 이르려면 먼저 소금 바다의 파도, 곧 삶의 온갖 어려움을 넘어서야 한다(오리게네스).

15,1 유다 지파가 제비를 뽑아 받은 땅

지상 사물

"유다 지파가 제비를 뽑아 받은 땅의 경계는 에돔의 경계와 서쪽으로는 친 광야에 이른다"고 합니다. 그러므로 유다의 경계는 에돔의 경계와 맞닿아 있습니다. 그런데 '에돔'은 우리가 이미 여러 번 이야기한 대로 '지상 사물들'을 의미합니다. 그러므로 유다 지방은 지상 사물들 바로 다음에 나옵니다. 그러나 그것은 또한 친 광야와도 붙어 있습니다. '친'은 '유혹'을 뜻합니다. 그러므로 유다의 상속재산은 유혹들을 거친 다음에 나옵니다.

• 오리게네스 『여호수아기 강해』 19,2.[1]

유혹의 광야

그런데 "에돔의 경계"는 친 광야입니다. 조금 전에 우리는 친 광야가 '유혹'을 나타낸다고 하였습니다. 그러므로 우리가 유다 자손들의 상속재산을 얻으려면 반드시 유혹의 광야를 지나가야 합니다.

• 오리게네스 『여호수아기 강해』 19,3.[2]

15,2-4 남쪽 경계

전갈들을 짓밟고

그런데 우리는 '전갈'이라는 뜻을 지닌 아크라

---

[1] FC 105,169.　　　　[2] FC 105,169.

뻠 오르막도 올라가야만 합니다. 이처럼 우리는 반드시 전갈들을 지나가고 짓밟기까지 해야 합니다. 이에 대한 구원자의 말씀이 있습니다. '보라, 내가 너희에게 뱀과 전갈을 짓밟을 권한을 주었다'(루카 10,19 참조). 그러므로 유다 지파의 상속재산으로 들어가기를 바라고 열망하는 사람은 누구나 이 오르막을 올라가야 하며, 그 길에 도사리고 있는 전갈들에게 물리지 않고 또 짓밟기까지 해야 합니다. 그래서 저는 이러한 길을 가는 에제키엘 예언자에게 주님께서 하신 말씀을 생각합니다. "사람의 아들아, 비록 네가 전갈 때 가운데에서 산다 하더라도, 두려워하지 마라"(에제 2,6).

• 오리게네스『여호수아기 강해』19,3.[3]

성화를 향하여

"그리고 그 경계는 저 멀리 카데스에 이른다"고 되어 있습니다. '카데스'는 '거룩함', 또는 '성화'를 의미합니다. 그러므로 유다 지파 경계의 저 끝은 성화입니다.

• 오리게네스『여호수아기 강해』19,3.[4]

15,5-10 동쪽과 북쪽 경계

유다의 몫으로 들어가기

그러므로 유다 자손들이 몫으로 받은 땅에 들

어가기 바라는 모든 사람은 먼저 소금 바다를 지나가야만 합니다. 곧, 이 세상 삶의 파도와 소용돌이를 넘어서고 그 불확실성과 위험함 때문에 바다의 파도에 비유되는 이 세상만사에서 빠져나가야만 합니다. 그러면 그는 유다 지파의 땅에 이르러 태양의 샘[5]에 다가갈 수 있습니다. 그런데 태양의 샘이 무엇입니까? 어떤 태양을 말하는 것입니까? 물론 이렇게 쓰여 있는 태양입니다. "그러나 나의 이름을 경외하는 이들에게는 의로움의 태양이 떠오르리라"(말라 3,20). 그러므로 여러분이 소금 바다를 지나 나아가면 여러분은 유다 지파의 땅에서 이 태양의 샘을 발견할 것입니다. 이것은 어떤 샘입니까? 예수님께서 이렇게 말씀하신 바로 그 샘입니다. "내가 주는 물은 그 사람 안에서 물이 솟는 샘이 되어 영원한 생명을 누리게 할 것이다"(요한 4,14). 그러므로 여러분이 우리가 설명한 이 태양의 샘을 찾으면 그 도성도 찾아낼 것입니다.

• 오리게네스『여호수아기 강해』19,4.[6]

---

[3] FC 105,170.   [4] FC 105,170.

[5] 히브리어 성경의 '엔 세메스 물'을 칠십인역은 '태양의 샘'으로 옮겼다.

[6] FC 105,170-71*.

15,13-19 칼렙이 그의 땅을 차지하다

[13] 주님께서 여호수아에게 내리신 분부대로, 여푼네의 아들 칼렙은 유다의 자손들 가운데에서 몫을 받는데, 헤브론이라고도 하는 키르얏 아르바이다. (아르바는 아낙의 아버지다.)

[14] 칼렙은 아낙의 세 자손, 세사이와 아히만과 탈마이를 그곳에서 쫓아냈다. 그들은 아낙의 후손이다.

[15] 그리고 거기에서 칼렙은 드비르의 주민들을 치러 올라갔다. 드비르의 옛 이름은 키르얏 세페르이다. ♪

☞ ¹⁶ 그때에 칼렙이 말하였다. "키르얏 세페르를 쳐서 점령하는 이에게 내 딸 악사를 아내로 주겠다."

¹⁷ 칼렙의 아우 크나즈의 아들 오트니엘이 그곳을 점령하자, 칼렙이 그에게 자기 딸 악사를 아내로 주었다.

¹⁸ 오트니엘에게 간 악사는 그를 부추겨 자기 아버지에게 밭을 요구하게 하였다. 악사가 나귀에서 내리자 칼렙이 "무슨 일이냐?" 하고 물었다.

¹⁹ 악사가 말하였다. "저를 네겝 땅으로 보내시니 저에게 선물을 하나 주십시오. 샘을 몇 개 주십시오." 그래서 칼렙이 악사에게 윗샘과 아랫샘을 주었다.

둘러보기

예형론적으로 이해할 때, 칼렙이 자기 상속재산을 차지한 것은 거짓 겸손을 부수고 거룩하지 못하고 지혜롭지 못하고 불안정한 모든 것을 쓸어 버림을 나타낸다. 오트니엘이 문자 성읍(키르얏 세페르)을 점령한 것은 하느님의 계시를 받았음을 나타낸다(오리게네스).

15,13-14 칼렙이 아낙의 자손들을 쫓아내다

우두머리 성읍

그러므로 우리는 칼렙이 왜 우두머리 성읍을 받았는지부터 알아봅시다. 아낙인들이 살던 그 성읍은 약속의 땅에 있는 모든 성읍들 가운데 가장 먼저 수도라 불린 성읍이었습니다. '아낙'은 '헛된 겸손' 또는 '헛된 대답'을 의미합니다. 그러니까 칼렙은 '헛된 겸손'의 수도를 받은 것입니다. 겸손에는 분명히 두 가지가 있습니다. 하나는 찬양할 만한 겸손입니다. 이런 겸손에 대해 구원자께서는 이렇게 말씀하셨습니다. "나는 마음이 온유하고 겸손하니 나에게 배워라. 그러면 너희가 안식을 얻을 것이다"(마태 11,29). 또 이런 말씀도 있습니다. "누구든지 자신을 낮추는 이는 높아질 것이다"(루카 14,11). 또 다른 곳에서는 이렇게 말합니다. "그러므로 하느님의 강한 손 아래에서 자신을 낮추십시오"(1베드 5,6). 그러나 죄가 되는 또 다른 겸손도 있습니다. 성경에서는 부정한 성적 결합을 이 낱말로 표현합니다. "그는 그 여자를 강제로 낮추었다"(2사무 13,14). 이것은 암논에 관한 기록으로 그는 자기 누이 타마르를 강제로 "낮추었다"고 합니다. 그것은 헛된 낮춤, 곧 헛된 겸손이어서 죄가 되어 가라앉고 맙니다. 그래서 칼렙은 헛된 겸손의 수도를 점령하여 파괴하고, 헛된 겸손의 아들들인 아낙의 세 자손을 쫓아냈습니다. 그들을 쫓아낸 다음에 칼렙은 그 성읍을 차지하고 이어지는 본문에 기록된 일들을 하였습니다.

• 오리게네스 『여호수아기 강해』 20,5.¹

헛된 겸손의 아들들

그런데 칼렙이 쫓아낸 헛된 겸손의 아들들은 누구입니까? 첫째 아들은 '내 바깥', 곧 '거룩함 바깥'으로 풀이되는 '세사이'입니다. 헛된 겸손의 아들은 거룩함 밖에 있으므로 참으로 하느님 바깥에 있습니다. 그리고 다른 아들은 '아히만'으

---

¹ FC 105,180.

로 이 이름은 '생각 밖에 있는 나의 형제'라는 뜻입니다. 말하자면, '생각이 없는 형제'이지요. 헛된 겸손에게서 태어난 자식들은 분명히 생각 밖에 있는 자들입니다. 셋째 아들은 '벼랑'이나 '매달려 늘어져 있음'을 뜻하는 '탈마이'입니다. 이 사람 안에는 안정된 것이라고는 아무것도 없고 모든 것이 불안정하며 위험으로 치닫고 있다는 것을 가리키는 이름입니다.

• 오리게네스 『여호수아기 강해』 20,5.[2]

15,16-17 칼렙이 승리자에게 딸 악사를 아내로 주겠다고 약속하다

하느님의 응답

이제 칼렙은 저 문자 성읍[3]을 치러 올라가며 이렇게 말합니다. "문자 성읍을 쳐서 점령하는 이에게 내 딸 악사를 아내로 주겠다." 그리고 크나즈의 아들 오트니엘이 그곳을 점령하였습니다. 문자 성읍을 받은 오트니엘의 이름은 '하느님의 응답'이라는 뜻을 가지고 있습니다. 그런데 '하느님의 응답'은 '하느님께서 응답하시는 사람', 곧 하느님께서 비밀을 보여 주시고 숨겨진 일들을 밝혀 주시는 사람이라고 할 수 있습니다. 그러므로 칼렙의 아우[의 아들]인 그 사람은 옛 계약의 문자 성읍을 점령하여, '사람을 죽이는 문자'(2코린 3,6 참조)를 없애 버릴 수 있는 역량을 지닌 사람입니다.

• 오리게네스 『여호수아기 강해』 20,6.[4]

15,18-19 아삭이 샘들을 요구하다[5]

---

[2] FC 105,180-81.

[3] 히브리어 성경의 '키르얏 세페르'를 칠십인역은 이렇게 옮겼다.

[4] FC 105,182*.

[5] 판관 1,15에 대한 해설 참조.

15,20-63 유다 지파의 성읍들

[63] 예루살렘에 사는 여부스족은 유다의 자손들이 쫓아내지 못하였다. 그래서 여부스족은 오늘날까지 유다의 자손들과 함께 예루살렘에 살고 있다.

둘러보기

여부스족이 유다의 자손들과 섞여 사는 것은 교회 안에 불경한 자들과 거룩한 이들이 뒤섞여 있음을 나타낸다. 그리스도께 대한 신앙 안에 굳건히 머무르기를 열망하는 우리는 악한 생각들을 없애 버리려 애써야 한다(오리게네스).

15,63 여부스족이 유다의 자손들과 함께 살다

가라지와 밀

가라지에 관한 복음의 비유를 듣고 이 구절을 영적으로 이해해 봅시다. "너희가 가라지들을 거두어 내다가 밀까지 함께 뽑을지도 모른다. 둘 다 함께 자라도록 내버려 두어라"(마태 13,29-30). 복음서에서 가라지들이 밀과 함께 자라도록 내버려 두었듯이, 여기 예루살렘에도, 곧 교회 안에도 비열하고 퇴폐적인 삶을 사는 여부스족들이 있습니다. 그들은 믿음에서만이 아니라 행동과 삶의 모든 태도에서 뒤틀려 있는 자들입니다. 교회가 지상에 있는 동안에는, 불경스러운 사람이나 죄인이 하나도 없고 모든 이가 거룩하고 축복을 받아 죄의 더러움이라고는 찾아볼 수 없을 정도로 그렇게 깨끗이 정화될 수는 없습니다. 그러나 "가라지들을 거두어 내다가 밀까지 함께 뽑을지도 모른다"는 가라지에 관한 말은 은밀한 죄가 있거나 의심스러운 사람들에 대한 말일 수 있습니다. 그러나 분명하고 명백하게 죄가 있는 사람들을 교회에서 쫓아내서는 안 된다는 말은 아닙니다.

• 오리게네스 『여호수아기 강해』 21,1.[1]

확고하고 굳건하게

'예루살렘'은 '평화의 이상'을 뜻한다는 말을 우리는 자주 합니다. 그러므로 '예루살렘'이 우리 마음속에 세워져 있다면, 곧 우리 마음속에 평화의 이상이 세워져 있고, 우리가 언제나 마음속에 "우리의 평화"(에페 2,14)이신 그리스도를 간직하고 관상한다면, 참으로 우리가 이러한 평화의 이상을 확고하고 굳건하게 지니고 있어, 우리 마음속에서 사악한 생각이나 죄의 잡념이 절대로 일어나지 않는다면, 바로 그렇게 될 수만 있다면, 우리는 예루살렘에 있다고, 거룩한 사람이 아니면 절대로 우리와 함께 살 수 없다고 말할 수 있을 것입니다. 그러나 지금, 우리가 지극한 열성으로 우리 자신을 개선하고 큰 진보를 이룬다 하더라도, 어느 누구도 그 마음이 절대적으로 순수하여 결코 반대 사상에 오염되어 더럽혀지지 않는다고 자신할 수 없습니다. 그러므로 여부스족이 여전히 예루살렘에서 유다의 자손들과 함께 살고 있다는 것은 분명합니다. 그러나 우리가 이런 이야기를 하는 것은 힘껏 그들을 몰아내는 일을 소홀히 하자는 것이 아닙니다. 오히려, 우리는 그들을 예루살렘에서 쫓아내기 위해 날마다 노심초사하며 노력해야만 합니다. 그러나 여기에 쓰여 있듯이, 우리가 그들을 한꺼번에 다 쫓아낼 수는 없습니다.

• 오리게네스 『여호수아기 강해』 21,2.[2]

---

[1] FC 105,184-85*.

[2] FC 105,187.

16,1-17,13 에프라임 지파와 므나쎄 지파의 상속재산

[10] 그러나 그들은 게제르에 사는 가나안족을 쫓아내지 않았다. 그래서 그 가나안족은 오늘날까지 에프라임 사람들 가운데에 살면서 노역을 하게 되었다. …

[17/5] 이렇게 하여 므나쎄에게는 요르단 건너편에 있는 길앗과 바산 땅 외에 열 몫이 더 돌아갔다.

[6] 므나쎄 지파의 딸들이 아들들과 함께 상속재산을 받았기 때문이다. 그러나 길앗 땅은 므나쎄의 나머지 자손들이 차지하게 되었다. …

[12] 이 성읍들은 므나쎄의 자손들이 차지하지 못하였다. 그래서 가나안족이 그 땅에 계속 살♪

🖎기로 작정하였던 것이다.

¹³ 그러다가 이스라엘 자손들이 강해진 다음에, 그 가나안인들에게 강제 노동을 시켰다. 그러나 완전히 쫓아내지는 않았다.

둘러보기

그 땅의 가나안족은 영혼의 불결을 나타낸다(프로코피우스). 이집트에서 나와 약속의 땅에 이르는 유랑은 아브라함에서 그리스도께 이르는 42세대를 예표한다(오리게네스). 함의 자손 가나안에 대한 노아의 저주는 이스라엘인들이 약속의 땅에 살 때에 이루어졌다(에프렘).

16,10 그 땅의 가나안족

가나안족은 아직도 우리와 함께 산다

"그 가나안족은 오늘날까지 에프라임 사람들 가운데에 살고 있다." 그런데 '에프라임'은 '열매를 많이 맺는다'는 뜻입니다. 에프라임은 열매를 많이 맺기는 하지만, 오늘날까지 그들 영토에서 (선조가 다르며 저주받은 족속인) 가나안족을 쫓아낼 수 없습니다. 우리는 교회에 대해서도 이렇게 말할 수 있습니다. 다시 말해, 하느님의 평화이시며 열매를 맺는 모든 땅에 [거처하시는] 분이신 그리스도를 뵈올 때까지 이 현세의 삶에서 죄를 짓지 않고 오로지 평화만을 찾으며 깨끗하게 살 수 있는 사람은 아무도 없습니다. [자기 속에서 생겨나는] 낯설고 이상한 생각에서 또 더러움에서 벗어난 깨끗한 사람은 아무도 없기 때문입니다. 그러므로 여부스족과 가나안족이 예루살렘에서 언제나 발견되는 만큼 그들을 쫓아내는 고통을 겪어야만 합니다. 그러나 하느님께 간청하는 사람들만 그렇게 할 수 있습니다.

● 가자의 프로코피우스 『여호수아기 주해』 16,10.[1]

17,6 길앗 땅

약속이 이루어지기까지 거쳐야 하는 42단계

성경을 아주 세심히 살펴보면, 이스라엘 자손들의 이집트 탈출에는 42단계가 있으며 또한 우리 주님이신 구원자께서도 42세대를 거쳐 이 세상에 오셨음을 알게 될 것입니다. 마태오 복음사가는 이를 지적하며 이렇게 말합니다. "아브라함부터 다윗 임금까지가 십사 대이고, 다윗부터 바빌론 유배까지가 십사 대이며, 바빌론 유배부터 그리스도까지가 십사 대이다"(마태 1,17). 이처럼, 이 세상이라는 이집트로 내려오실 때에 그리스도께서는 42세대라는 단계를 거치셨으며, 또 이집트에서 올라가는 사람들도 똑같은 숫자인 42단계를 거칩니다. … 그러므로 이스라엘 자손들은 42단계를 거쳐 그들의 상속재산을 차지하기 시작하였습니다. 그들이 상속재산을 차지하기 시작한 것은 르우벤과 가드와 므나쎄 반쪽 지파가 길앗 땅을 받을 때였습니다. 그리고 그렇게 42단계를 거쳤듯이, 그리스도의 육화에도 숫자가 정해져서, 그리스도께서는 육에 따라 42명의 조상들을 거쳐 우리에게 내려오셨습니다. 이스라엘 자손들이 올라가서 약속된 상속재산을 차지하기 시작한 것도 똑같은 수의 단계를 거쳤습니다.

● 오리게네스 『민수기 강해』 27,3.[2]

---

[1] PG 87/1,1033.

[2] *OSW* 249-50*.

17,13 가나안인들에게 강제 노동을 시키다

종이 된 가나안

함이 그의 한 아들을 통하여 저주를 받은 뒤, [노아는] 셈과 야펫을 축복하며 이렇게 말하였습니다. "하느님께서는 야펫에게 자리를 넓게 마련해 주시고, 셈의 천막들 안에서 살게 해 주소서. 그러나 가나안은 그들의 종이 되어라"(창세 9,27). 야펫은 북쪽과 서쪽에 있는 그의 상속재산이 불어나면서 강력해졌습니다. 그리고 하느님께서는 셈의 후손인 아브라함의 천막에 머무르셨으며, 가나안은 눈의 아들 여호수아 시대에 이스라엘인들이 [가나안의] 거주지를 파괴하고 그 지도자들을 압박하여 굴종시켰을 때 그들의 종이 되었습니다.

● 시리아인 에프렘 『창세기 주해』 7,4.³

---

³ FC 91,146*.

17,14-18 요셉 자손들이 불평하다

¹⁴ 요셉의 자손들이 여호수아에게 말하였다. "주님께서 지금까지 우리에게 복을 내려 주셔서 우리가 이토록 큰 무리가 되었는데, 어찌하여 제비를 딱 한 번 뽑아서 그 한 몫만 우리에게 상속재산으로 주십니까?"
¹⁵ 여호수아가 대답하였다. "너희가 그렇게 큰 무리라면 에프라임 산악 지방이 너희에게 비좁을 터이니, 프리즈족과 르파임족의 땅에 있는 수풀 지역으로 올라가서 그곳을 개간하여라."
¹⁶ 요셉의 자손들이 말하였다. "산악 지방만으로는 우리에게 충분하지 않습니다. 더구나 평야에 사는 모든 가나안족이며, 벳 스안과 거기에 딸린 촌락들, 또 이즈르엘 평야에 사는 자들에게는 철 병거가 있습니다."
¹⁷ 여호수아가 요셉 집안, 곧 에프라임과 므나쎄에게 말하였다. "너희는 큰 무리일뿐더러 힘도 세다. 제비를 한 번만 뽑아 얻은 땅으로는 안 되겠다.
¹⁸ 산악 지방이 너희 소유이니, 그 수풀 지대를 개간하여 그 경계 끝까지 차지하여라. 가나안인들이 철 병거가 있고 강력하다 하더라도, 너희는 정녕 그들을 몰아낼 수 있을 것이다."

둘러보기

프리즈족을 몰아내라는 여호수아의 명령은 죄와 불의의 열매를 몰아내야 할 필요성을 밝혀 준다. 르파임족을 쫓아내는 것은 나약하고 불건전한 생각으로 생긴 더러움을 우리 영혼에서 씻어 내는 정화를 상징한다. 가나안인들을 몰아내는 것은 육을 십자가에 못 박아 이루는 완덕의 추구를 예표한다. 수풀 지대를 개간하는 것은 복음을 위해 우리가 결실을 맺는 것을 방해하는 모든 것을 제거함을 상징한다(오리게네스).

17,14-15 요셉의 자손들은 더 많은 땅이 필요하다

죄의 열매

이렇게 주님께서 우리에게 복을 내려 주시어

우리 또한 큰 무리가 된다면, 예수님께 이런 말씀을 들을 것입니다. "너희는 큰 무리니 수풀 지역으로 올라가 그곳을 개간하여 너희가 살 땅을 마련하여라. 프리즈족과 르파임족을 몰아내라." 그러므로 우리는 프리즈족을 몰아내야 합니다. 더 나아가, 우리는 프리즈족의 이름이 '열매'를 뜻한다는 것을 알고 있습니다. 그러나 우리가 앞에서 다른 이름들과 관련해 여러 번 이야기했듯이, 이 이름도 두 가지 의미로 해석할 수 있습니다. "좋은 나무는 모두 좋은 열매를 맺고 나쁜 나무는 나쁜 열매를 맺는다"(마태 7,17)는 복음서의 말씀대로, 좋은 열매와 나쁜 열매가 있기 때문입니다. 그러므로 우리는 제대로 된 열매를 맺지 못하는 모든 나무를 몰아내고 죄의 열매를 잘라 버리고 불의의 열매를 없애 버려야 합니다.

• 오리게네스 『여호수아기 강해』 22,4.[1]

더러움을 씻다

'너희가 르파임족을 몰아내라.' 그들을 쫓아내라고 합니다. 우리는 르파임족의 이름이 '늘어진 어머니들'로 해석된다는 것을 알고 있습니다. 영혼의 신비를 여인에 관해 묘사하듯 표현한 말에 따르면, 영혼 안에는 인식을 낳는 어떤 힘이 있습니다. 이를테면 우리의 인식이나 이해력에는 어머니가 있다는 것입니다. '여자가 자식을 낳아 기르면서 믿음과 진리 안에서 살아가면 구원을 받을 것입니다'(1티모 2,14-15 참조). 그러므로 그 어머니, 곧 영혼의 힘은 강하고 튼튼하고 힘찬 자식들 안에 튼튼하고 건전한 인식을 낳습니다. 이러한 인식들은 반대하는 자들이 이겨 낼 수 없는 것입니다. 그러나 한편에는 그러한 인식들이 드러내 주는 힘이 참으로 늘어지고 맥 빠진 이들이 있습니다. 아무런 힘도 없는 나약하고 모호한 논점을 제시하는 이들입니다. 이것이 르파

임족이라는 이름이 가리키는 것이며, 따라서 우리는 나약하고 쓸모없는 생각들을 낳는 이러한 늘어진 어머니들에게서 우리 자신을 정화해야 합니다. 그리고 이 이름은 영적 이해의 독특한 성격을 잘 보여 주는데, 르파임족을 몰살시켜야 한다고 하지 않고 '몰아내라', 곧 정화해야 한다고 말하기 때문입니다. 그러니까 우리는 영혼의 자연적 충동을 파괴하거나 없애라는 것이 아니라 정화하라는 명령을, 곧 우리가 소홀히 하여 가닿은 불결한 더러움을 몰아내고 씻어 버리라는 명령을 받은 것입니다. [그 명령을 완수한다면] 그때엔 우리 자신의 내적인 힘이 지닌 자연적 활력이 빛날 것입니다.

• 오리게네스 『여호수아기 강해』 22,4.[2]

17,16-18 너희는 가나안인들을 몰아낼 수 있을 것이다

완덕에 이르는 것

마침내 우리가 완덕에 이른다면, 그때 우리는 가나안인들을 근절시켜 죽음에 넘겼다고 할 것입니다. 그런데 우리가 육 안에서 어떻게 완덕에 이를 수 있는지 사도의 말을 들어 봅시다. "여러분의 지체 안에 있는 현세적인 것들, 곧 불륜과 더러움, 욕정, 나쁜 욕망, 탐욕을 죽이십시오"(콜로 3,5). 그리고 또 이렇게도 말합니다. "그리스도 예수님께 속한 이들은 자기 육을 그 욕정과 욕망과 함께 십자가에 못 박았습니다"(갈라 5,24). 그러므로 이 셋째 단계, 곧 우리가 우리 지체를 죽이고 우리 몸에 그리스도의 죽음을 지니고 다니는 완덕 상태에 이르렀을 때에, 우리는 가나안인들을 몰아내었다고 말할 수 있습니다.

• 오리게네스 『여호수아기 강해』 22,2.[3]

[1] FC 105,191-92.　　[2] FC 105,192.
[3] FC 105,190-91.

수풀 지대 개간

영적인 해석에서, 우리 안에 있는 수풀 지대를 개간하여 우리에게서 열매를 맺지 못하는 쓸모없는 나무들을 베어 내는 것이 우리에게 무엇을 말하는지, 그리고 우리가 언제나 새롭게 하여 거기에서 "서른 배, 예순 배, 백 배"(마태 13,8.23)의 열매를 거둘 수 있는 땅을 묵혀 둔다는 것이 무엇을 말하는지 여러분은 압니다. 복음 말씀도 우리에게 똑같은 것을 선포하지 않습니까? "도끼가 이미 나무뿌리에 닿아 있다. 좋은 열매를 맺지 않는 나무는 모두 찍혀서 불속에 던져진다"(마태 3,10). 이것이 바로 눈의 아들 예수[여호수아]가 우리 조상들에게 열매 맺지 못하는 나무를 잘라 버리라는 말로 명령한 것이며, 주 예수님께서 복음서에서 하신 명령입니다. 그러니 그림자가 앞서고 실재가 그 뒤를 따랐다는 것이 어찌 진실이 아니겠습니까?

● 오리게네스 『여호수아기 강해』 22,5.[4]

---

[4] FC 105,193*.

18,1-10 남은 땅에 대한 조사

> [1] 이스라엘 자손들의 온 공동체가 실로에 모여, 그곳에 만남의 천막을 쳤다. 땅은 이미 그들 앞에서 점령되었다.

둘러보기

성막이 서쪽에 바다를 둔 위치에 있는 것은 거룩한 이들과 타락한 자들의 관계를 상징한다(베다).

18,1 실로에 만남의 천막을 치다

성막과 바다

분명히, 깊고 짜며 거친 바다의 물결은 타락한 자들이 이 현세의 삶에서 악행을 즐기며 빠져든 죄를 상징하며 또한 장차 최후 심판 때에 그들이 악마와 함께 영원한 불속으로 던져질 파멸의 구렁텅이를 상징합니다. 시나이 산에 성막이 세워질 때에는 그 서쪽에 홍해가 있었고, 약속의 땅으로 들어와 여호수아가 실로에 성막을 세울 때에는 똑같은 방향에 큰 바다(지중해)가 있었음을 우리는 잊지 말아야 합니다. 그러므로 이것을 신비적으로 해석할 때, 우리는 이 현세의 삶에서 주님을 섬기며 그 마음속에 주님을 위하여 성막을 세우는 거룩한 이들은 불경한 자들의 오만한 과시를 하찮게 여긴다는 것을 알 수 있습니다. 거룩한 이들은 이 삶이 빨리 지나가리라는 것을 알기 때문이지요. 미래의 본향에서 주님과 함께 세워질 때에 그들은 그들의 지복에 아무런 훼방도 놓지 못하는 불경한 자들이 영벌을 받는 것을 보게 될 것입니다. 그래서 원로들은 주님께 감사를 드립니다. 그들도 주님께서 그들을 구원해 주신 재앙들을 보기 때문입니다.

● 존자 베다 『성막과 제구』 2,6,66.[1]

---

[1] TTH 18,73-74.

18,11-28 벤야민 지파의 상속재산

²¹ 벤야민 자손 지파가 씨족별로 받은 성읍은 예리코, 벳 호글라, 에멕 크치츠,

²² 벳 아라바, 츠마라임, 베텔,

²³ 아윔, 파라, 오프라,

²⁴ 크파르 암모니, 오프니, 게바, 이렇게 열두 성읍과 거기에 딸린 촌락들이다.

²⁵ 그리고 기브온, 라마, 브에롯,

²⁶ 미츠페, 크피라, 모차,

²⁷ 레켐, 이르프엘, 타르알라,

²⁸ 첼라, 엘렙, 여부스,① 곧 예루살렘, 기브아,② 키르얏 여아림,③ 이렇게 열네 성읍과 거기에 딸린 촌락들이다. 이것이 벤야민의 자손들이 씨족별로 받은 상속재산이다.

① 그리스어 본문, 불가타; 히브리어 본문은 '여부스족'이다.
② 히브리어로는 '기브앗'이다.
③ 그리스어 본문; 히브리어 본문은 '키르얏'이다.

둘러보기

예전에 여부스족의 성읍이었던 곳에 예루살렘을 세운 것은 회개에 대한 은유로 쓰인다(아우구스티누스, 오리게네스). 마찬가지로, 예루살렘과 바빌론은 평화의 이상과 혼돈이 오래 섞여 삶을 말해 주며, 이 둘은 세상 종말에 갈라질 것이다(아우구스티누스). 배교는 예루살렘이 예수님께 한 것보다 더 나쁘다. 예루살렘이 벤야민에게 주어진 것은 우리가 미래에 하늘에서 받을 상속재산의 전형이다(오리게네스).

18,28 여부스, 곧 예루살렘

재건된 도성

예루살렘은 성읍이 없던 곳에 세워진 것이 아니라, 본디 여부스족이 살던 여부스라는 성읍이 있던 곳에 세워졌습니다. 이 성읍이 점령당하고 정복되고 이스라엘의 지배를 받게 되었을 때, 옛 성읍은 이미 무너진 터라 그곳에 새 성읍을 세운 것입니다. 그 성읍은 예루살렘, 평화의 이상, 하느님의 도성이라 불렸습니다. 그러므로 아담에게서 태어난 이는 누구나 아직 예루살렘에 속해 있지 않습니다. 죽음에 부쳐진 그는 죄의 징벌과 죄악에서 뻗어 난 가지를 지니고 있기에 말하자면 옛 성읍에 속해 있기 때문입니다. 그러나 그가 하느님의 백성에 속하게 되면, 과거의 그는 무너지고 새로 서게 될 것입니다.

• 아우구스티누스 『시편 상해』 62,4.[1]

평화의 이상

그리고 바빌론과 예루살렘, 이 두 성읍의 이름을 보십시오. '바빌론'은 '혼돈'으로, '예루살렘'은 '평화의 이상'으로 풀이됩니다. 이제 혼돈

---

[1] NPNF 1,8,252-53*.

의 성읍을 살펴보십시오. 그러면 평화의 이상을 알아볼 것입니다. 그러면 여러분은 한 성읍을 감수하고 또 다른 성읍은 그리워하게 될 것입니다. 이 두 성읍은 무엇으로 구별할 수 있습니까? 우리는 어떤 식으로든 두 성읍을 분리할 수 있습니까? 두 성읍은 섞여 있습니다. 인류의 시초부터 섞여 있었고 세상 끝 날까지 그럴 것입니다. 예루살렘은 아벨을 통하여 시작되었고 바빌론은 카인을 통하여 시작되었습니다. 두 성읍의 건물들은 그 뒤에 세워졌습니다. 그 예루살렘은 여부스족의 땅에 세워졌습니다. 그래서 처음에 그곳은 여부스라고 불렸는데, 하느님의 백성이 이집트에서 구원을 받아 약속의 땅으로 인도되었을 때에, 여부스족은 거기에서 쫓겨났습니다. 그러나 바빌론은 페르시아 지방 한가운데 세워져, 오랫동안 다른 민족들 위로 머리를 치켜들고 살았습니다. 이 두 성읍이 과거에 실제로 세워진 것은 아주 옛적에 시작되어 이 세상이 끝날 때까지도 남아 계속되지만 종말에는 갈라질 두 성읍의 표상이 되게 하려는 것이었습니다.

• 아우구스티누스 『시편 상해』 65,2.[2]

여부스가 예루살렘으로

저는 문자로부터 — 문자도 말씀께서 주신 길을 따르기도 하니까요 — 이미 평화를 바라볼 자격을 갖춘 각 사람의 영혼으로 나아갑니다. 거룩한 공부를 한 여러분은 예루살렘이 되었습니다. 전에는 여부스였던 곳이지요. 본디 여부스였는데 나중에 이름이 바뀌어 예루살렘이 되었다고 역사는 말합니다. 히브리 자손들은 '여부스'가 '짓밟힌 것'이라는 뜻이라고 합니다. 그렇다면 여부스는 적대 세력에 짓밟히다가 바뀌어서 예루살렘, 곧 평화의 이상이 된 영혼입니다. 여러분이 여부스에서 바뀌어 예루살렘이 되고서도

죄를 짓는다면, 하느님의 아들을 짓밟고, 자기를 거룩하게 해 준 새 계약의 피를 더러운 것으로 여기고 모독한다면(히브 10,29 참조), 그리고 결국 위중한 죄를 짓고 만다면, 여러분을 두고도 이렇게들 말할 것입니다. '예루살렘아, 누가 너를 구해 주랴?' 여러분이 예수님을 배반하는 자가 되고 만다면 누가 여러분을 안타깝게 생각하겠습니까? 우리 각자가 죄를 지을 때, 더욱이 중대한 죄를 지을 때, 그는 예수님을 거슬러 죄를 짓는 것입니다. 게다가 그가 배교자이기도 하다면, 그는 예루살렘이 예수님을 육체적으로 학대한 것보다 훨씬 더한 짓을 영적으로 그분께 하는 것입니다.

• 오리게네스 『예레미야서 강해』 13,2.[3]

미래의 모습

그러므로 우리는 여기서도 성경이 이러한 일들을 모방하여, 예수[여호수아]가 제비를 뽑았으며, 각 지파의 상속재산은 하느님의 분배로 결정되었다고 이야기한다고 믿어야 합니다. 그리고 이렇게 제비를 뽑는 것에서, 하느님의 형언할 수 없는 섭리와 예지를 통하여, 하늘에 있는 미래 상속재산의 본보기가 어렴풋이 그려지고 있다는 것을 믿어야 합니다. 그렇기에 참으로, '율법은 장차 일어날 좋은 것들의 그림자를 지니고'(히브 10,1 참조) 있으며, 또 하늘에는 시온 산과 예루살렘이라 불리는 어떤 도성이 있습니다. 주 예수 그리스도께 다가오는 사람들을 두고 사도가 이렇게 말하는 그 도성입니다. "여러분이 나아간 곳은 시온 산이고 살아 계신 하느님의 도성이며 천상 예루살렘입니다"(히브 12,22). 분명히, 벤야민이 아무런 이유 없이 제비뽑기를 통해 예루살

---

[2] NPNF 1,8,268*.   [3] FC 97,132*.

렘과 시온 산을 받은 것이 아닙니다. 의심할 여지 없이, 바로 저 천상 예루살렘의 본질 때문에, 천상 예루살렘의 전형과 모습을 지닌 지상 예루살렘이 다른 그 누구도 아닌 바로 벤야민에게 주

어져야 한다고 결정되었던 것입니다.

• 오리게네스 『여호수아기 강해』 23,4.[4]

_____

[4] FC 105,200.

[19,1-39 시메온, 즈불룬, 이사카르, 아세르, 납탈리 지파의 상속재산]

19,40-51 단 지파의 상속재산

⁴⁹ 이렇게 그들은 경계에 따라 땅 나누는 일을 마쳤다. 그러고 나서 이스라엘 자손들은 눈의 아들 여호수아에게도 자기들 가운데에 있는 상속재산을 주었다.
⁵⁰ 주님의 분부에 따라 여호수아가 요구한 성읍, 곧 에프라임 산악 지방에 있는 팀낫 세라를 주었다. 여호수아는 그곳에 다시 성읍을 세우고 살았다.

둘러보기

　여호수아의 상속재산이 에프라임 땅에 있었던 것은 성령의 열매를 맺는 이들의 영혼 안에는 주님께서 머무르심을 나타낸다(오리게네스).

19,49-50 여호수아가 상속재산을 받다

성령의 열매

　과연 우리가 앞에서 이야기한 대로, 우리 주 예수 그리스도께서도 우리에게 당신께서 사실 거처를 세우실 장소를 요구하십니다. 그것은 당신께서도 우리 영혼 안의 이러한 장소를 받아들이시어 거처를 세우시고 그 안에 머무르실 만큼 우리가 마음이 깨끗하고 정신이 온전하며 몸과 영이 거룩하기를 요구하시는 것입니다. 여러분은 모든 사람 가운데에서 누가 하느님의 마음에 들어 이러한 장소로 선택받을 자격이 있다고 생각하십니까? 아니면, 아마도 개인은 그렇게 될 수 없고, 다만 온 백성과 교회 전체가 함께 가까스로 주 예수님을 자신 안에 받아들여 주님께서

그 안에 거처하시게 할 수 있다고 생각하십니까?

　그러면 이제, 예수님께서 머무르실 이 장소가 어떠한 곳인지 살펴봅시다. 그곳은 "에프라임 산", 곧 '열매를 맺는 산'에 있다고 합니다. 여러분은 우리 가운데에서 누가 예수님께서 머무르실, 열매를 맺는 산이라고 생각하십니까? 물론, '기쁨, 평화, 인내, 사랑 등 성령의 열매'(갈라 5,22 참조)를 그 안에 지니고 있는 사람들입니다. 그들은 성령의 열매를 맺는 결실의 산이며, 언제나 드높은 정신과 희망을 품고 사는 사람들입니다. 이와 같은 사람이 극히 드물긴 하지만, 비록 몇 사람 되지 않지만, 그들 안에 머무르시는 "참빛"(요한 1,9)이신 주 예수님께서는 이 첫판에서는 아직 당신의 거처로 쓸 만하지 않다고 판단하신 다른 모든 사람에게도 당신의 빛을 비추어 주실 것입니다.

• 오리게네스 『여호수아기 강해』 26,1.[1]

_____

[1] FC 105,215-16.

20,1-9 도피 성읍

¹ 주님께서 여호수아에게 이르셨다.

² "이스라엘 자손들에게 이렇게 일러라. '이제 내가 모세를 통하여 너희에게 일러 준 도피 성읍들을 정하여,

³ 실수로 생각 없이 사람을 쳐 죽인 살인자가 그곳으로 피신할 수 있게 하여라. 너희는 그 성읍들을 피의 보복자를 피하는 도피처로 삼아야 한다. …

⁶ 그 살인자는 재판을 받기 위하여 공동체 앞에 설 때까지, 그리고 그때의 대사제가 죽을 때까지 그 성읍에서 살아야 한다. 그런 다음에야 자기의 성읍, 곧 자기가 도망쳐 나온 성읍, 자기 집으로 돌아갈 수 있다.'"

둘러보기

자구적 해석이 어려운 본문은 영적 해석을 시도하게 하는데, 그렇게 볼 때, 도피 성읍의 대사제는 예수님이다(암브로시우스, 히에로니무스). 도피 성읍에 관한 성경의 규정은, 과실치사는 구원자의 피로 속죄될 수 있는 죄라는 사실을 말해 준다(히에로니무스).

20,6 대사제가 죽을 때까지

영적 의미를 따져 보아야 한다

성경에서 대사제의 죽음과 관련한, "그 살인자는 대사제가 죽을 때까지, 바로 그때까지 도피 성읍에서 살아야 한다"라는 구절의 의미가 무엇인지도 문제입니다. 이 대목은 자구적으로 해석하는 데 어려움이 있습니다. 첫째, 도피 기간이 공정성에 대한 어떤 고려보다는 우연으로 정해진다는 점입니다. 비슷한 사건들의 결과가 달라지는 것입니다. 살인자가 도피를 한 바로 그날 대사제가 죽을 수도 있는 일입니다. 그렇다면 이 불확실성 뒤에 숨은 의미는 무엇이겠습니까? 문자에 따른 해석이 어려우니 영적 의미를 찾아봅시다(2코린 3,6 참조). 그 대사제가 하느님의 말씀

이신 하느님의 아들 아니고 누구겠습니까? 그분께서는 아버지 앞에서 우리를 대신하여 변호해 주시는 분이십니다(1요한 2,1-2 참조). 정녕 그분께서는 고의든 과실이든 어떠한 잘못도 하지 않으셨으며, 땅에 있는 것이든 하늘에 있는 것이든 만물이 그분 안에 존속합니다. 만물이 말씀의 끈에 묶여 있고 그분의 힘으로 함께 결합되고 그분 안에서 존속하기 때문입니다. 그분 안에서 만물이 창조되었고 그분 안에 하느님의 온갖 충만함이 머물러 있기 때문입니다. 또한 그분께서는 묶어 놓으신 만물이 느슨하게 풀어지도록 허용하지 않으시기에, 만물이 그분의 의지 안에 존재하기에, 만물이 그렇게 지탱됩니다. 참으로 그분께서는 당신께서 원하시는 한, 만물을 당신의 명령으로 계속 점검하시고, 자연의 조화로 만물을 다스리시고 결합시키십니다(콜로 1,16-20 참조). 그러므로 하느님의 말씀은 살아 계시며 무엇보다, 거룩한 이들의 영혼 안에 살아 계십니다. 그리고 그 충만한 신성은 결코 사라지지 않습니다. 하느님의 영원한 신성과 영원한 권능은 결코 사라지지 않기 때문입니다. 우리 영혼이 그분에게서 떨어져 나온다면, 그분께서는 분명히 우리에 대하

여 돌아가시는 것입니다. 우리 영이 죽음으로 파괴되어서가 아니라 그분과의 결합에서 풀어지고 끊겼기 때문입니다. 그렇습니다. 진정한 죽음은 우리 영혼이 말씀에게서 분리되는 것입니다. 그러면 영혼은 곧바로 자유의사로 죄를 짓기 시작합니다.

• 암브로시우스 『세상 도피』 2,13.[1]

피로 속죄되고

바로 성경 말씀이 무지도 죄라는 사실을 가리키고 있습니다. 욥이 자기 아들들을 위하여 번제물을 바친 것도 그런 이유입니다. 혹시나 그들이 모르는 사이에 마음속으로 죄를 지었을지도 모르기 때문입니다(욥 1,5 참조). 사람이 나무를 베다가 도끼날이 자루에서 빠져나가 그것을 맞은 사람이 죽게 되면, 그 나무꾼은 도피 성읍으로 피신하여 대사제가 죽을 때까지, 그곳에 머물러 있어야 합니다. [대사제가 죽을 때까지란] 그[나무꾼]가 세례의 집에서나 참회를 통해 구원자의 피로 속죄될 때까지를 뜻합니다. 그 피는 아무도 멸망하기를 바라지 않으시는 구원자의 형언할 길 없는 자비를 통하여 세례 은총이 효과를 내게 합니다. 그분께서는 죄인들의 죽음을 결코 기뻐하지 않으시며, 오히려 죄인들이 그들의 길에서 돌아서서 살기를 바라십니다.

• 히에로니무스 『펠라기우스파 반박 대화』 1,33.[2]

---

[1] FC 65,289-90. [2] FC 53,279.

21,1-8 레위인들이 성읍을 요구하다

[1] 그때에 레위 가문의 우두머리들이 엘아자르 사제와 눈의 아들 여호수아와 이스라엘 자손 지파의 가문 우두머리들에게 다가갔다.

[2] 가나안 땅 실로에서 레위 가문의 우두머리들이 그들에게 말하였다. "우리가 살 성읍과 가축을 키울 목초지를 내주라고, 주님께서 모세를 통하여 명령하셨습니다."

[3] 그래서 이스라엘 자손들은 주님의 분부에 따라, 자기들의 상속재산 가운데에서 다음의 성읍들과 거기에 딸린 목초지들을 레위인들에게 내주었다.

[4] 먼저 크핫 씨족들을 위한 제비가 나왔다. 그래서 레위인들 가운데에서 아론 사제의 자손들은 제비를 뽑아, 유다 지파와 시메온 지파와 벤야민 지파에서 열세 성읍을 받았다.

[5] 크핫의 나머지 자손들은 제비를 뽑아, 에프라임 지파의 씨족들과 단 지파와 므나쎄 반쪽 지파에서 열 성읍을 받았다.

[6] 게르손의 자손들은 제비를 뽑아, 이사카르 지파의 씨족들과 아세르 지파와 납탈리 지파와 바산에 있는 므나쎄 반쪽 지파에서 열세 성읍을 받았다.

[7] 므라리의 자손들은 씨족별로 르우벤 지파와 가드 지파와 즈불룬 지파에서 열두 성읍을 받았다.

[8] 이스라엘 자손들은 주님께서 모세를 통하여 명령하신 대로, 제비를 뽑아 이 성읍들과 거기에 딸린 목초지들을 레위인들에게 내주었다.

둘러보기

레위인들에게 성읍을 분배해 준 것이 우연한 일로 보이지 않도록, 제비를 뽑았다. 이것은 부활에서 보존될 질서에서 그 이유와 우선순위를 보여 주었다. 첫 번째 제비는 마땅히 최초의 대사제였던 아론의 자손들에게 떨어졌다(오리게네스).

21,1-8 레위인들이 제비를 뽑아 성읍들을 받다

제비를 뽑다

성읍들과 그 주변에 대해서도 제비를 뽑아, 레위인들이 성읍들을 얻게 된 그 유명한 분배가 혹시라도 마구잡이나 우연으로 보이지 않게 한 것은 적절한 일이었습니다. 그러므로 이스라엘 자손들 가운데에서 이루어진 제비를 통한 분배는 이유가 있는 것으로 보입니다. 그것을 통하여 어떤 사람은 첫 번째 제비를 뽑을 만하다고 여겨지고 또 어떤 사람은 두 번째 제비를 뽑을 만하다고 여겨지는 것입니다. 앞에서 우리가 할 수 있는 만큼 살펴본 대로입니다. 이것은 요르단 건너편에서 모세를 통하여 [상속재산을] 받은 사람들과 관련해서도, 또 약속의 땅에서 예수[여호수아]를 통해 받은 사람들과 관련해서도 모두 맞는 말입니다. 약속의 땅에서 첫 번째 제비는 벤야민 지파에게 떨어졌고(여호 18,11 참조), 그다음에는 나머지 지파들에게 떨어졌으며, 단 지파가 맨 마지막이었습니다(여호 19,40 참조). 또한 그렇게 사제들과 레위인들이 뽑은 제비의 순서에도 반드시 어떤 이유가 있었을 것입니다. 그리하여 첫 번째는 어떤 사람에게 뽑히고, 두 번째는 다른 어떤 사람에게, 세 번째는 또 다른 사람에게 뽑혀서, 각자에게 이러저러한 장소가 지정되고 있습니다.

• 오리게네스 『여호수아기 강해』 25,1.[1]

부활 순서

누가 진지의 각종 장소들을 설명할 것입니까? 거룩한 이들인 사제와 레위인들 각각의 순서를 위한 이러한 분배가 부활에서 어떻게 유지되어야 하겠습니까? 사도가 말하는 대로, 부활 때에는 아무것도 아무렇게나 일어나지 않고 다만 모든 것이 그 순서대로 일어날 것입니다. '각각 차례가 있습니다. 만물은 그리스도이십니다. 그다음은 그리스도께 속하며 그분의 재림을 믿은 이들입니다. 그때에 그리스도께서는 모든 권세와 권력을 당신께 굴복시키고 나서 나라를 하느님 아버지께 넘겨드리실 것입니다'(1코린 15,23-24 참조).

그때에는 의심할 나위 없이 진지와 사제들의 배치와 계층 그리고 나팔 신호 등에 관한 어떤 규칙들이 지켜질 것입니다.

• 오리게네스 『여호수아기 강해』 25,4.[2]

첫째 자리

"맨 먼저 크핫 씨족들을 위한 제비가 나와 레위인들 가운데에서 사제들인 아론의 자손에게 건너가게 되었다"고 말합니다. 누구의 제비가 맨 처음에 나와야 적절하였겠습니까? 최초의 대사제인 아론, 생애와 공로에서 첫째이고 영예와 권능에서 첫째인 아론이 아니라면, 누구에게 첫째 자리가 주어져야 마땅하였겠습니까? 이 제비 뽑기가 우연한 일이 아니라 하느님 섭리의 판단에 따라 천상 권능이 그 자리에서 주관한 일이라는 사실이 이제 수긍이 가십니까? 그렇게 하여 이 공정한 제비가 아론 자손들의 첫 거주지를 어디로 결정하였습니까? "아론 자손들은 제비를 뽑아, 유다 지파와 시메온 지파와 벤야민 지파에

---

[1] FC 105,208-9.　　　　[2] FC 105,213.

서 열세 성읍을 받았다"고 합니다. 선택된 지파
의 선택된 사람들에게 거주지가 어떻게 분배되
었는지 보셨지요?

● 오리게네스 『여호수아기 강해』 25,2.[3]

[3] FC 105,210.

[21,9-26 레위인들의 성읍]

[21,27-45 주님의 약속이 이루어지다]

22,1-20 요르단 강가의 제단

[1] 그때에 여호수아가 르우벤인들과 가드인들, 그리고 므나쎄 반쪽 지파를 불러 놓고,

[2] 그들에게 말하였다. "너희는 주님의 종 모세께서 너희에게 명령하신 것을 모두 지켰다. 그리고 내가 너희에게 명령한 대로 내 말도 잘 들었다.

[3] 너희는 오늘날까지 이처럼 오랫동안 너희 형제들을 저버리지 않고, 주 너희 하느님의 계명을 성심껏 지켰다.

[4] 이제 주 너희 하느님께서는 친히 이르신 대로 너희 형제들을 평온하게 해 주셨다. 그러니 주님의 종 모세께서 요르단 건너편에서 주신 너희 소유지로, 너희 천막으로 돌아가거라.

[5] 주님의 종 모세께서 너희에게 명령하신 계명과 율법을 명심하여 잘 지켜, 주 너희 하느님을 사랑하고 그분의 모든 길을 따라 걸으며, 그분의 계명을 지키고 그분께만 매달리면서, 마음을 다하고 목숨을 다하여 그분을 섬겨라."

[6] 여호수아가 그들을 축복하고 보내니 그들이 자기들의 천막으로 돌아갔다. …

[10] 가나안 땅에 있는 요르단의 글릴롯에 다다른 르우벤의 자손들과 가드의 자손들, 그리고 므나쎄 반쪽 지파는 그곳 요르단 강가에 보기에도 커다란 제단을 쌓았다.

[11] 그리하여 이스라엘 자손들은, "보라, 르우벤의 자손들과 가드의 자손들, 그리고 므나쎄 반쪽 지파가 가나안 땅 경계선, 요르단의 글릴롯, 곧 이스라엘 자손들 쪽에 제단을 쌓았다." 하는 말을 들었다.

[12] 이스라엘 자손들은 이 말을 듣고, 온 공동체가 그들과 싸우러 올라가려고 실로에 모였다.

둘러보기

두 지파와 반쪽 지파에 대한 여호수아의 축복과 파견은 민족들의 모임이 지닌 신비를 암시한다. 그날이 오도록 도우며 기다린 사람들은 상급과 안식을 얻는다. 이 백성은 그리스도께서 오시기 전에 태어나 삼위일체 하느님에 대한 온전한 지식이 없었던 신자들을 예표한다(오리게네스).

22,1-9 두 지파와 반쪽 지파가 자기들 소유지로 돌아가다

민족들의 수가 다 찰 때까지

이러한 일들이 있은 뒤 예수[여호수아]는 르우벤의 자손들과 가드의 자손들과 므나쎄 반쪽 지파를 불러 모읍니다. 그들은 그와 함께 군사로서 싸우며 이스라엘인의 적들을 정복하였던 사람들입니다. 그는 기록된 대로 그들에게 선물을 주며 그들이 상속재산으로 받은 곳으로 보냈습니다. 그렇게 하여 이 일은 "민족들의 수가 다 찰 때"(로마 11,25) 그들이 주 예수님께 약속하신 것을 받는 그 신비를 나타내는 것으로 보입니다. 모세에게 배우고 익힌 그들은 경기를 치르고 있는 우리에게 기도와 간청으로 도움을 가져다주는 사람들입니다. 그들은 아직 "약속된 것을 얻지는"(히브 11,39) 못하였고, 사도가 말하는 대로, 우리의 부르심 또한 다 이루어지기를 기다리고 있습니다(2테살 1,11 참조). 그러나 이제 마침내 그들은 예수[여호수아]에게 받은 선물로 지금까지 유보되었던 완전함을 얻을 수 있게 되었습니다. 각자 전쟁과 전투가 모두 멈추어 저마다 평화 속에서 살게 될 것입니다.

● 오리게네스 『여호수아기 강해』 26,2.[1]

22,10-12 제단이 세워지다

예전 백성

아직도 여러분은 모세가 두 지파와 반쪽 지파를 통해 미리 보여 주었던 예전 백성 가운데에서 이루어진 모든 일은 온전하지도 완전하지도 않았다는 사실을 제가 더 확실히 증명해 주기 바라십니까? 이 작은 책, 눈의 아들 예수[여호수아]의 책에 기록된 역사도 그렇게 단언합니다. 참된 제단은 예수[여호수아]가 나누어 주는 땅에 있다고 합니다(여호 8,30-31 참조). 요르단 건너편에 있던 사람들, 곧 르우벤과 가드와 므나쎄 반쪽 지파가 제단을 세웠지만, 그것은 참된 제단이 아니었습니다. 그것은 예수[여호수아]와 함께 있는 참된 제단의 모형이요 상징이었을 뿐입니다. 그러니 여러분은 그들이 삼위일체 하느님에 관한 온전한 지식을 받았는지 받지 못하였는지 궁금해할 필요가 없습니다. 그들은 온전하지도 참되지도 못한 제단을 세웠기 때문입니다.

● 오리게네스 『여호수아기 강해』 3,2.[2]

---

[1] FC 105,217-18.

[2] FC 105,46.

22,21-34 증언 제단

21 르우벤의 자손들과 가드의 자손들, 그리고 므나쎄 반쪽 지파가 이스라엘 씨족의 우두머리들에게 대답하였다.

22 "하느님 주 하느님, 하느님 주 하느님, 하느님께서는 알고 계시오. 이스라엘도 알기를 바라오. 만일 우리가 주님께 거역하거나 그분을 배신하여 이 일을 하였다면, 그분께서 오늘 우리를 구해 주지 않으셔도 좋소.♪

╭◦²³ 우리가 만일 주님을 따르지 않고 돌아서려고 제단을 쌓았다면, 번제물과 곡식 제물을 올리거나 친교 제물을 바치려고 그렇게 하였다면, 주님께서 친히 보복하실 것이오.

²⁴ 그러나 사실은 그렇지 않소. 우리는 걱정되는 일이 있어서 이 일을 한 것이오. 뒷날 그대들의 자손들이 우리 자손들에게 이렇게 말할지도 모르오. '너희가 주 이스라엘의 하느님과 무슨 상관이 있느냐?

²⁵ 주님께서 우리와 너희 르우벤의 자손들과 가드의 자손들 사이에 요르단을 경계로 정하여 주셨으니, 너희는 주님에게서 받을 몫이 없다.' 그러면서, 그대들의 자손들이 우리의 자손들에게 주님을 경외하지 못하게 할지도 모르지 않소?

²⁶ 그래서 우리가 '제단을 쌓자.' 하였던 것이오. 그러나 이는 번제물이나 희생 제물을 위한 것이 아니오.

²⁷ 우리와 그대들 사이에, 또 우리의 다음 세대들 사이에 증인이 되어, 우리도 우리의 번제물과 희생 제물과 친교 제물을 가지고 주님 앞에 나아가, 그분께 예배를 드릴 수 있게 하려는 것이오. 그래서 뒷날 그대들의 자손들이 우리의 자손들에게, '너희는 주님에게서 받을 몫이 없다.' 하고 말하지 못하게 하려는 것이오.

²⁸ 뒷날 그대들의 자손들이 우리나 우리 후손들에게 그렇게 말할 경우에는, '보아라, 이것은 우리 조상들이 만든 주님의 제단 모형일 뿐이다. 번제물이나 희생 제물을 위한 것이 아니라, 우리와 너희 사이의 증인일 따름이다.' 하고 대답하리라 생각하였소.

²⁹ 우리가 주님을 거역하고, 그분의 성막 앞에 있는 주 우리 하느님의 제단 이외에, 번제물이나 곡식 제물이나 희생 제물을 바치는 다른 제단을 쌓아, 우리가 오늘 주님을 따르지 않고 돌아서는 일은 결코 없을 것이오.”

둘러보기

우리는 그리스도께서 오시기 전에 살았던 의로운 사람들을 우리 형제로 여길 것이다. 그들은 증언 제단이 다만 예수님께서 계신 곳에 있는 진정한 제단의 형상임을 알았기 때문이다(오리게네스).

22,21-29 제단을 세운 까닭을 해명하다

참된 제단

이 행위에는 어떠한 상징이 들어 있는지 살펴봅시다. 할례를 받은 이전 백성은 맏아들인 르우벤(창세 29,32 참조)으로 대표되며, 질파의 맏아들 가드(창세 30,10 참조), 그리고 역시 맏아들인 므나쎄(창세 41,51 참조)도 이를 나타냅니다. 그러나 제가 '맏아들'이라고 말하는 것은 시간적으로 그렇다는 것입니다. 따라서 이러한 것들에 대해서 말하는 것은 그리스도께서 오시기 전에 살았던 의로운 사람들과 우리 사이에 어떤 구분이나 분리가 분명히 있다고 말하는 것이 아니라, 그들이 그리스도께서 오시기 전에 살았다 하더라도 여전히 우리 형제임을 그런 것들이 드러내 준다고 말하는 것입니다. 그들이 비록 구원자께서 오시기 전에 제단을 가지고 있었지만, 그것이 참된 제단이 아니라 참된 제단이 될 것의 형상이며 표상임을 알고 인식하였기 때문입니다(히브 10,11-12 참조). 그 사람들은 죄를 없앨 수 있는 참된 제물은 맏아들로 태어난 백성이 소유한 제단이 아니라 예수님께서 계시는 이 제단에서 봉헌된다는 것을 알고 있었습니다. 거룩한 제물이 바로

여기에서, 참된 희생 제물이 바로 여기에서 불태워집니다. 그리하여 이전 시대의 의인들과 지금 그리스도인으로 살아가는 사람들이 모두 "한 목자 아래 한 양 떼"(요한 10,16)가 되었습니다.

• 오리게네스 『여호수아기 강해』 26,3.[1]

---

[1] FC 105,218-19*.

23,1-16 여호수아가 계약 준수를 촉구하다

² 여호수아는 온 이스라엘, 곧 원로들과 우두머리들과 판관들과 관리들을 불러 말하였다. "나는 이제 늙고 나이가 많이 들었다. …

⁴ 보아라, 내가 요르단에서 해 지는 쪽 큰 바다까지, 이미 멸망시킨 모든 민족들과 아직도 남아 있는 이 모든 민족들을 너희 지파들에게 상속재산으로 나누어 주었다.

⁵ 주 너희 하느님께서는 친히 그들을 너희에게서 몰아내시고 너희 앞에서 내쫓으실 것이다. 그러면 너희는 주 너희 하느님께서 이르신 대로 이 땅을 차지하게 될 것이다.

⁶ 그러므로 너희는 아주 군세어져서 모세의 율법서에 쓰여 있는 모든 것을 명심하여 실천하고, 거기에서 오른쪽으로도 왼쪽으로도 벗어나는 일이 없도록 하여라.

⁷ 그래서 너희 곁에 남아 있는 이 민족들과 어울리는 일이 없도록 하여라. 그들 신들의 이름을 찬미하여 부르거나 그 이름으로 맹세해서도 안 되고, 그 신들을 섬기거나 그들에게 경배해서도 안 된다.

⁸ 너희는 오늘날까지 해 온 대로 오직 주 너희 하느님께만 매달려라.

⁹ 주님께서는 크고 강한 민족들을 너희 앞에서 쫓아내 주셨다. 그래서 오늘날까지 아무도 너희에게 맞서지 못하였던 것이다.

¹⁰ 주 너희 하느님께서 이르신 대로 너희를 위하여 친히 싸워 주셨기 때문에, 너희 가운데에서 한 사람이 천 명을 쫓을 수 있었다. …"

둘러보기

그리스도인은 이교인의 고전문학을 배워도 되지만, 그것을 가르쳐서는 안 된다. 가르치다

보면 자기도 모르는 사이에 그것을 받아들이게 되기 때문이다(테르툴리아누스). 각종 신들의 이름을 부르는 것은 우상 숭배와 다를 것이 없다(위-

클레멘스). 하느님께서 여호수아에게 승리를 주신 것은 그의 의로움과 순종 때문이다(니사의 그레고리우스).

23,6-8 남아 있는 다른 민족들과 그 신들과 가까이 하지 마라

그리스도인과 이교인 문학

신앙인들이 문학을 배우는 것은 허용되지만, 가르치는 것은 그렇지 않습니다. 배우는 것과 가르치는 것은 그 원리가 다르기 때문입니다. 신앙인이 문학을 가르친다면, 그는 가르치는 동안 권장을 하게 될 것이 분명하고, 전달하면서 긍정하고, 내용을 상기하다 보면 증언을 하게 되어, 그러는 가운데 우상들에 대한 찬양이 여기저기 끼어들게 됩니다. 그는 그 신들을 그 [신들의] 이름으로 지정하게 됩니다. 그러나 우리가 앞에서 말했듯, 율법은 "다른 신들의 이름을 불러서는 안 된다"(탈출 23,13)고 금지합니다. [하느님의] 이름을 헛것[1]에 붙이는 것을 금지합니다. 그래서 악마는 사람들이 박학해지기 시작할 때 세워지는 초기의 믿음을 얻게 됩니다. 우상에 관하여 가르치는 사람이 우상 숭배에 빠지는지 안 빠지는지 살펴보십시오. 그러나 신앙인이 이러한 것들을 배울 때는 무엇이 우상 숭배인지 이해할 수 있는 사람이라면, 그는 우상 숭배를 받아들이지도 허용하지도 않습니다. 아직 이해하지 못하는 사람이라면 더욱 그래야 합니다. 또는, 그가 이해하기 시작하는 때라면 그는 이전에 배운 것, 곧 하느님과의 만남과 신앙에 대해 먼저 이해할 필요가 있습니다. 그러면 그는 그러한 것들을 거부하고 받아들이지 않을 것이며, 독약을 아는 사람에게서 모르고 독약을 받았지만 마시지 않는 사람처럼 안전할 것입니다.

• 테르툴리아누스 『우상 숭배』 10.[2]

신들의 이름

모세는 백성이 진보하는 것을 보고 한 분이신 하느님께 대한 믿음과 그 다스림에 대하여 조금씩 가르치기 시작했습니다. 그러면서 이렇게 말했습니다. '너희는 다른 신들의 이름을 불러서는 안 된다'(여호 23,7 참조). 뱀이 처음으로 신들을 입에 올렸다가 받은 벌을 떠올리게 하는 말입니다(창세 3장 참조). 뱀은 먼지나 먹으라는 저주를 받았기 때문입니다. 맨 처음으로 세상에 신들의 이름을 끌어들였다는 이유로 뱀은 그런 먹이를 먹어 마땅하다는 심판을 받은 것입니다. 여러분도 많은 신을 이끌어 들이고 싶다면, 뱀이 받은 저주가 여러분에게는 떨어지지 않는지 한번 보십시오.

• 위-클레멘스 『재인식』 2,44.[3]

23,10 주 너희 하느님께서 너희를 위하여 싸워 주신다

승리는 의로움에서 온다

'한 사람이 천 명을 쫓을 수 있다', '두 사람이 만 명을 도망치게 할 수 있다'(신명 32,30 참조)고 약속하신 분께서는 진실하시기 때문에, 전투의 승리는 [싸우는 자의] 수로 결정되는 것이 아니라 오직 의로움에서 온다.

• 니사의 그레고리우스 『에우노미우스 반박』.[4]

---

[1] 우상.
[2] ANF 3,66-67.
[3] ANF 8,109*.
[4] NPNF 2,5,250.

24,1-15 주님의 진실하심을 이야기하다

² 그러자 여호수아가 온 백성에게 말하였다. "주 이스라엘의 하느님께서 이렇게 말씀하셨다. '옛날에 아브라함의 아버지이며 나호르의 아버지인 테라를 비롯한 너희 조상들은 강 건너편에 살면서 다른 신들을 섬겼다.

³ 그런데 나는 너희 조상 아브라함을 강 건너편에서 데려다가, 온 가나안 땅을 돌아다니게 하고 그의 후손들을 번성하게 하였다. …

⁶ 내가 너희 조상들을 이렇게 이집트에서 이끌어 내었다. 그 뒤에 너희는 바다에 이르렀다. 그런데 이집트인들이 병거와 기병을 거느리고 갈대 바다까지 너희 조상들의 뒤를 쫓아왔다. …

¹¹ 너희가 요르단을 건너서 예리코에 이르렀을 때에는, 예리코의 지주들, 곧 아모리족, 프리즈족, 가나안족, 히타이트족, 기르가스족, 히위족, 여부스족이 너희에게 맞서 싸웠다. 나는 그들도 너희 손에 넘겨주었다.

¹² 나는 또 너희보다 앞서 말벌을 보내어, 아모리족의 두 임금을 너희 앞에서 몰아내었다. 그렇게 한 것은 너희의 칼도 너희의 화살도 아니다.

¹³ 그리고 나서 나는 너희에게 너희가 일구지 않은 땅과 너희가 세우지 않은 성읍들을 주었다. 그래서 너희가 그 안에서 살고, 또 직접 가꾸지도 않은 포도밭과 올리브 나무에서 열매를 따 먹게 되었다.'

¹⁴ 그러니 이제 너희는 주님을 경외하며 그분을 온전하고 진실하게 섬겨라. 그리고 너희 조상이 강 건너편과 이집트에서 섬기던 신들을 버리고 주님을 섬겨라.

¹⁵ 만일 주님을 섬기는 것이 너희 눈에 거슬리면, 너희 조상들이 강 건너편에서 섬기던 신들이든, 아니면 너희가 살고 있는 이 땅 아모리족의 신들이든, 누구를 섬길 것인지 오늘 선택하여라. 나와 내 집안은 주님을 섬기겠다."

둘러보기

아우구스티누스는 성경에서 언뜻 모순으로 보이는 사항들에 대하여 어째서 그것들이 모순이 아닌지 적절한 설명을 하고 있다. 그는 히브리어 성경의 "가나안 땅"을 칠십인역이 "온 땅"으로 옮긴 것을 예언적 암시로 여긴다. 또한 성문을 닫아 버리고 화평 조건조차 묻지 않는 것은 전쟁을 하자는 의도로 읽어야 한다고 보며, "말벌"의 자구적 의미와 은유적 의미에 대해 설명한다. 여호수아가 이스라엘 백성에게 하는 말은 그리스도교로 돌아선 개종자들에게도 잘 들어맞는다. 주님을 섬기겠다고 약속하고서 지키지 않는 것은 파멸을 부르는 계약 파기다(오리게네스).

24,3 너희 조상 아브라함

온 땅

칠십인역은 이 구절을 "그런데 나는 너희 조상 아브라함을 강 건너편에서 데려다가, 온 땅으로 이끌었다"고 번역하였습니다. 히브리어 성경을 글자 그대로 옮겼다면, "그런데 나는 그를 가나안 땅으로 이끌었다"로 해야 했을 것입니다. 그러니까 칠십인역의 번역자들이 "가나안 땅"이라는 말 대신에 "온 땅"을 집어넣기 바랐다는 것은 놀라운 일입니다. 그들은 그때에 이미 하느님의 약속이 이루어진 것으로 받아들였을 만큼 그 예언을 확실히 믿었던 것입니다. 그리스도와 교회에 관하여 이루어질 일들, 그리고 아브라함의 참된 후손은 육의 자녀들 가운데 있는 것이 아니라 약속의 자녀들 가운데 있다는 것을 그 예언이 매우 분명한 말로 미리 알려 주었기 때문입니다.

● 아우구스티누스 『칠경에 관한 질문』 25.[1]

24,11 너희가 예리코에 이르렀다

전쟁하자는 표시

"예리코에 살던 자들이 너희에게 맞서 싸웠다." 이 진술이 어째서 사실이냐고 물을 사람도 있을 것입니다. 그들은 단순히 자신들을 보호하려고 성문을 닫고 성벽 뒤에 숨었을 뿐이라는 이유지요. 그러나 이 진술은 정확하게 말한 것입니다. 적에게 성문을 닫아 버리는 것은 전쟁을 하자는 표시이기 때문입니다. 예리코의 주민들은 화평 조건을 묻는 사절들을 보내지 않았기 때문입니다. … 전쟁은 전투의 연속이 아닙니다. 어떤 전쟁은 빈번히 전투를 하고, 어떤 전쟁은 전투를 별로 하지 않고, 또 어떤 전쟁은 아예 전투를 하지 않기도 합니다. 어떻든 어느 모로든 무력이 개입되는 분쟁이 있을 때에 전쟁이라고 합니다.

● 아우구스티누스 『칠경에 관한 질문』 26.[2]

24,12 나는 너희보다 앞서 말벌을 보냈다

"말벌"이 가리키는 것

눈의 아들 여호수아가 주님께서 이스라엘인들을 위하여 해 주신 여러 일들을 떠올려 주며 '주님께서 너희보다 앞서 말벌을 보내시어 가나안족을 몰아내셨다'고 했을 때, 그것은 무슨 뜻입니까? 어떤 사람은 그러한 말을 지혜서에서 찾기도 하지만, 그러한 일이 일어났다는 이야기는 어디에서도 찾을 수 없습니다. 아마도 "말벌"은 무서운 아픔과 같은 공포에 대한 은유로 이해해야 할 것입니다. 그들[가나안족]은 떠도는 소문을 듣고 말벌에 쏘인 것처럼 공포에 휩싸여 도망을 쳤던 것입니다. 또한 말벌은 시편에서 말하는 "재앙의 천사"(시편 78,49) 같은, 눈에 보이지 않는 하늘의 영들을 가리킬 수도 있습니다. 아마도 어떤 사람은 일어난 모든 일이 다 기록된 것은 아니며 말벌 사건 또한 가시적으로 일어났으므로 이 구절은 실제 말벌을 가리키는 것으로 알아들어야 한다고 할 것입니다.

● 아우구스티누스 『칠경에 관한 질문』 27.[3]

24,14-15 오늘 선택하여라

주님을 거슬러 죄를 짓지 마라

그러므로 여호수아가 거룩한 땅에 백성을 정착시키고 나서 그들에게 한 말은 성경이 지금 우리에게도 하는 말이겠습니다. 그 본문은 다음과 같습니다. "이제 너희는 주님을 경외하며 그분을 온전하고 진실하게 섬겨라." 그리고 우리가 우상 숭배에 빠져든다면 우리에게 다음과 같이 말할 것입니다. "너희 조상이 강 건너편과 이집

---

[1] CCL 33,330.

[2] CCL 33,330.

[3] CCL 33,330.

트에서 섬기던 신들을 버리고 주님을 섬겨라."

여러분이 교육을 받기 시작했을 때엔 이런 말을 들었어야 마땅했을 것입니다. "만일 주님을 섬기는 것이 너희 눈에 거슬리면, 너희 조상들이 강 건너편에서 섬기던 신들이든, 아니면 너희가 살고 있는 이 땅 아모리족의 신들이든, 누구를 섬길 것인지 오늘 선택하여라." 그리고 교리교사는 여러분에게 이렇게 말하였을 것입니다. "나와 내 집안은 주님을 섬기겠다. 주님께서는 거룩하시기 때문이다."[4] 지금은 여러분에게 교리교사가 이런 말을 할 이유가 없습니다. 그때에 여러분이 이렇게 말하였기 때문입니다. "다른 신들을 섬기려고 주님을 저버리는 일은 결코 우리에게 없을 것입니다. 우리와 우리 조상들을 이집트 땅에서 데리고 올라오셨으며 … 또 우리가 걸어온 그 모든 길에서 우리를 지켜 주신 분이 바로 주 우리 하느님이십니다. 그분께서 우리의 하느님이십니다." 더 나아가서 여러분은 오래전

에 신앙 서약을 할 때 여러분의 교리교사에게 이런 대답을 하였습니다. "우리도 주님을 섬기겠습니다. 그분만이 우리의 하느님이십니다"(여호 24,18). 사람들 사이에 맺은 계약도 그것을 파기하는 자는 휴전을 맺을 수도 없고 안전을 기대할 수 없는데, 하느님을 거부함으로써 그분과 맺은 계약을 무효로 만들어 파기하고 또 세례 때에 끊어 버린 사탄에게 도로 달려가는 자들에 대해서야 무슨 말을 더 하겠습니까? 그러한 자는 엘리가 자기 아들들에게 한 말을 들어야만 합니다. "사람이 사람에게 죄를 지으면 사람들이 그를 위해 빌어 주지만, 사람이 주님께 죄를 지으면 누가 그를 위해 빌어 주겠느냐?"(1사무 2,25).

● 오리게네스 『순교 권면』 17.[5]

---

[4] 칠십인역은 "주님께서는 거룩하시기 때문이다"를 덧붙인다.

[5] *OSW* 52-53.

24,16-28 이스라엘은 주님을 섬길 것이다

22 여호수아가 백성에게, "너희가 주님을 선택하고 그분을 섬기겠다고 한 그 말에 대한 증인은 바로 너희 자신이다." 하고 말하자, 그들이 "우리가 증인입니다." 하고 대답하였다.

23 "그러면 이제 너희 가운데에 있는 낯선 신들을 치워 버리고, 주 이스라엘의 하느님께 마음을 기울여라." …

26 여호수아는 이 말씀을 모두 하느님의 율법서에 기록하고, 큰 돌을 가져다가 그곳 주님의 성소에 있는 향엽나무 밑에 세웠다.

27 그러고 나서 여호수아는 온 백성에게 말하였다. "보라, 이 돌이 우리에게 증인이 될 것이다. 주님께서 우리에게 이르신 모든 말씀을 이 돌이 들었다. 그래서 이것은 너희가 너희 하느님을 부정하지 못하게 하는 증인이 될 것이다."

둘러보기

완덕은 하느님의 창조물인 영혼을 덕이라는 그 자연 상태로 보전하는 데에서 나온다(아타나시우스). 여호수아가 증인 돌을 세웠듯이, 영혼들을 보살피는 감독들도 마찬가지로 미래 증언을 위한 증인을 마련해 둔다(바실리우스). 그 돌은 그리스도를 상징한다(키프리아누스).

24,23 주님께 마음을 기울여라

완덕은 내부에서 나온다

우리에게 필요한 것은 완덕을 이루겠다는 의지, 그것뿐입니다. 완덕이란 우리의 능력 안에 있고 우리가 발전시키는 것입니다. 영혼이 그 자연 상태에 있는 인식을 간직하고 있을 때에 완덕이 확인되기 때문입니다. 영혼은 창조된 그대로 남아 있을 때에 그 자연 상태로 있는 것입니다. 영혼은 아름답게 또 매우 올바르게 창조되었습니다. 그래서 나웨[눈]의 아들 여호수아는 백성에게 이렇게 명령한 것입니다. "주 이스라엘의 하느님께 마음을 기울여라." 요한도 이렇게 말합니다. "그분의 길을 곧게 내어라"(마태 3,3). 그러니까 영혼의 올곧음은 창조된 그대로 자연 상태의 지성을 간직하는 데 있습니다. 그러나 그 지성이 옆으로 빗나가거나 그 자연 상태에서 벗어날 때에, 그 영혼이 악하다고 합니다. 따라서 이 문제는 어려운 일이 아닙니다. 만일 우리가 창조된 그대로 남아 있다면, 우리는 덕의 상태에 있는 것입니다. 그러나 만일 우리가 악한 생각을 한다면 우리는 악하다고 여겨집니다. 만일 완덕이 외부에서 얻어지는 것이라면 실제로 완덕에 이르기는 어려운 일일 것입니다. 그러나 완덕은 우리 내부에 있는 것이니 악한 생각에 맞서 우리 자신을 지킵시다. 그리고 우리 영혼을 주님께 맡기신 위탁물이라 여기고 끊임없이 주님을 위

하여 보전합시다. 그렇게 하여 주님께서 당신의 작품을 당신께서 만드신 그대로임을 알아보시게 합시다.

• 아타나시우스 『성 안토니우스의 생애』 20.[1]

24,27 이 돌이 증인이 될 것이다

증인을 세우다

눈의 아들 여호수아는 돌을 증인이라고 부르기까지 했는데 — 하긴 야곱과 라반 사이에 돌무더기가 이미 증인이라 불린 적이 있었습니다(창세 31,46 이하 참조) — 이렇게 말하였습니다. "보라, 이 돌이 우리에게 증인이 될 것이다. 주님께서 우리에게 이르신 모든 말씀을 이 돌이 들었다. 그래서 이것은 너희가 너희 하느님을 부정하지 못하게 하는 증인이 될 것이다." 아마도 그는 하느님의 힘으로 돌들이 외쳐 죄인들에게 맞서 증언할 수 있다고 믿었거나, 적어도 그 상기시켜 주는 힘으로 모든 사람의 양심이 가책을 받을 것이라고 믿은 듯합니다. 영혼들을 돌보는 일을 맡은 이들은 이처럼 미래에 증언을 해 줄 갖가지 증인을 세웁니다. 그러나 성령께서는 하느님과 유기적으로 결합되어 있습니다. 각 순간마다 필요해서가 아니라 신적 본성 안에서 친교를 통하여 결합되어 있는 것입니다. 성령은 주님과 결합되어 있습니다. 우리의 노력으로 불려 들여지는 분이 아닙니다.

• 대 바실리우스 『성령론』 13,30.[2]

돌은 그리스도다

그리스도께서는 돌이라 불리십니다. … 여호수아기에서도 그렇습니다. '[여호수아]는 큰 돌을 가져다가 그곳 주님 앞에 세웠다. 그리고 나

---

[1] FC 15,154*. [2] OHS 52.

서 여호수아는 온 백성에게 말하였다. '보라, 이 돌이 너희에게 증인이 될 것이다. 주님께서 오늘 너희에게 이르신 모든 말씀을 이 돌이 들었다. 그래서 이것은 너희가 너희 하느님을 떠날 때에,

마지막 날 너희에게 증인이 될 것이다.'

• 키프리아누스 『퀴리누스에게』 2,16.[3]

---

[3] ANF 5,522*.

24,29-33 여호수아의 죽음

²⁹ 이런 일들이 있은 뒤에 주님의 종, 눈의 아들 여호수아가 죽었다. 그의 나이는 백열 살이 었다.

³⁰ 그는 자기가 상속재산으로 받은 땅, 곧 가아스 산 북쪽, 에프라임 산악 지방에 있는 팀낫 세라에 묻혔다.

둘러보기

여호수아의 죽음과 장례는 악습에 대한 덕행의 승리, 죽음에 대한 영원한 생명의 승리를 경축하는 축제다. 그것은 애곡할 일이 아니라 기뻐할 일이다(히에로니무스).

24,29 여호수아가 죽다

여호수아의 죽음은 그의 정결한 삶에 대한 증언이다

그러나 지금은 우리가 여호수아의 정결함이라는 깃발을 높이 쳐들 때입니다. 모세는 아내를 두었다고 기록되어 있습니다.[1] … 우리는 모세, 곧 율법은 아내를 두었다고 읽었습니다. 그러면 눈의 아들 여호수아가 그와 같은 방식으로 아내나 자녀들을 두었었는지 제게 보여 주십시오. 여러분이 그렇게 할 수 있다면, 제가 졌다고 고백하겠습니다. 분명 그는 유다 땅을 분배할 때에 가장 좋은 곳을 받았습니다. 그리고 백열 살에 죽었습니다. 백스무 살에 죽지 않았습니다. 스물은 성경에서 아주 좋지 않은 숫자이고 — 야곱이 머슴을 산 햇수(창세 31,41 참조), 요셉을 판 몸값

(창세 37,28 참조), 에사우가 기꺼이 받은 잡다한 선물(창세 32,14 참조) — 열은 우리가 자주 찬양하는 숫자입니다. 그리고 그는 탐나트 소레(팀낫 세라)에 묻혔습니다. 이 이름은 '가장 완전한 주권' 또는 '덮개를 지닌 이들 가운데'를 뜻합니다. 에프라임 산, 곧 풍성한 열매를 맺는 산에 내리는 구원자의 도움으로 덮인 동정녀 무리를 상징하는 것입니다. 그곳은 '소란'이라는 뜻의 가아스 산 북쪽에 있는데, "북녘의 맨 끝 시온 산, 대왕님의 도읍"(시편 48,3)은 늘 중오에 노출되어 있기 때문입니다. 그 도읍은 온갖 시련 속에서 이렇게 말하기도 합니다. "나는 하마터면 발이 미끄러질 뻔하였네"(시편 73,2). 여호수아의 이름이 붙은 책은 그의 매장 이야기로 끝납니다. 그러나 다시 판관기에서 우리는 마치 그가 부활하여 살아 돌아온 것처럼 그의 업적을 요약하여 찬양하는 이야기를 읽게 됩니다. 우리는 또한 이런 구절도 읽습니다. "그렇게 여호수아는 백성을 저마다

---

[1] 히에로니무스는 루카 16,29와 로마 5,14를 증거로 제시한다.

상속재산으로 받은 땅으로 돌려보내 그 땅을 차지하게 하였다"(여호 24,28). 그리고 "여호수아가 살아 있는 동안 내내, 이스라엘은 주님을 섬겼다"고 하는 구절도 있습니다. "주님의 종, 눈의 아들 여호수아가 죽었다. 그의 나이는 백열 살이었다." 사실, 모세는 약속의 땅을 보기만 했을 뿐, 들어가지는 못하였습니다. 그리고 이렇게 쓰여 있습니다. "모세는 모압 땅에서 죽었다. 주님께서 그를 모압 땅 벳 프오르 맞은쪽 골짜기에 묻으셨는데, 오늘날까지 아무도 그가 묻힌 곳을 알지 못한다"(신명 34,6). 두 사람이 묻힌 곳을 비교해 봅시다. 모세는 모압 땅에서 죽고, 여호수아는 유대아 땅에서 죽었습니다. 모세는 '질책'으로 번역되는 포고르[2]의 집 맞은쪽 골짜기에 묻혔습니다. 히브리어 '포고르'는 프리아포스[3]에 해당합니다. 여호수아는 가아스 산 북쪽 에프라임 산에 묻혔습니다. 성경의 단순한 표현 속에는 언제나 더욱 오묘한 뜻이 있습니다. 유대인들은 자녀들과 자녀 출산을 자랑으로 여겼습니다. 이스라엘에서 자녀를 못 낳는 불임 여인은 저주를 받은 것으로 여겼으며, 그 자손이 시온에 있고 그 가족이 예루살렘에 사는 이는 복을 받은 것으로 여겼습니다. "네 집 안방에는 아내가 풍성한 포도나무 같고, 네 밥상 둘레에는 아들들이 올리브 나무 햇순들 같구나"(시편 128,3) 하는 말은 최고의 축복 가운데 하나였습니다. 그렇기에 그의 무덤이 특별한 의미에서 정욕에 바쳐진 우상의 집 맞은쪽 골짜기에 있다고 말하는 것입니다. 그러나 우리의 지도자인 여호수아 아래서 싸우는 우리는 오늘날까지도 모세가 어디에 묻혔는지 알지 못합니다. 육 안에 사는 자들은 하느님을 기쁘게 해 드릴 수 없다는 사실을 알기에, 우리는 포고르와 수치스러운 그의 모든 것을 혐오합니다. 또한 주님께서는 대홍수 이전에 "사람들은 살덩어리일 따름이니, 나의 영이 그들 안에 영원히 머물러서는 안 된다"(창세 6,3)고 말씀하셨습니다. 이러한 까닭에 모세가 죽자 이스라엘 백성은 그를 위하여 애도하였습니다. 그러나 여호수아의 죽음은 마치 승리의 길에 들어선 것으로 여겨 애도하지 않았습니다. 정녕 혼인은 죽음으로 끝이 나지만, 동정성은 그 뒤에 화관을 씁니다.

● 히에로니무스 『요비니아누스 반박』 1,22.[4]

24,30 자기가 상속받은 땅에 묻히다

죽음을 슬퍼하지 마라

저는 성경의 신비들을 맞갖게 찬양하지도 못하고 또 매우 단순한 그 말들에 담긴 영적 의미들에 제대로 감탄하지도 못합니다. 이를테면, 우리는 [이스라엘 자손들이] 모세를 위하여 애곡을 했다는 말을 듣습니다. 그러나 여호수아의 장례 때에는 애곡을 했다는 언급이 전혀 없습니다. 그 까닭은 물론 이렇습니다. 모세 아래서는, 곧 옛 율법 아래서는 모든 사람이 아담의 죄에 내린 선고에 묶여 있었고, 그래서 그들이 저승으로 내려갈 때에는 당연히 눈물이 뒤따랐을 것입니다. 사도가 말한 대로, "아담부터 모세까지는, 죄를 짓지 않은 자들까지도 죽음이 지배"(로마 5,14)하였기 때문입니다. 그러나 예수님 아래, 곧 우리에게 낙원의 문을 열어 주신 그리스도의 복음 아래에선 죽음에는 슬픔이 아니라 기쁨이 함께합니다. 유대인들은 오늘날까지도 계속해서 애곡을 하고 있습니다. 그들은 맨발로 자루 옷을 뒤집어쓰고 웅크린 채 잿더미에서 뒹굽니다. 그러면서

---

[2] 칠십인역은 '프오르'를 '포고르'로 번역한다.

[3] 이교인의 다산[男根] 신의 이름.

[4] NPNF 6,362-63*.

온갖 미신을 다 지키느라 바리사이들의 어리석은 관습을 따르며, 마치 그 보잘것없는 음식 때문에 그들이 타고난 장자 상속권을 잃어버린 사실(창세 25,34 참조)을 보여 주려는 듯이, 불콩 죽이나 먹습니다. 물론 그들은 울어 마땅합니다. 주님의 부활을 믿지 않고 또 그리스도의 적이 오는 것을 맞이할 준비가 되어 있기 때문입니다.

그러나 그리스도를 입고(갈라 3,27 참조) 또 사도가 말한 대로 "임금의 사제단이며 거룩한 겨레"(1베드 2,9)인 우리는 죽음을 슬퍼해서는 안 됩니다.

● 히에로니무스 『서간집』 39,4.[5]

---

[5] NPNF 2,6,52.

J · u · d · g · e · s

판관기

1,1-10 유다 지파가 가나안족을 공격하다

[1] 여호수아가 죽은 뒤에 이스라엘 자손들이 주님께 여쭈어 보았다. "저희 가운데 누가 먼저 가나안족과 싸우러 올라가야 합니까?"

[2] 주님께서 "유다 지파가 먼저 올라가거라. 보라, 내가 저 땅을 그들의 손에 넘겨주었다." 하고 대답하셨다. …

[4] 유다 지파가 올라갔을 때에 주님께서 가나안족과 프리즈족을 그들의 손에 넘겨주셨으므로, 그들은 베젝에서 만 명을 쳐 죽였다.

둘러보기

유다 지파의 탁월함은 제일 먼저 가나안족과 싸우도록 하느님께 선택되었을 때 정해졌다(에우세비우스).

1,1-2 유다 지파가 가나안족과 싸워라

우두머리 지파

그리고 나웨[눈]의 아들 여호수아기에서 제비를 뽑아 여러 지파들에게 약속의 땅을 분배할 때에, 유다 지파는 제비를 뽑지 않고 제일 먼저 자기네 몫의 땅을 차지하였습니다. 또 이렇게도 쓰여 있습니다. "여호수아가 죽은 뒤에 이스라엘 자손들이 주님께 여쭈어 보았다. '저희 가운데 누가 먼저 가나안족과 싸우러 올라가 우리의 전투를 지휘하여야 합니까? 주님께서 '유다 지파가 먼저 올라가거라. 보라, 내가 저 땅을 그들의 손에 넘겨주었다' 하고 대답하셨다." 그렇다면, 이 이야기는 하느님께서 유다 지파를 온 이스라엘의 우두머리가 되도록 정하셨다는 사실을 분명하게 밝혀 줍니다. 그리고 이야기는 계속됩니다. … 판관기에서도, 여러 시대에 여러 사람들이 민족의 수장이 되었을 때에 비록 그 판관들이 다른 여러 지파 출신인 적이 있었지만 대체로 유다 지파가 백성의 우두머리였습니다. 유다 지파에 속한 다윗과 그 후계자들의 시대에는 더욱 그러하였으며, 바빌론 유배 때까지 그들이 계속 다스렸습니다. 그 뒤에 바빌론에서 자기들 땅으로 돌아온 사람들의 지도자는 유다 지파 스알티엘의 아들 즈루빠벨이었으며, 그는 성전을 세우기도 했습니다(참조: 에즈 2,1-2; 3,8). 그래서 역대기 또한 이스라엘 열두 지파의 족보를 기록할 때에 유다의 족보로 시작합니다(1역대 2,3 참조). 그리고 여러분은 그 뒤 시대에도 이 유다 지파가 수장권을 지니고 있었다는 사실을 알게 될 것입니다. 일시적으로 지도자 자리에 올랐던 인물들이 있긴 했지만 그들이 속한 지파를 정확히 밝혀낼 수도 없습니다. 그때부터 우리 구원자의 시대에 이르는 기간의 역사를 상세히 전해 주는 성경 책이 없기 때문입니다.

● 카이사리아의 에우세비우스 『복음의 논증』 8,1.[1]

[1] *POG* 2,101-2*.

1,11-21 칼렙이 악사에게 샘을 주다

¹¹ 유다 지파는 거기에서 다시 드비르 주민들을 향하여 진군하였다. 드비르의 옛 이름은 키르 얏 세페르이다.

¹² 그때에 칼렙이 말하였다. "키르얏 세페르를 쳐서 점령하는 이에게 내 딸 악사를 아내로 주 겠다."

¹³ 칼렙의 아우 크나즈의 아들 오트니엘이 그곳을 점령하자, 칼렙이 그에게 자기 딸 악사를 아내로 주었다.

¹⁴ 오트니엘에게 간 악사는 그를 부추겨 자기 아버지에게 밭을 요구하게 하였다. 악사가 나귀 에서 내리자 칼렙이 "무슨 일이냐?" 하고 물었다.

¹⁵ 악사가 말하였다. "저를 네겝 땅으로 보내시니 저에게 선물을 하나 주십시오. 샘을 몇 개 주십시오." 그래서 칼렙이 악사에게 윗샘과 아랫샘을 주었다.

둘러보기

샘을 달라는 악사의 요청은 참회자가 겪는 두 려움과 사랑의 뉘우침을 예표한다(대 그레고리우스).

1,12 승리자에게 악사를 주겠다고 약속하다[1]

1,15 악사가 샘들을 달라고 청하다

눈물의 은총

뉘우침에는 두 가지 유형이 있습니다. 참회하 며 하느님을 찾는 갈망은 처음에는 두려움의 뉘 우침을 느낍니다. 그런 다음에야 사랑의 뉘우침 을 체험하는 것입니다. 자기 죄를 생각할 때에, 그는 영벌이 두려워 눈물이 마구 흘러내립니다. 그렇게 오래 슬퍼하며 참회하면 이 두려움이 가 라앉으면서, 용서를 받으리라는 확신에서 안도 감이 우러나오고 그 영혼은 천상 기쁨에 대한 사랑에 불타오르기 시작합니다. 징벌이 두려워 눈물을 쏟던 바로 그 사람이 이제는 하늘나라에 들어가는 것이 늦어지고 있기 때문에 많은 눈물

을 흘립니다. 우리가 마음속으로 천사들의 무리 를 그려 보고 성인들의 모임과 지극히 엄위하신 하느님의 모습에 시선을 고정시키게 되면, 그 기쁨에 함께하지 못한다는 생각에 우리는 이전 에 지옥에 대한 공포와 영원한 불행에 대한 예 상으로 슬퍼할 때보다 훨씬 더 통렬히 눈물을 흘리게 됩니다. 이처럼 두려움의 뉘우침은 완전 함에 도달하면, 그 영혼을 사랑의 뉘우침으로 이끌어 줍니다.

이것은 성경의 한 역사서에 아름답게 상징되 어 있습니다. 거기에서 우리는 칼렙의 딸 악사가 짐바리 짐승 위에 앉아 탄식을 하고 있었다는 이 야기를 읽습니다(판관 1,14 칠십인역 참조). "그러자 칼렙이 '무슨 일이냐?' 하고 물었다. 악사가 말하 였다. '저를 네겝 땅으로 보내시니 저에게 선물 을 하나 주십시오. 샘을 몇 개 주십시오.' 그래서 칼렙이 악사에게 윗샘과 아랫샘을 주었다."

---

[1] 여호 15,16-17의 주해 참조.

악사가 나귀 위에 앉아 있었던 것은 그녀의 영혼이 육의 비이성적인 움직임을 다스리고 있었기 때문이라고 우리는 풀이합니다. 바로 악사가 탄식하며 자기 아버지에게 샘을 달라고 간청한 것처럼 우리도 깊이 탄식하며 우리 창조주께 눈물의 은총을 청해 얻어야 합니다. 목청 높여 정의를 부르짖고 억눌린 이들을 옹호하며 가진 것을 가난한 사람들과 나누고 자신의 신앙을 열렬히 고백하는 은총을 받았지만 눈물의 은총은 지니지 못한 이들이 있습니다. 이들은 "네겝 땅", 곧 "샘"이 전혀 없는 "남쪽의 메마른 땅"을 받았다고 할 수 있습니다. 그러나 선한 일에 열중하여 선행을 하는 데 많은 시간을 바치는 사람도 영벌에 대한 두려움 때문이든 하느님 나라에 대한 열망 때문이든 과거에 지은 자기 죄를 슬퍼

하며 눈물을 흘려야 한다는 사실은 대단히 중요합니다.

칼렙은 악사에게 윗샘과 아랫샘을 주었습니다. 이것은 두 가지 뉘우침에 상응합니다. 영혼이 천국에 대한 열망 때문에 눈물을 흘리면 윗샘을 받습니다. 그리고 지옥에 대한 두려움 때문에 눈물을 터뜨리면 아랫샘을 받습니다. 실제로는 아랫샘이 먼저 주어집니다. 그런 다음에야 윗샘이 주어집니다. 그러나 사랑의 뉘우침이 더 고귀하기 때문에 자연히 윗샘을 먼저 말하고 나서 아랫샘을 말하는 것입니다.

• 대 그레고리우스 『대화』 3,34.[2]

---

[2] FC 39,173-75.

1,22-36 북쪽 지파들의 실패

[29] 에프라임 지파도 게제르에 사는 가나안족을 쫓아내지 않았다. 그래서 가나안족이 게제르에서 그들과 섞여 살았다. …

[34] 아모리족은 단의 자손들을 다시 산악 지방으로 내몰고, 평야로 내려오지 못하게 하였다.

[35] 그러고 나서 아모리족은 하르 헤레스, 아얄론, 사알빔에 계속 살기로 작정하였다. 그러나 요셉 집안의 세력이 그들을 무겁게 짓누르자 그들도 노역을 하게 되었다.

둘러보기

가나안족의 노역은 엄격한 자아 성찰을 통해 겸손으로 나아가는 우리의 불완전한 삶을 상징한다(대 그레고리우스). 오로지 끊임없는 덕행의 실천을 통해서만 우리는 영적 삶의 싸움에서 이길 수 있다(베다).

1,29 가나안족이 에프라임 지파와 섞여 살다

노역의 잘못

'이 밤의 별들은 어둠의 그늘에 덮여 있다'(욥 3,9 참조)고 하는 것은, 이미 위대한 덕행으로 빛나는 별들도 아직 죄에 맞서 싸우는 동안에는 죄로 흐려진 그 무엇인가를 지니고 있기에, 그렇게

위대한 생명의 빛으로 빛나면서도 원치 않는 밤의 찌꺼기를 여전히 끌고 다니기 때문입니다. 앞서도 말했듯이 이러한 견지에서 보자면, 의로움에서 특출한 정신은 나약함을 통해 더 굳건해질 수 있고 또 선함에서 더욱 순수하게 빛날 수 있습니다. 그것은 겸손에 이르게 하는 작은 결점들이 그의 의지를 거슬러 그 정신을 흐리게 덮고 있다는 똑같은 이유에서 그렇습니다. 그래서 이제야 얻게 된 약속의 땅을 이스라엘 백성에게 분배할 때에, 이교 민족인 가나안인들은 살해당하지 않고 다만 에프라임 지파에 예속되었다고 합니다. 이렇게 기록되어 있습니다. "가나안족이 에프라임 지파와 섞여 살며 노역을 하게 되었다." 이교 민족인 가나안족이 나타내는 것이 잘못이 아니라면 무엇이겠습니까? 우리는 자주 위대한 덕들을 지니고 약속의 땅에 들어갑니다. 우리가 영원을 향한 내면의 희망으로 힘을 얻기 때문입니다. 그러나 고결한 행위들을 하는 가운데에도 우리는 어떤 작은 잘못들을 지니고 있는데, 그것이 이를테면 가나안족이 우리 땅에 살도록 허용하는 것입니다. 가나안족은 아직도 우리가 다잡을 수 없는 이러한 작은 잘못들 속에서 노역을 하고, 우리는 겸손하게 자신의 행복을 물리치고 있습니다. 우리의 마음은 작은 잘못들마저 자신의 바람대로 제 힘으로 다스리는 데 실패하기에, 그 드높은 덕을 갖추고서도 스스로 가련하게 생각하는 것입니다.

• 대 그레고리우스 『욥기의 도덕적 해설』 4,24.[1]

1,34 아모리족이 단의 자손들을 막다

힘든 싸움

'물이 차올라 방주를 땅에서 밀어 올리자 그것이 땅에서 떠올랐다. 물이 불어나면서 땅 위로 가득 차올라 모든 것을 뒤덮었다'(창세 7,17-19 참조). 세례와 신앙이라는 불어난 물도 온 세상의 교회를 세상 것들에 대한 욕심에서 들어 올려 거룩한 삶에 대한 희망과 열망으로 떠 있게 하였습니다. 그러니까 교회를 큰 시련들로 뒤흔들수록, 이러한 물이 더욱 힘차게 세상을 가득 채울수록, 교회가 다른 삶의 기쁨을 찾도록 교회를 더욱 높이 밀어 올리는 것입니다.

이것은 "아모리족은 단의 자손들을 산악 지방으로 내몰고, 평야로 내려오지 못하게 하였다"고 하는 거룩한 역사에 잘 드러나 있습니다. '아모리'는 '쓰다'는 뜻이고, '단'은 '판관'이나 '심판'으로 번역됩니다. 그렇다면 단의 자손들은 누구를 가리키겠습니까? 올곧은 마음으로 부지런히 행동하며 진리의 책을 공부하고, 하느님 말씀의 등불을 따라 걸으며 하느님 정의의 계시를 지키겠다고 결심하고 서원하는 사람들이 아니고 누구이겠습니까? 한편, 아모리족은 누구를 가리키겠습니까? 성도들의 행복한 삶을 가혹한 시련으로 어지럽히고 나아가 파괴하려는 자들 아니겠습니까? 아모리족은 단의 자손들을 산악 지방으로 내몰고 평야로 내려오지 못하게 하고 있습니다. 그래서 엄청난 박해의 폭풍이 선택된 사람들을 덮치고 있습니다. 두렵다는 생각에 빠져들 겨를도 없습니다. 다만 그들은 드높은 수덕 생활을 하며 끊임없이 기도하고 단식하고 또 성경을 묵상하며 힘써 노력해야 합니다. 그들은 고귀한 덕을 실천함으로써만 극심한 시련과의 싸움을 이겨 낼 수 있기 때문입니다.

• 존자 베다 『창세기 처음부터 이사악 탄생까지』 2,7.[2]

---

[1] *LF* 18,211.

[2] CCL 118A,118-19.

2,1-5 주님의 심판이 선포되다

¹ 주님의 천사가 길갈에서 보킴으로 올라가 말하였다. "나는 너희를 이집트에서 데리고 올라 왔다. 그리고 이렇게 너희 조상들에게 맹세한 땅으로 너희를 데리고 들어왔다. 그때에 내가 말하였다. '나는 너희와 맺은 계약을 영원히 깨뜨리지 않겠다.

² 그러니 너희는 이 땅의 주민들과 계약을 맺지 말고 그들의 제단들을 허물어 버려야 한다.' 그런데 너희는 내 말을 듣지 않았다. 너희가 어찌 이럴 수 있느냐?

³ 그러므로 내가 말해 둔다. '나는 그들을 너희 앞에서 몰아내지 않겠다. 그리하여 그들은 너 희의 적대자①가 되고 그 신들은 너희에게 올가미가 될 것이다.'"

⁴ 주님의 천사가 이스라엘의 모든 자손에게 이 말을 하자, 그들은 목 놓아 울었다.

⁵ 그래서 그들은 그곳의 이름을 보킴②이라 하고, 거기에서 주님께 제물을 바쳤다.

> ① 불가타, 옛 라틴어 역본, 그리스어 본문; 히브리어 본문의 낱말은 '편'이다.
> ② '우는 사람들'이라는 뜻이다.

둘러보기

우의적으로 볼 때, 눈물의 골짜기(보킴)는 천상 화관을 얻기 위하여 울며 회개하고 수고하는 곳 인 이 세상으로 이해된다(히에로니무스).

2,4-5 이스라엘 자손들이 천사의 말에 목 놓아 울다

눈물의 골짜기

그러면 그분께서 놓으신 순례 길, "그분께서 정하신 곳, 눈물의 골짜기"(시편 83,6 칠십인역)를 생각해 봅시다. 판관기에 보면, 천사가 와서 백 성에게 참회하라고 선포합니다. '너희가 주님을 저버렸으니, 주님께서 너희를 버리실 것이다.' 이스라엘 자손들은 그 경고를 듣자 목 놓아 울었 습니다. 그래서 그 장소는 눈물의 골짜기로 불렸 습니다. 우리는 사람들이 이단을 피하게 하려고 고대 역사에 관심을 갖도록 촉구해 왔습니다. 나 아가 이 눈물의 골짜기는 우의적으로 이 세상이 라고 이해할 수 있습니다. 우리가 산, 곧 하늘나 라에 있지 않고, 골짜기, 곧 이 세상의 어둠 속에 있기 때문입니다. 죄로 말미암아 우리는 아담과 함께 낙원에서 쫓겨나 회한과 통곡만이 있는 눈 물의 깊은 골짜기로 내던져졌습니다. "그분께서 정하신 곳, 눈물의 골짜기." 예언자의 이 말은 무엇을 의미합니까? 하느님께서는 우리가 하늘 에서 화관을 받도록 악마와 죄를 거슬러 싸우는 경기장으로 이 세상을 만드셨습니다. 왜 그분께 서는 우리가 경기를 치르도록 정하셨을까요? 우 리가 싸우지 않고도 그분께서 우리를 구원하실 수 없겠습니까? 그분께서는 말하자면 경기 주관 자를 우리에게 주셨습니다. 우리가 악습과 씨름 을 할 경기장을 주셨습니다. 나중에 우리에게 잠 자는 이들이 아니라 수고하는 이들이 받는 공로 의 화관을 씌워 주시려는 것입니다.

• 히에로니무스 『시편 강해집』 63(시편 제84편).[1]

---

[1] FC 57,47-48*.

2,6-15 이스라엘이 주님을 저버리다

⁶ 여호수아가 백성을 해산시키자, 이스라엘 자손들은 저마다 제 상속재산이 있는 곳으로 가서 그 땅을 차지하였다.

⁷ 여호수아가 살아 있는 동안 내내, 그리고 주님께서 이스라엘을 위하여 하신 그 모든 큰일을 본 원로들이 여호수아보다 장수하며 살아 있는 동안 내내, 백성은 주님을 섬겼다.

⁸ 주님의 종, 눈의 아들 여호수아는 백열 살에 죽었다. …

¹⁰ 그의 세대 사람들도 모두 조상들 곁으로 갔다. 그 뒤로 주님도 알지 못하고 주님께서 이스라엘에게 베푸신 업적도 알지 못하는 다른 세대가 나왔다.

¹¹ 이스라엘 자손들은 바알들을 섬겨 주님의 눈에 거슬리는 악한 짓을 저질렀다.

¹² 그들은 저희 조상들의 하느님이신 주님, 저희 조상들을 이집트 땅에서 이끌어 내신 주님을 저버리고, 주위의 민족들이 섬기는 다른 신들을 따르고 경배하여, 주님의 화를 돋우었다.

¹³ 그들은 주님을 저버리고 바알과 아스타롯을 섬겼다.

¹⁴ 그리하여 주님께서 이스라엘에게 진노하시어 그들을 약탈자들의 손에 넘겨 버리시고 약탈당하게 하셨다. 또한 그들을 주위의 원수들에게 팔아넘기셨으므로, 그들이 다시는 원수들에게 맞설 수 없었다.

¹⁵ 주님께서 이르신 대로, 주님께서 그들에게 맹세하신 대로, 그들이 싸우러 나갈 때마다 주님의 손이 그들에게 재앙을 내리셨다. 그래서 그들은 심한 곤경에 빠졌다.

둘러보기

"세상의 빛"인 사도들이 여호수아를 따르던 저 원로들로 예표되고 있다. 하느님께서 하시는 일을 보는 사람들은 그 일을 하는 사람들이다. 그리스도의 예형인 여호수아의 죽음이 성경에 기록되어 있는 이유는 예수님께서 다른 사람들 안에 살아 계실 수도 있고 살아 계시지 않을 수도 있다는 것을 말하려는 것이다. 옛 시대에 바알을 섬긴 자들은 죄에 매여 악마에게 '무릎을 꿇는' 이 시대 사람들을 나타낸다. 자신의 육적 욕망을 좇으며 주님을 저버리는 것은 결국 그리스도의 몸에서 떨어져 나가는 것이다(오리게네스). 여호수아가 죽자 이스라엘에 우상을 숭배하는 자들이 생겨나고, 그들은 하느님의 진노를 불러 일으켜 원수들의 손에 넘겨진다(테르툴리아누스).

2,7 주님께서 하신 그 모든 큰일을 본 사람들

사도들의 빛

여호수아[예수]와 함께 오거나 그 뒤에 온 이 원로들은 누구입니까? 그들이 나누어 받은 "참빛"(1요한 2,8; 참조: 에페 5,14; 필리 2,14)에서 나온 빛으로 우리를 "대낮"처럼 밝혀 주면서, 우리의 마음을 그들의 글과 가르침으로 비추어 주는 사도들이 아니겠습니까? 그러므로 사도들의 가르침으로 빛을 받고 배운 사람은 누구이든, 또 사도들의 규칙에 따라 주님을 섬기도록 성품을 받은 사람은 누구이든 바로 예수님 뒤에 오는 원로들의 시대에 주님을 섬기도록 명령을 받은 사람입니다. 여러분은 구원자께서 '모든 사람을 비추는 참빛으로 세상에 오신'(요한 1,9 참조) 것처럼 사도들 또한 "세상의 빛"이라는 것을 확인하고 싶습니까? 복음서에 기록된 대로, 주님 친히 사도들에게 말씀하셨습니다. "너희는 세상의 빛이다"(마태 5,14). 사도들도 세상의 빛이라면, 우리가 '주님을 섬기는 동안 내내' 사도들의 가르침과 명령을 통하여 대낮 같은 빛이 분명히 우리를 비추고 있습니다.

• 오리게네스 『판관기 강해』 1,2.[1]

아는 것과 하는 것

성경은 '주님께서 하신 그 모든 큰일을 아는 원로들의 시대'에 대하여 이야기하고 있습니다. '주님께서 하신 모든 일을 아는' 사람이 누구이겠습니까? 그 일을 직접 하는 사람 아니겠습니까? "엘리의 아들들은 불량한 자들로서 주님을 알아 모시지 않고"(1사무 2,12)라는 구절이 사람들을 가르치는 이자들이 주님을 몰랐다는 뜻이 아니라 주님을 모르는 자들처럼 행동했다는 뜻이듯이, 원로들이 '주님께서 하신 모든 일들을 알았다'는 말도 이런 식으로 이해해야 합니다. 나아가 이 구절은, 단순히 그들이 '주님의 일들을 알았다'고 하지 않고 '주님께서 하신 그 모든 큰일을 낱낱이 알았다'고 명시합니다. 곧, 그들은 주님께서 하신 의로운 일, 성화와 인내와 호의와 자비의 업적을 알았다고 합니다. 주님의 계명에서 나오는 모든 것은 "주님의 업적"이라 불리기 때문입니다. … 그러므로 하느님의 일을 하는 그들이 하느님의 업적을 '안다'고 말한 것입니다. 그런데 '알다'와 '모르다'라는 말의 관용적 용법이 성경의 권위에서 더욱 뚜렷이 빛나도록 하기 위해 다른 데서는 어떻게 사용되는지 봅시다. '계명을 지키는 이는 악한 말을 모르리라.' 그런데 계명을 지키는 사람이 악을 모르는 사람이 될 수 있겠습니까? 물론 그는 악을 알고 있습니다. 그러나 그는 악을 삼가고 피하기 때문에 그를 두고 말할 때에 '[악을] 모른다'고 하는 것입니다. 주님이신 구원자께 대해 말할 때에 '그분은 죄를 모르셨다'고 하는 것도 바로 이런 경우로서, 죄를 모른다는 것은 죄스러운 모든 행동을 삼간다는 뜻입니다. 그러므로 이렇게 '주님의 일을' 하는 사람은 '주님의 일을 아는' 사람이고, 그와 반대로 주님의 일을 하지 않는 사람은 주님의 일을 모르는 사람입니다.

• 오리게네스 『판관기 강해』 1,4.[2]

2,8 여호수아가 죽다

예수님은 어떤 이 안에서는 살아 계시고 어떤 이 안에는 살아 계시지 않는다

여호수아의 죽음에 대해서도 기록되어 있습니다. "눈의 아들"인 그가 죽었다는 것은 조금도 이상한 일이 아닙니다. 자연에게 빚진 것은 모두 갚아야 하기 때문입니다. 그런데 여기에서 눈의 아들에 관하여 읽은 내용은 우리 주 예수 그리스도에 대한 언급으로 보아야 한다는 것을 앞에서 입증했으니, '여호수아가 죽었다'는 말은 예수님께 어떻게 적용되는지 물어볼 필요가 있습니다. 성경의 권위에 따라 말하는 것이기는 하지만, 제 생각에 예수님께서는 어떤 사람들 안에서는 살아 계시고 어떤 사람들 안에는 살아 계시지 않습니다. 예수님께서는 바오로 안에 또 베드로 안에 그리고 "이제는 내가 사는 것이 아니라 그리스

---

[1] GCS 30,467.

[2] GCS 30,470-71.

도께서 내 안에 사시는 것입니다"(갈라 2,20), "사실 나에게는 삶이 곧 그리스도이며 죽는 것이 이득입니다"(필리 1,21)라고 올바르게 말할 수 있는 모든 이 안에 살아 계십니다. 이 같은 사람들 안에서는 예수님께서 살아 계신다고 말하는 것이 맞습니다. 그런데 예수님께서 그 안에 살아 계시지 않는 이는 어떤 이입니까? 자주 참회하면서도 거듭거듭 죄에 떨어져 예수님의 죽음을 모욕하는 사람들, 사도가 히브리인들에게 보낸 서간에서 "스스로 하느님의 아드님을 다시 십자가에 못 박고 욕을 보이는"(히브 6,6) 사람들이라고 쓴 그러한 사람들 안에서는 분명히 예수님께서 죽어 계십니다. 그러므로 여러분은 어찌하여 예수님께서 그러한 죄인들 안에서 죽어 계신다는 정도가 아니라 죄인들에게 '십자가에 못 박히시고' 또 '모욕을 당하신다'고 단언하는지 그 까닭을 알 수 있을 것입니다. 더불어 여러분 자신도 성찰해 보고 자문해 보십시오. 여러분이 탐욕스런 마음으로 남의 것을 빼앗으려고 할 때에, 여러분은 그래도 '그리스도께서 내 안에 사신다'고 말할 수 있습니까? 만일 여러분이 더러운 생각을 지니고 있다면, 분노에 사로잡혀 있다면, 시기와 질투에 불타오르고 있다면, 술에 취해 흥청거린다면, 교만한 마음으로 빼기고 있다면, 또는 잔인한 행동을 한다면, 이러한 온갖 짓들을 하면서 여러분은 '그리스도께서 내 안에 사신다'고 말할 수 있겠습니까? 그러므로 죄인들 안에서는 그리스도께서 죽어 계십니다. 정의도, 인내도, 진리도, 그리스도께서 계시는 곳에서 이루어지는 그 어떠한 것도 죄인들 안에서는 이루어지지 않기 때문입니다. 반면에 성인들에 대해서는, 그들이 하는 것은 무엇이든 그리스도께서 해 주신다고 할 수 있습니다. 그래서 사도는 이렇게 선언합니다. "나에게 힘을 주시는 분[그리스도] 안에서 나

는 모든 것을 할 수 있습니다"(필리 4,13).

● 오리게네스 『판관기 강해』 2,1.[3]

2,11 이스라엘이 바알들을 섬기다

과거의 우상 숭배와 오늘의 우상 숭배

이런 짓을 한 사람들은 물론 고대인들이었습니다. 그러나 여기에 기록된 것은 "세상 종말에 다다른 우리에게 경고가 되라고 기록"(1코린 10,11)되었다고 하기 때문에, 그들의 이야기가 중요한 것이 아니라, 우리는 이 말씀들이 그들보다 우리에게 더 들어맞는다고 보이는 일이 없도록 경계해야만 합니다. 여러분은 이러한 일들이 우리에게 해당된다는 것을 제 말보다는 사도의 말을 통해 확인하고 싶으시지요? 사도의 말을 들어 보십시오. "성경이 엘리야에 관하여 무엇이라고 말하는지, 엘리야가 하느님께 이스라엘을 걸어서 어떻게 호소하였는지 모릅니까? '주님 저들은 당신의 예언자들을 죽이고 당신의 제단들을 헐어 버렸습니다. 이제 저 혼자 남았는데 저들은 제 목숨마저 없애려고 저를 찾고 있습니다.' 그런데 하느님의 대답은 어떠하였습니까? '나는 바알에게 무릎을 꿇지 않는 사람 칠천 명을 나를 위하여 남겨 두었다.'" 그런 다음에 사도는 이렇게 덧붙입니다. '이와 같이 지금 이 시대에도 은총으로 선택된 남은 자들이 있습니다'(로마 11,2-5 참조). 여기에서 우리는 사도가 '바알에게 무릎을 꿇은' 자들과 '바알에게 무릎을 꿇지 않은' 자들을 각각 수많은 비신자들과 남아 있는 신자들로 이해하고 있다는 것을 알 수 있습니다. 그리고 이것은 구원자 시대에 불신앙과 불경함 속에 산 자들 또한 '바알에게 무릎을 꿇고' 우상을 숭배하였으며, 그와 반대로 믿고 신앙의 과업

---

[3] *GCS* 30,472-73.

을 이행한 이들은 '바알에게 무릎을 꿇지 않았다'는 것을 보여 줍니다. 역사서나 복음서 또는 성경의 다른 어떠한 책에도 구원자 시대에 어떤 자들이 실제로 우상들에게 무릎을 꿇었다는 언급은 전혀 없습니다. 참으로 그러한 행동은 족쇄에 묶여 있는 것처럼 죄에 매여 있는 자들이 하는 짓입니다. 그러므로 우리가 죄를 짓고 '죄의 법에 사로잡힐'(로마 7,23 참조) 때마다 우리는 '바알에게 무릎을 꿇는' 것입니다. 그러나 우리는 다시 죄의 노예가 되고 다시 악마에게 '무릎을 꿇는' 그런 짓을 하도록 부름받지 않았으며, 우리는 또한 그러한 우상을 믿지 않습니다. 우리의 소명과 우리 신앙의 목적은 예수님의 이름에 무릎을 꿇는 것입니다. "예수님의 이름 앞에 하늘과 땅 위와 땅 아래에 있는 자들이 다 무릎을 꿇고"(필리 2,10), '하늘과 땅에 있는 모든 종족이 이름을 받는, 우리 주 예수 그리스도의 아버지'(에페 3,15 참조)께 무릎을 꿇기 때문입니다.

• 오리게네스 『판관기 강해』 2,3.[4]

2,12-15 여호수아가 죽은 뒤 이스라엘이 주님을 저버리다

버리면 버림을 받는다

백성이 하느님을 섬기는 동안에는 '약탈자들의 손에 넘겨지지' 않았습니다. 그러나 그들이 "주님을 저버리고" 자기네 욕정을 섬기기 시작하자, "하느님께서는 그들을 수치스러운 정욕에 넘기셨습니다"(로마 1,26)라고 하며, 또 "하느님께서는 그들이 분별없는 정신에 빠져 부당한 짓들을 하게 내버려 두셨습니다"(로마 1,28)라고 합니다. 왜 그러셨겠습니까? '그들이 온갖 불의와 사악과 음행과 탐욕을 비롯한 온갖 죄악으로 가득 차 있었기 때문이라고 사도는 말합니다'(로마 1,29 참조). "그들이 바알과 아스타롯을 섬기고 숭배하

였기" 때문에 "하느님께서는 그들을 약탈자들의 손에 넘기시고 그 적들에게 그들을 내주셨습니다". 앞에서도 여러 번 말씀드렸듯이, 유대인들은 이런 구절을 단순히 과거 사건에 대한 기록인 것처럼 해석합니다. 그러나 '이것은 우리를 위하여 기록'(1코린 10,11 참조)된 것이므로, 우리가 비록 우리 하느님을 예배하고 있었다 하더라도, 우리가 육체의 욕망에 빠져 주님과 우리 자신의 영혼을 거슬러 죄를 짓는다면, 우리는 자기 자신 또한 배반하고 우리의 사도적 권위를 즈불룬의 손에 넘겨주고 마는 것임을 알아야 합니다. 죄를 짓는 자에 대한 [바오로 사도의] 말을 들어 보십시오. "[나는] 그러한 자를 사탄에게 넘겨 그 육체는 파멸하게 하고 그 영은 구원을 받게 한다는 것입니다"(1코린 5,5). 그러므로 여러분은 하느님께서 당신 사도들을 통하여 죄인들을 '그 원수들에게 넘겨주셨을' 뿐만 아니라, 지금도 교회를 다스리며 매고 푸는 권한(참조: 마태 16,19; 18,18; 요한 20,23)을 지닌 이들을 통하여, 죄인들이 자기네 범죄 때문에 그리스도의 몸에서 떨어져 나갈 때 '그 육체가 파멸하도록' 그들을 '넘기신다'는 것을 알 수 있습니다.

• 오리게네스 『판관기 강해』 2,5.[5]

우상 숭배는 하느님의 진노에 부딪친다

나웨[눈]의 아들 여호수아가 죽은 뒤 그들은 조상들의 하느님을 저버리고 우상들인 바알과 아스타롯을 섬겼습니다. 그러자 주님께서 진노하시어 그들을 약탈자들의 손에 넘겨 버리셨습니다. 그래서 그들은 끊임없이 약탈자들에게 약탈당하고 적들에게 팔려 갔으며, 원수들에게 전혀 맞설 수 없었습니다. 가는 곳마다 그분의 손

---

[4] *GCS* 30,474-75. [5] *GCS* 30,478.

이 재앙을 내리시어, 그들은 심한 곤경에 빠졌습니다. 그 뒤 하느님께서는 그들에게, 우리의 감찰관[6]과 같은, 판관들을 세워 주셨습니다. 그런데도 그들은 고집스럽게 말을 듣지 않았습니다. 한 판관이 죽으면, 그들은 곧바로 다른 신들을 쫓아가 섬기고 숭배하며 자기 조상들이 저지른 짓보다 더한 범죄를 계속하였습니다. 그 결과 주님께서 진노하셨습니다. 그분께서 말씀하십니다. "이 민족이 내가 저희 조상들과 맺은 나의 계약을 거스르고 내 말을 듣지 않는다. 그러므로 나도 여호수아가 남기고 죽은 민족들 가운데에 서 그 어떤 민족도 더 이상 쫓아내지 않겠다"(판관 2,20-21). 이렇게 하여, 판관기와 그에 이어지는 열왕기의 역사를 보면, 대부분 주변 민족들의 힘은 보전된 반면, 자주 주님을 저버리고 특히 우상 숭배를 한 이스라엘에서는, 주님께서 진노를 퍼부으시어 그들은 전쟁과 유배를 겪으며 다른 나라에 예속되어 살았습니다.

• 테르툴리아누스 『전갈 처방』 3.[7]

---

[6] 고대 로마에서 감찰관은 공중도덕과 풍속을 감독하는 책임을 진 관리였다.

[7] ANF 3,636*.

2,16-23 주님께서 판관들을 세우시다

[16] 주님께서는 판관들을 세우시어, 이스라엘 자손들을 약탈자들의 손에서 구원해 주도록 하셨다.

[17] 그런데도 그들은 저희 판관들의 말을 듣지 않을뿐더러, 다른 신들을 따르며 불륜을 저지르고 그들에게 경배하였다. 그들은 저희 조상들이 주님의 계명에 순종하며 걸어온 길에서 빨리도 벗어났다. 그들은 조상들의 본을 따르지 않았다. …

[20] 그리하여 주님께서는 이스라엘에게 진노하시어 말씀하셨다. "이 민족이 내가 저희 조상들에게 명령한 나의 계약을 거스르고 내 말을 듣지 않는다.

[21] 그러므로 나도 여호수아가 남기고 죽은 민족들 가운데에서 그 어떤 민족도 더 이상 쫓아내지 않겠다."

[22] 이는 이스라엘이 저희 조상들처럼 주님의 길을 명심하여 따라 걷는지 따라 걷지 않는지, 그 민족들을 통하여 시험하시려는 것이었다.

[23] 그래서 주님께서는 그 민족들을 곧바로 쫓아내지 않고 남겨 두셨으며, 그들을 여호수아의 손에 넘겨주지 않으셨다.

둘러보기

죄 없는 사람이 없다는 이유만으로 죄 없는 인간이 있을 수 있다는 사실을 부정하지 마라(아우구스티누스). 하느님께서 남겨 두신 민족들의 가 치는 그리스도인의 회개에서 온전히 드러난다(아를의 카이사리우스). 민족들을 통한 시험은 하느님께 의탁하고 겸손하도록 가르치는 거룩한 은총의 작용을 보여 주는 좋은 예다(요한 카시아누스). 겸손과 완덕은 그러한 시련을 겪음으로써 자라난다(니네베의 이사악).

2,20-23 이스라엘을 시험하시려고 주변 민족들을 남겨 두시다[1]

죄 없는 인간

성경은 이스라엘 자손들에게 주어진 땅에서 이민족들이 모두 단번에 절멸될 수도 있었지만 하느님께서는 그 일이 조금씩 조금씩 이루어지기를 바라셨다고 여러분에게 말해 줍니다. 우리는 어떤 사건이 실제로 일어났다는 증거를 제시할 수는 없지만 그런 일이 충분히 일어날 수 있었다거나 일어날 수 있다고 여길 수 있는 수많은 일을 생각해 볼 수 있습니다. 그렇다면 우리는, 실제로 이 완전함을 이루신, 인간이자 바로 하느님이신 그분 말고는 [죄 없는] 사람이 아무도 없다는 이유만으로, 죄 없는 인간이 있을 수 있다는 사실을 부정해서는 안 됩니다.

• 아우구스티누스 『영과 문자』 1.[2]

이민족들 가운데에 제단이 세워지다

주변의 모든 민족이 다윗 임금에게 굴복하긴 했지만, 하느님께서는 여부스족이 완전히 없어지게 하지 않으셨습니다. 다른 곳에서 하느님께서는 친히 이렇게 말씀하십니다. '나는 그들을 위하여 그 어떤 민족도 더 이상 쫓아내지 않겠다. 이스라엘이 나를 두려워하는지 그 민족들을 통하여 시험하려는 것이다.' 이러한 까닭에 예언자는 다윗에게 말하였습니다. "여부스 사람 아라우나의 타작마당에 올라가시어 주님을 위한 제단을 세우십시오"(2사무 24,18). 그 이교인 임금은 이민족 사람들을 나타냅니다. 보십시오, 형제 여러분. 유대인들의 땅에서는 어느 한 곳도 주님의 제단을 세울 만한 마땅한 자리가 없었습니다. 대신 이민족의 땅에서 한 장소가 선택되고 그곳에 천사가 나타나고 주님의 제단이 세워집니다. 그렇게 하여 전능하신 주님의 분노가 가라앉습니다. 유대인들의 마음에서는 영적인 제물을 봉헌할 마땅한 자리를 찾을 수 없다는 사실이 그때에 이미 예표되었습니다. 이민족들의 땅, 곧 그리스도인들의 양심이 주님의 성전이 설 장소로 선택된다는 사실이 예표되었습니다.

• 아를의 카이사리우스 『설교집』 122,1.[3]

은총의 가르침은 의지를 통하여 움직인다

하느님의 은총은 언제나 인간의 의지를 불러일으킵니다. 모든 일에서 그 의지를 보호하고 지키도록 하는 것이 아니고, 영적인 적들에 대항하여 자기 자신의 노력으로 싸우지 않게 하려는 것입니다. 승리자는 하느님의 은총에 그 의지를 내려놓게 하고, 또 패배자는 자기 자신의 나약함에 그 의지를 내려놓아, 그의 희망이 언제나 자기 자신의 용기에 있지 아니하고 오로지 하느님의 도우심에 있다는 것을, 그리고 그는 언제나 자신의 보호자이신 하느님께 날아가야 한다는 것을 배우게 하려는 것입니다. 우리 자신의 추측이 아니라 매우 분명한 성경 말씀으로 이를 입증하기 위해, 우리가 읽고 있는 눈의 아들 여호수아기의 구절을 살펴봅시다. 이렇게 쓰여 있습니다. "주님께서 이 민족들을 남겨 두시고 없애 버리지 않으신 것은 그들을 통하여 이스라엘이 주 하느님의 계명을 지키는지 시험하시려 하신 것이며, 또 이스라엘이 그 적들과 싸우는 법을 배우게 하시려는 것이었다."[4] 우리가 그 무엇으로 비교할 수

---

[1] 판관 3,1-4의 비슷한 주해도 참조.

[2] LCC 8,196*.   [3] FC 47,204*.

[4] 이 구절은 판관 3,1-2.4를 짜 맞춘 것으로 보이는데, 여호 23,12-13의 내용을 암시한다.

없는 우리 창조주의 자비를 지상의 것을 예로 들어 설명하려 한다면, 동등하게 친절한 것이 아니라 다음과 같은 자비의 실례를 들어야 할 것입니다. 애정이 넘치고 자상한 보모는 오랜 시간 자기 가슴에 아기를 안고 다니며 때가 되면 걷는 법을 가르치려고 합니다. 그는 먼저 아기가 기어 다니게 합니다. 그다음에는 오른손으로 붙잡아 아기가 거기에 기대 걸음을 떼어 놓게 해 주며, 이윽고 잠깐 손을 놓아 주기도 합니다. 마침내 아기가 아장아장 걷는 것을 보면, 함께 손을 잡고 걸으며, 아기가 넘어지려 하면 붙들어 주고, 자빠지면 일으켜 세웁니다. 아기가 넘어지지 않도록 감싸 주기도 하고 가볍게 넘어지는 것을 내버려 두기도 하고, 넘어진 다음에는 다시 일으켜 세웁니다. 그러나 아기가 소년으로 자라나고 건장한 청년이 되고 젊은 장정으로 성장하였을 때에는 너무 심하지는 않고 운동이 되는 정도의 짐을 지워 주거나 일을 시키고 또 같은 또래들과 경쟁을 하게 합니다. 그렇다면 당신 은총의 품 안에 안고 다니시는 사람을 모조리 알고 계시는, 하늘에 계신 아버지께서는 얼마나 더 키우시겠습니까? 하느님께서는 당신 눈앞에서 사람이 자유의지를 실천하여 덕을 닦도록 훈련을 시키시고, 그의 노력을 도와주시며, 그가 부르짖을 때에 들어주십니다. 당신을 찾을 때에 그를 버려두지 않으시고, 때로는 그가 알아채지도 못하는 멸망에 빠지지 않도록 붙잡아 주십니다.

• 요한 카시아누스 『담화집』 13,14.[5]

시련으로 겸손을 닦는다

그[인간]의 어떤 청원은 하느님께서 즉시 들어주시지만(사실, 간청이 들어지지 않는다면 구원받을 사람이 누가 있겠습니까?) 어떤 간청은 들어주지 않습니다. 그리고 어느 때에는 원수의 맹렬한 공격

을 막아 주시고 물리쳐 주시지만 어느 때에는 그가 유혹을 받도록 허락하시어, (제가 전에 말씀드린 대로) 이러한 시련이 그가 하느님께 가까이 다가가는 계기가 되게 하시는 한편 그가 훈련을 받고 유혹을 경험하게 하십니다. 성경 말씀도 그렇습니다. "주님께서는 많은 민족들을 쫓아내지 않고 남겨 두셨으며, 그들을 눈의 아들 예수[여호수아]의 손에 넘겨주지 않으셨다. 그들을 통하여 이스라엘 자손들을 정화시키고 또 이스라엘 자손의 지파들이 전쟁을 배우고 익히게 하시려는 것이었다." 의로운 사람이라도 자기 자신의 나약함을 깨닫지 못하면 멸망의 낭떠러지를 걷게 되어 추락하기 십상이며, 탐욕스러운 사자, 곧 교만의 악마에게 먹히기 십상입니다. 다시 말하지만, 자기 자신의 나약함을 모르는 사람은 겸손이 모자라며, 겸손이 부족한 사람은 또한 완덕이 부족하고 완덕이 부족한 사람은 영원히 불안에 사로잡히고 맙니다. 그의 성읍은 쇠기둥 위에 세워져 있지도 또 청동 들보, 곧 겸손 위에 세워지지도 않았기 때문입니다.

• 니네베의 이사악 『종교적 완성』 8.[6]

---

[5] NPNF 2,11,432.

[6] *AHSIS* 69.

3,1-6 이스라엘이 시험받다

¹ 가나안에서 벌어진 전쟁들을 한 번도 겪어 보지 못한 모든 이스라엘 사람을 시험하시려고, 주님께서 남겨 두신 민족들은 이러하다.

² 이는 오로지, 전에 전쟁을 겪어 보지 못한 이스라엘 세대들에게 전쟁을 알게 하고 가르치시려는 것이었다.

³ 그들은 필리스티아인들의 다섯 제후, 온 가나안족, 시돈족, 바알 헤르몬 산에서 하맛 어귀에 이르는 레바논 산에 사는 히위족이다.

⁴ 이 민족들을 통하여 이스라엘을 시험해 보시려는 것이었다. 곧 이스라엘 사람들이 주님께서 모세를 통하여 그 조상들에게 명령하신 계명에 순종하는지를 알아보시려는 것이었다.

둘러보기

냉담과 자기 만족에 맞서는 싸움은 하느님께 의존하는 마음을 키워 주므로 인간에게 이롭다(요한 카시아누스). 하느님께서는 큰 덕을 지니고 있는 사람들이 겸손을 지키게 하시려고 그들 안에 작은 잘못들이나 결점을 남겨 두신다(대 그레고리우스).

3,1-4 이스라엘을 시험하도록 민족들이 남겨지다[1]

시험의 이득

당신[주님]께서 저의 확고한 욕망을 시험해 보시려고 잠깐 저를 버려두시는 것이 저에게 유익하겠습니다만, 저의 죄와 벌 때문에 당신께서 저를 너무 오랫동안 내버려 두시면 저에게 해롭습니다. 시련의 때에 당신의 도우심을 받지 못하고 너무 오랫동안 버림받는다면 어떠한 인간의 힘도 그 자신의 확고함으로 이를 이겨 낼 수는 없을 것입니다. 인간의 힘을 아시는 분, 우리 투쟁의 주관자이신 당신 친히 '우리 능력 이상으로 시련을 겪게 하지 않으시고, 시련과 함께 그것을 벗어날 길도 마련해 주시어, 우리가 이겨 낼 수

있게 하지 않으신다면'(1코린 10,13 참조), 인간의 힘만으로는 적들의 힘과 수단 앞에서 곧바로 벗어날 길을 찾지 못할 것입니다.

우리는 판관기에서 이스라엘에 맞선 영적인 민족들의 근절과 관련하여 이와 비슷한 것이 신비롭게 드러나는 것을 읽고 있습니다. "주님께서 남겨 두신 민족들은 이러하다. 주님께서는 그들을 통하여 이스라엘을 가르치시고 적들과 싸우는 법을 익히게 하시려는 것이었다." 그리고 조금 뒤에선 이렇게 말합니다. "주님께서는 이 민족들을 통하여 이스라엘을 시험해 보시려고, 곧 주님께서 모세를 통하여 그 조상들에게 내리신 계명에 순종하는지 순종하지 않는지를 알아보시려고 그들을 남겨 두셨다." 하느님께서는 이스라엘의 평화를 못마땅해하시거나 그들을 나쁘게 보신 것이 아니라 이러한 투쟁이 그들에게 유익하리라는 것을 아시고 이를 계획하셨던 것입니다. 이처럼 이민족들의 끊임없는 공격에 짓눌린다면 이스라엘은 언제나 주님의 도우심이

---

[1] 판관 2,20-23의 비슷한 주해 참조.

필요하다는 것을 절실히 느낄 것이었습니다. 그러면 그들은 언제나 주님을 생각하고 주님께 부르짖으며, 결코 나태해지지 않을 것이며 덕을 쌓도록 훈련하고 싸울 힘을 잃어버리지 않을 것이었습니다. 적들이 이기지 못한 이들을 안전과 번영이 무너뜨리는 경우가 많기 때문입니다.

• 요한 카시아누스 『담화집』 4,6,3-4.[2]

겸손을 지켜 주는 것

전능하신 하느님께서는 당신의 복을 내려 주시는 데에서 놀라운 섭리를 보여 주십니다. 큰 덕을 베풀어 주신 이들에게는 작은 은혜를 주지 않으시어, 그 영혼들이 자책할 기회를 만들어 주십니다. 자신이 열망하는 완덕에 이를 수 없다는 것을 알고 자신에게 부여되지 않은 덕을 얻으려고 헛되이 분투하고 있다는 것을 깨달을 때에, 아마도 그들은 자기가 받은 은혜에 자만하지는 않을 것입니다. 자기 힘만으로는 작은 잘못이나 가벼운 결점도 극복할 수 없다는 것을 알 때에 자신의 큰 덕이 스스로 얻은 것이 아님을 깨닫기 시작하는 것입니다. 이와 비슷한 이유로, 주님께서는 당신께서 선택하신 백성이 약속의 땅으로 가는 길을 가로막는 강력한 원수들은 없애 버리셨지만, 필리스티아인들과 가나안족들을 남겨 두셨습니다. 성경에 쓰여 있듯이, '그들을 통하여 이스라엘을 시험해 보시려는' 것이었습니다. 앞에서 말씀드렸던 대로, 때때로 예외적인 은총을 받은 사람들은 하느님께서 그들에게 작은 결점들을 남겨 두시어 언제나 싸워야 할 장애물들을 가지고 있는 사람들입니다. 그래서 그들은 강력한 원수들을 이겨 냈더라도 교만한 마음을 품지 않습니다. 그들은 가장 나약한 적들이 아직도 그들을 힘들게 한다는 것을 알고 있기 때문입니다. 똑같은 사람이 덕에서는 힘차면서도 약점으로 나약하기도 하고, 한쪽은 무척 강건하면서도 다른 한쪽은 힘없이 누워 있기도 한다는 것은 참으로 놀라운 일입니다. 이처럼, 그가 아무리 노력해도 이루지 못하는 그 선은 하느님께서 그에게 주신 은총을 겸손하게 간직하도록 만듭니다.

사람들이 실제로 이렇게 된다는 사실에 왜 놀랍니까? 하늘도 똑같은 일을 목격하였습니다. 그 시민들 가운데 어떤 자들은 파멸하였고, 어떤 이들은 굳건히 서 있었으니까요. 한 편이 교만으로 파멸하는 것을 본 다른 편, 곧 선택받은 천사들은 그들의 자세를 더욱더 겸손하게 낮추고 그렇게 하여 더욱 굳건히 서 있었습니다. 그렇다면 이렇게 실패한 자들은 하늘의 다른 시민들이 그 영원한 상태에 더욱 굳건히 서 있도록 하는 데 도움을 주었기에 그들에게 이득이 되었다 할 수 있습니다. 우리의 경우도 똑같습니다. 겸손을 지켜 주는 작은 실패는 때때로 한 영혼에게 무한한 이익이 될 수 있습니다.

• 대 그레고리우스 『대화』 3,14.[3]

---

[2] ACW 57,158*.

[3] FC 39,134-35*.

3,7-11 오트니엘이 이스라엘의 판관이 되다

[7] 이스라엘 자손들은 주 저희 하느님을 잊어버리고 바알들과 아세라들을 섬겨, 주님의 눈에 거슬리는 악한 짓을 저질렀다. ♪

> ☞ ⁸ 그래서 주님께서는 이스라엘에게 진노하시어, 그들을 메소포타미아 임금 쿠산 리스 아타임의 손에 팔아넘기셨다. 그리하여 이스라엘 자손들이 여덟 해 동안 쿠산 리스아타임을 섬겼다.
> ⁹ 그러나 이스라엘 자손들이 주님께 부르짖자, 주님께서는 이스라엘 자손들을 위하여 구원자를 세우시어 그들을 구원하게 하셨다. 그가 곧 칼렙의 아우 크나즈의 아들 오트니엘이다. …
> ¹¹ 그리하여 이 땅은 크나즈의 아들 오트니엘이 죽기까지 마흔 해 동안 평온하였다.

둘러보기

오트니엘은 구원이라는 상속재산을 지닌 이들을 도와주는 천상 군대의 일원을 나타내는 것으로 이해된다. 하느님께서는 과거에 그러셨듯이 지금도 오만한 자들의 악습을 고쳐 주시려고 그들에게 치욕을 안겨 주신다(오리게네스). 역사는 크든 작든 회개의 마음을 불러일으키는 충동들이 확고부동한 믿음을 보장하지는 않음을 보여 준다(요한 카시아누스).

3,7-8 이스라엘을 메소포타미아에 넘기시다

치욕과 겸손

쿠사르사톤¹이라는 이름은 '치욕'이라는 뜻입니다. 그렇다면 그들은 그들을 치욕스럽게 할 자의 손에 넘겨진 것입니다. 그들이 산악 지방에서 지극히 높으신 분을 거슬러 사악한 짓을 저질렀기 때문에 그분께서 그들을 치욕에 넘기실 것입니다. 그러나 저는 여러분이 하느님의 섭리가 죄악 속에 의기양양한 자들을 굴욕으로 낮추고 그 특효약으로 그들이 치유되는 것이 옛사람들에 관한 이야기라고만 생각하지 않기 바랍니다. 전능하신 하느님의 치유하시는 섭리는 오늘날의 교회에도 있습니다. 지금도 "메소포타미아 임금 쿠사르사톤"이 있습니다. 경멸받는 그리스도인의 겸손에서 교만과 오만으로 옮겨 간 영혼들은 굴욕과 고통을 당하도록 그자에게 넘겨집니다. 하느님께서는 교만이라는 악덕을 몹시 싫어하십니다. 그래서 성경은 이렇게 말합니다. "오만은 하느님을 떠나는 죄악의 시작이다"(집회 10,13-14 칠십인역). 이렇게도 말합니다. "하느님께서는 교만한 자들을 대적하시고 겸손한 이들에게는 은총을 베푸신다"(야고 4,6; 1베드 5,5; 참조: 잠언 3,34).
• 오리게네스 『판관기 강해』 3,1.²

3,9 이스라엘이 주님께 부르짖다

천사 오트니엘

이 구원자의 이름 '오트니엘'³은 '나를 위한 하느님의 시간'이라는 뜻입니다. 당시 백성은 이 첫 번째 오트니엘을 통하여 굴욕적인 종살이에서 구원을 받았습니다. 평화가 회복되었고, 백성은 오래 젖어 있던 교만과 여러 가지 행실을 버렸습니다. 그런데 앞에서 우리가 쿠사르사톤 임금에게서 적대자들의 하나이며 "공중을 다스리는 지배자"(에페 2,2)인 어떤 영적 존재의 모습을 찾아볼 수 있다고 했으므로, 백성을 구원하도록 세워진 오트니엘도 이와 마찬가지로 "하늘의 군

¹ '쿠사르사톤'은 칠십인역에서 '쿠산 리스아타임'을 부르는 이름이다.
² GCS 30,480.
³ 칠십인역의 이름은 '고토니엘'이다.

대"(루카 2,13; 사도 7,42; 참조: 신명 17,3 이하)의 일원이며 "구원을 상속받게 될 이들에게 봉사하도록 파견되는"(히브 1,14) 대천사 무리의 일원이라고 말하는 것이 맞을 것입니다. 나아가 이 천사들은 오트니엘이나 에홋이라고 불리는 형상을 취한 구원자들입니다. 앞에서 여러 번 증거를 제시했듯이, 우리는 원수의 세력에 맞서 홀로 싸우는 것이 아니라 우리를 도와주도록 주님께서 파견하시는 선한 군대와 세력이 함께합니다.

• 오리게네스 『판관기 강해』 3,3.[4]

시작했다고 모두 진보하지는 않는다

우리는 성경에서 곤경 속에 부르짖는 이러한 외침도 자주 봅니다. 우리는 주님께서 이스라엘의 자손들을 그들의 죄 때문에 원수들에게 넘기셨고, 원수들의 야만적이고 잔혹한 지배 때문에 그들이 자기네 행실을 바꾸고 주님께 부르짖었다는 이야기를 읽고 있습니다. 성경은 말합니다. "주님께서는 그들에게 에홋이라는 이름의 구원자를 보내셨다. 예미니의 손자이며 게라의 아들인 에홋은 양손잡이였다"(판관 3,15 칠십인역). 또 이렇게 말합니다. "이스라엘 자손들이 주님께 부르짖자, 주님께서는 이스라엘 자손들을 위하여 구원자를 세우셨다. 그가 곧 칼렙의 아우 크나즈의 아들 오트니엘이다. 그가 그들을 해방시켰다." 또 그들을 두고 시편에서는 이렇게 말합니다. "하느님께서 그들을 죽이실 제야 그들은

그분을 찾았다. 그들은 돌아서서 새벽에야 하느님께 왔다. 그들은 하느님께서 그들의 구원자이심을 기억하였다"(시편 78,34-35). 이렇게도 말합니다. "곤경 속에서 그들이 주님께 부르짖자 난관에서 그들을 구해 주셨다"(시편 107,6.13.19.28).

[곤경 속에서 부르짖는] 이 세 가지 외침 가운데서, 처음의 두 가지는 시작이 좀 더 나아 보이기는 하지만, [시편 저자가 기록한] 수준이 낮고 미적지근해 보이는 세 번째 외침의 경우에도, 주님을 섬기는 일에서 훌륭한 시작을 하고 그 여생도 강인한 정신으로 찬양받을 만하게 산 이들과 비슷하게, 완벽하고도 열렬한 영을 지닌 사람들이 있었음을 우리는 봅니다. 반면에 열정이 시들해지고 드높은 수준에서 타락하여 비참하게 끝나고 마는 사람들도 많습니다. 앞의 사람들의 경우 그들이 자신의 의지로 회개한 것이 아니라 상황에 밀려 어쩔 수 없이 회개했지만 주님의 자비로 그들이 가책을 느낄 기회가 주어졌기에 상황에 이끌려 회개한 것이 결점이 아니듯, 숭고한 모습으로 회개한 이들이라 하더라도 회개에 상응하는 여생을 살려고 노력하지 않았을 경우엔 처음에 아무리 훌륭히 회개했더라도 아무런 유익이 되지 못했습니다.

• 요한 카시아누스 『담화집』 3,4,5-3,5,1.[5]

---

[4] *GCS* 30,482-83.
[5] ACW 57,122*.

3,12-31 에홋이 이스라엘을 구원하다

[15] 그러나 이스라엘 자손들이 주님께 부르짖자, 주님께서는 그들을 위하여 구원자를 세우셨다. 그가 곧 벤야민 지파 게라의 아들 에홋이다. 그는 왼손잡이였다. 이스라엘 자손들은 에홋을 시켜 모압 임금 에글론에게 공물을 보냈다.⤴

↱16 에훗은 길이가 한 고멧 되는 양날 칼을 만들어, 옷 속 오른쪽 허벅다리에 찼다.

17 에훗은 모압 임금 에글론에게 공물을 갖다 바쳤다. 에글론은 매우 살진 사람이었다.

18 에훗은 공물을 다 바친 다음에 그 공물을 들고 온 사람들을 돌려보냈다.

19 그러나 그 자신은 길갈 근처 우상들이 서 있는 곳에서 되돌아가, "임금님, 은밀히 드릴 말씀이 있습니다." 하고 말하였다. 임금이 시종들에게 "조용히 하여라!" 하고 말하자 그들이 모두 물러갔다.

20 그래서 에훗은 시원한 윗방에 홀로 앉아 있는 에글론에게 다가갔다. 에훗이 "임금님께 전해 드릴 하느님의 말씀이 있습니다." 하니, 그가 의자에서 일어났다.

21 그때에 에훗이 왼손을 뻗어 오른쪽 허벅다리에서 칼을 뽑아 그의 배를 찔렀다.

22 칼날과 함께 자루까지 박혔는데, 에훗이 에글론의 배에서 칼을 뽑지 않았으므로 굳기름이 칼에 엉겨 붙었다. …

30 그날 이렇게 모압은 이스라엘의 손 아래 굴복하였다. 그 뒤에 이 땅은 여든 해 동안 평온하였다.

둘러보기

에훗이 양손잡이였다고 옮긴 칠십인역의 시각에서 촉발된, 오른쪽을 선호하는 비유적인 해석이 많이 나온 대목이다. 영적 양손잡이는 행운(오른쪽)과 불운(왼쪽)을 모두 은혜로 받아들일 때에 가능해진다(요한 카시아누스). 의인들은 공격자들에게 맞서 자신을 지킬 수 있는 두 개의 오른손과 두 뺨을 지니고 있다(히에로니무스). 에훗이 에글론을 죽인 것은 복음의 칼이 쾌락주의 철학을 파괴하는 것을 상징한다(오리게네스). 이스라엘은 왕정이 서기 전에 이방 민족인 적들에게 괴로움을 겪었지만, 오랜 기간의 평화도 누렸다(아우구스티누스).

3,15-21 에훗이 모압 임금 에글론을 죽이다

의로움의 무기

이들이 성경에서 양손잡이[1]라고 일컬어지는 사람들입니다. 판관기에 에훗은 "양손을 마치 오른손처럼 쓰는" 사람이라고 쓰여 있습니다. 우리도 영적으로 이러한 능력을 지닐 수 있습니다. 우리가 모든 것을 선하고 올바르게 사용하여 운이 좋은 오른쪽으로 여겨지는 것들과 운이 나쁜 왼쪽으로 여겨지는 것들을 다 오른쪽에 둔다면 그리될 것입니다. 그러면 우리에게 무슨 일이 닥치든 그것은 사도가 우리에게 말하는 "의로움의 무기"(2코린 6,7)가 될 것입니다. 우리는 우리의 내적 인간이 두 부분으로 이루어져 있음을 압니다. 두 손으로 이루어졌다고도 할 수 있겠지요. 아무리 거룩한 사람이라도 누구든 우리가 왼손이라고 하는 것이 없을 수는 없습니다. 그러나 올바르게 사용하면 양손이 다 오른손이 되며, 거기에서 완덕을 알아볼 수 있습니다.

• 요한 카시아누스 『담화집』 6,10,1.[2]

---

[1] 칠십인역에 따름. 히브리어 본문은 '오른손이 묶인 이'(왼손잡이)다.

[2] ACW 57,224*.

오른손이 둘

이천 명이 그 곁에 쓰러졌다고 하면, 무슨 뜻이겠습니까? 오른쪽을 지정하여 말하면서 왼쪽은 지정하지 않았을 때에, 그 곁이라 하면 당연히 왼쪽을 가리킵니다. 의인이 왼손을 갖고 있다면 분명 옳지 않을 것입니다. 주님께서는 이렇게 가르치십니다. "누가 네 오른뺨을 치거든 다른 뺨마저 돌려 대어라"(마태 5,39). 주님께서 '왼뺨마저' 대 주라고 말씀하지 않으셨다는 데에 주목하십시오. 대 주어야 할 것이 왼뺨이 아니라 또 하나의 오른뺨이기 때문입니다. 저는 이것을, 의인은 오른뺨이 둘이라고 아주 분명하게 표현하겠습니다. 예를 들어, 판관기에 나오는 에훗이라는 사람은 의인이었기 때문에 오른손이 둘이었습니다. 그는 뚱뚱하고 미련한 임금을 죽였습니다. '네 곁에서 (이)천 명이, 네 오른쪽에서 만 명이 쓰러지리라'(시편 91,7 참조). 우리 오른쪽에 숨어 기다리는 자들은 매우 많지만, 우리 왼쪽을 거슬러 음모를 꾸미는 자들은 그렇게 많지는 않습니다. [그렇기에] 우리 곁에서 천 명이 쓰러지고, 우리 오른쪽에서 만 명이 쓰러집니다. 전투가 치열할수록 당연히 승리도 더 커집니다. 우리 곁에 매복해 있는 자들은 얼마 안 되지만, 우리 오른쪽에는 많이 있습니다.

• 히에로니무스 『시편 강해집』 20(시편 제91편).[3]

말씀의 칼

그 이름이 '찬양'을 뜻하는 에훗이 어떻게 지도력을 발휘하였는지 살펴봅시다. 역사는 에글론 임금에 관한 글에서 이 매우 슬기로운 에훗이 특별한 기량으로, 이렇게 말해도 될는지 모르겠습니다만, 교활하지만 찬양할 만한 속임수로, 그 이름이 '둥근' 또는 '원'을 뜻하는 에글론이라는 폭군을 살해한 일을 우리에게 알려 줍니다. 우리

백성의 판관들에게는 그 이름이 '찬양'을 뜻하는 이 에훗이 지녔던 역량이 필요하였습니다. 굴러가는 온갖 동요와 악습의 악순환을 완전히 끊어 내고, 모압 임금을 없애 버려야 했습니다. '모압'은 '흐름'이나 '유출'로 번역됩니다. 이렇게 흘러가며 방탕한 민족의 통치자나 지도자가 누구겠습니까? 쾌락이 최고선이라고 판단하는 저 철학, 칼에 비유되는 복음 말씀이(참조: 에페 6,17; 히브 4,12) 죽여 없앤 철학의 말 아니겠습니까? 예언과 같은 이 복음 말씀은 "양손잡이" 판관의 논증에 의해, 그들의 배 속, 그 아랫배에 단단히 박히어, '그리스도를 아는 영적인 지식을 가로막고 일어서는'(2코린 10,5 참조) 오만하고 아둔한 지식과 비뚤어진 이론의 모든 의미를 가두고 진리를 설파함으로써 모압인들을 없애 버릴 것입니다. 이처럼 하느님의 말씀과 함께 그렇게 행동하고 싸움으로써, 교회의 모든 판관은 저마다 또 하나의 찬양하는 에훗이 될 것입니다. 그를 두고 주님께서는 이렇게 말씀하실 것입니다. "잘하였다, 착하고 성실한 종아! 네가 작은 일에 성실하였으니 이제 내가 너에게 많은 일을 맡기겠다"(마태 25,21).

• 오리게네스 『판관기 강해』 4,1.[4]

3,30 이 땅은 여든 해 동안 평온하였다

전쟁과 평화의 시대

이스라엘 백성이 약속의 땅을 받고 나서 그들 위에 판관들이 세워졌고, 왕정이 시작되기 전까지 그 체제가 이어졌습니다. 이 시대에도 불의의 자식들이, 곧 외적들이 그들을 침략하였습니다. 그래서 그들이 한때는 평화를 누리고 한때는 전

---

[3] FC 48,161*.

[4] *GCS* 30,487-88.

쟁을 하였다는 기록을 봅니다. 그렇지만 판관 시대에서도 사십 년을 통치한 솔로몬의 시대보다 더 오랜 평화의 시기를 찾아볼 수 있습니다. 특히, 에훗이라는 이름의 판관 아래에서는 무려 여든 해 동안 평화를 누렸습니다.

• 아우구스티누스 『신국론』 17,13.[5]

─────────────

[5] FC 24,60*; 『교부 문헌 총서』 16,1889-91.

4,1-10 드보라와 바락

[4] 그때에는 라피돗의 아내 여예언자 드보라가 이스라엘의 판관이었다.

[5] 그가 에프라임 산악 지방의 라마와 베텔 사이에 있는 '드보라 야자나무' 밑에 앉으면, 이스라엘 자손들이 재판을 받으러 그에게 올라가곤 하였다.

[6] 드보라가 사람을 보내어 납탈리의 케데스에서 아비노암의 아들 바락을 불러다가 말하였다. "주 이스라엘의 하느님께서 분명히 이렇게 명령하셨소. '자, 납탈리의 자손들과 즈불룬의 자손들 가운데에서 만 명을 데리고 타보르 산으로 행군하여라.

[7] 그러면 내가 야빈의 군대 장수 시스라와 그의 병거대와 그의 무리를 키손천으로 끌어내어, 네 손에 넘겨주겠다.'"

[8] 그러자 바락이 드보라에게 말하였다. "당신께서 함께 가시면 저도 가겠지만, 함께 가지 않으시면 저도 가지 않겠습니다."

[9] 드보라는 "내가 반드시 그대와 함께 가겠소. 그러나 이번에 가는 길에서는 그대에게 영예가 돌아가지 않을 것이오. 주님께서 시스라를 한 여자의 손에 팔아넘기실 것이오." 하고서는, 일어나 바락과 함께 케데스로 갔다.

둘러보기

현명하고 훌륭한 여인들, 온갖 일을 잘해 내고 남편을 훌륭한 사람으로 만들어 내는 힘을 지닌 여인들을 본받아야 한다(요한 크리소스토무스). 미디안인 시스라와 야빈의 멸망은 그들의 이름이 지닌 의미를 바탕으로 우의적으로 이해된다(히에로니무스). 지도자, 판관, 여예언자로서 두루 뛰어났던 드보라의 사례는 성별이 아니라 용기가 사람을 강하게 만든다는 것을 보여 준다(암브로시우스).

4,4-9 드보라가 바락을 전투에 부르다

현명한 여인들의 힘

참으로, 그 무엇도 ─ 거듭 말하지만, 그 무엇도 ─ 훌륭하고 현명한 여인보다 유능하지는 못합니다. 한 남자를 제대로 된 사람으로 만들고 자신이 바라는 대로 그의 영혼을 빚어내는 일에서 그렇다는 것입니다. 친구나 선생이나 관리들의 잔소리는 참지 못하는 남자도 아내의 충고나 조언은 가만히 듣기 때문입니다. 사실, 아내의 충고는 일종의 기쁨을 가져다줍니다. 충고하는 그 사람을 그녀가 몹시 사랑하기에 그렇습니다. 더 나아가, 이전에는 냉혹하고 완고하였지만 이런 과정을 거쳐 한결 유순해진 많은 사내를 나는 예로 들 수 있습니다. 아내는 남편과 함께 먹고 함께 자고 자녀들을 낳으며, 함께 이야기를 나누고, 다른 수많은 일을 함께합니다. 아내는 모든 일에서 남편에게 헌신하며, 마치 머리에 붙어 있는 몸처럼 남편과 밀접히 결합되어 있습니다. 슬기롭고 부지런한 아내라면, 그는 남편을 위한 배려에서 그 누구보다 뛰어나고 탁월할 것입니다.

그래서 부인들에게 간청합니다. 이것을 실천하며, 남편에게 옳은 충고만 하십시오. 여자는 선에서 큰 힘을 지녔듯이, 악에도 큰 힘을 가지고 있기 때문입니다. 압살롬을 파멸시킨 것도 한 여자였고, 암논을 멸망시킨 것도 한 여자였으며, 욥도 한 여자 때문에 무너질 뻔했습니다. 그런가 하면 한 여인이 나발을 죽음에서 건져 냈고, 한 여인이 온 민족을 구원하였습니다(참조: 2사무 13장; 욥 2,9-10; 1사무 25장; 에스 7-8장).

더 나아가, 드보라와 유딧을 비롯한 수많은 여인은 장수였던 남자들의 성공을 이끌었습니다(참조: 유딧 14-15장). 그래서 바오로 사도는 이렇게 말하였습니다. "아내 된 이여, 그대가 남편을 구원할 수 있을지 혹시 압니까?"(1코린 7,16). 바오로 시대에도 페르시스와 마리아와 프리스킬라[프리스카]가 사도의 곤경에 동참하였다는 것을 우리는 압니다(참조: 로마 16장; 1코린 16,19). 여러분도 이 여인들을 본받아, 말만이 아니라 모범을 보임으로써 여러분 남편의 품성을 바르게 키워야 합니다.

• 요한 크리소스토무스 『요한 복음 강해』 61.[1]

시스라와 야빈에 대한 심판

이 민족들이 주님의 백성에게 적들로 왔으므로, 시편 저자가 그들에게 어떤 심판을 내려 달라고 간청하는지 들어 봅시다. "미디안에게 하신 것처럼 그들에게 하소서. 시스라[와 야빈]에게 하신 것처럼"(시편 83,10). 여러분은 판관기를 읽었습니다. 이들이 바로 기드온이 쳐부순 미디안 족입니다(판관 7-8장 참조). "시스라와 야빈에게 하신 것처럼." 야빈과 시스라는 드보라와 바락이 쳐부순 적들입니다. 이들은 "키손천에서, 엔 도르에서 전멸"(시편 83,10-11)하였습니다. 드보라와 바락은 적군의 장수인 시스라를 쳐 이겼습니다. 그것이 성경의 기록입니다. 이제 그것이 무엇을 의미하는지 배우십시오. 주님, 그들이 오만하기 때문에, 그들이 막강한 군대를 몰고 왔기 때문에, 그들의 군주가 아시리아인들의 임금 네부카드네자르이기 때문에,[2] 그들은 롯의 자손들로 이루어진 군대이기 때문에(창세 19,37-38 참조), 그들이 교만하여 주님과 똑같아지려고 하였기 때문에, 이 모든 이유 때문에 주님께 간청하오니, 그들을 제압해 주소서. 그들이 부끄럽도록, 남자가 아니라 여자를 통하여 제압해 주소서.

"이들은 땅의 거름이 되었습니다"(시편 83,11). 누가 그렇게 되었습니까? 미디안, 시스라, 야빈, 이 셋이 땅 위에서 뒹구는 거름처럼 썩어 버렸습니다. '미디안'이라는 이름은 '심판을 무시하는 자'라는 뜻입니다. 주님의 백성을 거슬러 싸우는 전사들은 다가올 심판을 아랑곳하지 않습니다. '시스라'는 '말의 모습'으로 이해됩니다. 주님 백성의 적들은 주님의 양 떼나 가축 떼가 아니라 암망아지를 보고 미쳐 날뛰는 수말입니다. 수컷

---

[1] FC 41,161-62*.

[2] 역사적으로 이스라엘의 적들인 이들을 구별하여 풀이하면, 네부카드네자르는 악마를 상징하고, 모압족과 암몬인들은 타락한 천사들을 상징하며, 이들 모두는 그리스도의 교회를 거슬러 일하는 자들을 나타낸다.

말들은 언제나 싸울 준비가 되어 있습니다. 그리고 '야빈'은 '식별'을 뜻합니다. 하느님의 영광이 아니라 자기 자신의 지혜를 믿는 자들은 땅의 거름처럼 썩어 버립니다. 그 군대를 자랑하던 자들과 "나는 하늘로 오르리라"(이사 14,13)고 허세를 부리던 그 아시리아인 임금은 땅에 떨어졌을 뿐 아니라 땅 위에서 썩어 버린 거름이 되었습니다.

• 히에로니무스 『시편 강해집』 15(시편 제83편).[3]

성별이 아니라 용기가 사람을 강하게 만든다

오직 과부 혼자서 그 누구도 모방할 수 없는 이러한 일을 이루어 냈다는 이야기가 곧이들리지 않는다면, 그 여인과 똑같거나 거의 똑같은 힘을 지닌 다른 수많은 여인이 분명코 있었다는 사실을 알아 두십시오. 종자가 좋은 옥수수는 낟알이 가득한 수많은 이삭 자루를 맺는 법이기 때문입니다. 고대 파종기의 인물들 가운데는 걸출한 여인들이 많았다는 것을 의심하지 마십시오. 그러나 그 모든 여인들에 대해 이야기하자면 지루할 테니, 몇 사람만, 특별히 성경이 우리를 위하여 그녀의 덕을 기록한 드보라를 살펴보십시오.

그 여인은 과부들에게 남자의 도움은 필요 없다는 것을 보여 주었을 뿐만 아니라, 나아가 자기 성별의 나약함에 빠지지 않고 남자가 수행하는 임무들을 떠맡았으며, 자기가 맡은 임무보다 더 많은 일까지 수행해 냈습니다. 그리고 마침내, 유대인들이 판관의 지도 아래 통치되고 있을 때에, 남자의 정의로 그들을 다스릴 수 없었거나 남자의 힘으로 그들을 보호할 수 없었기 때문에 그리고 모든 지방에서 동시에 전쟁이 일어났기 때문에, 유대인들은 드보라를 선택하여 그 여인의 판단에 다스림을 맡겼습니다. 그리하여 과부 한 사람이 수많은 남자들을 평온하게 다스리고

적들에게서 그들을 보호하였던 것입니다. 여호수아 이후에 많은 판관이 있었지만 예언자는 하나도 없었던 것처럼, 이스라엘에 많은 판관이 있었지만, 그때까지 여자 판관은 없었습니다. 이 여인의 판관직에 대한 이야기와 그의 행적에 대한 설명을 볼 때, 나는 여자들이 여성은 나약하다고 믿고 용감한 행동에 나서지 못해서는 안 된다고 생각합니다. 과부인 그 여인이 백성을 다스리고, 과부인 그 여인이 군대를 이끕니다. 과부인 그 여인이 장군들을 선택하고, 과부인 그 여인이 전쟁을 결정하고 승리할 것을 명합니다. 그렇다면 잘못이나 나약함의 원인은 본성이 아닙니다. 사람을 강하게 만드는 것은 성별이 아니라 용기입니다.

그리고 평화 시대에도 이 여인에게는 어떠한 불평도 제기되지 않았고 어떠한 잘못도 발견되지 않았습니다. 반면에 대부분의 판관들은 백성이 작지 않은 죄를 짓게 하는 빌미가 되었습니다. 전투에 강하고 많은 군대를 갖춘 가나안족이 날로 많이 그들과 섞여 살게 되면서 유대 백성에게 고약한 태도를 보이자, 이 과부는 누구보다 먼저 전쟁에 대한 만반의 준비를 하였습니다. 그리고 집안의 필요가 공공 자원에 달린 것이 아니라 오히려 공공 의무를 가정생활의 기강으로 수행한다는 것을 보여 주려고, 이 여인은 집에서 자기 아들[4]을 데려와 군대의 장수로 삼았습니다. 그로써 과부가 용사를 훈련시킬 수 있다는 것을 우리가 알게 한 것입니다. 그 여인은 어머니로서 그 용사를 가르쳤고, 판관으로서 명령을 내렸으며, 스스로 용감한 여인으로서 그를 훈련시켰고,

---

[3] FC 48,114-15*.

[4] 암브로시우스가 드보라와 바락의 긴밀한 협력 관계와 드보라를 "이스라엘의 어머니"(판관 5,7)라고 한 기술에 근거해 드보라를 바락의 어머니라고 추정한 듯하다.

예언자로서 확실한 승리의 전장에 그를 내보냈습니다.

그리고 마지막으로, 그 여인의 아들 바락은 이런 말로 승리가 여인의 손에 달렸다는 것을 보여 줍니다. "당신께서 저와 함께 가지 않으시면 저도 가지 않겠습니다. 저는 주님께서 어느 날에 당신 천사를 저와 함께 보내 주실지 모르기 때문입니다"(판관 4,8 칠십인역). 군대의 장수가 "당신께서 저와 함께 가지 않으시면 저도 가지 않겠습니다"라고 한 그 여인의 힘이 얼마나 막강하였겠습니까? 저는 어머니로서 자기 아들을 위험에서 보호하지 않은 과부의 용기가 대단한 것이라기보다는 오히려 어머니의 열정으로 자기 아들을 승리의 전투에 나가라고 격려하는 용기가 위대한 것이라고 말하고 싶습니다. 아무튼 저 승리의 결정적인 핵심은 한 여인의 손안에 있습니다!

• 암브로시우스 『과부』 8,43-46.[5]

---

[5] NPNF 2,10,398-99*.

4,11-24 시스라를 무찌른 전투

¹⁵ 주님께서는 시스라와 그의 온 병거대와 온 군대를 바락 앞에서 혼란에 빠뜨리셨다. 그러자 시스라는 병거에서 내려 달음질쳐 도망갔다. …

¹⁸ 야엘이 나가서 시스라를 맞으며 말하였다. "들어오십시오, 나리. 제 집으로 들어오십시오. 두려워하실 것 없습니다." 시스라가 천막으로 들어오자 야엘이 담요로 그를 덮어 주었다.

¹⁹ 시스라는 "목이 마르니 마실 물을 좀 주시오." 하고 청하였다. 야엘이 우유가 든 가죽 부대를 열어 마시게 하고서는 다시 그를 덮어 주자,

²⁰ 시스라가 또 당부하였다. "천막 어귀에 서 있다가, 누가 와서 '여기에 낯선 사람이 있소?' 하고 묻거든, '없소.' 하고 대답해 주시오."

²¹ 그러나 헤베르의 아내 야엘은 천막 말뚝을 가져와서 망치를 손에 들고 몰래 안으로 들어가, 말뚝이 땅에 꽂히도록 그의 관자놀이에 들이박았다. 시스라는 지쳐서 깊이 잠들었다가 이렇게 죽었다.

²² 그때에 바락이 시스라를 뒤쫓고 있었다. 야엘이 나가서 그를 맞으며 말하였다. "이리 오십시오. 나리께서 찾으시는 사람을 보여 드리겠습니다." 바락이 그의 천막으로 들어가 보니, 시스라가 관자놀이에 말뚝이 박힌 채 쓰러져 죽어 있었다.

둘러보기

드보라와 야엘이 시스라에게 승리를 거둔 것은 교회가 신앙의 전투에서 거두는 승리를 예표한다(암브로시우스). 야엘은 그녀의 이름이 지닌 의미, 이방 민족이라는 사실, 이스라엘이 적에게 승리를 거두는 데서 그녀가 한 역할로 보아, 그

리스도의 교회를 예표한다고 보인다(오리게네스).
하느님께서는 위대한 업적을 이루는 것은 당신
임을 확인시켜 주시려고, 가장 낮은 이들을 시켜
그 위업을 이루게 하신다(살비아누스).

4,21-22 야엘이 잠든 시스라를 죽이다

교회의 발흥과 승리

그때에 그렇게 드보라는 그 전투에 대해 예언
하였습니다. 바락은 지시받은 대로 군대를 지휘
하였고 야엘은 승리를 얻어 냈습니다. 드보라의
예언이 그 여인을 위하여 싸워 준 덕입니다. 야
엘은 이민족들 가운데에서 일어서는 교회의 발
흥을 신비로이 보여 주었습니다. 교회는 시스라
에 대하여, 곧 교회를 반대하는 세력에 대하여
승리를 해야만 하였습니다. 그때에 우리를 위하
여 예언자들의 신탁이 싸웠고, 우리를 위하여 예
언자들의 심판과 무기가 승리를 쟁취하였습니
다. 이러한 까닭에 적을 무찌르고 승리를 얻은
것은 유대 백성이 아니라 바로 야엘이었습니다.
불행하게도 그때에 그 백성은 신앙이 도망치게
만든 적을 신앙의 힘으로 추격할 수 없었습니다.
그렇게 그들의 잘못으로 이민족들에게 구원이
왔습니다. 유대인들의 게으름 때문에 승리가 우
리에게 유보되었습니다.

야엘이 그때에 시스라를 죽였지만, 유대인의
노련한 군대가 뛰어난 지도자 아래서 시스라를
도망치게 하였습니다. 바락이라는 이름의 뜻이
바로 '뛰어난 지도자'입니다. 성경을 보면, 예언
자들의 말이나 공로가 우리 조상들에게 하늘의
도움을 얻어 주는 때가 많습니다. 복음에서 "내
아버지께 복을 받은 이들아, 와서, 세상 창조 때
부터 너희를 위하여 준비된 나라를 차지하여라"
(마태 25,34)라는 말씀을 듣는 이들을 위하여 그때
에도 영적 악을 무찌르는 승리가 준비되고 있었

습니다. 이렇게 승리는 조상들[1]에게서 시작되었
지만, 그 승리의 완성은 교회에 있습니다.

그러나 교회는 적의 세력을 이 세상의 무기가
아니라 '하느님 덕분에 어떠한 요새라도 무너뜨
릴 수 있고 드높은 곳에 있는 영적인 악도 물리칠
수 있을 만큼 강력한'(2코린 10,4 참조) 무기로 쳐 이
깁니다. 그리고 시스라의 목마름은 우유 한 사발
로 풀렸지만, 그는 지혜에 패배하였습니다. 우리
를 건강하게 만드는 음식이 적에게서는 힘을 빼
앗고 죽이기 때문입니다. 교회의 무기는 신앙과
기도입니다. 신앙과 기도가 적을 쳐 이깁니다.

그리고 여자들이 자부심을 가질 일인데, 이
이야기에 따르면, 한 여인이 판관이 되고, 모든
일을 질서 있게 바로잡고, 예언을 하고, 승리하
였습니다. 그 여인은 전투 대열에 참가하여 남자
들을 가르치며 여인의 지도 아래 전쟁을 수행하
게 하였습니다. 그러나 신비로 풀 때, 이것은 신
앙의 전투요 교회의 승리입니다.

● 암브로시우스 『과부』 8,47-50.[2]

교회의 예표인 야엘

이 신비로운 모든 역사의 그물이 우리에게 무
엇을 보여 주고 있습니까? 야엘이라는 여인, 곧
드보라가 "한 여자의 손"(판관 4,9)을 통하여 승리
가 이루어지리라고 예언한 그 이방 여인은 이방
민족들 가운데서 모인 교회를 상징합니다. 그리
고 이 '야엘'이라는 이름은 '올라감'을 뜻합니다.
참으로 '하느님의 매우 다양한 지혜를 지닌 교회
를 통하지'(에페 3,10 참조) 않고서는 결코 그 누구
도 하늘로 올라갈 수 있는 길이 없기 때문입니
다. 그래서 육체적인 것에서 영적인 것으로, 또
지상적인 것에서 천상적인 것으로 올라가는 그

---

[1] 성조聖祖들. [2] NPNF 2,10,399*.

여인이, 우리가 이미 앞에서 말한 대로, 육욕이나 동물적인 악습을 지닌 인간을 상징하는 시스라를 죽였습니다. '시스라'라는 이름은 '말의 모습'을 뜻하기 때문입니다. 이에 관하여 성경은 "지각없는 말이나 노새처럼 되지 마라"(시편 32,9)라고 가르칩니다. 그 여인은 말뚝으로 그를 죽였습니다. 이는 그 여인이 십자 나무가 지닌 힘과 수완으로 그를 무너뜨렸다고 해야 할 것입니다. 말뚝이 그의 턱을 꿰뚫었다고 하는 것도 이유가 없지 않습니다. 육욕적인 것을 말하던 그 입과 육의 영광을 앞세우던 그 유설은 세속적인 지혜로 또 안락한 우상 숭배로 이기적인 즐거움과 쾌락을 위하여 살라고 인류를 기만하며 꼬였기 때문입니다. 그래서 저는 말합니다, 바로 그 입이 십자 나무에 찔려 꿰뚫렸다고. 철학으로 설파된 쾌락의 '넓고 쉬운 길'이 그리스도를 통하여 폭로되었기 때문입니다. 그리스도께서는 '우리 구원의 길이 좁고 힘들다'(마태 7,13 참조)는 것을 보

여 주셨습니다. [이처럼] 교회인 야엘은 악습의 임금 시스라를 살갗에 덮인 영원함 잠 속으로 보내 버렸습니다. 곧, 그 육신의 지체를 파괴하여 잠들게 한 것입니다(콜로 3,5 참조).

　　　• 오리게네스 『판관기 강해』 5,5.[3]

위대한 업적을 이루는 것은 하느님이시다

하느님께서는 위대한 업적을 이룬 것이 당신임을 분명하게 이해시키시고 싶을 때는 소수의 사람이나 비천한 사람들을 시켜 그 일을 이루신다는 것을 우리는 [성경에서] 읽습니다. 당신의 거룩한 손이 이룬 일이 인간의 힘이 이룬 일로 보이지 않게 하시려는 것입니다. 히브리 군대가 그 앞에서 무서워 떨던 장수 시스라도 이러한 방식으로 한 여인에게 패배하여 쓰러졌습니다.

　　　• 사제 살비아누스 『하느님의 다스림』 7,8.[4]

---

[3] *GCS* 30,495-496.　　　　　[4] FC 3,195*.

5,1-31 드보라와 바락의 노래

[1] 그날 드보라는 아비노암의 아들 바락과 함께 이렇게 노래하였다.

[2] "이스라엘에서 지도자들은 지휘하고
　　백성은① 자원하여 나서니
　　주님을 찬미하여라.

[3] 임금들아, 들어라. 군주들아, 귀를 기울여라.
　　나 주님께 노래하리라. 내가 노래하리라.
　　주 이스라엘의 하느님께 노래 부르리라." …

[12] "깨어나라, 깨어나라, 드보라야.
　　깨어나라, 깨어나라, 노래를 불러라.
　　일어나라, 바락아. 그대의 포로들을 끌고 가라,
　　아비노암의 아들아.♪

☞ 13 그때에 살아남은 이들이 귀족들과 더불어 내려왔네.
주님의 백성이 용사 되어 그에게② 내려왔네."

① 또는 '너희가'.
② 그리스어 본문; 히브리어 본문은 '나에게'다.

둘러보기

성인들은 서로서로 격려한다. 그러나 모든 생각을 포로로 잡아 그리스도께 순종시켜야 한다(프로코피우스). 적들에게 승리를 거두면 절로 찬양 노래가 나온다. 드보라가 노래에서 말하는 임금들은 그리스도께서 그 안에서 다스리시는 신자들이라고 이해된다(오리게네스).

5,1-3 주님께 바치는 노래

승리는 절로 노래하게 만든다

넷째 노래가 판관기에 있습니다. 그 노래에 관하여 이렇게 쓰여 있습니다. "그날 드보라는 아비노암의 아들 바락과 함께 이렇게 노래하였다. '이스라엘에서 지도자들은 지휘하고, 백성은 자원하여 나서니, 주님을 찬미하여라. 임금들아, 들어라. 군주들아, 귀를 기울여라.'" 노래는 계속 이어집니다. 이 노래를 부르는 사람은 틀림없이 벌[蜂]일 것입니다. 벌이 만드는 것은 임금들도 일반 사람들도 건강을 위하여 이용합니다. 이 노래를 부르는 '드보라'가 '벌'을 의미하기 때문입니다. 거기에다 바락이 드보라와 함께 있습니다. 바락의 이름은 '번개'를 뜻합니다. 그리고 이 노래는 승리를 한 다음에 불립니다. 적들을 정복하지 않고서는 아무도 완전한 것에 대하여 노래할 수 없기 때문입니다. 더 나아가 이 노래는 이렇게 말합니다. "깨어나라, 깨어나라, 드보라야. 수많은 사람들을 깨워라. 깨어나라, 깨어나라, 노래를 불러라! 일어나라, 바락아!" 이에 대해서는 판관기에 관한 강해에서 더욱 상세히 논의했으니 여러분은 그것을 참고하십시오.

• 오리게네스 『아가 주해』 서론.[1]

5,3 임금들아, 들어라

임금의 사제단

임금들아, 들어라. 그 여인은 하느님의 말씀을 듣도록 함께 부름받은 이들을 "임금들"이라고 부릅니다. 하느님의 백성인 여러분은 여러분의 고귀한 신분을 드러내는 이 상징에 기뻐해야 합니다. 하느님의 말씀을 듣도록 부름받은 여러분은 그냥 여느 백성으로서가 아니라 임금으로서 불린 것입니다. 다음 말은 여러분을 두고 한 말입니다. "여러분은 임금의 사제단이며 하느님의 소유가 된 백성입니다"(1베드 2,9). 따라서 여러분이 임금들이므로, 우리 주님이신 그리스도께서는 당연히 "임금들의 임금이시며 주님들의 주님"(1티모 6,15; 참조: 묵시 19,16)이라고 불리십니다. 그러나 여러분은 여러분의 고귀한 신분을 말해 주는 이 칭호를 기뻐하되, 여러분 한 사람 한 사람이 임금이 되기 위하여 무엇을 해야 하는지도 배워야 합니다. 제가 여러분을 위하여 그 얼거리를 간략하게 그려 보겠습니다. 그리스도께서 여러분 안에서 다스리고 계신다면, 여러분은

[1] *OSW* 238.

213

임금이 된 것입니다. 임금은 다스림으로써 임금이라 불리기 때문입니다. 그러므로 여러분 안에서도 영혼이 다스리고 육체가 따른다면, 육의 욕정을 여러분 명령의 멍에로 묶어 놓는다면, 여러분의 절제라는 단단한 굴레로 온갖 악습을 꺾어 누른다면, 다스릴 줄 아는 여러분도 "임금"이라 불리는 것이 당연합니다.

• 오리게네스 『판관기 강해』 6,3.[2]

5,12-13 일어나라, 드보라야!

그리스도 안에서 나는 모든 것을 할 수 있다

"깨어나라, 깨어나라, 드보라야!" 의로움이 자라게 하고, 백성을 일으켜 세워라. 하느님의 영광과 백성의 구원을 위하여 일어나라. "힘을 모아, 일어나라, 바락아." 일어나 [백성을] 일으켜 세워라. 모세도 '내 곁에 서 있어라'(탈출 33,21 참조)라는 말을 들었고, 다윗도 비슷한 말을 하였습니다. "예루살렘아, 네 궁전에 우리 발이 서

있구나"(시편 121,2 칠십인역), [주님께서] "반석 위에 내 발을 세우셨네"(시편 40,3). 그러므로 힘을 모아 일어나서 말하십시오. "나에게 힘을 주시는 그리스도 안에서 나는 모든 것을 할 수 있습니다"(필리 4,13)라고. "주님, 당신은 저의 힘, 저의 노래이시옵니다." 그러나 드보라, 당신도 바락에게 힘을 주십시오. 성인들도 주님의 힘 안에서 우리에게 용기를 주고, 우리 적들에 대하여 우리 영혼을 일깨워 주기 때문입니다. 그러나 "모든 생각을 포로로 잡아 그리스도께 순종"(2코린 10,5)시켜야 합니다. 그리고 드보라, 만일 당신이 일을 하는 가운데 요나탄에게 일어났던 것과 같은 일[꿀을 찍어 먹은 일]이 일어난다면(1사무 14,24-30 참조), 당신의 영혼이 예언의 단맛으로 힘을 얻기 바랍니다.

• 가자의 프로코피우스 『판관기 강해』 5,12.[3]

---

[2] GCS 30,501.　　　　　[3] PG 87/1,1056.

6,1-10 미디안족이 이스라엘을 억누르다

[1] 이스라엘 자손들이 다시 주님의 눈에 거슬리는 악한 짓을 저질렀다. 그리하여 주님께서는 그들을 일곱 해 동안 미디안족의 손에 넘겨 버리셨다.

[2] 미디안족의 세력이 이스라엘을 억누르자, 이스라엘 자손들은 미디안족을 피하여 산에다 은신처와 동굴과 그 밖에 접근하기 어려운 곳들을 마련하였다.

둘러보기

이스라엘 민족이 하느님의 계명을 소홀히 하였을 때에 육신의 적들에게 넘겨진 것처럼, 영적 이스라엘인 그리스도인들도 하느님의 은총을 저버리면 악마의 세력에 직면하게 될 것이다(오리게네스).

6,1 주님께서 이스라엘을 미디안족에게 넘기시다

영적 이스라엘

죄가 잠들어 있는 동안 그 "땅은 평온하였습니다". 그러나 그 땅이, 곧 그 땅에 살던 사람들이 불안해졌다고 합니다. 그때 백성의 영혼들이 죄 속에서 흔들려 혼란에 빠져들기 시작한 것입

니다. 그래서 성경에 이렇게 쓰여 있는 까닭입니다. "이 땅은 마흔 해 동안 평온하였다. 이스라엘 자손들이 다시 주님의 눈에 거슬리는 악한 짓을 저질렀다. 그리하여 주님께서는 그들을 일곱 해 동안 미디안족의 손에 넘겨 버리셨다. 미디안이 이스라엘을 다스렸다." 그 땅에, 곧 그 땅에 살던 사람들 안에 정의가 있는 동안에는 그 땅이 평온하였다고 합니다. 그러나 불의가 생겨나 그들이 "주님의 눈에 거슬리는 악한 짓을" 저지르자, 주님께서는 그들을 일곱 해 동안 미디안족의 손에 넘겨 버리셨다고 합니다. 주님의 백성이 주님의 계명을 지키는 동안에 미디안족이 그들을 다스렸다는 말은 없습니다. 그러나 그들이 하느

님의 명령을 소홀히 하기 시작하자, 원수의 손이 더 강해지고 그들에게 더 많은 힘을 휘두르게 되었습니다. 첫 번째 백성이 잘못을 저질렀을 때에는 그들을 거슬러 육체의 원수들이 일어나 강해진 것과 달리, 영적 이스라엘이라 불리는 우리의 경우엔 우리가 하느님의 계명을 소홀히 하고 그리스도의 가르침을 업신여길 때에 영적인 원수들이 우리를 거슬러 일어나고 악마들의 손이 강력해질 것이며, 우리가 하느님의 은총을 저버린다면 우리는 원수들에게 넘겨질 것입니다.

● 오리게네스 『판관기 강해』 7,1.[1]

---

[1] *GCS* 30,504-5.

6,11-18 주님께서 기드온을 부르시다

[11] 주님의 천사가 아비에제르 사람 요아스의 땅 오프라에 있는 향엽나무 아래에 와서 앉았다. 그때에 요아스의 아들 기드온은 미디안족의 눈을 피해 밀을 감추어 두려고, 포도 확에서 밀 이삭을 떨고 있었다.
[12] 주님의 천사가 그에게 나타나서, "힘센 용사야, 주님께서 너와 함께 계시다." 하고 말하였다.

둘러보기

기드온이 구원자로 선택된 것과 그가 포도 확에서 밀 이삭을 떤 것은 그리스도의 육화와 성인들의 단련을 예표한다(암브로시우스). 바로 교회 안에서 성덕이라는 좋은 알곡과 죄라는 쭉정이를 가려내는 최종 분리가 이루어진다(아를의 카이사리우스).

6,11-12 주님의 천사가 기드온에게 나타나다

미래 육화의 예표

우리가 읽은 대로, 여루빠알[1]은 향엽나무 아

래에서 밀 이삭을 떨고 있을 때에, 하느님의 백성을 이방인들의 세력에서 해방시키라는 하느님의 뜻을 전달받았습니다. 그때에도 그가 거룩한 십자가의 그늘 아래서 그리고 미래 육화의 예정된 신비 안에 계신 흠숭하올 지혜의 그늘 아래서 지명을 받아 가시적인 알찬 곡식을 숨겨진 곳에서 꺼내고 있었으며 선택받은 성인들을 쓰레기인 빈 껍데기와 [신비로이] 갈라놓고 있었다는 것을 보면, 그가 은총으로 선택되었다는 것은 결

---

[1] 기드온의 다른 이름이다(판관 6,32 참조).

코 놀라운 일이 아닙니다. 선택받은 이 사람들은 마치 진리의 막대기로 훈련을 받는 것처럼 옛 인간의 쓸모없는 것들은 그 행위와 함께 옆으로 치워 버리고 포도 확에 모이듯 교회 안에 모입니다. 교회는 영원한 샘이라는 포도 확입니다. 거룩한 포도나무의 즙이 거기에서 솟아나기 때문입니다.

• 암브로시우스 『성령론』 1, 서론 1.[2]

포도 확인 교회

요아스의 아들 기드온이 향엽나무 아래서 막대기로 밀 이삭을 떨고 있을 때에 천사의 약속을 듣게 되었습니다. 그가 적들의 세력에서 하느님의 백성을 구원하리라는 것이었습니다. 미래 육화의 예정된 신비에 따라 그때에 이미 거룩하고

흠숭하올 지혜의 십자 나무 그늘 아래 앉아 있었던 그가 특별한 은총으로 선택받았다는 것은 놀라운 일이 아닙니다. 그는 비옥한 들판에서 나는 만질 수 있는 곡식을 숨겨진 곳에서 꺼내며, 쓸모없는 쓰레기인 껍데기와 선택받은 거룩한 사람들을 갈라놓고 있었던 것입니다. 거룩한 사람들은 옛 인간의 쓸모없는 것들과 그 행위들은 능숙한 진리의 막대기로 다루어 옆으로 치워 버리고, 포도 확, 곧 교회 안에 모입니다. 교회는 영원한 샘의 포도 확입니다. 그 안에는 거룩한 포도 열매가 넘쳐납니다.

• 아를의 카이사리우스 『설교집』 117,1.[3]

---

[2] NPNF 2,10,93*.

[3] FC 47,177*.

6,19-24 기드온이 주님께 제사를 바치다

[19] 기드온은 가서 새끼 염소 한 마리를 잡고 밀가루 한 에파로 누룩 없는 빵을 만들었다. 그리고 고기는 광주리에, 국물은 냄비에 담아 가지고 향엽나무 아래에 있는 그분께 내다 바쳤다.
[20] 그러자 하느님의 천사가 그에게 말하였다. "고기와 누룩 없는 빵을 가져다가 이 바위 위에 놓고 국물을 그 위에 부어라." 기드온이 그렇게 하였더니,
[21] 주님의 천사가 손에 든 지팡이를 내밀어, 그 끝을 고기와 누룩 없는 빵에 대었다. 그러자 그 큰 돌에서 불이 나와 고기와 누룩 없는 빵을 삼켜 버렸다. 그리고 주님의 천사는 그의 눈에서 사라졌다.

둘러보기

불이 하느님의 천사에게 바친 기드온의 예물을 삼켜 버릴 때에, 그리스도인들을 영적으로 정화하는 그리스도의 몸과 피의 성사가 미리 이루어졌다(암브로시우스, 대 그레고리우스).

6,19-21 하느님의 천사가 기드온의 예물을 불태우다

그리스도의 몸인 바위

기드온은 수많은 백성이 잘못을 하였더라도 하느님께서 한 사람을 시켜 원수들에게서 당신 백성을 구원하시리라는 말씀을 듣고 감동을 받아, 새끼 염소 한 마리를 잡아 바쳤습니다. 그는

천사의 말에 따라 그 고기와 누룩 없는 빵을 바위 위에 놓고 국물을 그 위에 부었습니다. 천사가 손에 든 지팡이 끝을 그 예물에 대자마자, 그 바위에서 불이 솟아 나와, 기드온이 바친 희생 제물을 불살라 버렸습니다. 이를 보면 그 바위는 그리스도의 몸의 표상인 것이 분명합니다. [성경에] 이렇게 적혀 있기 때문입니다. "그들은 자기들을 따라오는 그 영적 바위에서 솟는 물을 마셨는데, 그 바위가 곧 그리스도이셨습니다"(1코린 10,4). 이것은 분명히 그분의 신성이 아니라 그분의 육에 대하여 언급하는 것입니다. 그 육은 영원히 흐르는 당신 피의 강물로 목마른 사람들의 마음을 적셔 주었습니다.

육을 지니신 주 예수님께서 십자가에 못 박히실 때에 온 세상의 죄를, 그리고 육체의 행위만이 아니라 영혼의 욕망[이 지은 죄]도 없애 버리실 것이라고 그때에도 신비 안에서 선언된 것입니다. "사람들이 탐욕을 부리며 '누가 우리에게 고기를 먹여 줄까?' 하고 말하였다"(민수 11,4 참조)는 성경의 표현에서 보듯, 새끼 염소의 고기는 행위의 죄를 가리키고, 그 국물은 욕망의 유혹을 가리킵니다. 천사가 지팡이를 내밀어 바위에 대자 바위에서 불이 나왔다는 것은 하느님의 영으로 가득 찬 주님의 육이 나약한 인간의 모든 죄를 불태워 버리리라는 것을 보여 줍니다. 그래서 주님께서도 이렇게 말씀하십니다. "나는 세상에 불을 지르러 왔다"(루카 12,49).

• 암브로시우스『성령론』1, 서론 2-3.[1]

육을 십자가에 못 박기

"그러나 나는 너희에게 말한다. 음욕을 품고 여자를 바라보는 자는 누구나 이미 마음으로 그 여자와 간음한 것이다"(마태 5,28). 그러므로 행위만이 아니라 생각에서도 죄를 잘라 버려야 '고름

을 긁어 내는'(욥 2,8 참조) 것입니다. 그렇기에 여루빠알[기드온]은 밀 이삭을 떨고 있을 때, 천사를 보았습니다. 그는 천사가 시키는 대로 즉시 새끼 염소를 잡아다가 바위 위에 놓고 그 위에 고기 국물을 부었습니다. 천사가 거기에 지팡이를 대자 바위에서 불이 나와 그것을 삼켜 버렸습니다. 막대기로 밀 이삭을 떤다는 것은 올바른 판단으로 덕행이라는 알곡을 악습이라는 검불과 분리시키는 것 아니고 무엇이겠습니까? 그런데 그런 일을 하는 일꾼들에게는 천사가 모습을 드러내는데, 그 천사를 통하여 주님께서는 사람이 외적인 일에서 벗어나려고 열렬히 노력하면 할수록 더욱더 많은 내적인 진리를 전해 주려고 하십니다. 그리고 주님께서는, 새끼 염소를 잡아, 곧 육의 모든 욕망을 죽여 그 고기를 바위 위에 놓고 국물을 그 위에 부으라고 명령하십니다. 바위가 상징하고 있는 분이 바로 "그 바위가 곧 그리스도이셨습니다"(1코린 10,4) 하고 바오로가 말한 그분 아니고 누구이겠습니까? 우리가 그리스도를 본받아 우리 육을 십자가에 못 박을 때에 우리는 '육을 바위 위에 놓는' 것입니다. 또한 그리스도의 행실을 따라 자기 자신에게서 육에 관한 생각마저도 다 비우는 사람은 고기 국물을 그 위에 붓는 것입니다. 육적인 생각의 흐름마저도 마음에서 비워질 때에, 고기가 녹아 있는 그 국물이 '바위 위에 부어지는' 것이기 때문입니다. 그리고 천사가 직접 거기에 지팡이를 댑니다. 그 지팡이에 깃들어 있는, 하느님께서 도우시는 힘은 결코 우리의 노력을 저버리지 않습니다. 그러자 바위에서 불이 나와 그 고기와 국물을 삼켜 버립니다. 이는 구원자께서 우리에게 불어넣어 주신 성령께서 마음에 불을 지르시어, 그 세찬 통회의

---

[1] NPNF 2,10,93*.

불길로 행위에서나 생각에서나 부당한 모든 것
을 불태워 버리시는 것입니다.

• 대 그레고리우스 『욥기의 도덕적 해설』 3,30.[2]

[2] LF 18,169-70*.

6,25-32 아세라 목상과 바알 제단

²⁵ 그날 밤에 주님께서 기드온에게 말씀하셨다. "네 아버지의 황소, 곧 일곱 살 된 둘째 황소
를 끌어오너라. 그러고 나서 네 아버지의 바알 제단을 허물고, 그 곁에 있는 아세라 목상을
잘라 버려라.

²⁶ 그런 다음, 이 요새 꼭대기에 주 너의 하느님을 위하여 합당한 순서에 따라 제단을 쌓고, 그
둘째 황소를 끌어다가, 네가 잘라 버린 아세라 목상의 나무로 불살라 번제물로 바쳐라."

²⁷ 기드온은 종들 가운데 열 사람을 데리고, 주님께서 이르신 대로 하였다. 그러나 아버지 집
안 사람들과 성읍 사람들이 두려워, 그 일을 낮에 하지 못하고 밤에 하였다.

둘러보기

그리스도의 예형인 황소를 제물로 바침으로
써, 기드온은 예수님께서 바치실 유일무이한 희
생 제사가 지닌 구원을 가져다주는 힘을 미리 보
여 주었으며, 장차 희생 제사가 종식되리라는 것
도 보여 주었다(암브로시우스).

6,25-27 주님께 바친 제단이 우상 숭배를 대체하다

희생 제사의 종식

그때에 무슨 일을 해야 할지 지시를 받아 알
고 있던 그 사람은 천상의 신비를 거행하고 있습
니다. 그래서 주님께서 이르신 대로, 그는 아버
지가 우상에게 바치려고 정해 놓은 황소는 죽여
버리고, 그 자신은 일곱 살 된 다른 황소를 하느
님께 바쳤습니다. 이렇게 함으로써 그는 주님께
서 오시고 나면 이민족들의 모든 희생 제사는 사
라지리라는 것을 그리고 주님 수난의 희생 제사
만이 인간의 구원을 위하여 바쳐지리라는 것을
가장 분명하게 보여 주었습니다. 예형론적으로
보아 그 황소는, 그분 안에 성령의 일곱 가지 은
사가 충만하게 머무르고 있다(이사 11,2 참조)고 이
사야가 말한 그리스도이기 때문입니다. 아브라
함도 주님의 날을 보고 기뻐하며 이 황소를 바쳤
습니다(요한 8,56 참조). 그분은 한때는 새끼 염소
의 형상으로 바쳐지셨으며(레위 4,23.28 참조), 어
떤 때는 양의 형상으로, 또 다른 때에는 황소의
형상으로 바쳐지셨습니다. 염소의 형상으로 바
쳐지신 것은 그분께서 속죄의 제물이셨기 때문
이고, 양의 형상으로 바쳐지신 것은 그분께서 순
순히 제물이 되셨기 때문이며, 황소의 형상으로
바쳐지신 것은 그분께서 흠 없는 희생 제물이시
기 때문입니다.

• 암브로시우스 『성령론』 1, 서론 4.[1]

[1] NPNF 2,10,93-94*.

6,33-40 양털 뭉치와 이슬

³⁶ 기드온이 하느님께 아뢰었다. "이미 이르신 대로 저를 통하여 이스라엘을 구원하시렵니까?

³⁷ 그렇다면 제가 타작마당에 양털 뭉치 하나를 놓아두겠습니다. 이슬이 그 뭉치에만 내리고 다른 땅은 모두 말라 있으면, 이미 이르신 대로 저를 통하여 이스라엘을 구원하시는 줄로 알겠습니다."

³⁸ 그러자 정말 그렇게 되었다. 기드온이 다음 날 아침 일찍 일어나 양털 뭉치를 짜자, 그 뭉치에서 물이 한 대접 가득히 나왔다.

³⁹ 기드온이 다시 하느님께 아뢰었다. "제가 한 번 더 아뢴다고 노여워하지 마십시오. 이 양털 뭉치로 한 번만 더 시험해 보게 해 주십시오. 이 뭉치만 말라 있고 다른 땅에는 이슬이 내리게 해 주십시오."

⁴⁰ 하느님께서는 그날 밤에도 그대로 해 주셨다. 그 뭉치만 말라 있고 다른 땅에는 이슬이 내렸던 것이다.

둘러보기

기드온이 또다시 표징을 요구한 것은 믿음이 부족해서가 아니라 하느님의 신비들을 보여 주려는 뜻이었다. 그는 양털 뭉치를 타작마당에 놓아두었는데, 이는 이민족들 가운데에서 거두어지는 풍성한 덕의 수확을 상징한다. 양털 뭉치의 이슬을 대야에 짠 것은 주님께서 당신 제자들의 발을 씻어 주신 일을 미리 보여 준 것이다(암브로시우스). 양털 뭉치에 이슬이 내리지 않은 것은 예전 시대에 하느님의 정의가 율법 안에서 어떻게 드러났는지를 보여 준다(아우구스티누스). 이슬이 내림은 예수님께서 먼저 유대인들에게, 그다음에 이민족들에게 복음을 선포하신 활동을 상징한다(아우구스티누스, 아를의 카이사리우스). 주님께서는 양털 뭉치 위에 비처럼 내려오실 것이었으므로, 이 이슬은 하느님 말씀으로 이해된다(오리게네스, 암브로시우스). 하느님의 진리는 마치 이슬처럼, 이스라엘 위에 내리기를 그치고 나머

지 세상을 적시기 시작했다(히에로니무스). 구름 속의 습기처럼 이슬로 가득 찬 양털 뭉치는 이스라엘 안에 숨겨져 있는 하느님의 은총을 나타내며, 반면에 마당에 내린 이슬은 그리스도를 통하여 드러난 하느님의 은총을 나타낸다. 은총은 이제 더 이상 가려져 있지 않고 분명하게 드러났으므로, 의로움은 본성의 결과라고 주장하는 그리스도인은 변명의 여지가 없는 오류를 범하고 있는 것이다(아우구스티누스). 양털은 하느님의 어린양의 어머니이신 마리아로 이해된다(토리노의 막시무스).

6,36-40 기드온이 하느님께 승리의 표징을 청하다

신비들로 말하다

기드온이 많은 표징들로 가르침을 받고서도 또 다른 표징들을 요구한 것을 보면 믿음이 부족하였던 것은 아니냐고 물을 사람도 있을 것입니다. 그렇지만 신비들로 말하던 그가 어떻게 의심

을 하거나 신앙이 부족한 것처럼 하느님께 청했다고 볼 수 있겠습니까? 그때에 그는 의심을 한 것이 아니라, 우리가 의심을 하지 않도록 조심스럽게 배려하였던 것입니다. 그의 기도가 이루어졌는데 어떻게 그가 의심할 수 있었겠습니까? 그리고 그가 하느님의 전갈을 이해하지 못했다면, 어떻게 두려움 없이 전쟁을 시작할 수 있었겠습니까? 하느님의 말씀은 이슬처럼 내리기에, 양털 뭉치 위에 내린 이슬은 유대인들의 신앙을 나타내는 것이었습니다.

• 암브로시우스 『성령론』 1, 서론 6.[1]

수확할 것이 많다

그가 양털 뭉치를 들판이나 풀밭에 두지 않고, 수확한 밀이 있던 타작마당에 놓아둔 것도 이유가 없지 않습니다. "수확할 것은 많은데 일꾼은 적기"(루카 10,2) 때문입니다. 주님에 대한 신앙을 통하여 풍성한 덕의 수확이 곧 있을 참이었습니다.

• 암브로시우스 『성령론』 1, 서론 10.[2]

제자들의 발을 씻겨 주신 일을 미리 보여 준 사건

또한 그가 유대인들의 양털 뭉치를 짜내 거기에서 나온 이슬을 대야에 담은 것도 이유가 없지 않습니다. 대야가 물로 가득 찼지만, 그는 그 이슬에 자기 발을 씻지는 않았습니다. 그토록 위대한 신비의 특권은 다른 분에게 주어져야 했습니다. 오직 홀로 모든 인간의 죄를 씻어 주실 분을 기다려야만 했습니다. 기드온은 이 신비가 자기 자신을 위한 것이라고, "사람의 아들은 섬김을 받으러 온 것이 아니라 섬기러 왔다"(마태 20,28)고 주장할 만큼 위대한 사람은 아니었습니다. 그렇다면 이 신비들이 어떤 분 안에서 성취될 것으로 보이는지 알아봅시다. 거룩한 기드온 안에서

는 아니었습니다. 이 신비들은 아직 시작 단계에 있었으니까요. 이민족들에게는 이슬이 내리지 않았기 때문에, 이민족들은 정복을 당하였습니다. 이슬이 양털 뭉치에만 내렸기 때문에, 이스라엘이 이민족들을 이겨 냈던 것입니다.

이제 하느님의 복음으로 가 봅시다. 저는 옷을 벗으시고 수건을 허리에 두르신 채 대야에 물을 부어 제자들의 발을 씻겨 주시는 주님을 봅니다(요한 13,8 참조). 하늘에서 내린 그 이슬은 바로 이 물이었습니다. 이것이 예고되었던 것입니다. 주님이신 예수 그리스도께서 저 하늘의 이슬로 당신 제자들의 발을 씻겨 주시리라는 예언이었습니다.

• 암브로시우스 『성령론』 1, 서론 11-12.[3]

율법과 양털 뭉치

이 주제[4]에 관하여 이렇게 쓰여 있기도 합니다. "율법을 통해서는 죄를 알게 될 따름입니다. 그러나 이제는 율법과 상관없이 하느님의 의로움이 나타났습니다. 이는 율법과 예언자들이 증언하는 것입니다"(로마 3,20-21). 사도는 '나타났다'는 말로, 그것[의로움]이 이미 존재하고 있었지만 기드온이 청했던 이슬과 같았다는 것을 보여 줍니다. 그때에 그것[의로움]은 양털 뭉치에 스며 있어 보이지 않았지만, 이제는 온 땅 위에 나타났습니다. 은총이 없는 율법은 죄를 없애지는 못하고 오히려 죄에 힘만 실어 주었기 때문에, — "죽음의 독침은 죄이며 죄의 힘은 율법입니다"(1코린 15,56)라고 쓰여 있는 대로입니다 — 오래도록 군림해 온 죄의 얼굴 앞에서 많은 사람이 피

---

[1] NPNF 2,10,94*.   [2] NPNF 2,10,94*.
[3] NPNF 2,10,94-95*.
[4] 하느님의 율법과 은총이 인간 본성과 어떤 관련이 있는가 하는 문제다.

난처를 찾아 은총 속으로 달아납니다. 말하자면, 땅 위에 드러나 있는 은총 속으로 도망치는 것입니다. 그때에는 소수의 사람만이 그 [은총] 속으로 달아나 피난처를 찾았습니다. 그것이 양털 뭉치 속에 있어 눈에 보이지 않았기 때문이지요. 참으로, 이러한 시대 구분은 하느님의 풍요롭고 깊은 지혜와 지식에 속하는 일입니다. 이에 관한 말씀이 있습니다. "그분의 판단은 얼마나 헤아리기 어렵고 그분의 길은 얼마나 알아내기 어렵습니까!"(로마 11,33).

● 아우구스티누스 『서간집』 177.[5]

예수님의 활동을 나타내는 이슬

"그분은 양털 뭉치에 내리는 비처럼, 땅을 적시는 물방울처럼 내려오시리라"(시편 71,6 칠십인역). 그[시편 저자]는 판관 기드온에게 일어난 일은 그리스도 안에서 끝맺어진다는 것을 우리에게 상기시키고 일깨워 줍니다. 기드온은 주님께 표징을 요청하였습니다. 곧, 타작마당에 놓인 양털 뭉치에만 비가 내리고 마당은 말라 있게 해 주십사고 청했습니다. 그리고 또다시, 양털 뭉치만 말라 있고 마당에는 비가 내리게 해 주십사고 요청하였습니다. 그러자 그렇게 되었습니다. 온 세상 한가운데 마당에 놓인 이 메마른 양털 뭉치는 예전의 이스라엘 백성을 나타내는 것이었습니다. 그러므로 그리스도께서는 마당이 메말라 있을 때에 양털 뭉치에 비처럼 내려오셨습니다. 이를 두고 그분께서는 이렇게 말씀하셨습니다. "나는 오직 이스라엘 집안의 길 잃은 양들에게 파견되었을 뿐이다"(마태 15,24). 거기[이스라엘]에서 그리스도께서는 어머니를 선택하시고 그 어머니를 통하여 인성으로 나타나시려고 종의 [육체적인] 모습을 취하십니다. 거기에서 그분께서는 제자들에게 이렇게 명령하셨습니다. "다른

민족들에게 가는 길로 가지 말고, 사마리아인들의 고을에도 들어가지 마라. [먼저] 이스라엘 집안의 길 잃은 양들에게 가라"(마태 10,5-6). 그분께서 그들에게 "먼저" 가라고 말씀하신 것은, 이후에 마당에 비가 내릴 때에는 제자들이 옛 백성에 속하지 않은 다른 양들에게도 가야 한다는 것을 보여 주신 말씀이기도 합니다. 이에 관하여 그분께서는 이렇게 말씀하십니다. "나에게는 이 우리 안에 들지 않은 양들도 있다. 나는 그들도 데려와야 한다. 그들도 마침내 한 목자 아래 한 양 떼가 될 것이다"(요한 10,16). 그래서 바오로 사도도 이렇게 말합니다. "나는 단언합니다. 그리스도께서는 하느님께서 진실하심을 드러내시려고 할례 받은 이들의 종이 되셨습니다. 그것은 조상들이 받은 약속을 확인하시려는 것이었습니다"(로마 15,8). 이렇게 마당이 메말라 있을 때에 양털 뭉치에 비가 내렸습니다. 사도의 말은 이렇게 이어집니다. "다른 민족들은 자비하신 하느님을 찬양하게 하시려는 것이었습니다"(로마 15,9). 그리하여 때가 오면, 그분께서 예언자를 통해 하신 말씀, 곧 "제가 알지 못하던 백성이 저를 섬기고, 제 말을 듣자마자 저에게 복종하였습니다"(시편 18,44-45)라는 말씀이 이루어진다는 것입니다. 이제 우리는 유대 민족이 그리스도의 은총을 받지 못해 메말라 있으며 온 세상 모든 민족들에게는 그리스도의 은총이 충만한 구름들에서 비가 내리고 있다는 것을 압니다. 시편 저자는 이어 이제 양털 뭉치에가 아니라 '땅에 물방울들이 떨어지고 [있다]'고 합니다. 떨어지는 물방울들이 비 아니고 무엇이겠습니까? 앞에서 [유대] 민족이 양털 뭉치로 상징된 것은 그들에게서 가르침의 권위가 ― 양가죽이 벗겨지듯 ― 벗겨졌기

[5] FC 30,104.

때문이거나 또는 [하느님께서] 그 비를 은밀한 곳에 감추시고 할례를 받지 않은 사람들에게 가르쳐 주시기를, 곧 할례 받지 않은 민족들에게 계시되기를 바라지 않으셨기 때문이었다고 생각합니다.

• 아우구스티누스 『시편 상해』 72,9.[6]

하느님의 찾아오심이라는 이슬

기드온은 용감하고 또 믿음이 확고한 사람이었지만, 그래도 더 확실한 승리의 증표를 주님께 받고 싶어 했습니다. "주님, 이미 이르신 대로 저를 통하여 이스라엘을 구원하시렵니까? 그렇다면 제가 타작마당에 양털 뭉치 하나를 놓아두겠습니다. 이슬이 그 뭉치에만 내리고 다른 땅은 모두 말라 있으면, 이미 이르신 대로 저를 통하여 이스라엘 백성을 구원하시는 줄로 알겠습니다." 그 일이 그대로 이루어졌습니다. 그런 다음에 그는 두 번째로, 이슬이 온 땅에 내리고 양털 뭉치만 말라 있게 해 주십사고 청했습니다. 그것도 그대로 이루어졌습니다. 양털 뭉치에 내린 이슬은 유대아 땅의 믿음이었습니다. 하느님의 말씀은 이슬처럼 내리기 때문입니다. 그래서 모세는 이렇게 말합니다. "나의 가르침은 비처럼 내리고 나의 말은 이슬처럼 맺히리라"(신명 32,2). 이렇게 온 세상이 열매를 맺지 못하는 이교 미신의 열기로 메말라 있을 때에 양털 뭉치, 곧 유대아 [땅]에는 하느님의 찾아오심이라는 이슬이 내렸습니다. 그러나 "이스라엘 집안의 길 잃은 양들"(마태 15,24)이 살아 있는 생명수의 샘을 거부하자, 유대인들의 마음에서 신앙의 이슬은 말라 버렸습니다. (제가 생각하기에, 양털 뭉치가 말라 버린 것은 유대인들의 태도를 미리 보여 준 것입니다.) 그리고 저 거룩한 물결은 다른 민족들의 마음 쪽으로 방향을 바꾸었습니다. 그래서

온 세상은 이제 신앙의 이슬로 촉촉이 젖어 있는데, 유대인들은 자기네 예언자들과 조언자들을 죽여 버렸습니다. 그들이 불신앙의 메마름에 굴복한 것은 결코 놀라운 일이 아닙니다. 주 하느님께서 '내가 구름에게 명령하여 그 포도밭에 비를 내리지 못하게 하리라'(이사 5,6 참조)고 말씀하시며, 그들에게서 예언자들이라는 풍요로운 비를 빼앗아 버리셨기 때문입니다. 예언자의 구름이 내리는 비는 구원에 유익합니다. 다윗은 이렇게 말합니다. "그가 풀밭 위의 비처럼, 땅을 적시는 소나기처럼 내려오게 하소서"(시편 72,6). 온 세상의 거룩한 기록들은 우리 주님이신 구원자께서 오실 때에 하느님 영의 이슬로 세상을 적시는 비가 내릴 것이라고 우리에게 약속해 주었습니다. 그리하여 이슬은 이미 내렸고 또한 비도 내렸습니다. 주님께서 오시며 당신과 함께 천상의 소나기도 함께 몰고 오셨습니다. 덕분에, 목마르던 우리가 이제 물을 마시게 되었습니다. 내적인 마심으로 [우리는] 하느님의 영을 받아들입니다. 그러므로 거룩한 기드온은 신앙의 깨달음을 통하여 모든 나라와 민족들이 똑같이 천상 이슬을 마시리라는 것을 미리 보았던 것입니다.

• 아를의 카이사리우스 『설교집』 117,4.[7]

말씀의 이슬

이제 그 이유를 살펴봅시다. 첫 번째 표징에서는 왜 '양털 뭉치에는 이슬이 내렸는데 땅은 메말라 있었고' 두 번째 표징에서는 왜 '땅에는 이슬이 내렸는데 양털 뭉치는 말라 있었'습니까? 그것은 기드온이 주님께서 그의 손을 통하여 이스라엘을 구원하시겠다는 증표로 받은 표징입니다. 이러한 신비의 근거는 제가 기억하기

---

[6] NPNF 1,8,329**.   [7] FC 47,179-80*.

로 우리가 앞에서 읽었던 성경의 한 책에서 볼수 있습니다. 거기서 이스라엘 백성은 "양털 뭉치"로 이민족들은 주변의 "마당"으로 묘사합니다. 이슬이 "양털 뭉치에" 내린 때는 하느님의 말씀이 오로지 이 백성만을 위하여 기록되었던 때입니다(시편 72,6 참조). 이스라엘에게만 하느님 율법의 이슬이 내리고 주변의 모든 민족들이 메말라 있던 때에는, 그 어떤 민족도 하느님 말씀의 물기에 젖어 들지 못하였습니다. 그러나 그가 이슬이 땅에만 내리고 양털 뭉치는 말라 있게 해 주십사고 요청한 두 번째 표징에 대해서는 전혀 다른 이론적 설명을 할 수 있습니다. 여기서 우리는 온 세상 온갖 나라에서 모여 와 이제는 자기 안에 하느님의 이슬을 지니고 있는 모든 백성을 보아야 합니다. 모세의 이슬에 젖고 예언자들의 말씀으로 물을 얻은 그들을 보십시오. 복음과 사도들의 물에서 생기를 얻어 푸른 그들을 보십시오. 그러나 양털 뭉치, 곧 유대 백성은 하느님의 말씀이 없어 메마르고 갈라지는 고통을 겪고 있습니다. 기록된 대로입니다. '이스라엘 자손들은 오랫동안 임금도 대신도 없이, 예언자도 없이, 제단도 희생 제물도 없이 살 것이다'(호세 3,4 참조). 여러분은 그들이 얼마나 메마르게 살고 있는지, 얼마나 하느님 말씀의 가뭄에 시달리고 있는지 알 수 있습니다. … 제가 여러분과 함께 자주 토론하였듯이, 시편 제71편까지도 저를 이러한 결론에 이르게 합니다. 그 시편은 그리스도의 오심을 서술하면서, 그분께서 양털 뭉치에 내리는 비처럼 땅을 적시는 소나기처럼 오시리라고 예언합니다. 여기 판관기에서 양털 뭉치를 이야기하고, 시편에서도 양털 뭉치라는 낱말이 선택됩니다. '그분께서 양털 뭉치에 비처럼 오시리라'고 말하기 때문입니다. 그러므로 그분께서는 할례 백성의 양털 뭉치 위에 오시며, "땅을 적시

는 소나기처럼" 오십니다. 이 말은 우리 주 예수 그리스도께서 나머지 땅에도 내려오시어 우리를 흠뻑 적셔 주시고, 이민족들인 우리에게도 "하늘의 이슬"(참조: 창세 27,28; 신명 33,13; 이사 45,8; 다니 4,12 이하)을 가져다주시어 전에는 주변의 메마른 땅에 살던 우리도 물을 마실 수 있게 되었다는 뜻입니다.

• 오리게네스 『판관기 강해』 8,4.[8]

하느님 말씀의 이슬

"주님께서 땅 위에 비를 보내실 그날까지"라는 말씀 또한 그분께서 "양털 뭉치 위의 비처럼, 땅을 적시는 빗방울처럼 내려오시리라"(시편 71,6 칠십인역)는 뜻 아니고 무엇이겠습니까? 이 구절에서 옛 역사의 신비가 드러납니다. 그때에 신비로운 투쟁의 전사인 기드온이 미래의 승리에 대한 보증을 받으면서 그 마음의 눈으로 영적인 성사를 알아보았습니다. 곧, 온 땅이 오랜 가뭄으로 바싹 메말라 있을 때에 처음에는 양털 뭉치에 이슬이 내리고, 두 번째 표징에서는, 양털 뭉치는 말라 있는데도 온 세상의 마당을 소나기로 적셔 주었던 그 비가 하느님 말씀의 이슬이었음을 깨달았던 것입니다.

• 암브로시우스 『과부』 3,18.[9]

이스라엘의 메마름

주님의 진리는 구름에까지 미칩니다. 구름은 사도들과 예언자들입니다. 주님께서는 그들에게 이스라엘에는 비를 내리지 말라고 명령하셨습니다. 이것은 판관기에 기록된 역사와 일치합니다. 거기에서는 온 세상에 비가 내릴 때에도 양털 뭉치는 메말라 있었다고 합니다. 이는 온 세상에

[8] GCS 30,511-12.　　　　[9] NPNF 2,10,394*.

비가 쏟아져 내리는데도 이스라엘은 메말라 있다는 뜻입니다.

● 히에로니무스 『시편 강해집』 24(시편 제97편).[10]

그리스도, 감미로운 이슬

기드온의 양털 뭉치는 무엇을 상징하였습니까? 그것은 세상 한가운데에서 성사의 은총을 지니고 있었던 유대 민족과 같습니다. 실제로 그 은총은 분명하게 드러나지는 않고, 양털 뭉치에 내린 이슬처럼 구름이나 장막에 가려져 있었습니다. 때가 차 이슬이 마당에 드러나게 되었습니다. 더 이상 숨겨져 있지 않고 분명하게 드러난 것입니다. 그리스도 홀로 감미로운 이슬입니다. 바로 그분을 위하여 쓰인 성경에서 '너희[유대 민족]만 그분을 인정하지 않고 있다'고 합니다. 그들은 '주님의 입에서 나오는 모든 말씀을 들은' 사람들이면서도 그렇습니다.

● 아우구스티누스 『시편 상해』 138,7.[11]

감추어져 있다가 드러난 은총

그러나 이전 시대의 유대인 같은 사람들은 그리스도인이라 불리기를 바라면서도 여전히 하느님의 의로움을 모르고 자기 자신만을 세우려고 합니다. 감추어져 있던 은총이 완전히 드러난 우리 시대, 은총이 충만히 드러난 시대에도, 전에는 양털 뭉치에 감추어져 있었지만 이제는 마당에 드러난 은총의 시대에도 그러합니다. … 옛 의인 가운데 한 사람인 기드온은 주님께 표징을 요청하며 이렇게 아뢰었습니다. '주님, 제가 타작마당에 놓아둔 이 양털 뭉치만 이슬로 젖어 있고 타작마당은 말라 있게 해 주십시오.' 그러자 그렇게 되었습니다. 양털 뭉치는 이슬로 젖어 있는데, 타작마당은 말라 있었습니다. 아침에 그는 대야에다 — 은총은 겸손한 사람들에게 내리니까요 — 양털 뭉치를 짰습니다. 여러분은 주님께서 대야[에 있는 물]로 당신 제자들에게 무엇을 하셨는지 알고 있습니다. 기드온은 또다시 표징을 요청하였습니다. '주님, 양털 뭉치는 말라 있고, 타작마당은 이슬로 젖어 있게 해 주십시오.' 그러자 그렇게 되었습니다. 구약 시대에 어떻게 은총이 양털 뭉치에 내리는 비처럼 구름 속에 감추어져 있었는지 생각해 보십시오. 그리고 신약의 시대에도 주목해 봅시다. 여러분이 유대 민족을 생각해 본다면, 타작마당과 같은 온 세상이 감추어지지 않고 분명하게 드러난 은총으로 가득 차 있는데도, 그 민족은 양털 뭉치처럼 메말라 있음을 알 것입니다. 그래서 우리는, 감추어져 있지 않고 훤히 드러난 은총을 거슬러 싸우고 있는 우리 형제들에 대하여 커다란 슬픔을 느끼지 않을 수 없습니다. 유대인들에게는 그나마 이유가 있다 하겠지만, 그리스도인들에 대해서는 뭐라고 말해야 하겠습니까? 도대체 무엇 때문에 여러분은 그리스도 은총의 적이 되고 있습니까? 왜 여러분은 자기 자신에게 의존합니까? 어찌하여 여러분은 감사할 줄 모릅니까? 그리스도께서 왜 오셨습니까? 전에도 이곳에는 여러분이 과도한 칭송으로 기만할 뿐인 [인간] 본성이 있지 않았습니까? 여기에 율법이 있지 않았습니까? 그러나 사도는 이렇게 말합니다. "율법을 통하여 의로움이 온다면 그리스도께서 헛되이 돌아가신 것입니다"(갈라 2,21). 사도가 율법에 대하여 말한 것을 우리는 이러한 사람들과 관련해 본성을 두고 이렇게 말합니다. "[인간] 본성을 통하여 의로움이 온다면 그리스도께서 헛되이 돌아가신 것입니다."

● 아우구스티누스 『설교집』 81,9.[12]

---

[10] FC 48,193*.　　　　　[11] NPNF 1,8,634*.

마리아는 양털 뭉치

그렇다면 우리가 마리아를 양털 뭉치에 비유하는 것은 옳습니다. 마리아께서는 당신의 온몸으로 주님을 받아들이는 그러한 방식으로 주님을 잉태하셨으며, 당신의 그 몸이 찢김을 겪으신 것이 아니라 온유하신 순종과 확고한 정결로 당신 몸을 내어 주셨기에 그렇습니다. 마리아를 양털 뭉치에 비유하는 것은 옳다고 나는 말하겠습니다. 마리아에게서 태어나신 분이 사람들을 위한 구원의 옷으로 짜여지기에 그렇습니다. 마리아는 양털 뭉치가 분명합니다. 마리아의 부드러운 태중에서 어린양께서 태어나셨고, 어머니의 털(곧, 육)을 받아 태어난 그 어린양께서 모든 민족의 상처를 부드러운 양털 뭉치로 덮어 주시기에 그렇습니다. 온갖 죄의 상처가 그리스도의 양털로 덮이고, 그리스도의 피로 보살핌을 받아 건강을 되찾게 되고 그리스도의 옷을 입는 것입니다.

• 토리노의 막시무스 『설교 옛 모음집』97,3.[13]

---

[12] NPNF 1,6,503-4**.

[13] ACW 50,261.

7,1-8 기드온 군대의 감축

[1] 여룹빠알, 곧 기드온과 그가 거느린 모든 군사는 일찍 일어나 하롯 샘 곁에 진을 쳤다. 미디안은 거기에서 북쪽으로, 모레 언덕 아래 평야에 진을 치고 있었다.

[2] 주님께서 기드온에게 말씀하셨다. "네가 거느린 군사들이 너무 많아, 내가 미디안을 너희 손에 넘겨줄 수가 없다. 이스라엘이 나를 제쳐 놓고, '내 손으로 승리하였다.' 하고 자랑할까 염려된다.

[3] 그러니 이제, '두렵고 떨리는 자는 돌아가라.' 하고 군사들에게 직접 말하여라." 기드온이 그렇게 하고 나서 사열해 보니, 군사들 가운데에서 이만 이천 명이 돌아가고 만 명이 남았다. …

[5] 기드온이 군사들을 물가로 데리고 내려가니, 주님께서 기드온에게 분부하셨다. "개가 핥듯이 물을 핥는 자를 모두 따로 세워라. 무릎을 꿇고 물을 마시는 자들도 모두 따로 세워라."

[6] 그렇게 하였더니 손으로 물을 떠서 입에 대고 혀로 핥는 자들의 수가 삼백이었고, 나머지 군사들은 모두 무릎을 꿇고 물을 마셨다.

[7] 주님께서 기드온에게 말씀하셨다. "나는 물을 핥아 먹은 사람 삼백 명으로 너희를 구원하고, 미디안을 네 손에 넘겨주겠다. 나머지 군사들은 모두 고향으로 돌아가게 하여라."

둘러보기

승리를 이루시는 것은 하느님이심이 드러나도록 기드온의 군대가 감축된 것은 자기 자신의 힘을 자랑하는 모든 사람에게 주는 교훈이다(살비아누스). 주님께서 기드온에게 싸우기를 두려워하는 자들을 고향으로 돌려보내게 하신 것처럼,

그리스도께서는 당신의 진영에서 두려워하는 자들을 내보내신다(오리게네스). 시냇가에서 무릎을 꿇고 물을 마시는 것은 우의적으로 하느님의 권능에 승복하는 것을 가리키며, 또한 아무것도 섞이지 않은 정통 교리의 순수한 물을 마신다는 것을 의미한다(대 그레고리우스). 개가 핥듯이 물을 핥아 마시는 삼백 명의 군사는 십자가의 표시를 상징한다. 이들은 적들에 대항하여 교회를 지키는 훌륭한 행동을 하는 좋은 개들로 칭찬을 받는다(아우구스티누스, 베다). 이러한 방법으로 물을 마심으로써, 그들은 마시는 물의 양을 제한하면 자제력이 길러진다는 그들의 지식을 보여 준다(폰투스의 에바그리우스). 기드온의 나팔과 단지 속에 든 횃불은 우의적으로 삼위일체의 신비를 상징한다(암브로시우스).

7,1-2 전투 준비

하느님을 제쳐 놓은 자기 자랑

판관기가 전해 주듯이, 기드온은 메뚜기 떼처럼 온 땅에 널려 있는 미디안족에 대항하여 소수의 군사들만 이끌고 전투에 나서라는 명령을 받았습니다. 그의 군대에 군사가 많지 않아서가 아니라 전투에 많은 군사를 이끌고 가지 말라는 금령을 받았기 때문입니다. 군사가 많아 그들이 승리의 몫을 주장하는 일이 없게 하려는 것이었습니다. 이러한 까닭에, 기드온이 3만 명의 전사들을 모았을 때에, 주님께서는 그에게 이렇게 말씀하셨습니다. "네가 거느린 군사들이 너무 많아, 내가 미디안을 너희 손에 넘겨줄 수가 없다."

그다음에 무슨 일이 일어났습니까? 헤아릴 수 없이 많은 수십만 야만인과 싸우러 가려는 사람에게 겨우 3백 명의 전사만 남았습니다. 실제로, 군사들이 하느님께서 벌이시는 전쟁을 수행하며 자신의 공로를 내세우지 못하도록, 그는 군사의

수를 최소한으로 줄이라는 명령을 받았습니다. 주님께서 그렇게 명령하신 이유를 당신 스스로 매우 분명하게 밝히셨습니다. 이렇게 말씀하셨습니다. "이스라엘이 나를 제쳐 놓고, '내 손으로 승리하였다' 하고 자랑할까 염려된다." 그래서 말씀드립니다. 그들은 들어야 합니다. 불의하고 불손한 모든 자는 들어야 합니다. 힘을 가진 모든 사람은 하느님께서 이렇게 말씀하시는 것을 들어야 합니다. "이스라엘은 나를 제쳐 놓고, '내 손으로 승리하였다' 하고 자랑할까 염려된다."

다시 말씀드리건대, 그들은 들어야 합니다. 하느님을 모독하고 그분께 거역하는 말을 내뱉는 모든 사람은 들어야 합니다. 인간에게 희망을 두는 자들은 이 말씀을 들어야 합니다. 하느님께서는 자기 자신의 힘으로 구원될 수 있다고 생각하는 자들은 모두 당신을 거역하여 말하는 것이라고 말씀하십니다.

• 사제 살비아누스 『하느님의 다스림』 7,8-9.[1]

7,3 두려워하는 자는 누구든

두려워하고 걱정하는 자들을 추려 내기

우리 군대의 지도자, 주님이시며 구원자이신 예수 그리스도께서 지금 당신의 군사들에게 이렇게 외치고 계시지 않습니까? '마음이 두렵고 걱정하는 자들은' 누구든 나와 함께 전투하러 가서는 안 된다. 이 말씀은 복음서의 이 말씀과 표현은 다르지만 똑같은 의미입니다. '누구든지 제 십자가를 지고 나를 따르지 않는 사람은 나에게 합당하지 않다'(참조: 마태 10,38; 루카 14,27). 다음 말씀도 마찬가지입니다. "누구든지 자기 소유를 다 버리지 않는 사람은 내 제자가 될 수 없다"(루카 14,33). 그리스도께서 이렇게 두려워하고 걱정

---

[1] FC 3,196*.

하는 자들을 추려 내시어 당신의 진영에서 내보
내시지 않습니까? … 그러나 여러분은 이러한
전투의 삶을 겁내지 마십시오. 그 삶에 참으로
어려운 일은 아무것도 없습니다. 힘들고 불가능
한 것은 아무것도 없습니다.

• 오리게네스 『판관기 강해』 9,1.[2]

7,5-7 물을 핥은 이들이 공격할 것이다

올바른 품성을 지닌 이들만

그들은 물을 마시도록 강가로 인도되었습니
다. 거기서 무릎을 꿇고 물을 마시는 자들은 누
구나 전투 요원에서 제외되었습니다. 여기서 물
은 지혜의 교리를 가리키고, 무릎을 꿇지 않는
것은 의로운 행실을 가리킵니다. 그러므로 물을
마실 때에 무릎을 꿇었다고 보고된 자들은 전사
의 자리에서 물러나게 되었습니다. 그리스도께
서는 교리의 강물을 마실 때에 행실의 올곧음을
일그러뜨리지 않는 사람들과 함께 신앙의 적들
과의 전투에 나가시기 때문에 무릎을 꿇은 사람
들에게는 전투가 금지된 것입니다. 그때에 모든
군사가 물을 마셨다고 하지만, 모두가 무릎을 꿇
지 않고 서 있었다고는 하지 않았습니다. 물을
마실 때에 무릎을 꿇었던 자들은 배제되었습니
다. 사도가 증언하듯이, "율법을 듣는 이가 하느
님 앞에서 의로운 이가 아니라, 율법을 실천하는
이라야 의롭게 될 것이기 때문입니다"(로마 2,13).
앞에서 이야기한 대로, 이렇게 무릎을 꿇는 것은
나약한 행동을 상징하므로, 바오로의 다음 말 역
시 옳습니다. "맥 풀린 손과 힘 빠진 무릎을 바
로 세워, 바른길을 달려가십시오"(히브 12,12-13).
그러므로 그리스도를 지도자로 모시고 전투에
나아가는 사람들은, 영적으로 교리의 강물을 마
시며 사악한 행실 때문에 육적으로 일그러지지
않은, 자기 입으로 고백한 것을 행실로 보여 주

는 사람들입니다.

• 대 그레고리우스 『욥기의 도덕적 해설』 30,25.[3]

개

개들은 혐오스러운 존재가 아니라 칭찬받아
마땅한 짐승입니다. 개들은 자기 주인에게 충성
을 다하며, 자기 집 앞에서 적들을 향해 짖어 댑
니다. 그분께서는 단순히 '개들'이 아니라 '너의
개'에 대하여 말씀하신 것입니다. 또 개들의 이
빨이 아니라 혀가 칭찬받을 만한 것입니다. 기드
온이 개처럼 강물을 핥은 사람들만 데리고 가라
는 명령을 받은 데는 참으로 분명한 목적과 위대
한 신비가 있었습니다. 그렇게 손으로 물을 떠서
혀로 핥은 자들의 수는 그 많은 군사 가운데에서
삼백 명에 지나지 않았습니다. 그리스 말 숫자
부호에서 삼백은 T(타우)로 표시하기 때문에 이
수는 십자가를 상징합니다.

• 아우구스티누스 『시편 상해』 68,29.[4]

칭찬할 만한 개들

개를 늘 나쁘게만 생각해서는 안 됩니다. 개
가 모두 나쁜 것이라면, 예언자가 "벙어리 개들,
짖지도 못하는 것들, 드러누워 꿈이나 꾸고"(이사
56,10)라며 굳이 비난하지도 않았을 것입니다. 짖
을 줄 알고 집 지키기를 좋아하는 개들은 분명코
칭찬할 만합니다. 그리고 개가 핥듯이 물을 핥은
것이 어떤 위대한 신비를 상징하는 것이 아니라
면, 그 삼백 ─ 십자가라는 낱말을 나타내는 지
극히 거룩한 숫자[5]지요 ─ 명이 그것 때문에 승

---

[2] OSF 225.   [3] LF 31,417*.

[4] NPNF 1,8,295*.

[5] 로마자 C는 100을 나타내는 글자이며 십자가(라틴어
crux 또는 영어 cross)의 첫 글자이기도 하므로, 300(CCC)
은 지극히 거룩한 숫자다.

리를 쟁취할 이들로 선택받지는 않았을 것이 분명합니다. 훌륭한 개들은 자기 집과 주인과 양 떼와 목자를 보호하기 위하여 지키고 또 짖어 댑니다. 끝으로, 이 예언에 따라 선택이 이루어진 이 일에서 교회가 칭찬을 하는 것도 개들의 이빨이 아니라 혀입니다.

• 아우구스티누스 『설교집』 149.[6]

자제력을 얻기

마시는 물의 양을 제한하면 자제력을 얻는 데 많은 도움이 됩니다. 미디안족을 공격하려고 준비할 때에, 기드온을 따르던 삼백 명의 이스라엘 사람들은 이것을 잘 알고 있었습니다.

• 폰투스의 에바그리우스 『프라티코스』 17.[7]

하느님의 불

기드온이 미디안족을 정복하려고 하였을 때에, 그가 삼백 명의 군사들에게 단지 속에 횃불을 넣어 들고 오른손에는 나팔을 들라고 명령한 것도 같은 이유[8]에서였습니다. 우리 선임자들은 사도들에게서 받은 설명을 그대로 받아들여 왔습니다. 단지는 곧 진흙으로 빚어진 우리 몸이라는 것입니다. 성령의 은총의 열기로 불타오르고 또 주님의 수난을 증언하며 드높은 목소리로 찬양하는 그 몸은 결코 두려움을 모릅니다. 성령의 은총이 있는 곳에는 신성의 현현이 이루어지고 있는데, 누가 성령의 신성을 의심할 수 있겠습니까? 이러한 증거를 통하여 우리가 추론하는 것은 하느님 권능의 다양성이 아니라 그 단일성입니다. 모든 것 안에서 작용하시는 권능의 효과가 하나인데, 어찌 권능에 나뉨이 있을 수 있습니까? 죄에 대한 용서가 없는 곳에는 결코 성사의 은총이 있을 수 없습니다. 그런데, 저 불은 어떤 것입니까? 분명, 흔한 잔가지들을 모아 태우는

불도 아니고 나무 장작이 타오르는 불꽃도 아닙니다. 저 불은 황금 같은 선행들을 더욱 빛나게 하고 그루터기처럼 박힌 죄들을 없애 버립니다. 이 불은 성령은 하느님 얼굴의 빛이요 불이라고 불리시는 성령이 틀림없습니다. 앞에서 우리가 "주님, 저희 위에 당신 얼굴의 빛을 인장처럼 비추소서"(시편 4,6 칠십인역)라고 간청한 그 빛입니다. 빛을 인장처럼 받는다는 것이 무엇인가 하면, 성령의 인장을 받는다는 것입니다. 사도는 이렇게 말합니다. "[주님을 믿는] 여러분은 약속된 성령의 인장을 받았습니다"(에페 1,13). 하느님의 얼굴에는 빛이 있듯이, 그렇게 하느님 얼굴에서는 불도 뿜어져 나오는 것입니다. 그래서 성경에는 "그분 앞에 불이 삼킬 듯 타오르고"(시편 50,3)라고 쓰여 있습니다. 심판의 날에 은총이 먼저 비치고, 성인들의 섬김을 보상해 줄 용서가 따라 나올 것입니다. 오, 위대하고 충만한 성경이여, 인간의 능력으로는 아무도 이해할 수 없도다! 오, 단일한 신성의 위대한 증거여! 단 두 줄의 성경 구절이 얼마나 많은 것을 알려 주는가!

• 암브로시우스 『성령론』 1,167-70.[9]

십자가를 통한 승리

노아가 방주에 들어갈 때까지 산 햇수인 600(창세 7,6 참조)이 교회가 베푸는 천상 은혜와 영원한 상급의 성사를 받는 사람들이 고백하는 신앙

---

[6] FC 20,247*.　　　　　[7] CS 4,21.

[8] 암브로시우스는 바로 직전까지, 불타는 떨기나무에서 모세에게 그리고 오순절 사건 등에서 하느님이신 성부와 성자와 성령은 모두 불이심이 다양하게 계시되었다고 논증하고 있었다.

[9] NPNF 2,10,112*. CSEL 79에 있는 비평본은 이 대목의 단락 숫자를 147-50으로 달리 매긴다. 그리고 "죄에 대한 용서가 없는 곳에 결코 성사의 은총은 있을 수 없다"라는 문장이 여기에는 들어 있으나, NPNF에는 빠져 있어서 추가로 넣었다.

의 완성을 가리키는 것처럼, 그가 대홍수 이후에 산 햇수인 300[10]은 생명의 성사를 받고 죽을 때까지 충실하게 열정적으로 주님을 섬기는 사람들의 완덕을 예표합니다. 우리가 300을 이야기하는 것은 그 숫자가 그리스어에서 타우(T)라는 글자로 표시되는데, 이 글자는 십자가와 모양이 같아, 우리 주 예수 그리스도의 십자가 외에는 어떠한 것도 자랑하지 않겠다고 결심한 사람들(갈라 6,14 참조)을 상징하는 데 매우 어울리기 때문입니다. 그렇기에 기드온은 주님의 명령과 도

우심을 받아 300명으로 미디안족의 무수한 군대를 물리쳤습니다. 이 이야기는 주님의 십자가에 대한 신앙으로 우리는 이 세상과 우리 자신의 악습이 우리를 거슬러 쳐들어온 전쟁에서 승리하리라는 것을 이렇게 상징적으로 가르쳐 주고 있습니다.

• 존자 베다 『창세기 처음부터 이사악 탄생까지』 2,9.[11]

---

[10] 창세 9,28에 따르면 350년이다.

[11] CCL 118A,140.

7,9-25 기드온이 미디안족을 공격하다

[13] 기드온이 그곳에 이르러 보니, 마침 어떤 사람이 동료에게 꿈 이야기를 하고 있었다. 그가 이렇게 말하였다. "내가 꿈을 꾸었는데, 보리 빵 하나가 미디안 진영으로 굴러오지 않겠는가! 천막에 다다른 그 빵이 천막을 치니 그것이 쓰러져 버리더군. 위아래가 뒤집히니 천막이 쓰러져 버린 것이지."

[14] 그러자 그 동료가 대답하였다. "그것은 저 이스라엘 사람, 요아스의 아들 기드온의 칼이 틀림없네. 하느님께서 미디안과 이 모든 진영을 그의 손에 넘겨주신 것일세."

[15] 그 꿈 이야기와 해몽을 들은 기드온은 경배하고 나서, 이스라엘 진영으로 돌아와 말하였다. "일어나시오. 주님께서 미디안 진영을 그대들의 손에 넘겨주셨소." …

[19] 기드온과 그가 거느린 백 명이 진영 끝에 다다른 것은, 중간 야경이 시작될 때, 보초들이 막 교대하고 나서였다. 그들은 나팔을 불며 손에 든 단지를 깨뜨렸다.

[20] 세 부대가 모두 나팔을 불며 단지를 깼다. 그리고 왼손에는 횃불을 들고 오른손에는 나팔을 들고 불면서, "주님과 기드온을 위한 칼이다!" 하고 소리쳤다.

[21] 그러면서 그들은 진영을 둘러싼 채 제자리를 지켰다. 그러자 진영은 온통 갈팡질팡 아우성치며 도망치기 시작하였다. …

[25] 그리고 미디안의 두 제후 오렙과 즈엡을 사로잡아, 오렙은 오렙 바위에서 죽이고 즈엡은 즈엡 포도 확에서 죽인 다음, 계속 미디안족을 뒤쫓았다. 오렙과 즈엡의 머리는 요르단 건너편으로 기드온에게 가져갔다.

둘러보기

기드온은 그리스도의 예형이며, 승리한 기드온의 군대는 그리스도의 이름으로 그들의 전투에서 승리한 순교자들의 예형이다(대 그레고리우스). 미디안 군주들의 이름은 구원자의 신비를 드러내 준다(히에로니무스).

7,15 주님께서 미디안 진영을 이스라엘에 넘겨주시다

그리스도의 예형인 기드온

예언자가 주님의 오심과 비교하면서 의도적으로 소개하는 이 미디안족과의 전쟁 이야기[1]를 우리가 더 길게 숙고해 본다고 하여 잘못된 것은 아니라고 저는 생각합니다. 판관기에는 기드온이 미디안족과 싸운 이야기가 쓰여 있습니다. … 그때에 이사야 예언자는 왜 이 전투 이야기를 제시하는 것이며, 그 전투의 승리가 우리 구원자의 오심과 비교되는 이유는 무엇입니까? 예언자는 기드온의 지휘 아래 승리를 거둔 이 전투가 우리 구원자의 오심을 나타내는 예형임을 지적하려는 것입니까? 보통의 전투 방식에서 벗어나면 벗어날수록 예언의 신비에 더 가까워지는 행위들이 그때에 분명히 일어났습니다. 어느 누가 단지와 횃불을 들고 싸우러 나갔겠습니까? 무기를 든 자들과 싸우러 갈 때에 어느 누가 자기 무기를 버렸겠습니까? 이러한 일들은 우리 눈에도 참으로 어리석어 보입니다. 적들도 그러한 행동을 전혀 무서워하지 않았습니다. 그러나 우리는 그러한 행동을 무의미하게 여기지 않아야 한다는 것을 그 승리의 증거를 보고 배웠습니다. 그러므로 기드온이 전투에 나가는 것은 우리에게 우리 구원자의 오심을 상징하는 것입니다. 그분에 대하여 이렇게 쓰여 있습니다. "성문들아, 머리를 들어라. 오랜 문들아, 일어서라. 영광의 임금님께서 들어가신다. 누가 영광의 임금이신가? 힘세

고 용맹하신 주님, 싸움에 용맹하신 주님이시다"(시편 24,7-8). 기드온은 자신의 행동만이 아니라 자기 이름으로도 우리 구원자를 예언하였습니다. '기드온'이라는 이름은 '태중에서 돌아다니는'으로 해석되기 때문입니다. 우리 주님께서는 엄위하신 권능으로 모든 것을 포용하시지만, 은총의 섭리를 통해 동정녀의 태중에서 인간의 본성을 취하시어 오셨기 때문입니다. 그렇다면 '태중에서 돌아다니시는 이'가 누구겠습니까? 당신의 신성으로 모든 것을 포용하시고 태중에서 인간의 본성을 취하시어 당신 섭리로 우리를 구원하시는 전능하신 하느님 아니겠습니까? 그분은 태중에서 사람이 되셨지만 거기에 갇혀 계시지는 않았습니다. 당신의 나약한 실체로 태중에 계셨지만 당신의 엄위하신 권능으로 세상을 초월하여 계셨던 것입니다.

• 대 그레고리우스 『욥기의 도덕적 해설』 30,25.[2]

7,20 횃불을 들고 나팔을 불며 나아가다

빛나는 순교자들의 군대

그리하여 그들은 나팔과 단지와 횃불을 들고 싸우러 나아갑니다. 이것은 우리가 이야기했던 대로 비정상적인 전투 대형이었습니다. 그들은 왼손에 단지를 들고, 나팔을 불었습니다. 그러나 횃불은 단지 안에 넣어 두었습니다. 단지를 깨뜨리자 횃불이 드러났습니다. 그리고 그 번쩍이는 빛에 놀란 적들이 도망을 쳤습니다. 그러므로 나팔은 설교자들의 큰 소리를 가리키고, 횃불은 눈부신 그 기적들을, 단지는 그들의 나약한 육체를 상징합니다. 우리의 영도자께서 설교 투쟁에 앞

---

[1] 이사 9,3 참조: "정녕 당신께서는 그들이 짊어진 멍에와 어깨에 멘 장대와 부역 감독관의 몽둥이를 미디안을 치신 그날처럼 부수십니다."

[2] *LF* 31,415-16*.

장서시어 설교자들이 육체의 안전을 가벼이 여기고, 죽음으로 적들을 쳐 이기게 하셨습니다. 무기나 말이 아니라 오직 인내로 적들의 칼을 이겨 내게 하신 것입니다. 우리의 순교자들은 자신들의 영도자 아래에서 무장을 갖추고 나섰습니다. 그러나 그들의 무기는 나팔과 단지와 횃불이었습니다. 그리고 설교를 할 때에 그들은 자신의 나팔을 불었습니다. 적들의 칼에 몸이 잘리도록 고통 속에서 자신의 육체를 내놓을 때에, 그들은 자신의 단지를 깨뜨렸습니다. 그들의 육체가 잘린 뒤 기적이 터져 나올 때에 그들은 횃불을 밝혔습니다. 그리고 그들의 적들은 이내 도망을 쳤습니다. 죽은 순교자들의 육체가 기적으로 빛나는 것을 보자, 적들은 진리의 빛에 압도되어 그들이 의심해 왔던 것을 믿게 되었기 때문입니다. 그러므로 순교자들은 단지가 깨지도록 나팔을 불었으며, 횃불이 나타나도록 단지를 깨뜨린 것이고, 적들은 도망을 치도록 횃불이 나타나게 한 것입니다. 이는 바로 순교자들이 죽음으로 자기 육체가 스러질 때까지 설교를 했다는 것이며, 그 육체가 기적으로 빛나도록 죽음으로 해체되었다는 것이며, 하느님의 빛으로 그 적들을 쳐 이기도록 그 육체가 기적으로 빛났던 것입니다. 그리하여 적들은 이제 더 이상 하느님께 맞서 저항하지 못하고 오히려 하느님을 두려워하고 그분께 복종하게 되었습니다.

• 대 그레고리우스 『욥기의 도덕적 해설』 30,25.[3]

7,25 미디안의 제후 오렙과 즈엡을 죽이다

기드온의 승리

자기네 군대를 자랑하던 자들의 임금은 아시리아인이었습니다. 늘상 "나는 하늘로 오르리라"(이사 14,13)고 자랑하던 그는 땅에 떨어져 바닥을 뒹구는 똥 덩어리가 되었습니다.

"그들의 수령들을 오렙과 즈엡처럼 만드소서." 누가 수령들입니까? 당신 백성을 거슬러 싸우는 자들입니다. "그들의 수령들을 오렙과 즈엡처럼, 그들의 제후들을 제바와 찰문나처럼 만드소서"(시편 83,12). 여러분은 판관기에서 여루빠알이라고도 하는 기드온이 하느님의 백성을 위하여 싸울 때 어떻게 이 네 임금에게 선수를 쳐 그들이 끝장을 보게 하였는지 읽었을 것입니다. 그리고 이 이야기는 미디안족들의 그 수장들, 곧 "오렙과 즈엡 같은, 그들의 제후 제바와 찰문나 같은" 자들은 하느님의 심판을 포기하였다는 것을 보여 줍니다. 그러한 이야기들이 구원자의 신비를 담고 있다는 것을 누가 꿈에라도 생각하였겠습니까? 철학자들은 그 말씀을 읽고 웃어 버립니다. 수사학자들은 그 말씀을 읽고 비웃습니다. 수사학자들만이 아니라 유대인들도 비웃습니다. 그들의 눈에는 너울이 덮여 있어서(2코린 3,15 참조), 자기네 보물 창고를 열 열쇠가 없습니다. '오렙'이라는 이름은 '뱀이 도사리고 있는 구멍'을 의미합니다. '즈엡'은 '늑대'라는 뜻입니다. 이제 그리스도를 반대하는 제후들의 이름을 살펴봅시다. '제바'는 '늑대가 물어 죽일 희생자나 약탈물'을 뜻하며, '찰문나'는 '악의의 스승'을 뜻합니다. 이 이름들 안에 숨겨진 하느님의 신비를 알아보시겠습니까?

• 히에로니무스 『시편 강해집』 15(시편 제83편).[4]

---

[3] *LF* 31,417-18*.

[4] FC 48,115-16*.

[8,1-35 미디안족의 패배]

[9,1-6 아비멜렉이 임금을 자처하다]

9,7-15 요탐의 우화

⁷ 사람들이 이 소식을 요탐에게 전하자, 그는 그리짐 산 꼭대기에 가 서서 큰 소리로 이렇게 외쳤다. "스켐의 지주들이여, 내 말을 들으시오. 그래야 하느님께서도 그대들의 말을 들어 주실 것이오.

⁸ 기름을 부어 자기들의 임금을 세우려고 나무들이 길을 나섰다네. '우리 임금이 되어 주오.' 하고 올리브 나무에게 말하였네.

⁹ 올리브 나무가 그들에게 대답하였네. '신들과 사람들을 영광스럽게 하는 이 풍성한 기름을 포기하고 다른 나무들 위로 가서 흔들거리란 말인가?'

¹⁰ 그래서 그들은 무화과나무에게 '그대가 와서 우리 임금이 되어 주오.' 하였네.

¹¹ 무화과나무가 그들에게 대답하였네. '이 달콤한 것, 이 맛있는 과일을 포기하고 다른 나무들 위로 가서 흔들거리란 말인가?'

¹² 그래서 그들은 포도나무에게 '그대가 와서 우리 임금이 되어 주오.' 하였네.

¹³ 포도나무가 그들에게 대답하였네. '신들과 사람들을 흥겹게 해 주는 이 포도주를 포기하고 다른 나무들 위로 가서 흔들거리란 말인가?'

¹⁴ 그래서 모든 나무가 가시나무에게 '그대가 와서 우리 임금이 되어 주오.' 하였네.

¹⁵ 가시나무가 다른 나무들에게 대답하였네. '너희가 진실로 나에게 기름을 부어 나를 너희 임금으로 세우려 한다면 와서 내 그늘 아래에 몸을 피하여라. 그러지 않으면 이 가시나무에서 불이 터져 나가 레바논의 향백나무들을 삼켜 버리리라.'"

둘러보기

세속의 글이나 성경에 있는 지어낸 우화들이 은유를 통하여 메시지를 전달한다고 하여, 이를 거짓말로 여길 수는 없다(아우구스티누스). 요탐의 우화는 인류에게 개입해 오신 하느님의 역사를 이야기하며 정결이 다스리는 미래의 통치를 예언한다(메토디우스).

9,8-15 과실 나무들과 가시나무

허구 속의 진리

아무리 배우지 못한 사람이라도 이솝 우화나 그와 비슷한 이야기들을 거짓말이라 여겨야 한다고 생각하지는 않습니다. 성경에도 이런 류의 이야기가 있습니다. 판관기에는 나무들이 자기들을 다스려 줄 임금을 찾아 나서, 올리브 나무와 무화과나무와 포도나무와 가시나무에게 차례로 가서 자기네 임금이 되어 달라고 합니다. 분명히 이 이야기는 모두 지어낸 것이지만, 허구적인 이야기를 수단으로 삼아, 우리가 그 이야기의 요점을 이해하게 하려는 것입니다. 그 의미는 분명코 거짓이 아니라 참됩니다.

● 아우구스티누스 『거짓말 반박』 13,28.[1]

정결의 미래 통치

제가 궤변을 부리거나 단순한 가능성에 지나지 않는 것들에 근거해 추정하거나 그저 횡설수설하는 것으로 보이지 않도록, 제가 진실을 말한다는 증거로, 저는 동정녀 여러분께 구약성경 판관기의 예언을 제시하고자 합니다. 미래에는 정결이 다스린다고 분명하게 말해 주는 예언입니다. …

이 내용이 땅에서 자라나는 나무들에 대하여 말하는 것이 아님은 명백합니다. 움직이지 못하는 나무들은 땅속 깊이 뿌리를 박아 확고히 고정되어 있기 때문에, 임금을 선출하는 회의에 모일 수가 없습니다. 전체적으로 이 우화는 영혼들에 관한 이야기입니다. 그리스도의 육화 이전에, 영혼들은 범죄에 너무 깊이 탐닉하였기에 하느님께 나아가 당신의 자비와 연민으로 자기들을 다스려 주십사고 걸인들처럼 간청하고 있습니다. 성경이 올리브 나무의 형상으로 표현하고 있는 것이 바로 이 자비입니다. 그 기름이 우리 몸에 대단히 유익하기 때문입니다. 그 기름은 우리의 피로와 질병을 없애 주며 또한 우리에게 빛을 줍니다. 모든 등불은 기름을 채워 줄 때에 밝아지는 것입니다. 하느님의 자비 또한 그렇게 죽음을 완전히 몰아내고 인류를 도와주며, 마음의 빛을 밝혀 줍니다. 맨 처음 창조된 인간부터 그리스도에 이르기까지 [효력을 지니고 있었던] 율법을 생각해 보십시오. 악마가 인류를 속였던 말에 반대하여, 율법은 성경에 나오는 이러한 말씀의 표상들에서 출발하지 않았습니까? 그 이야기에서 무화과나무는 낙원에서 인간에 주어진 명령과 결부되어 있습니다. 인간이 악마에게 속아 넘어간 뒤 자신의 알몸을 무화과나무 잎으로 가렸기 때문입니다(창세 3,7 참조). 그리고 포도나무는 대홍수 때 노아가 받은 가르침과 [관련되어 있습니다.] 그는 포도주를 마시고 너무 취해 있다가 조롱을 받았기 때문입니다(창세 9,22 참조). 올리브나무는 광야에서 모세에게 주어진 율법을 상징합니다. 그들이 율법을 깨뜨렸을 때에 그 거룩한 기름인 예언의 은총으로 받을 상속재산을 받지 못했기 때문입니다. 마지막으로, 가시나무는 세상의 구원을 위하여 사도들에게 주어진 율법을 아주 적절히 나타내고 있습니다. 사도들의 가르침으로 우리는 동정성을 배웠습니다. 동정은 악마가 거짓 표상을 만들 수 없었던 유일한 것입니다. 네 복음서가 주어진 것도 바로 이런 까닭입니다. 하느님께서는 인류에게 복음을 네 차례 주셨고,[2] 네 가지 율법으로 인류를 가르치셨으며, 그 율법의 시대는 각기 다른 열매들을 통하여 분명하게 알려졌습니다. 무화과나무는 그 감미로움과 풍요로움이 인간이 범죄 이전에 낙원에서 누렸던 기쁨을 나타냅니다. 우리가 나중에 살펴보겠지만, 참으로 성령께서는 자주 무화과나무의 열매를 선의 표지로 취하십니다(예레 8,13 참조). 포도나무는 포도주가 주는 기쁨 때문에 그리고 진노와 홍수에서 구원받은 이들의 기쁨 때문에, 불안과 공포에서 벗어나 기쁨을 누리는 변화를 상징합니다(요엘 2,22 참조). 또, 올리브 나무는 그것이 내는 기름 때문에 하느님의 연민을 나

---

[1] PC 16,162*.

[2] 곧 아담, 노아, 모세 그리고 그리스도와 함께 복음이 주어졌다.

타납니다. 홍수 이후 사람들이 불경으로 돌아섰을 때 하느님께서는 다시 한 번 그들을 참아 주시며, 그들에게 율법을 주시고 또 어떤 사람들에게는 당신 자신을 보여 주셨는가 하면 이제는 거의 꺼져 가고 있는 덕의 빛을 기름으로 밝혀 주

셨습니다.

• 메토디우스 『열 처녀의 잔치』 10,2.[3]

---

[3] ANF 6,348*.

[9,16-25 요탐의 저주]

[9,26-45 가알이 반란을 일으키다]

9,46-57 아비멜렉의 죽음

[50] 그 뒤에 아비멜렉은 테베츠로 진군하여 진을 치고서는 그곳을 함락하였다.

[51] 그런데 그 성읍 한가운데에 견고한 탑이 하나 있어서, 모든 남자와 여자, 그리고 그 성읍의 지주들이 그리로 도망쳐 들어가 문을 걸어 잠그고서는 탑 옥상으로 올라갔다.

[52] 아비멜렉이 그 탑으로 가서 공격하는데, 탑 어귀까지 다가가서 불을 질러 태우려고 하였다.

[53] 그때에 어떤 여자가 맷돌 위짝을 아비멜렉의 머리 위로 던져 그의 두개골을 부수어 버렸다. …

[56] 이렇게 하느님께서는 아비멜렉이 자기 형제 일흔 명을 죽여 제 아버지에게 저지른 죄악을 되갚으셨다.

둘러보기

아비멜렉이 결국 임금이 되지 못한 것은 인간의 지혜가 주는 이득은 허상일 뿐임을 보여 준다(바실리우스).

9,50-53 아비멜렉이 테베츠 탑에서 죽다

인간의 지혜가 주는 이득

살인자 아비멜렉은 기드온의 서자였는데 일흔 명의 적자들을 살해했습니다. 그리고 자신의 왕권 장악을 확실히 하려고 자기 범죄의 공모자들을 살해할 계략을 생각해 냈습니다. 그러나 그는 도리어 그들에게 당하고 말았고 결국에는 한 여인이 던진 돌에 맞아 죽었습니다. … 간단히 말해서, 무수한 사례들이 인간의 지혜가 주는 이익은 허상에 지나지 않는다고 우리에게 가르쳐 줍니다. 그 이익이란 빈약하고 비천할 뿐이며, 크고 뛰어난 선이 되지 못합니다.

• 대 바실리우스 『겸손』.[1]

---

[1] FC 9,478*.

[10,1-9 필리스티아인들의 억압]

[10,10-18 이스라엘이 주님께 돌아오다]

[11,1-11 입타가 우두머리가 되다]

[11,12-28 입타가 암몬 자손들에게 보낸 전갈]

11,29-33 입타의 서원과 승리

30 그때에 입타는 주님께 서원을 하였다. "당신께서 암몬 자손들을 제 손에 넘겨만 주신다면,
31 제가 암몬 자손들을 이기고 무사히 돌아갈 때, 저를 맞으러 제 집 문을 처음 나오는 사람은 주님의 것이 될 것입니다. 그 사람을 제가 번제물로 바치겠습니다."
32 그러고 나서 입타는 암몬 자손들에게 건너가 그들과 싸웠다. 주님께서 그들을 그의 손에 넘겨주셨으므로,
33 그는 아로에르에서 민닛 어귀까지 그들의 성읍 스무 개를, 그리고 아벨 크라밈까지 쳐부수었다. 암몬 자손들에게 그것은 대단히 큰 타격이었다. 그리하여 그들은 이스라엘 자손들 앞에서 굴복하였다.

둘러보기

하느님께서는 입타의 딸이 아버지를 맞으러 나오게 하시어, 그를 비롯하여 모든 사람이 경솔한 서원을 하고 같은 인간을 희생 제물로 바치게 되는 것을 두려워하게 만드셨다(에프렘, 히에로니무스). 아우구스티누스는 입타의 서원에는 인간을 희생 제물로 바치겠다는 의도가 들어 있다고 판단한다.

11,30-31 입타가 주님께 서원을 하다

인간 희생 제물

그러므로 사람들이 좋은 행동을 하는 이들을 본받는 것은 그런 행동을 좋아해서가 아니라 그런 행동이 유익하기 때문입니다. … 모압 임금은 입타의 선례를 그대로 따랐습니다(2열왕 3,26-27 참조). 그러나 그 희생 제물이 그가 잡은 동물이 아니라 그의 맏아들인 인간이었기 때문에 하느님께서는 그를 불쌍히 여기셨습니다. 그가 좋아서 그런 일을 한 것이 아니라 환난에 처하여 그리하였기 때문입니다. 입타의 경우에, 만일 그를 맞으러 나온 첫 번째 사람이 그의 종들 가운데 한 사람이었다면, 그는 그를 죽였을 것입니다. 그러나 사람들이 같은 인간을 희생 제물로 바치는 짓을 하지 못하도록, 하느님께서는 바로 입타의 딸이 자기 아버지를 맞으러 나오게 하셨습니다. 사람들이 하느님께 인간을 바치는 서원을 하

는 일이 없도록 두려움을 심어 주신 것입니다.

• 시리아인 에프렘
『타티아누스의 네 복음서 발췌 합본 주해』 10,3.[1]

경솔한 서원

반면에 그[요비니아누스]는 처녀 딸의 눈물보다 아버지 입타의 충실성이 더 중요하다 여기므로, 우리의 주장을 확증해 주는 것입니다. 우리는 그리스도를 위하여 동정녀가 된 이들을 칭송하는 것이지, 세상의 모든 처녀에게 찬사를 보내는 것이 아니기 때문입니다. 대부분의 히브리인들은 주님께 "당신께서 암몬 자손들을 제 손에 넘겨만 주신다면, 제가 암몬 자손들을 이기고 무사히 돌아갈 때, 저를 맞으러 제 집 문을 처음 나오는 사람은 주님의 것이 될 것입니다. 그 사람을 제가 번제물로 바치겠습니다"라고 경솔한 서원을 한 아버지를 비난합니다. (히브리인들은 이렇게 말합니다.) '개나 당나귀가 그를 맞으러 나왔다고 가정한다면, 그는 어떻게 하였겠습니까?' 그들의 말은, 경솔하게 서원을 한 그가 자기 딸의 죽음을 통하여 자신의 실수를 깨닫도록 사건을 그렇게 안배하셨다는 것입니다.

• 히에로니무스 『요비니아누스 반박』 1,23.[2]

인간을 희생 제물로 바칠 의도가 있었다

어떻든 [그의 서원의] 말마디를 보면, 입타는 율법에 따라 번제물로 바칠 수 있는 종류의 동물을 바치겠다고 서원하지 않았습니다. 관습적으로 보아, 지금이나 과거나 전쟁에서 승리하고 돌아오는 장군들을 맞으러 가축들이 달려 나가지는 않습니다. 말 못하는 짐승들 중에서도 개들은 흔히 자기 주인을 맞으러 달려 나가고, 꼬리 치며 따라다니면서 주인들과 함께 즐겁게 놉니다. 그러나 입타가 서원을 하며 개들을 생각했을 리는 없습니다. [만일 그리하였다면] 그는 불법적인 것인 동시에 율법에서 경멸하는 불결한 것을 바치겠다고 서원한 셈이기 때문입니다. 그것은 하느님께 모욕이 되었을 것입니다. 또한 그는 '저를 맞으러 제 집 문을 처음 나오는 것은 무엇이든 번제물로 바치겠습니다'라고 말하지 않습니다. '저는 제 집 문을 처음 나오는 사람은 누구든 희생 제물로 바치겠습니다'라고 합니다. 따라서 그가 다른 것이 아니라 바로 인간을 생각하였다는 것은 의심의 여지가 없습니다. — 그러나 자기 외동딸이 나오리라고는 생각하지 않았겠지요. 아마도 그의 아내를 제외하고, 어느 누가 그 아버지의 눈에 그 외동딸보다 귀했겠습니까?

• 아우구스티누스 『칠경에 관한 질문』 49,6.[3]

---

[1] *ECTD* 166*.

[2] NPNF 2,6,363*.

[3] CCL 33,360-61.

11,34-40 입타가 서원을 이행하다

[34] 입타가 미츠파에 있는 자기 집으로 돌아가는데, 그의 딸이 손북을 들고 춤을 추면서 그를 맞으러 나오는 것이었다. 그는 하나밖에 없는 자식이었다. 입타에게 그 아이 말고는 아들도 딸도 없었다. ♪

↗³⁵ 자기 딸을 본 순간 입타는 제 옷을 찢으며 말하였다. "아, 내 딸아! 네가 나를 짓눌러 버리는구나. 바로 네가 나를 비탄에 빠뜨리다니! 내가 주님께 내 입으로 약속했는데, 그것을 돌이킬 수는 없단다."

³⁶ 그러자 딸이 입타에게 말하였다. "아버지, 아버지께서는 주님께 직접 약속하셨습니다. 주님께서 아버지의 원수인 암몬 자손들에게 복수해 주셨으니, 이미 말씀하신 대로 저에게 하십시오."

³⁷ 그리고 나서 딸은 아버지에게 청하였다. "이 한 가지만 저에게 허락해 주십시오. 두 달 동안 말미를 주십시오. 동무들과 함께 길을 떠나 산으로 가서① 처녀로 죽는 이 몸을 두고 곡을 하렵니다."

³⁸ 입타는 "가거라." 하면서 딸을 두 달 동안 떠나보냈다. 딸은 동무들과 함께 산으로 가서 처녀로 죽는 자신을 두고 곡을 하였다.

³⁹ 두 달 뒤에 딸이 아버지에게 돌아오자, 아버지는 주님께 서원한 대로 딸을 바쳤다. 그 딸은 남자를 안 일이 없었다. 이로부터 이스라엘에 한 가지 관습이 생겼다.

⁴⁰ 해마다 이스라엘의 딸들이 집을 떠나, 길앗 사람 입타의 딸을 생각하며 나흘 동안 애곡하는 것이다.

① 히브리어 본문의 낱말은 '내려가서'다.

둘러보기

성경은 하느님의 율법과 의로움을 추구하는 이들의 정신을 단련시키고자 입타의 서원과 그 이행에 관한 평가를 하지 않는다(아우구스티누스). 입타의 딸이 희생 제물이 된 명백한 잔인성은 영적인 설명을 요구한다. 그러한 설명은 순교자들의 피 흘림이라는 상징 안에서 찾을 수 있다(오리게네스). 하느님께서는 번제물로 바치는 고기를 즐기지 않으시고, 이 희생 제사가 지닌 의미와 그 제사가 예시하는 미래를 기뻐하셨다(아우구스티누스). 이 사례가 보여 주듯이, 약속을 이행하는 것이 때로는 임무에 어긋나기도 한다(암브로시우스). 이 서원의 이행을 막지 않으심으로써, 하느님께서는 잔인성이 아니라 자비를 보여 주신

다. 그 사건으로 말미암아 이러한 사례가 다시는 되풀이되지 않게 되었기 때문이다(요한 크리소스토무스). 실수로 일어난 슬픈 사건이 될 뻔했던 일이 동정녀의 처신과 결단으로 희생 제사가 되었다(암브로시우스). 아우구스티누스는 하느님께서 역겨워하시는 글자 그대로의 인간 희생 제물과, 의로움을 위하여 자기 자신의 행복을 봉헌하는 희생 제물을 구별한다.

11,34-38 축제가 비탄으로 바뀌다

성경의 판단 유보는 우리 정신을 단련시키려는 것

성경은 아브라함이 그의 아들을 희생 제물로 바치라는 명령을 받고 그대로 했을 때는 그 행위에 대해 매우 분명하게 판단을 내리는 것과는

달리, 이 서원과 그 이행에 관해서는 판단을 내리고 있는 것 같지 않습니다. 야곱의 아들 유다의 경우처럼, 성경은 그 일을 기록만 하고 가치 판단은 독자에게 남겨 둔 듯합니다. 유다가 자기 며느리인 줄 모른 채 창녀라고 생각한 여자와 잤지만, 실은 그 여자가 며느리였기 때문에 그는 그 행위로 간음을 저지른 것이었습니다. 성경은 그 행위에 대해 옳다 그르다 말 없이 다만 있는 그대로 기록하여, 하느님의 율법과 의로움에 비추어 가치판단과 관상을 하게 합니다. 하느님의 성경은 이 서원과 그 이행에 관해서도 아무런 평가를 하지 않고, 우리의 정신을 움직여 이 문제에 대한 판단을 내리게 합니다. 그렇기에 우리는 다른 누구도 아닌 그의 외동딸이 아버지를 맞으러 달려 나오는 벌을 불러온 그러한 서원은 하느님 마음에 들지 않는 것이라고 말할 수 있습니다.

• 아우구스티누스 『칠경에 관한 질문』 49,7.[1]

옹호해야 할 희생 제사

율법에 따라 바치는 희생 제사가 상징하는 다른 희생 제사들은 이 희생 제사와 비슷합니다. 덧붙여 말하자면, 이 희생 제사와 비슷한 다른 희생 제사들은 제가 보기에 고귀한 순교자들이 피를 흘리는 것입니다. 제자 요한이 천상 제단 곁에 서 있는 순교자들을 본 것은 헛것이 아니었습니다(묵시 6,9 참조). "지혜로운 사람은 이를 깨닫고 분별 있는 사람은 이를 알아라"(호세 14,10).

이제, 희생 제사를 바치는 목적이 되는 사람들을 깨끗하게 씻어 주는 그러한 희생 제사의 더 영적인 의미를 조금이라도 깨달으십시오. 암몬 자손들을 정복한 입타의 서원 때문에 그의 딸이 번제물로 바쳐진 희생 제사의 의미를 깨달아야 합니다. 번제물로 바쳐진 그 딸은 이 서원에 동의하였습니다. 그 아버지가 "내가 주님께 내 입으로 약속했는데, 그것을 돌이킬 수는 없단다" 하고 말하였을 때 그 딸이 아버지에게 이렇게 말했기 때문입니다. "아버지께서는 주님께 직접 약속하셨습니다. 이미 말씀하신 대로 저에게 하십시오."

인류의 구원을 위하여 하느님께 그러한 희생 제사를 바친다는 이야기는 하느님을 매우 잔인한 분으로 보이게 합니다. 섭리에 대한 비난을 반박하는 동시에 인간 본성을 초월하는 신비로운 모든 희생 제사를 옹호하기 위해서는 통찰력과 관대한 정신이 필요합니다.

• 오리게네스 『요한 복음 주해』 6,276-78.[2]

11,39-40 입타가 서원을 이행하다

장차 계시될 실재의 그림자인 희생 제사

입타가 자기 딸을 하느님께 번제물로 바친 일과 관련하여, 사실은 이렇습니다. 그는 승리를 얻게 된다면, 그를 맞으러 그의 집에서 처음으로 나오는 사람을 번제물로 바치겠다고 서원하였습니다. 그렇게 서원하였기 때문에 그는 전투에서 승리했고, 그의 딸이 그를 맞으러 처음으로 나왔으며, 그는 자기의 서원을 이행하였습니다. 이 사건은 신앙심으로 그 사안을 살펴보며 순수하게 이 대목이 지닌 의미를 찾으려고 하는 이들에게도 그리고 무지에서 나온 불경으로 성경을 반대하며 이 사안을 율법과 예언자들의 하느님이 희생 제물을, 게다가, 인간 희생 제물까지 기꺼워하다니 끔찍한 악행이라고 비난하는 이들에게도 이해하기가 매우 어려운 큰 문제가 되어 왔습니다. 우리는 먼저 그들의 비방에 대해 율법과 예언자들의 하느님께서는 — 제가 더 좋아하는

---

[1] CCL 33,361.   [2] FC 80,243*.

대로 말하자면, 아브라함과 이사악과 야곱의 하느님께서는 — 가축 번제물을 좋아하지 않으셨다는 사실에 주의를 환기시켜 줍시다. 하느님께서 기꺼워하시는 제물은 충만한 의미를 지닌 동시에 미래의 일들을 예시하는 제물이었습니다. 그러나 우리는 하느님께서 우리에게 권하고자 하신 이러한 제물이 예시하는 바로 그 실체를 모시고 있습니다. 더욱이 과거의 희생 제사가 바뀌어 더 이상 그러한 제물을 바치라는 명령이 내리지 않을 뿐 아니라 그러한 제물이 금지되기까지 한 데는 매우 타당한 이유가 있었습니다. 육적인 열정에 따라 바치는 희생 제물을 하느님께서 좋아하신다고 생각하는 사람이 없게 하려는 것이었습니다.

• 아우구스티누스 『칠경에 관한 질문』 49,1.[3]

서원을 이행하기

또한 약속을 이행하거나 맹세를 지킨다는 것이 때로는 임무에 어긋나기도 합니다. 헤로데의 경우가 그렇습니다. 헤로데는 헤로디아의 딸에게 무엇이든 청하는 대로 주겠다고 맹세하였습니다. 그래서 그 약속을 깨뜨리지 않으려고 요한을 처형하는 것을 허락하였습니다(마태 14,6 이하 참조). 자기 딸을 희생 제물로 바친 입타에 대해서야 무슨 말을 더 하겠습니까? 입타가 승리하고 집으로 돌아올 때에 그의 딸이 맨 먼저 그를 맞으러 나왔습니다. 그는 자기를 처음으로 맞는 사람은 누구든 하느님께 바치겠다고 한 바 있었고 이에 따라 그 서원을 이행하였습니다. 결국 자기 딸을 죽여 서원을 이행하기보다는 애초에 어떠한 약속도 하지 않는 편이 훨씬 더 나았을 것입니다.

• 암브로시우스 『성직자의 의무』 1,50,264.[4]

한 사람의 죽음이 다른 많은 사람의 죽음을 막았다

입타도 마찬가지로, 전투에서 승리한 다음에 그를 맞는 첫 사람을 희생 제물로 바치겠다고 약속하였을 때에 유아 살해의 덫으로 빠져들었습니다. 그의 딸이 맨 먼저 그를 맞았기 때문에 그는 딸을 희생 제물로 바쳤으며, 하느님께서는 이를 금지하지 않으셨습니다. 그리고 실제로 많은 비신자들은 이러한 희생 제사 때문에 우리를 잔인하고 비인간적이라고 비난한다는 것을 저는 알고 있습니다. 그러나 이 희생 제사가 이루어지는 것을 놓아둔 것은 섭리와 자비의 놀라운 표양이었다고, 그리고 하느님께서 그 희생 제사를 막지 않으신 것은 우리 인류를 위한 일이었다고 저는 말하겠습니다. 입타가 그러한 서원을 했는데 만약 이후에 하느님께서 그 희생 제사를 금지하셨다면, 후대의 많은 사람이 하느님께서 자기네 서원을 받아들이지 않으시리라고 기대하며 그러한 서원을 더 많이 할 것이고, 유아 살해에 이르게 될 것이었기 때문입니다. 그러나 이제, 그 서원이 실제로 이행되도록 두고 보심으로써, 하느님께서는 미래에 그러한 일이 다시는 일어나지 않게 하셨습니다. 그리고 이것이 진실임을 보여 주고자, 입타의 딸이 살해당한 뒤, 그러한 재앙이 언제나 기억되고 그 딸의 운명이 결코 잊혀 버리지 않도록, 해마다 그 희생 제사가 일어났던 같은 절기에 처녀들이 모여 사십 일[5] 동안 애곡하는 것이 유대인들의 법이 되었습니다. 애곡을 함으로써 그 희생 제사에 대한 기억을 새롭게 하여, 앞으로는 모든 사람들이 더욱 지혜로워지게 하려는 것이었습니다. 또한 이러한 일이 일어난 것은 하느님의 뜻에 따른 것이 아니었음을 그들

---

[3] CCL 33,358.   [4] NPNF 2,10,42-43.

[5] 일부 수사본들에는 '나흘'이다.

이 깨닫게 하려는 것이었습니다. 그 희생 제사가 하느님의 뜻이었다면, 하느님께서는 처녀들이 입타의 딸을 두고 애곡하고 통곡하는 것을 허락하지 않으셨을 것입니다. 그리고 제가 말한 것이 추측이 아님을 그 사건이 증명해 줍니다. 이 희생 제사 이후에는 아무도 하느님께 그러한 서원을 하지 않았기 때문입니다. 그렇기에 하느님께서도 이를 금지하지 않으셨던 것입니다. 그러나 이사악의 경우엔 하느님께서 분명하게 명령하셨지만, 당신께서 직접 금지하셨습니다(창세 22,12 참조). 이 두 사건을 통하여 당신께서는 그러한 희생 제사를 즐기지 않으신다는 것을 분명하게 보여 주셨습니다.

• 요한 크리소스토무스
『안티오키아 신자들에게 행한 강해』(입상에 관해) 14,7.[6]

경건한 희생 제사

지도자 입타가 자기가 돌아오는 길에 자기 집 문턱에서 만나는 것은 무엇이든 하느님께 봉헌하겠다고 약속하였을 때에 그는 아무런 생각 없이 서원을 한 것입니다. 그렇지 않은 경우를 나는 상상도 할 수 없습니다. 나중에 그의 딸이 그를 맞으러 나오자, 그가 자신의 서원을 후회한 것을 보면 그렇습니다. 그는 자기 옷을 찢으며 말하였습니다. "아, 내 딸아! 네가 나를 짓눌러 버리는구나. 바로 네가 나를 비탄에 빠뜨리다니!" 그리고 그는 경외심을 가지고 자신의 잔인한 임무를 비통하게 스스로 이행하였지만, 미래의 시대를 위하여 해마다 비탄과 애곡의 절기를 준수하도록 명령을 내렸습니다. 그것은 하기 힘든 서원이었지만, 그것을 이행하는 것은 훨씬 더 힘들었습니다. 그는 서원을 이행했지만 그것은 그에게 더없이 슬픈, 애곡할 일이 되었습니다. 그리하여 그 애곡은 해마다 이스라엘에서 지켜

야 하는 율법과 규정이 되었습니다. 그래서 "해마다 이스라엘의 딸들이 길앗 사람 입타의 딸을 생각하며 나흘 동안 애곡하는 것이다"라고 쓰여 있습니다. 자신의 서원을 반드시 이행해야 한다고 생각한 그를 비난할 수는 없지만, 그것은 자기 딸의 죽음으로만 이행될 수 있는 끔찍한 서원이었습니다. …

존경받는 박식한 사람들이 보기에 가장 놀라운 것은, 슬퍼하는 자기 아버지에게 "아버지께서 이미 말씀하신 대로 저에게 하십시오"라고 말하는 그 처녀 딸이 한층 더 눈부시고 더욱더 영광스럽게 보인다는 점입니다. 그러나 그 딸은 동무들과 함께 산으로 가서 처녀로 죽는 자신을 두고 적절히 정성스럽게 애곡을 할 수 있도록 두 달 동안의 말미를 요청하였습니다. 그 동무들의 눈물도 그 딸을 움직이지 못하였으며, 그들의 비탄도 그 딸을 설득하지 못하였고, 그들의 통곡도 그 딸을 돌려세우지 못하였습니다. 그 딸은 그 날짜도 시간도 지나쳐 버리게 하지 않았습니다. 그 딸은 자신의 원의에 따라 돌아온 것처럼 제 날에 자기 아버지에게 돌아왔고, 망설이는 아버지에게 자신의 의지로 [서원 이행을] 재촉하였으며, 자기 자신의 자유로운 선택으로 그렇게 행동함으로써, 처음에는 끔찍한 우연이던 일이 경건한 희생 제사가 되게 하였습니다.

• 암브로시우스 『성직자의 의무』 3,12,78.81.[7]

글자 그대로의 인간 희생 제사는 본디 금지되었다

우리는 당연히 인간 희생 제사가 미래 사건들을 예시해 온 것이 틀림없느냐고 묻습니다. … 그러나 이것이 사실이라고 한다면, 이러한 형태의 희생 제사가 하느님을 불쾌하게 만들지는 않

---

[6] NPNF 1,9,434*.   [7] NPNF 2,10,80-81*.

을 것입니다. 그런데 실제로 성경 자체가 인간 희생 제사는 하느님을 역겹게 한다고 분명하게 증언하고 있습니다. 하느님께서 모든 맏이가 당신께 속하고 또 당신의 것이 되기를 바라시며 그렇게 명령하셨지만, 그럼에도 인간의 맏이가 자기 부모를 통하여 구원받기를, 부모들이 자기들 맏자식들을 하느님께 불살라 바치지 않기를 바라셨기 때문입니다. …

의로운 사람이 불의를 견디며 죽음에 이르기까지 진리를 위하여 투쟁할 때에, 또는 의인의 의로움 때문에 성난 원수들에게 살해당할 때에, 의인이 원수들에게 악을 선으로, 곧 미움 대신에 사랑으로 돌려줄 때에 바치는 그러한 희생 제사를 하느님께서 사랑하시고 보상해 주신다는 것은 분명합니다. … 아벨을 본받아 수많은 순교자가 죽음에 이르기까지 진리를 위하여 투쟁하였으며, 흉포한 원수들에게 희생되었습니다. 성경은 순교자들을 두고 이렇게 말합니다. "[하느님께서는] 용광로 속의 금처럼 그들을 시험하시고 번제물처럼 그들을 받아들이셨다"(지혜 3,6). 그래서 사도도 '나는 이미 제물로 바쳐지고 있다'(2티모 4,6 참조)고 말합니다.

그러나 입타가 자기 딸을 주님께 번제물로 바친 것은 그러한 방식의 희생 제물이 아닙니다. 입타는 인간들에게는 금지되고 동물들을 바치게 되어 있는 희생 제사의 방식대로, 글자 그대로의 희생 제사를 봉헌하였던 것입니다. 입타가 한 일은 아브라함이 한 것과 상당히 비슷해 보입니다. 그러나 아브라함의 경우에는 주님께서 그렇게 하라고 특별히 명령을 내리셨습니다. 때때로 그런 식의 희생 제사가 이루어져야 한다는 일반적인 명령을 그를 통해 내리신 것이 아니었습니다. 참으로, 일반 규정은 그것을 금지하였습니다.

• 아우구스티누스 『칠경에 관한 질문』 49,2-4.[8]

8 CCL 33,358-60.

[12,1-7 에프라임인들과 길앗 사람들이 싸우다]

[12,8-15 판관 입찬과 엘론과 압돈]

13,1-7 삼손의 탄생이 예고되다

¹ 이스라엘 자손들이 다시 주님의 눈에 거슬리는 악한 짓을 저질렀다. 그리하여 주님께서는 그들을 마흔 해 동안 필리스티아인들의 손에 넘겨 버리셨다.

² 그때에 초르아 출신으로 단 씨족에 속한 사람이 하나 있었는데, 그의 이름은 마노아였다. 그의 아내는 임신할 수 없는 몸이어서 자식을 낳지 못하였다.

³ 그런데 주님의 천사가 그 여자에게 나타나서 말하였다. "보라, 너는 임신할 수 없는 몸이어서 자식을 낳지 못하였지만, 이제 잉태하여 아들을 낳을 것이다.

⁴ 그러니 앞으로 조심하여 포도주도 독주도 마시지 말고, 부정한 것은 아무것도 먹지 마라.♪

✎ 5 네가 임신하여 아들을 낳을 것이기 때문이다. 그리고 아기의 머리에 면도칼을 대어서는 안 된다. 그 아이는 모태에서부터 이미 하느님께 바쳐진 나지르인이 될 것이다. 그가 이스라엘을 필리스티아인들의 손에서 구원해 내기 시작할 것이다.”

6 그러자 그 여자가 남편에게 가서 말하였다. “하느님의 사람이 나에게 오셨는데, 그 모습이 하느님 천사의 모습 같아서 너무나 두려웠습니다. 그래서 나는 그분이 어디에서 오셨는지 묻지도 못하였고, 그분도 당신 이름을 알려 주지 않으셨습니다.

7 그런데 그분이 나에게, ‘보라, 너는 잉태하여 아들을 낳을 것이다. 그러니 앞으로 포도주도 독주도 마시지 말고, 부정한 것은 아무것도 먹지 마라. 그 아이는 모태에서부터 죽는 날까지 하느님께 바쳐진 나지르인이 될 것이다.’ 하고 말씀하셨습니다.”

둘러보기

필리스티아인들의 억압은 히브리 사람들이 자만심을 버리고 하느님의 도우심에 매달리게 하시려는 하느님의 도구였다(암브로시우스). 삼손의 기적적인 탄생은 그가 미래에 얻을 명성의 전조였다(베다). 청년으로 자란 삼손은 처음부터 놀라운 힘으로 감탄을 자아냈으며, 이는 천사의 예언이 사실이라 믿게 만들었다(암브로시우스).

13,1 필리스티아인들이 이스라엘 자손들을 억압하다

성공이 마음을 부풀어 오르게 하다

필리스티아인들은 히브리 사람들을 굴복시켜 오랫동안 지배하였습니다. 히브리 사람들이 그들의 조상들에게 승리를 가져다준 신앙의 빛을 잃어버렸기 때문입니다. 그러나 그들의 창조주께서는 그들에게서 선택의 표지와 유산의 유대를 완전히 지워 버리지는 않으셨습니다. 그들이 성공으로 자주 거만해졌기 때문에 하느님께서는 대개의 경우 그들을 원수의 세력에 넘겨주시어, 그들이 인간적 품위를 지니고서 천상에서 자기들 병의 치료제를 구하게 하셨습니다. 우리는 역경에 짓눌려 있을 때에는 하느님께 순종합니다. 그러나 성공하면 마음이 거만하게 부풀어 오릅니다. 이것은 다른 일들에서도 그렇지만 특히 필리스티아인들에게서 히브리 사람들에게로 세력이 다시 돌아가는 상황의 변화에서 입증됩니다.

• 암브로시우스 『서간집』 35.[1]

13,2-7 주님의 천사가 마노아의 아내에게 나타나다

기적적인 탄생

이렇게 야곱, 성조 요셉, 가장 용감했던 판관 삼손, 가장 뛰어난 예언자 사무엘, 이들 [모두]에게는 [어머니가] 오랫동안 육체로는 아이를 낳지 못했지만 덕에서는 늘 풍요로웠다는 공통점이 있었습니다. 이렇게 그들의 기적적인 탄생은 그들의 존귀함을 알려 주었고, 이는 그들이 장차 살면서 명성을 누리리라는 것을 입증해 주었습니다. 그들은 삶의 시작부터 표준적인 인간 조건을 넘어섰기 때문입니다.

• 존자 베다 『복음서 강해』 2,19.[2]

---

[1] FC 26,177.

[2] CS 111,192.

위대한 영웅이 일어섰다

히브리 사람들의 영이 가혹한 예속에 오래 짓눌려, 그들에게 남자다운 기력으로 담대하게 자유를 고취하는 사람이 아무도 없을 때에, 그들을 위하여 하느님의 말씀으로 그 운명이 미리 점지된 위대한 영웅 삼손이 일어섰습니다. 그는 많은 사람 가운데 하나가 아니라 소수 가운데에서도 걸출한 사람이었습니다. 그가 육체의 힘에서 모든 사람을 능가한다는 것은 누가 보아도 분명했습니다. 우리는 맨 처음부터 못내 경탄하며 그를 바라볼 수밖에 없습니다. 그가 어려서부터 술을 입에 대지 않는 자제력과 냉철함을 보여 주었기 때문도 아니고, 그가 나지르인으로서 머리카락을 자르지 않고 자신의 신성한 서원을 충실히 지켰기 때문도 아닙니다. 그가 다른 사람들에게는 연약한 시기인 소년 시절부터 인간 본성의 척도를 완전히 뛰어넘는 힘으로 참으로 놀라운 일들을 해냈기 때문입니다. 그러한 행동으로 그는 이내 사람들이 그 거룩한 예언을 믿게 만들었습니다. 천사가 그의 부모에게 나타나 예상치도 못한 그의 탄생을 예고할 만큼 큰 은총이 내렸다는 것은 결코 사소한 이유 때문이 아니었습니다. 그가 지도력을 갖추고, 필리스티아인들의 억압적인 지배로 오랫동안 고통을 받아 온 자기 백성을 보호하게 하려는 것이었습니다.

하느님을 두려워하는 그의 아버지는 단 지파 출신으로, 비천한 사람이 아니라 지위가 높은 사람이었습니다. 그의 어머니는 아이를 낳지는 못했지만 영혼의 덕에서는 풍요로웠습니다. 그 어머니는 천사의 환시를 자기 영혼의 거처로 받아들일 만큼 훌륭한 분이었으며, 천사의 명령에 순종하여 그의 말씀을 이행하였습니다. 그 여인은 하느님의 비밀까지도 혼자서만 알려 하지 않고 남편과 나누었습니다. 하느님의 사람이 몹시 아름다운 모습으로 나타나, 자신이 아이를 낳을 것이라는 예언을 해 주었다고 남편에게 이야기하였습니다. 그 여인은 하느님의 약속을 믿었기에, 이러한 천상 약속을 믿는 자신의 신뢰를 남편과 나누었던 것입니다.

• 암브로시우스 『서간집』 35.[3]

---

[3] FC 26,177-78*.

13,8-14 주님의 천사가 돌아오다

[8] 그래서 마노아가 주님께 기도하였다. "주님, 외람된 말씀입니다만, 당신께서 보내신 하느님의 사람이 저희에게 다시 와서, 태어날 아이에게 저희가 어떻게 해야 할지를 가르치게 해 주십시오."

둘러보기

마노아가 천사의 방문을 바란 것은 시샘 때문이 아니라 그가 하느님의 은총을 열망했음을 보여 준다(암브로시우스).

13,8 마노아가 주님께 기도하다

천상의 은총

마노아는 [천사의 약속에 대해] 듣자, 하느님께 기도하며 그에게 환시의 은총을 내려 주십사

고 간청하였습니다. '주님, 주님의 천사가 저에게 오게 해 주십시오.'

그가 뛰어난 미모를 지닌 자기 아내에 대한 질투심 때문에 이렇게 행동했다고 말하는 저술가도 있습니다만, 저는 그렇게 생각하지 않습니다. 그보다는 그가 천상 은총을 염원하며 거룩한 환시의 은혜를 나누어 받기를 바랐기 때문입니다. 영혼의 악습으로 타락한 사람은, 천사가 그의 집으로 다시 돌아와 예언이 이루어지기 위해 주의할 점을 알려 주고 갑자기 타오르는 불길의

형상으로 올라가 사라지게 하시는 주님의 은총을 받을 수가 없습니다. 남편을 몹시 놀라게 한 그 환시를 아내는 더욱 상서롭게 해석하여, 남편이 불안을 떨쳐 내고 그 환시를 기뻐하게 만들었습니다. 하느님을 뵌 것은 재앙이 아니라 은총의 증거라고 그 여인은 말했습니다.

• 암브로시우스 『서간집』 35.[1]

---

[1] FC 26,178-79*.

13,15-20 마노아가 주님께 번제물을 바치다

[15] 마노아가 주님의 천사에게 "새끼 염소를 한 마리 잡아 올리겠으니 좀 기다려 주시겠습니까?" 하고 물었다.

[16] 그러자 주님의 천사가 마노아에게 대답하였다. "내가 기다리기는 하여도 네가 준비한 음식을 먹지는 않겠다. 그러나 주님께 번제물을 드리고 싶으면 그렇게 하여라." 마노아는 그가 주님의 천사라는 사실을 알지 못하였던 것이다.

[17] 마노아가 다시 주님의 천사에게, "당신의 이름은 무엇입니까? 그래야 당신의 말씀이 이루어지면, 저희가 당신을 공경할 수 있지 않겠습니까?" 하고 물었다.

[18] 그러나 주님의 천사는, "내 이름은 무엇 때문에 물어보느냐? 그것은 신비한 것이다." 하고 대답하였다.

[19] 그제야 마노아는 새끼 염소 한 마리와 곡식 예물을 가져다가 바위 위에서, '신비한 일을 하시는 분'① 주님께 바쳤다. 그러고 나서 마노아는 아내와 함께 지켜보았다.②

[20] 그때에 제단에서 불길이 하늘로 올라가는데, 주님의 천사도 그 제단의 불길을 타고 올라가는 것이었다. 이를 보고 마노아와 그의 아내는 얼굴을 땅에 대고 엎드렸다.

① 히브리어 본문; 그리스어 본문과 불가타에는 '신비한 일을 하시는 분'이 빠져 있다.
② '그러고 나서 … 지켜보았다'는 히브리어 본문에만 있는 구절이다.

둘러보기

천사가 마노아에게 한 말은 예배는 오직 하느님께만 드려야 한다는 것을 알려 준다(아타나시우스). 하느님의 본성을 나타내는 유일한 이름은 그것을 숙고하는 우리 마음속에서 일어나는 이루 형언할 길 없는 경탄이다(니사의 그레고리우스).

하느님께서 부여하신 '가톨릭'이라는 이름은 '놀랍다'는 뜻이다(바르셀로나의 파키아누스). 천사들과 사람들까지도 자신의 생각을 전달하는 데에 자연적 실체를 사용할 수 있는 것을 생각할 때, 하느님께서 당신의 뜻을 전달하시고자 모든 피조물을 활용하시는 대단한 능력을 가지고 계심은 확실하다(아우구스티누스).

13,16 주님께 바치는 제물

예배는 오직 하느님만 받으셔야 한다

그러므로 예배는 오직 하느님만 받으셔야 하는 것입니다. 천사들도 이를 알고 있습니다. 자신들이 영광에서 다른 존재들보다 앞서 있지만 어디까지나 자신들은 모두 피조물이므로 예배를 받을 수 없고 오직 주님을 예배해야 한다는 것을 그들은 압니다. 그래서 삼손의 아버지 마노아가 그 천사에게 제물을 바치려고 하자, 천사는 곧바로 '내가 아니라 주님께 바쳐라' 하고 말하며 그를 저지하였습니다. 반면에 주님께서는 천사들에게서도 예배를 받으십니다. 성경에 이렇게 쓰여 있습니다. "하느님의 천사들은 모두 그에게 경배하여라"(히브 1,6).

• 아타나시우스 『아리우스파 반박 넷째 연설』 2,16,23.[1]

13,18 내 이름은 무엇 때문에 물어보느냐

이루 형언할 수 없는 경탄

그리고 천사가 마노아에게 한 말도 신성은 그 이름의 의미로는 이해할 수 없다는 사실을 알려 줍니다. 마노아가 천사에게, 그 약속이 실제로 이루어지면 자신이 은인의 이름을 찬양할 수 있도록 이름을 알려 달라고 청하자, 천사는 그에게 "내 이름은 무엇 때문에 물어보느냐? 그것은 신비한 것이다"라고 말하였기 때문입니다. 여기에서 우리는 하느님의 본성을 나타내는 하나의 이

름이 있다는 것을 깨닫게 됩니다. 그것은 곧 그분의 본성을 숙고하는 우리 마음속에서 이루 형언할 수 없게 일어나는 경탄입니다.

• 니사의 그레고리우스 『에우노미우스 반박』 8,1.[2]

'가톨릭'이라는 이름

'가톨릭'이라는 이름에 관하여 저는 유화적으로 충분히 답변하였습니다.[3] 나는 당신이나 나나 상대방이 어떤 이름으로 불리든 아무런 문제가 아니라고 말하였습니다. 그러나 그대가 그 이름의 의미를, 그것이 무엇이 되었든, 알려 달라고 요구한다면, 그 의미는 '놀랍다'는 것이라고 나는 말하겠습니다. 물론 이 낱말은 '모든 이가 하나 된' 또는 '모든 것 위에 하나'를 뜻하기도 하며, 내가 이전에 언급하지 않았던 해석인 '임금님의 자녀', 곧 그리스도교 백성을 가리키는 이름이기도 합니다. 여러 세기를 버텨 온 이 이름은 분명코 우리 자신이 붙인 것이 아니라 하느님께서 우리에게 부여하신 이름입니다. 그대는 다른 이름들을 더 좋아하는지 모르지만, 어쨌든 그 이름이 우리에게 속한다는 사실을 그대가 인정하니 나는 참으로 기쁩니다. 만약 그대가 이 사실을 인정하지 않는다면 어떨까요? 그러면 자연이 부르짖을 것입니다. 혹여 그대가 의혹이 아직 해소되지 않았다 하더라도, 그에 대해 더 이상 이야기하지 맙시다. 이름의 오랜 역사라는 증인 아래서 우리는 모두 우리가 불리는 이름대로 될 것입니다. 그러나 매우 고집스럽게도 그대가 계속해서 묻는다면, '힘센 사람'이 그대에게 '내 이름은 무엇 때문에 물어보느냐? 그 이름 자체가

---

[1] NPNF 2,4,360-61.　　　[2] NPNF 2,5,200-201*.

[3] 노바티아누스파인 심프로니아누스에게 보낸 이 두 번째 편지에서, 파키아누스는 가톨릭이라는 이름의 의미와 사용 관례를 계속 옹호하며 더욱 자세하게 설명한다.

놀라운 것이다'라고 고함치는 일이 일어나지 않게 조심하십시오. 그리고 합리적으로 덧붙여 말하겠는데, 우리는 가톨릭 신자들이 어디서 이 이름을 얻었는지 따져 볼 필요가 없습니다. 전통적으로, 발렌티누스파 사람들이 발렌티누스의 이름을 따라 불리는 것이며 프리기아파가 프리기아 땅의 이름을 따라 불리는 것, 또 노바티아누스파가 노바티아누스의 이름을 따라 불리는 것을 놓고 따지는 사람은 없기 때문입니다.

• 바르셀로나의 파키아누스
『심프로니아누스에게 보낸 편지』 2,2.[4]

13,20 주님의 천사가 불길을 타고 올라가다

모든 것이 하느님께 종속된다

천사가 공기와 안개, 구름, 불을 비롯한 자연의 물체나 물질을 사용할 수 있다면, 그리고 인간이 마음속 깊숙한 곳에 있는 것들을 전달하려는 목적으로 얼굴과 혀, 손, 펜, 글자 같은 수단을 사용할 수 있다면, 다시 말해, 비록 인간이지만 인간 심부름꾼을 보내며, 이 사람에게 "가라" 하면 가고 저 사람에게 "오라" 하면 오고 또 그의 노예더러 "이것을 하라" 하면 한다면(루카 7,8 참조), 모든 것이 그분께 종속되어 있는 주님이신 하느님께서는 얼마나 크고 또 효과적인 힘으로 천사와 인간을 모두 활용하시어 무엇이든 당신이 원하시는 것을 선포하시겠습니까?

• 아우구스티누스 『시편 상해』 78,5.[5]

---

[4] FC 99,28.

[5] NPNF 1,8,368*.

13,21-25 삼손이 태어나다

21 주님의 천사는 마노아와 그의 아내에게 다시는 나타나지 않았다. 그제야 마노아는 그분이 주님의 천사였다는 것을 알았다.

22 그래서 마노아는 아내에게 말하였다. "하느님을 뵈었으니 우리는 틀림없이 죽을 것이오."

23 그러자 그의 아내가 그에게, "만일 주님께서 우리를 죽이려 하셨다면, 우리 손에서 번제물과 곡식 제물을 받지 않으셨을 것입니다. 우리에게 이 모든 일을 보여 주지도 않으시고, 이와 같은 것을 들려주지도 않으셨을 것입니다." 하고 말하였다.

24 그 여자는 아들을 낳고 이름을 삼손이라 하였다. 아이는 자라나고 주님께서는 그에게 복을 내려 주셨다.

25 그가 초르아와 에스타올 사이에 자리 잡은 '단의 진영'에 있을 때, 주님의 영이 그를 움직이기 시작하였다.

둘러보기

천사의 나타남에 대한 마노아의 반응은 하느님의 실제 본성은 말할 것도 없이 하느님의 환시마저도 인간 존재를 압도한다는 사실을 보여 준다(나지안주스의 그레고리우스). 삼손이 대단한 힘을 발휘할 수 있었던 것은 영께서 함께 계시며 인도

하신 덕분이다. 나중에 주님께서 삼손을 떠나셨다고 말한 것은 영과 주님이 하나이며 같은 분이시라는 것을 보여 준다(암브로시우스). 주님의 영을 모시고 다니는 그릇인 삼손은 따라서 하느님의 힘으로 가득 차 있었다(아를의 카이사리우스).

13,22 우리는 틀림없이 죽을 것이오

하느님의 환시

여러분은 구약시대의 판관 마노아를 존경하지 않아도 됩니다. … 마노아는 환시 속에서 하느님을 뵙고도 압도당하였습니다. 그는 아내에게 '여보, 우리가 하느님을 뵈었으니, 우리는 죽었소' 하고 말했습니다. 이 말은 하느님의 본성은 말할 것도 없이 하느님의 환시까지도 인간 존재에게는 너무나 엄청나다는 것을 보여 줍니다.

• 나지안주스의 그레고리우스 『신학』(연설 28) 19.[1]

13,25 주님의 영

영의 인도

왜 제가 모든 것을 하나하나 이야기해야 합니까? 하느님의 약속으로 태어난 삼손에게는 영께서 함께 계셨습니다. 우리는 성경에서 이러한 말씀을 읽습니다. "주님께서는 그에게 복을 내려 주셨다. 그가 진영에 있을 때, 주님의 영이 그를 움직이기 시작하였다." 그렇게 미래의 신비가 예시되었습니다. 삼손은 이방인들의 여자를 아내로 요구하였습니다. 성경에 쓰여 있는 대로, 그의 아버지와 어머니는 이 일이 주님께서 하시는 것인 줄 몰랐습니다. 삼손이 다른 사람들보다 훨씬 더 힘이 세다는 찬탄을 받은 것도 당연합니다. 주님의 영께서 그를 인도하셨으니까요. 영의 인도 아래 그는 혼자서 많은 이방인을 도망치게 만들었으며, 아무도 다가갈 수 없었던 사자의 아가리를 그 누구도 당해 낼 수 없는 힘으로 맨손으로 찢어 죽였습니다. 삼손이 조심스럽게 은총을 보존하여 왔기에, 사나운 짐승을 이겨 낼 수 있는 강한 힘을 지녔던 것입니다!

• 암브로시우스 『성령론』 2, 서론 5.[2]

주님은 영이시다

앞에서 여러분은 "주님께서 그에게 복을 내려 주셨다. 주님의 영이 그를 움직이기 시작하였다"라는 말씀을 읽었습니다. 그 좀 뒤에는 '주님의 영이 삼손에게 들이닥쳤다'(판관 14,6 참조)는 구절도 나옵니다. 또한 삼손은 "내 머리털을 깎아 버리면 내 힘이 빠져나가 버릴 것이오"(판관 16,17)라고 합니다. 그가 머리털이 잘린 다음에, 성경에서 어떻게 말하는지 보십시오. '주님께서 그를 떠나셨다'(판관 16,20 참조)고 합니다.

그러니까 삼손과 함께하시던 분이 스스로 그를 떠나신 것입니다. 바로 그분이 주님이시고 주님의 영이십니다. 그래서 사도도 이렇게 말합니다. "주님은 영이십니다. 그리고 주님의 영이 계신 곳에는 자유가 있습니다"(2코린 3,17).

• 암브로시우스 『성령론』 2,1,17-18.[3]

영 안에 있는 힘

사랑하는 여러분, 삼손이 지녔던 힘은 본성이 아니라 하느님의 은총에서 나왔습니다. 만일 그가 본성적으로 힘이 셌다면, 머리털이 잘렸을 때에도 힘이 사라지지 않았을 것입니다. 그렇다면 그 더없이 강력한 힘이 성경에서 '주님의 영이 그와 함께 걸었다'고 말한 이유 말고 어디에서 나왔겠습니까? 그러므로 삼손의 힘은 주님의 영께 속한 것이었습니다. 삼손 안에는 그릇이 있었

---

[1] *FGFR* 235. [2] NPNF 2,10,115*.

[3] NPNF 2,10,117*.

고, 그 그릇을 채운 것은 영이었습니다. 그릇이란 가득 찰 수도 있고, 비어 있을 수도 있습니다. 나아가 모든 그릇은 다른 것으로 인하여 충만해집니다. 마찬가지로, 바오로가 선택의 그릇으로 부름받았을 때에도 바오로 안에는 그렇게 은총

이 맡겨졌습니다(로마 9,21-23 참조).

● 아를의 카이사리우스 『설교집』 118.2.[4]

---

[4] FC 47,183.

14,1-4 삼손이 필리스티아 여자를 아내로 맞기 원하다

[1] 삼손은 팀나로 내려갔다가 그곳에서 필리스티아 여자 하나를 보고서는,

[2] 아버지와 어머니가 있는 곳으로 올라가서 청하였다. "팀나에서 필리스티아 여자 하나를 보았습니다. 그러니 이제 그 여자를 제 아내로 맞아들여 주십시오."

[3] 그러자 그의 아버지와 어머니가 그에게 말하였다. "네 동족의 딸들 가운데에는, 나의 온 백성 가운데에는 여자가 없어서, 할례 받지 않은 필리스티아인들에게 가서 아내를 맞아들이려 하느냐?" 그래도 삼손은 자기 아버지에게, "그 여자를 제 아내로 맞아들여 주십시오. 그 여자가 마음에 듭니다." 하고 말하였다.

둘러보기

삼손의 판관직에 대한 이야기에서 암브로시우스는, 팀나 여자와 혼인하기로 결심한 삼손은 젊은 시절의 기만적인 욕망을 몰아내기를 희망하는 것이거나, 필리스티아 폭정을 무너뜨릴 기회를 찾고 있는 것이라고 풀이한다.

14,1-3 필리스티아인들의 딸

혼인 요구

천상의 큰 은총을 입고 있던 삼손은 청년기에 이르자마자 혼인을 생각하게 되었습니다. 젊은 이들이 기만적인 욕망을 분출하는 자유분방한 방식을 싫어했기 때문이거나, 또는 자기 백성들의 목에서 필리스티아인들의 힘과 혹독한 폭정을 풀어 낼 빌미를 찾고 있었기 때문일 것입니다. 그래서 팀나타[1](그때에 필리스티아인들이 거주하던 그 지방의 한 성읍 이름입니다)로 내려간 그는 마음에 드는 예쁜 여자를 하나 보았습니다. 그는 그곳에 함께 갔던 자기 부모에게 그 여자와 혼인하게 해 달라고 청하였습니다. 부모는 그의 목적이 그다지 확고한지 알지 못했습니다. 필리스티아인들이 그 여자를 그에게 주기를 거절한다면 그는 불같이 화를 낼 것이고, 그들이 여자를 내주더라도 피정복민에 대한 부당한 학대를 그만두지는 않을 것이었습니다. 혼인 관계는 평등하고 친절한 감정을 자라게 하지만, 상처를 받을 경우 복수심은 더욱 깊어지므로, 그의 부모는 삼손이 이방인인 그 여자를 피해야 한다고 생각하였습니다. 그들은 정당한 이유를 대며 그의 뜻을 바꾸어 보려고 했지만 헛일로 돌아가고, 결국 아들의 뜻을 따라 주었습니다.

● 암브로시우스 『서간집』 35.[2]

---

[1] 칠십인역의 표기, 히브리 말로는 팀나.

[2] FC 26,179.

14,5-9 삼손이 사자를 죽이다

⁵ 그리하여 삼손은 아버지와 어머니와 함께 팀나로 내려갔다. 그런데 팀나의 포도밭에 다다랐을 때, 힘센 사자 한 마리가 그에게 으르렁거리는 것이었다.

⁶ 그때에 주님의 영이 삼손에게 들이닥쳤으므로, 삼손은 손에 아무것도 가지지 않은 채, 새끼 염소를 찢듯이 그 사자를 찢어 죽였다. 그러나 그는 자기가 한 일을 아버지와 어머니에게 알리지 않았다.

⁷ 삼손은 그 여자에게 내려가서 그와 이야기를 나누었다. 그 여자가 삼손의 마음에 들었던 것이다.

⁸ 얼마 뒤에 삼손이 그 여자를 아내로 맞아들이러 다시 그곳으로 가다가 길을 벗어나, 죽은 사자가 있는 곳으로 가 보았더니, 그 사자 시체에 벌 떼가 모여 있는데 꿀도 고여 있었다.

⁹ 그는 그 꿀을 따서 손바닥에 놓고 길을 가면서 먹었다. 그리고 자기 아버지와 어머니에게 가서 그 꿀을 드리니, 그들도 그것을 먹었다. 그러나 삼손은 그 꿀이 사자의 시체에서 나온 것이라고는 알리지 않았다.

둘러보기

삼손은 점찍어 놓은 여자를 보러 가는 길에 사자를 만나 놀랐다. 사자에게 맞설 그의 유일한 무기는 자기 힘뿐이었다. 집으로 돌아오는 길에 사자의 시체에서 꿀을 발견한 그는 그 꿀이 자기 신부에게 줄 알맞은 선물이라 생각하고 가져왔다(암브로시우스). 사자는 하느님의 감미로운 말씀이 그 입에서 발견되는 그리스도를 예표하며, 또한 그리스도를 믿고 그리스도의 몸이 된 다른 민족들을 예표한다고 이해할 수 있다(아를의 카이사리우스).

14,5-9 삼손의 비밀

사자와 꿀

부모에게 승낙을 얻은 삼손은 자기가 보아 두었던 신붓감에게 돌아가는 길에 잠깐 길에서 벗어났습니다. 그곳 숲에서 사자가 그를 향해 걸어 나왔습니다. 숲에서 살던 사자였기에 참으로 사나운 맹수였습니다. 길동무도 없었고, 손에 든 무기도 없었습니다. 도망치는 데 대한 수치심과 힘이 솟는 내적인 감각이 그에게 용기를 주었습니다. 사자가 달려들자 삼손은 두 팔로 사자를 움켜잡아 죽이고는 죽은 사자를 길가 수풀 더미에 버려두고 떠났습니다. 그곳에는 포도밭도 있었고, 풀이 무성하게 자라 우거져 있었습니다. 그는 자기가 잡아 놓은 사나운 짐승이 사랑하는 신부에게는 별로 중요하지 않을 것이라 느꼈습니다. [혼인 같은] 경사는 야만적인 노획물이 아니라 축제의 화관과 우아한 기쁨으로 멋들어지게 치러야 하기 때문입니다. 나중에 같은 길로 집으로 돌아오다가 그는 사자의 배에서 벌집을 발견하고는 그 벌집을 따서 자기 부모와 그 여자에게 줄 선물로 가지고 갔습니다. 그러한 선물은 신부에게 알맞기 때문입니다. 그는 꿀을 맛본 다음에 그들에게 먹으라고 벌집을 주었습니다. 그러나 그 벌집이 어디에서 나왔는지는 밝히지 않았습니다.

• 암브로시우스 『서간집』 35.[1]

사자는 그리스도이다

사랑하는 형제 여러분, 이 사자에 관하여 많은 교부가 많은 이야기를 하였습니다. 하나같이 적절하고 사실에 부합하는 이야기였지요. 어떤 이들은 그 사자가 우리 주 그리스도를 예표한다고 하였습니다. 참으로 타당한 말입니다. 우리에게 그리스도는 돌아가신 뒤 우리가 그 입에서 꿀 같은 양식을 발견하는 사자이시기 때문입니다.[2] 무엇이 하느님의 말씀보다 더 감미롭습니까? 또 무엇이 하느님의 오른손보다 더 강합니까? 이민족 회중과 우리의 구원에 유익한 말씀을 하신 그분이 아니면, 죽은 뒤 그 입에 양식과 꿀벌이 있

는 분이 누구입니까? 나아가 사자는 신앙을 지녔던 이민족들로 이해할 수도 있습니다. 사자는 처음에 헛된 것의 몸이었으나, 이제는 그리스도의 몸이 되었습니다. 사도들은 꿀벌들처럼 하늘의 이슬과 거룩한 은총의 꽃들에서 모은 지혜의 꿀을 그리스도의 몸에 쌓아 놓았습니다. 그렇게 하여, 돌아가신 분의 입에서 양식이 나왔습니다. 처음에는 사자처럼 사나웠던 민족들이 경건한 마음으로 하느님의 말씀을 받아들였고 자신들이 받아들인 것으로 구원의 열매를 맺었기 때문입니다.

• 아를의 카이사리우스 『설교집』 119,1.[3]

---

[1] FC 26,179-80.

[2] 칠십인역에 따르면, 꿀이 사자의 '입'에 있었다.

[3] FC 47,189-90.

14,10-14 삼손의 수수께끼와 내기

[12] 그때에 삼손이 그들에게 제안하였다. "내가 그대들에게 수수께끼를 하나 내겠소. 잔치가 계속되는 이레 동안 답을 찾아서 그 수수께끼를 풀면, 내가 그대들에게 아마 속옷 서른 벌과 예복 서른 벌을 내겠소.

[13] 그러나 풀지 못하면, 그대들이 나에게 아마 속옷 서른 벌과 예복 서른 벌을 주시오." 그들이 "당신의 그 수수께끼를 내놓아 보시오. 한번 들어 봅시다." 하고 응답하자,

[14] 삼손이 그들에게 말하였다.

"먹는 자에게서 먹는 것이 나오고
힘센 자에게서 단것이 나왔다."

그들은 사흘이 지나도록 이 수수께끼를 풀지 못하였다.

둘러보기

사자와 관련된 삼손의 이야기는 이민족들의 회개를 예언한다. 마찬가지로, 삼손의 수수께끼와 내기는 그리스도에 관한 신비들을 담고 있다

(암브로시우스). 유대인들을 상징하는 삼손은 신앙인들에게 자신의 영적 양식인 꿀을 주는 유다 지파의 사자를 죽였다(아를의 카이사리우스).

14,14 삼손의 수수께끼

예언의 발설

아마도 예언의 발설은 놀라운 용기였을 뿐만 아니라 지혜의 신비였습니다. 그것은 어떤 목적 없이 일어난 일이 아닌 듯이 보이기 때문입니다. 삼손은 혼인을 하러 가다가, 으르렁대는 사자를 만났습니다. 그는 맨손으로 사자를 갈기갈기 찢어 버렸습니다. 그가 바라던 혼인 잔치를 즐기려고 할 즈음에, 그는 그 사자의 시체에서 벌 떼를 발견하고 그 입에서 꿀을 따다가 자기 아버지와 어머니에게 드시라고 드렸습니다. 믿었던 이교인 백성들은 꿀을 갖고 있었습니다. 이전에 사나웠던 그 백성은 이제 그리스도의 백성이 되었습니다.

그리고 삼손이 함께 있던 이들에게 내놓은 수수께끼에도 신비가 담겨 있었습니다. "먹는 자에게서 먹는 것이 나오고 힘센 자에게서 단것이 나왔다." 그리고 사흘이 되는 시점까지 이 수수께끼의 답을 찾지 못했다는 데에 신비가 있습니다. 교회의 신앙에 의지하지 않고서는, 주님의 수난 후 율법이 완성되는 때인 일곱째 날에도 알 수 없었을 것입니다. 그렇기에 여러분은 "예수님께서 영광스럽게 되지 않으셨기 때문에"(요한 7,39) 사도들이 이해하지 못하였다는 것을 압니다.

• 암브로시우스 『성령론』 2, 서론 6-7.[1]

유다의 사자

성경은 진주처럼 여러 가지로 이해되고 해석될 수 있기 때문에, 이 사자를 그리스도로 여겨도 틀리지 않습니다. … 그리스도께서는 십자가 위에서 당신의 죽음을 통하여 악마를 쳐 이기시고 승리하셨습니다. 참으로, 그분은 사자이며 사자 새끼이십니다. 하느님 아버지와 동등하시기 때문에 사자이시고, 당신 자신의 의지로 죽임을 당하신 하느님 아버지의 아드님께서 당신 자신의 권능으로 다시 살아나셨기 때문에 사자 새끼이십니다. 그분을 두고 이렇게 기록되어 있습니다. "누가 감히 그를 건드리랴?"(창세 49,9) 우리를 위하여 당신 아버지께 당신 몸을 제물로 바치신 지극히 높으신 분께서, 당신께서 증언하신 대로, 당신 스스로 내놓으신 생명을 영원히 차지하셨습니다. "먹는 자에게서 먹는 것이 나오고 힘센 자에게서 단것이 나왔다"는 삼손의 말은 그리스도께 딱 들어맞습니다. 그리스도께서는 당신의 가르침으로 당신의 감미로운 영적 양식을 잘게 씹으시어, 당신의 약속 안에서 그것을 우리에게 먹여 주십니다. 이것은 다른 방식으로도 그리스도와 관련지어 이해할 수 있습니다. 이 사자는 바로 유다 지파에서 나신 그리스도이십니다. 그리스도께서는 승리자로서 지옥으로 내려가시어 원수인 사자의 입에서 우리를 빼내 오셨습니다. 그러니까 그분께서는 보호하기 위하여 찾으시고, 자유롭게 해 주시기 위하여 사로잡으시며, 사로잡힌 사람들을 해방하여 회복시켜 주시려고 영원한 나라로 인도하십니다.

• 아를의 카이사리우스 『설교집』 119,2.[2]

---

[1] NPNF 2,10,116*.

[2] FC 47,190-91*.

14,15-20 팀나 사람들의 속임수

15 나흘째[1] 되는 날, 그들은 삼손의 아내에게 말하였다. "네 신랑을 구슬러 우리에게 수수께
끼를 풀이해 주라고 하여라. 그러지 않으면 너와 네 아버지 집안을 불태워 버릴 테다. 우리
를 가난뱅이로 만들려고 초대한 것이냐, 뭐냐?"

16 그래서 삼손의 아내는 그의 곁에서 울며 졸랐다. …

17 이렇게 들볶는 바람에, 삼손은 이레째 되는 날 마침내 아내에게 수수께끼를 풀이해 주고
말았다. 그리고 그 여자는 자기 동포들에게 그 수수께끼를 풀이해 주었다.

18 이레째 되는 날 해가 지기 전에 그 성읍 사람들이 그에게 말하였다.

"무엇이 꿀보다 더 달며
무엇이 사자보다 더 강하랴?"

그러자 삼손이 그들에게 대답하였다.

"그대들이 내 암송아지로 밭을 갈지 않았더라면
내 수수께끼의 답을 찾지 못하였을 것이오."

19 그때에 주님의 영이 삼손에게 들이닥쳤다. 그리하여 삼손은 아스클론으로 내려가 그곳에
서 서른 명을 쳐 죽이고 옷을 벗긴 다음, 수수께끼를 푼 자들에게 그 예복들을 주었다. 그
러고는 화를 내며 자기 아버지 집으로 올라가 버렸다.

① 그리스어 본문; 히브리어 본문은 '이레째'다.

둘러보기

삼손의 수수께끼와 내기에 대한 이야기는 신
앙이 다른 여인과 하는 혼인의 위험을 보여 주
는 전형적인 사례로 이야기되고 있다. 그 사건
들은 죽음으로부터 나오는 생명을 설명해 주며,
그 이야기에서 꿀의 존재는 은총으로 선택된 남
은 자들의 구원을 상징한다(암브로시우스). 구약
성경의 한 부분으로서, 삼손의 행동에 담긴 예
언적 성격은 그의 의로움에 관한 온갖 의문을
사라지게 한다. 그의 수수께끼는 그리스도의 부
활과 이민족들의 구원을 나타내며, 암송아지는
신앙의 비밀을 받아들인 교회를 나타낸다(아를의
카이사리우스).

14,18-19 내기가 끝나다

위험한 혼인

많은 예를 들어 무엇하겠습니까? 많은 예 가
운데에서 한 가지만 들겠습니다. 그 한 가지만
보아도, [신앙이] 다른 여자와 혼인하는 것이 얼
마나 위험한지 분명히 드러날 것입니다. 나지르
인 삼손보다 힘이 센 사람이 누가 있었습니까?
그리고 요람에서부터 하느님의 영이 삼손에게보
다 더 많은 힘을 부어 주신 사람이 누가 있습니
까? 그런 그가 한 여자에게 배신을 당했습니다.
그리고 그 여자 때문에 그는 하느님의 은총 안에
머물 수 없었습니다. …

혼인 잔치를 하던 어느 날 우연히, 그 잔치에

참석한 젊은이들이 서로 묻고 답하는 놀이를 하게 되었습니다. 그러한 경우에 하던 관습대로, 한 사람이 재미있는 농담으로 다른 사람의 말문을 막히게 하는 것이었는데, 재미로 시작한 경쟁이 점점 뜨거워졌습니다. 그때 삼손이 자기 또래의 손님들에게 수수께끼를 냈습니다. "먹는 자에게서 먹는 것이 나오고 힘센 자에게서 단것이 나왔다." 그는 그 수수께끼를 푸는 자들의 지혜에 대한 상으로 속옷 서른 벌과 예복 서른 벌을 내겠다고 약속하였습니다. 거기에 있던 남자들이 서른 명이었기 때문입니다. 그러나 그들이 풀지 못하면, 그들이 벌로 그만큼을 내놓기로 하였습니다.

그들은 그 매듭을 풀 수도 그 수수께끼를 풀 수도 없어서, 삼손의 신부에게 끊임없이 간청하고 거듭 위협하여 그 여자를 굴복시켰습니다. 그래서 그 여자가 자기 남편에게 졸라 대며, 자기 사랑에 보답하는 헌신의 표시로 그 수수께끼의 답을 가르쳐 달라고 간청하였습니다. 아마도 여인은 속으로는 몹시 떨리면서도 구슬픈 하소연조로, 남편이 자기를 사랑하지 않는다고 몹시 비통해하는 척하면서, 사랑의 불평처럼 보이는 말을 늘어놓기 시작하였을 것입니다. 남편의 평생 동반자이며 절친한 친구인 자기가 남편의 비밀을 모르고 다른 친구들과 같은 취급을 받으며, 자기는 남편이 비밀을 털어놓지도 않는 처지라고 훌쩍거렸을 것입니다. 그 여자는 이런 말까지 했습니다. '당신은 나를 미워하기만 하고 지금까지 속이기만 했지, 사랑하지는 않아요.'

이러저러한 말에 설복당하고 또 아내의 여자다운 매력에 마음이 약해져, 삼손은 자기가 내놓은 수수께끼를 사랑하는 사람에게 풀이해 주었습니다. 그러자 그 여자는 그 수수께끼를 자기 동포들에게 풀이해 주었습니다. 수수께끼를 풀기로 합의한 시간인 이레째 되는 날 해가 지기 전에 그 사람들은 자기들이 전해 들은 답을 내놓았습니다. 이렇게 말했지요. '무엇이 사자보다 더 강하랴? 무엇이 꿀보다 더 달 것이냐?' 그러자 삼손은 여자보다 더 믿지 못할 것은 없다며 이렇게 말하였습니다. "그대들이 내 암송아지로 밭을 갈지 않았더라면 내 수수께끼의 답을 찾지 못하였을 것이오." 곧바로 삼손은 아스클론으로 내려가 서른 명을 쳐 죽이고 옷을 벗겨, 그 옷을 수수께끼를 푼 자들에게 약속한 상으로 주었습니다.

• 암브로시우스 『서간집』 35.[1]

신비와 의미

그들은 이렇게 답했습니다. "무엇이 꿀보다 더 달며, 무엇이 사자보다 더 강하랴?" 그러자 삼손이 그들에게 대답하였습니다. "그대들이 내 암송아지로 밭을 갈지 않았더라면 내 수수께끼의 답을 찾지 못하였을 것이오." 오, 하느님의 신비여! 오, 분명하게 나타난 성사여! 우리는 살육자에게서 빠져나왔으며, 우리가 강한 자를 이겼습니다. 전에는 죽음에 이르는 굶주림이 있던 곳에 이제는 생명의 양식이 있습니다. 위험이 안전으로 바뀌고, 쓴 것이 단것으로 바뀌었습니다. 범죄에서 은총이 나오고, 나약함에서 힘이 나오고, 죽음에서 생명이 나왔습니다.

그런데 한편으로, 유다 지파의 사자가 살해당하지 않았다면 그 혼인 잔치가 이루어질 수 없었다고 생각하는 이들도 있습니다. 그리고 그분의 몸, 곧 교회 안에 지혜의 꿀을 쌓아 놓는 벌들이 발견되었습니다. 주님의 수난 뒤에 사도들이 더욱 완전하게 믿었기 때문입니다. 그때에 유대인

---

[1] FC 26,176-81*.

인 삼손은 이 사자를 죽이고 그 몸 안에서 꿀을 발견하였습니다. 그 꿀은, 구원을 받게 될 유산의 표상 안에서, 은총으로 선택된 남은 자들이 구원받으리라는 것을 말해 줍니다(로마 11,5 참조).

성경은 이렇게 말합니다. "그때에 주님의 영이 삼손에게 들이닥쳤다. 그리하여 삼손은 아스클론으로 내려가 그곳에서 서른 명을 쳐 죽이고 …." 신비들을 본 사람은 승리를 하지 않을 수 없습니다. 수수께끼를 푼 사람들은 그렇게 하여 지혜의 상으로, 거래의 표지로 예복을 받았습니다.

• 암브로시우스 『성령론』 2, 서론 8-10.[2]

예언

더 나아가 삼손이 어떠한 종류의 비유를 이방인들에게 제시하였는지 살펴봅시다. 그는 이렇게 말했습니다. "먹는 자에게서 먹는 것이 나오고, 힘센 자에게서 단것이 나왔다." 친구들에게 내놓은 이 비유는 밝혀지고 풀렸습니다. 삼손이 졌습니다. 그가 의로운 사람이었다면, 그 사실은 잘 감추어져 있다 하겠으며, 그의 의로움은 저 깊은 곳에 있다고 하겠습니다. 그가 여자의 아양에 넘어가고 또 창녀를 찾아갔다고 쓰여 있는 까닭에, 진리의 비밀을 잘 알지 못하는 이들의 눈에는 그의 공로가 무너질 것처럼 보이기 때문입니다. 참으로, 그는 창녀를 아내로 맞으라는 주님의 명령을 받았습니다. 구약성경에서 이것은 비난받을 일이거나 수치스러운 일이 아니었다고 말할 수 있을 것입니다. 구약성경에서는 말과 행동이 모두 예언이기 때문입니다.

• 아를의 카이사리우스 『설교집』 118,2.[3]

그리스도와 교회

"먹는 자에게서 먹는 것이 나오고, 힘센 자에게서 단것이 나왔다"라고 하는 말에 함축된 의미에 관해 말하자면, 그 말이 가리키는 것은 바로 죽은 이들 가운데에서 부활하신 그리스도가 아니고 무엇이겠습니까? 실로, 먹는 자에게서, 곧 모든 것을 삼켜 없애는 죽음으로부터 "나는 하늘에서 내려온 빵이다"(요한 6,41)라고 말씀하신 저 양식이 나왔습니다. 다른 민족들이 회개하여, 인간의 죄악을 비통하게 짊어지시고 신 포도주와 쓸개즙을 받아 마셨던 그분에게서 감미로운 생명을 받았습니다. 그리하여 죽은 사자의 입에서, 곧 사자처럼 누워 잠드신 그리스도의 죽음에서 벌 떼, 곧 그리스도인들이 나왔습니다. "그대들이 내 암송아지로 밭을 갈지 않았더라면, 내 수수께끼의 답을 찾지 못하였을 것이오"라는 삼손의 말에서 이 암송아지는 바로 자기 신랑을 통하여 자기에게 계시된 우리 신앙의 비밀을 간직하고 있는 교회입니다. 사도들과 성인들의 설교와 가르침에 따라, 교회는 세상 끝까지 삼위일체, 부활, 심판 그리고 하늘나라의 신비들을 전하며, 이 신비들을 깨닫고 아는 모든 이에게 영원한 생명의 상급을 약속합니다.

• 아를의 카이사리우스 『설교집』 118,3.[4]

---

[2] NPNF 2,10,116*.

[3] FC 47,185*.

[4] FC 47,185*.

15,1-8 삼손의 복수

¹ 얼마 뒤 밀 수확기에, 삼손은 새끼 염소 한 마리를 끌고 아내를 찾아가서 장인에게, "제 아내 방으로 들어가고 싶습니다." 하고 말하였다. 그러나 장인은 들어가지 못하게 하면서,

² 그를 타일렀다. "나는 자네가 틀림없이 그 애를 미워한다고 생각하였네. 그래서 그 애를 자네 동료에게 주어 버렸네. 그 애보다는 동생이 더 예쁘지 않나? 동생을 대신 아내로 삼게나."

³ 그러자 삼손이 그들에게 대답하였다. "내가 필리스티아인들에게 해를 끼친다 해도, 이번만은 그들이 나를 탓할 수 없을 것이오."

⁴ 그러고 나서 삼손은 밖으로 나가 여우 삼백 마리를 사로잡고 홰도 마련한 다음, 꼬리를 서로 비끄러매고서는 그 두 꼬리 사이에 홰를 하나씩 매달았다.

⁵ 이어서 홰에 불을 붙여 여우들을 필리스티아인들의 곡식밭으로 내보냈다. 이렇게 하여 그는 곡식 가리뿐 아니라, 베지 않은 곡식과 포도밭과 올리브 나무까지 태워 버렸다.

⁶ "누가 이 짓을 했느냐?" 하고 필리스티아인들이 묻자, 사람들이 "팀나 사람의 사위 삼손이오. 삼손의 아내를 그의 동료에게 주어 버렸기 때문이오." 하고 대답하였다. 그리하여 필리스티아인들이 올라가서 그 여자와 아버지를 불태워 버렸다.

⁷ 그러자 삼손이 그들에게 말하였다. "너희가 이런 식으로 한다면 좋다. 내가 너희에게 원수를 갚기 전에는 결코 그만두지 않겠다."

⁸ 그러고 나서 삼손은 닥치는 대로 필리스티아인들을 쳐 죽이고는, 에탐 바위로 내려가 그 바위틈에 머물렀다.

둘러보기

삼손은 자기 아내를 잃어버린 데에 화가 치밀어, 자신에 대한 개인적인 모욕을 공적인 복수로 갚는다(암브로시우스). 그의 약혼자와 혼인한 친구는 주님의 신부를 차지하려고 하는 모든 이단자들을 예표한다(아를의 카이사리우스). 삼손을 두려워하던 필리스티아인들은 하느님께서 내리신 기근에 허덕이다가 그들의 곡식이 불타 버린 다음에 멸망하였다(에프렘).

여우들이 한 일은 이단이 전파되는 것과 비슷하다. 여우들이 곡식밭에 들어가 그 밭을 불태운 것처럼, 이단이 교회 안에 들어와 거짓 교설을 교활하게 흩뿌렸다(프루덴시우스). 신자들은 뱀처럼 슬기롭고 비둘기처럼 순박하게 되어, 비뚤어진 가르침을 퍼뜨리는 여우들의 속임수를 피하라는 권고를 받는다(토리노의 막시무스). 그 꼬리가 이단의 결과를 나타내는 이 여우들은 그들의 꼬임에 넘어간 자들의 선업을 파괴하며, 그들 자신도 자기들이 지닌 불로 멸망하였다(아를의 카이사리우스).

15,1-8 삼손이 아내를 잃어버린 데 대해 복수하다

잘못된 앙갚음

게다가 삼손은 자기를 배신한 여자와 함께 살

지 않고 자기 고장에 있는 집으로 돌아가 버렸습니다. 그러나 그렇게 잘못을 당한 사람의 분노가 겁나고 두려웠던 그 여자는 그의 분노가 자신에게 쏟아질까 보아 불안하여, 삼손이 자기 친구로 여겨 그의 혼인 날 신랑 들러리를 섰던 다른 남자와 혼인을 하는 데 동의하였습니다. 이 결합을 핑계로 제시하였지만, 그 여자는 삼손의 분노가 초래한 파멸을 벗어나지 못하였습니다. 삼손이 자기 아내에게 들어갈 허락을 받지 못하고 이 사실을 알았을 때에, 장인은 타이르며 그 애는 다른 사람과 혼인을 해 버렸으니 원한다면 그 동생과 혼인할 수 있다고 하였지만 그때에 삼손은 그 억울한 처사에 불같이 화를 내며, 자신이 받은 개인적인 모욕에 대한 분노를 공적인 복수로 갚으려는 계획을 세웠습니다. 들판에 곡식이 익어 가는 끝 여름에, 그는 여우 삼백 마리를 사로잡아 꼬리를 서로 비끄러매고서는 그 두 꼬리 사이에 매듭이 풀리지 않게 단단히 홰를 매달았습니다. 그러고는 모욕에 대한 복수를 하기 위하여, 필리스티아인들이 베지 않은 멀쩡한 옥수수 밭으로 그 여우들을 들여보냈습니다. 여우들은 그 횃불 때문에 미친 듯이 내달려 달린 곳마다 불꽃을 퍼뜨리며 옥수숫대를 불태워 버렸습니다. 수확물을 모두 잃어 버려 큰 혼란에 빠진 밭 주인들이 그 지도자들에게 가서 말하였습니다. 그들은 한 사람 이상의 남자와 혼인 서약을 했던 팀나타(칠십인역)/팀나 여자에게 또 그 여자의 집과 부모에게도 사람들을 보냈습니다. 그 사람들은 그 여자가 바로 자신의 파멸과 해악의 원인이지만, 억울한 일을 당한 남편이 온 백성을 해침으로써 자신의 복수를 한 것은 잘못이라고 말했습니다.

• 암브로시우스 『서간집』 35.[1]

이단자들을 예표하는 '친구'

이어서 '삼손은 한 친구가 자기 아내와 혼인을 하였기 때문에 화가 났다'는 말이 나옵니다. 이 친구는 모든 이단자들을 예표합니다. 형제 여러분, 이것은 커다란 신비입니다. 교회를 분열시키는 이단자들은 주님의 아내와 혼인하여 그를 데리고 가려 해 왔습니다. 교회와 복음서들로부터 떠나감으로써, 그들은 사악한 간통을 통하여 교회, 곧 그리스도의 몸을 자기네 몫으로 장악하려고 시도합니다. 이러한 까닭에, 주님의 신부를 섬기는 저 충실한 종이며 친구인 사도는 이렇게 말합니다. "나는 여러분을 순결한 처녀로 한 남자에게, 곧 그리스도께 바치려고 그분과 약혼시켰습니다"(2코린 11,2). 나아가 그는, 신앙의 열정과 질책을 통하여 사악한 동료들의 정곡을 찌릅니다. '그리고 하와가 뱀의 간계에 속아 넘어간 것처럼, 여러분도 생각이 미혹되어 그리스도 예수님 안에 있는 진리를 저버리지 않을까 두렵습니다'(2코린 11,3 참조). 그 동료들, 곧 주님의 신부를 차지하려고 탈영한 이단자들이 도나투스, 아리우스, 마니[2]를 비롯한 오류와 영벌의 그릇들 아니면 누구겠습니까?

• 아를의 카이사리우스 『설교집』 118,4.[3]

---

[1] FC 26,181-82*.

[2] 아를의 카이사리우스는 이러한 사람들의 이단적 가르침이 교회를 잘못된 방향으로 이끌어 간다고 비판한다. 도나투스파는 교회의 순수성은 교회가 오직 거룩한 이들만의 모임임을 뜻한다고 믿었다. 그러므로 어떤 주교가 박해 때에 배교했다면 나중에 참회하더라도, 그가 지은 죄의 크기 때문에 그는 교회의 직무에서 배제되어야 한다고 생각한다. 아리우스는 그리스도의 신성을 배제할 정도로 그리스도의 인성을 강조하였다. 성부와 달리, 그리스도에게는 시작이 있으며, 따라서 그리스도는 하느님의 피조물의 맏이라고 그는 주장하였다. 마니교도는 선과 악은 분리되어 있으며 똑같은 힘을 지니고 있어서 영원히 투쟁하고 있다는 이원론을 주장하였다.

[3] FC 47,185-86*.

15,4-5 꼬리에 화를 단 여우들이 필리스티아인들의
곡식밭을 불태우다

삼손이 필리스티아인들에게 두려움을 안겨 주다

길 없는 광야를 가는 사람들이 땅바닥의 뱀들을 보면 무서워 떨고 길 가는 이들이 길가에 숨어 있는 독사를 보고 떨듯이, 길과 길 없는 광야를 가는 필리스티아인들은 삼손을 두려워했습니다. [오솔길의 독사는] "말 뒤꿈치를 물어 그 위에 탄 사람이 뒤로 떨어진다"(창세 49,17)고 하였습니다. 삼손이 여우 꼬리에 화를 묶어 불을 붙여서 필리스티아인들의 곡식을 다 태워 버린 것은 하느님께서 그들에게 대기근을 내리신 때였습니다. 그들은 그 불로 말에 탄 사람처럼 쓰러지고 말았습니다. 필리스티아인들은 곡식이 없어 넘어지고 먹을 것이 없어 쓰러졌습니다.

• 시리아인 에프렘 『창세기 주해』 42,9.[4]

엄청난 행위에서 얻는 교훈

머리카락에서
아무도 이길 수 없는 힘이 나오는 삼손을
사자가 공격하였지.
그가 이 맹수를 죽이자
맹수의 입에서 꿀이 흘러나오고(판관 14,8 참조)
당나귀 턱뼈에서는
물이 샘솟았지(판관 15,19 참조).
어리석음은 물과 함께 흐르고
덕은 단맛을 안고 흐른다.
삼손이 여우 삼백 마리를 붙들어
꼬리에 화를 달고 불을 붙여
필리스티아인들의 곡식밭으로 쫓아 보내니
그들의 곡식이 모두 타 버렸네.
거짓 가르침을 퍼뜨리는 여우들도 이처럼
우리의 포도밭에
이단의 불씨를 교묘히 퍼뜨리네.

• 프루덴티우스 『이중 자양분 또는 역사의 기념비』 17-18.[5]

거짓 가르침을 퍼뜨리는 여우들

형제 여러분, 교활한 여우[이단자]들의 전염병 같은 속임수를 피합시다. 사악한 사람들이 그 이름도 유명한 장사 삼손이 필리스티아인들의 밭으로 보냈던 여우들처럼 꼬리에 달린 횃불로 모든 것을 불태우는 일이 없도록, 그런 자들의 치명적인 협잡을 피합시다. 그릇된 가르침이라는 여우도 이처럼 사람을 속이는 올가미로 우리 밭의 열매를 다 채 가거나 꼬리의 횃불로 모조리 불태워 버립니다. 그러니 우리가 [성경에서] 읽듯이, 순박하고 슬기롭게 됩시다. 비둘기처럼 순박하고 뱀처럼 슬기로워져서, 뱀의 슬기가 비둘기의 순박함을 지켜 줄 수 있도록 말입니다.

• 토리노의 막시무스 『설교집』 41,5.[6]

이단이 가져오는 결과

삼손이 친구의 사주를 받은 아내 대신에 해를 입자 어떻게 했나 봅시다. 그는 여우들을 사로잡았습니다. 그것은 아가가 "얘들아, 여우들을 잡아라, 저 작은 여우들을. 우리 포도밭을 망치는 저것들을"(아가 2,15)이라고 표현한 "여우들"로 가짜 친구들을 의미하지요. '사로잡는다'는 것은 무슨 뜻입니까? 교회라는 포도나무를 망치지 못하도록 붙잡아 유죄를 입증하고 진압하는 것입니다. 그렇다면 여우들을 사로잡는 것은 거룩한 법의 권위로 이단자들에게 유죄 선고를 내리고 성경의 증언이라는 사슬로 묶고 족쇄를 채우는 것 아니고 무엇이겠습니까? 삼손은 여우들을 사로잡아 그것들을 짝을 지워 꼬리를 비끄러맨 다

---

[4] FC 91,205-6*.

[5] FC 52,184-85.

[6] ACW 50,103*.

음 거기에 홰를 달아 불을 붙였습니다. 여우 꼬리를 비끄러맨 것은 무엇을 나타냅니까? 여우 꼬리가 묶인 것은 이단이 초래하는 결과(처음 보기엔 그럴듯하지만 속임수인)가 단단히 묶여, 곧 단죄받고, 그 가는 길에 불을 남긴다는 뜻 아니고 무엇이겠습니까? 또한 그들은 그들의 유혹에 넘어가는 이들이 이룬 선행과 열매를 파괴하기도 합니다. 사람들은 '이단자들의 말에 귀 기울이지 마시오. 그들을 따르지도 말고 속아 넘어가지도 마시오'라는 말을 들으면 '왜요? 누구누구도 이단자들에게 넘어가지 않았습니까? 다른 그리스도인들도 간통이나 도둑질 같은 악을 저지르지 않습니까? 그런 이들에게 어떤 재앙이 내렸습니까?' 하고 말합니다. 이런 게 여우들의, 그리고 그런 이들에게 넘어가는 영혼들의 첫 모습입니다. 불이 그들을 뒤따릅니다. 지금은 아무 일도 일어나지 않았다고 쓰여 있습니다. 하지만 아직

아무 일 일어나지 않았다고 해서 그 뒤로도 아무 일 없을 것 같습니까? 불이 뒤따른다고 확실히 쓰여 있습니다. 여러분은 이단자들이 질질 끌고 가는 불이 그들의 원수들이 맺은 열매만 태우고 그들 자신은 태우지 않는다고 생각합니까? 여우들이 곡식밭을 태웠을 때 그것들도 타 버렸다는 것은 의심할 바 없는 사실입니다. 이런 심판이 이단자들에게 내릴 것입니다. 그들이 지금 보지 못하는 것이 그들 뒤를 따르고 있습니다. 그들은 듣기 좋은 말로 사람들 귀를 즐겁게 하고 아무것에도 매이지 않은 듯한 모습을 보여 줍니다. 그러나 하느님의 심판에 따라 그들의 꼬리는 묶여 있으며 불을 끌고 가고 있습니다. 사악함에는 벌이 뒤따르는 법입니다.

• 아를의 카이사리우스 『설교집』 118,4.[7]

---

[7] FC 47,186-87*.

15,9-17 유다 사람들이 삼손을 필리스티아인들에게 넘기다

[9] 필리스티아인들이 올라와서 유다에 진을 치고 르히를 습격하였다.

[10] 유다 사람들이 "어째서 우리에게 올라왔소?" 하고 묻자, 그들은 "삼손을 묶어 그자가 우리에게 한 그대로 해 주려고 올라왔소." 하고 대답하였다.

[11] 그래서 유다 사람 삼천 명이 에탐 바위 틈으로 내려가서 삼손에게 말하였다. "자네는 필리스티아인들이 우리를 지배한다는 것을 알지 않나? 그런데 어째서 우리에게 이런 일을 하였단 말인가?" 삼손이 그들에게, "저들이 나에게 한 대로 나도 저들에게 한 것뿐이오." 하고 대답하자,

[12] 그들이 삼손에게 말하였다. "우리는 자네를 묶어 필리스티아인들의 손에 넘기려고 내려왔네." 삼손이 그들에게 "그러면 나를 때려죽이지 않겠다고 맹세해 주시오." 하고 말하였다.

[13] 그러자 그들이 "그러고 말고. 우리는 자네를 결박만 해서 저들 손에 넘길 뿐 결코 죽이지는 않겠네." 하고 나서, 새 밧줄 두 개로 그를 묶어 그 바위에서 끌어 올렸다.♪

☞ ¹⁴ 이렇게 하여 삼손이 르히까지 가자, 필리스티아인들이 소리를 지르며 그에게 마주 왔다. 그때에 주님의 영이 삼손에게 들이닥쳤다. 그러자 그의 팔을 동여맨 밧줄들이 불에 탄 아마포처럼 되었다. 그래서 그를 묶은 그 포승이 녹아내리듯 그의 손에서 떨어져 나갔다.

¹⁵ 삼손은 싱싱한 당나귀 턱뼈 하나를 발견하고 손을 내밀어 그것을 잡아, 그 턱뼈로 천 명을 쳐 죽였다.

¹⁶ 그리고 나서 삼손은 이렇게 말하였다. "당나귀 턱뼈로 나 그들을 마구 두들겨 팼다네. 당나귀 턱뼈로 천 명을 쳐 죽였다네."

둘러보기

복수하려 한 삼손의 마음을 고려하지 않은 채, 필리스티아인의 압박에 굴복한 유다 사람들이 삼손을 결박해 그를 원수들에게 넘겼다. 삼손은 당나귀 턱뼈를 주워 들고 그것으로 필리스티아인들을 쳐 죽여 큰 승리를 거두었지만 하느님께 영광을 바친다는 생각은 하지 못했다(암브로시우스). 당나귀 뼈는 참된 삼손이신 그리스도의 거룩한 손안에서 정의의 도구가 된 다른 민족들을 예시한다(아를의 카이사리우스).

15,9-13 유다 사람들이 필리스티아인들에게 삼손을 내주다

삼손이 사로잡히다

삼손은 필리스티아인들에게 당한 일이 아직도 분이 가시지 않고 그에 대해 앙갚음한 것이 아직도 모자란다고 느꼈습니다. 그는 광란에 빠진 듯한 유혈 사태를 일으켰고 많은 이가 칼을 맞고 죽었습니다. 그런 다음 그는 광야에 내가 흐르는 엘람으로 갔습니다. 그곳에 있는 바위는 유다 지파의 요새와 같은 곳이었습니다. 감히 삼손을 공격할 수도 그 가파르고 위험한 곳으로 기어 올라갈 수도 없었던 필리스티아인들은 유다 지파를 비난하며 그들에게 싸움에 나설 것을 부추겼습니다. 그들은 자신들의 다스림 아래 있으며 공물을 바치는 자들이 다른 사람의 범죄 때문에 공적인 일에서 권리를 잃어버리고 공정한 대우를 받지 못하게 되리라고 위협하면서 그래야 이 일이 해결된다고 하였습니다. 대신 이 범죄를 저지른 자를 넘겨주면 그들은 아무런 해도 입지 않으리라고 하였습니다.

유다 사람들은 이 조건을 듣자 삼천 명을 모아 삼손에게 올라가서, 자신들은 필리스티아인들의 지배 아래 있으므로 좋아서가 아니라 두려워서 그들에게 복종하지 않을 수 없다고 말했습니다. 그들은 자신들이 그렇게 행동하는 이유를 그들을 쥐락펴락하는 이들에게 돌렸습니다. 그러자 삼손은 이렇게 말했습니다. '아브라함의 자손인 민족이여, 무슨 정의가 이렇소? 그들이 나를 혼인시키고 나서 아내를 훔쳐 갔는데 왜 그 벌을 내가 받아야 하는 것이오? 자기 집에서 불의한 일을 당한 자가 앙갚음을 하지 말아야 한다는 것이오? 당신들은 집 안의 하찮은 종들한테 굽히고 사는 것이오? 오만한 자의 손발이 되어 자기 자신한테 손을 대는 것이오? 내가 당한 그 슬픈 일 때문에 내가 죽어야 한다면 기꺼이 필리스티아인들 손에 죽겠소. 내 집이 공격받았고 아내가 능멸당했소. 내가 그들의 악행을 당하지 않고는 살 수 없다면, 적어도 나는 내 민족이 범죄를 저지르는 일이 없도록 내가 먼저 죽어 버리겠소. 나는 내가 당한 해를 돌려주었을 뿐인데, 내가 먼저 해를 입혔소? 그들의 요구가 합당한지 생각해 보시오. 그들은 곡식을 손해 보았다고 하는데, 나는 아내를 잃었소. 밀 다발과 혼인, 무엇이 더 중요하오? 그들은 내가 당한 고통을, 자신들이 앙갚음으로 저지른 짓을 눈으로 보았소. 그런데 그대들이 무엇을 해 주기를 요구하오? 그들은 자신들이 해를 입히고 복수의 무기를 제공한 자가 앙갚음을 받아야 한다고 생각하며 그를 죽음에 처하고 싶어 하오. 당신들이 그 교만한 자들에게 굴복해 내 목을 갖다 바치겠다면 나를 원수들에게 넘기시오. 그러나 당신들 자신이 나를 죽이지는 마시오. 나는 죽음은 두렵지 않으나 그대들이 손을 더럽힐까 걱정이오. 당신들이 두려움 때문에 그 거만한 자들에게 굴복하겠다면 내 손을 밧줄로 묶으시오. 내 손은 무방비 상태가 되었어도 그것을 묶은 밧줄에서 무기를 찾아낼 것이오. 당신들이 나를 산 채로 그들에게 넘겨준다면, 당연히 원수들은 그대들이 약속을 지켰다고 생각할 것이오.'

그러자 산을 기어 올라가 바위틈으로 내려간 삼천 명은 삼손을 필리스티아인들에게 내주어 그들의 오해를 사지 않도록 삼손이 결박당하는 것을 허락한다면 그의 생명에 해를 입히지 않겠다고 그에게 맹세하였습니다.

• 암브로시우스 『서간집』 35.[1]

15,14-16 삼손이 당나귀 턱뼈로 사람들을 쳐 죽이다[2]

턱뼈로 쳐 죽이는 것

삼손은 유다 사람들의 약속을 듣자 바위틈의 동굴을 나왔습니다. 그는 두 줄로 밧줄에 묶여 있었지만, 힘센 필리스티아인들이 그를 끌어가

려고 오는 것을 보자 신음을 내뱉으며 밧줄을 끊었습니다. 그러고는 근처에서 당나귀 턱뼈를 발견하고는 그것을 잡아 천 명을 쳐 죽였습니다. 그 엄청난 힘을 보자 나머지 사람들은 달아났습니다. 무장한 사람들이 맨손인 한 사람에게 나가떨어졌습니다. 그에게 감히 다가가는 사람은 누구든 한방에 나가떨어졌습니다. 나머지 사람들은 겨우 죽음을 벗어났습니다. 그래서 그 장소는 오늘날까지도 '아곤'이라 불리는데, 그곳에서 삼손이 엄청난 힘으로 큰 승리를 거두었기 때문입니다.

저는 그가 원수들에게 강했던 것처럼 승리를 이루고서도 자제심을 보였더라면 얼마나 좋았을까 생각합니다! 그러나 흔히 그렇듯이, 행운에 익숙지 않은 사람은 하느님의 호의와 보호의 결과인 그것을 자기가 이룬 줄 알고 이렇게 말합니다. "나 당나귀 턱뼈로 천 명을 쳐 죽였다네." 그는 제단을 세우지도 하느님께 희생 제물을 바치지도 않았습니다. 희생 제사를 올리는 대신 영광을 자기에게 돌리며 그곳을 "턱뼈 언덕"이라 이름 지어 영원히 지속되는 이름으로 자신의 승리가 영원히 기억되게 하였습니다.

• 암브로시우스 『서간집』 35.[3]

다른 민족들을 예표하는 당나귀

삼손이 당나귀 턱뼈로 천 명을 쳐 죽인 이야기에서 당나귀는 다른 민족들을 예표합니다. 성경이 유대인과 다른 민족들에 대해서 이렇게 이야기하고 있기 때문입니다. "소도 제 임자를 알고 나귀도 제 주인이 놓아 준 구유를 알건만"(이

---

[1] FC 26,182-83.

[2] 1사무 17,47에 대한 키루스의 테오도레투스의 주해도 참조.

[3] FC 26,183-84*.

사 1,3). 그리스도께서 오시기 전에는 다른 민족들이 악마에 의해 갈가리 찢기고, 당나귀 몸에서 떨어져 나온 마른 턱뼈처럼 흩어져 있었습니다. 그러나 참된 삼손이신 그리스도께서 오시어 당신의 거룩한 손으로 그것들을 모두 거두셨습니다. 그러고는 당신 권능의 손으로 그들을 회복시키시어 그들과 함께 당신과 우리의 적수들에게

승리를 거두셨습니다. 악마에게 자기 지체를 넘겨주어 죽임을 당하게 되어 있던 우리가 그리스도께 붙들려 하느님께 봉사하는 정의의 도구가 된 것입니다.

• 아를의 카이사리우스 『설교집』 119,4.[4]

_____

[4] FC 47,192*.

15,18-20 주님께서 삼손에게 물을 주시다

[18] 삼손은 몹시 목이 말라 주님께 부르짖었다. "당신께서는 당신 종의 손을 통하여 이 큰 승리를 베푸셨습니다. 그런데 이제 제가 목이 말라 죽어서, 저 할례 받지 않은 자들 손에 떨어져야 하겠습니까?"

[19] 하느님께서 르히에 있는 우묵한 곳을 쪼개시니 거기에서 물이 솟아 나왔다. 삼손이 그 물을 마시자 정신이 들어 되살아났다. 그리하여 그 이름을 엔 코레①라고 하였는데, 그것은 오늘날까지 르히에 있다.

[20] 삼손은 필리스티아인들의 시대에 스무 해 동안 이스라엘의 판관으로 일하였다.

① '부르짖는 이의 샘'이라는 뜻이다.

둘러보기

하느님께서 뜻하시자 당나귀 턱뼈[우묵한 곳]에서 물이 솟아 나왔다. 그러니 순교자들의 유해에서 향기로운 기름이 흘러나온다는 말도 충분히 신빙성 있다(다마스쿠스의 요한). 삼손은 목이 심하게 마르자 하느님께 부르짖으며 자신이 승리를 뽐냈던 일을 기도로 속죄하였다(암브로시우스). 기도의 결과로 샘이 솟은 사례는 주님을 믿은 이들 이야기에서도 입증된다(아를의 카이사리우스).

15,18-19 하느님께서 삼손의 목마름을 가셔 주시다

성인들의 유해

그리스도 주님께서는 향기로운 기름이 솟아 나오며 다양한 방식으로 은혜를 가져다주는 성인들의 유해를 우리에게 구원의 샘으로 주셨습니다. 의심하지 마십시오. 하느님께서 뜻하시자 광야에 있는 가파른 바위에서 물이 쏟아지고 목마른 삼손을 위하여 당나귀 턱뼈[1]에서 물이 솟아

_____

[1] 히브리어로 '턱뼈'라는 낱말과 장소 이름('르히')이 같기 때문에 물이 솟아 나온 곳이 어딘지 혼동할 만하나, 칠십인역 본문에 따르면 물이 솟아 나온 곳은 '턱뼈'다.

나왔다면, 순교자들의 유해에서 향기로운 기름이 흘러나온다는 것이 못 믿을 일입니까? 아니지요! 적어도 하느님의 힘과 성인들이 그분께 받은 영예를 아는 이들이라면 그렇게 생각하지 않을 것입니다.

• 다마스쿠스의 요한 『신앙 해설』 4,15.[2]

겸손한 기도로 속죄하다

곧 삼손은 심한 갈증을 느꼈습니다. 그곳엔 물이 없었고 그는 목마름을 더 이상 참을 수 없었습니다. 인간의 도움을 얻기가 쉽지 않고 하느님의 도움 없이는 해결이 안 되리라는 것을 안 그는 전능하신 하느님께 부르짖으며 애원했습니다. 그는 하느님께서 도와주실 것 같지 않았습니다. 하느님께 잘못을 저질렀고 자신이 거둔 승리를 모두 자신의 공으로 돌리는 분별없는 행동을 했기 때문이지요. 그래서 그는 전능하신 하느님께 승리를 돌리며 '당신께서는 당신 종의 손에 큰 승리를 베푸셨습니다. 모두 당신 덕분입니다. 그런데 보십시오. 제가 목이 말라 죽게 생겼습니다. 제가 물이 없어 당신께서 제게 큰 승리를 거두게 하신 자들 손에 넘어가게 생겼습니다' 하고

말했습니다. 그러자 하느님의 자비가 땅을 열었습니다. 삼손이 당나귀 턱뼈를 던진 곳에서 물이 솟아 나왔습니다. 삼손은 그 물을 마시고 기운을 차렸습니다. 그러고는 그곳을 '부르짖는 이의 샘'이라고 이름 지었습니다. 이처럼 그는 승리를 뽐낸 잘못을 기도로 속죄했습니다.

• 암브로시우스 『서간집』 35.[3]

생수의 강들

과거에 우리는 하느님 은총의 이슬을 받지 못해 말라 버렸지만 샘과 강물로 바뀌는 복을 얻었습니다. 그때에 삼손이 기도드리자 당나귀 턱뼈에서 물이 솟아 나왔습니다. 이 사실은 우리에게서 확실하게 실현되었습니다. 주님께서 이렇게 말씀하셨기 때문입니다. "나를 믿는 사람은 그 속에서부터 생수의 강들이 흘러나올 것이다"(요한 7,38).

• 아를의 카이사리우스 『설교집』 119,4.[4]

---

[2] FC 37,368*.　　　　[3] FC 26,184-85*.

[4] FC 47,192.

16,1-3 삼손이 가자를 탈출하다

[1] 삼손이 가자에 갔다가 거기에서 창녀 하나를 만나 그의 집으로 들어갔다.

[2] 가자 사람들은 "삼손이 여기에 왔다."는 소식을 듣고 그곳을 에워싼 다음, 밤새도록 성문에 숨어 그를 기다렸다. 그들은 "내일 동이 틀 때까지 기다렸다가 그를 죽이자." 하면서 밤새도록 가만히 있었다.

[3] 삼손은 한밤중까지 자리에 누워 있었다. 그러다가 그는 한밤중에 일어나 성문의 두 문짝과 양쪽 문설주를 잡고 빗장째 뽑아 어깨에 메고서는, 헤브론 맞은쪽 산꼭대기로 올라가 버렸다.

둘러보기

동족들의 비겁함에 질린 삼손이 원수의 땅으로 숨어들었다. 밤중에 그는 포위되었으나 그 집의 기둥을 뽑아 메고서 헤브론 맞은쪽 산으로 올라갔다(암브로시우스). 이 사건은 그리스도께서 지하 세계의 빗장을 깨뜨리고 나오시어 하늘나라로 올라가신 일에 대한 우의로 풀이할 수 있다(대 그레고리우스). 삼손이 창녀의 집에 묵은 것은 그리스도께서 저승의 문을 부수고 하늘로 올라가시기 전 먼저 그곳으로 내려가신 것을 예시하는 신비적 사건이다(아를의 카이사리우스).

16,1-3 삼손이 가자에 숨어들다

엄청난 힘을 보여 주다

필리스티아인들과의 전쟁을 끝내는 과정에서 동족들의 비겁함을 경멸하고 원수의 손을 두려워하지 않게 된 삼손은 가자로 갔습니다. 이 성읍은 필리스티아인들의 수중에 있었는데 삼손은 그중 한 집에 묵었습니다. 가자 사람들은 금세 그것을 알아차리고 부리나케 그곳을 둘러싸고는 삼손이 밤을 틈타 달아나지 못하도록 입구마다 경비병을 세웠습니다. 그것을 알아차린 삼손은 그들이 밤사이에 계략을 쓸 것을 예상하고는 집의 기둥과 문짝을 모조리 뽑아 그의 튼튼한 어깨에 둘러메고 히브리인들이 살던, 헤브론 맞은쪽 산꼭대기로 올라갔습니다.

• 암브로시우스 『서간집』 35.[1]

구원자를 예시한 삼손

판관기에서 삼손은 그의 행동으로 이것을 예시하였습니다. 그가 필리스티아인들의 성읍인 가자로 들어갔을 때 그들은 그 사실을 금세 알아차리고는 순식간에 성읍을 에워싸고 경비병을 세웠습니다. 그러고는 그 힘센 삼손을 이제 잡았

다는 생각에 즐거워했습니다. 그러나 우리는 삼손이 어떻게 했는지 압니다. 그는 한밤중에 성읍의 성문들을 둘러메고 산꼭대기로 올라갔습니다. 사랑하는 여러분, 삼손이 이 행동으로 예시한 것이 우리 구원자 아니고 무엇이겠습니까? 가자 성읍이 낮은 세상을 나타내는 것 아니고 무엇이겠습니까? 필리스티아인들이 상징하는 것이 믿음 없는 유대인들 아니고 무엇이겠습니까? 유대인들은 주님께서 돌아가시고 그분의 시신이 무덤에 놓인 것을 보고는 그곳에 경비병들을 세웠습니다(마태 27,62-66 참조). 그들은 생명의 영도자로서 환히 빛났던 그분을 잡아, 삼손이 갇혔던 것과 같은 낮은 세상의 방어벽 뒤에 둔 사실에 행복해했습니다. 그러나 삼손은 한밤중에 그곳을 빠져나갔을 뿐 아니라 그 성읍의 성문들을 둘러메고 갔습니다. 우리 구원자께서 날이 밝기 전에 일어나시어 낮은 세상에서 자유로이 빠져나오셨을 뿐 아니라 그곳의 방어벽을 무너뜨리셨기 때문입니다. 그분께서는 성문들을 지고 산꼭대기로 올라가셨습니다. 일어나심으로써 낮은 세계의 방어벽을 어깨에 둘러메셨고 올라가심으로써 하늘나라로 들어가셨습니다.

• 대 그레고리우스 『복음서 강해』(40편) 21.[2]

저승으로 내려가다

삼손이 창녀의 집에 간 것은, 그가 아무 생각 없이 그렇게 했다면 불순한 일입니다. 그러나 예언자로서 그렇게 했다면 그것은 신비입니다. 그가 그 여자와 자기 위해서 그 집에 들어간 것이 아니라면 아마도 그것은 신비로 인해 일어난 일일 것입니다. … 성경에 그가 창녀의 집에 들어가 그 여자와 잤다고 쓰여 있지 않은 점에 주목

---

[1] FC 26,185*.　　　　　　[2] CS 123,162-63*.

하십시오. 그저 "누워 있었다"라고만 기록되어 있을 뿐입니다. … 그는 창녀의 집으로 갈 때 통과했던 성문을 둘러메고 산으로 가지고 갔습니다. 이것은 무엇을 의미합니까? 성경이 여자에 대한 사랑과 저승을 연결시킨 것입니다. 창녀의 집은 저승을 나타내는 표상입니다. 그것을 마땅히 저승으로 이해할 수 있는 이유는 창녀의 집은 아무도 거부하지 않으며 들어오는 모든 이를 자기에게로 끌어당기기 때문입니다. 여기서 우리는 구원자의 행위를 의식하게 됩니다. 그분께서 찾아오신 회당이 악마의 간계로 그분과 갈라지게 되자 그들은 그분의 머리를 깎았습니다. 다시 말해, 해골산에서 그분을 십자가에 못 박았습니다. 그리고 그분은 저승으로 내려가셨습니다. 그러자 그분의 원수들은 그분께서 주무시는 곳, 곧 무덤에 경비병들을 세웠습니다. 그분을 볼 수 없음에도 그분을 붙잡고 싶어 한 것입니다. … "한밤중에 일어나"라는 구절은 그분께서 비밀스럽게 일어나셨음을 나타냅니다. 그분의 고난은 공개적인 것이었지만 부활은 그분의 제자들과 몇몇 사람에게만 알려졌습니다. 그분께서 들어가시는 것은 모든 이가 보았지만, 그분께서 일어나신 사실은 얼마 안 되는 사람만이 알고 기억하고 느꼈습니다. 거기에 더해, 그분께서는 그 성읍의 성문을 뽑아 버렸습니다. 곧, 저승의 문들을 치워 버리셨습니다. 저승의 문들을 치워 버렸다는 것은 죽음의 권능을 무너뜨렸다는 뜻 아니겠습니까? 그분께서는 그것을 뽑아 버린 다음 다시 돌려주지 않으셨습니다. 그리고 우리 주 예수 그리스도께서는 죽음의 문들을 뽑아 버리신 다음 어떻게 하셨습니까? 산꼭대기로 올라가셨습니다. 진실로 우리는 그분께서 부활하시어 하늘로 올라가셨다는 것을 압니다.

● 아를의 카이사리우스 『설교집』 118,5.[3]

---

[3] FC 47,187-88*.

16,4-9 삼손과 들릴라

[4] 이러한 일이 있고 난 뒤, 삼손은 소렉 골짜기에 사는 한 여자를 사랑하게 되었다. 그 여자의 이름은 들릴라였다.

[5] 필리스티아 제후들이 그 여자에게 올라가서 말하였다. "삼손을 구슬러 그의 그 큰 힘이 어디에서 나오는지, 우리가 어떻게 하면 그를 잡아 묶어서 꼼짝 못 하게 할 수 있는지 알아내어라. 그러면 우리가 저마다 너에게 은 천백 세켈씩 주겠다."

[6] 그리하여 들릴라가 삼손에게 물었다. "당신의 그 큰 힘이 어디에서 나오는지, 어떻게 하면 당신을 묶어서 꼼짝 못 하게 할 수 있는지 말해 주세요."

[7] 삼손이 그 여자에게 대답하였다. "마르지 않은 싱싱한 줄 일곱 개로 묶으면, 내가 약해져서 여느 사람처럼 된다오."

[8] 그래서 필리스티아 제후들이 마르지 않은 싱싱한 줄 일곱 개를 올려 보내자, 들릴라는 그것으로 삼손을 묶었다.♪

↗[9] 복병을 미리 자기 방에 숨겨 둔 들릴라가 그에게 말하였다. "삼손, 필리스티아인들이 당신을 잡으러 와요." 그러자 삼손은 불에 닿은 삼 오라기를 끊듯이 그 줄들을 끊어 버렸다. 그리하여 그 힘의 비밀이 알려지지 않았다.

둘러보기

삼손은 큰 힘과 영적 축복을 받은 이였지만 하느님께서는 그를 내치셨다. 그가 창녀와 잠으로써 자신의 육체를 더럽혔기 때문이다(니네베의 이사악). 그런데도 삼손은 조상들의 관습을 개의치 않고 이방인이며 매춘부인 들릴라와 혼인한다. 그 여자는 삼손의 힘이 어디에서 오는지 알아내 필리스티아인들에게 돈을 받으려고 술수를 꾸몄고 여자의 이런 돈 욕심 때문에 삼손은 하느님의 호의를 잃었다(암브로시우스).

16,4-9 들릴라가 삼손이 힘을 잃게 하려 하다

하느님께 내쳐진 삼손

아직 태에 있을 때 성별되어 하느님께 바쳐진 사람, 즈카르야의 아들 요한처럼 그 탄생을 천사가 예고해 준 사람, 엄청난 힘을 받았고 놀라운 이적을 일으킨 [그리고 하느님께서 그의 육체에 부어 주신 초자연적인 힘을 써서 당나귀 턱뼈로 천 명을 쓰러뜨리고 이스라엘의 구원자요 판관이 된] 위대한 남자 삼손이 어째서 하느님께 내쳐졌습니까? 그가 창녀와 잠으로써 자신의 거룩한 지체를 더럽혔기 때문 아니겠습니까? 그 일로 인하여 하느님께서는 그를 떠나셨고 그를 원수들 손에 내주셨습니다.

• 니네베의 이사악 『종교적 완성』 10.[1]

들릴라의 유혹

그러나 무엇에도 얽매이지 않고 아무런 거리낌 없이 자기가 태어난 땅의 경계만 아니라 그의 조상들이 배우고 관습으로 지켜 온 경계선마저 넘어선 그는 얼마 되지 않아 자신이 죽음과 놀이를 하고 있다는 사실을 깨달았습니다. 그는 믿음도 별로 없으면서 이민족 여자와 혼인하기로 약속했습니다. 그때도 그 뒤에도 그는 더 신중했어야 했습니다. 그러나 그는 또다시 여자와 관계를 맺는 것을 삼가지 않았습니다. 이번엔 상대가 창녀인 들릴라였지요. 그가 여자에게 흠뻑 빠진 까닭에 그 여자는 원수의 간계에 호응하여 그에게 덫을 놓았습니다. 필리스티아인들이 그 여자에게 와서, 삼손의 힘이 어디에서 나오는지 알아내면 각 사람이 은을 천백 세켈씩 주겠다고 하였던 것입니다. 그 비밀만 알면 삼손을 사로잡을 수 있을 테기 때문이었지요.

한때 잔치판에서 영리하고 능란하게 돈을 받고 몸과 애교를 팔던 그 여자는 삼손의 용맹에 감탄하는 척하며 그의 힘이 어디서 나오는지, 어째서 남들보다 그리 뛰어난지 묻기 시작했습니다. 또 두렵고 걱정스러운 척하면서, 어떻게 하면 그를 묶어 꼼짝 못 하게 할 수 있는지 알려 달라고 떼를 썼습니다. 그러나 그는 아직 신중했고 강한 의지를 잃지 않아 거짓에 거짓으로 응수함으로써 그 창녀가 쳐 놓은 올가미에 걸려들지 않았습니다. 그는 연한 초록색 가지로 자신을 묶으면 힘이 약해져서 여느 사람처럼 된다

---

[1] *AHSIS* 75*.

고 말했습니다. 이 사실을 전해 들은 필리스티아인들은 들릴라를 시켜 자고 있는 삼손을 사슬을 채우듯 가지로 묶게 했습니다. 그러나 잠에서 깬 이 장사는 여느 때와 다름없는 힘으로 그 줄들을 끊어 버리고는 그를 노린 많은 자들과 싸워 이겼습니다.

● 암브로시우스 『서간집』 35.[2]

유혹인 돈

조상들 시대에 아칸은 돈 욕심 때문에 온 백성이 멸망하게 만들었습니다. 해가 지지 않게 할 수 있었던 눈의 아들 여호수아도 백성들 사이에 돈 욕심이 스며드는 것은 막을 수 없었습니다. 그의 목소리에 해는 제자리에 멈추었지만 돈 욕심은 그의 말에 아랑곳하지 않았습니다. 해가 멈추어 섰을 때 여호수아는 완전한 승리를 거두었지만, 사라지지 않는 사람들의 돈 욕심 때문에 승리를 거의 잃을 뻔했습니다.

어째서 그렇습니까? 들릴라의 돈 욕심이 세상에서 가장 용맹스러운 남자 삼손을 속이지 않았습니까? 으르렁대는 사자를 맨손으로 때려잡은 남자, 밧줄에 묶여 원수들 손에 홀로 넘겨졌으나 결박을 끊고 천 명을 쳐 죽인 남자(판관 15,14-15 참조), 질긴 힘줄로 얽은 듯한 줄을 얇은 실그물인 양 끊어 버린 남자가 여자 무릎을 베고 누운 뒤 그의 힘의 근원으로 그에게 승리를 가져다주던 머리털이 잘렸습니다. 여자의 무릎으로 돈이 흘러들어 갔고 이 남자는 하느님의 호의를 잃어버렸습니다.

돈 욕심은 치명적인 것입니다. 돈은 그것을 가진 사람은 더럽히고 갖지 못한 사람에게는 도움이 되지 않는 몹쓸 유혹입니다.

● 암브로시우스 『성직자의 의무』 2,26,130-32.[3]

---

[2] FC 26,185-86.

[3] NPNF 2,10,63*.

16,10-17 삼손이 자기 힘의 비밀을 털어놓다

[10] 들릴라가 삼손에게 말하였다. "이봐요, 당신은 나를 놀렸어요. 나한테 거짓말을 했어요. 무엇으로 묶으면 되는지 이제 말해 주세요."

[11] 삼손이 그 여자에게 대답하였다. "한 번도 쓰지 않은 새 밧줄로 묶기만 하면, 내가 약해져서 여느 사람처럼 된다오."

[12] 그래서 들릴라는 새 밧줄을 가져다가 삼손을 묶고 나서 말하였다. "삼손, 필리스티아인들이 당신을 잡으러 와요." 방에는 미리 복병을 숨겨 두고 있었다. 그러자 삼손은 제 팔을 묶은 밧줄을 실처럼 끊어 버렸다.

[13] 들릴라가 삼손에게 말하였다. "당신은 여전히 나를 놀리고 나한테 거짓말을 하는군요. 무엇으로 묶으면 되는지 말해 주세요." 삼손이 그 여자에게 대답하였다. "내 머리털 일곱 가닥을 베틀 날실로 땋아 말뚝에 매고 벽에 박아 놓으면, 내가 약해져서 여느 사람처럼 된다오." ♪

✐ **14** 그래서 들릴라는 그를 잠들게 하고 나서, 그의 머리털 일곱 가닥을 베틀 날실로 땋아 말뚝으로 박아 놓은 다음 말하였다. "삼손, 필리스티아인들이 당신을 잡으러 와요." 그러자 삼손은 잠에서 깨어나 말뚝과 날실을 뽑아 버렸다.

15 들릴라가 또 삼손에게 말하였다. "마음은 내 곁에 있지도 않으면서, 당신은 어떻게 나를 사랑한다고 말할 수 있어요? 이렇게 나를 세 번이나 놀리면서, 당신의 그 큰 힘이 어디에서 나오는지 말해 주지 않는군요."

16 이런 말로 들릴라가 날마다 들볶고 조르는 바람에, 삼손은 지겨워서 죽을 지경이 되었다.

17 그래서 삼손은 자기 속을 다 털어놓고 말았다. "내 머리는 면도칼을 대어 본 적이 없소. 나는 모태에서부터 하느님께 바쳐진 나지르인이기 때문이오. 내 머리털을 깎아 버리면 내 힘이 빠져나가 버릴 것이오. 그러면 내가 약해져서 다른 사람처럼 된다오."

둘러보기

들릴라는 거듭 삼손을 꼬드기고 구슬러 그의 힘이 나지르인인 데서 나온다는 사실을 알아냈다. 들릴라의 교묘한 언술은 영혼이 속아 넘어가게 하는 번지르르한 말재주의 본보기다. 삼손의 힘은 그의 머리털에서 나오는 것이 아니라 하느님께서 주신 영의 은총으로 말미암은 것이었다(암브로시우스). 들릴라가 육의 법을 나타낸다는 것을 꿰뚫어 보는 이 이야기는 젊은이에게 육적인 욕망이 부추기는 사악한 생각을 멀리하라는 교훈이다(놀라의 파울리누스). 삼손은 그리스도께서 하느님의 아드님이요 사람의 아들로서, 그리고 교회의 머리이자 몸으로서 하신 일과 그분께서 겪으신 일을 나타낸다(아를의 카이사리우스).

16,10-17 삼손이 들릴라의 계속되는 유혹에 넘어가다

약점을 들키다

얼마 후 들릴라는 조롱당했던 사람처럼 또다시 심하게 불평하며 삼손에게 그의 힘이 어디서 나오는지 끈질기게 물어 대면서, 그것을 알려 줌으로써 자기를 사랑한다는 증거를 보이라고 요구했습니다. 아직 의지가 굳건했던 삼손은 여자의 책략을 우스워하며, 새 밧줄 일곱 가닥으로 묶으면 그가 원수들 손에 떨어질 것이라고 말했습니다. 그래서 그 방법이 사용되었지만 역시 소용없었습니다. 여자의 세 번째 시도 때에 그는 여자가 자신의 비밀을 거의 알아냈다는 듯이 굴며, 자신의 머리털 일곱 가닥을 잘라 베틀에 짜면 힘을 잃어버릴 것이라고 하였습니다. 원수들은 이 말에도 속아 넘어갔습니다.

그 뒤 여자는 삼손이 자신을 너무나 여러 번 속였다고 한탄하면서, 사랑하는 사람이 비밀을 알려 주지도 않는 처지라고 눈물로 하소연함으로써 그의 믿음을 얻었습니다. 바야흐로, 내내 무적이었던 남자가 값을 치를 때가 되었던바, 삼손은 자기 영혼의 상처 입은 구석진 곳에 대해 알려 주었습니다. 곧, 하느님의 힘이 그의 안에 있으며, 그는 주님께 거룩한 이요, 주님의 명령에 따라 머리털을 기르고 있다는 것, 그것을 자를 경우 그는 더 이상 나지르인이 아니며 힘을 잃는다는 사실을 밝힌 것입니다(판관 13,5 참조).¹▶ 필리스티아인들은 이 여자를 통해 삼손의 약점

을 알아내자, 그들의 돈에 넘어온 종인 그 여자에게 배반의 대가를 지불하고 계약을 마무리 지었습니다.

• 암브로시우스 『서간집』 35.[2]

말의 힘

아담은 거짓말에 속아 넘어갔고 삼손은 꼬드기는 말에 넘어갔습니다. 사실, 번지르르한 언설만큼 영혼을 홀리는 것이 없습니다. 그런가 하면 가혹한 말만큼 사람을 찌르는 것이 없습니다. 자신에게 닥친 고통은 이겨 냈지만 가혹한 말은 버텨 내지 못한 사람이 많습니다.

• 암브로시우스 『욥과 다윗의 탄원』 2,3,8.[3]

하느님께서 사람의 머리털에 마음을 쓰시는가

가죽 끈으로 엮은 밧줄과 싱싱한 줄을 가느다란 실인 듯 끊은 것이 삼손입니까? 머리털을 엮어 말뚝으로 박아 놓았어도 전혀 속박당하지 않은 것이 삼손입니까? 영의 은총을 지닌 동안에는 그랬습니다. 그러나 제가 말씀드리지만, 하느님의 영이 그를 떠난 뒤 그는 완전히 달라졌습니다. 이방인들에게서 전리품을 산처럼 거두고 돌아왔던 그가 여자의 무릎에 누워 쓰다듬 받다 속아 넘어가 머리털이 잘리자 위대함을 잃어버렸습니다.

그렇다면 그의 머리에 붙은 머리털이 그렇게 중요해서, 그것이 남아 있는 동안에는 그의 힘을 아무도 이길 수 없고 머리털을 잃는 순간 모든 힘을 잃어버린 것입니까? 그렇지 않습니다. 우리는 그의 머리털이 그런 힘을 지녔다고 생각해서는 안 됩니다. 그런 것은 머리털의 종교요 머리털 신앙입니다. 율법 수행에서 한 치의 모자람도 없는 나지르인의 머리털은 검소함과 금욕을 봉헌하는 것으로서, (교회의 예형인) 여인은 주님의 발에 기름을 붓고 거룩한 말씀의 발을 그 머리털로 닦았습니다(요한 11,2 참조). 그때에 그 여인은 육에 따라서도 그리스도를 알았기 때문입니다. 그 머리털에 대해 성경은 이렇게 말합니다. "그대의 머리채는 염소 떼 같다오"(아가 4,1). 이 머리털이 자라는 머리는 '모든 사람의 머리는 그리스도'(1코린 11,3 참조)라는 말씀이 가리키는 머리입니다. 이 머리에 관하여 이런 말씀도 있습니다. "그이의 머리는 금 중에서도 순금. 그이의 머리채는 종려나무 가지. 검기가 까마귀 같답니다"(아가 5,11).

그리고 복음서에 보면 우리 주님께서도 우리가 아는 눈에 보이는 머리카락을 가리키며 이렇게 말씀하셨습니다. "[하느님]께서는 너희의 머리카락까지 다 세어 두셨다"(마태 10,30). 물론 여기서 머리카락은 영적 덕의 행위를 의미합니다. 하느님께서 우리의 머리카락에 마음을 쓰시는 분은 아니기 때문입니다. 그렇지만 이 말씀을 문자 그대로 믿어도 틀린 것은 아닙니다. 존엄하신 하느님 앞에 감추어진 것은 아무것도 없으니까요.

하지만 하느님께서 내 머리카락이 몇 개인지 아시는 것이 나에게 무슨 이익이 되겠습니까? 선행을 빠뜨리지 않고 보시는 증인께서 나에게 영원한 생명이라는 보상을 주신다면 그것이야말로 내가 얻는 충만함이요 이득입니다. 요컨대, 삼손도 "내 머리털을 깎아 버리면 내 힘이 빠져나가 버릴 것이오"라며, 이런 머리털은 신비스러운 것이 아님을 단언하였습니다.

• 암브로시우스 『성령론』 2, 서론 13-16.[4]

---

[4] 암브로시우스는 칠십인역의 이문을 따라 해석한 듯 보인다.

[2] FC 26,186-87.   [3] FC 65,357.

육의 욕망을 피하다

그는[5] 머리털에 거룩한 힘을 부여받은, 힘의 근원이 머리털에 있었던 유명한 삼손처럼, 기도라는 강건한 팔로 사자의 목을 졸라 찢어 죽이고 눈부신 승리의 달콤한 열매를 죽은 그 입에서 거두어야 합니다.

그러나 그에게 이 승리는 이민족과 어울리지 말라는 교훈이 되어야 합니다. 다른 인종인 그 여자는 내가 볼 때 유혹하는 그물처럼 교활한 육의 율법을 나타냅니다. 이 율법이 정신의 율법보다 강하다면 그것은 삼손을 죄의 영역으로 끌고 갈 것입니다. 그 법의 듣기 좋은 말에 담긴 사악한 조언은 거짓말과 힘을 합해 남자의 영을 약하게 만듭니다. 그것은 정신의 눈을 멀게 하며 머리털을 깎아 버립니다. 믿음을 약탈하고 흔듭니다. 나는 삼손을 그런 사람으로 보고 싶지 않습니다. 장수 삼손은 사랑에 빠져 원수에게 붙잡히고 힘을 잃고 눈도 멀었지만 머리털이 다시 자라자 힘을 되찾았습니다. 의기양양해진 원수들의 웃음거리가 되어 연자매를 돌리는 신세가 되고 눈도 멀었지만 그는 복수할 수 있게 해 달라고 마음의 눈을 이용하여 하느님을 불렀습니다. 그리하여 머리털이 힘을 되찾자 그는 원수의 집안을 때려 부쉈습니다. 그 어느 돌보다 단단한 그의 손으로 원수 집의 기둥을 뽑자 지붕이 내려앉아 집이 산산이 부서졌습니다. 하느님의 장사인 그는 죽을 때도 원수를 파멸시켰습니다. [그는] 한때 노예가 되었던 자기 삶의 수치에 대해 영광스러운 죽음으로 앙갚음했습니다. 그는 승리를 뽐내는 원수 아래서 굴욕스러운 삶을 살았지만, 죽을 때에 평생 죽인 것보다 더 많은 자를 파멸시킴으로써 쓰러졌을 때에도 원수를 정복했습니다.

나는 우리의 아들[6]이 삼손의 죽음을 본받기를, 육 안에 사는 동안 육의 죄를 진압함으로써 그 육을 이기고 하느님을 위해 살기를 기도합니다. 그가 육의 즐거움의 노예가 되어 죄 많은 여자의 간계에 빠져서 원수의 손안에 들어감으로써 은총의 힘을 잃는 일이 없기를 진정 바랍니다.

• 놀라의 파울리누스 『시가집』 24,529-581.[7]

그리스도를 상징하는 삼손

삼손은 무엇을 나타냅니까? 내가 그는 그리스도를 나타낸다고 말한다면, 나의 말은 진실일 것입니다. 그런데 이렇게 말하면 누구에게나 금방 이런 생각이 떠오를 것입니다. '그리스도께서 여자의 침 발린 말에 넘어가셨다는 말인가? 그리스도께서 창녀의 집에 가신다는 것이 있을 수 있는 일인가?' 또 이런 생각도 들 것입니다. '그리스도께서 언제 머리털을 드러내시고 깎이셨으며 용기를 잃고 결박되고 눈이 멀고 조롱을 당하셨단 말인가?' 신자 여러분, 잘 보십시오. 어째서 그것이 그리스도인지, 그리스도께서 무엇을 하셨으며 어떤 일을 겪으셨는지 말입니다. 그분께서 무엇을 하셨습니까? 그분은 [하느님의] 장사처럼 일하셨고 약한 이처럼 고난당하셨습니다. 한 사람 안에서 나는 이 두 가지를 다 봅니다. 하느님 아들의 힘과 사람의 아들의 나약함을 봅니다. 또한 그분을 찬미하는 성경 말씀을 보면, 그리스도는 전체입니다. 머리이면서 몸입니다. 그리스도는 교회의 머리이시고 교회는 그분의 몸입니다. 교회가 홀로 있는 일이 없도록 전체이신 그리스도께서 머리로서 같이 계십니다. 교회는 그 안에 강한 지체와 약한 지체를 다 가지고 있

---

[4] NPNF 2,10,116-17*.

[5] 놀라의 파울리누스는 이 글에서 키테리우스 부부에게 사제직을 희망하는 그들 아들의 교육에 대해 조언한다.

[6] 키테리우스 부부의 아들을 가리킨다.

[7] ACW 40,234-36.

습니다. 어떤 이들은 빵만 먹고 어떤 이들은 아직도 젖만 먹어야 합니다. 또 인정해야 할 사실이 있는데, 성사와 관련한 것입니다. 세례를 주는 일에나 제단에 참여하는 일에서 교회에는 의로운 이도 있고 불의한 이도 있습니다. 여러분도 아시다시피, 지금은 그리스도의 몸이 타작마당이지만 이다음엔 곡물 창고가 될 것입니다. 교회가 타작마당인 동안에는 쭉정이도 그 안에 있도록 둡니다. 그러나 저장의 때가 오면 교회는 알곡과 쭉정이를 가를 것입니다. 이처럼, 삼손이 한 어떤 일은 머리로서 한 일이고 어떤 일은 몸으로서 한 일이지만 모두 그리스도를 나타내는 것이었습니다. 삼손은 그가 행한 덕과 기적에서 교회의 머리이신 그리스도를 예시합니다. 신중

히 행동했을 때 그는 의롭게 사는 교회 안의 사람들을 나타내는 표상입니다. 그러나 포로가 되거나 부주의하게 행동했을 때는 교회 안의 죄인들을 나타냅니다. 삼손이 혼인한 창녀는 하느님을 알기 전에는 우상들과 불륜을 저질렀지만 나중에 그리스도께서 오시어 당신과 한 몸이 되게 하신 교회[8]를 나타냅니다. 이 창녀는 그분께 깨우침을 받고 믿음을 가지게 되자 그분을 통해 구원의 신비까지 알게 되는 특권을 받았고 그분께서는 여기서 더 나아가 하늘의 비밀에 관한 신비들도 드러내 주셨습니다.

● 아를의 카이사리우스 『설교집』 118,3.[9]

---

[8] 이스라엘을 가리킨다.   [9] FC 47,184-85*.

16,18-22 필리스티아인들이 삼손을 사로잡다

[18] 삼손이 자기 속을 다 털어놓은 것을 본 들릴라는, 필리스티아 제후들을 불러 모으려고 전갈을 보냈다. "이번에는 직접 올라오십시오. 그가 자기 속을 다 털어놓았습니다." 그러자 필리스티아 제후들이 그 여자에게 올라왔다. 저마다 손에 돈을 들고 올라왔다.

[19] 들릴라는 삼손을 무릎에 뉘어 잠들게 하고 나서, 사람 하나를 불러 일곱 가닥으로 땋은 그의 머리털을 깎게 하였다. 그러자 삼손은 허약해지기 시작하더니, 힘이 빠져나가 버렸다.

[20] 들릴라가 말하였다. "삼손, 필리스티아인들이 당신을 잡으러 와요." 삼손은 잠에서 깨어나, '지난번처럼 밖으로 나가 몸을 빼낼 수 있겠지.' 하고 생각하였다. 그는 주님께서 자기를 떠나셨다는 것을 알지 못하였다.

[21] 필리스티아인들은 그를 붙잡아 그의 눈을 후벼 낸 다음, 가자로 끌고 내려가서 청동 사슬로 묶어, 감옥에서 연자매를 돌리게 하였다.

둘러보기

들릴라의 간계에 넘어간 삼손은 잠이 깨자 자신의 힘이 빠져나간 것을 알게 되었다. 일곱 가닥으로 땋은 삼손의 머리는 일곱 가지로 내리는

성령의 은총을 나타낸다(니사의 그레고리우스). 그리스도께서 율법에 드리우신 너울을 예시하는 머리털과 삼손이 사로잡히는 이야기에 담긴 요소들은 그리스도께서 당하신 배반과 고난 그리

고 부활을 상징한다(아를의 카이사리우스).

16,19-21 필리스티아인들이 삼손의 머리털을 깎고 눈을 후벼 내다

일곱 가닥으로 땋은 머리

우리가 방금 들은 시편 말씀, "권세가야, 너는 어찌하여 악을 자랑하느냐? 거짓을 일삼는 자야 … 네 혀는 날카로운 칼과 같구나"(시편 52,3-4), 폭군에게 이렇게 말하는 사람은 "하느님 집에 있는 푸른 올리브 나무"(시편 52,10)처럼 뿌리를 굳건하게 내린 사람입니다. [삼손이] 원수 손아귀에 떨어진 것은 이 두 가지 때문이었습니다. [들릴라에게 속아] "일곱 가닥으로 땋은 머리털"을 깎임으로써 그의 힘의 원천인 아름다운 머리털을 잃었습니다. 성령에게서 오는 일곱 가지 은총을 꼽은 이사야서의 말씀도 있듯이(이사 11,2 참조), 여기 "일곱"이라는 수에서 여러분은 일곱 가닥으로 땋은 삼손의 머리털에도 영적 의미가 들어 있다는 것을 알아채셨을 것입니다. 삼손의 예에서 보듯이, 술에 취해 [은총이] 잘려 나가면 "눈"의 파멸이 뒤따르고, 그 사람은 이민족의 웃음거리가 됩니다.

• 니사의 그레고리우스 『시편의 제목』 2,13,183.[1]

가림이 지닌 힘

삼손의 힘이 머리털에 있었다는 것은 무엇을 뜻합니까? 형제 여러분, 이 이야기를 잘 생각해 보십시오. 삼손의 힘은 그의 손이나 발, 가슴에 있지 않았습니다. 머리에 있지도 않았습니다. 머리털에 있었지요. 왜 머리털입니까? 잘 생각해 보면 바오로 사도가 우리에게 대답해 주고 있다는 것을 알 수 있습니다. 그는 '머리는 너울'(1코린 11,15 참조)이라고 합니다. 옛 율법의 그림자가 그리스도를 지켜 줄 때에 그분의 힘은 너울 안에 있었습니다. 그러므로 삼손의 머리털은 너울이었습니다. 다른 때가 되면 그것은 그리스도 안에서 보여지고 이해되기 때문입니다. 삼손의 비밀이 누설되고 그의 머리털이 깎였다는 것은 무엇을 의미합니까? 율법이 경멸받고 그리스도께서 고난당하신 것입니다. 그들이 율법을 경멸하지 않았다면 그리스도를 죽이지 않았을 것입니다. 그분을 죽이는 것은 옳지 않다는 것을 알았을 테니까요. 그들은 재판관에게 "우리는 누구를 죽일 권한이 없소"(요한 18,31) 하고 말했습니다. 삼손의 머리털이 깎였습니다. 그의 비밀이 누설되었습니다. 너울이 걷혔습니다. 숨겨져 계시던 그리스도께서 드러나셨습니다. 나아가 머리털이 다시 자라기 시작하더니 머리를 덮었습니다. 그리스도께서 되살아나셨을 때 유대인들이 그것을 인정하지 않으려 했기 때문입니다. 그는 연자매에 매여 있었고 눈이 멀었으며 감옥에 갇혀 있었습니다. 감옥과 연자매는 이 세상에서 겪는 수고를 나타냅니다. 삼손의 눈멂은 불신앙으로 눈멀어 그리스도께서 권능을 행하시며 하늘로 올라가신다는 것을 알아보지 못하는 사람들을 나타냅니다.

• 아를의 카이사리우스 『설교집』 118,6.[2]

---

[1] *GNTIP* 179-80.

[2] FC 47,188-89*.

16,23-31 삼손의 죽음

23 필리스티아 제후들이 자기들의 신 다곤에게 큰 제물을 바치면서 기쁘게 지내려고 한데 모였다. 그들은 이렇게 말하였다. "우리의 원수 삼손을 우리의 신께서 우리 손에 넘겨주셨네."

24 백성도 그를 보고서는 자기들의 신을 찬양하며 말하였다. "우리 땅을 망쳐 놓은 자, 우리를 많이도 살해한 자, 우리의 원수를 우리의 신께서 우리 손에 넘겨주셨네."

25 그들은 마음이 흥겨워지자, "삼손을 불러내어 재주를 부리게 합시다." 하였다. 그래서 사람들이 그를 감옥에서 불러내어 자기들 앞에서 재간을 부리게 하였다. 그러고 나서 그를 기둥 사이에 세워 놓았다.

26 그러자 삼손은 자기 손을 붙들어 주는 소년에게 부탁하였다. "이 집을 버티고 있는 기둥들을 만질 수 있는 곳으로 나를 데려다 다오. 거기에 좀 기대야겠다."

27 그때에 그 집은 남자와 여자로 가득 찼는데, 필리스티아 제후들도 모두 거기에 있었다. 옥상에도 삼손이 재주를 부릴 때에 구경하던 남자와 여자가 삼천 명쯤 있었다.

28 그때에 삼손이 주님께 부르짖었다. "주 하느님, 저를 기억해 주십시오. 이번 한 번만 저에게 다시 힘을 주십시오. 하느님, 이 한 번으로 필리스티아인들에게 저의 두 눈에 대한 복수를 하게 해 주십시오."

29 그런 다음에 삼손은 그 집을 버티고 있는 중앙의 두 기둥을 더듬어 찾아서, 기둥 하나에는 오른손을, 다른 하나에는 왼손을 대었다.

30 그리고 삼손이 "필리스티아인들과 함께 죽게 해 주십시오." 하면서 힘을 다하여 밀어내니, 그 집이 그 안에 있는 제후들과 온 백성 위로 무너져 내렸다. 그리하여 삼손이 죽으면서 죽인 사람이, 그가 사는 동안에 죽인 사람보다 더 많았다.

31 그의 형제들과 그의 아버지 집안이 모두 내려와 그의 주검을 들고 올라가서, 초르아와 에스타올 사이에 있는 그의 아버지 마노아의 무덤에 장사 지냈다. 그는 스무 해 동안 이스라엘의 판관으로 일하였다.

둘러보기

필리스티아인들에게 모욕을 당한 삼손은 원수를 갚기 위해 주님을 불렀다. 그는 자신의 죽음도 마다 않고 과거의 모든 승리를 넘어서는 승리를 거두었다. 그러나 그의 이야기는 믿지 않는 자들과의 혼인에 대한 경고이기도 하다(암브로시우스). 삼손의 마지막 말인 그의 기도는 성령의 중재를 보여 주는 본보기다(오리게네스). 삼손이 그랬던 것처럼 죄인들은 회개를 통해 자신의 적수도 악덕도 파멸시킬 수 있다. 그리스도의 종들인 우리가 죄의 기둥 위에 자리 잡고 사는 악마를 끊어 낸다면 악마의 지배를 끝낼 수 있다. 죽음을 맞는 삼손의 방식과 자세는 그리스도의 십자가 처형과 그분께서 이루신 구원을 그려 보여 준다(아를의 카이사리우스). 삼손과 아담의 운명을 시적으로 비교한다면, 삼손의 운명은 대사제이신 그리스도의 죽음을 예표한다고 볼 수 있다(시리아인 에프렘).

16,23-30 삼손이 필리스티아 제후들 앞에 끌려 나오다
삼손이 거둔 최후의 승리

시간이 흐르자 그의 머리털이 다시 자라기 시작했습니다. 그러던 어느 날 사람이 잔뜩 모인 필리스티아인들의 잔치에 감옥에 있던 삼손이 구경거리로 끌려 나왔습니다. 삼천 명쯤 되는 남자와 여자가 그곳에 있었습니다. 그들은 잔인한 말로 그를 비웃고 놀려 대며 그를 둘러쌌습니다. 눈먼 그는 엄청난 끈기로 그것을 참아 냈습니다. 그는 본디 큰 힘을 타고난 사람이었기 때문입니다. 살고 죽는 것은 자연의 작용입니다. 그러나 조롱은 비열한 사람들이 하는 짓입니다. 그래서 삼손 안에 욕구가 끓어올랐습니다. 그런 모욕에 대해 복수함으로써 그것을 맞비기거나 죽음으로 더 이상 모욕하지 못하게 하려는 욕구였습니다. 그는 몸에 기운이 다 빠지고 차꼬가 너무 조여서 더 이상 서 있지 못하겠다며 그의 길잡이 역할을 하는 소년 종에게 그를 집을 버티고 있는 기둥 가까이 데려다 달라고 부탁했습니다. 그리로 간 그는 집 전체를 버티고 있는 기둥을 양손으로 잡았습니다. 필리스티아인들은 자기들의 신 다곤을 기리는 축제 식사에 정신이 팔려 있었습니다. 그들은 이 신 덕분에 적수가 자기들 손아귀에 들어왔고 그 여자의 배반은 하늘이 내린 은혜라 생각했습니다. 삼손은 주님께 이렇게 부르짖었습니다. '주 하느님, 다시 한 번 당신의 종을 기억해 주십시오. 이 이민족들에게 저의 두 눈에 대한 복수를 하게 해 주십시오. 그들이 자기들 신들을 찬미하도록 허락하지 마십시오. 그 신들의 도움으로 제가 이들의 손에 떨어졌습니다. 저에게 제 목숨은 중요하지 않습니다. 그들이 저의 약함도 저의 힘만큼이나 그들에게 치명적이라는 것을 알도록 저도 필리스티아인들과 같이 죽게 두십시오.'

이렇게 말한 다음 그는 엄청난 힘으로 기둥을 흔들어 뽑아 박살내 버렸습니다. 그러자 지붕이 그의 위로 무너져 내렸고 그 위에서 내려다보던 모든 사람이 곤두박질쳤습니다. 엄청난 혼란 속에 남자와 여자들이 켜켜이 쌓였습니다. 삼손은 죽었지만 바라던 승리를 거두었습니다. 그것은 과거에 그가 거두었던 모든 승리보다 더 큰 것이었고 그의 죽음은 불명예스러운 것도 광채를 잃은 것도 아니었습니다. 그는 이 세상에서나 저 세상에서나 난공불락이고, 그의 삶은 전쟁을 겪은 남자들과 비교할 대상이 아니지만, 삼손은 모든 사람이 두려워하는 삶의 종말을 전혀 개의치 않으며 자신의 죽음으로 자기 자신을 정복했고 무적인 그의 영혼으로 하여금 죽음을 경멸하도록 만들었습니다.

용맹했던 그는 사는 동안 수많은 승리를 거두었고 사로잡힌 몸은 파멸한 몸이 아니라 승리하는 몸임을 깨달았습니다. 그가 여자에게 속아 넘어간 것은 그라는 인간이 아니라 그의 본성 때문이었다고 생각해야 할 것입니다. 그가 그런 상황에 처한 것은 그의 잘못 때문이 아니라 인간이었기 때문입니다. 죄의 유혹에 압도되고 넘어간 것입니다. 성경은 그가 생명의 빛을 지니고 있었을 때보다 죽을 때에 더 많은 사람을 죽였다고 증언합니다. 이 말을 고려할 때, 삼손이 포로가 된 것은 비천한 신세가 되고 중요하지 않은 사람이 되려는 운명이어서가 아니라 적수들의 파멸을 가져오도록 하기 위해 일어난 일이라고 보입니다. 그의 지위는 낮아진 적이 없습니다. 그의 권세보다 그의 무덤이 더 유명하기 때문입니다. 마지막으로, 그는 무기에 쓰러져 묻힌 것이 아니라 원수의 시신들과 자기 자신의 승리 아래 묻힘으로써 후세에 영광스러운 이름을 남겼습니다. 그는 포로 신세였던 동족들을 해방시켜 이십 년간 다스렸습니다. 고향 땅에 묻힌 그는 자유라는 유산을 남겼습니다.

그의 본보기가 가르치는 것은, 배우자의 사랑을 얻는 대신 배반을 당하는 일이 없으려면 믿음이 다른 사람들끼리는 혼인하지 말아야 한다는 것입니다.

• 암브로시우스 『서간집』 35.[1]

성령의 개입

우리는 기도하고 성령께서는 "우리를 대신하여 간구해 주십니다"(로마 8,26). 제겐 해더러 [기브온 위에] 멈추어 서라고 명령한 여호수아의 말도 이런 간구로 보입니다. … 그리고 판관기에서 삼손이 한 말도 제가 보기에 간구입니다. "삼손이 '필리스티아인들과 함께 죽게 해 주십시오' 하면서 힘을 다하여 밀어내니, 그 집이 그 안에 있는 제후들과 온 백성 위로 무너져 내렸다"(판관 16,30). 여호수아와 삼손이 '대신 간구했다'가 아니라 '말했다'라고 쓰여 있지만 내용상 그것은 '대신 간구'한 것입니다. 제대로 이해하려면 우리는 이것과 '기도'를 구별해야 할 것입니다.

• 오리게네스 『기도론』 14,5.[2]

죄를 씻는 회개

머리털이 다시 자라 삼손이 예전의 힘을 되찾아서 원수 집의 기둥들을 뽑아 집을 무너뜨리고 그것을 지은 자들도 다 죽인 것과 같은 사례를

오늘날의 죄인들에게서도 종종 봅니다. 그들이 회개로 자신의 악덕을 파멸시키고 덕이 머물 자리를 마련하면 삼손과 닮은 이가 되고 그의 표상이 그들 안에 완성됩니다. 그러면 삼손에 관한 이 말이 그들 안에서 이루어집니다. "삼손이 죽으면서 죽인 사람이, 그가 사는 동안에 죽인 사람보다 더 많았다"(30절). 그렇습니다. 형제 여러분, 회개는 사람이 잘못을 저지르지 않았을 때 이겨 낸 죄들보다 훨씬 많은 죄를 죽여 없앱니다. 우리는 삼손이 죽을 때 그의 원수들도 모조리 살해당했다는 사실을 무심히 넘겨서는 안 될 것입니다. 우리가 죽을 때에 부디 우리의 적수들도 파멸에 이르면 좋겠습니다. 형제 여러분, 바오로 사도가 말합니다. "여러분 안에 있는 현세적인 것들, 곧 불륜, 더러움, 욕정, 나쁜 욕망, 탐욕을 죽이십시오. 탐욕은 우상 숭배입니다"(콜로 3,5). 만취와 교만이 우리 안에서 죽고 시샘이 사라지고 분노가 가라앉게 하며 악의를 내쫓읍시다. 하느님의 도움을 받아 이 모든 것을 죽이고자 노력한다면, 우리는 삼손처럼 죄와 악덕에 대해 죽음으로써 우리의 원수들을 파멸시킬 수 있습니다.

• 아를의 카이사리우스 『설교집』 119,5.[3]

악마를 끊다

삼손이 되찾은 광채, 그가 죽자 가려진 그 광채는 그리스도의 모든 종에게 해당하는 것이라고 나는 생각합니다. 죄를 지은 사람이 건전한 방식으로 회개라는 치유제에 의지하면 은총이 회복되면서 다시 자라난 삼손의 머리털처럼 깨끗한 양심의 얼굴이 돌아옵니다. 그러면 믿음이

---

[1] FC 26,187-89.   [2] ACW 19,56*.
[3] FC 47,193*.

라는 공로가 용기 있는 강한 근육처럼 원수 집의 기둥들을 뽑아 박살 낼 수 있게 됩니다. 원수 집의 기둥들이 무엇이겠습니까? 악마가 승리자로서 잔치를 벌이고 포로가 된 우리의 정신을 비웃는 집을 받치고 있는 [기둥인] 우리 죄들 아니겠습니까? 그러므로 우리는 우리 육을 파멸시키고 죽임으로써 그자의 집에서 이 원수를 내쫓아야 합니다. 우리의 원수는 우리 안에 들어앉아 있습니다. 그는 날마다 우리 안에서 싸움을 일으킵니다. 우리의 의지가 그자의 사악한 뜻에 동조하는 한 그자는 우리를 지배합니다. 악마는 우리의 악덕을 내부의 공모자로 부리며 우리의 외적인 활동을 공격합니다. 우리가 그자에게 우리 지체를 내어 주어 불경한 일을 하게 함으로써 우리가 자기 칼에 살해당하게 하는 것입니다. 그렇지만 우리는 십자가의 신비 안에서 그리스도와 함께 묻히는 세례의 은총을 받는 대가로 우리가 약속한 계약을 기억해야 합니다. 악마와 더불어 그자가 자랑스레 드러내 보이는 것들과 행태를 끊겠다고 우리는 약속하였습니다. 그러니 더 이상 예전처럼 이 세상 안에 살지 맙시다. 다시 말해, 자기 자신을 위해서 살지 말고 그리스도께서 우리 안에 사시게 합시다. 그분께서 머리의 영광을 되찾으시면 악마의 집은 무너지고 우리의 모든 원수는 우리의 죄와 함께 완전히 파멸하여 영원히 죽을 것입니다.

• 아를의 카이사리우스 『설교집』 119,3.[4]

십자가 처형을 예시한 사건

그의 원수들은 그를 감옥에서 불러내어 자기들 앞에서 재간을 부리게 하였습니다(판관 16,25 참조). 이 대목에서 십자가 표상에 주목하십시오. 삼손은 십자가의 두 들보에 손을 뻗듯 두 기둥으로 팔을 뻗었습니다. 또 그는 죽음으로 적수들을

이겼습니다. 그의 고통이 그를 박해하던 자들의 죽음이 되었으니까요. 그래서 성경은 이렇게 기록합니다. "그리하여 삼손이 죽으면서 죽인 사람이, 그가 사는 동안에 죽인 사람보다 더 많았다"(31절). 이 신비는 우리 주 예수 그리스도에게서 확실하게 실현되었습니다. 당신께서 살아 계신 동안 암시적으로 선포하신 우리의 구속을 당신의 죽음으로 완성하셨기 때문입니다. 우리 주 예수 그리스도는 영원히 살아 계시며 다스리시나이다. 아멘.

• 아를의 카이사리우스 『설교집』 118,6.[5]

16,31 삼손이 자기 아버지의 무덤에 묻히다

삼손의 풀려남과 죽음

여자를 이용해 아담을 속인 폭군 사탄이
또 여자를 이용해 삼손을 속였네.
하여, 아담은 지칠 때까지 땅을 가는
수고를 해야 했고
삼손은 연자매를 돌려야 했지.
우리는 비참 속에 늙어 가기를 기원하는 반면
삼손은 고역스런 삶에서 풀려나기를 기원했네.
연자매를 돌리는 수고를 벗어나게 하여
삼손을 구원하신 분은 복되신 분.

삼손은 대사제 그리스도의 죽음을
나타내는 예형.
삼손의 죽음은 갇혀 있던 죄수들을
고향으로 돌아가게 했고
대사제의 죽음은
우리가 상속재산을 되찾게 하였네.

• 시리아인 에프렘 『낙원 찬가』 13,12-13.[6]

---

[4] FC 47,192-93*.   [5] FC 47,189*.

[6] *HOP* 173.

[17,1-3 미카의 우상 숭배]

[18,1-10 단 지파가 살 곳을 찾아 나서다]

[18,11-20 미카가 집에 있던 신상들을 도둑맞다]

[18,21-31 단 지파가 라이스 성읍을 차지하다]

19,1-9 어떤 레위인과 그의 소실

¹ 이스라엘에 임금이 없던 그 시대에, 에프라임 산악 지방의 구석진 곳에서 나그네살이하는 레위인 한 사람이 있었는데, 그는 유다 땅 베들레헴에서 어떤 여자를 소실로 맞아들였다.

² 그런데 그 여자가 남편에게 화가 치밀어 올라서,① 그를 버리고 유다 땅 베들레헴에 있는 친정으로 돌아가, 거기에서 넉 달쯤 머물러 있었다.

³ 그래서 남편은 그 여자의 마음을 달래어 도로 데려오려고, 종과 함께 나귀 두 마리를 끌고 그 여자 뒤를 따라 길을 나섰다. 그 여자가 그를 자기 아버지 집으로 데리고 들어가니,② 그 젊은 여자의 아버지가 그를 보고 기쁘게 맞이하였다.

⁴ 그는 장인, 곧 그 젊은 여자의 아버지가 붙들어서, 장인과 더불어 사흘을 묵었다. 그들은 그곳에서 함께 먹고 마시며 밤을 지냈다.

⁵ 나흘째 되는 날, 그들이 아침 일찍 일어났을 때에 그가 떠날 채비를 하자, 그 젊은 여자의 아버지가 사위에게 말하였다. "음식을 좀 들고 원기를 돋운 다음에 떠나게나."

⁶ 그래서 둘은 같이 앉아 먹고 마시는데, 그 젊은 여자의 아버지가 또 그 남자에게 권하였다. "자, 하룻밤 더 묵으면서 즐겁게 지내게."

⁷ 그래도 그는 일어나 가려고 하였지만, 장인이 조르는 바람에 다시 그곳에서 하룻밤을 묵었다.

⁸ 닷새째 되는 날 아침에 그가 일찍 일어나 떠나려 하자, 그 젊은 여자의 아버지가 다시 말하였다. "먼저 원기를 돋우게나." 그래서 그 둘은 함께 음식을 먹으면서 날이 기울 때까지 지체하게 되었다.

⁹ 그래도 그 사람이 소실과 종을 데리고 떠나려 하는데, 그의 장인, 곧 그 젊은 여자의 아버지가 또 권하는 것이었다. "이보게, 날이 저물어 저녁이 다 되어 가니 하룻밤 더 묵게나. 이제 날이 저물었으니 여기에서 하룻밤 더 묵으면서 즐겁게 지내고, 내일 아침 일찍 일어나서 길을 떠나 자네 집으로 가게나."

① 그리스어 본문과 옛 라틴어 역본; 히브리어 본문은 '불륜을 저지르고는'이다.
② 히브리어 본문; 그리스어 본문은 '남자가 그 여자 집에 이르니'다.

둘러보기

한 레위인과 그의 소실의 통탄할 행태에 관한 이야기다. 소실이 남편의 잔소리에 화가 나 친정으로 가 버린다. 소실과 화해하기로 작정한 남자는 처갓집으로 가 환대를 받는다. 몇 번이나 집으로 돌아오려다 장인의 권유에 미루던 그는 다섯째 날에 마침내 아내와 그곳을 떠난다(암브로시우스).

19,1-9 소실 아버지의 집에서

친척 집에 얹혀사는 것

이 이야기에는 바람직하지 못한 형태가 잔뜩입니다! 어떤 레위인이 아내를 맞았다고 하지요. '콘쿠비투스'(성적 관계)라는 낱말을 쓴 것으로 보아 그 아내는 소실이었던 것 같습니다. 흔히 일어나는 일인바, 이 여자는 무엇엔가 화가 나서 친정으로 돌아가 거기서 넉 달을 머물러 있었습니다. 그때쯤 남편은 아내와 화해하고 달래어 집으로 도로 데려오려고 처갓집으로 갔습니다. 여자는 달려 나와 그를 맞았고 남편을 아버지 집으로 데리고 들어갔습니다.

그 젊은 여자의 아버지는 그를 반갑게 맞아 주었고 남자는 그곳에서 사흘을 묵으며 먹고 쉬었습니다. 다음 날 아침 그 레위인이 떠나려 하자 장인은 그와 즐거운 시간을 더 보내고 싶어 그를 말렸습니다. 그다음 날도 다다음 날도 여자의 아버지는 즐거운 시간을 충분히 함께 보낼 때까지 사위가 [길] 떠나는 것을 허락하지 않았습니다. 그러나 다섯째 날, 유쾌한 식사가 끝나고 날이 저물어 저녁이 되어 갈 즈음, 낯선 이들 사이에서 자지 말고 친구들 사이에서 하루를 더 머물라고 권했으나 사위를 더 이상 붙잡아 둘 수 없었던 그는 사위가 딸과 함께 떠나는 것을 허락했습니다.

• 암브로시우스 『성직자의 의무』 3,19,111-12.[1]

친절한 접대에 맛들려 떠나기를 미루다

부유하기보다는 용감했던 이 레위인은 에프라임 산악 지방에 살았습니다. 그의 지파가 상속권에 따른 마땅한 권리와는 거리가 먼 땅을 할당받았기 때문입니다. 그는 베들레헴에 사는 유다 지파 집안의 딸을 아내로 맞았습니다. 그들이 똑같이 사랑을 느꼈던 처음에 한동안 그는 아내를 향한 넘치는 욕망에 불탔습니다. 그러나 여자의 태도는 달랐습니다. 남자의 속에 아내에 대한 욕망이 끓어오르는 동안엔 아내에 대한 열정이 깊어졌습니다. 그렇지만 그들의 나이 차이 때문에, 그리고 여자가 자신을 깔본다고 느꼈기 때문에 — 아내가 그를 덜 사랑한다고 보였는지 또는 그의 고통을 몰라주었는지 — 남자는 아내에게 잔소리를 해 대곤 했습니다. 그러자 싸움이 잦아졌고 화가 난 아내는 집 열쇠를 남편에게 돌려주고 친정으로 가 버렸습니다.

넉 달이 지나 아내에 대한 그리움과 사랑이 다시 차오른 남편은 그 젊은 여자가 부모의 훈계에 마음을 고쳐먹었으리라 기대하며 그를 데리러 갔습니다. 장인이 문에서 그를 맞고는 집 안으로 데리고 들어갔습니다. 장인은 딸 부부를 화해시키고는 그들이 더 즐거운 마음으로 떠나게 하려고 사흘 동안 혼인 잔치 같은 것을 베풀어 그들을 붙잡아 두었습니다. 남자가 떠나려 했지만 장인은 이런저런 구실을 들어 그가 떠나지 못하게 했습니다. 장인은 다섯째 날도 붙들어 두려고 또 다른 이유를 찾아냈습니다. 레위인은 떠날 기회가 있었지만 딸을 붙들어 놓고 싶은 아버지의 마음을 다치게 하고 싶지는 않아, 음식을 먹고 원기를 돋우어 떠나라는 말에 출발을 오후로 미루었습니다. 저녁을 먹고 나서도 장인은 저녁

_____
[1] NPNF 2,10,85-86*.

이 다 되어 간다는 이유를 대며 말렸지만 결국
어쩔 수 없이 사위의 뜻을 따랐습니다.

• 암브로시우스 『서간집』 33.[2]　　　　　[2] FC 26,164-65.

19,10-21 레위인이 기브아에 묵다

[10] 그러나 하룻밤을 더 묵을 생각이 없던 그 사람은 일어나서 길을 떠나 여부스, 곧 예루살렘 맞은쪽에 이르렀다. 안장을 얹은 나귀 두 마리와 소실도 그와 함께 있었다.

[11] 그들이 여부스 가까이에 이르렀을 때에는 날이 이미 많이 기울어져 있었다. 그래서 종이 주인에게 말하였다. "자, 이 여부스족의 성읍으로 들어가 하룻밤을 묵으시지요."

[12] 그러나 주인이 그에게 대답하였다. "이스라엘 자손들에게 속하지 않은 이 이방인들의 성읍에는 들어갈 수 없다. 기브아까지 가야 한다."

[13] 그는 또 종에게 말하였다. "기브아나 라마, 이 두 곳 가운데 한 곳으로 가서 하룻밤을 묵자."

[14] 그래서 그들이 그곳을 지나 계속 길을 가는데, 벤야민 지파에 속한 기브아 가까이에서 마침내 해가 졌다.

[15] 그들은 기브아에 들어가 하룻밤을 묵으려고 발길을 돌렸다. 그런데 그들이 들어가서 성읍 광장에 앉았지만, 하룻밤 묵으라고 집으로 맞아들이는 사람이 하나도 없었다.

[16] 마침 한 노인이 저녁이 되어 들일을 마치고 돌아오고 있었다. 그는 에프라임 산악 지방 출신으로 기브아에서 나그네살이하는 사람이었다. 그곳 사람들은 벤야민인이었다.

[17] 노인이 눈을 들어 성읍 광장에 있는 그 길손을 보고, "어디로 가는 길이오? 어디서 오셨소?" 하고 묻자,

[18] 그가 대답하였다. "저희는 유다 땅 베들레헴에서 에프라임 산악 지방의 구석진 곳까지 가는 길입니다. 저는 바로 그곳 출신입니다. 유다 땅 베들레헴까지 갔다가 이제 저의 집으로[①] 가는 길인데, 저를 집으로 맞아들이는 사람이 하나도 없군요.

[19] 어르신의 이 종들에게는 나귀들을 먹일 짚과 여물은 물론, 저와 어르신의 이 여종과 이 젊은 아이가 먹을 빵과 술도 있습니다. 모자라는 것이라고는 아무것도 없답니다."

[20] 노인이 그에게 말하였다. "잘 오셨소. 모자라는 것은 내가 다 돌보아 드리겠소. 아무튼 광장에서 밤을 지내서는 안 되지요."

[21] 그리하여 노인은 그를 자기 집으로 데리고 들어갔다. 나귀에게는 먹이를 주고 길손들에게는 발을 씻게 해 준 다음, 함께 먹고 마셨다.

① 그리스어 본문; 히브리어 본문은 '주님의 집으로'다.

둘러보기

날이 많이 기울었을 때 레위인은 여부스족의 성읍으로 들어가 밤을 지내자는 종의 권고를 물리친다. 이들은 묵을 곳을 찾아 벤야민 지파의 성읍인 기브아로 갔지만 그들을 집으로 맞아들이는 사람은 들일을 하는 한 노인밖에 없었다(암브로시우스).

19,11-21 레위인이 여부스보다 기브아를 좋아하다

기브아에 묵다

날이 많이 기울었지만 묵을 곳을 찾지 못한 그들이 여부스족의 성읍 가까이 이르렀습니다. 종은 주인에게 그곳으로 들어가자고 하지만 레위인은 그곳이 이스라엘 자손의 성읍이 아니라는 이유로 거부했습니다. 그는 벤야민 지파 사람들이 사는 기브아까지 갈 생각이었습니다. 그러나 그들이 그곳에 이르렀을 때 나그네살이하는 한 노인 말고는 그들을 맞아들이는 이가 아무도 없었습니다. 노인은 그들을 보더니 레위인에게 이렇게 물었습니다. "어디로 가는 길이오? 어디서 오셨소?" 레위인이 유다 땅 베들레헴에서 에프라임 산악 지방으로 가는 길이며 자신들을 맞아들이는 이가 아무도 없다고 대답하자 노인은 그들을 자기 집으로 데려가서 먹을 것을 마련해 주었습니다.

• 암브로시우스 『성직자의 의무』 3,19,113.[1]

사건의 경위

그 남자는 몹시도 사랑하는 아내를 되찾았기에 기쁜 마음으로 길을 떠났습니다. 종이 한 사람 그들을 따르고 있었고, 어느새 날이 기울려 하자 그들은 걸음을 빨리했습니다. 여자는 나귀에 타고 있었고, 남편은 흡족한 마음에 지칠 줄 모르며 여자와 또 때로는 종과 이야기하며 걸었습니다. 마침내 예루살렘에서 서른 스타디움 가까이 떨어진, 여부스족들이 사는 곳에 이르렀을 때 종이 그 성읍으로 들어가 묵자고 했습니다. 안전한 곳도 밤이 되면 위험하고 어둠 속에선 더욱 조심해야 하며 특히나 그곳의 주민들은 이스라엘 자손이 아니라는 이유에서였습니다. 악을 행하려는 못된 사람들에게 밤의 어둠은 절호의 기회인 만큼 그들은 나쁜 일을 당하지 않도록 조심해야 했습니다. 그러나 그의 주인은 이민족들 사이에서 묵자는 종의 의견을 무시했습니다. 벤야민 지파의 성읍들인 가바[2][기브아]와 라마가 멀지 않았기 때문입니다. 좋은 충고로 비천한 이의 신분이 올라갈 수 있다 생각하는 것이 아니라 충고의 가치는 [출생] 신분에 따라 결정된다는 듯이 그는 확고한 의지로 종의 제안을 무시했습니다. 바야흐로 해는 저물어 가고 있었고 그는 할 수 없이 성읍[기브아]으로 들어가기로 하였습니다. 이제 해가 졌기 때문입니다. 기브아 사람들은 사납고 불친절한 자들로 낯선 이를 환대하는 것은 생각도 못하는 이들이었습니다. 사실 이 레위인은 기브아에서 환대를 아예 기대하지 않는 편이 훨씬 나았을 것입니다. 완전한 박대를 받게 되려는지, 성읍으로 들어간 그는 여관이 하나도 없는 것을 발견했습니다. 그가 이 낯선 사람들의 자비를 애걸하며 길에 앉아 있는데, 들에서 일을 하고 돌아오는 노인이 나타났습니다. 밤이 되어 일을 할 수 없었던 것입니다. 레위인을 보자 그는 어디서 오는 길이며 어디로 가느냐고 물었습니다. 레위인은 '유다 땅 베들레헴에서 에프라임 산악 지방으로 가는 길이며 아내와 함께입니다. 그런데 저희를 맞아들여 쉴 수 있게 해 주는 사

---

[1] NPNF 2,10,86*.

[2] 칠십인역에 따른 지명.

람이 아무도 없군요' 하고 말했습니다. 이 레위
인에게는 사람들이 먹을 것과 마실 것은 물론 나
귀들을 먹일 것까지 있었지만 아무도 묵을 곳을
내주지 않았습니다. 이 레위인 일행에게는 다 있
었습니다. 오직 잘 곳만 필요했습니다. 그러자
노인은 차분히 친절하게 이렇게 말했습니다. '잘
오셨소! 내 손님이 되어 주시오, 고향 친구여. 나

도 에프렘 산악 지방 출신이라오. 여기서 묵으시
오. 이곳에서 오래 산 이가 기초를 놓았다오.' 일
행을 자기 집에 맞아들인 노인은 손님들에게 필
요한 것을 세심히 마련해 주고 살펴 주었습니다.

• 암브로시우스 『서간집』 33.3

3 FC 26,165-66.

19,22-30 레위인의 소실이 죽임을 당하다

22 그들이 한참 즐겁게 지내고 있는데 그 성읍의 남자들이, 곧 불량한 남자들이 그 집을 에워
싸고 문을 두드리며, 그 집 주인 노인에게 말하였다. "당신 집에 든 남자를 내보내시오. 우
리가 그자와 재미 좀 봐야겠소."
23 그러자 집주인이 밖으로 나가 그들에게 말하였다. "형제들, 안 되오. 제발 나쁜 짓 하지들
마시오. 저 사람이 내 집에 들어온 이상, 그런 추잡한 짓을 해서는 안 되오.
24 자, 나의 처녀 딸과 저 사람의 소실을 내보낼 터이니, 그들을 욕보이면서 당신들 좋을 대로
하시오. 그렇지만 저 사람에게만은 그런 추잡한 짓을 해서는 안 되오."
25 그러나 그 남자들은 그의 말을 들으려 하지 않았다. 그러자 안에 있던 그 사람이 자기 소실
을 붙잡아 밖에 있는 그들에게 내보냈다. 그들은 아침이 될 때까지 밤새도록 그 여자와 관
계하며 능욕하였다. 그러다가 동이 틀 때에야 그 여자를 놓아 보냈다.
26 그 여자는 아침 무렵에 돌아왔다. 그리고 날이 밝을 때까지 자기 주인이 있는 그 노인의 집
문간에 쓰러져 있었다.
27 그 여자의 주인은 아침에 일어나, 다시 길을 떠나려고 그 집 문을 열고 밖으로 나갔다. 그런
데 그의 소실이 문간에 쓰러져 있는 것이었다. 그 여자의 두 손은 문지방 위에 놓여 있었다.
28 그가 "일어나구려. 길을 떠나야지." 하고 말하였다. 그러나 대답이 없었다. 그는 그 여자를
들어 나귀에 얹고서는 길을 출발하여 제고장으로 갔다.
29 그리고 집에 들어서자마자 칼을 들고 소실을 붙잡아, 그 몸을 열두 토막으로 잘라 낸 다음
에 이스라엘의 온 영토로 보냈다.
30 그것을 보는 이마다 말하였다. "이스라엘 자손들이 이집트 땅에서 올라온 날부터 오늘까
지 이런 일은 일어난 적도 없고 본 적도 없다. 자, 생각하고 의논하여 말해 보시오."

둘러보기

레위인에게 욕정을 품은 마을의 사악한 남자

들이 노인의 집을 감쌌다. 손님이 해를 입지 않
게 하려고 노인은 자기 딸과 레위인의 소실을 내

주겠다고 했지만 남자들은 듣지 않았다. 그러다 레위인이 소실을 내주자 남자들이 그를 밤새 능욕하였다. 여자는 집 문간에서 죽음으로써 남편에 대한 사랑을 보여 주었다(암브로시우스). 이 사건과 그 뒷영향은 매우 심각했지만, 교회를 거슬러 저질러지는, 교회의 법과 질서를 위험에 빠뜨리는 흉악한 일들과 비교하면 오히려 가볍다(아타나시우스).

19,22-26 기브아인들이 레위인의 소실을 능욕하다

폭력이 판치다

레위인 일행이 배불리 먹고 식탁을 치웠을 때 야비한 남자들이 모여들어 그 집을 둘러쌌습니다. 그러자 노인이 이 사악한 남자들에게 처녀인 자기 딸과 딸 방에 함께 자고 있던 소실을 내줄 테니 손님만은 건드리지 말아 달라고 했습니다. 그러나 말이 통하지 않고 그들이 더욱 거칠게 나오자 레위인이 자기 소실을 내주었습니다. 그들은 여자를 밤새 능욕했습니다. 그 폭행에 시달려서인지 그런 대우를 받은 슬픔에서인지 여자는 남편이 있는 노인의 집 문지방에 쓰러져 죽었습니다. 남편이 아내의 시신을 찾아 헤매는 일이 없도록 마지막 노력을 다한 것입니다.

• 암브로시우스 『성직자의 의무』 3,19,114.[1]

폭력에 희생되다

노인은 손님들이 시름을 잊고 즐거워할 수 있도록 계속 술을 권했습니다. 그런데 갑자기 가바[2][기브아]의 젊은 남자들이 그 집을 에워쌌습니다. 모두 육욕에 눈이 멀어 절제를 잃어버린 자들이었습니다. 그 여자의 미모가 그들을 홀려 그런 기막히게 어리석은 짓을 하게 만든 것입니다. 여자의 미모에 반한 그들은 늙은 노인이 여자를 도와줄 수 없을 것이라 예상하고 계속 문을 두드리며 여자를 내놓으라고 요구했습니다.

노인은 밖으로 나가 자기 손님에게 그런 비열한 짓은 하지 말아 달라고 사정했습니다. 그는 아무리 잔인하고 야만스러운 민족이라도 그런 식으로 손님을 해치는 것은 옳지 않다고 생각했습니다. 게다가 동족이며 합법적으로 태어난 사람이고 혼인까지 한 남자를 해친다면 하늘에 계신 재판관의 진노를 불러일으킬 것이었습니다. 그러나 자신의 말이 전혀 먹히지 않는 것을 본 노인은 자신에게 처녀인 딸이 있는데 그를 내주겠다고 하였습니다. 그것은 아버지로서 몹시 슬픈 일이었지만 그래야 자기 손님을 지킬 수 있다 여겼던 것입니다. 노인은 개인적인 치욕보다는 공개적인 범죄를 차라리 더 견디기 쉽다 생각했습니다. 육욕과 격정에 휩싸인 그들은 노인이 그 소실을 내주려 하지 않자 젊고 아름다운 그 여자에 대한 욕망은 더욱 끓어올랐습니다. 의로움에 대한 생각이라곤 없는 그들은 노인의 공정한 말을 비웃었습니다. 덜 심각한 범죄라는 이유로 노인의 딸을 대신 받는 것은 자신들이 조롱받는 것이라 여겼습니다.

노인의 갖은 노력이 아무런 성과를 거두지 못하고 결국 그들 손에 넘겨진 여자는 밤새 농락당했습니다. 날이 밝아 폭행이 끝났을 때 여자는 자기가 묵던 곳으로 돌아갔습니다. 그곳에서 여자는 남편을 부르지 않았습니다. 처참한 꼴을 당한 자신이 수치스러워 남편을 떠나보내야 한다고 생각했습니다. 그러나 순결을 잃어버린 그 여자는 남편에 대한 사랑을 보여 주기 위해 노인의 집 문간에 몸을 뉘었고, 그 비참한 상황으로 여자의 치욕이 끝났습니다. 밖으로 나온 그 레위인

---

[1] NPNF 2,10,86*.

[2] 칠십인역에 따른 지명.

은 자기 소실이 그곳에 누워 있는 것을 발견했습니다. 여자가 수치스러워 고개를 들지 못한다고 생각한 그는 여자를 위로하기 시작했습니다. 여자가 원하지도 않았는데 그런 해를 입은 것이기 때문입니다. 그가 여자에게 일어나 같이 집에 가자고 하였지만 대답이 없었습니다. 그는 마치 잠든 여자를 깨우려는 듯이 큰 소리로 여자를 불렀습니다.

• 암브로시우스 『서간집』 33.[3]

19,29-30 죽은 소실의 몸을 열두 토막을 내다

모두 같이 치욕을 당한 것인가

우리가 겪은 고통은 견디기 어려운 끔찍한 것이었습니다. 말로는 그것을 다 표현할 수 없습니다. 그러나 지금까지 일어난 그 사건들[4]이 얼마나 지독한 것이었는지 사람들이 쉽게 알 수 있도록 여러분에게 성경 이야기를 상기시켜 드릴 필요가 있다 생각합니다. 한 레위인이 몹쓸 사건으로 아내를 잃었습니다. 그는 자신에 대해 행해진 이 모독(그 여자는 유다 지파 출신인 히브리인이었습니다)이 몹시 심각한 불법이라 생각해 아내의 몸을 조각조각 잘라 이스라엘의 각 지파들에게 보냈다고 성경은 전합니다. 이러한 모욕은 그 레위인 개인이 아니라 모든 이와 관계된 일임을 사람들이 깨닫고 그의 고통을 함께 느껴 그의 원수를 갚아 주기 바란 것입니다. 그들이 그렇게 하지 않는다면 그들 자신도 그 범죄를 저지른 자들과 같은 자라는 치욕을 느껴야 할 것이었습니다. 레위인이 보낸 심부름꾼들은 그에게 일어난 일에 대해 말해 주었습니다. 그 이야기를 듣고 증거물을 본 사람들은 '이스라엘 자손들이 이집트 땅에서 올라온 날부터 오늘까지 이런 일은 일어난 적이 없다'고 분개하며 마치 자신들이 그 일을 당한 듯 모두 함께 들고 일어났습니다. 그리하여 전쟁 끝에 마침내 그 불경한 일을 저지른 자들은 패배했고 모든 이의 저주를 받는 신세가 되었습니다. 한데 힘을 합친 이들은 그들을 동족으로 여기지 않고 오직 그들이 저지른 범죄만 생각하였습니다. … 제가 여러분께 이 이야기를 떠올려드린 이유는 고대에 일어난 일과 지금 우리가 당한 일을 비교해 보고 지금의 이 일이 훨씬 더 잔인한 것이었음을 깨닫고, 옛사람들이 그 범죄자들에 대해 느낀 것보다 더 분개하기 바라서입니다. 우리는 어떤 박해보다 더 고약한 일을 당했습니다. 그 레위인이 당한 불행은 지금 교회를 거슬러 행해진 이 일들과 비교할 때 오히려 사소하다 할 수 있습니다. 요즈음 교회가 당한 일은 어떤 이도 겪지 못한, 세상이 듣도 보도 못한 일입니다. 그 사건에서는 여자 한 사람이 상처를 입고 레위인 한 사람이 부당한 일을 당했지만 지금은 교회 전체가 상처를 입었고 사제직이 모욕당했으며, 무엇보다 끔찍한 것은 신심이 불경에 박해를 당하고 있다는 사실입니다. 그때엔 여자의 시신 조각을 보고 지파들이 놀랐지만 지금은 전체 교회의 지체들이 잘려 어떤 부분은 여러분에게 또 어떤 부분들은 다른 이들에게 보내져 그들이 겪은 모욕과 불의에 대해 알리고 있습니다. 그러니 우리만 이 일을 당한 것이 아니라 여러분도 당했다고 생각하여 분개하시기 바랍니다. 머잖아 교회의 법과 믿음이 더럽혀지는 일이 없도록 모두 자신이 그 일을 당한 것처럼 한데 힘을 합합시다. 그 부당한 사건으로 야기된 일을 하느

---

[3] FC 26,166-67.

[4] 아타나시우스는 그의 자리이던 알렉산드리아 주교좌에 아리우스파인 그레고리우스가 "불법적이고 폭력적으로" 새로이 지명된 일로 촉발된 폭동 사태에 대해 자세히 기술하고 있다. 레위인이 벤야민 지파에 대항하여 이스라엘의 지파들을 모두 소집하였듯이, 그는 가톨릭교회 모든 주교의 동조를 얻기 위해 이 회람 서간을 썼다.

님께서 여러분의 손을 이용하여 어서 바로잡으시어 교회의 원수들을 응징하시기 전까지는 교회의 법과 믿음이 둘 다 위험에 처해 있습니다. 우리 교회의 법과 형식은 지금의 교회에게 주어진 것이 아니라 지혜롭고도 안전하게 우리 선조들로부터 우리에게 전해진 것입니다. 우리의 믿음도 지금 시작된 것이 아니라 주님으로부터 그분의 제자들을 통해 우리에게 전해진 것입니다. 그러므로 예부터 지금까지 교회 안에 전해 내려오는 규정들을 우리 시대에 잃어버리는 일이 없도록, 우리가 위임받은 신뢰가 우리에게 요구하는 대로, 하느님 신비의 관리인으로서 다른 자들이 그 신비들에 손을 얹는 것을 보고 있다면 형제 여러분, 분기하십시오!

● 아타나시우스 『주교들에게 보낸 순회 서간』 1.[5]

---

[5] NPNF 2,4,92-93*.

[20,1-11 이스라엘 지파들이 기브아와 싸우러 모이다]

20,12-18 벤야민의 자손들이 다른 지파들과 싸울 준비를 하다

¹² 이스라엘의 지파들이 온 벤야민 지파로 사람들을 보내어 말하였다. "그대들 사이에서 일어난 이 악행은 어찌 된 것인가?
¹³ 이제 기브아에 있는 그 불량한 사람들을 넘겨서, 우리가 그자들을 죽여 이스라엘에서 악을 치워 버리게 하여라." 그러나 벤야민의 자손들은 자기들의 동족인 이스라엘 자손들의 말을 들으려 하지 않았다.
¹⁴ 그리하여 벤야민의 자손들은 이스라엘 자손들과 싸우러 나가려고, 살던 성읍들을 떠나 기브아로 모여들었다.

둘러보기

이스라엘의 지파들은 전쟁을 시작하기 전에 먼저 지혜로운 이들의 충고를 따라 그 범죄의 성격과 범위에 대해 의견을 나눈 다음, 몇 사람 때문에 지파 전체가 벌 받는 일이 없도록 벤야민 지파 가운데서 그 짓을 저지른 자들만 넘겨받기로 결정했다(암브로시우스).

20,12-13 이스라엘의 지파들이 벤야민 지파에게 범죄자들을 넘기라고 요구하다

범죄자들을 넘기시오

레위인은 여자가 죽은 것을 알자 여자를 나귀에 싣고 집으로 왔습니다. 그러고는 여자의 몸을 열두 토막으로 자른 다음 이스라엘의 모든 지파에 한 조각씩 보냈습니다. 이 일에 크게 놀란 사람들이 모두 미츠파로 모여들었고, 레위인에게서 그 끔찍한 사건에 대해 들은 그들은 이 일을 저지른 자들을 응징하기 전에 자기 천막으로 돌아가서는 안 된다며 전쟁에 나서기로 결론 내렸습니다. 그들은 용감하게 전쟁에 돌입했습니다. 그러나 지혜로운 이들의 충고를 듣고 목표를 조금 바꾸었습니다. 주민을 모두 전쟁에 몰아넣을 것이 아니라 잘못을 저지른 자들을 어떻게 처리할지에 대해 먼저 알리기로 한 것입니다. 또한 몇 사람이 저지른 범죄의 대가를 모든 사람이 치르는 것, 젊은 남자 몇몇의 개인적인 죄 때문에

주민 모두의 안전이 위협받는 것은 부당한 일이라 생각되었습니다. 그래서 그들은 기브아로 사람들을 보내어 그 범죄를 저지른 자들을 넘기라고 요구했습니다. 그들을 넘기지 않을 경우, 그런 범죄를 저지른 자들을 옹호하는 것은 똑같은 짓을 저지르는 것과 같음을 알라고 했습니다.

• 암브로시우스 『서간집』 33.[1]

----

[1] FC 26,167-68*.

[20,19-28 이스라엘 자손들이 벤야민 지파를 공격하다]

20,29-48 이스라엘 자손들이 복병을 배치하다

²⁹ 그리하여 이스라엘은 기브아 둘레에 복병을 배치하였다. …

³⁸ 이스라엘 사람들과 복병들 사이에는 약속이 되어 있었다. 곧 복병들이 성읍에서 연기를 올려 보내면,

³⁹ 이스라엘 사람들이 싸움터에서 몸을 돌리기로 하였다. 벤야민 사람들은 이스라엘 사람들을 치기 시작하여 서른 명쯤 죽였다. 그러면서 '저들은 틀림없이 먼젓번 싸움에서처럼 우리에게 패배할 것이다.' 하고 생각하였다.

⁴⁰ 그때에 성읍에서 연기 기둥이 올라가기 시작하였다. 벤야민 사람들이 뒤돌아보니, 성읍 전체가 불길에 싸여 하늘로 올라가는 것이었다.

⁴¹ 이어서 이스라엘 사람들이 몸을 돌리자 벤야민 사람들은 질겁하였다. 자기들에게 재앙이 닥쳐오는 것을 보았기 때문이다.

⁴² 그들은 이스라엘 사람들에게서 돌아서서 광야로 향하였지만, 뒤쪽에서는 싸움이 멈추지 않았다. 성읍에서 나온 이들도 그들을 가운데에서 쓰러뜨렸다.

⁴³ 이스라엘 사람들은 벤야민 사람들을 에워싸,① ②동쪽으로 기브아 맞은편에 이르기까지 쉴 새 없이 추격하며 짓밟았다.

⁴⁴ 그리하여 벤야민에서 만 팔천 명이 쓰러졌다. 쓰러진 이들은 모두 용사였다.

⁴⁵ 남은 자들이 돌아서서 광야 쪽 '림몬 바위'로 도망쳤지만, 큰길에서 이스라엘 사람들이 이삭줍듯이 오천 명을 죽이고, 기드옴에 이르기까지 바짝 뒤쫓으면서 또 이천 명을 쳐 죽였다.

⁴⁶ 이렇게 하여 그날 벤야민에서 쓰러진 사람은 모두 칼로 무장한 군사 이만 오천 명이었다. 그들은 모두 용사였다.↗

↱**47** 그러나 육백 명은 돌아서서 광야 쪽 '림몬 바위'로 도망쳐, 넉 달 동안 그 '림몬 바위' 에서 지냈다.

48 그러는 동안에 이스라엘 사람들은 벤야민의 자손들에게 돌아가, 성읍의 남자 주민에서 짐승에 이르기까지 보이는 대로 모조리 칼로 쳐 죽였다. 나머지 성읍들도 모두 불태워 버렸다.

> ① 히브리어 본문; 그리스어 본문은 '베면서'.
> ② 그리스어 본문에는 이 자리에 '노하에서부터'가 더 들어 있다.

둘러보기

이스라엘 사람들과 벤야민 사람들의 싸움이 계속해서 일어났고 결국 벤야민 사람들이 패배했다. 남의 순결을 짓밟은 자들에 대해 즉각 전쟁을 일으키고 끝까지 물러서지 않은 데서 우리 선조들이 덕을 얼마나 중요히 여겼는지 알 수 있다(암브로시우스). 벤야민 지파가 전멸하지 않은 것은 하느님의 섭리 덕분이었다. 그리하여 바오로 사도는 자신을 벤야민 지파라고 말할 수 있었다(히에로니무스).

20,40-48 벤야민 지파가 참패하다

정결을 짓밟은 자들을 응징하다

[레위인의 소실에게 일어난] 일이 알려지자 (간단히 말해) 이스라엘의 거의 모든 사람이 전쟁에 휩싸였습니다. 전쟁의 결말이 어떻게 날지 불확실한 상태가 계속되다가 세 번째 접전에서 벤야민 사람들이 이스라엘 자손들에게 참패했고, 거룩한 심판에 의해 유죄 선고를 받은 그들은 몹시 비도덕적인 행위에 대한 벌을 치렀습니다. … 처음엔 이스라엘 사람들이 패배를 당했지만 그럼에도 그들은 두려움에 떨지 않았습니다. 그들은 그런 난관 때문에 짓밟힌 순결을 응징하는 일을 포기하지 않았습니다. 그 범죄가 남긴 더러운 얼룩을 자기들 피로 씻기 위해 기꺼이 전투에 나섰습니다.

> • 암브로시우스 『성직자의 의무』 3,19,115-16.[1]

정결을 수호하다

그대는 우리 법정에서 일어난 일에 대해 알고 난 뒤 침묵했습니다. 그래서 지금 나는 말하자면 내 영혼의 일부를 소환합니다. 순결이 능욕된 데 대해 그대에게 내가 우호적이지만 슬픈 불평을 하고 싶어서입니다. 순결을 짓밟은 전대미문의 그 사건은 꼭 유죄 선고를 받아야 하는 일이었습니까? 그냥 잊어버리면 안 되는 일이었습니까? 다시 말해, 명예롭고 정숙했던 그 여자가 그 남사스러운 행위에 넘겨져 몸까지 다치지 않았더라면, 그가 비록 자신에 관해 확실한 증거를 보여 주었어도 놀림의 대상이 되고 방탕한 사람 취급을 받았을 것입니다! 그대는 동정성에 이러한 특권을 부여했습니다. 이 은혜를 회복하기를 의도하는 이들은 일종의 영예인 이것에 소환되고 초대받는 것을 기꺼워합니다! 그들은 일반적인 명성을 누리는 자유를 잃었고 거룩한 법이나 일반법 조항들의 보호를 받지도 못합니다. 그들은 그들을 고발하는 이에게 물을 수도 밀고자에게 대항할 수도 없습니다. 그저 부끄러움을 모르는

---

[1] NPNF 2,10,86*.

사람 같은 모습으로 있을 수 있을 뿐이며 언제 해를 입을지 모르는 처지입니다.

우리의 선조들은 순결이 그렇게 경멸받아서는 안 된다고 생각했습니다. 그들은 남의 정숙함을 더럽힌 자들에게 전쟁을 선포할 만큼 순결을 존중했습니다. 사실, 그러한 범죄를 응징하려는 그들의 욕망이 너무 커서, 전쟁을 피하여 언덕 너머에 몸을 숨겼던 육백 명이 없었다면 벤야민 지파는 모두 아주 없어질 뻔했습니다. 이것은 이 거룩한 교훈을 담은 이야기에 나오는 표현으로서, 그 의미를 곰곰이 생각해 볼 필요가 있습니다.

• 암브로시우스 『서간집』 33.[2]

벤야민 지파의 파멸

그들의 대답은 거만했습니다. 화평을 이루려던 계획은 전쟁 계획으로 바뀌었습니다. 적은 수의 적군에게 많은 이가 부상을 당한 첫 번째와 두 번째 접전에서는 이스라엘 사람들이 지는 것 같았습니다. 전투 상황이 몹시 불리했기 때문입니다. 사십만 명이 벤야민 지파 이십오만 명과 대적했는데 그들은 전쟁 경험이 많은 기브아 장정 칠백 명과도 싸워야 했습니다. 두 번의 전투가 불리한 상황으로 끝났지만 이스라엘은 승리에 대한 희망을 잃지 않으며 반드시 응징을 가하겠다는 결심을 버리지 않았습니다. 전투에 나선 뜻에서나 군사의 수에서 우세했는데도 전투의 결과가 좋지 않자 그들은 하느님께서 그 일을 못마땅하게 여기시는 것이 아닌가 하는 생각에 하늘의 호의를 얻으려 단식하며 많은 눈물을 흘렸습니다. 그들은 주님의 평화를 간절히 구하며 더 대담하게 전투에 나섰고, 기도로 용기를 얻으며 더 큰 희망을 품은 그들은 이제 그들이 계획한 대로 할 수 있었습니다. 원수의 일부가 주둔하고

있는 성읍 뒤쪽에 밤을 틈타 복병을 심어 놓고 앞 대열이 후퇴하는 척하자 적군 일부가 물러섰고 그리하여 무방비 상태인 성읍을 침략할 기회를 얻었습니다. 곧바로 불이 타올랐고 치솟는 화염과 열기가 점령된 성읍의 모습을 드러내 주었습니다. 그들은 용기를 잃었습니다. 원수를 마주한 것입니다. 자신들이 포위되었다고 생각한 벤야민 지파 사람들은 아직 후방에서 공격받지도 않았는데 뿔뿔이 흩어져 사막으로 달아나기 시작했습니다. 한편 이스라엘 자손들은 더욱 박차를 가해 달아나는 그들을 뒤쫓았습니다.

이만 오천 명가량이 살해당했습니다. 이는 벤야민 지파의 남자들 거의 대부분에 해당했고, 남은 것은 거친 벼랑 위 요새와 같은 곳에 올라가 지리적 이점과 자연의 도움 덕에 목숨을 건진 육백 명뿐이었습니다. 그들은 두려움에 휩싸여 오히려 이 승리자들에게 골치 아픈 존재였습니다. 성공은 사람에게 신중하라고 충고합니다. 불행한 시기에는 복수가 승리보다 더 가치 있는 것으로 취급받습니다. 여자들도 이 싸움에서 안전하지 못했습니다. 벤야민 지파의 모든 여자가 아이들과 함께 칼이나 불에 죽임을 당했고, 이 지파의 남자에게는 아무도 자신의 딸을 내주지 않겠다는 맹세가 이루어졌습니다. 이 지파의 이름을 회복할 모든 기회가 사라진 것입니다.

• 암브로시우스 『서간집』 33.[3]

섭리에 의한 도피

그녀[4]는 지금은 완전한 폐허가 된 기브아에도 잠시 들러 그 성읍의 죄와 소실의 몸이 조각난

---

[2] FC 26,163-64*. [3] FC 26,168-69*.

[4] 성녀 에우스토키움의 어머니 성녀 파울라를 말한다. 히에로니무스는 파울라가 죽은 직후 에우스토키움에게 이 위로의 편지를 보냈다.

일, 그리고 그 모든 일에도 벤야민 지파 남자 삼
백[5] 명이 살아남아 먼 훗날 바오로 사도가 벤야
민 지파라 불릴 수 있게 된 것을 떠올렸습니다.

• 히에로니무스 『서간집』 108,8.[6]

[5] 판관 20,47에 따르면 살아남은 벤야민 지파의 수는 육백 명이다.

[6] NPNF 2,6,198.

21,1-7 벤야민 지파의 혈통이 끊기게 생겼다

[1] 이스라엘 사람들이 전에 미츠파에서, "우리는 아무도 벤야민 사람에게 자기 딸을 아내로 내주지 않는다." 하고 맹세한 일이 있었다.

[2] 그래서 백성은 베텔로 가서 저녁때까지 그곳에서 하느님 앞에 앉아, 소리를 높여 크게 통곡하며

[3] 말하였다. "주 이스라엘의 하느님, 어찌하여 이스라엘에 이런 일이 일어나, 오늘 이스라엘에서 지파 하나가 없어져야 한단 말입니까?"

[4] 이튿날 백성은 일찍 일어나 그곳에 제단을 쌓고, 번제물과 친교 제물을 바쳤다.

[5] 그리고 나서 이스라엘 자손들은, "이스라엘의 모든 지파 가운데 누가 주님 앞에서 열리는 집회에 참석하러 올라오지 않았는가?" 하고 물었다. 미츠파로 주님 앞에 올라오지 않은 자와 관련하여, "그자는 마땅히 죽어야 한다."는 엄숙한 맹세가 있었기 때문이다.

[6] 이스라엘 자손들은 자기들의 동족 벤야민을 애석하게 여기며 말하였다. "오늘 이스라엘에서 지파 하나가 잘려 나갔다.

[7] 우리가 그들에게 우리 딸들을 아내로 내주지 않기로 주님을 두고 맹세하였으니, 어떻게 하면 살아남은 자들에게 아내를 구해 줄 수 있겠는가?"

둘러보기

혼인의 성사를 통하지 않고 강간을 저지른 자들에 대한 적절한 벌로 벤야민 사람에게 딸을 내주지 않기로 우리 선조들이 맹세한 일은 그들이 덕을 얼마나 중요히 여겼는지 보여 준다. 전쟁이 끝나자 그들에 대한 격노는 슬픔으로 바뀌었다. 이스라엘 자손들은 동족인 벤야민 지파의 혈통이 끊기게 된 사실을 슬퍼하며 이 안타까운 상황을 해결할 방법이 없을까 궁리한다(암브로시우스).

21,1 우리는 아무도 벤야민 사람에게 자기 딸을 아내로 내주지 않는다

덕을 중요히 여긴 선조들

우리 선조들이 덕을 얼마나 중요히 여겼으면 품행 나쁜 남자들 손에 능욕당한 여인의 일에 대해 전쟁으로 응징했겠습니까! 그 범죄를 저지른 자들이 속한 지파에게 승리를 거두자 그들은 벤야민 사람에게는 결코 딸을 아내로 내주지 않겠다고 맹세했습니다! 이 지파는 속임수를 사용해

도 좋다는 허락을 받지 않는 한 후손을 얻을 희망이 없게 되었습니다. 하지만 이런 허가를 한다는 것이 위반에 대한 적절한 처벌을 내리는 데 실패한 것이라고는 보이지 않습니다. 그들은 혼인의 성사 대신 강간으로 여자를 얻는 것만 허락되었기 때문입니다. 실로 다른 사람의 혼인을 깨뜨린 자들은 자신들의 혼인 의례를 잃어버리는 것이 마땅합니다.

• 암브로시우스 『성직자의 의무』 3,19,110.[1]

21,2-7 이스라엘 자손이 벤야민 지파를 동정하다

분노가 슬픔으로 바뀌다

전쟁이 끝나자 그들의 분노도 끝났습니다. 이제 분노가 슬픔으로 바뀌었습니다. 이스라엘 사람들은 무기를 내려놓고 함께 만나서는 많이 울고 단식하며, 동족인 한 지파가 파멸하고 강건한 무리였던 그들이 사라질 지경에 놓인 것을 한탄했습니다. 그 범죄가 위중한 죄였던 만큼 그것을 저지른 자들과 전쟁을 벌인 것은 마땅했습니다. 그러나 동족과 싸운 사실은 사람들을 슬프게 했고 양쪽이 다 전쟁으로 괴로움을 당했습니다. 많은 눈물을 쏟자 사람들의 마음이 흔들리며 동정심을 느끼게 되었습니다. 분노에 찼을 때 세웠던 계획은 흐지부지되었습니다. 그들은 공격자가 다가가기 힘든 메마른 사막의 가파른 벼랑 꼭대기에서 넉 달을 버티며 살아남은 벤야민 지파 마지막 육백 명에게 사절을 보내 동족과 친족, 동맹군을 잃은 서로의 괴로움을 한탄했습니다. 이 지파의 갱생에 대한 희망이 완전히 사라진 것은 아니었습니다. 그들은 믿음의 서약을 체결하여 한 지파가 몸에서 잘려 나가 완전히 멸망하지 않을 수 있는 방도에 대해 논의했습니다.

• 암브로시우스 『서간집』 33.[2]

---

[1] NPNF 2,10,85*.

[2] FC 26,169*.

[21,8-15 살아남은 벤야민 자손들에게 야베스 길앗의 여자들을 내주다]

21,16-25 살아남은 벤야민 자손들이 실로에서 아내를 구하다

[16] 그래서 공동체의 원로들이 서로 의논하였다. "벤야민에서 여자들이 몰살당하였으니, 우리가 어떻게 하면 살아남은 자들에게 아내를 구해 줄 수 있겠는가?"

[17] 그들이 말을 계속하였다. "어떻게 하면 벤야민에 생존자들이 남아, 이스라엘에서 지파가 하나 사라지는 일이 없게 하겠는가?

[18] 우리는 그들에게 우리 딸들을 아내로 내줄 수가 없지 않은가?" 이스라엘의 자손들이, "벤야민 사람에게 여자를 내주는 자는 저주를 받을 것이다." 하고 맹세하였기 때문이다.

[19] 그들은 마침내 말하였다. "그래, 해마다 실로에서 주님의 축제가 열리지!" 실로는 베텔 북쪽, 베텔에서 스켐으로 올라가는 큰길 동쪽으로, 르보나 남쪽에 있었다.

[20] 그래서 그들은 벤야민의 자손들에게 명령하였다. "가서 포도밭에 숨어 ♪

↗²¹ 살피다가 실로의 젊은 여자들이 윤무를 추러 나오거든, 그대들도 포도밭에서 나와 그 실로 처녀들 가운데에서 한 사람에 여자 하나씩 잡아 벤야민 땅으로 돌아가시오.

²² 만일 그들의 아버지나 형제들이 우리에게 와서 따지면, 그들에게 우리가 이렇게 말하겠소. '우리를 보아서 저들을 관대하게 대해 주시오. 우리는 전쟁 중에 아무도 여자를 차지하지 않았소. 그렇다고 당신들이 저들에게 딸을 그냥 내주지는 않았을 것 아니오? 그랬다가는 당신들도 죄를 짓게 되었을 테니 말이오.'"

²³ 벤야민의 자손들은 그대로 하였다. 그들은 춤추는 여자들을 납치하여 그 가운데에서 저희의 수만큼 아내를 골라 가지고, 자기들의 상속지로 돌아가서 성읍들을 다시 짓고 그곳에서 살았다.

²⁴ 그제야 이스라엘 자손들도 저마다 자기 지파와 자기 씨족에 따라 그곳을 떠나 흩어져 갔다. 저마다 그곳을 떠나 자기 상속지로 간 것이다.

²⁵ 그 시대에는 이스라엘에 임금이 없었다. 그래서 사람들은 저마다 제 눈에 옳게 보이는 대로 하였다.

둘러보기

선조들은 벤야민 지파에게 딸을 내주지 않겠다고 엄격히 맹세했지만 그들의 혈통이 완전히 끊기는 일이 없도록 다른 방편을 마련해 주었다 (암브로시우스). 현재의 상황과 연관시켜 이해할 때, "이스라엘에 임금이 없었다"는 구절은 교회 안에 말다툼과 싸움이 있는 것은 우주의 임금이시며 유일한 참하느님이신 분으로부터 돌아선 결과라는 뜻이다(대 바실리우스).

21,17-21 벤야민 지파가 사라지지 않게 할 방도

엄격한 맹세의 대안을 찾다

선조들의 결정은 아무도 [벤야민 지파 남자들에게] 딸을 아내로 주지 않는다는 것이었습니다. 그들은 엄숙한 맹세로 결의를 굳혔습니다. 그러나 그들은 동족에게 그다지 심한 선고를 내린 것을 안타까워하며, 자기 죄 때문에 전쟁 중에 살해당한 자들의 딸인 처녀들을 벤야민 지파 남자들에게 내준 한편 마을을 습격하여 처녀를 데려가 아내로 삼는 방도를 일러 주었습니다. 몹시 극악한 행위인 그것은 다른 사람의 혼인을 해친 이들은 정식으로 혼인을 치를 자격이 없다는 것을 보여 주는 일이었습니다. 그러나 한 지파가 완전히 사라지는 것을 두려워한 그들은 그런 교묘한 방법을 공모했습니다.

• 암브로시우스 『성직자의 의무』 3,19,115.[1]

21,25 이스라엘에 임금이 없었다

주님의 인도를 받아야 하건만

이런 엉거주춤한 상태가 오래 계속된 뒤에[2] 그리고 내가 앞에서 말한 그 이유를 아직도 부지런히 궁구하고 있던 때에 판관기가 떠올랐습니

---

[1] NPNF 2,10,86*.

[2] 대 바실리우스는 세속에서나 교회에서나 지도력이 부실하거나 권위의 근원을 존중하지 않을 때 불화와 분열이 생긴다고, 경험에서 우러난 결론을 내린다.

다. 각 사람이 자기 눈에 옳은 일을 했으며 그 이유를 말하는 이 구절 말입니다. "그 시대에는 이스라엘에 임금이 없었다. [그래서 사람들은 저마다 제 눈에 옳게 보이는 대로 하였다.]" 이 구절을 떠올린 나는 그것을 현재의 상황에 적용시켜 보았습니다. 믿기 어렵고 무섭게까지 보입니다만, 현재의 상황에 그 설명은 참으로 정확히 들어맞습니다. 지금처럼 교회의 지체들 사이에 말싸움과 불화가 심한 적이 없었습니다. 그리고 그것은 그들이 우주의 유일한 임금이시요 위대하고 참되신 한 분 하느님으로부터 돌아선 탓입니다. 실로, 사람들은 하나같이 우리 주 예수 그리스도의 가르침을 버리고 어떤 문제들에 관하여 자기 자신에게 권위가 있는 듯 굴면서 스스로 규정을 만들고 주님께 인도를 받기보다 주님을 거슬러 자기가 지도권을 행사하는 것을 더 좋아합니다.

• 대 바실리우스 『하느님의 심판』(서론).[3]

---

[3] FC 9,38*.

R . u . t . h

룻기

1,1-14 나오미와 그의 가족

1 판관들이 다스리던 시대에, 나라에 기근이 든 일이 있었다. 그래서 유다 베들레헴에 살던 한 사람이 모압 지방에서 나그네살이를 하려고 아내와 두 아들과 함께 길을 떠났다.

2 그 사람의 이름은 엘리멜렉이고 아내의 이름은 나오미이며 두 아들의 이름은 마흘론과 킬욘이었는데, 이들은 유다 베들레헴 출신으로 에프랏 사람들이었다. 이렇게 그들은 모압 지방에 가서 살게 되었다.

3 그러다가 나오미의 남편 엘리멜렉이 죽어서 나오미와 두 아들만 남게 되었다.

4 이들은 모압 여자들을 아내로 맞아들였는데 한 여자의 이름은 오르파이고 다른 여자의 이름은 룻이었다. 그들은 거기에서 십 년쯤 살았다.

5 그러다가 마흘론과 킬욘, 이 두 사람도 죽었다. 그래서 나오미는 두 자식과 남편을 여읜 채 혼자 남게 되었다.

6 나오미는 며느리들과 함께 모압 지방을 떠나 돌아가기로 하였다. 주님께서 당신 백성을 돌보시어 그들에게 양식을 베푸셨다는 소식을 모압 지방에서 들었기 때문이다. …

8 나오미가 두 며느리에게 말하였다. "자, 각자 제 어머니 집으로 돌아가거라. 너희가 죽은 남편들과 나에게 해 준 것처럼 주님께서 너희에게 자애를 베푸시기를 빈다. …

14 그들은 소리 높여 더 서럽게 울었다. 그리고 오르파는 시어머니에게 작별을 고하며 입 맞추었다. 그러나 룻은 시어머니에게 바싹 달라붙었다.

둘러보기

엘리멜렉이 원치 않는데도 고향을 떠난 것은 기근 때문이었는데, 그 기근은 하느님께 대한 불순종의 결과였다(히에로니무스). 룻은 율법이 요구하는 것보다 더 뛰어난 의로움을 보여 주었기에 예수님의 족보에 이름을 올렸다(암브로시우스). 룻은 나오미를 위로함으로써 큰 보상을 받았다. 그리스도의 조상이 된 것이 그것이다(히에로니무스). 오르파는 신의를 지키지 않고 룻은 신의를 지킨 것은 세상 안에서 죽음을 따라가는 자와 구원을 추구하는 이의 불일치를 상징한다(놀라의 파울리누스).

1,1-4 엘리멜렉의 가족이 모압으로 가다

엘리멜렉이 고향을 떠난 이유

히브리 전승에 따르면, 이 엘리멜렉은 율법을 지키지 않는 이들이 기적을 보고 주 하느님께로 돌아서도록 하려고 해가 멈추어 섰던 시대 사람이라고 합니다. 그러나 그들은 율법을 지키는 것을 비웃었고 그러자 기근이 더욱 심해졌습니다. 유다 지파에서 첫째가는 인물로 보이는 사람마저 기근 때문에 무력한 존재가 되어 아내와 아들들과 함께 고향을 떠나야 했을 뿐 아니라 아들들과 함께 나그네살이를 했습니다.

• 히에로니무스 『연대기 히브리어에 관한 질문』.[1]

---

1 MEIT (룻) 31*; PL 23,1373.

마음과 행실에서 비슷함

타마르가 주님의 족보에 이름이 오른(마태 1,3 참조) 것은 신비 덕분이라는 것을 우리는 압니다. 그렇다면 룻이 이 족보에 이름이 오른(마태 1,5 참조) 것도 분명 비슷한 이유 때문이라고 결론 내려야 할 것입니다. 다른 민족들의 부르심은 복음을 통해 이루어지리라는 것을 영 안에서 미리 보고서 '율법은 의인 때문에 있는 것이 아니라, 불의한 자 때문에 있다'(1티모 1,9 참조)고 말한 거룩한 사도는 이 사실을 알고 있었던 듯 보입니다. 사실, 이민족인 룻이 어떻게 해서 유대인과 혼인했던 것입니까? 복음사가는 엄중한 율법을 어긴 이 혼인이 어떠한 이유에서 그리스도의 족보에 포함되어야 한다고 생각했던 것입니까? 그렇다면 구원자의 혈통이 불법적인 관계의 소산인 것입니까? 우리가 율법은 의인이 아니라 불의한 자를 위한 것이라는 사도의 원칙으로 돌아가지 않는 한, 그리스도의 족보는 오점을 담고 있다고 보일 것입니다. 룻은 이민족인 모압 여자인데 모세 율법은 모압인과의 혼인을 금하며 그들을 공동체에서 배제하기 때문입니다. 그래서 성경은 이렇게 말합니다. "암몬족과 모압족은 주님의 회중에 들 수 없고, 그의 자손들은 십 대손까지도 결코 주님의 회중에 들 수 없다"(신명 23,4). 그러니 룻이 이 회중에 속하게 된 것은 그가 율법을 넘어설 만큼 행실[moribus]로 거룩하고 순결한 이가 되었기 때문 아니겠습니까?

율법이 불경한 죄인들을 위해 주어진 것이라면, 율법의 한계를 넘어 회중에 들고 이스라엘 사람이 되어 육체가 아니라 정신적 친족으로 선택됨으로써 주님 족보의 명예로운 이들 가운데 하나가 될 자격이 있다고 여겨진 룻은 우리에게 훌륭한 본보기입니다. 그녀는 주님의 교회를 이루기 위해 민족들 가운데에서 모아들여진 우리

모두의 표상이기 때문입니다. 역사서가 가르치듯이, 그녀는 자신의 행실로 그분의 공동체에 허락되는 특권을 얻었습니다. 그러므로 우리는 행위와 그에 수반하는 공덕으로 주님의 교회에 들어갈 수 있는 이로 선택될 수 있도록 그녀를 본받아야 합니다. … 나오미가 룻에게 "보아라, 네 동서는 제 겨레와 신들에게로 돌아갔다. 너도 네 동서를 따라 돌아가거라"(룻 1,15) 하고 말하자 룻은 "어머님을 두고 돌아가라고 저를 다그치지 마십시오. 어머님 가시는 곳으로 저도 가고 어머님 머무시는 곳에 저도 머뭅니다. 어머님의 겨레가 저의 겨레요 어머님의 하느님이 제 하느님이십니다. 어머님께서 숨을 거두시는 곳에서 저도 죽어 거기에 묻히렵니다"(룻 1,16-17)라고 대답했습니다. 그리하여 이 둘이 베들레헴으로 왔습니다. 다윗의 증조부인 보아즈는 룻이 한 일과 시어머니에게 보인 거룩한 행동, 죽은 사람에 대한 존경과 하느님을 숭배하는 마음에 대해 알자 그를 자신의 아내로 선택했습니다.

• 암브로시우스 『루카 복음 해설』 3.[2]

그리스도의 조상

블라이실라와 함께했던 일, 서로 나누었던 말, 그 아이의 사랑스러운 태도, 그런 것들이 자꾸 생각나고 다시는 그 시간을 누릴 수 없다는 것이 견디기 힘드실 것입니다. 어머니로서 당신이 흘리는 눈물 … 다 이해합니다. 그러나 슬픔을 자제하시면 좋겠습니다.[3] 당신이 어머니로서 눈물 흘리는 것을 탓할 수는 없지만 그리스도인이요 속세를 떠나 사는 당신을 생각할 때 저는

---

[2] SC 45,136-38.

[3] 그리스도교로 개종하고 얼마 되지 않아 세상을 뜬 블라이실라의 어머니 파울라를 위로하는 히에로니무스의 편지다.

당신이 어머니라는 사실을 잊습니다. 당신의 상처는 아직도 생생하고 제가 아무리 부드럽게 말해도 그 말은 상처를 치유하기보다는 후벼 파기 십상입니다. 그렇지만 어차피 시간이 무디게 해 줄 슬픔을 왜 이성으로 극복하려 애쓰지 않으십시까? 기근 때문에 모압 땅을 떠난 나오미는 남편도 아들들도 모두 잃었습니다. 그렇지만 그녀를 보살펴 줄 혈연을 모두 잃었을 때 따지고 보면 남인 룻이 그녀의 곁을 떠나지 않았습니다. 외로운 여인을 위로하는 것이 얼마나 위대한 일인지 보십시오. 룻은 그 상으로 그리스도의 조상이 되었습니다(마태 1,5 참조). 욥이 겪은 엄청난 시련을 생각해 보십시오. 그러면 당신의 처신이 지나치다는 것을 깨닫게 될 것입니다. 욥은 집안이 완전히 몰락하고 몸은 종기로 고통스러웠으며 자식을 잃은 슬픔을 가눌 수 없을 지경이었습니다. 거기에 더해, 아내마저 그에게 올가미를 놓았습니다. 그런데도 그는 여전히 인내하면서 고개를 들어 하늘을 쳐다보았습니다. 당신이 뭐라고 하실 줄 압니다. '그 모든 일은 의로움을 시험하기 위해 의인에게 내린 일'이라고 하시겠지요. 그렇다면 다음 둘 가운데 어떤 게 더 마음에 드시는지 선택하십시오. 당신이 거룩한 사람이어서 하느님께서 당신 성덕의 증거를 보고자 하시는 경우와 당신이 죄인이어서 아무런 불평도 할 권리가 없는 신세인 경우 말입니다. 뒤의 경우라면 당신이 겪을 일은 한참 더 남았습니다.

• 히에로니무스 『서간집』 39,5.[4]

1,14 룻이 나오미에게 바싹 달라붙다

큰 갈등

이제 어서 룻에게로 넘어갑시다. 그녀에 관한 짧은 책은 판관 시대의 끝과 사무엘 시대의 시작을 알립니다. 룻기는 짧은 글이지만, 두 동서가 각기 다른 길을 가는 이야기로 큰 갈등을 상징적으로 묘사하고 있습니다. 룻은 성덕 있는 시어머니를 따르는[5] 반면 오르파는 어머니를 버리고 떠납니다. 한 며느리는 신의를, 한 며느리는 신의 없음을 드러냅니다. 한 며느리는 하느님을 고향보다 앞에 두고 한 며느리는 고향을 생명보다 앞에 둡니다. 이런 불일치는 온 우주에서 지금도 계속되고 있지 않습니까? 어떤 부분은 하느님을 따르고 어떤 부분은 세상으로 곤두박질치고 있으니 말입니다. 죽음을 좇는 무리와 구원을 추구하는 무리가 그 수에서 같기만 하다면 얼마나 좋겠습니까! 그런데 넓은 길은 많은 사람을 유혹하고, 편한 내리받이 길을 미끄러지듯 가는 이들은 돌이킬 수 없는 죄에 채어 곤두박질칩니다.

• 놀라의 파울리누스 『시가집』 27,511.[6]

---

[4] NPNF 2,6,52.

[5] 칠십인역의 표현은 '따랐다'이고 『성경』은 "바싹 달라붙었다"로 옮겼다.

[6] ACW 40,289-90*.

1,15-22 나오미가 룻과 함께 베들레헴으로 돌아가다

[15] 나오미가 말하였다. "보아라, 네 동서는 제 겨레와 신들에게로 돌아갔다. 너도 네 동서를 따라 돌아가거라."♪

↗ 16 그러자 룻이 말하였다. "어머님을 두고 돌아가라고 저를 다그치지 마십시오. 어머님 가시는 곳으로 저도 가고 어머님 머무시는 곳에 저도 머물렵니다. 어머님의 겨레가 저의 겨레요 어머님의 하느님이 제 하느님이십니다.

17 어머님께서 숨을 거두시는 곳에서 저도 죽어 거기에 묻히렵니다. 주님께 맹세하건대 오직 죽음만이 저와 어머님 사이를 갈라놓을 수 있습니다."

18 룻이 자기와 함께 가기로 굳게 결심하였음을 보고, 나오미는 그를 설득하는 것을 그만두었다.

19 그래서 두 사람은 길을 걸어 베들레헴에 다다랐다. 그들이 베들레헴에 다다랐을 때에 온 마을이 그들 때문에 떠들썩해지며, "저 사람 나오미 아니야?" 하고 아낙네들이 소리 질렀다.

20 나오미가 그들에게 말하였다. "나를 나오미①라 부르지 말고 마라②라고 부르셔요. 전능하신 분께서 나를 너무나 쓰라리게 하신 까닭이랍니다.

21 나 아쉬움 없이 떠나갔는데 주님께서 나를 빈손으로 돌아오게 하셨답니다. 그런데 어찌 그대들은 나를 나오미라 부르나요? 주님께서 나를 거칠게 다루시고③ 전능하신 분께서 나에게 불행을 안겨 주셨답니다."

① '기분 좋은'이라는 뜻이다.
② '쓴, 쓰라리다'라는 뜻이다.
③ 그리스어 본문, 불가타; 히브리어 본문은 '나에게 불리한 증언을 하시고'다.

둘러보기

룻은 다른 민족들 가운데에서 불리고 참하느님을 고백함으로써 성조들과 거룩한 이들의 무리에 들게 되었다는 점에서 그리스도 교회를 예표한다(세비야의 이시도루스). 우리도 신심 깊은 행실을 보인다면 룻처럼 선민의 무리에 들어갈 수 있을지 모른다(암브로시우스). 덕성스러운 룻은 비록 이민족이었지만 나오미에게 한 행동으로 말미암아 주님의 족보에 오르는 공덕을 얻었다(히에로니무스). 룻의 남다른 충절은 칭찬할 만하다(키루스의 테오도레투스). 보아즈가 룻을 아내로 맞은 것은 룻의 훌륭한 믿음 때문이었다(『마태오 복음 미완성 작품』). 우의적으로 해석하면, 나오미는 자신이 의로움을 잃어버리고 주님 면전을 떠나 사는 것을 한탄하는 그리스도인의 영혼을 나타낸다(대 그레고리우스).

1,16 어머님의 하느님이 제 하느님이십니다

그리스도 교회를 예표하는 룻

이제 룻에 대해 생각해 봅시다. 룻은 교회의 예형이기 때문입니다. 첫째로, 그녀가 예형인 것은 다른 민족 출신, 곧 이민족이면서 자기 고향과 거기에 속한 모든 것을 버린 사람이기 때문입니다. 그녀는 스스로 이스라엘 땅으로 왔습니다. 시어머니가 따라오지 말라고 했는데도 "어머님 가시는 곳으로 저도 가고 어머님 머무시는 곳에 저도 머물렵니다. 어머님의 겨레가 저의 겨레요 어머님의 하느님이 제 하느님이십니다. 어머님께서 숨을 거두시는 곳에서 저도 죽어 거기에 묻히렵니다"라고 말하며 고집을 꺾지 않았습니다. 그녀의 이 말은 그가 교회의 예형이라는 것을 분명하게 보여 줍니다. 교회도 다른 민족들 가운데에서 바로 이런 식으로 하느님께 불렸기 때문입

니다: 교회는 고향(우상 숭배)을 떠나고 세속의 모든 관계를 끊었으며 거룩한 이들이 믿는 분이 주 하느님이시라고 고백했습니다; 교회는 그리스도의 육이 수난한 뒤 올라간 곳으로 따라 올라갈 것입니다; 교회는 그분의 이름 때문에 이 세상에서 죽음에 이르기까지 고난을 겪고자 합니다; 교회는 성인들의 공동체, 곧 성조들과 예언자들과 하나가 될 것입니다. 이 공동체 덕분에 그녀[룻]는 아브라함의 혈통인 거룩한 이들에 들게 되리라고 모세가 노래로 알려 주었습니다. '민족들아, 그분의 백성(이는 다른 민족 사람들을 말합니다)과 함께 즐거워하여라. 너희가 믿는 것을 노래하여라. 영원한 기쁨을 누리도록 처음에 선택된 이들과 함께 크게 기뻐하여라'(로마 15,10 참조).

> • 세비야의 이시도루스 『룻기』.[1]

영혼이 닮았다

룻은 교회로 들어와 이스라엘 사람이 되었습니다. 그는 하느님의 위대한 종들 가운데 하나로 여겨질 자격이 있었습니다. 그녀가 선택된 것은 육체가 아니라 영혼이 그들과 닮았기 때문이었습니다. 우리가 그녀를 본받아야 하는 이유는 그가 자신의 행실로 말미암아 이 특권을 받기에 합당하다 여겨졌듯이 [우리도] 주님의 교회 안에서 선택받는 특전을 지닌 이로 헤아려질 수 있기 위해서입니다. 그러면 우리는 룻처럼, 하느님을 섬기라고 우리를 부르는 주교들처럼, 또 바오로 사도처럼 아버지 집에서 이렇게 말하게 될 것입니다. "어머님의 겨레가 저의 겨레요 어머님의 하느님이 제 하느님이십니다."

> • 암브로시우스 『루카 복음 해설』 3,30.[2]

버림받은 이를 위로하는 것은 공덕

이민족인 룻은 나오미의 곁을 떠나지 않았습니다. 버림받은 이를 위로하며 곁을 지키는 것이 얼마나 큰 공덕인지 보십시오.

> • 히에로니무스 『서간집』 39,5.[3]

칭찬받을 만한 충절

깊은 신심과 남편에 대한 추억 때문에 자기 부모 대신 늙고 가난에 시달리는 여자 곁에 남은 룻의 충절은 칭찬받을 만합니다.

> • 키루스의 테오도레투스 『룻기에 관한 질문』.[4]

룻의 믿음이 공덕으로 헤아려지다

보아즈는 룻의 믿음을 훌륭히 여겨 혼인했는데, 룻이 자기 친족과 땅, 나라를 경멸하고 이스라엘을 선택했기 때문이며 유배자요 자신과 마찬가지로 과부인 시어머니를 업신여기지 않고 자기 겨레보다 어머니의 겨레가 되고자 하였기 때문입니다. 룻은 시어머니에게 '저를 물리치지 마십시오'라고 하며, 자기 고향 땅의 신을 버리고 살아 계신 하느님을 택하였습니다.

> • 『마태오 복음 미완성 작품』 1.[5]

1,20 나를 나오미라 부르지 마라

나오미의 슬픔

관상의 감미로움을 고상하게 묘사하는 그대의 글은 나로 하여금 나의 타락한 상태를 느끼고 새로이 신음하게 만들었습니다. 내가 합당치 않게 겉으로는 다스림의 가장 높은 자리로 올라가는 동안 내적으로 무엇을 잃었는지 듣기 때문입니다. 그러니 내가 너무나 큰 슬픔에 빠져 제대

---

[1] MEIT (룻) 7*.

[2] MEIT (룻) 32*; SC 45,137.

[3] MEIT (룻) 35; CSEL 54,304-5

[4] MEIT (룻) 32*; PG 80,521, no. 348.

[5] MEIT (룻) 32; PG 56,619.

로 말을 할 수 없는 지경이라는 것을 알아주십시오. 슬픔의 어두운 그림자가 내 영혼의 눈을 침침하게 만들고 있습니다. 무엇을 보아도 슬프고 사람들이 기쁘다 여기는 모든 것이 내 마음에는 한탄스럽게 여겨지기만 합니다. 나의 외적인 지위 상승은, 곧 내 안식의 저 높은 꼭대기에서 비참하게 굴러떨어진 것이라 생각하기 때문입니다. 나의 결함들로 인하여 주님 면전에서 떠나 직무라는 귀양에 처해진 나는 몰락한 예루살렘처럼 예언자들과 함께 이렇게 말합니다. "나를

기운 차리게 해 주실 위로자께서 내게서 멀리 계시기 때문이라오"(애가 1,16). … 친구여, 말하자면 나는 자녀를 잃었습니다. 세속 걱정 때문에 의로움의 일을 잃어버린 것입니다. 그러니 나를 '사랑스럽다'는 뜻의 '나오미'라 부르지 말고 '마라'라고 부르십시오. 나는 온통 쓰라림투성이기 때문입니다.

• 대 그레고리우스 『서간집』 1,6.[6]

---

[6] NPNF 2,12,76.

2,1-7 룻이 보아즈의 밭에서 이삭을 줍다

[1] 나오미에게는 남편 쪽으로 친족이 한 사람 있었다. 그는 엘리멜렉 가문으로 재산가였는데 이름은 보아즈였다.

[2] 모압 여자 룻이 나오미에게 말하였다. "들로 나가, 저에게 호의를 베풀어 주는 사람 뒤에서 이삭을 주울까 합니다." 나오미가 룻에게 "그래 가거라, 내 딸아." 하고 말하였다.

둘러보기

며느리 룻을 제대로 가르쳤던 과부 나오미가 이제 룻의 도움을 받는다. 이는 그가 베푼 경건한 가르침에 대한 보상이라고 할 수 있다(암브로시우스).

2,2 룻이 이삭을 줍기 시작하다

좋은 가르침이 맺는 열매

다른 사람이 수확을 끝낸 밭에서 이삭을 주워 생계를 유지하다 이제 나이가 들어 며느리에 의지해 사는 과부 나오미. 여러분은 그녀가 하찮은 인물 같습니까? 시어머니가 나중에 늙어서 의지해 살기 위해 며느리들을 잘 가르치는 것은 생계 해결에나 과부 생활에나 큰 이득이 됩니다. 말하자면 가르침의 대가요 훈련의 보상입니다. 며느

리를 잘 가르치고 키운 사람에게는 자기 아버지의 집 대신 과부인 시어머니를 선택하고, 자기 남편이 죽어도 시어머니를 떠나지 않고 어려움에 처한 시어머니를 먹여 살리며 슬픔에 젖은 그녀를 위로하고 아무리 가라고 해도 곁을 지키는 룻 같은 며느리가 반드시 있을 것입니다. 훌륭한 가르침은 열매가 떨어지는 일이 없기 때문입니다. 그래서 나오미는 남편과 두 아들이 죽어 풍성한 열매를 가져다줄 자손을 얻을 길을 잃었지만 성실한 보살핌이라는 보상은 잃지 않았습니다. 그녀에게는 슬픔을 위로하고 궁핍을 채워 주는 이가 있었습니다.

• 암브로시우스 『과부』 6,33.[1]

---

[1] NPNF 2,10,396-97*.

2,8-23 보아즈가 룻에게 친절하게 대하다

⁸ 보아즈가 룻에게 말하였다. …

¹¹ … "네 남편이 죽은 다음 네가 시어머니에게 한 일과 또 네 아버지와 어머니 그리고 네 고향을 떠나 전에는 알지도 못하던 겨레에게 온 것을 내가 다 잘 들었다.

¹² 주님께서 네가 행한 바를 갚아 주실 것이다. 네가 이스라엘의 하느님이신 주님의 날개 아래로 피신하려고 왔으니, 그분께서 너에게 충만히 보상해 주시기를 빈다." …

¹⁷ 룻이 저녁때까지 들에서 이삭을 줍고, 그 주운 것을 털어 보니 보리 한 에파가량이 되었다. …

¹⁹ 시어머니가 그에게 말하였다. "오늘 어디에서 이삭을 주웠느냐? 어디에서 일을 했느냐? 너를 생각해 준 이는 복을 받을 것이다." 룻은 시어머니에게 누구네 밭에서 일했는지 말하였다. "오늘 제가 일한 밭의 주인 이름은 보아즈입니다."

²⁰ 그러자 나오미가 며느리에게 말하였다. "그분은 산 이들과 죽은 이들에 대한 당신의 자애를 저버리지 않으시는 주님께 복을 받을 것이다."

둘러보기

룻을 대하는 보아즈의 태도는 우리에게 친절과 관용의 덕을 가르친다. 하느님께서 룻의 덕에 후한 보상을 내리시어 룻은 예수님의 조상이 되는 자격을 얻었다. 나오미는 자신은 알지 못하지만 며느리에게 은혜를 베푼 이에게 예언처럼 축복했다(키루스의 테오도레투스).

2,12 주님께서 너에게 보상해 주시기를 빈다

친절하고 자애로운 사목자

보아즈에 관한 이야기는 우리에게 덕에 대해 가르칩니다. 그는 룻에게 자기 곡식을 후하게 나누어 줄 뿐 아니라 위로의 말도 해 줍니다. 그는 그녀에게 먹을 것을 나누어 주는가 하면 친절한 사목자이기도 했습니다. 이처럼 다른 이에게 자신의 종이 되라고 지시하지 않고 몸소 밀가루와 빵을 준비하는 이는 누구든지 실로 넉넉히 받게 될 것입니다.

- 키루스의 테오도레투스 『룻기에 관한 질문』.[1]

하느님께서 룻의 덕에 내리신 보상

보아즈가 말했듯이 축복이 내렸습니다. 룻은 하느님께 충분한 보상을 받았습니다. 민족들의 축복인 분의 조상이 되었으니 말입니다.

- 키루스의 테오도레투스 『룻기에 관한 질문』.[2]

2,20 나오미가 룻에게 축복하다

감사하는 마음

나오미는 며느리에게 은혜를 베푼 이를 보지는 못했지만 그가 자애를 저버리지 않음에 감사하는 마음에서 그에게 축복으로 보답했습니다.

---

[1] MEIT (룻) 32-33; PG 80,521, no. 348.

[2] MEIT (룻) 33; PG 80,521, no. 348.

이렇게 말했기 때문입니다. '너를 생각해 준 이는 복을 받을 것이다. 그가 자신의 행동으로 가난한 영혼을 채워 주었기 때문이다. 그는 가난을 마음에 두지 않고, 과부들을 보살펴 주라고 명령하신, 율법을 내리신 분에 대해서만 생각하였다.'

• 키루스의 테오도레투스 『롯기에 관한 질문』.[3]

_____

[3] MEIT (롯) 33; PG 80,521, no. 348-49.

3,1-18 롯이 타작마당의 보아즈 곁에 눕다

[1] 시어머니 나오미가 롯에게 말하였다. "내 딸아, 네가 행복해지도록 내가 너에게 보금자리를 찾아 주어야 하지 않겠느냐?

[2] 그런데 네가 함께 있던 여종들의 주인인 보아즈는 우리 친족이 아니냐? 보아라, 그분은 오늘 밤 타작마당에서 보리를 까부를 것이다.

[3] 그러니 너는 목욕하고 향유를 바른 다음에 겉옷을 입고 타작마당으로 내려가거라. 그러나 그분이 먹고 마시기를 마칠 때까지 그분 눈에 띄어서는 안 된다.

[4] 그분이 자려고 누우면 너는 그분이 누운 자리를 알아 두었다가, 거기로 가서 그 발치를 들치고 누워라. 그러면 그분이 네가 해야 할 바를 일러 줄 것이다." …

[6] 그러고는 타작마당으로 내려가서 시어머니가 시킨 대로 다 하였다.

[7] 보아즈는 먹고 마시고 나서 흡족한 마음으로 보릿가리 끝에 가서 누웠다. 롯은 살며시 가서 그의 발치를 들치고 누웠다.

[8] 한밤중에 그 남자가 한기에 몸을 떨며 웅크리는데, 웬 여자가 자기 발치에 누워 있는 것이었다.

[9] 그래서 "너는 누구냐?" 하고 묻자, 그 여자가 "저는 주인님의 종인 롯입니다. 어르신의 옷자락을 이 여종 위에 펼쳐 주십시오. 어르신은 구원자이십니다." 하고 대답하였다.

[10] 그러자 보아즈가 말하였다. "내 딸아, 너는 주님께 복을 받을 것이다. 네가 가난뱅이든 부자든 젊은이들을 쫓아가지 않았으니, 네 효성을 전보다 더 훌륭하게 드러낸 것이다.

[11] 자 이제 내 딸아, 두려워하지 마라. 네가 말하는 대로 다 해 주마. 온 마을 사람들이 네가 훌륭한 여인이라는 것을 알고 있다.

[12] 그런데 내가 구원자인 것은 사실이지만, 너에게는 나보다 더 가까운 구원자가 있다.

[13] 이 밤을 여기에서 지내라. 아침에 그가 너에게 구원 의무를 실행한다면, 좋다, 그렇게 하라지. 그러나 그가 만일 너에게 그 의무를 실행하려고 하지 않는다면, 주님께서 살아 계시는 한, 내가 너를 구원하마. 아침까지 여기에 누워 있어라."

둘러보기

나오미가 롯에게 한 지시는 도덕적인 것이며 죽은 이들이 잊히지 않게 하려는 희망에서 나온 것이다. 롯의 혼인은 육욕의 충동으로 말미암은 것이 아니다(키루스의 테오도레투스). 룻은 믿음과 신심, 순종, 정결을 비롯한 많은 덕의 모범이며, 보아즈는 겸손과 고상함, 믿음의 체현이다(『마태오 복음 미완성 작품』).

3,1-4 나오미가 룻에게 보아즈와 함께하라고 권하다

나오미의 충고

나오미가 며느리에게 어떻게 하라고 했습니까? 룻에게 '그 이웃은 진실한 사람이다'라고 말할 때, 나오미는 그가 베푼 큰 친절을 떠올리며 그를 자기 며느리와 혼인시키고 싶다는 생각을 했습니다. 그렇게 하면 죽은 이들에 대한 기억이 지켜질 것이었습니다. 그래서 나오미는 며느리에게 보아즈의 발치에서 자라고 시켰습니다. 그것은 몸을 팔라는 뜻이 아니었습니다(오가는 대화를 보면 이와 정반대의 뜻입니다). 나오미는 보아즈의 자제력과 판단을 믿었습니다. 그가 나오미의 말대로 행동했음은 물론입니다.

• 키루스의 테오도레투스 『룻기에 관한 질문』.[1]

3,10 보아즈가 축복하다

정결한 혼인

보아즈는 룻의 행동을 칭찬했고 또한 자제력을 잃지 않았습니다. 그는 혼인 예법[2]을 잊지 않았습니다. 그는 이렇게 말했습니다. '너는 네 행동이 육욕에서 나온 것이 아님을 보여 주었다. 네가 육적인 욕망을 채울 마음이었다면 한창때인 젊은 남자에게 갈 수도 있었는데 아버지 같은 사람에게로 왔구나.' 그는 룻을 두 번이나 "내 딸아" 하고 불렀습니다.

• 키루스의 테오도레투스 『룻기에 관한 질문』.[3]

3,11-13 보아즈가 룻의 제안을 수락하다

룻과 보아즈의 덕

하느님의 암시가 없었다면 룻이 그런 말을 하고 그런 행동을 했을 리가 없습니다. 룻이 가장 칭찬받는 점이 무엇입니까? 이스라엘 민족에 대한 사랑, 순종, 믿음[4] 무엇입니까? 그녀는 이스라엘의 씨를 받은 아들을 낳아[5] 하느님 백성이 되기 바랐습니다. 룻은 순박함으로도 칭찬받습니다. 그녀가 자발적으로 보아즈의 이불 아래로 들어갔기 때문입니다. 그녀는 의로운 남자가 음탕한 여자를 물리치듯이 보아즈가 자신을 물리칠까 걱정하지도 않았고, 많은 남자들이 그러듯이 그가 자신을 속이고 또 자기에게 속아 넘어간 여자를 경멸할까 봐 걱정하지도 않았습니다. 그저 시어머니의 뜻을 따라, 하느님께서 그녀의 마음을 아시니 그녀의 행동에 좋은 결과를 가져다주시리라 믿었습니다. 육욕이 그렇게 행동하도록 만든 것이 아니라 신앙심이 그에게 용기를 돋우어 주었습니다.

보아즈가 칭찬받는 것은 무엇 때문입니까? 겸손과 정결, 신앙심 때문입니다. 실로 그는 겸손하고 정결한 사람이었습니다. 음탕한 남자가 여자를 [건드리듯] 룻을 건드리지도 않았고, 순결한 남자가 음탕한 여자를 질색하듯 룻을 혐오하지도 않았습니다. 룻이 율법에 대해 이야기하는 것을 듣자마자 그녀의 행동이 신앙심에서 나온 것이라고 여겼습니다. 또한 그는 흔히 가난한 이를 업신여기는 부자들과 달리 룻을 업신여기지

---

[1] MEIT (룻) 33; PG 80,521.524, no. 349.

[2] 혼인식을 치르기 전에는 잠자리를 하지 않는다는 원칙.

[3] MEIT (룻) 34; PG 80,524, nos. 349-50.

[4] PG 본문은 이 자리에 '순박함'이 있다.

[5] PG 본문은 '그녀는 아들을 낳고 싶었기 때문에 이스라엘 민족을 사랑하였습니다'다.

도 않았고, 젊은 여자를 보면 어쩔 줄 모르는 보통의 나이 많은 남자와 달리 룻 앞에서 이성을 잃지도 않았습니다. 육체보다 신앙에서 더 성숙한 그는 아침이 되자 성문으로 올라가 마을 사람들을 불러 모아 놓고, 가장 가까운 친족으로서가 아니라 하느님께 선택받은 이로서[6] 룻과 관련된 일을 처리했습니다.

• 『마태오 복음 미완성 작품』(강해 1).[7]

---

[6] 보아즈가 룻과 혼인한 것은 율법에 따라 보아즈가 가장 가까운 친족이어서가 아니라, 율법과 상관없이 하느님께서 그것을 원하셨기 때문이라는 뜻이다.

[7] MEIT (룻) 34*; PG 56,619.

4,1-6 보아즈가 성문에서 사람들을 불러 모으다

¹ 보아즈는 성문으로 올라가 거기에 앉았다. 때마침 보아즈가 말하던 그 구원자가 지나갔다. 보아즈가 "여보게, 이리로 와서 앉게." 하고 말하니 그가 와서 앉았다.

² 보아즈가 마을 원로들 가운데 열 사람을 데려다가, "여기 앉으십시오." 하자 그들이 앉았다.

³ 그러자 보아즈가 그 구원자에게 말하였다. "우리 형제 엘리멜렉에게 속한 밭을 모압 지방에서 돌아온 나오미가 팔려고 내놓았네.

⁴ 그래서 내가 그대에게 이 소식을 알리고 이렇게 말하리라고 생각하였네. '여기 앉아 계신 분들과 내 겨레의 원로들 앞에서 그것을 사들이게. 그대가 구원 의무를 실행하려면 그렇게 하게. 그러나 그 의무를 실행하지 않으려면 나에게 알려 주게. 구원 의무를 실행할 사람은 그대밖에 없고, 그대 다음은 나라는 것을 알고 있네.'" 그러자 그는 "내가 구원 의무를 실행하겠네." 하고 대답하였다.

⁵ 보아즈가 다시 "나오미에게서 그 밭을 사들이는 날에 그대는 고인의 아내인 모압 여자 룻도 맞아들여,① 고인의 이름을 그의 소유지 위에 세워 주어야 하네." 하고 말하였다.

⁶ 그러자 그 구원자가 대답하였다. "그렇다면 나로서는 구원 의무를 실행할 수 없네. 내 재산을 망치고 싶지는 않다네. 나는 구원 의무를 실행할 수 없으니 내 구원자 의무를 그대가 실행하게."

① 옛 라틴어 역본, 불가타; 히브리어 본문은 '룻에게서도 그것을 사들여'가 덧붙어 있다.

둘러보기

보아즈와 룻의 이야기는 그리스도께서 다른 민족들 가운데에서 불러 모으신 그분의 정결한 아내, 곧 교회와 그분의 결합을 예고하는 세례자 요한의 출현을 예시한다(세비야의 이시도루스). 혼인을 준비하는 보아즈의 방식은 그의 고결함을 분명하게 증언해 주는(키루스의 테오도레투스) 신심 깊은 사람의 행동이다(『마태오 복음 미완성 작품』).

4,1-6 보아즈가 원로들과 이야기하다

신부와 신랑, 신랑 들러리의 예표

룻이 시어머니와 이스라엘 땅에 들어왔을 때, 그녀는 (그가 바친 기도의 공덕으로) 아브라함의 혈통인 남자와 혼인하게 되도록 예정되었습니다. 그리고 처음에 그녀는 그 남자가 집안의 가장 가까운 친족이라 믿었습니다. 그런데 그[가장 가까운 친족]가 자신은 룻을 아내로 맞아들일 수 없다고 말했고, 그가 혼인을 포기하자 원로들이 보는 가운데 보아즈가 그녀와 혼인했습니다. 자신은 룻과 혼인할 수 없는 처지라고 고백했던 그[보아즈]가 결국 룻을 아내로 맞아들였고 열 사람의 원로들에게 축복받았습니다.

이 단락은 세례자 요한을 예시한다고 여겨집니다. 이스라엘 백성은 그를 그리스도라 여겼는데, 그는 당신은 누구냐는 질문을 받자 자신의 실체를 부인하지 않고 자신은 그리스도가 아니라고 고백했습니다. 후에도 계속 같은 질문을 받자 그는 '나는 광야에서 외치는 이의 소리다'라고 하였습니다(요한 1,19-27 참조). 그는 주님에 관한 기쁜 소식을 알려 주며 "신부를 차지하는 이는 신랑이다"(요한 3,29ㄱ)라고 하였습니다. 그러고는 "신랑 친구는 신랑의 소리를 들으려고 서 있다가, 그의 목소리를 듣게 되면 크게 기뻐한다"라는 말로 자신은 신랑의 친구[들러리]임을 보여 주었습니다(요한 3,29ㄴ). 그들이 그를 그리스도로 생각한 것은 성모님께서 엘리사벳을 방문하신 날에 그리스도께서 이미 와 계셨다는 것과 일찍이 예언자들의 목소리가 약속한 분은 교회의 신랑임을 이해하지 못했기 때문입니다. 그러나 보아즈가 룻에게 자신은 가장 가까운 친족이 아니라고 말했지만 결국 룻과 결합하게 되었듯이, 교회의 참된 신랑이시며 모든 예언자들이 선포한 그리스도께서는 모든 민족들 가운데에서 모인 교회를 차지하고 온 세상의 무수한 사람들을 아버지 하느님께 바칠 자격이 있는 분으로 여겨졌습니다. 가장 가까운 친족이 신발을 벗어 주었기 때문입니다.

• 세비야의 이시도루스 『롯기』.[1]

고결한 보아즈

보아즈는 참으로 고결한 사람이어서 율법을 거스르는 혼인은 할 생각도 하지 않았습니다. 그는 마을 사람들을 불러 모아 룻의 혼인에 대해 이야기를 나누었습니다. 그가 한 말은 칭찬할 만했습니다. 그는 혼인에 앞서 밭의 소유권에 대해 이야기했습니다. 그러다 혼인에 따른 조건 때문에 그[가장 가까운 친족]가 땅을 사들이지 않기로 결정하고 신발을 벗어 보아즈에게 건네주자, 그제서야 그는 율법에 따라 룻을 아내로 맞아들였습니다. 그가 이렇게 한 것은 육욕 때문이 아니었습니다. 그는 아내를 맞는 이가 마땅히 지녀야 하는 마음으로 그를 맞아들였으며 이때 그가 한 말도 칭찬받을 만한 것이었습니다. 여러분이 그 증인입니다. 그는 이렇게 말했습니다. '나는 고인의 이름이 없어지지 않도록 거룩한 율법에 따라 모압 여자 룻을 아내로 맞아들입니다.'

• 키루스의 테오도레투스 『롯기에 관한 질문』.[2]

보아즈의 혼인은 신심에서 나온 행위

보아즈가 룻을 아내로 맞아들인 것은 룻의 신심이 훌륭했기 때문이고, 이처럼 거룩한 혼인에서 고귀한 백성이 태어나게 되려는 것이었습니다. 노인인 보아즈가 아내를 맞아들인 것은 자신을 위해서가 아니라 하느님을 위해서였습니다. 육체의 정욕 때문이 아니라 율법의 의로움 때문이었습니다. 친족의 씨를 되살리려는 것은 육체적 사랑이라기보다 신심에서 나오는 행위입니다. 그는 몸은 늙었지만 믿음에서는 젊었습니다.

• 『마태오 복음 미완성 작품』(강해 1).[3]

[1] MEIT (롯) 7*.

[2] MEIT (롯) 34-35*; PG 80,524-25, nos. 350-51.

[3] MEIT (롯) 35; PG 56,619.

4,7-12 보아즈가 나오미의 소유지를 사들이다

7 옛날 이스라엘에는 구원하거나 교환할 때, 무슨 일이든 확정 짓기 위하여 자기 신을 벗어서 상대편에게 주는 관습이 있었는데, 이것이 이스라엘에서는 증거로 통하였다.

8 그 구원자는 보아즈에게 "자네가 사들이게." 하며 자기 신을 벗어서 건네주었다.

9 그러자 보아즈는 원로들과 온 백성에게 말하였다. "엘리멜렉에게 속한 모든 것과 킬욘과 마흘론에게 속한 모든 것을 제가 나오미의 손에서 사들인 사실에 대하여 여러분은 오늘 증인이 되셨습니다.

10 고인의 이름을 그의 소유지 위에 세워, 고인의 이름이 형제들 사이에서, 그리고 그의 고을 성문에서 없어지지 않도록 마흘론의 아내인 모압 여자 룻을 제 아내로 맞아들입니다. 여러분은 오늘 이 일에 대해서도 증인이십니다."

11 그러자 성문에 있던 온 백성과 원로들이 말하였다. "우리가 증인이오. 주님께서 그대 집에 들어가는 그 여인을, 둘이서 함께 이스라엘 집안을 세운 라헬과 레아처럼 되게 해 주시기를 기원하오. 그리고 그대가 에프라타에서 번성하고 베들레헴에서 이름을 떨치기를 비오.

12 또한 그대의 집안이 주님께서 이 젊은 여인을 통하여 그대에게 주실 후손으로 말미암아, 타마르가 유다에게 낳아 준 페레츠 집안처럼 되기를 기원하오."

둘러보기

보아즈는 룻과 혼인하고 싶었지만, 가장 가까운 친족이 구원자가 되는 관습 때문에 룻과 혼인할 가능성이 없어 보였다. 그 율법에 따르면, 룻이 가장 먼저 해야 할 일은 죽은 남편의 가장 가까운 친족을 찾는 것이었다(암브로시우스). 룻과 보아즈의 혼인에는 깊은 상징적 의미가 들어 있다. 이 혼인은 그리스도와 그분의 교회 안에서 모든 백성의 구원이 이루어짐을 예시한다(세비야의 이시도루스, 요한 크리소스토무스). 원로들이 룻의 혼인에 내린 축복은 베들레헴에서 예수님께서 탄생하심을 기대한다는 점에서 예언적이다(키루스의 테오도레투스).

4,7-12 계약이 이루어지다

구원하는 관습

율법에 따르면, 남편이 죽으면 아내와의 혼인 유대는 그의 형제나 제일 가까운 남자 친족에게 넘겨집니다. 형제나 가장 가까운 친족의 씨가 그 집안의 생명을 되살리게 하는 것입니다. 룻은 이민족이었지만 그의 남편은 유대 민족이었고 그에게는 가까운 친족이 있었습니다. 보아즈는 룻이 이삭을 줍는 것과 그 주운 것으로 시어머니를 봉양하며 살아가는 것을 보고 사랑하는 마음을 품었지만, 율법에 따라 룻을 아내로 맞아들여야 하는 남편의 가장 가까운 친족이 신발을 벗어서 그 권리를 포기하지 않는 한 룻은 그의 아내가 될 수 없었습니다.

이 이야기는 아주 간단하지만 깊은 의미가 숨

겨져 있습니다. 그때에 이루어진 행동은 겉으로 드러난 것보다 더 큰 의미를 담고 있기 때문입니다. 실로 우리가 정확히 문자대로 이 이야기를 해석한다면 그 내용이 수치스럽고 끔찍하기까지 할 정도입니다. 문자대로라면 일반적인 육체관계를 염두에 둔 말로 보아야 하기 때문입니다. 그런데 그렇지가 않습니다. 이 이야기는 유대 민족에게서 나올 분 — 그리스도는 육에 따라서는 유대 민족이시지요 — 을 예시하고 있습니다. 그분은 거룩한 가르침이라는 씨로 죽은 친족의 씨, 곧 백성을 되살리실 분이며, 영적 의미로 볼 때 율법 계명들은 교회의 혼인을 위하여 그분께 혼인의 권리를 상징하는 신발을 넘겨주었습니다.

• 암브로시우스 『신앙론』 3,69-70.[1]

참된 신랑이신 그리스도

남편이 아내와 이혼하고자 할 경우 자기 신발을 벗는 것은 오래된 관습이었습니다. 신발을 벗는 것이 이혼의 상징이었습니다. 그러므로 그가 신발을 벗으라는 지시를 받은 것은 그가 마치 신랑인 것처럼 신발을 신고 교회에게 다가가는 일이 없게 하려는 것이었습니다. 이 직무는 참된 신랑이신 그리스도께서 이행하시도록 준비되어 있었습니다. 그렇지만 원로 열 사람의 축복은 모든 이민족들이 그리스도의 이름으로 구원받고 축복받았다는 것을 보여 주었습니다. '이오타' *iota*는 그리스어에서 '열'(10)을 나타내는데, 이 낱말의 첫 글자가 장차 주 예수님의 이름 전체를 나타낼 것이기 때문입니다. 앞서도 말했듯이, 이것은 모든 민족들이 그분을 통하여 구원받고 축복받는다는 것을 보여 줍니다. 그러니 그 누구도 이 이야기를 의심하지 마십시오. 그 일들은 모든 곳에 암시되어 있었으며 과거의 표상들로 처음부터 예시되었고 주님의 오심을 통하여 이런 식

으로 분명하게 완성되었습니다. 그리고 그 외의 것들은 진리 안에서 말하는 모든 이의 목소리에 의해, 그리고 [그들에게] 약속하신 분께서 당신의 아들 예수 그리스도 우리 주님을 통해 완성되리라고 하신 성경의 모든 "표상들"에 의해 이런 식으로 완성되었습니다. 임금이시며 우리의 속량자요 구원자이신 우리 주 예수 그리스도께 영광과 영예가 영원히 있나이다. 아멘.

• 세비야의 이시도루스 『룻기』.[2]

예전 삶의 방식을 버리다

룻에게 일어난 일들은 상징으로 보아야 합니다. 그녀는 이방인인 데다 극심한 빈곤에 처해 있었습니다. 그러나 그녀를 본 보아즈는 가난하다고 업신여기지 않았습니다. 그녀의 대담한 행동을 혐오하지도 않았습니다. 그리스도께서 교회를 받아들이신 것도 이와 같았습니다. 교회는 고생하며 사는 이방인이었고 그에게는 크게 좋은 일들이 필요했습니다. 룻은 부모와 민족과 고향을 버리고 나서야 남편 될 사람을 만났습니다. 룻만큼 혼인으로 신분이 높아진 사람이 없습니다. 이처럼 교회도 예전 삶의 방식을 버리고 나서야 배우자에게 사랑스러운 존재가 되었습니다. 그래서 예언자는 "네 백성과 네 아버지 집안을 잊어버려라"(시편 45,11) 하고 말합니다.

• 요한 크리소스토무스 『마태오 복음 강해』 3.[3]

예언적 의미가 담긴 원로들의 축복

원로들은 축복의 말로 이 혼인이 정당함을 확인해 주었습니다. '주님께서 그 여인을 라헬과

---

[1] NPNF 2,10,253*.

[2] MEIT (룻) 7-8*.

[3] MEIT (룻) 35*; PG 57,35-36.

레아처럼 되게 해 주시기를 기원한다'고 하였지요. 또한 그들은 '그가 에프라타에서 덕의 본보기가 되게 해 주시기를 기원한다'는 말로, 베들레헴이 모든 사람에게 알려지게 한 구원자의 탄

생을 예고하기도 하였습니다.

• 키루스의 테오도레투스 『롯기에 관한 질문』.[4]

---

[4] MEIT (롯) 35; PG 80,525, nos. 351-52.

4,13-22 오벳이 태어나다

[13] 이렇게 보아즈가 롯을 맞이하여 롯은 그의 아내가 되었다. 그가 롯과 한자리에 드니, 주님께서 점지해 주시어 롯이 아들을 낳았다.

[14] 그러자 아낙네들이 나오미에게 말하였다. "오늘 그대에게 대를 이을 구원자가 끊어지지 않게 해 주신 주님께서는 찬미받으시기를 빕니다. 이 아이의 이름이 이스라엘에서 기려지기를 바랍니다.

[15] 그대를 사랑하고 그대에게는 아들 일곱보다 더 나은 며느리가 아들을 낳았으니, 이제 이 아기가 그대의 생기를 북돋우고 그대의 노후를 돌보아 줄 것입니다."

[16] 나오미는 아기를 받아 품에 안았다. 나오미가 그 아기의 양육자가 된 것이다.

[17] 이웃 아낙네들은 그 아기의 이름을 부르며, "나오미가 아들을 보았네." 하고 말하였다. 그의 이름은 오벳이라 하였는데, 그가 다윗의 아버지인 이사이의 아버지다.

둘러보기

하느님에 대한 사랑을 대담함과 겸손으로 보여 준 롯은 그리스도를 잉태하는 특권이라는 보상을 받았다(시리아인 에프렘). 아브라함의 자손인 보아즈와 이민족 롯이 결합한 것은 하느님의 아드님이 이민족들에게서 태어난 교회와 혼인하게 됨을 예시한다(테오필락투스).

4,13-17 주님께서 대를 이을 구원자를 주시다

롯의 사랑이 보상을 받다

타마르는 주님께서 오심을 기뻐할지니, 그녀의 이름이 주님의 아드님을 예고하였고 그녀의 호칭이 당신을 그녀에게 오도록 불렀기 때문입니다.

모든 이를 정결하게 만드시는 분, 고귀한 여인들이 당신으로 인하여 스스로 하찮은 존재가 되었습니다. 그녀는 네거리에서, 하늘나라 거처로 가는 길을 준비하시는 [당신을] 훔쳤습니다. 생명을 훔친 그녀였기에, 칼은 그녀를 죽일 수 없었습니다.

롯은 당신을 위하여 타작마당에서 남자 곁에 누웠습니다. 당신을 위하여 그녀의 사랑은 대담했습니다. 그녀는 참회하는 모든 이에게 대담함을 가르칩니다. 당신의 목소리를 듣기 위하여 그녀의 귀는 [다른] 모든 목소리를 무시합니다.

그 불타는 석탄은 보아즈의 잠자리에 기어 들어가 누웠습니다. 그녀는 그의 허리에 그의 향로, 곧 대사제께서 숨어 계신 것을 보고 달려가

보아즈의 어린 암소가 되었습니다. 그리고 당신을 위해 살진 송아지를 낳았습니다.

그녀는 당신에 대한 사랑 때문에 이삭을 주우러 갔습니다. 가서 지푸라기를 주웠습니다. 당신께서는 그 굴욕에 신속히 보상해 주셨습니다. 그녀는 [밀]이삭 대신에 임금들의 '뿌리'를, 지푸라기 대신에 '생명의 다발'을 얻었습니다. '뿌리'와 '다발'이 그녀의 후손에게서 태어났습니다.

● 시리아인 에프렘 『성탄 찬미가』 9,12-16.[1]

이민족이 받아들여지다

룻이 보아즈에게 오벳을 낳아 주었습니다. 룻은 이민족임에도 불구하고 보아즈와 혼인했습니다. 교회도 이처럼 다른 민족들 가운데에서 생겨났습니다. 다른 민족들은 룻과 마찬가지로 이민족이고 계약 바깥에 있었지만 자기 민족과 우상들과 아버지, 곧 악마를 버렸습니다. 그리고 룻이 아브라함의 후손인 보아즈와 혼인했듯이 교회도 하느님 아들의 신부로 받아들여졌습니다.

● 테오필락투스 『마태오 복음 상해』 1,3-4.[2]

---

[1] CWS 126-27.

[2] *EBT* 16.

사무엘기 상권

1,1-2 엘카나와 그의 아내들

[1] 에프라임 산악 지방에 춥족의 라마타임 사람이 하나 살고 있었다. 그의 이름은 엘카나였는데, 에프라임족 여로함의 아들이고 엘리후의 손자이며, 토후의 증손이고 춥의 현손이었다. [2] 그에게는 아내가 둘 있었다. 한 아내의 이름은 한나이고, 다른 아내의 이름은 프닌나였다. 프닌나에게는 아이들이 있었지만 한나에게는 아이가 없었다.

둘러보기

인격이 분열된 죄인들과 달리, 의인들은 그들이 누리는 내적 평화로, 또 다른 의인들과 이루는 마음의 일치로 찬양을 받는다. 성조들의 아내들은 덕행의 표지로 이해하는 것이 적절하며, 프닌나와 한나는 회개와 은총을 상징한다. 따라서 엘카나는 회개로 아들들을, 또 은총으로 아들들을 얻은 것이다(오리게네스). 사무엘은 그리스도의 예형이다(키프리아누스).

1,1 사람이 하나 있었다

의인들은 하나다

"사람이 하나 있었다"고 말할 수 있다는 바로 이 사실이 그 의인을 찬양하는 이유가 아니겠습니까? 아직도 죄인들인 우리는 한 사람이 되지 못하고 많은 사람으로 머물러 있기에 그러한 찬양의 칭호를 받을 수 없습니다. 저를 보자면, 지금 화가 나 있지만 전에는 슬픈 얼굴이었고, 조금 뒤에는 행복해하고, 어떤 때는 어쩔 줄을 모르기도 하다가 온유해지기도 하며, 때로는 하느님의 일을 걱정하고 영원한 생명으로 나아가는 행동에 관심을 기울이다가도, 곧바로 탐욕을 좇아 행동하며 이 세상의 영광을 찾기도 합니다. 그러니까 한 사람이라고 여겨지던 이가 하나가 아니며 그의 안에는 관습의 수만큼 많은 사람이 들어 있는 것처럼 보입니다. … 그러나 의인들의

경우에는 각 사람을 하나라고 할 뿐만 아니라 그들 모두를 함께 일러 하나라고 하기도 합니다. 그리고 "한마음 한뜻"(사도 4,32)이었다고 적혀 있는 그들을 어찌 모두 하나라고 부르지 못하겠습니까? 그들은 하나의 감정과 자세를 갖추고 하나인 지혜를 관상하며, 한 분이신 하느님을 공경하고, 하느님의 한 성령으로 가득 찬 채 한 분이신 예수 그리스도를 주님으로 고백합니다. 그래서 그들은 마땅히 하나[의 사물]로 불리지 않고 '한 사람'이라고 불립니다. 이처럼 바오로 사도도 "모두 달리지만 상을 받는 사람은 한 사람뿐"(1코린 9,24)이라고 하였습니다.

• 오리게네스 『사무엘기 상권[1] 강해』 1,4.[2]

1,2 엘카나에게는 아내가 둘 있었다

아내는 덕행의 표지

이처럼 [상징적으로] 보아야 노인들의 혼인이 갖는 의미가 더 잘 드러난다고 나는 생각합니다. 이런 식으로 보아야 성조들이 생애 말년의 노쇠한 나이에 이룬 결합의 고귀한 의미를 이해하게 됩니다. 그 결합에 따른 필연적인 자녀 출산도 이런 식으로 이해해야 한다고 나는 믿습니다. 이러한 혼인이나 이러한 종류의 자녀 출산은 젊은

---

[1] 현대 성경의 사무엘 상·하권, 열왕기 상·하권은 칠십인역과 불가타에서는 열왕기 1-4권으로 분류되었다.

[2] *OSF* 281*.

이들에게는 노인들에게보다 어울리지 않습니다. 사람은 육에서 쇠약한 만큼 영혼의 덕은 그만큼 더 강하고, 지혜를 끌어안는 데에도 더 뛰어날 것입니다. 그래서 성경에 나오는 엘카나라는 의인도 아내가 둘이었다고 합니다. 한 아내는 프닌나라 불렸고, 다른 아내는 한나라 불렸는데, 곧 '회개'와 '은총'이었습니다. 실제로 그는 처음에 프닌나에게서 아들들을 얻었는데 그들은 곧 회개의 아들들이고, 나중에 한나에게서는 은총의 아들을 얻었다고 합니다.

참으로 성경은 성인들의 진보를 혼인을 통해 상징적으로 보여 줍니다. 여러분이 원한다면, 이러한 혼인 이야기에 나오는 남편이 될 수 있습니다. 예를 들어 봅시다. 여러분이 너그러운 마음으로 낯선 이를 따뜻하게 맞아들인다면, 여러분은 환대를 아내로 얻었다고 보일 것입니다. 여기에 더하여 여러분이 가난한 사람들을 돌본다면, 여러분은 두 번째 아내를 얻었다고 보일 것입니다. 그런데 여러분이 인내와 온유와 또 다른 덕행들을 여러분 자신과 결합시킨다면, 여러분은 여러분이 지닌 덕들만큼이나 많은 아내를 둔 것으로 보일 것입니다.

성경에서 어떤 성조들이 동시에 많은 아내를 두었다고 하거나 이전 아내들이 죽은 다음에 다른 아내들을 얻었다고 이야기하는 것은 이런 까닭입니다. 이러한 이야기들은 어떤 이는 많은 덕행을 동시에 실천할 수 있었고, 또 어떤 이들은 이전의 덕들이 완덕에 이르기 전에는 그다음 덕행들을 시작할 수 없었다는 것을 상징적으로 보여 주는 것입니다.

• 오리게네스 『창세기 강해』 11,2.[3]

메시아의 예형인 사무엘

전에 자녀를 낳지 못했던 교회는 예전에 회당이 낳았던 것보다 훨씬 더 많은 자녀를 이민족들 가운데에서 낳아야 합니다. 이사야는 이렇게 말했습니다. "환성을 올려라, 아이를 낳지 못하는 여인아! 기뻐 소리처라, 즐거워하여라, 산고를 겪어 보지 못한 여인아! 버림받은 여인의 아들들이 혼인한 여인의 아들들보다 많을 것이다 …"(이사 54,1). 아브라함의 경우도 그렇습니다. 그의 여종에게서 첫아들이 태어났을 때에 사라는 오랫동안 아이를 낳지 못하고 있었지만 늘그막에 가서 아브라함에게 약속된 아들 이사악을 낳아 주었습니다. 이사악은 그리스도의 예형이었습니다. 야곱에게도 두 아내가 있었습니다. 나이가 더 많고 시력이 나쁜 레아는 회당의 예형이고, 더 젊고 아름다운 라헬은 교회의 예형이었습니다. 라헬도 오랫동안 임신을 못하다가 나중에야 요셉을 낳았습니다. 요셉도 그리스도의 예형이었습니다. 열왕기 1권[사무엘기 상권]은 엘카나에게도 두 아내가 있었다고 합니다. 아들들을 낳은 프닌나가 있었고, 임신을 못하던 한나가 있었습니다. 그런 한나에게서 출산의 질서에 따른 것이 아니라 하느님의 자비와 약속에 따른 아들이 태어났습니다. 한나가 성전에서 기도할 때에 하느님께서 약속을 해 주셨던 것입니다. 이렇게 태어난 사무엘은 그리스도의 예형이었습니다. 열왕기 1권[사무엘기 상권]은 이렇게 말합니다. "아이 못 낳던 여자는 일곱을 낳고, 아들 많은 여자는 홀로 시들어 간다"(1사무 2,5).

• 키프리아누스 『퀴리누스에게』 1,20.[4]

---

[3] FC 71,170-71*.

[4] ANF 5,512-13**.

1,3-8 한나의 슬픔

³ 엘카나는 해마다 자기 성읍을 떠나 실로에 올라가서, 만군의 주님께 예배와 제사를 드렸다.
그곳에는 엘리의 두 아들 호프니와 피느하스가 주님의 사제로 있었다.

⁴ 제사를 드리는 날, 엘카나는 아내 프닌나와 그의 아들딸들에게 제물의 몫을 나누어 주었다.

⁵ 그러나① 한나에게는 한몫밖에 줄 수 없었다. 엘카나는 한나를 사랑하였지만 주님께서 그의
태를 닫아 놓으셨기 때문이다.

⁶ 더구나 적수 프닌나는, 주님께서 한나의 태를 닫아 놓으셨으므로, 그를 괴롭히려고 그의 화
를 몹시 돋우었다.

⁷ 이런 일이 해마다 되풀이되었다. 주님의 집에 올라갈 때마다 프닌나가 이렇게 한나의 화를
돋우면, 한나는 울기만 하고 아무것도 먹지 않았다.

⁸ 남편 엘카나가 한나에게 말하였다. "한나, 왜 울기만 하오? 왜 먹지도 않고 그렇게 슬퍼만
하오? 당신에게는 내가 아들 열보다 더 낫지 않소?"

① 그리스어 본문; 히브리어 본문의 낱말은 뜻이 명확하지 않다.

둘러보기

하느님의 때를 기다리며 고통을 견뎌 내는 한나의 인내를 보고 최고의 가치를 배워야 할 것이다(요한 크리소스토무스). "적수"라는 말은 여러 가지 의미를 지니고 있다(베레쿤두스). 자녀가 없어서 울며 단식하는 한나의 기도는 그리스도인이 본받아야 할 전심으로 바치는 기도의 본보기다(요한 크리소스토무스). 존경할 만한 경외심을 보여 주는 그 여자의 단식이 바로 그가 아들을 얻은 방법이다(테르툴리아누스).

1,5 주님께서 그의 태를 닫아 놓으셨다

하느님께서 고통을 주시는 목적

우리는 이 이야기를 적당히 듣고 넘길 것이 아니라, 여기에서 최고의 가치를 배워야 하겠습니다. 우리가 엄청난 불행에 빠지거나 슬픔과 아픔에 고통스럽더라도, 견딜 수 없을 것 같은 곤경에 부딪치더라도, 불안해하거나 당황하지 말고, 하느님의 섭리를 기다립시다. 하느님께서는 우리를 짓누르는 것이 언제 사라져야 하는지 잘 알고 계십니다. 그 여자의 경우에도 그랬습니다. 사실, 하느님께서 그 여자의 태를 닫아 놓으신 것은 그 여자가 미워서나 역겨워서가 아니었습니다. 그 여인이 지닌 가치의 문을 우리에게 열어 주시어 우리가 그 여인이 지닌 신앙의 부요를 보게 하시고, 그로써 그 여인이 더욱 돋보이게 하시려는 것이었습니다. … 극도의 고통과 오랜 슬픔이 이틀이나 사흘도 아니고, 이십 일이나 백 일도 아니고, 천 일이나 이천 일만큼 오래되었다고 하지도 않습니다. 그저 "해마다"라고 합니다. "해마다", 그러니까 여러 해 동안, 그 여인은 슬픔과 고통을 겪었습니다. 그렇지만 그 여인은 조바심을 비치지도 않고 그동안 자신의 가치를 떨어뜨리지도 않으며, 자기 적수에게 비난이나 욕

설을 퍼붓지도 않습니다. 그 대신에 그 여인은 끊임없이 기도와 간청을 드리고 있었습니다. 무엇보다 눈에 띄는 것은 특별히 하느님을 향한 사랑을 보여 주면서 그 여인은 단순히 자기 자신을 위하여 아이를 갖고 싶어 안달하는 것이 아니라 자기 태중의 아들을 하느님께 봉헌하고자 열망하였다는 점입니다. 그 여인은 자기 태중의 첫 열매를 바치고 그 보상으로 이 좋은 약속을 받고자 한 것입니다.

• 요한 크리소스토무스 『한나에 대한 설교』 1.[1]

1,6 적수가 한나의 화를 돋우다

질투

'경쟁하다/질투하다'[aemulare]라는 말에는 세 가지 뜻이 있습니다.[2] 첫째는 '겨루다, 지지 않으려고 애쓰다'[imitari]라는 뜻입니다. "여러분은 더 큰 은사를 열심히 구하십시오"(1코린 12,31)라고 할 때에도 그런 뜻으로 말하는 것입니다. "남들이 좋은 뜻으로 열성을 기울여 주는 것은 언제나 좋은 일입니다"(갈라 4,18)라는 말씀에서 '열성을 기울이다'도 그런 뜻입니다. 둘째는 '시샘하다'[invidere]라는 뜻입니다. 사울은 사무엘을 통하여 '하느님께서 왕국을 당신에게서 빼앗아 당신 적수[aemulo]에게 주셨습니다'(1사무 15,28 참조)라는 말을 들었는데 시샘하는 대상이 적수이기 때문입니다. 더 나아가, 회당의 역할을 한 프닌나는 한나에게 부러움을 샀는데, 한나가 불임으로 아이가 없었기 때문입니다. "[한나의] 적수[aemula] 프닌나는 그녀를 괴롭히려고 화를 몹시 돋우었다." 여기서 '적수'라는 말은 적개심이나 질투심을 가리킵니다. 그러나 '화를 돋우었다'는 말은 갑자기 삼킨 고깃덩어리에 목구멍이 막히는 것처럼 '짓눌렀다'[obprimebat]는 뜻입니다. 셋째는 화나게 한다는 뜻입니다. "우리가 주님을

질투하시게[aemulamur] 하려는 것입니까? 우리가 주님보다 강하다는 말입니까?"(1코린 10,22)라는 사도의 말에서 '질투하시게 한다'는 곧, '화나시게 한다'는 뜻입니다. 다시 말해, 성질을 돋운다는 뜻입니다.

• 윤카의 베레쿤두스 『교회 노래 해설』(신명기) 22,8.[3]

1,7-8 한나는 울기만 하고 아무것도 먹지 않았다

깨어 있는 기도

깨어 있는 기도가 어떤 것인지 알고 싶습니까? 한나에게 가서 그 여인이 기도하는 말을 들어 보십시오. "온 누리의 주 하느님!"(1사무 1,20 칠십인역). 아니, 그 전에 쓰여 있는 말씀부터 들어 봅시다. 책에는 이렇게 기록되어 있습니다. "사람들이 모두 식탁에서 일어났다"(1사무 1,9). 그러나 한나는 곧바로 쉬러 가지도, 잠을 자러 물러가지도 않았습니다. 내가 보기에 그 여인은 식탁에 앉아 있을 때에도 가볍게 먹었을 뿐 배불리 먹지는 않았습니다. 그랬다면 그토록 많은 눈물을 흘릴 수는 없었을 것입니다. 우리는 단식을 해서 음식을 먹지 못할 때에도 좀처럼 그런 식으로 기도하지 않습니다. 아니, 결코 그렇게 기도하지 못합니다. 한나가 아무것도 먹지 않는 사람처럼 식탁에 앉아 있기만 한 것이 아니었다면, 만약 식사를 한 다음이었다면 그런 식으로 기도하지 못했을 것입니다. 남정네들은 이 여인을 보고 부끄러워해야 합니다. 무언가를 움켜잡으려고 하거나 나라에 제소를 하는 사람들은 어린 아

---

[1] *COTH* 1,74-75.

[2] 여기에서 윤카의 베레쿤두스는 신명 32,16-21의 이문異文으로 보이는 "그들은 신이 아닌 우상들로 나를 질투하게 하고, 그들의 우상들로 나를 분노하게 하였다"라는 구절에 대해 해설한다.

[3] CCL 93,38-39.

기를 얻고자 기도하며 울부짖는 이 여인을 보고 부끄러워해야 합니다.

• 요한 크리소스토무스 『에페소서 강해』 24.[4]

단식의 힘

하느님을 바라보며 하는 단식은 경외심에서 하는 일입니다. 그때까지 아이를 못 낳던 엘카나의 아내 한나도 바로 그런 단식으로 하느님께 호소하여 쉽게 응답을 얻었습니다. 하느님께서는 음식을 먹지 않은 그 여인의 텅 빈 배를 아들로 채워 주셨습니다. 그 아들은 참으로 예언자였습니다.

• 테르툴리아누스 『단식』 7.[5]

---

[4] NPNF 1,13,170*.

[5] ANF 4,106*.

1,9-11 한나가 실로에서 한 서원

[9] 실로에서 음식을 먹고 마신 뒤에 한나가 일어섰다. 그때 엘리 사제는 주님의 성전 문설주 곁에 있는 의자에 앉아 있었다.

[10] 한나는 마음이 쓰라려 흐느껴 울면서 주님께 기도하였다.

[11] 그는 서원하며 이렇게 말하였다. "만군의 주님, 이 여종의 가련한 모습을 눈여겨보시고 저를 기억하신다면, 그리하여 당신 여종을 잊지 않으시고 당신 여종에게 아들 하나만 허락해 주신다면, 그 아이를 한평생 주님께 바치고 그 아이의 머리에 면도칼을 대지 않겠습니다."

둘러보기

과감하게도 천상 임금님께 직접 호소하는 한나는 하느님에 대한 큰 신뢰를 보여 준다(요한 크리소스토무스). 주님의 기도와 한나의 기도가 닮은 점은 악에서 구해 달라는 간청에 있다(아우구스티누스). 굳은 땅을 적시는 물처럼, 한나의 눈물은 불임으로 메마른 그 모태를 부드럽게 적셨다. 한나는 그 눈물과 고통과 서원으로 모범적인 행위를 보여 준다. 그 여인은 하느님께 아들 하나만 주십사고 매우 공손하게 간청하며, 하느님의 사제를 위하여 자신의 노고를 기꺼이 바치겠다는 마음으로 그 아들을 하느님께 돌려드리겠다고 약속하였다(요한 크리소스토무스).

1,9 엘리 사제

한나의 커다란 신뢰

보십시오. 가난하고 외로운 과부, 모진 구박과 학대를 받던 과부가 황제의 개선 행진이 이루어지려 할 때, 호위병들과 방패를 든 병사들, 병마들, 앞서가는 수행원들의 대열을 무서워하지도 않고, 보호자도 없이 그 모든 것을 제치고 커다란 신뢰심으로 황제에게 직접 나아가 억압에 시달리는 자신의 곤궁한 사정을 읍소하듯이, 이 여인도 그렇게, 사제가 그곳에 앉아 있었지만 당황하지도 부끄러워하지도 않고, 커다란 신뢰심으로 임금님께 직접 간청을 올립니다. 열망에 북받쳐 오르는 마음으로, 마치 하늘에 올라 하느님을 직접 뵌 듯이, 그 여인은 이렇게 충만한 열정으로 하느님께 말씀을 드렸습니다.

• 요한 크리소스토무스 『한나에 관한 설교』 1.[1]

1,10-11 한나가 주님께 기도하고 서원하다

악에서의 구원

한나라는 영예로운 이름을 지닌 두 여인이 있었습니다. 한 사람은 남편이 살아 있었던 여인으로 거룩한 사무엘을 낳았고, 다른 한 사람은 지극히 거룩하신 분(예수님)께서 아기였을 때 그분을 알아뵌 과부입니다. 남편이 있었던 그 부인은 아들이 없었기 때문에 그 영혼의 슬픔과 마음의 고통 속에서 기도하였습니다. 그 기도에 대한 응답으로 그 여인은 사무엘을 얻었고, 기도를 바치며 서원한 대로, 사무엘을 하느님께 봉헌하였습니다. "저희를 악에서 구하소서"라는 청원을 생각할 때 주님의 기도와 이 여인의 기도가 닮았다는 것을 어렵지 않게 알 수 있습니다. 혼인의 유일한 목적은 자녀를 얻는 것인바, 혼인을 했는데도 혼인의 열매인 자식이 없다는 것은 결코 가벼운 악이 아닌 것으로 보였기 때문입니다.

• 아우구스티누스 『서간집』 130.[2]

눈물의 홍수

그 여인이 무엇이라고 말하였습니까? 처음에는 무슨 말을 하는 것이 아니라 그저 뜨거운 눈물의 홍수를 흘렸습니다. 마치 아무리 굳어 버린 땅이라도 폭우가 쏟아지면 그 땅이 촉촉해지고 부드러워져 쉽게 스스로 부풀어 올라 곡식을 생산할 수 있게 되듯이, 이 여인의 경우에도 그런 일이 일어났습니다. 곧, 눈물의 홍수로 부드러워지고 고통으로 따뜻해진 그 모태가 저 놀라운 비옥함(生殖力)을 품기 시작하였습니다.

• 요한 크리소스토무스 『한나에 관한 설교』 1.[3]

한나의 모범

"주님 앞에 서서" 그 여인은 뭐라고 합니까? "아도나이, 키리에, 엘로이 사바오트!" 이 말은 "오 주님, 만군의 하느님"이란 뜻입니다. 그 여인의 눈물이 그 말에 앞섰습니다. 이로써 그 여인은 하느님께서 자신의 간청을 굽어보시게 되기를 바랐습니다. 눈물이 있는 곳에는 언제나 고통도 있습니다. 고통이 있는 곳에는 큰 지혜와 주의 깊은 마음이 있습니다. 그 여인은 계속하여 이렇게 기도합니다. "주님께서 참으로 이 여종의 고통을 눈여겨보신다면, 그리하여 당신 여종에게 아들 하나만 허락해 주신다면, 그 아이를 한평생 주님께 바치겠습니다." 그 여인은 우리가 그러듯이 '한 해 동안'이나 '두 해 동안'이라고 하지 않았습니다. 또 '저에게 아이를 허락해 주시면, 주님께 돈을 바치겠습니다'라고도 하지 않았습니다. 오직 '저의 기도로 얻은 아들, 바로 주님께서 주신 선물, 저의 맏아들을 온전히 주님께 도로 바치겠습니다'라고 하였습니다. 참으로 여기에 아브라함의 딸이 있었습니다. 하느님께서는 그 청을 들으시자 그의 간청을 들어주셨습니다. 그 여인은 하느님의 요구가 있기 전에 먼저 봉헌합니다.

• 요한 크리소스토무스 『에페소서 강해』 24.[4]

넘치는 공경심

이 여인의 공경심에 주목하십시오. 그는 '저에게 셋을 주시면, 저는 둘을 드리겠습니다'라고 하거나 '둘을 주시면, 저는 하나를 드리겠습니다'라고 하지 않았습니다. 대신 이렇게 말했습니다. "당신 여종에게 아들 하나만 허락해 주신다

---

[1] *COTH* 1,76-77.   [2] FC 18,399.

[3] *COTH* 1,77.   [4] NPNF 1,13,170*.

면, 그 아이를 한평생 주님께 바치겠습니다.”
“그는 포도주도 독주도 마시지 않을 것입니다.”
그 여인은 아직 아이를 얻지 못했지만, 벌써 그
아이를 예언자로 키우면서, 그 아들의 양육에 관
한 이야기로 하느님과 거래를 하였던 것입니다.
이 여인의 신뢰가 얼마나 놀랍습니까! 가진 것이
아무것도 없어 보증으로 걸 수 있는 것이 없는
이 여인은 앞으로 자기가 받을 것으로 그 값을
치르고 있습니다. 송아지나 양을 살 돈도 없이
몹시 가난하게 사는 농부들이 자기 주인에게 가
서 나중에 곡식으로 값을 치르겠다고 약속을 하

고 외상으로 양이나 송아지를 구하듯이, 이 여인
도 그렇게 하였습니다. 오히려 더 비싼 값을 치
렀습니다. 하느님께 아들을 외상으로 얻은 것이
아니라, 그 아들을 키워서 하느님께 온전히 다시
돌려드리는 조건으로 얻었으니까요. 여러분이
보시다시피, 그 여인은 하느님의 사제에게 자신
의 노고를 바치는 것이 마땅한 보답이라고 여겼
던 것입니다.

• 요한 크리소스토무스 『한나에 관한 설교』 1.[5]

---

[5] *COTH* 1,78.

1,12-18 엘리가 한나를 축복하다

[12] 한나가 주님 앞에서 오래도록 기도하고 있는 동안에 엘리는 그의 입을 지켜보고 있었다.

[13] 한나는 속으로 빌고 있었으므로, 입술만 움직일 뿐 소리가 들리지 않았다. 그래서 엘리는
그를 술 취한 여자로 생각하고

[14] 그를 나무라며, “언제까지 이렇게 술에 취해 있을 참이오? 술 좀 깨시오!” 하고 말하였다.

[15] 그러자 한나가 이렇게 대답하였다. “아닙니다, 나리! 포도주나 독주를 마신 것이 아닙니
다. 저는 마음이 무거워 주님 앞에서 제 마음을 털어놓고 있었을 따름입니다.” …

[17] 그러자 엘리가 “안심하고 돌아가시오. 이스라엘의 하느님께서 당신이 드린 청을 들어주실
것이오.” 하고 대답하였다.

둘러보기

한나가 그리하였듯이, 우리는 목소리보다는
마음으로 하느님께 울부짖는다(아를의 카이사리우
스). 여인들은 교회 안에서 조용히 노래하고 기
도함으로써 한나를 본받아야 한다(예루살렘의 키
릴루스). 눈물이란 남몰래 흘려야 마땅하고 효력
이 있다(요한 크리소스토무스). 하느님께서는 내면
의 기도, 고요한 침묵 기도를 들어주신다(알렉산

드리아의 클레멘스). 교회의 예형인 한나는 주님께
서 침묵 기도로 바치는 마음속 부르짖음을 들어
주신다는 믿음을 보여 준다(키프리아누스). 하느님
께서 한나의 소원을 늦게서야 이루어 주신 것은
인자함의 섭리를 보여 준다. 시련은 품성을 키워
주고 마음을 지혜롭게 해 주기 때문이다(요한 크
리소스토무스).

1,13-14 한나의 말 없는 기도

침묵 기도

사랑하는 여러분, 우리는 기도할 때면 무엇보다 침묵 속에 고요히 기도를 바쳐야 합니다. 큰 소리로 기도를 바치고자 하는 사람은 곁에 서 있는 사람들에게서 기도의 열매를 빼앗아 가는 것으로 보입니다. [하느님께서는] 오직 흐느낌과 한숨과 탄식만을 들어주실 것입니다. 참으로 우리의 기도는 복된 사무엘의 어머니인 거룩한 한나의 기도와 같아야만 합니다. 그 여인에 관하여 이렇게 쓰여 있습니다. "한나는 흐느껴 울면서 기도하였다. 입술만 움직일 뿐 소리가 들리지 않았다." 모두 이 말씀을 듣고 본받아야 합니다. 부끄러움도 없이 태연하게 큰 소리로 떠들어 대 옆 사람이 기도를 할 수 없게끔 하는 사람은 더욱더 한나의 기도를 본받아야 합니다. 그러니 우리는, 아까 말씀드린 대로, 흐느낌과 한숨과 탄식으로 기도합시다. "끙끙 앓는 제 심장에서 신음 소리 흘러나옵니다"(시편 38,9)라고 한 예언자의 말처럼 기도합시다. 거듭 말씀드립니다. 큰 소리로 기도하지 말고, 오직 하느님께 부르짖는 우리 마음으로 기도합시다.

● 아를의 카이사리우스 『설교집』 72,2.[1]

여자들은 한나를 본받아야 한다

동정녀들도 찬미가를 노래하고 독서할 때에 이처럼 따로 무리를 지어 하십시오. 그러나 조용히 입술만 움직여 그들이 무어라고 하는지 다른 사람들의 귀가 듣지 못하게 하십시오. '여자들은 교회 안에서 잠자코 있어야 한다'(1코린 14,34 참조)고 쓰여 있기 때문입니다. 혼인한 부인은 이들을 본받으십시오. 입술만을 움직여 그 소리가 들리지 않도록 기도하십시오. 그래야 우리 가운데에서 사무엘이 나올 것입니다. 다시 말해, 아

이를 낳지 못하는 여러분의 영혼이 '여러분의 기도를 들어주신 하느님'의 구원을 낳을 것입니다. 이것이 바로 '사무엘'이라는 이름의 뜻입니다.

● 예루살렘의 키릴루스 『교리교육 서론』 14.[2]

남몰래 흘리는 눈물

나는 남에게 보이려고 흘리는 눈물이 아니라 뉘우침으로 흘리는 눈물을 찾고 있습니다. 아무도 보지 않는 골방에서 부드럽게 소리 없이 남몰래 흘리는 눈물, 마음 깊숙한 곳에서 솟아오르는 눈물, 고뇌와 슬픔 속에서 흘리는 눈물, 오로지 하느님만을 위하여 흘리는 눈물을 찾습니다. 한나의 눈물이 바로 그러한 눈물이었습니다. "[그 여인의] 입술만 움직일 뿐 소리가 들리지 않았다"고 하기 때문입니다. 그러나 그 여인은 눈물만으로 그 어떤 나팔 소리보다 더 분명하게 외쳤습니다. 그래서 하느님께서도 그 여인의 태를 여시어 거친 돌밭을 옥토로 만들어 주셨습니다.

● 요한 크리소스토무스 『마태오 복음 강해』 6,8.[3]

하느님과 나누는 대화

기도란, 잘라 말해, 하느님과의 대화입니다. 끊임없이 속삭이지만 결코 입술을 열지는 않습니다. 우리는 침묵 속에서 말하지만, 마음속으로는 울부짖습니다. 하느님께서는 우리가 속으로 하는 모든 이야기를 끊임없이 들어주십니다.

● 알렉산드리아의 클레멘스 『양탄자』 7,7.[4]

하느님께서는 마음속 기도를 들어주신다

열왕기 1권[사무엘기 상권]에서 교회의 예형으로 나타나는 이 한나라는 여인은 하느님께 요란

---

[1] FC 31,339*.
[2] FC 61,81.
[3] NPNF 1,10,41*.
[4] ANF 2,534*.

한 소리로 간청을 드리지 않고 소리 없이 마음 가장 깊숙한 곳에서 겸손하게 기도를 드립니다. 그 여인은 드러나지 않는 기도로 그러나 분명히 드러나는 믿음으로 말했습니다. 그 여인은 목소리가 아니라 마음으로 말했습니다. 주님께서 들으신다는 것을 알았기 때문입니다. 그리고 실제로 그 여인은 자신이 구하는 것을 얻었습니다. 그가 믿음으로 간청했기 때문입니다. 거룩한 성경은 이렇게 이야기합니다. '한나는 속으로 빌고 있었으므로, 입술만 움직일 뿐 소리가 들리지 않았다. 그리고 주님께서 그 여인의 기도를 들어주셨다.'

• 키프리아누스 『주님의 기도』 5.[5]

하느님의 더 큰 호의를 얻다

집에서는 적수가 그 여인을 괴롭혔습니다. 성전에 가자, 사제의 시동은 그 여인에게 욕을 하고, 사제는 그 여인을 꾸짖었습니다. 집 안의 폭풍을 피해 항구를 찾아 들어갔다가 더 센 바람을 만난 격입니다. 그 여인은 치료제를 얻으러 갔는데, 약을 구하기는커녕 덤터기로 모욕만 당하고, 다시 상처만 도지게 되었습니다. 물론, 여러분은 고통받는 영혼들이 욕설과 모욕에 얼마나 민감한지 잘 알 것입니다. 상처가 심하면 손이 살짝만 스쳐도 참을 수가 없고 더 나빠지듯이, 그렇게 상처받고 불안한 영혼들은 모든 일이 편치 않고 그냥 던진 말에도 쓰라린 아픔을 느낍니다. 그런데 이 여인은 시동에게 욕을 들었을 때조차도 그렇게 행동하지 않았습니다.[6] 사제가 술에 취해 있었더라면, 그러한 비난은 놀라운 일이 아니었을 것입니다. 사제의 높은 지위와 무거운 책무가 그 여인으로 하여금 마음의 평정을 유지할 생각이 들게 하였습니다. 실제로 그 여인은 사제의 시동에게도 화를 내지 않았습니다. 그로써 그

여인은 하느님의 더 큰 호의를 얻었습니다. 우리도 그렇게 모욕을 당하고 숱한 불운을 겪게 된다면 우리를 모욕하는 자들을 점잖게 참아 냅시다. 그러면 우리도 하느님께 더 큰 은혜를 받을 것입니다.

• 요한 크리소스토무스 『한나에 관한 설교』 2.[7]

고통의 시험

이 여인의 공손한 태도를 잘 보십시오. "입술만 움직일 뿐 소리가 들리지 않았다"고 합니다. 하느님께 간구하여 얻는 사람은 이런 식으로 그분께 다가갑니다. 게으름을 피우며 늘어져 하품을 하거나 머리를 긁적거리지도 않고 완전히 건성으로 편리만을 찾지도 않습니다. 아무런 기도를 드리지 않는다고 해서, 하느님께서 베푸실 수 없으셨겠습니까? 그 여인이 간청하기 전에는 하느님께서 그 여인의 소원을 모르셨겠습니까? 그렇지만 그 여인이 간청하기 전에 하느님께서 베풀어 주셨다면 그 여인의 성의가 드러나지 않았을 것이고, 그 여인의 덕이 드러나지 않았을 것이고, 그 여인은 그렇게 큰 보상을 받지 못하였을 것입니다. 그러니까 하느님께서 늦게 주신 것은 시샘이나 마술 때문이 아니라 하느님의 자애로운 섭리에 따른 것입니다. 그러므로 여러분은 성경에서 '주님께서 그의 태를 닫아 놓으셨다'거나 '그의 적수가 그를 몹시 괴롭혔다'는 말을 들으면, 그것은 그 여인의 진심을 입증해 주시려는 하느님의 뜻이라고 여기십시오. 그 여인에게는 헌신적인 남편이 있었다는 사실도 주목하십시오. 그는 "당신에게는 내가 아들 열보다 더 낫지

---

[5] FC 36,130*.

[6] 칠십인역 성경에서는 한나를 술취한 여자 취급을 한 이가 엘리의 시동이다.

[7] COTH 1,87-88.

않소?" 하고 말해 주는 남편이었습니다. '그의 적수는 그를 몹시 괴롭혔다'고, 곧 그의 화를 돋우고 모욕하였다고 합니다. 그렇지만 그 여인은 한 번도 보복하지 않았고, 그에게 저주의 말을 내뱉지도 않았습니다. '나를 모욕한 내 적수에게 앙갚음을 해 주십사'고 말하지도 않았습니다. 그 적수에게는 자녀가 있었지만, 이 여인에게는 그것과 맞비길 남편의 사랑이 있었습니다. 적어도 이러한 말로 남편은 그 여인을 위로하기까지 하였습니다. "당신에게는 내가 아들 열보다 더 낫지 않소?"

이제 이 여인의 심오한 지혜를 다시 살펴봅시다. "엘리는 그를 술 취한 여자로 생각"하였다고 합니다. 그러나 그 여인이 엘리 사제에게 뭐라고 말했는지도 봅시다. "아닙니다. 당신 여종을 좋지 않은 여자로 여기지 말아 주십시오. 저는 너무 괴롭고 분해서 이제껏 하소연하고 있었을 뿐입니다." 바로 이런 것이 참으로 뉘우치는 마음을 보여 주는 증거입니다. 우리가 우리를 모욕하는 자들에게 화를 내지 않을 때, 그들에게 분노를 터뜨리지 않을 때, 우리가 자기 방어를 위해서만 대응할 때 바로 이렇게 말하는 것입니다. 시련만큼 마음을 지혜롭게 만드는 것은 없습니다. "하느님의 뜻에 맞는 슬픔"(2코린 7,10)만큼 감미로운 것은 아무것도 없습니다.

• 요한 크리소스토무스 『에페소서 강해』 24.[8]

[8] NPNF 1,13,170*.

1,19-28 사무엘의 탄생과 실로에서 바친 봉헌

[19] 다음 날 아침, 그들은 일찍 일어나 주님께 예배를 드리고 라마에 있는 집으로 돌아갔다. 엘카나가 아내 한나와 잠자리를 같이하자 주님께서는 한나를 기억해 주셨다.

[20] 때가 되자 한나가 임신하여 아들을 낳았다. 한나는 "내가 주님께 청을 드려 얻었다." 하면서, 아이의 이름을 사무엘이라 하였다. …

[24] 아이가 젖을 떼자 한나는 그 아이를 데리고 올라갔다. 그는 삼 년 된 황소 한 마리①에 밀가루 한 에파와 포도주를 채운 가죽 부대 하나를 싣고, 실로에 있는 주님의 집으로 아이를 데려갔다. 아이는 아직 나이가 어렸다.

① 그리스어 본문; 히브리어 본문은 '황소 세 마리'다.

둘러보기

여자든 남자든 모두가 하느님에 대한 믿음과 열정으로 혹독한 난관을 이겨 낸 한나를 본받아야 할 것이다(요한 크리소스토무스). 불임을 극복하려고 기도에 진력한 한나는 근면과 충실함의 본보기다(아우구스티누스).

1,20 한나가 아들을 낳다

한나의 믿음을 본받으라

우리 가운데 남자들은 그 여인을 따라 합시다. 우리 가운데 여자들은 그 여인을 본받읍시다. 그 여인은 남자와 여자 모두의 스승입니다. 아이를 낳지 못하는 사람들도 실망하지 마십시오. 어머니가 된 여자들은 자기가 낳은 자녀들을 이러한 방식으로 키우십시오. 출산에 대한 이 여인의 믿음과 출산 뒤의 열정을 모두가 본받읍시다. 제 말은 혹독한 난관을 이토록 온유하고 고상하게 이겨 낸 그 여인의 방식보다 더 큰 가치를 보여 줄 수 있는 것이 무엇이 있느냐는 것입니다. 그 여인은 그 재앙에서 벗어날 때까지 결코 멈추지 않고 그 문제에서 훌륭하고도 놀라운 결과를 얻어 냈습니다. 그는 여기 지상에서 도움이나 협력자를 구하지 않았습니다. 실제로 그 여인은 주님의 자애를 체험하였습니다. 그래서 그 여인은 자기 방식으로 다가갔고 바라던 것을 얻었습니다. 다시 말하자면, 그러한 불운에 대한 치유책은 인간의 도움이 아니라 하느님의 은총에 의지하는 것입니다.

• 요한 크리소스토무스 『한나에 관한 설교』 2.[1]

1,24 한나가 사무엘을 주님의 집으로 데리고 가다

온 마음으로 바치는 기도

이 모든 것을 숙고할 때, 주님께서 이러한 일에서 여러분에게 제 머리에는 떠오르지 않거나 여기서 말하기에는 너무 많은 시간이 걸리는 또

다른 무엇을 깨닫게 해 주시든, 이 세상을 이겨 내기 위하여 기도에 진력하십시오. 희망을 품고 기도하십시오. 믿음 안에서 기도하십시오. 사랑 안에서 기도하십시오. 간절히 끈기 있게 기도하십시오. 그리스도께 속한 과부처럼 기도하십시오. 그분께서 가르치셨듯이, 기도는 그분의 모든 지체, 곧 그분을 믿고 그분의 몸과 결합되어 있는 모든 이의 의무이지만, 성경을 보면 특별히 과부들에게 더욱더 열렬한 기도를 권고하는 것을 찾아볼 수 있습니다. 성경에서 [한나라는] 영예로운 이름으로 불리는 두 여인이 있습니다. 한 사람은 엘카나의 아내이며 거룩한 사무엘의 어머니였습니다. 다른 한 사람은 지극히 거룩하신 분께서 아직 아기였을 때에 알아 모셨던 과부였습니다. [한나는] 남편이 있었지만 자식이 없었기에 슬픔에 사무쳐 부서진 마음으로 기도하였습니다. 그 여인은 사무엘을 얻자, 아들을 주십사고 기도할 때에 서원한 대로 그를 주님께 봉헌하였습니다.

• 아우구스티누스 『서간집』 130,16.[2]

---

[1] *COTH* 1,82-83.　　　　[2] NPNF 1,1,468*.

2,1-10 한나의 기도

[1] 한나가 이렇게 기도하였다.
　"제 마음이 주님 안에서 기뻐 뛰고
　제 이마가 주님 안에서 높이 들립니다.
　제 입이 원수들을 비웃으니
　제가 당신의 구원을 기뻐하기 때문입니다.
[2] 주님처럼 거룩하신 분이 없습니다.
　당신 말고는 아무도 없습니다.
　저희 하느님 같은 반석은 없습니다.♪

☞ 3 너희는 교만한 말을 늘어놓지 말고

　　거만한 말을 너희 입 밖에 내지 마라.

　　주님은 정녕 모든 것을 아시는 하느님이시며

　　사람의 행실을 저울질하시는 분이시다.

4 용사들의 활은 부러지고

　비틀거리는 이들은 힘으로 허리를 동여맨다.

5 배부른 자들은 양식을 얻으려 품을 팔고

　배고픈 이들은 다시는 일할 필요가 없다.

　아이 못 낳던 여자는 일곱을 낳고

　아들 많은 여자는 홀로 시들어 간다.

6 주님은 죽이기도 살리기도 하시는 분,

　저승에 내리기도 올리기도 하신다.

7 주님은 가난하게도 가멸게도 하시는 분,

　낮추기도 높이기도 하신다.

8 가난한 이를 먼지에서 일으키시고

　궁핍한 이를 거름 더미에서 일으키시어

　귀인들과 한자리에 앉히시며

　영광스러운 자리를 차지하게 하신다.

　땅의 기둥들은 주님의 것이고

　그분께서 세상을 그 위에 세우셨기 때문이다.

9 주님께서는 당신께 충실한 이들의 발걸음은 지켜 주시지만

　악한 자들은 어둠 속에서 멸망하리라.

　사람이 제힘으로는 강해질 수 없기 때문이다.

10 주님이신 그분께 맞서는 자들은 깨어진다.

　그분께서는 하늘에서 그들에게 천둥으로 호령하신다.

　주님께서는 땅끝까지 심판하시고

　당신 임금에게 힘을 주시며

　기름부음받은이의 뿔을 높이신다.”

둘러보기

　한나의 예언자다운 기도는 단순히 개인적인 찬양을 바치는 데에서 더 나아가, 하느님의 은총과 그리스도교 신앙의 역할을 묘사하고 있다(아우구스티누스). 한나의 영광, 곧 이마는 여느 인간들이 아니라 바로 하느님께서 들어 높이셨기에 안전하다(요한 크리소스토무스). 참된 영광은 지혜나 힘이나 재산에 있는 것이 아니라 주님께서 하

느님이심을 깨달음으로써 얻는다(대 바실리우스). 하느님의 뜻에 의하여 존재하게 되는 인간들과 달리, 하느님께서는 결코 그 누구 덕분에 존재하시는 것이 아니다(오리게네스). 죽음을 통하여 살해되는 것이 육이므로, 부활로 다시 살아나는 것도 육이다(테르툴리아누스). 성경은 그리스도의 재림과 장차 모든 것에 대한 그분의 심판을 예고한다(에우세비우스). 종말에 주님께서 의로움을 인정해 주시거나 단죄하시리라는 사실은 교만한 이들의 정신을 일깨우고 참회하는 이들에게 희망을 준다(브라가의 프룩투오수스).

2,1-10 한나가 기도하며 기뻐하다

예언자 한나

이 말씀들을 단순히 한낱 여인이 아들을 얻은 것에 감사를 드리는 말씀으로만 여겨야 할까요? 사람들의 마음이 진리의 빛에서 얼마나 멀어졌기에, 이 여인이 쏟아 낸 말들이 이 여인의 한계를 넘어섰다는 것을 깨닫지 못하는 것입니까? 분명히, 이 지상 순례에서도 이미 이루어지기 시작한 그 사건들에 적절히 영향을 받은 사람은 이 말씀에 귀 기울이며, 이 여인을 통하여(그의 이름 한나는 '하느님의 은총'[1]이라는 뜻입니다) 말하는 바로 그리스도교 신앙이, 그리스도께서 그 창설자이시고 임금님이신 하느님 나라가, 실로 하느님의 은총 자체가 예언의 영으로 말하고 있다는 사실을 깨달아야 합니다. 거기에서 교만한 자들은 내쳐져 멸망하고, 비천한 이들은 배불리 먹고 일어설 것입니다. 이것이 바로 이 찬가가 소리 높여 외치는 것입니다. 이 여인이 예언을 한 것이 아니라 단순히 기도로 아들을 얻은 기쁨에서 하느님을 찬양한 것이라고 말한 사람은 아마 있을 것입니다. 그들 말대로라면 다음 말씀의 의미는 무엇입니까? "용사들의 활은 부러지고 비틀거리는 이들은 힘으로 허리를 동여맨다. 배부른 자들은 가난해지고, 굶주린 이들은 다시는 일할 필요가 없다. 아이 못 낳던 여자는 일곱을 낳고 아들 많은 여자는 홀로 시들어 간다." 한나가 불임이었는데도 일곱을 낳았다는 말입니까? 이 여인이 이 말을 했을 때 그에게는 아들이 하나밖에 없었습니다. 그 뒤에라도 일곱을 낳았다거나 또는 여섯을 낳아 일곱째가 사무엘이었다는 말도 없습니다. 그 여인은 실제로 아들 셋과 딸 둘을 두었습니다. 그리고 그때는 아직 백성을 다스리는 임금이 없을 때인데, 마지막에 이런 말을 합니다. "주님께서는 당신 임금들에게 힘을 주시며, 기름부음받은이의 뿔을 높이신다." 예언을 하는 것이 아니었다면, 어찌 이렇게 말하였겠습니까?

그러므로 그리스도의 교회, 위대한 임금님의 도성(시편 48,2 참조), 은총이 가득하고(루카 1,28 참조) 자녀들이 넘쳐 나는 이 도성은 말해야 할 것입니다. 아주 오래전에 이 신심 깊은 어머니의 입을 통하여 '제 마음이 주님 안에서 든든하고, 제 이마가 나의 하느님 안에서 높이 들립니다'라고 한 예언은 나에 관한 것임을 안다고 말해야 할 것입니다. 교회의 마음은 참으로 든든해지고, 이마는 참으로 높이 들어 올려졌습니다. 이는 교회가 자기 자신이 아니라 오직 주 하느님 안에서 힘과 영광을 찾기 때문입니다.

● 아우구스티누스 『신국론』 17,4,2-3.[2]

2,1 제 힘이 주님 안에서 높이 들립니다

하느님 영광의 영속성

"제 뿔"[제 이마]의 의미가 무엇입니까? 성경에는 이러한 말이 자주 나옵니다. 기억하십시오.

[1] 히브리어 '하난'(hānan)은 '호의를 보이다', '은총을 베풀다'라는 뜻이다.

[2] *CG* 717*; 『교부 문헌 총서』 16,1825-27.

"의인의 뿔은 드높여지리라", "기름부음받은이의 뿔을 높이신다"고 합니다(참조: 시편 75,11; 1사무 2,10). 그렇다면 이 지상에서 "뿔"은 무엇을 의미합니까? 사나운 짐승에 비기는 은유로 권력과 영광, 명예를 가리킵니다. 하느님께서는 짐승들에게 영광을 드러내고 무기로 쓰도록 뿔만 심어 주셨습니다. 짐승들은 뿔을 잃으면 힘을 모두 잃어버리는 것입니다. 무기가 없는 병사처럼 뿔이 없는 짐승은 쉽게 다룰 수 있습니다. 그렇기에 그 여인은 다름이 아니라 바로 제 영광이 들어 높여졌다는 뜻으로 이 말을 하는 것입니다. 그 영광이 어떻게 들어 높여졌습니까? '나의 하느님 안에서'라고 그 여인은 말합니다. 그러므로 들어 높여진 영광 또한 안전하고 영구적으로 확고한 토대를 지니는 것입니다. 인간에게서 오는 영광은 비천한 것을 내세우는 자랑이어서 쉽게 사라져 버리지만, 하느님의 영광은 그와 달리 영원히 영속합니다.

• 요한 크리소스토무스 『한나에 관한 설교』 4.[3]

2,2 하느님 말고는 아무도 없습니다

하느님만이 참으로 존재하신다

"나 주님이 거룩하니, 너희도 거룩한 사람이 되어야 한다"(레위 20,26; 참조: 마태 5,48). 그렇지만 사람은 아무리 성덕에서 진보한다 해도, 순수함과 거룩함을 아무리 많이 지닌다 해도 주님처럼 거룩해질 수는 없습니다. 주님께서는 성덕을 주시는 분이시고 인간은 그것을 받는 자이며, 주님은 거룩함의 샘이시고 인간은 그 샘에서 거룩한 물을 마시는 자이며, 주님은 거룩함의 빛이시고 인간은 그 거룩한 빛을 바라보는 자이기 때문에 그렇습니다. 그래서 "주님처럼 거룩하신 분이 없습니다. 당신 말고는 아무도 없습니다"라고 한 것입니다. 그런데 "당신 말고는 아무도 없

습니다"가 무슨 뜻인지 저는 잘 모르겠습니다. 만일 '당신 말고는 하느님이 없습니다' 또는 '당신 말고는 창조주가 없습니다'라고 했거나 이와 비슷한 어떤 말을 덧붙였다면, 문제가 없었을 것입니다. 그런데 여기서 "당신 말고는 아무도 없습니다"라고 했으니, 제가 보기에 여기에서 말하는 뜻은, 본성으로 그 존재를 지니는 것은 아무것도 없다는 의미인 것 같습니다. 오 주님, 당신만이 존재를 그 누구에게서도 받지 않으신 분이십니다. 우리 모두는 곧 모든 피조물은 창조되기 전에는 존재하지 않았습니다. 그러므로 우리가 있는 것은 창조주의 뜻 [덕분]입니다. 우리는 없었던 적이 있기 때문에, 우리를 두고 말할 때에, 아무런 조건을 달지 않고 '우리는 존재한다'고 말하면, 그것은 틀린 말입니다. … 그림자는 실체와 비교하면 아무것도 아니기 때문입니다. 연기 또한 불에 비기면 아무것도 아닙니다.

• 오리게네스 『사무엘기 상권 강해』 1,11.[4]

2,3 너희는 교만한 말을 늘어놓지 마라

참된 영광

지각 있는 사람이라면 자신의 지혜를 자랑하지 않고 … 오직 복된 한나와 예레미야 예언자의 훌륭한 충고를 따를 것입니다. "지혜로운 이는 제 지혜를 자랑하지 말고, 힘센 이는 제 힘을 자랑하지 말며, 부유한 이는 제 부를 자랑하지 마라"(예레 9,22). 무엇이 사람을 위대하게 만듭니까? 예언자는 말합니다. "자랑하려는 이는 이런 일을, 곧 내가 주님임을 이해하고 알아 모시는 일을 자랑하여라"(예레 9,23). 무엇이 참으로 위대한지를 알고 거기에 매달리는 것, 영광의 주님에게서 영광을 추구하는 것, 이것이 바로 인간 존

---

[3] COTH 1,113*.   [4] OSF 52*.

엄의 정점이며 인간의 영광이고 위대함입니다.

• 대 바실리우스 『겸손』.[5]

2,6 주님은 죽이기도 살리기도 하신다

육의 부활

분명히, 살린다는 것은 죽인 다음에 이루어지는 것입니다. 죽임이 죽음으로 이루어지듯이, 살리는 것은 부활로 이루어질 것입니다. 그런데 죽음으로 죽임을 당하는 것은 육이므로 부활로 다시 살아날 것은 육입니다. 분명히, 죽임이 육에서 생명을 빼앗는 것을 뜻하고 그와 반대로 되살리는 것은 육에 생명을 회복시켜 주는 것이라면, 다시 살아나는 것은 육이어야만 합니다. 죽임으로 생명을 빼앗긴 육이 살림을 통해 회복되어야만 합니다.

• 테르툴리아누스 『죽은 이들의 부활』 28.[6]

2,10 주님께서 심판하시리라

그리스도의 재림

이 말씀들은 그리스도의 재림 또는 하느님의 천상 귀환을 언급하고 있습니다. 그분의 가르침은 모든 사람에게 천둥[처럼 들릴 것]입니다. 그리고 성경은 장차 이루어질 모든 사람에 대한 그리스도의 심판을 예고합니다. 그리고 이러한 심판 뒤에 주님께서 우리 임금들에게 힘을 주시리라고 합니다. 우리 임금들은 그리스도의 사도들일 것입니다. 그들에 관하여 시편 제68편에는 이렇게 적혀 있습니다. "주님께서 말씀을 내리시니, 기쁜 소식을 전하는 이들이 대군을 이루네"(시편 68,12). 또한 여기에서도 그리스도[기름부음받은이]의 이름을 들며, "기름부음받은이의 뿔을 높이신다"고 합니다. 그리스도는 사람들이 우리 구원자로 알고 있는 분이며, 그분의 "뿔"이란 눈에 보이지 않는 그분의 권능과 나라를 의미합니다. 성경에서는 흔히 나라를 "뿔"이라고 표현하기 때문입니다. 시편 제89편에도 이런 말씀이 나옵니다. "나의 이름으로 그의 뿔이 쳐들리리라"(시편 89,25).

• 카이사리아의 에우세비우스 『복음의 논증』 1,4,16.[7]

마지막의 심판

"그분께서는 땅끝까지 심판"하신다고 쓰여 있습니다. 주님께서는 종말 때에 각 사람의 의로움을 인정해 주시거나 단죄하시고, 모든 일의 결과를 살펴보십니다. 그러므로 참으로 참회한다면 죄인들도 용서를 받지 못할까 절망할 필요가 없으며, 의인들도 자신의 성덕을 믿어서는 안 될 것입니다.

• 브라가의 프룩투오수스 『수도원 공동 규칙서』 19.[8]

---

[5] FC 9,478-79*. [6] ANF 3,565.

[7] POG 1,212-13*. [8] FC 63,203.

2,11-21 어린 사무엘이 주님을 섬길 때에 엘리의 아들들은 타락한 행실을 보이다

[12] 엘리의 아들들은 불량한 자들로서 주님을 알아 모시지 않았고,

[13] 백성과 관련된 사제들의 규정도 무시하였다. 누구든지 제사를 드린 다음 고기를 삶고 있기만 하면, 사제의 시종은 살이 셋인 갈고리를 손에 들고, ✎

☞ ¹⁴ 냄비나 솥이나 가마솥이나 도가니에 찔러 넣었다. 갈고리에 꽂혀 나오는 것은 무엇이나 사제가 제 것으로 가졌다.① 그들은 실로에 오는 모든 이스라엘 사람에게 그런 짓을 하였다.

¹⁵ 게다가 굳기름을 태우기도 전에 사제의 시종이 와서, 제사를 바치는 사람에게 말하였다. "사제님께 구워 드리게 고기를 내놓으시오. 그분이 받으시는 것은 삶은 고기가 아니라 날고기요."

¹⁶ 그러면 그 사람이 시종에게 "굳기름을 먼저 살라 바치고 나서 당신이 바라는 만큼 가져가시오." 하여도, "지금 당장 내놓으시오! 그러지 않으면 억지로라도 가져가겠소." 하였다.

¹⁷ 그리하여 주님 앞에서 이 젊은이들의 죄가 매우 커졌다. 그자들이 주님의 제물을 업신여겼기 때문이다.

¹⁸ 사무엘은 어린 나이에 아마포 에폿을 두르고 주님을 섬겼다.

¹⁹ 그의 어머니는 해마다 남편과 함께 주년 제사를 드리러 올라올 때면 그에게 작은 예복을 지어 가져왔다.

²⁰ 그러면 엘리는 엘카나와 그 아내에게 "주님께서 이 여인이 바친 예물 대신,② 이 여인에게서 난 후손으로 그대에게 갚아 주시기 바라오." 하며 복을 빌어 주었다. 그런 다음 그들은 고향으로 돌아갔다.

²¹ 주님께서 한나를 돌보시니 한나가 임신하여 아들 셋과 딸 둘을 더 낳았다. 어린 사무엘도 주님 앞에서 자라났다.

---

① 그리스어 본문, 불가타; 히브리어 본문은 '그것을 가져갔다'다.
② 또는 '이 여인이 드린 청원을'.

둘러보기

사무엘은 자기 민족의 불충 때문에 고통을 받은 수많은 거룩한 이들 가운데 하나의 모습을 보여 준다(아우구스티누스). 하느님께 맏아들을 봉헌하여 자신의 서원을 이행한 한나의 신앙을 본받자(히에로니무스).

2,12-17 엘리의 사악한 아들들

참고 견딤

사무엘은 엘리의 사악한 아들들을 참고 견뎠습니다. 백성들이 차마 견디지를 못하고 그래서 하느님의 진실로 고발을 당하거나 하느님의 진

노로 징벌을 받은 그 불량한 아들들을 참아 낸 것입니다. 마지막엔 교만으로 하느님을 배척한 바로 그 백성을 사무엘은 참아 냈습니다. … 할 수 있고 또 원하는 이들은 이 거룩한 말씀을 읽어 보십시오. 하느님의 종들이요 벗들로 인정받은 모든 거룩한 이들은 자기 백성을 참아 내야만 했다는 것을 알게 될 것입니다.

● 아우구스티누스 『서간집』 43.¹

---

¹ FC 12,202*.

2,21 한나는 자식을 더 낳다

한나의 신앙을 본받으십시오

한나는 하느님께 바치겠다고 서원한 아들을 성막에 봉헌한 뒤로는 결코 다시 그 아들을 데리고 돌아오지 않았습니다. 예언자가 되어야 할 사람이 자녀를 더 낳으려고 하는 자신과 같은 집에서 자라는 것은 부적절하다고 생각하였기 때문입니다. 그래서 그 여인은 맏아들을 낳은 뒤에도 감히 혼자서 성전에 가거나 빈손으로 주님 앞에 나타나지 않았습니다. 먼저 빚진 것을 갚아 드리고 나서, 커다란 희생 제물을 봉헌하고 나서야 그 여인은 고향으로 돌아왔습니다. 그리고 그 여인은 하느님을 위하여 맏아들을 낳았기 때문에, 자기 자신을 위하여 다섯 자녀를 받았습니다. 그 거룩한 여인의 행복이 놀라우십니까? 그 여인의 신앙을 본받으십시오.

• 히에로니무스 『서간집』 107,13.[2]

---

[2] LCC 5,344.

2,22-26 엘리가 자기 아들들의 악한 행실을 꾸짖다

²² 엘리는 매우 늙었다. 그는 자기 아들들이 온 이스라엘 백성에게 온갖 짓을 저지르고, 만남의 천막 어귀에서 봉사하는 여인들과 잠자리를 같이한다는 소문을 듣고서
²³ 그들을 꾸짖었다. "어쩌자고 너희가 이런 짓들을 하느냐? 나는 너희가 저지른 악행을 이 모든 백성에게서 듣고 있다.
²⁴ 내 아들들아, 안 된다! 주님의 백성 사이에 퍼지는 고약한 소문이 나한테까지 들리다니!
²⁵ 사람이 사람에게 죄를 지으면 하느님께서 중재하여 주시지만, 사람이 주님께 죄를 지으면 누가 그를 위해 빌어 주겠느냐?" 그러나 그들은 아버지의 말을 들으려 하지 않았다. 주님께서 그들을 죽이실 뜻을 품으셨기 때문이다.

둘러보기

엘리가 자신의 사악한 아들들에 대해 충분히 열성적인 노력을 기울이는 데 실패한 일은 모든 불순종에 대한 하느님의 단죄를 보여 주고 있다(바실리우스). 성령과 하느님에 대한 모독이 용서받을 수 없다는 것은 성령의 신적 본질을 드러내 준다(레메시아나의 니케타스). 율법에 따라 속죄가 가능한 죄가 무엇인지 알았던 엘리 사제처럼, 사도들과 그 제자들도 죄에 따라 희생 제물을 규정하거나 금지한다(오리게네스). 죽음에 이르는 죄는 아직 참회를 하지 않은, 지금 짓는 죄다(바르셀로나의 파키아누스).

2,22-25 엘리의 사악한 아들들

불순종에 대한 단죄

그들의 아버지[엘리]가 충분히 엄격하게 벌을 주지 않기 때문에 … 하느님의 관용이 그토록 커다란 진노로 바뀌게 되었습니다. 그래서 어느 날 다른 민족들이 그들에게 맞서 일어나 그의 아들들이 전쟁에서 살해당했습니다. 그의 민족 전

체가 완전히 패배하고 수많은 그의 백성이 쓰러졌습니다. 듣도 보도 못한 일이 하느님의 거룩한 계약 궤에까지 일어났습니다. 어느 때이든 이스라엘 사람들도, 나아가 모든 사제마저도 만지는 것조차 허용되지 않고 특별한 곳에 모셔 두었던 계약 궤가 불경한 자들의 손에 이곳저곳으로 옮겨져 거룩한 성전이 아닌 우상들의 신전에 놓였습니다. 그러한 상황에서는 이들 이민족들이 바로 하느님의 이름에 엄청난 조롱과 모욕을 끼쳤으리라는 것은 누구라도 미루어 짐작할 수 있습니다. 여기에 더하여, 엘리 자신도 그의 자손이 사제의 신분에서 내쫓기리라는 위협을 들은 뒤 비참한 종말을 맞이했다고 기록되어 있으며, 실제로 그런 일이 일어났습니다.

바로 그러한 재앙이 그 민족에게 닥친 것입니다. 엘리 자신의 삶은 비난 들을 일이 없었지만, 자기 아들들의 악행 때문에 아버지로서 그러한 슬픔을 겪었습니다. 더욱이, 그는 아들들을 묵인하지 않고, 더 이상 그러한 악행을 저지르지 말라고 간곡히 타일렀습니다. '내 아들들아, 이런 짓들을 하지 마라. 나는 너희들에 대한 고약한 소문을 듣고 있다.' 그는 그들이 지은 죄의 극악무도함을 강조하려고 그들이 처한 위험한 상태를 직시하게 하며 경고했습니다. "사람이 사람에게 죄를 지으면 그를 위하여 하느님께서 중재하여 주시지만, 사람이 주님께 죄를 지으면 누가 그를 위해 빌어 주겠느냐?" 그러나 제가 말씀드린 대로, 그는 그들의 악행에 대하여 적절히 엄격한 벌을 주지 않았기 때문에, 위에서 말씀드린 재앙이 일어났습니다. 온갖 불순종에 대한 단죄를 보여 주는 이러한 부류의 사건들은 구약성경 전체에서 대단히 많이 찾아볼 수 있습니다.

• 대 바실리우스 『하느님의 심판』 서론.[1]

2,25 하느님께 짓는 죄

성령의 본성

성령을 모독한 자의 죄는 용서를 받을 수 없습니다. 이 판결과 열왕기[사무엘기]의 말씀을 비교해 보십시오. "사람이 주님께 죄를 지으면 누가 그를 위해 빌어 주겠느냐?" 그러므로 우리가 성령을 모독하는 것이나 하느님을 모독하는 것은 똑같은 죄이며, 그 죄는 속죄가 불가능합니다. 이로써 성령의 본성이 우리 마음속에서 이해되기 시작합니다.

• 레메시아나의 니케타스 『성령의 능력』 17.[2]

사제의 권한과 용서

율법은 어떤 죄의 경우에는 사제들이 그러한 죄를 지은 사람들에게 용서를 얻어 주는 제사를 봉헌하지 못하도록 금지하고 있습니다. 무심코 지은 어떤 죄나 잘못에 대해서는 사제가 제물을 봉헌해 주는 권한을 지니고 있지만, 간통이나 고의적 살인과 같은 중죄에 대해서는 사제라도 번제물과 속죄 제물을 봉헌해 주지 못합니다. 이는 사도들도 그랬고 사도들과 같은 사람들도 그렇습니다. 그들은 위대한 대사제를 따르는 사제들이므로 하느님의 치유에 관한 지식을 받았고 또한 성령께 가르침을 받아, 어떤 죄에 대해서는 언제 어떻게 희생 제사를 봉헌해야 하며 또 어떤 죄에 대해서는 이러한 제사를 봉헌하는 것이 잘못인지도 알기 때문입니다. 그렇기에 엘리 사제는 아들 호프니와 피느하스가 죄악을 저지르고 있는 것을 알았을 때, 그들 죄는 자신의 도움으로 용서를 받을 수 있는 것이 아니며 그러한 죄는 아무런 희망도 없음을 깨닫고, 이렇게 말하였습니다. "사람이 사람에게 죄를 지으면 사람들이

---

[1] FC 9,46-47*.   [2] FC 7,37-38*.

그를 위하여 주님께 빌어 주겠지만, 사람이 주님께 죄를 지으면 누가 그를 위해 빌어 주겠느냐?"

• 오리게네스 『기도론』 28,9.³

죽음에 이르는 죄

엘리 사제는 이렇게 말합니다. "사람이 사람에게 죄를 지으면 사람들이 그를 위하여 탄원을 드리겠지만, 사람이 하느님께 죄를 지으면 누가 그를 위해 빌어 주겠느냐?" 요한도 비슷한 말을 합니다. "누구든지 자기 형제가 죄를 짓는 것을 볼 때에 그것이 죽을죄가 아니면, 그를 위하여 [하느님께 간]청하십시오. 하느님께서 그에게 생명을 주실 것입니다. [참으로 죽음에 이르는] 죽을죄가 있는데, 그러한 죄 때문에 간구하라고 말하는 것은 아닙니다"(1요한 5,16). 이 모든 말씀은, 한때 죄를 지었다가 누가 그들을 위하여 간청하기 전에 참회를 시작한 사람들에 대한 것이 아니라 아직도 남아 있는 죄에 대한 언급입니다. 우리가 그러한 사례들을 살펴보자면 너무나 오랜 시간이 걸리는 일이니, 주님께서 꾸짖으시는 죄를 낱낱이 살펴보십시오. 그러면 그 죄들이 지금 우리가 짓는 죄임을 곧바로 알게 될 것입니다.

• 바르셀로나의 파키아누스
『심프로니아누스에게 보낸 편지』 3,16,2.⁴

³ *OSW* 151*.　　⁴ FC 99,57*.

2,27-36 주님께서 엘리 집안을 물리치시다

²⁷ 하느님의 사람이 엘리를 찾아와서 말하였다. "주님께서 이렇게 말씀하십니다. '네 조상의 집안이 이집트에서 파라오의 집안에 속해 있을 때에, 내가 나 자신을 그들에게 나타내 보이지 않았느냐?^①

²⁸ 나는 너의 조상을 이스라엘의 모든 지파 가운데에서 내 사제로 선택하여, 내 제단에 올라와 향을 피우고 내 앞에서 에폿을 걸치게 하였다. 나는 네 조상의 집안에 이스라엘 자손들의 화제물을 모두 맡겼다.

²⁹ 그런데 너희는 어찌하여 나의 처소에서 바치라고 명령한 제물과 예물을 무시하느냐?^② 너희는 자신을 내 백성 이스라엘의 모든 예물 가운데 가장 좋은 몫으로 살찌웠다. 그렇게 너는 나보다 네 자식들을 소중하게 여긴 것이다.

³⁰ 주 이스라엘의 하느님 말씀이다. 나는 일찍이 네 집안과 네 조상의 집안에게 내 앞에서 영원히 살아갈 수 있으리라고 분명히 말하였다. 그러나 이제 결코 그렇게 하지 않겠다. 주님의 말씀이다. 나를 영광스럽게 하는 이들은 나도 그들을 영광스럽게 하지만, 나를 업신여기는 자들은 멸시를 받을 것이다.

³¹ 이제 그때가 온다. 내가 너의 기운과 네 조상 집안의 기운을 꺾으리니, 네 집안에는 오래 사는 자가 하나도 없을 것이다.'"

① 히브리어 본문; 그리스어 본문은 '나는 나 자신을 그들에게 나타내 보여 주었다'다.
② 그리스어 본문; 히브리어 본문은 '발로 차느냐?'다.

둘러보기

사제들을 공경하는 것은, 미래를 두고 보자면 그들에게 짐이 되겠지만, 하느님을 공경함을 보여 주는 것이다(요한 크리소스토무스). 아들들을 소홀히 다룬 엘리의 사례는 기강 정책보다 평등 정책이 죄악을 키운다는 사실을 보여 준다(대 그레고리우스). 사람이 악이 아니라 선을 행하면, 하느님께서는 선인에게는 영광을 주시고, 악인은 벌을 받게 하신다(암브로시우스). 하느님께서 영광스럽게 해 주신 이들은 하느님의 벗으로서 계속해서 하느님께 영광을 드릴 의무가 있다(요한 크리소스토무스). 천상 화관을 받게 될 성인들은 현세의 삶에서도 영예를 받는다(히에로니무스). 하느님께 영광을 드릴 때 그 혜택은 하느님이 아니라 그것을 바친 이가 받는다. 하느님께 영광을 드리는 사람은 덕을 추구하고 하느님께서 주시는 영예를 받는다. 부모가 자녀를 적절히 훈육해야 자기 자녀들의 잘못에 대한 책임이 없다(요한 크리소스토무스).

2,27-28 사제로 선택된 사람

사제를 존경하라

미래를 두고 보자면, 그들[통치자들]은 자기가 받은 영예로 혜택을 보지 못하고, 오직 더 큰 단죄를 받을 것입니다. 지금 욕을 먹어도 미래에는 전혀 손해가 되지 않고 오히려 더 많은 용서를 받을 것입니다. 그러나 저는 여러분을 위하여 이 모든 것이 이루어지기를 바랍니다. "나는 그를 그 조상의 지파 가운데에서 선택하지 않았느냐?"는 말씀을 들었던 엘리의 경우처럼, 통치자들이 자기 백성에게 영예를 받을 때에, 그것은 그들에게 불리하게 작용하기 때문입니다. 그러나 사무엘의 경우처럼 그들이 욕을 먹을 때에는, 하느님께서 이렇게 말씀하십니다. '그들은 사실

너를 배척한 것이 아니라 나를 배척한 것이다'(1사무 8,7 참조). 그렇기에 모욕은 그들에게 이득이 되고, 영예는 그들의 짐이 됩니다. 그러므로 저는 그들을 위해서가 아니라 바로 여러분을 위하여 말씀드립니다. 사제를 존경하는 사람은 하느님도 공경할 것이고 사제를 무시해 온 사람은 조만간에 하느님을 모욕할 것입니다.

• 요한 크리소스토무스 『티모테오 2서 강해』 2.[1]

2,29 어찌하여 너는 나보다 네 자식들을 소중히 여기느냐

기강 정책

그렇지만 악한 사람들의 경우에 때로는 기강 정책보다 평등 정책을 고수할 때에 더 큰 악이 뒤따릅니다. 예를 들면, 엘리는 비행을 저지른 자기 아들들을 그릇된 애정에 빠져 징계하지 않음으로써, 자기 자신과 아들들이 모두 엄격한 심판관의 혹독한 선고를 받게 되었습니다. 하느님께서 이렇게 말씀하셨기 때문입니다. "너는 나보다 네 자식들을 소중하게 여긴 것이다."

• 대 그레고리우스 『사목 규칙』 2,6.[2]

2,30 나를 영광스럽게 하는 이들

선인의 영광

그[뱀]에게 내려진 선고를 단죄의 성격에서 보자면, 하느님께서 뱀을 단죄하신 것은 인간에게 해를 입히기 위해서가 아니었습니다. 그분께서는 미래에 일어날 일을 가리켜 주셨습니다(창세 3,14-15 참조). … 우리에게 어떤 일이 일어날지는 다음과 같은 성경 말씀에서 미루어 알 수 있습니다. "나를 영광스럽게 하는 이들은 나도 그들을 영광스럽게 하지만, 나를 업신여기는 자는 멸시

---

[1] NPNF 1,13,481*.   [2] ACW 11,65-66*.

를 받을 것이다." 하느님께서는 악이 아니라 선이 이루어지게 하십니다. 하느님께서는 벌을 무시하시고 영광을 주신다는 것을 여러분은 그분의 말씀에서 배울 수 있습니다. 하느님께서는 '나를 영광스럽게 하는 이는 나도 그를 영광스럽게 할 것이다'라고 말씀하십니다. 이렇게 선인의 영광이 당신 일의 목적이라고 선언하십니다. 그리고 "나를 업신여기는 자"에 대해서는 '내가 영광을 빼앗아 버리겠다'고 하지 않으시고, '그가 영광을 빼앗길 것'[멸시를 받을 것]이라고만 하셨습니다. 하느님께서는 그들[아담과 하와]이 입은 상처가 당신 행동의 결과라고 밝히지 않으셨습니다. 다만 다가올 일을 가리켜 주신 것입니다.

• 암브로시우스 『낙원』 15,74.[3]

하느님 벗들의 의무

그분[주님]께서 "나를 영광스럽게 하는 이는 나도 그를 영광스럽게 하지만, 나를 업신여기는 자는 멸시를 받을 것이다"라고 하시니, 우리는 그분께서 우리에게 요구하시는 것이 무엇인지에 대해서도 생각해 보아야 합니다. 그분께서 당신의 적들을 구원하신다는 것은 실로 그분의 영광을 찬양할 일이지만, 그분의 벗이 된 이들은 계속 그분의 벗으로서 행동해야 합니다. 만일 그들이 이전의 적대 상태로 돌아가 버린다면 모든 것[그들이 벗이 되었다는 사실]은 헛되고 의미 없는 일이 되고 말 테기 때문입니다. 또 다른 세례나 두 번째 화환이란 없습니다. 오직 '적대자들을 삼켜 버릴 심판에 대한 무서운 예상만이 남아 있을 뿐입니다'(히브 10,27 참조). 우리가 그분을 적대하는 마음을 가지고 있으면서도 — 동시에 — 그분의 용서를 요구한다면, 우리는 결코 적의와 방탕과 타락에서 벗어날 수 없으며, 또한 떠오른 의로움의 태양에 눈이 멀어 버릴 것입니다. … 여러분

이 이미 선과 꿀을 맛보고서도 그것을 버리고 자신이 게워 놓은 토사물로 되돌아간다면, 그것은 다름이 아니라 바로 여러분이 극심한 증오와 경멸의 마음을 품고 있다는 증거를 내어 놓는 것 아니고 무엇이겠습니까?

• 요한 크리소스토무스 『에페소서 강해』 2.[4]

현세의 삶에서 받는 영예

진주는 쓰레기 속에서도 빛나고, 보석은 … 진흙탕 속에서도 반짝일 것입니다. 이는 주님께서 '나를 영광스럽게 하는 이들은 나도 그들을 영광스럽게 할 것이다'라고 말씀하실 때에 약속하신 것입니다. 이 말씀을, 슬픔이 기쁨으로 바뀌는 미래에 세상은 사라져 버려도 성인들은 결코 없어지지 않을 화관을 받게 될 약속의 말씀으로 이해하는 이들도 있습니다. 그러나 저는 성인들에게 주어진 약속들은 이 현세의 삶에서도 이루어진다고 봅니다.

• 히에로니무스 『서간집』 66,7.[5]

하느님을 영광스럽게 하면

그러므로 하느님을 영광스럽게 할 때에, 우리는 우리 자신을 영광스럽게 하는 것입니다. 햇빛을 보려고 눈을 뜨는 사람은 그 별의 아름다움에 경탄하게 되니 그 자신이 기쁨을 얻지만, 그것이 그 발광체에 어떤 도움을 주거나 광채를 더해 주지는 못합니다. 그 별은 있던 그대로 [있기] 때문입니다. 이것은 하느님의 경우엔 더욱더 맞는 말입니다. 하느님을 흠숭하고 영광스럽게 하는 이는 자기 자신의 구원과 가장 드높은 은혜를 받기 위하여 그렇게 하는 것입니다. 어째서 그렇습니

---

[3] FC 42,352-53.　　[4] NPNF 1,13,57**.
[5] NPNF 2,6,137*.

까? 그는 덕을 추구하여 그분에 의해 영광스럽게 되기 때문입니다. 하느님께서 이렇게 말씀하시지 않았습니까? "나를 영광스럽게 하는 이들은 나도 그들을 영광스럽게 할 것이다."

• 요한 크리소스토무스『티모테오 1서 강해』4.[6]

2,31 내가 너의 기운을 꺾으리라

자녀 교육

그러므로 우리 자녀들이 저지른 죄에 대한 책임을 져야 하는 일이 없도록 부디 우리 자녀들을 도와주십시오. 여러분은 자기 아들들의 잘못을

제대로 바로잡아 주지 못하여 그 늙은 엘리에게 일어났던 일을 알지 않습니까? 어떤 질병에 수술이 필요할 때에 의사가 피부 연고나 열심히 발라 주면서 적절한 치료법을 시행하지 않으면, 그 병은 나을 수 없습니다. 바로 이처럼 그 노인은 마땅히 자기 아들들의 타락에 대하여 적절한 조치를 취해야 했지만, 지나친 관용이라는 죄를 지어 그도 자기 아들들과 함께 벌을 받았습니다.

• 요한 크리소스토무스『창세기 강해』59,20.[7]

---

[6] NPNF 1,13,421*. [7] FC 87,176*.

3,1-9 주님께서 사무엘을 부르시다

[2] 어느 날 엘리는 잠자리에 누워 자고 있었다. 그는 이미 눈이 침침해지기 시작하여 잘 볼 수가 없었다.

[3] 하느님의 등불이 아직 꺼지기 전에, 사무엘이 하느님의 궤가 있는 주님의 성전에서 자고 있었는데,

[4] 주님께서 사무엘을 부르셨다.① 그가 "예." 하고 대답하고는,

[5] 엘리에게 달려가서 "저를 부르셨지요? 저 여기 있습니다." 하고 말하였다. 그러나 엘리는 "나는 너를 부른 적이 없다. 돌아가 자라." 하였다. 그래서 사무엘은 돌아와 자리에 누웠다.

[6] 주님께서 다시 사무엘을 부르시자, 그가 일어나 엘리에게 가서, "저를 부르셨지요? 저 여기 있습니다." 하고 말하였다. 그러나 엘리는 "내 아들아, 나는 너를 부른 적이 없다. 돌아가 자라." 하였다.

[7] 사무엘은 아직 주님을 알지 못하고, 주님의 말씀이 사무엘에게 드러난 적이 없었던 것이다.

[8] 주님께서 세 번째로 다시 사무엘을 부르시자, 그는 일어나 엘리에게 가서, "저를 부르셨지요? 저 여기 있습니다." 하고 말하였다. 그제야 엘리는 주님께서 그 아이를 부르고 계시는 줄 알아차리고,

[9] 사무엘에게 일렀다. "가서 자라. 누군가 다시 너를 부르거든, '주님, 말씀하십시오. 당신 종이 듣고 있습니다.' 하고 대답하여라." 사무엘은 돌아와 잠자리에 누웠다.

① 히브리어 본문; 그리스어 본문은 "'사무엘아, 사무엘아!' 하고 부르셨다"다. 3,10 참조.

둘러보기

"주님의 성전"은 계약 궤를 모셔 놓은 천막을 가리킨다(몹수에스티아의 테오도루스). 하느님께서는 젊은이가 노인의 가르침으로 혜택을 받는 것을 기뻐하신다(요한 카시아누스).

3,3 주님의 성전 안에서

강력한 현존

'주님이 그의 도움이시다'라고 말하는 것이 적절하다는 듯이, "주님께서는 당신의 거룩한 궁전에 계시고"(시편 11,4)라고 합니다. 주님의 이름만이 도움을 가리키는 말에 공통적으로 들어가기 때문입니다. 그러나 여기에서 시편 저자는 성전 안에 사시는 분이 계시다는 것을, 그리고 온갖 음모를 거슬러 방어하고 보호해 주시는 그분 안에서 사람은 안전하게 희망 안에 굳건히 서 있을 수 있다는 것을 나타내고자 합니다. 이 성전은 하느님의 궤櫃를 모셔 놓은 성막을 말합니다. 그때는 아직 성전이 지어지지 못했기 때문입니다. 성막이 성전으로 불렸다는 것을 열왕기[사무엘기]의 증언이 분명하게 알려 주고 있습니다. 그때는 성전 건축이 아직 시작되지 않은 때인데, "사무엘이 하느님의 궤가 있는 하느님의 성전에서 자고 있었다"고 합니다.

• 몹수에스티아의 테오도루스 『시편 해설』(시편 제10편).[1]

3,4-9 사무엘이 자기 이름을 부르는 소리를 듣다

노인에게서 배우기

한두 노인의 무지나 천박함 때문에 여러분이 우리가 이야기해 온 구원의 길과 우리 조상들의 전통에서 단절되거나 멀어져서는 결코 안 됩니다. 영리한 원수는 젊은이들을 속이려고 노인들의 흰머리를 악용합니다. 그러나 부끄러워하거나 얼버무리지 말고 모든 것을 노인들에게 보여

드려야 합니다. 그러면 분명히 그들에게서 상처를 치유받고 삶의 귀감을 얻게 될 것입니다. 무엇이든 우리 자신의 주제넘은 판단이나 억측에 따라 목적을 추구하지 않는다면, 우리는 노인들 덕분에 똑같은 도움을 받고 비슷한 결과를 얻게 될 것입니다.

마지막으로, 이러한 태도가 하느님을 매우 기쁘게 해 드리는 것임은 분명합니다. 아무런 까닭 없이 성경에 이와 똑같은 가르침이 나올 리는 없기 때문입니다. 그렇기에 주님께서는 사무엘 소년을 거룩한 말씀으로 당신께서 직접 가르치고자 하지 않으셨습니다. 사무엘은 이미 주님의 결정에 따라 선택을 받았지만, 노인에게 두 번이나 돌아가야만 했습니다. 하느님께서는 당신 자신과 내밀한 관계로 부르고 계시는 사람이 하느님께 죄를 지은 자를 통해서도 가르침을 받기를 바라셨습니다. 그자가 노인이기 때문이었습니다. 그리고 하느님께서는 당신이 직접 뽑으실 만큼 매우 훌륭하다고 판단하신 사람도 노인에게 양육을 받게 하시어, 거룩한 직무에 부름받은 이의 겸손이 시험을 거치고 또 이러한 형태의 순종이 젊은이들에게 하나의 모범으로 제시되기를 바라셨습니다.

• 요한 카시아누스 『담화집』 2,13,12-2,14.[2]

---

[1] CCL 88A,56.

[2] ACW 57,98-99*.

3,10-21 주님께서 사무엘에게 당신을 드러내시다

¹⁰ 주님께서 찾아와 서시어, 아까처럼 "사무엘아, 사무엘아!" 하고 부르셨다. 사무엘은 "말씀하십시오. 당신 종이 듣고 있습니다." 하고 말하였다.

¹¹ 그러자 주님께서 사무엘에게 말씀하셨다. "이제 내가 이스라엘에서 한 가지 일을 할 터인데, 그것을 듣는 이마다 두 귀가 멍멍해질 것이다.

¹² 그날, 내가 엘리 집안을 두고 말한 모든 일을 처음부터 끝까지 그를 거슬러 이루고야 말겠다.

¹³ 나는 엘리에게, 그의 죄악 때문에 그 집안을 영원히 심판하겠다고 일러 주었다. 그 죄악이란, 엘리가 자기 아들들이 하느님을① 모독하는 것을 알고 있으면서도 그들을 책망하지 않은 것이다.

¹⁴ 그러므로 나는 엘리 집안에게, 그 집안의 죄악은 제물이나 예물로는 영원히 속죄받지 못하리라고 맹세하였다."

① 또는 '그들 자신을'.

둘러보기

엘리의 사례를 통하여 우리는 악인에게 친절을 베푸는 것이 진리를 배반하고 공동체를 공격하는 것이며 친절을 베푼 그 사람을 해치는 것임을 배운다(바실리우스). 마찬가지로, 하느님의 법을 철저히 옹호하지 못하면 중대한 벌을 초래한다(요한 크리소스토무스). 주님께서는 당신의 법규를 어기는 모든 사람에게 진노를 드러내신다. 오랫동안 올바르게 살아온 진실한 종들에게도 그러하신다(니네베의 이사악).

3,13 엘리는 자기 아들들을 바로잡지 못하였다

잘못 베푼 친절

엘리가 자기 아들들에게 잘못된 호의를 보여 주었다고 비난을 받는 것처럼, 그러한 사람들에 대한 선의는 하느님을 기쁘게 하는 일이 아닙니다. 악인들에게 베푸는 거짓 친절은 진리에 대한 배반이고 공동체에 대한 기만행위이며, 스스로 죄악에 무관심한 습관을 들이는 짓입니다.

● 대 바실리우스 『대 수덕집』(긴 규칙서) 28.[1]

하느님의 법에 대한 열정

지금 부유한 자들은 아무도 내가 셈을 해 바치도록 불려, 마땅히 온갖 열정으로 하느님의 법을 철저히 옹호하지 않았다는 고발을 당할 때에, 나를 위하여 그 자리에 서 있지 않을 것입니다. 이것이 바로, 한평생 살아온 길에 비난을 받을 어떠한 빌미도 만들지 않은 저 존경스러운 노인을 파멸시킨 것입니다. 무엇보다도 그는 하느님 율법이 발에 밟히는 일을 간과하였기 때문에, 자기 자식들과 함께 벌을 받는 응징을 당한 것입니다. 그리고 본성의 절대적인 권위가 그토록 대단함에도 그가 자기 자식들을 마땅히 엄격하게 다루지 못하여 그토록 막중한 벌을 받았다면, 그러

---

[1] FC 9,290*.

한 지배에서 벗어났으면서도 아첨으로 모든 이를 파멸시키는 우리가 어떻게 용서를 기대할 수 있겠습니까?

• 요한 크리소스토무스 『마태오 복음 강해』 17,6.[2]

주님의 법규에 대한 애정

마흔 해 동안 사제직을 훌륭하게 수행한 올곧은 노인 엘리 사제의 집안에 무슨 까닭으로 진노와 죽음이 닥쳐왔습니까? 그의 아들들인 호프니와 피느하스의 죄악 때문이 아니었습니까? 엘리는 죄를 짓지도 않았으며, 아들들이 그의 동의를 받아 죄악을 저지른 것도 아니었습니다. 그것은 그가 아들들에게 주님을 따르라고 요구하는 열

정을 지니지 않았고 또한 주님의 법규보다 아들들을 더 사랑하였기 때문입니다. 주님께서는 평생을 죄악 속에서 지낸 자들에게만 진노하신다고 생각해서는 절대 안 됩니다. 이 부적절한 죄에 대하여 주님께서 당신의 진실한 종들을 거슬러, 사제들, 재판관들, 통치자들, 당신께 봉헌된 이들, 당신이 기적의 성사를 맡기신 이들을 거슬러 어떻게 당신의 뜨거운 맛을 보여 주시는지 보십시오. 주님께서는 당신의 법규를 어기는 자들의 범죄를 간과하지 않으십니다.

• 니네베의 이사악 『종교적 완성』 10.[3]

---

[2] NPNF 1,10,123*.　　　[3] AHSIS 75.

4,1-9 이스라엘이 필리스티아인들을 공격하다

[1] 이스라엘은 필리스티아인들과 싸우러 나가 에벤 에제르에 진을 치고, 필리스티아인들은 아펙에 진을 쳤다. …

[6] 필리스티아인들이 주님의 궤가 [히브리인들의] 진영에 도착하였다는 사실을 알게 되었다.

[7] 필리스티아인들은 두려움에 사로잡혀 말하였다. "그 진영에 신이 도착했다." 그리고 그들은 이렇게 외쳤다. "우리는 망했다! 이런 일은 일찍이 없었는데.

[8] 우리는 망했다! 누가 저 강력한 신의 손에서 우리를 구원하겠는가? 저 신은 광야에서 갖가지 재앙으로 이집트인들을 친 신이 아니냐!"

둘러보기

필리스티아인들은 하느님께서 다른 모든 민족들에게 하느님에 관한 지식을 가르치도록 한 민족, 곧 이스라엘을 선택하셨다는 사실을 증언하고 있다(테오도레투스).

4,8 필리스티아인들이 주님의 궤를 두려워하다

하느님 위엄의 전파

하느님께서는 다른 모든 민족들에게 당신에 관한 지식을 가르치도록 한 민족을 선택하셨습니다. … 필리스티아인들 또한 이를 증언하였습니다. 그들은 궤가 가까이 온 것을 두려워하며 서로 이렇게 말하였습니다. '이분은 이집트를 친

신이 아니냐! 우리 필리스티아인들은 망했다!'
그때에 하느님께서는 율법을 어긴 당신 백성에
게 유죄판결을 내리시려고 [계약] 궤를 필리스티
아인들에게 넘겨주셨습니다. 악질적으로 율법을
파괴한 자들을 그 [계약 궤의] 옹위자로 삼을 수
는 없으셨기 때문입니다. 그러나 궤를 넘겨주시

면서도 필리스티아인들에게 그들이 정복한 것은
하느님이 아니라 죄인들이라는 사실을 가르치시
어, 하느님께서는 당신의 위엄을 지키셨습니다.

• 키루스의 테오도레투스 『섭리에 관한 연설』 10,49-50.[1]

---

[1] ACW 49,150.

4,10-18 하느님의 궤를 빼앗기다

[10] 필리스티아인들이 이렇게 싸우자, 이스라엘은 패배하였다. …
[11] 하느님의 궤도 빼앗기고 엘리의 두 아들 호프니와 피느하스도 죽었다.
[12] 그날 벤야민 사람 하나가 싸움터에서 빠져나와 실로로 달려왔다. 그의 옷은 찢어지고 머리
에는 흙이 묻어 있었다.
[13] 그가 왔을 때 엘리는 하느님의 궤 때문에 마음이 떨려, 길가 의자에 앉아서 멀리 내다보고
있었다. 그 사람이 성읍에 들어와 소식을 전하자 온 성읍 주민들이 울부짖었다.
[14] 엘리가 그 부르짖는 소리를 듣고 "웬 소리가 이렇게 시끄러우냐?" 하고 묻자, 그 사람이
엘리에게 급히 와서 소식을 전하였다. …
[18] 전령이 하느님의 궤를 언급하자, 엘리가 대문 옆 의자에서 뒤로 넘어지더니 목이 부러져
죽었다. 그 사람은 늙은 데다 몸까지 무거웠던 것이다. 엘리는 마흔 해 동안 이스라엘의 판
관으로 일하였다.

둘러보기

주님께서 세우신 성소에는 손이 깨끗하고 마
음이 결백한 이들이 살아야 한다(오리게네스). 주
교의 정결은 그 자녀들에게까지 이어져야 한다
(히에로니무스). 엘리는 죄인들을 바로잡아 주어야
하는 근본적인 사목 의무를 이행하지 않아, 엄중
한 벌을 받았다(아를의 카이사리우스).

4,11 하느님의 궤를 빼앗기다

성소 안에 사는 이

[지상의] 성소를 두고 "손이 깨끗하고 마음이

결백한 이, 그 영혼을 헛되이 받지 않은 이들"
[1](시편 23,4 칠십인역)만이 거기에 거주할 것이라는
말이 어찌하여 참말이겠습니까? 임금들의 역사
[열왕기]가 몹시 나쁜 사제들, 곧 '흑사병의 아들
들'이 하느님의 성소에 거주하고, 계약의 궤마저
이민족들에게 빼앗겨 불경스럽고 무도한 자들에
게 더럽혀졌다고 전해 주고 있으니 말입니다. 이
모든 것으로 보아, 예언자는 분명히 이 성소에

---

[1] 『성경』에서는 마지막 구절을 히브리어 본문에 따라
"옳지 않은 것에 정신을 쏟지 않는 이"로 옮겼다(시편
24,4).

관하여 매우 달리 느끼며,[2] "손이 깨끗하고 마음이 결백한 이, 그 영혼을 헛되이 받지 않은 이, 제 친구에게 악을 행하지 않으며 제 이웃을 모욕하지 않는 이들"(시편 23,4; 14,3 칠십인역)만이 그 성소에 살 것이라고 말합니다. 사람이 아니라 주님께서 세우신 이 성소에 사는 주민은 반드시 그러한 사람이어야만 합니다.

• 오리게네스 『탈출기 강해』 9,2.[3]

4,18 엘리가 죽다

정결이 요구되다

주교에게 어떠한 정결이 요구되는지 봅시다. 그의 자녀가 정결하지 못하다면, 그 자신도 주교가 될 수 없습니다. 그런 이는 엘리 사제가 그랬던 것과 같은 방식으로 하느님께 죄를 짓는 것입니다. 엘리 사제는 실제로 자기 아들들을 질책하긴 했지만 그 범죄자들을 치워 버리지 못하였기 때문에, 하느님의 등불이 꺼지기 전에 뒤로 넘어져 죽었습니다.

• 히에로니무스 『요비니아누스 반박』 1,35.[4]

근본적인 징벌

호된 설교는 병든 영혼들에게는 치료제가 되고 건강한 이들에게는 장신구를 마련해 줍니다. 성령께서 예언자를 통하여 주님의 사제들을 위협하시는 일은 가벼운 문제가 아닙니다. 그분께서는 이렇게 말씀하십니다. '네가 악인에게 그의 죄악을 밝히지 않으면, 그가 죽은 책임은 너에게 묻겠다'(에제 33,8 참조). 또 이렇게도 말씀하십니다. "목청껏 소리쳐라, 망설이지 마라. 나팔처럼 네 목소리를 높여라. 내 백성에게 그들의 죄악을 알려라"(이사 58,1). … 사랑하는 여러분, 이러한 까닭에 저는 자주 여러분 영혼의 구원을 위하여 겸손하게 몇 마디 말씀을 드리므로, 하느님 앞에서 저의 양심은 깨끗합니다. 참으로 저는 엘리 사제의 사례에 공포와 전율을 느낍니다. 엘리 사제는 그의 아들들이 간통을 저지르고 있다는 말을 들었을 때에, 그들을 죽이는 척, 친교제에서 배제하는 척만 하고, 그저 점잖게 타이르기만 하였기 때문입니다. '내 아들들아, 너희에 관한 고약한 소문을 들었다. 사람이 사람에게 죄를 지으면 사제가 그를 위해 빌어 주지만, 사제 자신이 죄를 지으면 누가 그를 위해 빌어 주겠느냐?'(1사무 2,24-25 참조). 이러한 훈계는 하였지만 아들들을 엄중하게 징벌하지 않았기 때문에, 그는 의자에서 뒤로 넘어져, 목이 부러져 죽었습니다. 그리고 그의 이름은 생명의 책에서 지워졌습니다.

• 아를의 카이사리우스 『설교집』 5.[5]

---

[2] 오리게네스는 예언자가 광야에서 시작된 성소가 아니라 영원한 성소에 대하여 말하고 있으며, 그것은 천상 성소의 불완전한 구현이라고 암시한다.

[3] FC 71,336. [4] NPNF 2,6,373*.

[5] FC 31,32-33*.

4,19-22 이카봇이 태어나다

[19] 엘리의 며느리, 피느하스의 아내는 임신 중이었는데, 아이 낳을 때가 다 되었다. 그 여인은 하느님의 궤를 빼앗기고 시아버지와 남편마저 죽었다는 소식을 듣고는, 몸을 웅크린 채 아이를 낳았다. 갑자기 진통이 닥쳤던 것이다.♪

☞ 20 여인이 숨을 거두려 할 때, 그를 돌보던 여자들이 "아들을 낳았으니 걱정 말아요." 하고 일러 주었다. 그러나 여인은 그 말에 대꾸도 하지 않고 마음도 두지 않더니,

21 "영광이 이스라엘에서 떠났구나." 하면서, 아이를 이카봇이라 하였다. 하느님의 궤를 빼앗기고 시아버지와 남편마저 죽었기 때문이다.

둘러보기

지옥의 고통에 비겨지는 출산의 고통을 성경에서는 좀처럼 거룩한 여인들과 연관시키지 않는다(히에로니무스). 아무도 울어 주지 않는, 피느하스의 아내의 죽음은 시편 저자에 따르면 수많은 죽음 가운데 하나다(카시오도루스).

4,19-20 피느하스의 아내가 아이를 낳다

죽음의 진통

성경을 읽어 보면, 라헬 말고는, 거룩한 여인들이 고통 속에서 아이를 낳았다는 이야기를 찾아볼 수 없을 것입니다. 라헬은 여행 중에 경기장에서, 곧 이집트에 팔린 말들이 뛰는 경기장에서 아들을 낳다가 극심한 산고를 겪으며, 그 아버지는 아기를 '오른손의 아들'(벤야민: 창세 35,16-20 참조)이라고 불렀습니다. 하와는 낙원에서 쫓겨날 때에 "너는 괴로움 속에서 자식들을 낳으리라"(창세 3,16)는 말씀을 들었습니다. 이는 출산의 고통을 겪을 것이라는 말입니다. 복음서에 나오는 마귀에 시달리는 여인처럼(루카 13,10-16 참조) 등이 굽어 똑바로 일어설 수도 없었던 피느하스의 아내는 하느님의 궤를 빼앗기고 자기 집안사람들이 죽었다는 소식을 듣고 나서 출산을 하였습니다. 그러나 사라는 거룩한 데다 폐경기가 지나서(창세 18,11 참조) [아이를 낳았기 때문에] 이사악이 태어나자 "하느님께서 나에게 웃음을 가져다주셨구나. 이 소식을 듣는 이마다 나한테 기쁘게 웃어 주겠지"(창세 21,6) 하고 말하였습니다. 그러므로 "가축 떼의 탑"(미카 4,8; 참조: 창세 35,21)을 덮친 고통은 지옥의 고통이며 죽음의 고통입니다. 그 고통은 구원자께서 친히 시편 18,5-6에서 "죽음의 고통이 나를 에워싸고, 멸망의 급류가 내게 들이쳤으며, 지옥의 고통이 나를 덮쳤네"[칠십인역]라고 말씀하셨듯이, 그분마저 에워싸고 공격했지만 결코 그분을 덮칠 수는 없었습니다.

• 히에로니무스 『소예언서 주해』(미카서) 2,4.[1]

수많은 과부들의 운명

"그들의 사제들은 칼에 쓰러지고, 과부들은 곡을 하지도 못하였다"(시편 78,64). 우리는 엘리 사제의 아들들이 포로로 사로잡혀 이민족들의 칼에 쓰러졌다는 사실을 읽었습니다. 그 아들 하나의 아내가 과부가 되어 갑자기 아이를 낳고서는 이내 죽었습니다. 그 과부에게는 곡을 해 주는 이도 아무도 없었는데, 죽은 사람들이 넘쳐나서 모두 정신이 없었기 때문이었습니다. 거룩한 문서에 과부들이 많았다고 되어 있으니, 수많은 과부들이 이러한 운명을 맞았다고 믿어야 합니다. 자세한 기록은 모두 도움이 된다는 것을 우리는 압니다.

• 카시오도루스 『시편 해설』 77,64.[2]

---

[1] CCL 76,475-76.

[2] ACW 52,271*.

5,1-5 다곤 신전에 놓인 하느님의 궤

[1] 필리스티아인들은 하느님의 궤를 **빼앗아** 에벤 에제르에서 아스돗으로 옮겼다.

[2] 그런 다음에 필리스티아인들은 하느님의 궤를 들어, 다곤의 신전으로 가져다가 다곤 곁에 세워 두었다.

[3] 이튿날 아스돗인들이 일찍 일어나 보니, 다곤이 땅에 얼굴을 박은 채 주님의 궤 앞에 쓰러져 있었다. 그들은 다곤을 일으켜 제자리에 다시 세웠다.

[4] 그들이 다음 날도 아침 일찍 일어나 보니, 다곤이 또 땅에 얼굴을 박은 채 주님의 궤 앞에 쓰러져 있었다. 다곤은 몸통만 남아 있을 뿐, 머리와 두 손이 잘려서 문지방 위에 널려 있었다.

[5] 그래서 아스돗에서는 오늘날까지도, 다곤의 사제들과 다곤의 신전에 드나드는 사람들이 모두 다곤의 문지방을 밟지 않는다.

둘러보기

궤나 율법서나 예언서 같은 종교적인 성물이 신전을 거룩하게 하지는 못한다(요한 크리소스토무스). 주님의 궤 앞에서 두 번이나 넘어져 그 우상이 없어져 버린 다곤의 텅 빈 신전은 이어지는 세대들에게 하느님의 정의를 상기시켜 주는 유적으로 남아 있다(테오도레투스).

5,2-5 다곤이 넘어지다

궤의 현존

간단히 말씀드려서, 여러분이 어떤 장소에 율법서와 예언서들이 있기 때문에 그곳이 거룩하다고 믿는다면, 차라리 우상들과 우상들의 신전이 거룩하다고 믿으십시오. 언젠가 유대인들이 전쟁을 했을 때, 아스돗인들이 그들을 정복하고 계약 궤를 빼앗아 자기네 신전에 가져다 놓았습니다. 그 궤가 거기에 있어서 그들의 신전이 거룩한 곳이 되었습니까? 천만에요! 그 뒤에 일어난 일들이 곧바로 증명해 준 대로, 그 신전은 여전히 불경스럽고 불결한 곳이었습니다. 하느님께서는 유대인의 적들에게 그 패배는 당신께서 약해서가 아니라 당신을 섬기는 자들의 범죄 때문이었다는 것을 가르치고자 하셨습니다. 그래서 전리품으로 가져다 둔 그 궤는 우상을 두 번이나 땅바닥에 던져 부수어 버림으로써 자신이 지닌 힘을 이민족의 땅에서 증명해 보였습니다. 그 신전을 거룩한 장소로 만들어 주기는커녕 내놓고 그 신전을 공격하기까지 했던 것입니다.

• 요한 크리소스토무스 『유대인 반박』 6,7,1.[1]

거짓 신들과 참하느님은 뚜렷이 구별된다

(말도 못하는 벙어리에다 지각도 없는 우상이었음에도) 신으로 공경을 받던 다곤은 그 궤 앞에 쓰러지게 되었습니다. 필리스티아인들이 거짓 신과 참하느님의 차이를 알아보게 하시려고 하느님께서는 구경꾼들에게 구경거리를 마련해 주신 것입니다.

어리석게도 그들은 다곤을 다시 일으켜 세웠으나 또다시 넘어져 무릎을 꿇고 만 그를 보았을 뿐입니다. 그토록 우둔하게도 그 차이를 인정하

---

[1] FC 68,172*.

지 않으려고 버티던 그들은 너무 지나치게 나가서는 안 된다는 것을 경험으로 배웠습니다. 그러한 가르침을 배운 다음에야, 술에 취한 것 같은 무지를 털어 버리고 정신을 차리고서는, 그 궤를 돌려보냈습니다. 본래 그 궤를 섬기던 사람들에게 돌려보내, 서원 제물을 바치며 그 궤를 공경하게 한 것입니다. 그들은 자신들이 징벌을 받았음을 고백하고, 궤를 돌려받는 이들에게 그것을 돌려받는 방법에 대해 알려 주었습니다.

• 키루스의 테오도레투스 『섭리에 관한 연설』 10,50-51.[2]

대대손손 상기시켜 주는 유적

이번이 처음이 아닙니다. 하느님께서는 태곳적부터 이런 놀라운 일들을 일으켜 오셨습니다. 그 모든 일을 다 이야기할 수는 없고, 이 사건들과 매우 비슷해 보이는 이야기를 해 보겠습니다. 언젠가 유대인들이 팔레스티나에서 이민족과 전쟁을 하였습니다. 적들이 이겨 하느님의 궤를 빼앗았습니다. 그들은 그 궤를 전리품 가운데에서 최상의 명품으로 여겨, 그 지역 우상들의 하나인 다곤이라는 이름의 신에게 그 궤를 바쳤습니다. 그 궤를 들여다 놓자마자 그 우상이 땅바닥에 얼굴을 박으며 쓰러졌습니다. 그들은 이렇게 그 우상이 쓰러졌는데도 하느님의 전능하신 힘을 알아보지 못하고, 그 우상을 일으켜 받침대 위에 다시 세웠습니다. 그들이 다음 날 아침 일찍 들어가 보니, 그 우상은 쓰러져 있었을 뿐만 아니라 완전히 부서져 있었습니다. 몸통에서 잘려 나간 두 손이 신전의 문지방에 두 발과 함께 널려 있었습니다. 그 우상의 나머지 부분들도 여기저기 흩어져 있었습니다. … 그 장소는 이러한 타격을 받고도 오랫동안 남아 있을 수 있었는데 결국, 그러한 짓들을 하는 자들이 즉시 그 징벌을 받지는 않더라도 그러한 일을 겪도록 율법으로 다스려진다는 사실을 대대손손 상기시켜 주고 있습니다. 이 신전에서 바로 이런 일이 일어났습니다.

• 요한 크리소스토무스 『순교 사제 성 바빌라스』 116.[3]

---

[2] ACW 49,150-51.　　　　[3] FC 73,144-45.

5,6-12 주님께서 필리스티아인들을 치시다

> [6] 주님의 손이 아스돗인들을 짓누르시어 망하게 하셨다. 그분께서 아스돗과 그 지역을 종기로 치신 것이다.
>
> [7] 이런 일을 보고 아스돗 사람들은 말하였다. "이스라엘 하느님의 궤가 우리와 함께 있어서는 안 되겠다. 그의 손이 우리와 우리의 신 다곤을 무겁게 짓누르기 때문이다."

둘러보기

대 그레고리우스는 아스돗인들이 겪은 고통은 두 가지의 죽음을 상징한다는 우의적 해석을 내놓는다. 그리스도의 권능을 목격하고서도 계속 우상 숭배의 길을 걷는 자들은 단순히 성경의 가르침을 모르는 것이 아니라 그 가르침을 배우기를 적극적으로 거부하고 스스로 멸망에 이르는 것이다(베다).

5,6 주님의 손이 무겁게 짓누르시다

두 가지의 죽음

이것은 그들이 어떻게 죽었는지를 설명해 줍니다. 사람들이 저마다 창자가 밖으로 빠져나오고 쥐들이 그 궁둥이 안쪽을 갉아 먹어서 죽었다고들 합니다.[1] 이 묘사는 글자 그대로를 의미하기도 하지만 우의적 설명으로도 보아야 합니다. 문자적 의미로 보면 이는 주님의 손에 짓눌리고 쥐들의 이빨에 갉아 먹혀 죽음에 이르게 된 질병에 관한 묘사입니다. 아스돗의 주민들이 쥐들에게 갉아 먹혀 죽어 가고 있는 것을 주님의 손이 무겁게 짓누르셨다고 표현합니다. 이 구절을 영적 의미로 풀면, 우리는 여기서 두 가지의 죽음을 알아보게 됩니다. 첫째 종류의 죽음은 죄인들이 죄를 지음으로써 의로움에 대하여 죽는 그러한 죽음입니다. 둘째 종류의 죽음은 의인들이 자기가 살아온 죄를 뉘우침으로써 그 죄에서 구원받는 그러한 죽음입니다. 첫째 종류의 죽음은 마귀가 누군가를 죄로 이끌어 들일 때에 그 사람의 마음속으로 들어갑니다. 둘째 종류의 죽음은 전능하신 하느님의 힘으로 이루어집니다. 그러므로 영적 의미를 암시하는 이 구절에서는 두 가지 종류의 죽음에 주목해야 합니다. 죄인들이 일어나 자기네 죄를 뉘우치게 하는 둘째 형태의 죽음은 '주님의 손이 아스돗인들을 무겁게 짓누르셨다'는 말씀으로 암시되고 있습니다. 그러나 이민족들이 불결함과 죄악의 노예로 자신을 바쳐서 일어나는 첫째 형태의 죽음은 아스돗인들이 쥐들에게 물어뜯겨 죽은 일로 암시되고 있습니다. 어떻든, 쥐는 불결한 짐승이고, 율법은 그것을 먹는 것을 금합니다. 그러니 쥐들이 마귀 말고 다른 무엇을 가리킬 수 있겠습니까? 쥐들에게 물어뜯긴다는 것은 죄에 대한 벌로 상처를 입는 것 아니고 무엇이겠습니까? 그런데 그들은 똥을 누러 밖에 나갔다가 쥐들에게 물어뜯겼습니다. 그렇다면 자기 똥을 눈다는 것은 죄에 대한 굴종으로 생긴 더러운 평판의 악취를 드러낸다는 의미 아니고 무엇이겠습니까? 그렇기에 똥을 누러 나간 자는 누구나 쥐들에게 물어뜯겨 죽었습니다. 그는 사람들 앞에서 내놓고 죄를 지음으로써 타락의 본보기를 보여 주었으며, 그 자신은 마귀에게 철저히 굴종함으로써 영원한 죽음에 사로잡혔습니다.

• 대 그레고리우스 『사무엘기 상권 해설』 3,78.[2]

5,7 아스돗인들이 주님께서 내리신 질병이라고 인정하다

무지를 선택하는 자

우상 숭배를 좋아하는 자들은 자기네 신들에 대한 그리스도의 권능을 알게 되어도, 오로지 믿음 때문에 자기네 만신전을 버려야 하는 것이 싫어서, 그리스도 신앙을 받아들이려고 하지 않습니다. 거짓된 그리스도인들도 그리스도 신앙은 그들이 즐기는 죄악을 금지한다는 것을 알면서도 그 신앙이 요구하는 경건함을 온 힘을 다해 회피하여, 결국엔 그들이 하느님 대신에 섬기는 욕망을 끊어 버리라는 신앙의 명령을 따르지 않게 됩니다. 아스돗 주민들은 지나친 방종과 방탕과 욕정의 이름에 걸맞은 사람들입니다. 그들은 성경의 가르침을 알려고도 하지 않았습니다. 그것을 배웠다가는 이행할 의무가 생기기 때문이었습니다. 주님의 뜻을 몰라서 이행하지 못한 이는 그 뜻을 알던 자들보다 채찍을 덜 맞을 것이라는 우리 주님의 말씀을 따르기라도 하듯이,

---

[1] 쥐들이 많아졌다는 언급(1사무 5,6; 6,1 칠십인역)과 사람들 궁둥이에 종기가 솟았다는(1사무 5,6) 내용을 결합시킨 해석인 것 같다.

[2] CCL 144,241-42.

그들은 자기들이 해야 할 바를 모르기를 원했습니다. 그들은 그냥 모르는 것과, 이미 알게 된 것이나 꼭 알아야 할 것을 배우기를 거부하는 것은 큰 차이가 있다는 것을 모르고 있습니다.

● 존자 베다 『사무엘기 상권 우의적 해설』 1,5.[3]   [3] CCL 119,49.

6,1-9 아스돗인들이 주님의 궤를 돌려보내기로 하다

[2] 필리스티아인들은 사제들과 점쟁이들을 불러 놓고 물었다. "주님의 궤를 어떻게 하면 좋겠습니까? 우리가 어떻게 그 궤를 제자리로 돌려보낼 수 있는지 알려 주십시오."

[3] 그들이 대답하였다. "이스라엘 하느님의 궤를 돌려보내려면, 그냥 보내서는 안 됩니다. 반드시 그 하느님에게 보상 제물을 바쳐야 합니다. 그래야 여러분의 병이 나을 것이고, 그가 왜 여러분에게서 손을 거두지 않는지도 알게 될 것입니다."

[4] "그러면 그 하느님에게 무엇을 보상 제물로 바쳐야 합니까?" 하고 필리스티아인들이 묻자, 그들이 이렇게 일러 주었다. "필리스티아인들의 통치자들 수만큼, 금으로 종기 다섯 개와 쥐 다섯 마리를 만들어 함께 보내십시오. 같은 재앙이 여러분 모두와 여러분의 통치자들에게 닥쳤기 때문입니다.

[5] 여러분은 이 땅을 파괴하고 있는 이 종기와 쥐 모양을 만들어, 그것으로 이스라엘의 하느님에게 영광을 드려야 합니다. 그러면 아마도 그가 여러분에게서, 그리고 여러분의 신들과 땅에서 자기 손을 거둘 것입니다. …

[7] 그러니 이제 새 수레 하나를 마련하여, 멍에를 메어 본 적이 없는 어미 소 두 마리를 끌어다가 그 수레에 묶고, 새끼들은 어미에게서 떼어 집으로 돌려보내십시오.

[8] 그런 다음, 주님의 궤를 가져다가 그 수레에 싣고, 그에게 보상 제물로 바칠, 금으로 만든 물건들을 상자에 담아 그 곁에 놓으십시오. 그렇게 그것을 떠나보내고 나서

[9] 지켜보십시오. 만일 수레가 제고장에 난 길을 따라 벳 세메스로 올라가면, 그가 우리에게 이 큰 재앙을 내린 것이 되고, 그렇지 않으면 그의 손이 우리를 친 것이 아니라, 재앙이 우리에게 우연히 닥쳤다는 것을 알게 될 것입니다."

둘러보기

필리스티아인들이 산 채로 쥐들에게 물어뜯긴 것처럼, 하느님께서는 죄인들에게 다음 생에서 그런 고통을 주실 것이다(카시오도루스). 하느님께서는 거룩한 목적을 이루시려고, 그 문제에 적합한 계시의 수단을 마련하신다(요한 크리소스토무스).

6,4-5 보상 제물

영원한 징벌

우리는 열왕기 1권[사무엘기 상권]에서, 이민족들이 성별된 궤를 훼손했기 때문에 그들의 궁둥이에 질병이 생겨 쥐들에게 산 채로 물어뜯기는 끔찍한 운명을 겪기까지 하였다는 이야기를 읽었습니다.[1] 이것은 그들에게 내린 영원한 징벌로 남아 있습니다. 다른 누구도 이렇게 벌을 받지는 않았기 때문입니다. 하느님께서는 죄인들에게도 다음 생에서 그와 같은 고통을 주십니다. … 죄인들은 악마의 군대에 둘러싸여 쥐들에게 이처럼 파먹힐 것입니다.

● 카시오도루스 『시편 해설』 77,66.[2]

6,9 하나의 시험

적절한 수단

이러한 까닭에 그[바오로]는 이렇게 말합니다. "[나는] 유다인들에게는 유다인처럼 되었습니다. 율법 아래 있는 이들에게는 율법 아래 있는 사람처럼 되었습니다. 율법 밖에 있는 이들에게는 율법 밖에 있는 사람처럼 되었습니다"(1코린 9,20-21). 하느님께서도 이렇게 하십니다. 하느님께서는 현자[박사]들의 경우에는 천사나 예언자, 사도나 복음사가를 시켜 인도하지 않으십니다. 그러면 어떻게 하십니까? 바로 별을 통하여 인도하십니다(마태 2,1-11 참조). 현자들은 별들을 잘 알고 있었기 때문에, 하느님께서는 그 수단을 이용하여 그들을 인도하셨습니다. 궤를 끌고 간 황소들의 경우에도 그렇게 [하십니다.] 그들의 점쟁이들은 "수레[황소]가 제고장에 난 길을 따라 올라가면, 그가 우리에게 이 큰 재앙을 내린 것이 됩니다"라고 말하였습니다. 그러면 이 점쟁이들이 진실을 말한 것입니까? 아닙니다. 하느님께서 그들 자신의 입으로 그들을 반박하시고 그들이 잘못했음을 증명하신 것입니다.

● 요한 크리소스토무스 『티토서 강해』 3.[3]

---

[1] 대 그레고리우스의 1사무 5,6에 관한 주해 참조.

[2] ACW 52,272*.

[3] NPNF 1,13,528-29*.

6,10-21 궤가 벳 세메스에 도착하다

[10] 사람들은 그대로 하였다. 그들은 어미 소 두 마리를 끌어다가 수레에 묶고, 새끼들은 우리에 가두었다.

[11] 수레에는 주님의 궤를 싣고, 금으로 만든 쥐와 종기 모양의 물건들을 담은 상자도 실었다.

[12] 그러자 소들은 벳 세메스 쪽으로 난 길을 따라 곧장 걸어갔다. 소들은 울음소리를 내면서 한길만을 따라갔는데, 오른쪽으로도 왼쪽으로도 벗어나지 않았다. 필리스티아인들의 통치자들은 그 뒤를 따라 벳 세메스 경계까지 갔다.

[13] 그때에 벳 세메스인들은 골짜기에서 밀을 거두어들이다가, 눈을 들어 궤를 보고는 기뻐하며 나가 맞았다.

[14] 수레는 벳 세메스 사람 여호수아의 밭에 와서 멈추었는데, 거기에는 커다란 바위가 하나 있었다. 그들은 수레를 부수어 장작을 만들고, 그 소들을 주님께 번제물로 바쳤다.

둘러보기

어미 소로 상징되는 교회의 신자들은 하느님의 궤를 그 가슴에 지니고 하느님을 향하여 길을 벗어나지 않고 곧장 나아간다(대 그레고리우스). 어미 소들이 여호수아의 옛 이름과 같은 이름을 지닌 호세아[여호수아]의 밭에 와서 멈춘 것은 이 소들이 예수님의 힘 있는 이름에 의해(순교자 유스티누스) 구원에 이르는 곧고 좁은 길로 인도되었다는 것을 보여 준다(대 그레고리우스).

6,10-14 어미 소들이 궤를 여호수아의 밭으로 싣고 가다

신자들을 상징하는 암소들

주님의 궤가 필리스티아인들의 땅에서 이스라엘인들의 땅으로 돌아올 때에 수레에 실려 있었다는 것을 우리는 압니다. 새끼를 낳은 지 얼마 안 된 어미 소들에게 멍에를 메어 수레에 묶고, 새끼들은 우리에 가두어 놓았습니다. "그러자 소들은 벳 세메스 쪽으로 난 길을 따라 곧장 걸어갔다. 소들은 울음소리를 내면서 한길만을 따라갔는데, 오른쪽으로도 왼쪽으로도 벗어나지 않았다." 이 소들이 상징하는 것이 교회의 신자들이 아니고 무엇이겠습니까? 신자들이 거룩한 가르침을 깊이 새기는 것은 주님의 궤를 싣고 가는 것과 같습니다. 우리는 또한 어미 소들이 얼마 전에 새끼를 낳았다고 한 사실에도 주목해야 합니다. 내적으로 하느님을 향한 길에 놓여 있는 많은 이들은 외적으로 영적이지 않은 감각에 매여 있지만, 마음속에 하느님의 궤를 모시고 있기에 바른길에서 벗어나지 않습니다.

암소들은 그 이름이 '태양의 집'을 뜻하는 벳 세메스로 가고 있었습니다. 예언자는 '주님을 두려워하는 너희를 위하여 의로움의 태양이 떠오르리라'(말라 3,20 참조)고 합니다. 우리가 영원한 태양이 머무르는 곳을 향하여 나아간다면, 영적이지 않은 감각에 이끌려 하느님을 향한 길에서 벗어나는 것이 아니라 곧장 가고 있는 것입니다. 우리는 하느님의 수레에 멍에가 매인 소들이 길을 걸으며 마음속 깊은 곳에서 울음소리를 내며 신음하지만 결코 그 길에서 벗어나지 않는다는 사실을 온 힘을 다해 숙고해야 합니다. 하느님의 설교자들은 반드시 그렇게 해야 합니다. 거룩한 교회의 모든 신자도 그렇게 해야 합니다. 사랑으로 자기 이웃들에게 인정을 베풀되 그것 때문에 하느님의 길에서 벗어나서는 안 됩니다.

• 대 그레고리우스 『복음서 강해』(40편) 37.[1]

곧고 좁은 길 걷기

거룩한 사람들이 자기 피붙이들을 사랑하지 않는 것은 아닙니다. 피붙이들에게 필요한 모든 것을 주되 자기 안에 있는 이러한 애정을 영적인 것에 대한 사랑을 위해 자제합니다. 그들은 이 애정을 분별력으로 다스려 누그러뜨림으로써, 조금치라도 그 애정에 이끌려 결코 곧은길에서 벗어나지 않습니다. 주님의 궤를 모시고 산악 지대를 향해 걸어가는 어미 소들에 대한 묘사는 이를 잘 나타내 줍니다. 어미 소들은 애정과 동시에 굳건한 마음을 지니고 곧장 나아갑니다. 이렇게 쓰여 있습니다. "사람들은 그대로 하였다. 그들은 어미 소 두 마리를 끌어다가 수레에 묶고, 새끼들은 우리에 가두었다. 수레에는 주님의 궤를 실었다." 그다음에 이렇게 이어집니다. "그러자 소들은 벳 세메스 쪽으로 난 길을 따라 곧장 걸어갔다. 소들은 울음소리를 내면서 한길만을 따라갔는데, 오른쪽으로도 왼쪽으로도 벗어나지 않았다." 새끼들은 우리에 갇히고, 어미 소들은

---

[1] CS 123,329-30.

주님의 궤를 실은 수레에 묶인 채 신음을 하며 길을 갑니다. [그들은] 가슴 깊은 곳에서 울음소리를 내지만 결코 발걸음을 흩뜨리지 않고 길을 따라갑니다. 참으로 연민으로 보이는 애정을 느끼지만, 그들은 결코 고개를 뒤로 돌리지 않습니다. 거룩한 율법의 멍에에 매인 이들, 따라서 내적인 지식 안에 주님의 궤를 모시고 있는 이들은 이처럼 자신의 길을 걸어가야 합니다. 그들은 결코, 곤궁한 친척들에게 동정을 베풀고자, 그들이 들어선 의로움의 길에서 벗어나지 않습니다. 벳세메스는 '태양의 집'이라는 뜻입니다. 그렇다면 주님의 궤를 모시고 벳 세메스에 간다는 것은 거룩한 지식을 지니고서 영원한 빛의 어좌 가까이 다가간다는 뜻입니다. 우리가 의로움의 길을 걸으며 결코 가까운 오류의 옆길로 벗어나지 않을 때, 자식에 대한 애정조차도 우리를 그런 길로 빠지게 하지 못할 때, 우리는 참으로 벳 세메스를 향해 걸어가고 있는 것입니다.

• 대 그레고리우스 『욥기의 도덕적 해설』 7,30.[2]

예수님의 이름으로 인도되다

이 가운데 하나는, 예수님을 더 잘 이해하는 데에 도움이 될 것이어서, 지금 말씀드려야 하겠습니다. 예수님께서는 하느님의 아들이신 그리스도로서 십자가에 못 박혀 돌아가시고 죽은 이들 가운데에서 되살아나시어 하늘에 오르셨으며, 아담에 이르기까지 세상에 살았던 모든 이를 심판하러 오시리라는 것을 우리는 알고 있습니다. 증언 성막을 아스돗 지방에 사는 적들에게 빼앗긴 뒤 적들 가운데에서 불치의 끔찍한 역병이 마구 퍼졌을 때에 적들이 어떻게 했는지 여러분은 잘 알고 있습니다. 그들은 송아지를 갓 낳은 어미 소들에게 멍에를 매어 묶은 수레에 성막을 실어 보내기로 하였습니다. 그 성막 궤 때문에 하느님의 권능으로 그들이 역병을 겪는 것인지, 그리고 그들이 궤를 빼앗아 온 곳으로 다시 돌려보내는 것이 하느님의 뜻인지를 알아보려는 것이었습니다. 이러한 계획을 실행에 옮기자, 어미 소들은 인간의 인도가 전혀 없이도, 궤가 원래 있던 곳이 아니라 호세아라는 사람의 밭으로 갔습니다. (앞에서도 말했듯이, 호세아는 이름이 예수[요수아, 여호수아]로 바뀐 사람의 본디 이름과 같으며 그는 당신들 민족을 약속의 땅으로 인도하고 제비를 뽑아 그 땅을 백성들에게 나누어 준 사람입니다.) 어미 소들은 그 밭에 이르자 멈추어 섰습니다. 이렇게 어미 소들은, 이집트에서 도망쳐 나온 당신들 민족 가운데에서 살아남은 자들을 그 이름이 호세아에서 예수[요수아, 여호수아]로 바뀐 사람이 약속의 땅으로 인도하였던 듯이, 자신들은 [예수님의] 힘 있는 이름으로 인도되었다는 것을 여러분에게 보여 주었습니다.

• 순교자 유스티누스 『유대인 트리폰과의 대화』 132.[3]

---

[2] *LF* 18,398-99*.

[3] FC 6,352-53*.

7,1-11 필리스티아인들이 미츠파에서 이스라엘을 치다

[2] 궤가 키르얏 여아림에 자리 잡은 날부터 이십 년이라는 긴 세월이 지났다. 이스라엘 온 집안은 주님을 향하여 탄식하고 있었다.

$\curvearrowright$[3] 사무엘이 이스라엘 온 집안에게 말하였다. "여러분이 마음을 다하여 주님께 돌아오려거든, 여러분 가운데에서 낯선 신들과 아스타롯을 치워 버리시오. 여러분의 마음을 주님께만 두고 그분만을 섬기시오. 그러면 그분께서 여러분을 필리스티아인들의 손에서 빼내어 주실 것이오."

[4] 그리하여 이스라엘 자손들은 바알과 아스타롯을 치워 버리고 주님만을 섬겼다.

[5] 그러고 나서 사무엘이 말하였다. "온 이스라엘 백성을 미츠파로 모이게 하시오. 내가 여러분을 위하여 주님께 기도를 드리겠소."

[6] 사람들은 미츠파로 모여 와서 물을 길어다가 주님 앞에 부었다. 바로 그날 그들은 단식하며, "저희가 주님께 죄를 지었습니다." 하고 고백하였다. 사무엘은 미츠파에서 이스라엘 자손들을 위하여 판관으로 일하였다.

둘러보기

궤가 키르얏 여아림에 머문 20년 동안의 평온은 영적 관상의 시간을 나타낸다(대 그레고리우스). 사무엘의 사제직은 사람들에게 그들의 모든 일과 마음을 하느님께 돌리라고 가르치시는 예수님의 사제직을 예표한다(베다). 성경에서 하느님을 언급할 때 쓰이는 '홀로'나 '오직'이라는 말은 성부를 성자나 성령과 구별하려는 것이라기보다는 참하느님을 거짓 신들과 구분하는 것이다(바실리우스). 이스라엘인들이 단식으로 육의 적들을 이겨 냈듯이, 영적인 적들은 하늘의 계명을 지킴으로써 이길 수 있다(레오).

7,2 궤가 20년 동안 머무르다

관상 생활

궤의 완전함과 관상 생활의 완전함을 연관 지어 풀이하면, 관상하는 이들의 명철한 정신은 바로 그 배움의 은총, 곧 그들에게 계시된 천상 광명을 기쁨으로 얻기 때문에, 하느님의 궤가 키르얏 여아림에 머무른 것입니다. 선택된 영혼들이 가장 내밀한 고양의 정점에 올랐기에, 하느님의 궤가 20년 동안 그곳에 머물렀습니다. 십(10)은 지식의 완전함을 가리키고 이십(20)은 천상의 것들에서 느끼는 기쁨을 상징합니다. 날들의 수가 느는 것은 영적인 덕의 증가로 설명할 수 있습니다. 이것이 바로 날수가 늘어난 까닭이며, 그런 날이 이십 년이 되었다는 것을 분명하게 밝히고 있습니다. 관상하는 이들의 선택된 정신이 천상의 생각들을 더욱 풍요롭게 바라볼수록, 그들은 영적인 덕들의 영광으로 더욱 충만하게 꾸며질 수 있습니다.

그런데 온 이스라엘이 "주님을 따라 이십 년 동안 쉬며 지냈다"는 것은 무엇을 의미합니까? 선택된 이들이 지닌 완덕의 드높은 경지는 선행의 힘보다 관상의 덕 안에 있다는 것 아니겠습니까? 주님을 따라 쉰다는 것은 불굴의 사랑을 지니신 우리 구원자를 본받는 데 전념한다는 것입니다. 그런데 어떤 사람이 천상 시민이라는 저 표현할 길 없는 기쁨을 관상하면서도 힘차게 사랑할 줄 모른다면 — 흔히 세상 사랑에 마음을 빼앗기기 때문에 그렇습니다 — 그는 결코 주님을 위하여 쉬는 것이 아닙니다. 하느님의 궤가 키르얏 여아림에 머무는 동안, 이스라엘의 모든 이는 주님을 따라 쉬었습니다. 분명히, 선택받은 이들의 마음이 지닌 지식이 거룩한 기쁨의 체험으로 들어 높여진 동안, 그리고 영적 덕들의 빛이 회복된 영광의 빛 아래 모여 있는 동안, 이스라엘은 더욱더 끈질기게 주님을 본받는 데에 몰두할 수 있었습니다. 그들은 찬란한 힘의 빛을 받아, 그들을 빛에서 멀어지게 하는 그림자를 의식할 수 없을 정도였습니다. 이렇게 이스라엘은 주님을 따라 쉬는 동안 잘 살았다고 합니다. 그들이 하느님을 뵈었기 때문입니다. 관상을 하는 사람은 신적인 일들 속으로 더 높이 들어 올려질수록 인간사에서는 그만큼 멀어집니다. 그들은 인간사를 철저히 제어하고 있어서, 그 무엇도 그들을 이길 수 없습니다.

● 대 그레고리우스 『사무엘기 상권 해설』 3,141-142.[1]

7,3 주님께 돌아오려면

예수님의 사제직을 예표하다

"사무엘이 이스라엘 온 집안에게 말하였다. '여러분이 마음을 다하여 주님께 돌아오려거든, 여러분 가운데에서 낯선 신들을 치워 버리시오.'" 이 구절부터 "그는 그곳에 주님을 위하여 제단을 쌓았다"(7,17)는 진술에 이르는 모든 말씀은 주님께서 유대아 지방에서 가르치시고, 많은 기적을 일으키시고, 고난을 겪으시고, 부활하시고 하늘로 올라가시어 성령의 은총을 보내 주심으로써 유대인들만이 아니라 다른 민족들도 당신의 자비를 나누어 받게 하신 일들을 비유적으로 보여 줍니다. 그러한 까닭에, 엘리가 죽은 뒤 사제직을 맡은 사무엘이 이스라엘 온 집안에게 그들 가운데에서 낯선 신들을 치워 버리라고 한 것입니다.

그는 이렇게 말했습니다. "여러분의 마음을 주님께만 두고 그분만을 섬기시오. 그러면 그분께서 여러분을 필리스티아인들의 손에서 빼내어 주실 것이오." 육으로는 멜키체덱에게서 드러난 새로운 사제직의 창시자이신 주님께서는 이스라엘 온 집안, 곧 하느님을 뵙고자 열망하는 이들로 이루어진 교회에게 그들 가운데에서 바리사이들의 전통을 치워 버리라고 가르치십니다. 그분께서는 행실로 준비함은 물론(이는 율법도 가르쳤습니다) 오직 주님만을 섬기도록 마음의 준비도 하라고 가르치십니다. 그래서 이렇게 말씀하셨습니다. "옛사람들에게 이르신 말씀을 너희는 들었다. 그러나 나는 너희에게 말한다"(마태 5,21-22). 그렇게 하면 다가올 삶에서 모든 원수들로부터 자유로워질 수 있기 때문입니다.

● 존자 베다 『사무엘기 상권 우의적 해설』 1,7.[2]

7,4 이스라엘이 바알과 아스타롯을 치워 버리다

주님 홀로

하느님 홀로 실체적으로 또 본질적으로 하느님이십니다. 제가 "홀로"라고 말할 때에, 저는 하느님의 거룩하시고 창조되지 않으신 본질과 실체를 말씀드리는 것입니다. "홀로"라는 말은 어떤 개인이나 일반적인 인간 본성을 말할 때에 쓰이기 때문입니다. 바오로의 경우에, 그가 홀로 셋째 하늘까지 들어 올려져 '어떠한 인간도 누설해서는 안 되는, 발설할 수 없는 말씀을 들었다'(2코린 12,4 참조)고 할 때에, 여기서 "인간"은, 다윗이 "사람이란 그 세월 풀과 같다"(시편 103,15)고 할 때처럼 인간 본성을 가리킵니다. 어떤 특별한 인간을 가리키는 말이 아니라 일반적인 인간 본성을 의미하는 것입니다. 모든 인간은 오래

---

[1] CCL 144,276-77.

[2] CCL 119,60.

살지 못하고 다 죽기 때문입니다. 따라서 '홀로 불사불멸하시는 분'(1티모 6,16 참조), 또 "홀로 지혜로우신 하느님께"(로마 16,27), "하느님 한 분 외에는 아무도 선하지 않다"(루카 18,19)와 같은 말씀들을 우리는 본성에 관한 말씀으로 이해합니다. 여기서 "한 분"과 "홀로"는 같은 뜻입니다. … 성경에서 "한 분"과 "홀로"는 하느님을 성자나 성령과 구별하려는 말이 아니라, 신들이라고 잘못 불리는 거짓 신들을 배제하려고 쓰는 말입니다. "주님 홀로 그를 인도하시고 그 곁에 낯선 신은 하나도 없었다"(신명 32,12)나 "그리하여 이스라엘 자손들은 바알과 아스타롯을 치워 버리고 주님만을 섬겼다" 같은 구절이 그런 예입니다.

• 대 바실리우스 『서간집』 8,3.[3]

7,6 이스라엘이 단식하다

단식을 통한 승리

한때 히브리 백성과 온 이스라엘 지파들은 역겨운 죄를 지어 필리스티아인들의 혹독한 지배를 받았습니다. 거룩한 역사가 보여 주듯이, 그들은 그 원수들을 이겨 내려고 스스로 단식을 하여 영혼과 육체의 힘을 되찾았습니다. 그들은 자신들이 하느님의 계명을 소홀히 하여 생활이 타락하였기 때문에 고되고 비굴한 예속을 당하게 되었으며 스스로 먼저 자기네 죄악을 물리치지 않고서는 무기를 들고 싸워 봐야 헛일이라고 올바르게 판단하였습니다. 그들은 먹고 마시기를 삼가며 스스로 자신들에게 엄격한 책벌을 부과하고, 또 원수들을 쳐 이기기 위하여 먼저 자신들 안에 있는 탐식의 유혹을 정복하였습니다. 그리하여 이스라엘이 배불리 먹을 때에는 그들을 굴복시킨 난폭한 적들과 잔혹한 군주들이 단식을 한 이스라엘에게 굴복당하는 일이 일어났습니다.

참으로 사랑하는 여러분, 우리도 수많은 싸움과 투쟁 가운데에 놓여 있습니다. 우리도 그처럼 원수들을 이겨 내고자 한다면, 같은 방법을 실천함으로써 치유될 수 있습니다. 참으로 우리의 처지는 그들의 처지와 똑같습니다. 그들은 육체적 적들에게 공격을 받고 있었고, 우리는 영적 적들에게 공격을 받고 있기 때문입니다. 하느님의 은총으로 우리 삶을 바로잡아 영적 원수들을 이겨 낼 수 있다면, 우리 육체의 원수들이 지닌 힘마저도 우리에게 굴복하게 될 것입니다. 원수들의 힘이 아니라 바로 우리 자신의 죄가 그들을 우리에게 힘겨운 원수로 만든 것이므로, 우리가 행실을 바로잡으면 원수들은 힘을 잃어버릴 것입니다.

그러므로, 참으로 사랑하는 여러분, 우리 원수들을 이겨 낼 수 있도록, 우리는 하늘의 계명을 지키며 하느님의 도우심을 간구합시다. 우리가 우리 자신을 이겨 내지 않고서는 결코 우리 적들을 쳐 이길 수 없다는 것을 압시다.

• 대 레오 『설교집』 39(수정본 A) 1-2.[4]

---

[3] NPNF 2,8,117*.

[4] FC 93,166-67*.

7,12-17 사무엘이 판관으로 일하는 동안의 회복과 평화

¹² 사무엘은 돌을 하나 가져다가 미츠파와 센① 사이에 세우고, "주님께서 여기에 이르기까지 우리를 도우셨다." 하며, 그 돌의 이름을 에벤 에제르②라 하였다.

> ① 히브리어 본문; 그리스어 본문은 '여사나'다.
> ② '도움의 돌'이라는 뜻이다.

둘러보기

'에벤 에제르'는 '도움의 돌'이라는 뜻으로, 시편 118,22의 말씀이 성취되는 그리스도를 상징한다(히에로니무스). 돌을 세우는 것은 회개를 통하여 한 사람의 초점이 지상의 행복에서 영적인 행복으로 옮겨 가는 것을 상징한다(아우구스티누스).

7,12 사무엘이 돌을 하나 세우다

도움의 돌

"집 짓는 이들이 내버린 돌, 그 돌이 모퉁이의 머릿돌이 되었네"(시편 118,22). 이는 곧 열왕기[사무엘기]에서 '에벤 에제르'라고 부르는 돌입니다. 그 돌은 그리스도이십니다. 나아가, '에벤 에제르'라는 이름은 '도움의 돌'이라는 뜻입니다.

• 히에로니무스 『시편 강해집』 46(시편 제134편).¹

영적인 행복을 추구하기

[이스라엘 백성에서 그리스도인으로] 건너가는 이들의 목적은 바로 옛사람에서 새사람으로 변모하는 것이므로, 각 사람의 목적은 더 이상 물질적인 만족을 얻는 것이 아니라 바로 영적인 행복을 추구하는 것입니다. 이것은 위대한 예언자 사무엘이 사울 임금에게 기름을 붓기 전에 한 행동을 설명해 줍니다.

사무엘이 이스라엘을 대신하여 주님께 부르짖자 하느님께서 들어주셨습니다. 그리고 그가 번제물을 바치고 있을 때에 이민족들이 하느님의 백성과 싸우려고 다가오자, 주님께서는 이민족들 위에 큰 소리로 천둥을 울리시어 그들을 혼란과 공포에 빠뜨리셨고, 그들은 이스라엘 앞에서 패배하였습니다. 그 뒤 사무엘은 돌을 하나 가져다가 옛 미츠파와 새로운 미츠파 사이에 세우고, 그 이름을 '도우시는 분의 돌'이라는 뜻으로 에벤 에제르라 하였습니다. 그는 이렇게 말하였습니다. "주님께서 여기에 이르기까지 우리를 도우셨다"(1사무 7,12).

한편, 미츠파는 '목적'을 뜻합니다. "도우시는 분의 돌"은 구원자의 중개를 의미합니다. 구원자를 통하여 우리는 옛 미츠파에서 새 미츠파로 건너가야 합니다. 곧 물질적인 행복 — 물질적 왕국의 거짓 행복 — 을 찾던 목적에서 영적인 행복, 곧 하늘나라의 참으로 진정한 행복을 찾는 목적으로 건너가야 하는 것입니다. 이보다 더 좋은 것은 결코 없기에, 하느님께서는 "여기에 이르기까지" 우리를 도와주십니다.

• 아우구스티누스 『신국론』 17,7,4.²

---

¹ FC 48,351*.

² CG 733*; 『교부 문헌 총서』 16,1865.

8,1-9 이스라엘이 임금을 요구하다

¹ 사무엘은 나이가 많아지자 자기 아들들을 이스라엘의 판관으로 내세웠다.

² 맏아들의 이름은 요엘이고, 둘째 아들의 이름은 아비야였다. 이들은 브에르 세바에서 판관으로 일하였다.

³ 그런데 사무엘의 아들들은 그의 길을 따라 걷지 않고, 잇속에만 치우쳐 뇌물을 받고는 판결을 그르치게 내렸다.

⁴ 그러자 모든 이스라엘 원로들이 모여 라마로 사무엘을 찾아가

⁵ 청하였다. "어르신께서는 이미 나이가 많으시고 아드님들은 당신의 길을 따라 걷지 않고 있으니, 이제 다른 모든 민족들처럼 우리를 통치할 임금을 우리에게 세워 주십시오."

⁶ 사무엘은 "우리를 통치할 임금을 정해 주십시오." 하는 그들의 말을 듣고, 마음이 언짢아 주님께 기도하였다.

⁷ 주님께서 사무엘에게 말씀하셨다. "백성이 너에게 하는 말을 다 들어 주어라. 그들은 사실 너를 배척한 것이 아니라 나를 배척하여, 더 이상 나를 자기네 임금으로 삼지 않으려는 것이다."

둘러보기

사무엘의 아들들이 아버지와 달리 불충했던 것은 아버지의 공로가 자식의 잘못을 지워 주지 못한다는 것을 보여 준다(히에로니무스). 우리에게 해악을 가져다줄 요청을 하느님께서 들어주시기도 하고 물리치시기도 하는 것은 우리가 때로는 어떻게 기도해야 하는지를 모르고 있다는 사실을 확인해 준다(아우구스티누스). 백성이 사무엘을 배척한 뒤 하느님께서 사울을 임금으로 세우신 일은 당신 사제들을 위하여 복수를 해 주시는 것임이 분명하게 드러난다(키프리아누스). 자기 주교에게 철저히 순명해야 한다. 주교를 반대하는 것은 하느님을 모욕하는 것이다(이그나티우스).

8,3 사무엘의 아들들이 뇌물을 받다

개인의 죄과

그러나 그대를 부제로 만들어 주신 주교님께서 거룩하신 분이므로 그분의 공로가 그대의 잘못들을 벌충해 주리라고 그대는 착각하고 있는지도 모릅니다.[1] 아버지가 아들 때문에 벌을 받거나 아들이 아버지 때문에 벌을 받지는 않는다고 나는 이미 그대에게 말한 바 있습니다. "죄지은 자만 죽는다"(에제 18,4.20)고 하였습니다. 사무엘에게도 하느님 경외를 저버리고 "잇속에만 치우쳐" 죄악을 저지른 아들들이 있었습니다.

• 히에로니무스 『서간집』 147,10.[2]

---

[1] 히에로니무스가 사비아누스라는 부제에게 죄를 뉘우치라고 권고하는 편지다.

8,4-7 주님께서 백성의 요구를 들어주시다

인내와 기도

참으로, 인내심이 없는 이들에게는 주 하느님께서 그들이 요구하는 것을 들어주시는데, 그것은 그분의 진노입니다. 그런가 하면 당신 사도들의 간청은 물리치시는데, 그것은 그분의 자비입니다. 우리는 이스라엘 백성이 무엇을 어떻게 요구하고 또 받았는지를 읽어 보았습니다. 그들의 탐욕이 채워졌을 때에, 인내심이 없던 그들은 엄중한 벌을 받았습니다(민수 11,1-34 참조). 성경에 쓰여 있는 대로, 그들이 요구하였을 때에 하느님께서는 당신의 마음에 따라서가 아니라 그들의 마음에 따라 그들에게 임금을 세워 주셨습니다. … 성경에 기록된 이러한 일들에 따르면, 받지 않는 편이 더 나았을 무엇을 성급하게 청하여 그 기도가 받아들여진 것은 좋은 일이라고 할 수 없으며, 자신의 기도가 받아들여지지 않았다고 해서 어느 누구도 자신에 대한 하느님의 자비에 낙담하거나 절망해서는 안 됩니다. 어쩌면 그가 자신에게 더욱더 쓰라린 고통을 가져다주거나 번영을 누리다 타락하여 자신의 파멸을 초래하게 될 무엇인가를 청했을 수도 있기 때문입니다. 그렇게 볼 때, 우리는 어떻게 기도해야 옳게 기도하는 것인지 모른다고 하겠습니다.

• 아우구스티누스 『서간집』 130.[3]

하느님께서 당신 사제들을 위하여 복수해 주시다

우리는 하느님의 이러한 목소리는 당신의 참되고 위대한 엄위로 당신 사제들의 영예를 드높이고 [그 반대자들에게] 복수해 주시려고 나온 것임을 알 수 있습니다. … 여러분이 잘 아시다시피, 열왕기[사무엘기]에서도, 사제인 사무엘이 나이가 들었다고 하여 유대 백성에게 멸시를 받을 때에, 진노하신 주님께서는 '그들은 사실 너를 배척한 것이 아니라 나를 배척한 것이다' 하고 말씀하셨습니다. 이에 대한 복수를 해 주시려고, 주님께서는 그 백성에게 사울 임금을 세워 주셨습니다. 사울은 백성에게 엄청난 피해를 입히며 그들을 발로 짓밟았습니다. 그 오만한 백성을 온갖 모욕과 책벌로 억압한 것입니다. 이는 사제를 멸시한 데 대하여 하느님께서 그 오만한 백성에게 복수를 하신 것이라고 할 수 있습니다.

• 키프리아누스 『서간집』 3,1.[4]

하느님을 모욕하는 것

그러므로 여러분은 또한 여러분의 주교에게 순명해야 하고 어떠한 일에서도 그에게 반대하지 않는 것이 마땅합니다. 그런 이를 거역하는 것은 몹쓸 일이기 때문입니다. [그러한 행동으로] 눈에 보이는 주교를 속이는 사람은 [사실상] 눈으로 뵐 수 없는 분을, 그 누구에게도 모욕을 당해서는 안 되는 분을 모욕하려고 나대는 것입니다. 그러한 모든 행동은 인간을 멸시하는 것이 아니라 하느님을 멸시하는 것입니다. 그래서 하느님께서도 사무엘에게 이렇게 말씀하셨습니다. '그들은 너를 모욕한 것이 아니라 나를 모욕한 것이다.'

• 안티오키아의 이그나티우스
『마그네시아 신자들에게 보낸 편지』 3.[5]

---

[2] NPNF 2,6,294*.

[3] FC 18,396-97.

[4] FC 51,7*.

[5] ANF 1,60*.

8,10-22 사무엘이 임금의 권한에 대하여 백성에게 경고하다

[10] 사무엘은 자기한테 임금을 요구하는 백성에게 주님의 말씀을 모두 전하였다.

[11] 사무엘은 이렇게 말하였다. "이것이 여러분을 다스릴 임금의 권한이오. 그는 여러분의 아들들을 데려다가 자기 병거와 말 다루는 일을 시키고, 병거 앞에서 달리게 할 것이오.

[12] 천인대장이나 오십인대장으로 삼기도 하고, 그의 밭을 갈고 수확하게 할 것이며, 무기와 병거의 장비를 만들게도 할 것이오.

[13] 또한 그는 여러분의 딸들을 데려다가, 향 제조사와 요리사와 제빵 기술자로 삼을 것이오.

[14] 그는 여러분의 가장 좋은 밭과 포도원과 올리브 밭을 빼앗아 자기 신하들에게 주고,

[15] 여러분의 곡식과 포도밭에서도 십일조를 거두어, 자기 내시들과 신하들에게 줄 것이오.

[16] 여러분의 남종과 여종과 가장 뛰어난 젊은이들,[①] 그리고 여러분의 나귀들을 끌어다가 자기 일을 시킬 것이오.

[17] 여러분의 양 떼에서도 십일조를 거두어 갈 것이며, 여러분마저 그의 종이 될 것이오.

[18] 그제야 여러분은 스스로 뽑은 임금 때문에 울부짖겠지만, 그때에 주님께서는 응답하지 않으실 것이오."

① 그리스어 본문; 히브리어 본문은 '가축들'이다.

둘러보기

주교들은 임금들보다 더 막중한 책임을 지고 있으므로 그들의 임무에 대해 더 많은 보상을 받아야 한다(『사도 헌장』). 사무엘은 임금을 요구하는 백성이 생각을 바꾸기를 바라며, 임금의 권한들을 설명해 준다. 그는 이렇게 그의 지혜와 하느님의 자애를 보여 주었다(요한 크리소스토무스). 너무 많은 종을 소유한 자들은 사무엘 예언자가 경고한 냉혹한 폭군과 같다(알렉산드리아의 클레멘스).

8,11-17 임금의 권한

사제들을 존중하여라

주교들을 여러분의 통치자와 임금들처럼 존경해 마땅한 이들로 여기고 임금들에게 하듯이 주교들에게 예물을 바치십시오. 여러분이 주교들과 그 가족들의 생계를 유지해 주어야 하기 때문입니다. 열왕기 1권[사무엘기 상권]에서, 사무엘이 임금에 관한 헌장을 백성에게 마련해 주었듯이, 그리고 레위기에서 모세가 사제들에 관하여 그렇게 하였듯이, 우리도 여러분의 주교들에 관한 헌장을 제정합니다. 그때엔 백성이 임금에게 비교적 쉬운 직무를 요구하였으니, 그렇다면 주교들은 그 자신과 그에게 소속된 나머지 성직자들의 생계유지를 위하여 하느님께서 정하신 그러한 것들을 여러분에게서 더욱더 많이 받아야 하지 않겠습니까? 그러나 조금 더 세게 덧붙여 말해도 된다면, 옛 시대의 그자[임금]가 받았던 것보다 더 많이 주교에게 바치십시오. 그[임금]는 백성의 육체를 보전하기 위한 전쟁과 평화를 맡아 군사 문제를 관리할 뿐이지만, 이 사람[주교]

은 육체와 영혼을 다 위험으로부터 지키기 위하여 하느님과 관련된 사제 직무가 제대로 수행되도록 하는 일을 맡고 있습니다.

• 『사도 헌장』 2,4,34.[1]

하느님의 자애

예언자의 지혜를, 아니, 하느님의 자애를 잘 보십시오. 예언자는 숱한 어려움을 가져오게 될 백성들의 요구에서 그들을 돌려세우고 싶어, 임금의 실체에 대하여 알려 주었습니다. 이를테면, 임금은 그들의 아내를 데려다가 방앗간에서 방아를 찧게 할 것이고, 남자들은 목동이나 노새 몰이꾼으로 삼을 것이라는 사실을 비롯해 나라와 관련된 온갖 노역을 자세히 일러 주었습니다.

• 요한 크리소스토무스 『코린토 2서 강해』 24,3.[2]

냉혹한 폭군

저는 이제 … 너무 많은 종을 소유하는 데 대한 저의 반감을 표명해야겠습니다. 사람들은 종들에게 모든 일을 맡기고 자신은 시중만 받으려고 합니다. … 말씀께서는 이러한 잘못을 저지르는 자들에 대해 자세히 설명하신 바 있는데, 임금을 요구하는 백성들에게 사무엘 예언자를 통하여 하신 말씀이 그것입니다. 임금은 인자한 주인이 아니라 냉혹한 폭군이 될 것이며 부도덕한 짓을 일삼아 그들의 "딸들을 데려다가, 향 제조사와 요리사와 제빵 기술자로 삼을 것"이며, 그는 평화를 유지하는 데에 힘을 쏟지 않고, 전쟁의 법으로 다스릴 것이라는 내용이었습니다.

• 알렉산드리아의 클레멘스 『교육자』 3,4,26-27.[3]

---

[1] ANF 7,412*.

[2] NPNF 1,12,392*.

[3] FC 23,220-22.

9,1-2 키스의 아들 사울

[1] 벤야민 지파에 한 사람이 있었는데 그의 이름은 키스였다. 그는 아비엘의 아들이고 츠로르의 손자이며, 브코랏의 증손이고 아피아의 현손이었다. 그는 벤야민 사람으로서 힘센 용사였다.

[2] 그에게는 아들이 하나 있었다. 이름은 사울인데 잘생긴 젊은이였다. 이스라엘 자손들 가운데 그처럼 잘생긴 사람은 없었고, 키도 모든 사람보다 어깨 위만큼은 더 컸다.

둘러보기

사울의 족보는 예미니 지파와 벤야민 지파가 같은 지파임을 알려 준다(히에로니무스).

9,1-2 사울의 족보와 성품

같은 지파

벤야민이라는 이름은 '아들'이라는 뜻의 '벤'과 '오른손'이라는 뜻의 '야민'이 합쳐진 낱말입니다.

벤야민 지파는 예미니 지파라고 불렸는데, 기억을 더듬어 봅시다. 우리는 열왕기[사무엘기]에서 사울에 관하여 이렇게 말하는 것을 봅니다. '벤야민 지파에 한 사람이 있었는데 그의 이름은 사울이었다. 사울은 키스의 아들이고, 키스는 아비엘의 아들이며, 아비엘은 이트라의 아들이고, 이트라는 예테르의 아들이고, 예테르는 게라의 아들이고, 게라는 예미니의 아들이었다'라고

한 다음에 곧바로 이어서, 그는 예미니 사람, 곧 예미니 지파, 또는 벤야민 지파의 사람이라고 합니다.[1] … 그런데 제가 이 모든 것을 말하는 이유가 무엇이겠습니까? 예미니 지파가 벤야민 지파라는 것을 보여 주려는 것입니다.

● 히에로니무스 『시편 강해집』 3(시편 제7편).[2]

---

[1] 성경 인용이 2사무 19,1.17.19와 1열왕 2,5.8.32가 합쳐져 있다.

[2] FC 48,28*.

9,3-10 사울이 잃어버린 암나귀들을 찾아다니다

³ 하루는 사울의 아버지 키스의 암나귀들이 없어졌다. 그래서 키스는 아들 사울에게 말하였다. "종을 하나 데리고 나가 암나귀들을 찾아보아라." …

⁵ 그들이 춥 지방에 들어섰을 때, 사울은 함께 가던 종에게 말하였다. "그만 돌아가자. 아버지께서 암나귀들이 아니라 오히려 우리를 걱정하시겠다."

⁶ 그러자 종이 그에게 말하였다. "이 성읍에는 하느님의 사람이 한 분 살고 계십니다. 그분은 존경받는 분이신데, 하시는 말씀마다 모두 들어맞는다고 합니다. 그러니 우리 거기에 한번 가 보십시다. 혹시 그분이 우리에게 가야 할 길을 일러 주실지도 모릅니다." …

(⁹ 옛날 이스라엘에서 하느님께 문의하러 가는 사람은 "선견자에게 가 보자!"고 하였다. 오늘날의 예언자를 옛날에는 선견자라고 하였던 것이다.)

¹⁰ 그러자 사울은 종에게, "네 말이 옳다! 어서 가자." 하며 하느님의 사람이 있는 성읍으로 갔다.

둘러보기

'선견자'라는 말이 '예언자'와 같은 말이라는 것은 시각視覺이 육체의 속성일 뿐 아니라 영의 속성임을 알려 준다(아우구스티누스). 예언자들은 미래의 일을 내다보기에 그 이름이 합당하며(히폴리투스), 또한 그리스도를 미리 보기에 그 이름을 인정받는다. 성경에 담긴 하느님의 신비를 깨닫는 이들은 교회의 눈들로서, 선견자로 여겨질 만하다(히에로니무스).

9,9 예언자는 선견자라고 불렸다

영적인 시각

저는 시각視覺이 육체에만 속한 것이라고 생각하는 견해가 어떻게 하여 생겨났는지 궁금합니다. 그러나 어떠한 언어 습관에서 그러한 견해가 생겨났는지는 몰라도, 성경은 그렇게 말하는 데에 익숙하지 않습니다. 성경은 본다는 것을 육체만이 아니라 영혼의 속성으로도 보며, 사실 육체보다 영혼의 속성으로 여기는 경향이 더 강합

니다. 그렇지 않다면, 육체의 시각이 아니라 영적인 시각으로 미래를 보는 예언자들을 '미리 보는 사람'[선견자]이라고 불렀을 리가 없습니다.

• 아우구스티누스 『서간집』 147,50.[1]

미래를 본 예언자들

예언자가 영으로 미래를 보지 못하였다면, 무슨 까닭으로 예언자로 불렸겠습니까? 예언자가 우연히 일어난 어떤 일에 대해 말하였다고 하더라도, 모든 사람의 눈에 다 보이는 것들을 말한다면 그는 예언자일 수 없습니다. 그러나 아직 일어나지 않은 일을 자세히 설명하는 이는 마땅히 예언자로 여겨졌습니다. 그러므로 예언자들이 처음부터 "선견자"라고 불린 데는 타당한 이유가 있었습니다.

• 히폴리투스 『그리스도와 그리스도의 적』 2.[2]

그리스도를 미리 본 예언자들

그분[그리스도] 안에 지혜와 지식의 모든 보물이 숨겨져 있습니다(콜로 2,3 참조). 신비 안에 감추여 계신 그분은 또한 세상[이 창조되기] 전에 미리 정해지신 바로 그분이십니다. 그분께서 미리 정해지시고 율법서와 예언서들 안에 예시되었습니다. 예언자들이 선견자들이라고 불린 데는 이러한 까닭도 있습니다. 그들은 다른 사람들이 보지 못하던 그분을 보았기 때문입니다.

• 히에로니무스 『서간집』 53,4.[3]

교회의 눈들

교회는 실제로 눈들을 지니고 있습니다. 분명히 교회의 성직자들과 교사들은 성경 안에서 하느님의 신비를 보며, 그들에게는 '미리 보는 사람'[선견자]이라는 성경의 칭호가 어울립니다. 따라서 이 선견자들을 교회의 눈들이라고 부르는 것은 옳습니다.

• 히에로니무스 『마태오 복음 강해』 85.[4]

---

[1] FC 20,219.
[2] ANF 5,205.
[3] NPNF 2,6,98*.
[4] FC 57,196-97.

9,11-21 사울과 사무엘이 만나다

15 사울이 오기 하루 전에 주님께서는 사무엘의 귀를 열어 주시며 말씀하셨다.

16 "내일 이맘때에 벤야민 땅에서 온 사람을 너에게 보낼 터이니, 그에게 기름을 부어 내 백성 이스라엘의 영도자로 세워라. 그가 내 백성을 필리스티아인들의 손에서 구해 낼 것이다. 나는 내 백성이 고생하는 것을① 보았고, 그들이 울부짖는 소리를 들었다." …

18 사울이 성문 안에서 사무엘에게 다가가 물었다. "선견자의 댁이 어디인지 알려 주십시오."

19 사무엘이 사울에게 대답하였다. "내가 그 선견자요. 앞장서서 산당으로 올라가시오. 두 분은 오늘 나와 함께 음식을 들고, 내일 아침에 가시오. 그때 당신이 마음에 두고 있는 일도 다 일러 주겠소. …♪

↶**21** 사울이 대답하였다. "그렇지만 저는 이스라엘의 지파 가운데에서도 가장 작은 벤야민 지파 사람이 아닙니까? 그리고 저의 가문은 벤야민 지파의 씨족들 가운데에서도 가장 보잘것없습니다. 그런데 어찌하여 저에게 그런 말씀을 하십니까?"

① 그리스어 본문; 히브리어 본문에는 '고생하는 것'이라는 말이 없다.

둘러보기

임금이 되는 이의 기름부음은 다른 영예로운 지위를 받기 전에 먼저 이루어지는데, 이는 '그리스도'(기름부음받은이)라는 칭호의 의미를 잘 드러내 준다(니사의 그레고리우스). 영예를 받으면, 이를 잘못에 대한 핑계로 삼지 말고, 거룩한 일을 추구해야 한다(요한 크리소스토무스).

9,16 이스라엘의 영도자

그리스도의 왕권

임금이라는 지위는 모든 가치와 권력과 통치의 근거가 되므로, 그리스도의 왕권의 권위는 우선적으로 이 칭호로 표현됩니다(우리가 역사서에서 보듯이, 임금에 오르는 이에겐 기름부음이 먼저 이루어지기 때문입니다). 다른 모든 칭호의 힘은 왕직의 힘에 예속되는 것입니다. 이러한 까닭에 그 아래 내포된 개별 요소들을 아는 이는 이 요소들을 다 포괄하는 힘도 아는 것입니다. 그리스도의 칭호 자체가 왕권을 의미하고 있습니다.

• 니사의 그레고리우스
『그리스도인의 완덕에 관해 올림피우스 수도승에게』.[1]

9,21 가장 작은 지파

커다란 영예도 잘못에 대한 변명이 되지 못한다

하느님께서는 왕국을 사제직만큼 무겁게 여기지 않으신다는 제 주장의 증거를 보여 드리겠습니다. 키스의 아들 사울은 임금이 되겠다는 야심 같은 건 전혀 없이, 암나귀들을 찾아 나섰다가 그 행방을 물어보려고 예언자에게 갔습니다. 예언자는 그에게 왕국에 관하여 이야기하기 시작했지만, 사울은 그때에도 왕국을 탐하지 않았습니다. 예언자에게서 왕국에 관한 이야기를 듣자, 그는 주저하며 오히려 이렇게 말했습니다. '제가 무엇이라고? 제 아버지의 집안이 무엇이라고?' 그래서 어떻게 되었습니까? 그가 하느님께서 그에게 내리신 영예를 잘못 사용하였을 때에, 지금 한 이 말이 그를 임금으로 만들어 주신 분의 진노에서 그를 구해 줄 수 있었습니까? 사무엘이 그를 꾸짖을 때에, 이렇게 말할 수 있었습니까? '제가 왕국과 통치권을 좇고 탐했습니까? 저는 보통 사람처럼 조용하고 평화롭게 살아가고 싶었는데, 당신이 저를 이 영예로운 자리에 끌어다 놓았습니다. 제가 낮은 신분에 그대로 있었더라면, 이 모든 장애물에서 쉽게 도망칠 수 있었습니다. 제가 만일 이름 없는 군중 가운데 한 사람이었다면, 저는 결코 이 원정에 나서지도 않았을 것이고, 하느님께서 아말렉족과의 전쟁을 제 손에 맡기지도 않으셨을 것입니다. 그리고 제가 저에게 맡겨진 전쟁을 치르지 않았더라면, 이러한 죄를 짓지도 않았을 것입니다.' 그러나 이러한 모든 주장은 변명으로 내세우기에도 빈약한 것입니다. 그러한 주장들은 하느님의 진노

---

[1] FC 58,97-98.

를 불타오르게 하는 것이어서, 빈약할 뿐만 아니라 파멸에 이르는 것입니다. 하느님께서 커다란 영예로 들어 높여 주신 사람은 그 영예를 자기 잘못에 대한 핑계로 삼지 말고, 자신에 대한 하느님의 특별한 총애를 더 나은 진보의 동기로 삼아야 합니다. 그렇지 않고 자기가 특별한 지위에 있기 때문에 죄지어도 된다고 생각한다면, 그가 하는 짓거리는 하느님의 자애가 자기 범죄의 연유가 된다는 사실을 보여 주려고 애를 쓰는 것입니다. 이런 것은 불경하게 제멋대로 사는 자들이

한결같이 내세우는 논리입니다. 그러나 우리는 어떠한 일이 있어도 그러한 마음을 지녀서는 안 되며, 그러한 사람들의 미친 바보짓에 떨어지지 말아야 합니다. 우리는 언제나 우리가 지닌 이 커다란 힘을 가장 좋게 쓰도록 분발해야 하며, 모든 말과 생각에서 경외심을 지녀야 합니다.

• 요한 크리소스토무스 『사제직』 4,1.[2]

---

[2] NPNF 1,9,61*.

9,22-27 사울이 사무엘의 환대를 받다

[22] 사무엘은 사울과 그의 종을 데리고 큰 방으로 들어가, 초대받은 이들 맨 윗자리에 앉혔다. 손님들은 서른 명쯤 되었다.

[23] 사무엘이 요리사에게 일렀다. "내가 너에게 간수하라고 맡겨 둔 몫을 가져오너라."

[24] 요리사가 넓적다리와 꼬리[①]를 가져다가 사울 앞에 차려 놓자 사무엘이 말하였다. "여기 남겨 둔 것을 당신 앞에 차려 드리니 잡수시오. 당신이 초대된 사람들과 함께 때맞춰 들도록 남겨 둔 것이오."
이렇게 그날 사울은 사무엘과 함께 음식을 먹었다.

[25] 그들이 산당에서 성읍으로 내려온 다음, 사무엘은 사울과 함께 옥상에서 이야기를 나누었다.[②]

[26] 그들은 일찍 일어났다.[③] 동틀 무렵 사무엘이 옥상에 대고 사울을 부르면서, "일어나시오. 내가 당신을 바래다주겠소." 하자, 사울이 일어났다. 그리고 사울과 사무엘은 둘이서 밖으로 나갔다.

[27] 그들이 성읍 끝까지 내려갔을 때, 사무엘이 사울에게 말하였다. "종더러 우리보다 앞서가라고 이르시오. 종이 앞서가고 나면, 당신은 잠시 서 계시오. 내가 하느님의 말씀을 들려주겠소."

① 히브리어 본문의 낱말이 명확하지 않다.
② 히브리어 본문; 그리스어 본문은 '사울을 위하여 옥상에 잠자리가 마련되었고, 그는 일찍 자리에 들었다'다.
③ 히브리어 본문; 그리스어 본문에는 '그들은 일찍 일어났다'라는 구절이 없다.

둘러보기

훌륭한 스승이나 지도자는 고귀한 일이든 일상의 일이든 모두 잘 다룰 줄 안다(대 그레고리우스). 베다는 사무엘과 사울의 관계가 어떻게 세례자 요한과 예수님의 관계를 미리 보여 주는지 숙고한다. 예수님처럼 사울도 다른 사람들은 모르는 음식을 먹는다. 산당에서 성읍으로 내려온 것은 강한 자와 약한 자 모두를 위한 가르침을 상징한다. 사무엘 예언자처럼 요한도 새로운 은총의 시대가 열린 다음에 주님의 기름부음을 받은 이는 다른 분이라고 고백한다. 그들이 거리로 들어간 것은 예수님의 직무와 요한의 직무가 지닌 공적인 측면을 미리 보여 준다. 사울이 사무엘의 요청에 따라 그곳에 머무른 것처럼, 예수님께서도 예언자들의 말이 이루어지도록 세상에 한동안 머무르신다.

9,24-25 사무엘과 사울이 함께 음식을 먹고 성읍으로 내려가다

참된 지도자

사목 활동을 수행하는 고귀한 직무를 부여받은 이는 모름지기 그 드높은 지위를 생각하여 참으로 숭고한 삶을 살아야 하며 나약한 이들에게 동정심을 지녀야 합니다. 그래서 사울은 사무엘과 함께 산당으로 올라갔다가 그런 다음엔 성읍으로 내려갑니다. 통치자는 고귀한 일을 수행하는 방법을 알아야 하고, 또한 일상적인 일들을 하는 방법도 알아야 합니다. 통치자가 바오로와 함께 이렇게 말하게 합시다. '우리는 하늘의 방식대로 삽니다'(필리 3,20 참조). 그러나 통치자가 우리와 함께 이렇게 말하게도 합시다. "나는 과연 비참한 인간입니다. 누가 이 죽음에 빠진 몸에서 나를 구해 줄 수 있습니까? 내 지체 안에는 다른 법이 있어 내 이성의 법과 대결하고 있음을 나는 봅니다. 그 다른 법이 나를 내 지체 안에 있는 죄의 법에 사로잡히게 합니다"(로마 7,23-24).[1] 완전한 자들 가운데에서 지혜를 말할 때에 그는 진정한 통치자가 됩니다. 그런가 하면 그는 성읍에 내려가 육적 문제들을 처리하며 이렇게 말합니다. "불륜의 위험이 있으니 모든 남자는 아내를 두고 모든 여자는 남편을 두십시오"(1코린 7,2). 그가 "어떠한 피조물도 우리 주 그리스도 예수님에게서 드러난 하느님의 사랑에서 우리를 떼어 놓을 수 없습니다"(로마 8,39)라고 말할 때에 그는 산당에 있습니다. 그러나 성읍으로 내려가는 그는 이렇게 말합니다. "[나는] 약한 이들을 얻으려고 약한 이들에게는 약한 사람처럼 되었습니다. 나는 어떻게 해서든지 몇 사람이라도 구원하려고, 모든 이에게 모든 것이 되었습니다"(1코린 9,22). 그렇기에 사무엘은 사울을 산당으로 데려갔다가 성읍으로 내려가도록 이끌었습니다. 가장 큰 사람들이 거룩한 교회의 꼭대기, 곧 그들이 교회의 제일 높은 자리에 올려놓은 이들을 제대로 놓을 때에, 그들은 이들에게 훌륭히 살며, 분명하게 선포하고, 자기 자신에게는 엄격하되 자기가 돌보는 사람들에게는 너그러우며, 그들의 구원을 위하여 약한 이들과 함께 약해지도록 가르칩니다. 제가 말하는 '약해진다'는 어떤 내적 질병 때문에 게을러진다는 뜻이 아니라 그들의 마음이 약한 이들에게 동정심을 느낀다는 뜻입니다. 스승이 정신적인 게으름에 빠져 있다면, 그는 영적으로 나약하고 병든 사람들의 힘을 북돋아 줄 수 없습니다.

• 대 그레고리우스 『사무엘기 상권 해설』 4,141.[2]

---

[1] 구절의 순서를 바꾸어 인용.

[2] CCL 144,368-69.

예수님과 세례자 요한이 예표되다

"그날 사울은 사무엘과 함께 음식을 먹었다. 그리고 그는 산당에서 성읍으로 내려갔다."[3] 그리고 주님께서는 [세례자] 요한이 감옥에 갇히기 전 은총이 빛나던 동안에 요한과 함께 가르치셨습니다. 주님께서는 당신을 믿고자 하는 이들에게 '내게 너희가 모르는 음식이 있다'(요한 6,32 참조)고 하셨습니다. 요한과 주님께서는 높은 곳으로 올라가심으로써 완전한 이들에게만 높은 덕행의 실천을 명령하신 것이 아니라, 아래로 내려가시어 약한 이들에게도 일반적인 일들에 관하여 명령하셨습니다. 완전한 이들에게는 "너희는 가진 것을 팔아 자선을 베풀어라"(루카 12,33) 하고 말씀하셨지만, 약한 이들에게는 "살인해서는 안 된다. 간음해서는 안 된다"(마태 19,18)고 하셨습니다.

> • 존자 베다 『사무엘기 상권 우의적 해설』 2,9.[4]

9,26 동틀 무렵 사무엘이 사울을 부르다

새로운 은총의 새벽

"사무엘은 사울과 함께 옥상[5]에서 이야기를 나누었다. 그들은[그는] 일찍 일어났다. 동틀 무렵 사무엘이 옥상에 대고 사울을 부르면서, '일어나시오. 내가 당신을 바래다주겠소' 하였다." 요한은 주님의 신성을 알아봄에서 흘러나오는 빛 속에서 주님과 이야기를 하였습니다. 옥상은 건물의 아랫부분보다 먼저 햇빛을 받기 때문에 해마당이라고 불립니다. 여기서 해마당은 분명히, 의로움의 태양에게서 빛을 받고 하느님에 대한 경외를 통하여 지상의 욕망으로부터 들어 올려진 사람들의 마음을 나타냅니다. 요한을 파견한 새 섭리가 시작되었을 때에, 은총의 새로운 빛이 점차 세상에서 분명하게 빛나기 시작하였을 때에, 바로 그 요한은 예수님께서 하느님의

아들 그리스도이시라고, 그 자신은 그분에 앞서 파견되었을 뿐이라고 고백하였습니다. 요한은 그리스도께서 육으로 일어나시어 하느님의 일을 수행하시기를, 그리고 때가 되어 그리스도의 선구자라는 자신의 직무는 끝이 나기를 온 마음으로 열망하였습니다.

> • 존자 베다 『사무엘기 상권 우의적 해설』 2,9.[6]

9,27 사무엘이 사울에게 하느님의 말씀을 들려줄 준비를 하다

예언자들의 말씀을 이루시다

"그들이 성읍 끝까지 내려갔을 때, 사무엘이 사울에게 말하였다. '종더러 우리보다 앞서가라고 이르시오. 종이 앞서가고 나면, 당신은 잠시 서 계시오. 내가 하느님의 말씀을 들려주겠소.'" 주님께서 우리를 위하여 비천하고 가난하게 되시어 당신 자신을 볼품없는 사람으로, 또 세상의 주민들 가운데에서 가장 작은 이로 보여 주시며, 당신을 따르는 이들은 마음으로 가난해져야 한다고 가르치시는 동안 사악한 인간들은 주님을 죽이려고 자주 음모를 꾸몄지만, 그래도 주님께서는 예언자들의 신탁에 따라, 곧바로 죽음을 겪지는 않으셨습니다. 예언자들의 임무는(요한도 예언자로 여겨야 합니다) 주님을 앞서가며, 주님께 순종하는 종이 되고, 사람들에게 악습에서 벗어나 덕으로 건너가라고, 죽음에서 생명으로 건너가라고 촉구하는 것입니다. 그렇지만 그리스도 자

---

[3] 이 대목에서 베다는 사무엘과 사울의 행동이 각기 세례자 요한과 예수님의 활동을 예고한다고 해석한다.

[4] CCL 119,85.

[5] 해마당(solarium)은 집의 옥상을 가리키며, 흔히 생활 공간으로 이용되는 곳이다. 존자 베다는 여기서 언어 유희를 하려고 옥상(히브리 말로, 지붕 위)을 '해마당'이라고 옮긴다.

[6] CCL 119,85.

신은 예언자들이 떠나가는 동안에도 그들을 통하여 신자들에게 선포된 당신에 관한 아버지의 말씀을 다 이루실 때까지 한동안 세상 안에 머물러 계셨습니다.

• 존자 베다 『사무엘기 상권 해설』 2,9.[7]

[7] CCL 119,85.

10,1-8 사울이 임금으로 기름부음을 받다

[1] 사무엘은 기름병을 가져다가, 사울의 머리에 붓고 입을 맞춘 다음 이렇게 말하였다. "주님께서 당신에게 기름을 부으시어 그분의 백성 이스라엘을 다스리는 영도자로 세우지 않으셨습니까? 그러니 당신은 주님의 백성을 다스리며, 주변을 에워싼 적들의 손에서 백성을 구할 것이오. 그리고 이것은 주님께서 당신에게 기름을 부으시어, 그분의 소유[인 이스라엘]의 영도자로 세우셨다는 표징이 될 것이오."①

① 그리스어 본문; 히브리어 본문에서는 사무엘이 "주님께서 당신에게 기름을 부으시어, 그분의 소유[인 이스라엘]의 영도자로 세우셨소"라고만 한다.

둘러보기

구약의 예언자들이 하느님께서 뽑으신 이에게 기름을 붓는 직무를 수행할 때에 성령의 은총이 기름과 함께 내렸다(요한 크리소스토무스). 질그릇에 담긴 기름을 부었던 사울의 기름부음과 달리, 그리스도인의 기름부음은 뿔에 담긴 기름을 부었던 다윗의 기름부음처럼 더 뛰어난 도유다(히폴리투스).

10,1 사무엘이 사울의 머리에 기름을 붓다

기름과 은총을 부음받다

더 나아가, 어떤 이가 뽑혀 기름부음을 받을 때면 언제나, 뽑힌 이의 이마 위로 성령의 은총이 날아 내리고 기름이 흘러내릴 것입니다. 예언자들이 이 직무를 수행하였습니다.

• 요한 크리소스토무스 『유대인 반박』 6,4,3.[1]

다른 도유

모든 사람들 가운데에서 우리 그리스도인만이 그 신비를 거행하며, 사악한 악마와 육적 탐욕에 관한 이야기를 나누었던 사울(이 그랬던 것)처럼 질그릇에 담긴 기름이 아니라, 다윗(이 기름부음을 받았던 것)처럼 뿔에 담긴 이루 형언할 길 없는 거룩한 기름으로 도유된다고, 그는 말합니다.

• 히폴리투스 『모든 이단 반박』 5,4.[2]

[1] FC 68,160.

[2] ANF 5,58*.

10,9-16 사울이 예언하고 집으로 돌아가다

⁹ 사울이 몸을 돌려 사무엘을 떠나갈 때에, 하느님께서 사울의 마음을 바꾸어 주셨고, 바로 그날 이런 표징들이 모두 일어났다.

¹⁰ 사울이 종과 함께 그곳 기브아에① 이르렀을 때, 예언자의 무리가 오고 있었다. 그러자 하느님의 영이 사울에게 들이닥쳐, 그도 그들 가운데에서 황홀경에 빠져 예언하였다.

¹¹ 사울을 전부터 아는 사람들은 모두, 그가 예언자들과 함께 황홀경에 빠져 예언하는 것을 보고, "키스의 아들에게 무슨 일이 일어났지? 사울도 예언자들 가운데 하나인가?" 하고 서로 말하였다.

① 또는 '언덕에'.

둘러보기

하느님의 영은 여러 가지 ─ 정신적 이해, 환시, 황홀경 ─ 로 작용한다(아우구스티누스). 사울의 삶이 보여 주듯이, 사악한 영이나 거룩한 영이 사람에게 영향을 미친다는 사실은 영이 자율적인 존재임을 증명해 준다(테르툴리아누스).

10,10 하느님의 영이 사울에게 내리다

보는 것과 이해하는 것

먼저 여러분은, 열왕기 1권[사무엘기 상권]에서 '주님의 영이 사울에게 내려왔다'고 하고 또 다른 곳에서는 '주님께서 보내신 악령이 사울에게 내려왔다'(참조: 1사무 16,15; 18,10; 19,9)고 하는데, 어떻게 그리 말할 수 있는지 설명해 달라고 합니다. 거기에는 이렇게 쓰여 있습니다. "사울이 몸을 돌려 사무엘을 떠나가려는데, 하느님께서 사울의 마음을 바꾸어 주셨고, 바로 그날 이런 표징들이 모두 일어났다. 그가 언덕에 이르렀을 때, 예언자의 무리가 오고 있었다. 그러자 하느님의 영이 사울에게 들이닥쳐, 그도 그들[예언자들] 가운데에서 예언하였다." 그러나 사무엘은

그에게 기름을 부어 줄 때에 이미 이를 예언하였습니다(1사무 10,1-6 참조). 저는 이와 관련해서는 아무런 문제도 없다고 생각합니다. 영은 "불고 싶은 데로"(요한 3,8) 불고, 그 순수성으로 모든 곳에 미치기 때문에, 어떤 사람의 영혼이 예언의 영과 접촉하였다 하여 더럽혀질 수 없기 때문입니다. 그러나 영은 모든 사람에게 똑같은 방식으로 영향을 미치지는 않습니다. 영이 부어지면 어떤 사람들은 사물들의 표상을 받고, 어떤 사람들은 깨달음이라는 정신적 열매를 얻으며, 또 어떤 사람들은 그 영감으로 두 가지를 모두 받지만, 여전히 아무것도 알지 못하는 사람들이 있습니다. 그런데 영은 두 가지 주입 방식을 통해 작용합니다. 첫째 방식은 자는 동안에 오는 것입니다. 거룩한 이들만 아니라 파라오와 네부카드네자르 임금에게도 그리하였습니다. 이 두 사람은 다 자기가 본 것을 이해할 수는 없었지만, 아무튼 둘 다 볼 수는 있었던 것입니다(다니 2장 참조). 둘째 방식은 황홀경 속에서 보여 주는 것입니다. ('황홀경'이라는 말을 일부 라틴 사람들은 '전율'이라고 옮기는데, 매우 독특한 말이기는 하지만

의미는 거의 같습니다.) 황홀경 속에서 정신은 육체적 감각과 분리되어, 하느님의 영에 사로잡힌 인간 정신은 지각하거나 직관하는 상태에서 벗어나기도 합니다. 이를테면, 다니엘이 이해할 수 없는 것을 보았을 때에, 그리고 베드로가 아마포 같은 것이 하늘에서 네 모퉁이로 내려앉는 것을 보았을 때가 그렇습니다. 그는 나중에야 이 환시가 무엇을 나타내는지 깨달았습니다(사도 10,9 이하 참조). 그러니까 한 가지 방식은 깨달음이라는 정신적 열매를 통하는 것입니다. 표상들을 통하여 보여 주는 사물들의 의미와 관련성이 계시될 때가 그런 경우고, 그것은 더욱 확실한 예언이 됩니다. 그래서 [바오로] 사도는 그러한 예언을 '더 훌륭하다'고 합니다(1코린 14,5 참조). 요셉은 이해할 수 있었지만, 파라오는 단지 볼 수만 있었습니다. 다니엘은 임금이 보고도 무엇인지 모르던 것을 임금에게 풀이해 주었습니다. 그러나, 지혜와 정의와 모든 신적 형태는 바뀔 수 없는 것이라고 이해되며, 인간 정신은 추정적인 고찰로 사물들에 관한 개념을 이해하는 것이 아니라 사물 그 자체를 바라보는 방식으로 움직이므로, 우리가 지금 이야기하는 것은 예언과 관계없습니다.

• 아우구스티누스
『심플리키아누스에게 보낸 여러 질문』 2,1,1.[1]

10,11 사울도 예언자들 가운데 하나인가

영혼의 실존

악한 영은 사람에게 영향을 미칠 수 있습니다. 하느님의 영이 언젠가 사울을 다른 사람으로, 곧 예언자로 바꾸어 주셨습니다. 그때에 사람들은 "키스의 아들에게 무슨 일이 일어났지? 사울도 예언자들 가운데 하나인가?" 하고 말하였습니다. 그런데 악한 영 또한 그를 다른 사람으로, 다시 말해 변절자로 바꾸어 놓았습니다. 유다도 한동안은 뽑힌 이들[사도들]에 속해 있었으며, 돈주머니를 맡기까지 하였습니다. 그때에는 그가 아직 배신자는 아니었지만, 정직하지 못했습니다. 나중에, 악마가 그의 영혼 속으로 들어갔습니다.

그러므로, 하느님의 영이든 악마든 사람의 영혼이 태어날 때에 그 영혼 속으로 들어가는 것이 아니라면, 그 영혼은 이 두 영에 씌기 전에 따로 존재하는 것이 분명합니다. 영혼이 홀로 존재한다면, 영혼은 그 실체에서 합성되지 않은 단순한 것이며, 하느님께 받은 실체의 한 결과로서 단순히 숨을 쉬는 것입니다.

• 테르툴리아누스 『영혼론』 11,5-6.[2]

---

[1] CCL 44,58-59.
[2] FC 10,204*.

10,17-24 제비가 주님께서 임금으로 뽑은 자를 맞히다

[20] 사무엘이 이스라엘의 모든 지파를 가까이 오게 하자 벤야민 지파가 뽑혔다.

[21] 다시 벤야민 지파를 씨족별로 가까이 오게 하자 마트리 씨족이 뽑혔고,① 이어 키스의 아들 사울이 뽑혔다. 그래서 사람들이 그를 찾아보았으나 그는 보이지 않았다.

[22] 그들이 다시 주님께, "그 사람이 여기에 와 있습니까?" 하고 여쭈어 보자, 주님께서 말씀하셨다. "그렇다, 저기 짐짝 사이에 숨어 있다."♪

$\mathscr{C}^{23}$ 그들이 달려가 그곳에서 사울을 데리고 나왔다. 그가 사람들 가운데에 서자, 그의 키는 모든 백성보다 어깨 위만큼 더 컸다.

24 사무엘이 온 백성에게 "주님께서 뽑으신 이를 보았소? 온 백성 가운데 이만한 인물이 없소." 하고 말하자, 온 백성이 환호하며 "임금님 만세!" 하고 외쳤다.

① 히브리어 본문: 그리스어 본문에는 '마침내 그는 마트리 씨족을 한 사람 한 사람씩 가까이 오게 하였다'는 구절이 덧붙어 있다.

둘러보기

사울이 처음에는 임금이 되기를 주저하다가 임금이 된 뒤에 교만해진 것은, 낮은 지위가 이롭고 높은 지위는 위험하다는 것을 분명하게 보여 준다. 사울은 인간의 제한된 통찰력에 따라서는 좋은 사람으로 뽑혔지만, 모든 것을 아시는 하느님의 눈으로 보면 사악한 자이다(대 그레고리우스).

10,21-23 제비로 사울이 뽑히다

높은 지위의 위험

역경의 학교에서 마음은 스스로 단련하게 된다는 것은 공통된 체험입니다. 그런데 사람이 최고의 통치권을 얻고 나면 그 마음이 즉시 바뀌어, 높은 지위를 누리는 경험으로 의기양양해집니다.

그렇기에 사울이 처음에는 자신의 모자람을 알고 통치의 영예에서 달아났지만, 이제 그 통치권을 받아들이고서는 자만심에 차올랐던 것입니다. 백성 앞에서 영예를 받고 싶어 하고 그들의 비난을 듣기 싫어하는 그의 욕망 때문에, 그는 그를 기름부어 임금으로 만들어 주신 분을 멀리하였습니다.

• 대 그레고리우스 『사목 규칙』 1,3.[1]

10,24 주님께서 뽑으신 이

백성이 보기에는 뽑힌 이이지만 하느님께서 보시기에는 풀인 사람

그러나 제 생각에, 우리는 소처럼 풀을 뜯고 있는 이 브헤못(욥 40,15 참조)[2]이 어찌하여 영적인 삶을 파괴한다고 하는지를 물어보아야 하겠습니다. 우리는 앞에서 '풀'은 육적인 삶을 가리킨다고 말한 바 있지요. 브헤못이 풀을 뜯으며 육적인 것들을 붙든다면, 그의 먹이 또한 선택의 여지가 없습니다. 그런데 곧바로 이런 대답이 나옵니다. 어떤 사람들은 하느님께서 보시기에는 풀이지만 사람들 사이에서는 성덕 있는 이로 헤아려지기도 한다고 말입니다. 그들의 삶이 사람들의 눈앞에서 펼쳐 보이는 것과 하느님의 심판대 앞에서 그들의 양심이 가리키는 것이 다를 때 그러하지요. 그런 이들은 인간의 견해로는 '뽑힌 이'이지만, 주님의 정확한 심판으로는 '풀'일 뿐입니다. 사무엘 예언자가 백성에게 "주님께서 뽑으신 이를 보았소?"라고 하고 성경도 조금 앞에서 '잘생기고 훌륭한' 인물이라고 한(1사무 9,2 참조) 사울도 하느님 보시기에는 풀이 아니었습니까? 죄 많은 백성에게 합당했던 그는 하느님

---

[1] ACW 11,26.

[2] "보아라, 내가 너를 만들 때 함께 만든 브헤못을! 그것은 소처럼 풀을 뜯고 있다."

께서 보시기에는 불량한 자였지만, [그가 등장하
게 된 여러 가지] 원인들의 순서에 따라서는 훌
륭하고 좋은 인물이었던 것입니다.

• 대 그레고리우스 『욥기의 도덕적 해설』 32,13.[3]　　　[3] *LF* 31,525*.

10,25-27 사무엘이 계속하여 백성을 지도하다

[25] 사무엘은 백성에게 왕정의 권한을 설명하고, 그것을 책에 적어 주님 앞에 두었다. 그런 뒤
에 온 백성을 저마다 자기 집으로 돌려보냈다.
[26] 사울도 기브아에 있는 자기 집으로 돌아갔는데, 하느님께서 마음을 움직여 주신 용사들도
그와 함께 갔다.
[27] 그런데 몇몇 불량한 자들은 "이 친구가 어떻게 우리를 구할 수 있으랴?" 하면서, 사울을
업신여기고 그에게 예물도 바치지 않았다. 그러나 사울은 아무 말도 하지 않았다.

둘러보기

하느님의 뜻을 거역할 수 없다는 것은 하느님
께서 마음을 움직여 주신 이들이 사울을 따르고
마음을 움직여 주지 않은 자들은 사울을 거부
하였다는 사실에서 드러난다. 하느님께서 지상
의 왕국을 세우시기 위하여 사람들의 마음에 작
용하셨다는 사실은 하느님께서 천상의 왕국을
창조하시기 위하여 사람들의 마음을 구원으로
기울게 하신다는 논리를 뒷받침해 준다(아우구스
티누스).

10,26-27 사울에 대한 상반된 반응

하느님 뜻의 최고 우위

따라서, '마음에 드시는 것은 무엇이나 하늘에
서도 땅에서도 이루시며'(시편 135,6 참조) 또한
"다가올 일들을 이루신"(이사 45,11 칠십인역) 하느
님의 뜻을 인간의 의지가 거역할 수 없다는 것은
확실합니다. 하느님께서 하시고자 하시면 인간

의 의지를 통해서도 당신께서 뜻하시는 것을 이
루시는 것을 볼 때, 인간의 의지는 결코 하느님
께서 뜻하시는 것을 이루시지 못하도록 가로막
을 수 없습니다. 사울의 경우를 예로 들어 봅시
다. 하느님께서 왕국을 사울에게 주고자 하셨을
때에, 이스라엘 민족이 사울을 따를 것인지 말
것인지 스스로 결정할 힘이 있었습니까? 어떤
의미에서는 그렇다고 할 수 있습니다. 그러나 그
들이 하느님을 거역한다는 의미에서 사울을 반
대할 수 있었던 것은 아닙니다. 사실 하느님께서
는 바로 백성의 의지라는 수단을 이용하여 그 일
을 이루셨습니다. 하느님께서는 무엇이든 당신
이 원하시는 방향으로 사람들의 마음을 움직이
는 전능한 힘을 지니고 계십니다. 그래서 이렇게
쓰여 있습니다. "사무엘은 온 백성을 저마다 자
기 집으로 돌려보냈다. 사울도 기브아에 있는 자
기 집으로 돌아갔는데, 하느님께서 마음을 움직
여 주신 군사의 일부도 그와 함께 갔다. 그러나

벨리아르의 자식들은 '이 친구가 어떻게 우리를 구할 수 있으랴?' 하면서, 사울을 업신여기고 그에게 예물도 바치지 않았다." 분명히, 하느님께서 마음을 움직여 주지 않으신 벨리아르의 자식들 가운데에서 사울과 함께 간 이가 있었다고는 아무도 말하지 못할 것입니다.

• 아우구스티누스『훈계와 은총』14,45.[1]

하느님께서는 인간의 의지를 구원 쪽으로 움직여 주신다

또한 우리가 성경의 열왕기[사무엘기 포함]와 역대기에서 밝혀 온 것 — 하느님께서 그것을 바라는 사람들을 통해서만 반드시 이루어져야 하는 어떤 일을 이루고자 하실 때에는 사람들의 마음이 이를 바라도록 이끌리게 되는데, 이러한 이끌림을 불러일으키는 것은 하느님이시며 그분께서는 우리가 그러한 의지를 지니도록 형언할 길 없는 놀라운 방식으로 우리 안에서 작용하신다는 — 이 지금 우리가 다루고 있는 주제와 관계가 없다며 그들이 반론을 제기하는 것 또한 부질없는 짓입니다. 그것은 아무 말도 하지 않으며 반대하는 것 아닙니까? 아마도 그 사람들이 왜 그렇게 보는지 그 이유를 그대에게 설명해 준 것이 아니라면, 그대가 편지에서 그것을 언급하지 않기로 선택한 것입니다.[2] 그 설명이 어떤 것이었을지 나는 모르겠습니다. 우리 형제님들은 아마도, 하느님께서 인간의 마음속에서 그렇게 작용하시며 당신이 이끌고자 하신 사람들의 의지를 움직이셨다는 것을 우리가 보여 주었기 때문에, 이 세상에서 일시적으로 다스리는 것과는 하느님과 함께 영원히 다스리는 것은 다르니, 사울이나 다윗이 임금으로 세워진 사례들은 이 주제에 부합하지 않는다고 생각하시는 것입니까? 따라서, 하느님께서는 당신이 지상 왕국을 창건하게 하고자 하신 자들의 의지는 움직이시고 천상 왕국을 얻으려는 자들의 의지는 움직이지 않으신다고 짐작하시는 것입니까?

• 아우구스티누스『성도들의 예정』20,42.[3]

---

[1] FC 2,299*.

[2] 이 글은 두 개의 긴 편지에 대한 답변이다. 하나는 프로스페루스에게서 온 편지이고, 다른 하나는 힐라리우스에게서 온 편지인데, 구원과 자유의지의 관계와 관련된 신학적 문제들에 대하여 아우구스티누스의 답변을 청하는 것이었다.

[3] FC 86,268*.

11,1-15 암몬족을 물리친 사울의 승리

¹ 암몬 사람 나하스가 올라와서 야베스 길앗을 포위하였다. 그러자 야베스 사람들이 모두 나하스에게 말하였다. "우리와 조약을 맺읍시다. 우리가 당신을 섬기겠소."

² 그러나 암몬 사람 나하스는, "내가 너희 오른쪽 눈을 모두 후벼 내어 온 이스라엘에 대한 모욕으로 내놓는다는 조건 아래 너희와 계약을 맺겠다." 하고 대꾸하였다.

³ 야베스의 원로들이 그에게 사정하였다. "우리가 이스라엘 곳곳에 전령들을 보낼 수 있도록 이레 동안만 말미를 주시오. 만일 우리를 구해 줄 사람이 아무도 없으면 당신에게 항복하겠소."♪

$\mathcal{C}^4$ 전령들은 사울의 기브아에 가서 백성에게 소식을 전하였다. 그러자 백성은 모두 목놓아 울었다. …

^{6} 이 소식을 듣는 순간 하느님의 영이 사울에게 들이닥치니, 그의 분노가 무섭게 타올랐다. …

^{11} 이튿날 사울은 군사들을 세 부대로 나누어, 이른 새벽녘에 적의 진영 한복판으로 쳐들어가서, 햇볕이 뜨거워질 때까지 암몬군을 무찔렀다. 살아남은 자들은 흩어져서, 두 사람이 함께 남아 있는 일조차 없었다.

둘러보기

나하스는 야베스 사람들의 오른쪽 눈을 후벼내어 그들을 무력하게 만들어 버리려고 하였는데, 오른쪽 눈은 거룩한 실재를 인식하는 것으로 여겼기 때문이다. 지혜로운 이들은 교부들의 견해를 충실히 따른다(베다). 사울이 군사들을 세 부대로 나눈 것은 율법서와 예언서와 복음서의 [세 가지] 단식을 상징한다(대 그레고리우스).

11,1-2 나하스가 야베스를 위협하다

오른쪽 눈

교회 안의 어떤 신자들은 흔히 성경을 자주 묵상하는 가운데 '뱀처럼 슬기롭다'고 여기는 스승들과 진심으로 다정하게 결합되어 있고 또 그들을 순종적으로 섬긴다는 데 동의하지만, 교회 안에서 평화를 지키는 이 신자들은 그 스승들이 "비둘기처럼 순박"(마태 10,16)하지는 않다는 사실을 몰랐습니다. 그러나 드러나지 않고 감추어지는 것은 아무것도 없기에, '거짓을 만들어 내는 자들'이요 '거짓 교설을 숭배하는 자들'(이사 45,16 참조)인 그들은 자신들에게는 밝은 마음의 눈이 없음을 곧바로 드러냈습니다. 그들은 '우리의 두 눈은 비둘기라오'(아가 1,15 참조)라고 말할 수 없었습니다. 오히려 그들은 그들의 말을 듣고 있는 사람들의 오른쪽 눈, 곧 거룩하고 초월적인 관상을 인식하는 눈을 후벼 내어, 오로지 사악하고 비뚤어진 일들만 보도록 그들의 시선을 돌리고 "하늘에 있는 악령들과"(에페 6,12) 싸우는 전쟁에서 그들을 무력하게 만들려고 애씁니다. 나하스가 야베스 사람들의 오른쪽 눈을 후벼 내어, 그들이 적과 맞서 싸울 때 자신을 보호하기 위하여 반드시 보아야 할 것들을 아무것도 볼 수 없게 만들려고 한 것은 이런 까닭입니다. 그들은 전투를 할 때 방패로 왼쪽 얼굴을 가렸기 때문입니다.

• 존자 베다 『사무엘기 상권 우의적 해설』 2,11.[1]

11,3 원로들이 말미를 달라고 청하다

지혜와 영

더 현명한 이들은 더욱 신중하여 이단자들을 신뢰하지 않았고, 이단자들 안에서 고대의 용이나 뱀(바오로의 여러 서간에 나오고, 그리스도께서도 당신의 비유에서 말씀하신 악마나 사탄)이 말하고 있음을 알아보았습니다. 이 더 현명한 이들은 이렇게 말하였습니다. '우리가 교부들의 모든 저작을 정독하고, 교회의 빛으로 교회에 주어진 일곱 겹의 성령께 여쭈어 보기 전에는, 우리에게 당신들의 새로운 교설을 믿으라고 강요하지 마시오. [교부

---

[1] CCL 119,94.

들의 저작] 안에 우리의 신앙을 옹호할 만한 것이 아무것도 없다면, 우리는 가톨릭의 내적인 일치를 떠나서 당신들에게 가서, 이미 가톨릭을 떠나 가톨릭을 공격하는 당신들과 한편이 되겠소. 그때에는 비록 우리에게 불리한 것이라 하더라도, 그 문제에서 당신네 말을 듣겠소.' "그들은 우리에게서 떨어져 나갔지만 우리에게 속한 자들은 아니었습니다. 그들이 우리에게 속하였다면 우리와 함께 남아 있었을 것입니다"(1요한 2,19). 현명한 이들이 그렇게 말한 것은 저들의 견해에 행여라도 동의할 것이어서가 아닙니다. 그들은 교부들의 건실함을 믿음으로 확신하였으며, 이러한 대구로 이단자들을 완전히 이겨 낼 수 있다고 믿었기 때문입니다.

• 존자 베다 『사무엘기 상권 우의적 해설』 2,11.[2]

11,11 사울이 암몬족을 무찌르다

세 가지 단식을 상징하다

백성을 세 부대로 나눈 것은 우리가 뱀인 나하스를 하나의 전선만으로는 물리치지 못할 수도 있기 때문입니다. 세 부대로 나뉜 백성은 거룩한 단식의 열매와 품위를 드러냅니다. 단식을 통하여 우리는, 우리가 금지된 열매를 따 먹어 잃어버린, 거룩하신 삼위일체에 대한 관상으로 되돌아가도록 불립니다. 백성이 세 부대로 나뉜 또 다른 이유는 율법서와 예언서와 복음서가 단식을 명하기 때문입니다. 모세는 사십 일씩 두 번이나 단식을 한 뒤에야 율법을 받을 수 있었습니다. 엘리야는 이제벨의 손아귀에서 도망칠 때에, 하루 한 끼니 음식으로 버티며 사십 일을 걸어 호렙 산으로 갔습니다. 우리 주님이신 구원자 예수 그리스도께서도 광야에서 사십 일 동안 단식하시며 어떠한 종류의 음식도 드시지 않았습니다. 그러므로 사울이 백성을 세 부대로 나눈 것은 음식을 절제하는 이들을 위한 본보기로서 율법서와 예언서와 복음서의 단식을 권장하고 있습니다.

• 대 그레고리우스 『사무엘기 상권 해설』 5,20.[3]

[2] CCL 119,94-95.　　　[3] CCL 144,428-29.

12,1-5 사무엘이 백성에게 말하다

[1] 사무엘이 온 이스라엘에게 말하였다. "나는 여러분이 나에게 청한 대로 여러분의 말을 다 들어 주어, 여러분을 다스릴 임금을 세웠소. …

[3] 여기 내가 있으니 나를 고발할 일이 있거든, 주님 앞에서 그리고 그분의 기름부음받은이 앞에서 하시오. 내가 누구의 소를 빼앗거나 누구의 나귀를 빼앗은 일이 있소? 내가 누구를 학대하거나 억압한 일이 있소? 누구에게 뇌물을 받고 눈감아 준 일이 있소? 그런 일이 있으면① 내가 여러분에게 갚아 주겠소."

[4] 그들이 대답하였다. "우리를 학대하거나 억압하신 일도 없고, 누구의 손에서 무엇 하나 빼앗으신 일도 없습니다."♪

☞⁵ 그러자 사무엘이 그들에게 말하였다. "여러분이 내 손에서 무엇 하나 찾아내지 못하였으니, 오늘 주님께서 여러분의 증인이 되시고 그분의 기름부음받은이도 증인이 되었소." 백성이 "예, 증인이십니다." 하고 대답하였다.

① 히브리어 본문; 그리스어 본문에는 이 자리에 '나를 고발하시오'(또는 '나를 거슬러 증언하시오')라는 말이 들어 있다.

둘러보기

사무엘이 자신을 고발하라고 촉구한 것에 대해 여러 가지 견해가 있다. 사무엘은 사울이 온유하고 점잖은 사람이 되도록 가르치려고 이렇게 말하는 것이다(요한 크리소스토무스). 사무엘은 오랜 봉사 직무를 마칠 무렵 자신은 그동안 어떠한 잘못도 저지른 일이 없음을 입증한다(이레네우스). 사제는 반드시 탐욕을 삼가야 한다고 사무엘은 가르친다(히에로니무스).

12,3-5 백성이 사무엘의 의로움을 인정하다

임금에게 온유함을 가르치는 말

또한 사무엘은 사울에게 기름을 부어 줄 때에 자기 자신에 대해 대단한 칭찬을 하였습니다. 이렇게 말했지요. '내가 누구의 나귀나 송아지를 빼앗은 일이 있소? 내가 누구의 신발을 빼앗은 일이 있소? 내가 누구를 억압한 일이 있소?' 그러나 아무도 그의 이 말을 흠잡지 않습니다. 그가 자기를 돋보이게 하려고 이 말을 한 것이 아니라, 지금 임금을 지명할 참이므로 [자기 자신을] 칭찬하는 말을 통하여 임금이 온유하고 점잖은 사람이 되도록 가르치고자 하였기 때문입니다. … 그는 그들[백성]이 이러한 것[임금의 권한]에 대해 듣고도 마음이 바뀌지 않을 만큼 병이 깊은 것을 보자, 백성을 눈감아 주는 한편 그들의 임금을 온유한 사람으로 만들고자 한 것입니다. 그

래서 그는 임금도 증인으로 세웁니다. 사실, 사울에게 고소나 고발을 제기한 사람은 아무도 없었기 때문에 사울은 자신을 변호할 필요도 없었지만, 사무엘은 사울이 더 나은 사람이 되도록 그렇게 말하였던 것입니다. 또한 그는 사울의 자만심이 커지지 않도록 이렇게 덧붙입니다. '만일 여러분이, 여러분과 여러분의 임금이 [주님의 말씀을] 듣는다면', 이러저러한 좋은 것들이 여러분의 것이 될 터이지만, '여러분이 [주님의 말씀을] 듣지 않는다면, 그때에는 모든 것을 잃어버릴 것이오'.

• 요한 크리소스토무스 『코린토 2서 강해』 24,3.[1]

양심

오랫동안 백성을 위하여 판관으로 일하며 어떠한 자만심도 없이 이스라엘을 다스려 왔던 사무엘도 마지막에 가서 이렇게 자신을 정리하였습니다. … 바오로 사도도 그처럼 양심에 거리낄 것이 없었으므로, 코린토 신자들에게 이렇게 말하였습니다. "우리는 하느님의 말씀으로 장사하는 다른 많은 사람과 같지 않습니다. 우리는 성실한 사람으로, 하느님의 파견을 받아 하느님 앞에서 또 그리스도 안에서 말합니다"(2코린 2,17). "우리는 아무에게도 불의를 저지르지 않았고 아

---

[1] NPNF 1,12,392*.

무도 망쳐 놓지 않았으며 아무도 기만하지 않았습니다"(2코린 7,2).

• 이레네우스 『이단 반박』 4,26,4.[2]

탐욕을 삼가라

사제는 반드시 탐욕을 삼가야 한다고 사무엘

도 가르칩니다. 그는 모든 백성 앞에서 자신은 어느 누구에게서 무엇 하나 빼앗은 일이 없다고 밝히면서, 그렇게 가르칩니다.

• 히에로니무스 『서간집』 69,9.[3]

---

[2] ANF 1,497-98*. [3] NPNF 2,6,148*.

12,6-18 사무엘이 이스라엘의 사악함과 주님의 성실하심에 대해 이야기하다

[6] 사무엘이 백성에게 말하였다. …

[16] "그러므로 이제 여러분은 그대로 서서, 주님께서 여러분의 눈앞에서 하실 이 큰일을 지켜보시오.

[17] 지금은 밀을 거두는 때가 아니오? 그렇지만 내가 주님께 간청하여 천둥과 비를 내리시게 하겠소. 그러니 여러분은 임금을 요구한 일이 주님 보시기에 얼마나 커다란 악인지 깨달으시오."

[18] 사무엘이 주님께 간청하자, 그날로 주님께서 천둥과 비를 내리셨다. 그리하여 온 백성이 주님과 사무엘을 매우 경외하게 되었다.

둘러보기

사무엘이 기도하여 천둥과 비를 내리게 하였듯이, 예수님의 참된 제자들은 영혼의 비를 얻어 줄 것이다(오리게네스). 모세처럼, 사무엘도 하느님께 끊임없이 간청하여, 하느님께서 당신 백성에게 진노를 터뜨리시지 않도록 막는다(히에로니무스).

12,16-18 사무엘이 주님께 표징을 간청하다

기도를 통하여 이루어지다

사무엘이 기도를 통하여 이루어 냈다고 하는 그 놀라운 일은 진정으로 하느님께 의지하는 이라면 누구나 지금도 영적으로 이루어 낼 수 있는 일입니다. 그런 이[의 기도]는 하느님께서 들어주

실 만한 가치를 지녔기 때문입니다. … 예수님의 참된 제자와 모든 성인은 주님께 이러한 말씀을 듣습니다. "눈을 들어 저 밭들을 보아라. 곡식이 다 익어 수확 때가 되었다. 이미 수확하는 이가 삯을 받고, 영원한 생명에 들어갈 알곡을 거두어 들이고 있다"(요한 4,35-36). 이 수확 때에 주님께서는 예언자들의 말씀을 듣는 이들의 눈앞에서 '위대한 일'을 행하십니다. 성령으로 아름답게 꾸며진 이가 주님께 간청하면, 하느님께서는 하늘에서 영혼을 적셔 주는 비와 천둥을 내려 주십니다. 그러면 한때 죄악 속에 있던 이는 주님과, 주님께서 간청을 들어주시어, 위엄이 있고 존경할 만한 사람임을 드러내 주신 봉사자에게 경외심을 느끼게 됩니다. 엘리야는 악인들 때문에 3

년 반 동안이나 하늘을 닫아 버렸다가 나중에야 열어 주었습니다. 기도를 통하여 영혼의 비를 얻는 모든 이에게는 이런 일 또한 언제나 이루어지고 있습니다. 죄 때문에 비를 빼앗긴 하늘이 다시 열리는 것입니다.

• 오리게네스 『기도론』 13,5.[1]

사무엘이 한 일

사실상, 모세가 한 일을 사무엘도 하였습니다. 하느님께서 모세에게 '나를 말리지 마라. 내가 이 백성을 치겠다'(탈출 32,10 참조)고 말씀하셨을 때, 모세는 하느님께 대들며 하느님께서 당신 백성을 파멸시키시지 않도록 말렸습니다. 모세의 힘을 보십시오! 하느님께서 그에게 뭐라고 하십니까? '나를 말리지 마라. 네가 나를 붙들고 있다. 이를테면, 너의 기도가 나를 가로막고 있다. 너의 기도가 내 손을 제지하고 있다. 내가 화살을 쏘고 창을 던지는데, 너의 기도가 백성의 방패가 된다. 나를 말리지 마라. 내가 이 백성을 쳐 쓰러뜨리겠다.' 이러한 말씀과 더불어, 하느님의 자비와 호의를 생각해 보십시오. "나를 말리지 마라"는 하느님의 말씀은, 모세가 계속해서 당신을 졸라 대면 당신께서 [백성을] 치지 않으시리라는 것을 보여 줍니다. '네가 나를 말린다면 나는 치지 않겠지만, 네가 말리지 않는다면

나는 치겠다'고 하시는 것입니다. 바꾸어 말하면, 하느님께서는 뭐라고 하십니까? '너의 끈질긴 간청을 멈추지 마라. 그러면 내가 치지 않겠다', 이것입니다.

이제 사무엘이 이런 식으로 끈질기게 하느님께 졸라 댄 것을 살펴봅시다. 우리는 열왕기[사무엘기]에서 사무엘이 하느님께서 백성에게 진노를 터뜨리시지 않도록 가로막아서, 수확 철이었음에도 주님께서 비와 천둥과 번개를 내리셨다는 이야기를 읽었습니다. 사무엘기에 어떻게 쓰여 있습니까? '큰 우박이 쏟아져 필리스티아인들을 죽였다'(여호 10,11 참조)고 합니다. 불이 얼마나 지혜로운지, 우박이 얼마나 지혜로운지 보십시오. 벼락은 사무엘이 있는 곳에는 감히 내려칠 수 없습니다. 그것들도 하느님의 예언자를 알아보고, 레위인을 알아보기 때문입니다. 사무엘의 손이 벼락을 위협하고 있었습니다. 사무엘은 기도하고 있었고, 천둥 치던 번개는 물러갔습니다. 제가 이 모든 이야기를 하는 이유가 무엇이겠습니까? 각기 칭호는 달랐지만, 모세와 아론과 사무엘은 똑같이 놀라운 일들을 행했기 때문입니다. 영원무궁토록 영광 받으실 주님을 찬양합시다.

• 히에로니무스 『시편 강해집』 26(시편 제99편).[2]

---

[1] *OSW* 108. [2] FC 48,211-12*.

12,19-25 계약의 축복과 저주를 밝히다

[20] 사무엘이 백성에게 말하였다. "두려워하지 마시오. 여러분이 이 모든 악을 저질렀지만, 이제부터라도 주님을 따르지 않고 돌아서는 일 없이, 마음을 다하여 주님을 섬기시오.

[21] 여러분에게 이익도 구원도 주지 못하는 헛된 것들을 따르려고① 돌아서지 마시오. 그것들은 정녕 헛된 것들이오.♪

☞²² 주님께서는 당신의 위대하신 이름 때문에 당신 백성을 물리치지 않으실 것이오. 주
님께서는 여러분을 당신 백성으로 만드시기를 원하셨소.

²³ 나 또한 여러분을 위하여 기도하기를 그치거나 하여 주님께 죄를 짓지는 않을 것이오. 그
리고 나는 여러분에게 좋고 바른길을 가르쳐 주겠소.

① 그리스어 본문, 불가타; 히브리어 본문은 '따랐기 때문에'다.

둘러보기

사무엘이 백성을 위하여 끊임없이 바치는 기도가 보여 주는, 자기에게 맡겨진 이들에 대한 사랑은 그리스도를 사랑하는 이는 그분의 양 떼도 사랑한다는 사실을 보여 준다. 기도에 행동이 따를 때 기도는 커다란 이득을 가져다준다(요한 크리소스토무스). 기도와 관련하여 사무엘이 존경을 받는 것은 그가 원수들을 위해서도 전구하였기 때문이다(대 그레고리우스).

12,23 사무엘이 자신의 직무를 계속하리라고 약속하다

그리스도의 양 떼에 대한 사랑

그리스도를 사랑하는 이는 그분의 양 떼도 사랑합니다. … 다윗은 그렇게 하여 임금이 되었습니다. 다윗은 처음에 양 떼를 사랑으로 돌보는 것이 눈에 띄어 임금이 된 것입니다. 그는 아직 어렸지만, 참으로 백성 때문에 큰 슬픔에 잠겨, 그들을 위하여 자기 목숨을 걸고 그 야만인¹을 죽였습니다. … 사무엘도 매우 애정이 많은 사람이어서 이렇게 말할 정도였습니다. "나 또한 여러분을 위하여 기도하기를 그치거나 하여 주님께 죄를 짓지는 않을 것이오." 바오로도 이렇게, 아니, 이들보다 더욱더, 자신에게 속한 모든 이에 대한 사랑으로 불타올랐습니다.

● 요한 크리소스토무스 『로마서 강해』 29.²

기도는 행동이 따를 때 이득을 가져다준다

사무엘이 사울에게 무슨 이득을 주었습니까? 그는 사울이 죽은 날에도 그를 위하여 울어 주지 않았고, 또 사울만을 위하여 기도를 해 준 것도 아니지 않습니까? 사무엘이 이스라엘 사람들에게는 무슨 이득을 가져다주었습니까? 그는 "내가 여러분을 위하여 기도하기를 그치거나 하여 주님께 죄를 짓지는 않을 것이오" 하고 말했지만 그들은 모두 멸망하지 않았습니까? 그렇다면 기도를 해도 아무런 이득이 없는 것입니까? 기도는 커다란 이득을 가져다줍니다. 그러나 우리도 무엇인가를 해야 그렇습니다. 기도는 참으로 협력하고 도와줍니다. 사람도 활동하는 사람과 함께 협력하고 스스로 일하는 사람을 도와주지 않습니까? 그러나 여러분이 게으름을 피우기만 한다면, 결코 큰 은혜를 받지 못할 것입니다.

● 요한 크리소스토무스 『테살로니카 1서 강해』 1.³

원수들을 위한 전구

간청을 하는 문제에서 다른 조상들을 제쳐 놓고 모세와 사무엘이 주로 언급되는 이유가 무엇이겠습니까? 구약성경의 역사 전체에서 모세와 사무엘 이 두 사람만이 자기 원수들을 위해서까

---

¹ 골리앗. ² NPNF 1,11,545*.

³ NPNF 1,13,326*.

지 간절히 기도했다고 하기 때문 아니겠습니까? 이 둘 가운데 한 사람은 백성이 그에게 돌을 던지는데도 그들을 위해 주님께 기도하였습니다 (탈출 17,4 참조). 다른 한 사람은 지도자의 자리에서 쫓겨났는데도, [주님께] 기도해 달라는 청을 받자 이렇게 말하며 그 청을 들어주었습니다.

"내가 여러분을 위하여 기도하기를 그치거나 하여 주님께 죄를 짓지는 않을 것이오."

• 대 그레고리우스 『복음서 강해』(40편) 27.[4]

---

[4] CS 123,218.

13,1-14 사울이 주님의 명령을 지키지 않다

[5] 필리스티아인들도 이스라엘과 싸우려고 모여들었다. 병거는 삼천이고 기마는 육천이나 되었으며, 군사들은 바닷가의 모래처럼 많았다. 그들은 벳 아웬 동쪽 미크마스에 올라가 거기에 진을 쳤다. …

[7] 사울은 아직 길갈에 남아 있었는데, 그의 뒤에서는 군사들이 모두 겁에 질려 떨고 있었다.

[8] 사울은 사무엘이 약속한 이레를 기다렸으나, 사무엘은 길갈에 오지 않았다. 군사들은 사울 곁을 떠나 흩어지기 시작하였다.

[9] 그래서 사울은 "번제물과 친교 제물을 나에게 가져와라." 하여 번제물을 바쳤다.

[10] 사울이 번제물을 바치고 나자 사무엘이 왔다. 사울이 나가 그를 맞으며 인사하자,

[11] 사무엘이 "임금님은 왜 그런 일을 하셨습니까?" 하고 물었다. 사울이 대답하였다. "군사들은 저에게서 떠나 흩어지고 어르신은 약속하신 때에 오지 않으시는데, 필리스티아인들이 미크마스에 모여드는 것이 보였습니다.

[12] 그러자 '필리스티아인들이 나를 향해 길갈로 내려오는데도 주님의 호의를 간청하지 않았구나.' 하는 생각이 들었습니다. 그래서 용기를 내어 번제물을 바치게 된 것입니다."

[13] 사무엘이 다시 사울에게 말하였다. "임금님은 어리석은 일을 하셨고, 주 임금님의 하느님께서 내리신 명령을 지키지 않으셨습니다. 그것을 지키셨더라면 지금쯤 주님께서 이스라엘을 다스리는 임금님의 왕국을 영원히 굳게 세워 주셨을 터인데,

[14] 이제는 임금님의 왕국이 더 이상 서 있지 못할 것입니다. 주님께서 명령하신 것을 임금님이 지키지 않으셨으므로, 주님께서는 당신 마음에 드는 사람을 찾으시어, 당신 백성을 다스릴 영도자로 임명하셨습니다."

둘러보기

사울이 사무엘을 기다리지 못한 것과 그에 따른 굴욕은 윗사람들을 존경해야 한다는 것을 가르친다(이그나티우스). 사울의 생애에서 일어난 이 사건은 전통으로 규정된 임무들을 마음대로 바꾸어서는 안 된다는 것과 그에 대한 처벌을 보여

준다(『사도 헌장』). 마법을 믿는 미신으로 가는 길로 들어선 이 작은 발걸음은 악마의 간교한 유도로 이루어졌다(요한 크리소스토무스).

제물을 바쳐 은혜를 받기 위해서는 사무엘이 있어야 했듯이, 사제에게 의지하는 평신도라면 헛된 수고를 하지 않을 것이다(『사도 헌장』).

하느님의 말씀은 사울이 죄를 짓지 않았다면 그가 영원히 다스렸을 것이라는 뜻이 아니라, 사울의 왕국이 영원한 왕국을 상징하게 될 것이라는 뜻이다(아우구스티누스). 사울과 다윗의 생애에서 일어난 사건들은 그리스도의 삶에서 일어난 사건들과 매우 비슷하다(아프라하트). 사울과는 달리, 하느님 마음에 드는 사람이라는 다윗에 관한 묘사는 여러 가지 해석을 낳았다. 다윗의 성품에 대해서는 호평 일색이지만, 다윗은 자기 자신이 죄 많음을 인정하고 있다(로마의 클레멘스). 다윗은 참회와 거룩한 겸손 덕분에 죄에 묶이지 않은 사람이었기에 그에 관한 묘사는 합당하다(아우구스티누스). 주님께서 보여 주신 것과 같은 방식으로 시련에 대처한 그의 태도는 진실한 사람이라는 평가를 입증해 준다(힐라리우스). 다윗은 구약시대에 신약의 가치인 온유함을 이루었다는 점에서 진정 특별하다(요한 크리소스토무스). 스스로 그리스도인이라고 공언하는 사람이 어떤 가르침을 따른다고 해서 그 가르침이 정통 교리가 되지는 않는다. 사람은 누구나, 하느님 마음에 드는 사람이라 하더라도, 올바른 규정에서 돌아설 수 있기 때문이다(테르툴리아누스).

13,11-12 사울이 자기가 제물을 바친 이유를 설명하다

윗사람에 대한 존경

또한 사울은 대사제인 사무엘을 기다리지 않았기 때문에 굴욕을 당하였습니다. 그러니 여러분도 마땅히 여러분의 윗사람들을 존경해야 합니다.

• 안티오키아의 이그나티우스
『마그네시아 신자들에게 보낸 편지』 3.[1]

임무에 대한 개입

우리 모두 공동으로 여러분에게 지시합니다. 모든 이는 자기에게 부여된 지위에 머물며, 자신의 적정한 한계를 넘어서지 마십시오. 그것은 우리가 아니라 하느님께서 정하신 것이기 때문입니다. … [그때에는] 대사제가 수행하도록 맡겨진 일들에 사제들이 개입하는 일이 없도록, 사제들에게 맡겨진 일들에 레위인들이 개입하는 일이 없도록, 모든 이가 책에 기록되어 있으며 자신에게 지정된 직무를 준수하였습니다. 만일 누가 전통을 거슬러 개입하면, 죽음이 그의 징벌이었습니다. 사울의 사례가 이를 매우 분명하게 보여 주고 있습니다. 사울은 예언자이며 대사제인 사무엘이 없어도 자기가 제물을 바치면 된다고 생각하고 스스로 죄를 지어 구제될 수 없는 저주를 불러들였습니다. 그[사울]에게 기름을 부어 임금으로 세운 일조차도 예언자[사무엘]의 마음을 돌리지 못하였습니다.

• 『사도 헌장』 8,5,46.[2]

조금씩 조금씩

잘 들으십시오. 그[악마]는 사울을 마법이라는 미신으로 끌어들이고 싶었습니다. 그러나 그[악마]가 처음부터 그렇게 하자고 말했더라면, 사울은 아예 귀도 기울이지 않았을 것입니다. 어찌 그럴 수 있었겠습니까? 그는 마법사들을 나라에서 쫓아낸 사람인데요. 그래서 악마는 부드럽게 조금씩 조금씩 그를 미신으로 이끌었습니다. 그

---

[1] ANF 1,60*.　　　　[2] ANF 7,499.

는 사무엘의 명령을 지키지 않고 그가 없는 가운데 번제물을 바쳤다가 그에 대한 비난을 받자, '원수들의 압박이 너무 컸습니다'라고 말하는가 하면, 비탄에 잠겼어야 마땅하건만 자기는 아무것도 잘못하지 않은 것처럼 느꼈습니다.

하느님께서 다시 그에게 아말렉족을 완전히 없애 버리라는 명령을 내리셨는데, 그는 이 명령도 어겼습니다. 그런 다음엔 다윗을 죽이려는 범죄까지 저지릅니다. 이렇게 조금씩 조금씩 쉽게 미끌어져 들어간 그는 멈추지 못하고, 결국 파멸의 구렁에 이르러 스스로 그 속으로 빠져들었습니다.

• 요한 크리소스토무스 『마태오 복음 강해』 86,3.[3]

13,13-14 사무엘이 불순종의 결과를 알리다

헛된 수고

레위인이 아닌 다른 지파 사람이 사제 없이 제물을 바치든가 제단에 다가가는 것은 불법이었듯이, 여러분도 주교 없이는 아무것도 하지 마십시오. 주교 없이 무엇인가를 하는 사람은 쓸데없는 짓을 하는 것입니다. 그것은 그에게 어떤 도움도 되지 않을 테기 때문입니다. 사울이 사무엘이 없는 가운데 제물을 바치고 '그것은 임금님께 아무런 도움이 되지 못할 것입니다'라는 말을 들었듯이, 평신도가 사제 없이 하는 일은 무엇이든 헛된 수고를 하는 것입니다.

• 『사도 헌장』 2,4,27.[4]

영원한 왕국

사무엘이 사울에게 한 말도 같은 맥락에서 받아들여야 합니다. … 그의 말을, 하느님께서 사울이 [그 왕국을] 영원히 다스리도록 정하셨는데, 사울의 죄 때문에 나중에 마음을 바꾸셨다는 뜻으로 받아들여서는 안 됩니다(하느님께서는 사울

이 죄를 지으리라는 것을 모르지 않으셨기 때문입니다). [사무엘의 말은] 하느님께서 영원한 왕국의 표상을 지닌 왕국을 미리 준비하셨다는 뜻으로 받아들여야 합니다. 그렇기에 사무엘이 "이제는 임금님의 왕국이 더 이상 서 있지 못할 것입니다"라고 덧붙인 것입니다.

사울의 왕국이 상징하는 왕국은 서 있었고 앞으로도 서 있을 것입니다. 그러나 그것은 사울을 위해서가 아닙니다. 그 자신이 영원히 다스릴 사람도 아니었고 그렇다고 해서 "영원히" 다스릴 것이라는 말씀이 그의 자손, (적어도 그의 혈통에게서) 이루어질 것도 아니었습니다.

• 아우구스티누스 『신국론』 17,6,2.[5]

13,14 하느님 마음에 드는 사람

다윗과 예수님의 공통점

예수님께서 박해를 받으신 것처럼 다윗도 박해를 받았습니다. 다윗은 죄를 지은 사울 대신 임금이 되도록 사무엘에게 기름부음을 받았고, 예수님께서는 율법을 섬기는 봉사자들인 사제들 대신에 대사제가 되시도록 요한에게 기름부음을 받으셨습니다. 다윗은 기름부음을 받은 뒤 박해를 받았고, 예수님께서도 기름부음을 받으신 뒤 박해를 받으셨습니다. 다윗은 처음에 한 지파만을 다스리다가 나중에는 온 이스라엘을 다스렸는데, 예수님께서도 처음에는 당신을 믿은 소수의 사람을 다스리셨지만 마지막에는 온 세상을 다스리실 것입니다. 다윗은 서른 살이었을 때에 사무엘에게 기름부음을 받았고 예수님께서도 서른 살 무렵에 요한에게 안수를 받으셨습니다. 다

---

[3] NPNF 1,10,513*.

[4] ANF 7,410*.

[5] FC 24,41-42*; 『교부 문헌 총서』 16,1855-57.

윗은 임금의 두 딸과 혼인을 하였고, 예수님께서는 임금들의 두 딸인 백성의 회중과 또 이민족들의 무리와 혼인을 하셨습니다. 다윗은 자기 원수인 사울에게 선으로 되갚았으며, 예수님께서는 '너희 원수들을 위하여 기도하여라'(루카 6,28 참조) 하고 가르치셨습니다. 다윗은 하느님의 마음에 드는 사람이었고, 예수님께서는 하느님의 아들이셨습니다. 다윗은 자기를 박해한 사울의 왕국을 받았고, 예수님께서는 당신을 박해한 이스라엘의 왕국을 받으셨습니다. 다윗은 자기 원수인 사울이 죽었을 때에 애가를 부르며 울었고, 예수님께서는 당신을 박해한 예루살렘, 폐허로 버려질 그 도성을 보고 우셨습니다(루카 19,41-44 참조). 다윗은 솔로몬에게 왕국을 물려주고 자기 조상들과 함께 잠들었으며(1열왕 2,10 참조), 예수님께서는 시몬에게 열쇠를 건네주시고(마태 16,19 참조) 하늘로 오르시어 당신을 보내신 분께 돌아가셨습니다. 다윗 덕분에 그 후손들은 죄를 용서받았으며, 예수님 덕분에 민족들이 죄를 용서받았습니다.

• 아프라하트 『논증』 21,13.[6]

아무도 깨끗하지 않다

저 유명한 다윗에 대해 우리는 뭐라고 해야 할까요? 하느님께서는 그를 두고 이렇게 말씀하셨습니다. '나는 내 마음에 드는 사람, 이사이의 아들 다윗을 찾아내어, 영원한 자비로 그에게 기름을 부었노라'(참조: 시편 89,21; 사도 13,22). 그러나 그런 다윗마저도 하느님께 이렇게 말씀드립니다. "하느님, 당신 자애에 따라 저를 불쌍히 여기소서. 당신의 크신 자비에 따라 저의 죄악을 지워 주소서. 저의 죄에서 저를 말끔히 씻으시고, 저의 잘못에서 저를 깨끗이 하소서. 저의 죄악을 제가 알고 있으며, 저의 잘못이 늘 제 앞에

있습니다"(시편 51,3-5).

• 로마의 클레멘스
『코린토 신자들에게 보낸 첫째 편지』 18.[7]

죄와 겸손

여러분은 이렇게 물을 것입니다. '분명히 앞일을 잘 알고 계시는 주님께서는 어찌하여, 다윗이 그토록 심각한 중죄를 저질렀음에도, '나는 내 마음에 드는 다윗을 선택한다'고 말씀하신 것입니까?'(참조: 1사무 16,7; 1열왕 8,16; 사도 13,23). 사실, 단죄를 받고 살해당한 사울의 뒤를 이어 이스라엘의 임금이 된 다윗에 관한 이 말씀은, 하느님께서 미래를 미리 알고 계시기에 다윗에게서 크나큰 성덕과 진정한 참회를 내다보셨기 때문이라고 알아들어야 합니다. 그래서 다윗은 그가 말한 대로 이런 사람들 가운데 하나로 헤아려진 것입니다. "행복하여라, 죄를 용서받고 잘못이 덮인 이! 행복하여라, 주님께서 허물을 헤아리지 않으시는 사람!"(시편 32,1-2). 하느님께서는 그가 죄를 짓고 거룩한 겸손으로 죄를 씻어 내리라는 것을 내다보고 계셨으니 당연히 '나는 내 마음에 드는 다윗을 찾았다'고 말씀하실 수 있는 것 아닙니까? 하느님께서는 그토록 좋은 일을 많이 하고 그토록 큰 성덕 안에서 살며 바로 그러한 성덕으로 자신의 죄를 뉘우치는 부서진 영[통회의 정신]을 제물로 바친 그의 죄를 헤아리지 않으실 터였습니다. 이러한 모든 이유로 하느님께서는 그렇게 당신의 진심을 밝히신 것입니다. '나는 내 마음에 드는 다윗을 찾았다.' 그가 죄를 지은 것은 하느님의 마음에 드는 일이 아니었지만, 그가 올바른 참회로 자기 죄를 속죄한 것은

---

[6] NPNF 2,13,397-98*.

[7] FC 1,24*.

하느님의 마음에 드는 일이었습니다. 다윗이 죄를 지은 것은 하느님의 마음에 드는 일이 아니었지만, 하느님께서는 그것[다윗의 죄]을 헤아리지 않으셨습니다. 따라서 그것이 없어졌을 때에, 곧 그 죄가 헤아려지지 않았을 때에 남는 것은 바로 '나는 내 마음에 드는 다윗을 찾았다'는 매우 진심 어린 그 말씀 아니겠습니까?

• 아우구스티누스 『둘키티우스의 여덟 질문』 5.8

하느님 마음에 드는 사람

예언자의 역량을 지닌 거룩하고 복된 다윗은 복음 가르침을 잘 알고 있었습니다. 그의 육체적 생활은 율법 아래에서 이루어졌지만, 그는 사도적 관심사가 요구하는 것들을 할 수 있는 한 다 채웠으며, 하느님께서 그를 두고 '나는 내 마음에 드는 사람, 이사이의 아들 다윗을 찾았다'고 하신 증언이 옳다는 것을 보여 주었습니다. 그는 원수들에게 전쟁으로 복수를 하지 않았으며,[9] 그를 잡으려고 숨어 기다리던 자들에게 무력으로 저항하지 않았습니다. 그는 주님의 방식을 따랐습니다. 주님의 이름과 주님의 온유함을 미리 보여 준 그는, 배반을 당할 때엔 애원하였고, 위험에 놓일 때엔 시편을 노래하였으며, 미움을 받을 때엔 기뻐하였습니다. 그리고 이러한 까닭에 그는 하느님의 마음에 드는 사람으로 드러났습니다.

• 푸아티에의 힐라리우스 『시편 주해』 54(53),1.[10]

관용의 본보기

그렇다면 관용에 관하여 이야기할 때에 우리는 누구를 본보기로 들어야 하겠습니까? 이 점에서 특별히 두드러지고, 높은 데로부터 증언을 받은 이 아니면 누구이겠습니까? '나는 이사이의 아들 다윗에게서 내 마음에 드는 사람을 찾았다'고 한 성경 말씀을 기억하십시오. 하느님께서

당신의 의견을 밝히실 때에, 거기에는 반대할 어떠한 근거도 없습니다. 하느님께서는 호의나 증오에서 판단하시지 않고 오로지 영혼의 덕을 보고 결정을 내리시므로, 하느님의 결정은 타락이 있을 수 없다는 보증입니다. 그러나 그[다윗]가 하느님께 결정을 받았다는 이유 때문에만 우리가 그를 본보기로 드는 것은 아닙니다. 그가 옛 제도 안에 산 사람이라는 것도 또 다른 이유입니다. 여러분도 알다시피, 은총의 시대 — 그리스도께서 돌아가신 뒤, 죄에 대한 그토록 놀라운 용서가 베풀어진 뒤, 건전한 가치를 일깨워 주는 가르침이 주어진 뒤 — 에는 원수들의 죄를 용서하고 자신을 학대하는 자들에게 관용을 베풀고 앙심을 품지 않는 것이 특별히 언급할 만한 일이 아닙니다. 그러나 옛 제도 아래에서, 곧 율법이 눈에는 눈을, 이에는 이를 뽑아도 되고 잘못한 자들에게 똑같이 갚아 주는 복수를 허용하던 시대에, 계명의 규정을 넘어서서 신약의 가치에 이른 누군가가 있었다면 그 이야기를 듣고 감명받지 않을 사람이 누가 있겠습니까?

• 요한 크리소스토무스 『다윗과 사울에 관한 강해』 1.[11]

끝까지 인내하기

평판이 훌륭하던 사람이 나중에 타락하는 것이 놀라운 일입니까? 사울은 어느 누구보다 훌륭한 사람이었지만 나중에 시샘 때문에 파멸하고 말았습니다. 다윗은 주님의 마음에 드는 훌륭한 사람이었지만 나중에 살인과 간통의 범죄를 저질렀습니다. 주님께서 온갖 은총과 지혜를 내려 주셨던 솔로몬은 여인들에게 꾀여 우상 숭배

---

[8] FC 16,463*.

[9] 힐라리우스가 높이 찬양하는 다윗의 품성은 그가 사울에게 보여 준 행동들이다.

[10] NPNF 2,9,243*.　　　　[11] COTH 1,10-11.

를 하게 되었습니다. 오로지 하느님의 아드님만이 죄 없이 남아 계실 분이었습니다. 만일 주교나 부제, 과부, 동정녀, 교사, 나아가 순교자마저 신앙 규범에서 벗어났다고 해서, 이단에 진리가 있다고 결론 내려야 하겠습니까? 우리는 인간으로 신앙을 판단합니까? 아니면, 신앙으로 인간을 판단합니까? 그리스도인이 아니라면 아무도

지혜롭지 못하고, 아무도 성실하지 못하며, 아무도 영예를 누릴 자격이 없습니다. 그리고 끝까지 인내하지 못한다면, 그 누구도 그리스도인이 아닙니다.

• 테르툴리아누스 『이단자에 대한 항고』 3.¹²

---

¹² LCC 5,32.

13,15-23 이스라엘인들과 필리스티아인들이 전쟁을 준비하다

¹⁹ 그 당시 이스라엘 온 땅에는 대장장이가 한 명도 없었다. 필리스티아인들이 히브리인들에게 칼이나 창을 만들지 말라고 하였기 때문이다.

²⁰ 그래서 이스라엘 사람들은 모두 보습이나 곡괭이나 도끼나 낫을 벼리기 위해, 필리스티아인들에게 내려가야만 하였다.

²¹ 보습이나 곡괭이를 벼리는 값은 삼분의 이 세켈이었고, 도끼를 벼리거나 낫①을 가는 값은 삼분의 일 세켈이었다.

²² 그래서 전쟁이 일어났을 때, 사울과 요나탄을 따르는 모든 군사의 손에는 칼도 창도 없었고, 오직 사울과 그의 아들 요나탄에게만 있었다.

²³ 필리스티아인들의 전초 부대는 미크마스 길목까지 나와 있었다.

① 히브리어 본문의 낱말은 뜻이 명확하지 않다.

둘러보기

사울의 불순종 때문에 이스라엘 군대에 널리 퍼져 있던 공포는 필리스티아인들이 독점적으로 거래하던 물품인 철제 무기의 부족으로 더욱 심각해졌다(술피키우스 세베루스). 이러한 상황은 교회가 하느님의 갑옷을 입지 못하도록 막으려는 원수의 온갖 노력을 상징한다. 필리스티아 대장장이들에게 간 이들은 하느님의 말씀에서 세속의 가르침으로 돌아선 자들을 나타낸다. 이스라엘인들의 무기 부족은 게으름 때문에 영적 전

투를 준비하지 못한 자들을 가리킨다(베다).

13,19-21 필리스티아인들에게만 제철 기술이 있었다

용기와 무기의 부족

임금이 지은 죄[사울이 희생 제물을 봉헌한]의 결과로 온 군대에 공포가 퍼졌습니다. 그리 멀지 않은 곳에 펼쳐진 적군의 진영은 그들에게 현실적인 위험이 얼마나 가까이 다가왔는지를 보여 주었습니다. 아무도 싸우러 나가겠다는 생각이나 용기를 내지 못하고 대부분 웅덩이 같은 데로

숨어 버렸습니다. 임금의 죄 때문에 하느님께서 그들에게서 멀어지셨다고 느끼자 용기가 사라지기도 했지만, 그들의 군대에는 철제 무기가 없었기 때문입니다. 사울과 그의 아들 요나탄 외에는 칼이나 창을 가진 이가 아무도 없었다고 합니다. 그 이전의 전쟁들에서 승리한 필리스티아인들이 히브리인들은 무기를 사용하지 못하도록 금한 탓에, 전쟁 무기를 만드는 기술은 물론 농기구를 수선할 능력을 가진 이도 아무도 없었습니다.

• 술피키우스 세베루스 『연대기』 1,33.[1]

영적 무기의 대장장이

상황이 이렇게 된 이유는 분명하다 하겠습니다. 우리가 악한 원수의 불화살에 맞서 사용해야 할 영적 무기, 곧 사도들의 가르침이라는 영적 무기를 만들 대장간과 교사가 아무도 없다면, 그것은 분명히 원수에게 땅을 황폐화할 기회, 이를테면 교회의 덕들을 타락시킬 기회를 주는 것입니다. 사악한 유혹자들은 우리가 하느님의 갑옷을 입고 손에는 양날의 칼을 들고서 그들에게 복수하지 못하도록 온갖 힘을 기울이고 있기 때문입니다.

• 존자 베다 『사무엘기 상권 우의적 해설』 2,13.[2]

하느님의 말씀에서 돌아서는 것

오늘날에도 어떤 사람들은 그들이 그리로 올라가서 경청해야 할 드높은 하느님 말씀의 고지를 떠나기도 합니다. 오히려 저 아래로 내려가서 세속의 이야기와 마귀의 교설을 듣고 있습니다. 모든 영적 지식을 잃어버린 채, 그들은 지상의 재능을 펼치는 논리학자나 수사학 교사나 이교인 시인들의 글을 읽게 되는데, 이는 아무런 무기도 없는 이스라엘 사람들이 숲속이나 들판에서 쓰는 철제 도구들을 벼리러 필리스티아인 대장장이들에게 간 것과 같습니다.

• 존자 베다 『사무엘기 상권 우의적 해설』 2,13.[3]

13,22-23 필리스티아인들이 다가올 때

영적 게으름

적의 세력에 맞서 싸워야 할 전쟁의 날이 하루하루 다가오고 있는데, 많은 사람은 시골 생활에 만족한 채, 성경을 충실히 읽고 들음으로써 이 전쟁에 대비한 알맞은 무기를 갖추는 일에 소홀하고 있습니다. 그래서 우리 영적 원수는 우리 게으름으로 도움을 받아, 이스라엘의 육체적 원수가 그 당시에 했다고 하는 짓을 지금 날마다 우리에게 해 대고 있습니다. …

이스라엘은 무기가 없었기 때문에 적들에게 나라를 빼앗겼습니다. 이스라엘 사람들이 무기를 만들지도 않고 이스라엘 대장장이들을 찾아내는 일도 소홀히 했던 것처럼, 우리도 성경을 읽거나 영적 스승을 찾아가 조언을 듣는 데 게으름을 피워 우리 원수에게 좋은 기회를 마련해 주고 있습니다. 결과적으로, 원수는 이 기회를 활용하여, 마치 필리스티아인들이 거룩한 땅의 경계를 침범하였던 것처럼, 여러 덕행들을 공격할 불경의 무기들을 들여오고 있습니다. (미크마스가 포위되었다는 사실은 굴욕과 예속을 나타냅니다.) 그러나 우리는 결코 이 가장 더러운 원수의 무기들을 물리치려고 인간의 재주가 만들어 낸 것들을 불러들여서는 안 됩니다. 성령의 은총이 우리를 돕고 있으므로, 우리는 오직 천상 스승들의 가르침을 간구해야 합니다.

• 존자 베다 『사무엘기 상권 우의적 해설』 2,13.[4]

---

[1] NPNF 2,11,86-87*.   [2] CCL 119,112.

[3] CCL 119,112.   [4] CCL 119,112-13.

14,1-23 요나탄이 급습하여 승리하다

¹ 하루는 사울의 아들 요나탄이 자기 무기병에게 "자, 저 건너편 필리스티아인들의 전초 부대를 치러 건너가자." 하고 말하였다. 그러나 아버지에게는 알리지 않았다.

² 그때 사울은 기브아 변두리 미그론에 있는 석류나무 아래 머무르고 있었는데, 군사 육백 명가량이 그와 함께 있었다.

³ 거기에는 실로에서 주님의 사제로 있던 엘리의 증손이고 피느하스의 손자이며, 이카봇의 조카이고 아히툽의 아들인 아히야가 에폿을 걸치고 함께 있었다. 그런데 군사들은 요나탄이 자리를 뜬 줄 모르고 있었다. …

⁶ 요나탄이 무기병에게 일렀다. "자! 저 할례 받지 않은 자들의 전초 부대로 넘어 들어가자. 주님께서 우리를 위해 행동하실 것이다. 주님께서 승리하시는 데에는 수가 많든 적든 아무 상관이 없다." …

¹¹ 두 사람이 필리스티아인들의 전초 부대에 모습을 드러내자, 필리스티아인들은 "저것 봐라, 히브리 놈들이 숨어 있던 구멍에서 나오고 있다." 하고 말하였다.

¹² 전초 부대 군사들은 요나탄과 그의 무기병에게, "어디 올라와 봐라. 알려 줄 게 있다." 하고 외쳤다. 그때 요나탄이 무기병에게 "주님께서 저들을 이스라엘 손에 넘겨주셨으니 나를 따라 올라오너라." 하고는,

¹³ 손과 발로 기어올라 갔다. 무기병도 그의 뒤를 따랐다. 필리스티아인들은 요나탄 앞에서 쓰러졌다. 무기병도 요나탄을 뒤따라가며 그들을 쳐 죽였다.

¹⁴ 이렇게 요나탄과 그의 무기병이, 겨릿소 한 쌍이 한나절에 갈아엎을 만한 들판에서, 처음으로 죽인 군사들은 스무 명쯤 되었다.

¹⁵ 진영 안에 있든 들판에 있든, 모든 군대 사이에 공포가 퍼져 나갔다. 전초 부대와 공격대도 공포에 떨었다. 땅이 뒤흔들리고 하느님의 공포가 퍼져 나갔다. …

²³ 그날 주님께서 이렇게 이스라엘을 도와주시어, 싸움은 벳 아웬 건너편까지 번져 갔다.

둘러보기

요나탄은 자기 무기병에게 싸우러 가자고 재촉한다. 마치 뛰어난 스승이 말 잘 듣는 제자들에게 악습을 이겨 내라고 다그치는 것 같다. 영적으로 미숙한 자들에게는 덕행의 고결한 계획을 알려 주지 않는 편이 더 낫다. 사울이 기브아에 머무른 것은 주님에 대한 열정과 더불어 악습을 완전히 이겨 내지 못한 미숙함, 두 가지를 다 드러낸다(베다). 다른 사람들이 모두 움츠리고 있을 때에, 요나탄과 그의 무기병은 과감하게 나서서 성공적으로 필리스티아인 전초 부대를 공격했고, 그 군대를 혼란에 빠뜨렸다(술피키우스 세베루스).

14,1 필리스티아인들의 전초 부대

악습을 이겨 내라는 권면

요나탄이라는 이름은 '비둘기의 선물'이라는 뜻입니다. 요나탄의 무기병은 성령의 은총을 받은 스승들, 육으로 만들어진 무기가 아니라 하느님을 위하여 만들어진 강력한 무기를 충실하게 들고 다니는 제자들을 가리킵니다. 그들의 젊음은 독수리의 젊음처럼 새로워집니다. 그들이 전초 부대를 치러 간 "하루"는 원수라는 시련을 당하여 갑자기 천상의 빛을 받는 영감을 나타냅니다. 바로 그날 요나탄은 그의 무기병에게 자기와 함께 필리스티아인들의 전초 부대를 치러 건너가자고 재촉합니다. 갑자기 하늘의 은총을 받은 모든 완벽한 스승은, 그의 말에 귀 기울이는 신심 깊은 이들이 악습의 공격을 이겨 내도록 그들의 마음을 재촉합니다.

• 존자 베다 『사무엘기 상권 우의적 해설』 2,14.[1]

영적으로 미숙한 자들을 다루기

요나탄은 필리스티아인 진영으로 가려 할 때에 그의 아버지를 비롯한 다른 사람들에게 자신의 계획을 감추었습니다. 영적인 사람의 조언은 따르는 것이 언제나 가장 적절한 일이듯이, 덕행을 쌓는 위대한 일을 계획하거나 시작할 때에 육적인 사람들에게는 그것을 감추는 것 또한 유익합니다. 이렇게 하면, 우리 마음의 열망이 아직은 나약할 때에 그들의 공포가 우리를 두렵게 하거나 우리의 열망을 무너뜨리는 일이 없습니다. 또한 우리가 이렇게 하면, 그들이 아직 우리와 같은 임무를 수행할 만큼 성숙하지 않았는데도 우리에 대한 경쟁심에서 똑같은 일을 하려고 나서는 일도 없을 것입니다. 그리고 우리가 이렇게 하면, 그들의 불완전한 찬사로 우리가 하는 영적인 일의 고결함에 흠결이 가는 일도 없을 것입니

다. 이어지는 구절들은 그 시점에 사울과 그를 따르던 사람들은 아직 영적으로 성숙하지 못하였다는 사실을 이야기해 줍니다.

• 존자 베다 『사무엘기 상권 우의적 해설』 2,14.[2]

14,2 사울이 기브아 변두리에 머무르다

기브아에 머물다

덕을 지닌 사람은 사울이 기브아, 곧 산에 머물렀다고, 석류나무 아래 머물렀으며 육백 명의 동료와 함께 있었다고 결론 내리게 됩니다. 우리가 앞에서 이미 지적했듯이, 산은 드높은 덕의 고지를 묘사하고, 석류나무 그늘은 우리 주님의 십자가의 보호를 나타내며, 육백 명이라는 군사의 수는 희망과 행실에서 완전해진 사람들을 가리킵니다. 그러나 그가 산의 변두리에 앉아 있었고 또 그를 그늘로 보호해 준 석류나무가 미그론, 곧 목구멍에 있었다는 사실은 그가 완전한 정신을 갖추지는 못했다는 표지들입니다. 말하자면 그것은, 그가 몹시 열망하였다 하더라도, 그의 정신이 덕행의 성벽 위에 올라서지 못하였다는 것입니다. 그의 정신은 입으로 주님의 수난 신비를 고백하였지만, 그는 아직 그 수난의 신비를 본받을 만한 힘이 없었습니다. 그러나 우리가 옛날 번역자들을 따라 미그론 대신에 므기또('유혹자')라고 읽더라도, 그 의미는 똑같을 것입니다. 올바른 신앙을 부여받고 의로운 일들을 하겠다는 열망으로 불타오르지만, 그들을 유혹하는 악습들 때문에 끊임없이 힘든 싸움을 하는 이들이 있습니다.

• 존자 베다 『사무엘기 상권 우의적 해설』 2,14.[3]

---

[1] CCL 119,113.

[2] CCL 119,113.

[3] CCL 119,113-14.

14,11-14 필리스티아인들의 전초 부대를 치다

요나탄의 대담한 활약

이러한 상황에서 [무기가 거의 없는 사울의 군대는 두려움에 휩싸여 있었지요.] 요나탄은 과감한 계획을 세우고는 자기 무기병 한 사람만 데리고 적군의 진영으로 들어가 이십 여 명을 쳐 죽인 다음 적군의 온 진영을 공포로 몰아넣었습니다. 그런 다음에, 하느님께서 시키시는 대로, 그들을 도망치게 만들었습니다. 그들은 명령을 따르기는커녕 대오도 짓지 못하고, 오로지 살아남겠다는 일념으로 도망치기에 바빴습니다. 사울은 이 사실을 알고 서둘러 자기 부하들을 이끌고 나가 도망자들을 추격하여 승리를 얻었습니다.

• 술피키우스 세베루스 『연대기』 1,33.[4]

---

[4] NPNF 2,11,87*.

14,24-30 요나탄이 사울의 맹세를 깨다

24 그날 이스라엘군이 곤경에 처했을 때, 사울은 군사들에게 저주를 씌우는 맹세를 하였다. "오늘 저녁 내가 원수를 다 갚기 전에 음식을 먹는 자는 저주를 받는다." 그래서 군사들은 모두 음식을 맛보지도 못하였다.

25 모든 군사가 숲으로 들어갔는데 거기 땅바닥에 꿀이 있었다.

26 그러나 군사들 가운데에는 숲에 들어가서 꿀이 떨어지는 것을 보고도 손으로 찍어 입에 대는 이가 없었다. 그 맹세가 두려웠기 때문이다.

27 그런데 요나탄은 아버지가 군사들에게 저주를 씌우는 맹세를 하였다는 말을 듣지 못하였으므로, 손에 든 막대기를 내밀어 그 끝으로 벌집에서 꿀을 찍어 입에 넣었다. 그러자 눈이 번쩍 뜨였다.

28 군사들 가운데 하나가 요나탄에게 알려 주었다. "아버님께서 군사들에게, '오늘 음식을 먹는 자는 저주를 받는다.' 하시면서 맹세를 시키셨습니다. 그래서 이렇게들 지쳐 있는 것입니다."

29 그러자 요나탄이 말하였다. "아버지께서 이 나라를 불행에 빠뜨리셨구나. 이 꿀을 이렇게 조금만 맛보고도 내 눈이 번쩍 뜨였는데,

30 오늘 군사들이 적군에게서 빼앗은 것을 마음대로 먹었더라면 얼마나 좋았겠느냐? 지금쯤은 필리스티아인들을 더 많이 죽이지 않았겠느냐?"

둘러보기

주님께 장엄 단식을 [하겠다고] 알리는 것은 함부로 해서는 안 되는 일임을 보여 주는 대목이다. 승리를 했고 또 단식이 선포된 것을 몰랐다고 해도, 요나탄이 제비뽑기로 유죄 선고를 받고 하마터면 처형당할 뻔한 것은 그 선포의 구속력을 잘 보여 준다(히에로니무스, 테르툴리아누스).

14,24-26 사울이 단식을 선포하다[1]

구속력을 지닌 맹세

열왕기 1권[사무엘기 상권]에 쓰여 있듯이, 사울은 저녁이 되기 전에, 자기가 원수를 다 갚기 전에 음식을 먹는 자는 저주를 받는다고 선포하였습니다. 그 땅에 사는 모든 사람들이 음식을 먹는 동안 사울의 군사들은 모두가 어떠한 음식도 맛보지 않았습니다. 주님께 일단 알린 장엄한 단식(嚴齋)은 그 구속력이 대단하여, 그 승리의 주역인 요나탄도 제비를 뽑았고, 몰랐다고 하여 죄를 지은 책임에서 벗어날 수 없었으며, 그 아버지의 손이 그를 치려고 들어 올려졌습니다. 그리고 군사들의 간청으로 요나탄은 간신히 목숨을 건지게 되었습니다.

● 히에로니무스 『요비니아누스 반박』 2,15.[2]

탐식의 죄

아무튼 사울 자신이 전투에 나서며 분명하게 이 단식 의무를 부과하였습니다. 곧, "오늘 저녁 내가 원수를 다 갚기 전에 음식을 먹는 자는 저주를 받는다"는 금령을 선포한 것입니다. 그래서 온 땅은 식사를 하고 있었지만[3] 그의 모든 군대는 [음식을] 맛보지 않았습니다. 더군다나 하느님께서 인가하셨으니 그 금령은 말할 수 없이 엄중한 것이었습니다. 그래서 사울의 아들 요나탄은 저녁 늦게까지 단식이 정해졌다는 것을 모르고 꿀을 먹었지만, 제비뽑기를 통하여 유죄 선고를 받았습니다. … 그리고 요나탄은 군사들의 기도 덕분에 가까스로 처벌을 면하게 되었습니다. 어쨌든 그는 비록 단순한 형태이긴 하지만, 탐식의 죄가 있다는 판결을 받았습니다.

● 테르툴리아누스 『단식』 10.[4]

---

[1] 아우구스티누스의 1사무 28,3에 대한 주해도 참조.

[2] NPNF 2,6,399*.

[3] 칠십인역에서는 이 구절 뒤 25절 앞에 '온 땅은 식사를 하고 있었다'라는 구절이 덧붙어 있다.

[4] ANF 4,109*.

14,31-42 제비뽑기로 요나탄의 죄가 드러나다

[31] 그날 이스라엘군은 필리스티아인들을 미크마스에서 아얄론까지 쫓아가며 쳐 죽였다. 그러고 나서 군사들은 몹시 지친 나머지,

[32] 빼앗은 것에 달려들어 양과 소와 송아지들을 끌어다가 맨땅에서 잡고 고기를 피째 먹었다.

[33] 사울은 군사들이 고기를 피째 먹어 주님께 죄를 짓고 있다는 보고를 듣고 명령하였다. "너희는 배신하였다! 당장 큰 돌을 하나 굴려 나에게 가져오너라."

[34] 사울이 다시 명령하였다. "백성 가운데로 흩어져 가서 그들에게, '저마다 소와 양을 내게로 끌고 와 이 돌 위에서 잡아먹되, 피째로 먹어 주님께 죄를 짓는 일이 없도록 하여라.' 하고 전하여라." 그래서 그날 밤 군사들이 모두 소를 끌고 와 거기에서 잡았다.

[35] 그러고 나서 사울은 주님을 위하여 제단을 세웠는데, 이것이 그가 주님께 처음으로 세워 드린 제단이다.

둘러보기

군사들이 전리품을 차지하고 먹는 것은 육적인 쾌락을 즐기는 교만한 자들의 생각과 행동을 나타낸다(대 그레고리우스). 이스라엘인들은 피째 고기를 먹은 세속적·육체적 유혹으로부터 교리 교사들을 끌어내 오지 못하는 게으른 스승들의 예형이다(베다).

14,31-32 군사들이 고기를 피째 먹다

교만한 자들의 형태

교만한 자들의 또 다른 습관 하나는 사람들의 혀가 그들에게 찬사를 보내지 않고 잠잠하면 언제나 스스로 잘난 척을 하고야 만다는 것입니다. 참으로, 다른 모든 이가 침묵을 지킬 때에 교만한 자는 큰소리를 질러 댑니다. 그는 자신이 위대한 가치를 지녔다고 떠들어 대는 자를 가슴속에 데리고 다니기 때문입니다. 이러한 사람들에게 딱 들어맞는 말씀이 있습니다. "빼앗은 것에 달려들어 양과 소와 송아지들을 끌어다가 맨땅에서 잡고 고기를 피째 먹었다." 누가 자신이 무죄임을 수많은 이유를 대 가며 떠들어 댄다면, 그는 양을 잡아가는 것입니다. 어떤 사람이 자신이 설교하며 애쓴 것을 생각하며 다른 사람들에게 이야기를 하는 데나 땅을 일구는 데에 유용했던 것들만을 자신의 기억 속에 끌어모을 때에, 그는 전리품으로 가축을 끌고 가는 것입니다. 그가 자기 마음속에서 음탕한 충동이 가라앉고 줄어들었다고 의기양양해한다면, 그는 송아지들을 잡아가는 것입니다.

의로운 이들이 크게 찬양받은 데에는 두 가지 계명이 있습니다. 곧, 정결의 광채와 선행의 빛이 그것이지요. 교만한 사람이 자기를 스스로 드높이 평가할 때에 그는 양과 송아지들을 훔쳐 가는 것입니다. 양은 흠 없는 선행을 가리키고, 송아지는 육체적 정욕을 억누르는 금욕을 가리킵니다. (훔친) 양과 송아지들에는 분명히 가축들도 들어갑니다. 자기가 어느 모로든 나약하고 힘이 없다고 생각한다면, 완전히 들어 높여진 것은 아니기 때문입니다. 그가 자신의 정결과 선행을 높이 평가하는 한, 그는 자신의 생각 속에서는 이미 위대해졌습니다. 그러나 그가 설교의 노고에서도 스스로 완벽하다고 생각한다면, 그는 더욱더 충만한 찬양을 받고자 하는 교만심에서 스스로 자신을 들어 높인 것입니다.

그런 다음에 이 모든 일들의 결말에 대하여 그는 이렇게 적었습니다. "그들은 그것들을 맨땅에서 잡았다." 양과 소와 송아지들을 맨땅에서 잡는다는 것은 덕이라고는 없는 양심과 육적 쾌락으로 좋아 날뛰는 것입니다. 그렇기에 하느님께서는 호세아서에서 거만하고 교만한 자들에 대하여 이렇게 말씀하셨습니다. "그들은 희생 제물을 깊은 구렁 속에 버려 왔다"(호세 5,2).[1] 그들이 감사하는 마음으로 덕행이라는 거룩한 제물을 하늘에 올려 바치지 않고, 헛된 찬사나 받으려고 그들의 희생 제물을 땅에 늘어놓을 때에, 그들은 참으로 희생 제물을 깊은 구렁 속으로 던져 버리는 것입니다. 그런 이들에게는 이 말씀이 정확히 들어맞습니다. '군사들이 희생 제물을 피째 먹었다.' 마음의 양식은 그 자신의 내적 기쁨입니다. 그렇다면 피째 먹는다는 것은 마음의 내적 욕구에서 허영심을 없애기를 결단코 거부하는 것 아니고 무엇이겠습니까? 선행의 기쁨에서 허영을 좇는 마음을 없앨 때에 피가 제거되는 것입니다. 이러한 경건한 마음은 선행 안에서 기뻐할 줄 압니다. 그는 선행을 통하여 천상 것에 가까이 다가감을 기뻐하기 때문입니다. 그러나 그

---

[1] 옛 라틴어 번역 "Victimas demergebant in profundum"을 인용하였다.

는 선행을 하는 동안에 그 선행이 다른 이들에게 보이지 않도록 감춥니다. 그렇다면 피째 먹는다는 것은 선행의 기쁨을 허영에 대한 갈망과 섞는 것입니다. 찬양이 다른 이들에게서 올 때에 그것은 교만한 자들에게도 참된 음식이 분명합니다. 그러나 교만한 자들은 아무도 그들을 찬양하지 않을 때면 양심이 부어올라 아무도 자발적으로는 주지 않는 찬사를 난폭하게 전리품으로 약탈합니다.

• 대 그레고리우스 『사무엘기 상권 해설』 5,143-144.[2]

게으른 스승들

군사들이 동물을 피째 먹었다는 말을 그들이 피가 흐르는 고기를 날로 먹었다는 뜻으로 생각해서는 안 됩니다. 어떻든, 그렇게 하는 것은 인간의 본성이 아니라 야생동물들의 본성입니다. 이는 그들이 짐승을 죽인 다음, 제대로 피를 빼기도 전에, 곧 피를 다 빼지도 않은 고기를 굽거나 요리했다는 뜻입니다. 이러한 행동은, 오늘날 우리가 보는 것처럼, 시간을 들여 교리를 가르치는 임무에 싫증을 내는 게으른 스승들에게 해당합니다. 그들은 자신의 설교를 통하여 마귀의 오류와 이교 예식에서 구해 낸 많은 사람을 자신의 가르침으로 하느님께 봉헌할 임무를 지니고 있습니다. 그들은 하늘에서 온갖 짐승들이 내려올 때에 "잡아먹어라"(사도 10,13) 하는 말씀을 들었던 이를 본받고자 합니다. 그러나 이 스승들은 짐승들을 맨땅에서 잡아 고기를 피째 먹었던 이

스라엘인들처럼 세속의 정신으로부터 또 살과 피의 유혹으로부터 사람들을 이끌어 내지 않습니다. 아마도 그들은 완전한 스승들에 미치지 못하는 것 같습니다. 아마도 그들은 덕을 완전하게 보지는 못하는 듯합니다. 그들은 여전히 악습에 길들어 있고 제대로 덕행을 실천할 바탕이 없는 사람들을 교회의 구성원으로 합체시키려고 서두릅니다. 이는 교회의 최초 목자가 보여 준 본보기와 반대로 하는 것입니다. 그 목자는 이층방 [옥상]에 있을 때, 곧 그의 삶과 가르침이 가장 드 높은 경지에 이르렀을 때에, 하느님께서 깨끗하게 정화하신 예물을 잡아먹으라는 명령을 받았습니다. 한편 인간 정신의 완전함이란 얼마나 불완전하고 나약한 것인지를 알아야 합니다. 요나탄은 위대한 업적을 그토록 많이 이루었고, 또한 그토록 위대한 승리의 주역이었지만 무지 속에서 자기 배가 음식을 훔쳐 먹게 두는 잘못을 저질렀습니다. 어떻든 군사들은 단식 시간을 엄중히 준수하였으며, 그 하루에 원수들을 이겨 낸 이스라엘인들은 이제 식탐에 지고 말았습니다. 무릇 배의 유혹은 여러 가지여서, 요나탄을 유혹하여 먹을 시간이 되기 전에 먹게 하였으며, 또 이스라엘인들을 유인하여, 시간은 적절했지만 부적절한 것을 먹게 하였습니다.

• 존자 베다 『사무엘기 상권 우의적 해설』 2,14.[3]

---

[2] CCL 144,506-7.

[3] CCL 119,122.

14,43-52 요나탄이 목숨을 구하다

43 그래서 사울은 요나탄에게, "네가 무슨 짓을 했는지 말해 보아라." 하고 물었다. 요나탄이 그에게 대답하였다. "손에 든 막대기 끝으로 꿀을 조금 찍어 맛보았습니다. 그러나 죽을♪

*☞*각오는 되어 있습니다."

⁴⁴ 사울이 말하였다. "요나탄아, 내가 너를 죽이지 않으면, 하느님께서 나에게 벌을 내리시고 또 내리실 것이다."

⁴⁵ 그러자 군사들이 사울에게 간청하였다. "이스라엘에 이렇게 큰 승리를 안겨 준 요나탄 왕자님을 꼭 죽이셔야 합니까? 안 됩니다. 주님께서 살아 계시는 한, 그의 머리카락 하나라도 결코 땅에 떨어져서는 안 됩니다. 그는 오늘 하느님과 함께 이 일을 하였기 때문입니다." 이렇게 군사들이 요나탄을 살려 내어, 그는 죽지 않게 되었다.

둘러보기

제비로 죄가 드러난 요나탄이 자신의 잘못을 고백하자, 군사들이 간청하여 요나탄은 죽음에서 벗어난다(히에로니무스). 그러나 욕망을 주체하지 못한 그 행동은 죽어 마땅한 죄였다(대 그레고리우스). 사울이 금욕을 통하여 원수들을 이겨 낸 것처럼, 그리스도인들은 쾌락과 세상의 악습이라는 꿀을 피해야 한다(토리노의 막시무스).

14,43-45 요나탄의 고백과 결말

전구 덕분에 구원받다

요나탄은 길에서 벌집의 꿀을 맛보고 눈이 번쩍 뜨였습니다. 그가 알지 못하고 저지른 그 행동 때문에 그의 목숨이 위태로워졌습니다. 성경은 요나탄이 그의 아버지가 아무도 주님의 승리가 이루어질 때까지는 어떠한 음식도 맛보지 말라는 엄중한 명령을 내린 사실을 몰랐다고 증언합니다. 그러나 주님께서는 그 일에 몹시 분노하시어 그 사실을 감추고 있던 그[요나탄]를 제비뽑기로 밝혀내셨고, 그러자 그는 "손에 든 막대기 끝으로 꿀을 조금 찍어 맛보았습니다. 그러나 죽을 각오는 되어 있습니다" 하고 공개적으로 고백하였습니다. 그리고 그는 군사들의 간청과 기도 덕분에 마침내 구원을 받았습니다. 그들은 사울에게 이렇게 간청하였습니다. "이스라엘에 이렇게 큰 승리를 안겨 준 요나탄 왕자님을 꼭 죽이셔야 합니까? 안 됩니다. 주님께서 살아 계시는 한, 그의 머리카락 하나라도 결코 땅에 떨어져서는 안 됩니다. 그는 오늘 하느님과 함께 이 일을 하였기 때문입니다." 이렇게 군사들이 요나탄을 살려 내어, 그는 죽지 않게 되었습니다.

● 히에로니무스 『펠라기우스파 반박 대화』 1,38.[1]

탐식의 다섯 가지 유형

탐식이라는 악습이 우리를 다섯 가지 방법으로 유혹하고 있다는 것도 알아 두어야 하겠습니다. 탐식은 때때로 제철이 아닌 것을 찾게 만들고, 때로는 제철 음식이라도 더 맛있는 음식을 찾게 합니다. 때로 탐식은 특별히 정성스럽게 구하고 만들어야 하는 음식을 찾게 합니다. 그런가 하면 음식의 질이나 철에는 유난을 떨지 않더라도, 적절한 양을 초과하여 지나치게 많이 먹게 만듭니다. 탐식의 또 다른 유형은 아주 저급한 것으로서, 욕망을 주체 못하고 먹는 것이어서 더욱 죄가 큽니다. 요나탄은 먹으면 안 되는 시간에 미리 꿀을 맛보았기 때문에, 사실 자기 아버

[1] FC 53,288-89*.

지의 입에서 사형선고를 받아 마땅했습니다.

• 대 그레고리우스 『욥기의 도덕적 해설』 30,18.[2]

금욕을 통한 승리

말씀드렸다시피, 시간이 정해진 단식을 지키지 않는 것은 결코 가벼운 죄가 아닙니다. 이것을 사례를 들어 간략하게 설명하려고, 우리는 열왕기[사무엘기]의 대목을 읽었습니다. 이스라엘 임금 사울이 이민족과 전쟁을 벌이고 있을 때에, 그는 자신의 온 군대에 단식을 선포하였습니다. 그리하여 모든 군사들이 단식하는 가운데 적의 세력과 싸우기 시작하였습니다. 무기보다는 신앙심으로 적들을 이겨 내고 또 창이 아니라 신심으로 싸웠던 이 사람은 분명히 훌륭한 임금입니다. 이렇게 사울이 자기의 모든 군사들에게 하루의 단식을 선포하였는데, 그의 아들 요나탄은 그 명령을 모르고 막대기 끝으로 벌집에서 꿀을 찍어 맛보았습니다. 군대가 의기양양하게 적진 속으로 진군하고 있을 때에 갑자기 이런 불미스러운 일이 일어나자 승리는 지연되고 하느님께서 분노하시게 되었습니다. 그리하여 전쟁은 끝나지도 못했고, 임금은 예언의 응답을 받지도 못했습니다. 여기에서 우리는 사울이 자기 군사들의 힘만으로 적군을 물리친 것이 아니라 군사들의 금욕으로 적군을 이겨 냈다는 것을 알게 됩니다. 그리고 그렇게 한 사람의 죄로 모든 사람이 그 벌을 받게 되고, 한 사람의 범죄로 모든 사람이 나약해지는 것입니다. 단식이 깨지자 그 군대가 힘을 잃어버렸기 때문입니다. 그러나 사울은 하느님께서 마음이 상하셨다는 사실에서 죄가 저질러졌음을 인식하였기 때문에, 그는 곧바로 요나탄은 결코 용서를 받을 수 없으며 요나탄이 인정한 죄는 그 자신의 피를 흘려 속죄해야 한다고 말하였습니다. 사울 임금의 행동이 얼마나 종교

적이었는지 보십시오. 자기 자식을 죽여 가면서까지 그는 마음이 상하신 하느님과 화해하기를 열망하였습니다! 그리고 단식을 어긴 데 대하여 어떠한 벌이 내리는지 보십시오. 오로지 피를 흘림으로써 그 벌을 받는 것입니다! 그리고 자기 아버지가 선포한 단식을 모르고 깨뜨린 요나탄이 죽음에 넘겨진다면, 그리스도께서 선포하신 단식을 알고서도 깨뜨린 사람은 어떤 벌을 받아야 마땅하겠습니까? 그러니 형제 여러분, 우리가 우리의 영적 원수들과 육적 원수들을 이겨 낼 수 있도록 우리를 위하여 널리 알려진 단식을 매우 철저하게 준수합시다. 여러분도 아시다시피, 우리에게는 육적 원수들도 있기 때문입니다. 사울의 군사들처럼 우리의 군사들이 그들을 이기고 사로잡을 수 있도록 단식합시다. 금욕을 하겠다는 결심을 하지는 않더라도, 꿀벌이 든 벌집에서 돌아섭시다. 벌집은 이를테면 세상의 쾌락과 악습이기 때문입니다. 성경에 기록되어 있듯이, 그 꿀은 목구멍으로 넘어가는 동안에는 달콤하지만, 분명코 그 결말은 쓸개보다 훨씬 더 쓰디씁니다.

• 토리노의 막시무스 『설교 옛 모음집』 69,4.[3]

---

[2] *LF* 31,405.

[3] ACW 50,170-71*.

15,1-9 아말렉족을 물리친 사울의 불순종

[7] 사울은 하윌라에서 이집트 동쪽 수르까지 아말렉을 쳤다.

[8] 그는 아말렉 임금 아각만 산 채로 사로잡고, 나머지 군사들은 모두 칼날로 완전히 없애 버렸다.

[9] 그런데 사울과 그의 군사들은 아각뿐 아니라, 양과 소와 기름진 짐승들 가운데에서 가장 좋은 것들과 새끼 양들, 그 밖에 좋은 것들은 모두 아깝게 여겨 완전히 없애 버리지 않고, 쓸 모없고 값없는 것들만 없애 버렸다.

둘러보기

가르치는 직무의 신성한 책임인 처벌에 실패하면, 다스림을 받는 사람들에게 나쁜 영향을 미친다(『사도 헌장』).

15,8-9 사울이 아각 임금과 가장 좋은 가축들을 아깝게 여기다[1]

벌 받아야 할 자들을 아끼지 마라

그러나 이러한 것들을 고려하지 않는 사람은, 사울이 아각을 아끼고 엘리가 '주님을 알아 모시지 않은' 자기 아들들을 아꼈듯이(1사무 2장 참조), 마땅히 벌 받아야 할 자를 아끼며 정의를 거스르게 될 것입니다. 그러한 사람은 자기 자신의 품위를 더럽히며 하느님 교회의 일부인 자기 사목구를 모독하는 것입니다. 그러한 사람은 새로 세례 받은 수많은 신자와 예비신자들 그리고 남녀 젊은이들이 걸려 넘어지게 하는 기회를 만들어 주기에, 하느님과 성도들 앞에서 불의한 자로 여겨지며, 그에게는 그 죄책 때문에 "연자매를 목에 달고"(마태 18,6-7) [바다 깊은 곳에] 빠지라는 저주가 따릅니다. 예로보암과 결탁한 백성의 경우처럼(1열왕 12장 참조), 그리고 코라와 함께 음모를 꾸민 자들의 경우처럼(민수 16장 참조), 사람들은 자기네 지도자가 사악하고 정의를 무시하는 것을 보면 의심이 많아지고 똑같은 병폐에 빠져, 결국엔 어쩔 수 없이 그 지도자와 함께 파멸하고 말기 때문입니다.

• 『사도 헌장』 2,10.[2]

---

[1] 아우구스티누스의 1사무 28,3 주해도 참조.

[2] ANF 7,399*.

15,10-16 사무엘이 사울을 꾸짖다

¹⁰ 주님의 말씀이 사무엘에게 내렸다.

¹¹ "나는 사울을 임금으로 삼은 것을 후회한다. 그는 나를 따르지 않고 돌아섰으며 내 말을 이행하지 않았다." 사무엘은 화가 나서 밤새도록 주님께 부르짖었다.

둘러보기

하느님께서 사울을 임금으로 삼으신 것을 후회하신 일은, 약속이란 그 자체가 끝이 아니며 하느님께서는 각 사람을 미래가 아니라 현재에 하는 그들의 행동을 바탕으로 대하신다는 것을 보여 준다(요한 카시아누스). 하느님의 "후회"는 글자 그대로 받아들여 하느님께서 잘못을 저지르셨다는 뜻으로 이해해서는 안 되며(아우구스티누스), 이는 앞으로 사울의 잘못을 밝히고 그를 단죄하신다는 뜻이다(테르툴리아누스).

15,11 나는 사울을 임금으로 삼은 것을 후회한다¹

이성으로 단련되어야 하는 약속

이 본문은 우리가 받은 약속에만 고집스럽게 매달려서는 안 되고, 그 약속들은 이성과 판단력으로 정련되어야 하며 언제나 더 나은 것을 선호하고 선택해야 한다는 것을, 그리고 더 유익하다고 입증된 것이라면 망설이지 말고 그리로 건너가야 한다는 것을 밝혀 주고 있습니다. 이러한 매우 귀중한 판단은 그 무엇보다도, 각 개인이 태어나기 전부터 하느님께서는 그 사람의 최후를 알고 계시지만 질서와 이성으로 또 이를테면 인간적인 감정으로 모든 것을 안배하신다는 것을, 당신의 권능으로나 형언할 수 없는 예지에 따라 모든 것을 결정하시지 않고 인간의 현재 행동을 바탕으로 그들을 내치시거나 이끄시며, 날

마다 은총을 베풀어 주시거나 거두어 버리신다는 것을 우리에게 가르쳐 주고 있습니다.

사울을 선택하신 것 또한 이를 증명해 줍니다. 참으로 하느님의 예지가 그의 비참한 종말을 몰랐을 리 없지만, 하느님께서는 수많은 이스라엘 사람들 가운데에서 그를 선택하셨으며, 그에게 기름을 부으시어 임금으로 삼으셨습니다. 그렇게 하심으로써 하느님께서는 그 당시에 자격을 갖춘 그의 삶에 보상을 해 주셨으며, 앞으로 그가 지을 죄를 미리 헤아리지는 않으셨습니다. 그렇기에 그가 타락을 한 뒤에는 하느님께서 이를테면 당신의 선택에 대하여 후회하셨으며, 말하자면 인간적인 감정과 말씀으로 그에 대해 불평하시며 이렇게 말씀하셨습니다. "나는 사울을 임금으로 삼은 것을 후회한다. 그는 나를 따르지 않고 돌아섰으며 내 말을 이행하지 않았다." 그래서 사무엘도 "사울을 두고 슬퍼하였다. 주님께서도 사울을 이스라엘 위에 임금으로 세우신 일을 후회하셨다"(1사무 15,35)라고 쓰여 있습니다.

● 요한 카시아누스 『담화집』 17,25,14-15.²

---

¹ 1사무 15,35에 대한 주해도 참조.

² ACW 57,608-9*.

하느님의 고백이 사울의 죄를 드러내다

더 나아가서, 하느님께서 후회하셨다는 것과 관련하여, 여러분은 하느님께서 후회하셨다거나 어떤 실수를 회고하셨다고 하는 것을 선견지명이 없다거나 변덕을 부리는 것 같은 심술 비슷하게 해석합니다. 그분께서는 실제로 "나는 사울을 임금으로 세운 것을 후회한다"고 말씀하셨고, 이는 마치 하느님께서 어떤 나쁜 일을 행하셨거나 실수를 저지른 것을 인정하며 후회하시는 것처럼 들리기 때문입니다. 그런데 이런 말이 언제나 이런 의미를 담고 있는 것은 아닙니다. 좋은 일에서도 후회를 고백하는 경우가 있기 때문입니다. 은혜에 감사할 줄 모르는 인간을 질책하시거나 단죄하실 때의 후회가 그런 것입니다. 예를 들면, 사울의 경우가 그렇습니다. 그를 임금으로 선택하시고 그에게 성령을 부어 주신 데에서 아무런 실수도 하지 않으셨던 창조주께서는 그 사람의 훌륭한 품성에 관해 말씀하십니다. 하느님께서 바로 그 당시에 가장 훌륭한 사람이었던 그를 뽑으신 것은 더없이 적절한 일이었습니다. (그분께서 말씀하신 대로) 이스라엘 자손들 가운데는 그만한 인물이 없었기 때문입니다. 또한 하느님께서는 그가 나중에 어떻게 변하리라는 것을 모르시지도 않았습니다. 여러분이 그 하느님께 선견지명이 없다고 말한다면 아무도 참아 주지 않을 것입니다. 여러분이 그분께서 하느님이심을 부인하지도 않고 또 하느님께서 [앞일을] 내다보신다는 것을 인정하기 때문입니다. 그분 안에는 하느님의 이런 고유한 속성이 있습니다. 그러나 앞에서도 말했듯이, 하느님께서는 당신께서 후회하신다고 고백하심으로써 사울의 죄를 밝히셨습니다. 하느님께서 사울을 선택하신 데에는 실수나 잘못이 없었으므로 이러한 후회는 [하느님] 자신을 탓하시는 것이 아니라 다른 이를 꾸짖는 말씀으로 이해해야 합니다.

• 테르툴리아누스 『마르키온 반박』 2,24.[3]

유비적 언어

또한 하느님께는 있을 수 없는 것입니다만, 사람들 안에는 있는 칭찬할 만한 것들이 있습니다. 죄의 상태에 빠지는 것을 막아 주는 부끄러움이나 하느님께 대한 경외심 같은 것입니다. 구약성경의 책들만 이를 찬양하는 것이 아니라 사도도 이렇게 말합니다. "하느님을 경외하며 온전히 거룩하게 됩시다"(2코린 7,1). 그러나 하느님 안에서는 이러한 것들을 찾아볼 수 없습니다. 이처럼 인간의 어떤 훌륭한 품성들은 하느님께 해당되지 않는 것처럼, 인간의 어떤 좋지 않은 품성이 하느님 안에 있다고 할 때에, 그것은 사람들 안에서 볼 수 있는 그런 품성을 이야기하는 것이 아니라 전혀 다른 방식과 다른 논리로만 적절히 이야기해야 하는 것입니다. 주님께서 사무엘에게 "나는 사울을 임금으로 삼은 것을 후회한다"고 말씀하신 직후에, 사무엘이 직접 사울에게 하느님을 두고 이렇게 말하였기 때문입니다. '그분은 사람이 아니시기에 후회하지 않으십니다'(1사무 15,29 참조). 우리가 앞에서 상세히 논했듯이, 이것은 비록 하느님께서 "나는 후회한다"고 말씀하셨다 하더라도 인간 언어의 의미로 그렇게 말씀하신 것이 아님을 분명하게 보여 줍니다.

• 아우구스티누스
『심플리키아누스에게 보낸 여러 질문』 2,2,5.[4]

---

[3] ANF 3,315*.

[4] CCL 44,80-81.

15,17-23 주님께서 사울을 왕위에서 배척하시다

[17] 사무엘이 말하였다. "임금님은 자신을 하찮은 사람으로 여기실지 몰라도, 이스라엘 지파의 머리가 아니십니까? 주님께서 임금님에게 기름을 부으시어 이스라엘 위에 임금으로 세우신 것입니다.

[18] 주님께서는 임금님을 내보내시면서 이런 분부를 하셨습니다. '가서 저 아말렉 죄인들을 완전히 없애 버려라. 그들을 전멸시킬 때까지 그들과 싸워라.'

[19] 그런데 어찌하여 임금님은 주님의 말씀에 순종하지 않고 전리품에 덤벼들어, 주님 보시기에 악한 일을 하셨습니까?"

[20] 사울이 사무엘에게 대답하였다. "저는 주님의 말씀에 순종하였습니다. 주님께서 저에게 가라고 하신 그 길을 따라 걸으며, 아말렉 임금 아각은 사로잡고 그 밖의 아말렉 사람들은 완전히 없애 버렸습니다.

[21] 다만 군사들이 완전히 없애 버려야 했던 전리품 가운데에서 가장 좋은 양과 소만 끌고 왔습니다. 그것은 길갈에서 주 어르신의 하느님께 제물로 바치려는 것이었습니다."

[22] 그러자 사무엘이 말하였다.

"주님의 말씀을 듣는 것보다 번제물이나 희생 제물 바치는 것을
주님께서 더 좋아하실 것 같습니까?
진정 말씀을 듣는 것이 제사 드리는 것보다 낫고
말씀을 명심하는 것이 숫양의 굳기름보다 낫습니다.

[23] 거역하는 것은 점치는 죄와 같고
고집을 부리는 것은 우상을 섬기는 것과 같습니다.
임금님이 주님의 말씀을 배척하셨기에
주님께서도 임금님을 왕위에서 배척하셨습니다."

둘러보기

사울은 권력이 어떻게 부패하는지를 보여 주는 표본이다. 사람이 수하를 많이 거느리게 되면, 겸손이 흔히 교만으로 바뀐다(대 그레고리우스). 잘못에 대한 비난에 반박하거나 인정하는 대신 자기가 한 좋은 행동만 내세우는 것은 잘못과 죄의식을 분명하게 보여 주는 것이다(아타나시우스). 사울은 분별력의 부족으로 잘못된 생각에 빠져, 불순종의 행위인 자신의 제물 봉헌이 보상을 받으리라고 믿었다(요한 카시아누스). 율법은 번제물 봉헌이 아니라 순종과 찬양 말씀의 봉헌으로 이행된다(아타나시우스). 하느님께는 어떠한 제물도 필요 없는데 하느님께서 율법 준수를 명하신 것은 백성이 순종을 배우게 하시려는 것이었다(이레네우스). 죄를 바로잡아 주는 조언을 하는 이들에게 드려야 할 마땅한 보답은 하느님 말씀

을 열심히 읽고 듣고 또 그 말씀에 순종하는 것이다(오리게네스). 겸허하게 자기 죄를 고백하지 않고 변명으로 피난처를 찾는 것이 가장 큰 잘못이다(카시오도루스).

15,17 주님께서 임금님에게 기름을 부으시어 이스라엘 위에 임금으로 세우셨다

권력과 교만

그렇게 사울은 처음에는 겸손의 미덕을 지녔었지만, 권력의 정점에 오르자 교만으로 부풀어 올랐습니다. 그는 겸손함 때문에 호의를 입었었지만, 교만 때문에 배척을 당하였습니다. 이는 주님께서 입증해 주시는 것입니다. 주님께서는 이렇게 말씀하십니다. '네가 자신을 하찮은 사람으로 여길 때에, 내가 너를 이스라엘 지파의 머리로 세우지 않았느냐?' 사울은 전에 자신을 하찮은 사람으로 여겼지만, 세속 권력을 등에 업자 더 이상 자신을 하찮게 여기지 않았습니다. 그는 누구보다 큰 힘을 지녔기에 다른 사람들과 비교하여 자신을 더 앞세우며, 자신을 다른 모든 사람보다 더 위대한 사람으로 여겼습니다. 그러나 놀랍게도, 그가 자신을 하찮게 여길 때에 하느님께서는 그를 크게 보셨습니다. 그러나 그가 스스로 위대한 사람으로 행세할 때에 하느님께서는 그를 하찮게 여기셨습니다. 이처럼 아랫사람이 많아져 마음이 부풀어 오르면, 대체로 교만이 차올라 타락하고 맙니다. 바로 권력의 정상이 욕망에 빠지는 자리가 되는 것입니다.

● 대 그레고리우스 『사목 규칙』 2,6.[1]

15,19-21 사울이 자신과 군사들의 행동을 변호하다

지독한 불순종

사울은 율법을 무시하고 위반하였다는 비난을 받았을 때에, 자신이 한 다른 행동들을 들어 항변했지만 이득을 얻지 못하였습니다. 잘한 일이 있다고 해서 잘못한 일의 죄과가 지워지지는 않기 때문입니다. 모든 일이 법과 정의에 따라 이루어져야 하기에, 누구나 자신이 고발당한 그 구체적인 사항들에 대하여 자신을 변호해야지, 과거를 부정하거나 사실대로 자백하면서 다시는 그런 짓을 않겠다는 약속으로 득을 보려 해서는 안 됩니다. 그러나 범죄를 저질러 놓고도 자백을 할 마음 없이 진실을 감추기 위하여 문제가 된 사실 대신 다른 점들에 대하여 말한다면, 그것은 자기가 잘못된 행동을 하였으며 자신의 범죄를 의식하고 있다는 사실을 분명하게 보여 주는 것입니다.

● 아타나시우스
『이집트와 리비아의 주교들에게 보낸 편지』 1,11.[2]

신중한 눈

그는 처음엔 하느님의 판단에 따라 이스라엘 백성을 다스릴 자격이 있었지만 한 번도 이런 신중한 눈을 보여 준 적이 없기에, 건강한 몸에서 어두운 부분이 잘려 나가듯 자기 나라에서 쫓겨났습니다. 이 빛의 오류와 어둠에게 속아 넘어간 그는 자기가 바치는 희생 제물이 사무엘의 명령에 순종하는 것보다 더 하느님 마음에 들 것이라 생각했습니다. 그리하여 존엄하신 분의 마음을 누그러뜨리리라 생각했던 바로 그 행위로 오히려 죄를 지었습니다.

● 요한 카시아누스 『담화집』 2,3,1.[3]

---

[1] NPNF 2,12,15*.

[2] NPNF 2,4,228*.

[3] ACW 57,86.

15,22 주님께서는 당신 말씀을 듣는 것을 희생 제물
　　　보다 더 좋아하신다

율법 완수

위대한 사무엘은 '주님의 말씀을 듣는 것이 제
물을 바치는 것보다 더 나은 일이 아니냐?'며 확
실하게 사울을 꾸짖었습니다. "찬양 제물을 바
치는 이가 나를 공경하는 사람이니"(시편 50,23)라
는 말씀도 있듯이, 율법을 완수하는 이가 하느님
을 기쁘게 합니다. 그분께서는 "너희는 '내가 바
라는 것은 희생 제물이 아니라 자비다' 하신 말
씀이 무슨 뜻인지 배워라(마태 9,13; 참조: 호세
6,6). 그러면 나도 적수들을 단죄하지 않겠다"고
하셨습니다.

● 아타나시우스 『축일 서간집』 19,5.[4]

희생 제물과 순종

뿐만 아니라, 하느님께서 그들에게 율법을 지
키라고 명하신 것은 그들이 종처럼 순종하는 것
이 당신께 필요해서가 아니라 그들 자신을 위해
서라는 것을 예언자들은 잘 보여 주었습니다. 또
한 앞에서도 지적하였듯이, 하느님께는 사람들
의 봉헌이 필요 없지만 그것을 바치는 이들을 위
하여 [그것을 요구하셨을 뿐]이라고 주님께서도
분명하게 가르치셨습니다. 사무엘은 그들이 의
로움을 실천하기를 게을리하고 하느님 사랑을
잊어버린 채 하느님께서는 희생 제물이나 의례
적인 순종으로 마음이 누그러지신다고 생각하는
것을 알자 그들에게 이렇게 말했습니다. "주님
의 말씀을 듣는 것보다 번제물이나 희생 제물 바
치는 것을 주님께서 더 좋아하실 것 같습니까?
진정 말씀을 듣는 것이 제사드리는 것보다 낫고
말씀을 명심하는 것이 숫양의 굳기름보다 낫습
니다."

● 이레네우스 『이단 반박』 4,17,1.[5]

행실을 바로잡아 주는 대가

예언자들이나 사도들이 죄지은 이들의 행동
을 바로잡거나 죄를 씻을 수 있는 조언을 해 줄
경우, 마땅히 그들은 희생 제사를 위하여 그들에
게 숫양을 파는 것처럼 보일 것입니다. 그런데
그들이 그것을 사는 사람들에게 값으로 무엇을
요구합니까? 제가 생각하기엔, 하느님 말씀을
열심히 읽고 명심하는 것, 그리고 무엇보다 지극
히 성실한 순종을 요구하는 것이 다입니다. 주님
께서도 이렇게 말씀하십니다. '너희가 내게 제사
를 바치는 것보다 내게 순종하는 것을 나는 더
좋아하며, 내 말을 듣는 것을 번제물보다 더 좋
아한다.'

● 오리게네스 『레위기 강해』 4,5,6.[6]

15,23 거역하는 것은 점치는 죄와 같다

변명거리를 찾다

죄를 짓고 나서 엎드려 참회하며 고백하는 대
신 변명거리를 주워섬기는 것이 인간의 잘못 가
운데서도 가장 큰 잘못입니다. 그런 사악함은 가
장 질 나쁜 죄로 헤아려질 것이 분명합니다. 죄
인이 회개로 가는 것을 더디게 하는 것도 바로
이 사악함과 같은 근원에서 나옵니다. 열왕기 1
권[사무엘기 상권]은 이렇게 말합니다. "거역하는
것은 점치는 죄와 같고 고집을 부리는 것은 우상
을 섬기는 것과 같습니다."

● 카시오도루스 『시편 해설』 140,4.[7]

---

[4] NPNF 2,4,546*.

[5] ANF 1,482**.

[6] FC 83,77.

[7] ACW 53,394*.

15,24-33 사울이 자기 죄를 고백하다

²⁴ 사울이 사무엘에게 빌었다. "제가 죄를 지었습니다. 군사들이 두려워서 주님의 분부와 어르신의 말씀을 어기고 그들의 말을 들어 주었던 것입니다.

²⁵ 그러니 부디 저의 죄를 용서해 주십시오. 저와 함께 돌아가시어, 제가 주님께 예배드리게 해 주십시오."

²⁶ 사무엘이 사울에게 대답하였다. "같이 돌아갈 수 없습니다. 임금님이 주님의 말씀을 배척하셨기에, 주님께서도 임금님을 이스라엘의 왕위에 머무르시지 못하도록 배척하셨습니다."

²⁷ 사무엘이 돌아서서 가려고 하는데, 사울이 그의 겉옷을 붙잡자 옷자락이 찢어졌다.

²⁸ 사무엘이 사울에게 말하였다. "주님께서는 오늘 이스라엘 왕국을 임금님에게서 찢어 내시어, 임금님보다 훌륭한 이웃에게 주셨습니다.

²⁹ 이스라엘의 영광이신 분은 거짓말을 하시거나 뜻을 바꾸시는 분이 아니십니다. 그분은 사람이 아니시기에 뜻을 바꾸지 않으십니다." …

둘러보기

하느님께서 사울과 다윗의 마음이 다름을 알아보셨다는 것은 하늘나라가 있는 곳은 바로 마음이라는 것을 알려 준다. 곧, 믿음을 드러내는 것은 말이 아니라 마음이다(아우구스티누스). 하느님께서는 성실함을 성화로 보상해 주신다고 믿는 순종의 법은 직무에 대한 두려움을 이길 수 있도록 도와주지만, 불순종의 위험에는 그런 위안이 없다(나지안주스의 그레고리우스).

사울이 사무엘의 겉옷 자락을 찢게 된 것은 교회가 정치적 지도자가 아니라 영적인 지도자들에 의해 다스려질 것임을 예고한다(다마스쿠스의 요한). 사울은 다윗만큼 오래 다스렸으므로 사울이 하느님께 배척받은 것은 그의 후손들이 배척받음을 의미하며, 이것은 그리스도께서 그의 혈통에서 나오지 않으시리라는 것을 나타낸다. 그리스어 번역 성경에 따르면 이 사건은 그리스도의 오심과 함께 시작되는 새 계약 안에서 나라가 이스라엘로부터 찢어져 나옴을 나타낸다(아우구스티누스).

15,24 제가 죄를 지었습니다

마음이 다르다

사무엘의 꾸짖음을 듣자 사울도 "제가 죄를 지었습니다" 하고 말했습니다. 그런데 그는 왜 다윗의 경우와는 달리 '주님께서 그의 죄를 용서해 주셨다'는 말을 들을 자격이 없다고 여겨졌을까요? 하느님께서 편애하시는 분이란 말입니까? 천만에요. 인간의 귀에는 두 사람의 말이 똑같이 들릴지라도 하느님의 눈에는 마음의 다름이 보이는 법입니다. 이 일에서 우리가 배울 교훈은 하늘나라는 우리 안에 있다는 것(루카 17,21 참조), 그리고 우리는 마음 가장 깊은 곳에서 하느님을 섬겨야 하며, 옛사람들처럼 마음은 그분에게서 떠나 있는 채 입술로만 그분을 공경하지 말고 충만한 마음에서 우러나오는 것을 입이 말하게 해야 한다는 것입니다. 또, 오직 하느님께서 판단하시듯 사람들을 판단하는 것을 배울 수도 있겠습니다. 우리는 사람들의 마음을 보지 못하지만 하느님은 우리가 보지 못하는 것을 보시며 그분께는 편견도 없고 속아 넘어가시는 일도 없습니다.

• 아우구스티누스 『마니교도 파우스투스 반박』 22,67.[1]

15,26 주님께서 임금님을 배척하셨습니다

불순종의 위험

뿐만 아니라, 직무와 관련한 두려움에 맞서 이 둘을 더욱 확실히 구별하는 데에 도움이 되는 것이 순종의 법 안에 있습니다. 선하신 하느님께서는 우리의 믿음에 상을 내리시며, 당신을 신뢰하고 당신께 모든 희망을 두는 이를 완전한 통치자로 만드시기 때문입니다. 그러나 불순종의 위험에 대해서는 무엇이 우리에게 도움이 될 수 있는지, 우리의 확신을 북돋아 줄 어떤 근거가 있는지 저는 전혀 모릅니다. 우리는 우리에게 맡겨진 이들에 관하여 이런 말을 듣게 되지나 않을까 두려워해야 합니다. "그들이 죽은 책임은 너에게 묻겠다"(에제 3,18), '네가 나를 배척하고 내 백성의 지도자요 통치자 역할을 하지 않았으니, 나도 너를 물리치고 너의 임금이 되지 않겠다', '네가 나의 목소리를 들으려 하지 않고 등을 돌렸으며 내게 순종하지 않았으니, 네가 나를 부를 때에 나도 너에게서 돌아서고 너의 기도를 듣지 않겠다'(즈카 7,11.13 참조).

• 나지안주스의 그레고리우스 『도피 변론』(연설 2) 113.[2]

15,27-28 사울이 떠나는 사무엘의 옷을 찢다

교회를 다스리는 것

나라를 융성하게 하는 것은 황제가 할 일입니다. 교회의 상태를 잘 유지하는 것은 목자들과 교사들의 관심사입니다. 다른 방법을 동원하는 것은 해적질입니다. 사울이 사무엘의 겉옷을 찢었습니다. 그 결과는 무엇입니까? 하느님께서 사울에게서 나라를 찢어 내시어 온유한 다윗에게 주셨습니다. … 황제 폐하, 우리의 일상생활과 관계있는 것, 곧 조세나 관세 같은 문제에서는 당신께 복종하겠습니다. 그런 것은 당신의 몫이니 저희가 당신께 그것을 바치겠습니다. 그러나 교회를 다스리는 일에서만큼은 저희에게 따로 사목자들이 있으며 그들이 저희에게 말씀을 선포해 왔습니다. 저희에게는 교회의 법령들을 해석해 주는 이들이 있습니다.

• 다마스쿠스의 요한 『성화상에 관한 연설』 2,12.[3]

주님께서 사울의 후손을 배척하시다

아무튼 사울은 다시 한 번 불복종하여 죄를 지었고 사무엘이 주님의 말씀을 그에게 전했습니다. "임금님이 주님의 말씀을 배척하셨기에, 주님께서도 임금님을 왕위에서 배척하셨습니다"(23절). 이 죄에 대해 사울이 잘못을 고백하고 용서를 청하며 사무엘에게, 돌아와 하느님의 마음을 누그러뜨릴 수 있게 도와 달라고 부탁하자 예언자는 "같이 돌아갈 수 없습니다. 임금님이 주님의 말씀을 배척하셨기에, 주님께서도 임금님을 이스라엘의 왕위에 머무르시지 못하도록 배척하셨습니다"(26절) 하고 말했습니다. 이 말을 남기고 사무엘이 돌아서 가려고 할 때 사울이 겉옷을 붙잡는 바람에 겉옷 자락이 찢어졌습니다. 사무엘이 사울에게 말했습니다. "주님께서

---

[1] NPNF 1,4,298*.

[2] NPNF 2,7,226-27*. 이 글에서 그레고리우스는 자신의 소명이 지닌 양면성에 대해 고민하지만 나중에 결국 해답을 얻었다.

[3] *ODI* 59-60*.

는 오늘 이스라엘 왕국을 임금님에게서 찢어 내시어, 임금님보다 훌륭한 이웃에게 주셨습니다. 이스라엘은 둘로 쪼개질 것입니다. 그러나 이스라엘의 영광이신 분은 눈감아 주시거나 후회하시는 분이 아니십니다. 그분은 사람처럼 뉘우치는 분이 아니십니다. 당신이 위협을 하시고 그대로 버티지 않는 그런 분이 아니십니다."

실제로 사울은 '주님께서도 그대를 이스라엘 왕위에서 배척하시었소'라는 말, '주님께서는 오늘 이스라엘 왕국을 그대 손에서 찢어 내시었소'라는 말을 들었지만 무려 사십 년 동안이나 이스라엘을 다스렸습니다. 이는 다윗이 군림한 것과 같은 기간이었습니다. 사울이 이 말씀을 들은 것은 왕위 초기였습니다. 따라서 그가 들은 말은 그의 후손 가운데 아무도 장차 군림하지 못하리라는 뜻으로 이해해야 하며, 우리가 그 인물 대신 다윗의 후손을 돌이켜보도록 하기 위한 것으로 보입니다. 그 혈통에서 하느님과 인간의 중개자, 곧 인간 그리스도 예수가 출현했던 것입니다.

• 아우구스티누스 『신국론』 17,7,1.[4]

이스라엘 왕국

여기서 인용하는 성경에는 여러 라틴어 역본에 나오는 대로 "주님께서는 이스라엘 나라를 그대에게서 찢어 내시었소"라고 기록되어 있지 않고, 그리스어 역본을 따라 "주님께서는 오늘 왕권을 이스라엘로부터, 그대 손에서 찢어 내시었소"라고 되어 있습니다. 그렇다면 "그대 손에서", 곧 "이스라엘로부터" 왕권을 찢어 내셨다고 알아들을 만합니다. 그러니까 사울은 이스라엘 백성을 표상하고 있으며 따라서 저 백성이 왕권을 상실하리라는 것을 상징합니다. 그 대신 신약에 따라 우리 주 그리스도 예수가 다스리실 것이며 그분께서는 육에 따라서가 아니고 영에 따라서 다스리실 것입니다. 그분에 관해 "그대의 이웃에게 주시었소"라는 말이 나오는데, 이 말은 혈통의 가까움을 가리킵니다. 사울과 마찬가지로 그리스도께서도 육에 따라서는 이스라엘 혈통이시기 때문입니다.

• 아우구스티누스 『신국론』 17,7,2.[5]

---

[4] FC 24,43-44*; 『교부 문헌 총서』 16,1859.

[5] FC 24,44*; 『교부 문헌 총서』 16,1859-61.

15,34-35 사무엘이 사울을 두고 슬퍼하다

³⁴ 그러고 나서 사무엘은 라마로 가고, 사울은 기브아에 있는 자기 집으로 올라갔다.
³⁵ 사무엘은 죽는 날까지 사울을 다시 보지 않았다. 그러면서도 그는 사울을 두고 슬퍼하였다. 주님께서도 사울을 이스라엘 위에 임금으로 세우신 일을 후회하셨다.

둘러보기

성경이 하느님을 사람처럼 묘사하는 것은 하느님에 대한 사실적인 언명이 아니고 사람들에게 신심과 겸손을 불러일으키는 방편이다(니사의 그레고리우스). 선한 사람들, 예를 들어 사무엘 같은 이는 다른 이들의 죄를 두고 슬퍼한다(히에로니무스).

15,35 주님께서 사울을 임금으로 세우신 일을 후회
하셨다[1]

하느님을 인간처럼 묘사하는 구절들

성경은 우리 인간에 대해 이야기하듯 하느님
을 묘사하는 경우가 많습니다. 예를 들어, '주님
께서 노하셨다. 그들의 죄 때문에 슬퍼하셨다'(시
편 106,40 참조)고 하거나 '주님께서 사울을 임금
으로 기름부으신 일을 후회하셨다'고 합니다. …
이뿐 아니라, 그분께서 '앉아 계신다'거나 '서 계
신다', '움직이신다'라고 하지만 이는 하느님에
관한 사실적 표현이 아닙니다. 그렇지만 사람들
을 가르치기 위해서는 이런 식으로 표현할 필요
가 있습니다. 두려운 줄 모르고 날뛰는 사람들에
게는 하느님의 분노에 관한 묘사가 두려움을 심
어 줄 수 있기 때문입니다. 또 성경은 회개라는
약이 필요한 사람들에게는 '주님께서 그들과 함
께 악을 유감으로 생각하신다'고 이야기하고, 번
영을 누리며 거만해지는 사람들에게는 '하느님
께서 사울을 임금으로 세우신 일을 후회하셨다'
고 말함으로써, 그들의 행운이 하느님에게서 오
는 것처럼 보이기는 하지만 언제까지나 그들의
것이라는 보장은 없다고 경고합니다.

• 니사의 그레고리우스 『에우노미우스 반박』 제2권.[2]

다른 이들의 구원을 위한 열성

그리스도의 거룩한 종 헤디비아와 내게는 믿
음 안에서 딸이요 그대에게는 한때 아내였으나
지금은 [그리스도 안에서] 그대의 자매요 동료 종
인 아르테미아의 간절한 부탁으로 그대[3]에게 편
지를 쓰게 되었습니다. 낯선 이가 낯선 이에게 쓰
는 것이지요. 아르테미아는 자신의 구원에 대한
확신만으로 만족하지 않고, 전에는 집에서 그리
고 지금은 성지에서 그대의 구원을 위해 애쓰고
있습니다. 그녀는 안드레아 사도와 필립보 사도

의 사려 깊음을 본받고자 열심입니다. 이들은 그
리스도께 부름받자 한 사람은 자기 형제 시몬을,
한 사람은 자기 친구 나타나엘을 불러 예수님을
따르게 한 이들입니다(요한 1,41-45 참조). … 옛날
에 롯도 자기 아내와 두 딸이 함께 구원받기 바랐
습니다. 그래서 과거의 죄에 묶인 이를 거기서 끌
어내기 위해, 자기 몸에 불이 붙으려고 할 때까지
불로 이글거리는 소돔과 고모라를 차마 떠나지
못했습니다(창세 19,15-26 참조). 그러나 그 여자[롯
의 아내]는 절망에 빠져 마음의 평정을 잃고 뒤돌
아보는 바람에 믿음 없음의 기념비가 되고 말았
습니다. 하지만 마치 한 여자의 파멸을 벌충하려
는 듯 롯의 타오르는 믿음은 거룩한 성읍 초아르
를 해방시켰습니다. 실로 그가 소돔이 자리 잡은
그 어두운 계곡을 떠나 산 위로 올라가 '작은 성
읍'이라는 이름의 초아르에 들어갈 때 해가 그를
비추었습니다. 그 성읍의 이름이 그랬던 것은 롯
의 믿음이 작았기 때문입니다. 그러나 그는 더 큰
성읍들을 구원하지는 못했지만 적어도 작은 성읍
들은 보존할 수 있었습니다. … 선한 사람들은 언
제나 다른 이들의 죄를 두고 슬퍼했습니다. 옛날
에 사무엘은 사울이 교만이라는 종기를 회개라는
연고로 치유하기를 게을리하자 그를 두고 슬퍼하
였습니다(1사무 15,25 참조). 바오로 사도도 불륜의
얼룩을 눈물로 씻어 내지 않는 코린토 신자들 때
문에 눈물을 흘렸습니다(2코린 2,4 참조).

• 히에로니무스 『서간집』 122.[4]

---

[1] 1사무 15,11 주해 참조.   [2] NPNF 2,5,292-93**.

[3] 루스티쿠스에게 보낸 편지. 루스티쿠스와 아내 아르
테미아는 금욕 맹세를 했으나 지키지 못하여, 아르테미아
는 자기 죄를 참회하고자 팔레스티나로 떠났고 루스티쿠
스는 곧 뒤따라 가겠다고 약속했으나 약속을 지키지 않았
다. 히에로니무스는 루스티쿠스가 그 약속을 지키려는 마
음이 들도록 설득해 달라는 요청을 받고 이 편지를 썼다.

[4] NPNF 2,6,225.

16,1-5 주님께서 사무엘에게 새 임금을 찾아 기름부으라고 지시하시다

¹ 주님께서 사무엘에게 말씀하셨다. "너는 언제까지 이렇게 슬퍼하고만 있을 셈이냐? 나는 이미 사울을 이스라엘의 임금 자리에서 밀어냈다. 그러니 기름을 뿔에 채워 가지고 떠나라. 내가 너를 베들레헴 사람 이사이에게 보낸다. 내가 친히 그의 아들 가운데에서 임금이 될 사람을 하나 보아 두었다."

둘러보기

임금이며 예언자로 기름부음받은 다윗은 임금들의 임금이시며 대사제이신 그리스도, 곧 '기름부음받으신분'을 예시한다(락탄티우스). 대 그레고리우스는 지도자들에게 뿔에 담긴 기름을 붓는 행위의 영적 의미에 대해 설명한다.

16,1 기름을 뿔에 채워 가지고 떠나라

다윗이 임금으로 기름부음을 받은 것은 그리스도께서 기름부음받으심을 예시한다

과거에 유대인들은 사제직이나 나라에 불린 사람들에게 부을 거룩한 기름을 마련하라는 지시를 받았습니다. 로마인들에게 자색 옷이 임금의 자리에 오른 사람의 상징이듯이 그들에게는 거룩한 기름을 부음받는 것이 임금의 지위와 권한을 부여했습니다. 고대 그리스인들은 기름을 붓는 행위를 '크리에스타이'*chriesthai*라고 표현했습니다. 지금은 '안레이페스타이'*anleiphesthai*라고 쓰지요. 호메로스의 다음 글에 사용된 낱말이 바로 그것입니다. "시중드는 사람들이 그들을 씻기고 기름을 부어 주었다." 그래서 우리는 그분을 '기름부음받으신분'이라는 뜻으로 '그리스도'라고 부릅니다. 히브리 말로는 '메시아'이지요.

• 락탄티우스 『하느님의 가르침 개요』 4,7.¹

뿔에 기름을 가득 채우다

이 구절의 문자적 의미를 살펴보았으니 이제 문자적 의미 뒤에 숨겨진 의미와 그것을 우리 사회에서 고위직 인물을 선출하는 일과 연결 지어 생각해 봅시다. 사무엘이 들은, "기름을 뿔에 채워 가지고" 가라는 말은 무슨 뜻이겠습니까? 거룩한 교회에서 사목자로 뽑힌 사람은 죄인임이 확인된 이여서는 안 되며 다른 이들의 본보기로서 칭송을 받는 이여야 한다는 것 아니겠습니까? 여러분도 알다시피 뿔은 짐승의 창槍입니다. 가장 높은 주교라 할지라도 그의 권위와 질책은 무기 그 자체일 뿐입니다. 죄인들을 질책함으로써 죄인들과 뿔을 맞대고 힘겨루기를 할 때면 언제나 실로 그들은 자신의 뿔로 들이받는 것입니다. 죄인들을 호되게 논박할 때면 언제나 그들은 뿔로 들이받는 것입니다. 그러나 설교자가 위협과 모진 말이 아니라 은총의 아름다움을 보여 주는 고결함을 지니고 있을 때 그의 뿔은 기름으로 가득 차 있습니다. 선택된 사목자에게 탁월한 숭고함과 기름부음의 덕이 동시에 주어져 있을 때, 다시 말해, 높은 지위에 오른 이가 공덕에서도 충만하게 부유할 때, 그 뿔은 기름이 가득 찬 뿔입니다. 사제들이 은총을 가득 지닌 채 가장 높

---

¹ ANF 7,106.

은 자리에 도달한다면 그들은 뿔에 가득 찬 기름을 부음받은 것입니다. 기름 등잔에 불이 지펴질 때 교사의 기름은 마음의 사랑입니다. 그의 마음 안에는 불이 타오르고 있습니다. 덕과 성령의 은총이 입의 부요함 안에서 타고 있기 때문입니다. 교사는 풍요롭고 넘치는 사랑을 지녀야 하기에, 임금은 기름부음을 받을 때 뿔에 가득 찬 기름으로 부음받습니다. 뿔에 기름이 가득 찼다는 것은 은총들이 보존됨을 뜻합니다. 목적지에 도달하기 전에 실패하는 자들은 뿔에 가득 찬 기름을 부음받을 자격이 없습니다.

• 대 그레고리우스 『사무엘기 상권 해설』 6,65.[2]

---

[2] CCL 144,588-89.

16,6-13 사무엘이 다윗에게 기름을 붓다

[6] 그들이 왔을 때 사무엘은 엘리압을 보고, '주님의 기름부음받은이가 바로 주님 앞에 서 있구나.' 하고 생각하였다.

[7] 그러나 주님께서는 사무엘에게 말씀하셨다. "겉모습이나 키 큰 것만 보아서는 안 된다. 나는 이미 그를 배척하였다. 나는 사람들처럼 보지 않는다. 사람들은 눈에 들어오는 대로 보지만 주님은 마음을 본다." …

[11] 사무엘이 이사이에게 "아들들이 다 모인 겁니까?" 하고 묻자, 이사이는 "막내가 아직 남아 있지만, 지금 양을 치고 있습니다." 하고 대답하였다. 사무엘이 이사이에게 말하였다. "사람을 보내 데려오시오. 그가 여기 올 때까지 우리는 식탁에 앉을 수가 없소."

[12] 그래서 이사이는 사람을 보내어 그를 데려왔다. 그는 볼이 불그레하고 눈매가 아름다운 잘생긴 아이였다. 주님께서 "바로 이 아이다. 일어나 이 아이에게 기름을 부어라." 하고 말씀하셨다.

[13] 사무엘은 기름이 담긴 뿔을 들고 형들 한가운데에서 그에게 기름을 부었다. 그러자 주님의 영이 다윗에게 들이닥쳐 그날부터 줄곧 그에게 머물렀다. 사무엘은 그곳을 떠나 라마로 갔다.

둘러보기

주님께서 기름부으실 이를 찾아 나선 사무엘이 이사이의 큰아들을 보고 호감을 가진 것은 인간의 마음은 알차지 않다는 것을 보여 준다(히에로니무스). 모든 거짓이 그렇지만 인간의 육체를 꾸미서 아름답게 치장하는 것은 영혼의 아름다움을 더 중요시하시는 하느님께서 보시기에 역겨운 짓이다(알렉산드리아의 클레멘스). 하느님만이 마음을 판단하실 수 있기에 그리스도인들은 사목자들의 신임장에 근거해 그들을 판단하기를 삼가야 한다(나지안주스의 그레고리우스). 하느님께서는 마음 상태를 보시기에 주님의 눈은 사람의 눈보다 월등하다(테르툴리아누스). 다윗의 시편은 그 성격상 예언적인데, 그가 성령에 힘입어 그 노래들을 읊었기 때문이다(카시오도루스).

16,6-7 주님은 마음을 보신다

인간 추론의 모자람

사무엘은 주님께서 찾으시는 이가 누구인지 찾아내기 위해 베들레헴으로 가 이사이의 아들들을 하나하나 살핍니다. … 그는 매번 같은 실수를 하고 매번 꾸지람을 듣습니다. 인간의 마음은 알차지 않다는 것을 보여 주는 증거이지요.[1]

• 히에로니무스 『펠라기우스파 반박 대화』 1,38.[2]

꾸며 낸 아름다움

그들의 꼴사나운 짓은 도를 넘었습니다. 그들은 자기들이 꾸며 낸 이 모든 아름다움을 보려고 거울을 발명했습니다. 그것이 성품의 고결함이나 자기 수양이라도 되는 듯이 말입니다. 오히려 그들은 너울로 그런 거짓을 가리는 것이 옳습니다. 그리스 신화가 우리에게 알려 주듯이, 나르키수스가 자기 모습을 들여다보는 것은 잘생긴 그에게 아무런 득이 되지 않았습니다. 모세는 백성들에게 무엇이 됐든 상을 만들어 하느님 대신에 섬기는 것을 금지했습니다. 그렇다면 이 여자들이 오로지 자기 본모습을 고치려는 의도로 거울을 들여다보는 것이 옳은 일입니까?

이와 아주 비슷한 일이 사무엘 예언자에게도 있었습니다. 이사이의 아들 가운데 하나에게 기름붓도록 파견된 그가 이사이의 큰아들을 보자마자 큰 키와 잘생긴 외모에 감탄하며 성유를 꺼냈을 때의 일을 성경은 이렇게 기록합니다. "그러나 주님께서는 사무엘에게 말씀하셨다. '겉모습이나 키 큰 것만 보아서는 안 된다. 나는 이미 그를 배척하였다. 나는 사람들처럼 보지 않는다. 사람들은 눈에 들어오는 대로 보지만 주님은 마음을 본다.'" 사무엘은 결국 신체가 아름다운 이

가 아니라 영혼이 아름다운 이에게 기름을 부어 주었습니다. 주님께서는 육체의 아름다움보다 영혼의 아름다움을 더 중요히 여기는 분이십니다. 이처럼 거짓은 무엇이든 다 혐오하시는 그분이시니 꾸며 낸 아름다움에 대해 어떻게 생각하시겠습니까? 우리는 보이는 것이 아니라 믿음으로 살아갑니다(2코린 5,7 참조).

• 알렉산드리아의 클레멘스 『교육자』 3,2,11-12.[3]

판단을 삼가다

'나는 그 사람이 독신 생활을 하고 종교적[인 사람]이며 천사와 같은 삶을 산다면 한낱 신부에 지나지 않는다 해도 괜찮아. 내가 씻김을 받는 순간에마저 더럽힘을 당한다면 통탄할 일일 테니까'라고 말하지 마십시오. 설교자나 세례 집전자에게 신임장을 요구하지 마십시오. 그를 판단하실 분은 따로 계시며 그분은 여러분이 보지 못하는 것도 조사하십니다. 인간은 겉모습만 보지만 주님은 마음을 보십니다.

• 나지안주스의 그레고리우스 『거룩한 세례』(연설 40) 26.[4]

주님의 눈

당신은 인간입니다. 그래서 다른 사람을 겉으로만 알 뿐입니다. 당신은 당신이 보는 것을 안다고 생각하지만, 당신의 눈이 보여 주는 것만 볼 뿐입니다. 그러나 "주님의 눈은 높다"(4에즈 8,20) 하였습니다. 사람들은 겉모습만 보지만 주님은 마음을 보십니다. 그래서 "주님께서는 당신의 사람들을 아신다"(2티모 2,19)고 하며, 그분께서는 당신께서 심지 않으신 것은 뽑아 버리십

---

[1] 사무엘이 엘리압의 형제들에 대해서도 같은 호감을 느꼈다는 히에로니무스의 말은 성경 본문과 다르다.

[2] FC 53,289. [3] FC 23,208-9*.

[4] NPNF 2,7,369*.

니다. 그분께서는 꼴찌가 첫째임을 보여 주시며, 당신의 타작마당을 깨끗이 하시기 위해 손에 키를 들고 계십니다. 믿음이 가벼운 쭉정이는 유혹의 온갖 바람에 쓸려 제가 좋아하는 곳으로 날아가게 두십시오. 그러면 주님께서 당신 곳간에 모아들이실 밀알 더미가 더욱 깨끗해집니다.

• 테르툴리아누스 『이단자에 대한 항고』 3.[5]

16,13 주님의 영이 다윗에게 들이닥치다

시편은 예언이다

거룩한 다윗이 하늘의 영감으로 가득 차 있었다는 것은 의심할 여지가 없습니다. 쌍둥이가 태어남, 천사들, 환시, 꿈, 구름, 하늘에서 들리는

목소리, 이런 모든 것은 인간의 행위가 일으킨 일이 아닙니다. 열왕기 1권[사무엘기 상권]은 그에 대해 이렇게 말합니다. "주님의 영이 다윗에게 들이닥쳐 그날부터 줄곧 그에게 머물렀다." 주님께서도 복음서에서 '다윗이 성령의 도움으로 그[메시아]를 주님이라고 부르는데, 너희는 어떻게 메시아가 다윗의 자손이라고 말하느냐?'(마태 22,42-46 참조)라고 하신 바 있습니다. 이런 말씀을 보면 이 시편들은 성령을 통해 온 예언적 표현임이 확실합니다.

• 카시오도루스 『시편 해설』 서론 1.[6]

---

[5] LCC 5,32-33.　　　　　[6] ACW 51,27*.

16,14-23 악령이 사울을 괴롭히다

[14] 주님의 영이 사울을 떠나고, 주님께서 보내신 악령이 그를 괴롭혔다.

[15] 사울의 신하들이 그에게 말하였다. "지금 하느님께서 내리신 악령이 임금님을 괴롭히고 있으니,

[16] 임금님께서는 여기 이 종들에게 분부하시어, 비파를 솜씨 있게 타는 사람을 하나 구해 오게 하시기 바랍니다. 하느님께서 보내신 악령이 임금님께 내릴 때마다 그에게 비파를 타게 하면, 임금님께서는 편안해지실 것입니다."

[17] 그래서 사울은 신하들에게 "비파를 잘 타는 사람을 하나 찾아서 나에게 데려오너라." 하고 분부하였다.

[18] 젊은 시종 가운데 하나가 말하였다. "제가 베들레헴 사람 이사이에게 그런 아들이 있는 것을 보았습니다. 그는 비파를 잘 탈 뿐만 아니라 힘센 장사이며 전사로서, 말도 잘하고 풍채도 좋은 데다 주님께서 그와 함께 계십니다." …

[23] 하느님께서 보내신 영이 사울에게 내릴 때마다, 다윗은 비파를 손에 들고 탔다. 그러면 악령이 물러가고, 사울은 회복되어 편안해졌다.

둘러보기

사울이 악령에 시달리고 기름부음받은 다윗이 비파를 타면 편안해졌다는 이야기가 증언해

주듯이, 성령께서는 성령을 받은 이들에게 늘 머물러 계시지는 않는다(아프라하트). 악한 짓을 저질러 성령에게서 멀어진 이는 회개를 통해 회복

될 수 있다. 그러나 회개하지 않는 이는 계속 악의 지배를 받는다(아타나시우스). 하느님께서 악령을 시켜 사울을 괴롭히신 일에서 볼 때, 하느님께서는 교만의 영에 재갈을 물리신다는 것을 확실히 알 수 있다(히에로니무스). 하느님께서는 인간의 성화 또는 징벌을 가져오기 위해 악마에게 인간을 시련에 빠뜨리는 권한을 주신다(테르툴리아누스). 우리 믿음의 조상들의 삶은 성령의 효과적이며 직접적인 활동을 보여 준다(대 그레고리우스). 다윗은 십자가를 상징하는 비파를 탐으로써 수난을 노래했고 악령을 잠재웠다(레메시아나의 니케타스). 때때로 음악으로 억눌러진다고 해서 육의 욕망이 좋은 것이라고 생각해서는 안 된다(아우구스티누스). 다윗이 비파로 사울에게서 마귀를 쫓아낸 것은 음악이 지닌 아름다운 단련의 덕을 보여 준다(카시오도루스). 다윗이 듣기 좋은 소리로 사울의 광기를 진정시킨 것은 거룩한 이들이 미쳐 날뛰는 지도자들의 격노를 부드러운 말로 가라앉힐 수 있음을 상징한다(대 그레고리우스). 노래가 상징하는 바는 우리의 상황이 바뀜에 따라 우리 안에서 일어나는 갖가지 정욕을 가라앉히기 위해 노력해야 한다는 것이다(니사의 그레고리우스).

16,14-15 악령이 사울을 괴롭히다

성령의 머무르심

성경에 쓰여 있는 바를 알려드리겠습니다. 성령을 받은 이들에게 성령께서 늘 머물러 계시지는 않는다는 사실 말입니다. 사울은 성령을 받았지만 성령을 슬프게 한 까닭에 성령께서 그를 떠나셨고 하느님께서는 대신 그에게 그를 괴롭히는 악령을 보내셨다고 쓰여 있습니다. 그리고 사울이 악령에 시달릴 때마다 다윗이 비파를 타면 그가 기름부음받을 때 내린 성령께서 오셨습니다. 그러면 사울을 괴롭히던 악령이 떠나곤 했지요. 그러니까 다윗이 받은 성령께서 늘 그와 함께 계신 것은 아니었습니다. 그가 비파를 탈 때에만 오시곤 하셨습니다.

● 아프라하트 『논증』 6,16.[1]

영을 잃어버리다

그러니까 무엇이 됐든 사악함 때문에 성령에게서 떨어져 나온 사람이 그 뒤에 회개하면 그러한 의지를 보이는 이에게 은총이 확실히 머무릅니다. 그러나 그렇게 하지 않는다면 떨어져 나온 그는 더 이상 하느님 안에 있지 않고(하느님 안에 계신 보호자 성령께서 그를 버리셨기 때문입니다) 그 죄인이 스스로 자신을 맡긴 자 안에 있게 됩니다. 사울의 예가 그것을 보여 줍니다. 하느님의 영이 그에게서 떠났고 악령이 그를 괴롭혔다고 하기 때문입니다.

● 아타나시우스 『아리우스파 반박 셋째 연설』 25,25.[2]

교만의 영

하느님의 선한 영이 사울을 떠나고 악령이 그를 괴롭힌 일을 여러분이 기억한다면, 하느님께서는 교만의 영에 재갈을 물리신다는 것을 확실히 알 것입니다. 성경에 쓰여 있기를, "주님께서 보내신 악령이 그를 괴롭혔다"고 합니다. 하느님께서 보내신 영이라니, 그렇다면 하느님께 악령도 있다는 것입니까? 천만에요. 하느님께서 떠나신 뒤에 악령은 사울을 괴롭힙니다. 그런 의미에서 하느님의 영이 악하다라고 하는 것입니다. 마지막으로, 하느님께서는 군주들에게서 영을 앗아 가실 수 있다는 것을 아는 다윗은 그분

---

[1] NPNF 2,13,372-73*.

[2] NPNF 2,4,407**.

께 "당신의 거룩한 영을 제게서 거두지 마소서"(시편 51,13)라며 간청합니다.

> • 히에로니무스 『시편 강해집』 9(시편 제76편).[3]

악마의 힘

악마에게는 그의 것이라고 부를 수 있는 힘이 있는데, 그 힘은 더 이상 하느님께 속하지 않은 이들에게만 미칩니다. 한때 그가 양동이의 물 한 방울, 타작마당의 먼지, 입 안의 침으로 여기던 이교인들은 아무 쓸모 없는 소유물로서 악마에게 완전히 넘겨진 존재였습니다.

그렇지만 하느님의 집에 사는 이들에게는 악마가 할 수 있는 짓이 전혀 없습니다. 성경에 기록된 이야기들에서 그것을 알 수 있는데, 그 이야기들은 악마가 사람들을 건드릴 수 있게 된 이유들을 설명해 주기 때문입니다. 악마에게 사람을 유혹하는 권한이 주어지는 것은 앞에 인용한 본문에서처럼 시험 — 하느님께서 먼저 제안하실 수도 있고 악마의 제안으로 시작되기도 하지요 — 을 위해서이거나 죄인을 징벌하기 위해서입니다. 징벌의 경우, 죄인이 징벌의 집행자 악마에게 넘겨지는 것입니다. 사울의 경우가 그러했습니다. "주님의 영이 사울을 떠나고, 주님께서 보내신 악령이 그를 괴롭혔다"고 하니까요. 그런데 겸손한 사람에게 이런 일이 일어나기도 합니다. 바오로 사도가 우리에게 알려 주듯이, 그에게는 '몸에 사탄의 하수인인 가시가 주어져 그를 줄곧 찔러 댔다'(2코린 12,7 참조)고 합니다. 그렇지만 거룩한 이들에게 이런 일이 일어나는 것은 그들이 육의 고통으로 치욕스럽게 되게 하려는 것이 아니라 그것에 저항하는 그들의 힘이 약함 안에서 완전해지게 하려는 것입니다.

> • 테르툴리아누스 『박해에서 도피』 2,6-7.[4]

16,18 비파를 잘 타고 주님께서 함께 계시다는 사실로 이름난 다윗

성령께서 하시는 일

믿음의 눈을 들어 이 일을 하시는 분의 힘을 보고, 구약과 신약이 전해 주는 우리 조상들의 삶에서 [그분께서 하신 일을] 찾아보는 것은 좋은 일입니다. 나는 믿음의 눈을 열고 다윗과 아모스와 다니엘, 베드로, 바오로, 마태오의 사례를 보면서, 그 일들을 이루신 분, 곧 성령의 본성을 분석해 보고 싶습니다. 그렇지만 나는 분석에 실패합니다. 성령께서는 비파를 타는 소년을 가득 채우시어 그를 시편 저자로 만드셨고, 돌무화과나무를 가꾸며 살던 목자를 [가득 채우시어] 예언자로 만드셨으며(아모 7,14-15 참조), 금욕 다짐을 한 소년을 [가득 채우시어] 현인들의 감독관으로 만드셨고(참조: 다니 1,8; 2,48), 어부를 [가득 채우시어] 설교자로 만드셨으며(마태 4,19 참조), 박해자를 [당신으로 가득 채우시어] 다른 민족들의 교사로 만드셨고(사도 9,1-20 참조), 세리를 [당신으로 가득 채우시어] 복음 선포자로 만드셨습니다(루카 5,27-28 참조).

성령께서는 얼마나 능란한 기술자이신지요! 배움이 늦어지는 일이 결코 없습니다. 당신께서 가르치고자 하시는 것은 그 순간 마음을 건드립니다. 그분의 건드림이 곧 배움입니다. 그분께서 빛을 비추시는 순간 인간의 마음은 변화합니다. 바로 그 순간에 더 이상 예전 것이 아니고, 바로 그 순간에 새로운 것이 됩니다.

> • 대 그레고리우스 『복음서 강해』(40편) 30.[5]

---

[3] FC 48,66-67*.

[4] FC 40,280-81*.

[5] CS 123,244-45.

16,23 다윗이 비파를 타면 악령이 물러간다

악령을 이긴 수난

그러고 나면, 거룩한 영으로 가득 차 하느님의 신비들에 관해 노래한 많은 남자와 여자들을 여러분은 발견할 것입니다. 다윗도 그들 가운데 한 사람이었습니다. 그는 소년일 때 이 직무로 특별한 부르심을 받았고, 하느님의 은총으로 노래하는 이들 가운데에서 일인자가 되어 우리에게 보물 같은 노래의 곳간을 남겨 주었습니다. 그가 비파를 타며 부르는 아름답고 힘 있는 노래가 사울을 괴롭히던 악령을 물러가게 한 것은 그가 아직 소년일 때였습니다. 이는 그 비파에 무슨 특별한 힘이 있어서가 아니라, 비파의 나무틀과 거기 매단 줄들이 그리스도의 십자가를 상징하기 때문이었습니다. 거기서 울리는 노래는 수난이었고, 악마의 영을 진압한 것은 바로 그것이었습니다.

• 레메시아나의 니케타스
『시편 송독의 유익 또는 찬가의 유익』 4.[6]

음악의 가르침

교회의 사람인 그대는 피타고라스에게[7] 배울 것이 아니라 교회음악을 통해 배워야 합니다. 사울에게 다윗의 비파가 어떤 역할을 했는지 생각해 보십시오. 악령에 시달리던 그는 이 거룩한 사람이 비파를 타면 마음이 차분해졌습니다. 육의 욕망이 때로는 음악 소리에 억제된다고 해서 그것을 좋은 것이라 생각하지 않도록 조심하십시오.

• 아우구스티누스 『율리아누스 반박』 5,5,23.[8]

음악의 힘

음악 수련은 기쁨을 가져오는 지식을 큰 힘과 통합합니다. 세속 학문을 가르치는 교사들은 유익한 모든 것을 주시는 하느님의 관대하심 덕분에 학문적인 전거를 통해 자연 세계에서 감추어져 있다고 여겨지던 것들을 알아낼 수 있었습니다. 이 수련의 첫 번째 부문은 화성학과 음률학, 운율학으로 이루어집니다. 두 번째 부문은 악기에 관한 것으로, 타악기와 현악기, 관악기가 있습니다. 세 번째 부문은 여섯 개의 화음에 관한 것이고, 네 번째 부문은 열다섯 가지 음조에 관한 것입니다. 이 가장 아름다운 수련의 미덕은 옛사람들이 만들어 놓은 이런 구분을 통해 드러납니다. 세속 저작들에서 우리는 이 수단을 통해 많은 기적이 일어났다는 기록을 읽습니다. 하지만 그런 대단한 작품들까지 갈 것도 없습니다. 다윗의 아름다운 비파 소리에 사울에게서 악령이 떠나갔다는 기록이 있으니까요. 성경은 예리코 성벽이 나팔 소리에 단번에 무너졌다고 증언합니다(여호 6,20 참조). 그러니 주님의 명령 또는 허락에 따라 음악 소리가 큰 힘을 발휘하는 것이 확실합니다.

• 카시오도루스 『시편 해설』 80,4.[9]

아름다운 비파 가락

사울이 악령에 사로잡힐 때마다 다윗이 비파를 타서 사울의 광기를 가라앉혔다는 사실은 실로 허투루 넘겨서는 안 됩니다. 이 이야기에서 사울이 상징하는 것이 무엇이겠습니까? 힘 있는 자들의 교만 아니겠습니까? 다윗이 상징하는 것은 거룩한 이들의 겸손한 삶 아니겠습니까? 사울이 더러운 영에 사로잡힐 때마다 다윗의 노래가

---

[6] FC 7,68*.

[7] 키케로는 저서, *Counsels*에서 피타고라스가 바로 전에 들은 곡조로 음탕해진 기분을 가라앉히기 위해 플루트 연주자에게 느리고 침울한 곡조를 연주해 달라고 청했다는 일화를 전한다.

[8] FC 35,267.   [9] ACW 52,295.

그의 광기를 잠재운 것은 바로 그런 까닭입니다. 그러므로 권력을 지닌 자들이 교만 때문에 미친 듯 분노하는 태도를 보일 때면 언제나 우리는 부드러운 말, 곧 비파의 아름다운 선율로 그들의 마음을 건전한 상태로 돌려놓아야 할 것입니다.

• 대 그레고리우스 『사목 규칙』 3,2.[10]

격정을 가라앉히다

다윗은 제정신을 잃고 광포해진 사울에게 오

면 노래로 그의 격노를 진정시켜 그를 낫게 했고, 그러면 사울의 이해력이 본디대로 돌아왔습니다. 그렇다면 이 이야기에서 노래가 상징하는 바는 명백합니다. 우리 삶의 상황에 따라 다양한 모습으로 일어나는 이런 격정을 가라앉히라고 권고하는 것입니다.

• 니사의 그레고리우스 『시편의 제목』 1,3,24.[11]

---

[10] ACW 11,94. [11] GNTIP 92.

17,1-11 골리앗이 이스라엘에게 도전하다

[1] 필리스티아인들은 전쟁을 일으키려고 군대를 소집하여 …

[3] 골짜기를 사이에 두고 필리스티아인들은 저쪽 산 위에, 이스라엘은 이쪽 산 위에 맞서고 있었다.

[4] 필리스티아인들 진영에서 골리앗이라는 갓 출신 투사가 하나 나섰다. 그는 키가 여섯 암마 하고도 한 뼘이나 더 되었다.

[5] 머리에 청동 투구를 쓰고 비늘 갑옷을 입었는데, 그 갑옷의 무게는 청동 오천 세켈이나 나갔다.

[6] 다리에는 청동으로 만든 정강이 가리개를 차고, 어깨에는 청동으로 만든 창을 메고 있었다.

[7] 그 창대는 베틀 용두머리만큼 굵었고 창날은 쇠로 되어 있었는데, 무게가 육백 세켈이나 되었다. 골리앗은 방패병을 앞세우고 …

둘러보기

성경은 교회 안에 이단이 생겨나리라는 것을 알았던 까닭에, 골리앗이 "저쪽" 산 위에 있었다고 묘사한다(파울루스 오로시우스). 골리앗은 갑옷의 보호를 받았지만 다윗은 믿음이 더욱 효과적으로 보호해 주었다(요한 크리소스토무스).

17,3-7 필리스티아인들의 장사인 갓 출신 골리앗

교회 안의 이단

자신의 세속적 권력에 의기양양해진 교만의

괴물 골리앗이 저기 서 있습니다. 머리와 손, 온몸에 청동 갑옷을 걸치고, 자기는 무슨 일이든 할 수 있다는 자신에 찬 그의 뒤에는 직접 싸우지는 않지만 골리앗에게 청동과 쇠로 된 온갖 무기를 건네주는 부하가 따르고 있었습니다. 성경이 우리의 지금 상황을 미리 본 듯 이렇게 말한 것은 놀랄 일이 아닙니다. '필리스티아인들은 저쪽 산 위에 맞서고 있었다.' 이는 딱 맞는 표현인데, [펠라기우스] 이단'을 공격하는 사람은 지금 교회에서 내쫓기는 반면, 이단자들은 그 품에서 배불리 먹으며 자라고 있기 때문입니다! 성령께서 이스라엘은 이쪽 산 위에, 원수들은 저쪽 산 위에 맞서고 있었다고 기록하신 것은 이 때문입니다. 이런 일은 흔합니다. 불의한 아들에게 늘 의로운 아버지이던 다윗 임금도 할 수 없이 예루살렘에서 달아나야만 했고 그러자 폭군 압살롬이 곧바로 그리로 들어왔습니다(참조: 2사무 15,16-17; 16,15). 지금 교회 안 저쪽에 골리앗이 서 있습니다. 아, 슬픈 일입니다! 게다가 그자는 그냥 서 있는 것이 아니라 싸움을 걸어옵니다. 뿐만 아니라, 이미 상당한 시일 동안, 하느님에 대한 두려움을 지닌 이들로 이름 높은 거룩한 이스라엘을 비난하고 있습니다.

• 파울루스 오로시우스 『펠라기우스파 반박 변론』 2.[2]

요새가 되어 주는 믿음

말씀드린 바 있듯이, 골리앗은 무기의 힘과 온몸을 둘러싼 갑옷의 보호를 받은 반면 다윗에게는 그런 장비라고는 하나도 없었습니다. 그러나 그에게는 힘을 주는 믿음이 있었습니다.

골리앗은 번쩍거리는 가슴받이와 방패가 몸을 지켜 주었지만 다윗은 성령의 은총으로 안에서부터 빛이 나왔습니다. 이것이 소년이 건장한 남자를 이긴 까닭이고 아무런 무장을 하지 않은 이가 완전무장한 사람을 이긴 까닭이며 목동의 손이 전쟁터의 청동 무기를 부수어 쓰러뜨릴 수 있었던 까닭입니다.

• 요한 크리소스토무스 『비유사파 반박』(강해 11) 4-5.[3]

---

[1] 펠라기우스는 인간은 죄 없이 태어나며 자율적으로 하느님의 명령에 응답함으로써, 곧 하느님의 도움에 의지하지 않고도 죄 없는 삶을 살기로 선택할 수 있다고 주장했다.

[2] FC 99,117.

[3] FC 72,272.

17,12-23 다윗이 형들을 찾아 싸움터로 가다

[12] 다윗은 이사이라고 불리는, 유다 베들레헴 출신 에프랏 사람의 아들이다. 이사이에게는 아들이 여덟 있었는데, …

[13] 이사이의 큰 세 아들은 사울을 따라 싸움터에 나가 있었다. …

[17] 이사이가 아들 다윗에게 일렀다. "네 형들에게 이 볶은 밀 한 에파와 빵 열 덩이를 가져다주어라. 진영으로 뛰어가서 네 형들에게 주어라.

[18] 이 치즈 열 덩이는 그곳 천인대장에게 갖다 드리고, 형들이 잘 있는지 살펴보고 그들에게서 잘 있다는 표를 받아 오너라."

[19] 그 무렵 사울과 다윗의 형들과 이스라엘의 모든 군대는 엘라 골짜기에서 필리스티아인들과 싸우고 있었다.

[20] 이튿날 다윗은 아침 일찍 일어나 양 떼를 양치기에게 맡기고, 아버지 이사이가 시킨 대로 짐을 들고 떠났다. 그가 진영에 다다랐을 때, 온 군대는 함성을 지르며 전선으로 나가고 있었다.

둘러보기

다윗이 형들에게 가지고 가는 먹을거리는 그리스도께서 당신 제자들에게 가져다주신 완전한 겸손의 예형이다(베다). 다윗에게 먹을거리를 들려 형들을 찾아가게 보낸 이사이는 악마의 힘에서 인류를 해방시키기 위해 예수님을 보내신 아버지 하느님의 예형이다. 다윗이 싸움터에 도착하고 이어서 골리앗과 싸운 것은 그리스도께서 오시어 악마에게 이기신 일을 상징한다(아를의 카이사리우스).

17,17-18 이사이가 다윗을 형들에게 보내다

그리스도의 완전한 겸손

믿음 깊은 히브리 민족 전체가 그들의 후손 가운데에서 태어나실 구원자이시며 주님이신 분께 그분의 오심을 간절히 기원하며 이렇게 말씀드리고 있었습니다. '당신께 청하오니, 영적 싸움을 치르고 있는 당신 백성에게 힘을 주고 도우시도록 이것을 받으십시오. 당신께서는 육에 따라 몸소 그들 가운데에서 태어나셨으니, 그들은 당신의 형제들입니다. 비록 당신께서 그 요구에 자발적으로 응하실 필요는 전혀 없지만, 날마다 일어나는 전투로 낡아 가는 진영에 육체의 완전한 겸손과 율법 수호를 가져가 주십시오.' "볶은 밀"은 고뇌에 지친 정신과 죄를 뉘우치는 겸손한 마음을 나타냅니다. "에파"는 항아리 세 개 정도의 양을 말하며, 영과 영혼과 육체가 겸손으로 결합하여 완전해진 것을 가리킵니다. 우리 주님이나 선민들의 경우가 여기에 해당하겠지요. 겸손이라는 "볶은 밀"이 우리 주님의 권능과 의지에 의해 그분 안에 나타났습니다. 그것은 우리 안에 똑같은 것을 세우시기 위해서였습니다. 그러나 실로 그런 겸손은 위아래 두 개의 회전 숫돌, 곧 두려움과 희망 사이에 놓이지 않고서는

생겨날 수 없습니다. 그리고 다윗이 가져온 "빵 열 덩이"는, 우리가 우리 힘으로 얻은 것이 아니라 주신 분의 선물로 받은 십계명을 지키는 데서 오는 양식을 가리키는 것이 분명합니다. 그분께서는 우리를 위해 몸소 율법 아래 놓이신 뒤 율법의 짐을 견딜 만하게 만들어 주시기도 하였습니다. (겸손을 보일 필요도 없으신 분께서) 당신의 겸손으로 우리에게 겸손을 가르치심으로써 그렇게 하셨습니다. 우리가 겸손해야 하는 것은 우리에게는 결코 갚을 수 없는 큰 빚이 있기 때문입니다. 그런데 그분께서는 십계명의 온유함으로 돌아오라고 말씀하십니다. 말하자면, 십계명에는 젖이 가득하다는 것입니다. 어린 아기가 영적 마음의 힘을 키우는 데 젖이 적격이듯이, 십계명은 거룩한 군대의 위대하고 뛰어난 모든 장군에게 힘과 위로를 줄 수 있습니다. 우리가 갈망하던 주님, 놀라운 일들을 행하신 그분께서 당신 형제들에게 빵과 볶은 곡식을 주신 뒤 그곳 대장에게는 치즈를 가져다주셨기 때문입니다. 이 일은 그분께서 유대인들의 행정관들 앞에서 인내와 겸손의 본보기를 보여 준 뒤에 일어났습니다. 율법서와 예언서의 계명들을 폐지하지 않고 오히려 그것들을 완수하시며 당신 제자들에게도 그리하라고 명령하신 뒤에 일어났습니다. 그분께서는 이들을 세우시어 교회의 지도자들로 임명하셨습니다. 그래서 "그때에 예수님께서는 그들의 마음을 여시어 성경을 깨닫게 해 주셨다"(루카 24,45)고 쓰여 있습니다.

• 존자 베다 『사무엘기 상권 우의적 해설』 3,17.[1]

삼위일체의 신비

친애하는 형제 여러분, 복된 성조 이사악과 야

---

[1] CCL 119,151.

곱에게서도 그랬듯이, 다윗의 아버지 이사이에게서 그 일이 예시되었습니다. 그가 아들 다윗을 형들을 찾아가도록 보낸 점에서 그는 아버지 하느님의 예형이라 보입니다. 이사이는 다윗이 형들을 찾아가도록 보냈고, 하느님께서는 당신의 외아들을 보내셨습니다. 이 아들에 관하여 "저는 당신 이름을 제 형제들에게 전하고"(시편 22,23)라고 쓰여 있습니다. 실로, 그리스도께서는 당신 형제들을 찾아오셨습니다. 그분께서 이렇게 말씀하셨기 때문입니다. "나는 오직 이스라엘 집안의 길 잃은 양들에게 파견되었을 뿐이다"(마태 15,24).

이사이는 아들 다윗에게 밀 한 에파와 치즈 열 덩이를 들려 보내며 형들을 찾아가라고 일렀습니다. 형제 여러분, '에파'는 세 동이 정도의 양입니다. '세 동이'는 삼위일체의 신비를 가리키는 것으로 이해됩니다. 복된 아브라함도 이 신비를 알고 있었습니다. 그는 마므레의 상수리 나무 아래 있는 세 사람 안에서 삼위일체의 신비를 알아보는 공덕을 얻었을 때 [사라에게] 밀가루 '세' 스아를 반죽하라고 시켰기 때문입니다. [이 신비를 나타내는 것이] '세' 몫의 분량입니다. 이사이가 아들에게 이만큼의 양을 들려 보낸 것은 그런 까닭입니다. "치즈 열 덩이"는 구약의 십계명을 나타냅니다. 그래서 다윗은 '세' 몫의 밀과 치즈 '열' 덩이를 가지고 형들을 찾아 싸움터로 옵니다. 그리스도께서 율법의 십계명과 삼위일체의 신비를 가지고 인류를 악마의 권세에서 해방시키기 위해 오실 것이었기 때문입니다.

● 아를의 카이사리우스 『설교집』 121,1-2.[2]

17,19-20 다윗이 진영에 다다르다

참된 다윗인 그리스도

싸움터로 온 다윗은 유대 백성이 필리스티아인들과 맞서기 위해 테레빈 골짜기에 자리 잡고 있는 것을 발견했습니다. 이는 참된 다윗인 그리스도께서 죄와 눈물의 골짜기에서 인류를 끌어올리기 위해 오실 것이었기 때문입니다. 그들은 골짜기에서 필리스티아인들을 마주하고 서 있었습니다. 그들이 골짜기에 있었던 것은 그들의 죄가 무겁게 그들을 내리누르고 있었기 때문입니다. 그런데 그들은 서 있을 뿐 감히 적수들과 맞붙어 싸우려 하지 않았습니다. 왜 그랬겠습니까? 그리스도의 예형인 다윗이 아직 도착하지 않았기 때문입니다. 사랑하는 여러분, 사실입니다. 그리스도 우리 주님께서 인류를 악마의 힘에서 해방시켜 주시기 전에 누가 그자와 싸울 수 있었겠습니까? '다윗'이라는 이름은 '손이 힘 있다'라는 뜻입니다. 형제 여러분, 칼이 아니라 십자가로 온 세상을 정복하신 분보다 힘이 센 이가 누가 있습니까? 또 이스라엘 자손은 적수들과 사십 일 동안 대치하고 있었다고 합니다. 일 년은 네 계절이고 세상도 네 부분으로 이루어져 있음을 생각할 때, 이 '사십' 일은 그리스도인들이 골리앗과 그의 군대, 곧 악마와 그의 부하들과 끊임없이 싸우는 현세 삶을 나타냅니다. 그리고 그들은 참된 다윗인 그리스도께서 당신의 지팡이, 곧 십자가의 신비와 함께 오시기 전에는 그 싸움에서 이길 수 없습니다. 사랑하는 여러분, 실로 악마는 그리스도께서 오시기 전에는 뭐든 제 마음대로 할 수 있었습니다. 그러나 그리스도께서 오시자 복음서에 기록된 이런 일이 그자에게 일어났습니다. "먼저 힘센 자를 묶어 놓지 않고서, 어떻게 그 힘센 자의 집에 들어가 재물을 빼앗을 수 있겠느냐?"(마태 12,29). 그래서 그리스도께서 오시어 악마를 묶으신 것입니다.

● 아를의 카이사리우스 『설교집』 121,5.[3]

---

[2] FC 47,199*.

[3] FC 47,200-201*.

17,24-30 다윗이 골리앗을 쳐 죽이는 사람이 받을 상에 관해 듣다

²⁴ 이스라엘의 모든 군사들은 그 사람을 보자 너무나 무서워 도망을 쳤다.

²⁵ 이스라엘 사람들이 말하였다. "자네들도 저기 올라오는 저자를 보았겠지. 또 올라와서 이스라엘을 모욕하고 있네. 임금님께서는 저자를 쳐 죽이는 사람에게 많은 재산뿐만 아니라 공주님도 주시고, 이스라엘 안에서 그의 집안을 자유롭게 만들어 주실 거야."

²⁶ 다윗이 옆에 서 있는 사람들에게 물었다. "저 필리스티아 사람을 쳐 죽여 이스라엘에서 치욕을 씻어 주는 사람에게 어떻게 해 준다고요? 할례도 받지 않은 저 필리스티아 사람이 도대체 누구이기에, 살아 계신 하느님의 전열을 모욕한단 말입니까?"

²⁷ 군사들은 골리앗을 죽이는 사람에게 어떤 상이 내릴지를 같은 말로 일러 주었다.

²⁸ 다윗이 이렇게 다른 사람들과 이야기하는 것을 맏형 엘리압이 듣고, 그에게 화를 내며 다그쳤다. "네가 어쩌자고 여기 내려왔느냐? 광야에 있는 몇 마리 안 되는 양들은 누구한테 맡겼느냐? 내가 너의 교만과 못된 마음을 모를 줄 아느냐? 너는 싸움을 구경하러 온 것이 분명하다."

²⁹ 다윗은 "말 한마디 한 것뿐인데, 지금 내가 무엇을 했다고 그러십니까?" 하고는 …

둘러보기

다윗의 분별력과 자제력, 담대함은 높은 곳의 도움으로 보호받는 사람이 지닌 큰 힘을 보여 준다(요한 크리소스토무스). 다윗을 꾸짖는 엘리압은 인류를 구원하러 오신 그리스도를 시샘 때문에 비방한 유대 백성의 모습이다(아를의 카이사리우스).

17,26-29 다윗의 물음에 맏형 엘리압이 화를 내다

높은 곳의 도움을 받는 사람

앞에서 논했던 주제로 다시 돌아가 이 이야기를 살펴본다면, 여기서 우리가 깨닫는 것은 높은 곳의 도움으로 보호받는 사람보다 강한 사람은 없으며 이 도움을 받지 못하는 사람은 제아무리 많은 군사들에게 둘러싸여 있다 해도 그 누구보다 약한 자라는 사실입니다. 이 다윗은 아직 어른이 되지 못한 한참 어린 나이라 아버지 집에 살고 있지만 운명의 부름을 들었습니다. 특별한 덕을 지녀 사람들 눈길을 끄는 존재가 되려는 것이었지요. 그의 아버지는 그에게 형들이 잘 지내고 있는지 보고 오라고 지시했습니다. 그는 지시를 따라 형들을 찾아 나섰습니다. 진영에 도착한 그는 두 군대가 맞서고 있는 가운데 이민족의 장수 골리앗을 본 사울의 군사들이 겁에 질려 있으며 임금 자신이 큰 위험에 처한 것을 보았습니다. 그는 처음 얼마간은 그 광경을 재미나게 생각하며, 수천 명을 대적한다는 그 기묘하고 진기한 사람을 보러 갔습니다. 그런데 그의 형들은 다윗의 이 남자다운 행동거지를 보아 넘기지 못하고 미움에 차서 동생에게 이렇게 말했습니다. "너는 싸움을 구경하러 온 것이 분명하다." 너는 우리를 보러 온 것이 아니라는 것이죠.

그런데 다윗의 분별력과 큰 자제심을 보십시오. 형들에게 성급하고 거친 말로 대꾸하지 않고 미움의 불꽃을 꺼뜨립니다. "말 한마디 한 것뿐인데 …"라는 말로 형들의 미움을 가라앉힙니다. '나는 전열을 흩뜨리지 않았다. 그저 저 남자의 놀라운 힘이 어디서 나오는지 보고 싶었을 뿐이다'라는 뜻이지요. "[그런데] 저 필리스티아 사람이 도대체 누구이기에 살아 계신 하느님의 전열을 모욕한단 말입니까?" 그러고는 이 남자가 거만하기 이를 데 없다는 것과 사울의 부하들이 보여 준 말할 수 없는 비겁함에 대해 들은 다윗은 이렇게 말합니다. '저 남자의 머리를 잘라 오는 사람에게 어떻게 해 준다고요?' 대담함을 보여 주는 이 말에 모두가 놀랐습니다. 이 이야기를 들은 사울이 양 치는 일밖에 해 본 일 없는 그를 불러들였습니다. 하지만 그가 아직 어린 소년인 것을 보고 비웃었지요. 그러나 그는 곰들이 양 떼를 습격했을 때 다윗이 어떻게 했는지 들었습니다. 이 훌륭한 소년이 그 이야기를 한 것은 자기 자랑을 하려는 것이 아니었습니다. 임금이 별 볼일 없는 자신의 겉모습이 아니라 그 안에 숨겨진 믿음과 높은 곳의 도움을 받는 이라는 것을 알아보고 용기를 받게 하려면 그 방법밖에 없었기 때문입니다. 높은 곳에서 오는 도움은 소년을 어른보다 힘센 이가 되게 하고, 맨몸인 사람을 무장한 사람보다 더 센 이로 만들며, 목동을 군사보다 강한 이로 만듭니다.

　• 요한 크리소스토무스 『창세기 강해』 46,9-10.[1]

악마가 일으키는 시샘

다윗이 싸움터에 왔을 때 그의 형 중 하나가 "몇 마리 안 되는 양들은 누구한테 맡겼느냐? 너는 싸움을 구경하러 온 것이 분명하다"며 그를 꾸짖었습니다. 우리 주님의 예형인 다윗을 악의적으로 꾸짖은 이 형은 인류의 구원을 위해 오신 그리스도 주님을 시샘 때문에 중상한 유대 민족을 나타냅니다. 그들은 온갖 모욕을 일삼으며 자주 그분을 비방했지요. '왜 양들을 버려두고 싸움터에 왔느냐?' 여러분은 그의 입술에서 나온 이 말이 인류의 구원을 시샘하는 악마가 하는 말이라고 여겨지지 않습니까? 이는 그가 그리스도께 '당신은 왜 아흔아홉 마리 양들은 버려두고 길 잃은 양 한 마리를 찾아, 십자가 지팡이로 그를 영적 악마의 힘에서 벗어나게 하여 다시 당신의 양 떼에 돌아오게 하러 왔느냐?'고 말한 것과 마찬가지입니다. '몇 마리 안 되는 양들을 왜 버려두고 왔느냐?' 이 말은 사실입니다. 그러나 아주 사악하고 교만한 마음에서 나온 말이지요. 앞에서도 말했듯이, 예수님께서 아흔아홉 마리 양들을 버려두신 것은 그 한 마리를 찾아 당신의 양 떼, 곧 천사들의 무리로 돌아오게 하시려는 뜻이었습니다.

　• 아를의 카이사리우스 『설교집』 121,3.[2]

---

[1] FC 87,8-9*.

[2] FC 47,199-200*.

17,31-40 다윗이 골리앗과 싸우겠다고 나서다

[31] 다윗이 한 말이 퍼져 나가더니, 마침내 사람들은 사울 앞에서까지 그 말을 하게 되었다. 그래서 사울이 다윗을 불러들였다.

[32] 다윗은 사울에게, "아무도 저자 때문에 상심해서는 안 됩니다. 임금님의 종인 제가 나가서 저 필리스티아 사람과 싸우겠습니다." 하고 말하였다.

[33] 그러자 사울은 다윗을 말렸다. "너는 저 필리스티아 사람에게 마주 나가 싸우지 못한다. 저자는 어렸을 때부터 전사였지만, 너는 아직도 소년이 아니냐?"

[34] 그러나 다윗이 말하였다. "임금님의 종은 아버지의 양 떼를 쳐 왔습니다. 사자나 곰이 나타나 양 무리에서 새끼 양 한 마리라도 물어 가면,

[35] 저는 그것을 뒤쫓아 가서 쳐 죽이고, 그 아가리에서 새끼 양을 빼내곤 하였습니다. 그것이 저에게 덤벼들면 턱수염을 휘어잡고 내리쳐 죽였습니다.

[36] 임금님의 종인 저는 이렇게 사자도 죽이고 곰도 죽였습니다. 할례 받지 않은 저 필리스티아 사람도 그런 짐승들 가운데 하나처럼 만들어 놓겠습니다. 그는 살아 계신 하느님의 전열을 모욕하였습니다."

[37] 다윗이 말을 계속하였다. "사자의 발톱과 곰의 발톱에서 저를 빼내 주신 주님께서 저 필리스티아 사람의 손에서도 저를 빼내 주실 것입니다." 그제야 사울은 다윗에게 허락하였다. "그러면 가거라. 주님께서 너와 함께 계시기를 빈다."

[38] 사울은 자기 군복을 다윗에게 입힌 다음, 머리에는 청동 투구를 씌워 주고 몸에는 갑옷을 입혔다.

[39] 그리고 자기 칼을 다윗의 군복에 채워 주었다. 그러나 다윗은 이런 무장을 해 본 적이 없기 때문에 제대로 걷지도 못하였다. 그래서 다윗은 사울에게, "제가 이런 무장을 해 본 적이 없어서, 이대로는 나설 수가 없습니다." 하고는 그것들을 벗어 버렸다.

[40] 그리고 나서 다윗은 자기의 막대기를 손에 들고, 개울가에서 매끄러운 돌멩이 다섯 개를 골라서 메고 있던 양치기 가방 주머니에 넣은 다음, 손에 무릿매 끈을 들고 그 필리스티아 사람에게 다가갔다.

둘러보기

우리는 사탄과 싸울 때 모든 사악한 자들의 최고 의회를 파괴할 수 있도록 영적 다윗인 그리스도께 간청해야 한다(오리게네스). 다윗이 사자와 곰을 쳐 죽인 것은 주님께서 저승으로 내려가시어 악마의 아가리에서 성도들을 해방시키신 승리를 예시한다(아를의 카이사리우스). 다윗은 주위의 군사들처럼 무장하는 대신 지혜롭게 자신의 체격과 나이에 맞는 무기를 선택했다(요한 카시아누스).

17,34-37 다윗이 사자와 곰을 죽인 이야기를 하다

사자를 휘어잡다

다윗은 사자의 턱수염을 휘어잡고 그것을 내리쳐 죽였습니다. 그러니 우리도 사자를 손에 잡았을 때 짐승들의 모든 최고 의회를 파괴할 수 있도록 영적 다윗이신 그리스도께 간청합시다.

• 오리게네스 『예레미야서 단편』 28,1.[1]

악마의 예형

다윗은 이곳에 오기 전 복된 사무엘에게 기름부음을 받은 일이 있습니다. 그가 사울 임금에게 얘기한 이 사건, 곧 아무런 무기도 없이 사자와 곰을 쳐 죽였을 때지요. 사자와 곰은 악마의 예형입니다. 감히 다윗의 양들을 공격했다가 다윗의 힘에 죽임을 당했기 때문입니다. 사랑하는 여러분, 우리가 성경에서 읽는, 그때에 다윗에게서 예표된 모든 일은 우리 주 예수 그리스도에게서 실제로 이루어졌다는 것을 우리는 압니다. 그분께서는 모든 성도들을 악마의 아가리에서 벗어나게 하기 위해 저승으로 내려가시어 사자와 곰을 쳐 죽이셨기 때문입니다. 그뿐 아닙니다. 우리 주님께 탄원하는 예언자의 말을 들어 보십시오. "저의 생명을 칼에서, 저의 목숨을 개들의 발에서 구하소서. 사자의 입에서 저를 살려 내소서"(시편 22,21-22). 곰의 힘은 손에서 나오고 사자의 힘은 입에서 나오는 점에서도 이 짐승들은 악마를 예시하며, [다윗이 그것들을 이긴 것은] 그리스도께서 당신의 교회를 그것, 곧 악마의 손과 입에서 빼내 주신 것을 나타냅니다.

• 아를의 카이사리우스 『설교집』 121,4.[2]

17,38-40 다윗이 싸움에 나설 차림을 하다

어울리는 무기

좋은 것에서 나쁜 본보기를 볼 때가 있습니다. 어떤 이가 똑같은 일을 하는 듯이 보이지만 똑같은 태도나 의향, 덕을 품지 않은 채 그 일을 할 때는, 다른 이가 영원한 생명이라는 열매를 얻게 한 바로 그것 때문에 쉽게 속임수나 죽음의 덫에 빠지기도 하기 때문입니다. 전쟁 기계와 같은 거인과 싸우게 된 이 용감한 소년이 어른용인 사울의 무거운 갑옷을 입고 싸움에 나섰다면 바로 이런 일을 경험했을 것입니다. 그 갑옷은 건장한 어른이 입고 나섰을 경우 원수의 병력 모두를 쓰러뜨릴 수 있었겠지만 이 소년에게는 그 자체가 위험이 되었을 것이 확실합니다. 다행히 그는 지혜롭게도 주위의 다른 병사들처럼 가슴받이와 방패로 무장하지 않고 자신의 나이에 맞는 무기, 곧 자신이 잘 다루는 무릿매와 돌멩이를 선택했습니다.

• 요한 카시아누스 『담화집』 24,8,1-2.[3]

[1] FC 97,296.
[2] FC 47,200*.
[3] ACW 57,830.

17,41-47 골리앗의 조롱에 다윗이 맞대꾸하다

⁴¹ 필리스티아 사람도 방패병을 앞세우고 나서서 다윗에게 점점 가까이 다가왔다. …

⁴⁵ 그러자 다윗이 필리스티아 사람에게 이렇게 맞대꾸하였다. "너는 칼과 표창과 창을 들고 나왔지만, 나는 네가 모욕한 이스라엘 전열의 하느님이신 만군의 주님 이름으로 나왔다.

⁴⁶ 오늘 주님께서 너를 내 손에 넘겨주실 것이다. 나야말로 너를 쳐서 머리를 떨어뜨리고, 오늘 필리스티아인들 진영의 시체를 하늘의 새와 들짐승에게 넘겨주겠다. 그리하여 하느님께서 이스라엘에 계시다는 사실을 온 세상이 알게 하겠다.

⁴⁷ 또한 주님께서는 칼이나 창 따위로 구원하시지 않는다는 사실도, 여기 모인 온 무리가 이제 알게 하겠다. 전쟁은 주님께 달린 것이다. 그분께서 너희를 우리 손에 넘겨주실 것이다."

둘러보기

소박한 무기가 승리를 가져온다는 것이 입증되었다. 이와 마찬가지로, 참된 종교를 옹호하는 이들에게 필요한 것은 분쟁을 일으킬 일이 없는, 단순히 진리를 선포하는 논증이다. 이 방법에 반대하는 구경꾼들은 입 다물고 가만히 있을 일이다(키루스의 테오도레투스).

17,47 주님께서는 칼이나 창 따위로 구원하시지 않는다

단순하게 진리를 선포하다

폭풍우를 잠재우기 위해 우리에게 필요한 것은 주님의 선하심뿐입니다.[1] 폭풍우를 잠재우는 것은 주님께는 쉬운 일이지만 우리에게는 그렇지 않습니다. 그러나 그분의 인내라는 은총이 있어 우리에게는 그것으로 충분합니다. 거기에 행운이 따른다면 우리는 적수들을 이기게 될 것입니다. 그래서 거룩한 사도는 우리에게 "그분께서는 시련과 함께 그것을 벗어날 길도 마련해 주"신다고(1코린 10,13) 가르쳤습니다. 그러나 저는 당신께서 반대론자들이 입 다물게 하고, 전열에서 싸우며 치고받는 사람들을 비웃는 것은 주제넘은 일임을 그들이 깨닫게 해 주시기를 간절히 바랍니다. 병사가 적수를 쓰러뜨리는 데 어떤 무기를 사용하는지가 뭐가 중요합니까? 위대한 다윗도 이민족의 장수를 쓰러뜨릴 때 갑옷과 투구로 무장하지 않았고, 삼손은 당나귀 턱뼈로 하루에 수천 명을 쳐 죽였습니다(판관 15,16 참조). 창을 휘두르지 않고 이겼거나 방패로 자신을 가리지 않고 이겼다고, 또는 창을 던지거나 화살을 쏘지 않고 이겼다고 해서 승리를 놓고 뒷말하는 사람은 없으며 그런 승리자를 비겁하다고 비난하는 사람도 없습니다. 참된 종교를 옹호하는 이들도 이런 이유로 비난받아서는 안 되며, 우리는 분쟁을 낳을지 모를 논법이 아니라 단순하게 진리를 선포하는 논법을 찾아내어, 감히 그것에 반대하는 이들이 스스로 부끄러운 줄 알게 해야 합니다.

• 키루스의 테오도레투스 『서간집』 16.[2]

---

[1] 이레네우스 주교에게 보낸 이 편지에서 키루스의 테오도레투스는 신이자 인간인 예수의 어머니로서의 마리아의 역할에 관해 논한 글에서 자신이 사용한 방식을 옹호하고 있다.

[2] NPNF 2,3,255*.

17,48-49 다윗이 돌 하나로 골리앗을 쓰러뜨리다

⁴⁸ 필리스티아 사람이 다윗을 향하여 점점 가까이 다가오자, 다윗도 그 필리스티아 사람을 향하여 전열 쪽으로 날쌔게 달려갔다.

⁴⁹ 그러면서 다윗은 주머니에 손을 넣어 돌 하나를 꺼낸 다음, 무릿매질을 하여 필리스티아 사람의 이마를 맞혔다. 돌이 이마에 박히자 그는 땅바닥에 얼굴을 박고 쓰러졌다.

둘러보기

다윗은 싸우지 않으면 안 될 때에만 싸우고 다른 사람들의 무기는 거부함으로써 신중함과 불굴의 용기를 보여 주었다(암브로시우스). 그리스도께 의지하며 하느님만을 가장 높으신 분으로 받드는 믿음은 어떠한 무기도 이긴다(놀라의 파울리누스). 거룩한 무기가 속된 무기를 이긴다는 것을 비유적으로 가르치는 이 사건, 곧 다윗이 돌 하나로 골리앗을 죽인 일은 그리스도의 힘을 상징한다(토리노의 막시무스). 우리가 싸움에서 승리하기 위해선 골리앗을 이긴 영적 돌, 곧 그리스도를 지녀야 한다(요한 크리소스토무스).

17,49 다윗이 돌로 골리앗의 이마를 맞히다

신중함과 용기를 다 지닌 다윗

다윗은 끝까지 내몰리지 않는 한 절대 싸우지 않았습니다. 이처럼 싸움에 나설 때의 그는 신중함과 용기를 다 갖추고 있었습니다. 엄청난 거인 골리앗과 홀로 맞서게 되었을 때도 그는 사람들이 입혀 준 갑옷을 거부했습니다. 그의 힘은 다른 이들이 쓰는 것과 같은 무기가 아니라 그 자신의 팔에 있었습니다. 그래서 먼 거리에서도 단 하나의 돌을 던져 원수를 죽였습니다.

• 암브로시우스 『성직자의 의무』 1,35,177.[1]

무기보다 힘센 믿음

그리스도를 신뢰하며 모든 것을 권능의 하느님께 맡기고 그분만을 가장 높으신 분으로 받들어 모시는 것, 언제나 그렇지만 바로 이런 태도야말로 모든 선을 이룰 수 있게 합니다. 이것이 모든 무기를 이긴 믿음이며 가녀린 소년을 위대하게 만든 힘이었습니다. 그는 무기를 거부함으로써 더 강해졌고, 무장한 거인을 돌멩이 하나의 힘으로 쓰러뜨렸습니다.

• 놀라의 파울리누스 『시가집』 26,150.[2]

거룩한 무기

그러니 형제 여러분, 다가올 세상의 심판에 대비하여 하느님의 무기로 무장을 갖춥시다. 믿음이라는 가슴받이를 걸치고, 구원의 투구로 우리 자신을 보호하며, 하느님의 말씀을 영적 칼로 들고서 우리 자신을 지킵시다(에페 6,14-17 참조). 이런 무기들로 무장을 다 갖춘 사람은 현세의 혼란을 두려워하지 않으며 미래의 심판도 무서워하지 않습니다. 이러한 신심으로 보호받던 다윗은, 엄청난 장사에다 사방에 보호 장벽을 친 채 무장한 골리앗을 아무런 무기도 없이 오직 믿음의 힘만으로 쓰러뜨려 죽였습니다. 거룩한 다윗은 투구도 쓰지 않았고 방패도 없었으며 창도 쓰

---

[1] NPNF 2,10,30*.　　　　[2] ACW 40,259.

지 않았지만 골리앗을 죽였기 때문입니다. 그는 쇠로 된 창이 아니라 영적 칼로 그를 죽였습니다. 인간의 눈에 그는 아무런 무기도 들지 않은 듯 보였지만 하느님의 은총이라는 충분한 무장을 갖추고 있었습니다. 그러나 영적 칼은 실제 칼이 아닙니다. 골리앗을 쓰러뜨려 죽인 것은 칼이 아니라 돌 하나였으니까요. 우리는 성경에서 그리스도께서 비유적으로 '돌'로 묘사되는 말씀들을 봅니다. 예언자의 이 말이 그런 예입니다. "집 짓는 이들이 내버린 돌, 그 돌이 모퉁이의 머릿돌이 되었네"(시편 118,22). 그러므로 골리앗이 돌에 맞은 것은 그리스도의 힘에 맞아 쓰러진 것입니다. 그런데 그의 몸에서 어느 부분이 맞았습니까? 이마였습니다. 하느님을 모독하는 인간이 맞아 쓰러질 때, 그곳엔 그리스도께서 계시지 않습니다. 그리고 그의 종말이 닥칠 때 그곳에선 구원의 표징이 발견되지 않습니다. 골리앗은 사방에 무기로 보호 장벽이 쳐 있었지만 그의 이마는 죽음에 노출되어 있었습니다. 그 이마에는 구원자의 인장이 찍혀 있지 않았기 때문입니다. 그래서 그자가 하느님 은총의 보호를 받지 못하는 바로 그 자리에 돌을 맞아 죽은 것입니다.

그런데 이것이 상징적으로 일어난 사건이라는 것을 모를 사람은 없을 것입니다. 사실 다윗이 갑옷을 입긴 했었습니다. 그러나 그것이 너무나 무겁고 불편해서 제대로 걸을 수조차 없자 그는 당장 그것을 벗어 버렸지요. 이는 이 세상의 무기는 헛되고 쓸모없으며, 그것을 입기로 선택

하는 사람은 하늘로 가는 길에 방해를 받으리라는 것을 나타냅니다. 그것이 너무 무거워 그도 걷기 힘들 테기 때문입니다. 또한 이 이야기는 우리에게 승리는 무기에 기대할 것이 아니라 구원자의 이름으로 기도드려서 얻는 것임을 가르쳐 줍니다.

• 토리노의 막시무스 『설교집』 85,3.[3]

영적 돌의 힘

그러니 우리는 손에 돌을 듭시다. 영적 바위인 모퉁잇돌 말입니다. 바오로 사도가 광야의 바위를 그런 식으로 이해했다면, 내가 다윗의 돌을 같은 의미로 이해했다고 해서 뭐라 할 사람은 아무도 없을 것입니다. 광야에 있던 유대인들에게 그것은 눈에 보이는 돌의 본성을 지닌 것이 아니라 물이 솟아나게 한 영적 돌의 힘을 지닌 바위였습니다(탈출 17,6 참조). 다윗의 경우에도 그 야만인의 머리에 날아가 박힌 것은 눈에 보이는 돌이 아니라 영적 돌이었습니다. 이것이 제가 그때 이성적 논증에 의거하지 않겠다고 말씀드린 이유입니다. '우리의 전투 무기는 속된 것이 아니라, 하느님을 아는 지식을 가로막고 일어서는 궤변과 추론과 모든 교만한 생각을 무너뜨리는 영적인 것입니다'(2코린 10,4-5 참조).

• 요한 크리소스토무스 『비유사파 반박』(강해 11) 6.[4]

---

[3] ACW 50,204-5*.

[4] FC 72,272-73*.

17,50-58 필리스티아인들이 달아나다

⁵⁰ 이렇게 다윗은 무릿매 끈과 돌멩이 하나로 그 필리스티아 사람을 누르고 그를 죽였다. 다윗은 손에 칼도 들지 않고 그를 죽인 것이다.✎

✐51 다윗은 달려가 그 필리스티아 사람을 밟고 선 채, 그의 칼집에서 칼을 뽑아 그를 죽이고 목을 베었다. 필리스티아인들은 저희 용사가 죽은 것을 보고 달아났다.

둘러보기

다윗이 골리앗의 칼을 사용해 그의 목을 베었듯이, 주님께서는 죄인들을 의로움의 도구로 변화시키신다(베다). 다윗은 하느님의 갑옷과 투구를 입고 그리스도의 영광을 위해 싸우는 사람이 어떻게 승리하며 진리와 함께 머무르는지 보여 준다(아우구스티누스).

17,50-51 다윗이 필리스티아 사람의 목을 베다

의로움의 무기

주님께서 가르치시고 악마의 거만함을 깨부수시도록 주님의 말씀을 잘 전달하는 말씀의 참된 심부름꾼들은 주님께서 악마에게서 낚아채 오신 이들입니다. 사실 모두가 본성에 따라서는, 불경 속에 잉태되고 어미가 죄 안에서 낳은, 분노의 아들들이기 때문입니다. 실상이 이렇기에 그분께서는 아무도 예상치 못했을 때에 나타나시어 원수를 이기셨습니다. 강한 자가 약한 적수의 갑옷을 벗겨 버리듯 그분께서는 당신께서 믿으신 이들 안에서 그의 모든 무기를 빼앗으셨습니다. 그 원수가 사람들을 무기로 사용하여 비참한 영혼들을 살해해 왔듯이, 이제 구원자께서 바로 이 사람들을 의로움의 무기로 변화시켜 불경의 몸뚱이에서 그 머리를 잘라 버리는 데 쓰십니다. 믿음으로 돌아선 죄인들이 사탄을 저주하고 그자의 모든 일과 악한 행태를 끊도록 만드시는 것입니다. 그런 점에서 다윗이 먼저 그 필리스티아 사람의 칼을 손에 잡고 칼집에서 꺼내어 그를 죽였다는 표현은 정확합니다. 주님께서도 악마의 왕국을 지키는 용감하고 능숙한 모든 자를 낚아채 오시려는 뜻을 품고 오셔서는, 오류라는 어두운 동굴에 숨어 있는 그자를 해방을 가져다주는 은총의 빛 안으로 끌어내십니다. 그리고 이렇게 돌아선 사람으로 하여금 다른 사람들을 악마의 왕국에서 낚아채 와 바로잡도록 하십니다. 그러나 우리가 이단자들의 광기에 맞서, 그들은 '거짓과 왜곡된 가르침을 꾸며 내고 그것을 섬기는 자들'(욥 13,4 참조)임을 그들의 논법과 그들이 우리를 유혹할 목적으로 추려 고른 성경의 증언들에 근거하여 납득시키는 것도 거인의 칼을 사용하여 그자의 거만함을 확실하게 잘라 버리는 것입니다.

• 존자 베다 『사무엘기 상권 우의적 해설』 3,17.[1]

하느님의 갑옷

우리의 갑옷은 그리스도입니다. 바오로 사도가 에페소 교회 신자들에게 이렇게 쓴 갑옷이지요. "그러므로 악한 날에 그들에게 대항할 수 있도록, 하느님의 무기로 완전한 무장을 갖추십시오. 그리하여 진리로 허리에 띠를 두르고 의로움의 갑옷을 입고 굳건히 서십시오. 발에는 평화의 복음을 위한 준비의 신을 신으십시오. 무엇보다도 믿음의 방패를 잡으십시오. 여러분은 악한 자가 쏘는 불화살을 그 방패로 막아서 끌 수 있을 것입니다. 그리고 구원의 투구를 받아 쓰고 성령의 칼을 받아 쥐십시오. 성령의 칼은 하느님의 말씀입니다"(에페 6,13-17). 이런 무기들로 무장한 다윗 임금은 그의 시대에 싸움에 나섰습니다. 그

---

[1] CCL 119,161.

는 개울가에서 매끄러운 돌멩이 다섯 개를 골라 쥠으로써 세상의 온갖 소용돌이 풍랑 가운데에서 어떤 흔들림도 더러움도 타지 않음을 보여 주었습니다. 길가의 샘에서 물을 마시고 기운을 북돋은 그는 불경한 허풍쟁이의 이마를 돌로 맞혀, 우찌야가 부당하게 사제직을 강탈했을 때 나병이 생긴 바로 그곳(2역대 26,19 참조)에 상처를 입힌 다음 그 거만한 원수의 칼을 가장 적절한 죽음의 도구로 사용하여 골리앗의 목을 베었습니다. 그러나 이마는 성도들이 주님 안에서 기뻐하며 "주님, 저희 위에 당신 얼굴의 빛을 비추소서"(시편 4,7)라고 말하게 하는 영광이 빛나는 곳이기도 합니다. 그러니 우리는 이제 이렇게도 말합시다. "제 마음 든든합니다, 하느님. 제 마음 든든합니다. 제가 노래하며 찬미합니다. 깨어나라, 나의 영혼아. 깨어나라, 수금아, 비파야. 나는 새벽을 깨우리라"(시편 57,7-8). 그리하여 "네 입을 한껏 벌려라, 내가 채워 주리라"(시편 81,11) 하신 말씀, 그리고 "주님께서 말씀을 내리시니 기쁜 소식 전하는 이들이 대군을 이루네"(시편 68,12) 하신 말씀이 우리에게서 이루어지게 합시다. 그대의 기도와 저의 기도는 우리의 싸움에서 진리의 편이 승리를 거두기 바라는 것임을 저는 믿어 의심치 않습니다. 그대는 그대 자신의 영광이 아니라 그리스도의 영광을 구하기 때문입니다. 그대가 승리한다면, 저 역시 저의 오류를 발견하여 승리를 얻는 것입니다.

• 아우구스티누스 『서간집』 75,2.[2]

_____

[2] NPNF 1,1,333-34*.

18,1-5 요나탄이 다윗과 계약을 맺다

[1] 다윗이 사울에게 이야기를 다 하고 나자, 요나탄은 다윗에게 마음이 끌려 그를 자기 목숨처럼 사랑하게 되었다.

[2] 사울은 그날로 다윗을 붙잡아 두고, 그의 아버지 집으로 돌아가지 못하게 하였다.

[3] 요나탄은 다윗을 자기 목숨처럼 사랑하여 그와 계약을 맺었다.

[4] 요나탄은 자기가 입고 있던 겉옷을 벗어 다윗에게 주고, 군복과 심지어 칼과 활과 허리띠까지도 주었다.

둘러보기

요나탄의 영혼이 다윗의 영혼과 굳게 결합한 일은 영혼이란 자유로우며 본성적으로 정신과 마음이 가는 곳에 함께 따라가게 마련이라는 사실을 알려 준다(기적가 그레고리우스). 요나탄과 다윗의 계약은 그리스도와 교회 사이에 맺어진 사랑과 평화의 계약을 예시한다(베다).

18,1 요나탄과 다윗

영혼은 자유롭다

요나탄의 전부가 다윗과 결합한 것이 아니라 그의 고귀한 부분인 영혼이 결합한 것이었습니다. 눈에 보이는 외면의 요소들이 사람에게서 잘리더라도 이 부분은 잘려 나가지 않으며 강제로 어떻게 할 수도 없습니다. 이 부분은 결코 무의식적으로 움직이지 않기 때문입니다. 영혼은 자유롭고 어떤 방법으로도 가두어 둘 수 없습니다. … 왜냐하면 그 일차적 의미에서 영혼은 본성적으로 정신이 향하는 곳에 있으며, 만약 영혼이 어떤 방에 있는 것처럼 생각될 경우 당신은 어떤 부차적 의미에서, 그것이 거기 있다고 상상하는 것이기 때문입니다. 그러므로 영혼이 자신이 있고자 하는 곳에 있지 못하도록 막을 수 있는 것은 없습니다. 그러나 사실상 영혼은 그것의 고유한 일이 발견되는 곳에만 있을 수 있고, 있다고 생각할 수 있으며, 그것과 관계있습니다.

• 기적가 그레고리우스 『오리게네스 찬양 연설』 6,85-87.[1]

18,3-4 요나탄이 다윗과 계약을 맺다

사랑과 평화의 계약

그리스도와 교회는 사랑과 평화의 계약을 맺었습니다. 그분께서는 참하느님에게서 나신 참하느님이시면서도 인간을 구원하기 위하여 인간의 육과 영혼을 취하셨고, 교회는 더 완전한 지체들 안에서 그분을 너무나도 사랑하여 자신의

몸과 영혼을 바치는 것이 합당하다 생각하기에 그분을 위해 죽을 태세까지 되어 있기 때문입니다. '말씀이 사람[육]이 되셨다'(요한 1,14 참조), "주님은 내 생명을 받쳐 주시는 분"(시편 54,6)이라고 쓰여 있습니다. 마지막으로, 교회의 순교자들은 자신이 입었다가 그리스도께 대한 순종으로 바친 육을 벗어 버립니다. [교회는] 애초에 자기 자신의 것이었던 재능이라곤 하나도 지니고 있지 않으며 오로지 그분의 뜻으로 행하시는 일에 의지합니다. 말하는 데 있어서의 통찰력과 재주에서도, 또 건전하지 못한 지혜를 지닌 자들의 간계에 맞서 믿음과 이성 안에서 참된 논증을 펼치기 위한 근면함조차 그분께 의지합니다. 자신의 순결함과 흠 없이 영예로운 그분 사랑의 영광을 보존하는 데에도 그분께 의지합니다.

• 존자 베다 『사무엘기 상권 우의적 해설』 3,18.[2]

---

[1] FC 98,104-5.

[2] CCL 119,164.

18,6-11 사울이 다윗을 시기하게 되다

[6] 다윗이 그 필리스티아 사람을 쳐 죽이고 군대와 함께 돌아오자, 이스라엘 모든 성읍에서 여인들이 나와 손북을 치고 환성을 올리며, 악기에 맞추어 노래하고 춤추면서 사울 임금을 맞았다.

[7] 여인들은 흥겹게 노래를 주고받았다. "사울은 수천을 치시고 다윗은 수만을 치셨다네!"

[8] 사울은 이 말에 몹시 화가 나고 속이 상하여 이렇게 말하였다. "다윗에게는 수만 명을 돌리고 나에게는 수천 명을 돌리니, 이제 왕권 말고는 더 돌아갈 것이 없겠구나."

[9] 그날부터 사울은 다윗을 시기하게 되었다.

[10] 이튿날 하느님께서 보내신 악령이 사울에게 들이닥쳐 그가 집안에서 발작을 일으키자, 다윗이 여느 날처럼 비파를 탔다. 이때 마침 사울은 손에 창을 들고 있었다.

[11] 사울은 '다윗을 벽에 박아 버리겠다.'고 생각하면서 창을 던졌다. 그러나 다윗은 사울 앞에서 두 번이나 몸을 피하였다.

둘러보기

사울은 자신에게 도움이 되는 것에서도 시샘하는 사람의 본보기다. 다윗이 골리앗을 이기고 사울의 군대를 원수들에게서 구함으로써 사울은 치욕을 면할 수 있었다(대 바실리우스). 그런데도 시샘으로 정신이 흐려진 사울은 자신의 은인을 원수로 여기게 되었다. 다윗이 칭송받는 것에 대하여 사악한 반응을 보임으로써 자신의 영혼을 위험에 처하게 한 사울은 시샘이 얼마나 무서운 것인지 보여 준다(요한 크리소스토무스). 믿는 이들에게 사울의 파멸은 다른 이의 성공을 시샘해서는 안 된다는 경고다(『사도 헌장』). 사울의 예가 보여 주듯이, 신심 깊은 사람도 타락하기 쉽지만 하느님의 아드님께서는 어떤 죄에도 물들지 않으셨다(테르툴리아누스). 모든 피조물은 하느님의 처분에 달려 있기에 범법자도 의인도 악마에게 시험당할 수 있다(카시오도루스).

18,7 승리의 노래

자신에게 도움이 되는 것에서도 시샘하다

친구여, 그대는 아무런 불운도 겪지 않았는데 왜 슬퍼합니까? 그가 당신의 재산을 축내지도 않았는데 왜 그가 번영을 누리는 것을 속상해합니까? [당신이 적개심을 품고 있는 이에게서] 후의를 입는 것조차 분하게 여긴다면, 당신은 당신에게 도움이 되는 것에서도 시샘을 느끼는 것이 분명하지 않습니까? 사울이 바로 그러했습니다. 그는 다윗이 베푼 큰 후의를 그를 미워하는 동기로 삼았습니다. 첫째는, 다윗의 신묘하고 듣기 좋은 비파 연주로 자신의 광기를 치료하고서도 그는 자신의 은인을 창으로 찌르려고 했습니다. 그 뒤 다윗이 그와 그의 군대를 원수에게서 구해 주어 골리앗 앞에서 치욕을 당하지 않게 해 주었습니다. 이 승리를 기리기 위해 승리의 노래가

울려 퍼질 때에 여인들이 다윗이 열 배로 큰 승리를 거두었다며 "사울은 수천을 치시고 다윗은 수만을 치셨다네" 하고 노래하였습니다. 이 한마디 때문에 그리고 진리 자체가 그 증인인 까닭에, 사울은 다윗을 살해하려 하다가 그것이 안 되자 속임수로 그를 죽이려 했습니다. 그래서 다윗은 달아나지 않을 수 없었습니다.

• 대 바실리우스 『질투에 관한 강해』.[1]

시샘이라는 격정

시샘이라는 격정이 얼마나 큰 탈을 낳는지 이 사례를 잘 보십시오. 이 젊은이가 큰 명성을 누리고 사람들이 춤을 추며 "사울은 수천을 치시고 다윗은 수만을 치셨다네!" 하고 외치는 것을 본 사울 임금은 그것을 좋게 여기지 않았습니다. … 오히려 시샘이 들끓어 그는 자신의 은인에게 정반대의 대접을 합니다. 자신의 구원자요 은인으로 받들어야 할 사람을 없애 버리려고 합니다. 이 얼마나 미친 짓입니까! 완전히 돌아 버린 것 아닙니까! 그의 목숨을 건져 주고 그의 군대를 이민족의 격노에서 벗어나게 해 준 사람을 이제 와 자기 원수라고 생각합니다. 그 사람이 행한 훌륭한 업적을 생생히 기억하고 격정을 눌러야 마땅하건만, 시샘으로 마치 술 취한 사람처럼 분별을 잃은 그는 자신의 은인을 원수로 여겼습니다.

격정이라는 것의 해악이 이렇습니다. 그것은 그것을 품은 사람에게 가장 먼저 악영향을 미칩니다.

• 요한 크리소스토무스 『창세기 강해』 46,13-14.[2]

---

[1] FC 9,466*.

[2] FC 87,10-11.

시샘의 본질

시샘은 무서운, 아주 무서운 것입니다. 사람들로 하여금 자신의 구원마저 소홀히 여기게 만들지요. 카인이 스스로 파멸을 불러온 것도 그 때문이고, 그 이전엔 자기 아버지를 파멸시킨 악마도 그러했습니다. 이처럼 사울도 자신의 영혼을 거슬러 사악한 마귀를 초대합니다. 마귀를 초대하자 사울은 곧 자신의 의사를 시샘했습니다. 이것이 시샘의 본모습입니다. 그는 자신이 구원을 받았다는 것을 알고 있었지만 자신을 구해 준 이가 영예를 누리는 것을 보느니 차라리 자신이 멸망하기를 바랐습니다. 이런 격정보다 더 통탄할 것이 무엇이 있습니까? 이것을 악마의 자손이라 불러도 틀리지 않을 것입니다. 그 안에는 자만의 열매가 들어 있습니다. 아니, 그 뿌리도 들어 있습니다. 이 두 가지 악은 서로를 만들어 내는 경향이 있기 때문입니다. 실로 사울이 그처럼 시샘을 하게 된 것은 "다윗은 수만을 치셨네!"라는 사람들의 말 때문이었습니다. 이처럼 분별없는 짓이 있습니까? 도대체 당신은 왜 시샘합니까? 말해 보십시오! 사람들이 그를 칭송했기 때문입니까? 오히려 당신은 즐거워해야 마땅합니다. 게다가 그 칭송이 진실인지 아닌지 당신은 알지도 못합니다. 당신은 그가 자격이 없는데도 그런 칭송을 받았다고 해서 속상한 것입니까? 그렇다면 오히려 당신은 동정심을 느껴야 마땅합니다. 그러나 그가 훌륭한 사람이라면, 당신은 그가 칭송받는 것을 시샘할 것이 아니라 그를 좋게 말하는 사람들과 함께 칭찬해야 마땅하고, 만약 그 반대의 경우라면 당신이 못마땅해 할 이유가 무엇이 있습니까?

• 요한 크리소스토무스 『코린토 2서 강해』 24,4.[3]

죄인 시샘

위선자가 되지 마십시오. 그랬다가는 "위선자들과 같은 운명을 겪게"(마태 24,51) 될 것입니다. 심술궂거나 교만해서는 안 됩니다. "하느님께서는 교만한 자들을 대적하시"(1베드 5,5)기 때문입니다. 사람들을 판단하지 마십시오. "재판은 하느님께 속한 것"(신명 1,17)이기 때문입니다. 어떤 사람도 미워하지 말고 형제의 잘못을 서슴없이 꾸짖으십시오. 그래야 그 사람 때문에 죄를 짊어지지 않게 됩니다(레위 19,17 참조). 그리고 "지혜로운 이를 나무라라. 그가 너를 사랑하리라"(잠언 9,8)고 하였습니다. 모든 악을, 그리고 그것과 닮은 모든 것을 피하십시오. 불의를 삼가십시오. 그러면 두려워할 일이 닥쳐오지 않을 것입니다(이사 54,14 참조). 쉽사리 화내거나 원한을 품거나 애욕에 빠지거나 격노하거나 앞뒤 가리지 않고 행동하지 마십시오. 그랬다가는 카인과 사울, 요압과 같은 운명을 겪게 될 것입니다. 이 셋 가운데 첫 번째 사람은 하느님께서 동생 아벨을 더 마음에 들어 하시고 아벨이 바친 제물을 더 기꺼워하셨다는 이유로 그를 죽였고(창세 4장 참조), 두 번째 사람은 필리스티아인 골리앗을 죽인 거룩한 다윗이 춤추는 여인들의 칭송을 받자 시샘하여 그를 박해했으며, 세 번째 사람은 군대의 두 장군, 이스라엘 왕국의 아브네르와 유다 왕국의 아마사를 죽였습니다(참조: 2사무 3,27; 20,10).

• 『사도 헌장』 7,5.[4]

18,8 사울이 화가 나다

선한 인간이 시샘 때문에 변하다

이단에 빠져 스스로 파멸을 초래한 사람들의 부추김을 받아 그릇된 확신에 차는 이들은 실로

---

[3] NPNF 1,12,393*.   [4] ANF 7,466-67*.

대부분 품성이 나약한 사람들입니다. 신심이 지극히 강하고 더없이 신중하고 교회에서 누구에게나 인정받던 이 여자나 저 남자가 어떻게 다른 쪽으로 넘어간 것이냐고 사람들은 묻습니다. 그렇게 묻는 사람은 이단들이 꾀어 낼 수 있었던 사람들이 애초에 신중하거나 신심 깊고 인정받는 이로 여겨져서는 안 된다고 스스로 대답하고 있는 것 아닙니까? 인정받았던 사람이 나중에 자빠지는 것이 사실 놀라운 일입니까? 누구보다 잘난 사람이었던(1사무 9,2 참조) 사울은 나중에 시샘 때문에 무너졌습니다. '주님의 마음에 드는 사람'(1사무 13,14 참조)이었던 다윗은 나중에 살해와 간통의 죄를 지었습니다(2사무 11장 참조). 주님께 모든 은총과 지혜를 받은 솔로몬은 여자들 때문에 우상 숭배에 빠집니다(1열왕 11,4 참조). 끝까지 어떠한 죄에도 물들지 않으실 분은 하느님의 아드님뿐이었습니다(히브 4,15 참조).

> • 테르툴리아누스 『이단자에 대한 항고』 3.[5]

18,10 악령이 사울에게 들이닥치다

모든 피조물은 종속적인 존재다

열왕기[사무엘기]에서 보면, 그 죄인을 유혹한 것은 악한 천사입니다. "하느님께서 보내신 악령이 사울에게 들이닥쳐"라고 쓰여 있기 때문이지요. 욥이나 바오로 사도 같은 의로운 사람들도 악마의 시험을 받습니다. 모든 피조물은 창조주의 처분과 통제 아래 있기 때문입니다.

> • 카시오도루스 『시편 해설』 77,49.[6]

---

[5] ANF 3,244.

[6] ACW 52,267*.

18,12-19 다윗이 날로 더욱 유명해지다

[14] 주님께서 다윗과 함께 계셨으므로 그는 가는 곳마다 승리하였다.

[15] 사울은 다윗이 크게 승리하는 것을 보고 그에게 두려움을 느꼈다.

[16] 그러나 온 이스라엘과 유다는 다윗을 좋아하였다. 그들 앞에 서서 출전하는 이가 바로 그였기 때문이다.

[17] 사울은 다윗에게 "자, 내 맏딸 메랍을 아내로 줄 터이니, 오로지 너는 나의 용사가 되어 주님의 전쟁을 치러 다오." 하고 말하였다. 사울은 '내 손으로 그를 치지 않고, 필리스티아인들 손으로 그를 쳐야겠다.'고 생각하였던 것이다.

[18] 그러나 다윗은 사울에게 "제가 누구이며, 이스라엘에서 제 아버지의 씨족이 무엇이기에, 감히 임금님의 사위가 되겠습니까?" 하며 사양하였다.

둘러보기

사울의 두 딸은 두 종류의 유대 백성, 곧 그리스도 주님을 따르는 이들과 그분을 존중하는 척하며 질문을 던져 함정에 빠뜨리려 하는 이들을 나타내는 예형이다(베다). 다윗은 하느님의 자애가 크심에 놀라며 자신은 자기에게 계시된 축복을 누릴 자격이 없다고 생각한다(신 신학자 시메온).

18,17 사울이 다윗에게 딸 메랍을 주겠다고 하다

두 종류의 유대인

사울은 거룩한 기름부음을 받고 나라를 다스리는 권한을 받았기에 그 자신이 그리스도의 예형이었습니다. 그때의 그의 두 딸은 구원을 위하여 그리스도께 대한 믿음과 사랑으로 태어난, 곧 몸과 마음이 새로 태어나 훈육으로 완전해진 두 백성으로 이해됩니다. 큰딸은 [유대교] 회당을, 작은딸은 교회를 나타낸다고 볼 수 있지요. 그런데 이 단락에서 상황이 변합니다. 다윗은 그리스도 주님을 나타내고 사울은 그분을 시샘한 유대 백성을 나타냅니다. 약속이 주어졌지만 그 약속이 이행되지 않은 큰딸은 이 백성 중에서 수가 더 많고 강력하며, 용감하고 매력 있는 신랑을 맞게 되리라고 약속받은 이들을 나타냅니다. 이 부류 이스라엘 사람들의 선구자들(율법 학자들과 사제들, 바리사이들, 백성의 원로들이 그들이지요)은 그분의 말씀을 들으러 와서는 그분을 훌륭하신 스승님이라 불렀습니다. 누구보다 뛰어나신 스승님이라고까지 했지요. 그러나 그들은 그분을 시험하러 온 것일 뿐이었습니다. 그래서 이런저런 질문을 던져 댔지요. 이 부류의 이스라엘 백성은 그리스도가 아니라 다른 이에게 주어진 이들입니다. 앞에 말한 자들, 사람들에게 라삐라고 불리고 싶어 하던 자들이지요. 그들은 자기들 힘이 미치는 이들에게 자기들 말을 듣도록 강요했습니다. 신앙심으로 인하여 다윗에게 주어질 자격이 있었던 작은딸은 유대 백성 가운데에서 수가 적고 지위가 낮아 그리 존중받지 못했지만, 율법 학자나 박사들보다 자신들의 주님이요 구원자이신 분의 말씀을 듣고 그분을 사랑하며 따르기로 선택한 이들을 나타냅니다. 그들은 그리스도께

서 "작은 양 떼야, 두려워하지 마라. 너희 아버지께서는 그 나라를 너희에게 기꺼이 주시기로 하셨다"(루카 12,32) 하고 말씀하시는 것을 듣습니다. 유대인들의 지도자들과 바리사이들은 그리스도께 와서 이렇게 말합니다. '저희는 저희에게 맡겨진 회당의 더 큰 부분을 당신께 맡깁니다. 가서 그들을 가르치십시오. 다만, 하느님의 율법을 지키고 그분만을 섬기라는 명령을 받은 이 백성의 자유를 위해 말씀으로 싸우는 용감한 영혼임을 보여 주십시오.' 그러곤 이렇게 말합니다. "저희는 스승님께서 진실하시고 아무도 꺼리지 않으시는 분이라는 것을 잘 압니다. 과연 스승님은 사람을 그 신분에 따라 판단하지 않으시고, 하느님의 길을 참되게 가르치십니다. 그런데 황제에게 세금을 내는 것이 합당합니까, 합당하지 않습니까?"(마르 12,14). 문제는 그들이 헤로데의 하인들이 있는 자리에서 이렇게 물었다는 것입니다. 예수님께서 세금을 내지 말라고 금지하시면 헤로데 당원들이 그분에게 벌을 내릴 것이고, 그러면 자기들은 그분의 죽음에 책임이 없다고 발뺌할 수 있었기 때문입니다.

• 존자 베다 『사무엘기 상권 우의적 해설』 3,18.[1]

18,18 제가 누구라고

하느님의 호의에 놀라다

[다윗은] 하느님의 크나큰 자애에 크게 놀랍니다. 그는 자신이 그처럼 큰 호의를 입을 자격이 없다고 진심으로 생각하며 그 뜻을 자세히 살펴보거나 온전하게 이해하려 하지 않습니다. 그는 두려움에 사로잡혀 떨며 이렇게 부르짖습니다. '주님, 제가 누구이며 제 아버지의 씨족이 무엇이기에 이러한 신비를 제게 보여 주시는지요!

---

[1] CCL 119,170.

자격도 없는 제가 그러한 좋은 일들에 관한 환시
를 보고, 나아가 그것에 참여하는 몫을 누리게
하시는지요!'

• 신 신학자 시메온 『교리교육』 14,4.[2]　　　 [2] *SNTD* 190-91.

18,20-30 다윗이 사울의 딸 미칼을 아내로 맞다

[20] 한편 사울의 다른 딸 미칼은 다윗을 사랑하고 있었다. 누군가 이를 사울에게 알리자, 사울
　　은 그것을 잘된 일로 보고서

[21] 이런 궁리를 하였다. '그 애를 다윗에게 아내로 주어야겠다. 그래서 그 애를 미끼 삼아 필
　　리스티아인들의 손으로 그를 치게 해야지.' 사울은 다윗에게 다시 말하였다. "오늘 내 사위
　　가 되어 주게."

[22] 그러고는 신하들에게 명령하였다. "다윗에게 넌지시, '당신은 임금님 마음에 드셨을 뿐 아
　　니라 그분의 신하들도 모두 당신을 사랑하니, 어서 그분의 사위가 되시지요.' 하고 귀띔해
　　주어라."

[23] 사울의 신하들이 이 말을 다윗의 귀에 전하자, 다윗은 "나처럼 가난하고 천한 몸으로 임금
　　님의 사위가 되는 것이 여러분에게는 그렇게 쉬운 일로 보입니까?" 하고 말하였다.

[24] 신하들은 다윗이 한 말을 사울에게 그대로 전하였다.

[25] 사울이 다시 분부하였다. "다윗에게 가서 '임금님께서는 혼인 예물로 필리스티아인들의 포
　　피 백 개 말고는 아무것도 바라시지 않습니다. 그것으로 임금님의 원수를 갚고자 하십니
　　다.' 하고 전하여라." 사울은 필리스티아인들의 손으로 그를 죽일 생각이었던 것이다.

둘러보기

　하느님은 선하시며 좋은 것들만 창조하신 분
이시므로 사울은 본성에 따라 악한 것이 아니라
악한 의지에 따라 행동했기에 악한 존재가 되었
다(신 신학자 시메온).

18,20-25 사울이 다윗에게 딸 미칼을 주겠다고 하다

나쁜 의도

　다윗을 마치 자기 자신처럼 존중하고 은인으
로 몹시 사랑하던 사울이 어째서 그를 붙잡아 죽
이려 하게 되었을까요? 그것은 본성에 따른 행

동입니까, 아니면 사악한 의지에서 나온 행동입
니까? 그것이 악한 의지에서 나온 것임은 명백
합니다. 본성에 따라 악하게 태어난 이는 아무도
없습니다. 하느님은 악한 것을 창조하지 않으셨
고 아주 좋은 것들만 창조하셨기 때문입니다. 이
렇게 표현할 수도 있겠습니다. 그분께서 좋은 것
들만 창조하신 것은 그분께서 선하시기 때문이
며, 본성과 진리 안에서 창조하셨지 태도나 선택
을 창조하신 것은 아니라고 말입니다.

• 신 신학자 시메온 『교리교육』 4,2.[1]

[1] *SNTD* 72.

19,1-7 사울이 다윗을 죽이려 하다

[1] 사울이 아들 요나탄과 모든 신하에게 다윗을 죽이겠다는 이야기를 하였다. 그러나 사울의 아들 요나탄은 다윗을 무척 좋아하였기 때문에,

[2] 이를 다윗에게 알려 주었다. "나의 아버지 사울께서 자네를 죽이려고 하시니, 내일 아침에 조심하게. 피신처에 머무르면서 몸을 숨겨야 하네.

[3] 그러면 나는 자네가 숨어 있는 들판으로 나가, 아버지 곁에 서서 자네에 관하여 이야기를 나누겠네. 그러다가 무슨 낌새라도 보이면 자네에게 알려 주지."

[4] 요나탄은 아버지 사울에게 다윗을 좋게 이야기하면서, 이렇게 말하였다. "임금님, 임금님의 신하 다윗에게 죄를 지어서는 안 됩니다. 다윗은 임금님께 죄를 지은 적이 없고, 그가 한 일은 임금님께 큰 도움이 되었습니다.

[5] 그는 목숨을 걸고 그 필리스티아 사람을 쳐 죽였고, 주님께서는 온 이스라엘에게 큰 승리를 안겨 주셨습니다. 임금님께서도 그것을 보시고 기뻐하셨습니다. 그런데 어찌하여 임금님께서는 공연히 다윗을 죽이시어, 죄 없는 피를 흘려 죄를 지으려고 하십니까?"

[6] 사울은 요나탄의 말을 듣고, "주님께서 살아 계시는 한, 다윗을 결코 죽이지 않겠다." 하고 맹세하였다.

둘러보기

다윗은 의로움을 위하여 박해받는 참된 순교자의 본보기다(아우구스티누스). 베다는 사울이 다윗의 목숨을 노리는 이 이야기를 우의적으로 해석하는데, 사울의 위협은 유대인의 최고 의회가 사도들에게 예수의 이름으로 가르치지 말라고 명령한 일을 예시하고, 요나탄은 그리스도께 자신들이 당신을 대신하여 선포할 테니 주님께서는 믿는 이들의 마음속에 숨으시라고 애원하는 사도들을 나타내며, 사울이 다윗을 죽이지 않겠다고 맹세하는 것은 그리스도의 교회가 흔들림 없이 남아 있음을 확인해 주는 유대인 신자들의 증언을 나타낸다고 풀이한다.

19,1 사울이 다윗을 죽이겠다는 이야기를 하다

의로움 때문에 고난받다

참된 순교자들이란 주님께서 이렇게 말씀하신 이들입니다. "행복하여라, 의로움 때문에 박해를 받는 사람들!"(마태 5,10). 그러므로 자신의 불의 때문이나 그리스도인들의 일치를 깨뜨린 불경한 분열 때문에 박해받는 이는 여기에 해당하지 않습니다. 의로움 때문에 고난받는 이만이 참된 순교자입니다. 하가르도 사라에게 구박을 당했지만(창세 16,6 참조), 이는 박해한 이가 의롭고 박해당한 이가 불의한 경우였습니다. 하가르가 당한 이 박해를 거룩한 다윗이 불의한 사울에게 당한 박해와 비교할 수 있습니까? 이 둘이 본질적으로 다르다는 것은 두말할 필요가 없습니다. 고난당한 것은 같지만 다윗은 의로움 때문에

고난을 당했기 때문입니다.

• 아우구스티누스 『도나투스파 계도』 2,9.[1]

19,1-3 요나탄이 다윗에게 위험을 경고하다

사도들의 애원

유대인의 지도자들과 원로들, 율법 학자들은 사도들을 불러 예수님의 이름으로는 절대로 말하지도 말고 가르치지도 말라고 무섭게 엄명을 내렸습니다(사도 4,18 참조). …

사도들은 그리스도를 몹시 사랑했습니다. 불충한 이들의 부당한 공격이 있으리라 예상한 그들은 그분께 사람들로 인하여 당황스러운 일을 겪지 않도록 믿는 이들의 마음속에 숨으시어 숨겨진 방식으로 교회 안에 머무르심으로써 당신의 교회를 지키고 당신의 이름을 보존하시기를 청했습니다. 그들은 이렇게 말했습니다. '당신께서 신심 깊은 이들의 꽃처럼 피어나는 마음 — 이들의 마음은 향기와 은총으로 가득한, 주님께서 축복하신 밭이니까요 — 안에 머무르고 계시면 저희가 당신의 이름으로 말하고 이 사람들을 가르치겠습니다. 그들 가운데 불신앙 속에 머무르기보다 믿기를 선택한 이들에게 저희는 당신의 거룩한 교회를 알리겠습니다. 그러면 사람들은 각기 자신의 상태를 알아서, 믿는 이들과 한 부류가 되고, 믿지 않는 이들에게서 자신을 지킬 줄 알게 될 것입니다.'

• 존자 베다 『사무엘기 상권 우의적 해설』 3,19.[2]

19,4-6 사울의 마음이 약해지다

교회는 견뎌 낼 것이다

분노로 들끓던 유대인들은 사도들이 선포하는 소리를 듣자 화가 가라앉았고 진실한 믿음을 고백했습니다. 그리스도의 교회가 그들 가운데에서 사라지는 일은 결코 있을 수 없으며, 영원 이전부터 계셨고 영원히 계실 그분에 대한 기억은 결코 사라지지 않을 것이라고 단언했습니다.

• 존자 베다 『사무엘기 상권 우의적 해설』 3,19.[3]

---

[1] NPNF 1,4,636.   [2] CCL 119,174-75.
[3] CCL 119,175.

19,8-10 다윗이 또다시 사울의 손에 죽을 뻔하다

9 주님께서 보내신 악령이 사울에게 내려왔다. 그때 사울은 궁궐에서 창을 손에 들고 앉아 있었으며, 다윗은 비파를 타고 있었다.

10 사울이 창으로 다윗을 벽에 박으려고 하였으나, 다윗이 사울 앞에서 몸을 피하는 바람에 창이 벽에 꽂혔다. 다윗은 도망쳐 목숨을 건졌다.

둘러보기

사울이 십자가처럼 생긴 창으로 찌르려고 하는 것을 다윗이 피한 일은 예수님의 인성과 신성의 차이를 비유적으로 묘사한다(니사의 그레고리우스). 우리가 거룩한 노래를 들을 때나 선행을 할 때는 성령께서 우리를 떠나지 않으신다고 확신할 수 있다(요한 크리소스토무스).

19,9-10 사울이 또다시 다윗을 해치려 하다

그리스도이며 임금

이 이야기가 그 표상들을 통해 무엇을 말하려 하는지는 명백합니다. 다윗이라는 인물이 예고하는 것은 다윗이란 분의 표상입니다. 기름부음 받은이는 그리스도를 나타냅니다. 비파는 인간이 사용하는 도구입니다. 그러나 거기에서 울려 나오는 노래는, 육이 되신 분을 통해 우리에게 분명하게 드러나셨으며 "민족들의 신들은 모두 헛것"(시편 96,5)임이 드러나도록 악령들에게서 비롯하는 광기를 뿌리 뽑기 위해 오신 '말씀'이십니다.

악령이 들린 그 임금은 자신의 도구를 이용해 악령들을 물러가게 해 준 이를 창으로(창이란 나무에 쇠를 덧댄 것입니다) 공격했습니다. 하지만 벽이 그 창을 대신 받아 주었습니다. 우리는 지상의 건물인 벽은 여기서 육체를, [창은] 십자가의 나무와 쇠를 나타낸다고 생각합니다. 그러나 그리스도요 임금인 다윗은 고통을 겪지 않습니다. 신성은 십자가와 못 박힘을 겪지 않기 때문입니다.

• 니사의 그레고리우스 『시편의 제목』 2,16,269-70.[1]

다윗의 비파

한편, 우리가 일로 이루는 것이 아무것도 없

다면 성령께서는 떠나가십니다. 그러나 성령께서 우리를 버리고 떠나셔도 우리는 일을 멈추게 됩니다. 성령께서 떠나시면 더러운 영이 오기 때문입니다. 이는 사울의 예가 명백하게 보여 줍니다. 악령은 사울에게 했던 것처럼 우리의 숨을 막히게 하지는 않더라도 다른 사악한 행위로 우리의 목을 조입니다. 그럴 때 우리의 영혼이 거룩한 노래의 마법에 빠지게 하려면 다윗의 비파가 필요합니다. [그의 비파에서 나오는] 노래도 필요하고 선한 행실에서 나오는 [노래들도 필요합니다]. 우리가 (이 둘 중에서) 한 가지만 할 경우, 곧 옛날의 그가 그랬듯이 마법의 노래를 듣는 동안 마법을 부리는 이와 자신의 행위로만 싸울 경우, 그 치료제가 오히려 우리에게 심판이 되고 광기는 더욱 심해질 것입니다. 사악한 마귀는 우리가 [그 노래를] 듣기 전에는 우리가 그것을 듣고 회복할까 봐 두려워했습니다. 그러나 우리가 그 노래를 들으면서도 과거와 똑같이 행동한다면 그것이야말로 마귀의 두려움이 사라지게 합니다. 그러니 마귀보다 더 나쁜 죄를 물리치기 위하여 선한 행실이라는 시편을 노래합시다.

• 요한 크리소스토무스 『로마서 강해』 28.[2]

---

[1] GNTIP 208. [2] NPNF 1,11,539-40*.

19,11-17 다윗이 달아나도록 미칼이 돕다

그날 밤,
[11] 사울은 전령들을 다윗의 집으로 보내며, 지키고 있다가 아침에 죽이라고 하였다. 그러나 다윗의 아내 미칼이 남편에게 "오늘 밤 당신의 목숨을 건지지 않으면, 내일은 죽게 될 것입니다." 하고 일러 주었다.
[12] 미칼이 다윗을 창문으로 내려보내니, 다윗은 달아나 목숨을 건졌다. ♪

↰ 13 미칼은 수호신을 가져다가 침상에 누이고, 염소 털로 짠 망으로 머리를 씌운 다음 옷으로 덮어 놓았다.

14 사울이 다윗을 잡으려고 전령들을 보냈을 때, 미칼은 "남편이 아파 누워 있습니다." 하고 말하였다.

15 사울은 다윗을 직접 확인하라고 다시 전령들을 보내면서 말하였다. "다윗을 침상째 들고 오너라. 내가 죽여 버리겠다."

16 전령들이 들어가 보니, 침상에는 염소 털로 짠 망①으로 머리를 씌운 수호신이 누워 있었다.

17 사울이 미칼에게 "어쩌자고 네가 나를 속여서, 내 원수를 빼내어 목숨을 건지게 하였느냐?" 하고 묻자, 미칼이 사울에게 "그가 저에게 '나를 빼내 주지 않으면 너를 죽이겠다.'고 하였습니다." 하고 대답하였다.

① 히브리어 낱말의 뜻이 불명확하다.

둘러보기

사울 임금이 회개하기를 희망하며 몸을 피한 다윗의 큰 인내는 끈질기게 악행을 계속하는 사울의 행태와 몹시 대조적이다(니사의 그레고리우스). 다윗이 사울의 전령들에게 포위된 채 집 안에 갇혀 있는 것은 그리스도께서 일시적으로 무덤 안에 안장되어 계셨던 것을 나타낸다(카시오도루스). 다윗이 사라진 것은 주님께서 부활하시어 무덤이 빈 것을 나타낸다(니사의 그레고리우스). 전시에나 평화 시에나 개인의 삶과 공동체의 삶에서 큰 진리를 위하여 일시적인 속임수를 사용하는 것이 정당할 때가 있다(요한 크리소스토무스).

19,11-12 다윗이 밤을 틈타 달아나다

고난을 이겨 내는 끈기

이야기는 이렇습니다. 사울에게 악령이 들이닥쳐 격렬한 감정에 휩싸일 때 거룩한 다윗이 악기를 연주해 사울의 혼란한 격정을 가라앉혀 주었는데, 사울이 곁에 놓은 창을 발견하고는 그것으로 자신의 은인인 다윗을 겨냥해 던졌습니다.

그러나 다윗은 하느님의 도움으로 그 공격을 피할 수 있었고, 창은 벽에 깊이 박혔습니다. 그는 임금이 회개하여 분노가 가라앉기를 바라며 왕궁에서 달아나 자기 집으로 갔습니다. 그런데 사울은 다윗의 집 주위에 창병槍兵들을 배치하고는 다윗을 죽이라고 지시했습니다. 다윗은 감시병들 몰래 창문으로 빠져나와 겨우 위험을 벗어났습니다.

• 니사의 그레고리우스 『시편의 제목』 2,16,264.[1]

무덤과 경비병들

"사울은 전령들을 다윗의 집으로 보내며, 지키고 있다가 죽이라고 하였다." 이것도 주님의 수난과 긴밀히 연관됩니다. 여기서 '집'은 주님께서 사흘 동안 죽음의 안식을 취하신 무덤을 나타냅니다. 유대인 지도자들은 경비병을 보내어 아무도 술수를 꾸미지 못하도록 무덤을 지키게 했습니다. 그리스도께서 일찍이 언명하신 대로

[1] GNTIP 206-7.

부활하셨다고 주장하는 사람이 없게 그분의 이름을 지워 버리려는 것이었습니다. 그런데 그분의 원수들이 스스로 그 언명을 폐기 처분하려고 나선 것은 더 잘된 일이었습니다. 덕분에 온 세상이 그 사실을 더욱 확실히 알게 되었으니 말입니다. 반대편에서 나온 증거야말로 확실한 증거입니다. [예수님을] 반대하는 자가 확인해 준 증거라면 [예수님과] 한패가 꾸며 낸 것이라고 할 수 없을 테니까요.

• 카시오도루스 『시편 해설』 58,1.[2]

19,13-17 미칼이 사울의 전령들을 속이다

주님의 부활을 예시하는 사건

'미칼'이라는 이름은 '다스린다'는 뜻입니다.[3] 그때까지는 죄가 우리 본성을 다스렸기 때문입니다. 그분[다윗이라는 표상이 나타내는 주님]께서는 태어나셨을 바로 그때에 창문을 통해 빠져나가셨습니다. '창문'은 어둠과 죽음의 그림자 안에 앉아 있는 사람들에게 당신을 드러내신 분의 빛으로 다시 돌아옴을 나타냅니다(마태 4,16 참조).

그리고 그분의 상像이 침대 위에 있었습니다. 무덤에서 주님을 찾는 이들에게 천사는 "어찌하여 살아 계신 분을 죽은 이들 가운데에서 찾고 있느냐? 그분께서는 여기에 계시지 않는다. 되살아나셨다"(루카 24,5; 참조: 마태 28,6), "와서 그분께서 누워 계셨던 곳을 보아라"(마태 28,6; 참조:

마르 16,6) 하고 말합니다. 주님을 찾던 이들은 그분께서 안장되셨던 무덤이 비어 있는 것을, 그들이 찾던 분의 몸이 사라진 것을 보았습니다. 그분의 몸을 감쌌던 아마포만 남아 있었습니다. 따라서 우리는 침상 위에 있던 다윗의 상은 주님께서 무덤 속에서 부활하신 것을 나타낸다고 생각합니다. 우리가 죽음을 면할 수 있게 하는 속죄의 희생이 이 부활로 완성되었습니다.

• 니사의 그레고리우스 『시편의 제목』 2,16,272-73.[4]

속임수가 필요할 때도 있다

전시에만 아니라 평화 시에도, 또 국가의 일에서만 아니라 개인의 삶에서도 속임수가 필요할 때가 있습니다. 남편이 아내에게, 아내가 남편에게, 아들과 아버지, 친구들 사이에, 아이들과 부모 사이에서도 그렇습니다. 사울의 딸이 아버지를 속이지 않았다면 남편을 사울의 손에서 구할 수 없었을 것입니다. 그녀의 오빠도 여동생이 살린 이 사람이 또다시 위험에 처했을 때 그를 살리고자 동생과 똑같은 무기를 사용하였습니다.

• 요한 크리소스토무스 『사제직』 1,8.[5]

---

[2] ACW 52,51*.

[3] '임금이 되다'라는 뜻의 히브리어 동사 '마알락'*mālak*을 염두에 둔 해설로 보인다. 칠십인역 본문의 철자가 이런 오해를 낳았을 것이다.

[4] *GNTIP* 209*.   [5] NPNF 1,9,37.

19,18-24 다윗이 라마에 있는 사무엘을 찾아가다

[18] 다윗은 그렇게 달아나 목숨을 건진 다음, 라마에 있는 사무엘을 찾아가, 사울이 자기에게 한 일을 모두 이야기하였다. 다윗과 사무엘은 나욧으로 가서 거기에 머물렀다.

[19] 누군가 사울에게 와서 "다윗이 라마의 나욧에 있습니다." 하고 일러 주었다. ♪

↱²⁰ 사울은 다윗을 잡으려고 전령들을 보냈다. 그들이 가서 보니, 한 무리의 예언자들이 사무엘을 중심으로 황홀경에 빠져 예언하고 있었다. 그 순간 사울의 전령들에게도 하느님의 영이 내려 그들도 황홀경에 빠져 예언하였다.

²¹ 사울이 이 소식을 듣고 다른 전령들을 보냈으나, 그들도 황홀경에 빠져 예언하였다. 그가 다시 세 번째로 전령들을 보냈지만 그들도 황홀경에 빠져 예언하였다.

²² 그래서 사울 자신이 라마를 향해 나섰다. 그가 세쿠에 있는 큰 저수 동굴에 이르러, "사무엘과 다윗이 어디에 있느냐?" 하고 묻자, 어떤 이가 "그들은 라마의 나욧에 있습니다." 하고 대답하였다.

²³ 그래서 사울이 그곳① 라마의 나욧으로 가는데, 그에게도 하느님의 영이 내려 라마의 나욧까지 걸어가는 동안 줄곧 황홀경에 빠져 예언하였다.

²⁴ 그는 옷을 벗고 사무엘 앞에서 황홀경에 빠져 예언하며, 그날 하루 밤낮을 알몸으로 쓰러져 있었다. 그리하여 사람들은 "사울도 예언자들 가운데 하나인가?"라는 말을 하게 되었다.

> ① 히브리어 본문; 그리스어 본문은 '그곳으로부터'다.

둘러보기

고대 역사의 본보기를 따라 경건함을 추구하기로 마음먹는 것은 영혼에 물을 주는 것과 같다(베다). 다윗이 잔인하고 불충한 사람과 접촉하는 것을 피했듯이, 완전한 영혼은 물질적인 것의 악과 관계를 끊고 하느님께 매달린다(암브로시우스). 사울의 예가 보여 주듯이, 예언의 영을 지녔다고 해서 다 하느님의 자녀는 아니다. 사울도 카야파처럼 예언의 은사를 지녔지만 거기엔 사랑이 없었다(아우구스티누스). 때로는 우연한 상황이 예언을 일으키기도 한다. 사울과 그의 전령들이 예기치 않게 예언한 것이 그 예다(오리게네스). 사울은 자신이 적대하는 이를 의도치 않게 옹호하게 되는 경우를 보여 준다(니사의 그레고리우스).

19,18 다윗이 달아나 사무엘을 찾아가다

사울의 자리에 다윗이 앉게 되다

사울을 대신하여 이제 다윗에게 이스라엘 왕국이 주어졌습니다. 그는 겸손하고 결백하며 온유한 유배자였습니다. 그는 오랫동안 [사울의] 부당한 박해로 괴로움을 당했습니다. … 이 이야기를 듣고 겸손과 순결함을 추구하며 자기 마음에서 교만과 시샘을 쫓아 버리는 이는 누구든지 심신을 기운 나게 하는 맑디맑은 물을 한잔 마신 이라 하겠습니다. 그러나 그가, 사울은 박해자들을 나타내고 다윗은 그리스도와 교회를 나타낸다는 것을 알아본다면, 그리고 [박해자는] 믿음이 없었기 때문에 물질적 주권과 영적 주권 둘 다를 잃어버린 반면 그리스도와 교회의 다스림은 영원히 남아 있으리라는 것을 깨닫는다면, [이런 이해력을 지닌] 그는 물이 변하여 만들어진 포도주 한잔을 마시게 될 것입니다. 자신이 전에는 [이 이야기를] 다른 사람들에 관한 고대 역사로만 읽었지만 이제는 그 임금에 대해서만 아니라 그의 삶과 다스림에 관해서도 읽고 있다는 것을 알게 될 것이기 때문입니다.

> ● 존자 베다 『복음서 강해』 1,14.¹

악에서 달아나다

또한 완전한 영혼은 물질에서 돌아서며, 무절제하거나 일관적이지 않거나 사악한 모든 것을 거부하고 이런 속된 더러움과 타락에 가까이 가지도 않습니다. 그런 영혼은 하느님의 일들에 주의를 기울이며 속된 것들은 멀리합니다. 그러나 그런 영혼의 달아남은 지상을 떠나기 위해서가 아니라 지상에 머무르기 위해서이며, 의로움과 절제를 간직하기 위해서이고, 물질적 재화 자체가 아니라 그 안에 담긴 악과의 관계를 끊기 위해서입니다. 거룩한 다윗이 사울의 면전에서 달아난 것은 지상을 떠나기 위해서가 아니라 [하느님께] 순종하지 않는 잔인하고 불충한 사람과 접촉하지 않으려는 것이었습니다. "제 영혼이 당신께 매달리면"(시편 63,9)이라는 그의 말대로, 그는 달아나 하느님께 매달렸습니다.

• 암브로시우스 『이사악 또는 영혼』 3,6.[2]

영광스러운 도피

그러니 달아나는 것을 부끄러워하지 맙시다. 이 도피, 죄의 얼굴에서 달아나는 것은 영광스러운 달아남이기 때문입니다. … 그래서 다윗은 사울 임금에게서 달아났고 압살롬에게서도 달아났습니다(2사무 15,14 참조). 실로 그는 도피하는 가운데 더욱 성덕이 높아졌습니다. 불충한 공격자와 근친을 살해하려는 자를 처단하지 않았다는 점에서 그렇습니다.

• 암브로시우스 『세상 도피』 4,19.[3]

19,20-24 사울과 그의 전령들이 예언하다

하느님의 자녀

하느님을 사랑하지 않는 자는 누구나 '그리스도의 적'입니다. 그런 이들은 교회에 올지언정 하느님의 자녀들 가운데 하나로 헤아려질 수 없습니다. 생명의 샘은 그들에게 속하지 않습니다. 나쁜 사람이라도 세례를 받을 수 있고 예언도 할 수 있습니다. 사울 임금이 예언했다는 기록이 있습니다. 그는 거룩한 다윗을 박해했지만 그럼에도 불구하고 예언의 영이 내려 예언하기 시작했다고 합니다.

• 아우구스티누스 『요한 서간 강해』 7,6.[4]

예언을 일으키시는 분

그런데 때로는 우연한 상황이 예언의 계기가 되기도 하는 것 같습니다. 지금 우리가 보는 대목의 카야파가 그런 예입니다(요한 18,14 참조). 그는 온 민족이 멸망하는 것을 막고자 예수님께서 백성을 위하여 돌아가신 그해의 대사제였습니다(요한 18,13 참조). 다른 대사제들도 있었지만 … 예수님께서 고난을 당하실 그해의 대사제 말고는 아무도 예언하지 못했습니다.

또 사울과 그가 다윗을 살해하라고 보낸 전령들이 함께 예언한 것도 우연한 상황이 계기가 되었습니다. 기록을 보면, 그들이 다윗을 찾고 있었던 것이 예언의 계기가 된 것처럼 보입니다.

• 오리게네스 『요한 복음 주해』 28,175-76.[5]

사랑 없는 예언

열왕기[사무엘기]에는 예언의 본보기가 나옵니다. 사울은 다윗을 박해하였습니다. 그는 다윗을 벌하려고 경비병들을 보냈는데, 다윗을 살해하려고 붙잡으러 보낸 이들은 그가 예언자들 무리에 속해 있는 것을 발견했습니다. 그곳에는 사무엘도 있었습니다. … 다윗이 예언자들 가운데 가

---

[1] CS 110,141*. [2] FC 65,14.

[3] FC 65,296. [4] NPNF 1,7,503*.

[5] FC 89,328.

장 명망 있는 사무엘에게로 달아났던 것입니다. 그의 주변에는 다른 예언자들도 많이 있었습니다. 사울이 보낸 전령들이 다윗을 끌고 가 죽이려고 이 예언들 사이를 뚫고 들어왔습니다. 그때에 하느님의 영이 그들에게 내려 그들도 예언하기 시작했습니다. 거룩하고 의로운 하느님의 사람을 예언자들 사이에서 낚아채 사형대로 끌어가려고 했던 자들이 갑자기 하느님의 영으로 가득 차 예언자가 된 것입니다. 이런 일이 일어난 것은 그들이 죄 없는 이들이었기 때문일 수 있습니다. 사실 그들이 다윗을 붙잡으러 온 것은 그들의 뜻이 아니라 임금의 명령 때문이었으니까요. 어쩌면 그들은 다윗이 있는 곳에 오긴 했지만 사울의 명령을 수행할 뜻이 없었는지도 모릅니다. 그들도 그곳에 머무르고 싶었는지 모릅니다. 이런 일은 오늘날에도 일어납니다. 공권력이 어떤 이를 교회에서 끌어내 오라고 집행관을 파견할 때가 있습니다. 그럴 때 감히 하느님을 거스르는 행동을 하고 싶지 않을 경우 그는 처벌을 면하기 위해 그곳에 남습니다. 어떤 이를 붙잡아 오라고 파견된 곳에 머무르는 것입니다. 이런 경우 우리는 이런 사람들은 죄가 없기 때문에 갑자기 예언자가 되었다고, 안도감을 느끼며 기쁘게 말할 수 있습니다. 이들의 죄 없음을 예언의 은사가 증명해 준 것입니다. 그들은 명령을 받았기 때문에 오긴 왔지만 그 악인이 시킨 짓은 하지 않을 터였습니다. 우리는 이렇게 생각하도록 합시다.

사울이 또 다른 전령들을 보냈지만 그들에게도 하느님의 영이 내려 그들도 예언하기 시작했습니다. 이들도 처음에 온 이들처럼 죄 없는 이들이었다고 보아야 할 것입니다. 사울이 세 번째로 또 전령들을 보냈습니다. 그들에게도 같은 일이 일어났습니다. 이들도 죄 없는 이들입니다.

전령들이 돌아오지 않고 사울이 지시한 일이 이행되지 않자 그가 직접 왔습니다. 그도 죄 없는 사람이었습니까? 그도 더 높은 권력자가 보내서 왔고 그 자신의 자유의지에는 악의가 전혀 없었습니까? 그런데 그에게도 하느님의 영이 내려 그가 예언하기 시작했습니다. 네, 그렇습니다. 사울에게 예언의 은사가 내려 예언을 했습니다. 하지만 그에게는 사랑이 없었습니다. 그는 영으로 깨끗해지는 사람이 된 것이 아니라 성령의 건드림을 받는 일종의 도구가 된 것입니다. 아시다시피 하느님의 성령께서는 어떤 사람들은 건드려 그들이 예언하게 하지만 그들을 깨끗이 해 주시지는 않습니다. … 그러니까 하느님의 성령께서 박해자 사울은 깨끗하게 해 주시지 않으셨지만 어쨌든 그를 건드려 예언하도록 만드셨습니다.

대사제 카야파는 그리스도를 박해한 자였습니다. 그러나 "온 민족이 멸망하는 것보다 한 사람이 백성을 위하여 죽는 것이 더 낫다"(요한 11,50)고 예언하였습니다. 복음사가는 이 말이 예언이라는 것을 이렇게 설명합니다. "이 말은 카야파가 자기 생각으로서 한 것이 아니라, 그해의 대사제로서 예언한 셈이다"(요한 11,51). 카야파가 예언하였고, 사울이 예언하였습니다. 그들은 예언의 영은 지녔지만 사랑이 없었습니다. 사랑 때문에 우리에게 오신 하느님의 아드님을 박해했음을 생각할 때 카야파에게 사랑이 있었습니까? 자신을 원수들에게서 구해 준 이를 박해한 자, 배은망덕한 데다 시샘의 죄까지 지은 사울에게 사랑이 있었습니까? 이 사례들은 사랑이 없어도 예언할 수 있음을 입증해 줍니다. 바오로 사도에 따르면 이런 예언은 유익한 것이 아닙니다. 그는 이렇게 말합니다. "나에게 사랑이 없으면 나는 아무것도 아닙니다"(1코린 13,2). 그는 '예언은 아무것도 아닙니다'라거나 '믿음은 아무것도 아닙니다'라고 하지 않았습니다. "나에게 사랑이 없으면 나는 아무것도 아닙니다"라고 했습니다. 그러므로 그[사울이나 카야파]가 위대한 은사들을 받아도 그는 아무것도 아닙니다. 그가 받은 이 위대한 은사들은 그에게 유익이 되도록 주어진 것이 아니라 그의 파멸을 불러올 것이기 때문입니다. 위대한 은사들을 지닌 사실이 아니라 위대한 은사들을 잘 사용하는 것이 훌륭한 일입니다. 그런데 사랑이 없으면 그 은사들을 잘 사용할 수 없습니다. 사실, 선의가 있어야만 무엇을 잘 사용할 수 있습니다. 그러나 사랑이 없는 곳에는 선의도 있을 수 없습니다.

• 아우구스티누스 『설교집』 162A.[6]

은총에 압도당하다

진리를 파괴하려고 나선 그자[에우노미우스]의 논증은 자신이 반박하는 바로 그 교의들을 의도치 않게 옹호하는 경우가 많습니다. 옛날의 사울의 경우가 그러했다고 역사는 우리에게 알려 줍니다. … 예언자들에게 격노한 그가 은총으로 압도되어 성령을 받은 자 가운데 하나가 되었지요 (예언의 영이 그 배교자 자신을 이용하여 가르치시는 것이라고 저는 이해합니다). 그리하여 이 기이한 사건은 하나의 속담이 되어 두고두고 이야깃거리가 되었는데 … 사람들이 "사울도 예언자들 가운데 하나인가?"라고들 하였다고 역사는 전합니다.

• 니사의 그레고리우스 『에우노미우스 반박』 3,4.[7]

---

[6] *WSA* 3,5,153-54.   [7] NPNF 2,5,145.

20,1-11 다윗이 요나탄에게로 돌아오다

[1] 다윗이 라마의 나욧에서 달아나 요나탄에게 가서 말하였다. "제가 무슨 짓을 했단 말입니까? 제가 무슨 잘못을 저질렀다는 것입니까? 왕자님의 아버님께 무슨 죄를 지었기에, 그분께서 이렇게 제 목숨을 노리신단 말입니까?"

[2] 요나탄은 다윗에게, "그럴 리가 있나? 자네가 죽는 일은 결코 없을 걸세. 아버지께서는 큰 일이든 작은 일이든 나에게 알리지 않고는 하시지를 않는다네. 그런데 아버지께서 이런 일을 왜 나에게 숨기시겠는가? 그럴 리가 없네." 하고 말하였다.

[3] 그러나 다윗은 맹세까지 하면서 이렇게 말하였다.[①] "왕자님의 아버님께서는 왕자님이 저를 마음에 들어 하신다는 사실을 잘 알고 계시지 않습니까? 그래서 그분께서는 '이 사실을 요나탄에게 알려 그를 슬프게 해서는 안 되지.' 하고 생각하셨던 겁니다. 살아 계신 주님과 왕자님의 목숨을 두고 맹세합니다만, 저와 죽음 사이는 한 발짝밖에 되지 않습니다."

[4] 요나탄이 다윗에게 말하였다. "자네가[②] 원하는 것은 무엇이든지 해 주겠네."

① 히브리어 본문: 그리스어 본문은 '맹세까지 하면서'가 없고 그냥 '대답하였다'다.
② 히브리어 본문의 낱말은 '납세카'*napsĕka*, 그리스어 본문의 낱말은 '프시케'*psychē*, 둘 다 '자네의 영혼'이라는 뜻이다.

둘러보기

바오로 사도는 '육'을 육체와 영혼을 대비시키는 의미에서가 아니라 타락한 의지를 가리키는 말로 사용한다(요한 크리소스토무스).

20,4 자네가 원하는 것은 무엇이든지 해 주겠네

"육"은 타락한 의지를 뜻하는 말

이 구절[1]을 놓고 어떤 사람들은 바오로 사도가 사람을 두 부분으로 나누었다고 비난합니다. 인간이 두 가지 본질이 합쳐진 존재라, 그 둘, 곧 육체와 영혼이 서로 갈등을 일으킨다고 말했다는 것입니다.[2] 하지만 그것은 사실이 아닙니다. 바오로 사도가 여기서 말하는 "육"은 육체를 뜻하는 것이 아니기 때문입니다. 그가 말하는 "육"이 육체라면, "육이 욕망하는 것은 성령을 거스르고"라는 구절을 어떻게 이해해야 합니까? 육체는 스스로 움직이는 것이 아니라 움직여집니다. 그 자신이 주체가 아니라 객체입니다. 그런데 그것이 어떻게 욕망합니까? 욕망은 육체가

아니라 영혼에 속한 것이니 말입니다. 그래서 이런 표현들이 있습니다. "제 영혼이 주님의 앞뜰을 그리워합니다"(시편 83,2 칠십인역), "자네의 영혼이 원하는 것은 무엇이든지 해 주겠네",[3] "제 영혼이 당신을 이토록 그리워합니다"(시편 42,2). 그러므로 "육이 욕망하는 것은 성령을 거스르고"라는 바오로 사도의 말에서 "육"은 인간의 육체가 아니라 타락한 의지를 뜻합니다. "여러분은 육 안에 있지 않고 성령 안에 있게 됩니다"(로마 8,9), "육 안에 있는 자들은 하느님 마음에 들수 없습니다"(로마 8,8) 같은 구절에서도 마찬가지입니다.

• 요한 크리소스토무스 『갈라티아서 주해』 5.[4]

---

[1] 갈라 5,17을 가리킨다("육이 욕망하는 것은 성령을 거스르고, 성령께서 바라시는 것은 육을 거스릅니다").

[2] 영 또는 영혼은 선한 반면 물질(육체)은 악하다고 믿는 헬레니즘 시대 이원론자들의 견해가 이러하다.

[3] 1사무 20,3을 직역한 본문.

[4] NPNF 1,13,40-41*.

20,12-25 요나탄이 사울의 뜻을 알아보겠다고 다윗에게 약속하다

[12] 요나탄은 다윗에게 약속하였다. "주 이스라엘의 하느님께서 증인이시네.① 내일이나 모레 이맘때 아버지를 살펴보아, 그분께서 자네 다윗을 좋게 보시면, 내가 사람을 보내어 자네에게 그것을 꼭 알려 주겠네.

[13] 그렇지만 아버지께서 자네를 해치려고 하시는데도, 내가 자네에게 알려 주지 않아서 자네를 무사히 떠나가게 해 주지 못한다면, 주님께서 이 요나탄에게 벌을 내리시고 또 내리셔도 좋네. 주님께서 아버지와 함께 계셨듯이 자네와도 함께 계시기를 바라네. …"

① 히브리어 본문에는 '증인이시네'가 없다.

둘러보기

다윗은 사울의 마음을 이미 알고 있었지만 마음이 선한 요나탄을 신뢰했다(암브로시우스).

20,12-13 요나탄이 사울의 뜻을 알려 주겠다고 다윗
　　　에게 약속하다

마음이 선한 사람

　선한 의지에는 관대함이 따릅니다. 주는 버릇은 주고 싶어 하는 마음이 있어야 생기는 것을 생각할 때, 실로 관대함은 선한 의지에서 시작됩니다. 그러나 관대함과 선한 의지가 같은 것은 아닙니다. 관대함이 없어도 선은 존재할 수 있습니다. [그런 선은] 말하자면 모든 것의 부모이며 결합하고 묶는 우정 같은 것입니다. [그런 선은]

성실한 조언을 하며, 번영의 시기에는 기뻐하고 슬픔의 시기에는 함께 슬퍼합니다. 그래서 누구나 지혜로운 사람의 조언보다는 마음이 선한 사람의 조언을 신뢰합니다. 다윗도 그랬습니다. 그는 선견지명이 있었으면서도 자기보다 어린 요나탄의 충고를 따랐습니다.

　　　　● 암브로시우스 『성직자의 의무』 1,32,167.[1]

_____

[1] NPNF 2,10,28*.

20,26-42 요나탄이 다윗이 달아나도록 돕다

26 그런데도 사울은 그날 아무 말도 하지 않았다. 그는 속으로 '다윗에게 무슨 일이 생겨 부정하게 되었나 보군. 부정하게 된 것이 틀림없어.' 하고 생각하였다.

27 그러나 두 번째 날, 곧 초하루 다음 날에도 다윗의 자리가 비어 있었다. 사울은 아들 요나탄에게, "어찌하여 이사이의 아들이 어제도 오늘도 식사하러 나오지 않느냐?" 하고 물었다.

28 요나탄이 사울에게 대답하였다. "다윗이 베들레헴에 다녀오게 해 달라고 저에게 간청하면서

29 이렇게 말했습니다. '저를 보내 주십시오. 저희 씨족이 성읍에서 제사를 지내는데, 형님이 다녀가라고 하십니다. 그러니 제가 왕자님 마음에 드신다면, 조용히 가서 형들을 볼 수 있게 해 주십시오.' 그래서 임금님의 식탁에 나오지 못한 것입니다."

30 사울이 요나탄에게 화를 내면서 말하였다. "이 더럽고 몹쓸 계집의 자식 놈아! 네가 이사이의 아들과 단짝이 된 것을 내가 모를 줄 아느냐? 그것이 바로 너의 망신이고 벌거벗은 네 어미의 망신이다.

31 이사이의 아들놈이 이 땅에 살아 있는 한, 너도 네 나라도 안전하지 못하다. 그자는 죽어 마땅하니, 당장 사람을 보내어 그를 잡아들여라."

32 요나탄이 아버지 사울에게 말하였다. "왜 그가 죽임을 당해야 합니까? 그가 무슨 짓을 했다고 그러십니까?"

33 그러자 사울은 요나탄을 죽이려고 그에게 창을 던졌다. 그래서 요나탄은 자기 아버지가 다윗을 죽이기로 작정하였다는 사실을 알아차렸다.

34 요나탄은 화가 치밀어 식탁에서 일어났다. 그달 초이튿날, 그는 아무것도 먹지 않았다. 아버지가 다윗을 욕하였으므로 다윗을 두고 슬퍼하였던 것이다.

둘러보기

사울은 다윗을 "이사이의 아들"이라고 불러 그가 비천한 가문 출신임을 드러냄으로써 다윗의 영광이 빛바래게 하려 했다. 다윗을 마구 깎아내리는 사울과 달리 그의 아들 요나탄은 다윗에 대한 지극한 사랑을 보여 준다(요한 크리소스토무스). 요나탄은 덕을 추구하는 우정은 부와 권력과 일신상의 안전보다 더 소중한 것임을 보여 주는 본보기다. 사울이 아들 요나탄에게 창을 던진 것은 그가 자기 집안보다 다윗과의 우정을 더 소중히 여긴다고 생각했기 때문이다(암브로시우스).

20,27 사울이 다윗이 나타나지 않은 까닭을 묻다

이사이의 아들

다윗이 사울을 위해 그렇게 많은 봉사를 했건만, 골리앗에게서 구원해 주고 빛나는 승리를 숱하게 가져다주었건만, 사울은 다윗을 너무나 미워하고 멸시한 나머지 그를 그의 이름으로 부르는 것도 싫어 아버지의 이름을 따라 불렀습니다. 곧 다가올 축제 때 다윗을 해칠 잔인한 계획을 세워 놓은 그는 막상 때가 되었는데 다윗의 모습이 보이지 않자 '이사이의 아들은 어디 있느냐'고 물었습니다. 이 의로운 사람의 고귀한 지위에 흠집을 가하려고 그의 아버지의 이름을 말함으로써 그가 비천한 출생임을 드러낸 것입니다. 야비하고 못난 짓이었지요. 그렇지만 설령 그가 이 아버지의 어떤 점을 비난할 수 있었다 하더라도 그것은 다윗에게 아무런 영향도 미치지 못했을 게 확실합니다. 각 사람은 자기 자신의 행동에 대해서만 책임이 있을 뿐이며 그에 따라 칭송을 받든 비난을 받든 하는 것이기 때문입니다. 그런데 사울은 다윗에게 지적할 만한 악행이 하나도 없자 그의 출신이 비천함을 밝힌 것입니다. 그러면 다윗의 영광이 흐려지리라 기대한 것이지요.

그러나 이야말로 어리석은 짓이었습니다. 별 볼일 없는 시시한 부모 밑에 태어나는 것이 도대체 무슨 잘못입니까? 사울은 그런 것도 모르는, 참 지혜라고는 없는 사람이었습니다.

• 요한 크리소스토무스 『원수가 주리거든』 6.[1]

20,30-34 사울이 요나탄에게 화를 내다

사랑과 수치

사랑은 무례하지 않습니다(1코린 13,5 참조). 사랑은 마치 황금 날개처럼 사랑하는 이의 모든 잘못을 덮어 줍니다. 요나탄은 이처럼 다윗을 사랑했고 그래서 자기 아버지에게 이런 욕을 들었습니다. "이 더럽고 몹쓸 계집의 자식 놈아! … [이사이의 아들과 단짝이 된 것이] 바로 너의 망신이고 네 어미의 망신이다." 그래서 어떻게 됐습니까? 요나탄이 이 소리에 슬퍼하며 사랑하는 이[다윗]에게서 돌아섰습니까? 천만에요. 정반대였습니다. 그는 자신의 사랑을 장신구처럼 드러냈습니다. 하지만 그 당시 한 사람은 임금이고, 한 사람은 임금의 아들이었으며 다른 한 사람은 도망자에 유랑자였습니다. 그러나 상황이 이런데도 요나탄은 자신의 우정을 부끄러워하지 않았습니다. 사랑은 부적절한 행동을 하지 않기 때문입니다. 해를 입고도 슬퍼하거나 화내지 않고 오히려 기뻐하게 만드는 것이 바로 사랑의 놀라운 특성입니다. 그래서 지금 우리가 이야기하고 있는 그 사람은 이 모든 일을 당하고도 마치 왕관을 쓴 것처럼 그 자리에서 일어나 다윗의 목을 껴안았습니다. 사랑은 부끄러움을 모르기 때문입니다. 그래서 사랑은 다른 이들이 창피해 얼굴을 가리는 일들을 당해도 즐거워합니다. 부끄러워할 것은 '어떻게 사랑해야 하는지 모르는 것'

---

[1] NPNF 1,9,230*.

이지 '사랑하는 이를 위해 위험에 부딪히고 모든 것을 참고 견디는 것'(1코린 13,7 참조)이 아닙니다.

• 요한 크리소스토무스 『코린토 1서 강해』 33,2.[2]

덕을 추구하는 우정

덕을 지키는 훌륭한 우정이야말로 재산이나 영예, 권력보다 더 소중한 것입니다. 덕보다 우정이 더 낫다는 것이 아니라 우정은 덕을 따라간다는 것입니다. 자신이 사랑하는 이를 위해서라면 아버지가 불쾌해하는 것도, 자신이 위험에 처하는 것도 아랑곳하지 않은 요나탄이 그랬습니다.

• 암브로시우스 『성직자의 의무』 3,21,124.[3]

다윗을 존경한 요나탄

그[다윗]가 친구들에게 얼마나 살가운 사람인지 다들 보았는데 그를 사랑하지 않을 사람이 누가 있겠습니까? 그는 참으로 자신의 친구들을 사랑했기에 자신도 친구들에게 그처럼 사랑받는다고 생각했습니다. 사실, 부모들은 자기 자식들보다 그를 더 먼저 생각했고 자녀들은 자기 부모보다 그를 더 사랑했습니다. 그래서 사울은 몹시 화가 나서 자기 아들 요나탄에게 창을 던지기까지 했습니다. 그가 다윗과의 우정을 자식 된 도리보다 아버지의 권위보다 더 중요하게 생각했기 때문이었습니다.

• 암브로시우스 『성직자의 의무』 2,7,36.[4]

---

[2] NPNF 1,12,196**.

[3] NPNF 2,10,87*.

[4] NPNF 2,10,49*.

21,1-6 다윗이 아히멜렉의 도움을 받다

[1] 다윗은 일어나 떠나가고 요나탄은 성읍 안으로 들어갔다.

[2] 다윗은 놉으로 아히멜렉 사제를 찾아갔다. 아히멜렉이 떨면서 다윗을 맞았다. 그가 다윗에게 "어떻게 아무도 없이 혼자 오십니까?" 하고 묻자,

[3] 다윗이 아히멜렉 사제에게 대답하였다. "임금님께서 나에게 어떤 일을 맡기시면서, '내가 너에게 맡겨 보내는 이 일을 아무도 눈치채게 해서는 안 된다.' 하고 당부하셨습니다. 그래서 제 부하들과 이곳 어느 지점에서 만나기로 약속해 놓은 것입니다.

[4] 그런데 지금 사제님 수중에 무엇이 좀 없습니까? 빵 다섯 덩이라도 좋습니다. 아니면 아무것이나 있는 대로 저에게 주십시오."

[5] 사제가 다윗에게 대답하였다. "보통 빵은 내 수중에 없고, 있는 것이라고는 거룩한 빵뿐입니다. 부하들이 여자를 가까이하지 않았다면 드릴 수 있습니다."

[6] 다윗이 사제에게 응답하였다. "내가 출정할 때 늘 그렇게 하듯이 우리는 여자를 멀리하였습니다. 그러니 부하들의 몸도 깨끗합니다. 이번 경우가 보통 여행길이기는 하지만, 오늘은 그들 몸이 깨끗합니다."

둘러보기

그야말로 주위에 아무도 없이 나 홀로이더라도 하느님의 은총이 내게 있다면 나는 누구보다 안전하다(요한 크리소스토무스). 옛 시대의 거룩한 사람들에게는 거짓말을 비롯한 야비한 행동을 하는 것이 허락되었다 할지라도 복음은 그것을 철저히 금한다(요한 카시아누스). 다윗이 제사 빵을 먹도록 허락된 것은 그가 비록 정식 사제는 아니었지만 성령의 성전이었으므로 사제로 여겨졌기 때문이다(시리아인 에프렘). 그리스도와 그분의 제자들은 안식일을 어기고 허기를 채웠다. 다윗이 제사 빵을 먹은 사례를 근거로 정당화할 수 있다. 이는 안식일에도 허기를 채우는 것은 허락된다는 본보기다(테르툴리아누스). 다윗이 제사 빵을 먹은 것은 그가 새로운 은총의 예언적 신비를 미리 보았다는 사실을 알려 준다(암브로시우스). 성경은 다윗이 임금이요 제사 빵을 먹은 사제적 행위를 근거로, 다윗의 자손인 그리스도는 임금이요 사제라고 증언한다(아우구스티누스).

21,1 다윗이 놉으로 가다

가장 안전한 곳

이와 마찬가지로, 우리가 그야말로 주위에 아무도 없이 나 홀로이더라도 하느님께서 나와 함께 계시면 성읍들에 사는 어느 누구보다 안전하게 살 수 있습니다. 누가 뭐래도 하느님의 은총이야말로 가장 확실한 안전보장이며 가장 튼튼한 난공불락의 요새입니다. 철저히 혼자 사는 이가, 성읍 한가운데 살며 인간의 도움을 잔뜩 누리고 사는 이보다 실상 가장 안전하고 효율적으로 산다는 증거를 원한다면 다윗을 보십시오. 그는 떠돌이처럼 이곳저곳 옮겨 다녔지만 저 높은 곳의 손이 그를 보호해 주었습니다. 반면에 사울은 성읍 한가운데 살고 그의 지령을 따르는

군대와 경비병과 창병들까지 아래 두었음에도 날마다 원수가 공격해 오지나 않을까 두려움에 떨었습니다. 한 사람은 옆에 아무도 없이 혼자였지만 인간의 도움이 필요 없었던 반면, 다른 한 사람은 이와 대조적으로 왕관을 쓰고 자색 옷을 입었지만 그의 도움이 필요했습니다. 임금에게 목동이, 왕관을 쓴 이에게 농사꾼이 필요했던 것입니다.

• 요한 크리소스토무스 『창세기 강해』 46,8.[1]

21,2 다윗이 아히멜렉 사제에게 거짓말하다

거짓말은 절대 해서는 안 된다

이런 처신이 구약성경에서 바른 행위로 인정되고 거룩한 사람들이 때로는 거짓말을 해도 칭찬받거나 적어도 허용받는 것은 놀라운 일이 아닙니다. 그때는 시작의 때였기 때문에 더 큰 일들도 허락된 것을 우리는 봅니다. 복된 다윗이 사울에게서 달아나 아히멜렉 사제에게 갔을 때 사제가 "어떻게 아무도 없이 혼자 오십니까?" 하고 물었습니다. 그러자 다윗은 "임금님께서 나에게 어떤 일을 맡기시면서, '내가 너에게 맡겨 보내는 이 일을 아무도 눈치채게 해서는 안 된다' 하고 당부하셨습니다. 그래서 제 부하들과 이곳 어느 지점에서 만나기로 약속해 놓은 것입니다" 하고 대답했습니다. 또 "지금 혹시 사제님께 창이나 칼이 없으신지요? 임금님께서 맡기신 일이 너무 급해서 칼은 물론 다른 무기도 가져오지 못했습니다"(9절)라고도 했습니다. 이렇게 말한 것이 무엇이 놀라운 일입니까? 또 갓의 임금 아키스에게 갔을 때는 어땠습니까? 미친 척하지 않았습니까? "[다윗은] 사람들 앞에서 태도를 바꾸고 그들에게 둘러싸여 있는 동안 미친 척하였

다. 그는 성 문짝에 무엇인가를 긁적거리기도 하고, 수염에 침을 흘리기도 하였다"(1사무 21,14)고 하니 말입니다. 그리고 그 [시대 사람]들은 아내를 여럿 두고 첩도 여럿 두었지만 합법적인 행위로 여겨졌고 이것 때문에 죄가 있다고 여겨지지 않았습니다. 뿐만 아니라 자기 손에 원수의 피를 묻히는 일도 잦았지만 그런 일은 비난할 일이기는커녕 칭찬받을 만한 일로 취급되었습니다.

그러나 복음의 빛 안에서 이런 행위는 철저히 금지되었음을 우리는 압니다. 그 같은 행위는 하나같이 심각한 죄와 신성모독 없이는 할 수 없는 짓입니다. 마찬가지로, 우리는 거짓말도 그 누가 제아무리 경건한 투로 하는 것이라 해도 칭찬은 물론 할 수 없고 용서받을 수도 없는 짓이라고 믿습니다. 주님께서 이렇게 말씀하셨기 때문입니다. "너희는 말할 때에 '예' 할 것은 '예' 하고, '아니요' 할 것은 '아니요'라고만 하여라. 그 이상의 것은 악에서 나오는 것이다"(마태 5,37; 참조: 야고 5,12). 바오로 사도도 "서로 거짓말을 하지 마십시오"(콜로 3,9)라고 한 바 있습니다.

> • 요한 카시아누스 『담화집』 17,18,1-2.[2]

21,3-6 아히멜렉이 다윗에게 제사 빵을 주다

사제 다윗

우리 주님께서는 다윗이 제사 빵을 먹은 일로 비난받지 않았다는 이야기를 상기시켜 주신 적이 있습니다. 다윗은 사제가 아니었기 때문에 [제사 빵을] 먹어서는 안 되었습니다. 그러나 그는 성령의 성전이었으므로 한편으론 사제였습니다. 사람들이 이 점을 이해하지 못했기 때문에 주님께서는 "안식일에 사제들이 성전에서 안식일을 어겨도 죄가 되지 않는다는 것을 율법에서 읽어 본 적이 없느냐?"(마태 12,5)라고 하시며 그들[의 생각]이 틀렸다는 것을 입증하셨습니다. 이

이야기에서 우리가 주목해야 할 또 한 가지가 있는데, 다윗이 제사 빵을 먹은 것은 박해받을 때였다는 사실입니다.

> • 시리아인 에프렘
> 『타티아누스 네 복음서 발췌 합본 주해』 5,24.[3]

안식일에 허기를 채우게 하셨다

[예수님의] 제자들이 안식일에 배가 고파서 밀 이삭을 손으로 비빈 것은 음식을 준비하는 행위로 거룩한 날의 규정을 어긴 것이었습니다. 그러나 그리스도께서는 그들을 눈감아 주셨고 나아가 안식일을 어기는 행위에 그들의 공범자가 되셨습니다(마태 12,1-8 참조). … 창조주의 성경에서 그리고 그리스도께서 목적하신 바에서 볼 때, 다윗이 안식일에 성전에 들어가 대담하게 제사 빵을 떼어 먹은 일은 강렬한 선례였습니다. 게다가 그는 이 특권(안식일에 허기를 면하는 것)이 안식일이 제정된 아주 이른 시기부터 허용되었다는 것을 기억했습니다. 창조주께서는 이틀치 만나를 거두는 것을 금하셨지만 안식일 전날 하루만은 그렇게 하는 것을 허락하셨습니다. 전날의 음식으로 안식일에 배고프지 않게 하신 것입니다. 그러므로 주님께서 안식일을 "폐지"(이것이 이후에 사람들이 사용하게 될 용어라 이렇게 표현합니다)하심으로써 같은 원칙을 따르신 데는 합당한 이유가 있었다 할 수 있습니다. 그분께서 안식일에 배고프지 않을 수 있는 특권을 내리심으로써 창조주의 의지(탈출 16,4-5 참조)를 표현하신 데도 합당한 이유가 있습니다. 간단히 말해, 그리스도께서 제자들에게 안식일에 굶으라고 명령하셨더라면, 그것은 성경의 의향과 창조주의 뜻에 반대되는 것이니 안식일만 아니라 창조주 그분까지도

---

[2] ACW 57,596-97.　　　[3] ECTD 106*.

— 그때 그 자리에서 — 끝내 버린 것이 되지 않겠습니까? 그리스도께서 제자들을 직접 옹호하지 않고 그냥 눈감아 주기만 하셨다고 해서 그분께서 창조주의 뜻과 어긋나는 분이십니까? 또는 그분께서 인간의 필요에 개입하셨기 때문에, 안식일을 일을 안 하는 날이라기보다 슬픔이 없는 날로 이해하심으로써 안식일의 영예로움을 지켰기 때문에, 또는 그분께서 다윗과 그의 일행의 처지와 당신 제자들의 처지를 같은 것으로 취급하며 그들의 잘못은 잘못이 아니라고 여기셨다고 해서, 또는 그분께서 창조주 은혜를 확인해 주시는 것을 흡족히 여기셨다고 해서, 또는 그분 자신이 당신의 본보기에 따라 선하신 분이었다고 해서 … 그분께서 창조주의 뜻과 어긋나는 분이십니까?

• 테르툴리아누스 『마르키온 반박』 4,12.[4]

그리스도께서는 죄로 여기지 않으시다

그들은 [제자들이 안식일에 밀 이삭을 뜯어 먹은 것을] 비난했지만 그리스도께서는 그것을 죄로 여기지 않으십니다(루카 6,3-5 참조). 그분께서는 당신을 따르는 이들의 경우가, 새로운 은총의 예언적 신비를 미리 보고서 율법을 개의치 않고 제사 빵을 먹은 다윗의 경우와 비슷하다고 보셨습니다.

• 암브로시우스 『이사악 또는 영혼』 6,56.[5]

임금이자 사제

그리스도께서는 성경의 많은 증언들에서 임금이요 사제로 나타나십니다. 그러므로 그분을 아브라함의 자손이라는 말보다 다윗의 자손이라는 말로 부르는 경우가 더 많은 것은 타당합니다. 마태오도 루카도 이 점을 확인해 줍니다. 한 사람은 그[다윗]의 혈통이 솔로몬을 거쳐 그분[예수님]께로 이어졌다고 보았고, 한 사람은 그분[예수님]의 족보가 나탄을 거쳐 그[다윗]에게로 거슬러 올라간다고 생각했습니다. 그러니까 그[다윗]는 제사 빵을 먹었을 당시 명백히 임금이긴 했지만 사제의 역할을 하고 있음을 보여 주었습니다. 사제가 아닌 한 누구라도 그 빵을 먹는 것은 불법이었습니다.

• 아우구스티누스 『복음사가들의 일치』 1,3,5.[6]

---

[4] ANF 3,362-63**.

[5] FC 65,46*.

[6] NPNF 1,6,79**.

21,7-15 다윗이 갓 임금 아키스에게로 달아나다

[11] 다윗은 일어나, 그날로 사울에게서 달아나 갓 임금 아키스에게 갔다.

[12] 아키스의 신하들이 그에게 말하였다. "이 사람은 그 나라 임금 다윗이 아닙니까? 그를 두고 사람들이 춤추며 이렇게들 노래하지 않았습니까? '사울은 수천을 치셨고 다윗은 수만을 치셨다네.'"

[13] 이 말을 듣고 다윗은 가슴이 뜨끔하였다. 그는 갓 임금 아키스가 몹시 두려워,

[14] 사람들 앞에서 태도를 바꾸고 그들에게 둘러싸여 있는 동안 미친 척하였다. 그는 성 문짝에 무엇인가를 긁적거리기도 하고, 수염에 침을 흘리기도 하였다.

둘러보기

성경의 비유적 표현이나 행위들, 예를 들어 다윗이 미친 척한 일 같은 것은 정신을 훈련시키고 그 의미를 찾는 기쁨을 더 크게 하기 위해 너울로 가린 예언으로 받아들여야 한다(아우구스티누스). 다윗의 침은 위대한 신비를 나타내며, 성경이 힘으로 넘침을 의미한다(카시오도루스).

21,14 다윗이 미친 척하다

비유적 표현

비유적 표현이나 행동을 거짓말로 여겨야 한다면 이 모든 표현 양식을 다 거짓말이라 해야 할 것입니다. 그러나 어떤 것을 나타내는 표징이 진리를 이해시키는 데 도움이 되도록 또 다른 것을 나타내는 데 사용될 경우엔 거짓말이 아니라고 한다면, 야곱이 축복을 받기 위해 아버지에게 한 행동이나 말, 요셉이 자기 형들을 시험하며 했던 말(창세 42장 참조), 또 다윗이 미친 척한 일이나 이와 비슷한 다른 표징들도 거짓말이라 판단해서는 안 되는 것이 확실합니다. 그런 것들은 경건한 탐구자의 정신을 훈련시키기 위해 표상이나 옷 같은 것들로 너울이 둘러 있습니다. 다 드러나서 뻔한 시시한 것이 아닌 것입니다. 우리는 그 의미들이 다른 곳에 명백하게 드러나 있다는 것을 배우지만 그래도 그 모호하던 상태에서 의미가 파헤쳐질 때 그것들은 우리의 지식 안에서 어떻게든 새로이 창조되어 감미로운 것이 됩니다. 공부하는 사람은 그런 일들이 이런 식으로 가려져 있다는 사실에 방해를 받아서는 안 됩니다. 그 점으로 인해서 오히려 그것들은 더욱 받아들일 만한 것이 됩니다. 멀리 있기 때문에 더욱 뜨겁게 갈망하게 되고 갈망의 대상이기에 발견했을 때 더욱 기쁨이 큽니다.

● 아우구스티누스 『거짓말 반박』 10,24.[1]

위대한 신비의 증거

사울이 다윗을 쫓자 다윗은 아키스 임금에게로 달아났습니다. 그리고 그가 그곳에 간 것은 [사울의 시샘] 때문에 의심을 받았기 때문이므로 다윗은 조심스레 태도를 바꾸고 침을 흘려 얼굴이 이상하게 보이도록 했습니다. 그러면 마귀가 들렸다고 생각해 가엾이 여기며 해치지 않고 보내 주리라 생각했던 것입니다. 그러나 이 사례를 비롯하여 다윗이 보인 행동들은 위대한 신비의 증거입니다. 그는 침을 흘리는 모습을 보여 주었는데, 침은 성경을 나타내며 침이 그의 수염을 타고 흐른 것은 성경에 큰 힘이 있음을 나타내기 때문입니다. 이 일들의 의미로 인하여 '내 아버지의 나라'를 뜻하는 '아비멜렉'이라는 이름이 '아키스'로 바뀌게 되었습니다. 다윗이 피신한 곳의 임금이지요. 이 사건은 영광스러운 아버지께서 거룩하신 애정으로 세상을 위한 일을 맡기신 주 그리스도와 관련된 것이 명백합니다. '그를 돌려보냈다'는 것은 아비멜렉 임금이 다윗을 문전박대했음을 뜻하고, '그는 자기 길을 갔다'는 구절은 앞에서도 말했듯이, 다윗이 의심을 받기 시작했기 때문에 그곳을 떠나 다른 곳으로 갔음을 뜻합니다.

● 카시오도루스 『시편 해설』 33(34),1.[2]

[1] FC 16,154.
[2] ACW 51,324-25*.

22,1-5 다윗이 지원군을 얻어 유다 지방으로 피신하다

¹ 다윗은 그곳을 떠나 아둘람의 굴속으로 몸을 피하였다. 그의 형들과 그의 아버지 집안 전체가 이 소식을 듣고 그리로 내려갔다.

² 또한 곤경에 빠진 이들, 빚진 이들, 그 밖에 불만에 찬 사람들이 모두 다윗에게 모여들었다. 다윗이 그들의 우두머리가 되었는데, 그 수는 사백 명가량 되었다.

둘러보기

다윗이 굴속에 있었던 것은 거듭 영적 전투를 치르는 의인들의 육체적 삶에 대한 비유다(암브로시우스). 박해받는 이들의 도피는 박해하는 이들에 대한 강력한 논증이며, 박해자들의 파멸을 재촉한다(아타나시우스). 베다는 다윗의 피신 이야기를 그리스도와 교회에 관한 우의로 해석하는데, 집안사람들과 불만에 찬 사람들이 다윗에게 모여든 것은 선민들과 회개한 이들이 그리스도께로 온 것을 나타내며, 그 수가 사백이었다는 것은 네 복음서의 일치를 암시한다고 풀이한다.

22,1-2 불만에 찬 사람들이 피신한 다윗에게 모여들다

의인들의 고투

의인들은 많은 싸움을 거칩니다. 운동선수가 어디 딱 한 번만 싸웁니까? 승리자의 관을 여러 번 쓴 사람도 다른 경기에서는 지는 경우가 얼마나 많습니까! 숱하게 승리를 거두었던 사람이 때로는 확신을 얻지 못해 망설이는 경우가 얼마나 많습니까! 용감한 사람이 용감한 사람들과 겨루면 싸움이 더 본격적인 것이 되고 그럴 경우 누구 힘이 더 센지 더 확실하게 입증됩니다. 다윗도 적수를 피하여 달아날 때 날개를 찾지 못했습니다(시편 139,9 참조). 그는 앞날이 불확실한 상태에서 힘든 싸움을 하는 가운데 이리저리 쫓겨 다녔습니다. … 그러나 다윗은 아직 굴(곧, 육)속에 있습니다. 그는 육체라는 동굴 속에 있을 때 가혹함의 아들인 사울 임금과, 그리고 눈에 보이지는 않지만 파악할 수는 있는 그 영적 지배자의 힘과 싸웁니다.

● 암브로시우스 『세상 도피』 5,28.¹

박해에서 도피

달아나는 것이 나쁘다지만 박해하는 것은 훨씬 더 나쁩니다. 한쪽은 죽음을 피하기 위해 숨고 다른 한쪽은 죽이고 싶은 욕망을 품고 박해합니다. 성경에 우리는 달아나야 한다고 쓰여 있습니다. 그러나 파괴하고자 하는 자는 율법을 어기는 것이며 그 자신이 다른 이가 달아나게 하는 원인입니다. 그러니 내가 도피한 것을 비난하는 그들[아리우스파]은 자기들이 저지른 박해가 더 부끄러운 짓임을 알아야 할 것입니다. 그들이 작당하기를 그친다면 도피하는 이는 아무도 없을 것입니다. 그런데 그들은 사악함을 그치기는커녕, 박해받는 이들의 도피는 그 자체가 박해하는 이들에 대한 강력한 논증이라는 것을 깨닫지 못한 채 나를 붙잡으려고 온갖 방법을 동원하고 있습

¹ FC 65,303*.

니다. 온유한 이들과 자비로운 이들에게서 달아 나는 사람은 아무도 없습니다. 모름지기 달아나 는 사람은 잔인한 자들과 악의에 찬 자들에게서 달아나는 것입니다.

'곤경에 빠진 이들과 빚진 이들'이 사울에게 서 달아나 다윗에게로 피신했습니다. 그런데 이 것이 이 사람들[아타나시우스를 박해하는 자들]이 숨 어 있는 이들을 고립시키고 싶어 하는 이유입니 다. 그러면 자신들의 사악함에 대한 증거가 더 이상 나오지 않으리라 생각하는 것입니다. 그런 데 이 점에서도 그들의 정신은 그들의 통상적인 오류로 인하여 눈먼 듯 보입니다. 그들의 원수들 이 도피하는 사례가 많아질수록, [아리우스파의] 불충한 행위가 그들에게 초래한 파멸과 추방이 더욱더 악명 높아질 것이기 때문입니다. 그러니 그들이 [원수들을] 그 자리에서 죽인다면 그들의 죽음은 외지에서 더욱 널리 소문이 날 것이며, [반대파를] 추방한다면 그것은 자신들의 죄악에 대한 기념비를 사방팔방으로 보내는 것일 따름 입니다.

• 아타나시우스 『자신의 도피에 관한 변론』 8.[2]

그리스도와 그분의 가르침에 매달리다

그리스도께서 비천한 이들 가운데에 계실 때 에 모든 선민들이 자신을 낮추어 그분께로 내려 옵니다. 그들 가운데는 인간들도 있고 천사들도 있습니다. 그분께서 스스로 인간이 되셨으므로 인간들은 그분의 형제이고, 천사들은 무엇보다 그분 아버지의 집안이며 그분의 영광이 머무르 는 곳입니다. 또한 자신의 죄를 깨닫고 괴로워하 며 참회의 눈물로 씻기고 자신의 빚에서 벗어나 기를 갈망하는 이들도 옵니다. 그들은 그리스도 를 우두머리로 삼고서, 하늘나라의 기쁨 속으로 가게 되기를 희망합니다.

"그 수는 사백 명가량 되었다"고 합니다. 믿음 안에 서 있는 사람은 누구나 주님께 매달립니다. 그들은 복음 가르침을 통하여 마음에 힘을 얻어 용감하게 행동하며 하늘나라를 희망하고 구하고 얻도록 불렸습니다. 이 가르침은 지극히 아름다 운 일치를 보여 주는 네 권의 책 안에 봉인되어 있습니다. '사백'이라는 수는 많은 무익한 수 뒤에 처음으로 오는 결실이 풍부한 수로 여겨져 추구 되는 경우가 많습니다. 여기 아래에서의 수고를 다 끝내면 하느님께서 저 위에 있는 나라의 문을 열어 주시는 것과 같습니다. 우리가 설명한 아둘 람 굴에서 일어난 사건들은 고대 교회의 사건들 과도 연관 지어 해석할 수 있다는 점에서 새겨들 어야 할 것입니다. 따라서 그 사건들은 교회 전체 의 상황과 연관 지어도 어색하지 않습니다. 우리 시대, 곧 다른 민족들의 시대에 특별히 적용되는 모든 일은 교회에도 적용되기 때문입니다.

• 존자 베다 『사무엘기 상권 우의적 해설』 3,22.[3]

---

[2] NPNF 2,4,257-58*.

[3] CCL 119,204.

22,6-10 사울이 다윗의 소식을 듣다

⁷ 사울은 자기 주변에 둘러서 있는 신하들을 꾸짖었다. "이 벤야민 사람들아, 잘 들어라. 이 사이의 아들이 너희 모두에게 밭과 포도원을 주고, 너희를 모두 천인대장이나 백인대장으로 삼을 줄 아느냐?

⁸ 그래서 너희가 모두 나를 거슬러 음모를 꾸민 것이냐? 내 아들이 이사이의 아들과 계약을 맺었을 때도, 나에게 알려 준 자가 아무도 없었다. 또 내 아들이 오늘 이처럼 내 신하를 부추겨서 나를 치려고 노리는데도, 너희 가운데에는 나를 염려하여 알려 주는 자가 아무도 없다."

⁹ 그때 에돔 사람 도엑이 사울의 신하들 곁에 서 있다가 이렇게 응답하였다. "제가 이사이의 아들을 보았습니다. 그는 놉으로 아히툽의 아들 아히멜렉을 찾아온 적이 있습니다.

¹⁰ 그때 아히멜렉은 그를 위하여 주님께 여쭈어 본 다음, 그에게 여행 양식을 주고 필리스티아 사람 골리앗의 칼도 내주었습니다."

둘러보기

도엑은 하느님의 피조물에게 속하지 않는 악하고 메마른 본성을 나타내는 노새를 돌보는 자이므로 인간의 영혼을 악으로 이끄는 악한 천사를 나타낸다(니사의 그레고리우스).

22,9-10 에돔 사람 도엑

악한 천사

이 이야기에서 나는, 깨달음이 나의 삶을 인도할 때면 언제나 다윗의 삶도 그러했다는 것을 배웁니다. 그리고 그것은 저를 그 승리의 끝으로 데려갑니다. 그러면 나는 내가 그 사제의 집에 있을 때 나의 구원을 방해하는 도엑을 두고 각별히 슬퍼합니다. 나귀들을 돌보는 그자[1]는 더 이상 나와 정면으로 대결할 힘이 없는 까닭에, 내 피를 목말라하는 자에게 내가 그 사제와 있다고 알려 줌으로써 은밀히 나를 거슬러 음모를 꾸밉니다.

이 에돔 사람이 책임을 맡고 있는 나귀들이

무엇을 나타내는지는 명백합니다. 도엑은 태초에 '자식을 많이 낳고 번성하여라'(창세 1,28 참조)라는 말씀으로 피조물들에게 풍요로움을 가져다 준 하느님의 축복을 받지 못한 불모성을 본성으로 지닌 짐승을 돌보는 자입니다. 악이 늘어나는 것은 나귀라는 종자가 이어지는 것과 마찬가지로 하느님에게서 비롯한 일이 아닙니다. 이 짐승은 각 개체가 새로 시작되듯이, 이 짐승의 본성인 불모성은 술수로 생산되며 그 본성 자체를 이용하여 비밀리에 이루어집니다.

그러나 말씀께서 뜻하신 목적은 발설된 말씀에 명백히 드러나 있습니다. 주님께서 만드신 것은 무엇이나 아주 좋은 것이고(창세 1,31 참조) 나귀는 창조로 만들어진 것에 속하지 않는다면, 이 이야기에 나오는 "나귀"는 악을 나타내는 것이 확실합니다. 나귀는 하느님에게서 오지 않았으며 그 특성이 지속되게 하는 번식 능력이 없습니

---

[1] 칠십인역에 따르면 도엑은 사울의 나귀들을 돌보는 자다(참조: 1사무 21,7; 22,9).

다. 나귀가 자기 본성을 스스로 지속할 수 없듯이 악은 영원히 남아 있을 수도 자신을 보존할 능력도 없습니다. 나귀와 마찬가지로, 우리의 본성에서 고귀하고 훌륭한 것, 그리고 어쩌면 오만한 것이 나귀처럼 고집스럽고 비이성적인 것과 결합하려는 욕망에 넘어갈 때, 또 다른 악에 의해 또 다른 악이 태어납니다.

따라서 새끼를 낳지 못하는 가축인 나귀를 돌보는 목자, 다윗을 적대하는 사울의 시종꾼이 된 이민족 도엑은 온갖 정욕이라는 죄를 통해 인간의 영혼을 악으로 이끄는 악한 천사입니다. 그는 영혼이 참사제의 집에 있어 나귀의 발길질로 찰 수 없는 것을 볼 때마다 사악한 자들의 지배자, "지금도 순종하지 않는 자들 안에서 작용하는 영"(에페 2,2)에게 그 사실을 알려 줍니다.

• 니사의 그레고리우스 『시편의 제목』 2,13,179-82.[2]

---

[2] *GNTIP* 178-79**.

22,11-23 사울이 놉의 사제들을 학살하다

[11] 임금은 놉에 있는 아히툽의 아들 아히멜렉[①] 사제와 그 아버지 집안의 사제들을 모두 불러들였다. 그들이 모두 임금 앞에 나오자 …

[16] 그러나 임금은 "너 아히멜렉과 네 아비의 온 집안은 죽어 마땅하다." 하고 말하였다.

[17] 임금은 자기 주변에 둘러선 호위병들에게 명령을 내렸다. "돌아서서 주님의 이 사제들을 죽여라. 그들은 다윗과 손을 잡고, 그가 달아난 것을 알면서도 나에게 알려 주지 않았다." 그러나 임금의 신하들은 감히 손을 들어 주님의 사제들을 치려고 하지 않았다.

[18] 임금이 도엑에게 "네가 돌아서서 이 사제들을 쳐라." 하고 명령하자, 에돔 사람 도엑은 돌아서서 그 사제들을 쳤다. 그날 그는 아마포 에폿을 걸친 사람 여든다섯 명을 죽였다.

[19] 사울은 그 사제들이 살던 성읍 주민들도 칼로 쳐 죽였다. 남자와 여자, 어린이와 젖먹이, 소와 나귀와 양들까지 모두 칼로 쳐 죽였다.

[①] 칠십인역은 '아비멜렉'이다.

둘러보기

에돔 사람인 '도엑'의 이름은 '지진'을 뜻하는데, 이는 순교자들을 만들어 내고 온 세상에 혼란을 일으킬 '그리스도의 적'을 나타내는 표상으로 이해하면 맞다(카시오도루스). 다윗과 다윗의 자손을 박해한 자들은 죄 없는 이들의 피를 쏟게 한 공통의 죄가 있다(시리아인 에프렘). 도엑은 현세적 인간을, 다윗은 거룩한 인간을 나타낸다(아우구스티누스). 히에로니무스는 '에폿'의 뜻과 그와 연관된 본문상의 문제들을 깊이 파고든다.

22,18-19 도엑이 놉의 사제들을 죽이다

도엑은 '그리스도의 적'

다윗은 사울 임금에게서 달아나 아비멜렉 사제에게로 왔습니다. 다윗은 자신을 맞아 준 아비멜렉 사제에게 제사 빵[1▶]을 얻어먹고 자신이 골리앗을 죽였을 때 썼던 칼도 받았습니다. 제사 빵은 사제로서의 그의 역할을 나타내며 성별된 칼은 장차 그가 누리게 될 지위인 지극히 강력한 임금을 나타냅니다. 에돔 사람 도엑이 마침 그 자리에 있었는데, 나귀들을 관리하는 자인 그는 사울 임금에게 이 모든 사실을 고했습니다. 그러자 사울은 화가 나서 도엑을 시켜 아비멜렉을 비롯하여 그 성읍의 다른 사제들을 학살했습니다. 이런 사건을 저지른 도구인 이자는 그의 출신지 이름을 따 "에돔 사람 도엑"이라 불렸습니다. 권위 있는 교부들의 해석에 따르면,[2] 이 이름은 '지진'을 뜻합니다. 이 이름에 붙은 이런 의미는 당연히 '그리스도의 적'의 행위와 관련이 있습니다. 장차 '그리스도의 적'이 그리스도의 원수가 될 것이듯이, 에돔 사람 도엑은 다윗의 원수였기 때문입니다. 도엑은 사제들을 죽였고 '그리스도의 적'은 순교자들을 만들어 낼 것입니다. 도엑은 그 이름으로 지진을 뜻하고 '그리스도의 적'은 세상으로 하여금 자신의 이름에 경배하도록 강요하는 신성모독을 저지름으로써 온 세상을 혼란에 빠뜨릴 것입니다.[3] 그러므로 '에돔 사람 도엑'의 이름은 '그리스도의 적'을 나타낸다고 이해하면 맞습니다. 지금까지 설명한 것처럼 이 둘은 닮은 점이 많기 때문입니다.

• 카시오도루스 『시편 해설』 51,1-2.[4]

서로 연결된 과거의 사건들

실로 사울은 사제들이 미처 의식하지 못한 채 다윗을 도왔다는 사실을 듣자 그들을 자기 앞에 데려오도록 한 다음 모두 죽였습니다. 사울의 경우와 마찬가지로 당신들 목에도 무고한 이들의 피가 걸려 있다고 해야 맞을 것입니다. 그러나 다윗의 자손은 당신들 손을 벗어나 다른 민족들 가운데로 피신했습니다. [하느님의] 아드님께서

헤로데의 박해를 받으셨듯(마태 2장 참조) 다윗은 사울의 박해를 받았습니다. 그 사제들은 다윗 때문에 살해되었고 그 어린 아기들은 우리 주님 때문에 살해당했습니다(마태 2,16 참조). 그 아기들 가운데에서 요한[5]이 살아남았듯, 에브야타르는 사제들 가운데에서 살아남았습니다. 에브야타르 대에서 엘리 집안의 사제직이 끝났고 요한에게서 야곱 자손들의 예언이 끝났습니다(마태 11,13 참조).

• 시리아인 에프렘
『타티아누스 네 복음서 발췌 합본 주해』 3,3.[6]

속된 세계와 거룩한 세계

거룩한 사람 다윗은 사울의 박해를 피해 달아나던 중 자신이 안전하리라 생각한 곳으로 갔습니다. 그는 아히멜렉이라는 사제의 집에서 빵을 얻어먹었습니다. 이러한 행위는 단지 임금의 역할만을 행한 것이 아니라 사제의 행위이기도 했습니다. 그가 먹은 제사 빵은 주님께서 복음서에서 우리에게 상기시켜 주시듯이 "사제가 아니면 먹어서는 안 되는"(마태 12,4) 빵이었기 때문입니다. 다윗을 잡으러 나선 사울은 신하들에게 몹시 화가 났습니다. 그들 가운데 아무도 다윗을 배신하려 하지 않았기 때문입니다. 우리는 방금 열왕기[사무엘기]에 나오는 이 이야기를 읽었습니다. 그런데 그때 그곳엔 도엑이라는 자가 있었습니

◀1 "거룩한 빵"(1사무 21,6).

2 히에로니무스와 아우구스티누스를 가리킨다.

3 카시오도루스는 예루살렘의 키릴루스의 『예비신자 교리교육』 15,11 이하의 논지를 그대로 따르는 듯 보인다.

4 ACW 52,1*.

5 세례자 요한은 헤로데의 명령에 따른 살육 때에 죽지 않았다.

6 ECTD 75.

다. 에돔 사람으로서 사울의 가축들을 돌보는 책임자였지요. 그도 아히멜렉 사제에게 가 있었습니다. 신하들이 아무도 다윗을 배반하려는 자가 없자 사울이 몹시 격노할 때에도 도엑이 그 자리에 있었습니다. 그는 자신이 본 것을 죄다 고했습니다. 사울은 곧바로 그 사제와 그의 집안 모두를 자기 앞에 불러오게 하고는 그들을 죽이라고 지시했습니다. 사울의 신하들은 임금의 명령을 받고서도 아무도 감히 주님의 사제들에게 손을 대려 하지 않았습니다. 그러나 다윗의 행방에 대해 누설한 이 도엑이라는 자는 유다와 같았습니다. 자신의 사악한 결의에서 움츠리기는커녕 끝까지 밀고 나가 뿌리와 똑같은 열매, 썩은 나무에서 맺히는 전형적인 열매를 맺었습니다. 곧, 그자는 임금의 명령을 따라 그 사제와 집안 모두를 죽였습니다. 그 뒤 그 사제들의 성읍도 파괴되었습니다.

우리는 이 도엑이라는 자는 다윗 임금과 사제 아히멜렉 둘 다의 원수인 것을 보았습니다. 도엑은 한 사람이지만 그는 사람들의 한 부류 전체를 나타냅니다. 마찬가지로 다윗은, 인류는 비록 하나이지만 두 가지 인격을 지닌 한 사람처럼 임금과 사제를 다 나타냅니다. 그러니 이 시대 우리의 세상에서도 이 두 부류의 사람을 알아보는 눈을 가집시다. 그래야 우리가 노래를 부르거나 듣는 것이 우리에게 유익한 것이 됩니다. 오늘날의 임금이요 사제인 몸을 우리가 알아보듯이, 오늘날에도 우리 곁에 있는 도엑도 알아봅시다. 그러면 아직도 임금과 사제를 적대하는 몸을 알아볼 수 있게 될 것입니다. 이들의 이름이 지닌 신비한 의미에도 처음부터 주목하십시오. '도엑'은 '움직임'을 뜻하고, '에돔 사람'은 '속되다'는 뜻입니다. 이미 여러분은 이 '움직임', 이 '도엑'이라는 자가 상징하는 것이 어떤 종류의 사람들인지 알 것입니다. 영원히 안정되지 못하고 어디론가 움직여 가도록 예정된 자들이지요. '속되다'로 말할 것 같으면, 속된 사람에게서 무슨 열매를 기대하겠습니까? 그러나 거룩한 사람들은 영속할 것입니다. 그러니까 간단히 말하면, 오늘의 이 세상에는 속된 왕국이 있는가 하면 거룩한 나라도 있습니다. 이 두 나라, 곧 속된 나라와 거룩한 나라에는 각기 순례자인 국민들이 있습니다. 한 나라는 뿌리가 뽑힐 나라이고 한 나라는 영원히 든든히 서 있을 나라입니다.

• 아우구스티누스『시편 상해』51.[7]

거룩한 에폿

당신은 편지 앞머리에 열왕기 1권[사무엘기 상권]의 기분 좋은 이 이야기를 적었습니다. "사무엘은 어린 나이에 아마포 에폿을 두르고 주님을 섬겼다. 그의 어머니는 해마다 남편과 함께 주년 제사를 드리러 올라올 때면 그에게 작은 예복을 지어 가져왔다"(1사무 2,18-19). 그러고서 당신은 장차 올 예언자도 두르게 될 이 아마포 에폿에 대해 물었습니다. 그것이 띠인지 아니면 많은 사람이 생각하는 것처럼 일종의 옷 형태인지, 그리고 그것이 옷처럼 입는 것이라면 왜 '두른다'고 하는지, 왜 '에폿'이라는 말 다음에 '아마포로 된'이라고 형용사를 붙였는지 하는 것이었지요. 당신은 다음 구절도 적었습니다. "하느님의 사람이 엘리를 찾아와서 말하였다. '주님께서 이렇게 말씀하십니다. '네 조상의 집안이 이집트에서 파라오의 집안에 속해 있을 때에, 내가 나 자신을 그들에게 나타내 보이지 않았느냐? 나는 너의 조상을 이스라엘의 모든 지파 가운데에서 내 사제로 선택하여, 내 제단에 올라와 향을 피우고

[7] WSA 3,17,14-16*.

내 앞에서 에폿을 걸치게 하였다.'"(1사무 2,27-28). 당신은 에돔 사람 도엑이 임금의 명령을 받고 사제들을 살해한 대목을 이해하기 위해 이 책의 순서 전체를 본보기로 들었습니다. "시리아인 도엑은 돌아서서 주님의 사제들을 쳤다. 그날 그는 에폿을 걸친 사람 삼백다섯 명을 죽였다"고 성경에 쓰여 있습니다. 히브리어 성경에는 "여든다섯 명"이라고 되어 있습니다.

그는 사제들이 살던 성읍의 주민들도 어린이와 젖먹이들까지 칼로 쳐 죽였고 송아지와 말 새끼, 양들도 모두 칼로 쳐 죽였습니다. 그러나 아히툽의 아들인 아히멜렉의 아들들 가운데 하나인 에브야타르는 목숨을 건져 다윗에게로 도망쳐 왔습니다. 이제 '모두 에폿을 걸치고 있었다'는 구절의 본문상의 문제에 대해 이야기하고자 합니다. 히브리어 성경에는 이 구절이 '모두가 아마포 에폿을 걸고 있었다'로 되어 있지요. 당신은 내가 왜 이 말을 하는지 이어지는 구절에서 알게 될 것입니다. 다음을 거기에 덧붙여 읽으십시오. 아히툽의 아들인 "아히멜렉의 아들 에브야타르는 다윗에게 달아나 손에 에폿을 들고 다

윗과 함께 크일라로 내려갔다. 그리하여 다윗이 크일라에 오자 사울은 추격을 멈추었다. 다윗은 사울이 곧 도착해 성읍을 포위할까 두려워하며 에브야타르에게 '주님의 에폿을 가지고 오라'고 하였다." 이 구절들은, 에프라임 산악 지방 사람인 미카가 자기 어머니에게 약속했던 은 천백 세켈을 준 판관기 이야기의 이후를 알려 주는 열왕기[사무엘기]의 발췌 구절들입니다. 그 어머니는 그 돈으로 조각 신상과 주조 신상을 만들게 하였다고 하지요(판관 17,1-6 참조). 얼마 안 되어 그것은 에폿과 수호신[테라핌]으로 불리게 된다는 사실에도 주목하십시오. 그것이 띠거나 일종의 옷이라면 조각이나 주조 상일 수 없을 것이 확실하기 때문입니다. 에폿과 테라핌은 후대에 붙은 이름이고 본디 미카가 자기 어머니에게 준 은으로 만든 주조 신상들 가운데 일부였다고 주장하는 거의 모든 라틴어권 학자들은 잘못 생각하고 있는 것입니다.

• 히에로니무스 『서간집』 29.[8]

---

[8] CCL 54,234-35.

23,1-18 다윗이 필리스티아인들을 무찌르고 크일라 주민들을 구하다

[5] 그리하여 다윗은 부하들을 거느리고 크일라로 가서 필리스티아인들과 싸웠다. 다윗은 가축들을 몰아낸 다음, 필리스티아인들을 크게 무찌르고 크일라 주민들을 구하였다. …

[12] 다윗이 다시 여쭈었다. "크일라 주민들이 저와 부하들을 사울의 손에 넘기겠습니까?" 주님께서 대답하셨다. "그들이 너를 넘길 것이다."

[13] 그래서 다윗은 곧 부하 육백 명가량을 이끌고 크일라에서 나와, 발길 닿는 대로 떠돌아다녔다. 다윗이 크일라에서 빠져나갔다는 소식을 전해 듣고 사울은 출동하려다가 그만두었다.

[14] 다윗은 광야의 산성에서 살았다. 다윗이 지프 광야의 산속에 살고 있는 동안 사울은 날마다 그를 찾아다녔지만, 하느님께서는 다윗을 그의 손에 넘기지 않으셨다.

둘러보기

베다는 다윗이 광야에 산 것을 불모의 시대에 시련으로 정련된 신자들의 마음속에 그리스도께서 사시는 것으로 우의적으로 해석한다.

23,14 다윗이 지프 광야에 살다

마음의 요새

다윗은 지프 광야의 산속 산성에 살았습니다. 그리스도께서는 명목상으로만 신앙을 받아들인 사람들을 물러가게 하시고, 살아 계신 위대하신 하느님을 위하여 이 현세의 불모성 속에 [살아가는] 사람들의 마음속 요새에 머무르십니다. 그분께서는 그들이 와서 하느님 면전에 서면 그들과 함께 머무르십니다. 그분께서는 마음이 세상의 유혹과 멀리 떨어져 높이 들어 올려진 채 복된 고독 속에 숨어 있는 이들 안에 기쁘게 남아 계시면서 온갖 덕이 끊임없이 봉오리 맺고 꽃으로 피어나는 것을 기뻐하십니다. "지프"는 '꽃' 또는 '봉오리'를 뜻하기에 그렇습니다.

● 존자 베다 『사무엘기 상권 우의적 해설』 4,23.[1]

――――――

[1] CCL 119,126.

23,19-24,1 사울이 마온 광야에서 다윗을 뒤쫓다

[19] 지프인들 몇이 기브아에 있는 사울에게 올라가서 말하였다. "다윗은 지금 우리 가운데에 숨어 있습니다. 여시몬 남쪽, 하킬라 산 위 호레스 산성에 있습니다.

[20] 그러니 임금님께서 마음이 내키시는 대로 언제든지 내려오십시오. 우리 쪽에서는 임금님께 그를 넘겨 드리겠습니다." …

[24] 그때 다윗은 부하들을 거느리고 여시몬 남쪽 아라바에 있는 마온 광야에 있었다.

[25] 사울도 부하들을 거느리고 다윗을 찾아 나섰다. 누군가 이 소식을 다윗에게 전하자, 그는 '바위'로 내려가 마온 광야에 머물렀다.[①] 사울은 이 소식을 듣고 다윗을 뒤쫓아 마온 광야에 들어섰다.

[26] 사울이 산 이쪽에서 쫓아가자, 다윗은 부하들과 산 저쪽에 있다가 사울을 피하여 급히 도망쳤다. 사울과 그의 부하들은 다윗과 그 부하들을 잡으려고 포위하기 시작하였다.

[27] 그때 전령 하나가 사울에게 와서 보고하였다. "빨리 돌아가십시오. 필리스티아인들이 나라에 쳐들어왔습니다."

[28] 사울은 다윗을 뒤쫓다 말고 필리스티아인들을 치러 돌아갔다. 그리하여 그곳을 '갈림 바위'라 하였다.

[24/1②] 다윗은 그곳에서 올라가 엔 게디 산성에 머물렀다.

① 히브리어 본문; 그리스어 본문은 '마온 광야에 있는 바위로 내려갔다'다.
② 칠십인역 본문으로는 23장 29절이다.

둘러보기

베다는 지프인들이 사울에게 다윗의 행방을 전한 일을 우의적으로 해석하여, 다윗이라는 인물로 표현된 그리스도께서는 굳건히 믿음을 지키는 이들의 마음 안에 계시는 반면 지프인들로 표현된 거짓 형제들은 교회의 원수들을 돕는다고 설명한다. 다윗은 공개적으로 박해받은 반면 그리스도께서는 불경과 이단으로 눈에 뜨이지 않게 박해받으시는 경우가 많다(시리아인 에프렘).

23,19 지프인들 몇이 사울에게 다윗이 숨어 있는 곳을 알려 주다

교회와 교회를 박해하는 자들

거짓 형제들은 봉오리 맺고 꽃피려는 자신의 덕들을 내팽개치고 일어나 거만한 믿음의 원수들에게 가는 경우가 많습니다. 원수들이 교회를 파괴하는 것을 도우러 가는 것입니다. 그들은 성실한 신자들의 단순함을 업신여기며 박해자들에게 이런 식으로 말합니다. '그리스도께서 우리 가운데에서 사람들의 마음이라는 아주 안전한 곳에 머무르고 계시지 않는가? "하킬라 산 위"라는 구절도 의미가 없지 않습니다. '그것을 차지한 이의 언덕'이라는 뜻이니까요. 그리스도의 영께서 머무르시기에 믿음을 굳건히 지키는 마음이라는 높은 언덕보다 더 어울리는 곳이 있겠습니까? 그런 마음은 "광야의 좋은 쪽"[1]에 있습니다. 영원한 생명에는 많은 좋은 것들이 속해 있기 때문입니다. 그런 마음은 세상의 즐거움과 모든 허식을 버립니다. 일시적인 것에 지나지 않는 세속적 이득을 위해 이 세상의 유혹에 저항하는 이는 광야의 좋은 쪽으로 돌아선 이가 아니라 나쁜 쪽으로 돌아선 자라고 해야 합니다. 그곳은 우리가 그리는 임금님께선 사실 리가 없는 곳, 혐오스러운 우리의 원수나 살 만한 곳입니다. 믿

는 체하는 이들이 교회를 드러내 놓고 박해하는 자들에게 믿음의 신비들을 누설하거나 이를 행하는 이들을 고발할 때면 언제나 지프인들이 사울에게 밀고하는 것입니다. 이들은 사악한 마음을 지닌 자들이 믿음을 인정한다는 점에서는 박해자들과 다르지만, 믿음을 증오한다는 점에서는 한통속입니다. (지프인들이 다윗이 숨어 있는 곳을 알았듯이) 그들이 그리스도의 신비들을 더 깊게 알수록, 그들은 바깥에서 교회를 포위하려고 하는 자들을 더 사악하게 돕습니다.

● 존자 베다 『사무엘기 상권 우의적 해설』 4,23.[2]

23,24-29 사울이 다윗과 그의 일행을 뒤쫓다

사울에게 박해당하다

바오로 사도에게 일어난 일이 이것이었습니다(사도 9,3-9 참조). 엄청나게 밝은 빛이 갑작스럽게 그의 약한 눈을 비추어 충격을 입혔습니다. 그러나 그 위대한 목소리가 자신의 힘을 줄여 그의 귀로 들어가 [막힌] 귀를 열었습니다. … 그 빛이 그의 안구를 다치게 한 것처럼 그 목소리는 그의 귀를 갈아엎지는 않았습니다. 이유가 무엇입니까? 그는 보기보다 들어야 했기 때문입니다. 그리하여 열쇠와 같은 목소리에 의해 청각의 문이 열렸습니다. 그러나 시각의 문은 그것을 열어야 할 빛에 의해 닫혔습니다. 그러면 그가 왜 들어야 했습니까? 우리 주님께서 당신께서 사울에게 박해받고 계심을 그 목소리로 드러낼 수 있으셨기 때문입니다. 그분께서는 당신께서 박해

---

[1] '남쪽'을 뜻하는 히브리어 낱말(그리고 불가타 번역에 사용된 낱말도) '오른쪽'이다. 관찰자가 동쪽을 향하고 섰을 때 그의 오른쪽이 남쪽인 원리다. 라틴어(와 히브리어)권 문화에서 오른쪽은 행운을 가져오는(곧, 좋은, 유리한) 쪽, 왼쪽은 불길한 쪽으로 여겨졌다. 베다의 해석은 이런 배경 아래 나온 것이다.

[2] CCL 119,218-19.

받고 계심을 시각적으로는 드러내실 수 없었습니다. 다윗의 자손은 도망 다니고 사울이 그의 뒤를 쫓는 것을 보여 줄 방법이 없었습니다. 그것은 첫 번째 사울과 첫 번째 다윗의 행위 안에서 일어난 일이었기 때문입니다. 한 사람은 뒤쫓고 다른 한 사람은 박해받고 있었습니다. 그 둘은 서로를 보았고 서로의 눈에 보였습니다. 그러

나 여기에서는 다윗의 자손이 받는 박해를 귀만이 들을 수 있었습니다. 눈은 그분께서 박해받으시는 것을 볼 수 없었습니다.

• 시리아인 에프렘 『우리 주님에 관한 설교』 32.[3]

---

[3] NPNF 2,13,318-19*.

24,2-8 다윗이 사울을 살려 주다

² 사울이 필리스티아인들을 쫓아내고 돌아왔을 때, 누군가 사울에게 다윗이 엔 게디 광야에 있다는 소식을 전해 주었다.

³ 사울은 온 이스라엘에서 가려 뽑은 삼천 명을 이끌고, 다윗과 그 부하들을 찾아 '들염소 바위' 쪽으로 갔다.

⁴ 그는 길 옆으로 양 우리들이 있는 곳에 이르렀다. 그곳에는 동굴이 하나 있었는데 사울은 거기에 들어가서 뒤를 보았다. 그때 다윗은 부하들을 거느리고 그 굴속 깊숙한 곳에 앉아 있었다.

⁵ 부하들이 다윗에게 말하였다. "주님께서 '내가 너의 원수를 네 손에 넘겨줄 터이니, 네 마음대로 하여라.' 하신 때가 바로 오늘입니다." 다윗은 일어나 사울의 겉옷 자락을 몰래 잘랐다.

⁶ 그리고 나자, 다윗은 사울의 겉옷 자락을 자른 탓에 마음이 찔렸다.

⁷ 다윗이 부하들에게 말하였다. "주님께서는 내가 주님의 기름부음받은이인 나의 주군에게 손을 대는 그런 짓을 용납하지 않으신다. 어쨌든 그분은 주님의 기름부음받은이가 아니시냐?"

⁸ 다윗은 이런 말로 부하들을 꾸짖으며 사울을 치는 것을 허락하지 않았다. 사울은 굴에서 나와 제 길을 갔다.

둘러보기

다윗이 사울을 피해 동굴에 몸을 숨긴 것은 주님의 신성이 육화 안에 감추어져 있었던 것을 예시한다(카시오도루스). 동굴 속으로 들어온 사울은 불완전한 빛 아래 있는 세상에 타락과 더러움을 내뿜는 악마임을 예시한다(히에로니무스). 다윗은 주님의 기름부음받은이를 해치기를 거부하는

큰 인내를 보여 줌으로써 하느님에 대한 두려움과 이성으로 분노를 이겨 냈다(니사의 그레고리우스). 다윗이 한 사람의 생명을 살려 준 것으로 큰 칭송을 받는 것은 많은 이를 압제에서 해방시키는 이는 더 큰 축복을 상으로 받으리라는 것을 암시한다(엔노디우스). 다윗은 죽일 수 있는 권한을 자신을 박해하는 이한테 쓰지 않고 자신의 분

449

노를 죽이는 데 썼다(니사의 그레고리우스). 다윗이 주님의 기름부음받은이를 몹시 존경한 것은 사울이 상징하는 실재를 높이 여겼기 때문이다. 그리스도인인 재판관은 다윗의 본보기를 따라 응징이 아니라 치유를 직무의 목표로 여기고 행하여 사랑의 마음으로 죄를 벌해야 한다(아우구스티누스). 다윗은 사울의 목숨을 살려 줌으로써 마치 사제처럼 하느님의 은총으로 온유함과 관대함의 훌륭한 성사를 행했다(요한 크리소스토무스). 사울의 목숨을 살려 준 다윗의 덕성스러운 행동은 그 당시에는 실리적인 행위가 아니었지만 그가 다스리는 동안 신하들을 충성스럽게 만들었다는 점에서 도움이 되었다(암브로시우스).

24,4 다윗이 숨어 있는 곳에 사울이 우연히 들어가다

주님의 인격을 나타내는 다윗

앞에서도 말했듯이, 다윗은 구원자 주님의 인격을 나타냅니다. 그래서 지금 묘사되는 이 일은 주님의 수난 때에 일어날 일을 말해 줍니다. 주님의 명패에 새겨진 이름이 바뀔 수 없듯이, 다윗의 이름이 그에게 할당된 나라에서 지워질 수는 없습니다. 시편 저자는 "그가 사울을 피하여 동굴로 도망쳤을 때"(시편 57,1)라고 덧붙입니다. 다윗에게도 주님께도 이와 완전히 닮은꼴인 일이 일어났습니다. 다윗이 사울에게서 달아날 때 동굴에 숨었듯이 구원자 주님의 신성도 당신 육체의 성전 안에 숨겨져 믿음 없는 유대인들 눈에 보이지 않았습니다. 공통적인 사건이 다윗과 그리스도의 삶에 각기 일어났습니다.

• 카시오도루스 『시편 해설』 56,1.[1]

세상과 악마

사울은 다윗이 그곳에 숨어 있다는 것을 알지 못한 채 볼일을 보러 그 동굴로 들어갔을 것입니다. … 따라서 다윗의 이 시편[2]은 주님의 이름으로 쓰였다고 받아들여집니다. 사울은 악마를 나타내고 동굴은 이 세상입니다. 그리고 악마는 이 세상에 좋은 것을 내보내는 것이 아니라 똥과 타락만을 내뿜습니다. 동굴이 이 세상을 나타내는 것은 동굴 속의 빛은 미래 세상의 빛과 비교할 때 몹시 불완전하기 때문입니다. 그러나 주님께서는 이 세상에 오실 때 환한 빛을 밝히십니다. 그래서 바오로 사도는 아버지와 관련하여 그분에 대해 이야기하며 "아드님은 하느님 영광의 광채"(히브 1,3)이시라고 합니다. 다윗이 사울을 피해 동굴 속으로 들어갔듯이 주님께서도 이 세상에 오시어 박해를 당하셨습니다.

• 히에로니무스 『시편 강해집』 52(시편 제142편).[3]

24,5-6 다윗이 사울의 겉옷 자락을 몰래 자르다

인내가 몸에 밴 다윗

사울은 혼자였습니다. 그는 옷을 벗어 옆에 두었습니다. 어둠 속에 숨어 있는 이들에게 동굴 입구에서 들어오는 빛 덕분에 그의 모습이 보였습니다. 다윗의 동료들은 모두 그들을 죽이러 온 이 원수를 덮쳐 앙갚음하고 싶어 했습니다. 학살을 피해 도망 다니는 그들 손에 하느님께서 이 원수를 넘겨주셨다고 생각했기 때문입니다. 그러나 다윗은 임금을 공격하는 것은 옳지 않다고 생각해 그들이 공격하는 것을 금했습니다. 그는 자신의 칼을 칼집에서 빼내고는 사울이 알지 못하게 뒤에 가 섰습니다. 아무도 그가 사울에게 다가간 것을 몰랐습니다. 동굴이 어두워 그의 모습과 그의 행동이 보이지 않았기 때문입니다. 그

---

[1] ACW 52,38.

[2] 시편 제142편을 가리킨다.

[3] FC 48,374.

때에 그는 사울의 등 뒤에서 단칼에 그의 심장을 찌를 수 있었지만 그의 몸을 건드리지도 않았고 그럴 생각도 없었습니다. 대신 그는 사울이 눈치 채지 못하게 그의 겉옷 끝자락을 칼로 잘랐습니다. 나중에 그 옷이 사울에 대한 그의 관용의 증거가 되고 그가 사울의 육체를 칠 힘이 있었다는 것을 입증하려는 뜻이었습니다.

이것으로 볼 때 다윗은 인내로 단련되었다는 것이 확실합니다. 손에 칼을 쥐고 있고 원수의 몸이 그의 손 밑에 있어 충분히 그를 죽일 수 있었는데도 이성으로 분노를, 내려칠 수 있는 힘을 하느님에 대한 두려움으로 이겨 냈습니다. 그는 자기 자신의 분노보다 위에 있었을 뿐 아니라, 사울을 죽이기를 열망하는 방패병을 훗날 노래로도 유명해진 이 말로 자제시키기도 하였습니다. "주님께서는 주님의 기름부음받은이에게 손을 대는 짓은 용납하지 않으신다."

• 니사의 그레고리우스 『시편의 제목』 2,14,227-28.[4]

칭찬할 만한 행동

당신은 우리 백성의 지도자들에게 불평할 만한 근거를 가지고 있습니다. 당신은 그들이 포로로 끌려가도록 내버려 둔 이들이나 스스로 종이 된 이들을 속량시켜 주고 있으니 말입니다.[5] 성경에 다윗을 몹시 찬양받게 한 사건이 나옵니다. 다윗은 그 일로 하늘까지 닿는 칭송을 받는데, 원수 사울이 손안에 들어왔는데도 그의 목숨을 살려 주고, 자신에게 그를 죽일 기회가 있었다는 사실과 자신의 충성심을 증명하는 증거로 사울의 옷자락만 조금 자른 일이 그것입니다. 좋으신 하느님, 한 사람의 목숨을 살려 준 다윗을 이렇게 높이 들어 올리신 당신이시니, 억압받는 많고 많은 영혼들을 해방시키고자 협의하는 이 사람의 행위에 대해서는 얼마나 더 후한 상을 내리시

겠습니까!

• 엔노디우스 『에피파니우스의 생애』.[6]

죽일 수 있는 권한

다윗을 죽이려고 뒤쫓는 사울과 살해당하지 않고자 도망 다니는 다윗이 동굴 안에 함께 있게 된 사건이 어째서 그렇게 많은 사건들이 있은 뒤에야 묘사되는지 그 이유는 이것입니다. 죽일 수 있는 권한이 이 사건에 이르러 역전되었습니다. 처형을 피해 도망 다니는 이가 자신을 죽이려는 이를 죽일 수 있게 된 것입니다. 그러나 그는 자신의 원수에게 앙갚음할 수 있는 기회와 권한이 주어졌는데도 그 권한으로 자신의 원수 대신 자기 안의 분노를 죽였습니다.

• 니사의 그레고리우스 『시편의 제목』 2,14,224.[7]

기름부음받은이에 대한 존경

이것은 사울의 왕권에 대해서도 마찬가지였습니다. 비록 배척당하고 쫓겨나기는 했지만 그도 장차 영원에 이르기까지 존속할 왕권을 보여 주는 그림자였습니다. 사울이 부음받은 그 기름도 그렇고, 바로 그 성유로 도유받아 "기름부음받은이"(곧 '그리스도')라고 불린 사실은 신비적 의미로 받아들여야 하고, 위대한 신비로서 이해해야 합니다. 다윗도 사울이라는 인물이 갖는 이런 의미를 존중했습니다. 다윗은 착잡한 심경으로 두려움에 떨면서 어두운 동굴에 몸을 숨기고 있다가, 사울 역시 자연 본성의 필요로 인해 뒤를 보려고 그리로 들어오자 그의 옷자락을 뒤에서 몰래 조금 잘라 내어, 자기가 그를 죽일 수도 있

---

[4] GNTIP 194-95*.

[5] 이탈리아인 포로들을 풀어 주겠다고 약속하는 임금에게 에피파니우스가 한 말이다.

[6] FC 15,337.　　　　　[7] GNTIP 193.

었지만 어떻게 그의 목숨을 살려 주었는지 증거로 삼았습니다. 그리하여 신심 깊은 다윗을 자기의 원수로 여기고 악착같이 쫓아다니던 사울의 마음에서 온갖 의심을 벗겨 주었습니다. … 장차 올 것의 그림자가 되는 인물에게 극진한 공대를 올린 것은 그림자 자체 때문이 아니고 그림자가 예표하는 그 대상 때문이었습니다.

• 아우구스티누스 『신국론』 17,6,2.[8]

24,7-8 다윗이 부하들에게 사울을 해치지 말라고 설득하다

사랑으로 판단한다

그리스도인인 재판관으로서 당신은 자애로운 아버지의 역할을 해야 하며, 잘못에 대한 분노를 보여 주어야 하지만 인간의 나약함을 참작해야 한다는 것도 기억하십시오. 죄인들의 나쁜 행동을 응징하려는 마음에 지나치게 빠지지 말고 죄인들의 상처를 치유하는 데 노력을 쏟으십시오. … 거룩한 다윗이 그런 인내의 좋은 본보기를 보여 준 바 있습니다. 그는 원수가 손안에 들어왔는데도 그의 목숨을 살려 주었습니다. 달리 행동할 수도 있었는데 그리했다는 점에서 그의 행동은 더욱 빛을 발합니다. 그러니 징벌할 수 있는 권한이 그대를 엄격한 사람으로 만들지 않도록 하십시오. 범죄를 심리해야 할 필요성이 그대의 온유한 마음을 흔들어 놓지 않도록 하십시오.

• 아우구스티누스 『서간집』 133.[9]

훌륭한 희생

그[다윗]가 격앙한 사람들[사울을 죽이고 싶어 하는 부하들]을 설득할 수 있었던 데는 하느님의 영향도 있었습니다. 영감받은 이 사람의 입술에 하느님의 은총이 내려 그의 말이 더 설득력 있게 한 것입니다. 그렇지만 다윗이 공헌한 바가 결코

작지는 않습니다. 이들이 그를 따르게 만든 것도 그였고, 따라서 이 결정적인 순간에 그들은 그의 말을 따를 적극적인 태세가 되어 있었습니다. 그러나 그 순간 그는 부대의 지휘관으로서가 아니라 사제로서 그들에게 명령했고, 그때에 그 동굴은 교회였습니다. 다윗은 주교로 임명된 이처럼 그들에게 설교를 했고, 설교 후에는 송아지를 산 채로 바치거나 어린양을 죽여 바치는 희생 제사가 아니라 이것들보다 훨씬 가치 있는 매우 특별하고 훌륭한 제사를 올렸습니다. 비이성적인 원한을 산 제물로 바침으로써 분노를 죽이고, 지상에 사는 지체들을 극복함으로써 하느님의 온유함과 관대함을 바친 것입니다. 그는 제물과 사제와 제단의 역할을 했습니다. 온유함과 관대함을 바치게 한 생각, 온유함과 관대함, 그것들을 바친 마음, 이 모든 것이 그에게서 왔습니다.

• 요한 크리소스토무스 『다윗과 사울에 관한 강해』 2.[10]

덕을 택하다

다윗이 원수인 임금을 해칠 수 있었는데도 그의 목숨을 살려 주기 원한 것은 얼마나 덕성스러운 행위였는지요! 또한 그것은 얼마나 유익한 행위였는지요. 그가 어좌에 올랐을 때 그 일이 그에게 큰 도움이 되었으니 말입니다. 모두가 자신들의 임금에게 충성할 줄 알게 되어, 나라를 빼앗으려는 생각 대신 그를 두려워하고 존경하게 되었기 때문입니다. 이처럼, 덕성스러운 것이 유익한 것보다 먼저였습니다. 그렇게 하니 유익한 것이 덕성스러운 것을 따라왔습니다.

• 암브로시우스 『성직자의 의무』 3,9,60.[11]

---

[8] FC 24,41*; 『교부 문헌 총서』 16,1855.

[9] FC 20,7-8. [10] COTH 1,27-28.

[11] NPNF 2,10,77*.

24,9-16 다윗이 사울 앞에 모습을 드러내다

⁹ 다윗도 일어나 굴에서 나와 사울 뒤에다 대고, "저의 주군이신 임금님!" 하고 불렀다. 사울
이 돌아다보자, 다윗은 얼굴을 땅에 대고 엎드려 절하였다.

¹⁰ 다윗이 사울에게 말하였다. "어찌하여 임금님께서는, '다윗이 임금님을 해치려 합니다.' 하
고 말하는 사람들의 소리를 곧이들으십니까?

¹¹ 바로 오늘 임금님 눈으로 확인해 보십시오. 오늘 주님께서는 동굴에서 임금님을 제 손에
넘겨주셨습니다. 임금님을 죽이라고 말하는 사람도 있었지만, 저는 '그분은 주님의 기름부
음받은이니 나의 주군에게 결코 손을 대지 않겠다.'고 다짐하면서, 임금님의 목숨을 살려
드렸습니다.①

¹² 아버님, 잘 보십시오. 여기 제 손에 아버님의 겉옷 자락이 있습니다. 저는 겉옷 자락만 자
르고 임금님을 죽이지 않았습니다. 그러니 저에게 임금님을 해치거나 배반할 뜻이 없다는
것을 알아주시고 살펴 주십시오. 제가 임금님께 죄짓지 않았는데도, 임금님께서는 제 목숨
을 빼앗으려고 찾아다니십니다. …

¹⁵ 이스라엘의 임금님께서 누구 뒤를 쫓아 이렇게 나오셨단 말씀입니까? 임금님께서는 누구
뒤를 쫓아다니십니까? 죽은 개 한 마리입니까, 아니면 벼룩 한 마리입니까?

¹⁶ 주님께서 재판관이 되시어 저와 임금님 사이를 판가름하셨으면 합니다. 주님께서 저의 송
사를 살피시고 판결하시어, 저를 임금님의 손에서 건져 주시기 바랍니다."

① 그리스어 본문; 히브리어 본문은 '당신[임금님]이 당신[임금님]의 목숨을 살린 것입니다'다.

둘러보기

다윗은 거룩한 전리품을 지니고 동굴에서 나
왔다. 원한을 잠재우고 분노가 사라짐이 그것이
다. 사울과 관련해 다윗은 자기보다 남을 더 위
한다는 사도들의 법을 완수했다(요한 크리소스토무
스). 덕이 뛰어난 사람은 다윗처럼 자기 동족이
아니라 정욕과 싸운다(니사의 그레고리우스). 사람
이 얼마나 높은 영광을 받는가는 그가 얼마나 겸
손한가에 달려 있다(카시오도루스).

24,9-12 다윗이 사울을 부르다

거룩한 전리품

그가 이 훌륭한 제물을 바침으로써 승리를 이
루고 전리품에 필요한 그 어느 것도 빠뜨리지 않
았을 때, 그의 괴로움의 원인인 사울은 그사이
어떤 일이 일어났는지 전혀 알지 못한 채 일어나
동굴을 나갔습니다. 다윗도 그를 따라 나갔습니
다. 그는 걱정이라곤 없는, 그리고 골리앗을 쓰
러뜨리고 그 야만인의 머리를 베었을 때보다 더
흡족한 눈빛으로 하늘을 바라보았습니다. 사실
그것은 골리앗을 쓰러뜨린 것보다 더 눈부신 승
리였습니다. 그 전리품은 더욱 고귀하고 그 노획
물은 더욱 영광스럽고, 그 승리의 기념물은 더욱
찬양할 만한 것이었습니다. 예전에 승리를 거둘
때에는 무릿매와 돌멩이와 전열이 필요했지만
이번에는 생각이 모든 것을 대신했습니다. 이 승

리는 무기 없이 거두었고, 누구의 피도 흘리지 않고 승리의 기념비가 세워졌습니다. 그래서 그는 야만인의 머리를 들고 오는 대신 원한을 잠재우고 분노를 가라앉힌 사람이 되어 돌아왔습니다. 그는 전리품을 예루살렘으로 가져오는 대신 하늘에, 저 높은 곳에 있는 도성에 쌓아 두었습니다.

• 요한 크리소스토무스 『다윗과 사울에 관한 강해』 2.[1]

경쟁하듯 서로를 존경하다

그러자 다윗이 뭐라고 했습니까? "저의 주군이신 임금님!"이라고 했습니다. 겨루고 경쟁하던 사이가 이제 누가 상대를 더 존경하는지 보여 주는 상황으로 발전했습니다. 한쪽은 다른 한쪽이 친족임을 인정했고, 다른 한쪽은 상대를 "주군"이라고 불렀습니다. 그의 말은 이런 뜻입니다. '저는 오직 한 가지, 당신의 안녕과 덕에서의 진보에만 관심 있을 뿐입니다. 당신은 저를 아들이라 부르셨습니다. 그리고 저는 당신을 사랑하고 좋아합니다. 제발 저에 대한 원한을 푸시고 저를 신하로 받아들여 주십시오. 저를 조금이라도 의심하시거나 제가 당신을 거슬러 음모를 꾸미고 싸우려 한다고 생각 마십시오.' 그는 다른 사람을 존중하는 태도에서 남을 능가하라고 명하는 사도들의 법을 이행하였습니다. 이는 성품이 짐승보다 나빠 이웃에게 먼저 인사하는 것을 견디지 못하며 다른 이와 인사를 나누는 것만으로도 수치스럽고 모욕적인 일이라고 생각하는 일반적인 사람들과 다른 태도였습니다.

• 요한 크리소스토무스 『다윗과 사울에 관한 강해』 3.[2]

정욕과 싸우다

사울은 그사이 어떤 일이 일어났는지 전혀 모른 채, 옷자락이 잘린 겉옷을 걸치고 동굴 밖으로 나왔습니다. 다윗이 그를 뒤따라 나왔습니다. 동굴 위 언덕에 올라선 그는 자신감을 갖고 손에 든 [사울 임금의] 옷자락을 내밀었습니다. 그것은 피 흘리지 않고 원수를 이긴 승리의 기념물에 다름 아니었습니다. 그는 큰 소리로 사울 임금을 부르고는 이 새롭고 믿기 힘든 영웅적 행위에 대해 이야기했습니다. 그것은 피로 더럽혀지지 않은, 영웅은 승리하고 패배한 이는 죽음을 면하는 사건이었습니다. 원수의 파멸로 다윗의 훌륭함이 입증된 것이 아니라 적수를 위험에서 구해 줌으로써 그의 힘이 더 위대함이 더 명백하게 드러났기 때문입니다. 그는 자신에 대한 확신이 있었기에 자신의 구원이 자신을 적대하는 이들의 파멸에 달렸다고 생각하지 않았습니다. 그를 거슬러 음모를 꾸미던 이들이 살아남았을 때조차 그는 아무도 자신을 해치지 않으리라 믿었습니다.

그런데 말씀께서 이 이야기로 우리에게 가르치시는 것은 덕에서 뛰어난 이는 자기 동족을 거슬러 용감하게 싸우는 것이 아니라 정욕을 거슬러 싸운다는 것입니다. 다윗의 이러한 미덕 덕분에 이 두 사람 안에 있던 분노가 사라졌습니다. 다윗은 이성의 힘으로 자신의 분노를 사그라뜨려 사울에게 앙갚음하려는 충동을 억누르고, 사울은 자신이 관용을 입었음을 깨닫고 다윗에 대한 악의를 죽음에 처하였기 때문입니다. 이 이야기를 읽는 사람은 사울이 자신이 저지른 일을 부끄럽게 느끼고 눈물과 탄식으로 자발적으로 악에서 돌아선 뒤 승리자에게 한 말에 담긴 뜻을 배울 수 있을 것입니다(1사무 24,17-22 참조).

• 니사의 그레고리우스 『시편의 제목』 2,14,229-30.[3]

[1] COTH 1,28. [2] COTH 1,51*.
[3] GNTIP 194-95*.

24,15 누구 뒤를 쫓아다니십니까

하찮은 벼룩

창조주께서 당신을 당신께서 지으신 피조물 가운데 가장 미천한 것에 비유하십니다. 당신께서 지으셨다고 알려진 것 가운데 그 무엇도 우리가 하찮게 여기지 않도록 하시려는 것입니다. "하느님께서 보시니 손수 만드신 모든 것이 참 좋았다"(창세 1,31)고 성경에 쓰여 있습니다. 그래

서 다윗도 자신의 '스승'을 따라 자신을 가장 하찮은 벼룩에 비유합니다. 신앙의 진정한 힘은 사람이 창조주의 본보기를 따라 자신을 낮출수록 더 빛나는 영광으로 들어 올려진다는 사실에 있기 때문입니다.

• 카시오도루스 『시편 해설』 21,7.[4]

---

[4] ACW 51,220.

24,17-23 사울이 다윗의 의로움을 인정하다

¹⁷ 다윗이 사울에게 이런 사연들을 다 말하고 나자, 사울은 "내 아들 다윗아, 이게 정말 네 목소리냐?" 하면서 소리 높여 울었다.

¹⁸ 사울이 다윗에게 말하였다. "네가 나보다 의로운 사람이다. 내가 너를 나쁘게 대하였는데도, 너는 나를 좋게 대하였으니 말이다.

¹⁹ 주님께서 나를 네 손에 넘겨주셨는데도 너는 나를 죽이지 않았으니, 네가 얼마나 나에게 잘해 주었는지 오늘 보여 준 것이다.

²⁰ 누가 자기 원수를 찾아 놓고 무사히 제 갈 길로 돌려보내겠느냐? 네가 오늘 나에게 이런 일을 해 준 것을 주님께서 너에게 후하게 갚아 주시기를 바란다. …"

둘러보기

다윗의 말이 사울의 마음을 깊이 감동시켜 그의 분노가 사랑으로 바뀌었다(요한 크리소스토무스). 다윗의 의로움을 인정한 사울의 고백을 예형론적으로 이해하면, 선택받은 백성인 유대인들이 그리스도를 고백함을 나타낸다(베다). 사울의 예가 보여 주듯이, 시샘은 가장 지독한 형태의 미움이다. 호의를 갈수록 심해지는 적의로 대하기 때문이다(대 바실리우스).

24,17 내 아들 다윗아, 이게 정말 네 목소리냐

원한을 지우다

그러자 사울이 뭐라고 했습니까? 다윗이 "잘

보십시오. 여기 제 손에 아버님의 겉옷 자락이 있습니다"라며 자신은 아무런 적의가 없음을 여러 가지로 증명해 보이자, 사울은 "내 아들 다윗아, 이게 정말 네 목소리냐?" 하고 말하였습니다. 얼마나 큰 변화가 갑작스럽게 일어났는지요. 다윗의 이름을 부르는 것조차 견디지 못하고 누가 그 이름을 입에 올리는 것도 싫어하던 사람이 그를 친족처럼 여기며 "아들"이라고 부릅니다. 살해자를 아버지로, 늑대를 어린양으로 변화시킨 다윗, 분노의 용광로를 풍성한 이슬로 채운 [다윗], 사나운 비바람을 고요하게 잠재운 [다윗], 그처럼 복된 이가 누가 있겠습니까? 보시다시피, 다윗의 말은 분노해 날뛰는 사람의 마음을

파고들어 이런 극적인 변화를 이루어 냈습니다. 사울은 '내 아들 다윗아, 이것이 네 말이냐?'라고도 하지 않았습니다. 그저 "내 아들 다윗아, 이게 정말 네 목소리냐?"고 하였습니다. 그는 그 말소리만으로도 벌써 감동을 받았습니다. 아버지가 어디에 갔다 돌아올 때에 아들의 모습이 미처 보이기도 전 그의 목소리만 듣고도 기분이 좋아지는 것처럼, 사울도 다윗의 목소리가 들리자 적의가 사라졌고 이제 그를 거룩한 이로 인정합니다. 한 가지 격정이 내려진 자리에 다른 격정이 들어온 것입니다. 원한을 몰아냄으로써 자애심과 그와 비슷한 감정이 생겨났다고 말할 수 있겠지요.

• 요한 크리소스토무스 『다윗과 사울에 관한 강해』 3.[1]

24,18-20 다윗에게 죄가 없음을 사울이 공개적으로 인정하다

그리스도를 고백하다

주님께서 당신의 사도들을 통해 가르치실 때에 유대 백성 ― 또는 그들 가운데에 영원한 생명을 누리도록 예정된 이들 ― 은 얼마 전까지 자신들이 부인하고 묻어 버리려 했던 진리를 목소리 높여 고백했습니다. 그들은 회개에 어울리는 눈물로 스스로를 씻음으로써 원죄의 얼룩을 벗어 버렸습니다. 그들은 주님의 정의와 호의를 고백하며 자신들이 악으로 저지른 잘못들을 떠올렸습니다. 온갖 애정을 보여 주신 영도자를 그

들이 잔인하게 자기들 손으로 죽음에 넘겼기 때문입니다. 그러나 전능하신 분이면서도 부당한 죽음에 넘겨지는 것을 허락하신 그분께서는 당신을 죽인 자들을 파멸시키기보다 구원하여 생명을 주고 싶어 하셨습니다.

• 존자 베다 『사무엘기 상권 우의적 해설』 4,24.[2]

더없이 격렬한 증오

그러나 이런 자비로운 행위도 사울의 마음을 바꾸어 놓지 못했습니다. 그는 또다시 군대를 불러 모아 다윗을 쫓아 나섰습니다. 그러다 그 동굴에서 두 번째로 다윗에게 붙들렸는데, 그곳에서 그는 자신의 죄악을 더욱 뚜렷하게 드러내고 다윗의 덕은 더욱 빛나 보이게 하였습니다.[3] 시샘은 미움의 가장 지독한 형태입니다. 호의는 우리에게 적대적인 이들을 유순하게 만드는 법인데, 시샘하거나 원한을 품고 있는 사람에게는 친절하게 대해도 미움을 더욱 키울 뿐입니다. 그런 사람은 더 큰 호의를 받을수록 더 못마땅해 하며 더 불편해하고 더 큰 악의를 품습니다.

• 대 바실리우스 『질투에 관한 강해』.[4]

---

[1] *COTH* 1,48-49.   [2] CCL 119,228.

[3] 대 바실리우스가 1사무 26장에서 다윗이 사울의 목숨을 살려 주는 대목과 지금 이 대목의 순서를 반대로 이야기하는 것 같다.

[4] FC 9,467.

25,1-8 다윗이 나발에게 심부름꾼들을 보내다

¹ 사무엘이 죽었다. 그러자 온 이스라엘이 모여들어 그의 죽음을 애도하며, 라마에 있는 그의 집에 그를 묻었다. 그 뒤 다윗은 파란 광야로 내려갔다.

² 마온이라는 곳에 어떤 사람이 있었다. 그는 카르멜에 목장을 가지고 있었는데, 양이 삼천 ♪

＊마리, 염소가 천 마리나 되는 큰 부자였다. 마침 그는 카르멜에서 양털을 깎고 있었다.

³ 그 사람의 이름은 나발이고, 아내의 이름은 아비가일이었다. 그 여인은 슬기롭고 용모도 아름다웠으나, 남편은 거칠고 행실이 악하였다. 그 남자는 칼렙족이었다.

둘러보기

나발은 율법 교사의 예형이고 아비가일은 믿음의 말씀을 지혜롭게 이해하고 이행한 회당을 나타낸다(베다).

25,3 나발과 아비가일

어리석은 이들과 지혜로운 이들

'나발'이라는 이름은 '어리석은 이'를, '아비가일'은 '아버지의 기쁨'을 뜻합니다. 율법에 능통하여 지식의 열쇠를 쥐고 있는데도 그 자신도 들어가지 않고 들어가려는 이들도 막는 이는 누구나 어리석은 이입니다. 그런데 "너희 이름이 하늘에 기록된 것을 기뻐하여라"(루카 10,20)라고 쓰여 있음을 생각할 때, 회당이 '아버지의 기쁨'으로 불리는 것은 충분히 그럴 만합니다. 그들의 교사들은 불신 때문에 사납고 사악한 생활 방식 때문에 악하고 주님을 거슬러 반역을 일으키는 음모를 꾸미기에 사악하지만, 그러한 상황에서 회당은 믿음의 말씀을 이해하는 데에 매우 지혜롭고 자신이 이해한 것을 이행하는 훌륭함을 보여 준 까닭입니다.

● 존자 베다 『사무엘기 상권 우의적 해설』 4,25.[1]

---

[1] CCL 119,232.

25,9-22 나발이 다윗의 부탁을 거절하다

¹⁴ 일꾼들 가운데 한 사람이 나발의 아내 아비가일에게 이 사실을 알려 주었다. "다윗이 광야에서 심부름꾼들을 보내어 우리 주인께 축복의 문안을 드렸는데, 주인께서 그들에게 호통만 치셨습니다.

¹⁵ 그 사람들은 우리에게 아주 잘 대해 주었습니다. 우리가 들에서 지내며 그들과 함께 돌아다니는 동안 내내, 우리는 아무런 괴로움도 당하지 않고 아무것도 잃지 않았습니다. …"

²¹ 다윗이 말하였다. "내가 광야에서 나발에게 속한 것을 모두 지켜 주어, 그에게 속한 것 가운데 아무것도 잃지 않게 해 주었지만 헛일이었다. 그는 나에게 선을 악으로 갚았다.

²² 내가 내일 아침까지 그에게 속한 모든 사람 가운데 벽에 오줌을 누는 자 하나라도 남겨 둔다면, 하느님께서 다윗에게① 벌을 내리시고 또 내리셔도 좋다."

① 그리스어 본문; 히브리어 본문은 '다윗의 원수들에게'다.

둘러보기

다윗이 나중에 다시 생각하기는 하지만 이런 경솔한 맹세는 본받아서는 안 된다. 분노가 이성을 이긴 본보기이기 때문이다(아우구스티누스). 분별없이 한 맹세는 지키지 않아야 한다. 그것을 지킬 경우 더 큰 범죄를 저지르게 되기 때문이다(베다).

25,21-22 다윗이 복수를 다짐하다

섣불리 맹세하지 마라

다윗이 나발을 죽여 버리겠다고 맹세하고 나서 나중에 자제심이 돌아와 그렇게 하지 않았다고 해서 우리가 그를 본받아야 한다고 말할 수 있겠습니까? 성급하게 맹세하고서는, 그것이 해서는 안 되는 일이라는 것을 나중에 알게 되는 그런 일 말입니다. 어떤 사람[롯]이 두려움에 정신이 나가 자기 딸들을 남자들에게 내주겠다고 말했듯이(창세 19,8 참조), 이 사람[다윗]은 분노에 제정신을 잃고 성급하게 맹세했습니다. 간단히 말해, 만약 우리가 이 두 사람에게 왜 그런 짓을 했냐고 물어볼 수 있다면, 한 사람은 "두려움과 떨림이 저를 덮치고 어둠이 저를 휘감았습니다"(시편 54,5 칠십인역; 참조: 시편 55,6)라고 할 것이고, 또 한 사람은 "분개하는 마음으로 저의 눈이 멀었었다"(시편 6,7 칠십인역; 참조: 시편 6,8)라고 할 것입니다. 그러니 한 사람은 두려움이라는 어둠 때문에 또 한 사람은 분노 때문에 눈이 멀어, 해서는 안 되는 일을 하지 않기 위해 보아야 할 것을 보지 못한 사실은 그리 놀랄 일이 아닙니다.

실로 우리는 의로운 다윗이라면 선을 악으로 갚는 배은망덕한 이에게조차 분노해서는 안 되지 않느냐고 말할 수 있을 것입니다. 보통 사람의 경우처럼 그에게도 분노가 끓어올랐다 하더라도 적어도 그런 맹세까지 해서는 안 되었습니다. 격노한 상태에서 자신이 한 맹세를 지켰든 맹세를 깨뜨리고 그 일을 하지 않았든 [그것은 중요하지 않습니다].

• 아우구스티누스 『거짓말 반박』 9,21-22.[1]

경솔히 맹세하고 깨뜨리다

우리가 경솔하게 맹세한 것을 행할 경우 지극히 불행한 결과를 가져온다면, 더 건전한 조언을 따라 기꺼이 그 맹세를 철회해야 합니다. 맹세를 깨뜨리지 않기 위해 더 위중한 범죄를 저지르느니 차라리 우리가 한 맹세를 깨뜨릴 절실한 필요가 있습니다. 다윗은 어리석고 사악한 나발을 죽이고 그의 재산을 모두 흩어 버리겠다고 주님의 이름을 걸고 맹세했습니다. 그러나 지혜로운 여자 아비가일의 애원을 듣자마자 그는 곧바로 위협을 그치고 칼을 칼집에 넣었습니다. 그리고 이런 식으로 맹세를 깬 것에 대해 아무런 죄의식도 느끼지 않았습니다.

• 존자 베다 『복음서 강해』 2.[2]

---

[1] FC 16,148-49*.
[2] CS 111,233.

25,23-35 아비가일의 애원에 다윗이 응징을 그만두다

²³ 아비가일은 다윗을 보자, 나귀에서 얼른 내려와 다윗 앞에서 얼굴을 땅에 대고 엎드려 절하였다. ♪

☞²⁴ 그러고 나서 다윗의 발 앞에 엎드린 채 애원하였다. "나리, 죄는 바로 저에게 있습니다. 당신 여종이 나리께 말씀드리는 것을 허락하여 주시고, 부디 당신 여종의 말에 귀 기울여 주십시오. …"

³² 다윗이 아비가일에게 말하였다. "오늘 그대를 보내시어 이렇게 만나게 해 주셨으니, 주 이스라엘의 하느님을 찬미할 뿐이오.

³³ 오늘 내가 사람의 피를 흘리고 내 손으로 직접 복수하는 일을 그대가 막아 주었으니, 그대와 그대 분별력에 축복을 드리오.

³⁴ 그대를 해치지 않도록 나를 막아 주신, 살아 계신 주 이스라엘의 하느님을 두고 분명히 맹세하지만, 그대가 급히 와서 나를 만나지 않았던들, 나발에게는 내일 아침이 밝을 때까지 벽에 오줌을 누는 자 하나도 남지 못할 뻔했소."

³⁵ 다윗은 여자가 가져온 것을 그 손에서 받으며 말하였다. "이보시오, 내가 그대의 말에 귀 기울여 그대의 청을 들어주었으니, 평안히 집으로 돌아가시오."

둘러보기

지혜롭고 용감한 아비가일의 설득에 다윗이 큰 죄를 짓지 않게 되었다(암브로시우스). 다윗의 성급한 맹세는 본받지 말아야 하는 것이 분명하듯, 잘못된 맹세를 바로잡는 결단은 배워야 한다는 것 또한 분명하다(요한 카시아누스).

25,23-24 아비가일이 다윗 앞에서 얼굴을 땅에 대고 엎드려 절하다

잘못된 충동을 저지하는 지혜로운 개입

그러나 이 일이 있기 전에 이미 다윗은 분개해서 쳐들었던 무기 든 손을 내려놓았습니다. 복수하지 않는 것보다 다시 욕하지 않는 것이 얼마나 더 훌륭한지! 아비가일은 복수를 할 태세를 갖추고 있던 무사들도 기도로 저지했습니다. 여기에서 우리는 때맞춘 간청은 들어주어야 할 뿐 아니라 그것을 기꺼워하기도 해야 한다는 것을 배웁니다. 다윗은 그 간청을 몹시 기꺼워한 나머지, 그 일에 끼어든 그 여자에게 축복하기까지 하였습니다. 여자의 간청이 복수하려는 그의 욕

망을 저지해 주었기 때문입니다.

• 암브로시우스 『성직자의 의무』 21,94.¹

25,34-35 다윗의 마음이 누그러지다

바뀐 약속

우리는 차분한 마음으로 한 것이든 흥분한 마음으로 한 것이든, 하겠다고 결정한 모든 일을 행할 수도 없고 행해서도 안 된다는 것을 성경의 여러 본문에서 자세히 배웁니다. 성경에서 우리는 거룩한 사람들이나 천사들, 나아가 전능하신 하느님께서도 자신이 약속한 것을 바꾸는 경우를 자주 봅니다. 복된 다윗은 "내가 내일 아침까지 그[나발]에게 속한 모든 사람 가운데 벽에 오줌을 누는 자 하나라도 남겨 둔다면, 하느님께서 다윗의 원수들에게 벌을 내리시고 또 내리시기를"(1사무 25,22 히브리어 본문)이라고 한 바 있었습니다. 그러나 나발의 아내 아비가일이 중간에 끼어들어 남편을 대신하여 간청하자 다윗은 곧바

---

¹ NPNF 2,10,17**.

로 위협을 멈추고 부드러운 말투로 돌아갔으며, 자신이 한 맹세를 지켜 잔인한 짓을 하기보다 한 번 먹었던 마음을 바꾼 자로 여겨지는 길을 택했습니다. 그러고는 "살아 계신 주 하느님을 두고 분명히 맹세하지만, 그대가 급히 와서 나를 만나지 않았던들, 나발에게는 내일 아침이 밝을 때까지 [남자] 하나도 남지 못할 뻔했소" 하고 말했습

니다. 우리는 화나고 흥분한 상태에서 나온 그의 경솔한 맹세의 재빠름은 전혀 본받을 것이 못 된다고 여기지만 자신이 결심한 것을 되돌리고 바로잡는 태도는 본받을 만한 것이라 생각합니다.

• 요한 카시아누스 『담화집』 17,25,5-6.[2]

---

[2] ACW 57,606*.

25,36-44 다윗이 아비가일을 아내로 맞다

36 아비가일이 나발에게 돌아와 보니, 나발은 집에서 임금이나 차릴 만한 잔치를 벌여 놓고, 흥에 겨워 취할 대로 취해 있었다. 아비가일은 아침이 밝아 올 때까지 크건 작건 그 일에 대해 알려 주지 않았다.

37 아침에 나발이 술에서 깨어났을 때, 그의 아내가 나발에게 그동안의 일을 알려 주었다. 그러자 나발은 심장이 멎으면서 돌처럼 굳어 버렸다.

38 열흘쯤 지나서 주님께서 나발을 치시니, 그가 죽었다.

39 나발이 죽었다는 소식을 전해 듣고, 다윗은 이렇게 말하였다. "주님께서는 찬미받으소서! 주님께서는 내가 나발에게서 받은 모욕을 갚아 주시고, 당신 종이 악을 저지르지 못하도록 막아 주셨다. 게다가 주님께서는 나발이 자기의 악을 되받게 하셨다." 그러고 나서 다윗은 아비가일을 아내로 삼으려고, 사람을 보내어 그 뜻을 전하였다.

40 다윗의 부하들이 카르멜에 있는 아비가일을 찾아가서 그에게 이렇게 말하였다. "다윗 어르신께서 부인을 아내로 삼으시려고 저희를 보내셨습니다."

41 아비가일은 일어나 얼굴을 땅에 대고 엎드려 절한 다음, "이 종은 나리 부하들의 발을 씻어 주는 계집종입니다." 하고 말하였다.

42 아비가일은 서둘러 일어나 나귀에 올랐다. 그의 여종 다섯도 함께 따라나섰다. 이렇게 아비가일은 다윗의 심부름꾼들을 따라가서, 다윗의 아내가 되었다.

43 다윗은 이미 이즈르엘의 아히노암을 아내로 맞았기 때문에, 두 아내를 거느리게 되었다.

둘러보기

바로잡는 말이 효과가 있으려면 아비가일의 칭찬할 만한 본보기가 보여 주었듯이, 상대방이 맑은 정신일 때 해야 한다(대 그레고리우스). 다윗은 나발의 모욕을 받은 데 대해 직접 응징하기를 미룬 반면, 나발이 다윗을 모욕한 뒤 죽은 것은 하느님께서 이 세상의 일들을 심판하신다는 것을 보여 준다(살비아누스). 다윗과 아비가일의 혼

인은 다른 민족들의 교회와 그리스도가 하나 된 신비를 나타낸다(암브로시우스).

25,36-38 나발이 죽다

바로잡기 좋은 때

그렇지만 사람들의 분노가 펄펄 끓고 있을 때는 그들을 바로잡기를 조금 기다립니다. 사람들이 몹시 흥분했을 때는 아무 말도 귀에 들리지 않기 때문입니다. 그러나 다시 차분한 정신을 되찾으면 충고를 더 귀담아듣고 자신이 그런 행동을 보인 것을 부끄럽게 생각합니다. 격앙해서 이성을 잃을 때는 어떤 좋은 말을 해도 나쁘게만 들릴 뿐입니다. 그런 점에서 아비가일이 흥분한 나발에게 그의 죄에 대해 이야기하지 않고 그가 다시 차분해졌을 때 이야기한 것은 칭찬받을 만한 일입니다. 그가 보통 때라면 알아들었을 말도 술 취한 상태에서는 자신의 잘못이 귀에 들어오지 않았을 테기 때문입니다.

• 대 그레고리우스 『사목 규칙』 3,16.[1]

25,39 대신 응징해 주신 하느님께 다윗이 감사드리다

모든 일을 판결하시는 하느님

하느님께서는 모든 일을 보시며 판결하신다는 것을 성경이 입증해 주었으니, 이제 제가 할 일은 이 세상의 거의 모든 일이 그분의 거룩한 권능에 의해 심판받는다는 것을 보여 주는 것입니다. 거룩한 다윗이 카르멜에 사는 나발에게서 무례한 대접과 모욕을 받았을 때 다윗이 응징을 미루자 나발은 하느님의 손에 의해 곧바로 응징을 받았습니다. 그 직후, 자신의 원수가 하느님 손에 죽임을 당해 파멸된 것을 알고 다윗은 이렇게 말했습니다. "주님께서는 찬미받으소서! 주님께서는 내가 나발에게서 받은 모욕을 갚아 주시고, 당신 종이 악을 저지르지 못하도록 막아

주셨다."

• 사제 살비아누스 『하느님의 다스림』 2,3.[2]

25,40-43 다윗이 두 아내를 거느리다

혼인이 상징하는 신비

다윗에게는 두 아내가 있었습니다. 이즈르엘의 아히노암과 나중에 맞은 아비가일이 그들입니다. 아히노암은 다소 엄격한 사람이고 아비가일은 자비심 많고 기품 있으며 친절하고 관대한 이로서 얼굴에 너울을 가리고 아버지와 그분의 영광을 보았다고 합니다. 이름의 뜻으로 보건대 그녀는 아버지의 은총이라는 거룩한 이슬을 받았습니다. 아버지의 이슬이 무엇이겠습니까? 믿음과 정의의 물로 모든 이의 가슴을 가득 채우시는 하느님의 말씀 아니겠습니까?

아비가일이 들은 말은 참된 다윗께서 이 영혼에게 하신 참으로 아름다운 말씀입니다. "오늘 그대를 보내시어 이렇게 만나게 해 주셨으니, 주 이스라엘의 하느님을 찬미할 뿐이오"(1사무 25,34). 그분은 이렇게도 말씀하셨습니다. "내가 그대의 말에 귀 기울여 그대의 청을 들어주었으니, 평안히 집으로 돌아가시오"(1사무 25,35). 아가에서 신랑도 신부에게 "그대의 모습을 보게 해 주오. 그대의 목소리를 듣게 해 주오"(아가 2,14)라고 합니다.

그러자 아비가일은 돌아갑니다. 그녀에게는 히브리어로 '나발'이라고 하는 남편이 있었기 때문입니다. '나발'을 라틴어로 옮기면 '어리석다, 거칠다, 불친절하다, 온유하지 못하다, 고마움을 모른다'라는 뜻입니다. 그는 고마움을 표현할 줄 모르는 인간이었습니다. 나중에 이 남자가 죽자 예언자 다윗은 아비가일을 아내로 맞아들였습니

---

[1] ACW 11,139.　　　　[2] FC 3,60*.

다. 그녀가 남편이라는 율법에서 자유로워졌기 때문입니다. 이 결합은 장차 믿게 될 다른 민족들의 교회의 신비를 나타냅니다. 이들은 처음에 결합했던 남편을 잃어버린 뒤 경건함과 겸손, 믿음이라는 지참금을 들고 그리스도에게로 와서

자비라는 유산으로 부유해졌기 때문입니다.

• 암브로시우스 『서간집』 74.[3]

---

[3] FC 26,421-22*.

[26,1-5 사울이 지프 광야에서 다윗을 뒤쫓다]

26,6-12 다윗이 또다시 사울의 목숨을 살려 주다

[6] 다윗은 히타이트 사람 아히멜렉과, 요압의 동기며 츠루야의 아들인 아비사이에게, "누가 나와 함께 사울의 진영으로 내려가겠느냐?" 하고 물었다. "제가 장군님을 따라 내려가겠습니다." 하고 아비사이가 대답하였다.

[7] 다윗은 아비사이를 데리고 밤을 타서 군대가 있는 곳으로 다가갔다. 그때 사울은 진지 안에서 머리맡 땅바닥에 창을 꽂아 놓고 잠들어 있었다. 아브네르와 그의 군사들도 사울을 둘러싸고 잠들어 있었다.

[8] 아비사이가 다윗에게 말하였다. "하느님께서 오늘 원수를 장군님 손에 넘기셨으니, 이 창으로 그를 단번에 땅에 박아 놓겠습니다. 두 번 찌를 것도 없습니다."

[9] 그러나 다윗이 아비사이를 타일렀다. "그분을 해쳐서는 안 된다. 누가 감히 주님의 기름부음받은이에게 손을 대고도 벌 받지 않을 수 있겠느냐?"

[10] 다윗은 다시 말을 이었다. "살아 계신 주님을 두고 맹세하는데, 주님께서 그분을 치실 것이다. 그래서 그분은 자기 때가 되어서 돌아가시거나 싸움터에 내려가 사라지실 것이다.

[11] 주님께서는 내가 주님의 기름부음받은이에게 손을 대지 못하게 하셨다. 그러니 그의 머리맡에 있는 창과 물병만 가지고 나가자."

[12] 다윗은 사울의 머리맡에서 창과 물병을 가지고 나왔다. 주님께서 그들 위에 깊은 잠을 쏟으시어 그들이 모두 잠들었기 때문에, 다윗을 본 사람도 알아채거나 잠을 깬 사람도 없었다.

둘러보기

사울은 다윗 덕분에 이익을 얻고서도 오히려 그것 때문에 다윗을 적대했다(대 바실리우스). 성인들이 천국에서 화관을 얻는 것은 슬픔과 고통을 견디는 인내심 덕분이다(키프리아누스). 분노를 터뜨려 나라를 차지하기보다 부당한 일을 인내롭게 견디기로 한 다윗의 결심은 경외심을 자아낸다(니사의 그레고리우스). 부하들을 이성으로 설득한 다윗과 달리 법령으로 자신의 뜻을 관철하는 지배자들은 그들의 지혜가 타락했음을 보여

준다(아타나시우스). 돌에 글자를 깊게 새기기 위해서는 거듭 되풀이해서 내려쳐야 하듯이, 성령께서도 사람들이 불경한 행동을 하지 못하도록 설득하시기 위해 과거의 거룩한 사람들이 보여 준 행실을 거듭 되풀이해 되새겨 주신다(니사의 그레고리우스).

26,7 다윗과 아비사이가 잠든 사울을 찾아내다

호의를 입은 사실 때문에 적대하다

사울에게 그가 왜 다윗을 적대하는지 이유를 누가 물었더라면, 그는 다윗 덕분에 얻은 이익 때문이라고 인정하지 않을 수 없었을 것입니다. 뿐만 아니라 다윗은 그가 쫓기던 바로 그날 밤 잠든 사울을 발견했는데도, 사울이 자기 원수 앞에 무방비인 채로 누워 있었는데도 또다시 이 의인은 사울에게 폭력을 행하는 것을 자제하고 그의 목숨을 살려 주었습니다.

● 대 바실리우스 『질투에 관한 강해』.[1]

26,8-11 다윗이 사울을 죽이기를 거부하다

슬픔을 인내로 견디다

육에 따른 그리스도의 조상인 다윗은 얼마나 위대하고 훌륭하며 그리스도인적인 인내를 보여 주는지요! 다윗은 그를 죽이지 못해 안달하는 박해자 사울 임금을 죽일 수 있는 기회가 많았습니다. 그렇지만 사울이 그의 손안에 들어왔을 때도 다윗은 그의 목숨을 살려 주는 쪽을 택하며 원수에게 앙갚음하지 않았습니다. 오히려 그가 죽었을 때는 그의 복수를 해 주기까지 했습니다. 간단히 말해, 많은 예언자가 죽임을 당했고 많은 순교자가 영광스러운 죽음이라는 영예를 입은 바, 이들 모두는 인내라는 공로 덕분에 거룩한 화관을 얻었습니다. 슬픔과 고통에 대한 화관은 먼저 슬픔과 고통 속에 인내하지 않고는 얻을 수

없기 때문입니다.

● 키프리아누스 『인내의 유익』 10.[2]

인내심 있게 고통을 견디다

다윗의 이 행동이 훌륭한 이유는 그의 생명을 해치려 온갖 짓을 다 한 사람의 목숨을 살려 주었다는 것 때문만이 아닙니다. 자신이 임금의 직무를 맡도록 기름부음을 받았고 사울이 없어야만 그 자리에 앉을 수 있다는 것을 알면서도, 온갖 괴로움을 안겨 준 사울에게 분노를 품으로써 왕위에 앉지 않고 인내심 있게 비천한 지위를 견디기로 마음먹었다는 점 또한 높이 사 줄 만합니다.

● 니사의 그레고리우스 『시편의 제목』 2,16,266.[3]

하느님의 지혜와 인간의 지혜

진리는 칼이나 창으로 또는 군사들에 의해서가 아니라 설득과 권고로 전해집니다. 그런데 황제[4]에 대한 두려움이 배어 있는 곳에서라면 설득이 가능하겠습니까? 저항하는 이는 결국 추방에 처해지거나 죽임을 당하는 형편이라면 그런 곳에 권고가 자리 잡을 수 있겠습니까? 다윗은 임금이고 자기 원수가 손안에 들어왔는데도, 부하들이 그의 원수를 죽이려고 했을 때 권한을 행사해 그들을 막지 않고 논증으로 그들을 설득하여 그들이 사울을 죽이지 못하게 했다고 성경에 기록되어 있습니다. 그러나 [악마는] 이성의 논증이라고는 알지 못하는지라 자신의 힘을 사용해 모든 사람을 강제로 움직입니다. 그로써 그들의 지혜는 하느님에 따른 것이 아니라 인간의 지혜

---

[1] FC 9,466-67.　　　　[2] FC 36,273.
[3] *GNTIP* 207.
[4] 콘스탄티누스 대제의 아들 콘스탄티우스를 가리킨다.

에 지나지 않으며, 아리우스의 가르침을 선호하는 이들에게는 진짜 임금님은 없고 황제만 있을 뿐임이 드러납니다. 그리스도의 원수들인 이자들은 자기들이 하고자 하는 모든 것을 황제의 수단을 이용해 행하기 때문입니다.

• 아타나시우스 『아리우스파 이야기』 4,33.[5]

불행을 겪을 때에 기억할 것

그 뒤, 원수를 죽일 수 있는 기회가 두 번 있었습니다. 한 번은 사울이 굴에 들어와 미처 의식하지 못한 채 다윗의 손안에 들었을 때고, 한 번은 천막에서 깊이 잠들어 있을 때였습니다. 다윗은 잠든 사울을 내려다보았습니다. 자신을 뒤쫓던 그를 죽임으로써 그간의 분노를 해소할 수 있었는데도 그는 그에게 손대지 않았을뿐더러, 사울을 죽이려는 이에게 "그분을 해쳐서는 안 된다"고 말했습니다. 그때에 그의 죽음을 막은 목소리는 하느님의 목소리가 확실합니다.

그래서 성령께서는, 돌에 길이 기릴 명문을 새기려는 사람은 정을 여러 번 내리쳐 글자를 깊게 새기듯이, 위대한 말씀이 우리 기억의 석판에 더욱 또렷하고 깔끔하게 새겨져 우리가 불행한 일들을 당했을 때에 그것이 떠오르도록 빈번히 되새겨 주십니다. 제가 생각할 때, 성령께서 역사하시는 구원계획의 목적은 옛 시대의 거룩한 이들이 이룬 일들을 뒷시대 사람들의 삶에 지침이 되도록 보여 주시는 것입니다. 그런 본보기는 우리가 그와 같거나 비슷한 선을 향해 나아가게 이끕니다. 자신을 화나게 한 사람에 대한 복수심으로 영혼이 들끓고 자신을 슬프게 한 사람에 대한 분노로 심장의 피가 끓을 때마다 성령께서 다윗을 위해 세우신 기념비를 바라보고 거기에 새겨진, 다윗이 그의 피를 흘리려고 한 사람을 위해 한 말을 읽는다면, 영혼의 들썩이는 생각이 차분해지고 그의 본을 따르고 싶은 욕망으로 격정이 가라앉을 것입니다.

• 니사의 그레고리우스 『시편의 제목』 2,15,246-47.[6]

---

[5] NPNF 2,4,281*.

[6] *GNTIP* 200-201*.

26,13-20 다윗이 아브네르에게 자신을 드러내다

[13] 다윗은 맞은쪽으로 건너가 상대와 거리를 멀리 두고 산꼭대기에 서서,
[14] 군대를 향하여 네르의 아들 아브네르에게 소리쳤다. "아브네르야, 대답하지 못하겠느냐?" 아브네르가 "임금님을 부르는 너는 도대체 누구냐?" 하며 대꾸하자,
[15] 다윗이 아브네르를 꾸짖었다. "너는 대장부가 아니냐? 이스라엘에 너만 한 자가 또 어디 있느냐? 그런데 어찌하여 너는 이쪽 군사 하나가 너의 주군이신 임금님을 해치려고 들어갔는데도, 너의 주군이신 임금님을 지켜 드리지 못하였느냐?
[16] 너는 이번에 책임을 다하지 못하였다. 살아 계신 주님을 두고 맹세하는데, 너희는 주님의 기름부음받은이인 너희 주군을 지켜 드리지 못하였으니 죽어 마땅하다. 그분의 머리맡에 있던 창과 물병이 어디 있는지 당장 찾아보아라."

둘러보기

존자 베다는 이 대목을 예형론적으로 해석하는데, 다윗이 산꼭대기에서 아브네르를 부르는 것은 하늘에 있는 당신 나라에서 사도들을 통해 이스라엘 백성에게 [복음을] 전하시는 예수님을 나타낸다고 한다. 다윗이 아브네르에게 한 말은 이스라엘 왕국과 성전 예배가 사라지는 것을 예시한다. 다윗과 다윗의 자손이 겪은 일과 고난도 닮은꼴이다. 둘 다 시샘 때문에 박해받았기 때문이다(시리아인 에프렘).

26,13-14 다윗이 아브네르에게 소리치다

멀리 떨어져 있다

예수님께서는 이 세상에서 당신 아버지께로 옮겨 가시어 인간의 눈에 보이지 않는 아버지 나라의 제일 높은 곳에 앉아 계십니다. 육으로 나신 분께서 영원한 죽음을 이긴 승리자가 되셨으니, 지금 아버지 오른쪽에 앉아 계시는 그분과 그분을 거슬러 싸우느라 고생하는 죽을 운명의 존재들인 이 세상의 불경한 자들 사이에는 엄청난 거리가 있습니다. 그러나 그분께서는 당신 사도들을 통하여 복음을 전하셨으니, 이스라엘 백성과 율법 교사들에게 소리쳐 그들이 죄 많은 게으름의 잠에서 깨어나고 당신을 믿음으로써 당신께 응답하도록 만드셨습니다. 이름이 '아버지의 등불'이라는 뜻인 아브네르는 그 시대의 진리의 빛을 백성들에게 나누어 주어야 하는 사람들을 가리킵니다. 이름이 '등불'이라는 뜻인 그의 아버지 네르는 율법에 관한 지식의 빛을 영적 방식으로 밝히고 그것을 평범한 교사들과 일반 사람들에게 드러내는 데 뛰어난 그들의 교사들을 암시합니다.

　　•존자 베다 『사무엘기 상권 우의적 해설』 4,26.[1]

26,16 주군의 창이 어디 있는지 찾아보아라

나라를 잃다

사도들은 이렇게 말합니다. '보시오, 당신들 나라의 왕홀은 어디 있소? 당신들은 그것을 땅에서 잃었소. 하늘에서 그것을 찾을 희망도 없소. 당신들은 온 마음으로 율법을 갈구하고 그것으로 당신들이 한 짓을 모두 씻고 죄의 얼룩 한 점 남지 않게 자신을 정화할 수 있다고 자랑하더니, 생각으로 율법을 지키던 것은 어찌 되었소? … 실제로 사도들 시대에 이 모든 일이 확연하게 일어난 것은 아니지만 사도들 시대 이전에 그리고 그들이 아직 살아 있을 때에 이미 그 일은 부분적으로 시작되고 있었다는 것을 역사를 읽는 이는 누구나 알 수 있습니다. 마지막으로, 헤로데 대왕과 그의 아들들은 유대인들에게 많은 재앙을 불러왔는데, 그들은 사제들에게서 거룩한 예복을 빼앗았으며 사제들이 사제복을 입고 직무를 행하는 것도 허락하지 않았고, 사제직에 관한 규정들을 자기들 마음대로 고쳤습니다. 빌라도는 한밤중에 황제의 조상彫像들을 성전에 들여놓음으로써 성전을 더럽혔습니다. 그는 헤로데의 불경을 따른 것일 뿐입니다. 헤로데가 그에 앞서 황금독수리상을 성전에 붙임으로써 성전을 더럽혔고 그것을 떼어 버리려는 신심 깊은 사람들을 산 채로 불태우라고 명령한 바 있기 때문입니다. 칼리굴라는 이교의 희생 제사를 성전에서 바침으로써 성전과 유대인들의 회당 전부를 더럽히라고 지시했습니다. 그는 성전을 온갖 조상과 초상들로 채우라고 지시했고 사람들이 자신을 신으로 섬기도록 명령했습니다. 유대인이 예배와 정치권력을 하나하나 빼앗기다가 끝내는 완전히 멸망하게 된 과정을 기술하자면 끝이 없

_____

[1] CCL 119,246.

습니다.

- 존자 베다 『사무엘기 상권 우의적 해설』 4,26.[2]

질투에 의한 박해

다윗은 시샘 때문에 박해를 받았고 다윗의 자손은 질투 때문에 박해받았습니다. 다윗은 동굴이라는 깊은 곳에 갇혀 있었고 다윗의 자손은 저승이라는 깊은 곳에 갇혔습니다. 다윗은 죄가 있다고 여겨져 업신여김을 받았으나 죽음을 이겨눌렀습니다. 다윗은 '임금의 창이 어디에 있는지 찾아보아라' 하고 소리쳤고, 다윗의 자손은 "죽음아, 너의 승리가 어디 있느냐?"(1코린 15,55)라고 하셨습니다. 사울은 다윗에게 창을 던졌습니다. 그러나 그는 다윗을 맞히지 못하고 벽이 그 창을 대신 받았습니다(1사무 18,10-11 참조). 다윗의 자손을 십자가에 못 박은 자들은 그분을 창으로 찔렀습니다. 그분의 권능은 그것으로 아무런 해도 입지 않았지만 그분의 육체가 상처를 입고 그 증인이 되었습니다. 다윗도 창을 맞지 않았고 다윗의 자손도 다치지 않으셨습니다.

- 시리아인 에프렘
『타티아누스 네 복음서 발췌 합본 주해』 21,12.[3]

---

[2] CCL 119,246.

[3] *ECTD* 323.

26,21-25 사울이 자신의 죄를 고백하다

[21] 그러자 사울이 다윗에게 말하였다. "내가 잘못했다. 내 아들 다윗아, 돌아오너라. 네가 오늘 내 목숨을 소중하게 보아 주었으니, 내가 다시는 너에게 해를 끼치지 않겠다. 내가 정말 어리석은 짓을 하여 매우 큰 실수를 저질렀구나."

[22] 다윗이 응답하였다. "여기 임금님의 창이 있습니다. 젊은이 하나가 건너와 가져가게 하십시오.

[23] 주님은 누구에게나 그 의로움과 진실을 되갚아 주시는 분이십니다. 오늘 주님께서 임금님을 제 손에 넘겨주셨지만, 저는 주님의 기름부음받은이에게 손을 대려 하지 않았습니다."

둘러보기

다윗의 회개, 참회하는 마음과 하느님께 순종하려는 의지가 그에게 하느님의 자비를 얻게 해 주었다(아우구스티누스).

26,23 주님의 기름부음을 받은 이에게는 손을 대지 않는다

다윗의 겸손과 회개가 그의 죄보다 더 크다

다윗의 경우에도 우리는 그가 선한 행실과 악한 행실을 다 보여 주었다는 것을 읽습니다. 그런데 하느님의 권위에 굴복하며 인간의 행위를 제대로 판단하는 경건한 식별력을 지닌 이들에게는 다윗의 힘이 어디에서 왔으며 그가 성공을 누린 비밀이 무엇이었는지 명백하게 드러나 보이는 반면, 거룩한 책들과 거룩한 사람들을 악의에 눈먼 마음으로 공격하는 파우스투스에게는 그런 것이 보이지 않는 것 같습니다. 마니교도[1]들은 성경을 읽기 바랍니다. 그러면 하느님께서 파우스투스가 다윗을 비난하는 것보다 더 그를 꾸짖으셨다는 것을 발견할 것입니다(2사무 12장 참조). 하지만 그들은 다윗이 참회하며 바친 희생, 피에 굶주린 잔인한 원수에게 얼마나 놀라운 온유함을 보여 주었는지도 읽게 될 것입니다. 용감한 만큼 신심도 깊었던 다윗은 원수가 자기 손안에 들어왔을 때에도 전혀 손대지 않고 놓아주었다는 것을 말입니다. 그들은 다윗이 하느님의 질책에 역사에 길이 남을 겸손한 태도를 보인 이야기도 읽게 될 것입니다. 그는 임금의 목을 '주인님'의 멍에에 꿰인 목처럼 굽혔고, 무장한 병사들을 거느리고 그 자신도 무장한 상태였지만 원수들이 던지는 쓰라린 모욕을 완전한 인내로

견뎠습니다. 그리고 임금에 대한 모욕에 분개한 부하들이 조롱한 자의 머리를 베려 할 때에도 하느님께 대한 경외심에 호소하며 임금인 자신의 명령을 받들도록 자제시켰고, 자신이 그런 일을 당하는 것은 하느님의 벌이며 하느님께서 그 사람이 자신에게 저주를 퍼붓도록 하신 것이라고 설명했습니다.

● 아우구스티누스 『마니교도 파우스투스 반박』 22,66.[2]

---

[1] 마니교도들은 선과 악이 확연히 구별되며 똑같은 힘을 지닌 세력으로서 영원히 싸움을 하고 있다는 이원론적 시각을 지니고 있었다.

[2] NPNF 1,4,297*.

27,1-12 다윗이 다시 필리스티아로 달아나다

[1] 다윗이 마음속으로 생각하였다. '내가 이러다가 언젠가는 사울의 손에 망할 것이다. 그러니 필리스티아인들의 땅으로 가 목숨을 건지는 것보다 더 좋은 방법이 없다. 사울은 나를 이스라엘 영토 안에서만 찾다가 마침내 단념하고 말겠지. 그러면 나는 그 손에서 목숨을 건지게 될 것이다.'

[2] 다윗은 일어나 자기를 따르는 부하 육백 명과 함께 갓 임금, 마옥의 아들 아키스에게 넘어갔다.

[3] 이렇게 하여 다윗과 그 부하들은 저마다 가족을 데리고, 갓에 있는 아키스와 더불어 살게 되었다. 다윗이 거느리고 간 두 아내는 이즈르엘 여자 아히노암과 나발의 아내였던 카르멜 여자 아비가일이었다.

[4] 사울은 다윗이 갓으로 달아났다는 소식을 전해 듣고 다시는 그를 찾지 않았다.

둘러보기

많은 이민족 임금들이 성조들에게 우호적이었다는 것을 성경의 역사가 말해 주므로, 모든 군주들을 다 그리스도교의 원수로 보는 견해는 조심해야 할 필요가 있다(아우구스티누스). '갓'은 교회로 하여금 감미로운 즙 같은 성인들의 공덕을 빚게 하는 환난의 포도 확에 대한 비유다(카시오도루스).

27,1-3 다윗과 부하들이 갓으로 달아나다

우호적인 이민족

그대는 '그리스도교가 시샘밖에 받은 것이 없는 이 세상의 임금들이 당신들과 무슨 상관이 있느냐?'고 말합니다. 그러고는 의로운 이들을 원수로 여긴 임금들을 꼽느라 열심입니다. 그런데 당신은 훨씬 더 많은 임금들이 그들의 친구였다는 사실은 잊고 있습니다. 그의 아내를 건드리지 말라는 하늘의 경고를 듣고서 성조 아브라함에게 더없이 친절하게 대하고 호의의 증표를 보여 준 임금도 있었고(창세 20장 참조), 그의 아들 이사악도 매우 우호적인 임금을 만난 적 있습니다(창세 26,6-11 참조). 야곱은 이집트 임금에게서 영예로운 대접을 받고 그에게 축복하기까지 했습니다(창세 47,1-7 참조). 그의 아들 요셉에 관해서는 무슨 말이 더 필요하겠습니까? 그는 금이 불속에서 정련되듯 그의 고결함이 단련을 거친 감옥에서의 환난을 겪은 이후에 파라오에 의해 영예로운 직책에 올랐고, 파라오의 생명을 걸고 맹세까지 했습니다(창세 39-41장 참조). 그러나 헛된 자부심에 차는 대신 그의 친절함을 잊지 않았지요. 모세를 양아들로 삼은 것도 임금의 딸이었습니다(탈출 2,10 참조). 다윗은 이스라엘 임금의 불의함 때문에 할 수 없이 다른 민족의 임금에게 달아나야 했습니다.

• 아우구스티누스 『페틸리아누스 서간 반박』 2,93,204.[1]

갓은 포도 확

열왕기[사무엘기]에 다윗이 필리스티아인들의 땅인 갓에 산 이야기가 나옵니다. 사울의 공격이 몹시 두려웠던 다윗은 필리스티아인들의 성읍인 갓에서 숨어 지내는 것이 낫겠다고 생각하였습니다. 그러나 이 모든 이야기는 우의를 통해 신비적 의미로 풀이해야 한다고 생각됩니다. '갓'은 그리스도인이라면 누구나 견뎌 내야 하는 압박을 상징하는 '포도 확'을 가리킵니다. 그러나 그리스도인은 시련이라는 매질로 두들겨 맞고 압착당할 때 가장 풍요로운 수확을 거둡니다. 그래서 교회는 이치에 맞고 적절하게 이렇게['갓은 포도 확'이라고] 말합니다. [교회는] 필리스티아인들, 곧 외부자들에게 박해받으며 눌릴지라도 풍요로운 자유로 마치 신비로운 과즙처럼 성인들의 실한 공덕들이 흘러나오게 합니다.

• 카시오도루스 『시편 해설』 55,1.[2]

---

[1] NPNF 1,4,579.　　　　[2] ACW 52,30*.

28,1-7 필리스티아인들이 이스라엘을 칠 준비를 하다

[3] 사무엘은 이미 죽어, 온 이스라엘이 그의 죽음을 애도하는 가운데 고향 라마에 묻혔다. 한편 사울은 영매와 점쟁이들을 나라에서 몰아내었다.

둘러보기

성경은 다윗과 사울의 훌륭한 점과 비난할 점을 있는 그대로 묘사한다(아우구스티누스).

28,3 사울이 영매와 점쟁이들을 나라에서 몰아내다

있는 그대로 비추어 주는 거울

앞서도 말했듯이, 성스러운 기록은 인간의 행위를 옳다 그르다 평가하지 않고 흠 없는 거울처럼 있는 그대로 전해 주어 읽는 이가 판단하도록 둡니다. 사람들에 대해서도 칭송할 사람과 비난할 사람을 구별하지 않을 뿐 아니라, 비난받을 만한 사람이 칭찬받을 행동을 한 경우와 칭찬받을 만한 사람이 비난받을 행동을 한 경우도 모두 기록합니다. 그래서 사울은 비난받을 만한 인물이지만, 저주를 씌우는 맹세가 행해진 동안에 음식을 먹은 이가 누구인지 세심히 가려내고 하느님의 계명에 순종하여 엄격한 선고를 내린 점에 대해서는 마땅히 칭찬합니다(1사무 14장 참조). 사울이 이스라엘 땅에서 영매와 점쟁이들을 몰아낸 일도 옳은 일이었다고 기록합니다(1사무 28,3 참조). 그리고 다윗은 칭송받는 인물이지만 하느님께서 예언자를 시켜 꾸짖은 다윗의 죄를 눈감거나 본받으라고 우리를 가르치지는 않습니다.

● 아우구스티누스 『마니교도 파우스투스 반박』 22,65.[1]

_____

[1] NPNF 1,4,296-97*.

28,8-14 사울이 점쟁이를 찾아가다

[8] 사울은 자신을 알아보지 못하게 옷을 갈아입고는, 부하 둘을 데리고 밤에 그 여자에게 가서, "나를 위해 혼백을 불러 점을 쳐 주고, 내가 말하는 망령을 불러올려 주시오." 하고 청하였다. …

[11] 그러자 여인이 "누구를 불러올릴까요?" 하고 물었다. 그가 "사무엘을 불러올려 주시오." 하고 대답하였다.

[12] 그 여자는 사무엘을 보고, 큰 소리를 지르며 사울에게 따졌다. "어찌하여 저를 속이셨습니까? 당신은 사울 임금님이 아니십니까?"

[13] 임금이 말하였다. "두려워하지 마라. 무엇이 보이느냐?" 그 여자가 사울에게 대답하였다. "땅에서 신령이 올라오는 것이 보입니다."

[14] 사울이 다시 그 여자에게 "어떤 모습이냐?" 하고 묻자, "겉옷을 휘감은 노인이 올라옵니다." 하고 그 여자가 대답하였다. 사울은 그가 사무엘인 것을 알고, 얼굴을 땅에 대고 엎드려 절하였다.

둘러보기

영매가 사무엘을 불러올리지 못했다고 말하는 것은 성경이 기록한 역사가 사실이 아니라고 말하는 것과 같다. 성경은 성령께서 하신 말씀을 기록한 것이므로 진실성이 보증되어 있다. 영매에 의해 불러올려진 사무엘은 성조들의 하느님은 산 이들의 하느님이심을 입증해 주었다. 사무엘이 저승에 있었던 것은 예수님께서 그곳에 계셨던 것처럼, 모든 곳이 그리스도를 필요로 한다는 사실을 입증해 준다(오리게네스). [영매나 점쟁이들이] 속이는 능력을 지녔음을 생각할 때, 엔도르의 영매가 불러올린 것은 빛의 인간 사무엘로 변신한 사탄이었을 것이다(테르툴리아누스). 사무엘의 출현이 입증해 주듯이 영혼은 죽음 이후에도 살아 있으므로, 사람들은 자기 영혼이 사악한 힘 아래 놓이지 않도록 선한 이가 되고자 힘써야 한다(순교자 유스티누스). 사무엘의 발현은 영혼은 육체의 모습으로 되살아난다는 것을 알려 준다(메토디우스). 영혼은 육체에 맞게 늘어도 나고 줄어도 들지만 옷에도 맞게 늘어나거나 줄어들지는 않는다. 사무엘이 육체를 지닌 모습으로 나타난 사실은 정신이 물질적 육체를 떠나면 또 다른 종류의[영적] 육체 안에 산다는 것을 암시해 준다(아우구스티누스).

28,11 누구를 불러올릴까요

마귀에게 지배당하다

그렇다면, 그처럼 위대한 인간이 지하 세계에 있었는데 영매가 그를 불러올렸다면, 한갓 마귀가 예언자의 영혼을 쥐락펴락한다는 것입니까? 내가 무슨 말을 할 수 있겠습니까? 이렇게 기록되어 있으니 말입니다. 그것은 사실일까요, 사실이 아닐까요? 그것이 사실이 아니라고 말하는 것은 우리를 불신으로 몹니다. 그런데 그것이 진실이라고 말할 경우 당혹스러운 의문이 제기됩니다.

우리 형제들 가운데 성경을 삐딱한 눈으로 보며 '나는 영매라는 것을 믿지 않는다'고 말하는 이들이 있다는 것을 우리는 잘 압니다. 영매는 자기가 사무엘을 보았다고 말합니다. 이 여자는 거짓말을 하고 있는 것입니다. 사무엘이 불러올려진 것이 아닙니다. 사무엘이 이야기하는 것이

아닙니다. 거짓 예언자들이 '주님께서 이렇게 말씀하신다', '주님의 말씀이다' 하고 말하여도 주님께서 말씀하시지 않으신 것처럼, 이 시시한 마귀는 사울이 청한 이를 자기가 불러올린다고 말하지만 그것은 거짓말입니다. 그가 "누구를 불러올릴까요?" 하자 사울이 "사무엘을 불러올려 주시오" 하고 대답했다고 하기 때문입니다. 이 역사 기록이 진실이 아니라고 주장하는 이들은 이렇게 말합니다.

> ● 오리게네스 『사무엘기 상권 강해』 28,2,2-3.[1]

성령께서 말씀하신다

그러면 기록된 내용은 무엇입니까? "그러자 여인이 '누구를 불러올릴까요?' 하고 물었다." 여기서 "여인이 물었다"고 말하는 것은 누구입니까? 성경을 기록하였다고 사람들이 믿는 성령의 말입니까, 아니면 다른 누구의 말입니까? 설화체 기록에서 화자는, 모든 등장인물과 표현 위에 있습니다. 그리고 이 모든 말의 저자는 인간이 아니라 인간을 움직이는 성령이라고 우리는 믿습니다.

> ● 오리게네스 『사무엘기 상권 강해』 28,4,2.[2]

28,13 땅에서 신령이 올라오는 것이 보입니다

산 이들의 하느님

아브라함과 예언자들의 죽음에 대해 깊이 생각해 온 그들[유대인들]은 사무엘도 죽어 땅속에 있을 때, 신들이 땅 아래 어딘가에 있다고 믿으며 "신들[3]이 땅에서 올라오는 것이 보입니다" 하고 말한 영매에 의해 불러올려졌다고 이해했습니다. 그러나 그들은 아브라함과 예언자들의 삶

---

[1] FC 97,320-21*.   [2] FC 97,322*.

[3] 히브리어 본문의 낱말은 단수와 복수를 둘 다 의미할 수 있는데 칠십인역은 이를 복수로 옮겼다.

도, 아브라함과 이사악과 야곱의 하느님은 죽은 인간들의 하느님이 아니라 산 이들의 하느님이시라는 것도 이해하지 못했습니다.

• 오리게네스 『요한 복음 주해』 20,393.[4]

모든 곳에 그리스도가 필요하다

저승에 있는 사무엘! 예언자들 가운데서도 특출한 예언자, 태어나기도 전에 이미 하느님께 바쳐진 이(1사무 1,11 참조), 태어나기도 전에 성전에 있었으며, 젖을 떼자마자 주님의 사제가 되어 에폿을 두르고 예복을 입은 이(참조: 1사무 1,22; 2,18-19), 아이 때부터 주님께서 수시로 당신 뜻을 전하셨던 이, 그런 이가 영매에 의해 불려올라 왔다고요? … 사무엘이 왜 저승에 있습니까? …

사무엘이 올라옵니다. 그런데 그 영매가 자기 눈에 사무엘의 영혼이 보였다고 말하지 않는 것에 주목하십시오. 그 여자는 자기가 한 남자를 보았다고 말하지 않습니다. 그녀는 자기가 본 것 때문에 두려움에 빠졌습니다. 그녀는 무엇을 보았습니까? 그녀는 "땅에서 신령들이 올라오는 것이 보입니다" 하고 말합니다. 아마 사무엘은 단지 사울에게 예언하기 위해서만 올라온 것이 아니었을 것입니다. 여기에서처럼 "당신께서는 거룩한 이에게는 거룩하신 분으로, 결백한 사람에게는 결백하신 분으로 당신을 나타내시고"(시편 18,26), 선택된 이들 가운데 하나에게는 선택된 이들 가운데 한 분으로 나타나시듯이, 거룩한 이들에게는 거룩한 이들의 방식으로 나타나시지만 죄인들에게는 그렇게 하지 않으십니다. 죄인들을 구원하려는 목적에서 거룩한 이들의 삶의 방식이 어떤 시점에 죄인들의 삶과 겹치게 된다면, 어쩌면 당신들은 사무엘이 올라올 때에 다른 예언자들의 거룩한 영혼도 함께 올라왔다거나 아니면 신령들과 함께 올라온 그들은 천사들 —

천사와 이야기했다는 예언자의 고백도 있으니까요(즈카 1,9 참조) — 이었다고 추측할 수도 있을 것입니다(1베드 3,19 참조). 그리고 모든 [곳은] 구원을 필요로 하는 이들로 가득 차 있으며, "천사들은 모두 하느님을 시중드는 영으로서, 구원을 상속받게 될 이들에게 봉사하도록 파견되는 이들이 아닙니까?"(히브 1,14). 여러분은 모든 장소가 예수 그리스도를 필요로 한다고 말하는 것을 왜 겁냅니까? 그리스도를 필요로 하는 이들은 예언자들도 필요로 합니다. 그러나 그리스도를 필요로 하지 않는 자는 그리스도의 출현과 머무르심을 준비하는 이들도 필요로 하지 않습니다.

• 오리게네스 『사무엘기 상권 강해』 28,3,2; 28,7,1.[5]

28,14 사무엘의 환영을 보고 사울이 복종하다

속이는 힘

시몬 [마구스[6]]의 추종자들은 어째서 지금도 예언자들의 영혼을 저승에서 불러올린다는 자기들 기술을 그처럼 확신하는 것입니까? 내가 보기에 이는 그들의 힘이 속이는 능력에 있기 때문입니다. 사울이 하느님의 뜻을 묻고 답을 얻지 못한 뒤, 사무엘의 영혼을 불러올린 엔 도르의 영매에게 이 힘이 실제로 주어졌습니다. 이 사례는 예외지만, 마귀가 영혼을 불러올릴 수 있다고 믿는 것은 절대 안 될 일입니다. 예언자의 영혼은 더더군다나 말할 것도 없습니다. 우리는 '사탄이 빛의 천사로 위장한다'(2코린 11,14)는 — 빛의 인간으로 위장하는 건 더욱 쉽겠지요 — 것, 그리고 종말 때에 그자는 놀라운 표징들을 보이고 자신을 하느님으로 내세우며 "할 수만 있으면 선택된 이들까지 속이려고"(마태 24,24) 하리라는 것

---

[4] FC 89,286.   [5] FC 97,321.327*.
[6] 사도행전 8장에 나오는 마술사 시몬을 가리킨다.

을 압니다. 그런 자가 사울에게 자기가 그 예언
자[사무엘]라고 말하는 것은 아무것도 아니었을
것입니다. 그때에 그렇게 말한 자 속에는 악마가
살고 있었습니다.

그러니 여러분은 환영을 보이게 한 그 영은
사울이 그것을 진짜로 믿게 한 영과 다른 영이라
고 생각해서는 안 됩니다. 엔 도르의 점쟁이 속
에 있던 영과 배교자[사울] 안에 있던 영은 같은
영이었습니다. 그러니 그로서는 이미 사울이 믿
게 만든 그 거짓말을 암시하기가 쉬웠습니다. 사
울의 보물은 실로 그때에 그의 마음이 있는 곳에
있었습니다(마태 6,21 참조). 물론 그곳엔 하느님이
계시지 않았지요. 그러니 사울이 본 것은 다름
아닌 악마였고, 그것을 통해 그는 자신이 사무엘
을 보았다고 믿었습니다. 그는 그에게 환영을 보
여 준 영을 믿었으니까요.

• 테르툴리아누스 『영혼론』 55,7-9.[7]

영혼은 죽음 뒤에도 살아 있다

저는 [사람이 죽은 뒤에도] 영혼은 살아남는다
는 것을, 점쟁이가 사울의 요청을 받고 사무엘의
영혼을 불러올린 사실을 들어 여러분에게 보여
주었습니다. 의로운 사람들과 예언자들의 영혼
도 그런 힘의 지배 아래 있다고 보입니다. 이는
이 영매의 사례에서 충분히 추론할 수 있습니다.
그래서 하느님께서는 당신 아드님을 통해 우리
— 이 일들은 우리를 위해서 일어난 것일 겝니다
— 에게 언제나 성실히 노력하고 죽음의 순간에
우리 영혼이 그런 권능의 손에 떨어지지 않게 되
기를 기도하라고 가르치십니다(루카 23,46 참조).

• 순교자 유스티누스 『유대인 트리폰과의 대화』 105.[8]

육체를 입은 모습

그러므로 우리가 "혀"와 "손가락" 그리고 "아

브라함의 곁"과 거기에 기댄다는 것에 관해 묻
는다면, 아마도 그것은 영혼이 [죽음 후에] 변화
하며 지상의 육체와 비슷한 형태를 받기 때문일
것입니다. 그렇다면 잠든 사람 가운데 누가 다시
나타났다고 기록되어 있다면, 그는 육 안에 있을
때 지녔던 형태와 몸짓으로 보입니다. 게다가 사
무엘이 나타났을 때 그가 육체를 입은 상태로 보
였다는 것이 확실합니다. 이 점은 우리가 영혼의
본질이 비육체적이며 그 자체가 드러난다고 증
명하는 논증의 압박을 받을 때 특별히 더 인정해
야 합니다.

• 메토디우스 『부활』 3,2,19.[9]

육체와 닮은 모습의 영혼

그러면 저승에 있는 그 부자는 왜 물 한 방울
을 갈망했습니까?(루카 16,24 참조) 어째서 거룩한
사무엘은 죽은 뒤에 그가 살아생전 늘 입던 옷을
입은 모습으로 나타났습니까? 그 부자는 영혼의
잔해를 육의 잔해처럼 물이라는 자양분으로 고
치기 바란 것입니까? 사무엘은 그 옷을 입은 채
로 생을 마감했습니까? 그 부자의 경우엔 영혼
을 괴롭게 하는 진짜 고통은 있었지만 음식을 필
요로 하는 진짜 육체는 없었습니다. 사무엘의 경
우엔 옷을 입은 모습으로 보였지만 그것은 진짜
육체가 아니라 옷을 입은 육체와 닮은 모습의 영
혼이었을 뿐입니다. 영혼은 육체의 지체에 맞게
늘어도 나고 줄어도 들지만 옷에도 그런 식으로
맞추어지지는 않습니다.

• 아우구스티누스 『영혼과 그 기원』 4,29.[10]

---

[7] FC 10,305*.

[8] ANF 1,252*.

[9] ANF 6,377*.

[10] NPNF 1,5,367*.

또 다른 육체를 받다

정신은 이 견고한 육체를 떠날 때 또 다른 육체['영적 육체']를 받으며 따라서 정신에게는 언제나 활기를 띠게 할 육체가 있고, 만약에 그것이 꼭 가야 할 곳에 있으면 그 안에서 건너가고 오고 한다는 말에 반대할 생각이 나는 없습니다. 사실 천사들이 육체를 지니지 않았다면 그들을 셀 수도 없을 터인데, 복음서에 이런 말씀이 있지 않습니까? "[내가 아버지께] 청하기만 하면

당장에 열두 군단이 넘는 천사들을 내 곁에 세워 주실 것이다"(마태 26,53). 그리고 사울의 주문呪文에 의해 사무엘이 육체를 지닌 모습으로 나타난 것도 분명한 사실이고, 복음서도 이미 죽어 땅에 묻힌 모세가 산에서 주님께 나타나 함께 서 있었다고 확실하게 전합니다.

• 아우구스티누스 『서간집』 158.[11]

─────────

[11] FC 20,358*.

28,15-25 사무엘이 사울의 죽음을 예언하다

[15] 사무엘이 사울에게 물었다. "왜 나를 불러올려 귀찮게 하느냐?" 사울이 대답하였다. "저에게 매우 어려운 일이 생겼습니다. 필리스티아인들이 저를 치고 있는데, 하느님께서는 저를 떠나셨는지 예언자들을 통해서도, 꿈으로도 저에게 더 이상 대답해 주지 않으십니다. 그래서 제가 무엇을 해야 할지 알려 주십사고 어르신을 부른 것입니다."

[16] 그러자 사무엘이 말하였다. "주님께서 이미 너를 떠나 네 원수가 되셨는데 어쩌자고 나에게 묻느냐?

[17] 주님께서는 나를 통하여 말씀하신 그대로 너에게 하시어, 이미 이 나라를 네 손에서 빼앗아 네 이웃 다윗에게 주셨다.

[18] 너는 주님의 말씀을 듣지 않고 그분의 타오르는 분노를 아말렉에게 쏟지 않았다. 주님께서 오늘 너에게 이런 일을 하시는 것은 바로 이 때문이다.

[19] 주님께서는 너와 더불어 이스라엘도 필리스티아인들의 손에 넘기시어, 내일이면 너와 네 아들들이 나와 함께 있게 될 것이다. 또한 주님께서는 이스라엘 진영도 필리스티아인들의 손에 넘기실 것이다."

둘러보기

그리스도께서 저승에 계셨던 것이 그렇듯이, 사무엘이 저승에 있다는 사실 때문에 그의 성덕이나 의도가 작아지지는 않는다(오리게네스). 사무엘이 나타나 사울의 앞날에 대해 예고한 일은 죽은 이들 가운데 어떤 이는 산 이들에게 파견되기도 한다는 것을 보여 준다(아우구스티누스). 마귀들은 하느님의 위대한 신비들을 예언할 능력이 없다(오리게네스). 죄 있는 이들이 벌 받지 않고 넘어가게 두는 이는 하느님의 심판을 하찮게 여기는 자며, 순진한 이들이 범죄를 저지르도록 부추기는 자다(엔노디우스).

28,15 왜 나를 귀찮게 하느냐

거룩한 이들이 저승으로 내려가다

그리스도의 선구자들인 예언자들은 모두 저승으로 내려갔습니다. 그래서 사무엘도 그리로 간 것입니다. 그가 내려가기만 한 것이 아니라 거룩한 사람으로서 내려갔습니다. 거룩한 사람은 어디에 있든 거룩합니다. 그리스도께서 한때 저승에 계셨다고 해서 더 이상 그리스도가 아니십니까? "하늘과 땅 위와 땅 아래에 있는 자들이 다 무릎을 꿇고 예수 그리스도는 주님이시라고 고백"(필리 2,10)하는데, 그분께서 지하 세계에 계셨다고 해서 더 이상 하느님의 아드님이 아니십니까? 그리스도께서는 지하에 계실 때에도 그리스도이셨습니다. 말하자면, 계신 장소는 아래였어도 의도에서는 위에 계셨습니다. 마찬가지로, 예언자들과 사무엘도 영혼들이 있는 저 아래로 내려가 그 장소에 있을 수 있더라도 의도에서는 아래에 있지 않았습니다.

● 오리게네스 『사무엘기 상권 강해』 28,8,1.[1]

28,17-19 사울에 관한 예언

죽은 이들이 찾아오다

바오로 사도가 산 채로 낙원으로 들어 올려졌다고 거룩한 성경이 증언하듯(2코린 12,2 참조), 그와 반대되는 일도 일어납니다. 죽은 이들 가운데에서 어떤 이들이 살아 있는 이들에게로 파견되는 것입니다. 사무엘 예언자는 이미 죽었는데도 살아 있는 사울 임금의 미래를 예고했습니다. 물론, 마법으로 불러올려질 수 있었던 것은 사무엘이 아니라 그와 비슷한 모습을 하고 나타난 사악한 영이라고 생각하는 이들도 있기는 합니다. 그러나 시라의 아들 예수가 썼다고 하는, 하지만 문체로 볼 때 솔로몬의 작품이라 생각되는 집회서는 훌륭한 조상들을 칭송하며, 사무엘이 죽어

서도 예언한 사실을 특기합니다(집회 46,16-20 참조). 이 책이 히브리어 성경에 포함되지 않는다는 이유로 이 책의 내용을 받아들이지 못하겠다면, 죽었다고 신명기에 분명하게 기록되어 있는 모세가 마태오 복음서에서 살아 있는 이들에게 죽지 않은 엘리야와 함께 나타난 일은 어떻게 설명할 것입니까?(참조: 신명 34,5; 마태 17,3)

● 아우구스티누스 『죽은 이를 위한 배려』 15,18.[2]

예언과 마귀

한낱 마귀가 하느님 백성 전체에 관하여, 주님께서 곧 이스라엘을 구해 주실 것이라고 예언할 능력이 있습니까? …

한 임금이 예언자의 기름을 부어 받고 임금의 직에 임명된 뒤, 그다음 날이면 사울과 그의 아들들이 목숨을 잃으리라는 것을 한낱 마귀가 어찌 알 수 있겠습니까? …

나는 그런 하찮은 마귀가 사울과 하느님 백성에 관해 예언하거나 다윗이 임금이 되리라는 예언을 할 수 있을 만큼 큰 힘을 지녔다고 생각하지 않습니다.

● 오리게네스 『사무엘기 상권 강해』 5,5,5.8.[3]

28,18 네가 주님의 말씀을 듣지 않았기 때문에

죄지은 자 벌 받지 않고 넘어가게 두는 것

엄격한 조처를 취해야 할 필요성은 모든 온유함과 연민의 마음을 짓밟는 경향이 있습니다. 성경의 증언도 제 생각이 맞음을 증빙해 줍니다. 하늘의 뜻에 따라 살해당하도록 정해진 원수를 살려 준 군주는 죄를 지은 것임을 우리는 성경에서 읽습니다. 그의 관대함은 그의 엄격함이 다른

---

[1] FC 97,329-30*. [2] FC 27,377*.
[3] FC 97,324-25.330.

이에게 가해야 마땅했던 벌을 그 자신에게 불러왔습니다. 응징하기를 거부한 그 자신이 응징의 대상이 됩니다. 원수가 자기 손에 들어왔을 때 그를 살려 준 이는 하느님 판결의 무게를 가벼이 여기는 것이거나 얕보는 것입니다. 잘못을 저지른 이들이 벌을 받는 것은 마땅한 일입니다. 현재의 잘못을 벌하지 않고 넘어가는 것은 그 죄를 후대로 넘기는 것입니다. 우리 구원자의 인내로 말한다면 … 자비와 은총은 율법의 엄격함이 훈련시킨 이들을 품어 안는 것입니다. 환자의 썩은

지체를 먼저 잘라 내고 깊숙한 곳에 있는 불결한 것을 짜 버리지 않은 채 그를 완전히 건강한 몸으로 돌려놓은 의사는 아무도 없습니다. 잘못 있는 이들을 벌 받지 않고 넘어가게 두는 이는 순진한 이들이 범죄를 저지르도록 부추기는 자입니다.[4]

• 엔노디우스 『에피파니우스의 생애』.[5]

---

[4] 테오도리쿠스 왕이 에피파니우스에게 하는 말이다.
[5] FC 15,334-35*.

29,1-11 다윗이 필리스티아인들에게 배척당하다

[2] 필리스티아 통치자들은 수백 명씩, 또는 수천 명씩 거느리고 나아갔고, 다윗과 그 부하들은 아키스와 함께 뒤에서 나아갔다.

[3] 그런데 필리스티아 제후들이 "이 히브리인들은 누구요?" 하고 물었다. …

[5] "그가 바로 사람들이 춤을 추며 '사울은 수천을 치셨고 다윗은 수만을 치셨다네.' 하고 노래하던 그 다윗이 아니오?"

[6] 그러자 아키스는 다윗을 불러 말하였다. "살아 계신 주님을 두고 맹세하는데, 그대는 올곧은 사람이오. 그대가 나에게 온 날부터 이날까지 나는 그대에게서 아무 허물도 찾지 못하였기 때문에, 그대가 나와 함께 출전하는 것이 좋겠다고 생각하였소. 그러나 다른 통치자들 눈에는 그대가 좋게 보이지 않는가 보오.

[7] 그러니 이제 평안히 돌아가시오. 필리스티아의 통치자들 눈에 거슬리는 일은 하지 않는 것이 좋겠소."

둘러보기

필리스티아인들이 히브리인들을 멸시하는 것은 그리스도인들에 대한 이교인들의 태도를 나타낸다. 다윗의 공적을 칭송하는 말은 그리스도의 성실함을 찬양하는 교회의 찬미가와 마찬가지로 원수들에게 분노와 두려움을 자아낸다. 다른 민족 출신 그리스도인들은, 아키스가 다윗의 올곧음을 인정하면서도 그를 떠나보낸 것처럼,

그리스도를 칭송하면서도 그분의 말씀을 권세 있는 이교인들에게 전하는 것은 자제하는데, 이는 박해가 일어나지 않게 하려는 것이다(베다).

29,3 이 히브리인들은 누구요

이교인들은 나그네를 경멸한다

이교인들은 생명과 친교와 그리스도를 믿는 이들의 가르침을 경멸합니다. 그리스도인들은

히브리인들, 곧 '나그네'로 불려 마땅합니다. 그들은 지금 세상에서는 악에서 덕으로 건너가는 것을 알며 미래에는 죽음에서 생명으로 건너가기를 희망하기 때문입니다. 하늘로 향한 그들의 마음이라는 산꼭대기에 서서 바라보는 그들은 육적인 것들의 저열한 욕망들과 세상의 모든 적대 행위를 넘어설 줄 압니다.

• 존자 베다 『사무엘기 상권 우의적 해설』 4,29.[1]

29,5 필리스티아인들이 이스라엘을 위해 다윗이 보인 용기를 기억하다

칭찬이 분노를 불러일으키다

다른 민족들의 교회가 그들에게 영원한 생명이라는 상을 내린 그리스도의 성실함을 찬양할 때면, 우상을 섬기는 대사제들과 철학자들은 분노를 느끼며 그분께 자신을 맡기기를 겁냅니다. 그들은 자기들 문명과 지혜가 그분의 말씀 때문에 파멸을 맞은 것을 슬퍼합니다. 그들은 거룩한 교회의 합창단이 그분께서 고대로부터의 원수를 이긴 위대한 승리를 찬양하는 것을 똑똑히 봅니다. 그것은 일찍이 그 누구도 이루지 못했던 승리였습니다. 그들은 이 믿음에 대해 이해하게 되고서도 그리스도의 지체와 하나 되는 것을 거부하며 그분의 권위에 복종하는 것을 거부합니다.

• 존자 베다 『사무엘기 상권 우의적 해설』 4,29.[2]

29,6 아키스가 다윗을 떠나게 하다

칭찬과 박해

아키스는 다윗이 올곧고 아무런 허물도 없으며 하느님의 천사처럼 선하다고 인정하면서도 그에게 필리스티아인들의 전열에서 떠나 그의 길을 가라고 지시했습니다. 다른 필리스티아 군주들의 심기를 거스르고 싶지 않았기 때문입니다. 다른 민족 출신 신자들 가운데 많은 이가 하느님께서 다른 민족들을 구원하시기 위하여 보내신 그리스도의 의로움과 자비와 거룩함을 단언하고 사랑하며 칭송합니다. 그러나 그들은 하느님을 모독하는 거만한 자들과 악명 높은 우상 숭배자들에게 말씀을 전하도록 강요하지 말아 달라고 애원합니다. 혹시라도 그들이 그 말을 듣고 믿기를 거부하며 그들에게 더 큰 심판을 불러오는 일이 있을까 봐 걱정하기 때문입니다. 말하자면 그들은 자기들의 주님께, 이 적대자들이 문제를 일으켜 믿지 않는 자들이 박해할 기회를 주지 말고, 믿는 이들의 평화롭고 차분한 마음 안에서 안식하시는 것으로 만족하십사고 청하는 것입니다.

• 존자 베다 『사무엘기 상권 우의적 해설』 4,29.[3]

---

[1] CCL 119,259. [2] CCL 119,259.

[3] CCL 119,259.

30,1-10 다윗이 약탈당한 치클락으로 돌아오다

[1] 다윗은 부하들을 거느리고 사흘 만에 치클락에 이르렀는데 …

[3] 다윗과 부하들이 성읍에 이르러 보니, 성읍은 불타 버리고 그들의 아내와 아들딸들은 이미 사로잡혀 가고 없었다.

[4] 다윗과 그의 수하 군사들은 더 이상 울 기운조차 없을 때까지 목 놓아 울었다.

둘러보기

베다는 약탈당한 치클락을 보고 우는 다윗을 타락하여 순진한 믿음을 버린 이들을 두고 우는 교사들에 비유한다.

30,3-4 다윗과 수하 군사들이 목 놓아 울다

타락한 믿음 때문에 슬퍼하다

주님께서는 당신께서 선택하신 이들과 보편 교회의 교사들에게 오시어, 한때는 빛났으나 지금은 이단적 논설이라는 불에 타 땅에 무너져 뒹구는 탑과 지붕들을 보시자 당장 당신 아버지께 교회를 회복시켜 주십사는 기도를 드리시고는 (당연히 그분께서 하실 만한 일이지요) 그것을 복구하는 일에 나서셨습니다. 교사들은 교회들과 그들에게 맡겨진 영혼들 때문에 탄식합니다. 그들이 하느님을 위해 낳고 그분의 도우심을 받아 기른 교회와 영혼들이 그리스도의 도움이 늦어지자 더러움에 물들어 본디의 소박한 믿음을 잃어버렸기 때문입니다. 이는 다윗의 도착이 늦어지자 그의 아내들과 자식들이 포로로 끌려간 것과 같다고 할 수 있습니다. 그러나 그분의 은총과 도움이 있었더라면 그자들이 모든 것을 손에 넣지는 못했을 것입니다.

• 존자 베다 『사무엘기 상권 우의적 해설』 4,30.[1]

---

[1] CCL 119,261.

30,11-20 다윗이 아말렉족을 쳐부수다

[11] 그러다가 벌판에서 어떤 이집트 사람을 만나게 되었는데, 부하들이 그를 다윗에게 데려왔다. 그들은 그에게 빵을 주어 먹게 하고 물도 마시게 하였다.

[12] 또 말린 무화과 과자 한 조각과 건포도 두 뭉치도 주었다. 이것을 먹고 그는 정신을 차렸다. 그는 사흘 밤낮을 빵도 먹지 못하고 물도 마시지 못했던 것이다.

[13] 다윗이 그에게 "너는 누구네 집 사람이며 어디에서 왔느냐?" 하고 묻자, 그가 이렇게 대답하였다. "저는 이집트 아이로서 어떤 아말렉 사람의 종이었습니다. 그런데 병이 들자 사흘 전에 주인이 저를 버렸습니다.

[14] 우리는 크렛족의 네겝과 유다 지방과 칼렙의 네겝을 습격하고, 치클락을 불태웠습니다."

[15] 다윗이 그에게 "네가 나를 강도떼에게 데려다 줄 수 있겠느냐?" 하고 묻자, 그가 대답하였다. "저를 죽이지 않으시고 제 주인의 손에 넘기지도 않으시겠다고, 하느님의 이름으로 저에게 맹세해 주십시오. 그러면 제가 나리를 그 강도떼에게 모셔다 드리겠습니다."

[16] 이렇게 하여 그가 다윗과 함께 내려가 보니, 과연 그들이 온 땅에 흩어져 있었다. 그들은 필리스티아인들의 땅과 유다 땅에서 빼앗아 온 많은 전리품을 가지고 온통 먹고 마시며 흥청거리고 있었다.

[17] 다윗은 새벽부터 이튿날 저녁까지 그들을 쳐부수었는데, 그들 가운데 낙타를 타고 도망친 젊은이 사백 명을 빼고는 아무도 목숨을 구하지 못하였다.

둘러보기

다윗이 이집트인 종을 만난 것은 우의적으로 해석할 때, 버림받은 이가 그리스도에 의해 새 생명을 얻어 회개한 것(대 그레고리우스)을 의미하거나 이단자들에게서 달아나 교회로 온 사람의 체험을 나타낸다(베다).

30,11-17 이집트인 종

회개에 관한 비유

가난하고 힘없는 이들, 눈먼 이들과 다리저는 이들이 하느님께 불리고 그분께로 오는 이유는 업신여김을 받는 이들과 약한 이들은 이 세상에서 아무런 기쁨도 얻지 못하기에 하느님의 목소리를 듣는 데 재빠르기 때문입니다.

아말렉 사람의 종이었던 이집트인이 바로 그런 예입니다. 아말렉족이 약탈하며 돌아다닐 때 병든 채 길에 버려진 그는 배고프고 목말라 죽을 지경이었습니다. 다윗은 그를 발견하고는 먹을 것과 마실 것을 주었고, 그는 기운을 차리자마자 다윗의 안내인이 되어 아말렉족이 먹고 마시며 흥청거리는 곳으로 데려다주었으며, 자기를 버리고 간 사람들을 더없이 용맹스럽게 쳐부수었습니다.

'아말렉족'이라는 이름은 '둘러싸는 족속'이라는 뜻입니다. '둘러싸는 족속'이 나타내는 것이 무엇이겠습니까? 세속적인 자들의 마음 아니겠습니까? 땅의 것들을 좇아 따라다니는 것, 일시적인 것들에서만 기쁨을 찾을 때 사람들은 그런 것들로 자신을 둘러싸는 것입니다. '둘러싸는' 사람들은 약탈합니다. 말하자면, 그들은 세상의 것들을 사랑하기 때문에 다른 사람의 손실들로 자신의 이익을 쌓아 올립니다. 그 이집트인 종은 길에 버려져 있었는데, 모든 죄인은 이 세상의 형세로 인해 지쳐 약해지기 시작하면 세속적인 사람들에게 경멸받기 때문입니다. 그를 발견한 다윗은 먹을 것과 마실 것을 주었습니다. '용감함이 손에 있는 주님'(다윗의 이름 뜻을 주님께 적용하면 그렇습니다)께서는 세상이 내버린 것들을 업신여기지 않으시기 때문입니다. 그분께서는 세상을 따라갈 만큼 강하지 못한 이들과 길에 버려진 이들에게 당신의 말씀이라는 먹을 것과 마실 것을 건네시며 당신 사랑의 은총으로 이끄시는 때가 많습니다. 이는 그들을 당신의 길 안내원으로 선택하시고 당신 말씀의 전달자로 만드시는 것이라 할 수 있습니다. 그들이 죄인들의 마음에 그리스도를 전할 때, 그들은 다윗을 원수들에게 안내하는 셈이며, 흥청거리는 아말렉족을 마치 다윗처럼 칼로 치는 셈입니다. 세상에서 그들을 업신여겼던 모든 거만한 자들을 주님의 힘으로 타도하는 것이기 때문입니다.

• 대 그레고리우스 『복음서 강해』(40편) 36.[1]

이단자들에게서 달아나다

이단자들에게서 달아나 교회로 오는 이들에게 교사들을 시켜 묻는 것은 교회의 규정입니다. 교사들은 그들에게 그들이 전에 어떤 이였으며 신앙에 대해 어떻게 생각했는가, 미래에 영 안에서 어디를 여행하고자 하는가, 그리고 자신들이 온 마음으로 이단에 저항하고 보편 신앙을 인정하기 시작한 것이 언제였나 하는 것들을 묻습니다. 그리하여 그들이 화해를 이루게 되면, 교회는 그들에게 보편 신앙의 성사들을 허락합니다. 이러한 절차를 거치는 이유는 거룩한 것을 개에게 또는 진주를 돼지에게 던져 주는 것처럼 보이는 일이 없게 하려는 것입니다. 교회는 '그대는 누구에게 [교리를] 들었으며, 어떤 그리스도인

---

[1] CS 123,318-19.

공동체로부터 오고 또는 어떤 그리스도인 공동체로 가고자 하는가?' 하고 묻습니다. 이단자들의 덫에서 빠져나오기를 진정으로 바라는 이는 누구나 다음과 같이 대답해야 합니다. '저는 이단자들의 말을 듣고 그들에게 팔려 가 죄 안에 숨어 있었습니다. 그러나 저를 가르치던 교사는 자신의 오류들로 저를 가득 채운 뒤엔 저를 버렸습니다. 이단자들이 교회와 싸우는 동안 나의 교사는, 내가 말인지 재능인지가 부족해 이 전투에 어울리지 않는다고 판단했습니다. 거기에 더해

그는 그런 큰 싸움에 저를 데리고 가고 싶어 하지 않았습니다. 우리가 남쪽, 곧 빛으로부터 여행하는 한, 우리의 가르침은 완전하고 성령의 숨결로 생명을 준다고 약속했는데도, (그는) 적지 않은 다른 민족 사람들을 우리 교파로 인도하지 않았고, 교회의 믿음을 적잖이 어지럽혀 놓았습니다.'

• 존자 베다 『사무엘기 상권 우의적 해설』 4,30.[2]

_____

[2] CCL 119,263-64.

30,21-31 전리품을 나누는 다윗의 규정

²¹ 다윗이, 너무 지쳐서 자기를 따르지 못하여 브소르 개울에 머무르게 했던 이백 명의 부하들에게 돌아오자, 그들이 나와서 다윗을 맞이하고 다윗과 함께 오는 사람들도 맞이하였다. 다윗도 그들에게 다가가 문안하였다.

²² 그런데 다윗과 함께 갔던 이들 가운데 악하고 고약한 자들이 모두 이렇게 말하였다. "이들은 우리와 함께 가지 않았으니, 우리가 되찾은 전리품은 하나도 줄 필요가 없습니다. 저마다 제 아내와 자식들만 데리고 가게 합시다."

²³ 그러나 다윗이 말렸다. "형제들, 주님께서 우리에게 넘겨주신 것을 가지고 그렇게 해서는 안 되오. 그분께서 우리를 지켜 주시고 우리를 치러 온 강도떼를 우리 손에 넘겨주셨는데,

²⁴ 이 일을 두고 누가 그대들의 말을 들을 것 같소? 싸우러 나갔던 사람의 몫이나 뒤에 남아 물건을 지킨 사람의 몫이나 다 똑같아야 하오. 똑같이 나눠 가져야 하오."

둘러보기

공동체의 일치는 모든 구성원을 동등하게 대하는 데에 기반한다(호르시에시우스).

30,21-24 모두가 전리품을 나누어 갖다

모두 똑같이 받다

반죽실에서 일하는 사람이라고 해서 특별히 더 잘 먹는 일이 없도록 하십시오. 빵을 굽는 이

들이든 다른 직무를 맡은 이들이든 누구나 똑같은 음식을 먹어야 할 것입니다. 그것이 하느님께서 이 위대한 부르심을 맡기신 '코이노니아' _koinōnia_의 아버지 아파Apa 원장이 처음에 세운 원칙입니다. 만약 그의 뒤를 이은 다른 수도원장들이 빵 굽는 이들에게 특별한 음식을 허락하는 법규를 제정했다면, 그것은 모세의 방식을 따른 것임을 우리는 복음 말씀에서 배웁니다. "모세

는 너희의 마음이 완고하기 때문에 너희가 아내를 버리는 것을 허락하였다. 그러나 처음부터 그렇게 된 것은 아니다"(마태 19,8). 누가 조금 피곤하다고 해서 자신의 형제와 떨어져, 수확 일이나 뜨거운 열기를 견뎌야 하는 일을 하러 나갈 참인 이들과 다른 음식을 먹는다면, 공동체에서 다른 일을 하도록 지정된 형제들이 이들과 함께 먹는 것을 허락하지 맙시다. 그들은 열기를 견디며 격렬한 노동을 하러 나가는 이가 아니니 말입니다.

성인들의 행동 방식을 보건대 '코이노니아'의 일치는 오히려 모든 이가 동등한 대우를 받는 데 있습니다. 다윗은 전투에 참가하지 않은 이들에게도 좋게 말했으며 자신과 함께 나간 이들이 받

은 것과 똑같이 전리품을 나누어 주었습니다. 그는 '우리가 되찾은 전리품을 그들과 나누지 않겠다'고 말하는 사악한 사람들의 말을 듣지 않았습니다. 주님께서도 복음서에서 비유로 우리에게 똑같이 가르치셨습니다. "맨 나중에 온 저자들은 한 시간만 일했는데도, 뙤약볕 아래에서 온종일 고생한 우리와 똑같이 대우하시는군요"(마태 20,12)라며 불평한 이들은 "내가 후하다고 해서 시기하는 것이오?"(마태 20,15)라는 꾸지람을 들었습니다.

● 호르시에시우스 『권고집』 2,48.[1]

---

[1] CS 48,214-15*.

31,1-13 사울과 그의 세 아들과 모든 부하가 다 죽다

[1] 필리스티아인들이 이스라엘에 싸움을 걸어왔다. 이스라엘 군사들은 필리스티아인들 앞에서 도망치다가, 길보아 산에서 살해되어 쓰러졌다.

[2] 필리스티아인들은 사울과 그의 아들들에게 바짝 따라붙어, 사울의 아들들인 요나탄과 아비나답과 말키수아를 쳐 죽였다.

[3] 사울 가까이에서 싸움이 격렬해졌다. 그러다가 적의 궁수들이 사울을 발견하였다. 사울은 그 궁수들에게 큰 부상을 입었다.

[4] 사울이 자기 무기병에게 명령하였다. "칼을 뽑아 나를 찔러라. 그러지 않으면 할례 받지 않은 저자들이 와서 나를 찌르고 희롱할 것이다." 그러나 무기병은 너무 두려워서 찌르려 하지 않았다. 그러자 사울은 자기 칼을 세우고 그 위에 엎어졌다.

둘러보기

필리스티아인들이 사울과 그의 아들들을 따라잡은 것은 이단이 지닌 타락의 힘을 보여 준다(베다). 사울은 주님의 영적 화살에 맞아 쓰러진 것이다(베레쿤두스). 신비적 의미로 풀면, 사울의 무기병은 영적 가르침의 말씀을 무기로 사용하

는 율법 교사들을 나타낸다(베다).

31,2 필리스티아인들이 사울과 그의 아들들을 따라잡다

타락의 원흉

유다 땅을 둘러싸고 있던 민족들은 유다 왕국

을 멸망시키고 그 나라의 아들들을 그곳에서 없애 버리려는 유일한 목적을 품고 쳐들어 왔습니다. 그들은 대사제들과 율법 교사들, 바리사이들, 나아가 이단자들까지 자신들처럼 타락시켰습니다. 그들은 이 나라의 아들들(그 나라의 지도자들을 가리키겠지요)이 성령의 은총을 전하거나 진실한 마음으로 경배하는 것을 금지했습니다. 이것이 그들이 '비둘기의 선물'인 요나탄을 쓰러뜨린 것의 의미입니다. 그들은, 본성에 따른 것은 아니지만 우리를 아들로 삼아 주신 아버지를 합당한 고백으로 찬미하는 것을 금했습니다. 아비나답의 죽음은 이것을 가리킵니다. 그의 이름이 '아버지께서 당신 뜻으로'라는 뜻이기 때문입니다. 그들은 그리스도의 나라를 통해 세상에 오게 되어 있는 구원을 믿지 않으려고 저항했습니다. 말키수아의 죽음은 그것을 가리킵니다. 그의 이름이 '나의 임금이 나의 구원이다'라는 뜻이기 때문입니다. 나는, 말하자면, 아리우스[1]를 유혹에 빠뜨린 철학자가 말키수아를 죽였다고 믿습니다. 마케도니우스[2]를 유혹에 빠뜨린 [철학]자는 요나탄을 죽이고, 마니[3]를 유혹에 빠뜨린 [철학]자는 아비나답을 죽인 것입니다. 타락의 원흉인 자가 아리우스에게는 임금님이신 그리스도의 전능하심을 부인하도록, 마케도니우스에게는 성령의 선물을 업신여기도록, 마니에게는 우리의 위대하신 하느님의 선성을 모독하도록 가르쳤다는 것이 나의 생각입니다.

• 존자 베다 『사무엘기 상권 우의적 해설』 4,31.[4]

31,3 사울이 큰 부상을 입다

주님의 화살

"내 화살들이 피를 취하도록 마시고 내 칼이 살코기를 먹게 하리라"(신명 32,42). 이런 것들이 주님께서 인류의 마음을 치시고 우리의 영적 피를 쏟게 하시는 그분의 영적 화살입니다. 그리스도 자신이 아버지의 손에 의해 선택받은 화살로 불리시는 것처럼(이사 49,2 참조), 그분의 사도들도 비유적으로 화살로 불립니다. 이 화살들은 그분의 강력한 활이 온 세상에 흩뿌린 것입니다. 아마 요나탄은 다윗이 잔인한 임금에게서 달아나야 한다는 표징으로 똑같은 화살을 쏘았을 것입니다(1사무 20,35-42 참조). 그리고 사울은 바로 이 화살들에 맞았습니다. 그처럼 명백히 자격 없는 임금은 이스라엘의 임금이라는 지위를 박탈당해 마땅하기 때문일 것입니다. 이 화살들은 우리의 불신앙과 육적인 죄라는 피를 마시는 화살입니다. 그래서 '그들은 내 백성의 죄를 먹고산다'(호세 4,8 참조)는 말씀이 있습니다.

• 윤카의 베레쿤두스 『교회 노래 해설』(신명기) 43.[5]

31,4 사울이 자기 무기병에게 칼을 뽑아 그를 찌르라고 명령하다

영적 가르침의 말씀

사울의 무기병은 율법 교사들을 나타냅니다. 필리스티아인들의 무기와 화살들은 타락한 백성의 거짓과 속임수를 나타내고, 그와 대조적으로 이스라엘 군사들의 무기는 하느님 백성이 모든 위험에서 자신들을 보호하게 해 주는 영적 가르침의 말씀을 신비적으로 가르친다고밖에 해석할 수 없기 때문입니다. 그러나 적의 궁수들에게 부상을 입고 절망적인 상태가 된 사울은 할례 받지 않은 자들의 칼에 죽임을 당하느니 자기 무기병

---

[1] 아리우스는 이집트 알렉산드리아 출신의 사제로, 그리스도는 온전한 신성을 지니지 않았다고 가르쳤다.

[2] 마케도니우스는 콘스탄티노플의 주교로, 아리우스파였다. 그는 성령의 신성을 인정하지 않았다고 한다.

[3] 영지주의의 일파인 마니교의 창시자 마니는 극단적 이원론을 신봉했다.

[4] CCL 119,267.   [5] CCL 93,61.

의 칼에 죽기를 바랍니다. 유대인들의 나라를 다스린 우두머리들은 죄 속에서 평생을 보내다가 죽을 때가 다가오면, 이민족들과 사귀어 자신을 더럽힌 상태로 죽기보다 그들의 교사들이 율법의 계명들을 보존해 오며 그들에게도 똑같이 행하라고 가르친 대로 죽기를 원합니다. 그들은 이민족을 속되고 더럽다고 여기기 때문입니다. 나중에 그들은 "몸이 더러워져 파스카 음식을 먹지 못할까"(요한 18,28) 두려워 총독 관저 안으로 들어가는 것도 겁냅니다. 과연 그 파스카는 그들이 받아들인 바로 그 율법으로 그들을 해침으로써 끝났습니다. 그들이 죄 없는 사람의 피로 파스카를 더럽히는 것을 겁내지 않았기 때문입니다.

• 존자 베다 『사무엘기 상권 우의적 해설』 4,31.[6]

---

[6] CCL 119,268.

사무엘기 하권

[1,1-10 다윗이 사울이 죽은 것을 알다]

1,11-16 다윗이 사울을 죽게 한 아말렉 사람을 죽이라고 지시하다

¹¹ 그러자 다윗이 자기 옷을 잡아 찢었다. 그와 함께 있던 사람들도 모두 그렇게 하였다.

¹² 그들은 사울과 그의 아들 요나탄, 그리고 주님의 백성과 이스라엘 집안이 칼에 맞아 쓰러진 것을 애도하고 울며, 저녁때까지 단식하였다.

¹³ 그리고 나서 다윗이 소식을 전해 준 그 젊은이에게 "너는 어디 사람이냐?" 하고 물었다. 그가 "저는 이방인의 자손으로 아말렉 사람입니다." 하고 대답하자,

¹⁴ 다윗이 "네가 어쩌자고 겁도 없이 손을 뻗어 주님의 기름부음받은이를 살해하였느냐?" 하고 말하였다.

¹⁵ 그리고 다윗은 부하들 가운데 하나를 불러, "가까이 가서 그를 쳐라." 하고 일렀다. 부하가 그를 치니 그가 죽었다.

¹⁶ 다윗이 그를 두고 이렇게 말하였다. "네 피가 네 머리 위로 돌아가는 것이다. 네 입이 너를 거슬러 '제가 주님의 기름부음받은이를 죽였습니다.' 하고 증언하였기 때문이다."

둘러보기

다윗은 자신을 박해한 사울의 죽음을 슬퍼하며, 그를 죽인 이를 응징함으로써 원수에게 똑같이 갚아 주라는 율법의 명령을 넘어섰다(요한 카시아누스). 죽이라고 명령하는 율법이 없을 때에는 비록 자비심에서 한 행동일지라도 사람을 죽이는 것은 옳지 못하다(아우구스티누스). 사울은 스스로 죽음을 불렀다(히에로니무스).

1,14-16 다윗이 아말렉 사람을 죽이라고 지시하다

율법 계명보다 더 엄하게

다윗이 율법의 규정을 넘어섰다는 것을 우리는 압니다. 모세가 원수에게 똑같이 갚아 주라고 명령했지만 다윗은 그렇게 하지 않았을뿐더러, 자신을 박해한 자들을 사랑으로 품었고 그들을 위해 주님께 열렬히 기도했으며 그들을 위해 울

었고 그들이 살해당하자 대신 복수해 주기까지 했습니다.

• 요한 카시아누스 『담화집』 21,4,2.[1]

다른 이를 죽이는 것

그러나 율법이 없거나 합법적인 권위가 내린 명령이 없을 때에는 다른 사람을 죽이는 것은 옳지 않습니다. 그가 죽고 싶어 하고 죽여 달라고 청하며 더 이상 살 힘이 없을지라도 그렇습니다. 성경 열왕기[사무엘기]는 이를 똑똑히 가르칩니다. 다윗 임금은 사울 임금을 죽인 자를 죽음에 처하라고 지시했는데, 그 사람은 상처를 입고 거의 죽어 가던 사울 임금이 자신을 한방에 죽여 육체의 족쇄와 싸우며 그 고통에서 해방되기를

---

[1] ACW 57,720.

갈망하는 자신의 영혼을 자유롭게 해 달라고 졸라 그 청을 들어주었을 뿐인데도 그랬습니다.

• 아우구스티누스 『서간집』 204.[2]

그 자신이 자기 죽음의 원인이 되다

그래서 "주님은 그가 흘린 남의 피를 그 위에 쏟고"(호세 12,14)라는 말씀이 있는 것입니다. 이는 그 자신이 자기 죽음의 원인이 된다는 뜻입니다. 사울의 죽음을 알리며 이스라엘의 임금을 자기 칼로 죽였다고 고한 사람[을 죽이라고 지시하고는 그]에게 다윗이 "네 피가 네 머리 위로 돌아가는 것이다"라고 한 것은 이 원칙에 따른 것입니다.

• 히에로니무스 『소예언서 주해』(호세아서) 3,12.[3]

---

[2] FC 32,6*.

[3] CCL 76,140.

1,17-27 다윗이 사울과 요나탄의 죽음을 애도하는 노래를 짓다

[17] 다윗은 사울과 그의 아들 요나탄을 생각하며 이런 애가를 지어 부르고는 …

[19] "이스라엘아, 네 영광이 살해되어 언덕 위에 누워 있구나.
　어쩌다 용사들이 쓰러졌는가?

[20] 이 소식을 갓에 알리지 말고
　아스클론 거리에 전하지 마라.
　필리스티아인들의 딸들이 기뻐하고
　할례 받지 않은 자들의 딸들이 좋아 날뛸라.

[21] 길보아의 산들아,
　너희 위에, 그 비옥한 밭에
　이슬도 비도 내리지 마라.
　거기에서 용사들의 방패가 더럽혀지고
　사울의 방패가 기름칠도 않은 채 버려졌다. …

[25] 어쩌다 용사들이
　싸움터 한복판에서 쓰러졌는가?
　요나탄이 네 산 위에서 살해되다니!

[26] 나의 형 요나탄,
　형 때문에 내 마음이 아프오.
　형은 나에게 그토록 소중하였고
　나에 대한 형의 사랑은
　여인의 사랑보다 아름다웠소.

[27] 어쩌다 용사들이 쓰러지고
　무기들이 사라졌는가?"

둘러보기

다윗이 사울의 죽음에 관한 소식이 원수들 귀에 들어가지 않게 하려 했듯이, 그리스도인들은 다른 사람의 실패나 몰락에 관한 소식을 퍼뜨리지 않아야 한다(요한 크리소스토무스). 다윗이 길보아의 산을 저주한 것은 그가 사울의 죽음을 몹시 슬퍼했음을 보여 준다. 나아가 이는 잘못을 저지른 이에게는 엄한 벌이 기다리고 있음을 자연계가 증언해 준다는 사실을 알려 준다(암브로시우스). 요나탄과 다윗의 사랑, 죽은 요나탄에 대한 다윗의 애도는 참으로 아름다운 우정의 본보기다(요한 크리소스토무스).

1,20 이 소식을 갓에 알리지 마라

소문을 퍼뜨리지 마라

여러분은 사울의 죽음을 애도하는 다윗의 노래를 들었습니다. … 다윗은 사울의 죽음이 사람들에게 알려져 적군이 즐거워하는 일이 없기를 바랐습니다. 그렇다면 우리는 더더욱 그 이야기가 외부인들의 귀에 들어가지 않도록 조심해야 합니다. 우리들 사이에서 그 소식을 퍼뜨려서도 안 됩니다. 원수들은 그 일을 알면 기뻐할 테니 안 되고, 우리 사람들은 그것을 알고 넘어질 수 있기 때문에 안 됩니다. 우리는 그에 대해 입 다물고 사방을 다 지켜야 합니다. '누구누구한테 이야기했어요' 같은 말을 제게 하지 마십시오. 그대만 알고 있으십시오. 당신이 그 일에 대해 입 다물지 못한 것처럼, 그도 자기 혀를 나불대고 말 것입니다.

• 요한 크리소스토무스 『유대인 반박』 8,4,10.[1]

1,21 이슬도 비도 내리지 마라

자연계의 요소들이 단죄받다

이처럼 자연은 군주 살해가 일어난 장소들에

자신의 선물을 주지 않음으로써, 그리고 죄 없는 땅을 저주함으로써, 잘못을 저지른 이에게 미래에 엄격한 벌이 내릴 것이라는 사실을 분명하게 알려 줍니다. 사람들의 범죄 때문에 자연계의 요소들이 단죄받는 것입니다. 다윗이 요나탄과 그의 아버지가 살해당한 산에게 영원히 불모의 땅으로 남으라며 이렇게 저주한 것도 그런 까닭입니다. '길보아의 산들아, 죽음의 산 너희 위에 이슬도 비도 내리지 마라.'

• 암브로시우스 『카인과 아벨』 2,8,26.[2]

어쩌다 용사들이 쓰러졌는가

원수인 임금을 해칠 수 있었는데도 목숨을 살려 주기 위한 다윗의 행위(1사무 24,10 참조)는 얼마나 덕성스럽습니까! 그 행동은 그가 왕위에 올랐을 때 그에게 도움이 되었으니, 그것은 유익한 행위이기도 했습니다. 모두가 임금의 믿음 깊음을 보고 깨달은지라 나라를 빼앗으려는 마음을 먹는 대신 그를 두려워하고 존경했기 때문입니다. 이처럼, 덕성스러운 것이 유익한 것보다 먼저입니다. 그러면 유익함이 덕성스러움을 뒤따릅니다. 그런데 다윗이 사울의 목숨을 살려 준 것은 작은 일입니다. 그는 사울이 전쟁 중에 살해당하자 슬피 눈물 흘리며 이렇게 말했습니다. '길보아의 산들아, 죽음의 산 너희 위에 이슬도 비도 내리지 마라. 거기에서 용사들의 방패가 더럽혀지고 사울의 방패가 기름칠도 않은 채 버려졌다. 요나탄의 활과 사울의 칼은 빈 화살 빈 칼로 돌아온 적이 없었네. 사울과 요나탄은 살아 있을 때에도 서로 사랑하며 다정하더니 죽어서도 떨어지지 않았구나. 그들은 독수리보다 날래고 사자보다 힘이 세었지. 이스라엘의 딸들아,

[1] FC 68,220.　　[2] FC 42,427*.

사울을 생각하며 울어라. 그는 너희에게 장식 달린 진홍색 옷을 입혀 주고 너희 예복에 금붙이를 달아 주었다. 어쩌다 용사들이 싸움터 한복판에서 쓰러졌는가? 요나탄이 살해되다니! 나의 형 요나탄, 형 때문에 내 마음이 아프오. 형은 나에게 그토록 소중하였고 나에 대한 형의 사랑은 여인의 사랑보다 아름다웠소. 어쩌다 용사들이 쓰러지고 무기들이 사라졌는가?' 외아들을 잃은 어떤 어머니가 원수를 위해 우는 다윗만큼 섧게 울 수 있겠습니까? 은인에 대한 어떤 칭송이 자신의 목숨을 앗아 가려 음모를 꾸민 자에 대한 이런 칭송을 따라갈 수 있겠습니까? 다윗이 얼마나 사무치게 슬퍼하며 얼마나 애절하게 통곡하는지요! 예언자의 저주에 산들이 말라 버렸습니다. 하느님의 거룩한 힘이 그의 심판대로 이루어 주었습니다. 자연계의 요소들 자체가 임금의 죽음을 목격한 벌을 치렀습니다.

• 암브로시우스 『성직자의 의무』 3,9.[3]

1,25-26 다윗이 요나탄의 죽음을 슬퍼하다

아름다운 우정

성경에 참으로 아름다운 우정의 본보기가 나옵니다. 사울의 아들 요나탄은 다윗을 사랑했습니다. 그들의 영혼은 참으로 굳게 결합되어 있었습니다. 다윗이 요나탄의 죽음을 애도하며 '나에 대한 형의 사랑은 여인의 사랑보다 아름다웠소, 그런 형이 쓰러지다니'라고 말할 정도였지요. 그런데 말입니다, 요나탄이 다윗을 시기했던가요? 천만에요. 시기할 만한 충분한 이유가 있었지만 그러지 않았습니다. 어떤 이유였습니까? 일어나는 일들을 보건대, 나라가 자신에게서 다윗에게로 넘어가려 한다는 것을 알 수 있었기 때문입니다. 그런데도 그는 다윗을 시기하지 않았습니다. 그는 '내 아버지의 나라를 이자가 내게서 빼앗으

려 한다'고 말하지 않았습니다. 오히려 다윗이 왕권을 차지하기를 바랐습니다. 그는 친구를 위해서라면 아버지도 안중에 없었습니다. 그렇다고 해서 그를 아버지 살해자로 보아서는 절대 안 됩니다. 아버지 사울에게 위해를 가한 것이 아니라 그가 부당한 공격을 하지 못하도록 막은 것일 뿐이기 때문입니다. 그는 아버지를 다치게 하는 것보다 잡아 두는 쪽을 택했습니다. 그는 사울이 불의하게 사람을 죽이도록 놓아두지 않았습니다. 그는 다윗을 비난하기는커녕 친구인 그를 위해 몇 번이나 기꺼이 죽으려 하였고, 다윗을 비난하는 자기 아버지에게 대신 변명해 주었습니다. 요나탄은 시기하는 대신 다윗이 나라를 얻는 일에 힘을 합쳤습니다. 부에 대해선 말할 것도 없습니다. 그는 다윗을 위해 자기 목숨까지 바쳤습니다. 친구를 위해서라면 아버지도 무서워하지 않았습니다. 그의 아버지가 불의한 음모를 꾸미고 있었지만 그 자신의 양심에는 조금도 거리낌이 없었기 때문입니다. 그런즉 그들을 친구로 맺어 준 것은 의로움이었습니다.

요나탄은 그런 이였습니다. 이제 다윗에 대해 생각해 봅시다. 그는 요나탄의 호의에 보답할 기회가 없었습니다. 다윗의 통치가 시작되기 전에 이 은인이 죽었기 때문입니다. 요나탄이 도움을 주었던 다윗이 자신의 나라에 오기 전에 살해당한 것입니다. 그래서 어떻게 되었습니까? 이 의인이 자신에게 허락된 상황 아래서, 자신에게 남아 있는 힘을 다해 그 우정을 어떻게 표현했는지 한번 봅시다. 그는 '요나탄, 형은 나에게 그토록 소중하였는데, 형이 쓰러지다니!'라고 합니다. 이것이 다였습니까? 사실 이 말은 하찮은 찬사가 아닙니다. 그리고 다윗은 요나탄과의 우정을

---

[3] NPNF 2,10,77*.

생각하여 그의 아들과 손자를 여러 번 위험에서 구해 주었고, 그의 자녀들을 계속해서 자기 자녀들처럼 돕고 보호해 주었습니다. 저는 모든 이가 살아 있는 이들은 물론 죽은 이들과도 이런 우정

을 나누기를 진심으로 바랍니다.

• 요한 크리소스토무스 『티모테오 2서 강해』 7.[4]

---

[4] NPNF 1,13,503*.

2,1-11 유다 사람들이 다윗에게 기름을 붓고 그를 임금으로 세우다

[4] ··· 다윗은 사울의 장례를 치른 이들이 야베스 길앗 사람들이라는 소식을 듣고,

[5] 심부름꾼들을 야베스 길앗 사람들에게 보내어 이런 말을 전하게 하였다. "여러분은 여러분의 주군 사울에게 그토록 충성을 다하여 그의 장례를 치렀으니, 주님께 복을 받으시기를 빕니다.

[6] 이제 주님께서 여러분에게 자애와 성실을 보여 주실 것입니다. 또한 여러분이 이런 일을 하였으니 나도 여러분에게 선을 베풀겠습니다.

[7] 여러분의 주군 사울이 세상을 떠났지만, 주먹을 불끈 쥐고 용기를 내십시오. 유다 집안이 나에게 기름을 부어 자기들의 임금으로 삼았습니다."

둘러보기

그리스도인들은 자신의 몸이든 다른 순교자의 몸이든 사후에 육체가 어떻게 다루어질지 몰라 두려워해서는 안 된다(아우구스티누스).

2,5 다윗이 사울의 장례를 치러 준 야베스 길앗 사람들에게 축복하다

육에 대한 사랑

그리스도의 순교자들은 진리를 위해 싸우는 가운데 자기 육에 대한 사랑을 이겨 냈습니다. ··· 생명을 지니지 못한 모든 육의 경우 육체를 떠난 이는 생명 없는 육체에 가해진 상처를 의식할 수도 없고, 그것을 창조한 이는 아무것도 잃지 않기 때문입니다. 그러나 죽은 이들의 시신에 가해지는 짓을 생각할 때, 비록 순교자들은 크나큰 용기로 담대하게 그것을 견뎌 냈지만 형제들

은 큰 슬픔을 느꼈습니다. 성도들에게 합당한 장례를 치를 기회가 주어지지 않았기 때문입니다. ··· 살해당한 이들은 사지 육신이 잘리고 뼈가 불타고 재가 흩뿌려져도 아무런 고통을 느끼지 않지만, 그들의 시신 일부도 매장할 수 없었던 이들은 크나큰 슬픔을 느끼며 괴로워합니다. 죽은 이들은 어떠한 감각도 느끼지 못하지만 이들에 대한 동정심이 마음을 흔들기 때문입니다. 한쪽은 이제 아무런 감정이 없지만, 한쪽 사람들은 견딜 수 없는 연민을 느낍니다.

다윗 임금은 사울과 요나탄의 유골을 수습해 장례를 치러 준 이들을 칭찬하며 축복하였습니다. 그들의 자애로운 행동은 제가 앞에서 말한 비참함에 대한 연민에서 나온 것이었습니다. 그런데 말입니다. 아무런 감정도 느끼지 못하는 이들에게 어떤 연민을 느낀다는 것입니까? 또는,

장례가 치러지지 못한 이들은 저승의 강[1]을 건널 수 없었다고 생각해야 하는 것입니까? 그리스도인들은 절대 이렇게 생각하면 안 됩니다! 만약 그렇게 생각한다면, 시신이 매장되지 못한 그 많은 순교자들은 무엇이 됩니까? [장례를 못 치르게 함으로써 그들이] 바라는 곳으로 건너가지 못하게 할 수 있는 것이라면, "육신은 죽여도 그 이상 아무것도 못하는 자들을 두려워하지 마라"(루카 12,4)라는 진리의 말씀은 헛말일 것입니다. 그러니까 그런 생각은 완전히 틀린 것입니다. 시신이 매장되지 못하는 것은 신심 깊은 이들에게 아무런 장애도 되지 않습니다. 반면 불경한 이들은 매장되었다 하더라도 아무런 이점이 되지 않습니다. 사울과 그의 아들을 장사 지낸 사람들이

자비를 행했다는 말을 듣고 그 때문에 다윗 임금에게 축복받은 까닭은 무엇입니까? 죽은 이들의 시신을 고이 모시게 한 연민의 마음을 높이 샀기 때문 아니겠습니까? 또는 자신의 육을 미워하지 않는 사랑 때문이 아니겠습니까? 다시 말해, 아직 감각과 감정이 살아 있는 그들이 이제 아무것도 느끼지 못하는 이들에게 해 준 그 행위가 자기들이 죽어 아무것도 느끼지 못하게 되었을 때 자기들 육체에도 행해지기를 바라는 마음이 그렇게 하도록 이끌었을 것입니다.

• 아우구스티누스 『죽은 이를 위한 배려』 10-11.[2]

---

[1] 베르길리우스의 『아이네아스』 6,327 참조.
[2] FC 27,364-66*.

2,12-23 아브네르와 요압이 부하들을 내세워 겨루다

[17] 그날 싸움은 매우 치열하였다. 아브네르와 이스라엘 사람들은 다윗의 부하들에게 패배하였다.

[18] 그곳에는 츠루야의 세 아들 요압과 아비사이와 아사엘이 있었는데, 아사엘은 들에 사는 영양처럼 달음박질이 빨랐다. …

[22] 아브네르가 다시 아사엘에게 "내 뒤는 그만 쫓고 물러서라. 내가 너를 쳐 땅바닥에 쓰러지게 할 까닭이 없지 않느냐? 그렇게 되면 네 형 요압 앞에서 내가 어떻게 머리를 들겠느냐?" 하고 말하였다.

[23] 그래도 아사엘은 물러서기를 마다하였다. 그래서 아브네르는 창끝으로 그의 배를 찔렀다. 창이 등을 뚫고 나오자 그는 그 자리에서 쓰러져 죽었다. 아사엘이 쓰러져 죽은 자리에 다다른 사람들은 모두 그곳에 멈추어 섰다.

둘러보기

아브네르가 아사엘을 죽인 것은 온유하고 침착한 이성적 태도가 격렬하게 날뛰는 자의 오만을 꺾음을 상징한다(대 그레고리우스).

2,22-23 아브네르가 아사엘을 죽이다

광포하게 날뛰다

그러나 쉽게 분노하는 이들이 심하게 공격해 그들을 피하는 것이 불가능할 경우, 그들을 대놓

고 꾸짖지 말고 존경할 만한 인내로 관대하게 대할 필요가 있습니다. 아브네르의 행동이 좋은 본보기입니다. 성경을 보면 아사엘이 경솔하고 심하게 아브네르를 도발하자 아브네르가 아사엘에게 "내 뒤를 그만 쫓고 물러서라. 내가 너를 쳐 땅바닥에 쓰러지게 할 까닭이 없지 않으냐?"라고 합니다. … 그래도 아사엘은 물러서기를 마다하였습니다. 그래서 아브네르는 창의 무딘 쪽 끝으로 그의 배를 쳤는데 그것이 아사엘의 등을 뚫고 나오며 아사엘이 그 자리에 쓰러져 죽었습니다. 여기서 아사엘은 어떤 사람을 가리키는 예형이겠습니까? 쉽게 격앙하는 사람들 아니겠습니까? 이렇게 충동적으로 격앙하는 이들은 광기에 빠지면 행동이 더욱 거칠어지므로 더 조심스럽게 피해야 합니다. 그래서 '아버지의 등불'이라는 뜻의 이름을 지닌 아브네르도 그를 피했습니다. 말하자면, 교사들 — 이들의 혀는 하느님의 거룩한 빛을 상징하지요 — 이 격앙이라는 거친 길로 달려가는 사람의 마음을 감지하고 그처럼 격분한 이와는 말을 주고받는 것을 삼간다면, 그런 이는 자신을 뒤쫓는 이를 치고 싶어 하지 않는 사람과 같습니다. 그러나 쉽게 분노하는 사람들이 아무리 헤아려 주어도 아사엘처럼 자신을 자제하지 않을 때는 그들의 미친 추격을 내버려 두지 마십시오. 그들의 격앙을 제어하려면 그럴 필요가 있습니다. 상대의 분노가 거세지게 하기 위해서가 아니라 철저한 침착함을 보여 주기 위해서입니다. 그러면서 슬쩍만 쳐도 그들의 격앙한 마음을 뚫어 버릴 수 있다는 것을 그들이 알게 하십시오.

이처럼 아브네르가 자신을 쫓는 이에게 대항했을 때, 그는 창의 뾰족한 쪽이 아니라 무딘 쪽으로 그를 쳤는데도 창이 그의 등을 뚫고 나왔습니다. 창의 뾰족한 끝으로 친다는 것은 대놓고 비난하는 말로 상대를 공격하는 것이고 창의 무딘 쪽으로 친다는 것은 격앙한 이를 조용하고 에두르는 말로 건드려, 말하자면 목숨은 살려 주는 식으로 이기는 것입니다. 그런데 아사엘은 그 자리에 쓰러져 죽었습니다. 난폭한 정신은 자신이 배려를 받았다는 것을 느끼면, 또 차분히 이성적으로 설득당하면 마음에 감동을 받아, 그들이 스스로 자신을 올려 세웠던 높은 곳에서 떨어져 내려오기 때문입니다. 그러므로 격앙했다가 온유함을 경험하고 분노가 가라앉은 이들은 말하자면 창끝으로 찔리지도 않고 죽는 것입니다.

• 대 그레고리우스 『사목 규칙』 3,16.[1]

---

[1] ACW 11,139-40*.

[2,24-32 요압이 아브네르의 뒤를 쫓기를 그만두다]

3,1-5 다윗이 갈수록 강해지다

[1] 사울 집안과 다윗 집안 사이의 싸움은 오래 계속되었다. 다윗은 갈수록 강해졌고 사울 집안은 갈수록 약해졌다.

둘러보기

사울 집안은 갈수록 약해지고 다윗 집안은 갈수록 강해지는 것은 이단적 가르침은 쇠하고 올바른 가르침이 확실하게 자리 잡는다는 선언으로 볼 수 있다(알렉산드리아의 키릴루스). 사제 살비아누스의 해석은 이와 조금 다른데, 그는 사울에게서 다윗으로 힘이 옮겨 간 경우처럼, '야만스러운' 고트족과 반달족이 융성하고 '충실한' 보편 교회는 기울어 가는 현상도 하느님의 심판을 드러내 준다고 보았다.

3,1 다윗이 갈수록 강해지다

믿는 이들의 수가 늘어나다

그러나 그대는 걸려 넘어진 이들에 대한 걱정을 계속하는 편이 좋습니다. 거룩한 것들을 열망하는 그대의 영이 우리의 이번 사건에 관심을 가져 주는 것에 감사드립니다. 그러나 그대는 거룩한 교회회의가 마니교도에 동조하는 성직자라고 단죄한 이들,[1] 아마도 그대와 비슷한 생각을 지녔을 이들에게 미혹당했다는 사실을 깨달으십시오. 교회의 상황은 나날이 나아지고 있으며, 하느님의 은총 덕분에 믿는 이들의 수가 놀라울 만큼 늘어나 그 많은 수를 보는 이들은 "바다를 덮는 물처럼 땅이 주님을 앎으로 가득할 것"(이사 11,9)이라는 예언자의 말을 따라 합니다. 가르침

이 황제의 마음에도 빛을 비추었으며, 간단히 말해, 모든 불경한 이단과 교회의 올바른 가르침에 관한 다음의 유명한 말씀이 우리 가운데에서 날이면 날마다 이루어지고 있다는 것을 발견하고 몹시 기뻐하게 되었기 때문입니다. "다윗은 갈수록 강해졌고 사울 집안은 갈수록 약해졌다."

　　　　　　　● 네스토리우스 『서간집』 5,10.[2]

하느님 심판의 증거

하느님의 심판은 분명한 사실이므로 우리가 이 점을 더 논할 필요는 없습니다. 하느님께서 우리에 대해 그리고 고트족과 반달족에 대해 어떻게 심판하시는지는 지금까지 일어난 사건들이 알려 줍니다. 그들은 갈수록 강해지고 우리는 갈수록 약해집니다. 그들은 번성하고 우리는 굴욕을 당합니다. 거룩하신 말씀께서 사울과 다윗에 관하여 하신 말씀은 실로 우리에 관한 말씀입니다. '강건한 다윗은 갈수록 강해졌고 사울 집안은 갈수록 약해졌다.' 예언자의 말대로, "주님, 당신께서는 의로우시고 당신의 심판은 바릅니다"(시편 118,137 칠십인역).

　　　　● 사제 살비아누스 『하느님의 다스림』 7,11.[3]

---

[1] 이는 콘스탄티노플 교회의 사제 필리푸스 단죄에 관한 것이다.

[2] FC 76,47-48*.　　　　　　　[3] FC 3,201*.

3,6-19 아브네르가 다윗에게 충성을 맹세하다

¹² 아브네르는① 다윗에게 자기 대신 사자를 보내어 이렇게 전하였다. "이 땅이 누구 것입니까? 저와 계약을 맺어 주십시오. 제가 임금님의 편이 되어 온 이스라엘을 임금님께 돌아가게 하겠습니다." ♪

🖋 ¹³ 다윗은 이렇게 응답하였다. "좋소. 그대와 계약을 맺겠소. 그 대신 내가 그대에게 한 가지만 요구하겠소. 그대가 나를 보러 올 때 사울의 딸 미칼을 데려오시오. 그러지 않으면 그대는 나를 보지 못할 것이오."

¹⁴ 한편 다윗은 사울의 아들 이스 보셋에게 사자를 보내어 이렇게 전하였다. "나의 아내 미칼을 돌려주시오. 나는 필리스티아인들의 포피 백 개를 바치고 그 여자를 아내로 얻었소."

① 히브리어 본문; 그리스어 본문은 이 자리에 '타일람/헤브론으로'가 들어 있다.

둘러보기

다윗이 다른 남자의 아내가 된 미칼을 되찾아 온 것은 새 계약의 자비를 내다본 행동이었다(아우구스티누스).

3,14 나의 아내 미칼을 돌려주시오

하느님의 자비로 죄가 지워지다

간통을 저지른 배우자를 다시 받아들이라는 것은 가혹한 일처럼 보입니다만, 신앙이 있다면 그것은 힘든 일이 아닙니다. 세례로 깨끗해졌다고, 참회로 치유되었다고 우리가 믿는 이들을 왜 아직도 간통자로 여기는 것입니까? 하느님의 옛 율법 아래에서는 어떠한 희생 제사도 이런 범죄를 지워 버리지 못했습니다만, 그 죄들은 새 계약의 피에 의해 깨끗이 씻겼습니다. 옛 시대에는 다른 남자로 인해 더러워진 여자를 다시 받아들이는 것은 무슨 일이 있어도 금지되었지만, 새

계약의 표상인 다윗은 한때 그의 아내였으나 그가 없는 틈을 타 사울이 다른 남자에게 시집보낸 딸 미칼(1사무 25,44 참조)을 조금의 망설임도 없이 다시 받아들였습니다. 지금은 그리스도께서 간통한 여자에게 이렇게 말씀하신 시대입니다. "나도 너를 단죄하지 않는다. 가거라. 그리고 이제부터 다시는 죄짓지 마라"(요한 8,11). 이것은 자신과 아내, 둘 다의 주님께서 아내의 죄를 용서하셨다는 것을 아는 남편의 용서할 의무에 관한 말씀이며, 아내가 참회하여 하느님의 자비로 그 죄가 지워졌다고 믿는 남편이라면 이제 더 이상 아내를 간통녀라고 불러서는 안 된다는 뜻임을 이해하지 못하는 사람이 과연 있겠습니까?

• 아우구스티누스 『부정한 혼인』 5.¹

¹ FC 27,107*.

3,20-30 요압이 아브네르에게 동생의 죽음을 복수하다

²⁰ 아브네르가 부하 스무 명과 함께 헤브론으로 다윗을 찾아가자, 다윗은 아브네르와 그 부하들에게 잔치를 베풀어 주었다.🖋

☞21 아브네르가 다윗에게 말하였다. "제가 일어나 가서 저의 주군이신 임금님께 온 이스라엘을 모아들여 그들이 임금님과 계약을 맺게 하겠으니, 임금님께서는 뜻하시는 대로 다스리십시오." 다윗이 아브네르를 보내자 그가 무사히 떠나갔다. …

26 요압은 다윗에게서 물러 나온 다음, 사람들을 보내어 아브네르의 뒤를 따라가게 하였다. 그들은 아브네르를 시라 우물가에서 데려왔는데, 다윗은 이 사실을 알지 못하였다.

27 아브네르가 헤브론으로 돌아오자, 요압은 그와 더불어 조용히 이야기하겠다고 그를 성문 안쪽으로 데려갔다. 그런 다음 요압은 거기에서 그의 배를 찔렀다. 아브네르는 이렇게 요압의 동생 아사엘의 피를 흘린 탓에 죽었다.

28 나중에 다윗이 그 소식을 듣고 말하였다. "나와 나의 나라는 네르의 아들 아브네르의 피에 대하여 주님 앞에서 영원히 죄가 없다.

둘러보기

원수의 용맹함도 찬탄하고 그가 배반당해 살해당하면 복수해 주기까지 하는 다윗의 임무 수행 방식은 백성의 충성심을 얻었다. 죄 없는 이를 죽이는 자는 용서를 받고 싶으면 비록 그가 임금이라 하더라도 자기 죄를 회개해야 한다(암브로시우스).

3,20 다윗이 아브네르에게 잔치를 베풀어 주다

원수의 용맹함을 찬탄하다

그는 자신의 임무를 수행하는 중에 자유로이 백성을 자신에게 묶었습니다. 첫째로, 백성이 분열되어 있는 동안 그는 예루살렘에서 다스리기보다 헤브론에서 유배자처럼 사는 길을 택했습니다(2사무 2,11 참조). 다음으로는, 원수일지라도 그의 용맹함은 사랑한다는 것을 보여 주었습니다. 또한 그는 무기를 들고 그를 거슬러 싸운 이들에게도 자신의 부하들에게와 마찬가지로 공정히 대해야 한다고 생각했습니다. 또 그는 양편이 여전히 싸우고 있는 중이었는데도 반대편의 가장 용맹한 장사인 아브네르에게 감탄했습니다. 아브네르가 평화를 구해 올 때도 그를 업신여기지 않고 잔치를 베풀어 주며 영예롭게 대했습니다. 그가 배반당해 죽자 다윗은 눈물을 흘리며 그를 애도했습니다. 장례를 치를 때는 상여 뒤를 따라갔고 그의 죽음에 복수하고자 함으로써 그 마음이 진실임을 입증하였습니다. 사람들이 그 자신의 죽음을 슬퍼하기보다 죄 없는 이를 죽인 자가 응징받도록 하는 데 더 마음을 쓰며 그 의무를 아들에게 맡겼습니다(2사무 3,31-39 참조).

• 암브로시우스 『성직자의 의무』 2,7,33.[1]

3,28 다윗이 자신은 아브네르의 피에 대하여 죄가 없다고 언명하다

죄 없는 이를 죽이는 것

그[사울]가 비록 임금이라 하더라도 죄 없는 사람을 죽였다면 죄를 지은 것입니다. 마침내 다윗도 나라를 차지하게 되었을 때, 그의 군대의 장수 요압에게 아브네르라는 죄 없는 사람이 살해당했다는 소식을 듣자, "나와 나의 나라는 네르의 아들 아브네르의 피에 대하여 주님 앞에서 영원히 죄가 없다"라고 하고는 슬픔 속에 단식하

---

[1] NPNF 2,10,49*.

였습니다.

제가 이 이야기를 하는 것은 폐하의 심기를 불편하게 만들려는 것이 아니라 임금들의 본보기를 보시고 폐하의 나라에서 이런 죄를 없앨 마음을 품으시기 바라기 때문입니다. 하느님 앞에서 더없이 겸손해질 때, 폐하는 그 죄를 없애시게 될 것입니다. 폐하도 인간이십니다. 폐하도 유혹에 맞닥뜨려 보셨습니다. 그것들을 이기십시오. 죄는 눈물과 참회 없이는 없어지지 않습니다. 어떤 천사도 대천사도 그것을 없앨 수 없습

니다. 오직 하느님만이 '내가 너와 함께 있다'(마태 28,20 참조) 하고 말씀하실 수 있습니다. 우리가 죄를 지었다면, 참회하지 않는 한 그분께서는 우리를 용서해 주지 않으십니다.[2]

• 암브로시우스 『서간집』 51,10-11.[3]

---

[2] 테살로니카에서 학살을 벌이도록 지시한 테오도시우스 황제에게 참회를 촉구하며 쓴 기원후 390년경의 서간이다.

[3] FC 26,23-24*.

[3,31-39 다윗이 아브네르의 죽음을 애도하다]

4,1-12 사울의 아들 이스 보셋이 살해당하다

[9] 그러나 다윗은 브에롯 사람 림몬의 아들 레캅과 그의 동생 바아나에게 말하였다. "온갖 고난에서 나의 목숨을 건져 주신, 살아 계신 주님을 두고 맹세한다.

[10] 전에 어떤 자가 제 딴에는 기쁜 소식을 전하는 줄로 여기며, '사울이 죽었습니다.' 하고 나에게 알렸다. 그러나 나는 그 기쁜 소식의 대가로 그를 잡아 치클락에서 죽였다.

[11] 하물며 악한 자들이 자기 집 침상에서 자는 의로운 사람을 살해하였는데, 내가 어찌 그 피에 대한 책임을 너희 손에 묻지 않으며 이 땅에서 너희를 없애 버리지 않겠느냐?"

[12] 다윗이 부하들에게 명령을 내리자, 부하들은 그들을 죽인 다음 그들의 손과 발을 자르고 헤브론의 못가에 달아 매었다. 그러나 이스 보셋의 머리는 거두어 헤브론에 있는 아브네르의 무덤에 장사 지냈다.

둘러보기

불의한 사람이었던 이스 보셋이 여기서 "의로운 사람"이라고 불리는 것은 그가 비록 불의했지만 억울한 죽임을 당했기 때문이다(히에로니무스).

4,11-12 다윗이 이스 보셋을 죽인 이들을 벌하다

악인과 의인

사울의 아들 이스 보셋이 브에롯 사람 림몬의 아들들인 레캅과 바아나의 계략에 걸려 살해당합니다. 그들이 다윗에게 그 소식을 전하며 다윗의 원수인 그의 머리를 보여 주자, 다윗은 "악한

자들이 자기 집 침상에서 자는 의로운 사람을 살해하였다"며 부하들에게 명령하여 그들을 죽이게 했습니다. 이스 보셋은 의로운 사람은 분명 아니었는데 여기서 "의로운 사람"으로 불리는 것은 그가 억울한 죽임을 당했기 때문입니다.

• 히에로니무스 『펠라기우스파 반박 대화』 1,38.[1]

---

[1] FC 53,289*.

5,1-5 이스라엘이 다윗에게 기름을 부어 임금으로 세우다

[1] 이스라엘의 모든 지파가 헤브론에 있는 다윗에게 몰려가서 말하였다. "우리는 임금님의 골육입니다.

둘러보기

"골육"은 이스라엘 지파들 간의 매우 긴밀한 유대를 나타내며(요한 카시아누스) 다윗과 백성이 그만큼 가깝다는 것을 나타내는 말이기도 하다(암브로시우스).

5,1 우리는 임금님의 골육입니다

"육"이라는 낱말의 여러 가지 뜻

성경에서 "육"이라는 낱말은 여러 가지 뜻으로 사용됩니다. 때로는 육체와 영혼으로 이루어진 사람 전체를 나타내는데, "말씀이 사람[육]이 되시어"(요한 1,14)나 "모든 육[사람]이 하느님의 구원을 보리라"(루카 3,6) 같은 구절이 그 예입니다. "육"은 또 때로는 육적이며 죄 많은 사람들을 나타냅니다. "사람들은 육[살덩어리]일 따름이니, 나의 영이 그들 안에 영원히 머물러서는 안 된다"(창세 6,3)라는 구절이 그 예입니다. 때로는 죄 자체를 나타내는 낱말로 쓰이기도 합니다. "그러나 하느님의 영이 여러분 안에 사시기만 하면, 여러분은 육 안에 있지 않고 성령 안에 있게 됩니다"(로마 8,9)나 "살[육]과 피는 하느님의 나라를 물려받지 못하고, 썩는 것은 썩지 않는 것을 물려받지 못합니다"(1코린 15,50)가 그런 예입니다. 또 때로는 "우리는 임금님의 [골]육입니다"라는, [다윗에 관한] 이 구절에서처럼 일치와 관계를 나타내기도 합니다. 바오로 사도의 다음 말도 그런 의미로 사용된 경우입니다. "그것은 내가 내 살붙이[육]들을 시기하게 만들어 그들 가운데에서 몇 사람만이라도 구원할 수 있을까 해서입니다"(로마 11,14). 그러므로 이 낱말이 들어 있는 구절을 보게 되면 이 네 가지 중 어떤 의미로 사용되었는지 먼저 생각해 보아야 할 것입니다.

• 요한 카시아누스 『담화집』 4,10.[1]

정직한 다윗

무슨 말을 더 하겠습니까? 그는 속임수를 꾸미는 이들에게 마치 아무 소리도 못 들은 듯 아무 말 하지 않았습니다. 그런 말에는 대답할 필요가 없다고 생각했고 그들의 비난에 대꾸하지도 않았습니다. 그는 나쁜 말을 들었을 때는 기도했습니다. 저주받았을 때는 축복해 주었습니다. 그는 순박한 마음으로 살았으며 교만한 자들

---

[1] NPNF 2,11,333*.

을 피했습니다. 그는 세상에서 더러움을 타지 않은 이들을 추종했으며 자기 죄 때문에 몹시 슬퍼할 때는 음식에 재를 섞어 먹고 마실 것에 눈물을 섞어 마셨습니다(시편 102,10 참조). 그러니 모든 백성이 그를 원한 것은 당연했습니다. 이스라엘의 모든 지파가 그를 찾아와 "우리는 임금님의 골육입니다. 전에 사울이 우리의 임금이었을 때에도, 이스라엘을 거느리고 출전하신 이는 임금님이셨습니다. 또한 주님께서는 '너는 내 백성 이스라엘의 목자가 될 것이다' 하고 임금님께 말씀하셨습니다"라고 하였습니다. 주님께서 "내가 이사이의 아들 다윗을 찾아냈으니, 그는 내 마음

에 드는 사람으로 나의 뜻을 모두 실천할 것이다"(사도 13,22; 참조: 1사무 13,14; 시편 89,21)라고 하신 사람에 대해 내가 무슨 말을 더 할 필요가 있겠습니까? 그이만큼 언제나 거룩한 마음으로 살며 하느님의 뜻을 실천한 사람이 또 누가 있습니까? 다윗 덕분에 그의 자식들은 죄를 지어도 용서받았고 그 후손들에게까지 그들의 권리가 유지되었습니다(1열왕 11,34 참조).

● 암브로시우스 『성직자의 의무』 2,7,35.[2]

---

[2] NPNF 2,10,49*.

5,6-10 다윗이 여부스족을 치다

[6] 다윗 임금이 부하들을 거느리고 예루살렘으로 가서 그 땅에 사는 여부스족을 치려 하자, 여부스 주민들이 다윗에게 말하였다. "너는 이곳에 들어올 수 없다. 눈먼 이들과 다리저는 이들도 너쯤은 물리칠 수 있다." 그들은 다윗이 거기에 들어올 수 없으리라고 여겼던 것이다.

[7] 그러나 다윗은 시온 산성을 점령하였다. 그곳이 바로 다윗 성이다.

[8] 그날 다윗이 이렇게 말하였다. "누구든지 여부스족을 치려는 자는 지하 수로로 올라가, 이 다윗이 미워하는 저 다리저는 이들과 눈먼 이들을 쳐라." 여기에서 "다리저는 이와 눈먼 이는 궁 안에 들어가지 못한다."는 말이 생겨났다.

둘러보기

눈먼 이들에 대한 태도가 다르다는 점에서 그리스도는 실제로 다윗의 자손이 아니라는 마르키온의 이단적 주장에 테르툴리아누스는 눈먼 이들의 태도가 달랐기 때문이라고 반박한다.

5,8 다리저는 이들과 눈먼 이들

다윗의 자손

(마르키온의 그릇된 주장 가운데 하나는 이것

입니다.) 옛날에 다윗은 시온 산성을 점령할 때 그를 (산성으로) 들어오지 못하게 하는 눈먼 이들을 몹시 못마땅해했다는 것입니다. (나는 이렇게 말하겠습니다.) 그들은 그리스도께서 다윗의 자손이심을 인정하려 들지 않은 후대의 눈먼 이들을 나타내는 예형이었다고. 그러므로 눈먼 이들을 죽여 버리라고 지시한 다윗과 달리 그리스도께서 눈먼 이를 도우신 것은 당신께서 다윗의 자손이 아니라는 것을 보여 주신 것이 아니라 이

눈먼 이의 태도가 얼마나 다른지를 보여 주신 것입니다. 이 모든 것을 고려할 때 어째서 마르키온은 그 눈먼 이의 믿음을 그다지 하찮게 보는 것입니까? 다윗의 자손께서 그처럼 행동하신 것은 반론反論이 그 자체의 불합리함으로 인해 힘을 잃게 하시려는 것입니다. 그때 다윗을 적대한 이들은 눈먼 이들이었고 지금 다윗의 자손 앞에 거지로 나타난 사람도 같은 결점을 지니고 있습니다. 그러나 다윗의 자손께서는 눈먼 이의 시력

을 되찾아 주시고 흡족하게 느끼셨으며, 그 눈먼 이가 성심으로 간구하여 다윗의 자손에게 도움을 받아야 한다고 믿게 한 그 믿음을 인정하고 칭찬하셨습니다. 그러니까 따져 보면 결국 다윗이 못마땅하게 여긴 것은 (여부스족의) 신체적 결함이 아니라 그들의 무례함이었을 것입니다.

• 테르툴리아누스 『마르키온 반박』 4,36.[1]

---

[1] ANF 3,411*.

5,11-25 다윗이 필리스티아인들과 싸워 이기다

[17] 필리스티아인들은 사람들이 다윗에게 기름을 부어 그를 이스라엘의 임금으로 세웠다는 소식을 들었다. 필리스티아인들이 다윗을 잡으려고 모두 올라오자, 다윗은 그 보고를 듣고 산성으로 내려갔다.

[18] 그때에 필리스티아인들은 이미 르파임 골짜기로 와서 그곳에 퍼져 있었다.

[19] 다윗이 주님께 "필리스티아인들을 치러 올라가도 되겠습니까? 그들을 제 손에 넘겨주시겠습니까?" 하고 여쭈어 보자, 주님께서 다윗에게 이르셨다. "올라가거라. 내가 반드시 필리스티아인들을 네 손에 넘겨주겠다."

둘러보기

다윗이 주님의 조언을 신뢰하며 성공을 거둔 것도 주목할 만한 일이지만 군대의 도움 없이도 용감하게 적들과 싸워 승리한 이들의 용기에도 주목해야 한다(암브로시우스).

5,19 다윗이 주님께 여쭈어 보다

장한 용기

다윗은 그 [골리앗을 죽인] 이후엔 주님의 생각을 여쭈어 보지 않고 전투를 벌인 일이 한 번도 없습니다. 덕분에 그는 모든 전투에서 승리했으며 말년에 이르러서도 언제든 싸울 태세가 되어 있었습니다. 필리스티아인들과 전쟁이 일어났을 때, 그는 승리만을 생각하며 자신의 안전을

돌보지 않고 그들의 흉포한 군대와 싸웠습니다(2사무 21,15 참조). 그러나 주목해야 할 것은 이런 종류의 용기만이 아닙니다. 우리는 '믿음으로 사자들의 입을 막고, 맹렬한 불을 껐으며, 칼날을 벗어나고, 약하였지만 강해진'(히브 11,33-34 참조), 위대한 정신을 지닌 이들의 용기도 영광스러운 것이라 여깁니다. 그들은 군단의 지원을 받으며 동지들에게 둘러싸인 많은 이들과 같은 승리를 거둔 것이 아니라, 자기 영혼의 용기 하나로 불충한 원수들을 이김으로써 홀로 승리를 거두었습니다.

• 암브로시우스 『성직자의 의무』 1,35,177.[1]

---

[1] NPNF 2,10,30*.

6,1-5 계약 궤를 옮기는 행렬

³ 그들은 하느님의 궤를 새 수레에 싣고, 언덕 위에 있는 아비나답의 집에서 내갔다. 아비나답의 아들 우짜와 아흐요①가 그 새 수레를 몰았다.

⁴ 그들이 언덕 위에 있는 아비나답의 집에서 하느님의 궤를 내갈 때, 아흐요①가 궤 앞에서 걸었다.

⁵ 다윗과 이스라엘 온 집안은 주님 앞에서 방백나무로 만든 온갖 악기와② 비파와 수금과 손북과 요령과 자바라에 맞추어 춤추었다.

> ① 또는 '아흐요' 대신 '그의 형제들'.
> ② 히브리어 본문; 그리스어 본문은 '방백나무로 만든 온갖 악기와' 대신 '노래와'다(1 역대 13,8 참조) .

둘러보기

하느님과 참회자 사이에 융화가 이루어질 때 울려 퍼지는 협화음처럼 기도 때의 화합은 놀라운 힘을 지닌다(오리게네스).

6,4-5 주님 앞에서 즐겁게 춤추다

조화로운 음악의 효력

"내가 또 진실로 너희에게 말한다. 너희 가운데 두 사람이 이 땅에서 마음을 모아 무엇이든 청하면, 하늘에 계신 내 아버지께서 이루어 주실 것이다"(마태 18,19). 엄격히 말하면, '심포니'라는 낱말은 악사들이 조화를 이루는 소리들을 지칭하는 말입니다. 어떤 음들은 조화를 이루고 어떤 음들은 그렇지 않기 때문입니다. 그런데 복음서에서도 음악 소리에 대해 이야기하는 구절에서 이 낱말을 사용합니다. "그가 집에 가까이 이르러 노래하며 춤추는 소리['심포니아스'symphōnias]를 들었다"(루카 15,25). 아버지와, 잃었었으나 이제 회개하여 되찾은 아들 사이에 화합이 이루어져 즐거워하는 집안에서 [노래하고 춤추는] 소리[심포니]가 들린다고 한 것은 참 적절한 표현입니다. … 이런 소리와 비슷한 것에 관한 기록이 열왕기 2권[사무엘기 하권]에 나옵니다. '아미나답의 아들들이 궤 앞에서 걷고 다윗과 이스라엘 온 집안이 주님 앞에서 잘 조율된 악기들과 … 에 맞추어 힘 있게 노래하며 춤추었다'¹는 구절입니다. 단 두 사람이라도 거룩한 영적 음악에서 발견되는 조화로운 소리로 하늘에 계신 아버지께 청을 올리면 아버지께서 어떤 청이라도 들어주신다고 하였습니다. 그렇다면 '잘 조율된 악기에 맞추어 힘 있게 노래'하는 사람들이 만들어 내는 조화로운 소리는 단연코 대단한 힘을 지녔다 할 것입니다.

• 오리게네스 『마태오 복음 주해』 14,1.²

---

¹ 칠십인역은 '잘 조율된 악기들'이라고 명시한다.

² OSF 306-7*.

6,6-11 우짜에게 주님의 분노가 타오르다

⁶ 그들이 나콘의 타작마당에 이르렀을 때였다. 소들이 비틀거리는 바람에 우짜가 손을 뻗어 하느님의 궤를 붙들었다.

⁷ 그러자 우짜를 향하여 주님의 분노가 타올랐다. 하느님께서 그의 잘못 때문에① 거기에서 그를 치시니, 그는 거기 하느님의 궤 곁에서 죽었다.

⁸ 다윗은 주님께서 우짜를 그렇게 내리치신 일 때문에 화가 났다. 그래서 그는 그곳을 페레츠 우짜②라고 하였는데, 그곳이 오늘날까지 그렇게 불린다.

⁹ 그날 다윗은 주님을 두려워하며, "이래서야 어떻게 주님의 궤를 내가 있는 곳으로 옮겨 갈 수 있겠는가?" 하고 말하였다.

¹⁰ 그래서 다윗은 주님의 궤를 자기가 있는 다윗 성으로 가져가려 하지 않고, 갓 사람 오벳 에돔의 집으로 옮겼다.

> ① 1역대 13,10 참조; 히브리어 본문의 낱말은 뜻이 불확실하다.
> ② '우짜에게 쏟아지다'라는 뜻이다.

둘러보기

계약 궤를 흔들리지 않게 하려고 붙든 우짜가 벌을 받은 일은, 하느님과 관계된 일은 그 어느 것이라도 가볍게 생각해서는 안 된다는 것을 보여 준다(살비아누스). 우짜가 자신의 직무가 아닌 일에 나섰기 때문에 그에게 하느님의 분노가 내렸다면, 복음을 뒤엎는 자들에게도 당연히 하느님의 분노가 내릴 것이다(요한 크리소스토무스). 옛 시대에 불경에 대해 곧바로 심판이 내린 것을 생각할 때 지금 하느님께서 가만히 계시는 것은 현재 상황을 모르셔서가 아니라 참고 계시는 것이다. 회개의 기회를 주기 위해 심판을 미루고 계시는 것이다(바르셀로나의 파키아누스). 다윗은 의롭고 하느님께 기름부음도 받았지만, 모르고 행한 짓 때문에 주님께서 우짜를 치시는 것을 본 뒤로는 비슷한 벌을 받게 될까 봐 두려워했다(히에로니무스).

6,6-7 주님께서 우짜를 치시다

작은 잘못이란 없다

우리는 율법서에서 거룩한 계명들에 대해 가볍게 행동한 이들이 몹시 심한 벌을 받은 이야기를 읽습니다(탈출 31,12-18 참조). 그것은 하느님과 관계된 것은 그 무엇도 가볍게 생각해서는 안 된다는 것을 우리에게 알려 주려는 것입니다. 아주 작은 잘못처럼 보이는 일도 하느님께 대한 모욕이 되면 아주 큰 죄가 되기 때문입니다. 하느님을 모시는 레위인인 우짜가 주님의 궤를 비틀거리지 않게 붙잡으려 한 것이 거룩한 계명에 어긋나는 일이었습니까? 율법서에는 이런 일에 대한 규정이 없었습니다. 그렇지만 그는 궤가 흔들리지 않게 하자마자 쓰러져 죽었습니다. 그의 태도가 거만했거나 마음이 불충실해서가 아니었습니다. 그러나 그 행위 자체는 불충실한 것이었습니다. 자신의 직무를 넘어서는 일에 나선 것이기 때문입니다.

• 사제 살비아누스 『하느님의 다스림』 6,10.[1]

복음을 뒤집어엎으려는 자들

그들[갈라티아 신자]은 실상 하나나 두 계명만 가르쳤습니다. 할례와 안식일 준수가 그것이었지요. 그런데도 그[바오로 사도]는 그들이 "복음을 왜곡"한다고 표현합니다. 거짓이 아주 조금 섞여도 전체의 가치가 떨어진다는 것을 보여 주려는 말입니다. 동전에 새겨진 황제의 상을 조금만 긁어내도 동전의 가치가 확 떨어지는 것처럼, 순수한 신앙에서 아주 조금만 빗나가도 그것은 곧바로 더 심각한 오류로 이어져 전체가 타락하게 되기 때문입니다. 우리가 이단자들을 멀리하는 것이 다투기 좋아해서 그런 것이라 우리를 비난하며, 우리의 야망 말고는 그들과 우리 사이에 근본적으로 다른 것은 없다고 말하는 자들은, [원래 없던 것을] 조금이라도 만들어 내는 이들은 복음을 왜곡하는 자들이라는 바오로 사도의 말을 새겨들으라고 하십시오(갈라 1,7-9 참조). … 옛 계약 아래에서도 안식일에 땔감을 주워 모은 이는 그리 중요하지도 않은 계명 하나를 어긴 것이었지만 사형이라는 벌을 받은(민수 15,32-36 참조) 사실을 여러분은 모릅니까? 그리고 계약 궤가 비틀거리지 않도록 붙든 우짜는 자신의 직무가 아닌 일에 나섰기 때문에 그 자리에서 쓰러져 죽지 않았습니까? 안식일을 어기는 것과 넘어지려는 계약 궤를 붙드는 행동이 그런 일을 한 사람이 잠시 숨 돌릴 틈도 없이 하느님의 분노를 불러왔다면, 말로 표현할 수 없는 경외감을 자아내는 가르침들을 왜곡하는 자들이 과연 용서를 받거나 변명을 할 수 있겠습니까? 두말할 것도 없이 아닙니다. 작은 일들에 열성이 모자라는 것이 우리의 모든 재앙의 원인입니다. 작은 잘못이 그에 응당한 제재를 받지 않고 넘어가면 저도 모르게 큰 잘못을 저지르게 됩니다. 육체의 상처를 잘 돌보지 않으면 상처 부위가 썩어 열이 나고 죽음에 이르듯이, 영혼의 경우에도 작은 악을 보아 넘기는 것은 큰 악들로 들어가는 문을 여는 것입니다.

• 요한 크리소스토무스 『갈라티아서 주해』 1.[2]

하느님께서는 다 보시지만 기다리신다

히브리인들이 주님의 계약 궤를 예루살렘으로 옮길 때, 이스라엘 사람인 아미나답 집안의 우짜가 깊이 생각하지도 않고 계약 궤의 옆면을 붙들었다가 죽임을 당했습니다. 사실 그는 계약 궤에서 무엇을 빼내 가려고 그것을 만진 것이 아니라 어린 소가 비틀거리는 바람에 궤가 기울자 그것을 바로 세우려 한 것일 뿐이었습니다. [그러나] 하느님께 대한 공손한 태도야말로 무엇보다 중요하기에, 비록 좋은 뜻으로 내민 것이기는 하나 그 불손한 손을 하느님께서는 보아 넘기지 않으셨습니다. 주님께서도 같은 말씀을 하십니다. "[부정한 것에 닿지] 않은 고기라면, 정결한 이는 누구나 그 고기를 먹을 수 있다. 그러나 주님에게 바친 친교 제물의 고기를 부정한 상태에서 먹는 자는 자기 백성에게서 잘려 나가야 한다"(레위 7,19-20). 이런 것들은 오래전에 존재했고 지금은 이런 식의 일이 일어나지 않습니까? 그런가요? 하느님께서 이제 우리에게 관심을 끊으셨습니까? 세상이 더 이상 보이지 않는 곳으로 가시어 이제 하늘에서 우리를 내려다보지 않으십니까? 그분께서 참아 주시는 것이 아니라 실제로 모르시는 것입니까? 말도 안 되는 소리라고 여러분은 말할 것입니다. 그분께서는 우리

---

[1] FC 3,168-69*.   [2] NPNF 1,13,7-8*.

의 행동을 보시지만 인내심 있게 참으며 기다리십니다. 회개의 기회를 주시고자 [종말을] 미루시려고 당신의 그리스도를 붙드십니다. 당신께서 구원하신 이들이 쉽사리 멸망하는 것을 바라시지 않기 때문입니다. 죄인인 여러분은 부디 이를 깨달으십시오. 하느님께서 여러분을 지켜보고 계십니다. 여러분이 원하기만 한다면 그분의 마음을 풀어 드릴 수 있습니다.

• 바르셀로나의 파키아누스 『참회자』 6,3.[3]

6,8-9 화가 났으나 주님을 두려워한 다윗

비슷한 심판이 내릴까 두려워하다

주님의 계약 궤를 예루살렘으로 옮길 때 소들이 비틀거리는 바람에 수레가 한쪽으로 기울자 레위인인 우짜가 손을 뻗어 궤를 붙들었습니다. 그 일이 있은 직후에 관해 이렇게 쓰여 있습니다. "그러자 우짜를 향하여 주님의 분노가 타올랐다. 하느님께서 그의 잘못 때문에 거기에서 그

를 치시니, 그는 거기 하느님의 궤 곁에서 죽었다. 다윗은 주님께서 우짜를 그렇게 내리치신 일 때문에 화가 났다. … 그날 다윗은 주님을 두려워하며, '이래서야 어떻게 주님의 궤를 내가 있는 곳으로 옮겨 갈 수 있겠는가?' 하고 말하였다." 의로운 사람이며 예언자이고 임금으로 기름부음을 받은 다윗, 주님께서 당신 마음에 들어 모든 일에서 당신의 뜻을 실행하리라 여기시고 선택하신 그도 [사람이] 알지 못하고 저지른 일로 주님의 분노를 불러 벌을 받는 것을 보자 두려워하고 슬퍼했습니다. 그는 무지했을 뿐인 사람을 주님께서 치신 이유에 대해 주님께 묻지도 않았으며 자신에게도 비슷한 심판이 떨어질까 봐 두려워했습니다.

• 히에로니무스 『펠라기우스파 반박 대화』 1,38.[4]

---

[3] FC 99,77*.

[4] FC 53,289-90.

6,12-15 계약 궤가 다윗 성으로 들어오다

[14] 다윗은 아마포 에폿을 입고, 온 힘을 다하여 주님 앞에서 춤을 추었다.
[15] 다윗과 온 이스라엘 집안은 함성을 올리고 나팔을 불며, 주님의 궤를 모시고 올라갔다.

둘러보기

계약 궤가 마리아와 장차 그녀가 낳을 그리스도를 예시한다는 것을 깨달은 다윗의 기쁨이 춤으로 표현되었다. 믿는 이들은 그리스도와 교회의 결합에 대해서도 이처럼 기쁘게 기려야 한다(토리노의 막시무스). 다윗이 춤을 추었다고 해서 그리스도인들이 극장에 가는 행위가 용인되지는 않는다. 그곳에서 추는 춤들은 음란한 것들이기 때문이다(노바티아누스). 다윗이 계약 궤 앞에서

춤춘 것은 그가 하느님 앞에서 겸손했음을 보여 준다(대 그레고리우스).

6,14 다윗이 주님 앞에서 춤을 추다

춤으로 기리다

"신부를 차지하는 이는 신랑이다"(요한 3,29)라는 요한의 말처럼 교회가 그리스도와 결합할 때 우리는 우리가 한 맹세를 기리며 기뻐합니다. 이 혼인을 생각할 때 우리는 춤추지 않을 수 없습니

다. 임금이며 예언자인 다윗도 계약 궤 앞에서 노래하며 춤췄다고 하지요. 몹시 기뻐하던 그는 절로 춤에 빠져들었습니다. 자신의 혈통에서 태어난 마리아가 그리스도의 방으로 들어와 있는 것을 영 안에서 보았기 때문입니다. 그것을 본 그는 '그가 신랑처럼 자기 방에서 나오리라'라고 말하였습니다. 이처럼 다윗은 다른 어떤 예언자들보다 더 기뻐했기에 그들 누구보다 많이 노래하였으며, 자신의 뒤에 태어날 이들을 혼인으로 결합시켰습니다. 그분의 혼인 이전에 계약 궤 앞에서 크게 기뻐하며 춤을 춘 그는 특별히 매력적인 방식으로 자신의 맹세에 우리를 초대함으로써 우리가 그 다른 맹세 때에 어떻게 행동해야 하는지 가르쳤습니다. 그때에 춤을 춘 것은 예언자 다윗이었습니다. 그런데 이 계약 궤가 거룩한 마리아 아니고 무엇이겠습니까? 궤 안에는 계약이 새겨진 돌판이 들어 있었고, 마리아는 이 계약의 주인을 안에 품고 있었으니 말입니다. 궤는 율법을 안에 담고 있었고 마리아는 복음을 안에 품고 있었습니다. 그러나 궤는 안팎이 금의 광채로 빛난 반면 거룩한 마리아는 동정성의 광채로 안팎이 빛났습니다. 궤는 지상의 금으로 장식되었고 마리아는 하늘의 금이 그녀를 꾸며 주었습니다.

• 토리노의 막시무스 『설교집』 42,5.[1]

극장에 가는 것

다윗이 주님 앞에서 춤을 추었다고 해서 신실한 그리스도인들이 극장에 가도 좋다는 소리는 아닙니다. 다윗은 몸을 음란한 모양새로 비비 꼬며 그리스인들의 성적 충동을 흉내 내는 춤을 추지 않았습니다. … 그러니 이 이야기는 부정한 것들을 구경해도 좋다는 허락이 아닙니다.

• 노바티아누스 『경기 관람』 3,2.[2]

겸손을 통해 드러나는 고귀함

"그분께서는 스스로 지혜롭다는 자는 아무도 거들떠보지 않으십니다"(욥 37,24)라는 엘리후의 말은 마음속으로 교만한 사람들을 꾸짖는 말입니다. [그 말을 떠올릴 때] 다윗이 얼마나 크고 많은 덕을 얻었으며 이 모든 일에서 얼마나 한결같이 겸손했는지 잘 살펴보면 좋을 것입니다. 사실 득의양양하려 들면 누가 다윗만 하겠습니까? 사자들의 이빨을 부러뜨리고(시편 58,7 참조), 곰의 팔을 찢어발겼으며(1사무 17,34-36 참조), 형들을 다 제치고 선택받았고(1사무 16장 참조), 임금들이 거부당했을 때 나라를 다스리는 직무를 맡도록 기름부음을 받았으며, 모든 사람이 무서워하던 골리앗을 돌멩이 하나로 쓰러뜨렸고(1사무 17,49 참조), 임금의 요구에 따라 이민족들을 쳐부수고 무수한 포피를 들고 왔으며(1사무 18,25 참조), 마침내 약속되었던 나라를 받았고, 어떠한 반대도 없이 모든 이스라엘 자손을 거느리게 된 다윗이니 말입니다. 그런데도 그는 하느님의 계약 궤를 예루살렘으로 옮겨 올 적에 자신이 다른 그 누구보다 총애받는 이란 사실을 잊어버린 듯 백성과 한데 섞여 궤 앞에서 춤을 춥니다. 주님께서 특별히 총애하신 이가 가장 낮은 이들과 자신을 동일시하고 천박한 행동을 함으로써 자신을 주님 저 아래 두는 것을 보십시오. 그의 머릿속에 나라의 권세는 떠오르지도 않습니다. 자신이 춤을 추어 백성의 눈에 시시하게 보이는 것을 두려워하지 않습니다. 그는 그를 영광스럽게 해 주신 분의 궤 앞에서, 자신이 다른 어느 누구보다 총애받았다는 사실을 떠올리지 않습니다. 하느님 앞에서 그는 더없이 낮은 이처럼 행동합니다. 이러한 겸손은 그가 백성이 보는 앞에서 행한 담대

---

[1] ACW 50,106-7.   [2] FC 67,125.

한 행위들을 더욱 돋보이게 하였습니다. 다른 사람들이 그의 행동에 대해 어떻게 생각하는지 나는 모르겠습니다. 그러나 나는 다윗이 싸운 것보다 춤추었다는 사실이 더욱 놀랍습니다. 그의 싸움은 원수들을 복종시키는 것이었지만, 하느님 앞에서 춤을 춘 것은 그 자신을 정복하는 것이었기 때문입니다. 사울의 딸 미칼은 그런 다윗을 보고, 자신은 임금의 혈통이라는 자만심에 빠져 "오늘 이스라엘의 임금님이 건달패 가운데 하나가 알몸을 드러내듯이, 자기 신하들의 여종들이 보는 앞에서 벗고 나서니, 그 모습이 참 볼만하더군요!"(2사무 6,20)라며 비웃었지만 곧바로 이런 대답을 들었습니다. "주님께서는 당신 아버지와 그 집안 대신 나를 뽑으시고, 나를 주님의 백성의 영도자로 세우셨소. 바로 그 주님 앞에서 내가 흥겨워한 것이오"(2사무 6,21). 다윗은 이어 이렇게도 말했습니다. "나는 이보다 더 자신을 낮추고, 내가 보기에도 천하게 될 것이오"(2사무 6,22). 이는 '나는 나의 겸손으로 주님 앞에서 고귀한 이로 남기 바라기에 백성 앞에서 낮아지려는 것이오'라는 뜻과 같습니다.

• 대 그레고리우스 『욥기의 도덕적 해석』 27,46.[3]

---

[3] *LF* 23,256-57*.

6,16-23 미칼이 다윗을 비웃다

[16] 주님의 궤가 다윗 성으로 들어갈 때, 다윗 임금이 주님 앞에서 뛰며 춤추는 것을 사울의 딸 미칼이 창문으로 내려다보고, 속으로 그를 비웃었다.

[17] 그들은 다윗이 미리 쳐 둔 천막 안 제자리에 주님의 궤를 옮겨 놓았다. 그러고 나서 다윗은 주님 앞에 번제물과 친교 제물을 바쳤다.

[18] 다윗은 번제물과 친교 제물을 다 바친 다음에 만군의 주님의 이름으로 백성에게 축복하였다.

[19] 그는 온 백성에게, 남녀를 가리지 않고 이스라엘 모든 군중에게 빵 과자 하나와 대추야자 과자 하나,[①] 그리고 건포도 과자 한 뭉치씩을 나누어 주었다. 그 뒤 온 백성은 저마다 자기 집으로 돌아갔다.

[20] 다윗이 자기 집안을 축복하러 돌아오니, 사울의 딸 미칼이 다윗을 맞이하러 나와서 말하였다. "오늘 이스라엘의 임금님이 건달패 가운데 하나가 알몸을 드러내듯이, 자기 신하들의 여종들이 보는 앞에서 벗고 나서니, 그 모습이 참 볼만하더군요!"

[21] 다윗이 미칼에게 대답하였다. "주님께서는 당신 아버지와 그 집안 대신 나를 뽑으시고, 나를 주님의 백성 이스라엘의 영도자로 세우셨소. 바로 그 주님 앞에서 내가 흥겨워한 것이오.

[22] 나는 이보다 더 자신을 낮추고, 내가[②] 보기에도 천하게 될 것이오. 그러나 당신이 말하는 저 여종들에게는 존경을 받게 될 것이오."

[23] 그 뒤 사울의 딸 미칼에게는 죽는 날까지 아이가 없었다.

① 불가타는 '고기 한 조각'; 히브리어 본문의 낱말은 뜻이 분명하지 않다.
② 히브리어 본문; 그리스어 본문은 '당신'이다.

둘러보기

겸손하게 하느님 앞에서 마음을 다 드러낸 다윗의 춤은 예언적 의미를 지닌 춤이기에 정당한 행동이지만, 그것을 비난한 미칼의 말은 옳지 못하다. 그래서 미칼은 아이를 못 낳는 응징을 받았다(암브로시우스). 플라톤은 이교인들의 지나친 먹고마시기를 경원시한 바 있고 그로 인해 칭송받는데, 다윗이 백성에게 나누어 준 음식을 보면 히브리인들은 이교인들과 달리 적절히 먹고살았다는 것을 알 수 있다(알렉산드리아의 클레멘스). 다윗의 예에서 보듯이, 우리가 불행할 때나 행복할 때나 하느님께 감사한다면 장차 복을 받을 것이다(세비야의 레안데르).

6,16 미칼이 다윗을 비웃다

다윗이 하느님을 흠숭하며 춤추다

그런데 하느님의 영광을 기리며 추는, 칭송할 만한 육체의 춤도 있습니다. 다윗이 주님의 궤 앞에서 그런 춤을 추었지요. 그런데 사울의 딸 미칼은 주님 앞에서 춤을 추며 북을 치는 다윗을 보고는 그가 집에 돌아오자 '오늘 이스라엘의 임금님이 여종들이 보는 앞에서 알몸을 드러내고 춤을 추니 볼만하더군요!'라며 비웃었습니다. 그러자 다윗은 주님 앞에서 미칼에게 이렇게 대답했습니다. '주님께서는 당신 아버지와 그 집안 대신 나를 뽑으시고, 나를 주님의 백성 이스라엘의 영도자로 세우셨소. 바로 그 주님 앞에서 내가 흥겨워하며 벗고 춤춘 것이오. 당신은 그 모습을 업수이 여길지 모르지만 나는 당신이 말하는 저 여종들에게는 존경을 받게 될 것이오.' 이어 성경은 "그 뒤 사울의 딸 미칼에게는 죽는 날까지 아이가 없었다"고 기록합니다. 주님의 궤 앞에서 북을 치고 춤을 춘 이 예언자는 의로움이 입증된 반면, 그를 비웃은 이는 아이를 못 낳는

저주를 받았다는 가르침을 주는 이야기입니다.

• 암브로시우스 『시편 제118편 해설』.[1]

6,19 다윗이 백성에게 먹을 것을 나누어주다

사치스러운 생활에 대한 단죄

진리를 찬양한 그 모든 철학자들 가운데에서도 바로 그 플라톤은 환락 속에 사는 삶을 단죄함으로써, 꺼져 가던 히브리 철학의 불씨에 새 생명을 주었다 하겠습니다. "이곳에 도착했을 때, 이탈리아식 음식과 시라쿠사식 음식을 한가득 차려 놓고 먹는, 이들이 쾌락의 삶이라고 하는 그 행태가 몹시 불쾌하게 느껴졌다. 이들은 하루에 두 번 엄청난 포식을 하고 밤낮 가리지 않고 자며 온갖 종류의 여흥을 즐긴다. 어린 시절부터 이런 식으로 산다면 이런 방식을 통해 지혜로워질 수 있는 사람은 아무도 없을 것이다. 건강하고 아름다운 신체를 지녔다는 말을 듣지 못할 것임은 물론이다."[2]

• 알렉산드리아의 클레멘스 『교육자』 2,1,18.[3]

6,20-23 다윗이 미칼의 비웃음에 응수하다

하느님 앞에서 겸손하다

다윗은 모든 백성이 보는 가운데 계약 궤 앞에서 춤추는 것을 부끄러워하지 않았습니다. … 그렇지만 육체의 이런 행위는 그 자체로만 볼 때는 보기 흉하더라도 거룩한 종교의 견지에서는 경건한 것이 됩니다. 이런 경우 그 행동을 비난하는 이들은 자신의 영혼을 비난이라는 그물 안으로 끌고 들어가는 것입니다. 미칼이 다윗을 비난한 것이 바로 그런 경우였습니다. … 다윗은 이 여자의 비난을 듣고서 얼굴을 붉히지도 않았

---

[1] CSEL 62,143.　　[2] 플라톤 『서간집』 7.
[3] FC 23,109-10.

고 전혀 부끄러움 없이 그 비난에 반박했습니다. 그것은 신앙심으로 한 행동이었기 때문입니다. 그는 주님 앞에서 그분의 종으로서 춤추었고, 임금의 존귀함을 내려놓고 자신을 하느님 앞에서 한없이 낮춤으로써 그분을 더욱 흡족하게 해 드렸습니다. 그의 춤을 비난한 여자는 불모성이라는 저주를 받아 다윗 임금의 자식을 낳지 못했습니다. 그런 여자가 교만한 자식을 낳는 일이 없게 되려는 것이었습니다. 실제로 그녀는 후손으로도 선행으로도 대를 잇지 못했습니다.

• 암브로시우스 『서간집』 28.[4]

겸손하게 감사드린 다윗

불행할 때나 행복할 때나 하느님께 감사를 드린다면, 이승의 번영은 금세 사라지는 연기나 수증기 같은 것이라 여긴다면(시편 102,3 참조), 여러분은 복을 받을 것입니다. 다윗은 셀 수 없이 많은 보물을 소유했으며 무수한 백성을 힘으로 다스리는 임금이었습니다만 "어려서부터 저는 가련하고 죽어 가는 몸"(시편 88,16)이라며 자신은 더없이 낮은 이라고 노래하였습니다. 그는 사울의 딸에게는 '나는 나 자신을 낮출 것이며, 당신 아버지 대신 나를 뽑으신 주님 앞에서 나를 낮출 것'이라고 말하였고, "저는 이 땅에서 이방인, 제 조상들처럼 거류민일 따름"(시편 39,13; 119,19)이라고도 하였습니다.

• 세비야의 레안데르 『동정녀 교육과 세상 경멸』 23.[5]

---

[4] FC 25,145-46*.

[5] FC 62,216-17*.

7,1-11 다윗이 주님께 집을 지어 드리고 싶어 하다

[1] 임금이 자기 궁에 자리 잡고, 주님께서 그를 사방의 모든 원수에게서 평온하게 해 주셨을 때이다.

[2] 임금이 나탄 예언자에게 말하였다. "보시오, 나는 향백나무 궁에 사는데, 하느님의 궤는 천막에 머무르고 있소."

[3] 나탄이 임금에게 말하였다. "주님께서 임금님과 함께 계시니, 가셔서 무엇이든 마음 내키시는 대로 하십시오."

[4] 그런데 그날 밤, 주님의 말씀이 나탄에게 내렸다.

[5] "나의 종 다윗에게 가서 말하여라. '주님이 이렇게 말한다. 내가 살 집을 네가 짓겠다는 말이냐?

[6] 나는 이집트에서 이스라엘 자손들을 데리고 올라온 날부터 오늘까지, 어떤 집에서도 산 적이 없다. 천막과 성막 안에만 있으면서 옮겨 다녔다.

[7] 내가 이스라엘의 모든 자손과 함께 옮겨 다니던 그 모든 곳에서, 내 백성 이스라엘을 돌보라고 명령한 이스라엘의 어느 지파①에게, 어찌하여 나에게 향백나무 집을 지어 주지 않느냐고 한마디라도 말한 적이 있느냐?' …"

① 똑같은 내용의 역대기 본문에는 '판관'이다(1역대 17,6 참조).

둘러보기

성전을 지으려는 다윗의 생각에 나탄이 찬성했다가 이후엔 반대한 것은 예언의 영의 비추임은 한결같지 않다는 것을 보여 준다(대 그레고리우스). 성전을 짓겠다는 다윗의 청이 거부당한 것은 하느님의 참된 성전은 그리스도시라는 사실을 확인시켜 준다(키프리아누스).

7,3 무엇이든 마음 내키시는 대로 하십시오

영이신 하느님께서는 당신께서 원하시는 대로 움직이신다

페트루스,[1] 예언의 영이 예언자의 마음을 쉬지 않고 비추는 것은 아닙니다. 성경에서 우리는 '성령께서는 불고 싶은 데로 부신다'(요한 3,8 참조)라는 말씀을 읽습니다. 또한 우리는 그분께서는 당신께서 원하실 때 부신다는 것도 깨달아야 합니다. 다윗 임금이 성전을 짓고 싶어 하자 나탄 예언자가 임금님 뜻대로 하시라고 했다가 나중에 [예언의 영을 받고서] 그에 반대한 것이 예입니다.

• 대 그레고리우스 『대화』 2,21.[2]

7,5 내가 살 집을 네가 짓겠다는 말이냐

그리스도는 하느님의 성전

그리스도가 하느님의 집이요 성전이 되셔야

했습니다. 옛 성전은 끝나고 새 성전이 시작되어야 했습니다. 열왕기 2권[사무엘기 하권]에 이렇게 쓰여 있습니다. "주님의 말씀이 나탄에게 내렸다. '나의 종 다윗에게 가서 말하여라. '주님이 말한다. 내가 살 집을 네가 짓겠다는 말이냐? 너의 날수가 다 차서 조상들과 함께 잠들게 될 때, 네 몸에서 나와 네 뒤를 이을 후손을 내가 일으켜 세우고, 그의 나라를 튼튼하게 하겠다. 그는 나의 이름을 위하여 집을 짓고, 나는 그 나라의 왕좌를 영원히 튼튼하게 할 것이다. 나는 그의 아버지가 되고 그는 나의 아들이 될 것이며, 그의 집안이 믿음을 갖게 되고 그의 나라가 내 앞에서 영원히 군건해질 것이다.''"(2사무 7,4-5.12-16 참조). 주님께서도 복음서에서 "여기[성전] 돌 하나도 다른 돌 위에 남아 있지 않고 다 허물어지고 말 것이다"(마태 24,2)라고 하셨습니다. 또 '손으로 짓지 않는 다른 성전을 내가 사흘 안에 다시 세우겠다'(참조: 마르 14,58; 요한 2,19)고도 하셨습니다.

• 키프리아누스 『퀴리누스에게』 1,15.[3]

---

[1] 대 그레고리우스의 이 작품은 자신이 부제로 데리고 있는 페트루스와 대화하는 형식으로 이루어져 있는데, 이는 가르침에 흔히 사용되던 문학적 기법이었다.

[2] FC 39,88-89.   [3] ANF 5,511**.

7,12-17 주님께서 다윗에게 후손을 약속하시다

[12] 너의 날수가 다 차서 조상들과 함께 잠들게 될 때, 네 몸에서 나와 네 뒤를 이을 후손을 내가 일으켜 세우고, 그의 나라를 튼튼하게 하겠다.

[13] 그는 나의 이름을 위하여 집을 짓고, 나는 그 나라의 왕좌를 영원히 튼튼하게 할 것이다.

[14] 나는 그의 아버지가 되고 그는 나의 아들이 될 것이다. 그가 죄를 지으면 사람의 매와 인간의 채찍으로 그를 징벌하겠다. ♪

↗[15] 그러나 일찍이 사울에게서 내 자애를 거둔 것과는 달리, 그에게서는 내 자애를 거두지 않겠다.[①]

[16] 너의 집안과 나라가 네 앞에서 영원히 굳건해지고, 네 왕좌가 영원히 튼튼하게 될 것이다.'"

[①] 그리스어 본문(1역대 17,13 참조); 히브리어 본문은 '나는 그를 떠나지 않겠다'다.

둘러보기

다윗에게 내린 창조주의 약속은 솔로몬에 관한 것이 아니라 마리아에게서 태어날 그리스도와 그분의 영원한 나라에 관한 말씀이다(테르툴리아누스). 유다 지파는 그리스도께서 오시어 다스리심으로써 주님께서 다윗에게 하신 약속이 이루어질 때까지 끊기지 않고 이어졌으며, 나라는 그분을 위해 준비된 것이었다(대 바실리우스). 성경에는 하느님께서 이스라엘과 솔로몬을 '나의 아들'이라고 부르셨다는 기록이 많은데, 따라서 예수님을 하느님의 아들이라 부르는 것은 당연하다(아프라하트). 예수님께서 구약성경이 예고한 메시아이심이 드러났으므로 믿지 않는 유대인들은 회개해야 한다(순교자 유스티누스).

7,12-13 주님께서 그 나라의 왕좌를 영원히 튼튼하게 하실 것이다

그리스도의 나라에 관한 약속

그렇다면 지금 그리스도 안에서 볼 수 있는 새로운 섭리가 바로 창조주께서 그때에 '다윗에게 약속하신 확실한 것, 곧 변치 않는 자애를 베푸시겠다는 약속'(참조: 이사 55,3; 사도 13,34)의 실현임이 입증될 것입니다. 그리스도는 다윗의 혈통에서 나셨으므로, 곧 그분의 육 자체가 믿음으로 거룩하게 된, 다윗이 받은 '변치 않는 자애'이며, 그 육의 부활이 이루어졌기에 '확실한 것'입니다. 따라서 열왕기 2권[사무엘기 하권]에서 나탄 예언자는 다윗에게 "네 몸에서 나와 네 뒤를 이을" 후손을 약속합니다. 그대가 만약 이를 단순히 솔로몬에 관한 이야기로 설명한다면, 나는 어이없어 웃을 수밖에 없을 것입니다. 다윗이 솔로몬을 낳게 되는 것은 확실합니다! 그러나 여기서 다윗의 후손으로 불리는 이는 다윗의 혈통인 마리아의 태에서 나신 그리스도 아니겠습니까? 하느님의 성전, 다시 말해 거룩한 인간을 지을 이는 다른 누구도 아닌 그리스도이시며, 다윗의 아들 솔로몬을 하느님의 아들로 이해하는 것보다 하느님의 영께서 머무르시는 더 나은 성전인 그리스도를 그분의 아들로 이해해야 하지 않겠습니까? 또한 영원한 나라와 함께 어좌도 영원하다는 말도 속세의 임금에 지나지 않는 솔로몬보다는 그리스도께 훨씬 더 들어맞는 말입니다.

• 테르툴리아누스 『마르키온 반박』 3,20.[1]

결코 무너지지 않을 나라

어쨌든, 유다 지파는 [그 나라의 주인이신] 그분께서 오실 때까지 끊어지지 않고 이어졌습니다. 그러나 그분은 물질세계의 어좌에 앉으시지 않으셨습니다. 유대 왕국은 이제 헤로데 안티파테르의 아들 헤로데 아스칼로니테[a]에게, 그리고

---

[1] ANF 3,339*.

티베리우스가 로마제국 전체를 지배하고 빌라도가 유대아의 총독이던 시절 유대아를 네 지역으로 나눈 그의 아들들에게로 넘어갔습니다(루카 3,1 참조). 그러나 그분께서 '다윗의 왕좌'라고 표현하신 결코 무너지지 않을 그 나라의 어좌엔 주님께서 앉아 계셨습니다. 그분은 세상 작은 부분만이 고대하는 분이 아니라 "민족들의 기대"(창세 49,10 칠십인역)이십니다. "장차 이사이의 뿌리가 세워지고, 민족들이 그들을 다스리도록 세워진 이에게 희망을 두게 될 것"(이사 11,10 칠십인역)이기 때문입니다. 그래서 "내가 너를 백성을 위한 계약이 되고 민족들의 빛이 되게 하였으니"(이사 42,6), '너의 후손을 내가 일으켜 세우고 그의 왕좌를 영원히 튼튼하게 하겠다'고 쓰여 있습니다.

• 대 바실리우스 『서간집』 236.[3]

러나 내가 부를수록 그들은 나에게서 멀어져 갔다. 그들은 바알들에게 희생 제물을 바치고 …"(호세 11,1-2). 이사야는 그들에 대해 이렇게 말하였습니다. "내가 아들들을 기르고 키웠더니 그들은 도리어 나를 거역하였다"(이사 1,2). 또 "너희는 주 너희 하느님의 자녀들이다"(신명 14,1)라고 쓰여 있기도 합니다. 또 솔로몬에 관해서는 "나는 그의 아버지가 되고 그는 나의 아들이 될 것이다"라고 하셨습니다. 그래서 우리도 그리스도를 "하느님의 아들"이라고 부릅니다. 우리가 그분을 통해 하느님에 관한 지식을 얻었기 때문입니다. 그분께서 이스라엘을 나의 맏아들이라고 부르시고 솔로몬에 관하여 "그는 나의 아들이 될 것이다"라고 하신 것과 같은 이유에서입니다.

• 아프라하트 『논증』 17,4.[4]

7,14-15 주님께서 약속하시다

하느님의 아들

우리가 그분을 부르는 호칭인 하느님의 아들에 관하여 들어 보십시오. 그들[유대인]은 '하느님께는 아들이 없는데도 당신들은 십자가에 못 박힌 예수를 하느님의 맏아들이라고 한다'고 이야기합니다. 그러나 그분께서는 이스라엘을 "내 맏아들"이라고 부르셨고 파라오에게 모세를 보내시며 이렇게 말을 전하게 하셨습니다. "이스라엘은 나의 맏아들이다. 내가 너에게 내 아들을 내보내어 나를 예배하게 하라고 말하였건만, 너는 거부하며 그를 내보내지 않았다. 그러니 이제 내가 너의 맏아들을 죽이겠다"(탈출 4,22-23). 그분께서는 예언자를 통해서도 이에 관해 증언하셨고, 백성을 꾸짖으시며 이렇게 말씀하셨습니다. "이스라엘이 아이였을 때에 나는 그를 사랑하여 나의 그 아들을 이집트에서 불러내었다. 그

구원자에 관한 예언

그러니 그대는 말싸움을 그토록 좋아하는 대신 그 큰 날이 오기 전에 회개하는 편이 그대 자신에게 훨씬 좋을 것입니다. 그리스도를 십자가에 못 박은 당신들 지파 모두가 그때에 비탄에 빠지리라는 것을 나는 성경의 증거들로 입증할 수 있기 때문입니다. 방금 나는 '주님께서 맹세하시기를, 너는 멜키체덱[과 같이 영원한 사제다]'(시편 110,4 참조)라는 말씀의 뜻을 설명했습니다. '그는 죽어서 [악인들과] 함께 묻혔다'(이사 53,8 참조)라는 예언이 돌아가시고 묻히신 뒤 부활하실 그리스도에 관한 말씀이라는 것도 입증하였습니다. 바로 이 그리스도께서 살아 있는 이들과 죽은 이들 모두의 심판관이 되시리라는 사

---

[2] 흔히 헤로데 대왕으로 불리는 인물이다.

[3] FC 28,169-70*.　　　[4] NPNF 2,13,387-88*.

실에 대해서도 자세히 설명하였습니다. 게다가 나탄도 그분에 관하여 다윗에게 이렇게 말한 바 있습니다. '나는 그의 아버지가 되고 그는 나의 아들이 될 것이다. 그러나 일찍이 그의 조상들에게서 내 자애를 거둔 것과는 달리, 그에게서는 내 자애를 거두지 않겠다. 나는 그를 나의 집안과 그의 나라에서 영원히 튼튼하게 세울 것이다.' 또한 에제키엘이 말하는 대로, 그분은 이 집안의 유일한 제후가 될 것입니다(에제 44,3 참조).

그분은 하느님의 아드님이시기 때문입니다. 이사야나 다른 예언자들이 산 짐승의 피를 바치는 제사나 그분의 재림 때에 제단에 바쳐지는 헌주에 대해 이야기하는 것이라고는 절대 생각하지 마십시오. 이는 참된 영적 찬미와 감사[라는 제물]에 관한 말씀입니다.

• 순교자 유스티누스 『유대인 트리폰과의 대화』 118.5

_____

5 FC 6,329-30*.

7,18-29 다윗이 주님께 기도드리다

¹⁸ 다윗 임금이 주님 앞에 나아가 앉아 아뢰었다. "주 하느님, 제가 누구이기에, 또 제 집안이 무엇이기에, 당신께서 저를 여기까지 데려오셨습니까?

¹⁹ 주 하느님, 당신 눈에는 이것도 부족하게 보이셨는지, 당신 종의 집안에 일어날 먼 장래의 일까지도 일러 주셨습니다. 주 하느님, 이 또한 사람들을 위한 가르침이 되기를 바랍니다.

²⁰ 이 다윗이 당신께 무슨 말씀을 더 드릴 수 있겠습니까? 주 하느님, 당신께서는 당신 종을 알고 계십니다.

²¹ 당신께서 이 위대한 일을 모두 이루시고 그것을 당신 종에게 알려 주신 것은, 당신의 말씀 때문이며 또 그것은 당신의 뜻이었습니다.

²² 그러므로 주 하느님, 당신께서는 위대하시고 당신 같으신 분은 없습니다. 저희 귀로 들어온 그대로, 당신 말고는 다른 하느님이 없습니다.

²³ 이 세상 어느① 민족이 당신 백성 이스라엘과 같겠습니까? 하느님께서 그들을 찾아가 건져 내시어, 당신 백성으로 삼으시고 그들에게 이름을 주셨습니다. 또한 당신께서는 ②이집트에서 손수 건져 내신 당신 백성 앞에서 ③다른 민족들과 그 신들을 몰아내시려고, 위대한 일과 무서운 일들을 행하셨습니다.④

²⁴ 또한 당신을 위하여 당신 백성 이스라엘을 영원히 당신의 백성으로 튼튼하게 하시고, 주님, 당신 친히 그들의 하느님이 되셨습니다.

²⁵ 그러니 이제 주 하느님, 당신 종과 그 집안을 두고 하신 말씀을 영원히 변치 않게 하시고, 친히 말씀하신 대로 이루어 주십시오.

²⁶ 그러면 당신의 이름이 영원히 위대하게 되고, 사람들이 '만군의 주님께서 이스라엘의 하느님이시다.' 하고 말할 것입니다. 또한 당신 종 다윗의 집안도 당신 앞에서 튼튼해질 것입니다.♪

²⁷ 만군의 주 이스라엘의 하느님이신 당신께서는 당신 종의 귀를 열어 주시며, '내가 너에게서 한 집안을 세워 주겠다.'고 말씀하셨습니다. 그래서 당신 종은 이런 기도를 당신께 드릴 용기를 얻게 되었습니다.

²⁸ 이제 주 하느님, 당신은 하느님이시며 당신의 말씀은 참되십니다. 당신 종에게 이 좋은 일을 일러 주셨으니,

²⁹ 이제 당신 종의 집안에 기꺼이 복을 내리시어, 당신 앞에서 영원히 있게 해 주십시오. 주 하느님, 당신께서 말씀하셨으니, 당신 종의 집안은 영원히 당신의 복을 받을 것입니다."

① 히브리어 본문; 그리스어 본문은 '다른 어떤'이다.
② 히브리어 본문은 이 자리에 '당신을 위하여'가 들어 있다.
③ 히브리어 본문은 이 자리에 '당신의 땅을 위하여'가 들어 있다.
④ 1역대 17,21 참조.

둘러보기

하느님께서 일으켜 주시겠다고 다윗에게 약속하신 "집안"은 다윗의 집안인 동시에 하느님의 집이다. 하느님과 그분의 백성이 영원한 결합을 이룬 채 살게 될 곳이기 때문이다. 하느님께서 주시는 힘으로 덕성스럽게 살아갈 때 지어지는 이 집은 하느님께서 당신 백성을 위하여 영원히 평화로운 집을 세워 주실 때 최종적으로 성화될 것이다(아우구스티누스).

7,18-29 다윗이 기도하다

하느님의 집을 짓는 것

다윗도 바로 이 점을 깨달았기에 열왕기 2권[사무엘기 하권]에서 "당신 종의 집안에 일어날 먼 장래의 일까지도 일러 주셨습니다"(19절)라고 말씀드린 것입니다. 그리고 조금 뒤에는 "이제 당신 종의 집안에 기꺼이 복을 내리시어, 당신 앞에서 영원히 있게 해 주십시오"(29절)라고 말씀드립니다. 그즈음 다윗은 아들을 낳을 참이었고 그 인물로부터 그의 후손이 그리스도에게 이를 것이며, 그리스도를 통해 그의 집안이 영원하고

하느님의 집과 같아지게 되어 있습니다. 다윗의 집안이라고 하는 것은 그리스도가 다윗의 혈통이기 때문입니다. 하느님의 집이라고 하는 까닭은 돌로 지어지지 않고 사람들로 지어진 하느님의 성전이기 때문입니다. 그 성전에서는 백성이 하느님을 모시고, 자기 하느님 안에서 영원히 거처할 것이며, 하느님은 백성과 더불어 당신의 백성 안에서 영원히 머무르실 것입니다. 그리하여 하느님이 당신의 백성을 충만케 하고 그 백성은 자기네 하느님으로 충만해져서 "하느님께서 모든 것 안에서 모든 것이 되실 것"(1코린 15,28)이며 평화의 때에는 하느님께서 상급이 되어 주시고 전시에는 힘이 되어 주실 것입니다.

"주님이 너에게 한 집안을 일으켜 주리라고 선언한다"(2사무 7,11)라는 나탄의 말은 바로 그런 뜻입니다. 그 뒤 다윗은 이렇게 말합니다. "만군의 주 이스라엘의 하느님이신 당신께서는 당신 종의 귀를 열어 주시며, '내가 너에게서 한 집안을 세워 주겠다'고 말씀하셨습니다." 그러니까 이 집은 우리도 세우고 하느님도 세우십니다. 우리는 잘 삶으로써 세우고 하느님께서는 우리가

잘 살게 도우심으로써 세우십니다. 그래서 "주 님께서 집을 지어 주지 않으시면 그 짓는 이들의 수고가 헛되리라"(시편 127,1)라고 하는 것입니다.

그러나 나탄의 입을 빌려 하느님께서 하신 말 씀은 그 집의 최종적인 성화가 이루어질 때에 완 전하게 이루어질 것입니다. "나는 내 백성 이스 라엘을 위하여 한곳을 정하고, 그곳에 그들을 심 어 그들이 제자리에서 살게 하겠다. 그러면 이스

라엘은 더 이상 불안해하지 않아도 되고, 다시는 전처럼, 불의한 자들이 그들을 괴롭히지 않을 것 이다. 곧 내가 나의 백성 이스라엘에게 판관을 임명하던 때부터 해 온 것처럼, 나는 너를 모든 원수에게서 평온하게 해 주겠다"(2사무 7,10-11).

● 아우구스티누스 『신국론』 17,12.[1]

---

[1] FC 25,58-59*; 『교부 문헌 총서』 16,1887-89.

8,1-8 다윗이 여러 전쟁에서 승리하여 많은 전리품을 거두다

[1] 그 뒤에 다윗은 필리스티아인들을 쳐서 굴복시키고, 필리스티아인들의 손에서 메텍 암마를 빼앗았다.

[2] 그는 또 모압을 치고 그들을 땅에 눕힌 다음 줄로 쟀다. 두 줄 길이 안에 든 사람들은 죽이 고, 한 줄 길이 안에 든 사람들은 살려 주었다. 그러자 모압은 다윗의 신하가 되어 조공을 바치게 되었다.

[3] 다윗은 르홉의 아들, 초바 임금 하닷에제르가 유프라테스 강가에 자기 세력을 일으키러 갈 때 그를 쳐서,

[4] 기병 천칠백과 보병 이만을 사로잡았다. 그러고 나서 병거 백 대를 끌 말만 남겨 놓고, 나머 지 말은 모두 뒷다리 힘줄을 끊어 버렸다.

[5] 다마스쿠스의 아람인들이 초바 임금 하닷에제르를 도우러 오자, 다윗은 아람인 이만 이천 명을 쳐 죽이고 …

둘러보기

다윗이 왕위에 오른 뒤 치른 전쟁들은 구원자 께서 이교인들과 불신자들에게 거두신 승리를 예시한다(카시오도루스). 모압인들을 줄로 재어 어 떤 이들은 죽이고 어떤 이들은 살려 준 것은 우 상 숭배의 길과 참된 믿음의 길로 서로 갈라진 오르파와 룻을 자로 잰 경우로 이해하면 된다(히 에로니무스).

8,1-5 다윗이 이스라엘의 원수들을 쳐부수다

주님의 승리를 나타내는 표상

열왕기[사무엘기]는 다윗이 사울의 뒤를 이어 왕위에 오른 뒤 거둔 승리들에 대해 이야기해 주 는데 거기에 무척 자세하게 기록되어 있으므로 [시편] 순서대로 다루는 지금 이 글에서 그에 대해 설명할 필요는 없어 보입니다. 그러나 이 전쟁들은 구원자 주님께서 온 세상의 이교인과

불신자들에게 거두신 승리들에 대한 상징적인 묘사라는 점은 알아야 할 것입니다. 이 시편[1]은 바로 그런 이들의 입에서 나오는 것입니다. 그들이 자신들이 믿어 오던 미신을 확실하게 버리고 새 인간이 되는 은총을 통하여 변화하는 자격을 얻게 되려는 것입니다.

• 카시오도루스 『시편 해설』 59,1-2.[2]

'두 줄'의 의미

열왕기 2권[사무엘기 하권]에 보면, 다윗이 모압을 치고는 그들을 두 줄로 재어 한쪽은 살려 주고 다른 한쪽은 죽였다고 기록되어 있습니다. 어떤 모압인들은 사는 쪽으로, 또 어떤 모압인들은

죽는 쪽으로 구분된 것은 오르파와 룻의 이야기에 빗대어 이해하면 뜻이 분명하게 드러납니다. 우상 숭배와 자신의 고향으로 돌아간 오르파는 죽을 운명으로 정해졌습니다. 그러나 이름이 '즐겁다'라는 뜻인 시어머니를 따라나선 룻은 "어머님의 겨레가 저의 겨레요 어머님의 하느님이 제 하느님이십니다"(룻 1,16)라고 합니다.

• 히에로니무스 『시편 둘째 강해집』 61(시편 제15편).[3]

---

[1] 시편 제60편을 가리킨다.

[2] ACW 52,62*.

[3] FC 57,25*.

[8,9-18 다윗이 이름을 떨치고 나라가 굳건히 서다]

[9,1-13 다윗이 요나탄과 맺은 계약을 지키다]

[10,1-19 다윗이 암몬과 아람을 쳐부수다]

11,1-5 다윗과 밧 세바

[2] 저녁때에 다윗은 잠자리에서 일어나 왕궁의 옥상을 거닐다가, 한 여인이 목욕하는 것을 옥상에서 내려다보게 되었다. 그 여인은 매우 아름다웠다.

[3] 다윗은 사람을 보내어 그 여인이 누구인지 알아보았는데, 어떤 이가 "그 여자는 엘리암의 딸 밧 세바로 히타이트 사람 우리야의 아내가 아닙니까?" 하였다.

[4] 다윗은 사람을 보내어 그 여인을 데려왔다. 여인이 다윗에게 오자 다윗은 그 여인과 함께 잤는데, 여인은 부정한 기간이 끝나 자신을 정화한 다음이었다. 그 뒤 여인은 자기 집으로 돌아갔다.

[5] 그런데 그 여인이 임신하게 되었다. 그래서 다윗에게 사람을 보내어, "제가 임신하였습니다." 하고 알렸다.

둘러보기

다윗이 밧 세바의 알몸을 보고 반한 일은 남자는 자기 집에서조차 아무것이나 보아서는 위험이 따른다는 예증이다(히에로니무스). 믿는 이들의 교회를 나타내는 예형인 밧 세바가 자신을 정화한 다음 다윗과 결합한 것은 영적 의미로 볼 때 세례의 씻음과 그리스도와의 결합을 예시한다(카시오도루스, 대 그레고리우스). 영혼은 육체를 순수함으로 데리고 가기도 하고 방탕으로 데리고 가기도 하는 마차임을 생각할 때, 분별이란 나이가 아니라 의지에 달린 것이다(요한 크리소스토무스).

11,2 다윗이 한 아름다운 여인이 목욕하는 것을 보다

눈에는 위험이 따른다

다윗은 하느님의 마음을 닮은 사람이었습니다. 그리고 그의 입술은 거룩하신 분, 미래의 그리스도에 대해 자주 노래하였습니다. 그런 그가 자기 집 옥상을 거닐다가 밧 세바의 알몸에 반해서는 간통을 저지르고 거기에 더해 살인까지 저질렀습니다. 사람은 자기 집에서조차 아무것이나 보아서는 위험이 따른다는 점에 주목하십시오. 그 뒤 다윗은 회개하며 "당신께, 오로지 당신께 잘못을 저지르고 당신 눈에 악한 짓을 제가 하였"(시편 51,6)다고 주님께 말합니다. 그는 임금인지라 주님 말고는 아무도 두려워하지 않았습니다.

• 히에로니무스 『서간집』 22,12.[1]

교회의 예형

그 가운데서도 복된 히에로니무스는 밧 세바가 교회 또는 인간 육의 예형임을 지적하며, 다윗은 그리스도의 특징을 지니고 있다고 말합니다. 이는 여러 가지 점에서 적절한 지적입니다. 키드론(2사무 15,23 참조) 시내에서 옷을 벗은 채 목욕하던 밧 세바가 다윗의 눈에 들어 임금의 사랑을 얻었고 그녀의 남편이 이 제후의 명령에 따라 살해된 것처럼, 믿는 이들의 모임인 교회는 거룩한 세례라는 목욕으로 죄의 더러움을 씻고서야 그리스도 주님과 하나 되었다고 알려져 있습니다. 그 시절에는 주님에 관한 미래의 신비들이 이런 종류의 행위로 명시되는 것이 실로 적절했습니다. 사람들이 비난받을 만하다고 여기는 행위가 실은 영적 의미에서 위대한 신비를 가리키는 것입니다.

• 카시오도루스 『시편 해설』 50(51),1-2.[2]

영적 의미가 더해져 완전해지는 문자적 의미

믿는 이만 아니라 믿지 않는 이라도, 다윗이 자기 집 옥상을 걷다가 우리야의 아내 밧 세바에게 욕정을 품은 이야기를 듣고 역겨워하지 않을 이가 누가 있겠습니까? 그런데 그[우리야]가 전선에서 돌아오자 다윗은 그에게 집으로 가 발을 씻으라고 지시합니다. 이에 우리야는 곧바로 '주님의 궤가 초막에 머무르고 있는데 제가 어찌 집에 내려가 쉴 수 있겠냐'고 합니다(2사무 11,11 참조). 다윗은 그를 자신의 식탁에 함께 앉게 했고, 그를 장차 죽음에 이르게 할 편지를 건넸습니다. 그런데 자기 집 옥상을 걷는 다윗이 누구를 나타내겠습니까? "그는 해 비추는 곳에 천막을 치니"(시편 18,5 칠십인역; 참조: 시편 19,5)라는 말씀이 가리키는 분 아니겠습니까? 그리고 밧 세바를 자신에게로 끌어당긴 것은 육적인 사람들과 결합되어 있는 문자의 율법을 영적 의미를 사용하여 자신과 결합시킴을 뜻하는 것 아니겠습니까? "밧 세바"는 '일곱 번째 우물'이라는 뜻이므로, 율법에 관한 지식에 영적 은총이 스며들면 우리

---

[1] NPNF 2,6,26*. [2] ACW 51,493*.

에게 완전한 지혜가 주어진다는 뜻 아니겠습니까? 그리고 우리야가 나타내는 것은 유대 백성 아니겠습니까? 그의 이름은 '나의 빛은 하느님에게서'라는 뜻이니 말입니다. 그런데 유대 백성은 율법에 관한 지식을 받음으로써 높이 들어 올려졌다는 이유로 자신들이 마치 '하느님의 빛 안에' 있는 듯이 자랑스러워했습니다. 그러나 다윗은 이 우리야에게서 아내를 빼앗아 그와 결합했습니다. '다윗'이라는 이름의 뜻처럼 '손이 힘센 이', 우리 구원자께서는 그 일을 통해 육 안에 계신 당신 자신을 보여 주시는 한편 율법은 당신에 관해 영적 의미로 이야기한다는 것을 드러내신 것이 분명합니다. 그것이 문자에 따라 매여 있었기에 그분께서는 이런 식으로 유대 백성에게서 그것을 빼앗아 당신과 결합하게 하셨음을 보여 주셨으며, 그럼으로써 그것이 선포하는 바가 당신임을 선언하셨습니다. 그리고 다윗은 우리야에게 '집으로 가 발을 씻어'라고 했는데, 주님께서는 육으로 오셨을 때 유대 백성에게 양심이라는 집으로 돌아가 눈물로 그들 행실의 더러움을 씻어 내라고 하셨습니다. 그들이 율법의 계명들을 영적 의미로 이해하고, 수고한 뒤에 물에서 기운을 얻듯 가혹한 계명들을 겪은 뒤 세례의 샘을 발견하라는 뜻입니다.

• 대 그레고리우스 『욥기의 도덕적 해석』 3,28.[3]

11,3-4 다윗이 사람을 보내어 밧 세바를 데려오다

신중한 처신

다윗의 말이 잊혀 후세에 전해지지 않게 되는 것보다는 해가 꺼져 버리는 편이 낫습니다. 그는 간통과 시샘을 저질렀습니다. 그는 한 아름다운 여자가 목욕하는 것을 보고 그에게 반해 버렸다고 합니다. 그리고 나중에 그는 자신이 머릿속에 그리던 모든 것을 이루고야 맙니다.

예언자가 간통을 저질렀습니다. 진주가 진흙에 빠졌습니다. 그런데도 욕정에 너무나 깊이 빠진 그는 자신이 죄를 지었다는 사실을 깨닫지 못했습니다. 수레를 모는 이가 술에 취하면 수레는 똑바로 가지 못하고 비틀거리게 마련입니다. 영혼과 육체의 관계는 수레를 모는 이와 수레의 관계와 같습니다. 영혼이 흐려지면 육체는 진흙에서 뒹굽니다. 수레를 모는 이가 제대로 서 있다면 수레는 순조롭게 잘 갑니다. 그러나 그가 기운이 빠져 고삐를 단단히 쥘 수 없게 되면 수레는 아주 큰 위험에 빠지게 됩니다. 인간에게도 똑같은 일이 일어납니다. 영혼이 맑고 깨어 있는 한 육체는 순수한 채로 남아 있습니다. 그러나 영혼이 흐려지면 육체는 진흙탕과 욕정 속에서 뒹굽니다.

그래서 다윗이 무슨 짓을 했습니까? 간통을 저질렀습니다. 그런데 그 자신도 그 사실을 의식하지 못했고 아무도 뭐라 하지 않았습니다. 이 일이 일어난 것은 그가 가장 덕망 높을 때였는데, 이는 게으른 사람이라면 나이가 들어도 그것이 그에게 이로움이 되지 않고 성실한 이라면 나이가 젊다는 것이 결점이 되지 않는다는 것을 여러분이 알게 하려는 것입니다. 행실은 나이에 따라 달라지는 것이 아니라 의지에 따라 결정됩니다. … 그러니 분별의 문제는 나이에 달린 것이 아니라 의지에 달린 것임을 깨닫고자 한다면, 다윗이 가장 덕망 높던 시절에 간통에 빠지고 살해를 저질렀다는 사실을 기억하십시오. 그가 그런 한심한 상태에 빠져 자신이 죄를 지었다는 사실도 의식하지 못한 것은 수레를 모는 역할을 하는 그의 정신이 방탕에 취했기 때문입니다.

• 요한 크리소스토무스 『자선』 2,2,4-7.[4]

---

[3] *LF* 18,166-67*.　　　　[4] FC 96,18-19*.

11,6-27 다윗이 우리야를 부르다

¹⁴ 다음 날 아침, 다윗은 요압에게 편지를 써서 우리야의 손에 들려 보냈다.

¹⁵ 다윗은 편지에 이렇게 썼다. "우리야를 전투가 가장 심한 곳 정면에 배치했다가, 그만 남겨 두고 후퇴하여 그가 칼에 맞아 죽게 하여라."

둘러보기

칭송받는 인물이 저지른 비난받을 만한 행동에 관한 기록 때문에, 거룩한 권위에 바탕한 성경의 진리에 대한 확신이 흔들려서는 안 된다(아우구스티누스). 앞서 다윗이 사울과 관련한 일에서 보여 준 성품과 행동들을 생각할 때, 우리야에 대한 정반대되는 그의 처신은 다윗이 얼마나 큰 잘못을 저질렀는지 단적으로 보여 준다(대 그레고리우스).

11,14-15 다윗이 요압에게 지시하다

성경의 진리를 확신하다

베드로 사도가 올곧게 행동하지 않았다고 믿는 것보다는 바오로 사도가 사실이 아닌 것을 썼다고 믿는 편이 더 나은가요? 그렇다면 우리는, 베드로가 그리스도를 부인했다고(마태 26,69-75 참조) 믿기보다는 복음이 거짓말했다고 믿는 편이 더 낫고, 주 하느님께서 특별히 선택하신 예언자가 다른 남자의 아내를 탐하여 유혹하고 간통을 저질렀으며 그 여자의 남편을 죽이는 끔찍한 살해의 죄를 지었다고 믿기보다는 열왕기[사무엘기]가 거짓말을 했다고 믿는 편이 더 낫다고 말해야 할 것입니다. 그러나 나는 오히려 그와 반대로, 거룩한 권위의 최정상에 바탕하여 서 있는 성경의 진리에 대한 완전한 신뢰를 가지고 이 책을 읽습니다. 나는 칭송받는 특출한 인물들이 때로는 비난받을 만한 행동을 했다고 믿는 것이 두려워 거룩한 말씀에 대한 나의 신뢰가 손상되도록 두기보다는, 차라리 거기에서 사람들이 진실로 인정받거나 바로잡히거나 단죄받았다는 사실을 배우겠습니다.

● 아우구스티누스 『서간집』 82.[1]

다윗의 죄

그를 선택하신 분께서 보시기에 거의 모든 행동이 몹시 마음에 들었던 그가 의무라는 짐이 내려지자마자 여자에 대한 욕망 때문에 방종에 빠져 교만해지고 한 남자를 살해함으로써 잔인하고 가혹한 면모를 드러냈습니다. 사악한 자의 목숨도 살려 줄 만큼 동정심을 지녔던 사람이 이때는 아무 거리낌도 망설임도 없이 선한 사람의 죽음을 갈망했습니다. 실로 그는 처음에는 자신을 박해하던 자가 수중에 들어왔어도 그를 치는 것을 내켜하지 않았지만, 나중에는 자신의 지친 군대에 손실인 줄 알면서도 충성스러운 군사를 죽였습니다. 사실 하늘의 응징으로 용서받지 못했더라면, 그는 이 죄 때문에 선민들의 수에 아예 끼지도 못했을 것입니다.

● 대 그레고리우스 『사목 규칙』 1,3.[2]

---

[1] FC 12,393-94*.

[2] ACW 11,26-27.

12,1-6 부자와 가난한 이의 비유

¹ 주님께서 나탄을 다윗에게 보내시니, 나탄이 다윗에게 나아가 말하였다. "한 성읍에 두 사람이 살고 있었습니다. 한 사람은 부자이고 다른 사람은 가난했습니다.

² 부자에게는 양과 소가 매우 많았으나,

³ 가난한 이에게는 자기가 산 작은 암양 한 마리밖에는 아무것도 없었습니다. 가난한 이는 이 암양을 길렀는데, 암양은 그의 집에서 자식들과 함께 자라면서, 그의 음식을 나누어 먹고 그의 잔을 나누어 마시며 그의 품 안에서 자곤 하였습니다. 그에게는 이 암양이 딸과 같았습니다.

⁴ 그런데 부자에게 길손이 찾아왔습니다. 부자는 자기를 찾아온 나그네를 대접하려고 자기 양과 소 가운데에서 하나를 잡고 싶지는 않았습니다. 그래서 가난한 사람의 암양을 잡아 자신을 찾아온 사람을 대접하였습니다."

⁵ 다윗은 그 부자에 대하여 몹시 화를 내며 나탄에게 말하였다. "주님께서 살아 계시는 한, 그런 짓을 한 그자는 죽어 마땅하다.

⁶ 그는 그런 짓을 하고 동정심도 없었으니, 그 암양을 네 갑절로 갚아야 한다."

둘러보기

다윗 자신의 말을 이용하여 그의 잘못을 지적한 다음 터놓고 질책한 나탄의 방법은 이 세상의 권력자들을 꾸짖는 현명한 방법이다(대 그레고리우스). 다윗은 나탄이 예로 든 비유에 나오는 부자에 대해 몹시 엄격한 판단을 내렸다가 곧바로 매서운 꾸지람을 듣는다. 그러나 다윗이 그 자리에서 자신의 죄를 고백하자 주님의 용서와 스스로 자신에게 내린 선고가 지워지리라는 보증이 주어진다(요한 크리소스토무스). 다윗의 육욕은 손님의 비유가 암시하는 것과 같은 습관이라기보다는 한때 떨어지고만 타락이었다(아우구스티누스).

12,1-6 나탄의 이야기와 다윗의 판결

두려움 없이 권력자에게 할 말은 하다

그러나 이 세상에서 권세 있는 자들을 꾸짖을 때는 먼저 여러 가지 비유를 들어 다른 사람의 경우인 것처럼 말을 꺼내야 할 때도 있습니다. 그렇게 해서 그들이 다른 사람의 일에 대해 올바른 판단을 내리면, 그때 가서 그것이 그 자신의 경우임을 적절한 설명으로 알려 주는 것입니다. 그러면 세속 권력으로 부풀어 오른 마음일지라도 그를 꾸짖는 이에게 따지고 들 수가 없습니다. 앞서 그 자신의 판단으로 교만의 목덜미를 후려쳤기 때문입니다. 또한 그런 경우에 대해 자기 입으로 이미 판결을 내렸으므로 자기 자신을 옹호할 수도 없습니다.

나탄 예언자가 바로 그렇게 했습니다. 임금을 꾸짖으러 온 그는 어느 모로 보나 그냥 묻는 것처럼, 어떤 부자가 한 가난한 사람에게 한 일에 대해 어떻게 생각하시는지 여쭈었습니다. 임금은 먼저 그 일에 대한 판결을 이야기했고 그런 다음 그 자신이 바로 그에 해당한다는 말을 들어야 했습니다. 그러니 그는 자신이 내린 올바른 판결을 부인할 수 없었고, 그것은 곧 자기 자신에 대한 판결이었습니다. 이 거룩한 예언자는 이처럼 상대가 죄인이자 임금임을 고려하여, 상대의 입으로 이 뻔뻔한 죄인에게 유죄 선고를 내리게 한 다음 자신이 직접 그를 꾸짖는 훌륭한 방식을 택한 것입니다. 그는 잠시 동안은 자신이 누구를 염두에 두고 있는지 드러내지 않다가, 상대방이 유죄 선고를 내리자 즉시 그를 공격했습니다. 만약 그가 말문을 꺼내면서부터 직접적으로 죄를 꾸짖으려 했더라면 아마 그의 꾸짖음은 이만큼 효과를 거두지 못했을 것입니다. 하지만 비유를 드는 것으로 시작함으로써, 그는 속에 감추고 있는 비난을 더욱 매섭게 만들었습니다. 그는 환자의 상처가 절개가 필요한 것은 확실한데 환자가 그것을 참아 낼 수 있을지는 확신이 없을 때의 의사처럼 행동했습니다. 의사는 수술칼을 겉옷 아래 감추고 있다가 갑자기 한순간에 그것을 꺼내 상처를 찔러서, 환자가 칼을 보기도 전에 통증 먼저 느끼게 한 것과 같습니다. 환자가 칼을 먼저 본다면 수술을 거부했을 테기 때문입니다.

• 대 그레고리우스 『사목 규칙』 3,2.[1]

즉각적인 고백의 **훌륭한 점**

나탄은 다윗 임금에게 가서 극적인 방법으로 심판을 이끌어 냈습니다. 그가 뭐라고 했습니까? '임금님, 판결을 내려 주십시오. 부자와 가난한 사람이 있었습니다. 부자는 양과 소가 매우 많았고 가난한 사람에게는 작은 암양 한 마리밖에 없었습니다. 그의 음식을 나누어 먹고 그의 잔을 나누어 마시며 그의 품 안에서 자곤 하던 양이었지요.' 이는 나탄이 남편과 아내 사이의 참된 유대에 관해 한 말이었습니다. '그런데 길손이 찾아오자, 부자는 자기 양과 소를 그대로

간직하고 싶어서 가난한 사람의 암양을 잡아 손님을 대접하였습니다.' 나탄이 이 말로 다윗의 목젖 안에 신비로운 방식으로 무기를 숨기고 있다는 것을 아시겠습니까? 그러자 임금이 뭐라고 했습니까? 그는 자기가 다른 사람에 대해 판결을 내리는 줄 알고 더없이 엄격한 결론을 내립니다. 사람이란 이렇습니다. 다른 사람과 관련된 일에는 기꺼이 가차 없이 판결하고 공표합니다. 그래서 다윗 임금이 뭐라고 했나요? "주님께서 살아 계시는 한, 그런 짓을 한 그자는 죽어 마땅하다. 그는 그 암양을 네 갑절로 갚아야 한다." 그러자 나탄이 뭐라고 대답했습니까? 그는 시간을 많이 주어 상처가 회복되도록 두지 않았습니다. 상처가 완전히 드러나도록 젖힌 다음 날카로운 칼을 깊이 꽂았습니다. 찌르는 듯한 통증을 느끼게 한 것입니다. "임금님이 바로 그 사람입니다." 임금이 뭐라고 했습니까? "내가 주님께 죄를 지었소"라고 합니다. 그는 '네가 누구기에 감히 나를 비난하느냐? 내게 이처럼 불손하게 말하라고 누가 시키더냐? 너는 무엇을 믿고 이리 날뛰느냐?'고 하지 않았습니다. 그 비슷한 말도 하지 않았습니다. 그저 자기 죄를 깨달았을 뿐입니다. 그가 뭐라고 했습니까? "내가 주님께 죄를 지었소"라고 했습니다. 그러니까 나탄이 그에게 뭐라고 했습니까? '주님께서 임금님의 죄를 용서하셨다'고 합니다. '네가 스스로 유죄 선고를 내렸으니 나[하느님]는 너의 선고를 풀어 준다. 너는 죄를 고백하는 분별을 보였다. 너는 죄를 지웠다. 네가 스스로에 대해 유죄라는 결론을 내렸으므로 내가 그 선고를 철회해 준다.' 이렇게 된 것입니다. 여기에서 "의로움을 인정받을 수 있도록, 네가 먼저 너의 잘못을 말해 보아

---

[1] ACW 11,94-95*.

라"(이사 43,26 칠십인역)라는 성경 말씀이 이루어졌다는 것을 여러분은 알아보시겠습니까? 죄를 먼저 고백하는 이가 되는 것은 얼마나 힘든 일인지요!

• 요한 크리소스토무스 『자선』 2,2,9.[2]

다윗의 죄는 상습적인 것이 아니었다

여기서 크게 드러나는 바가, 옛사람들이 여자를 대하는 데 얼마나 절도와 자제를 보였느냐는 것입니다. 임금이 젊은 혈기와 현세적 재화의 풍요에 사로잡혀서 한 여자를 부당하게 범하고 그 여자의 남편을 죽이라고 명령합니다. 그리고 예언자에게 규탄을 당합니다. 그의 죄를 따지려고 온 예언자는 어느 가난한 사람의 비유를 임금에게 들려줍니다. 그 사람한테는 암양 한 마리밖에 없고 그의 이웃은 양이 많았지만 길손이 찾아오자 그 가난한 집의 한 마리밖에 없는 어린 암양을 빼앗아 대접을 했습니다. 다윗은 화가 동하여 그 이웃을 죽이라고 명을 내리고 양 한 마리를 네 배로 가난한 사람에게 갚으라고 명하였습니다. 이렇게, 알고서 죄를 지은 자가 모르고서 자기 자신을 단죄한 것입니다. 그 사실이 그에게 밝혀지고 하느님의 징벌이 예고되자 그는 죄를 뉘우치며 울었습니다. 하지만 이 비유에서는 음행만이 가난한 이웃의 암양(에 대한 언급)으로 지적이 되고, 살해를 당한 여자의 남편, 곧 그 한 마리 양을 지니고 있다가 죽은 가난한 사람에 관해서는 비유에서 다윗이 문책을 당하지 않았습니다. 간통에 대해서만 단죄를 받은 것입니다. 이것으로 미루어 그가 한 여자로 말미암아 절도를 잃음으로써 스스로 자신을 벌하지 않으면 안 되기는 했지만, 그가 많은 여자를 거느리면서도 얼마나 큰 절제를 보였는지 알 만합니다. 그러나 이 사람에게 무절제한 정욕은 상습적인 것이 아

니라 일시적인 것이었습니다. 그래서 그를 규탄하는 예언자도 그 부당한 정욕을 일컬어 손님이라고 하였습니다. (예언자는 그 부자가) 가난한 이웃의 양을 잡아서 임금에게 대접했다고 하지 않고 길손에게 대접하였다고 말했습니다. 그 대신 그의 아들 솔로몬에게서는 저 욕정이 길손처럼 지나가지 않고 그의 치세 내내 이어지다시피 하였습니다. 성경도 이 일에 관해서는 침묵을 지키지 않았을뿐더러 그가 호색가였다고 꾸짖습니다. 다만 그의 치세 초기에는 지혜를 찾는 열성이 대단하였습니다. 사랑으로 (지혜를) 얻기는 했지만 육적인 사랑으로 잃어버린 셈입니다.

• 아우구스티누스 『그리스도교 교양』 3,31.[3]

다윗의 마음에서 이미 죽은 조직

"저의 죄악을 제가 알고 있으며 저의 잘못이 늘 제 앞에 있습니다"(시편 51,5). 이 말은 이런 뜻입니다. '저는 저의 행실을 제 등 뒤로 밀어 버리고 모른 체하지 않습니다. 저 자신은 잊어버리고 다른 사람들만 의심하지 않습니다. 제 눈에 들보가 들어앉아 있는데 제 형제의 눈에서 티끌을 찾아내려 들지 않습니다(마태 7,3 참조). 저의 죄가 제 등 뒤가 아니라 제 앞에 있습니다. 당신께서 예언자를 보내시어 가난한 사람의 양 이야기를 들려주시기 전에는 제 죄가 제 뒤에 있었습니다.' 나탄 예언자가 다윗에게 한 말은 이랬습니다. '양이 아주 많은 부자가 있었다. 그의 이웃엔 어린 암양 한 마리밖에 없는 가난한 사람이 있었다. 이 암양은 그의 음식을 나누어 먹고 그의 품에서 자곤 하던 양이었다. 그러던 어느 날 부자의 집에 손님이 찾아왔는데, 부자는 자기 가축은

---

[2] FC 96,20-21*.

[3] NPNF 1,2,565; 『교부 문헌 총서』 2,255-57.

그대로 놓아두고 가난한 이웃의 어린 암양을 잡아 손님에게 대접했다. 그런 자에게는 어떻게 해야 하겠느냐?' 다윗 임금은 몹시 화가 나서 즉시 판결을 내렸습니다. 임금은 자기가 함정에 빠진 것을 눈치도 못 채고, 그 부자는 죽어 마땅하며 암양에 대해서는 네 갑절로 갚아야 한다고 단언했습니다. 그것은 몹시 엄격하지만 공명정대한 판결이었습니다. 그러나 그 자신의 죄는 아직 그의 눈에 보이지 않았습니다. 그 자신이 저지른 짓은 아직 그의 뒤에 있었습니다. 그는 자신의 잘못을 아직 인정하지 않았기에 다른 이의 잘못

을 용서할 줄 몰랐습니다. 그러나 예언자가 이 목적을 위해 파견되어 있었습니다. 그는 다윗이 자기 자신에게 내린 엄격한 판결을 보게 하기 위해 그의 죄를 그의 등 뒤에서 끌어내 그의 눈앞에 갖다 놓았습니다. 나탄은 다윗 마음속의 썩은 조직을 잘라 내고 그 상처를 치유하기 위해 다윗의 혀를 칼로 사용했습니다.

● 아우구스티누스 『시편 상해』 50.[4]

---

[4] *WSA* 3,16,415.

12,7-12 나탄이 다윗을 꾸짖다

[7] 그러자 나탄이 다윗에게 말하였다. "임금님이 바로 그 사람입니다. 주 이스라엘의 하느님께서 이렇게 말씀하십니다. '나는 너에게 기름을 부어 이스라엘의 임금으로 세우고, 너를 사울의 손에서 구해 주었다.

[8] 나는 너에게 네 주군의 집안을, 또 네 품에 주군의 아내들을 안겨 주고, 이스라엘과 유다의 집안을 주었다. 그래도 적다면 이것저것 너에게 더 보태 주었을 것이다.

[9] 그런데 어찌하여 너는 주님의 말씀을 무시하고, 주님이 보기에 악한 짓을 저질렀느냐? 너는 히타이트 사람 우리야를 칼로 쳐 죽이고 그의 아내를 네 아내로 삼았다. 너는 그를 암몬 자손들의 칼로 죽였다.

[10] 그러므로 이제 네 집안에서는 칼부림이 영원히 그치지 않을 것이다. 네가 나를 무시하고, 히타이트 사람 우리야의 아내를 데려다가 네 아내로 삼았기 때문이다.'

[11] 주님께서 또 이렇게 말씀하십니다. '이제 내가 너를 거슬러 너의 집안에서 재앙이 일어나게 하겠다. 네가 지켜보는 가운데 내가 너의 아내들을 데려다 이웃에게 넘겨주리니, 저 태양이 지켜보는 가운데 그가 너의 아내들과 잠자리를 같이할 것이다.

[12] 너는 그 짓을 은밀하게 하였지만, 나는 이 일을 이스라엘의 모든 백성 앞에서, 그리고 태양이 지켜보는 가운데에서 할 것이다.'"

둘러보기

다윗이 저지른 간통과 살인 때문에 다윗에게 닥칠 재앙에 관한 나탄의 예고는 예언의 세 종류

가운데 한 가지의 전형적 본보기로서, 천상 예루살렘과 구별되는, 그리고 거룩한 동시에 속된 예루살렘과 구별되는 지상 예루살렘에 관한 예언

이다(아우구스티누스). 다윗이 저지른 위중한 죄가 드러난 것은 하느님께서는 몰래 행한 일들도 다 보시고 심판하신다는 사실을 입증해 주며, 그런 점에서 이는 죄인들에게 징벌이 곧 닥친다는 경고다(살비아누스). 다윗은 장차 그리스도의 선조가 될 덕성스러운 사람이며 자신의 죄를 회개하고 용서까지 약속받았지만 그가 저지른 간통에 대한 벌을 받았다(니네베의 이사악).

12,10-12 나탄이 주님의 심판을 전하다

예언의 유형

그러므로 예언자들의 말은 세 유형으로 나누어집니다. 어떤 것은 지상 예루살렘에 해당하고 어떤 것은 천상 예루살렘에 해당하며, 그중에는 양편에 다 해당하는 것들도 있습니다. 이 말은 예를 들어 입증해야 할 것 같습니다. 예컨대 나탄 예언자가 파견되어 다윗 임금이 범한 중죄를 따지며 뒤따라올 재앙을 그에게 예고합니다. 이 예언이나 이런 종류의 예언이 공공연히 발설된 경우, 다시 말해 백성의 안녕과 이익을 위한 발언이든, 그렇지 않고 사사로이 발설된 것이든, 각자가 자기 사정에 대해 하느님의 말씀으로 어떤 언약을 받든 상관없이, 현세 생활의 유익을 생각해서 장차 올 무엇인가를 알려 주는 것이며 따라서 이런 예언은 어디까지나 지상 도성과 관련된다는 점을 누가 의심하겠습니까?

• 아우구스티누스 『신국론』 17,3,2.[1]

몰래 한 짓도 보고 심판하시는 하느님

하느님의 질책과 거룩한 헤아림은 사람 자체보다 그의 행위를 대상으로 할 때가 더 많다는 것을 확실히 알고 싶으면, 당신 종 다윗에게 많은 호의를 보이신 하느님께서 심판관으로서 그에게 불리한 결정을 내리신 때가 많았다는 사실

을 기억하십시오. 이런 일은 많은 사람이 관계되지 않은 사건에서 일어났습니다. 어쩌면 거룩한 인간들과 관계된 일이 하느님의 관심을 더욱 끈 것인지도 모릅니다. 사람보다 그의 행위에 징벌이 필요한 일이 일어났습니다. 어떤 사람, 이민족 한 사람과 관련한 일이었지요.

사악한 종족이자 적대적인 민족에 속한 히타이트 사람 우리야가 죽임을 당했을 때 곧바로 다윗에게 거룩한 말씀이 내렸습니다. "너는 히타이트 사람 우리야를 칼로 쳐 죽이고 그의 아내를 네 아내로 삼았다. 너는 그를 암몬 자손들의 칼로 죽였다. 그러므로 이제 네 집안에서는 칼부림이 영원히 그치지 않을 것이다.' … 주님께서는 또 이렇게 말씀하십니다. '이제 내가 너를 거슬러 너의 집안에서 재앙이 일어나게 하겠다. 네가 지켜보는 가운데 내가 너의 아내들을 데려다 이웃에게 넘겨주리니, … 너는 그 짓을 은밀하게 하였지만, 나는 이 일을 이스라엘의 모든 백성 앞에서, 그리고 태양이 지켜보는 가운데에서 할 것이다.'"

하느님께서 우리의 행위를 심판하지 않으신다고 믿는 당신, 그분께서는 우리에게 아무 관심이 없다고 믿는 당신은 이 말씀에 대해 어떻게 생각하십니까? 하느님의 눈길은 다윗이 단 한 번 저지른 은밀한 죄조차 빠뜨리지 않고 보셨다는 것을 모르시겠습니까? 죄를 짓고도 하느님께서는 우리가 무슨 짓을 하는지 보지 않고 계시다 생각하며 그것을 위안 삼는 당신, 당신은 그리스도께서 언제나 보고 계신다는 것을 아십시오. 그리고 당신이 벌을 받으리라는 것을 알고 깨달으십시오. 아마도 아주 곧 그리될 것입니다. 거룩한 다윗은 가장 깊숙한 곳에 있는 방에서 몰래

---

[1] FC 24,21; 『교부 문헌 총서』 16,1817.

저지른 죄를 숨길 수 없었습니다. 앞서 세운 위대한 공적을 내세워 즉각적인 징벌을 면제받을 수도 없었습니다. 주님께서 그에게 뭐라고 하셨습니까? '네가 지켜보는 가운데 내가 너의 아내들을 데려다 이웃에게 넘겨주겠다. 네 집안에서는 칼부림이 영원히 그치지 않을 것이다'라고 하셨습니다.

• 사제 살비아누스 『하느님의 다스림』 2,4.[2]

현세에서의 징벌이 남았다

하느님의 마음을 닮은 인간 다윗, 덕이 드높아 성조들이 약속받은 후손을 낳을 자격이 있다고 여겨져 장차 온 세상을 구원하실 그리스도께서 그의 혈통에서 태어나게 되어 있었던 다윗,

그런 그도 여자의 아름다움에 반해 영혼이 그 아름다움의 화살에 찔림으로써 간통을 저지른 데 대해 벌을 받지 않았습니까? 하느님께서 그의 집안에서 그를 거슬러 싸움이 일어나게 하고 그가 낳은 자식이 아버지를 잡으러 뒤쫓게 하신 것은 이 때문이었습니다. 이런 일은 눈물로 침상이 젖을 만큼 그가 많은 눈물을 흘리며 회개한 뒤였고, 하느님께서 [나탄] 예언자를 통해 다윗에게 "주님께서 임금님의 죄를 용서하셨"(2사무 12,13)다고 말씀하신 뒤였습니다.

• 니네베의 이사악 『종교적 완성』 10.[3]

---

[2] FC 3,61-62*.

[3] *AHSIS* 75*.

12,13-14 다윗이 죄를 고백하다

[13] 그때 다윗이 나탄에게 "내가 주님께 죄를 지었소." 하고 고백하였다. 그러자 나탄이 다윗에게 말하였다. "주님께서 임금님의 죄를 용서하셨으니 임금님께서 돌아가시지는 않을 것입니다.

[14] 다만 임금님께서 이 일로 주님을 몹시 업신여기셨으니,① 임금님에게서 태어난 아들은 반드시 죽고 말 것입니다."

① 히브리어 본문은 '주님의 원수들이 주님을 업신여길 빌미를 주셨으니'다.

둘러보기

임금인 다윗이 솔직하게 자기 죄를 고백하고 재와 삼베옷을 뒤집어쓴 채 겸손히 참회했다는 사실은 일개 개인들은 후회하는 마음을 적어도 이 이상으로 드러내 보여야 함을 말해 준다(예루살렘의 키릴루스). 마태오 복음사가는 그리스도의 임금 혈통이 솔로몬을 통해 이어져 내려오는 것

으로 기록하고, 루카 복음사가는 다윗의 죄가 나탄 예언자를 통해 사해졌기 때문에 그리스도의 사제 혈통이 나탄을 통해 이어지는 것으로 기록한다(아우구스티누스). 큰 죄를 지어 마땅히 고발된 이들은 다윗처럼 자기 죄를 인정하면 용서받으리라는 사실에서 용기를 얻을 일이다(암브로시우스). 다윗은 자신의 비행에 대해 진심으로 참회

한 대가로 영원한 징벌은 면했지만 완전한 용서를 얻지는 못했다. 다윗의 죄 때문에 자식이 죽었다(살비아누스). 다윗과 사울이 비슷한 고백을 했지만 하느님께서 달리 대응하신 것은 그들의 마음이 달랐다는 사실을 드러내 준다. 세례 받은 이가 믿음을 버렸거나 더럽힌 경우, 죄를 고백하고 진심 어린 참회를 하며 이후로 선한 삶을 삶으로써 진정으로 참회한다면 용서받을 수 있다(아우구스티누스). 우리는 죄짓는 것을 부끄러워해야 하지만 참회하는 것을 부끄러워해서는 안 된다. 참회는 구원과 치유의 수단이기 때문이다(바르셀로나의 파키아누스). 고백만으로는 충분하지 않다. 다윗의 본보기가 말해 주듯이, 참회자는 반드시 자신의 행동을 바로잡고 겸손을 보여야 한다(밀라노의 파울리누스).

12,13-14 죄를 고백한 다윗에게 나탄이 대답하다

참회의 본보기

원하신다면 우리의 상황과 관계된 또 다른 본보기를 들어 드리겠습니다. 복된 다윗, 참회의 본보기지요. 위대한 인물이었지만 그도 넘어진 적이 있었습니다. 그가 어느 날 오후 낮잠을 자고 일어나 옥상에 올라갔는데 우연히, 인간의 정욕을 자극하는 광경을 보게 되었습니다. 그는 결국 죄 많은 짓을 저질렀지요. 하지만 비록 그런 짓을 저질렀을망정 자신의 잘못을 고백함으로써, 고결함을 잃지 않았습니다. 그의 과오를 깨닫게 하려고 왔던 나탄 예언자가 이제는 그의 상처를 낫게 해 주는 치유자로서 이렇게 말합니다. '임금님께서는 죄를 지으셨고, 주님께서 화가 나셨습니다.' 나라를 다스리는 군주에게 신하가 대놓고 이렇게 말했습니다. 그러나 다윗은 자색 옷을 걸친 임금이면서도 그 말을 못마땅하게 듣지 않았습니다. 그는 말하는 사람의 지위가 아니라 그를 보내신 분의 존엄함을 존중했기 때문입니다. 그는 경비병들이 자신을 둘러싸고 있다는 사실 때문에 의기양양해하지 않았습니다. 그는 만군의 주님이 떠올랐고 "보이지 않으시는 분을 보고 있는 사람처럼"(히브 11,27) 두려움에 빠졌기 때문입니다. 그래서 그는 자신을 찾아온 사람에게 말했습니다. 아니, 그를 사자로 보내신 하느님께 말씀드렸습니다. "내가 주님께 죄를 지었소." 이 임금의 겸손과 고백을 보십시오. 분명 지금까지 그의 잘못에 대해 말해 준 사람도 아무도 없었고, 그가 어떤 짓을 저질렀는지 아는 사람도 많지 않았습니다. 그 짓을 저지른 건 순간이었고 곧바로 예언자가 나타나 질책을 했습니다. 보십시오! 죄인이 자신의 사악한 행위를 고백합니다. 그리고 그것은 아주 솔직한, 제대로 된 고백이었기에 그는 더없이 신속하게 치유됩니다. 그래서 나탄 예언자는 처음엔 그를 위협했지만 곧바로 "주님께서 임금님의 죄를 용서하셨다"고 말합니다. 자애가 얼마나 빨리 하느님의 표정을 바꾸어 놓는지 보십시오! 처음엔 이렇게 말씀하십니다. "너는 주님의 원수들이 하느님을 모독할 더없이 좋은 빌미를 주었다." 이 말은 '네가 의로웠기 때문에 네게는 많은 적들이 있지만 너는 올곧게 살아감으로써 그들로부터 안전할 수 있었다. 그러나 네가 무기 가운데 가장 훌륭한 무기인 이것을 내던져 버렸으므로, 너를 거슬러 일어난 이 적들이 너를 칠 수 있게 되었다'라는 뜻입니다.

그러자 우리가 보았듯이, 그때에 예언자가 다윗을 위로합니다. 그러나 이 복된 사람은 '주님께서 임금님의 죄를 용서하셨다'는 지극히 기쁜 보증의 말을 듣고서도, 그리고 임금이면서도, 참회를 그만두지 않습니다. 실로 그는 자색 옷 대신에 자루 옷을 걸치고 금박 입힌 임금의 어좌가 아니라 맨땅에서 재 속에 앉아 있었습니다. 그는 재 속에 앉아 있기만 한 것이 아니라, 자기 입으로 "저는 재를 빵처럼 먹고, 마실 것에 제 눈물을 섞으니"(시편 102,10)라고 하였듯이, 재를 먹기도 하였습니다. 육욕을 품었던 눈을 그는 눈물로 씻어 냈습니다. 그래서 이렇게 말합니다. "저는 밤마다 울음으로 잠자리를 적시며 눈물로 제 침상을 물들입니다"(시편 6,7). 그는 신하들이 음식을 드시라고 간곡히 청해도 듣지 않고 이레를 꽉 채워 단식했습니다.

• 예루살렘의 키릴루스 『예비신자 교리교육』 2,11-12.[1]

죄가 사해지다

마태오는 그리스도를 우리 죄를 취하기 위하여 내려오신 임금님으로, 다윗으로부터 솔로몬을 거쳐 내려오는 혈통으로 기록합니다. 다윗이 함께 죄를 지은 여자와의 사이에서 솔로몬이 태어났기 때문입니다. 그런가 하면 루카는 그리스도를 죄를 무찌르신 뒤 [하늘로] 올라가는 사제로, 나탄을 통해 다윗에게로 거슬러 올라가는 분으로 기록합니다. 나탄 예언자가 다윗 임금에게 파견되어 책망한 덕분에 다윗이 참회하고 죄가 사해졌기 때문입니다.

• 아우구스티누스 『여든세 가지 다양한 질문』 61.[2]

자신의 죄를 인정하다

폐하[3]께서는 다윗처럼 하는 것이 부끄러우십니까? 임금이요 예언자며 육에 따른 그리스도의 선조 다윗 말입니다. 그는 한 부자에 관한 이야기를 들었습니다. 그 부자는 양 떼를 아주 많이 가지고 있었으나 손님이 찾아오자 가난한 사람의 단 한 마리밖에 없는 어린 암양을 잡아 손님을 대접했다는 이야기였지요. 다윗 임금은 이 이야기가 바로 자신을 단죄하는 이야기라는 사실

을 깨닫자 "내가 주님께 죄를 지었소" 하고 말했습니다. 그러니 다윗 임금이 들은 것과 같은 말, "임금님이 바로 그 사람입니다"(2사무 12,7)라는 말을 들어도 나쁘게 받아들이지 마십시오. 폐하께서 그 말을 새겨들으시고 "내가 주님께 죄를 지었소" 하고 말한다면, 임금이며 예언자였던 이의 말을 따라 "들어가 몸을 굽혀 경배드리세. 우리를 만드신 주님 앞에 무릎 꿇으세"(시편 95,6)하고 말한다면, 다윗이 들었던 것과 똑같은 말을 들으실 것입니다. '임금님께서 참회하여 주님께서 임금님의 죄를 용서하셨으니 임금님께서 돌아가시지는 않을 것입니다.'

• 암브로시우스 『서간집』 51,7.[4]

영원한 징벌을 피하다

그처럼 위대한 인간이 한 가지 죄 때문에 얼마나 즉각적인 심판을 받는지 보십시오. 잘못을 저지르자 곧바로 단죄가 따랐습니다. 징벌이 뒤로 미루어지지 않고 그 즉시 가차 없이 징벌이 가해져 다시는 같은 죄를 짓지 못하게 합니다. 그래서 그[예언자]는 '당신이 그런 짓을 저질렀으므로 장차 하느님의 심판을 받아 지옥 불에서 고통을 겪을 것입니다'라고 하지 않고 '당신은 지금 곧 벌을 받을 것입니다. 당신 목에 하느님의 엄격한 칼을 받을 것입니다'라고 합니다.

그러자 어떤 일이 일어났습니까? 잘못한 이가 겸허히 자신의 죄를 인정하고 몹시 후회하며 고백하고 눈물 흘렸습니다. 그는 참회하며 용서를 청했고, 임금의 보석 달린 장신구와 금박 입힌

---

[1] LCC 4,87-88*.   [2] FC 70,118-19.

[3] 테오도시우스 황제를 가리킨다. 이 발췌문은 테살로니카에서 학살을 저지르도록 지시한 테오도시우스에게 참회를 촉구하며 쓴 390년경의 서간이다.

[4] LCC 5,255*.

겉옷과 자색 옷을 벗고 왕관을 벗었습니다. 그의 몸과 얼굴이 달라졌습니다. 그는 임금의 지위를 나타내는 장식물을 버리고 참회하며 헤매는 자의 모습이 되었습니다. 더러운 모습이 그의 마음을 말해 주었습니다. 그는 단식으로 야위었으며 목마름으로 쪼그라들었고, 슬픔으로 초췌해졌으며 홀로 고독한 가운데 지냈습니다. 그러나 그런 위대한 이름을 지녔으며 세속 권력보다 성덕에서 더 위대했고 이전에 쌓은 공덕에서 모든 이를 능가하는 이 임금도 그처럼 전심으로 용서를 구했지만 징벌을 피하지 못했습니다.

그는 이처럼 훌륭하게 참회했으나 그에 대한 보상은 영원한 징벌에 처해지지 않는다는 것이었습니다. 이 세상에서 완전한 용서는 받지 못했습니다. [나탄] 예언자가 이 참회자에게 뭐라고 했습니까? '임금님께서 주님의 원수들에게 하느님을 모독할 빌미를 주었으므로 임금님에게서 태어난 아들은 반드시 죽고 말 것입니다'라고 했습니다. 아들을 잃는 쓰라린 고통에 더해, 하느님께서는 이 사랑 많은 아버지가 이 가장 큰 징벌, 곧 슬퍼하는 이 아버지가 자신이 가장 사랑하는 아들의 죽음을 가져온다는 것을, 자신의 범죄로 인해 태어난 아들이 아버지가 저지른 바로 그 범죄 때문에 죽게 된다는 것을 깨닫기 바라셨습니다.

• 사제 살비아누스 『하느님의 다스림』 2,4.[5]

하느님은 마음을 보신다

말은 같았지만 마음은 달랐습니다. 우리 귀에 들리는 말은 같을지 모르지만, 천사의 선언을 보면, 그들의 마음이 달랐다는 것을 우리는 알 수 있습니다. 다윗은 죄를 짓고 나서 예언자가 질책하자 "내가 죄를 지었소"라고 했고, 그러자 곧바로 '주님께서 임금님의 죄를 용서하셨습니다'라는 말을 들었습니다. 사울도 죄를 짓고 나서 예언자가 질책하자 "제가 죄를 지었습니다"(1사무 15,24.25.30)라고 했습니다. 그러나 그는 죄를 용서받지 못했고 하느님의 분노가 그에게 머물러 있었습니다. 이것이 무엇을 의미하겠습니까? 말은 같았지만 마음이 달랐다는 것 아니겠습니까? 인간은 말을 들을 수 있습니다만 하느님께서는 마음을 보십니다.

• 아우구스티누스 『설교집』 291,5.[6]

진심이 담긴 세 마디

그러나 세례 받은 사람들은 그처럼 위대한 성사를 버리고 더럽혔더라도 마음 깊은 곳에서부터 참회한다면, 하느님께서 다윗의 마음을 보셨듯이 보실 수 있는 곳, 곧 마음으로 참회한다면 [다윗처럼 될 수 있습니다.] 그는 예언자의 단호한 질책을 받고 하느님의 무서운 위협을 듣자 "내가 죄를 지었소" 하고 말했고, 그러자 곧바로 '주님께서 임금님의 죄를 용서하셨다'는 말을 들었습니다. 이 세 마디는 이렇게 효과적입니다. "내가 죄를 지었소." 말은 단 세 마디이지만, 마음이 바치는 희생 제물의 불꽃이 이 세 마디 안에서 하늘로 올라갔습니다. 그러므로 진심 어린 참회를 한 사람들, 그리하여 그들을 옴싹달싹 못하게 묶어 놓고 그리스도의 몸으로부터 잘려 나오게 했던 구속에서 풀려나고, 참회 이후로 본디 그들이 살았어야 했던 선한 삶을 산 사람들은 때가 와서 세상을 뜨면 그들도 하느님께로 갑니다. 그분 곁에서 안식을 누리며, 나라를 차지하게 됩니다. 악마의 사람들과는 따로 있게 됩니다.

• 아우구스티누스 『설교집』 393,1.[7]

---

[5] FC 3,62-63*.   [6] *WSA* 3,8,134*.

[7] *WSA* 3,10,427*.

참회는 부끄러운 일이 아니다

우리는 죄에 대해서는 극도로 혐오해야 하지만 참회에 대해서는 그렇지 않습니다. 우리 자신을 위험에 빠뜨리는 것은 부끄러워하되 구원받는 것에 대해서는 그러지 맙시다. 배가 파선했는데 파선당한 이가 빠져나오지 못하게 나무판자를 강탈할 사람이 누가 있겠습니까? 상처를 치료하려는 이를 시기할 사람이 누가 있겠습니까? 다윗이 이렇게 말하지 않습니까? "저는 밤마다 울음으로 잠자리를 적시며 눈물로 제 침상을 물들입니다"(시편 6,7). 또 "제 잘못을 당신께 자백하며 제 허물을 감추지 않고 말씀드렸습니다"(시편 32,5ㄱ)라고 하지 않습니까? "'주님께 저의 죄를 고백합니다.' 그러자 제 허물과 잘못을 당신께서 용서하여 주셨습니다"(시편 32,5ㄴ)라고도 하지 않습니까? 밧 세바 때문에 간통과 살인의 죄를 저지른 뒤 참회하자 [나탄] 예언자가 [다윗에게] '주님께서 임금님의 죄를 용서하셨다'고 말하지 않았습니까?

• 바르셀로나의 파키아누스 『서간집』 1,5,3.[8]

죄에 대한 고백과 잘못을 바로잡는 것

실로, 참회자가 행실을 바로잡지 않는 한, 고백만으로는 그 자신에게 충분치 않습니다. 그는 그가 참회를 했어야 했던 행동들을 더 이상 하지 않아야 합니다. 또한 그는 거룩한 다윗이 그랬듯이 더욱 겸손해져야 합니다. 다윗은 예언자에게 '주님께서 임금님의 죄를 용서하셨다'는 말을 듣자 자신의 죄를 바로잡기 위해 더욱 겸허한 태도를 보였습니다. '재를 빵처럼 먹고, 마실 것에 자기 눈물을 섞었습니다'(시편 102,10 참조).

• 밀라노의 파울리누스 『성 암브로시우스의 생애』 9,39.[9]

---

[8] FC 99,23. [9] FC 15,57.

12,15-19 다윗이 단식했음에도 아들이 죽다

15 주님께서 우리야의 아내가 다윗에게 낳아 준 아이를 치시니, 아이가 큰 병이 들었다.

16 다윗은 그 어린아이를 위하여 하느님께 호소하였다. 다윗은 단식하며 방에 와서도 바닥에 누워 밤을 지냈다.

17 그의 궁 원로들이 그의 곁에 서서 그를 바닥에서 일으키려 하였으나, 그는 마다하고 그들과 함께 음식을 먹으려고도 하지 않았다.

둘러보기

다윗이 자신의 죄 때문이 아니라 아이를 위해 행한 단식과 참회가 그의 죄를 지워 주지는 않았지만 모든 악을 멀리하게 해 주었다(요한 크리소스토무스). 다윗이 성심으로 기도하며 겸손히 참회했음에도 하느님의 마음이 아이의 생명을 살려 주는 쪽으로 움직이지 않은 것은 다른 이들로 하여금 하느님을 모독하도록 만드는 죄보다 더 나쁜 죄는 없다는 것을 보여 준다(살비아누스).

12,15-17 다윗이 아이를 위하여 하느님께 호소하다

모든 악을 멀리하다

제가 이렇게 말하는 이유는 단식이 별것 아니라는 뜻이 아니라(큰일 날 소리지요!) 여러분이 단식

을 하면 그보다 더 훌륭한 것을 하게 된다, 곧 모든 악을 멀리하게 된다는 말씀을 드리려는 것입니다. 다윗도 죄를 지었습니다. 그가 어떻게 참회했는지 봅시다. 그는 사흘을 재 속에 앉아 있었습니다. 그러나 그 고통으로 아직까지 정신을 제대로 차리지도 못한 그가 이렇게 [또 단식]한 것은 죄를 용서받기 위해서가 아니라 아이를 위해서였습니다. 그가 죄를 씻은 것은 다른 방법을 통해서였습니다. 겸손과 참회, 마음 깊이 후회하며 다시는 죄짓지 않음으로써, 늘 그 일을 기억함으로써, 자신에게 닥치는 모든 일에 감사드림으로써, 그를 슬프게 하는 이들을 용서해 줌으로써, 그를 거슬러 음모를 꾸미는 이들에게 되갚지 않고 견딤으로써, 사람들이 그럴 의향을 품지 않게 사전에 방지함으로써 [죄를 씻었습니다].

• 요한 크리소스토무스 『코린토 2서 강해』 4,6.[1]

다른 사람들로 하여금 하느님을 모독하게 만들다

주님의 이름을 이교인들에게 내주어 하느님을 모독할 수 있게 한 악행을 속죄하기가 얼마나 어려운지를 우리는 지극히 복된 다윗의 본보기를 통해 배웁니다. 그는 일찍이 의로운 행동을 많이 한 덕분에, 그가 저지른 잘못에 대해 단 한 번의 고백으로 영원한 징벌을 면하는 자격을 얻었습니다. 그러나 참회가 보호자의 역할을 해 주었음에도 그는 자기 죄에 대한 완전한 용서는 받을 수 없었습니다. 자신의 죄를 고백하는 다윗에게 나탄 예언자가 "주님께서 임금님의 죄를 용서하셨으니 임금님께서 돌아가시지는 않을 것입니다"(2사무 12,13)라고 하고 나서 곧바로 "다만 임금님께서 주님의 원수들이 그분을 모독할 빌미를 주셨으니, 임금님에게서 태어난 아들은 반드시 죽고 말 것입니다"(2사무 12,14 칠십인역)라고 한 것에서 그것을 알 수 있습니다.

그다음에 어떤 일이 있었습니까? 다윗은 왕관을 벗고, 보석을 빼고, 임금의 존귀함을 드러내는 호화로운 모든 것을 빼고, 자색 옷을 벗었습니다. 자신의 모든 죄를 떠올리며 그는 더러운 자루 옷을 입고 재 속에 홀로 앉아 눈물로 몸을 적시며 수없이 탄식하고 열렬히 기도하며 지극히 거룩하신 하느님께 자신의 어린 아들을 살려 주시기를 간청했습니다. 그는 이렇게 애원하고 청하면 자신이 하느님께 바라는 바가 이루어질 수 있다고 믿었습니다. 그러나 사람들이 가장 의지할 수 있는 간청의 수단인 이 방법으로도 그는 자신이 바라는 것을 얻을 수 없었습니다.

여기에서 우리는 이교인들에게 하느님을 모독할 수 있는 빌미를 주는 것보다 더 나쁜 범죄는 없다는 것을 알 수 있습니다. 위중한 죄를 지었지만 다른 사람들로 하여금 하느님을 모독할 수 있는 기회를 주지 않은 자는 자기 자신의 파멸만 불러올 뿐이지만, 다른 사람들이 하느님을 모독하게 만들어 자기 자신과 더불어 많은 이를 죽음으로 이끄는 자는 그들 모두의 죄를 합한 것만큼 많은 죄를 지은 것입니다. 죄는 지었지만 그의 죄 때문에 다른 사람들이 하느님을 모독하게 만들지는 않는다면, 그런 죄는 죄지은 사람에게만 해를 입힐 뿐, 하느님을 모독하는 자들의 불경한 저주로 하느님의 거룩한 이름을 더럽히지는 않습니다. 그러나 그의 죄 때문에 다른 사람들이 하느님을 모독하게 만든다면, 그의 죄는 인간의 범죄라는 범주를 벗어난 죄입니다. 많은 이의 저주로 인하여 하느님께 상상도 할 수 없는 해를 입혔기 때문입니다.

• 사제 살비아누스 『하느님의 다스림』 4,18.[2]

---

[1] NPNF 1,12,299*. [2] FC 3,122-23.

12,20-23 다윗이 울며 단식하기를 끝내다

[20] 그러자 다윗은 바닥에서 일어나 목욕하고 몸에 기름을 바른 다음, 옷을 갈아입고 나서 주님의 집에 들어가 경배하였다. 그리고 자기 궁으로 돌아와 음식을 가져오게 하였다. 그들이 그에게 음식을 차려 오자 그것을 먹었다.

[21] 신하들이 그에게 여쭈었다. "임금님께서 어찌 이런 행동을 하십니까? 왕자님이 살아 계실 때에는 단식하고 우시더니, 이제 왕자님이 돌아가시자 일어나시어 음식을 드시니 말입니다."

[22] 다윗이 말하였다. "아이가 살아 있는 동안에 내가 단식하고 운 것은, '주님께서 나에게 자비를 베푸시어, 그 아이가 살게 될지 누가 알겠는가?' 하고 생각하였기 때문이오.

[23] 그러나 지금 아이가 죽었는데 무엇 때문에 내가 단식하겠소? 아이를 다시 데려올 수라도 있다는 말이오? 내가 아이에게 갈 수는 있지만 아이가 나에게 돌아올 수는 없지 않소?"

둘러보기

생명을 보존하거나 끝내는 하느님의 힘을 깨달은 다윗은 언젠가는 죽은 아이에게 가게 되리라고 믿으며 단식을 끝냈다. 죽은 신자들은 그리스도와 함께 있기에 그들을 두고 지나치게 슬퍼할 이유가 없다(암브로시우스). 다윗의 애도는 남다른 부정과 지혜를 보여 준다(요한 크리소스토무스).

12,20-23 다윗이 단식을 끝내다

하느님의 심판에 대한 확신

거룩한 다윗은 아들 둘을 잃었습니다. 하나는 근친상간의 죄가 있었고 다른 하나는 형제를 죽이는 죄를 지었습니다.[1] 그런 아들들을 둔 것은 다윗에게 수치였으나 그들의 죽음은 그를 슬프게 했습니다. 그는 그가 사랑했던 세 번째 아들도 잃었습니다. 그는 이 아들이 살아 있었을 때는 그 아들 때문에 눈물을 흘렸지만, 그가 죽자 그리워하지 않았습니다. 성경을 보면, 이 아들이 병이 들자 다윗은 그를 위해 자루옷을 입고 주님께 간청하며 단식했다고 합니다. 궁의 원로들이 그를 바닥에서 일으키려 하였으나 그는 마다하고 일어나지 않았으며 음식을 먹으려고도 하지 않았습니다. 하지만 아이가 죽은 것을 알자 그는 바닥에서 일어나 목욕하고 기름을 바른 다음, 옷을 갈아입고 나서 주님께 경배하고는 음식을 먹었습니다. 신하들이 그것을 의아하게 여기자 다윗은, 하느님께서는 죽은 이도 다시 살려 내실 수 있는 분이시니 아직 살아 있는 이의 생명은 능히 지켜 주실 수 있다 믿었고, 아이가 살아 있는 동안에는 하느님께서 나를 가엾이 여겨 주실지 모르니 내가 울며 단식하는 것이 마땅하지만, 이제 아이가 죽었으니 그를 죽음에서 다시 데려올 수도 생명을 되살릴 수도 없는데 무엇 때문에 단식을 하겠느냐고 하였습니다. 그러면서 "내가 아이에게 갈 수는 있지만 아이가 나에게 돌아올 수는 없지 않소?"라고 하였습니다.

죽은 이를 애도하는 이에게 이보다 더 위안이 되는 말이 있습니까! 참으로 지혜로운 이의 옳은 판단입니다! 종이 보여 준 위대한 지혜입니다! 그러니 불행을 당했다고, 자신은 잘못한 것도 없

---

[1] 암논과 압살롬이 그들이다.

는데 시련을 당한다고 불평해서는 안 될 것입니다. 자신의 공덕을 미리 단언할 수 있는 사람이 누가 있습니까? 그대는 어째서 자신의 심판관에 앞서 심판하려 합니까? 그대는 왜 그분의 입에서 그분께서 내리실 선고를 낚아채려 합니까?

• 암브로시우스 『형 사티루스의 죽음』 2,25-26.[2]

지나치게 슬퍼할 이유가 없다

다윗은 아들이 죽음 속을 헤맬 때는 그를 위해 울었지만 그가 죽자 더 이상 슬퍼하지 않았습니다. 아들을 잃어버리게 될까 봐 울었지만 잃어버리고 나자 울기를 그쳤습니다. 아들이 그리스도와 함께 있다는 것을 알았기 때문입니다. 저의 말이 진실임을 여러분이 알도록, 그는 근친상간을 저지른 암논이 죽었을 때는 울었고(2사무 13,28-29 참조), 형제를 살해한 압살롬이 죽었을 때는 "내 아들 압살롬아, 내 아들 압살롬아!"(2사무 19,1) 하며 슬퍼했습니다. 그는 죄 없는 아들을 위해서는 슬퍼하지 않아도 된다고 생각했는데, 다른 두 아들은 자신들이 저지른 범죄 때문에 죽음을 당했지만, 이 아들은 죄가 없어서 살리라고 믿었기 때문입니다.

그러니 여러분은 죽은 형제를 두고 지나치게 슬퍼할 이유가 없습니다. 그는 인간으로 태어났고 따라서 인간의 연약함을 피해 갈 수 없습니다.

• 암브로시우스 『발렌티누스의 죽음』 47-48.[3]

다윗의 남다른 부정父情과 지혜

다윗 임금은 아들을 사랑했고 실로 자루옷을 입고 재 속에 앉아 있었습니다. 그러나 점쟁이나 마법사를 부르지는 않고(사울의 이야기에서 알 수 있듯, 당시엔 이런 자들이 많았습니다만) 다만 하느님께 간구를 올렸을 뿐입니다. 그러니 여러분도 그처럼 하십시오. 여러분도 이 의인이 한 대로 하십시오. 여러분의 자녀가 죽었을 때, 그와 똑같이, "내가 아이에게 갈 수는 있지만 아이가 나에게 돌아올 수는 없지 않소?"(2사무 12,23) 하고 말하십시오. 이것이 참된 지혜고 사랑입니다. 여러분이 그 아이를 아무리 사랑할지라도 다윗이 자식을 사랑한 만큼 사랑하지는 못할 것입니다. 다윗 임금의 아이는 간통으로 태어났지만, 그때는 아이 어머니에 대한 이 복된 사람의 사랑이 가장 뜨거웠을 때고, 여러분이 알다시피, 아이는 부모의 사랑을 함께 나누기 마련입니다. 그만큼 그 아이에 대한 다윗의 사랑은 컸습니다. 그 자신의 죄를 되새겨 주는 아이였지만, 그는 아이를 주신데 대해 하느님께 감사드렸고 그 아이가 살기를 바랐습니다.

• 요한 크리소스토무스 『콜로새서 강해』 9.[4]

---

[2] FC 22,206-7*.

[3] FC 22,286.

[4] NPNF 1,13,299*.

[12,24-31 솔로몬이 태어나다]

13,1-22 암논이 제 누이 타마르를 겁탈하다

[1] 그 뒤에 이런 일이 있었다. 다윗의 아들 압살롬에게는 아름다운 누이가 있었는데 이름은 타마르였다. 이 타마르를 다윗의 아들 암논이 사랑하였다. … ♪

☞ ⁸ 그래서 타마르가 자기 오빠 암논의 집으로 가 보니 그가 누워 있었다. 타마르는 밀가루를 가져다가 반죽하여 그의 눈앞에서 과자를 구웠다.

⁹ 타마르가 번철을 들고 가 암논의 눈앞에 과자를 내놓았으나 그는 먹기를 마다하였다. 그러면서 암논은 "사람들을 모두 내게서 물러가게 하여라." 하고 일렀다. 사람들이 모두 물러가자

¹⁰ 암논이 타마르에게 말하였다. "음식을 방 안으로 가져와, 내가 네 손에서 받아먹게 해 다오." 타마르는 자기가 만든 과자를 들고 암논 오빠의 방으로 가져갔다.

¹¹ 타마르가 암논에게 먹을 것을 가까이 가져가니, 암논은 타마르를 끌어안으며 말하였다. "누이야, 이리 와서 나와 함께 눕자."

¹² 그러자 타마르가 그에게 말하였다. "오라버니, 안 됩니다! 저를 욕보이지 마십시오. 이스라엘에서 이런 짓을 해서는 안 됩니다. 이런 추잡한 짓을 저지르지 마십시오.

¹³ 제가 이 수치를 안고 어디로 가겠습니까? 또한 오라버니는 이스라엘에서 추잡한 자들 가운데 하나가 될 것입니다. 그러니 제발 임금님께 청하십시오. 그분께서 저를 오라버니에게 주시기를 거절하지 않으실 것입니다."

¹⁴ 그러나 암논은 타마르의 말을 들으려 하지 않았다. 그는 타마르보다 힘이 셌기 때문에 강제로 타마르와 함께 잤다.

둘러보기

과거에 아무리 금욕을 잘 실천했더라도, 친척들과 함께 살더라도, 순결을 지킬 수 있다는 보장은 없다(브라가의 프룩투오수스). 암논의 경우가 보여 주듯이, 지극히 가까운 가족 관계도 부정한 욕정을 막을 수 있는 보호 수단이 되지 못한다(히에로니무스).

13,11-14 암논이 강제로 타마르와 함께 자다

정결한 삶

어떤 남자도 과거에 정결한 삶을 살았다고 안심해서는 안 됩니다. 여자로 인해 마음이 더러워진 사람은 아무도 다윗보다 거룩해질 수 없고 솔로몬보다 지혜로워질 수 없기 때문입니다. 자신과 핏줄로 연결된 여자 앞에서는 자신의 순결이 안전하다고 믿는 사람은 꾀병을 부린 오빠 암논에게 타마르가 더럽혀진 일을 기억하십시오. 그러므로 수도승과 수녀들은 하느님 앞에서만이 아니라 사람들 앞에서도 좋은 평가를 받을 수 있도록 정결한 삶을 살아, 뒷세대 사람들에게 성덕의 본보기를 남겨야 할 것입니다.

• 브라가의 프룩투오수스 『수도원 공동 규칙서』 17.[1]

부정한 욕정으로 타오르다

가까운 혈연관계도 안전을 보장하지는 못함을 보여 주기라도 하려는 듯, 암논은 누이 타마르에 대한 부정한 욕정으로 타올랐습니다.

• 히에로니무스 『서간집』 22,12.[2]

---

[1] FC 63,201*.

[2] NPNF 2,6,26-27.

[13,23-29 압살롬이 암논을 죽이다]

13,30-39 압살롬이 그수르로 달아나다

³⁴ 그사이에 압살롬은 달아났다. …

³⁵ 여호나답이 임금에게 말하였다. "왕자님들이 오셨습니다. 이 종이 말씀드린 대로입니다."

³⁶ 그가 막 이 말을 마쳤을 때, 왕자들이 도착하여 목 놓아 울었다. 임금과 신하들도 몹시 슬프게 울었다.

³⁷ 압살롬은 달아나 그수르 임금 암미훗의 아들 탈마이에게 가고, 다윗은 날마다 자기 아들을 생각하며 애도하였다.

³⁸ 압살롬은 달아나 그수르로 가서 세 해 동안 그곳에 머물렀다.

³⁹ 암논의 죽음이 가져온 충격에서 벗어나자, 다윗 임금은① 압살롬을 애타게 그리워하였다.

> ① 그리스어 본문; 히브리어 본문은 '임금은 마음으로' 또는 '임금의 영은'이다.

둘러보기

암논의 죽음은 다윗의 간통과 살인에 대한 하느님의 징벌로 일어나는 큰 시련들의 시작이다 (살비아누스).

13,36-38 압살롬이 달아나다

불행의 연속

이 일은 하느님의 징벌의 시작입니다. 이것은 시작이지 여기서 끝나는 것이 아닙니다. 큰 환난이 계속 이어집니다. 그의 집안에 거의 끊이지 않고 재앙이 일어납니다. 미친 암논 때문에 타마르가 더럽힘을 당하고, 암논은 압살롬에게 살해당합니다. 한 형제가 위중한 범죄를 저질렀는데 다른 형제가 더 극악한 방식으로 복수한 것입니다. 아버지 다윗은 이런 식으로, 두 아들의 범죄라는 징벌을 받습니다. 두 아들이 죄를 지었지만 둘의 범죄로 세 사람이 고통을 받았습니다. 타마르는 순결을 잃었고, 암논은 죽었고, 그의 죽음을 슬퍼함으로써 아버지는 압살롬을 잃었습니다. 사실, 이 사랑 많은 아버지가 두 아들 가운데 누구 때문에 더 슬퍼했는지 우리는 알 수 없습니다. 이 세상에서 자기 형제의 손에 살해당한 아들[암논] 때문에 더 슬퍼했는지, 자기 손으로 형제를 죽임으로써 다음 생에서 멸망하고 만 아들[압살롬] 때문에 더 슬퍼했는지.

● 사제 살비아누스 『하느님의 다스림』 2,5.[1]

---

[1] FC 3,63-64*.

14,1-17 지혜로운 트코아 여인

¹ 츠루야의 아들 요압은 임금의 마음이 압살롬에게 기우는 것을 알아차렸다.

² 그래서 요압은 트코아에 사람을 보내어, 거기에서 지혜로운 여인 하나를 불러다가 말하였다. …

¹² 여인이 또 "이 여종이 저의 주군이신 임금님께 한 말씀만 더 드리게 해 주십시오." 하자, 임금이 "말해 보아라." 하고 일렀다.

¹³ 그래서 여인이 말하였다. "그런데 어찌하여 임금님께서는 하느님 백성에게 해가 되는 그런 생각을 하셨습니까? 임금님께서는 당신께 쫓겨난 이를 돌아오지 못하게 하셨으니, 그런 결정으로 임금님께서는 스스로 잘못을 저지르신 격이 되고 말았습니다.

¹⁴ 우리는 반드시 죽게 마련이니, 땅바닥에 쏟아져 다시 담을 수 없는 물과 같습니다. 그런데도 하느님께서는 목숨을 거두지 않으시고, 쫓겨난 이를 당신에게서 아주 추방시키지는 않으실 계획을 마련하십니다."

둘러보기

하느님의 뜻은 인간이 멸망하는 것이 아니라 영원히 사는 것이다(요한 카시아누스).

14,14 하느님께서 인간의 생명을 지켜 주시다

하느님의 변치 않는 뜻

하느님께서 인간을 창조하신 것은 그들이 멸망하게 하려는 것이 아니라 영원히 살게 하려는 뜻이었으며, 그 뜻은 언제나 변함이 없습니다. 인정 많으신 그분께서는 "모든 사람이 구원을 받고 진리를 깨닫게 되기를 원하"(1티모 2,4)시기에, 우리 안에서 선의의 빛이 아주 희미하게 어른거리기만 해도 — 사실 그것도 그분께서 단단한 부싯돌 같은 우리 마음을 두드려 일으키신 불씨입니다 — 그것을 기르고 자극하며 당신의 영감을 불어넣어 강하게 만드십니다. 그래서 그분께서는 "이와 같이 이 작은 이들 가운데 하나라도 잃어버리는 것은 하늘에 계신 너희 아버지의 뜻이 아니다"(마태 18,14)라고 하십니다. 이렇듯 하느님께서는 사람이 멸망하는 것을 원치 않으시며, 낙담한 이가 완전히 멸망에 떨어지지 않도록 물러서시어 곰곰이 생각하십니다.

• 요한 카시아누스 『담화집』 13,7.[1]

---

[1] ACW 57,472.

[14,18-33 다윗이 압살롬과 화해하다]

15,1-6 압살롬이 이스라엘 사람들의 마음을 다윗에게서 돌려놓다

² 압살롬은 일찍 일어나 성문으로 난 길 옆에 서 있곤 하였다. 그러다가 고발할 일이 있는 사람이 임금에게 재판을 청하러 올 때마다, 압살롬은 그를 불러 "그대는 어느 성읍에서 오시오?" 하고 물었다. 그가 "이 종은 이러저러한 이스라엘 지파에서 왔습니다." 하고 대답하면,

³ 압살롬이 그에게 말하였다. "듣고 보니 그대 말이 다 옳고 정당하오. 그러나 임금 곁에는 그대의 말을 들어 줄 자가 아무도 없소."

⁴ 그리고 압살롬은 이런 말도 하였다. "누가 나를 이 나라의 재판관으로 세워만 준다면, 고발하거나 재판할 일이 있는 사람들이 모두 나를 찾아오고, 나는 그들에게 정의로운 판결을 내려 줄 텐데!"

⁵ 또 누가 그에게 가까이 와서 절할 때마다, 그는 손을 내밀어 그를 붙잡고 그에게 입을 맞추곤 하였다.

⁶ 압살롬은 임금에게 재판을 청하러 가는 모든 이스라엘 백성에게 이런 식으로 대하면서, 이스라엘 사람들의 마음을 사로잡았다.

둘러보기

압살롬이 한 짓은 거짓 온화함으로 사람들의 마음을 사려고 해 봤자 실질적이거나 오래가는 것은 아무것도 얻지 못하며 온화함과 엄격함 사이에는 적절한 기준이 있어야 함을 보여 준다(암브로시우스). 올바른 처신을 하기 위해서는 분별이 필요하며, 사악함은 분별을 크게 방해한다. 불충한 압살롬과 정직한 다윗의 삶이 이를 잘 보여 준다(요한 크리소스토무스).

15,3-6 압살롬이 이스라엘 사람들의 마음을 사로잡다

온화한 사람인 척하다

또한 우리의 말과 가르침도 지나치게 관대하거나 지나치게 엄격한 것으로 보이지 않도록 선을 지키는 것이 적절합니다. 많은 사람이 선하게 보이려고 지나치게 관대하게 굽니다. 그렇지만 꾸민 것이나 거짓은 참된 덕의 형태를 감당하지 못합니다. 네, 오래가지도 못합니다. 처음엔 잘 되어 나갑니다. 그러다 시간이 흐르면 꽃처럼 시들어 사라지고 맙니다. 그러나 참되고 순수한 것은 깊은 뿌리를 가지고 있습니다. …

압살롬은 다윗 임금의 아들로 용모가 아름답고 신체도 건장한 한창때의 청년이었습니다. 온 이스라엘에 압살롬 같은 사람은 없었습니다(2사무 14,25 참조). 그는 발뒤꿈치부터 정수리까지 어떠한 흠도 없었습니다. 그는 개인 병거와 말들은 물론, 그의 앞에서 달리는 사람들을 쉰 명이나 거느렸습니다. 그는 아침 일찍 일어나 성문으로 난 길 옆에 서 있곤 하였습니다. 그러다 임금의 판결을 청하러 오는 사람이 있으면 누구든 불러 이렇게 말했습니다. … "임금 곁에는 그대의 말을 들어 줄 자가 아무도 없소. 누가 나를 이 나라

의 재판관으로 세워만 준다면, 고발하거나 재판할 일이 있는 사람들이 모두 나를 찾아오고, 나는 그들에게 정의로운 판결을 내려 줄 텐데!" 그는 이런 말로 그들을 구워삶았습니다. 또 누가 그에게 가까이 와서 절할 때마다, 그는 손을 내밀어 그를 붙잡고 그에게 입을 맞추곤 하였습니다. 그렇게 해서 그는 모든 사람의 마음을 사로잡았습니다. 이런 종류의 치렛말은 사람들 마음에 재빨리 찰싹 달라붙기 때문입니다.

• 암브로시우스 『성직자의 의무』 2,22,112-14.[1]

분별을 방해하는 것들

올바른 처신을 하는 데에 분별만큼 필요한 것이 없습니다. 그리고 사악함과 악의, 그럴듯한 허울만큼 분별을 방해하는 것이 없습니다. 간에 병이 있어 고통받는 사람들을 봅시다. 건강한 기운이라고는 하나도 없이 얼마나 보기 흉한 모습입니까? 얼마나 약하고 쪼그라들었는지 그 무엇

에도 어울리지 않습니다. 이런 본성을 지닌 영혼도 마찬가지입니다. 사악함이 영혼의 황달 아니고 무엇이겠습니까? 그렇다면 사악함은 아무런 힘도 없습니다. 사실 그것은 가진 것이 아무것도 없습니다. 제가 불충한 사람과 순수한 사람의 초상화를 그려 보임으로써 여러분께 이 점을 더 명확히 해 드려도 좋겠지요? 압살롬은 불충한 사람이었고 "사람들의 마음을 사로잡았"습니다. 그가 얼마나 불충했는지 보십시오. 그는 모든 사람의 환심을 사기 위해 사방을 돌아다니며 '그대 말이 다 옳고 정당하오' 하고 말했습니다. 그러나 다윗은 거짓을 모르는 사람이었습니다. 그래서 어떻게 됐습니까? 그 둘이 어떤 결과를 맞았는지 보십시오. 압살롬 그자는 완전히 미친 자 아닙니까! 자기 아버지를 해치려는 생각에만 몰두하여 다른 모든 일에는 눈이 멀어 있었습니다.

• 요한 크리소스토무스 『에페소서 강해』 15.[2]

---

[1] NPNF 2,10,60-61*.   [2] NPNF 1,13,122-23*.

[15,7-18 압살롬이 왕위를 찬탈하다]

[15,19-29 다윗에게 지원군들이 모이다]

15,30-37 아히토펠의 계획이 실패로 돌아가게 하려는 작전

³⁰ 다윗은 올리브 고개를 오르며 울었다. 그는 머리를 가리고 맨발로 걸었다. 그와 함께 있던 이들도 모두 제 머리를 가리고 울면서 계속 올라갔다.

³¹ 다윗은 "아히토펠이 압살롬의 반란 세력에 끼여 있다."는 말을 듣고 이렇게 기도하였다. "주님, 제발 아히토펠의 계획이 어리석은 것이 되게 해 주십시오."

둘러보기

다윗은 압살롬을 피해 달아날 때 올리브 산 고갯길을 택해 감으로써 그곳에서 하늘로 올라

가실 구원자의 도움을 마음속으로 기원했다. 다윗이 죄를 지었다가 참회하여 구원받은 일은 우리도 참회할 용기를 준다(예루살렘의 키릴루스). 다

윗이 멸시받는 비참한 추방자의 모습으로 달아나게 된 것은 하느님의 심판이 그의 죄에 내린 재앙 가운데 하나로 여기는 것이 맞다(살비아누스). 압살롬은 잘못된 조언을 따르기로 스스로 선택하는데, 그가 이런 결정을 내리게 된 것은 하느님께서 다윗의 기도를 들어주셨기 때문이다(아우구스티누스). 하느님께서는 아히토펠의 계획을 실패로 돌리셨듯이 제후들과 민족들의 계획을 헛일로 만드실 수 있으므로 이런 이들의 위협을 받는 그리스도인들은 주님께 도움을 간청해야 한다(대 바실리우스).

15,30 다윗이 올리브 고개를 오르다

구원자께 마음속으로 도움을 청하다

다윗은 압살롬이 반역을 일으켜 달아날 때, 도주로가 여럿 있었지만 올리브 고갯길로 가기로 결정했습니다. 장차 그곳에서 하늘로 올라가실 구원자께 마음속으로 도움을 요청한 것입니다. 그리고 시므이가 심한 저주를 퍼부었을 때 그는 "내버려 두시오!"(2사무 16,11) 하고 말했습니다. 용서는 용서하는 이들을 위한 것임을 알고 있었기 때문입니다. 그러니 형제 여러분, 이처럼 죄를 지었다가 참회하여 구원받은 많은 사람들의 본보기가 있으니, 여러분도 온 마음으로 주님께 고백하여 과거의 죄를 용서받고 거룩한 선물을 받을 자격이 있다고 여겨지도록 하십시오. 그러면 그리스도 예수님 안에서 모든 성도들과 함께 하늘나라를 상속받게 될 것입니다. 그리스도 예수님께서는 영영세세 영광을 누리시나이다. 아멘.

• 예루살렘의 키릴루스 『예비신자 교리교육』 2,12.20.[1]

구경거리

하느님 말씀에 따르면, 이때부터 재앙이 계속

해서 닥쳤습니다. 아버지는 아들의 반역으로 오랜 고통을 겪었습니다. …

다윗이 도피하는 이 비참한 광경도 여기에 포함되는 것일까요? 그처럼 대단한 명성을 누리던 그처럼 위대한 임금, 세상 어떤 임금보다 큰 영예를 누리던 임금이 신하 몇 사람만 따르는 가운데 피신해야 했습니다. 얼마 전까지와 비교할 때 그는 실로 가난했습니다. 평소의 수행원 규모를 생각할 때 그는 진정 혼자나 마찬가지였습니다. 그는 두려움과 치욕과 슬픔 속에 "머리를 가리고 맨발로 걸었다"고 성경은 기록합니다. 그는 자신의 이전 지위에 대한 증인이었고, 과거의 그 자신에게서 유배된 자였으며, 자신의 죽음 이후를 살고 있는 사람이라 할 수 있었습니다. 그는 너무나 비참한 신세로 떨어져 종들에게 경멸당하기까지 하였습니다. 그것은 심상치 않은 일이었습니다. 그러나 그들의 동정은 더 비참한 일이었습니다. 세바는 그에게 먹을 것을 주었고 시므이는 겁도 없이 사람들 보는 앞에서 그에게 저주를 퍼부었습니다(2사무 16장 참조). 하느님의 심판으로 인해 그는 예전의 그 자신과 완전히 다른 사람이 되었습니다. 한때 온 세상이 두려워하던 이가 대놓고 면전에서 원수에게 모욕당하는 신세가 되었습니다.

• 사제 살비아누스 『하느님의 다스림』 2,5.[2]

15,31 아히토펠의 계획이 어리석은 것이 되게 해 주십시오

의지와 주님

압살롬이 결국 자신에게 이롭지 못한 것으로 판명난 조언을 따르기로 선택한 것은 그의 의지 아니었습니까? 주님께서 그의 아버지의 기도를

---

[1] LCC 4,88-89*.   [2] FC 3,64-65*.

들어주셨기 때문에 그렇게 된 것이기는 하지만 말입니다.

• 아우구스티누스 『은총과 자유의지』 20,41.[3]

민족들의 계획

그런즉 주님께서는 어떻게 하면 민족들의 계획을 헛일로 돌릴 수 있는지 알고 계셨습니다. 우리는 다윗이 "아히토펠의 계획이 어리석은 것이 되게 해 주십시오"라고 기도했을 때, 아히토펠이 제후들의 의견을 어떻게 묵살했는지에 대해 읽어 알고 있습니다. 그러니 여러분은 어떤 이가 위협하며 여러분이 온갖 나쁜 일과 손해와 재난과 죽음을 당하도록 하겠다고 떠들면, 민족들의 계획을 헛일로 만드시며 백성들의 간계를 물리치시는 주님을 바라보십시오.

• 대 바실리우스 『시편 강해』 32,6.[4]

---

[3] FC 59,300.　　　　　　　　　[4] FC 46,240*.

16,1-4 므피보셋의 종 치바가 다윗을 찾아오다

[1] 다윗이 산꼭대기에서 조금 더 갔을 때, 마침 므피보셋의 종 치바가 안장 얹은 나귀 한 쌍에 빵 이백 덩이와 건포도 백 뭉치와 여름 과일 백 개와 포도주 한 부대를 싣고 그에게 마주 왔다.

[2] 임금이 치바에게 "웬일로 이것들을 가져오느냐?" 하고 묻자, 치바가 대답하였다. "이 나귀들은 임금님의 집안이 타실 것이고, 빵과 여름 과일은 임금님의 부하들이 먹을 것이며, 포도주는 광야에서 지친 이가 마실 것입니다."

[3] 임금이 또 "네 주군의 아들은 어디에 있느냐?" 하고 묻자, 치바가 임금에게 대답하였다. "지금 그분은 예루살렘에 머물러 있습니다. '오늘에야 이스라엘 집안이 내 아버지의 나라를 나에게 돌려줄 것이다.' 하고 생각하였기 때문입니다."

둘러보기

다윗이 치바에게 속은 일은 권력자들이 이와 비슷한 속임수에 넘어가지 않도록 주의해야 한다는 경고다(키루스의 테오도레투스).

16,1-3 치바가 다윗과 그의 집안 식구들의 허기를 달래 주다

속기는 쉽다

콘스탄티누스가 속임수에 넘어가 훌륭한 사람들을 그렇게 많이 귀양 보낸 것은 놀랄 일이 아닙니다. 높은 명성과 평판을 누리는 주교들이 악의를 교묘하게 숨기고 한 발언들을 그가 믿었기 때문입니다. 성경을 잘 아는 이들은 거룩한 다윗이 그 자신이 예언자이면서도 속아 넘어간 일을 압니다. 그것도 사제에게 속은 것이 아니라 천한 종인 파렴치한에게 속았습니다. 치바라는 자였지요. 그자는 므피보셋에 대해 거짓말을 함으로써 임금을 속여서는 땅을 얻어 냈습니다. 내가 이렇게 이야기하는 것은 예언자[다윗]를 비난하려는 것이 아니라, 인간 본성의 나약함을 떠올려 줌으로써 황제를 변호하는 한편, 고발하는 자들의 말이 몹시 믿을 만해 보이더라도 그들의 말

만 믿지 말고 반대편의 말도 들어 보아야 한다는
것, 한쪽 귀는 고발당한 사람을 위해 열려 있어
야 한다는 것을 가르치려는 것입니다.

• 키루스의 테오도레투스『교회사』1,31.[1]

[1] NPNF 2,3,64.

16,5-14 다윗이 시므이의 저주를 잠자코 듣다

[9] 그때 츠루야의 아들 아비사이가 임금에게 말하였다. "이 죽은 개가 어찌 감히 저의 주군이
신 임금님을 저주합니까? 가서 그의 머리를 베어 버리게 해 주십시오."

[10] 그러나 임금은 "츠루야의 아들들이여, 그대들이 나와 무슨 상관이 있소? 주님께서 다윗을
저주하라고 하시어 저자가 저주하는 것이라면, 어느 누가 '어찌하여 네가 그런 짓을 하느
냐?' 하고 말할 수 있겠소?"

[11] 그러면서 다윗이 아비사이와 모든 신하에게 일렀다. "내 배 속에서 나온 자식도 내 목숨을
노리는데, 하물며 이 벤야민 사람이야 오죽하겠소? 주님께서 그에게 명령하신 것이니 저
주하게 내버려 두시오.

[12] 행여 주님께서 나의 불행을 보시고, 오늘 내리시는 저주를 선으로 갚아 주실지 누가 알겠
소?"

[13] 다윗과 그 부하들이 길을 걷는 동안, 시므이는 다윗을 따라 산비탈을 걸으며 저주를 퍼붓
고, 그에게 돌을 던지며 흙먼지를 뿌려 대었다.

둘러보기

다윗이 시므이의 입을 막을 방법이 있었는데
도 잠자코 그의 모욕을 들으며 참은 것은 더없는
인내로 겸손히 처신하며 하느님의 뜻을 받아들
여야 한다는 것을 알았기 때문이다(아우구스티누
스). 다윗이 저주의 말에도 흔들리지 않으며 보
여 준 침묵과 겸손은 그의 성품에 대해 어떤 행
동보다 더 확실하게 증언해 준다(암브로시우스).
시므이가 다윗을 저주한 것은 하느님께서 그렇
게 하도록 명령하셨다기보다 시므이의 비열한
의지에 그렇게 할 마음을 일게 하신 것인데, 이
는 하느님께서는 선한 이를 돕기 위해 사악한 자

들의 마음까지도 이용하신다는 것을 입증해 준
다(아우구스티누스). 다윗이 욕설에 화내지 않고
감사한 마음으로 듣고 견딘 것은 참된 복음적 정
신 안에서 겸손과 정의와 분별의 덕을 보여 준
것이라 하겠다(암브로시우스). 거룩한 이들도 정의
를 지키다 때론 지칠 수 있지만, 하느님의 뜻을
기꺼이 받아들인 다윗의 본보기가 그들에게 힘
을 준다(히에로니무스). 다른 사람들이 우리에게
저지르는 악을 우리가 다윗처럼 고결하게 견뎌
낸다면, 하느님께서 우리가 부당하게 당한 것을
우리의 빚에서 빼 주실 테니, 결국 그것은 우리
에게 이득이 된다(요한 크리소스토무스).

16,9-13 다윗이 시므이가 계속 저주하게 내버려 두다

끈기 있는 인내

인내라는 것은 우리가 건강할 때도 힘이 됩니다. 이 세상의 장애물들에 에워싸여 우리의 참행복이 미루어지고 있기 때문입니다. 거룩한 다윗은 그에게 욕설을 퍼붓는 자의 모욕을 이 인내로 견뎠습니다. 그는 쉽게 그자에게 응징을 가할 수도 있었지만 그렇게 하지 않았을뿐더러, 이를 슬퍼하며 그자에게 분개하는 이를 달래며 자신의 왕권을 응징을 가하는 데가 아니라 그것을 금하는 데 사용하였습니다. 그때에 그는 육체적 질병이나 상처로 고통을 겪은 것은 아니었습니다. 그러나 굴욕의 때임을 깨닫고 하느님의 뜻을 받아들여 그분을 위해 더할 수 없는 인내로 쓰디쓴 질책의 잔을 마셨습니다.

• 아우구스티누스 『인내』 9,8.[1]

침묵과 겸손을 본받아라

욕설을 들을 때 속상해할 필요가 뭐가 있습니까? "나는 칭찬을 들어도 벙어리 되어 잠자코 있었네"(시편 38,2 칠십인역) 하고 말하는 사람을 왜 본받지 않습니까? 다윗이 말만 이렇게 하고 행동은 따르지 않았습니까? 아닙니다. 그는 이 말대로 행동했습니다. 게라의 아들 시므이가 욕설을 퍼부었을 때 다윗은 잠자코 있었습니다. 그는 무장한 사람들을 거느리고 있었지만 욕설에 대꾸하지도 않았고 분풀이도 하려 하지 않았습니다. 츠루야의 아들이 그자를 응징하겠다고 허락을 청했을 때도 다윗은 허락하지 않았습니다. 벙어리요 하찮은 사람인 것처럼 그저 걷기만 했습니다. 그는 말없이 걸었습니다. 그는 잔인한 인간이라 불렸지만 자기 자신의 온유함을 알고 있었기에 마음이 흐트러지지 않았습니다. 자신의 훌륭한 행실을 잘 알고 있었기에 욕설에 마음이 어지러워지지 않은 것입니다.

욕을 먹으면 쉽게 성내는 사람은 자신이 그런 대우를 받을 이유가 없다는 것을 보여 주고 싶어 하지만, 오히려 욕을 먹을 만한 자라는 것을 보여 줄 뿐입니다. 욕을 경멸하는 사람이 욕 때문에 속상해하는 사람보다 낫습니다. 욕을 경멸하는 사람은 마치 그것을 느끼지 못하는 것처럼 그런 것에 무감각하기 때문입니다. 그러나 욕 때문에 속상해하는 사람은 실제로 그것을 느끼는 것처럼 괴로워합니다.

• 암브로시우스 『성직자의 의무』 1,6,21-22.[2]

하느님께서 사람의 마음을 움직이시다

게라의 사악한 아들이 다윗 임금에게 저주한 것도 그자의 의지 아니었습니까? 그런데 참되고 깊으며 경건한 지혜로 충만한 다윗이 뭐라고 합니까? 저주하는 자를 치려고 하는 사람에게 그가 뭐라고 했습니까? "츠루야의 아들들이여, 그대들이 나와 무슨 상관이 있소? 주님께서 다윗을 저주하라고 하시어 저자가 저주하는 것이라면, 어느 누가 '어찌하여 네가 그런 짓을 하느냐?' 하고 말할 수 있겠소?"라고 했습니다. 성경은 이 임금의 말을 되풀이함으로써 그 깊은 뜻을 확인이라도 해 주려는 듯이 이렇게 말합니다. "그러면서 다윗이 아비사이와 모든 신하에게 일렀다. '내 배 속에서 나온 자식도 내 목숨을 노리는데, 하물며 이 벤야민 사람이야 오죽하겠소? 주님께서 그에게 명령하신 것이니 저주하게 내버려 두시오. 행여 주님께서 나의 굴욕을 보시고 오늘 내리시는 저주를 선으로 갚아 주실지 누가 알겠소?'" 분별 있는 독자라면 주님께서 어떤 식으로 이 불경한 자가 다윗을 저주하도록 명령하

[1] FC 16,243. [2] NPNF 2,10,4*.

셨는지 이해하지 못할 사람이 있겠습니까? 주님께서는 직접 말씀으로 명령하신 것이 아니라 ─ 그랬다면 그자는 순종한 것이니 칭찬받아야 할 것입니다 ─ 이미 그 자신의 사악함으로 인해 타락한 그자의 의지에 이 죄를 저지를 마음이 일게 하신 것입니다. 그것을 '명령하셨다'고 표현한 것입니다. 이 인간이 하느님의 명령에 복종한 것이라면 벌을 받는 것이 아니라 칭찬받아 마땅했을 것입니다. 그러나 우리가 알다시피 그자는 나중에 이 죄 때문에 벌을 받았습니다. 그리고 주님께서 그자가 다윗을 저주하도록 이런 식으로 이끄신 이유도 분명합니다. 치욕을 당한 임금의 말에 답이 있습니다. "행여 주님께서 나의 굴욕을 보시고, 오늘 내리시는 저주를 선으로 갚아 주실지 누가 알겠소?" 보십시오. 하느님께서는 선한 이를 돕고 칭찬하시기 위해 사악한 자들의 마음까지 이용하신다는 증거가 여기 있습니다.

• 아우구스티누스 『은총과 자유의지』 41,20.[3]

저주하는 이들에게 축복하다

우리는 거룩한 다윗이 바오로 사도와 같은 덕의 단계에 올라 있었다는 것도 보여 드릴 수 있습니다. … 시므이가 다윗을 저주하며 심한 욕을 퍼부었을 때, 그는 잠자코 가만히 있었습니다. 자신이 잘한 일, 곧 선행임이 확실한 일에 대해서도 아무 말 하지 않았습니다. 그러더니 저주를 청하기까지 했습니다. 자신이 저주의 말을 들으면 하느님께서 가엾이 여겨 주시지 않을까 기대했기 때문입니다.

그가 주님의 은총을 받을 자격을 얻기 위해 겸손과 공정과 분별을 어떻게 쌓아 모았는지 보십시오. 처음에 그는 '주님께서 다윗을 저주하라고 하시어 저자가 저주하는 것일지 모른다'고 말했습니다. 그러고는 "내 배 속에서 나온 자식도

내 목숨을 노리는데 …"라고 하였습니다. 이것이 공정입니다. 우리가 자기 가족에게 고난을 겪는다면, 모르는 사람에게 당하는 일에 화를 낼 이유가 어디 있습니까? 마지막으로 다윗은 이렇게 말합니다. "주님께서 그에게 명령하신 것이니 저주하게 내버려 두시오. 행여 주님께서 나의 불행을 보시고, 오늘 내리시는 저주를 선으로 갚아 주실지 누가 알겠소?" 이처럼 다윗은 따라오며 돌을 던지는 이 남자의 욕설을 들으며 견뎠을 뿐 그를 가만히 내버려 두었습니다. 이뿐만이 아닙니다. 다윗이 승리를 거둔 뒤 그 남자가 용서를 청하자 기꺼이 용서해 주었습니다.

제가 이 이야기를 여기에 쓴 이유는, 거룩한 다윗은 참된 복음적 정신 안에서 욕설에 마음 상하지 않았을 뿐 아니라 욕을 퍼붓는 그자에게 고마워하기까지 했으며, 그의 행동에 분개한 것이 아니라 그것이 자신에게 어떤 보상을 가져다주리라 생각하여 오히려 기뻐했다는 말을 하려는 것입니다. 그는 완벽한 사람이었으면서도 더 완벽한 것을 추구했습니다. 인간인 그는 부당한 욕을 먹는 고통에 피가 끓어올랐지만, 용감한 씨름꾼처럼 그것을 견뎌 냈고 훌륭한 군인처럼 그것을 이겨 냈습니다.

• 암브로시우스 『성직자의 의무』 1,48,245-47.[4]

하느님의 뜻을 기꺼이 받아들이다

언제나 자비로우신 주님, 나약한 제 육이 당신의 거룩한 도움으로 버텨 낼 수 있게 해 주십시오. 다윗은 이렇게 말합니다. '츠루야의 아들들이여, 그대들이 나와 무슨 상관이 있소? 시므이가 저주하게 내버려 두시오. 주님께서 다윗을 저주하라고 하시어 저자가 저주하는 것이라면,

---

[3] NPNF 1,5,461*.   [4] NPNF 2,10,39*.

어느 누가 '어찌하여 네가 그런 짓을 하느냐?' 하고 말할 수 있겠소?' 하느님의 뜻은 우리가 옳다 그르다 말할 것이 아니라 기꺼이 받아들여야 하는 것입니다. … 그러므로 하느님의 계명들은 우리가 지킬 수 있는 것들입니다. 우리는 다윗이 그것을 지켰다는 것을 압니다. 하지만 거룩한 사람들도 늘 공정을 지키는 일에 때로는 지치기도 하는 것을 우리는 봅니다.

• 히에로니무스 『펠라기우스파 반박 대화』 2,20.[5]

우리의 빚

우리가 사람의 손에 나쁜 일을 당할 때 우리에게 행해지는 일을 고결하게 견뎌 낸다면, 우리 빚의 상당 부분을 깎는 것입니다. 그러니 우리는 해를 입는 것이 아닙니다. 하느님께서 공정의 원칙에 따라서가 아니라 당신의 자애로 그 부당한 처우를 우리 빚에서 빼 주시기 때문입니다. 그래서 그분께서는 나쁜 일을 겪는 사람을 거기에서 빼내 주지 않으시는 것입니다. … 다윗은 이렇게 말하며 시므이의 저주를 듣고 견뎠습니다. "저주하게 내버려 두시오. 행여 주님께서 나의 치욕을 보시고, 오늘 내리시는 저주를 선으로 갚아 주실지 누가 알겠소?" 우리가 부당한 일을 겪고 있는데 그분께서 우리를 도와주시지 않을 때, 이익을 얻는 사람은 우리입니다. 우리가 감사히 그것을 견디면, 그분께서 우리 죄를 셈하실 때 그 점을 헤아려 주시기 때문입니다.

• 요한 크리소스토무스 『코린토 2서 강해』 23,7.[6]

---

[5] FC 53,327-28*. [6] NPNF 1,12,388-89**.

16,15-23 압살롬이 아히토펠의 의견을 따르다

[20] 압살롬이 아히토펠에게 물었다. "우리가 무슨 일을 해야 할지 의견을 내놓아 보시오."

[21] 아히토펠이 압살롬에게 말하였다. "부왕이 궁을 지키라고 남겨 놓은 그분의 후궁들에게 드십시오. 임금님께서 부왕에게 미움받을 일을 한 것을 온 이스라엘이 듣게 되면, 임금님을 따르는 모든 이가 손에 힘을 얻을 것입니다."

[22] 그들이 압살롬을 위하여 옥상에 천막을 쳐 주자, 압살롬은 온 이스라엘이 보는 앞에서 자기 아버지의 후궁들에게 들었다.

[23] 그 시절에 아히토펠이 내놓는 의견은 마치 하느님께 여쭈어 보고 얻은 말씀처럼 여겨졌다. 아히토펠의 모든 의견이 다윗에게도 압살롬에게도 그러하였다.

둘러보기

압살롬이 내놓고 아버지의 후궁들을 건드림으로써, 잔학한 아들을 피해 떠도는 신세가 된 다윗 임금의 치욕이 절정에 달한다(살비아누스).

16,21-22 압살롬이 자기 아버지 다윗의 후궁들과 자다

내놓고 부끄러운 짓을 저지르다

어좌에서 쫓겨난 다윗은 죽임을 당하지 않기 위해 떠도는 신세가 되었습니다. 이[압살롬]보다 더 사악하고 피에 굶주린 아들은 어디에도 없습니다. 그는 아버지를 살해하려다 뜻을 이루지 못하자 근친상간으로 아버지를 더럽혔습니다. 범죄에 범죄를 계속 쌓아 가던 그는 근친상간 중에도 가장 고약한 근친상간을 저질렀습니다. 몰래 저질러도 역겨울 범죄를 내놓고 저지름으로써 자기 아버지를 더없이 치욕스럽게 했습니다. 아

들의 그 더러운 범죄로 그곳에 없는 아버지까지 끔찍한 이로 비쳐졌을 뿐 아니라, 그의 공개적인 근친상간을 본 모든 이의 눈도 더러워졌습니다.

• 사제 살비아누스 『하느님의 다스림』 2,5.[1]

---

[1] FC 3,64*.

17,1-4 아히토펠이 압살롬에게 먼저 다윗을 덮치자고 제안하다

[1] 아히토펠이 압살롬에게 말하였다. "제가 만 이천 명을 뽑아 출동하여, 오늘 밤으로 다윗의 뒤를 쫓게 해 주십시오.

[2] 그가 지쳐 손에 힘이 빠졌을 때 그를 덮쳐 놀라게 하면, 그를 따르는 온 백성이 도망칠 것입니다. 그때 제가 임금을 쳐 죽이겠습니다.

[3] 그리하여 신부가 남편에게 돌아오듯, 온 백성을 임금님께 돌아오게 하겠습니다. 임금님께서 바라시는 것은 한 사람의 목숨뿐이니① 온 백성은 안전할 것입니다."

[4] 이 말이 압살롬과 이스라엘 모든 원로에게 옳게 여겨졌다.

① 그리스어 본문; 히브리어 본문은 '그리하여 신부가 남편에게 돌아오듯'이 없고, '임금님께서 바라시는 한 사람의 목숨은 온 백성이 돌아오는 것과 같으니'다.

둘러보기

아히토펠의 입에서 나온 아첨은 압살롬을 기쁘게 했지만, 그런 말은 겸손과 반대된다(요한 크리소스토무스).

17,1-4 아히토펠이 압살롬에게 즉시 다윗을 덮치자고 제안하다

겸손과 반대되는 아첨

그리스도인의 영혼에 오만함만큼 낯선 것은 없습니다. 오만은 담대함도 아니고 용기도 아닙니다. 담대함과 용기는 기분 좋은 것이기 때문입니다. 이런 것과 오만은 다릅니다. 마찬가지로 겸손과 비굴이 다르고, 아첨과 찬사도 다릅니다.

제가 지금 여러분께 이 모든 특성들의 본보기를 들어 드리겠습니다. 가라지와 밀, 가시와 장미처럼, 서로 반대되는 이 특성들이 때로는 구별하기 힘들게 보이기도 하기 때문입니다. 그러나 아이들은 쉽게 속지만 진리 안에서 성숙하고 영적 농사에 숙련된 사람들은 참으로 선한 것과 나쁜 것을 갈라놓을 줄 압니다. 제가 성경에서 예들을 찾아 드리지요. 무엇이 아첨이며 비굴이고 찬사입니까? 치바는 다윗에게 때에 맞지 않는 아첨을 늘어놓으면서 자기 주인을 중상했습니다(2사무 16,1-3 참조). 아히토펠은 압살롬에게 이보다 훨씬 더 많은 아첨을 해 댔습니다. 그러나 다윗은 이들 같지 않고 겸손했습니다. 속이는 자들은 아첨

쟁이들입니다. 그들은 "임금님께서 만수무강하
시기를 빕니다"(다니 2,4) 하고 외치곤 합니다. 마
술사들도 참 얼마나 대단한 아첨쟁이들인지요.

　　　　　　　　• 요한 크리소스토무스 『필리피서 강해』 5.[1]

　　　　　　　　[1] NPNF 1,13,205**.

17,5-14 후사이가 아히토펠의 의견을 좌절시키다

　[6] 후사이가 압살롬에게 오자, 압살롬이 그에게 물었다. "아히토펠이 이런 말을 하였는데, 우
　　리가 그의 말을 따라도 좋겠소? 아니라면 당신도 말해 보시오."
　[7] 후사이는 압살롬에게 "이번에 아히토펠이 낸 의견은 좋지 않습니다." 하고 대답하였다. …
　[14] 그러자 압살롬과 온 이스라엘 사람이 "아히토펠의 의견보다 에렉 사람 후사이의 의견이
　　더 좋다." 하고 말하였다. 이는 주님께서 압살롬에게 재앙을 끌어들이시려고, 아히토펠의
　　그 좋은 의견을 좌절시키셨기 때문이다.

둘러보기

아히토펠의 의견을 따랐더라면 압살롬이 승
리를 거둘 수 있었을 텐데, 하느님께서 압살롬의
마음을 움직여 그 의견을 거부하게 하심으로써
아히토펠의 계획을 좌절시키셨다(아우구스티누
스). 후사이가 압살롬을 속인 것은 하느님의 뜻
을 달성한 것으로서, 다윗의 안전과 승리라는 선
한 목적을 위한 것이었다고 성경이 인정해 주므
로 비난할 일이 아니다(요한 카시아누스).

17,14 주님께서 아히토펠의 의견을 좌절시키시다

훌륭한 조언에 끌리지 않는 경향

그래서 성경은 "이는 주님께서 압살롬에게 재
앙을 끌어들이시려고, 아히토펠의 그 좋은 의견
을 좌절시키셨기 때문이다"라고 기록합니다. 아
히토펠의 의견을 "그 좋은" 의견이라고 한 것은,
아버지를 거슬러 반역을 일으킨 압살롬이 당시
그의 목적을 이루게 해 줄 수 있는 계획이었기

때문입니다. 주님께서 압살롬의 마음을 움직여
아히토펠의 의견을 거부하고 자신에게 도움이
되지 않을 다른 이의 의견을 택하도록 하시어 아
히토펠의 의견을 좌절시키시지 않았더라면 다윗
은 그때 끝나 버렸을지도 모릅니다.

　　　　　　　　• 아우구스티누스 『은총과 자유의지』 20,41.[1]

선을 위해 사용하는 속임수

다윗 임금을 안전하게 지키려는 충성스러운
마음으로 후사이가 압살롬을 속인 것에 대해서
우리는 뭐라고 말해야 할까요? 성경은 그가 거
짓말하며 속였지만 선의를 지니고 있었으며 그
에게 묻는 자의 안녕을 원하지 않았다는 점을 인
정하며 이렇게 말합니다. "이는 주님께서 압살
롬에게 재앙을 끌어들이시려고, 아히토펠의 그
좋은 의견을 좌절시키셨기 때문이다." 하느님께

　　　　　　　　[1] FC 59,300*.

서 그 신앙심을 기꺼워하시는 사람이 안전하게 지켜지고 종교적인 승리를 거두게 하려는 좋은 목적을 위해 올바른 의향과 경건한 판단에 따라 실행한 일은 속임수를 썼더라도 비난할 수 없습니다.

● 요한 카시아누스 『담화집』 17,19,5.[2]

---

[2] ACW 57,598*.

17,15-20 후사이가 다윗에게 사람을 보내다

[15] 후사이가 차독 사제와 에브야타르 사제에게 말하였다. "아히토펠이 압살롬과 이스라엘의 원로들에게 이러이러한 의견을 내놓았으나, 나는 이러이러한 의견을 내놓았소.

[16] 그러니 이제 서둘러 다윗 임금님께 사람을 보내어, '오늘 밤 광야의 길목에 묵지 마시고 반드시 그곳을 건너가셔야 합니다. 그러지 않으시면 임금님께서는 물론 임금님과 함께 있는 온 백성이 전멸할 것입니다.' 하고 전해 주십시오."

[17] 한편 요나탄과 아히마아츠는 엔 로겔에 서 있다가, 한 여종이 와서 그들에게 소식을 전하면, 그들이 다시 다윗 임금에게 가서 그것을 전하기로 하였다. 그들이 도성에 들어가다가 들켜서는 안 되었기 때문이다.

[18] 그러나 젊은이 하나가 그들을 보고 압살롬에게 일러바쳤다. 그래서 그들 두 사람은 얼른 거기를 떠나 바후림에 사는 어떤 사람의 집에 들어갔다. 마침 그 집에는 우물이 있어서 그들은 그리로 내려갔다.

[19] 그러자 그 집 여인이 덮개를 가져와 우물의 아귀를 덮고, 그 위에 낟알을 널어놓아 아무도 눈치채지 못하게 하였다.

[20] 그때 압살롬의 부하들이 그 집에 들어와 여인에게 "아히마아츠와 요나탄이 어디에 있느냐?" 하고 물었다. 여인이 그들에게 "개울물[①]을 건너갔습니다." 하고 대답하였다. 그들은 두 사람을 찾다가 찾아내지 못하고 예루살렘으로 돌아갔다.

① 히브리어 본문은 낱말의 뜻이 명확하지 않다.

둘러보기

후사이가 다윗을 도운 일에 대한 이 기록을 시편 제7편과 함께 고찰해 보면, "예미니의 아들"이라는 이름은 그가 다윗 임금을 위해 한 용감한 행동을 기려 주어진 칭호라고 이해할 수 있다(대 바실리우스). 바오로 사도는 그 집 여인이 압살롬의 부하들을 속인 일을 예로 들며 자기 자신의 안녕보다 다른 사람들의 유익을 앞세워야 한다고 가르쳤는데, 그러자면 때때로 거짓말도 해야 할 것이다(요한 카시아누스).

17,15-16 후사이가 사제들을 통해 다윗에게 전갈을 보내다

오른손의 아들

역사서에서 후사이는 다윗의 절친한 벗이며 아라키의 아들[또는 에렉 사람]이라고 나옵니다. 그런데 시편[1]에서는 후사이를 "예미니의 아들"이라고 합니다. 후사이도 그리고 역사서에 나오는 그 어떤 사람도 예미니의 아들이 아닙니다. 그가 "예미니의 아들"이라 불린 것은 그저 우정을 가장하고 압살롬에게 접근했을 뿐이지만 실제로는 군사작전에 숙련된 유능한 전략가인 아히토펠의 의견이 받아들여지지 않게 하는 큰 용기와 힘을 보여 주었기 때문입니다. "예미니의 아들"은 '오른손의 아들'이라는 뜻입니다. 후사이는 의견을 제시함으로써 아히토펠의 의견 — 압살롬의 아버지가 준비할 시간을 주지 말고 즉시 공격하자는 것이었지요 — 이 받아들여지는 것을 막았습니다. 성경은 이를 "주님께서 압살롬에게 재앙을 끌어들이시려고, 아히토펠의 그 좋은 의견을 좌절시키셨기 때문"(2사무 17,14)이라고 합니다.

아무튼 후사이는 차독 사제와 에브야타르 사제를 통해 다윗에게 그 결정에 대해 알리며, 광야에 있는 아라봇에 묵지 말고 반드시 그곳을 건너가라고 일렀습니다. 그때에 이처럼 좋은 충고를 한 그는 다윗의 오른손이었고, 그 용감한 행동 덕분에 그런 이름을 얻었습니다. 그가 "예미니의 아들", 곧 '오른손의 아들'로 불리는 것은 이 때문임이 분명합니다. 남달리 사악한 자에게는 아버지의 이름을 붙여 부르는 대신 그가 지은 죄의 이름을 붙여 부르고, 훌륭한 이들은 그가 특별히 뛰어난 덕의 이름을 붙여 부르는 것이 성경의 관습입니다.

> • 대 바실리우스 『시편 강해』 7,1.[2]

17,19-20 여인이 압살롬의 부하들을 속이다

사랑 때문에 하는 거짓말

다윗 임금에게 소식을 전하도록 후사이가 보낸 사람들을 맞아들여 그들을 우물에 숨기고는 덮개를 덮고 그 위에 보리를 널어 말리는 척한

여인의 행동에 대해 우리는 뭐라고 해야 할까요? 여인은 '그들은 물을 마시더니 갔습니다' 하고 말했고, 그들은 이 속임수 덕분에 추적자들 손에서 벗어났습니다. 제가 묻겠습니다. 지금 복음 아래 사는 여러분이 비슷한 상황에 처했더라면 어떻게 행동했을 것 같습니까? 한번 말씀해 보십시오. 그들을 숨겨 주고 '그들은 물을 마시더니 갔습니다'라며 비슷한 거짓말을 해서, "죽음에 사로잡힌 이들을 구해 내고 학살에 걸려드는 이들을 빼내어라"(잠언 24,11)라는 명령을 실천했을 것 같습니까? 아니면 사실대로 말하고, 자신들을 죽이려는 자들을 피해 숨어 있는 사람들을 내주었을까요? 그런데 바오로 사도는 뭐라고 합니까? "누구나 자기 좋은 것을 찾지 말고 남에게 좋은 것을 찾으십시오"(1코린 10,24)라고 합니다. 또 '사랑은 자기 이익을 추구하지 않으며 남의 일을 돌보아 준다'(참조: 1코린 13,5; 필리 2,4)고도 합니다. 바오로 사도가 자기에 대해서는 뭐라고 합니까? "나는 많은 사람이 구원을 받을 수 있도록, 내가 아니라 그들에게 유익한 것을 찾습니다"(1코린 10,33)라고 합니다. 우리가 자기 것을 추구하며 우리에게 유익한 것에만 고집스레 매달리는 이라면, 이런 어려운 상황이 닥쳤을 때도 사실대로 말할 것입니다. 그래서 다른 사람의 죽음을 불러오는 죄를 지을 것입니다. 그러나 우리 자신의 안녕보다 우리가 다른 이들에게 도움이 되는 것을 앞세움으로써 사도의 명령을 실천한다면, 분명 거짓말을 할 필요도 생길 것입니다.

> • 요한 카시아누스 『담화집』 17,19,6-7.[3]

---

[1] 시편 제7편을 말한다. 제목에 해당하는 1절의 히브리어 본문은 '벤야민 사람 쿠스의 일로 부른 노래'인데 칠십인역 본문은 '예미니의 아들 쿠시[후사이]의 말을 두고 부른 노래'로 되어 있고, '후사이'라는 이름의 칠십인역 표기가 '쿠시'Chusi라서 나온 주해다.

[2] FC 46,165-66*.   [3] ACW 57,598-99*.

[17,21-29 다윗이 요르단을 건너다]

18,1-8 다윗의 군사들이 이스라엘인들과 싸우러 나가다

¹ 다윗은 함께 있는 군사들을 사열하고, 그들 위에 천인대장과 백인대장들을 세웠다. …

⁶ 군사들은 이스라엘인들과 싸우려고 들판으로 나갔다. 싸움은 에프라임 숲에서 일어났다.

⁷ 거기에서 이스라엘군은 다윗의 부하들에게 패배하여, 그날 그곳에서 이만 명이 죽는 큰 살육이 벌어졌다.

⁸ 싸움은 그곳 전 지역으로 번져, 그날 칼이 삼켜 버린 사람들보다 숲이 삼켜 버린 사람들이 더 많았다.

둘러보기

왕권을 거슬러 폭동을 일으키는 것도 벌 받을 일이지만 사제의 권위에 저항하는 것은 더욱 무거운 벌을 받아 마땅하다(『사도 헌장』).

18,6-8 다윗의 군사들이 압살롬의 군사들을 공격하다

사제직에 대항하는 자

사랑하는 여러분, 난동을 선동하는 자들의 영광은 어떤 종류의 영광이며 그들이 받는 선고는 무엇인지 봅시다. 임금을 거슬러 일어나는 자는 아들이건 친구건 벌을 받을 만하다면, 사제들을 거슬러 일어나는 자는 얼마나 더 그러하겠습니까! 사제는 영혼을 보살피는 사람이니 사제직이 왕권보다 훨씬 고귀하므로, 왕권에 대항하는 자나 사제직에 대항하는 자나 둘 다 벌을 피해 갈 수 없지만 감히 사제직에 대항하는 자가 더 무거운 벌을 받습니다. 압살롬도 압다단¹도 벌을 피해 가지 못했습니다. 코라와 다탄도 마찬가지였습니다(민수 16장 참조). 앞의 사람들은 다윗을 거슬러 일어나 나라를 차지하려고 했고, 뒤의 사람들은 모세가 남다른 지위를 누리는 것을 못마땅하게 여겨 그에게 반기를 들었습니다. 그리고 이 자들은 다 욕을 했습니다. 압살롬은 자기 아버지가 마치 불의한 심판관인 것처럼, 사람마다 붙들고 "듣고 보니 그대 말이 다 옳고 정당하오. 그러나 임금 곁에는 그대의 말을 들어 줄 자가 아무도 없소. … 누가 나를 이 나라의 재판관으로 세워만 준다면 …"(2사무 15,3-4)이라고 했습니다. 그런가 하면 압다단은 이렇게 말했습니다. "우리가 다윗에게서 얻을 몫도 없고, 이사이의 아들에게서 물려받을 유산도 없다"(2사무 20,1). 그는 하느님께서 다음과 같이 말씀하신 다윗의 통치를 견뎌 낼 수 없었던 것이 확실합니다. "내가 이사이의 아들 다윗을 찾아냈으니, 그는 내 마음에 드는 사람으로 나의 뜻을 모두 실천할 것이다"(사도 13,22; 참조: 1사무 13,14; 시편 89,21).

• 『사도 헌장』 6,1,2.²

---

¹ '세바'(2사무 20,1)의 이문이다.

² ANF 7,450**.

18,9-15 압살롬의 죽음

⁹ 압살롬이 다윗의 부하들과 마주쳤다. 그때 압살롬은 노새를 타고 있었다. 그 노새가 큰 향
엽나무의 얽힌 가지들 밑으로 들어가는 바람에, 그의 머리카락이 향엽나무에 휘감기면서
그는 하늘과 땅 사이에 매달리게① 되고, 타고 가던 노새는 그대로 지나가 버렸다.

¹⁰ 어떤 사람이 그것을 보고 요압에게 알려 주었다. "압살롬이 향엽나무에 매달려 있는 것을
보았습니다." …

¹⁵ 그러자 요압의 무기병인 젊은이 열 명이 둘러싸서 압살롬을 내리쳐 죽였다.

① 그리스어 본문; 히브리어 본문은 '놓이게'다.

둘러보기

목이 나뭇가지에 휘감기면서 공중에 매달린
채 죽은 압살롬의 죽음은 주님을 팔아넘긴 유다
의 죽음을 예시한다(카시오도루스). 윗사람의 권위
를 빼앗은 자들이 파멸을 맞은 것을 볼 때, 자기
주교에게 반대하는 행동은 조심할 필요가 있다.
모든 권위는 하느님에게서 온다(이그나티우스).

18,9 압살롬의 머리가 향엽나무에 걸리다

유다의 죽음에 대한 예시

압살롬은 아버지를 무자비하게 공격하던 중
이었는데, 그가 타고 있던 노새가 몹시 빨리 달
리다가 큰 향엽나무와 부딪히는 바람에 나뭇가
지들이 그의 목을 휘감아 그를 공중에 매달리게
했습니다. 이것은 주님을 팔아넘긴 자에 대한 예
시였습니다. 유다가 밧줄로 목을 매어 죽었듯이,
다윗을 박해한 자도 목이 졸린 채 죽었습니다.

• 카시오도루스 『시편 해설』 3,1.[1]

18,14 요압이 압살롬을 죽이다

윗사람을 존중하라

주교에게 순종하고 어떤 일에도 반대하지 않
는 것이 옳습니다. 그런 자리에 있는 사람에게

반대하는 것은 무서운 일입니다. 그런 행동은 눈
에 보이는 사람을 배척하는 것처럼 보이지만 [실
제로는] 보이지 않는 분, 그 누구에게서도 배척
받아서는 안 되는 분을 배척하려 드는 것이기 때
문입니다. 그러한 모든 행동은 사람이 아니라 하
느님과 관계된 일입니다. 하느님께서는 사무엘
에게 "그들은 사실 너를 배척한 것이 아니라 나
를 배척"(1사무 8,7)한 것이라고 말씀하십니다. 그
리고 모세는 "너희는 우리가 아니라 주님께 불
평한 것이다"(탈출 16,8)라고 합니다. … 자기 형
제를 죽인 압살롬은 나무에 매달린 채, 사악한
뜻만 품던 심장에 창을 맞고 죽었습니다. 아베다
단[2]도 같은 이유로 비슷한 모습으로, 목이 잘려
죽었습니다. 우찌야는 사제들과 사제직을 적대
하고 나서자 나병이 생겼습니다(2역대 26,16-23 참
조). 사울도 사무엘을 기다리지 않았다가 굴욕을
당했습니다(1사무 13,8-14 참조). 그러니 여러분도
윗사람을 공경하십시오.

• 안티오키아의 이그나티우스
『마그네시아 신자들에게 보낸 편지』 3.[3]

---

[1] ACW 51,68*.

[2] '세바'를 가리킨다(앞 단락 주 1 참조).

[3] ANF 1,60*.

18,16-30 달려온 전령들이 전쟁터의 소식을 전하다

¹⁷ 그들은 압살롬을 들어다가 숲속 큰 구덩이에 던져 넣고, 그 위에 커다란 돌무덤을 쌓았다. 이스라엘인들은 저마다 제집으로 도망쳤다.

둘러보기

거룩한 이들과 사악한 자들의 신체적 행위로 묘사되는 올라감과 내려감은 하느님과의 관계에서 그들이 보이는 행동의 특징을 나타낸다(암브로시우스). 압살롬의 죽음으로 몹시 슬퍼하던 다윗은 나라의 평화를 회복하는 일에서 위안을 찾았다(아우구스티누스).

18,17 압살롬의 매장

산들의 하느님

정오에 옥상에 올라가 그곳에서 다른 민족들의 세례에 관한 신비를 깨달은 베드로에 대해서야 무슨 말이 더 필요하겠습니까? 반면에 살해자 압살롬은 '임금의 골짜기'에 기념 기둥을 세웠고 살해당해 구덩이에 던져졌습니다. 이처럼 거룩한 이들은 주님을 향해 올라가고, 악인들은 죄를 짓기 위해 아래로 내려갑니다. 거룩한 이들은 산 위에 있고, 죄 있는 자들은 골짜기에 있습니다. 주님은 산들의 하느님이지 골짜기의 하느님이 아니시기 때문입니다(1열왕 20,28 참조).

• 암브로시우스 『서간집』 80.[1]

아들 압살롬에 대한 다윗의 사랑

우리가 다른 곳에서도 여러 번 말했듯이, 그들[도나투스파]은 자기들이 우리에게 하는 짓에 대해서는 자기 자신들의 책임이 아니라 하고, 자기들이 자기들한테 하는 짓은 우리 탓이라고 합니다. 우리 중에 그들이 멸망하기를 바라는 사람이 누가 있습니까? 나는 그들 가운데 하나가 멸망해야 한다고 말하는 것이 아니라, 자신의 소유 가운데 무엇 하나라도 잃어야 한다고 말하는 것입니다. 아들 압살롬이 자기 아버지를 거슬러 벌인 전쟁 중에 살해당하지 않고는 다윗 집안이 평화를 얻을 수 없다면, 아들이 회개하면 용서해 줄 생각으로 다윗이 부하들에게 압살롬을 산 채로 안전하게 붙잡으라고 엄격히 명령하고 주의를 기울였지만, 다윗은 결국 잃어버린 아들을 두고 슬퍼하며 나라의 평화를 되찾은 것에서 위안을 찾는 수밖에 없었습니다.

• 아우구스티누스 『도나투스파 계도』 8,32.[2]

---

[1] FC 26,448-49.

[2] NPNF 1,4,645.

18,31-19,1 다윗이 압살롬의 죽음을 슬퍼하다

³¹ 그때 에티오피아 사람이 들어와 말하였다. "저의 주군이신 임금님, 기쁜 소식이 있습니다. 주님께서 임금님께 맞서 일어난 자들의 손에서 오늘 임금님을 건져 주셨습니다."

³² 임금이 에티오피아 사람에게 "그 어린 압살롬은 무사하냐?" 하고 묻자, 에티오피아 사람이 대답하였다. "저의 주군이신 임금님의 원수들과 임금님을 해치려고 일어난 자들은 모두 그 젊은이처럼 되기를 바랍니다."

^{19/1①} 이 말에 임금은 부르르 떨며 성문 위 누각으로 올라가 울었다. 그는 올라가면서 "내 아들 압살롬아, 내 아들아, 내 아들아!" 하였다.

> ① 칠십인역으로는 18장 33절이다.

둘러보기

성경에 기록된 에티오피아 사람의 말은 하느님께서는 행위와 본보기로만이 아니라 이름 자체와 판결의 조건으로도 심판하신다는 것을 입증해 준다(살비아누스). 다윗이 사악한 아들들의 죽음은 슬퍼하고 죽은 아기는 애도하지 않은 것은 이 아기의 경우엔 부활을 기대했기 때문이라고 설명할 수 있다(암브로시우스). 다윗이 슬퍼한 것은 압살롬이 죽어서가 아니라, 간통을 저지르고 사람을 죽인 이 아들이 이제 회개할 기회를 영영 잃고 벌을 받게 되었기 때문이었다(아우구스티누스). 다윗의 큰 슬픔과 압살롬 대신 죽음을 당하고 싶어 한 마음은 훌륭한 사목자가 보여 줄 만한 연민이요 마음씀이다(요한 크리소스토무스). 다윗이 악한 아들의 죽음을 슬퍼하면서도 그의 죽음으로 인해 평화와 일치가 회복된 것에서 위안을 얻었듯이, 교회도 떨어져 나간 이단자들에 대해 그렇게 여겨야 한다(아우구스티누스).

18,31 에티오피아 사람이 전쟁터의 소식을 전해 주다

심판의 이름과 조건

반역을 저지른 아들이 아버지를 추격할 때, 주님께서는 다윗을 구해 주셨습니다. 그저 구해 주신 정도가 아니라 구원받은 이가 바란 것보다 훨씬 완전하게 구해 주셨습니다. 이는 불의를 당한 사람들보다 당신께서 그 일을 더 통탄하신다는 것을 보여 주시려는 뜻이었습니다. 그분께서 부당한 일을 당한 사람이 바라는 것보다 더 심하게 앙갚음해 주시는 것은, 그 일로 원한을 푸는 이는 당신께서 대신 복수해 주시는 그 사람보다 당신 자신임을 우리가 이해하기 바라시기 때문 아니겠습니까? 그래서 아버지를 죽이려 했던 다윗의 아들이 인간의 손이 만든 것이 아닌 십자가에 매달려 죽었을 때 성경은 하느님의 징벌인 그 일에 대해 이렇게 전합니다. "저의 주군이신 임금님, 기쁜 소식이 있습니다. 주님께서 임금님께 맞서 일어난 자들의 손에서 오늘 임금님을 건져 주셨습니다."

앞에서도 말씀드렸듯이, 하느님께서는 그때도 오늘도 행실과 본보기로만 심판하시는 것이 아니라 이름 자체와 판결의 조건에 따라서도 심판하신다는 것을 성경이 증언하고 있다는 것을 아시겠지요.

• 사제 살비아누스 『하느님의 다스림』 2,3-4.[1]

19,1 다윗이 압살롬을 두고 슬퍼하다

영원히 돌아오지 못하는 이들을 두고 슬퍼하다

죄 없는 아기가 죽었을 때 울지 않았던 다윗이 아버지를 죽이려 한 아들이 죽었을 때는 울었습니다. 성경의 표현에 매달리는 이들은 그가 이렇게 달리 행동한 것을 두고 혼란스러워하지 않아야 할 것입니다. 다윗은 "내 아들 압살롬아, 내 아들 압살롬아! 너 대신 차라리 내가 죽을 것을" 하며 소리 내어 울었습니다. 그러나 그는 아버지를 죽이려던 압살롬만 두고 운 것이 아닙니다. 암논 때문에도 울었습니다. 근친상간을 저지른 그 아들의 죄에 대해서는 앙갚음이 이루어졌습니다. 하나는 나라를 우습게 보았고, 다른 하나는 형제들을 유랑자로 만들었습니다. 이처럼 다윗은 사악한 자들을 두고는 울었고, 죄 없는 이를 두고는 울지 않았습니다. 어째서 그랬을까요? 이유가 무엇입니까? 사려 깊은 이들은 조금 생각하고 끝내지 않으며 지혜로운 이들에게는 결과에 대한 확신이 있습니다. 너무나 다른 많은 행동들 안에서도 분별은 한결같고 믿음은 하나입니다. 그는 죽은 이들을 두고 울었지만 죽은 아기(2사무 12,22-23 참조)를 두고는 울 필요가 없다고 생각했습니다. 앞의 두 아들은 영원히 잃어버렸다고 생각했지만 이 아기는 되살아나리라는 희망을 가지고 있었기 때문입니다.

• 암브로시우스 『부활 신앙』 2,28.[2]

아들의 죽음이 아니라 아들이 받을 징벌 때문에 슬퍼하다

다윗 임금은 불효하고 포악한 아들한테서 위와 같은 일을 당하였지만, 악독하게 날뛰는 [아들을] 관용하였을뿐더러 그가 죽자 오히려 애곡하였습니다. 그는 육욕의 질투에 사로잡히지 않았고 자기가 당한 불의보다도 아들의 죄를 괴로워하였습니다. 그래서 [아들이] 만약 패할 경우에도 죽이지 말라고 명해 놓았으니, 사로잡힌 자에게 뉘우칠 여지를 주려는 뜻이었습니다. 또 결국 그의 뜻대로 안 되자, 그는 [아들의] 피살로 자신이 괴롭게 되었기 때문이 아니라 불효하게 간통하고 형제 살해를 한 영혼이 어떤 벌을 받는지 알기 때문에 통탄합니다.

• 아우구스티누스 『그리스도교 교양』 3,21.[3]

훌륭한 사목자의 관심사

좋은 사목자는 마음씀과 연민이 아주 깊습니다. 사람들이 자기 자식들이 살해당했을 때 그러듯이, 다윗은 그들이 쓰러져 죽자 마음이 몹시 아팠습니다. 그래서 그는 [하느님의] 분노가 차라리 자신에게 내리기를 빌었습니다. 학살이 시작되리라는 것을 미리 알았더라면 그는 애초에 이렇게 빌었을 것이고, 그 분노가 자신에게 떨어지리라 기대했을 것입니다. 그래서 상황이 자신의 기대와 달리 전개되며 그들 사이에 재앙이 불어 닥치고 있는 것을 본 그는 더 이상 참지 않았습니다. 그러나 그는 맏아들 암논의 일에 더 가슴 아파했습니다. 그때는 죽음을 청하지는 않았는데, 지금은 [재앙이] 다른 이들보다 자신에게 떨어지기를 기원합니다. 지배자는 이래야 합니다. 자신의 재앙보다 남들이 당한 재앙에 더 가슴 아파해야 합니다. 그는 아들의 일로 바로 그런 경우를 당했는데, 이는 그가 백성들보다 자기

---

[1] FC 3,60-61*.   [2] NPNF 2,10,178.

[3] FC 2,141; 『교부 문헌 총서』 2,253-55.

아들을 더 사랑하지는 않았다는 것을 여러분이 알게 하려는 것입니다. 아직 젊은 그 아들은 성적으로 문란했고 아버지에게 함부로 대했습니다. 그런데도 아버지는 "너 대신 차라리 내가 죽을 것을!" 하고 말했습니다. '복된 당신, 모든 사람 가운데 가장 온유한 당신은 지금 무슨 말을 하는 것입니까? 당신의 아들은 당신을 죽이려 했고 셀 수도 없이 여러 번 당신을 거슬러 못된 일을 꾸몄습니다. 그런데 그가 제거되고 승리의 기념비가 세워진 마당에 당신은 차라리 죽기를 바라다니요? 그가 대답합니다. '그렇소. 승리한 것은 군대지 내가 아니오. 나는 그 어느 때보다 격렬한 전쟁 중이오. 나의 내면은 그 어느 때보다 심하게 찢겨 있다오.'

• 요한 크리소스토무스 『로마서 강해』 29.[4]

교회는 이단자들을 잃어버린 것을 두고 슬퍼한다

주님의 도움으로 참으로 많은 사람이 그대[5] 덕분에 평화의 길을 찾은 것을 보는 지금 우리가 할 일은 무엇입니까? 분명한 것은, 극도로 고집 세고 자기 자신에게 잔인한 자들이 자기 자신의 의지로 우리가 아니라 그들 스스로를 파멸시킬지도 모른다는 두려움 때문에, 일치를 이루고자 하는 뜨거운 충동으로 그들을 붙들 수도 붙들어서도 안 된다는 것입니다. 실로 우리는 그리스도를 거슬러 그리스도의 깃발을 지고 가며 복음을 거슬러 복음을 자랑하는 모든 이가 그들의 잘못된 길을 버리고 그리스도의 일치 안에서 우리와 함께 기뻐하기를 기도해야 합니다. 그러나 하느님께서는 우리가 헤아릴 수는 없지만 의로우신 당신 의지에 따라, 저주받아 마땅한 분열에 대한 벌로 모두가 똑같이 지옥 불에서 영원히 타는 대신 그들 중 일부는 최종적인 벌을 받도록, 그리고 이보다 훨씬 많은 수의 사람들은 그 치명적인 분열과 이탈에서 건져져 구원받도록 정해 놓으셨습니다. 거룩한 다윗이 반역을 일으킨 아들을 너그럽게 다루어 주도록 장수들에게 분부를 내렸으며 그가 죽은 것을 알자 애도하였듯이, 교회도 이들[이단자들]을 잃은 것을 몹시 슬퍼합니다. [압살롬의 죽음은] 불경을 저지른 사악한 자가 받는 벌이었지만, 다윗은 울음 섞인 말로 아들의 죽음을 슬퍼했습니다. 그러나 그의 교만하고 사악한 영이 제 있을 곳으로 떠나자, 그의 폭정으로 분열되었던 하느님의 백성은 자기들의 임금을 인정하였고 그들의 완전한 재결합은 아들 잃은 아버지의 슬픔에 위로가 되었습니다.

• 아우구스티누스 『서간집』 204.[6]

---

[4] NPNF 1,11,546*.

[5] 이 발췌문은 아프리카에서 도나투스파에게 황제의 칙령을 집행한 로마 정부의 관리 둘키티우스에게 보낸 편지다.

[6] FC 32,4.

19,2-16 다윗이 예루살렘으로 돌아갈 준비를 하다

[2] "임금님께서 우시며 압살롬의 죽음을 슬퍼하신다."는 말이 요압에게 전해졌다.

[3] 그리하여 모든 군사에게 그날의 승리는 슬픔으로 변하였다. 그날 임금이 아들을 두고 마음 아파한다는 소식을 군사들이 들었기 때문이다.♪

☞⁴ 군사들은 그날 슬며시 성읍으로 들어왔는데, 마치 싸움터에서 도망칠 때 부끄러워 슬며시 빠져나가는 군사들 같았다.

⁵ 임금은 얼굴을 가리고 큰 소리로 "내 아들 압살롬아, 압살롬아, 내 아들아, 내 아들아!" 하며 울부짖었다.

둘러보기

다윗은 압살롬의 육체적 죽음보다 그가 영원한 징벌에 처해졌다는 사실 때문에 슬퍼했다(아우구스티누스).

19,1-4 승리의 기쁨이 슬픔으로 바뀌다

다윗이 불경한 아들을 두고 슬퍼하다

다윗 임금은 불효하고 포악한 아들한테서 위와 같은 일을 당하였지만, 악독하게 날뛰는 [아들을] 관용하였을뿐더러 그가 죽자 오히려 애곡하였습니다. 그는 육적인 질투에 사로잡히지 않았고 자기가 당한 불의보다도 아들의 죄를 괴로워하였습니다. 그래서 [아들이] 만약 패할 경우에도 죽이지 말라고 명해 놓았으니, 사로잡힌 자에게 뉘우칠 여지를 주려는 뜻이었습니다. 또 일이 그의 뜻대로 풀리지 않자, 그는 [아들의] 피살로 자신이 괴롭게 되었기 때문이 아니라 불효하게 간통하고 존속 살해를 한 영혼이 어떤 벌을 받는지 알기 때문에 통탄합니다.

• 아우구스티누스 『그리스도교 교양』 3,21.¹

---

¹ NPNF 1,2,565; 『교부 문헌 총서』 2,253-55.

19,17-31 시므이와 므피보셋이 다윗에게 경의를 표하다

²⁵ 사울의 아들 므피보셋도 임금을 맞으러 내려왔다. …

²⁷ 그가 대답하였다. "저의 주군이신 임금님, 제 종이 저를 속였습니다. 임금님의 이 종이 다리를 절기 때문에 그에게 '나귀를 타고 임금님과 함께 떠나야 하겠으니, 나귀에 안장을 얹어라.'① 하고 말하였습니다.

²⁸ 그런데 그는 임금님께 가서 이 종을 모략하였습니다. 그러나 저의 주군이신 임금님께서는 하느님의 천사와 같으시니, 임금님께서 보시기에 좋으실 대로 하시기 바랍니다.

① 그리스어 본문, 불가타; 히브리어 본문은 '내가 나귀에 안장을 얹겠다'다.

둘러보기

예언자들도 속을 수 있으므로 예언의 은사를 받지 못한 이들이 실수를 저지르는 것은 놀랄 일이 아니다(대 그레고리우스).

19,28 므피보셋이 종이 자신을 모략했음을 밝히다

인간은 실수한다

페트루스¹▶여, 인간에 지나지 않는 우리가 실수를 하는 것에 그대는 왜 놀랍니까? 그대는 다윗이 요나탄의 죄 없는 아들[므피보셋]을 오해하게 된 것은 종의 거짓말을 믿었기 때문이라는 사실을 잊었습니까?(2사무 16,3 참조) 다윗은 예언의 영도 받은 사람이었습니다. 그런 다윗도 이런 적이 있음을 생각할 때 우리는, 인간의 이성으로는 그 일이 왜 공정한지 알 수 없지만 하느님의 감추어진 심판은 그가 공정하게 행동했다고 판결하리라는 것을 확신할 수 있습니다. 그렇다면 예언자도 아닌 우리가 사기성이 농후한 자들에게 때때로 속아 넘어가는 것이 뭐가 놀랍습니까?

명심할 것은 상급자는 온갖 걱정으로 정신이 다른 데 가 있을 때가 많으며, 갖가지 일에 주의를 쏟다 보면 세부적인 일에 철저하기가 어렵다는 것입니다. 많은 일을 감당하는 사람일수록 그 가운데 어떤 일에서 미혹당하기 쉽습니다.

• 대 그레고리우스 『대화』 1,4.[2]

---

[1] 대 그레고리우스가 데리고 있던 부제 페트루스를 가리킨다. 이 작품은 대화를 주고받는 형식으로 가르침을 제시하는데, 이는 자주 사용되던 문학적 기법이었다.

[2] FC 39,23-24.

[19,32-44 다윗이 요르단을 다시 건너 돌아오다]

20,1-10 세바가 반란을 일으키다

8 그들이 기브온에 있는 큰 바위 곁에 이르렀을 때, 아마사가 그들 앞으로 나아왔다. 요압은 군복을 입고, 허리에 띠를 매고 있었는데, 거기에는 칼이 든 칼집이 달려 있었다. 요압이 나아갈 때에 칼이 빠져나왔다.

9 요압은 아마사에게 "장군, 평안하시오?" 하면서, 오른손으로 아마사의 수염을 잡고 입을 맞추었다.

10 그런데 아마사는 요압의 손에 있는 칼에 주의를 기울이지 않았다. 요압이 칼로 그의 배를 찔러 그의 창자를 땅에 쏟아지게 하니, 그는 두 번 찌를 것도 없이 죽어 버렸다.

둘러보기

요압이 복수를 위해 저지른 수많은 악행은 복수는 비록 정당하게 보일지라도 피해야 할 죄임을 보여 준다(요한 크리소스토무스). 사악한 자들은 마음속으로는 해 끼칠 일을 꾸미며 입으로는 거짓말로 속인다(대 그레고리우스).

20,9-10 요압이 몰래 아마사를 죽이다

스스로 복수하다

제가 이를 좀 더 쉽게 설명해 주면 좋겠습니까? 이들의 경우를 좀 들여다봅시다. 정당한 복수일망정 스스로 그 일을 실행하는 사람들 말입니다. 악행자들은 자기 영혼과 싸우는 자이며 사람들 가운데 가장 가치 없는 자라는 것은 누구에게나 명백한 사실입니다.

그런데 정당한 복수이긴 했지만 스스로 복수함으로써 무수한 재난을 불러일으키고 많은 참화와 슬픔으로 자기 자신에게 구멍을 낸 사람이 있지 않습니까? 다윗 군대의 장수였지요. 요압은 통탄할 전쟁을 선동했고 셀 수 없이 많은 불행을 겪었습니다. 그에게 자제력이 있었다면 어느 하나 일어나지 않았을 일들입니다. 그러니 우리는 이 죄에서 달아납시다. 말로든 행위로든 이웃에게 나쁜 짓을 하지 맙시다.

• 요한 크리소스토무스 『마태오 복음 강해』 42,2.[1]

악의를 가지고 속이다

사악한 자들은 악을 혀 위가 아니라 밑에 감추고 있기에(욥 20,12-14[2] 참조) 입으로는 듣기 좋은 말을 내뱉으며 마음속 생각으로는 나쁜 짓을 꾸밉니다. 요압이 오른손으로 아마사의 수염을 잡고 은밀하게 왼손으로 칼을 빼서 그의 창자가 땅에 쏟아지게 한 것은 그런 까닭입니다. 오른손으로 턱을 잡은 것은 다정하게 쓰다듬는 것과 같습니다. 그러나 그는 왼손을 칼로 뻗었습니다. 악의를 품고 은밀하게 친 것입니다.

• 대 그레고리우스 『욥기의 도덕적 해석』 15,11.[3]

---

[1] NPNF 1,10,271*.

[2] "악이 입에 달콤하여 제 혀 밑에 그것을 감추고 아까워서 내놓지 않은 채 입속에 붙들고 있다 해도 그의 음식은 내장 속에서 썩어 배 속에서 살무사의 독으로 변한다네."

[3] *LF* 21,179.

[20,11-26 세바가 죽다]

21,1-14 기브온 사람들의 원한을 풀어 주다

[1] 다윗 시대에 연이어 세 해 동안 기근이 들었다. 다윗이 주님께 곡절을 물으니, 주님께서 "사울이 기브온 사람들을 죽인 탓으로, 그 피가 사울과 그의 집안에 머물러 있다."고 대답하셨다.

[2] 임금이 기브온 사람들을 불러다가 물어보았다. 기브온 사람들은 이스라엘 자손이 아니라 아모리족 가운데에서 살아남은 자들이었다. 이스라엘 자손들이 그들을 살려 주기로 약속했는데도, 사울은 이스라엘 자손들과 유다에 대한 열정에서 그들을 다 쳐 죽이려고 했던 것이다. …

[5] 그들이 임금에게 청하였다. "이스라엘의 모든 땅에서 저희가 살아남지 못하도록 저희를 없애 버리고 멸망시키려 한 그 사람,

[6] 그 사람의 자손 가운데 일곱 명을 저희에게 넘겨주십시오. 그러면 주님의 선택자 사울이 살던 기브아에서, 저희가 그들을 주님 앞에서 나무에 매달겠습니다." 임금은 "내가 그들을 넘겨주겠소." 하고 약속하였다. …

[8] 임금은 아야의 딸 리츠파가 사울에게 낳아 준 두 아들, 곧 아르모니와 므피보셋, 그리고 사울의 딸 미칼①이 므홀라 사람 바르질라이의 아들 아드리엘에게 낳아 준 아들 다섯을 붙들어다가, ♪

☞⁹ 기브온 사람들의 손에 넘겨주었다. 그러자 기브온 사람들은 산 위에 올라가 그들을 주님 앞에서 나무에 매달았다. 그렇게 그들 일곱은 함께 죽었다. 그들이 처형당한 것은 수확 철이 시작될 때, 곧 처음으로 보리를 거두어들일 때였다.

① 히브리어 본문; 히브리어 사본 2종과 그리스어 본문은 '메랍'이다.

둘러보기

기브온 사람들에 대한 처우는 하느님 나라에는 서로 다른 여러 등급이 있음을 알려 준다(히에로니무스).

21,2-9 기브온 사람들이 사울 집안에 직접 복수하다

하느님 나라에는 서로 다른 여러 등급이 있다

기브온 사람들과 이스라엘 자손이 만났습니다. 다른 민족들은 살해당했지만, 기브온 사람들은 나무를 베거나 물 긷는 일을 하도록 살려 두었습니다. 하느님의 눈에 그들은 이러한 가치가 있었기에 이들에게 잘못을 행한 사울 집안의 사람들이 죽임을 당했습니다. 당신이라면 그들을 어디에 두겠습니까? 염소들 가운데에 두겠습니까? 그러나 그들은 살해당하지 않았습니다. 하느님의 결정에 따라 그들의 원한이 풀렸습니다. 그러면 [그들을] 양들 가운데 두겠습니까? 하지만 성경은 그들에게는 이스라엘 사람들과 똑같은 공로가 없다고 합니다. 그렇다면 그들은 실로 오른쪽에 서 있기는 하지만 한참 급이 떨어짐을 알 수 있습니다.

● 히에로니무스 『요비니아누스 반박』 2,33.¹

¹ NPNF 2,6,413.

21,15-22 필리스티아인들과의 싸움이 계속되다

¹⁵ 필리스티아인들과 이스라엘인들 사이에 다시 싸움이 일어났다. 다윗이 부하들을 거느리고 내려가 필리스티아인들과 싸우다가 지치게 되었다.

¹⁶ 그때 라파의 후손 이스비 브놉이라는 자가 청동 삼백 세켈이나 되는 창을 들고 허리에 새 칼을 차고는, 다윗을 죽이겠다며 나섰다.

¹⁷ 그러나 츠루야의 아들 아비사이가 다윗을 도우러 와서, 그 필리스티아 사람을 내리쳐 죽였다. 그 뒤 다윗의 부하들은 "임금님께서는 우리와 함께 다시는 싸움터에 나가지 마십시오. 그러면 임금님께서 이스라엘의 등불을 꺼 버리시게 될 것입니다." 하며 다짐을 받았다.

둘러보기

비겁함을 본 보이는 일이 없도록 사제들은 결코 두려움에 빠져 달아나서는 안 된다. 다만 다윗의 예가 보여 주듯이, 교회의 유익을 위해 그들이 목숨을 보존해야 할 때는 달아나도 된다(아우구스티누스). 현실 세계의 전쟁에서나 영적인 전

쟁에서나 원수들이 가장 많은 노력을 쏟는 일은 상대편 군사들이 열성을 다해 지키는 최고사령관을 쓰러뜨리는 일이다. 그러므로 영적 지도자들을 위해 기도하여 그들과 그들이 [하느님께] 위탁받은 이들이 목숨을 보존할 수 있게 해야 한다(요한 크리소스토무스).

21,17 임금님께서는 우리와 함께 다시는 싸움터에 나가지 마십시오

위험을 피해 달아나는 것

하느님의 사제들은 자신의 몸을 지켜 평화의 시기에 교회에 공헌할 수 있도록 그런 험악한 위험에서 달아나야 한다고 말하는 사람들이 있을 것입니다. 교회에 사목자들이 부족하지 않을 때는 교회가 완전히 버려지는 일이 없도록 일부가 그렇게 해도 괜찮습니다. 앞서도 말씀드렸듯이, 아타나시우스가 그리했습니다. 가톨릭 신자들의 몸[교회]은 교회가 아리우스파 이단자들에게 대항해 말과 마음의 사랑으로 교회를 지켜 낸 사람의 신체가 안전하게 지켜지는 것이 교회에게 얼마나 필요하고 이로운 일인지 알고 있기 때문입니다. 그러나 모두가 위험에 처했고 사제의 피신이 장차 도움이 되겠다는 뜻보다 죽음에 대한 두려움이 더 큰 동기라고 의심될 때, 사제가 신변의 안전을 지킴으로써 얻어지는 선보다 달아나는 본을 보임으로써 미칠 해가 더 클 경우, 사제가 피신해야 할 정당한 이유가 없습니다. 마지막으로, 거룩한 다윗의 예가 있습니다. 그는 '이스라엘의 등불을 꺼 버리는 일이 없도록' 전투의 위험에 자신을 내맡기지 않았습니다. 그러나 처음부터 그 스스로 이렇게 결정한 것이 아니라 부하들이 제발 그렇게 하시라고 사정하여 따른 것이었습니다. [그런 일이 없었더라면] 다윗이 다른 사람들의 유익을 위해서가 아니라 두려운 마음에 스스로 그렇게 했다고 믿고 비겁하게 그 행동만 본받는 사람들이 많았을 것입니다.

● 아우구스티누스 『서간집』 228.[1]

지도자들은 더 심한 공격을 받는다

하느님께 간청하십시오. 이를 위해 그분께 간청하십시오. 실로 그것은 우리를 위해 이루어지는 일입니다만 전적으로 여러분을 위한 일입니다. 우리[영적 지도자]는 여러분을 위해 임명된 사람들이고 여러분에게 유리한 것이 무엇인지가 우리의 관심사이기 때문입니다.

우리의 원수는 폭력적입니다. 여러분은 실로 저마다 자신에게 이로운 것에 대해 생각하며 안달하지만, 우리는 모든 사람의 관심사에 대해 [생각합니다]. 우리는 전투에서 격전이 치러지는 곳에 서 있습니다. 악마는 우리에게 더욱 폭력적으로 대응합니다. 전쟁에서도 적군은 누구보다 먼저 이편의 최고사령관을 쓰러뜨리려고 애씁니다. 그런 이유로 원수의 모든 전투원들이 그곳으로 서둘러 달려갑니다. [사령관의 부하들은] 모두 그를 구하려 하고, 그래서 그곳에서는 엄청난 혈전이 벌어집니다. 그들은 사령관을 지키려고 방패로 그를 에워쌉니다. 모든 백성이 다윗에게 한 말을 들어 보십시오. (내가 이 말을 하는 것은 나 자신을 다윗에게 비교할 만큼 정신이 나가서가 아니라, 백성이 그들의 지도자에게 느꼈던 사랑을 보여 드리려는 것입니다.) "임금님께서는 다시는 싸움터에 나가지 마십시오. 그러면 임금님께서 이스라엘의 등불을 꺼 버리시게 될 것입니다." 그들이 이 노인을 얼마나 간절히 지키고 싶어 했는지 아시겠지요? 저는 여러분의 기도가 몹시 필요합니다. 앞에서도 말했지만, 겸손이 지

---

[1] FC 32,147-48*.

나쳐 제게서 이런 협조와 도움을 빼앗는 사람이 아무도 없기를 바랍니다. 우리의 역할이 호의적으로 인정받는다면, 여러분의 역할도 더욱 영예로운 것이 될 것입니다. 우리의 가르침이 풍성히 흘러나온다면, 그 부요함이 여러분에게 미칠 것

입니다.

• 요한 크리소스토무스 『테살로니카 2서 강해』 4.[2]

---

[2] NPNF 1,13,391*.

22,1-51 다윗의 승전가

[1] 주님께서 다윗을 그의 모든 원수들과 사울의 손아귀에서 건져 주신 날, 다윗은 이 노래로 주님께 아뢰었다.

[2] 그는 말하였다.

"주님은 저의 반석, 저의 산성, 저의 구원자,

[3] 저의[①] 하느님, 이 몸 피신하는 저의 바위 저의 방패, 제 구원의 뿔, 저의 성채

저의 피난처, 저를 구원하시는 분.

당신께서는 저를 폭력에서 구원하셨습니다. …

[44] 당신께서 저를 백성의 다툼[②]에서 구하시어

민족들의 우두머리로 지켜 주셨으니

제가 알지 못하던 백성이 저를 섬기고

[45] 이방인들이 저에게 아양 부리며

제 말을 듣자마자 저에게 복종하였습니다.

[46] 이방인들이 기진맥진하여

성곽에서 허리에 띠를 매고[③] 나왔습니다.

[47] 주님께서는 살아 계시다!

나의 반석께서는 찬미받으시리니

내 구원의 반석이신 하느님께서는 드높으시다.

[48] 하느님께서 내 원수를 갚아 주시고

백성들을 내 발아래 굴복시키셨다.

[49] 당신께서는 제 원수들에게서 저를 빼내시고

저를 거슬러 일어선 자들에게서 들어 높이셨으며

포악한 자에게서 해방시켜 주셨습니다.

[50] 그렇기에 주님, 제가 민족들 앞에서 당신을 찬송하고

당신 이름에 찬미 노래 바칩니다.♪

☞⁵¹ 그분께서는 당신 임금에게 큰 구원④을 베푸시고

당신의 기름부음받은이 다윗과 그 후손에게

영원토록 자애를 베푸신다."

① 그리스어 본문(시편 18,2와 같음); 히브리어 본문에는 '저의'가 없다.
② 그리스어 본문; 히브리어 본문은 '제 백성과의 다툼'이다.
③ 히브리어 본문; 그리스어 본문은 시편 18,45와 같은 '떨며'다.
④ '승리'로 되어 있는 본문도 있다.

둘러보기

다윗이 그의 모든 원수들과 사울의 손아귀에서 구원받은 뒤 불렀다고 기록된 성경의 노래 가운데 다섯 번째 노래로서, 다윗의 원수들이 모두 패배하고 그가 주님의 도움을 받을 자격이 있었음을 확인할 수 있는 이라면 누구든 불러도 좋을 노래다. 예수님께서는 유대인들의 의심을 불러일으키기 위해 오신 것이 아니다. 그러나 그리스도를 통하여 성경에 예언되어 있듯이, 그들의 불신을 예상하시고 그것을 다른 민족들을 부르시는 데 이용하셨다(오리게네스). 옛 율법과 육체의 할례가 끝나리라고 예고한 예언자들은 전에는 하느님을 몰랐던 백성, 곧 다른 민족들 안에서 새 율법과 영적 할례가 오리라는 것도 단언하였다(테르툴리아누스). 압살롬이 죽지 않고서는 다윗 집안에 평화가 올 수 없었던 것처럼 교회와 이단자들의 관계도 그렇다. 교회는 이단자들을 잃은 것을 슬퍼하지만 다른 많은 사람이 구원받은 것에서 위안을 얻는다(아우구스티누스).

22,1-2 다윗이 주님을 찬미하기 시작하다

성경의 다섯째 노래를 부르는 것

다섯 번째 노래는 사무엘기 하권에 나옵니다. "주님께서 다윗을 그의 모든 원수들과 사울의 손아귀에서 건져 주신 날, 다윗은 이 노래로 주님께 아뢰었다"고 설명되어 있습니다. 그는 이렇게 말했습니다. "주님은 저의 반석, 저의 산성, 저의 구원자, 저의 하느님, … 당신께서는 저를 폭력에서 구원하셨습니다." 사무엘기 상·하권에서 다윗이 무찌르고 쓰러뜨린 원수들이 누구인지, 그리고 그가 어떻게 해서 주님의 도움을 입고 이런 종류의 원수들에게서 구원받을 자격을 얻었는지 고찰하고 파악했다면, 여러분도 이 다섯 번째 노래를 부를 자격이 있습니다.

• 오리게네스 『아가 주해』 서론.¹

22,44-45 다윗이 이방인들의 복종에 관해 노래하다

다른 민족들을 부르시다

'예수는 우리[유대인]가 그를 믿지 않게 할 목적으로 세상에 왔는가?' 이 물음에 대해 우리는 두 번 생각할 것도 없이 이렇게 대답합니다. "그분께서는 유대인들의 불신을 불러일으키려고 오신 것이 아닙니다. 그러나 그분께서는 그런 결과가 일어나리라는 것을 미리 아시고 예고하셨으며, 그들의 불신을 다른 민족들을 부르시는 데 이용하셨습니다. 그들의 죄를 통하여 다른 민족들에게 구원이 왔기 때문입니다. 그리스도께서는 이들에 대하여, '제가 알지 못하던 백성이 저

---

¹ *OSW* 238.

를 섬기고 제 말을 듣자마자 저에게 복종하였습니다'라고 말씀하신 바 있습니다. 또 '묻지도 않는 자들에게 나는 문의를 받아 줄 준비가 되어 있었고 나를 찾지도 않는 자들에게 나는 만나 줄 준비가 되어 있었다'(이사 65,1)고도 하셨습니다."

• 오리게네스 『켈수스 반박』 2,78.[2]

할례 받지 않은 이들이 복종하리라는 예언

위에서 보여 주었듯이, 옛 율법과 육체의 할례가 끝나리라는 것, 그리고 새 율법 준수와 영적 할례가 평화로운 자발적 복종 안에서 빛나게 되었다는 것도 언명되었습니다. "제가 알지 못하던 백성이 저를 섬기고 제 말을 듣자마자 저에게 복종하였습니다"라고 쓰여 있기 때문입니다. 예언자들이 이러한 예고를 하였습니다. 그런데 '하느님을 알지 못하던 백성'이 누구겠습니까? 옛날에 하느님을 몰랐던 우리 아니겠습니까? '그분의 말을 듣자마자 주의를 기울인 백성'도 우상을 버리고 하느님께로 돌아선 우리 아니고 누구겠습니까?

• 테르툴리아누스 『유대인 반박』 3.[3]

22,47-51 다윗이 주님께서 사랑과 구원을 베푸심을 찬양하다

많은 이가 구원받은 사실에서 위로를 받다

다른 곳에서도 몇 번 말했듯이, 이 이단자들[도나투스파]은 자신들이 우리에게 하는 짓에 대해서는 자신들의 책임이 아니라 하고, 자기들이 자기들한테 하는 짓은 우리 탓이라고 합니다. 우리 중에 그들이 무엇 하나라도 잃기를 바라는 사람이 누가 있습니까? 그들을 잃는 것에 대해서는 더 말할 필요조차 없습니다. 다윗 집안이 다윗의 아들 압살롬이 아버지에 대항해 일으킨 전쟁에서 죽지 않고는 평화를 얻을 수 없었다면 — 사

실 다윗은 아들이 회개하게 하여 아버지의 사랑으로 용서해 주려고 부하들에게 가능하면 압살롬을 다치게 하지 말고 붙잡으라고 분부해 두기도 했습니다 — 다윗으로서야 아들을 잃은 것을 슬퍼하며 자신의 나라를 위하여 그렇게 해서 얻은 평화에서 자신의 슬픔에 대한 위로를 찾는 길밖에 없지 않았겠습니까? 우리의 어머니 보편 교회도 자신의 아들이 아닌 자들이 전쟁을 걸어올 때 이와 같이 행동합니다 — 아프리카의 이 작은 가지가, 사방으로 뻗은 가지들로 온 세상을 품는 저 거대한 나무에서 잘려 버린 것이 사실입니다 — 이 어머니는 그들이 참된 생명을 얻을 수 있는 유일한 길인 뿌리로 돌아오도록 자비심에서 그들과 함께 산고를 겪고 있지만, 일부를 잃어야만 다른 많은 사람들을 구한다면, 교회는 어머니가 느끼는 마음의 슬픔을 다른 무수한 사람들이 구원받은 사실로 위로하고 치유합니다. 게다가 이 '일부'는 압살롬처럼 전쟁이라는 피치 못할 운명 때문이 아니라 스스로 멸망을 선택한 자들입니다.

• 아우구스티누스 『서간집』 185,32.[4]

---

[2] ANCL 23,82-83*.

[3] ANF 3,154-55*.

[4] FC 30,172-73.

23,1-12 다윗의 마지막 말

¹ 이것은 다윗의 마지막 말이다. 이사이의 아들 다윗의 신탁이며 높이 일으켜 세워진 사람의 말이다. 그는 야곱의 하느님의 기름부음받은이며 이스라엘의① 노래들을 지은 이다.

² 주님의 영이 나를 통하여 말씀하시니 그분의 말씀이 내 혀에 담겨 있다.

    ① 또는 '이스라엘이 즐겨 부르는'.

둘러보기

예루살렘의 키릴루스는 예비신자들에게 이스라엘 역사의 본보기들을 제시하며, 그들에게도 성령께서 내리실 것이라고 가르친다.

23,2 주님의 영이 나를 통하여 말씀하시니

은총이 내릴 것이다

모세 시대에는 안수로 성령이 주어졌습니다. 베드로도 안수로 성령을 나누어 주었습니다. 곧 세례 받을 여러분에게도 은총이 내릴 것입니다. 어떤 방식으로일지는 말씀드리지 않겠습니다. 그때가 정확히 언제일지 제가 예상하지 못하기 때문입니다. … 사울과 다윗에 관한 열왕기[사무엘기] 이야기에서 우리는 그들이 성령으로 예언하였으며 예언자들의 지도자였다는 것을 확실하게 배웠습니다. 실제로 사무엘은 "선견자"(1사무 9,19; 1역대 9,22; 26,28; 29,29)로 불렸습니다. 그런가 하면 다윗은 "주님의 영이 나를 통하여 말씀하시니"라고 하였고, 시편에서는 "당신의 거룩한 영을 제게서 거두지 마소서"(시편 51,13) 하고 말하였습니다. 또 "당신의 선하신 영이 저를 바른길로 인도하게 하소서"(시편 143,10)라고도 하였습니다.

    • 예루살렘의 키릴루스 『예비신자 교리교육』 16,26.28.[1]

---

    [1] FC 64,92-93*.

23,13-39 용맹한 다윗의 용사들

¹³ 수확 철에, 삼십 인의 우두머리 가운데 세 사람이 아둘람 동굴에 있는 다윗에게 내려갔는데, 필리스티아인들 한 무리가 르파임 골짜기에 진을 치고 있었다.

¹⁴ 그때 다윗은 산성에 있었고 필리스티아인들의 수비대는 베들레헴에 있었다.

¹⁵ 다윗이 간절하게 말하였다. "누가 베들레헴 성문 곁에 있는 저수 동굴에서 물을 가져다가 나에게 마시도록 해 주었으면!"

¹⁶ 그러자 그 세 용사들이 필리스티아인들의 진영을 뚫고, 베들레헴 성문 곁에 있는 저수 동굴에서 물을 길어 다윗에게 가져왔다. 그러나 그는 그 물을 마시기를 마다하고 주님께 부어 바치며♪

☞ [17] 말하였다. "이 물을 마셨다가는 주님께서 용납하지 않으실 것이다. 이것은 목숨을 걸고 가져온 부하들의 피가 아닌가!" 그러면서 다윗은 그 물을 마시기를 마다하였다. 그 세 용사가 바로 그런 일을 하였다.

둘러보기

부하들이 적진을 뚫고 길어 온 물을 다윗이 [마시지 않고] 주님께 부어 바친 것은 그가 자신을 견책함으로써 죄 많은 욕망을 죽여 없앴음을 뜻하며, 이 행동은 그가 인생 후반기에 자신의 욕망에 엄격히 대처했음을 보여 주는 증거다(대 그레고리우스). 음식이 부정하냐 아니냐는 관심을 가질 사항이 아닌 반면, 성경의 예들이 보여 주듯이, 먹고 마시는 것에서 제어되지 않은 욕망은 엄격히 다스려야 한다(아우구스티누스). 자신이 부하들의 생명을 위태롭게 했다는 것을 깨달음으로써, 베들레헴에 있는 저수 동굴의 물에 대한 분별없는 갈망을 낳은 다윗의 육적 욕망을 그의 이성이 정복했다(암브로시우스). 음식에 대한 욕망은 치명적인 덫이 될 수 있으므로 기도와 고대인들의 본보기에서 절제와 검약을 배우는 것이 현명하다(세비야의 레안데르). 부하들의 생명을 위태롭게 한 자신의 욕망에 분노한 다윗은 주님께 그 물을 부어 바침으로써 그 욕망을 꺼뜨렸다. 이는 분노하되 죄짓지 않음을 보여 주는 본보기다(요한 카시아누스).

23,14-17 부하들이 다윗을 위해 물을 길어 가져오다

죄스러운 욕망을 죽여 없애다

그로부터 한참 뒤, 다윗은 적진과 마주 대치하고 있는 상황에서 [베들레헴] 저수 동굴의 물을 몹시 마시고 싶어 했습니다. 정예 용사 몇이 적진을 뚫고 가서, 임금이 마시고 싶어 한 그 물을 길어 무사히 돌아왔습니다. 그러나 하느님의

응징으로 배운 바 있던 이 사람은 물에 대한 욕망 때문에 부하들의 목숨을 위태롭게 한 것에 대해 곧바로 자신을 꾸짖었습니다. 성경에 쓰여 있듯이, 그는 그 물을 주님께 부어 바쳤습니다. 주님께 바치는 헌주가 되게 한 것입니다. 그가 자기 견책이라는 참회로 간절한 욕망이라는 죄를 죽였기에, 그가 부어 바친 물은 주님께 바치는 희생 제물로 변화하였습니다. 한때는 두려움 없이 다른 남자의 아내도 탐했던 남자가 나중에는 물을 갈망한 사실에도 두려움을 느꼈습니다. 그는 자신이 금지된 짓을 행했다는 것을 잊지 않았기에 자신에게 엄격했고 허용된 것들조차 삼갔습니다.

• 대 그레고리우스 『복음서 강해』(40편) 34.[1]

제어되지 않는 욕망과 싸우다

저는 음식의 부정함이 두려운 것이 아니라 제어되지 않는 욕망의 더러움이 두려울 뿐입니다. 노아는 먹을 수 있는 것이면 어떤 고기든지 먹어도 된다는 허락을 받았으며(창세 9,3 참조) 엘리야는 고기로 기운을 차린 사실을 저는 알고 있습니다(1열왕 17,6 참조). 한편 고행이 놀랍던 요한은 살아 있는 것들, 곧 그의 상황에서 손에 넣기 쉬웠던 메뚜기를 먹고 살았어도 부정을 타지 않았고(마태 3,4 참조), 에사우는 불콩죽에 대한 욕심 때문에 큰 잘못을 범했으며(창세 25,30-34 참조) 다윗은 물을 간절히 원한 자신을 꾸짖었고 우리의

---

[1] CS 123,295-96.

임금님께서는 고기가 아닌 **빵**으로 유혹을 당하셨다는(마태 4,3 참조) 것을 저는 압니다. 또한 광야의 백성이 꾸지람을 들은 것은 고기를 갈망해서가 아니라 고기에 대한 갈망 때문에 주님께 투덜거렸기 때문이었습니다(민수 11,4 참조). 이처럼 저는 이러한 유혹 가운데에 던져진 채로 날마다 음식에 대한 제어되지 않은 욕망과 싸우고 있습니다.

• 아우구스티누스 『고백록』 10,31,46-47.[2]

육적인 욕망과 싸우는 이성

거룩한 다윗보다 뛰어나고 강한 사람을 떠올릴 수 있습니까? 그는 적의 군대가 가로막고 있어서 다가갈 수 없는 베들레헴의 저수 동굴 물을 마시고 싶어 했었습니다. 그는 그 욕망을 없애 버릴 수는 없었지만 목마름을 가라앉힐 수는 있었습니다. 군대의 규모가 상당히 컸는데 다른 이들도 물이 없어 목말랐다는 기록이 없기 때문입니다. 가까이에 다른 샘들도 있었던 것을 생각할 때 임금에게 물이 다급히 반드시 필요한 것은 아니었던 것이 확실합니다. 하지만 그는 일종의 비이성적인 갈망을 느껴, 원수가 둘러싸고 있는 성벽 안에 있어 큰 위험을 감수하지 않고는 가져올 수 없는 물을 마시고 싶어 했습니다. 그래서 그는 "누가 베들레헴 성문 곁에 있는 저수 동굴에서 물을 가져다가 나에게 마시도록 해 주었으면!" 하고 말했습니다. 그런데 세 사람이 적진을 뚫고 그곳에 가서 그가 몹시 마시고 싶어 하던 물을 길어 왔을 때, 그는 자신이 다른 사람들이 위험을 감수한 대가로 그 물을 얻었다는 것을 깨달았습니다. 그 물을 마신다는 것은 그것을 가져온 이들의 피를 마시는 것이라 여긴 그는 그 물을 주님께 부어 바쳤습니다.

이 이야기는 억제되지 않은 욕망이 실로 이성보다 먼저 오며, 그렇지만 이성은 비이성적 욕망에 저항한다는 것을 보여 주는 증거입니다. 다윗은 인간의 병 — 불합리한 갈망 — 을 앓았지만, 바로 가까이에 있는 치료책을 사용하여 비이성적 욕망을 이성적인 방식으로 이겨 넘긴 것은 칭찬받을 만합니다. 임금의 욕망을 부끄럽게 여겨, 임금의 부끄러운 행동을 끝내게 하기 위해 자신들을 위험에 맡기기까지 한 사람들도 나는 칭송하고 싶습니다. 자신의 욕망 때문에 다른 이들을 위험에 빠뜨린 것을 부끄럽게 여기고, 위험을 대가로 얻은 물을 피에 비유한 사람은 더 많이 칭송하고 싶습니다. 자신의 욕망을 억제한 정복자처럼, 다윗은 곧바로 그 물을 주님께 부어 바쳤습니다. 주님 말씀에서 위로를 발견함으로써 욕망의 불을 꺼뜨렸다는 것을 보여 주었습니다.

• 암브로시우스 『야곱과 행복한 삶』 1,1,3.[3]

고대인들에게서 절제를 배우다

물고기는 갈고리에 유혹당함으로써 붙잡힙니다. 새는 먹이를 찾으려 하다가 그물에 걸립니다. 본디 강하게 태어난 짐승들은 먹고자 하는 욕망으로 인하여 구덩이에 빠지며, 음식은 억제하지 못하는 육체적 요구를 속입니다. 그러니 기도와 고대인의 본보기들에서 자제와 검약을 배우십시오. 기도에서 배우라고 하는 까닭은 주님께서 "너희는 스스로 조심하여 방탕과 만취와 일상의 근심으로 너희 마음이 물러지는 일이 없게 하여라"(루카 21,34)라고 말씀하셨기 때문입니다. 본보기들에서 배우라고 하는 까닭, 자신이 마시고 싶어 한 물이 다른 사람이 피를 쏟을 수도 있었던 위험의 대가로 얻은 것임을 알자 그것을 마시려 하지 않은 다윗과, 임금의 잔치를 경

---

[2] FC 21,304-5*.

[3] FC 65,120-21*.

멸하고 채소만 먹은 다니엘(다니 1,12.16 참조) 같은 이들이 있기 때문입니다. 여러분은 동료들과 함께 소유하고 있는 것은 받아들일 수 있는 것으로 여겨야 하며, 여러분이 다른 이들을 무절제하게 만드는 원인이 되어서는 안 됩니다. 여러분이 격려와 선한 삶의 증거를 보여 본보기가 되고 싶어 하는 이들에게 물의를 일으키는 이가 되지 마십시오.

• 세비야의 레안데르 『동정녀 교육과 세상 경멸』 13.[4]

마땅히 느껴야 하는 분노

슬며시 우리에게 기어들어와 형제를 적대하게 하는 바로 이 분노로 마음이 혼란할 때, 우리는 그것의 치명적인 제안을 무섭게 쫓아 버리며 그것이 우리 마음속 깊은 곳에 독이 밴 침상을 차리도록 놓아두지 않습니다. 예언자는 이런 식으로 분노하는 것도 우리에게 가르쳐 줍니다. 그

는 마음속에서 이것을 완전히 뿌리 뽑았기에 자신의 원수에게 복수하는 것도 원치 않았습니다. 사실 하느님께서 그 원수를 그에게 넘겨주신 것인데도 그랬습니다. 그는 말하기를, "화내어라. 죄짓지 마라"(시편 4,4 칠십인역) 하였습니다. 그가 베들레헴에 있는 저수 동굴의 물을 마시고 싶어 하자 용사들이 적진을 뚫고 가서 물을 길어 왔을 때 그는 곧바로 물을 땅에 부었습니다. 자신의 터무니없이 격렬한 욕망을 화가 나서 이런 식으로 꺼 버린 것입니다. 그는 이런 말로 자신의 갈망과 욕망을 물리치며 그 물을 주님께 부어 바쳤습니다. '이 물을 마셨다가는 주님께서 용납하지 않으실 것이다. 이것은 부하들의 목숨을 걸고 가져온 그들의 피가 아닌가!'

• 요한 카시아누스 『공주 수도승 규정집』 8,8.[5]

---

[4] FC 62,208*.　　　　　[5] ACW 58,196-97.

24,1-9 다윗이 인구조사를 실시하다

[1] 주님께서 다시 이스라엘인들에게 진노하셔서, 그들을 치시려고 다윗을 부추기시며 말씀하셨다. "가서 이스라엘과 유다의 인구를 조사하여라."
[2] 그리하여 임금은 자기가 데리고 있는 군대의 장수 요압에게[①] 말하였다. "단에서 브에르 세바에 이르기까지 이스라엘의 모든 지파를 두루 다니며 인구를 조사하시오. 내가 백성의 수를 알고자 하오."

[①] 히브리어 본문; 그리스어 본문은 1역대 21,2와 똑같이 '요압과 군대의 장수들에게'다.

둘러보기

다윗의 단 한 번의 범죄가 모든 백성에게 해를 끼쳤듯이, 교회라는 몸의 작은 일부가 더러운 짓을 행함으로써 교회의 빛나는 광채를 가릴 수 있다(살비아누스).

24,2 다윗이 요압에게 이스라엘의 인구조사를 지시하다

교회의 빛을 가리는 사람들

여러분은 이것이 몇몇 사람들의 수치스러운 행동이며 모든 이가 다 그렇게 한 것이 아닌 한

모든 이에게 해를 끼치지는 않는다고 말합니다. 실로 나는 앞에서 아주 여러 번, 한 사람의 범죄가 하느님 백성 가운데 많은 이의 파멸을 가져왔다고 말하였습니다. 아칸의 도둑질은 백성의 파멸을 불러왔고(여호 7,1 참조), 사울의 시샘 때문에 재앙이 일어났으며(1사무 19장 참조), 거룩한 다윗이 인구조사를 한 결과 흑사병이 내렸습니다. 하느님의 교회는 눈과 같습니다. 티끌은 비록 작지만 그것이 눈에 들어가면 아무것도 볼 수 없듯, 교회라는 몸에서 비록 소수이긴 하지만 더러운 짓을 행하는 일부 사람들이 교회의 빛나는 광채를 거의 다 가려 버립니다.

• 사제 살비아누스 『하느님의 다스림』 7,19.[1]

---

[1] FC 3,213*.

24,10-14 다윗이 자신의 죄를 고백하다

¹⁰ 다윗은 이렇게 인구조사를 한 다음, 양심에 가책을 느껴 주님께 말씀드렸다. "제가 이런 짓으로 큰 죄를 지었습니다. 그러나 주님, 이제 당신 종의 죄악을 없애 주십시오. 제가 참으로 어리석은 일을 저질렀습니다."

¹¹ 이튿날 아침 다윗이 일어났을 때, 주님의 말씀이 다윗의 환시가인 가드 예언자에게 내렸다.

¹² "다윗에게 가서 '주님께서 이렇게 말씀하십니다.' 하면서 일러라. '내가 너에게 세 가지를 내놓을[1] 터이니, 그 가운데에서 하나를 골라라. 그러면 내가 너에게 그대로 해 주겠다.'"

¹³ 가드가 다윗에게 가서 이렇게 알렸다. "임금님 나라에 일곱 해[2] 동안 기근이 드는 것이 좋습니까? 아니면, 임금님을 뒤쫓는 적들을 피하여 석 달 동안 도망다니시는 것이 좋습니까? 아니면, 임금님 나라에 사흘 동안 흑사병이 퍼지는 것이 좋습니까? 저를 보내신 분께 무엇이라고 회답해야 할지 지금 잘 생각하여 결정하시기 바랍니다."

¹⁴ 그러자 다윗이 가드에게 말하였다. "괴롭기 그지없구려. 그러나 주님의 자비는 크시니, 사람 손에 당하는 것보다 주님 손에 당하는 것이 낫겠소."

① 또는 '세 가지로 너를 위협할'이다.
② 히브리어 본문; 그리스어 본문은 1역대 21,12와 똑같이 '세 해'다.

둘러보기

지도자들의 죄 때문에 백성이 벌 받는다. 통치자들의 마음은 백성의 공과를 따라가기 때문이다(대 그레고리우스). 다윗은 죄짓고 난 뒤 하느님 앞에서 겸손하게 자신의 죄를 인정하는 올바른 반응의 본을 보여 준다. 자신의 죄를 인정할 줄 모르는 것은 죄짓는 자체보다 더 나쁘다(암브로시우스).

24,10 다윗이 양심에 가책을 느끼다

자기들과 같은 부류의 지도자를 얻기 마련이다

통치자의 품성은 신하들의 공과를 따라가기

마련입니다. 그래서 선해 보이는 이들이 권력을 잡고 나서 곧 변해 버리는 경우가 많습니다. 사울이 존귀한 지위를 얻자 마음이 바뀌었다는 성경의 증언도 있습니다. 이렇게 쓰여 있지요. "임금님은 자신을 하찮은 사람으로 여기실지 몰라도, 이스라엘 지파의 머리가 아니십니까?"(1사무 15,17). 통치자의 품행은 신하들의 품성과 관계가 깊습니다. 그래서 참으로 선한 목자도 양 떼가 사악하면 죄짓는 자가 되는 경우가 많습니다. 하느님의 칭찬을 들은 바 있으며 거룩한 신비들에 정통했던 예언자 다윗이 갑자기 교만으로 부풀어 올라 백성의 인구를 조사하는 죄를 지었습니다. 그러나 죄지은 것은 다윗인데도 벌은 백성이 받았습니다. 왜 그랬을까요? 실로 통치자의 마음은 백성의 공과를 따라가기 때문입니다. 그래서 의로우신 심판관께서는 죄인의 잘못을 그가 죄를 짓게 한 사람들을 벌함으로써 질책하신 것입니다. 그러나 [다윗이] 자신의 자유의지로 교만을 드러내 보였으므로 그도 잘못이 없지 않기 때문에 그도 자기 죄에 대한 벌을 받았습니다. 백성의 몸을 친 격렬한 그 분노가 백성의 지도자를 마음속 깊숙한 곳의 고통으로 쓰러뜨렸기 때문입니다. 그러나 통치자의 공과와 백성의 공과는 서로 긴밀히 연관되어 있기에, 백성의 행실이 목자의 잘못 때문에 더 나빠지거나 백성의 공덕이 목자의 행실을 변화시키는 경우도 많습니다.

• 대 그레고리우스 『욥기의 도덕적 해석』 25,16.[1]

24,14 주님의 자비는 크다

하느님 앞에서 겸손하다

다윗은 인구조사를 한 뒤에 양심의 가책을 느끼며 주님께 이렇게 말했습니다. "제가 이런 짓으로 큰 죄를 지었습니다. 그러나 주님, 이제 당신 종의 죄악을 없애 주십시오. 제가 참으로 어리석은 일을 저질렀습니다." 그러자 주님께서는 나탄[2] 예언자를 그에게 보내시어 세 가지 중 하나를 선택하라고 하셨습니다. 삼 년 동안의 기근, 적들을 피하여 석 달 동안 도망을 다니는 것, 사흘 동안 나라에 흑사병이 퍼지는 것, 이 세 가지였지요. 다윗은 이렇게 대답했습니다. "[세 가지가 다] 괴롭기 그지없구려. 그러나 주님의 자비는 크시니, 사람 손에 당하는 것보다 주님 손에 당하는 것이 낫겠소." 다윗의 잘못은 자신이 다스리는 백성의 수를 알고 싶어 한 것인데, 그 수는 하느님만이 아시도록 놓아두었어야 하는 것이었습니다.

흑사병이 백성에게 내린 첫날 식사 때 다윗은 천사가 백성을 치는 것을 보고, "제가 바로 죄를 지었습니다. 제가 못된 짓을 하였습니다. 그러나 이 양들이야 무슨 잘못이 있습니까? 그러니 제발 당신 손으로 저와 제 아버지의 집안을 쳐 주십시오" 하고 말했습니다. 그러자 주님께서는 재앙을 내리신 것을 후회하시고는 천사에게 백성은 살려 주고 다윗은 희생 제물을 바치라고 명하셨습니다. 속죄 제물은 이미 바쳐졌고 이제는 참회의 제물을 바쳐야 했던 것입니다. 이처럼 다윗은 겸손해짐으로써 하느님께서 보시기에 더욱 기꺼운 이가 되었습니다. 백성이 죄짓는 것은 드문 일이 아닙니다. 그러나 자신들이 잘못했다는 것을 깨닫고 하느님 앞에서 겸손할 줄 모른다면 그것이야말로 질책받을 일입니다.

• 암브로시우스 『서간집』 3.[3]

---

[1] *LF* 23,126*.

[2] 나탄이 아니라 가드 예언자였다.

[3] FC 26,22-23*. 테살로니카에서 학살을 자행하라고 지시한 일에 대해 테오도시우스 황제에게 참회를 촉구하는, 서기 390년경 쓴 편지다.

24,15-17 주님께서 이스라엘에 흑사병을 내리시다

¹⁵ 그리하여 주님께서 그날 아침부터 정해진 날까지 이스라엘에 흑사병을 내리시니, 단에서 브에르 세바까지 백성 가운데에서 칠만 명이 죽었다.

¹⁶ 천사가 예루살렘을 파멸시키려고 그쪽으로 손을 뻗치자, 주님께서 재앙을 내리신 것을 후회하시고 백성을 파멸시키는 천사에게 이르셨다. "이제 됐다. 손을 거두어라." 그때에 주님의 천사는 여부스 사람 아라우나의 타작마당에 있었다.

¹⁷ 백성을 치는 천사를 보고, 다윗이 주님께 아뢰었다. "제가 바로 죄를 지었습니다. 제가 못된 짓을 하였습니다. 그러나 이 양들이야 무슨 잘못이 있습니까? 그러니 제발 당신 손으로 저와 제 아버지의 집안을 쳐 주십시오."

둘러보기

어떤 일들, 예컨대, 다윗의 죄 때문에 수천 명이 죽어야 했던 사건 같은 일들은 하느님께서 그런 일이 일어나게 하신 이유를 반드시 알려고 하지 마라. 하느님께서 당신의 피조물에게 당신의 정당한 권한을 행사하시도록 두어라(히에로니무스). 다윗이 고난받는 백성을 위해 기꺼이 자신의 생명을 바치려 한 것은, 죽음은 영혼을 육체에서 풀어 주기에, 그리스도를 위해 죽는 것이 이 세상을 다스리는 것보다 더 영광스러운 일임을 알고 있었음을 보여 준다(암브로시우스). 다윗이 그랬듯이, 근면한 사목자들은 자신의 양 떼들이 고통받으면 그들 대신 고통을 받고자 함으로써, 자신의 양 떼를 아끼는 마음을 보여 준다(아프라하트). 옛 계약 아래 있을 때에 다윗이 자신의 백성 대신 고통받고자 한 것은 새 계약 아래 있는 이들이 지닌 것 같은 더 큰 사랑과 자기희생이 필요한 일이었다(요한 크리소스토무스).

24,15 흑사병으로 백성 가운데 칠만 명이 죽다

반드시 알려고 하지 마라

하느님께 중대한 책임을 돌리며, 에사우와 야곱이 아직 태 안에 있을 때 하느님께서 왜 "나는 야곱을 사랑하고 에사우를 미워하였다"(로마 9,13)고 말씀하셨냐고 물으십시오. 예리코에서 거둔 전리품을 카르미의 아들 아칸이 훔쳤을 때 한 사람의 잘못 때문에 수천 명이 학살당했으니(여호 7장 참조) 하느님께서 불공평하셨다고 비난하십시오. 어째서 엘리의 아들들이 저지른 죄 때문에 백성이 거의 전멸하다시피 하고 계약 궤를 빼앗기게 되었는지(1사무 4장 참조) 그분께 물어 보십시오. 다윗이 인구조사를 하는 죄를 지었을 때 어째서 그렇게 많은 사람이 생명을 잃었는지 … 그리스도의 오심이 왜 마지막 시대까지 미루어졌어야 했는지, 어째서 그렇게 많은 사람이 멸망에 떨어지기 전에 오시면 안 되었는지, 물으십시오. 복된 사도는 로마 신자들에게 보낸 서간에서 이 마지막 질문에 대해 자기는 그 이유를 알지 못하며 하느님만이 아실 뿐이라는 지극히 지혜로운 대답을 들려줍니다. 여러분도 이처럼, 궁금

하게 여기는 것들을 알지 못하는 상태에 만족하십시오. 하느님께서 당신의 것들에 권한을 행사하시도록 두십시오. 그분께서 하시는 행동엔 우리의 인정이 필요 없습니다.

• 히에로니무스 『서간집』 133,9.[1]

24,17 저와 제 아버지의 집안을 쳐 주십시오

겸손의 유익

겸손은 좋은 것입니다. 겸손은 위험에 빠진 이를 구해 주고 넘어진 이를 일으켜 세워 줍니다. 이렇게 말한 이는 겸손을 알고 있었습니다. '죄지은 것은 저입니다. 목자인 제가 못된 짓을 하였습니다. 그러나 이 양들이야 무슨 잘못이 있습니까? 그러니 제발 당신 손으로 저를 쳐 주십시오.' 네, 자신의 나라가 하느님께 복종하도록 만든 다윗이 이렇게 말합니다. 그는 자기 죄를 고백하며 참회하고는 용서를 청했습니다. 그는 겸손을 통해 구원을 얻었습니다. 그리스도께서는 모든 이를 들어 올리기 위해 당신 자신을 낮추셨습니다. 그리스도의 겸손을 본받는 이는 누구나 그리스도의 안식을 얻습니다.

• 암브로시우스 『테오도시우스의 죽음』 27.[2]

죽음으로 얻는 자유

바오로 사도는 사람이 이 육체를 벗고 나면 그리스도와 함께 있게 되리라고 가르쳤습니다. 그러니 생명과 죽음의 본성에 대해 생각해 봅시다. 우리는 죽음은 영혼을 육체의 속박에서 풀어 주는 것, 사람 안에서의 일종의 분리임을 성경 가르침에서 배워 알고 있습니다. [이 세상을] 떠날 때 우리는 영혼과 육체 사이의 이 결속에서 벗어납니다. … 그[다윗]는 주님께 저지른 잘못을 속죄하기 위해 기꺼이 죽음을 청했습니다. 그리고 고난받는 자기 백성의 행복을 위하여 하느님

의 응징을 받을 준비가 되어 있음을 밝히며 자신을 바쳤습니다. 그는 이 세상을 다스리는 것보다 그리스도를 위하여 죽는 것이 더 영광스러운 일임을 알고 있었습니다. 사실, 그리스도를 위한 제물이 되는 것보다 더 훌륭한 일이 무엇이 있습니까?

• 암브로시우스 『죽음의 유익』 3,8.[3]

참회하는 지도자

그는 자기 양 떼 대신 자신을 바친 성실한 사목자입니다. 그는 자기 양 떼를 위하여 자기 자신을 내준 훌륭한 지도자입니다. … 다윗이 자기 양 떼의 수를 세었을 때 [하느님의] 분노가 떨어졌고 백성이 죽어 나가기 시작했습니다. 그러자 다윗은 자기 양 떼 대신 자기를 바치며 이렇게 기도했습니다. '주 하느님, 제가 이스라엘의 수를 세는 죄를 범했습니다. 그러니 제발 당신 손으로 저와 제 아버지의 집안을 쳐 주십시오. 이 양들이야 무슨 잘못이 있습니까?' 모든 성실한 사목자들은 [이처럼] 자기 양들을 대신하여 자기 자신을 바치곤 합니다.

그러나 양들을 아끼지 않는 사목자들, 곧 삯꾼들은 자기 먹을 것만 챙기곤 하였습니다.

• 아프라하트 『논증』 10,2-3.[4]

이웃과 원수를 사랑하다

이웃을 자기 몸처럼 사랑해야 한다니 그것이 가능하냐고 [여러분은 말합니다]. 그렇게 한 사람이 아무도 없다면, 여러분은 그것을 불가능한 일이라고 믿어도 좋을 것입니다. 하지만 그렇게 한 사람들이 있다면, 우리가 그렇게 하지 않는

---

[1] NPNF 2,6,278*.

[2] FC 22,319*.

[3] FC 65,74-75*.

[4] NPNF 2,13,383-84*.

것은 게으름 때문임이 확실합니다.

뿐만 아니라, 그리스도께서는 불가능한 일은 명하시지 않습니다. 그분께서는 당신께서 명하시는 것보다 더 힘든 일을 실행한 이가 많다는 것을 알고 계셨습니다. 누가 그렇게 했습니까? 바오로 사도, 베드로 사도, 성인들의 모든 공동체가 그렇게 했습니다. 제가 그들이 이웃을 사랑했다고 말할 때, 저는 무슨 특별한 말을 한 것이 아닙니다. 그들은 사람들이 자기 자신과 한마음인 이들도 그만큼은 사랑하지 못할 정도로 원수들을 사랑했습니다. 하늘나라로 떠나기 직전, 자기와 한마음인 이들을 위하여 저승으로 가기를 택하는 이가 누가 있겠습니까? 아무도 없습니다. 그런데 바오로 사도는 자신의 원수들, 그에게 돌을 던지고 채찍질한 이들을 위하여 그 길을 선택했습니다(로마 9,3 참조). 우리가 우리의 친구들에게, 바오로가 자신의 원수들에게 보여 준 사랑의 아주 작은 일부도 보여 주지 않는다면, 우리가 무슨 변명을 할 수 있고 무슨 용서를 받을 수 있겠습니까?

그리고 바오로 사도 이전에는 복된 모세가 있었습니다. 그는 그에게 돌을 던진 원수들을 위하여 하느님의 책에서 자기 이름이 지워지기를 청했습니다(탈출 32,32 참조). 다윗도 그를 거슬러 일어섰던 자들이 죽어 나가는 것을 보자, '목자인 제가 죄를 지었습니다. 이들이야 무슨 잘못이 있습니까?' 하고 말했습니다. 사울이 자기 손에 들어왔을 때는 자신에게 위험이 될 줄 알면서도 그를 죽이지 않고 살려 주었습니다. 옛 [계약] 아래에서도 이런 일들이 있었는데 새 계약 아래에서 사는 우리가 그들만큼도 하지 않는다면 무슨 변명을 할 수 있겠습니까? … "[우리의] 의로움이 율법 학자와 바리사이들의 의로움을 능가하지 않으면, 결코 하늘나라에 들어가지 못할"(마태 5,20) 터인데, 그들만큼도 의롭지 않다면 어떻게 그 나라에 들어가겠습니까?

• 요한 크리소스토무스 『히브리서 강해』 19,4.[5]

---

[5] NPNF 1,14,456*.

24,18-25 다윗이 주님께 제단을 세워 바치다

[18] 가드가 그날 다윗에게 와서 말하였다. "여부스 사람 아라우나의 타작마당에 올라가시어 주님을 위한 제단을 세우십시오."

[19] 다윗은 가드의 말에 따라 주님께서 명령하신 대로 그곳에 올라갔다.

[20] 아라우나가 내려다보니, 임금과 그 신하들이 자기에게 건너오고 있었다. 아라우나는 곧 임금 앞에 나아가 얼굴을 땅에 대고 절하였다.

[21] 그러고 나서 아라우나는 "저의 주군이신 임금님께서 무슨 일로 이 종에게 오셨습니까?" 하고 물었다. 다윗이 대답하였다. "그대에게 타작마당을 사서 주님을 위한 제단을 쌓아 드리려고 하오. 그러면 재난이 백성에게서 돌아설 것이오."

[22] 그러자 아라우나가 다윗에게 말하였다. "저의 주군이신 임금님께서 보시기에 좋은 것은♪

✐ 무엇이나 가져다가 바치십시오. 여기 번제물로 바칠 소도 있고, 땔감으로 쓸 탈곡기와 소 멍에도 있습니다.

²³ 임금님, 아라우나가 이 모든 것을 임금님께 드립니다." 그리고 아라우나는 임금에게 이렇게 덧붙여 말하였다. "주 임금님의 하느님께서 임금님을 기꺼이 받아 주시기 바랍니다."

²⁴ 그러나 임금은 아라우나에게 "아니오. 당신에게 값을 주고 그것을 사야겠소. 나는 거저 얻은 것을 주 나의 하느님께 바치지는 않겠소." 하고 말하였다. 다윗은 은 쉰 세켈을 주고 타작마당과 소를 샀다.

²⁵ 그러고 나서 다윗은 주님을 위하여 제단을 쌓고 번제물과 친교 제물을 바쳤다. 주님께서 나라를 위하여 바치는 그의 간청을 들어주시니, 이스라엘에 내리던 재난이 그쳤다.

둘러보기

주님을 위한 제단을 쌓을 곳으로 여부스 사람의 땅이 선택되어 돈을 주고 산 것은 유대인들에게 배척당하신 그리스도께서 당신의 피를 주고 산 용서에 대한 약속을 가지고 다른 민족들에게 오심을 예시한다(아를의 카이사리우스).

24,18-21 다윗이 제단을 쌓으라는 명령을 받다

주님의 제단을 쌓을 자격

형제 여러분, 잘 보십시오. 유대인들의 땅에는 주님을 위한 제단을 쌓기에 합당한 곳이 한 곳도 없었습니다. 그러나 천사가 목격된 이민족들의 땅에서 한 장소가 선택되어 그곳에 주님의 제단이 세워졌고, 그리하여 전능하신 주님의 분노가 가라앉았습니다. 유대인들의 마음에는 영적 제물을 바치기에 합당한 곳을 발견할 수 없다는 것이 그때에 이미 예시되었습니다. 이민족들의 땅, 곧 그리스도인들의 양심이 주님의 성전을 세울 장소로 선택되었습니다. 바오로 사도는 유대인들을 비난하며 이 점을 분명히 밝힙니다. "우리는 하느님의 말씀을 먼저 여러분에게 전해야만 했습니다. 그러나 여러분이 그것을 배척하고 영원한 생명을 받기에 스스로 합당하지 못하다고 판단하니, 이제 우리는 다른 민족들에게 돌아섭니다"(사도 13,46). 이 말은 '여러분이 그리스도를 배척하고 주님의 제단을 세우기에 합당한 곳을 준비하지 않았으므로 우리는 다른 민족들의 땅, 곧 모든 백성의 마음 안에 그 제단을 세우겠다'는 뜻입니다. 이 사도는 같은 이유에서 우리에게는 "하느님의 성전은 거룩하기 때문입니다. 여러분이 바로 하느님의 성전입니다"(1코린 3,17)라고 합니다. 사랑하는 여러분, 유대 백성이 하느님께서 내리신 흑사병을 맞았던 그때에 이민족 임금의 땅이 선택된 것에 주목하십시오. 우리는 이 일이 주님의 수난에서 완전하게 이행된 것을 봅니다. 유대 백성이 주님을 배척하고 그분을 십자가에 못 박았을 때에 다른 민족들의 타작마당, 곧 온 땅에서 그분의 제단이 봉헌되었기 때문입니다. 이것이 주님의 천사가 이민족 임금의 타작마당에서 목격된 이유입니다. 참된 천사 그리스도께서 다른 민족들을 찾아가셨습니다.

• 아를의 카이사리우스 『설교집』 122,1.[1]

---

[1] FC 47,204-5*.

24,22-25 다윗이 아라우나의 땅과 소를 사다

당신의 피를 주고 사시다

그 임금[아라우나]은 복된 다윗에게 타작마당과 번제물로 바칠 소를 바치겠다고 했지만, 다윗 임금은 돈을 주고 사기 전에는 그것을 받을 수 없다고 하였습니다. 이것도 우리 구원자 주님께서 오심으로써 완전하게 이행되었습니다. 그분께서는 다른 민족들을 위해 먼저 당신의 고귀한 피를 바치기 전에는 그들의 마음을 받아들이기를 거부하셨기 때문입니다. 그러면 다윗은 얼마를 주었습니까? "은 쉰 세켈"이었다고 합니다. '오십'이라는 수는 성령의 은총으로 이해되며, 이는 죄의 용서를 나타냅니다. 실로, 쉰 번째 날에 성령께서 사도들에게 내리셨습니다. 그리고 구약에서 쉰 번째 해는 용서와 사면이 주어지는 해였습니다. 그 다윗은 은을 내놓았고, 그가 예형으로 예시했던 우리의 다윗께서는 당신의 고귀한 피를 쏟으셨습니다. 그 다윗은 이교인 임금의 타작마당을 사기 위해 은 쉰 세켈을 내놓았고, 참된 다윗인 그리스도께서는 다른 민족들의 타작마당에 당신의 제단을 세우기 위해 쉰 번째 날에 성령의 은총과 죄의 용서를 내리셨습니다. 그러니 형제 여러분, 황공하게도 그분께서 우리 안에서 우리를 가지고 당신의 성전을 지어 주셨으니, 그분께서 당신의 집에서 어떠한 모욕도 받으시는 일이 없게 합시다. 우리의 죄 때문에 모욕을 당하시면 그분께서는 곧 가 버리십니다. 그리고 그분께서 떠나신 영혼은 불행합니다. 빛이 떠난 사람은 어둠에 사로잡힌다는 것은 두말할 필요도 없습니다. 그러니 우리는 선하신 주님을 우리 집의 손님이요 영원한 거주자로 모실 공덕 있는 삶을 살도록 그분의 도움을 받아 열심히 노력합시다. 우리의 도움이신 주 예수 그리스도께서는 성부와 성자와 함께 영예와 영광을 영원무궁히 누리시나이다. 아멘.

• 아를의 카이사리우스 『설교집』 122,2.[2]

---

[2] FC 47,205-6*.

부록

여호수아기, 판관기, 룻기, 사무엘기 상·하권 주해에 인용된 고대 그리스도교 저술가와 문헌

⋮

여호수아기, 판관기, 룻기, 사무엘기 상·하권에 인용된 고대 그리스도교 문헌을 저자와 작품 제목에 따라 열거했다. 또한 디지털 검색을 위해서 그리스도교 그리스어 문헌의 데이터 뱅크인 Thesaurus Linguae Graecae(= TLG)의 디지털 참고번호와, 고대 라틴어 문헌의 데이터 뱅크인 Cetedoc Clavis(= Cl.)의 번호도 함께 실었다.

••• 기적가 그레고리우스
『법규 서간』(*Epistula canonica*)
『오리게네스 찬양 연설』(*In Originem oratio panegyrica*)　　　　　　　　TLG 2063.001

••• 나지안주스의 그레고리우스
『거룩한 세례』(연설 40)[*In sanctum baptisma (orat. 40)*]　　　　　　　TLG 2022.048
『대 바실리우스 조사』(연설 43)[*Funebris oratio in laudem Basilii Magni Caesareae in Cappadocia episcopi (orat. 43)*]　　　　　　　　　　　　　　　　　　　　TLG 2022.006
『도피 변론』(연설 2)[*Apologetica (orat. 2)*]　　　　　　　　　　　　TLG 2022.016
『신학』(연설 28)[*De theologia (orat. 28)*]　　　　　　　　　　　　TLG 2022.008
『에우노미우스파 반박』(연설 27)[*Adversus Eunomianos (orat. 27)*]　　　TLG 2022.007

••• 니사의 그레고리우스
『그리스도인의 완덕에 관해 올림피우스 수도승에게』
(*De perfectione christiana ad Olympium monachum*)　　　　　　　　TLG 2017.026
『기적가 그레고리우스의 생애』(*De vita Gregorii Thaumaturgi*)
『빛의 날』(그리스도의 세례에 관한 연설)
[*In diem luminum (vulgo In baptismum Christi oratio)*]　　　　　　　TLG 2017.014

『시편의 제목』(*In inscriptiones Psalmorum*) TLG 2017.027

『에우노미우스 반박』(*Contra Eunomium*) TLG 2017.030

••• 대 그레고리우스

『대화』(*Dialogorum*) Cetedoc 1713

『복음서 강해』(40편)(*Homiliarum XL in evangelia*) Cetedoc 1711

『사무엘기 상권 해설』(*In librum primum Regum expositionum*) Cetedoc 1719

『사목 규칙』(*Regula pastoralis*) Cetedoc 1712

『서간집』(*Registrum epistularum*) Cetedoc 1714

『욥기의 도덕적 해석』(*Moralia in Job*) Cetedoc 1708

••• 엘비라의 그레고리우스

『오리게네스의 성경 강해』(20편)

(*Tractatus Origenis de libris Sanctarum Scripturarum*) Cetedoc 0546

••• 에메사의 네메시우스

『인간 본성』(*De natura hominis*) TLG 0743.001

••• 노바티아누스

『경기 관람』(*De spectaculis*) Cetedoc 0070

••• 레메시아나의 니케타스

『성령의 능력』(*De Spiritus Sancti potentia*)

『시편 송독의 유익 또는 찬가의 유익』[*De psalmodiae bono (de utilitate hymnorum)*]

••• 락탄티우스

『하느님의 가르침 개요』(*Epitome divinarum institutionum*) Cetedoc 0086

••• 세비야의 레안데르

『동정녀 교육과 세상 경멸』(*Regula, sive liber de institutione virginum et contemptu mundi*)

••• 마태오 복음 미완성 작품(*Opus imperfectum im Matthaeum*)

••• 토리노의 막시무스

『설교 옛 모음집』(8편)(*Collectio sermonum antiqua*)   Cetedoc 0219a

••• 올림푸스의 메토디우스

『부활』(*De resurrectio*)   TLG 2959.003

『열 처녀의 잔치』(*Symposium vel Convivium decem virginum*)   TLG 2959.001

••• 대 바실리우스

『겸손』(*De humilitate*)   TLG 2040.036

『대 수덕집』(긴 규칙서)

[*Asceticon magnum sive quaestiones* (*regulae fusius tractatae*)]   TLG 2040.048

『서간집』(*Epistulae*)   TLG 2040.004

『성령론』(*De Spiritu Sancto*)   TLG 2040.003

『시편 강해』(*Homiliae super Psalmos*)   TLG 2040.018

『질투에 관한 강해』(*Homilia de invidia*)   TLG 2040.027

『하느님의 심판』(서론)(*Proemii de judicio Dei*)   TLG 2040.043

••• 존자 베다

『루카 복음 해설』(*In Lucae evangelium expositio*)   Cetedoc 1356

『복음서 강해』(*Homiliarum evangelii*)   Cetedoc 1367

『사무엘기 상권 우의적 해설』

(*In primam partem Samuhelis allegorica expositio*)   Cetedoc 1346

『성막과 제구』

(*De tabernaculo et vasis eius ac vestibus sacerdotum*)   Cetedoc 1345

『열왕기에 관한 서른 가지 질문』(*In Regum librum XXX quqestiones*)   Cetedoc 1347

『창세기 처음부터 이사악 탄생까지』(*Libri quattuor in principium Genesis usque ad nativitatem Isaac et ejectionem Ismahelis adnotationum*)   Cetedoc 1344

••• 윤카의 베레쿤두스

『교회 노래 해설』(*Commentarii super Cantica ecclesiastica*)

••• 『사도 헌장』(*Constitutiones apostolorum*)   TLG 2894.001

••• 사제 살비아누스

『하느님의 다스림』(*De gubernatione Dei*)   Cetedoc 0485

••• 술피키우스 세베루스

『연대기』(*Chronicorum libri II*)   Cetedoc 0474

••• 신 신학자 시메온

『교리교육』(*Catecheses*)

••• 아우구스티누스

『거짓말 반박』(*Contra mendacium*)   Cetedoc 0304

『고백록』(*Confessiones*)   Cetedoc 0251

『그리스도교 교양』(*De doctrina christiana*)   Cetedoc 0263

『도나투스파 계도』(편지 185)(*In Epistulae*)   Cetedoc 0262

『둘키티우스의 여덟 질문』(*De octo Dulcitii quaestionibus*)   Cetedoc 0291

『마니교도 파우스투스 반박』(*Contra Faustum Manichaeum*)   Cetedoc 0321

『복음사가들의 일치』(*De consensu evangelistarum*)   Cetedoc 0273

『부정한 혼인』(*De adulterinis coniugiis*)   Cetedoc 0302

『서간집』(*Epistulae*)   Cetedoc 0262

『설교집』(*Sermones*)   Cetedoc 0284

『성도들의 예정』(*De praedestinatione sanctorum*)   Cetedoc 0354

『시편 상해』(*Enarrationes in Psalmos*)   Cetedoc 0283

『신국론』(*De civitate Dei*)   Cetedoc 0313

『심플리키아누스에게 보낸 여러 질문』(*De diversis quaestionibus ad Simplicianum*)   Cetedoc 0290

『여든세 가지 다양한 질문』(*De diversis quaestionibus octoginta tribus*)   Cetedoc 0289

『영과 문자』(*De spiritu et littera*)   Cetedoc 0343

『영혼과 그 기원』(*De animae et eius origine*)   Cetedoc 0345

『요한 서간 강해』(*In Johannis epistulam ad Parthos tractatus*)   Cetedoc 0279

『율리아누스 반박』(*Contra Julianum*)   Cetedoc 0351

『은총과 자유의지』(*De gratia et libero arbitrio*)   Cetedoc 0352

『인내』(*De patientia*)   Cetedoc 0308

『죽은 이를 위한 배려』(*De cura pro mortuis gerenda*)   Cetedoc 0307

『칠경에 관한 질문』(*Quaestionum in heptateuchum*)   Cetedoc 0270

『페틸리아누스 서간 반박』(*Contra litteras Petiliani*)   Cetedoc 0333

『훈계와 은총』(*De correptione et gratia*)　　　　　　　　　　Cetedoc 0353

••• 아타나시우스

『아리우스파 반박 넷째 연설』[*Oratio quarta contra Arianos (Sp.)*]　　　TLG 2035.117

『아리우스파 반박 연설』(3편)(*Orationes tres contra Arianos*)　　　TLG 2035.042

『아리우스파 이야기』(*Historia Arianorum*)　　　　　　　　TLG 2035.009

『안토니우스의 생애』(*Vita Antonii*)　　　　　　　　　　　TLG 2035.047

『이집트와 리비아의 주교들에게 보낸 편지』(*Epistula ad episcopos Aegypti et Libyae*)　TLG 2035.041

『자신의 도피에 관한 변론』(*Apologia de fuga sua*)　　　　　TLG 2035.012

『주교들에게 보낸 순회 서간』(*Epistula ad episcopos encyclica*)　　TLG 2035.006

『축일 서간집』(*Epistulae festales*)　　　　　　　　　　　TLG 2035.014

••• 아프라하트

『논증』(*Demonstrationes*)

••• 암브로시우스

『과부』(*De viduis*)　　　　　　　　　　　　　　　　Cetedoc 0146

『낙원』(*De paradiso*)　　　　　　　　　　　　　　　Cetedoc 0124

『루카 복음 해설』(*Expositio evangelii secundum Lucam*)　　　Cetedoc 0143

『발렌티니아누스의 죽음』(*De obitu Valentiniani*)　　　　　Cetedoc 0158

『서간집』(*Epistulae*)　　　　　　　　　　　　　　　Cetedoc 0160

『성령론』(*De Spiritu Sancto*)　　　　　　　　　　　　Cetedoc 0151

『성직자의 의무』(*De officiis ministrorum*)　　　　　　　Cetedoc 0144

『세상 도피』(*De fuga saeculi*)　　　　　　　　　　　　Cetedoc 0133

『시편 제118편 해설』(*Expositio Psalmi CXVIII*)　　　　　Cetedoc 0141

『신앙론』(*De fide*)　　　　　　　　　　　　　　　　Cetedoc 0150

『야곱과 행복한 삶』(*De Jacob et vita beata*)　　　　　　　Cetedoc 0130

『욥과 다윗의 탄원』(*De interpellatione Job et David*)　　　Cetedoc 0134

『이사악 또는 영혼』(*De Isaac vel anima*)　　　　　　　　Cetedoc 0128

『죽음의 유익』(*De bono mortis*)　　　　　　　　　　　Cetedoc 0129

『카인과 아벨』(*De Cain et Abel*)　　　　　　　　　　　Cetedoc 0125

『테오도시우스의 죽음』(*De obitu Theodosii*)　　　　　　　Cetedoc 0159

『형 사티루스의 죽음』(*De excessu fratris Satyri*)　　　　　Cetedoc 0157

••• 폰투스의 에바그리우스

『프락티코스』(*Practicus*)   TLG 4110.001

••• 카이사리아의 에우세비우스

『교회사』(*Historia ecclesiastica*)   TLG 2018.002

『복음의 논증』(*Demonstratio evangelica*)   TLG 2018.005

••• 시리아인 에프렘

『낙원 찬가』(*Hymni de paradiso*)

『성탄 찬미가』(*Hymni de nativitate*)

『우리 주님에 관한 설교』(*Sermo de Domino nostro*)

『창세기 주해』(*Commentarii in Genesim*)

『타티아누스의 네 복음서 발췌 합본 주해』(*In Tatiani Diatessaron*)

••• 엔노디우스

『에피파니우스의 생애』(*Vita Epiphanii*)   Cetedoc 1494

••• 오리게네스

『기도론』(*De oratione*)   TLG 2042.008

『레위기 강해』(*Homiliae in Leviticum*)   TLG 2042.024

『마태오 복음 주해』[*Commentarium in evangelium Matthaei (lib. 12-17)*]   TLG 2042.030

『민수기 강해』(*In Numeros homiliae*)   Cetedoc 0198

『사무엘기 상권 강해』(*Homiliae in librum Regum I*)   Cetedoc 0198

『순교 권면』(*Exhortatio ad martyrium*)   TLG 2042.007

『아가 주해』(*Commentarium in Canticum canticorum*)   Cetedoc 0198, TLG 2042.026

『여호수아기 강해』(*In Jesu Nave homiliae xxvi*)   TLG 2042.025

『예레미야서 강해』[*In Jeremiam (homiliae 1-11)*]   TLG 2042.009

『예레미야서 단편』[*Fragmenta in Jeremiam (in catenis)*]   TLG 2042.010

『요한 복음 주해』[*Commentarii in evangelium Joannis (lib. 1, 2, 4, 5, 6, 10, 13)*]   TLG 2042.005

『점쟁이』(*De engstrimytho*)   TLG 2042.013

『창세기 강해』(*Homiliae in Genesim*)   TLG 2042.022

『켈수스 반박』(*Contra Celsum*)   TLG 2042.001

『탈출기 강해』(*Homiliae in Exodum*)   TLG 2042.023

『판관기 강해』(*In librum Iudicum homiliae*)

••• 다마스쿠스의 요한

『성화상에 관한 연설』(3편)(*Orationes de imaginibus tres*)   TLG 2934.005

『신앙 해설』(*Expositio fidei*)   TLG 2934.004

••• 요한 카시아누스

『공주 수도승 규정집』

(*De institutis coenobiorum et de octo principalium vitiorum remediis*)   Cetedoc 0513

『담화집』(*Collationes*)   Cetedoc 0512

••• 요한 크리소스토무스

『갈라티아서 주해』(*In epistulam ad Galatas commentarius*)   TLG 2062.158

『다윗과 사울에 관한 강해』(*De Davide et Saule*)   TLG 2062.115

『로마서 강해』(*In epistulam ad Romanos*)   TLG 2062.155

『마태오 복음 강해』[*In Matthaeum (homiliae 1-90)*]   TLG 2062.152

『비유사파 반박』(강해 11)(*Contra Anomoeos homilia 11*)   TLG 2062.019

『사제직』(*De sacerdotio*)   TLG 2062.085 & TLG 2062.119

『순교 사제 성 바빌라스』(*De sancto hieromartyre Babyla*)   TLG 2062.041

『안티오키아 신자들에게 행한 강해』(입상에 관해)

(*Ad populam Antiochenum homiliae de statuis*)   TLG 2062.024

『에페소서 강해』(*In epistulam ad Ephesios*)   TLG 2062.159

『요한 복음 강해』[*In Joannem (homiliae 1-88)*]   TLG 2062.153

『원수가 주리거든』(*In illud: Si esurierit inimicus*)   TLG 2062.068

『유대인 반박』[*Adversus Judaeos (orationes 1-8)*]   TLG 2062.021

『자선』(*De eleemosyna*)   TLG 2062.075

『창세기 강해』[*In Genesim (homiliae 1-67)*]   TLG 2062.112

『코린토 1서 강해』[*In epistulam I ad Corinthios (homiliae 1-44)*]   TLG 2062.156

『코린토 2서 강해』[*In epistulam II ad Corinthios (homiliae 1-30)*]   ]TLG 2062.157

『콜로새서 강해』[*In epistulam ad Colossenses (homiliae 1-12)*]   TLG 2062.161

『테살로니카 1서 강해』(*In epistulam I ad Thessalonicenses*)   TLG 2062.162

『테살로니카 2서 강해』(*In epistulam II ad Thessalonicenses*)   TLG 2062.163

『티모테오 1서 강해』(*In epistulam I ad Timotheum*)   TLG 2062.164

『티모테오 2서 강해』(*In epistulam II ad Timotheum*)   TLG 2062.165

『티토서 강해』(*In epistulam ad Titum*)   TLG 2062.166

『필리피서 강해』(*In epistulam ad Philippenes*)   TLG 2062.160

『한나에 관한 설교』(*De Anna*)   TLG 2062.114

『히브리서 강해』(*In epistulam ad Hebraeos*)   TLG 2062.168

••• 위-클레멘스

『재인식』(*Recognitiones*)   Cetedoc 0198 N (A)

••• 순교자 유스티누스

『유대인 트리폰과의 대화』(*Dialogus cum Tryphone Iudaeo*)   TLG 0645.003

••• 안티오키아의 이그나티우스

『마그네시아 신자들에게 보낸 편지』(*Epistulae VII genuinae*)   TLG 1443.001

••• 이레네우스

『이단 반박』(*Adversus haereses liber 3*)   TLG 1477.002

••• 니네베의 이사악

『종교적 완성』(*De perfectione religiosa*)

••• 세비야의 이시도루스

『룻기』(*De Ruth*)

••• 카시오도루스

『시편 해설』(*Expositio Psalmorum*)   Cetedoc 0900

••• 아를의 카이사리우스

『설교집』(*Sermones*)   Cetedoc 1008

••• 로마의 클레멘스

『코린토 신자들에게 보낸 첫째 편지 = 클레멘스의 첫째 편지』
(*Epistula I ad Corinthios*)   TLG 1271.001

••• 알렉산드리아의 클레멘스

『교육자』(*Paedagogus*)   TLG 0555.002

『양탄자』(*Stromata*)   TLG 0555.004

••• 알렉산드리아의 키릴루스

『서간집』(*Epistulae in Concilium universale Ephesenum anno*)　　　　　TLG 5000.001

••• 예루살렘의 키릴루스

『교리교육 서론』(*Procatechesis*)　　　　　TLG 2110.001

『예비신자 교리교육』(*Catecheses ad illuminados*)　　　　　TLG 2110.003

••• 키프리아누스

『서간집』(*Epistulae*)　　　　　Cetedoc 0050

『인내의 유익』(*De bono patientiae*)　　　　　Cetedoc 0048

『주님의 기도』(*De dominica oratione*)　　　　　Cetedoc 0043

『퀴리누스에게』(*Ad Quirinum*)　　　　　Cetedoc 0039

••• 테르툴리아누스

『단식』(*De ieiunio adversus psychicos*)　　　　　Cetedoc 0029

『마르키온 반박』(*Adversus Marcionem*)　　　　　Cetedoc 0014

『박해에서 도피』(*De fuga in persecutione*)　　　　　Cetedoc 0025

『영혼론』(*De anima*)　　　　　Cetedoc 0017

『우상 숭배』(*De idololatria*)　　　　　Cetedoc 0023

『유대인 반박』(*Adversus Judaeos*)　　　　　Cetedoc 0033

『이단자에 대한 항고』(*De praescriptione haereticorum*)　　　　　Cetedoc 0005

『전갈 처방』(*Scorpiace*)　　　　　Cetedoc 0022

『죽은 이들의 부활』(*De resurrectione mortuorum*)　　　　　Cetedoc 0019

••• 키루스의 테오도레투스

『교회사』(*Historia ecclesiastica*)　　　　　TLG 4089.003

『서간집』(유프라테스와 오스로에네 지역에 사는 이들에게)

(*Ad eos qui in Euphratesia et Osrhoena regione, Syria, Phoeni*)　　　　　TLG 4089.034

『섭리에 관한 연설』(10편)(*De providentia orationes decem*)　　　　　TLG 4089.032

『팔경에 관한 질문(룻기)』(*Quaestiones in Octateuchum*)　　　　　TLG 4089.022

••• 몹수에스티아의 테오도루스

『시편 해설』(*Expositio in psalmos*)

••• 테오필락투스

『마태오 복음 상해』(*Ennarratio in evangelium s. Matthaei*)

••• 파울루스 오로시우스

『펠라기우스파 반박 변론』(*Liber apologeticus contra Pelagianos*)　　　　　Cetedoc 0572

••• 놀라의 파울리누스

『시가집』(*Carmina*)　　　　　Cetedoc 0203

••• 밀라노의 파울리누스

『성 암브로시우스의 생애』(*Vita S. Ambrosii*)

••• 파코미우스

『교리교육』(*Catecheses*)

••• 바르셀로나의 파키아누스

『심프로니아누스에게 보낸 편지』(3통)(*Epistulae*)

『참회자』(*De paenitentibus*)

••• 페트루스 크리솔로구스

『설교집』

(*Collectio sermonum a Felice episcopo parata sermonibus extravagantibus adjectis*)　Cetedoc 0227+

••• 가자의 프로코피우스

『여호수아기 주해』

『판관기 강해』

••• 프루덴티우스

『매일 찬가집』(*Liber cathemerinon*)　　　　　Cetedoc 1438

『영혼의 투쟁』(*Psychomachia*)　　　　　Cetedoc 1441

『이중 자양분 또는 역사의 기념비』(*Dittochaeon sive Tituli historiarum*)　　　　　Cetedoc 1444

••• 브라가의 프룩투오수스

『수도원 공동 규칙서』(*Regula monastica communis*)

••• 호르시에시우스

『권고집』(*Monita*)

••• 히에로니무스

『마태오 복음 강해』(*Homilia in evangelium secundum Matthaeum*)　　　Cetedoc 0595

『서간집』(*Epistulae*)　　　Cetedoc 0620

『소예언서 주해』(*Commentarii in Prophetas Minores*)　　　Cetedoc 0589

『시편 강해집』(59편)(*Tractatus LIX in Psalmos*)　　　Cetedoc 0592

『시편 둘째 강해집』(*Tractatuum in Psalmos series altera*)　　　Cetedoc 0593

『연대기 히브리어에 관한 질문』

『요비니아누스 반박』(*Adversus Jovinianum*)　　　Cetedoc 0610

『파스카 축제 전야(탈출기)』(설교 91)(*De exodo, in vigilia Paschae*)　　　Cetedoc 0592

『펠라기우스파 반박 대화』(*Dialogi contra Pelagianos*)　　　Cetedoc 0615

••• 히폴리투스

『그리스도와 그리스도의 적』(*De Christo et antichristo*)　　　TLG 2115.003

『모든 이단 반박』(*Refutatio omnium haeresium*)　　　TLG 2115.060

••• 푸아티에의 힐라리우스

『시편 주해』(*Tractatus super Psalmos I-XCI*)　　　Cetedoc 0428

교부 시대 저술가들의 시기/지역별 일람표

세기＼지역	브리타니아 제도	갈리아
1세기		
2세기		리옹의 이레네우스, 135년경~202년경, ♣180~199년
3세기		
4세기	파스티디우스, 4~5세기경	락탄티우스, 250년경~325년, ♣304~324년 푸아티에의 힐라리우스, 315년경~367년, ♣350~367년
5세기		술피키우스 세베루스, 360년경~420년 요한 카시아누스, 360년경~432년 레렝스의 빈켄티우스, †435년 아를의 힐라리우스, 401년경~449년 리옹의 에우케리우스, ♣420~449년 시미에의 발레리아누스, ♣422년경~449년 갈리아의 에우세비우스, 5세기경 아퀴타니아의 프로스페루스, 390년경~455년 이후 사제 살비아누스, 400년경~480년경 리에의 파우스투스, 410~495년경 마르세유의 겐나디우스, †496년 이후
6세기		아를의 카이사리우스, 470년경~543년
7세기	아담나누스, 624년경~704년	
8세기 이후	존자 베다, 672/73년경~735년	

* 고대의 다섯 총대주교좌
탄생은 '★', 사망은 '†', 재위/재임은 '❀', 주 활동 시기는 '♣'로 표시하였다.

에스파냐/포르투갈	이탈리아(로마*)	북아프리카(카르타고)
	로마의 클레멘스, ✱92년경~101년 헤르마스의 『목자』, 140년경 순교자 유스티누스, 　100/10경~165년, ♣148년경~161년 발렌티누스, 영지주의자, ♣140년경 마르키온, ♣144년, †154/60년경	
	로마의 칼리스투스, ✱217~222년 로마의 미누키우스 펠릭스, ♣2~3세기 히폴리투스, 　189년 이전~235년 ♣222~235년 로마의 노바티아누스, ♣235~258년 페타우의 빅토리누스, 230~304년	카르타고의 테르툴리아누스, 　155/60년경~225/50년, 　♣197년경~222년 카르타고의 키프리아누스, 　♣248~258년
코르도바의 호시우스, †357년 리스본의 포타미우스, ♣350년경~360년 엘비라의 그레고리우스, ♣359~385년 바르셀로나의 파키아누스, 4세기 프루덴티우스, 349년경~405년 이후	피르미쿠스 마테르누스, ♣335년경 마리우스 빅토리누스, 280/85년경~363년경, ♣355~363년 베르첼리의 에우세비우스, ♣360년경 칼리아리의 루키페르, †375년 이전 로마의 파우스티누스, ♣380년 브레시아의 필라스트리우스, ♣380년 암브로시아스테르, ♣366년경~384년 브레시아의 가우덴티우스, ♣395년 밀라노의 암브로시우스, 330년경~397년,♣374~397년 밀라노의 파울리누스, 늦은 4세기~이른 5세기	파울루스 오로시우스, 　★380년경
	루피누스, 345년경~411년 아포니우스, 4~5세기 펠라기우스, 350/54년경~420/25년경 토리노의 막시무스, †408/23년 놀라의 파울리누스, 355~431년, ♣389~396년 페트루스 크리솔로구스, 380년경~450년 에클라눔의 율리아누스, 385년경~455년 이후 대 레오, ✱440~461년 소 아르노비우스, ♣450년경	히포의 아우구스티누스, 　354~430년, ♣387~430년 쿠오드불트데우스, ♣430년
두미움의 파스카시우스, 515년경~580년경 세비야의 레안데르, 545년경~600년경 브라가의 마르티누스, ♣568~579년	엔노디우스, 473년경~521년, ✱513~521년 라틴인 에피파니우스, 늦은 5세기~이른 6세기 에우기피우스, 460년경~533년경 누르시아의 베네딕도, 480년경~547년 카시오도루스, 485년경~580년경 대 그레고리우스, 540년경~604년, ✱590~604년 아그리겐툼의 그레고리우스, †592년	루쿨렌티우스, 5~6세기 루스페의 풀겐티우스, 　467년경~532년 베레쿤두스, †552년 프리마시우스, ♣550~560년 헤르미아네의 파쿤두스, 　♣546~568년
세비야의 이시도루스, 560년경~636년 사라고사의 브라울리오, 585년경~651년, 　✱631~651년 브라가의 프룩투오수스, †665년경	파테리우스, 6~7세기	

세기 \ 지역	이집트(알렉산드리아*)	소아시아/그리스(콘스탄티노플*)	시리아(안티오키아*)
1세기	알렉산드리아의 필론, BC 20년경~AD 50년경		
2세기	바실리데스, 2세기 『바르나바의 편지』, 130년경 테오도투스, 2세기	스미르나의 폴리카르푸스, 69년경~155년 아테나고라스, ♣176~180년, †180년경 사르데스의 멜리톤, †190년 이전 몬타누스파 신탁, 늦은 2세기	『디다케: 열두 사도들의 가르침』, 이른 2세기 안티오키아의 이그나티우스, 35년경~107/12년경 또는 105년 이전~135년경 안티오키아의 테오필루스, 늦은 2세기경
3세기	알렉산드리아의 클레멘스, 150년경~215년, ♣190~215년 사벨리우스, 2~3세기 『디오그네투스에게 보낸 편지』, 3세기경 오리게네스, 185년경~254년경, ♣200~254년경 알렉산드리아의 디오니시우스, ✤247/48년경~264/65년	기적가 그레고리우스, 213년경~270/75년, ♣248년경~264년 올림푸스의 메토디우스, †311년경	
4세기	대 안토니우스, 251년경~355년 알렉산드리아의 페트루스, †311년경 아리우스, ♣320년경 알렉산드리아의 알렉산더, ♣312~328년 파코미우스, 292년경~347년 타벤네시의 테오도루스, †368년 알렉산드리아의 아타나시우스, 295년경~373년, ♣325~373년 호르시에시우스, 305년경~390년 이집트의 마카리우스, 300년경~390년경 장님 디디무스, 313년경~398년	헤라클레아의 테오도루스, ♣330년경~355년 안키라의 마르켈루스, †375년경 살라미스의 에피파니우스, 315년경~403년 대 바실리우스, ★330년경, ♣357~379년 소少 마크리나, 327년경~379/80년 라오디케아의 아폴리나리스, 310~392년경 나지안주스의 그레고리우스, ✤329/30년, ♣372~389년 니사의 그레고리우스, 335년경~394년 이코니움의 암필로키우스, 340/46년경~403년 이전 폰투스의 에바그리우스, 345년경~399년, ♣382~399년 에우노미우스, ♣360~394년 위-마카리우스, ♣390년경 레메시아나의 니케타스, 350년경~414년경	안티오키아의 에우스타티우스, ♣325년 에메사의 에우세비우스, 300년경~359년경, ✤339년경~359년경 시리아인 에프렘, 306년경~373년, ♣363~373년 에메사의 네메시우스, ♣늦은 4세기 타르수스의 디오도루스, †394년 이전 요한 크리소스토무스, 344/54~407년, ♣386~407년 『사도 헌장』, 375년경~400년 『디다스칼리아』, 4세기 몹수에스티아의 테오도루스, 350년경~428년 베로이아의 아카키우스, 322년경~435년경
5세기	헬레노폴리스의 팔라디우스, 364/65~431년 이전 알렉산드리아의 키릴루스, 375~444년, ♣412~444년 암모니우스, †460년경 포이멘, 5세기 콥트인 베사, 5세기 셰누테, 350년경~466년	네스토리우스, 381년경~451년경, ✤428~431년 셀레우키아의 바실리우스, ♣444~468년 포티케의 디아도쿠스, 400~474년 콘스탄티노플의 겐나디우스, ♣458~471년, †471년	『단계에 관한 책』, 400년경 안키라의 닐루스, †430년경 안티오키아의 요한, †441/42년 키루스의 테오도레투스, 393년경~460년경, ♣423~460년 안티오키아의 위-빅토르, 5세기 아파메아의 요한, 5세기
6세기	올림피오도루스, 이른 6세기	오이쿠메니우스, 6세기	마부그의 필록세누스, 440년경~523년 안티오키아의 세베루스, 465년경~538년 은수자 마르쿠스, 6세기경
7세기		고백자 막시무스, 580년경~662년	사도나(=마르티리우스), ♣635~640년
8세기 이후		테오파네스, 775~845년 카시아, 805~848/67년경 카이사리아의 아레타스, 860년경~932년 이후 포티우스, 820년경~891년 신 신학자 시메온, 949년경~1022년 오리드의 테오필락투스, 1050/60년경~1125/26년	다마스쿠스의 요한, 650년경~750년

메소포타미아/페르시아	팔레스티나(예루살렘*)	장소 미상
	플라비우스 요세푸스, 37년경~101년경	
		『클레멘스의 둘째 편지』, 150년경
마니/마니캐우스, 216년경~276년		『위-클레멘스서』, 3~4세기
아프라하트, 　270년경~345년, ♣337~345년 니시비스의 야코부스, 　♣308~325년, †338년	카이사리아의 에우세비우스, 　260/63년경~340년, 　♣315년경~340년 카이사리아의 아카키우스, 　✤340~366년경 예루살렘의 키릴루스, 　315년경~386년, ♣348년경	콤모디아누스, 3세기경 또는 5세기
콜브의 에즈니크, ♣430~450년	히에로니무스, 347년경~419/20년 예루살렘의 헤시키우스, 　♣412~450년 에우티미우스, 377~473년 페트라의 게론티우스, 395~480년경	
사루그의 야코부스, 　450년경~520년경 바바이, 이른 6세기 대 바바이, 550~628년	가자의 프로코피우스, 465년경~530년 가자의 도로테우스, 　525년경~560/80년경, ♣540년 스키토폴리스의 키릴루스, 　525년경~557년 이후, ♣550년경	위-디오니시우스, 　482~532년경, ♣500년경
니네베의 이사악, †700년경		위-콘스탄티우스, 7세기경 안드레아스, 7세기경
노老 요한, 8세기 메르브의 이쇼다드, †852년 이후		

인용 저술가의 약전略傳과 익명 작품 개요

∴

탄생은 '★', 사망은 '†', 재위/재임은 '✿', 주 활동 시기는 '♣'로 표시하였다.

브레시아의 가우덴티우스(♣395년) 필라스트리우스의 후계자로 브레시아의 주교. 성찬에 관한 설교 21편을 저술하였고, 수많은 논고를 썼다.

『거룩한 사도들의 헌장』(☞ 『사도 헌장』)

게론티우스(395년경~480년경) 팔레스티나 출신의 수도승. 훗날 팔레스티나 공주 수도원의 대수도원장이 되었으며, 칼케돈 공의회의 결정에 반대했다.

콘스탄티노플의 겐나디우스(♣458~471년, †471년) 콘스탄티노플의 총대주교. 수많은 주해서를 썼으며, 알렉산드리아의 키릴루스가 주장하는 그리스도론을 반대했다.

기적가 그레고리우스(213년경~270/75년, ♣248년경~264년) 네오카이사리아의 주교이자 오리게네스의 제자. 유명한 『전기』 다섯 편은 그를 '기적가'로 부르게 한 사건들을 전한다. 그의 가르침이 압축된 주저 『오리게네스 찬양 연설』은 오리게네스를 찬양하는 내용으로, 특히 수사학이 빛난다.

나지안주스의 그레고리우스(★329/30년, ♣372~389년) 카파도키아 세 교부 가운데 한 사람. 나지안주스의 주교이자 콘스탄티노플의 주교. 니사의 그레고리우스와 대 바실리우스의 친구. 신학적 연설과 편지로 삼위일체 정통 교의뿐 아니라 그리스도의 인성을 변론한 것으로 유명하다.

니사의 그레고리우스(335년경~394년) 카파도키아 세 교부 가운데 한 사람. 니사의 주교이며 대 바실리우스의 동생. 뛰어난 독창성을 지닌 철학적 신학자. 『대 교리교육』의 저자. 성부·성자·성령의 일치에서 동일본질을 내세운 것으로 유명하다.

대 그레고리우스(540년경~604년, ✿590~604년) 590년에 교황이 되었으며, 라틴 4대 교부들 중 마지막 인물. 다작을 남긴 저술가이며 라틴 교회에서 전례 개혁을 시작했다. 그레고리우스 성사 예식서와 그레고리우스 성가도 그가 이룬 전통과 관련이 있다.

엘비라의 그레고리우스(♣359~385년) 엘비라의 주교. 오리게네스를 따라 우의적 해석 방식으로 주석한 논고 몇 편을 썼으며, 아리우스파에 대해 니케아 신앙을 변론했다.

에메사의 네메시우스(♣늦은 4세기) 시리아 지방 에메사의 주교. 주저인 『인간 본성』은 신학·철학적 여러

문헌에 의존하였으며, 처음으로 그리스도교적 인간학을 서술했다.

네스토리우스(381년경~451년경, ✚428~431년) 콘스탄티노플의 총대주교. 신성과 인성이 그리스도의 육화로 참으로 일치되었다기보다 결합되었다고 내세운 이단의 창시자. 테오토코스(하느님을 낳으신 분)에 관한 가르침에 반대하여 네스토리우스파 교회를 콘스탄티노플에서 분리시켰다.

로마의 노바티아누스(♣235~258년) 교황에 선출되지 못한 뒤 분열된 교회의 주교가 된 로마의 신학자. 교회를 분열시킨 것을 제외하고는 정통 신학을 전개했다. 삼위일체에 관한 논고는 전형적인 서방교회의 교의를 따른다.

레메시아나의 니케타스(350년경~414년경) 세르비아 지방 레메시아나의 주교. 저서들은 성부와 성자의 동일 본질과 성령의 신성을 확언한다.

안키라의 닐루스(✝430년경) 수덕에 관해 다작을 남긴 저술가이자 요한 크리소스토무스의 제자. 때로 시나이의 닐루스로 잘못 알려진 그는 안키라에서 태어나 콘스탄티노플에서 교육받았다.

『단계에 관한 책』(400년경) 저자는 익명의 시리아 저술가. 30개의 강해와 대화로 이루어졌으며, 영성적 삶으로 나아가기 위한 더 깊은 단계를 다루었다.

가자의 도로테우스(525년경~560/80년경, ♣540년) 세리도스 수도원 수도승. 훗날 이 수도원의 지도자가 되었으며, 이곳에서 『여러 가르침』을 저술했다. 팔레스티나 수도 제도에 관한 작품도 썼다.

『디다케: 열두 사도들의 가르침』(이른 2세기) 유대교 윤리와 그리스도교의 전례를 다룬 저자 미상의 이 문헌은 '생명의 길'에 관해 전반적으로 서술했다. 교부 시대에 상당한 영향을 미쳤고, 특히 예비 신자 교육에 사용되었다.

장님 디디무스(313년경~398년) 알렉산드리아의 성경 주석가. 오리게네스의 영향을 많이 받았으며, 히에로니무스가 극찬한 인물이기도 하다.

포티케의 디아도쿠스(400~474년) 에피루스 베투스의 반단성설파 주교. 『우리 주 예수 그리스도의 승천에 관한 설교』는 칼케돈 공의회의 그리스도론을 통해 동방과 서방에 영향을 미쳤다. 그는 『에피루스 지방에 자리한 포티케의 주교 디아도쿠스의 (신비적) 환시』의 주체이기도 하다.

『디오그네투스에게 보낸 편지』(3세기경) 이교인의 신앙과 관습을 논박하며 그리스도인의 삶과 신앙을 서술한 저자 미상의 작품. 교부학자들도 디오그네투스가 누구인지 정확히 밝혀내지 못했다.

알렉산드리아의 디오니시우스(✚247/48년경~264/65년) 알렉산드리아의 주교이자 오리게네스의 제자. 당대의 신학 논쟁에 적극적으로 관여하여, 사벨리우스주의를 반대했다. 삼신론을 주장한다는 비판에 대해 자신을 변호하였으며, 에피쿠로스주의를 그리스도교 측면에서 처음으로 논박했다. 주된 사상은 주로 초기 그리스도교 저술가들이 발췌한 글에 남아 있다.

타르수스의 디오도루스(✝394년 이전) 타르수스의 주교이자 안티오키아학파의 신학자. 성경 주석서와 교의서, 호교서 등 다양한 유형의 작품을 저술하였지만, 네스토리우스주의의 효시라는 명목으로 단죄되어 그의 작품 대부분은 단편으로만 전해 온다. 요한 크리소스토무스와 몹수에스티아의 테오도루스의 스승이다.

락탄티우스(250년경~325년, ♣304~324년) 히에로니무스에 따르면 그는 사람을 감동시키는 힘이 있는 저술가였다. 신학적 사상보다 탁월한 수사학적 재능으로 더 유명하다. 그리스도교로 개종한 뒤 니코메디아에서 수사학 교사를 그만둔 그리스도교 호교가다. 콘스탄티누스 황제 아들의 가정교사였으며 『거룩한 가르침』을 저술했다.

세비야의 레안데르(545년경~600년경) 라틴 교회의 저술가. 두 편의 작품만 남아 있다. 당시 에스파냐에서 역사적으로 중요한 영향력을 지닌 서고트족에게 그리스도교를 전파하는 데 큰 역할을 했다.

대 레오(✽440~461년) 로마의 주교. 『플라비아누스에게 보낸 교의서간』은 칼케돈 공의회(451년)에서 네스토리우스와 키릴루스 견해 사이의 중도 노선이 채택되는 데 기여했다.

루쿨렌티우스(5~6세기) 바오로 사도가 쓴 신약성경 일부 구절을 짧게 주해한 무명의 저술가. 그의 주석은 대개 문자적이며 히에로니무스와 아우구스티누스 등 이전 시대 저자들의 방법론을 따른다.

칼리아리의 루키페르(†375년 이전) 아타나시우스의 신학적 견해와 니케아 신경을 강력히 지지한 칼리아리의 주교. 정통 신앙을 표방하는 주교를 인정하지 않은 콘스탄티우스 황제에 맞서다가 처음에는 팔레스티나로, 나중에는 테바이스(이집트)로 추방되었다.

아퀼레이아의 루피누스(345년경~411년) 정통 신앙의 그리스도교 사상가이자 역사가. 오리게네스 작품을 번역하고 보존하였으며, 히에로니무스와 에피파니우스가 오리게네스를 비난하자 오리게네스를 위해 변론했다. 로마와 이집트, 예루살렘(올리브 산)에서 수덕 생활을 했다.

마니교도 241년경 페르시아에서 마니가 주도하여 창시한 종교의 추종자들. 그러나 이들의 가르침에는 그리스도교 여러 교파의 요소도 명백히 담겨 있다. 빛과 어둠의 왕국이 공존하며, 물질의 어둠에 사로잡혀 있는 이들 가운데에서 빛을 지닌 극소수의 영적 인간만이 구원받은 이들이라 가르치며, 자유의지와 하느님의 보편적 다스림을 부인했다(☞ 영지주의자).

안키라의 마르켈루스(†375년경) 아리우스주의를 논박하는 작품을 썼지만 후대에, 특히 카이사리아의 에우세비우스는 그를 사벨리우스주의자로 고발했다. 서방교회는 그의 정통 신앙을 인정했으나, 동방교회는 그를 파문했다. 아타나시우스의 작품 중 일부를 마르켈루스의 저서로 보는 학자들도 있다.

은수자 마르쿠스(6세기경) 타르수스 근방의 수도승. 그리스도론에 관한 작품도 썼다.

마르키온(♣144년, †154/60년경) 이단자. 예수 그리스도의 아버지를 구약성경의 창조주 하느님과 다른 분이라고 주장하며, 구약성경 전체와 신약성경의 많은 부분을 받아들이지 않았다(☞ 영지주의자).

브라가의 마르티누스(♣568~579년) 이베리아 반도 브라가의 반反아리우스파 수석 대주교. 고등교육을 받았으며, 572년에 열린 브라가 지방 교회회의의 의장직을 맡았다.

마리우스 빅토리누스(280/85년경~363년경, ♣355~363년) 아프리카 출신의 문법학자. 로마에서 수사학을 가르치고 플라톤학파의 작품들을 번역했다. 늘그막에 개종한 뒤(355년경), 아리우스파를 논박하는 저서와 바오로 서간들의 주해서를 저술했다.

이집트의 마카리우스(300년경~390년경) 사막 교부 가운데 한 사람. 아타나시우스의 견해를 지지하다가 고

발되었으며, 아타나시우스의 아리우스파 후계자인 루키우스는 374년경 그를 나일 강의 어느 섬으로 추방했다. 와디 나트룸에서 수도 신학에 관해 계속 가르쳤다.

소 마크리나(327년경~379/80년) 대 바실리우스와 니사의 그레고리우스의 누이. 친할머니 마크리나와 구분하기 위해 '소少 마크리나'라 한다. 그녀는 동생들 가운데, 특히 자신을 스승으로 부르며『영혼과 부활에 관한 대화』에서는 자신의 가르침을 설명한 니사의 그레고리우스에게 큰 영향을 미쳤다.

고백자 막시무스(580년경~662년) 그리스/팔레스티나 출신의 신학자이자 수덕 생활에 관한 저술가. 614년 예루살렘에 아랍인이 침입하자 콘스탄티노플로, 그 후 아프리카로 피신했다. 구금되어 혀와 오른손이 잘리는 혹독한 고초를 겪은 뒤 흑해 근처에서 사망했다. 그는 그리스도의 인성을 사상의 중심에 두고, 하느님을 그 무엇보다 사랑하며 모든 사물에 초연할 것을 가르쳤다.

토리노의 막시무스(†408/23년) 토리노의 주교. 호노리우스와 테오도시우스 2세가 통치하던 시기에 사망했다. 그가 남긴 그리스도교 축일과 성인, 순교자들에 관한 설교는 100편이 넘는다.

『메나이온 축일』 예수와 마리아의 생애를 찬미하는 축일 동안 부르는 찬가를 비롯하여 여러 예배 의식을 담고 있는 전통적인 전례서.

올림푸스의 메토디우스(†311년경) 올림푸스의 주교. 플라톤의 『향연』을 일부 본떠 자신의 『열 처녀의 잔치』에서 동정성을 찬양했다.

헤르마스의 『목자』(140년경) 환시 5편과 계명 12편, 비유 10편으로 세분된 묵시 문헌. 노예였다가 해방된 헤르마스의 작품으로, 두 번째 천사가 목자의 모습으로 나타났다고 하여 이런 제목이 붙었다. 이 작품은 매우 높은 도덕적 가치를 요구하는 것으로 평가되었으며, 초기 교회에서 예비신자들을 위한 교재로 사용되었다.

몬타누스파 신탁 몬타누스주의는 프리기아 지방 출신의 몬타누스가 2세기 중엽 이후에 일으킨 묵시·수덕과 관련한 운동이었다. 몬타누스는 황홀경을 통한 신탁으로 자신들의 계시를 선포했다. 몬타누스파 신탁은 작품으로는 남아 있지 않고, 이 운동을 논박한 저술가들의 작품, 특히 에피파니우스의 『약상자』에 단편으로 실려 있다. 몬타누스주의는 아시아 지역에서 열린 여러 교회 회의 이전에 공식적으로 이단으로 단죄받았다.

로마의 미누키우스 펠릭스(♣2~3세기) 로마에서 변호사로 활동한 그리스도교 호교가.『옥타비아누스』는 테르툴리아누스의『호교론』과 여러 면에서 일치한다. 아프리카 출생으로 추정된다.

『바르나바의 편지』(130년경) 분명한 반유대인 어조로 구약성경을 우의적 해석과 예형론적으로 해석한 작품. 카이사리아의 에우세비우스가 친저성을 문제 삼을 때까지 신약성경의 다른 서간과 함께 '가톨릭 서간'으로 분류되었다.

바바이(이른 6세기)『키리아쿠스에게 보낸 편지』의 저자. 니시비스의 바바이(†484년)나 대 바바이(†628년)와 혼동하면 안 된다.

대 바바이(550~628년) 베트 자브다이 지역에 수도원과 학교를 설립한 시리아 출신의 수도승. 훗날 네스토리우스 교회가 위기에 빠졌을 때 이즐라 산 대수도원의 제3대 수도원장을 역임했다.

바실리데스(2세기) 알렉산드리아에서 활동한 이단자. 영혼이 육체에서 육체로 옮겨지며, 순교 때 몸을 지키고자 거짓말을 한다 해도 죄를 짓는 게 아니라고 했다.

대 바실리우스(★330년경, ♣357~379년) 카파도키아 세 교부 가운데 한 사람으로 카이사리아의 주교. 니케아 공의회에서 제기한 삼위일체 학설을 옹호했다. 행정 능력이 뛰어났으며 수도 규칙의 토대를 마련했다.

셀레우키아의 바실리우스(♣444~468년) 이사우리아 지방 셀레우키아의 주교이자 교회 저술가. 448년에 에우티케스의 단성설을 단죄한 콘스탄티노플 교회회의에 참석했다.

시미에의 발레리아누스(♣422년경~449년) 시미에의 주교. 교회 규율을 강화하려는 목적으로 리에 교회회의(439년)와 베종 교회회의(422년)에 참석했다. 교황 레오 1세와 관할권 문제로 다투는 아를의 힐라리우스를 지지했다.

발렌티누스(♣140년경) 알렉산드리아 출신의 이단자. 물질세계는 미지의 하느님의 지혜 또는 소피아가 지은 죄로 말미암아 창조되었다고 가르쳤다(☞ 영지주의자).

누르시아의 베네딕도(480년경~547년) 서방 수도제도사에서 가장 중요한 인물. 그가 세운 많은 수도원 가운데 몬테카시노 수도원이 가장 유명하다. 그의 『수도 규칙』은 서방 수도회에 지대한 영향을 미쳤고, 이상적인 수도원의 신학적 토대를 마련하였으며, 공주 수도생활의 꼴을 갖추고 조직화하는 데 도움을 주었다.

존자 베다(672/73년경~735년) 노르툼브리아에서 태어나, 일곱 살 때 재로Jarrow에 있는 성 베드로와 바오로 베네딕도회 수도원 수도승들의 보살핌을 받았다. 또한 수도 전통을 배경으로 폭넓은 고전 교육을 받았다. 당시 현자들 가운데 한 명으로, 『앵글로족의 교회사』를 저술했다.

베레쿤두스(†552년) 아프리카 출신 그리스도교 저술가. 6세기 그리스도론 논쟁, 특히 삼두서 논쟁에 적극 관여했으며, 교회 전례 성가에 관한 주해서 9편을 우의적 해석 접근법으로 저술했다.

콥트인 베사(5세기) 콥트인 수도승. 스승 셰누테의 후임으로 수도원장이 되었다. 수많은 편지를 남겼고, 수도 교리교육과 셰누테의 전기를 저술했다.

사라고사의 브라울리오(585년경~651년, ✤631~651년) 사라고사의 주교. 서고트족 문예를 부흥시킨 저명한 저술가. 그의 『아이밀리아누스의 생애』는 문학의 백미로 꼽는다.

페타우의 빅토리누스(230~304년) 라틴 성경 주석가. 다양한 유형의 작품을 저술했지만, 『묵시록 주해』만 온존溫存하고 『마태오 복음 주해』는 일부 단편만 전해 온다. 천년왕국설을 확고히 내세우지만, 파피아스나 이레네우스의 천년왕국설보다는 덜 유물론적이다. 우의적 해석법으로 볼 때, 오리게네스의 영적 제자라 하겠다. 디오클레티아누스 황제의 박해 첫해(304년)에 사망한 듯하다.

레렝스의 빈켄티우스(†435년) 수도승. 이단적 방법론에 맞선 그의 저서는 정통 신앙의 교의적 신학 방법론에 상당한 영향을 미쳤다.

『사도 헌장』(375년경~400년) 『거룩한 사도들의 헌장』으로도 알려져 있으며, 네아폴리스의 아리우스파 주교 율리아누스의 작품으로 추정. 총 8권의 이 작품은 주로 『디다케: 열두 사도들의 가르침』과 『사도 전승』처럼 전대 작품들에 일부 내용을 덧붙여 수록한 모음집이다. 『사도 법규』로도 불리는 제8권은 여러 원전에서 모은 법규 85개로 이루어져 있다.

사도나(♣635~640년) 마르티리우스라는 그리스어 이름으로 알려진 시리아 저술가. 한동안 베트 가르마이의 주교였다. 니시비스에서 공부하였고 그리스도론적 사상 때문에 추방되었다. 주저로는 시리아 수도 문헌의 걸작 가운데 하나로 평가되는 『완성에 관한 책』이 있다. 이 작품은 철저히 성경에 깊은 뿌리를 두고 쓰였다.

사벨리우스(2~3세기) 성부와 성자가 한 위격이라는 이단적 주장을 펼친 저술가. 그가 주장한 이단은 성부가 성자의 모습으로 십자가에서 수난했다고 내세워 '성부수난설'로도 불린다.

사제 살비아누스(400년경~480년경) 당시의 역사를 쓴 중요한 저술가. 로마제국이 야만인들에게 멸망한 것은 제국의 그리스도인들이 저지른, 비난할 만한 행위 때문이라고 여겼다. 『하느님의 다스림』에서 하느님의 섭리에 관한 주제를 발전시켰다.

안티오키아의 세베루스(465년경~538년) 522년에 안티오키아의 주교로 서품된 단성설파 신학자. 피시디아에서 태어나 알렉산드리아와 베이루트에서 공부했고, 콘스탄티노플에서 가르치다가 이집트로 추방되었다. 그리스도의 인성이 신성에 덧붙여졌다고 믿었으며, 그리스도가 신성과 인성을 함께 지녔다면 반드시 두 사람일 수밖에 없다고 주장했다.

가발라의 세베리아누스(♣400년경) 요한 크리소스토무스와 같은 시대 인물인 세베리아누스는 콘스탄티노플, 특히 황실에서 활동한 뛰어난 설교가였다. 요한 크리소스토무스를 고발하는 데 가담했다. 창세기에 관한 강해를 썼으며, 설교는 주로 반이단적 관심사를 드러낸다.

셰누테(350년경~466년) 이집트 아트리비스의 수도원장. 그가 세운 대규모의 수도원은 규칙이 엄하기로 유명하다. 431년 에페소 공의회에서 알렉산드리아의 키릴루스를 수행하였으며, 그곳에서 네스토리우스를 면직시키는 데 중요한 역할을 했다. 그리스어를 알았지만 콥트어로 저술 활동을 하였으며 강해와 교리교육 및 수도생활에 관한 작품, 편지, 신학 논고 두 편 등을 남겼다.

술피키우스 세베루스(360년경~420년경) 보르도의 귀족 가문 출신의 교회 저술가. 투르의 성 마르티누스의 친구이자 열렬한 제자로, 은둔 생활에 전념했다. 겐나디우스는 그가 사제직을 받았다고 단언하지만, 사제 생활에 관해 알려진 바는 전혀 없다.

신 신학자 시메온(949년경~1022년) 자신이 세운 엄격한 규칙과 달리 자비심이 많은 영적 지도자로 알려졌다. 그는 향심 기도로 말미암아 신성한 빛을 느끼고 받아들이게 된다고 여겼다.

아담나누스(624년경~704년) 아일랜드 요나의 수도원 원장으로 성 콜룸바누스의 전기를 썼다. 켈트족 교회가 로마 전례와 로마 규범에 동화되는 데 영향을 끼친 인물이다. 그가 쓴 『성지』는 존자 베다에게 영향을 주기도 했다.

카이사리아의 아레타스(850년경~932년 이후) 비잔틴의 학자이며 포티우스의 제자. 콘스탄티노플의 부제였으며, 901년부터 카이사리아의 대주교로 재임했다.

소 아르노비우스(♣450년경) 5세기에 일어난 그리스도론 논쟁에 관여했다. 단성설파 수도승과의 논전을 다룬『세라피온과의 논쟁』을 저술하여 로마 신학과 알렉산드리아 신학과의 일치를 논증하려고 했다. 그가『시편 주해』를 비롯하여 더 많은 작품을 저술했다고 추정하는 학자들도 있다.

아리우스(♣320년경) 이단자. 성자는 피조물이 아니며 본성상 성부와 같다는 니케아 공의회(325년) 신경을 받아들이지 않아, 이 공의회에서 단죄되었다.

히포의 아우구스티누스(354~430년, ♣387~430년) 히포의 주교이자 철학 · 성경 주석 · 신학 · 교회론적 주제로 많은 작품을 남긴 저술가. 펠라기우스파를 논박하는 작품들에서 예정과 원죄에 관한 서방 교의를 체계적으로 다루었다.

베로이아의 아카키우스(322년경~435년경) 금욕 생활로 유명한 시리아의 수도승. 378년 베로이아의 주교가 되었으며, 콘스탄티노플 공의회(381년)에 참석했다. 네스토리우스 논쟁에서 알렉산드리아의 키릴루스와 안티오키아의 요한을 중개하는 주요한 역할을 했지만 이 논쟁에는 관여하지 않았다.

카이사리아의 아카키우스(✸340~366년경) 팔레스티나 지방의 수도인 카이사리아의 친아리우스파 주교. 카이사리아의 에우세비우스의 제자로 전기 작가이자 역사가, 위대한 학자였으며 코헬렛에 관한 작품을 저술했다.

알렉산드리아의 아타나시우스(295년경~373년, ♣325~373년) 알렉산드리아의 주교. 328년부터 알렉산드리아의 주교로 재임하였지만 여러 차례 추방되었다. 아리우스파를 논박하는 전형적인 논쟁서를 저술하였지만 동방 주교들은 대부분 그와 다른 견해를 취했다.

아테나고라스(♣176~180년, †180년경) 아테네 출신의 초기 그리스도교 철학자이자 호교가. 아테나고라스가 저술한 것이 확실한『그리스도인을 위한 청원』은 마르쿠스 아우렐리우스 황제와 그의 아들인 콤모두스 황제에게 헌정되었으며, 그리스도인들이 신은 믿지 않고 근친상간하며 인육 식사를 한다는 대중적 비난에 대해 변론했다.

아포니우스(4~5세기) 성경 주석사에 길이 남을『아가 해설』(405년경~415년)의 저자. 신학적으로 그리스도론 분야에서 특히 중요한 이『아가 해설』은 오리게네스와 위-히폴리투스의 주서에서 영향을 받았다.

라오디케아의 아폴리나리스(310~392년경) 라오디케아의 주교. 그리스도가 인간의 정신을 지니지 않았다고 주장하여, 나지안주스의 그레고리우스와 니사의 그레고리우스, 테오도루스의 반박을 받았다.

아프라하트(270년경~345년, ♣337~345년) '페르시아의 현인' 아프라하트는 시리아어로 작품을 남긴 최초의 인물로, 아프라테스라는 그리스어 이름으로도 알려져 있다.

베자의 아프링기우스(6세기 중엽) 이베리아 반도 베자의 주교이자 성경 주석가. 티코니우스의 영향을 많이 받았다. 그의 묵시록 라틴어 주해 가운데 두 부분이 남아 있다.

안드레아스(7세기경) 수도승. 고대 저술가들의 주해서를 집대성하여『성경 주해 선집』을 편찬했다.

대 안토니우스(251년경~355년) 이집트 사막에서 은수 생활을 한 독수도승. 수도 제도의 창시자로 유명하다. 아타나시우스는 그를 수도생활의 이상적 인물로 평가하여, 훗날 그리스도교 성인전의 귀

감이 되었다.

알렉산드리아의 알렉산더(♣312~328년) 알렉산드리아의 주교이자 아타나시우스의 선임자. 아리우스 논쟁 초기에 아타나시우스에게 신학적으로 상당한 영향력을 미쳤다. 자신이 바우칼리스 교회의 사 제로 임명한 아리우스를 319년에 파문했다. 성자는 시대가 생기기 전에 태어났으며, 성부와 성 자가 거룩한 실체로 일치한다(동일본질)는 그의 학설은 마침내 니케아 공의회에서 승인되었다.

암모니우스(460년경) 아리스토텔레스 작품의 주석가이자 알렉산드리아에서 교사로 활동. 알렉산드리아 에서 태어나 그곳 학교의 책임자가 되었다. 플라톤 작품의 주석가로 당시 상당한 명성을 누렸 지만, 오늘날 비평가들은 그의 글이 현학적이고 진부하다고 비판한다.

암브로시아스테르(♣366년경~384년) 에라스무스는, 한때 암브로시우스가 저술하였다고 여긴 작품을 암 브로시아스테르가 썼다고 보았다.

밀라노의 암브로시우스(339년경~397년, ♣374~397년) 밀라노의 주교이자 아우구스티누스의 스승. 성령의 신성과 마리아의 영원한 동정성을 변론했다.

이코니움의 암필로키우스(340/46년경~403년 이전) 373년 이코니움의 주교가 되기 전에 콘스탄티노플에서 연설가로 활동. 나지안주스의 그레고리우스와 사촌 간으로, 마케도니우스파와 메살리아파에 관련된 논쟁에 적극적으로 관여했다.

니시비스의 야코부스(♣308~325년, †338년) 니시비스의 주교. 325년 니케아 공의회에 참석하였으며, 아리 우스를 논박하는 데 지대한 공헌을 했다.

사루그의 야코부스(450년경~520년경) 시리아 교회의 저술가. 에데사에서 공부했고, 만년에 사루그의 주교 로 서품되었다. 일련의 운문 강해로 구성된 주저 때문에 '성령의 피리'라는 덧이름이 붙여졌다. 그의 신학적 견해는 불확실하지만, 중용적 단성설에 가까운 입장을 표명한 듯하다.

폰투스의 에바그리우스(345년경~399년, ♣382~399년) 늦은 4세기, 이집트와 팔레스티나 수도 영성에 철저 히 동화하고 이를 독창적으로 전한 수덕 생활의 스승. 작품 속에 등장하는 오리게네스와의 관 련 요소들은 제5차 세계 공의회(553년 제2차 콘스탄티노플 공의회)에서 공식적으로 단죄받았지만, 그의 문학작품은 교회 전통에 꾸준한 영향을 미쳤다.

에우기피우스(460년경~533년경) 세베리누스의 제자이며 카스트룸 루쿨라눔 수도 공동체의 제3대 수도원 장. 이 수도 공동체는 야만족이 침입했을 때 노리쿰에서 피신한 이들로 이루어졌다.

에우노미우스(♣360~394년) 키지쿠스의 주교. 성부와 성자 가운데 한 분은 태어나지 않으셨고 한 분은 태어나셨기 때문에 서로 다른 본성을 지닌다고 주장했다. 바실리우스와 니사의 그레고리우스 는 이 학설을 논박했다.

갈리아의 에우세비우스(5세기경) 7세기에 개정된 76편의 설교 모음집 저자. 전례력을 배경으로 윤리적 가 르침에 초점을 맞춘 모음집에는 교부 시대 다른 저자들의 자료도 수록되어 있다.

베르첼리의 에우세비우스(♣360년경) 베르첼리의 주교. 니케아 공의회에서 삼위일체 교의가 서방이 주장 하는 절충안으로 파기될 위험에 처하자, 이 교의를 지지했다.

에메사의 에우세비우스(300년경~359년경) 에메사의 주교. 성경 주석가이자 교의 저술가. 스승인 카이사리아의 에우세비우스를 좇아 절충주의적 아리우스파의 경향을 나타냈다.

카이사리아의 에우세비우스(260/63년경~340년, ♣315년경~340년) 카이사리아의 주교. 콘스탄티누스 황제의 추종자이자 최초의 교회사가. 복음의 진리가 이교 작품에서 예시되었다고 주장했다. 그러나 아리우스의 견해에 동조한다는 의혹을 받고 자신의 학설을 변론해야 했다.

안티오키아의 에우스타티우스(♣325년) 베로이아의 첫 주교였으며 안티오키아의 주교 시절에는 니케아 공의회의 반아리우스파 지도자 중 한 명으로 활동했다. 훗날 니케아 신학을 지지하여 트리키아로 추방되었다.

리옹의 에우케리우스(♣420~449년, ♣435년경~449년) 리옹의 주교. 귀족 가문 출신. 가족을 데리고 레렝스 수도원에 들어갔다. 어려운 성경 구절을 문자적 · 도덕적 · 영적 삼중 의미로 해석했다.

에우티미우스(377~473년) 멜리테네 출신으로 당시 상당한 영향력을 행사한 수도승. 멜리테네의 주교 오트레이우스에게 사사. 오트레이우스는 에우티미우스에게 사제품을 주고, 자기 교구의 모든 수도원을 관리하게 했다. 칼케돈 공의회(451년)가 에우티케스의 유설을 단죄했을 때, 동방 은수자 대부분이 그 교령을 받아들인 것은 에우티미우스의 권위 있는 영향력 때문이었다. 에우독시아 황후는 그의 노력으로 칼케돈의 정통 신앙으로 돌아섰다.

콜브의 에즈니크(♣430~450년) 그리스어 성경을 아르메니아어로 번역한 메스로프의 제자. 번역에 사용된 아르메니아어는 고전 아르메니아어의 전형이 되었다. 에즈니크는 주교로 아쉬티샤트 교회회의(449년)에 참석했다.

시리아인 에프렘(306년경~373년, ♣363~373년) 주해서를 쓰고 찬가를 지은 시리아의 저술가. 그가 지은 찬가들은 때로 단테 이전에 나온 그리스도교 시 가운데 가장 뛰어난 작품의 전형으로 여겨진다.

라틴인 에피파니우스(늦은 5세기~이른 6세기) 초기 교부 시대 주해가들을 중심으로 『복음서 주해』를 저술했다. 베네벤토 또는 세비야의 주교로 재임한 것 같다.

살라미스의 에피파니우스(315년경~403년) 키프로스 섬 살라미스의 주교. 이단 80개를 논박하는 작품(『약상자』)을 저술하여 오리게네스를 이단자로 단죄하는 실마리를 제공했다.

엔노디우스(473년경~521년, ♣513~521년) 파비아의 주교. 편지와 시, 전기 등 여러 장르에서 다작을 남긴 저술가. 로마와 콘스탄티노플의 아카키우스 사이에 일어난 분열을 수습하고자 애썼으며, 세속 권력의 도전에 직면한 교황의 자치권을 지지했다.

영지주의자 바실리데스, 마르키온, 발렌티누스, 마니 등의 추종자들을 일컬음. 물질은 악이나 무지한 창조주가 영을 위해 만든 감옥이며, 구원은 자유의지가 아니라 은총에 의존한다고 주장했다.

알렉산드리아의 오리게네스(185년경~254년경, ♣200~254년경) 탁월한 성경 주석가이자 조직신학자. 영혼의 선재를 주장하고 육체의 부활을 부인하여 단죄되었다. 폭넓은 성경 주석은 본문의 영적 의미에 초점을 맞추었다.

오이쿠메니우스(6세기) 수사학자이자 철학자. 현존 최고最古의 그리스어 묵시록 주해서를 저술했다. 요한 크리소스토무스가 주해한 바오로 서간을 재강해한 작품은 아직도 남아 있다.

올림피오도루스(이른 6세기) 알렉산드리아에서 활동한 성경 주석가이자 부제. 그의 주해서들은 대부분 『성경 주해 선집』을 통해 전해지고 있다.

요세푸스, 플라비우스(37년경~101년경) 저명한 사제 가문 출신의 유대인 역사가. 에세네와 사두가이에 정통했지만 바리사이가 되었다. 66년에 일어난 대규모의 유대인 봉기(제1차 유다 독립 전쟁)에 참여하였으며, 예루살렘의 산헤드린(최고 의회)에서 갈릴래아 총사령관으로 선출되었다. 베스파시아누스가 승진하고 그의 아들 티투스가 황제가 되리라 예언함으로써, 베스파시아누스의 환심을 사는 약삭빠른 행동을 취했다. 베스파시아누스가 황제가 된 69년 이후에 석방되었다.

노老 요한(8세기경) 시리아의 저술가. 동방교회의 수도 집단에 속하였으며, 카르두(이라크 북부) 지역에 살았다. 주저로는 강해 22편과 단편으로 이루어진 편지 모음집 51편이 있다. 모음집에서 그는 신비적인 삶이란 부활의 삶을 예기하는 체험이며 세례성사와 성체성사의 열매로 서술한다.

다마스쿠스의 요한(650년경~750년) 아랍 출신의 수도승이자 신학자. 그의 작품들은 동방과 서방교회에 지대한 영향을 미쳤다. 가장 유명한 작품은 『신앙 해설』이다.

아파메아의 요한(5세기) 의전가儀典家 요한으로도 알려진 시리아의 저술가로 영성 생활의 여러 관점에 대한 글을 썼다. 대화 형식의 저서 외에도 편지와 세례에 관한 논고, 기도와 침묵에 관한 단편 작품들이 전해 온다.

안티오키아의 요한(†441/42년) 429년부터 안티오키아의 주교로 재임. 안티오키아 인근 수도원에서 네스토리우스와 몹수에스티아의 테오도루스와 함께 교육받았다. 네스토리우스의 지지자로 알렉산드리아의 키릴루스를 단죄했지만 훗날 타협하여 연합 정식에 합의했다.

요한 카시아누스(360년경~432년) 『규정집』과 『담화집』을 통해 영성 생활의 본질을 다룬 이집트 수도 교부들의 가르침을 전했다. 두 작품은 서방 수도 제도를 발전시키는 데 큰 영향을 미쳤다.

요한 크리소스토무스(344/54~407년, ♣386~407년) 콘스탄티노플의 주교. 정통 신앙을 지킨 인물로 유명하며, 언변이 뛰어났고, 그리스도인의 방종을 날카롭게 비판했다.

위-디오니시우스(482~532년경, ♣500년경) 사도행전 17장 34절에 언급되는 아레오파고스 의회 의원인 디오니시우스의 이름으로 불리는 저자. 『아레오파기타 전집』(『디오니시우스 전집』)으로 알려진 작품들을 썼다. 이 저서들은, 참으로 어느 것도 하느님의 속성을 나타낼 수 없다는 점에서 신비주의적 부정신학 학파의 토대가 되었다.

위-마카리우스(♣390년경) 안티오키아에서 활동한 (메소포타미아 출신의?) 상상력이 풍부한 익명의 저술가이자 수덕가. 부정확하게 편집된 그의 작품들은 이집트의 마카리우스의 저서로 여겨졌다. 그는 인간의 본성과 기도, 내적 생활에 관해 예리한 통찰력으로 삼위일체 신학을 명확히 표현했다. 그의 작품은 대략 100편의 설교와 강해에 이른다.

『위-클레멘스서』(3~4세기) 로마의 클레멘스 생애와 관련된 일련의 외경서. 마법사 시몬과 맞서는 이야기를 비롯, 로마의 클레멘스 생애에서 끌어낸 이야기들을 상상력을 동원하여 대중적 성인전

형식으로 쓴 이 작품은 그리스도교의 가르침을 설명한다. 영지주의와 유대계 그리스도인의 여러 저서를 본떠 지었을 가능성이 있다. 정확한 저술 연도 미상.

순교자 유스티누스(100/10년경~165년, ♣148년경~161년) '틀림없고 가치 있는 철학'인 그리스도교로 개종한 팔레스티나 출신의 철학자. 로마에서 활동하였으며, 그리스철학과 그리스도교 신학을 결합시키며 이교인과 유대인들의 견해를 논박하는 여러 호교서를 저술했으며 마침내 순교했다.

에클라눔의 율리아누스(385년경~455년 이후) 416/17년에 에클라눔의 주교가 되었으나, 펠라기우스주의를 단죄하는 데 서명하지 않았다 하여 419년 면직 · 추방되었다. 추방된 율리아누스를 몹수에스티아의 테오도루스가 받아들였다. 율리아누스는 테오도루스의 안티오키아 성경 주석 방법을 따랐다. 성직에 복귀할 수는 없었지만 죽을 때까지 시칠리아에서 가르쳤다. 작품으로는 욥기와 소예언서의 일부를 다룬 주해, 몹수에스티아의 테오도루스의 시편 주해 번역, 편지 여러 통이 있다. 펠라기우스의 견해에 공감한 율리아누스는 자신의 지적 통찰력과 수사학적 교육을 아우구스티누스가 주장하는 자유의지와 욕망, 악의 자리 같은 문제를 논박하는 데 사용했다.

안티오키아의 이그나티우스(35년경~107/12년경 또는 105년 이전~135년경) 안티오키아의 주교. 안티오키아에서 처형지 로마로 압송되어 가던 길에 여러 지역교회에 보내는 편지를 썼다. 편지를 통해 이단을 경고하고, 정통 그리스도론과 성찬의 중요성, 교회일치를 보존해야 하는 주교의 독특한 역할을 강조한다.

리옹의 이레네우스(135년경~202년경, ♣180~199년) 리옹의 주교. 영지주의 사상을 논박하는, 저명하고 영향력 있는 작품을 저술했다.

니네베의 이사악(✝700년경) 시리아인 이사악이라고도 불리는 수도승 저술가. 은수 생활을 하기 전 한동안 니네베의 주교로 봉직했다. 수도생활을 주제로 다룬 그의 글은 수많은 강해 형태로 남아 있다.

메르브의 이쇼다드(✝852년 이후) 헤다타의 네스토리우스파 주교. 시리아 교부들을 자주 인용하며 구약성경의 일부 작품과 신약성경의 많은 작품, 특히 야고보 서간과 베드로의 첫째 서간, 요한의 첫째 서간을 주해하였다.

세비야의 이시도루스(560년경~636년) 누이 플로렌티나, 형 레안데르와 풀겐티우스 등 수도승과 성직자를 여럿 배출한 집안의 막내로, 백과사전적 작품인 『어원학』을 비롯하여 종교 문제뿐 아니라 세속 문제까지도 두루 다룬 박학한 저술가였다.

카시아(805년경~848/67년경) 콘스탄티노플에 수녀원을 세운 수녀이자 시인, 찬가 작가.

카시오도루스(485년경~580년경) 서방 수도 제도의 창시자. 카시오도루스는 칼라브리아 지방에 있는 자신의 영지에 비바리움 수도원을 설립했다. 수도원의 수도승들은 종교적이고 세속적인 고전 그리스 · 라틴 문헌을 필사하였으며, 이들 문헌을 중세에 전해 주기 위해 보존했다. 작품으로는 뛰어난 가치가 있는 역사서와 그리 유용하지 않은 주해서들이 있다.

아를의 카이사리우스(470년경~543년) 사목직을 수행하는 데 따르기 마련인 어려움에 잘 대처한 아를의 유명한 주교. 남아 있는 그의 작품들 가운데 가장 중요한 작품은 다양한 청중에게 그리스도교 교의를 설교한 설교 모음집 238편이다.

로마의 칼리스투스(✠217~222년) 사벨리우스를 이단자로 단죄한 교황으로 순교했음이 분명하다.

콤모디아누스(3세기경 또는 5세기) 출생지 미상(시리아인?)의 라틴 시인. 남아 있는 두 작품은 천년왕국설과 성부수난설 경향을 보이며, 묵시록과 그리스도교 호교론에 초점을 맞추고 있다.

쿠오드불트데우스(♣430년) 카르타고의 주교이자 아우구스티누스의 친구. 구약성경의 예언이 신약성경에서 어떻게 성취되었는지 상세히 제시하려고 했다.

아퀼레이아의 크로마티우스(♣400년) 아퀼레이아의 주교. 루피누스와 히에로니무스의 친구로, 여러 논문과 설교를 남겼다.

로마의 클레멘스(✠92년경~101년) 제3대 교황. 클레멘스가 쓴 『코린토 신자들에게 보낸 첫째 편지』(= 클레멘스의 첫째 편지)는 사도 시대 이후의 가장 중요한 문헌 가운데 하나로 손꼽는다.

알렉산드리아의 클레멘스(150년경~215년, ♣190~215년) 이교에서 개종하였으며 수준 높은 교육을 받은 그리스도인. 알렉산드리아의 교리교육 학교 책임자였으며, 그리스도교 학문을 꽃피운 선구자다. 『권고』, 『교육자』, 『양탄자』는 당시의 사상과 교육에 맞서 그리스도교 교의를 제시한다.

『클레멘스의 둘째 편지』(150년경) 현존하는 그리스도교 설교 가운데 가장 오래된 작품으로, 저자는 코린토 출신으로 추정된다. 저자가 로마나 알렉산드리아 출신이라고 주장하는 학자들도 있다.

스키토폴리스의 키릴루스(525년경~557년 이후, ♣550년경) 팔레스티나의 수도승. 팔레스티나의 저명 수도승들의 생애를 그가 저술한 덕분에 5~6세기 수도생활의 진상이 정확히 알려졌으며, 6세기 중엽 오리게네스파가 처한 위기와 탄압에 대해서도 알 수 있게 되었다.

알렉산드리아의 키릴루스(375~444년, ♣412~444년) 알렉산드리아의 총대주교. 그리스도 두 본성의 일치를 강력히 주장하였으며, 431년에 열린 에페소 공의회에서 네스토리우스를 단죄하는 데 주도적 역할을 했다.

예루살렘의 키릴루스(315년경~386년, ♣348년경) 350년 이후 예루살렘의 주교로 재임했다. 『예비신자 교리교육』을 썼다.

카르타고의 키프리아누스(♣248~258년) 카르타고의 주교이자 순교자. 열교자들과 이단자들이 베푼 세례는 유효하지 않다고 주장했다.

테르툴리아누스(155/60년경~225/50년, ♣197년경~222년) 카르타고 출신의 뛰어난 호교가이자 논객. 서방에서 그리스도론과 삼위일체에 관한 정통 신앙의 토대를 마련했다. 그러나 모교회가 도덕적으로 느슨해졌다고 여겨 모교회를 떠나 몬타누스파에 들어갔다.

키루스의 테오도레투스(393년경~460년, ♣423~460년) 키루스의 주교. 그리스도론 논쟁에서 키릴루스의 적수였다. 그리스도의 위격에 관한 그의 학설은 칼케돈 공의회(451년)에서 정당성이 입증되었다. 안티오키아 주석에 바탕을 두고 성경을 쉽게 해설하였으며, 구약성경 대부분을 주해했다.

몹수에스티아의 테오도루스(350년경~428년) 몹수에스티아의 주교이자 문자적 의미를 강조한 안티오키아 성경주석학파의 창시자. 후대에 네스토리우스의 효시로 여겨져 단죄되었다.

타벤네시의 테오도루스(†368년) 호르시에시우스가 파코미우스 수도원의 수도원장으로 활동할 당시 부원장으로 활동했다(350년경~368년). 그가 쓴 여러 통의 편지가 전해진다.

헤라클레아의 테오도루스(♣330년경~355년) 트라키아의 반反니케아파 주교. 동·서방 그리스도교의 화해에 힘썼으나 세르디카 교회회의(343년)에서 파문되었다. 성경의 문자적 해석에 초점을 맞춘 저서들을 남겼다.

테오도투스(발렌티누스파) (2세기) 알렉산드리아학파와 관련된 몬타누스파 인물인 듯하다. 그의 작품에서 발췌한 글들은 알렉산드리아의 클레멘스의 저서를 통해 널리 알려졌다.

테오파네스(775~845년) 찬가 작가이자 니케아의 주교(842~845년). 제7차 세계 공의회(787년 제2차 니케아 공의회)의 입장을 지지하다가 둘째 성화상 파괴 논쟁 시기에 박해를 받았다. 마르 사바 수도원의 전통에 따라 많은 찬가를 썼다.

오리드의 테오필락투스(1050/60년경~1125/26년) 오리드(아크리다, 현 불가리아)의 대주교. 저술 활동 초기에 구약성경의 여러 책과 묵시록을 제외한 신약성경의 모든 작품을 주해했다.

안티오키아의 테오필루스(늦은 2세기경) 안티오키아의 주교. 남아 있는 작품으로는 『아우톨리쿠스에게』가 유일하다. 이 작품에 그리스도교 최초의 창세기 주해가 등장하며, 삼위일체라는 용어도 처음 사용했다. 그의 호교 문학적 유산은 이레네우스와 테르툴리아누스에게 영향을 끼친 듯하다.

두미움의 파스카시우스(515년경~580년경) 두미움의 수도승일 때 그리스어로 쓰인 『사부들의 금언집』을 라틴어로 번역했다.

파스티디우스(4~5세기경) 『그리스도인의 삶』을 쓴 브리타니아 출신의 저술가. 펠라기우스의 작품으로 전해진 저서 몇 편을 남겼다.

리에의 파우스투스(410년경~495년경) 브리타니아 출신으로 레렝스 수도원의 유명한 수도승이자 수도원장. 457년부터 죽을 때까지 리에의 주교로 재임했다. 『성령론』에서는 마케도니우스파에 반대하여 성령의 신성을 변론하였으며, 『은총론』에서는 구원과 관련하여 자유의지와 예정에 관해 제기된 여러 단언적 관점을 중용적 입장에서 다뤘다. 여러 통의 편지와 필명의 설교들이 남아 있다.

파울루스 오로시우스(★380년경) 펠라기우스를 노골적으로 비판했다. 『이교인 반박 역사』는 그리스도교의 역사를 다룬 첫 작품으로 추정된다.

놀라의 파울리누스(355~431년, ♣389~396년) 로마 원로원 의원이며 저명한 라틴 시인. 밀라노의 암브로시우스와 자주 만나면서 개종하여 389년에 마침내 세례를 받았다. 부와 영향력 있는 지위를 포기하고 펜을 들어 그리스도를 섬기는 시를 썼다. 아우구스티누스와 히에로니무스, 루피누스를 비롯한 많은 사람과 편지를 주고받았다.

밀라노의 파울리누스(늦은 4세기~이른 5세기) 밀라노의 암브로시우스의 개인 비서이자 전기 작가. 펠라기우스 논쟁에 관여했다.

파코미우스(292년경~347년) 공주 수도 제도의 창시자. 탁월한 재능을 타고난 지도자이자 수도 규칙서의 저자. 그가 죽은 뒤 알렉산드리아의 아타나시우스는 그의 견해를 지지했다.

헤르미아네의 **파쿤두스**(♣546~568년) 아프리카의 주교. 제5차 세계 공의회에서 유스티니아누스 황제가 몹수에스티아의 테오도루스와 키루스의 테오도레투스, 에데사의 이바스를 사후에 단죄하는 것에 반대했다. 선대 신학자들의 잘못을 비난하거나 책임을 물어서는 안 된다는 취지로『삼두서변론』을 썼다. 그는 칼케돈 공의회 전통에 머물렀지만 그의 그리스도론은 유스티니아누스의 결정에 따라, 삼위 가운데 한 위격만 고난받으셨다는 성부수난설 정식으로 보완되었다.

바르셀로나의 **파키아누스**(4세기) 바르셀로나의 주교. 이교인 대중 축제뿐 아니라 노바티아누스의 분열을 논박했다.

파테리우스(6~7세기) 대 그레고리우스의 제자. 그레고리우스의 작품들을 중세 저술가들에게 전했다.

헬레노폴리스의 **팔라디우스**(364/65~431년 이전, ♣399~420년) 비티니아 헬레노폴리스의 주교(400~417년). 그 뒤 갈라티아 지방 아스푸나의 주교가 되었다. 폰투스의 에바그리우스의 제자이자 오리게네스 찬양자이고 요한 크리소스토무스의 열렬한 지지자였다. 요한이 403년 주교직을 박탈당했을 때 그와 고통을 함께했다. 초기 수도 제도사를 다룬 주요한 문헌『라우수스에게 바친 수도승 이야기』는 사막 생활의 영적 가치를 강조한다.『성 요한 크리소스토무스의 생애에 관한 대화』도 자신이 수년 동안 수도승으로 체험한 사막 생활의 영적 가치를 다룬 교화서다.

알렉산드리아의 **페트루스**(†311년경) 알렉산드리아의 주교. 알렉산드리아에서 오리게네스의 극단적인 교의에 처음으로 반응을 보였다. 페트루스는 그리스도인들이 알렉산드리아에서 박해받을 때 함께 체포되어 로마 관리들에게 참수되었다. 카이사리아의 에우세비우스는 그를 '전형적인 주교, 고결한 삶을 영위하고 성경을 열성적으로 연구한 뛰어난 주교'로 묘사했다.

페트루스 크리솔로구스(380년경~450년) 라벤나의 대주교.『설교집』에서 교황의 수위권, 은총과 그리스도인의 삶을 논했다.

펠라기우스(350/54년경~420/25년경) 아우구스티누스와 같은 시대의 인물. 그의 추종자들은, 그리스도 이전에도 전혀 죄를 짓지 않고 산 사람들이 있었으며 구원은 자유의지에 달려 있다고 주장하여 418년과 431년에 단죄되었다.

포시디우스(370년경~437년경) 390/391년부터 히포에 있는 아우구스티누스의 수도 공동체의 일원이었으며, 397년 누미디아에 있는 칼라마의 주교로 서임되었다. 그는 반달족이 428년 칼라마를 침입하였을 때 히포로 피신하였다. 아우구스티누스가 430년 죽은 뒤 칼라마로 돌아간 그는 437년 아리우스를 추종한 반달족 왕인 겐세리쿠스에 의해 추방되었다. 이 시기 이후 그에 관해 알려진 것은 전혀 없다. 그는 432년과 437년 사이에『아우구스티누스의 생애』를 썼으며 여기에 아우구스티누스의 저서, 설교, 편지 목록을 곁들였다.

포이멘(5세기)『사부들의 금언집』에 나오는 담화의 7분의 1은, 그리스어로 '목자'를 뜻하는 포이멘에 관한 글이다. '포이멘'이라는 용어는 초기 이집트 사막의 수덕자를 가리키는 일반 명칭이었으며, 모든 금언이 한 사람에게서 유래하였는지는 밝혀지지 않았다.

리스본의 **포타미우스**(♣350년경~360년) 리스본의 주교. 357년에 아리우스파의 견해에 동조하였지만 후에 가톨릭 신앙으로 되돌아왔다(359년경?). 두 시기에 쓰인 그의 작품들은 당시 광범위하게 일어난 삼위일체 논쟁과 관련이 있다.

포티우스(810/20년경~891년) 철학·수학·신학 교수로도 활동한 비잔틴교회의 성직자. 858년 이그나티우스의 뒤를 이어 콘스탄티노플의 총대주교가 되었고, 863년 이그나티우스의 복직으로 자리에서 물러났다. 그 후 다시 이그나티우스의 후계자가 되어 878년부터 886년까지 총대주교로 활동하다가 레오 6세에 의해 면직되었다. 가장 중요한 작품『성령의 신비』에서 그는 아버지와 아들에게서 성령이 발한다는 서방의 '필리오퀘' 해석에 명백한 반대 입장을 취했다.『암필로키아』와『저서 평론』의 저자로도 유명하다.

스미르나의 폴리카르푸스(69년경~155년) 마르키온파와 발렌티누스파 같은 이단자들에 대해 격렬히 투쟁한 스미르나의 주교. 2세기 중엽 아시아 지방에서 그리스도교를 주도적으로 이끈 인물이다.

루스페의 풀겐티우스(467년경~532년) 루스페의 주교. 아우구스티누스의 영향을 받아 정통 신앙과 관련하여 많은 설교와 논고를 남겼다.

아퀴타니아의 프로스페루스(390년경~455년 이후) 평신도 수도승으로 은총과 예정에 관한 아우구스티누스의 신학을 지지했다. 육화의 신학에 관한 교훈시를 여러 편 써서 이단자 마르키온과 이교의 부활을 반박했다.

가자의 프로코피우스(465년경~530년) 알렉산드리아에서 수학한 성경 주석가. 많은 신학 작품과 성경 주해서(특히 히브리 성경)를 저술하였다. 알렉산드리아학파에 친숙한 우의적 해석이 두드러진다.

프루덴티우스(349년경~405년 이후) 라틴 시인이며 찬가 작가. 생애 말기에 그리스도교 저술에 헌신했다. 마르키온의 이단적 내용, 이교인의 신앙과 관습이 되살아나는 것을 논박하는, 육화 신학에 관한 교훈적인 시 여러 편을 썼다.

브라가의 프룩투오수스(†665년경) 군인 귀족 가문 출신인 고트족 장군의 아들. 어린 나이에 수도승이 된 후 수도원장을 거쳐, 650년 이전에 두미움의 주교, 656년에는 브라가의 수석대주교가 되었다. 루시타니아, 아스투리카, 갈리키아, 가데스 섬 등에 수도 공동체를 세우는 데 공헌했다.

프리마시우스(♣550~560년) 북아프리카 하드루메툼의 주교로 삼두서 단죄에 찬성한 소수의 아프리카인들 가운데 한 명. 아우구스티누스와 티코니우스의 우의적 해석 방법을 기초로 저술한『묵시록 주해』에서 그는 개인의 임무가 교회의 역사와 관련된다고 논변했다.

피르미쿠스 마테르누스(♣335년경) 반이교인 호교가. 그리스도교로 개종하기 전에 점성술에 관한 책을 저술했다(334~337년). 그러나 개종한 뒤에는『이교의 오류』에서 이교인의 신앙과 관습을 비판했다.

브레시아의 필라스트리우스(♣380년) 브레시아의 주교. 모든 이단을 논박하는 글을 편찬했다.

마부그의 필록세누스(440년경~523년) 마부그(히에라폴리스)의 주교이자 초기 시리아 정통 교회를 주도적으로 이끈 사상가. 시리아어로 쓰인 다양한 유형의 작품으로는『그리스도인의 삶에 관한 대화 13편』과 육화에 관한 저서 몇 편, 다수의 성경 주해서가 있다.

알렉산드리아의 필론(기원전 20년경~기원후 50년경) 교부들의 구약성경 해석에 상당한 영향을 미친 유대아 출신의 성경 주석가. 알렉산드리아의 부유한 가정에서 태어난 그는 예수와 같은 시기에 살았으며, 수덕 생활과 관상 생활을 했다. 따라서 랍비로 대우받기도 한 그의 성경 해석은 원문 어구에 충실한 영적 의미에 바탕을 두었다. 헬레니즘에 영향을 받았지만 필론의 신학은 철저히 유대적이다.

예루살렘의 헤시키우스(♣412~450년) 사제이며 성경 주석가로 성경 전체를 주해했다.

호르시에시우스(305년경~390년) 남부 이집트에서 공주 수도 제도의 지도자로 활동한 파코미우스의 둘째 후계자. 파코미우스의 첫째 후계자는 페트로니우스다.

히에로니무스(347년경~419/20년) 탁월한 성경 주석가이며 고전 라틴어 문체의 옹호자. 라틴어 성경인 불가타의 번역자로 가장 잘 알려져 있다. 마리아의 영원한 동정성을 변론하고 오리게네스와 펠라기우스를 논박하였으며, 극단적인 수덕을 실천하도록 북돋았다.

히폴리투스(189년 이전~235년, ♣222~235년) 최근 발표된 연구에 따르면, 히폴리투스는 주로 팔레스티나를 배경으로 활동하였으며 오리게네스에게 우호적이었다고 한다. 『모든 이단 반박』으로 잘 알려져 있는 그는 본디 예형론적 주석을 활용한 성경 주석가(특히 구약성경)다.

아를의 힐라리우스(401년경~449년) 아를의 대주교이며 절충주의 펠라기우스파의 지도자. 힐라리우스는 자신의 관할권에 있는 주교를 면직시키고 새 주교를 임명하여 교황 레오 1세의 분노를 샀다. 레오는 갈리아 교회에 대한 교황권을 내세우기 위해 아를을 대주교좌에서 주교좌로 격하시켰다.

푸아티에의 힐라리우스(315년경~367년, ♣350~367년) 푸아티에의 주교. 아리우스파에 맞서 성부와 성자가 같은 본성을 지닌 사실을 변론하였기 때문에, '서방의 아타나시우스'라고 한다.

원본 참고문헌

∶

이 참고문헌은 독자들에게 원본의 출처를 제공한다. 그리스도교 그리스어 문헌의 데이터 뱅크인 Thesaurus Linguae Graecae(= TLG)와, 고대 라틴어 문헌의 데이터 뱅크인 Cetedoc Clavis(= Cl.)의 번호를 실었다. 이 참고문헌에 실린 편집본은 TLG와 Cetedoc 데이터 뱅크에 실린 편집본과 일부 다를 수 있다.

Ambrose. "De bono mortis." In *Sancti Ambrosii opera*. Edited by Karl Schenkl. CSEL 32, pt. 1, pp. 701-53. Vienna, Austria: F. Tempsky; Leipzig, Germany: G. Freytag, 1897. Cl. 0129.

—. "De Cain et Abel." In *Sancti Ambrosii opera*. Edited by Karl Schenkl. CSEL 32, pt. 1, pp. 337-409. Vienna, Austria: F. Tempsky; Leipzig, Germany: G. Freytag, 1897. Cl. 0125.

—. "De excessu fratris Satyri." In *Sancti Ambrosii opera*. Edited by Otto Faller. CSEL 73, pp. 207-325. Vienna, Austria: Hoelder-Pichler-Tempsky, 1895. Cl. 0157.

—. "De fide libri v." In *Sancti Ambrosii opera*. Edited by Otto Faller. CSEL 78. Vienna, Austria: Hoelder-Pichler-Tempsky, 1962. Cl. 0150.

—. "De fuga saeculi." In *Sancti Ambrosii opera*. Edited by Karl Schenkl. CSEL 32, pt. 2, pp. 163-207. Vienna, Austria: F. Tempsky; Leipzig, Germany: G. Freytag, 1897. Cl. 0133.

—. "De interpellatione Job et David." In *Sancti Ambrosii opera*. Edited by Karl Shenkl. CSEL 32, pt. 2, pp. 209-96. Vienna, Austria: F. Tempsky; Leipzig, Germany: G. Freytag, 1897. Cl. 0134.

—. "De Isaac vel anima." In *Sancti Ambrosii opera*. Edited by Karl Schenkl. CSEL 32, pt. 1, pp. 639-700. Vienna, Austria: F. Tempsky; Leipzig, Germany: G. Freytag, 1897. Cl. 0128.

—. "De Jacob et vita beata." In *Sancti Ambrosii opera*. Edited by Karl Schenkl. CSEL 32, pt. 2, pp. 1-70. Vienna, Austria: F. Tempsky; Leipzig, Germany: G. Freytag, 1897. Cl. 0130.

—. "De obitu Theodosii." In *Sancti Ambrosii opera*. Edited by Otto Faller. CSEL 73, pp. 371-401. Turnhout, Belgium: Brepols, 1955. Cl. 0159.

—. "De obitu Valentiniani." In *Sancti Ambrosii opera*. Edited by Otto Faller. CSEL 73, pp. 329-67. Vienna, Austria: Hoelder-Pichler-Tempsky, 1955. Cl. 0158.

—. *De officiis*. In *Ambrosii mediolanensis opera*. Edited by Maurice Testard. Turnhout, Belgium: Brepols, 2000. Cl. 0144.

—. "De paradiso." In *Sancti Ambrosii opera*. Edited by Karl. Schenkl. CSEL 32, pt. 1, pp. 263-336. Vienna, Austria: F. Tempsky; Leipzig, Germany: G. Freytag, 1897. Cl. 0124.

—. "De Spiritu Sancto." In *Sancti Ambrosii opera*. Edited by Otto Faller. CSEL 79, pp. 5-222. Vienna, Austria: Hoelder-Pichler-Tempsky, 1964. Cl. 0151.

—. "De viduis." In *De virginibus: De viduis*. Edited by Franco Gori. Sancti Ambrosii episcopi Mediolanensis Opera, vol. 14.1, pp. 243-319. Milan: Biblioteca Ambrosiana; Rome: Città nuova, 1989. Cl. 0146.

—. "Epistulae; Epistulae extra collectionem traditae." In *Sancti Ambrosii opera*. Edited by Otto Faller and M. Zelzer. CSEL 82. Vienna, Austria: F. Tempsky; Leipzig, Germany: G. Freytag, 1968~ 1990. Cl. 0160.

—. "Expositio Evangelii secundum Lucam." In *Sancti Ambrosii mediolanensis opera*, Pars IV. CCL 14, pp. 1-400. Turnhout, Belgium: Brepols, 1957. Cl. 0143.

—. "Expositio psalmi cxviii." In *Sancti Ambrosii opera*. Edited by Michael Petschenig. CSEL 62. Vienna, Austria: F. Tempsky; Leipzig, Germany: G. Freytag, 1913. Cl. 0141.

Aphrahat. "Demonstrationes (IV)." In *Opera omnia*. Edited by R. Graffin. Patrologia Syriaca 1, cols. 137-82. Paris: Firmin-Didot, 1910.

Athanasius. "Apologia de fuga sua." In *Athanase d'Alexandrie: Apologie à l'empereur Constance; Apologie pour sa fuite*. Edited by Jan M. Szymusiak. SC 56, pp. 133-67. Paris: Éditions du Cerf, 1958. TLG 2035.012.

—. "Epistula ad episcopos Aegypti et Libyae." In *Opera omnia*. PG 25, cols. 537-93. Edited by J.-P. Migne. Paris: Migne, 1857. TLG 2035.041.

—. "Epistula encyclica." In *Athanasius Werke*. Vol. 2.1, pp. 1-45. Edited by H.G. Opitz. Berlin: De Gruyter, 1940. TLG 2035.006.

—. "Epistulae festalis [Heortasticae]." In *Opera omnia*. PG 26, cols. 1351-444. Edited by J.-P. Migne. Paris: Migne, 1857.

—. "Historia Arianum." In *Athanasius Werke*. Vol. 2.1, pp. 183-230. Edited by H.G. Opitz. Berlin: De Gruyter, 1940. TLG 2035.009.

—. "Orationes tres contra Arianos." PG 26, cols. 11-526. Edited by J.-P. Migne. Paris: Migne, 1887. TLG 2035.042.

—. "Vita sancti Antonii." In *Opera omnia*. PG 26, cols. 835-976. Edited by J.-P. Migne. Paris: Migne, 1857. TLG 2035.047.

Augustine. *Confessionum libri tredecim*. Edited by L. Verheijen. CCL 27. Turnhout, Belgium: Brepols, 1981. Cl. 0251.

—. "Contra Faustum." In *Sancti Aurelii Augustini*. Edited by Joseph Zycha. CSEL 25, pp. 249-797. Vienna, Austria: F. Tempsky; Leipzig, Germany: G. Freytag, 1891. Cl. 0321.

—. "Contra Julianum." In *Opera omnia*. Edited by J.-P. Migne. PL 44, cols. 641-874. Paris: Migne,

1861. Cl. 0351.

—. "Contra litteras Petiliani." In *Sancti Aurelii Augustini*. Edited by Michael Petschenig. CSEL 52, pp. 3-227. Vienna, Austria: F. Tempsky; Leipzig, Germany: G. Freytag, 1909. Cl. 0333.

—. "Contra mendacium." In *Sancti Aureli Augustini opera*. Edited by J. Zycha. CSEL 41, pp. 469-528. Vienna, Austria: F. Tempsky, 1900. Cl. 0304.

—. "De adulterinis conjugiis." In *Sancti Aureli Augustini opera*. Edited by J. Zycha. CSEL 41. pp. 347-410. Vienna, Austria: F. Tempsky, 1900. Cl. 0302.

—. *De civitate Dei*. In *Aurelii Augustini opera*. Edited by Bernhard Dombart and Alphons Kalb. CCL 47-48. Turnhout, Belgium: Brepols, 1955. Cl. 0313.

—. *De consensu evangelistarum libri iv*. In *Sancti Aurelii Augustini*. Edited by Francis Weihrich. CSEL 43. Vienna, Austria: F. Tempsky; Leipzig, Germany: G. Freytag, 1904. Cl. 0273.

—. "De correptione et gratia." In *Opera omnia*. PL 44, cols. 915-46. Edited by J.-P. Migne. Paris: Migne, 1845. Cl. 0353.

—. "De cura pro moruis gerenda." In *Sancti Aureli Augustini opera*. Edited by J. Zycha. CSEL 41, pp. 621-59. Vienna, Austria: F. Tempsky, 1900. Cl. 0307.

—. *De diversis quaestionibus ad Simplicianum*. Edited by Almut Mutzenbecher. CCL 41. Turnhout, Belgium: Brepols, 1970. Cl. 0290.

—. "De diversis quaestionibus octoginta tribus." In *Aurelii Augustini opera*. Edited by Almut Mutzenbecher. CCL 44A, pp. 11-249. Turnhout, Belgium: Brepols, 1975. Cl. 0289.

—. "De doctrina christiana." In *Aurelii Augustini opera*. Edited by Joseph Martin. CCL 32, pp. 1-167. Turnhout, Belgium: Brepols, 1962. Cl. 0263.

—. "De gratia et libero arbitrio." In *Opera omnia*. PL 44, cols. 881-912. Edited by J.-P. Migne. Paris: Migne, 1861. Cl. 0352.

—. "De natura et origine animae." In *Sancti Aurelii Augustini De peccatorum meritis et remissione et de baptismo parvulorum ad Marcellinum libri tres, De spiritu et littera liber unus, De natura et gratia liber unus, De natura et origine animae libri quattuor*. Edited by Karl Franz Urba and Joseph Zycha. CSEL 60, pp. 303-419. Vienna, Austria: F. Tempsky; Leipzig, Germany: G. Freytag, 1913. Cl. 0345.

—. "De patientia." In *Sancti Aurelii Augustini opera*. Edited by J. Zycha. CSEL 41, pp. 663-691. Vienna, Austria: Tempsky, 1900. Cl. 0308.

—. "De octo Dulcitii quaestionibus." In *Aurelii Augustini opera*. Edited by Almut Mutzenbecher. CCL 44A. pp. 253-97. Turnhout, Belgium: Brepols, 1975. Cl. 0291.

—. "De praedestinatione sanctorum." In *Opera omnia*. PL 44, cols. 959-92. Edited by J.-P. Migne. Paris: Migne, 1861. Cl. 0354.

—. "De spiritu et littera." In *Sancti Aurelii Augustini De peccatorum meritis et remissione et de baptismo parvulorum ad Marcellinum libri tres, De spiritu et littera liber unus, De natura et gratia liber unus, De natura et origine animae libri quattuor*. Edited by Karl Franz Urba and Joseph Zycha.

CSEL 60, pp. 155-229. Vienna, Austria: F. Tempsky; Leipzig, Germany: G. Freytag, 1913. Cl. 0343.

—. "Enarrationes in Psalmos." 3 vols. In *Aurelii Augustini opera*. Edited by D.E. Dekkers and John Fraipont. CCL 38, 39 and 40. Turnhout, Belgium: Brepols, 1956. Cl. 0283.

—. "Epistulae." In *Sancti Aurelii Augustini opera*. Edited by A. Goldbacher. CCL 34, pts. 1, 2; 44; 57; 58. Turnhout, Belgium: Brepols, 1895~1898. Cl. 0262.

—. "In Johannis epistulam ad Parthos tractatus." In *Opera Omnia*. PL 35, cols. 1379-2062. Edited by J.-P. Migne. Paris: Migne, 1841. Cl. 0279.

—. "Quaestionum in heptateuchum libri septem." In *Aurelii Augustini opera*. Edited by John Fraipont. CCL 33. Turnhout, Belgium: Brepols, 1958. Cl. 0270.

—. "Sermones." In *Augustini opera omnia*. PL 38 and 39. Edited by J.-P. Migne. Paris: Migne, 1844~1865. Cl. 0284.

Basil the Great. "Asceticon magnum sive Quaestiones [regulae fusius tractatae]." In *Opera omnia*. PG 31, cols. 905-1052. Edited by J.-P. Migne. Paris: Migne, 1857. TLG 2040.048.

—. "De humilitate." In *Opera omnia*. PG 31, cols. 525-540. Edited by J.-P. Migne. Paris: Migne, 1885. TLG 2040.036.

—. *De spiritu sancto*. In *Basile de Césarée: Sur le Saint-Esprit*. Edited by Benoit Pruche. SC 17. Paris: Éditions du Cerf, 2002. TLG 2040.003.

—. "Epistulae." In *Saint Basil: Lettres*. Edited by Yves Courtonne. Vol. 2, pp. 101-218; vol. 3, pp. 1-229. Paris: Les Belles Lettres, 1961~1966. TLG 2040.004.

—. *Homilia de invidia*. In *Opera omnia*. PG 31, cols. 372-85. Edited by J.-P. Migne. Paris: Migne, 1885. TLG 2040.027.

—. "Homiliae super Psalmos." In *Opera omnia*. PG 29, cols. 209-494. Edited by J.-P. Migne. Paris: Migne, 1857. TLG 2040.018.

—. "Prologus 7 (De judicio Dei)." In *Opera omnia*. PG 31, cols. 653-76. Edited by J.-P. Migne. Paris: Migne, 1857. TLG 2040.043.

Bede. "De tabernaculo et vasis eius ac vestibus sacerdotum libri iii." In *Opera*. Edited by D. Hurst. CCL 119A, pp. 5-139. Cl. 1345.

—. *Homiliarum evangelii libri ii*. In *Opera*. Edited by D. Hurst. CCL 122. Turnhout, Belgium: Brepols, 1955. Cl. 1367.

—. "In Lucae evangelium expositio." In *Opera*. Edited by D. Hurst. CCL 120, pp. 1-425. Turnhout, Belgium: Brepols, 1960. Cl. 1356.

—. "In primam partem Samuhelis libri iv." In *Opera*. Edited by D. Hurst. CCL 119, pp. 1-287. Turnhout, Belgium: Brepols, 1962. Cl. 1346.

—. "In Regum librum xxx quaestiones." In *Opera*. Edited by D. Hurst. CCL 199, pp. 293-322. Turnhout, Belgium: Brepols, 1962. Cl. 1347.

—. "Libri quattuor in principium Genesis usque ad nativitatem Isaac et ejectionem Ismahelis adnotationum." In *Bedae Venerabilis opera*. Edited by Ch.W. Jones. CCL 118A. Turnhout, Belgium: Brepols, 1967. Cl. 1344.

[Caesarius of Arles]. *Sermones Caesarii Arelatensis*. 2 vols. Edited by Germani and G. Morin. CCL 103 and 104. Turnhout, Belgium: Brepols, 1953. Cl. 1008.

Cassian, John. *Collationes xxiv*. Edited by Michael Petschenig. CSEL 13. Vienna, Austria: F. Tempsky; Leipzig, Germany: G. Freytag, 1886. Cl. 0512.

—. "De institutis coenobiorum et de octo principalium vitiorum remediis." In *Johannis Cassiani*. Edited by Michael Petschenig. CSEL 17, pp. 1-231. Vienna, Austria: F. Tempsky; Leipzig, Germany: G. Freytag, 1888. Cl. 0513.

Cassiodorus. *Expositio Psalmorum*, 2 vols. Edited by M. Adriaen. CCL 97 and 98. Turnhout: Brepols, 1958. Cl. 0900.

Clement of Alexandria. "Paedagogus." In *Le pédagogoue [par] Clement d'Alexandrie*. 3 vols. Translated by Mauguerite Harl, Chantel Matray and Claude Mondésert. Introduction and notes by Henri-Irénée Marrou. SC 70, 108, 158. Paris: Éditions du Cerf, 1960~1970. TLG 0555.002.

—. "Stromata." In *Clemens Alexandrinus*. vol. 2, 3rd ed., and vol. 3, 2nd ed. Edited by Otto Stählin, Ludwig Früchtel and U. Treu. GCS 15, 17, pp. 1-102. Berlin: Akademie-Verlag, 1960~1970. TLG 0555.004.

Clement of Rome. "Epistula i ad Corinthios." In *Clément de Rome: Épitre aux Corinthiens*. Edited by Annie Jaubert. SC 167. Paris: Éditions du Cerf, 1971. TLG 1271.001.

Constitutiones apostolorum. In *Les constitutions apostoliques*. 3 vols. Edited by Marcel Metzger. SC 320, 329, 336. Paris: Éditions du Cerf, 1985~1987. TLG 2894.001.

Cyprian. "Ad Quirinum." In *Sancti Cypriani episcopi opera*. Edited by R. Weber. CCL 3, pp. 3-179. Turnhout, Belgium: Brepols, 1972. Cl. 0039.

—. "De bono patientiae." In *Sancti Cypriani episcopi opera*. Edited by C. Moreschini. CCL 3A, pp. 118-33. Turnhout, Belgium: Brepols, 1976. Cl. 0048.

—. "De dominica oratione." In *Sancti Cypriani episcopi opera*. Edited by C. Moreschini. CCL 3A, pp. 87-113. Turnhout, Belgium: Brepols, 1976. Cl. 0043.

—. *Epistulae*. Edited by G.F. Diercks. CCL 3B, 3C. Turnhout, Belgium: Brepols, 1994~1996. Cl. 0050.

Cyril of Alexandria. "Epistulae." In *Acta conciliorum oecumenicorum*. 7 vols. Edited by Eduard Schwartz. Berlin: Walter de Gruyter, 1927~1929. TLG 5000.001.

Cyril of Jeruslaem. "Catecheses ad illuminandos 1-18." In *Cyrilli Hierosolymorum archiepiscopi opera quae supersunt omnia*, 1:28-320; 2:2-342. 2 vols. Edited by W.C. Reischl and J. Rupp. Munich: Lentner, 1860 (repr. Hildesheim: Olms, 1967). TLG 2110.003.

—. "Procatechesis." In *Cyrilli Hierosolymorum archiepiscopi opera quae supersunt omnia*, Vol. 1, pp. 1-26. Edited by W.C. Reischl and J. Rupp. Munich: Lentner, 1848 (repr. Hildesheim: Olms, 1967). TLG 2110.001.

Ennodius. "Vita Epiphanii." In *Magni Felicis Ennodii Opera omnia*. Edites by Wilhelm Hartel. CSEL 6, pp. 331-83. Vienna: C. Geroldi, 1882. Cl. 1494.

Ephrem the Syrian. *Hymni de nativitate*. Edited by Edmund Beck, 2 vols. CSCO 186, 187 (Scriptores Syri 82, 83). Louvain: Secretariat du Corpus, 1959.

—. "Hymni de Paradiso." In *Des Heiligen Ephraem des Syrers Hymnen de Paradiso und Contra Julianum*. Edited by E. Beck. CSCO 174 (Scriptores Syri 78). Louvain: Imprimerie Orientaliste L. Durbecq, 1957.

—. "In Tatiani Diatessaron." In *Saint Éphrem: Commentaire de l'Evangile Concordant-Text Syriaque*, (Ms Chester-Beatty 709), Folios Additionnels. Edited by L. Leloir. Leuven and Paris, 1990.

—. "Sermo de Domino nostro." In *Des Heilig Ephraem Sermo de Domino Nostro*. Edited by E. Beck. CSCO 270 (Scriptores Syri 116). Louvain: Imprimerie Orientaliste L. Durbecq, 1966.

[Ephrem the Syrian]. *Sancti Ephraem Syri in Genesim et in Exodum commentarii*. 2 vols. Edited by R. R. Tonneau. CSCO 152, 153 (Scriptores Syri 71, 72). Louvain: Imprimerie Orientaliste L. Durbecq, 1955.

Eusebius of Caesarea. "Demonstratio evangelica." In *Eusebius Werke, Band 6: Die Demonstratio evangelica*. GCS 23, pp. 1-492. Leipzig: Hinrichs, 1913. TLG 2018.005.

—. "Historia ecclesiastica." In *Eusèbe de Césarée. Histoire ecclésiastique*, 3 vols. Edited by G. Bardy. SC 31, 41, 55, pp. (1:)3-215, (2:)4-231, (3:)3-120. Paris: Éditions du Cerf, 1952, 1955, 1958. TLG 2018.002.

Evagrius of Pontus. "Practicus." In *Évagre le Pontique: Traité pratique ou le moine*. Vol. 2. Edited by Antoine Guillaumont and Claire Guillaumont. SC 171, pp. 482-712. Paris: Éditions du Cerf, 1971. TLG 4110.001.

Fructuosus of Braga. *Regulas Monastica Communis*. In *Scriptorum ecclesiasticorum, opera omnia*. PL 87, cols. 1109-30. Edited by J.-P. Migne. Paris: Migne, 1863.

Gregory of Elvira. "Tractatus Origenis de libris Sanctarum Scripturarum." In *Gregorii Iliberritani episcopi quae supersunt*. Edited by Vincentius Bulhart. CCL 69, pp. 1-146. Turnhout, Belgium: Brepols, 1967. Cl. 0546.

Gregory of Nazianzus. "Adversus Eunomianos (orat. 27)." In *Gregor von Nazianz: Die fünf theologischen Reden*, pp. 38-60. Edited by J. Barbel. Düsseldorf: Patmos-Verlag, 1963. TLG 2022.007.

—. "Apologetica (orat. 2)." In *Opera omnia*. PG 35, cols. 408-513. Edited by J.-P. Migne. Paris: Migne, 1857. TLG 2022.016.

—. "De theologia (orat. 28)." In *Gregor von Nazianz: Die fünf theologischen Reden*. pp. 62-126. Edited by J. Barbel. Düsseldorf: Patmos-Verlag, 1963. TLG 2022.008.

—. "Funebris oratio in laudem Basilii Magni Caesareae in Cappadocia episcopi (orat. 43)." In *Grégoire de Nazianze. Discours funèbres en l'honneur de son frère Césaire et de Basile de Césarée*, pp. 58-230. Edited by F. Boulenger. Paris: Picard, 1908. TLG 2022.006.

—. "In sanctum baptisma (orat. 40)." In *Opera omnia*. PG 36, cols. 360-425. Edited by J.-P. Migne. Paris: Migne, 1858. TLG 2022.048.

Gregory of Nyssa. "Contra Eunomium." In *Gregorii Nysseni opera*, 2 vols. Edited by W. Jaeger. Vol. 1.1, pp. 3-409; vol. 2.2, pp. 3-311. Leiden: Brill, 1960. TLG 2017.030.

—. "De perfectione Christiana ad Olympium monachum." In *Gregorii Nysseni opera*. Edited by W. Jaeger. Vol 8.1, pp. 173-214. Leiden: Brill, 1963. TLG 2017.026.

—. "De vita Gregorii Thaumaturgi." In *Opera omnia*. PG 46. cols. 893-957. Edited by J.-P. Migne. Paris: Migne, 1863. TLG 2017.069.

—. "In diem luminum (*vulgo* In baptismum Christi oratio)." In *Gregorii Nysseni opera*, Edited by E. Gebhardt. Vol. 9.1, pp. 221-42. Leiden: Brill, 1967. TLG 2017.014.

—. "In Inscriptiones Psalmorum." In *Gregorii Nysseni opera*. Edited by J. McDonough. Vol. 5. pp. 24-175. Leiden: Brill, 1962. TLG 2017.027.

Gregory Thaumaturgus. "Epistula canonica." In *Fonti. Fascicolo ix. Discipline générale antique (iie-ixe s.)*. Edited by Périclès-Pierre Joannou. Vol. 2, pp. 19-30. Rome: Tipografia Italo-Orientale "S. Nilo," 1963. TLG 4092.005.

—. "In Originem oratio panegyrica." In *Grégorie le Thaumaturge: Remerciement à Oriegène suivi de la letter d'Origène à Grégoire*. Edited by Henri Crouzel. SC 148, pp. 94-182. Paris: Éditions du Cerf, 1969. TLG 2063.001.

Gregory the Great. "Dialogorum libri iv." In *Dialogues*. 3 vols. Translated by Paul Antin. Introduction and notes and Adalbert de Vogüé. SC 251, 260, 265. Paris: Éditions du Cerf, 1978~1980. Cl. 1713.

—. "Homiliarum xl in evangelia." In *Opera omnia*. Edited by J.-P. Migne. PL 76, cols 1075-1312. Paris: Migne, 1857. Cl. 1711.

—. "In librum primum Regum expositionum libri vi (dub)." In *Opera*. Edited by Patrick Verbraken. CCL 144, pp. 47-614. Turnhout, Belgium: Brepols, 1963. Cl. 1719.

—. *Moralia in Job*. Edited by Mark Adriaen. CCL 143, 143A and 143B. Turnhout, Belgium: Brepols, 1979~1985. Cl. 1708.

—. *Registrum epistularum*. 2 vols. Edited by Dag Norberg. CCL 140, 140A. Turnhout, Belgium: Brepols, 1982. Cl. 1714.

—. *Regula pastoralis*. Edited by Floribert Rommel and R.W. Clement. CCL 141. Turnhout, Belgium: Brepols, 1953. Cl. 1712.

Hilary of Poiter. *Tractatus super psalmos I-XCI*. Edited by Jean Doignon. CCL 61. Turnhout: Brepols, 1997. Cl. 0428.

Hippolytus. "De antichristo." In *Hippolyt's kleinere exegetische und homiletische Schriften*. Edited by Hans Achelis. GCS 1.2, pp. 1-47. Leipzig: Hinrichs, 1897. TLG 2115.003.

—. "Refutatio omnium haeresium." In *Hippolytus. Rufutatio omnium haeresium*. Edited by Miroslav Marcovich. PTS 25, pp. 53-417. Berlin: De Gruyter, 1986. TLG 2115.060.

Horsiesi. *Oeuvres de S. Pachôme et de ses disciples*. Edited by L. Th. Lefort. CSCO 159 (Scriptores Coptici 23). Louvain: Impremerie Orientaliste L. Durbecq, 1956.

Ignatius of Antioch. "Epistulae vii genuinae." In *Ignace d'Antioche: Polycarpe de Smyrne: Lettres:*

Martyre de Polycarpe. 4th ed. Edited by P.T. Camelot. SC 10, pp. 56-154. Paris: Éditions du Cerf, 1969. TLG 1443.001.

Irenaeus. "Adversus haereses [liber 3]." In *Irénée de Lyon. Contre les heresies, livre 3*, vol. 2. Edited by Adelin. Rousseau and Louis Doutreleau. SC 211. Paris: Éditions du Cerf, 1974. TLG 1447.002.

Isaac of Nineveh. "De perfectione religiosa." In *Mar Isaacus Ninivita. De perfectione religiosa*, pp. 1-99. Edited by Paul Bedjan. Paris, 1966.

Isidore of Seville. "De Ruth." In the Oxford, Bodleian Library, MS Add. C. 16, fol. 98r-v, collated with London, BL, MS Royal 3 A. Vll, fol. 65r-v. *See MEIT* 8.

Jerome. "Adversus Jovinianum." In *Opera omnia*. Edited by J.-P. Migne. PL 23, cols. 221-352. Paris: Migne, 1845. Cl. 0610.

——. *Commentarii in prophetas minores*. 2 vols. Edited by M. Adriaen. CCL 76 and 76A. Turnhout, Belgium: 1969~1970. Cl. 0589.

——. "De exodo, in vigilia Paschae." In *S. Hieronymi Presbyteri opera*. Edited by Germain Morin. CCL 78, pp. 536-41. Turnhout, Belgium: Brepols, 1958. Cl. 0601.

——. *Dialogus adversus Pelagianos libri iii*. Edited by C. Moreschini. CCL 80. Turnhout, Belgium: Brepols, 1990. Cl. 0615.

——. *Epistulae*. Edited by I. Hilberg. CSEL 54, 55 and 56. Vienna, Austria: F. Tempsky; Leipzig, Germany: G. F. Freytag, 1910~1918. Cl. 0620.

——. "Homilia in evangelium secundum Matthaeum." In *S. Hieronymi Presbyteri opera*. Edited by Germain Morin. CCL 78, pp. 503-6. Turnhout, Belgium: Brepols, 1958. Cl. 0595.

——. "Tractatus lix in psalmos." In *S. Hieronymi presbyteri opera*. Edited by G. Morin. CCL 78, pp. 3-352. Turnhout, Belgium: Brepols, 1958. Cl. 0592.

——. "Tractatus lix in psalmos, series altera." In *S. Hieronymi Presbyteri opera*. Edited by Germain Morin. CCL 78, pp. 355-447. Turnhout, Belgium: Brepols, 1958. Cl. 0593.

John Chrysostom. "Ad populam Antiochenum homiliae (de statuis)." In *Opera omnia*. Edited by J.-P. Migne. PG 49, cols. 15-222. Paris: Migne, 1862. TLG 2062.024.

——. "Adversus Judaeos (orationes 1-8)." In *Opera omnia*. Edited by J.-P. Migne. PG 48, cols. 843-942. Paris: Migne, 1862. TLG 2062.021.

——. "Contra Anomoeos (homiliae 11)." In *Opera omnia*. Edited by J.-P. Migne. PG 48, cols. 795-802. Paris: Migne, 1862. TLG 2062.012.

——. "De Anna." In *Opera omnia*. Edited by J.-P. Migne. PG 54, cols. 631-76. Paris: Migne, 1862. TLG 2062.114.

——. "De Davide et Saule." In *Opera omnia*. Edited by J.-P. Migne. PG 54, cols. 675-708. Paris: Migne, 1862. TLG 2062.115.

——. "De eleemosyna." In *Opera omnia*. Edited by J.-P. Migne. PG 51, cols. 261-72. Paris: Migne, 1862. TLG 2062.075.

—. "De paenitentia (homiliae 1-9)." In *Opera omnia*. Edited by J.-P. Migne. PG 49, cols. 277-348. Paris: Migne, 1862. TLG 2062.027.

—. "De sacerdotio." In *Jean Chrysostome. Sur le sacerdoce*. Edited by A.-M. Malingrey. SC 272, pp. 60-372. Paris: Éditions du Cerf, 1980. TLG 2062.085.

—. "De sancto hieromartyre Babyla." In *Opera omnia*. Edited by J.-P. Migne. PG 50, cols. 527-34. Paris: Migne, 1862. TLG 2062.041.

—. "In epistulam ad Ephesios." In *Opera omnia*. Edited by J.-P. Migne. PG 62, cols. 9-176. Paris: Migne, 1862. TLG 2062.159.

—. "In epistulam ad Colossenses." In *Opera omnia*. Edited by J.-P. Migne. PG 62, cols. 299-392. Paris: Migne, 1862. TLG 2062.161.

—. "In epistulam i ad Corinthios (homiliae 1-44)." In *Opera omnia*. Edited by J.-P. Migne. PG 61, cols. 9-382. Paris: Migne, 1862. TLG 2062.156.

—. "In epistulam ii ad Corinthios (homiliae 1-30)." In *Opera omnia*. Edited by J.-P. Migne. PG 61, cols. 381-610. Paris: Migne, 1862. TLG 2062.157.

—. "In epistulam ad Galatas commentarius." In *Opera omnia*. Edited by J.-P. Migne. PG 61, cols. 611-82. Paris: Migne, 1859. TLG 2062.158.

—. "In epistulam ad Hebraeos (homiliae 1-34)." In *Opera omnia*. Edited by J.-P. Migne. PG 63, cols. 9-236. Paris: Migne, 1862. TLG 2062.168.

—. "In epistulam ad Philippenses." In *Opera omnia*. Edited by J.-P. Migne. PG 62, cols. 177-298. Paris: Migne, 1862. TLG 2062.160.

—. "In epistulam ad Romanos." In *Opera omnia*. Edited by J.-P. Migne. PG 60, cols. 391-682. Paris: Migne, 1862. TLG 2062.155.

—. "In epistulam ad Titum." In *Opera omnia*. Edited by J.-P. Migne. PG 62, cols. 663-700. Paris: Migne, 1862. TLG 2062.166.

—. "In epistulam i ad Thessalonicenses." In *Opera omnia*. Edited by J.-P. Migne. PG 62, cols. 391-468. Paris: Migne, 1862. TLG 2062.162.

—. "In epistulam ii ad Thessalonicenses." In *Opera omnia*. Edited by J.-P. Migne. PG 62, cols. 467-500. Paris: Migne, 1862. TLG 2062.163.

—. "In epistulam i ad Timotheum (homiliae 1-18)." In *Opera omnia*. Edited by J.-P. Migne. PG 62, cols. 501-600. Paris: Migne, 1862. TLG 2062.164.

—. "In epistulam i ad Timotheum (homiliae 1-10)." In *Opera omnia*. Edited by J.-P. Migne. PG 62, cols. 599-662. Paris: Migne, 1862. TLG 2062.165.

—. "In Genesim (homiliae 1-67)." In *Opera omnia*. Edited by J.-P. Migne. PG 53, 54, cols. 385-580. Paris: Migne, 1859~1862. TLG 2062.112.

—. "In illud: Si esurierit inimicus." In *Opera omnia*. Edited by J.-P. Migne. PG 51, cols. 171-86. Paris: Migne, 1862. TLG 2062.068.

—. "In Joannem (homiliae 1-88)." In *Opera omnia*. Edited by J.-P. Migne. PG 59, cols. 23-482. Paris: Migne, 1862. TLG 2062.153.

—. "In Matthaeum (homiliae 1-90)." In *Opera omnia*. Edited by J.-P. Migne. PG 57-58. Paris: Migne, 1862. TLG 2062.152.

John of Damascus. "Expositio fidei." In *Die Schriften des Johannes von Damaskos*, vol. 2, pp. 3-239. Edited by B. Kotter. PTS 12. Berlin: De Gruyter, 1973. TLG 2934.004.

—. "Orationes de imaginibus tres." In *Die Schriften des Johannes von Damaskos*. Vol. 3. Edited by Bonifatius Kotter. PTS 17, pp. 65-200. Berlin: De Gruyter, 1975. TLG 2934.005.

Justin Martyr. "Dialogus cum Tryphone." In *Die ältesten Apologeten*, pp. 90-265. Edited by E.J. Goodspeed. Göttingen, Germany: Vandenhoeck & Ruprecht, 1915. TLG 0645.003.

Lactantius. "Epitome divinarum institutionum." In *L. Caeli Firmiani Lactanti Opera omnia*. Edited by Samuel Brandt. CSEL 19, pp. 675-761. Vienna, Austria: F. Tempsky; Leipzig, Germany: G. Freytag, 1890. Cl. 0086.

Leander of Seville. "Regula, sive liber de institutione virginum et contemptu mundi." In *Pelagii II, Joannis III, Benedicti I summorum pontificum opera omnia*. Edited by J.-P. Migne. PL 72, cols. 873-94. Paris: Migne, 1849.

Maximus of Turin. "Collectio sermonum antiqua." In *Maximi episcopi Taurinensis sermones*. Edited by Almut Mutzenbecher. CCL 23, pp. 1-364. Turnhout, Belgium: Brepols, 1962. Cl. 0219a.

Methodius. "Convivium decem virginum." In *Opera Omnia*. Edited by J.-P. Migne. PG 18, cols. 27-220. Paris: Migne, 1857. TLG 2959.001.

—. "De Resurrectione." In *Methodius*. Edited by G. Nathanael Bonwetsch. GCS 27, pp. 226-420 passim. Leipzig: Hinrichs, 1917. TLG 2959.003.

[Nemesius of Emesa]. *Nemesii Emeseni De natura hominis*. Edited by Moreno Morani. Bibliotheca scriptorium Graecorum et Romanorum Teubneriana. Leipzig: Teubner, 1987. TLG 0743.001.

Nicetas de Remesiana. "De Spiritus sancti potentia." In *Sancti Petri Chrysologi Opera omnia, sactorum Valeriani et Nicetae*. Edited by J.-P. Migne. PG. 52, cols. 853-64. Paris: Migne, 1859.

—. "De utilitate hymnorum." Edited by C.H. Turner. *The Journal of Theological Studies*, vol. 24 (1923): 233-241.

Novatian. "De spectaculis." In *Opera quae supersunt*. Edited by G.F. Diercks. CCL 4, pp. 167-79. Turnhout, Belgium: Brepols, 1972. Cl. 0070.

Opus imperfectum in Matthaeum. In *Opera omnia*. Edited by J.-P. Migne. PG 56, cols. 611-946. Paris: Migne, 1862.

Origen. "Commentarium in Canticum Canticorum." In *Origenes Werke*, Vol. 8. Edited by W.A. Baehrens. GCS 33, pp. 61-241. Leipzig: Teubner, 1925. Cl. 0198 2/TLG 2042.026.

—. "Commentarii in evangelium Joannis (lib. 1, 2, 4, 5, 6, 10, 13)." In *Origene. Commentaire sur saint Jean*, 3 vols. Edited by Cécil Blanc. SC 120, 157, 222. Paris: Éditions du Cerf, 1966~1975. TLG 2042.005.

—. "Commentarium in evangelium Matthaei [lib.12-17]." In *Origenes Werke*, 2 vols. Vols 10.1 and 10.2. Edited by E. Klostermann. GCS 40.1, pp. 69-304; GCS 40.2, pp. 305-703. Leipzig: Teubner, 1935~1937. TLG 2042.030.

—. "Contra Celsum." In *Origène Contre Celse*, 4 vols. Edited by M. Borret. SC 132, 136, 147 and 150. Paris: èÉditions du Cerf, 1967~1969. TLG 2042.001.

—. "De engastrimytho (Homilia in i Reg. [i Sam.] 28.3-25)." In *Origenes Werke*, vols. 3. Edited by E. Klostermann. GCS 6, pp. 283-294. Leipzig: Hinrichs, 1901. TLG 2042.013.

—. "De oratione." In *Origenes Werke*, vol. 2. Edited by P. Koetschau. GCS 3, pp. 297-403. Leipzig: Hinrichs, 1899. TLG 2042.008.

—. "Exhortatio ad martyrium." In *Origenes Werke*, vol. 1, pp. 3-47. Edited by P. Koetschau. GCS 2, Leipzig: Hinrichs, 1899. TLG 2042.007.

—. "Fragmenta in Jeremiam (in catenis)." In *Origenes Werke*. Vol. 3. Edited by Erich Klostermann. GCS 6, pp. 199-232. Leipzig: Hinrichs, 1901. TLG 2042.010.

—. "Homiliae in Exodum." In *Origenes Werke*, vol. 6. Edited by W.A. Baehrens. CGS 29, pp. 217-30. Leipzig: Teubner, 1920. Cl. 0198/TLG 2042.023.

—. "Homiliae in Genesim." In *Origenes Werke*. Vol. 6. Edited by W.A. Baehrens. GCS 29. pp. 23-30. Leipzig: Teubner, 1920. Cl. 0198/TLG 2042.022.

—. "Homiliae in Leviticum." In *Origenes Werke*, vol. 6. Edited by W.A. Baehrens. GCS 29, pp. 332-334, 395, 402-7, 409-16. Leipzig: Teubner, 1920. TLG 2042.024.

—. "In Jeremiam (homiliae 1-11)." In "Homiliae 2-3." *Origenes Werke*. Vol. 8. Edited by W.A. Baehrens. GCS 33, pp. 290-317. Leipzig: Teubner, 1925. TLG 2042.009.

—. "In Jeremiam [homiliae 12-20]." In *Origenes Werke*. Vol. 3. Edited by Erich Klostermann. GCS 6, pp. 85-194. Berlin: Akademie-Verlag, 1901. TLG 2042.021.

—. "Homiliae in Librum Jesu Nave." In *Opera Omnia*. Edited by J.-P. Migne. PG 12, cols. 825-948. Paris: Minge, 1862.

—. "Homiliae in Librum Regum I." In *Origenes Werke*. Vol. 8. Edited by W.A. Baehrens. GCS 33, pp. 1-25. Leipzig: Teubner, 1925. Cl. 0198 8.

—. "In Numeros homiliae." In *Origenes Werke*. Vol. 7. Edited by W.A. Baehrens. GCS 30. pp. 3-285. Leipzig: Teubner, 1921. Cl. 0198 0.

Pachomius. "Catecheses." In *Oeuvres de s. Pachôme et de ses disciples*. Edited L.T. Lefort. CSCO 159, pp. 1-26. Louvain: Imprimerie Orientaliste, 1956.

Pacian of Barcelona. "De paenitentibus." In *Opera omnia*. Edited by J.-P. Migne. PL 13, cols. 1081-90. Paris: Migne, 1845.

—. "Epistulae." In *San Paciano, Obras*. Edited Lisardo Rubio Fernandez. Barcelona: Universidad de Barcelona, 1958.

[Paulinus of Milan]. *Vita S. Ambrosii Mediolanensis Episcopi a Paulino Eius Notario ad Beatum Augustinum Conscripta: A Revised Text and Commentary with an Introduction and Translation*. By

Sister Mary Simplicia Kaniecka. PSt 16. Washington, D.C.: Catholic University of America Press, 1928.

Paulinus of Nola. "Carmina." In *S. Pontii Meropii Paulini Nolani opera*. Edited by W. Hartel. CSEL 30, pp. 1-3, 7-329. Vienna: F. Tempsky, 1894. Cl. 0203.

Paulus Orosius. "Liber apologeticus contra Pelagianos." In *Sancti Paulus orosius. Opera*. Edited by C. Zangemeister. CSEL 5, pp. 603-64. Vienna: F. Tempsky, 1882. Cl. 0572.

Peter Chrysologus. *Collectio sermonum a Felice episcopo parata sermonibus extravagantibus adjectis*, 3 vols. In *Sancti Petri Chrysologi*. Edited by Alexander Olivar. CCL 24, 24A and 24B. Turnhout: Brepols, 1975~1982. Cl. 0227+.

Procopius of Gaza. *Commentarii in Josue*. Edited by J.-P. Migne. PG 87.1, cols. 992-1041. Paris: Migne, 1860.

—. *Commentarii in Judices*. Edited by J.-P. Migne. PG 87.1, cols. 1041-80. Paris: Migne, 1860.

Prudentius. "Liber cathemerinon." In *Opera*. Edited by M.P. Cunningham. CCL 126, pp. 3-72. Turnhout, Belgium: Typographi Brepolis Editores Pontificii, 1966. Cl. 1438.

—. "Psychomachia." In *Aurelii Prudentii Clementis Carmina*. Edited by M.P. Cunningham. CCL 126, pp. 149-181. Turnhout, Belgium: Brepols, 1966. Cl. 1441.

—. "Tituli historiarum sive Dittochaeon." In *Opera*. Edited by M.P. Cunningham. CCL 126, pp. 390-400. Turnhout, Belgium: Brepols, 1966. Cl. 1444.

[Pseudo-Clement of Rome]. "Recognitiones." In *Rekognitionen*. Edited by Franz Paschke and Bernhard Rehm. CGS 51. Berlin: Akademie-Verlag, 1965. Cl. 0198 N (A).

Salvian the Presbyter. "De gubernatione Dei." In *Ouvres*, vol. 2. Edited by Georges LaGarrigue. SC 220. Paris: Éditions du Cerf, 1975. Cl. 0485.

Sulpicius Severus. "Chronicorum libri II." In *Sulpicii Severi libri qui supersunt*. Edited by Karl Halm. CSEL 1, pp. 3-105. Vienna: C. Geroldi, 1866. Cl. 0474.

Symeon the New Theologian. *Catecheses*. Edited by B. Krivochéine and J. Paramelle. SC 96, 104. Paris: Éditions du Cerf, 1963~1964.

Tertullian. "Adversus Judaeos." In *Opera*, vol. 2. Edited by E. Kroymann. CCL 2, pp. 1339-96. Turnhout, Belgium: Brepols, 1954. Cl. 0033.

—. "Adversus Marcionem." In *Opera*, vol. 1. Edited by E. Kroymann. CCL 1, pp. 437-726. Turnhout, Belgium: Brepols, 1954. Cl. 0014.

—. "De anima." In *Opera*. Edited by J.H. Waszink. CCL 2, pp. 781-869. Turnhout, Belgium: Brepols, 1954. Cl. 0017.

—. "De fuga in persecutione." In *Opera*. Edited by J.J. Thierry. CCL 2, pp. 1135-55. Turnhout, Belgium: Typographi Brepols Editores Pontificii, 1954. Cl. 0025.

—. "De idololatria." In *Opera*, vol. 2. Edited by A. Reifferscheid and G. Wissowa. CCL 2, pp. 1101-24. Turnhout, Belgium: Brepols, 1954. Cl. 0023.

—. "De praescriptione haereticorum." In *Tertulliani opera*. Edited by R.F. Refoulé. CCL 1. pp. 187-224. Turnhout, Belgium: Brepols, 1954. Cl. 0005.

—. "De resurrectione mortuorum." In *Opera*. Edited by J.G. Ph. Borleffs. CCL 2, pp. 919-1012. Turnhout, Belgium: Brepols, 1954. Cl. 0019.

—. "Scorpiace." In *Opera*. Edited by A. Reifferscheid and G. Wissowa. CCL 2, pp. 1067-97. Turnhout, Belgium: Brepols, 1954. Cl. 0022.

Theodore of Mopsuestia. *Expositionis in Psalmos: Iuliano Aeclanensi interprete in latinum versae quae supersunt*. Edited by Lucas de Coninck. CCL 88A. Turnhout, Belgium: Brepols, 1977.

Theodoret of Cyr. "De providentia orationes decem." Edited by J.-P. Migne. PG 83, cols. 556-773. Paris: Migne, 1859. TLG 4089.032.

—. "Ad eos qui in Euphratesia et Osrhoena regione, Syria, Phoeni." Edited by J.-P. Migne. PG 83, cols. 1416-33. Paris: Migne, 1859. TLG 4089.034.

—. "Historia ecclesiastica." Edited by L. Parmentier and F. Scheidweiler. *Theodoret. Kirchengeschichte*, 2nd ed. [GCS 44. Berlin: Akademie-Verlag, 1954]: 1-349. TLG 4089.003.

Theophylact. *Ennarratio in evangelium s. Matthaei*. Edited by J.-P. Migne. PG 123, cols. 143-488. Paris: Migne, 1859.

영역본 참고문헌

Ambrose. "Exposition of the Gospel of Luke." In *MEIT, passim*. Translated by Lesley Smith. Kalamazoo, Mich.: Medieval Institute Publications, 1996.

—. *Funeral Orations by Saint Gregory Nazianzen and Saint Ambrose*. Translated by Leo McCauley, John Sullivan, Martin McGuire and Roy Deferrari. FC 22. Washington, D.C.: The Catholic University of America Press, 1953.

—. *Hexameron, Paradise, and Cain and Abel*. Translated by John J. Savage. FC 42. Washington, D.C.: The Catholic University of America Press, 1961.

—. *Letters*. Translated by Mary Melchior Beyenka. FC 26. Washington, D.C.: The Catholic University of America Press, 1954.

—. *Select Works and Letters*. Translated by H. De Romestin. NPNF 10. Series 2. Edited by Philip Schaff and Henry Wace. 14 vols. 1886~1900. Reprint, Peabody, Mass.: Hendrickson, 1994.

—. "Selections from Ambrose, Letters." In *Early Latin Theology*, pp. 175-278. Translated and edited by S.L. Greenslade. LCC 5. Philadelphia: Westminster Press, 1956.

—. *Seven Exegetical Works*. Translated by Michael P. McHugh. FC 65. Washington, D.C.: The Catholic University of America Press, 1972.

Aphrahat. "Select Demonstrations." In *Gregory the Great, Ephraim Syrus, Aphrahat*, pp. 345-412. Translated by James Barmby. NPNF 13. Series 2. Edited by Philip Schaff and Henry Wace. 14 vols. 1886~1900. Reprint, Peabody, Mass.: Hendrickson, 1994.

Athanasius. "Life of St. Anthony." In *Early Christian Biographies*, pp. 127-216. Translated by Sister Mary Emily Keenan. FC 15. Washington, D.C.: The Catholic University of America, 1952.

—. *Selected Works and Letters*. Translated by Archibald Robertson. NPNF 4. Series 2. Edited by Philip Schaff and Henry Wace. 14 vols. 1886~1900. Reprint, Peabody, Mass.: Hendrickson, 1994.

Augustine. *Against Julian*. Translated by Matthew Schumacher. FC 35. Washigton, D.C.: The Catholic University of America Press, 1957.

—. *Anti-Pelagian Writings*. Translated by Peter Holmes and Robert Ernest Wallis. NPNF 5. Series 1. Edited by Philip Schaff. 14 vols. 1886~1889. Reprint, Peabody, Mass.: Hendrickson, 1994.

—. *Christian Instruction; Admonition and Grace; The Christian Combat; Faith, Hope and Charity*. Translated by Bernard M. Peebles. FC 2. Washigton, D.C.: The Catholic University of America Press, 1947.

—. *City of God, Christian Doctrine*. Translated by Marcus Dods and J.F. Shaw. NPNF 2. Series 1. Edited by Philip Schaff. 14 vols. 1886~1889. Reprint, Peabody, Mass.: Hendrickson, 1994.

—. *Confessions*. Translated by Vernon Bourke. FC 21. Washington, D.C.: The Catholic University of America Press, 1953.

—. *Confessions and Enchiridion*. Translated by Albert Outler. LCC 7. Philadelphia: Westminster, 1955.

—. *Eighty-Three Different Questions*. Translated by David L. Mosher. FC 70. Washington, D.C.: The Catholic University of America Press, 1982.

—. *Exposition of the Psalms, 33-72*. Translated by Maria Boulding. *WSA* 16, 17. Part 3. Edited by John E. Rotelle. New York: New City Press, 2000~2001.

—. *Expositions on the Book of Psalms*. Edited and annotated by A. Cleveland Coxe. NPNF 8. Series 1. Edited by Philip Schaff. 14 vols. 1886~1889. Reprint, Peabody, Mass.: Hendrickson, 1994.

—. *Four Anti-Pelagian Writings: On Nature and Grace, On the Proceedings of Pelagius, On the Predestination of the Saints, On the Gift of Perseverance*. Translated by John A. Mourant and William J. Collinge. FC 86. Washington, D.C.: The Catholic University of America Press, 1992.

—. *Homilies on the Gospel of John, Homilies on the First Epistle of John, Soliloquies*. Translated by John Gibb et. al. NPNF 7. Series 1. Edited by Philip Schaff. 14 vols. 1886~1889. Reprint, Peabody, Mass.: Hendrickson, 1994.

—. *Letters*. Translated by Sister Wilfrid Parsons. FC 12, 18, 20, 30 and 32. Washington, D.C.: The Catholic University of America Press, 1951~1955.

—. "On the Spirit and the Letter." In *Augustine: Later Works*, pp. 182-250. Translated by John Burnaby. LCC 8. London: SCM Press, 1955.

—. *Sermon on the Mount, Harmony of the Gospels, Homilies on the Gospels*. Translated by William Findlay, S.D.F. Salmond and R.G. MacMullen. NPNF 6. Series 1. Edited by Philip Schaff. 14 vols. 1886~1889. Reprint, Peabody, Mass.: Hendrickson, 1994.

—. *Sermons*. Translated by Edmund Hill. *WSA* 5, 8 and 10. Part 3. Edited by John E. Rotelle. New

York: New City Press, 1992~1995.

—. *The City of God*. Translated by Henry Bettenson with an introduction by David Knowles. 1972. Reprint, with an introduction by John O'Meara. Harmondsworth, Middlesex: Penguin Books, 1984.

—. *The City of God: Books VIII-XXII*. Translated by Gerald G. Walsh and Grace Monahan. FC 14, 24. Washington, D.C.: The Catholic University of America Press, 1952~1954.

—. "The Letters of St. Augustine." In *Prolegomena, Confessions, Letters*, pp. 219-593. Translated by J. G. Cunningham. NPNF 1. Series 1. Edited by Philip Schaff. 14 vols. 1886~1889. Reprint, Peabody, Mass.: Hendrickson, 1994.

—. *The Teacher, The Free Choice of the Will, Grace and Free Will*. Translated by Robert Russell. FC 59. Washington, D.C.: The Catholic University of America Press, 1968.

—. *The Writings Against the Manichaeans and Against the Donatists*. Translated by J.R. King. NPNF 4. Series 1. Edited by Philip Schaff. 14 vols. 1886~1889. Reprint, Peabody, Mass.: Hendrickson, 1994.

—. *Treatises on Marriage and Other Subjects*. Translated by Charles T. Wilcox et al. FC 27. Washington, D.C.: The Catholic University of America Press, 1955.

—. *Treatises on Various Subjects*. Translated by Mary Sarah Muldowny et al. FC 16. Washington, D.C.: The Catholic University of America Press, 1952.

Basil the Great. *Ascetical Works*. Translated by M. Monica Wagner. FC 9. New York: Fathers of the Church, Inc., 1950.

—. *Exegetic Homilies*. Translated by Agnes C. Way. FC 46. Washington, D.C.: The Catholic University of America Press, 1963.

—. *Letters*. Translated by Agnes C. Way. FC 28. Washington, D.C.: The Catholic University of America Press, 1951, 1955.

—. *On the Holy Spirit*. Translated by D. Anderson. Crestwood, N.Y.: St. Vladimir's Press, 1980.

—. "The Letters." In *Letters and Select Works*, pp. 109-327. Translated by Blomfield Jackson. NPNF 8. Series 2. Edited by Philip Schaff. 14 vols. 1886~1889. Reprint, Peabody, Mass.: Hendrickson, 1994.

Bede. *Homilies on the Gospels*, 2 vols. Translated by Lawrence T. Martin and David Hurst. CS 110-11. Kalamazoo, Mich.: Cistercian Publications, 1991.

—. *On the Tabernacle*. Translated with notes and introduction by Arthur G. Holder. TTH 18. Liverpool: Liverpool University Press, 1994.

—. "Thirty Questions on the Book of Kings." In *Bede: A Biblical Miscellany*, pp. 181-143. Translated with notes and introduction by W. Trent Foley and Arthur G. Holder. TTH 28. Liverpool: Liverpool University Press, 1999.

Caesarius of Arles. *Sermons*. Translated by Mary Magdeleine Mueller. FC 31 and 47. Washington, D.C.: The Catholic University of America Press, 1956~1973.

Cassian, John. *Sulpicius Severus, Vincent of Lerins, John Cassian*. Translated by Edgar C.S. Gibson. NPNF 11. Series 2. Edited by Philip Schaff and Henry Wace. 14 vols. 1886~1900. Reprint, Peabody, Mass.: Hendrickson, 1994.

—. *The Conferences*. Translated and annotated by Boniface Ramsey. ACW 57. New York: Paulist Press, 1997.

—. *The Institutes*. Translated and annotated by Boniface Ramsey. ACW 58. New York: Paulist Press, 2000.

Cassiodorus. *Explanation of the Psalms*. Translated by P.G. Walsh. ACW 51, 52 and 53. New York: Paulist Press, 1990~1991.

Clement of Alexandria. *Christ the Educator*. Translated by Simon P. Wood. FC 23. Washington, D.C.: The Catholic University of America Press, 1954.

—. *Fathers of the Second Century: Hermas, Tatian, Athenagoras, Theophilus, and Clement of Alexandria*. Translated by F. Crombie et al. ANF 2. Edited by Alexander Roberts and James Donaldson. 10 vols. 1885~1887. Reprint, Peabody, Mass.: Hendrickson, 1994.

—. *Stromateis: Books 1-3*. Translated by John Ferguson. FC 85. Washington, D.C.: The Catholic University of America Press, 1991.

Clement of Rome. "First Letter to the Corinthians." In *The Apostolic Fathers*, pp. 13-41. Translated by Francis X. Glimm et al. FC 1. New York: Christian Heritage, Inc., 1947.

—. *The Apostolic Fathers*. Translated J.B. Lightfoot and J.R. Harmer. Edited by M.W. Holmes. 2nd ed. Grand Rapids, Mich.: Baker, 1989.

"Constitutions of the Holy Apostles." In *Lactantius, Venantius, Asterius, Victorinus, Dionysius, Apostolic Teaching and Constitutions, 2 Clement, Early Liturgies*, pp. 385-508. Translated by James Donaldson. ANF 7. Edited by Alexander Roberts and James Donaldson. 10 vols. 1885~1887. Reprint, Peabody, Mass.: Hendrickson, 1994.

Cyprian. *Letters 1-81*. Translated by Rose Bernard Donna. FC 51. Washington, D.C.: The Catholic University of America press, 1964.

—. "Selections from Cyprian." In *Early Latin Theology*, pp. 113-172. Translated and edited by S.L. Greenslade. LCC 5. Philadelphia: Westminster Press, 1956.

—. "Three Books of Testimonies Against the Jews." In *Hippolytus, Cyprian, Caius, Novatian*, pp. 507-57. Translated by Ernest Wallis. ANF 5. Edites by Alexander Roberts and James Donaldson. 10 vols. 1885~1887. Reprint, Peabody, Mass.: Hendrickson, 1994.

—. *Treatises*. Translated and edited by Roy J. Deferrari. FC 36. Washington, D.C.: The Catholic University of America Press, 1958.

Cyril of Alexandria. *Letters 1-50*. Translated by John I. McEnerney. FC 76. Washington, D.C.: The Catholic University of America Press, 1985.

Cyril of Jerusalem. "Selections from the Catechetical Lectures." In *Cyril of Jerusalem and Nemesius of Emesa*, pp. 64-199. Edited by William Telfer. LCC 4. Philadelphia: Westminster Press, 1956.

—. *The Works of Saint Cyril of Jerusalem*. Translated by Leo P. McCauley and Anthony A. Stephenson. FC 61 and 64. Washington, D.C.: The Catholic University of America Press, 1969~1970.

Ennodius. "Life of St. Epiphanius." In *Early Christian Biographies*, pp. 301-351. Translated by Sister Genevieve Marie Cook. FC 15. Washington, D.C.: The Catholic University of America, 1952.

Ephrem the Syrian. "Commentary on Genesis." In *St. Ephrem the Syrian: Selected Prose Works*, pp. 57-213. Translated by Edward G. Mathews and Joseph P. Amar. FC 91. Washington, D.C.: The Catholic University of America Press, 1994.

—. *Ephrem the Syrian: Hymns*. Translated by Kathleen E. McVey. The Classics of Western Spirituality. Mahwah, N.J.: Paulist Press, 1989.

—. *Hymns on de Paradise*. Translated by Sebastian Brock. Crestwood, N.Y.: St. Vladimir's Seminary Press, 1990.

—. *Saint Ephrem's Commentary on Tatian's Diatessaron*. Translated by Carmel McCarthy. Journal of Semitic Studies Supplement 2. Oxford: Oxford University Press, 1993.

—. "Selections from Ephraim." In *Gregory the Great, Ephraim Syrus, Aphrahat*, pp. 167-341. Translated by J.B. Morris and A. Edward Johnston. NPNF 13. Series 2. Edited by Philip Schaff and Henry Wace. 14 vols. 1886~1900. Reprint, Peabody, Mass.: Hendrickson, 1994.

Eusebius of Caesarea. *Ecclesiastical History: Books 1-5*. Translated by Roy J. Defarrari. FC 19. Washington, D.C.: The Catholic University of America Press, 1953.

—. *Proof of the Gospel*. 2 vols. Translated by W.J. Ferrar. London: SPCK, 1920. Reprint, Grand Rapids, Mich.: Baker, 1981.

Evagrius of Pontus. *The Praktikos and Chapters on Prayer*. Translated by John Eudes Bamberger. CS 4. Kalamazoo, Mich.: Cistercian Publications, 1981.

Fructuosus of Braga. "General Rule for Monasteries." In *Iberian Fathers*. Vol. 2, pp. 176-206. Translated by Claude W. Barlow. FC 63. Washington, D.C.: The Catholic University of America Press, 1969.

Gregory of Nazianzus. *Faith Gives Fullness to Reasoning: The Five Theological Orations of Gregory Nazianzen*. Translated by Lionel Wickham and Frederick Williams, with introduction and commentary by Frederick W. Norris. Leiden: E.J. Brill, 1991.

—. "Orations." In *Cyril of Jerusalem, Gregory Nazianzen*. Translated by Charles Gordon Browne et al. NPNF 7. Series 2. Edited by Philip Schaff and Henry Wace. 14 vols. 1886~1900. Reprint, Peabody, Mass.: Hendrickson, 1994.

Gregory of Nyssa. *Gregory of Nyssa's Treatise on the Inscriptions of the Psalms*. Translated by Ronald E. Heine. Oxford Early Christian Studies. Oxford: Clarendon Press, 1995.

—. "Life of Gregory the Wonderworker." In *St. Gregory Thaumaturgus: Life and Works*, pp. 41-87. Translated by Michael Slusser. FC 98. Washington, D.C.: The Catholic University of America Press, 1998.

—. "On Perfection." In *Ascetical Works*, pp. 91-122. Translated by Virginia Woods Callahan. FC 58. Washington, D.C.: The Catholic University of America Press, 1967.

—. *Select Writings and Letters of Gregory, Bishop of Nyssa*. Translated by William Moore and Henry Austin Wilson. NPNF 5. Series 2. Edited by Philip Schaff and Henry Wace. 14 vols. 1886~1900. Reprint, Peabody, Mass.: Hendrickson, 1994.

Gregory Thaumaturgus. *Life and Works*. Translated by Michael Slusser. FC 98. Washington, D.C.: The Catholic University of America Press, 1998.

Gregory the Great. *Dialogues*. Translated by Odo John Zimmerman. FC 39. Washington, D.C.: The Catholic University of America Press, 1959.

—. *Forty Gospel Homilies*. Translated by David Hurst. CS 123. Kalamazoo, Mich.: Cistercian, 1990.

—. *Morals on the Book of Job*. Translated by Members of the English Church. 4 vols. LF 18, 21, 23 and 31. Oxford: John Henry Parker, 1844~1850.

—. *Pastoral Care*. Translated by Henry Davis. ACW 11. New York: Newman Press, 1950.

—. *Pastoral Rule and Selected Epistles*. Translated by James Barmby. NPNF 12. Series 2. Edited by Philip Schaff and Henry Wace. 14 vols. 1886~1900. Reprint, Peabody, Mass.: Hendrickson, 1994.

Hilary of Poitiers. "Select Works." In *Hilary of Poitiers, John of Damascus*. Translated by E.W. Watson et al. NPNF 9. Series 2. Edited by Philip Schaff and Henry Wace. 14 vols. 1886~1900. Reprint, Peabody, Mass.: Hendrickson, 1994.

Hippolytus. "Hippolytus." In *Fathers of the Third Century: Hippolytus, Cyprian, Caius, Novatian, Appendix*, pp. 9-266. Translated by J.H. MacMahon et al. ANF 5. Edited by Alexander Roberts and James Donaldson. 10 vols. 1885~1887. Reprint, Peabody, Mass.: Hendrickson, 1994.

Horsiesi. "The Regulations of Horsiesios." In *Pachomian Koinonia: Volume Two, Pachomian Chronicles and Rules*, pp. 197-223. CS 46. Kalamazoo, Mich.: Cistercian, 1981.

Incomplete Work on Matthew. In *MEIT, passim*. Translated Lesley Smith. Kalamazoo, Mich.: Medieval Institute Publications, 1996.

Ignatius of Antioch. "Epistule to the Magnesians." In *The Apostolic Fathers with Justin Martyr and Irenaeus*, pp. 59-65. Translated by A. Cleveland Coxe. ANF 1. Edited by Alexander Roberts and James Donaldson. 10 vols. 1885~1887. Reprint, Peabody, Mass.: Hendrickson, 1994.

Irenaeus. "Against Heresies." In *The Apostolic Fathers with Justin Martyr and Irenaeus*, pp. 309-567. Translates by A. Cleveland Coxe. ANF 1. Edited by Alexander Roberts and James Donaldson. 10 vols. 1885~1887. Reprint, Peabody, Mass.: Hendrickson, 1994.

Isaac of Nineveh. *On Ascetical Life*. Translated by Mary Hansbury. Crestwood, N.Y.: St. Vladimir's Seminary Press, 1989.

—. *The Ascetical Homilies of Saint Isaac the Syrian*. Translated by the Holy Transfiguration Monastery. Boston: Holy Transfiguration Monastery, 1984.

Isidore of Seville. "On Ruth." In *MEIT*, pp. 7-8. Translated by Lesley Smith. Kalamazoo, Mich.: Medieval Institute Publications, 1996.

Jerome. "Hebrew Questions on Chronicles." In *MEIT, passim*. Translated by Lesley Smith. Kalamazoo, Mich.: Medieval Institute Publications, 1996.

—. "Letters." In *Early Latin Theology: Selections from Tertullian, Cyprian, Ambrose and Jerome*, pp. 290-389. Translated by S.L. Greenslade. LCC 5. Philadelphia: Westminster Press, 1956.

—. "Letters." In *MEIT, passim*. Translated by Lesley Smith. Kalamazoo, Mich.: Medieval Institute Publications, 1996.

—. *Letters and Select Works*. Translated by W.H. Fremantle. NPNF 6. Series 2. Edited by Philip Schaff and Henry Wace. 14 vols. 1886~1900. Reprint, Peabody, Mass.: Hendrickson, 1994.

—. "The Dialogue Against the Pelagians." In *Dogmatic and Polemical Works*, pp. 221-378. Translated by John N. Hritzu. FC 53. Washington, D.C.: The Catholic University of America Press, 1965.

—. *The Homilies of Saint Jerome*. Translated by Marie Liguori Ewald. FC 48 and 57. Washington, D.C.: The Catholic University of America Press, 1964, 1966.

John Chrysostom. "Against the Anomoeans." In *On the Incomprehensible Nature of God*. Translated by Paul W. Harkins. FC 72. Washington, D.C.: The Catholic University of America Press, 1984.

—. *Commentary on Saint John the Apostle and Evangelist Homilies 48-88*. Translated by Thomas Aquinas Goggin. FC 41. Washington, D.C.: The Catholic University of America Press, 1959.

—. "Discourse on Blessed Babylas and Against the Greeks." In *Apologist*, pp. 1-152. Translated by Paul W. Harkins. FC 73. Washington, D.C.: The Catholic University of America Press, 1985.

—. *Discourses Against Judaizing Christians*. Translated by Paul W. Harkins. FC 68. Washington, D.C.: The Catholic University of America Press, 1979.

—. *Homilies on Galatians, Ephesians, Philippians, Colossians, Thessalonians, Timothy, Titus, and Philemon*. Translated by Gross Alexander, et al. NPNF 13. Series 1. Edited by Philip Schaff. 14 vols. 1886~1889. Reprint, Peabody, Mass.: Hendrickson, 1994.

—. *Homilies on Genesis 46-67*. Translated by Robert C. Hill. FC 87. Washington, D.C.: The Catholic University of America Press, 1992.

—. *Homilies on Hannah, David and Saul*. Translated by Robert Charles Hill. COTH 1. Brookline, Mass.: Holy Cross Orthodox Press, 2003.

—. *(Homilies) On Repentance and Almsgiving*. Translated by Gus George Christo. FC 96. Washington, D.C.: The Catholic University of America Press, 1998.

—. *Homilies on the Acts of the Apostles and the Epistle to the Romans*. Translated by J. Walker, J. Sheppard and H. Browne. NPNF 11. Series 1. Edited by Philip Schaff. 14 vols. 1886~1889. Reprint, Peabody, Mass.: Hendrickson, 1994.

—. *Homilies on the Epistles of Paul to the Corinthians*. Translated by Talbot W. Chambers. NPNF 12. Series 1. Edited by Philip Schaff. 14 vols. 1886~1889. Reprint, Peabody, Mass.: Hendrickson, 1994.

—. "Homilies on the Epistle to the Hebrews." In *Homilies on the Gospel of St. John, Hebrews*, pp. 335-522. The Oxford Translation. NPNF 14. Series 1. Edited by Philip Schaff. 14 vols. 1886~1889. Reprint, Peabody, Mass.: Hendrickson, 1994.

—. "Homilies on the Gospel of Matthew." In *MEIT, passim*. Translated by Lesley Smith. Kalamazoo,

Mich.: Medieval Institute Publications, 1996.

—. *Homilies on the Gospel of Saint Matthew*. The Oxford Translation. NPNF 10. Series 1. Edited by Philip Schaff. 14 vols. 1886~1889. Reprint, Peabody, Mass.: Hendrickson, 1994.

—. *On the Priesthood, Ascetic Treatises, Select Homilies and Letters, Homilies on the Statues*. Translated by W.R.W. Stephens et al. NPNF 9. Series 1. Edited by Philip Schaff. 14 vols. 1886~1889. Reprint, Peabody, Mass.: Hendrickson, 1994.

John of Damascus. "An Exact Exposition of the Orthodox Faith." In *Writings*, pp. 165-406. Translated by Frederic H. Chase. FC 37. Washington, D.C.: The Catholic University of America Press, 1958.

—. *On the Divine Images: Three Apologies Against Those Who Attack the Divine Images*. Translated by David Anderson. Crestwood, N.Y.: St. Vladimir's Seminary Press, 1980.

Justin Martyr. "Dialogue with Trypho, A Jew." In *Apostolic Fathers, Justin Martyr, Irenaeus*, pp. 194-270. Translated by A. Cleveland Coxe. ANF 1. Edited by Alexander Roberts and James Donaldson. 10 vols. 1885~1887. Reprint, Peabody, Mass.: Hendrickson, 1994.

—. "The Dialogue with Trypho." In *Writings of Saint Justin Martyr*, pp. 137-366. Translated by Thomas B. Falls. FC 6. New York: Christian Heritage, Inc., 1948.

Lactantius. *The Divine Institutes: Books I-VII*. Translated by Mary Francis McDonald. FC 49. Washington, D.C.: The Catholic University of America Press, 1964.

—. "The Epitome of the Divine Institutes." In *Lactantius, Venantius, Asterius, Victorinus, Apostolic Teaching and Constitutions, 2 Clement, Early Liturgies*, pp. 224-255. Translated by William Fletcher. ANF 7. Edited by Alexander Roberts and James Donaldson. 10 vols. 1885~1887. Reprint, Peabody, Mass.: Hendrickson, 1994.

Leander of Seville. "The Training of Nuns and the Contempt of the World." In *Iberian Fathers*, vol. 1, pp. 183-228. Translated by Claude W. Barlow. FC 62. Washington, D.C.: The Catholic University of America Press, 1969.

Leo the Great. *Sermons*. Translated by Jane Freeland, et. al. FC 93. Washington, D.C.: The Catholic University of America Press, 1996.

Maximus of Turin. *The Sermons of St. Maximus of Turin*. Translated and annotated by Boniface Ramsey. ACW 50. New York: Newman, 1989.

Methodius. "Methodius." In *Gregory Thaumaturgus, Dionysius the Great, Julius Africanus, Anatolius and Minor Writers, Methodius, Arnobius*, pp. 309-412. Translated by William R. Clark. ANF 6. Edited by Alexander Roberts and James Donaldson. 10 vols. 1885~1887. Reprint, Peabody, Mass.: Hendrickson, 1994.

Nemesius of Emesa. "On the Nature of Man." In *Cyril of Jerusalem and Nemesius of Emesa*, pp. 224-453. Translated by William Telfer. LCC 4. Edited by John McNeill and Henry Van Dusen. Philadelphia: The Westminster Press, 1955.

Nicetas of Remesiana. "Niceta of Remesiana." In *Niceta of Remesiana, Sulpicius Severus, Vincent of Lerins, Prosper of Aquitaine*, pp. 3-78. Translated by Gerald G. Walsh. FC 7. Washington, D.C.: The Catholic University of America Press, 1949.

Novatian. *Novatian: The Trinity, the Spectacles, Jewish Foods, in Praise of Purity, Letters*. Translated by Russell J. DeSimone. FC 67. Washington, D.C.: The Catholic University of America Press, 1974.

Origen. *An Exhortation to Martyrdom, Prayer and Selected Works*. Translated by Rowan A. Greer. The Classics of Western Spirituality. New York: Paulist Press, 1979.

—. *Commentary on the Gospel According to John, Books 1-32*. 2 vols. Translated by Ronald E. Heine. FC 80, 89. Washington, D.C.: The Catholic University of America Press, 1989~1993.

—. *Homilies on Genesis and Exodus*. Translated by Ronald E. Heine. FC 71. Washington, D.C.: The Catholic University of America Press, 1982.

—. *Homilies on Jeremiah, Homilies on 1 Kings 28*. Translated by John Clark Smith. FC 97. Washington, D.C.: The Catholic University of America Press, 1998.

—. *Homilies on Joshua*. Translated by Barbara Bruce. FC 105. Washington, D.C.: The Catholic University of America Press, 2002.

—. *Homilies on Leviticus: 1-16*. Translated by Gary Wayne Barkley. FC 83. Washington, D.C.: The Catholic University of America Press, 1990.

—. *Origen: Spirit and Fire*. Edited by Hans Urs von Balthasar. Washington, D.C.: The Catholic University of America Press, 1984.

—. *Prayer, Exhortation to Martyrdom*. Translated by John O'Meara. ACW 19. Mahway, N.J.: Paulist Press, 1954.

—. *The Writings of Origen: Volume II, Origen Contra Celsum Books II-VIII*. Translated by Frederick Crombie. ANCL 23. Edinburgh: T&T Clark, 1894.

Pachomius. "Instructions." In *Pachomian Koinonia III*, pp. 13-49. Translated by Armand Veilleux. CS 47. Kalamazoo, Mich.: Cistercian Publications, 1982.

Pacian of Barcelona. "Pacian of Barcelona." In *Iberian Fathers*, vol. 3. pp. 17-94. Translated by Craig L. Hanson. FC 99. Washington, D.C.: The Catholic University of America Press, 1999.

Paulinus of Milan. "Life of St. Ambrose." In *Early Christian Biographies*, pp. 25-66. Translated by John Lacy. FC 15. Washington, D.C.: The Catholic University of America Press, 1952.

Paulinus of Nola. *The Poems of St. Paulinus of Nola*. Translated by P.G. Walsh. ACW 40. Mahwah, N.J.: Paulist Press, 1975.

Paulus Oriosus. "Defense Against the Pelagians." In *Iberian Fathers (Volume 3): Pacian of Barcelona, Orosius of Braga*, pp. 95-167. Translated by Craig L. Hanson. FC 99. Washington, D.C.: The Catholic University of America Press, 1999.

Peter Chrysologus. *Saint Peter Chrysologus: Selected Sermons and Saint Valerian: Homilies*, pp. 1-282. Translated by George E. Ganss. FC 17. New York: Fathers of the Church, Inc., 1953.

Prudentius. *The Poems of Prudentius*, 2 vols. Translated by M. Clement Eagan. FC 43 and 52. Washington, D.C.: The Catholic University of America Press, 1962~1965.

Pseudo-Clement of Rome. "Recognitions of Clement." In *Twelve Patriarchs, Excerpts and Epistles, The Clementia, Apocryphal Gospels, and Acts, Syriac Documents*, pp. 75-211. Translated by Thomas Smith. ANF 8. Edited by Alexander Roberts and James Donaldson. 10 vols. 1885~1887. Reprint, Peabody, Mass.: Hendrickson, 1994.

Salvian the Presbyter. "The Governance of God." In *The Writings of Salvian, The Presbyter*, pp. 21-232. Translated by Jeremiah F. O'Sullivan. FC 3. Washington, D.C.: The Catholic University of America Press, 1962.

Sulpicius Severus. "The Sacred History." In *Sulpicius Severus, Vincent of Lerins, John Cassian*, pp. 71-122. Translated by Alexander Roberts. NPNF 11. Series 2. Edited by Philip Schaff and Henry Wace. 14 vols. 1886~1900. Reprint, Peabody, Mass.: Hendrickson, 1994.

Symeon the New Theologian. *Symeon the New Theologian: The Discourses*. Translated by C.J. de Catanzaro. The Classics of Western Spirituality. New York: Paulist, 1980.

Tertullian. "Anti-Marcion." In *Latin Christianity: Its Founder, Tertullian*. Translated by S. Thelwall, et al. ANF 3. Edited by Alexander Roberts and James Donaldson. 10 vols. 1885~1887. Reprint, Peabody, Mass.: Hendrickson, 1994.

—. "Flight in the Time of Persecution." In *Tertullian: Disciplinary, Moral and Ascetical Works*, pp. 271-307. Translated by Emily Joseph Daly. FC 40. Washington, D.C.: The Catholic University of America Press, 1959.

—. "On Fasting." In *Tertullian, Part Fourth; Minucius Felix; Commodian; Orige, Parts First and Second*, pp. 102-14. Translated by A. Cleveland Coxe. ANF 4. Edited by Alexander Roberts and James Donaldson. 10 vols. 1885~1887. Reprint, Peabody, Mass.: Hendrickson, 1994.

—. "On the Soul." In *Tertullian: Apologetical Works and Minucius Felix: Octavius*, pp. 163-309. Translated by Rudolph Arbesmann. FC 10. Washington, D.C.: The Catholic University of America Press, 1950.

—. "Prescriptions Against Heretics." In *Early Latin Theology: Selections from Tertullian, Cyprian, Ambrose and Jerome*, pp. 25-64. Edited and translated by S.L. Greenslade. LCC 5. Philadelphia: Westminster, 1956.

Theodoret of Cyr. "Letters." In *Theodoret, Jerome, Gennadius, Rufinus: Historical Writings*, etc., pp. 250-348. Translated by Blomfield Jackson. NPNF 3. Series 2. Edited by Philip Schaff and Henry Wace. 14 vols. 1886~1900. Reprint, Peabody, Mass.: Hendrickson, 1994.

—. *On Divine Providence*. Translated and annotated by Thomas Halton. ACW 49. New York: Newman Press, 1988.

—. "Questions on Ruth." In *MEIT, passim*. Translated by Lesley Smith. Kalamazoo, Mich.: Medieval Institute Publications, 1996.

—. "The Ecclesiastical History of Theodoret." In *Theodoret, Jerome, Gennadius, Rufinus: Historical Writings*, etc., pp. 32-159. Translated by Blomfield Jackson. NPNF 3. Series 2. Edited by Philip Schaff and Henry Wace. 14 vols. 1886~1900. Reprint, Peabody, Mass.: Hendrickson, 1994.

Theophylact. *The Explanation by Blessed Theophylact of the Holy Gospel According to St. Matthew*. Introduction by Fr. Christopher Stade. House Springs, Mo.: Chrysostom Press, 1992.

저자 · 작품

색인
성경

4,9 122

아모
7,14-15 402
9,14 141

미카
4,4 153
8 338

즈카
1,9 471
7,11 394
13 394

말라
3,20 135 160

4에즈
8,20 399

신약
•••

마태
1,3 294
5 73 294-5
17 164
2 444
1-11 343
16 444
3,3 182
4 560
10 167
13 80
15 144
4,3 561
16 427
17 135
19 402
5,3 88
4 88
5 88
6 88
9 88 149
10 423
14 195
15 81
17 146
20 567

21-22 124 347
27-28 124
28 217
33-34 124
37 437
39 206
48 324
6,21 472
7,3 519
13 72 212
17 166
8,12 125
9,13 392
37 90
10,5 80
5-6 221
16 366
23 120
24 151
30 268
38 226
11,10 70
13 62 444
29 161
30 65
12,1-8 437
4 444
5 437
20 69
29 109 144 407
13,8 167
23 167
29-30 162
14,6 239
15,24 119 221-2
407
16,19 197 375
17,3 474
18,6-7 387
14 532
18 197
19 499
19,8 480
18 359
20,12 480
15 480
28 220
29-30 109
21,31 80 106
32 70
22,42-46 400

24,2 80 507
12 135
22 136
24 471
51 419
25,21 206
34 122 211
41 122 144
26,26 130
53 473
69-75 516
27,25 78
62-66 263
28,6 427
20 495

마르
1,2 70
2,5 95
3,27 109
7,21 122
12,14 421
14,58 507
16,6 427

루카
1,28 323
2,13 204
34 78
3,1 509
6 496
5,27-28 402
6,3-5 438
28 375
7,8 246
37-47 71
48 95
9,3 131
10,2 220
19 139 160
20 457
30 109
12,4 490
32 421
33 359
49 145 217
13,10-16 338
14,11 161
27 226
33 226
15,25 499

16,8 144
24 472
29 62 146 183
17,10 137
21 393
18,19 348
19,15 100
17-19 100
41-44 375
21,34 561
22,15 97
23,46 472
24,5 427
27 126
32 126 145
45 406

요한
1,9 170 195
14 417 496
19-27 303
41-45 396
47 81
2,19 507
19-21 48
3,8 361 507
29 ㄱ 303
29 ㄴ 303
29 502
4,14 160
18 71
35 90
35-36 369
5,14 95
6,32 359
41 254
7,38 262
39 251
8,11 493
56 218
10,16 177 221
11,2 268
50 430
51 430
12,26 64
13,5 64
8 220
14,2 128
12 150
30 144
16,11 144

18,13 429
14 429
28 482
31 271
20,23 197

사도
1,14 124
24 124
4,18 424
32 311
7,42 204
8 471
9,1-20 402
3-9 448
10,9 362
13 384
12,6-11 100
13,22 375 497 545
23 375
34 508
46 568

로마
1,26 197
28 197
29 197
2,10 120
13 227
3,20-21 220
5,14 183-4
6,3 83
19 139
7,3 140
14 93 126
23 197
23-24 358
8,8 432
9 432 496
17 64
26 274
39 358
9,3 567
13 117 565
19 117 148
20-21 117
21-23 248
11,2-5 196
5 254
14 496
17 111

25 175
25-26 135
26 122
33 221
12,2 107
5 72
13,13 136
14,2 127
15,8 221
9 221
10 297
16 208
20 63
27 348

1코린
1,10 124
24 99 149
2,9 97
12-13 126
15 101
16 126
3,9 141
12 81
17 95 568
4,9 109
5,5 197
6 107
7-8 97
6,11 112 149
15 72 95
18 120
19 95
7,2 358
14 72
16 208
9,20-21 343
22 358
24 311
10 48
4 92-3 217
11 196-7
13 65 201 412
22 314 358
24 544
33 544
11,3 127 268
15 271
12 72
10 101
31 314

존 R. 프랭크 John R. Franke

철학박사이자 성서신학교(펜실베이니아 주 하트필드)의 교수였으며 현재 옐로스톤 신학교의 선교신학 초빙교수다. 2000년 스탠리 그렌츠Stanley Grenz와 함께 *Beyond Foundationalism: Shaping Theology in a Postmodern Context*를 출간해 화제가 되었다. 그 뒤 *The Character Of Theology*(2005), *Barth for Armchair Theologians*(2006), *Manifold Witness: The Plurality of Truth*(2009)를 저술했으며, 미국종교학회(American Academy of Religion), 성서학회(Society of Biblical Literature), 미국선교학회(American Society of Missiology) 등 여러 학술단체의 회원으로 활동하고 있다.

노성기

천주교 광주대교구 신부. 광주가톨릭대학교와 대학원을 거쳐, 로마 아우구스티누스 대학에서 교부학 박사학위를 받았다. 영국 안셀름 대학에서 영성상담지도자과정을 수료한 뒤, 풍암동 성당 주임신부를 거쳐 2001년부터 광주가톨릭대학교 교수, 2010년 9월부터 같은 대학교 총장으로 봉직하고 있다. 『내가 사랑한 교부들』(분도출판사 2005, 공저), 『왁자지껄 교회 이야기』(생활성서사 2013, 공저), 『교부 문헌 용례집』(수원가톨릭대학교 출판부 2014, 공저)을 지었고, 『교부들의 성경 주해 — 마태오 복음서 1-13장』(분도출판사 2010), 『세계 교회사 여행』 I, II(가톨릭출판사 2012)를 우리말로 옮겼다.

천주교 구미동 교회 윤민서 신부와 신자들이
한국교부학연구회에 이 책의 출간 재정을 지원하였음을 밝힙니다.

[교부들의 성경 주해 간행위원]

강창헌 · 노성기 · 이상규 · 이성효 · 정학근 · 최원오 · 하성수(위원장)

여기 어디에도 비할 데 없는 총서가 있습니다. 이 총서는 독실한 21세기 독자들이 알렉산드리아의 클레멘스와 장님 디디무스가 공부한 교실, 오리게네스가 공부하고 강연한 강당, 크리소스토무스와 아우구스티누스가 설교한 주교좌, 히에로니무스가 세운 베들레헴 수도원의 필사실에 다가갈 수 있도록 성경을 교회의 책으로 새롭게 만들었습니다.

조지 로리스, 로마 아우구스티누스 교부학 대학교와 그레고리오 대학교

「교부들의 성경 주해」 출간을 진심으로 기뻐합니다. 이 책은 고대 그리스도인들, 특히 하느님과 그분 말씀에 대해 자신들의 신심을 삶으로써 입증한 교회 성인들이 어떻게 성경을 해석하였는지 이해하는 데 많은 도움을 줍니다. 신앙의 선배로서 우리보다 앞서 가신 이들의 증거에 마음을 두도록 합시다.

테오도시우스 주교, 미국 동방 정교회 수석대주교

그리스도교계를 뛰어넘어 대중적이고도 학문적인 차원에서 초대 그리스도교에 대한 관심이 폭넓게 일어났습니다. … 모든 그리스도교 전통에 속해 있는 그리스도인들, 특히 성경을 공부하는 이들과 성직자들은 이 프로젝트로부터 도움을 받을 수 있습니다. 이 총서는 그리스도교 전통이 교부들의 성경 해석에 어떻게 뿌리내렸는지 가르쳐 줄 뿐 아니라 새로운 발전 방향까지 조망하게 할 것입니다.

알베르토 페레이로, 시애틀 퍼시픽 대학교 역사학 교수

「교부들의 성경 주해」는 교부 연구자에게 필요한 내용으로 가득 차 있습니다. … 성경 본문에 대한 새로운 이론들과 오늘날 해석학자들의 해석에 익숙한 우리에게 그런 정보는 헤아릴 수 없이 가치롭습니다. 우리는 초세기 교회에서 활동했던 고대 저술가들의 '새로운' 통찰을 기쁘게 받아들입니다.

H. 웨인 하우스, 트리니티 대학교 로스쿨 신학/법학 교수

시대와 관련된 속물 근성, 즉 컴퓨터 없이 작업한 선조들에게서는 배울 게 하나도 없다는 가설은 이 훌륭한 총서에서는 의미가 없습니다. 지식에는 식상해하면서도 지혜에는 굶주리는, 많은 우리 같은 이가 기꺼이 선조들과 식탁에 앉아 그들이 성경과 나눈 거룩한 대화에 귀 기울이고자 합니다. 제가 그렇습니다.

유진 H. 피터슨, 리젠트 대학 영성신학 명예교수